CATALOGUE OF THE MANUSCRIPTS
IN THE
OXFORD COLLEGES

CATALOGUE OF THE MANUSCRIPTS
IN THE
OXFORD COLLEGES

BY
H. O. COXE

VOLUME I

INTRODUCTION BY
K. W. HUMPHREYS

REPUBLISHED
1972

BY EP PUBLISHING LIMITED
FROM THE EDITION OF 1852 PUBLISHED BY
THE OXFORD UNIVERSITY PRESS

© 1972 E P PUBLISHING LIMITED, EAST ARDSLEY,
WAKEFIELD, YORKSHIRE.

ISBN 0 85409 623 X

Please address all enquiries to E P Publishing Limited
(address as above)

Reprinted in Great Britain by Scolar Press Limited
Menston, Yorkshire

H. O. COXE: Catalogus Codicum MSS.
qui in Collegiis Aulisque Oxoniensis.
Oxon., 1852. 2 vols.

INTRODUCTION

In his very brief address to the reader preceding the two
volumes of this catalogue, the Reverend Henry Octavius Coxe
refers to the fact that the Bernard Catalogue of English and Irish
manuscripts issued in 1697 was at the time of writing, February
4th, 1852, rarely found in booksellers' shops. In my experience
Coxe's catalogue is now as difficult to find in booksellers' shops
or catalogues as Bernard's and for the first reason as that modestly
put forward by Coxe it has been decided to reprint Coxe. Unfortunately, I cannot go on as Coxe does to introduce a new work;
this is almost entirely a reprint except that we have used the copy
which has been used at the Bodleian Library over many years
and successive scholars and manuscript keepers (in the latter
term I obviously include the former) have altered or added to the
text.

Despite the fact that it is more than one hundred years old,
Coxe's catalogue is still the only source for descriptions of most of
the manuscripts in Oxford colleges. Coxe was a good palaeographer
and his catalogue was "performed under difficulties; there were
almost no works of reference in those days, and he would start
work in a cold library at six in the morning in order not to trench
upon his duties as a member of the Bodleian staff". (Note: Mynors
[R. A. B.]. *Catalogue of the manuscripts of Balliol College, Oxford.*
Oxford, 1963, p. liij. See also Craster [Sir Edmund]. *History of the
Bodleian Library, 1845-1945.* Oxford, 1952, p. 32.) The scheme
for cataloguing the College manuscripts was initiated by All Souls
in 1841 and a separate volume describing All Souls Manuscripts
was published in 1842. In his preface Coxe states his intentions as
a cataloguer: 'It remains but to say a few words on the present

Catalogue. In its compilation care has been taken to give, as nearly as may be, the date of the Manuscript, to preserve the names of former possessors of particular volumes, and to supply to anonymous or pseudonymous treatises the names of the original writer. If the Editor has not always been successful in this part of his labour, the difficulty of which will be readily appreciated, he feels that the want of success cannot be attributed to any want of attention on his own part'. (Note: Hunt [R. W.] *Ed. A Summary Catalogue of Western Manuscripts in the Bodleian Library at Oxford*, Vol. I, Historical introduction. Oxford 1953, pp. liij-liv.)

This catalogue therefore has not been superseded except by Sir Roger Mynors, whose descriptions in his splendid catalogue of the Balliol manuscripts mentioned above indicate the immense strides made by palaeographical studies over the past one hundred years. Until he or others with comparable experience in manuscripts studies (and they are regrettably impossible to find) produce similar descriptions for the rest of the Colleges, Coxe's Catalogue must remain an essential reference tool for all academic libraries.

It may be helpful to users of this catalogue to know that the following collections are now housed in the Bodleian Library: University, Oriel, New, Lincoln, Corpus Christi, Trinity, Jesus.

The manuscripts of Christ Church were catalogued and published separately by G. W. Kitchin. (Note: Kitchin [G. W.]. *Catalogus codicum manuscriptorum qui in Bibliotheca Aedis Christi apud Oxoniensis adservantur*. Oxford, 1867.) Notes of some of the manuscripts at Pembroke were included by H. T. Riley in the Sixth Report of the Historical Manuscripts Commission, but they are very inadequate.

Coxe has no index of incipits but this is partially supplied by Little. (Note: Little [A. G.]. *Initia Operum Latinorum quae saeculis xiii. xiv. xv. attribuuntur*. Manchester, 1904.)

K. W. HUMPHREYS

This volume has been reprinted from the annotated copy in the Bodleian Library, Oxford. These annotations consist of marginal notes and amendments indicating, in the main, manuscripts acquired by the college libraries after the compilation of Coxe's original catalogue. Where the amendments were too extensive for inclusion on the printed pages, these are to be found in the Bodleian Library's copy in the form of hand-written and printed notes inserted between the relevant pages of text. The information from these sheets has been re-set for this new edition and appears at the end of the entry for the relevant college.

Certain fragmentary notes have been omitted from this reprint, as have the capital letters which had been added as size marks, in particular for University, New and Lincoln Colleges.

CATALOGUS

CODICUM MSS.

QUI

IN COLLEGIIS AULISQUE

OXONIENSIBUS

HODIE ADSERVANTUR.

———

CONFECIT

HENRICUS O. COXE, A.M.

BIBLIOTHECÆ BODLEIANÆ

HYPO-BIBLIOTHECARIUS.

———

PARS I.

———

OXONII:

E TYPOGRAPHEO ACADEMICO.

M.DCCC.LII.

LECTORI S.

CODICUM manu exaratorum, qui in Bibliothecis Collegiorum atque Aularum Oxoniensium custoditi sunt, index publici juris factus est in " Catalogo Manuscriptorum Angliæ et Hiberniæ" qui prodiit Oxonii a. 1697, duobus voluminibus formæ maximæ. Quum vero iste liber hodie in tabernis bibliopolarum perraro compareat, et præterea multis defectibus laboret, quippe qui codicum indolem et ætatem nunquam exponat, in scriptorum titulis exhibendis parum diligenter versatus sit, multaque omittat non sine magno rei litterariæ dispendio in præteritis relinquenda, operæ pretium videbamur facturi, si eundem novis curis instauraremus, ita ut prava emendando et quæ defecerant supplendo studiosorum commoditatibus, quoad ejus fieri posset, prospiceretur. Itaque perlustratis sedulo bibliothecarum forulis codices omnes denuo excussimus, ac tandem post denorum annorum decursum laboris nostri fructum in lucem proferimus.

Nunc pauca restant de instituti nostri ratione monenda. In primis igitur operam dedimus ut foliorum uniuscujusque codicis numeri, materies in qua scriptus est, magnitudo, ætas, ornamenta, si qua sunt, ob oculos lectoris proponerentur, tum ut singulorum argumenta fuse exhiberentur, scriptorum nomina accurate proderentur, et sicubi desunt pro virili indagarentur, inedita passim indicarentur. Denique quo facilior quærentibus aliquid fiat aditus, in fine communem indicem adjecimus ordine alphabetico digestum, in quo præter scriptorum nomina consignavimus librorum singulorum argumenta. His fruere, et si quid inconditi aut mendosi inveneris, pro tua benignitate ignoscas.

Dabam ex Bibl. Bodl.
Feb. 4, 1852.

Ordo Collegiorum quorum Bibliothecæ in Prima Parte recensentur.

1 UNIVERSITATIS.	5 ORIELENSIS.
2 BALLIOLENSIS.	6 REGINENSIS.
3 MERTONENSIS.	7 NOVI.
4 EXONIENSIS.	8 LINCOLNIENSIS.

CATALOGUS

CODICUM MSS.

COLLEGII UNIVERSITATIS.

NOMINA BENEFACTORUM,

QUI COLLEGII UNIVERSITATIS BIBLIOTHECAM CODICIBUS MSS. MUNIFICENTIA SUA AMPLIAVERUNT.

Numeri nominibus adfixi Codices denotant quos quisque donaverit.

ASPLYON, WILLELMUS, coll. Univ. olim socius, unus e xii. sacerdotibus monast. S. Salvatoris in
Sion, 1473 ; lxxix. lxxx. lxxxi.

BANCROFT, JOHANNES, ep. Oxon., coll. Univ. magister, 1632 ; xxxiii. lii. lv. lix.

CLERKE, SAMUEL, coll. Univ. commensalis, 1641 ; lvi.

ELMHURST, JOHANNES, coll. Univ. socius ; xlvii. xlviii. xlix.

ELMHURST, MARIA ; lxii. lxiii.

GREEN, GULIELMUS, coll. Univ. ord. super. commensalis, 1683 ; lviii.

HAWKYNS, WILLELMUS, 1527 ; lxxi.

LANGBAINE, MARIA, 1692 ; cxlviii.

PERCYVAL, GULIELMUS, de Shenlye, 1616 ; cvi.

PLAXTON, GEORGIUS, de S. Hales, 1681 ; xxviii.

PLOT, ROBERTUS, LL.D. coll. Univ. commensalis ; xiii.

PLOTT, ROBERTUS, A. M. ex aul. Magdal. ; i.

ROGERS, WILL. de Paynswick, coll. Univ. commensalis, 1669 ; xix. xxvi. lxv. lxxviii. c. cxxiii.
cxxxviii. clxv. clxxii.

WALKER, THOMAS, coll. Univ. magister, circa 1664 ; xii. xiv. xxiii. xxxvi. xlvi. lx. lxi. lxiv.
lxvi. lxxxiv. xcvii. cix. cxviii. cxxiv. cxxviii. cxxxii.

CODICES MSS.

COLLEGII UNIVERSITATIS.

I.

CODEX CHARTACEUS, in 4to minori, constans foliis scriptis 287, sec. xvii.; liber collegii Universitatis Oxon. ex dono Roberti Plott, A. M. ex aula S. Mariæ Magdalenæ.

Quæstiones in Aristotelis libros de Anima; anonymo auctore.

Titulus est, " In libros Aristotelis de anima. Divisio librorum de anima Aristotelis."

Incip. " Libro primo post elegans elogium scientie de anima quam ex certitudine et ex nobilitate."

Desin. " ideo absolute dici sensum esse potentiam mere passivam; ita Jandunus et Apollinaris apud Conimbr. loco citato."

II.

Chartaceus, in 4to minori, ff. 58, sec. xvii.

Anonymi cujusdam Institutiones Oratoriæ, opus in partes quatuor distinctum, cum præfatione.

Tit. " Institutiones Oratoriæ. Præfacio, in qua methodus oracionis conficiendæ et operis totius partitio."

Incip. præf. " Magnum opus et inferius fortasse nulli aggredimur."

Incip. pars i. " De argumenti comprehensione. Caput i. De Quæstione. Quæstionem dicimus, id quod queritur."

Desin. " nec in veritatis unquam, aut æquitatis injuria abutere. Finis; Laus Deo."

III.

Chartaceus, in 4to minori, ff. 254, sec. xvii.; binis columnis scriptus.

1. Psalmi Davidis; charactere scripti tachygraphico. fol. 1.
2. Testamentum Novum; *Tachygraphice.* fol. 39.
3. Psalterium metrice expressum; *Tachygraphice.* fol. 179.

Sequuntur, ut videtur, Cantica sacra; itidem *tachygraphice.*

IV.

Codex membranaceus, in 4to minori, ff. 36, sec. xv.

1. Fragmentum inventarii bonorum Willelmi Burgenoun de Tempsford, die, quo obiit. fol. 1.

Incip. " Primo, in aula, 1 doter cum duabus costeris et 1 bauker vetus."

2. Fragmentum folii secundi, in quo leguntur modo hodie, " — artem moriendi -— constat Willelmo —— dompni Johannis ———s de Wardon." fol. 2 b.

3. Dialogus de arte moriendi; interlocutoribus discipulo et similitudine mortis. fol. 3.

Incip. " Discip. Cum omnes homines natura scire desiderant. O summa et eterna sapientia."

Desin. " audienti prebeatur, omni difficultate remota."

4. An order for the visitation of the sick, with exhortations to the sick person. fol. 16 b.

B

Beg. " My dere sone or douȝter in God ;
it semeth that thou hiest the faste in the
weye fro this lyf to God ward."

End. " for in thi merciful hondis i put yt,
Amen."

5. Conturbacio animæ in extremis. fol. 23.

Incip. " Pensandum quippe est cum jam peccatrix anima vinculo carnis incipit absolvi."

6. Exhortatio de modo vivendi concorditer in anima et corpore. fol. 24.

Incip. " Cum anima manet in corpore, vivit
homo secundum carnem qua carnem dese-
rente."

In calce, " Explicit tractatus de arte moriendi."

7. [S. Augustini] Speculum peccatoris. fol. 26 b.

Incip. " Quoniam, karissime, in hujus via
vite fugientis ;" ut inter opera, tom. vi. App.
col. 155.

In calce, " Explicit Speculum peccatoris."

8. Fragmentum sermonis in istud, ' Multifarie
multisque modis olim Deus,' etc. fol. 34.

Incip. " Sub quodam tegumento."

Sequitur fragmentum voluntatis cujusdam
ultimæ, etc. incip. " Item Roberto de Ryhill
heremite apud Beverlacum commoranti"——

V.

Hic liber est meus et Rechison cognomine dictus Scotus erat nu(?) (p.85)

Dominican use HHPc.

Codex membranaceus, in 4to minori, ff. 150,
sec. xiv. exeuntis, miniaturis hic illic pictus ;
olim peculium Roberti Young ; utrimque
mutil.

Horæ B. Mariæ Virginis ; scilicet,

1. Evangeliorum quatuor sequentiæ de S. Nativitate. p. 1.

2. Lectiones et hymni ad officium B. M. V. pertinentes. p. 13.

3. Officium S. Crucis. p. 113.

4. Officium S. Spiritus. p. 123.

5. Orationes et hymni. p. 132.

Ad fol. 139, " Sequitur oracio condita a
quodam papa Innocencio et cuilibet dicenti
semel in die concessit c. dies indulgentiarum."

6. Septem versiculi beati Bernardi, ex Psalmis.
p. 149.

7. Orationes de Sanctis. p. 152.

8. Septem Psalmi pœnitentiales, ' et debent dici
flexis genibus cum magna devotione ;' Litaniæ
et orationes. p. 171.

9. Officium mortuorum. p. 207.

Rebound c. 1700 : Smith's instructions to binder, p. 368

E. VI.

Codex membranaceus, in 4to minori, ff. 20 et
284, sec. xiv, *et xii et xiii* sed haud una manu nec uno
tempore exaratus ; olim fratrum Prædica-
torum de Beverlaco.

1. Expositio fidei secundum S. Augustinum. p. 1.*

Incip. " Credimus et tenemus et fideliter."

2. S. Augustini sermo in istud, " Dum medium
silentium." p. 4.*

Incip. " Mediatoris Dei et hominum, etc.
Divina pandens adventum."

3. Ejusd. sermo de divinatione Dæmonum. p. 7.*

Incip. " Quodam autem die."

4. Ejusdem sermo de bono latrone. p. 13.*

Incip. " Deus erat in Christo."

5. Quæstiones theologicæ et de prædicamentis,
anonymo auctore. p. 16.* *liquo*

Incip. " Queritur si possibile est ad verbum."

×6. S. Gregorii papæ I. cognomento Magni Dialogorum libri quatuor. p. 1.

Tit. " Incipit prefacio libri dialogorum
Gregorii pape Romane urbis de vitis sanctorum."

Exstant inter opera, tom. ii. col. 150.

In calce, " Explicit dialogorum liber quintus."

Sequitur narratio de pœnitentiario quodam nomine Victorino ex homilia 34 excerpta.

7. Ejusdem Pastoralis libri duo, [prævia præfatione manu secunda et recentiori exarata.]
p. 227.

Tit. " Incipiunt capitula libri regule Pastoralis."

Exstant ibid. tom. ii. col. 1.

8. S. Augustini Locutiones super heptateuchum,
cum indice posthabito. p. 317.

Tit. i. " Liber loqutionum beati Augustini
in Genesi."

Incip. " Locutiones Scripturarum ;" ut in
edit. impress. tom. iii. col. 325.

9. Fabii Quintiliani Declamationes aliquot bre-
viatæ. p. 365.* *s. xii*

Incip. " Ex incendio domus adolescens patrem extulit."

In calce notatum est de morte Senecæ,
incip. " Seneca magister fuit Neronis."

10. Fragmentum dialogi inter Trismegistum et
Asclepium. p. 385. *s. xii*

Incip. " —— credetur; fit deorum ab hominibus dolende."

11. Philosophiæ compendium, auctore Willelmo de Conchis. p. 389. *s.xi*

Incip. "Quoniam ut ait Tullius in prologo rethoricorum eloquencia sine sapiencia nocet."

12. L. Annæi Senecæ opuscula varia; scilicet,

a. Ad matrem Helvidiam consolatio pro exilio suo. p. 435.

In calce legitur Epitaphium Senecæ, incip. " Cura, labor, meritum," et deinde, " Explicit Seneca ad Hesbeyam matrem propriam de consolacione pro exilio suo."

b. De providentia Dei ad Lucilium. p. 445.

c. De constantia Sapientis ad Serenum. p. 449.

In calce, " Explicit Seneca ad Serenum quod in sapientem non cadit injuria."

d. De beata vita ad Gallionem. p. 455.

e. Ad Marciam de consolatione pro morte filii. p. 466.

Sequitur *man. sec.* fragmentum, ' Quare Deus electos suos a culpa immunes hic graviter affligit;' incip. " Primo ut error tollatur."

f. De ira libri tres. p. 469.

g. De brevitate vitæ ad Paulinum. p. 507.

In calce, "Explicit de brevitate vite."

h. " Excerpta de epistolis Senecæ, quæ vocantur scientiales;" numero viginti. p. 422.

Incip. " Nec, Lucili, virorum optime, quo minus legas nunc deterreo."

Sequitur tabula contentorum codicis, 20 Aug. 1700 exscripta.

13. Homiliæ breves, sive Themata homiliarum pro Dominicis post Pentecosten. p. 547.

Incip. i. " De benedicta Trinitate; Ro. xi. g. Ex Ipso et per Ipsum, etc. Superbenedicta Trinitas hic describitur."

Desin. ult. " nubes rore complementum meritorum."

VII.

Codex membranaceus, in 4to minori, ff. **138**, sec. xiv. exeuntis; hic illic ad marginem pictus.

Psalterium Davidis, annexis huic et alteri psalmo collectis hymnisque secundum usum ecclesiæ [Sarum?].

In calce, Hymnus, ' Te Deum Laudamus,' ' Benedicite,' et orationes.

VIII.

Codex membranaceus, in 4to minori, ff. **176**, sec. xv.; olim, ut videtur ex insignibus gentilitiis in fronte depictis, cujusdam e familia de Percy, postea Roberti Lover, e dono dominæ Greete de Midhurst, viduæ, x. Jul. **1549.**

1. Tabula ad inveniendum Pascha. fol. 1 b.

Sequitur *man. sec.* Leonis papæ epistola ad Carolum regem Franciæ; incantamentum scil. contra diabolum, etc.

2. Kalendarium, monostichis instructum. fol. 5.

Incip. monost. " Prima dies mensis."

3. Horæ B. M. Virginis secundum usum Sarisburiensem. fol. 12.

Ad fol. 32, " Vespere et matutine de Sancta Maria secundum usum Sarum, tam quando fit plenum servicium, quando non plenum per totum annum."

Ad fol. 90. Septem psalmi pœnitentiales, Litaniæ et orationes; quibus succedunt officium mortuorum et commendationes animarum.

Ad fol. 106, " Robert Lovehers booke geuen of gentle maistres Greete wydowe at Medhurst the x of Julye, anno Domini 1549, Sussex, clearke there in Medhurst predict."

IX.

Membranaceus, in 4to, ff. **424**, sex. xvi. ineuntis, binis columnis nitide exaratus.

Breviarium secundum ordinem fratrum beatæ Mariæ de Monte Carmeli, extractum et excerptum de approbato usu Dominici sepulchri sancte Jherosolimitane ecclesie, in cujus finibus dictorum fratrum religio sumpsit exordium.

Occurrit Kalendarium ad fol. 196, in cujus margine notantur,

a. Obitus matris mee sepulte, vij. die mensis Maii anno 1585.

b. The xiij[th] of August about tene of the cloke at afternone dyed An Manfeld, who was doughter to sir Rauf Sure knygth, that was slaine in Scoteland.

c. Ad 22 Septemb. " Ann Conyers moritur."

X.

Codex membranaceus, in forma oblonga, ff. 188, sec. xvi. ineuntis ; olim Margaretæ Gallot.

1. Horæ B. M. Virginis secundum usum Romanum, prævio kalendario ; [liber impressus Paris. per Philip. Pigouchet, 1508.] fol. 11.

Ad calcem est colophon " Ces presentes heures a lusage de Rome ont este imprimees a Paris par Philippe Pigouchet, libraire demeurant en la rue de la harpe deuant laigle dor pour Guillaume Eustace libraire tenant sa boutique en la grande salle du palais au tiers pillier, en lan mil cinq cens et huyt, le quinzieme jour de Juing."

———

2. Les vespres de la sepmaine, avec complies, les hymnes, et proses de l'année ; [pars scil. libri impressi incip. in fol. 243 ; sign. H h.] fol. 128.

XI.

Membranaceus, in 4to minori, ff. 157, sec. xv. exeuntis.

1. Axiomata e jure civili præcipue collecta. ff. 1—2 b. 153.
2. Tabula contentorum secundæ partis Codicis. fol. 4.
3. Axiomata philosophica juridicialia cum solutionibus casuum legalium. fol. 10.

Incip. " Omnis res per quascumque causas nascitur per easdem dissolvitur. Hec regula potest sic exponi, Omnis res, id est omnis obligacio sive contractus."

4. Notabilia theologica ; expositiones plerumque morales in Bibliam. fol. 48 b.

Incip. " Nota quod in lege et in prophetis quinque erant, scilicet moralia, judicialia, ceremonialia, promissa, et sacramentum." Desin. " nullum remedium habebis ab eo."

5. [Alexandri de Villa-Dei] Summa Bibliorum per versus, verbatim exposita. fol. 134.

Incip. " Sex, dierum opera ; prohibet, esum ligni ; peccant, parentes ; Abel, a Cayn occiditur ; Ennoch, transfertur ; Archa fit, Noe ; Intrant, Noe et ceteri."

6. Tituli dierum Dominicalium, evangeliorum scilicet et epistolarum quolibet die legendorum, per annum. fol. 150 b.

7. Versus ordinem exhibentes SS. Bibliorum. fol. 153.

Incip.

" Ge. Ex. Le. Nu. Deu. Jos. et Judici. Ruth. tetra Regum."

XII.

Codex membranaceus, in 4to minori, ff. 170, sec. xiii. exeuntis ; ' ex dono Thomæ Walker, S. T. D. magistri hujus collegii ;' hic illic mutilus.

1. Psalterium Davidis ex versione vulgata. fol. 2. Abscissum est folium primum.
2. Cantica sacra Mosis aliorumque tam Novi quam Veteris Testamenti. fol. 147.
3. Symbolum Athanasianum, Litaniæ, et collectæ. fol. 159.
4. Vigiliæ mortuorum. fol. 164 b.

XIII.

Chartaceus, in 4to minori, ff. 335, sec. xvi. exeuntis ; ex dono Roberti Plot, LL. Doctoris et hujus collegii commensalis.

Professio fidei adversus eos qui sunt ecclesiæ prætensæ reformatæ responsuri ; adjuncta confutatione tam calumniarum ibi contentarum quam generaliter errorum ecclesiæ Romanæ contensæ catholicæ ; omnia e Gallico sermone, quo anno 1586 sunt inscripta, Latine reddita, anno 1590.

Præit traductoris monitum ' Pio et benevolo Lectori ;' incip. " Offerimus tibi, candide lector, librum omni pia eruditione refertum ;" dat. Londino, cal. Januar. 1591.

Incip. præf. " Mendacio nihil tam debile, ut aptissime dixit divus Chrysostomus."

Incip. opus, " Professio fidei catholicæ secundum sanctum Dei verbum, et sanam intelligentiam ecclesiæ catholicæ, autoritate reverendissimi in Deo patris domini Antonii de Sausac, Burdegalensis archiepiscopi, etiam Aquitaniæ primatis proposita."

Desin. " se in posterum conferrent veræ cognitioni Dei et puritati sui obsequii. Laus Deo."

XIV.

Membranaceus, in 4to minori, ff. 60. sec. xv. : olim vir. cl. Johannis, Juelli, ep. Sarum.

postea coll. univ. ex dono Thomæ Walker, S. T. D.

1. The cloud of Unknowing, or of Contemplation, a theological work divided into seventy-five chapters, [attributed to Walter Hilton and Will. Exmeuse.] fol. 2.

> Beg. " Gostly frende in God, I prey the and I beseche the that thou wylt haue a besy beholdinge."

> At the end, " Here endyth the clowde of Onknowynge ;" after which is a table of the chapters with the rubric affixed, " Here endyth the tabyll of the booke whyche may well be callyd the Clowde of Contemplacion."

> See Bibl. Bodl. MS. Douce, cclxii.

2. [Petri Blesensis] Regula aurea, ' Silencium teneas quia secundum Ysidorum custos est omnium virtutum.' fol. 57 b.

> Exstat inter opera, p. 595.

3. " Here folothe doctrine schewyde of God to scynt Kateryne of Seene [Sienne] of tokynes to knowe vysytaciones bodyly or goostly vysyons, whedyr thei come of God or of the fiende." fol. 58.

> Beg. " I shal declare that you askydyst of me be what tokyn thou culdest knowe."

> End, " ther is no on that may take it awoy fro you. Deo gratias."

> On the reverse of the leaf, " John Juel, bishop of Sarum, 1571."

XV.

Codex membranaceus, in 4to minori, ff. 1~~77~~ 52, sec. xiii. ineuntis; olim ecclesiæ S. Mariæ de Holm-Cultram ex dono Ludovici monachi; initio mutil. Christofer Hudson (s.xvi) f.181

Sermones Dominicales Festivalesque [auctore Johanne Lugdunensi, sive a Leyden.] *

> Incip. prima quæ hodie integra est, " De Petro et Paulo. Magna dilectio fratres hodie."

> Ult. incip. " Communis de virgine beata. Collum tuum sicut; etc. Non omnibus datum est."

> Desin. " sed suscepte potestatis honore."

> In fol. 141, seqq. " Scripta est tabula sermonum omnium, qui in codice continebantur, numero centum quinquaginta, annexo titulo cuique materia initioque.

*the table shows that 12 are missing

Inserti sunt ad fol. 150 versus centum decem de pœnitentia, præcipue leonini et hexametri; incip.

> " Peniteas cito, peccator; cum sit miserator."

> In calce codicis, " Ludovicus monachus me misit in armariolo de Holmcoltran; retribuat ei Dominus in vita eterna; Amen."

XVI.

Codex membranaceus, in 4to minori, ff. 152, sec. xv.; olim Domini Thomæ Dakcombe.

1. Epistola beati Eusebii ad beatum Damasum, Portuensem episcopum, et ad Christianissimum Theodoricum [scil. Theodorum] procuratorem Romanorum de morte gloriosissimi Jheronimi presbiteri doctoris eximii. p. 1.

> Incip. " Multipharie multisque ;" ut in edit. Vallars. tom. xi. col. 2 8.

> In calce, " Explicit epistola beati Eusebii ;" ut supra.

2. Soliloquia sive meditationes sancti Augustini, doctoris excellentissimi, ad Deum, de ineffabilibus beneficiis suis. p. 99.

> Incip. " Cognoscam te, Domine, cognitor meus ;" ut inter opp. tom vi. App. col. 85.

> In calce, " Explicit liber soliloquiorum ;" etc. ut supra.

3. Alloquia beati Augustini, egregii doctoris, ad Spiritum Sanctum. p. 209.

> Incip. " Deus meus Spiritus Sancte timeo et desidero."

> In calce, " Explicit liber alloquiorum beati Augustini ad Spiritum Sanctum."

4. Devota meditatio sive oratio ad proprium angelum. p. 269.

> Incip. " Sancte et benedicte Angele."

5. [S. Anselmi] Ad Sanctum Johannem Baptistam, ' quo inter natos mulierum, testante Christo, major non surrexit.' p. 276.

> Incip. " Sancte Johannes, Tu ille Johannes ;" inter opp. p. 287.

6. Ad S. Johannem evangelistam, dilectum apostolum, Domini nostri Jhesu Christi. p. 284.

> Incip. " Sancte et beate Johannes, altissime Evangelistarum ;" ibid. p. 290.

7. Alia oratio ad eundem Sanctum Johannem. p. 289.

> Incip. " Sancte Johannes, Tu ille Johannes unus de magnis apostolis ;" ibid. p. 291.

XVII.

Codex membranaceus, in 4to minori, ff. 275, sec. xiii., binis columnis nitide exaratus.

Gregorii papæ IX. Decretalium libri quinque; in calce mutil.

Deficit in verbis, " dedimus in mandatis ut canonicorum et prebendarum."

Sequitur apparatus, ut videtur, Constitutionum Innocentii papæ IV. incip. in verbis, " nullam super hoc de misericordia spem aut fiduciam habiturus ;" et desin. " nolumus aliis defensionibus seu viribus parcium derogari."

In calce, " Summa secundum Innocentium Rub. 29. cap. 43."

XVIII.

Membranaceus, in 4to minori, ff. 136, secc. xiv. et xv. ; olim Thomæ Stokys, armigeri, ex dono Thomæ Staunton.

Thomas Stokys v. nver erasure 'ocelisie ...

1. Duodecim utilitates tribulationis, " secundum Petrum Blesensem vel secundum quosdam, secundum Hampole," cum prologo. fol. 1.

    Incip. prol. " O anima tribulata et temptata."

    Incip. lib. " Prima utilitas quam faciunt tribulaciones in hoc attenditur."

    In calce, " Ave Maria, etc. T. A. cler. Cantabr. coll. Christi."

2. Meditationes vitæ Christi ad quandam monialem, auctore, ut præ se fert titulus, S. Bonaventura. fol. 13.

    Tit. " Incipit liber Bonaventure cardinalis de vita Christi, etc."

    Incip. " Inter alia virtutum et laudum preconia de sanctissima virgine Cecilia legitur."

    Desin. " decorem substantie designavit ; Hec Bernardus ; Deo gracias ; Amen."

    Sequitur *man. sec.* expositio brevis orationis Dominicæ.

    In calce est distichon,

" Ne faciam vanum . duc, pia Virgo, manum ;
Duc pennam, rege cor, Sancta Maria, precor,
              Thomas Aylesbury."

XIX.

Membranaceus, in 4to, ff. 132, sec. xiv. ; olim ' liber Thomæ, abbatis,' postea, anno 1669, Gulielmi Rogers.

S. Au... N...

1. Canones evangeliorum secundum novas capitulaciones Bibliæ. fol. 2.

    Tit. " Incipit primus canon in quo conveniunt omnes quatuor evangeliste."

    Incip. " Matth. 3. a. Hic est, qui dictus."

    In calce, " Finit decimus canon in quo omnes quatuor evangeliste, sed unusquisqne proprie cum nullo alio conveniens."

2. Ordo omnium gestorum et miraculorum Domini nostri Jhesu Christi secundum iiij. evangelia, ex quibus omnibus fit brevis commemoratio volentibus ingredi sanctitatem. fol. 29.

    Incip. " Fuit in diebus Herodis regis."

3. Unum ex quatuor seu concordia Evangelistarum in xii. partes distincta, auctore Clemente Lanthoniensi, cum prologo. fol. 36.

    Incip. prol. " Hujus operis, fili karissime, causam requiris ;" ut in MS. Trin. II.

    Incip. opus, " In principio erat verbum."

    Desin. " qui scribendi sint libros."

    Sequuntur rationes, sive summæ, cujusque partis.

XX.

Codex membranaceus, in 4to minori, ff. 593, sec. xiii. exeuntis, binis columnis nitide exaratus ; olim Radulphi Fawconere.

Biblia Sacra Universa, ex versione vulgata, prologis S. Hieronymi instructa.

    Tit. i. " Epistola Jeronimi ad Paulinum presbiterum de omnibus divinis hystoribus ;" [*sic.*]

    Præcedunt versus memoriales, " Gen. Ex. Le.," et deinde *man. sec.* ' Cotaciones' tam de temporali quam de sanctis.

    In calce sunt Interpretationes nominum Hebraicorum, [secundum Remigium Autissiodorensem.]

XXI.

Membranaceus, in 4to, ff. 291, sec. xiv., binis columnis nitide exaratus ; olim liber Simonis de Retlinge, de libraria Sancti Augustini Cantuar. ; postea Tho. Weaver.

Raimundi de Penna-forti Summa theologiæ moralis in libros quatuor distincta, cum prologo.

    Tit. " Incipit Summa Raymundi."

    Exstat impress. ed. Veron. 1744 et alibi.

    Præcedit tabula Rubricarum.

XXII.

Codex membranaceus, in 4to, ff. 384, sec. xv.; olim Johannis Bristowe.

Breviarium/ pars hiemalis secundum usum [Sarisburiensem?] insertis hic illic lectionibus homiliisque Bedæ et aliorum pro diebus Festis variis.

In fol. 337 verso invenimus scriptum, " Ad instanciam domini Johannis Roly hujus stalli vicarii et precentoris hunc librum contulit dominus Georgius Dawne, executor testamenti domini Johannis Bristowe, quondam vicarii stalli predicti et possessoris hujus libri ad usum perpetuum vicarii cujuscumque stalli predicti pro tempore ut oret pro ipso Johanne Bristowe; ita quod non alienetur sub pena anathematis; quorum animabus necnon et animabus omnium fidelium defunctorum propicietur Deus, Amen."

Quisquis eris, qui perlegeris, pro me, precor, ora."

XXIII.

Membranaceus, in 4to minori, ff. 59, sec. xv.; olim Johannis Lawrens, postea coll. Univ. ex dono Tho. Walker, S. T. P., magistri.

1. Bartholomæi Faccii de vitæ felicitate ad Alphonsum regem dialogus inter Antonium Panormitam, Guarinum Veronensem et Johannem Imolam, cum prologo. p. 1.

    Tit. " Ad Alfonsum regem gloriosissimum Bartholus Faccii in dialogum vite felicitate prohemium incipit."

    Exstat impress. in 8vo. Antwerp. 1556.

2. Ejusdem Bartholomæi ad Robertum Strozzum epistola. p. 115.

    Tit. " Bartholomeus Faccius Roberto Strore."

    Adfertur hæc epistola a Laur. Mehus in præfatione ad Faccii opusculum de viris illustribus, Florent. 1745, p. xxxiv.

XXIV.

Chartaceus, in 4to minori, ff. 254, sec. xvi. exeuntis. Collegii Anglici (!)

Summula controversiarum, quæ hodie inter nos et hæreticos disputantur; de ecclesia in Concilio, in capite, etc. repræsentata de scripturis, peccato et de impii apud Deum justificatione.

Tit. i. " Authores qui scripserunt de conciliis."

Incip. " Quantum ad hoc attinent tractant de hac materia inprimis libri ipsi Conciliorum."

Desin. opus, " et universalis causa hujus inæqualitatis sit voluntas Dei."

XXV.

Codex partim membranaceus, partim chartaceus, in 4to minori, ff. 300, sec. xvi. ; olim Elizabethæ Yate; mutil.

1. Horæ matutinæ de S. Spiritu. fol. 5.

    Tit. " Hic incipiunt matutine de Sancto Spiritu."

2. Psalterium, cum hymnis, ad verum usum Sarum; anno m.cccci.xxii. in alma Parisiorum academia impensis Francisci Byrchman, impressum. fol. 16.

    Deficit in fol. clxx. sign. y. ij.

3. Lectionarius, sive Hymni et Lectiones pro unaquaque hora. fol. 190.

    Incip. " Dignare me; etc. Ymnus. O Trinitatis gloria; Lectio prima. Verbum de quo evangelista Johannes in evangelio suo."

4. Orationes et Litaniæ; mutil. fol. 276.

XXVI.

Membranaceus, in 4to minimo, ff. 150, sec. xv., manu Johannis Hatfeld plerumque exaratus; olim, 1669, Gul. Rogers ex hospit. Lincoln.

1. [Johannis de Sacrobosco] de algorismo sive de arte memorandi tractatulus. fol. 4.

    Incip. " Omnia, ut dicit Boecius, que a primeva rerum;" ut inter Halliwell Rara Mathematica, p. 1.

    In calce, " Explicit tractatus de algorissimo ; J. Hatfeld, Peverel. Amen."

2. [Ejusdem Johannis sive Roberti Grostete] liber de computo. fol. 26.

    Incip. " Compotus est scientia considerans ;" ut in edit. Paris. 1551, et alibi.

    In calce, " Explicit liber qui vocatur Compotus, quod Hatfeld."

3. [Ejusdem Johannis] liber de sphæra. fol. 92 b.

    Incip. " Tractatum de spera quatuor capitulis distinguimus."

    Exstat impress. Venet. 1478, et alibi.

In calce, " Explicit tractatus de Spera ; Johannes Hatfeld."

Sequuntur expositiones quorundam versuum istius tractatus ; incip. " Hic vertex ; id est, Extremitas axis."

4. [Roberti Grostete] Theorica Planetarum, cum figuris. fol. 122.

Incip. " Circulus ecentricus."

In calce, " Explicit theorica Planetarum."

5. De vocibus animalium. fol. 143 b.

Incip. " Voces nutorum animalium sic declarantes efferunt ; Aquilas clangere."

6. Tractatulus de proportione. fol. 146 b.

Incip. " Omnis proporcio vel est communiter dicta."

XXVII.

Codex chartaceus, in 4to minori, ff. 162, sec. xvii.

1. Aphorismi Rhetoricæ a R. P. Nicolao Caussino dictati anno Domini 1630, et excepti a C. H. P. p. 1.

2. Materiæ orationum et poematum datæ ab eodem. p. 151.

3. Materiæ poematum datæ a R. P. Dionysio Petavio, S. J. et quibusdam aliis. p. 231.

XXVIII.

Chartaceus, in 4to, ff. 125, sec. xv., binis columnis scriptus ; ~~ex dono~~ M. Georgii Plaxton, de S. Hales, com. Staff. 1681.

1. Walteri Hilton liber de arte bene vivendi, sive Scalæ Perfectionis pars prima, capitulis xciii. comprehensus ; Anglice. fol. 1.

Incip. " That ye inwarde hafyng of man suld be like to ye utter. Gastely syster in Jhesu Christ ;" ut in edit. Lond. 1659.

2. Sermo de vij. articulis fidei, in istud, ' Sine fide impossibile.' fol. 48.

Incip. " Der frendes, a trew servand."

3. Sermo de decem mandatis, in istud, ' Si vis ad vitam.' fol. 53.

Incip. " Der frendes, a man that wald go."

4. Sermo de petitionibus orationis Dominicæ in adventu Domini, in istud, ' Fiat voluntas tua.' fol. 59.

Incip. " Der frendes, Thes wordes the qwilk."

5. Sermo de Sacramento baptismatis, in istud, ' Laqueus contritus est." fol. 63 b.

Incip. " Der frendes, almighty God, of quoom."

6. Sermones quatuor quadragesimales. fol. 66.

Incip. i. " Penitenciam agite ; Der frendes, as telles a gret clerk."

7. Sermo in die parasceues, in istud, ' Memoriam fecit.' fol. 75 b.

Incip. " My der childer thes wordes."

8. Sermo in istud, ' Amore langueo.' fol. 78 b.

Incip. " Der frendes, I reede in the gospel."

9. Sermo in diebus rogationum, in istud, ' Petite et accipietis.' fol. 81.

Incip. " Der frendes, I rede in the gospel."

10. Sermo in dedicatione ecclesiæ ; in istud, ' Domum tuam decet sanctitudo.' fol. 83 b.

Incip. " Der frendes thes wordes the quvilk."

11. Sermo in istud, " Intra in gaudium.' fol. 86.

Incip. " Der frendes, I rede in ye gospel."

12. Sermones duo pro defunctis, in istud, ' Beati mortui.' fol. 88.

Incip. i. " Der frendes, Almyghty God."

13. In die assumptionis B. M. V. fol. 92.

Incip. " What tym our Lord Jhesu said his gret sermoun opon ye hil."

14. Sermones de Sacramentis ecclesiæ tres, in istud, Hec est voluntas Dei ! fol. 97.

Incip. " Yes er ye wordes of ye apostil Paul."

In calce, " Sequitur de Sacramento Eukaristie."

15. Tractatus de septem peccatis mortalibus ; initio mutil. fol. 118.

Incip. in verbis, " —— that es for to say, when curates principaly and euery man of holy kirk."

Desin. " clerly in blis withouten end ; ad quam nos perducat Qui in Trinitate perfecta vivit et regnat ; Amen."

XXIX.

Codex membranaceus, in 4to, ff. 223, sec. xv.; olim Thomæ Browne. Given by Bancroft

1. De peccatorum generibus, et quot modis dicitur peccatum irremissibile. p. 3.

Incip. " Quamvis omne peccatum sit."

2. [Joh. Hoveden, Speculum Laicorum] in locos communes digestum, capitulis lxxxvij. ; cum prologo et tabula. p. 7.

Incip. prol. " In Christo sibi dilecto quondam conscolari ; etc. Assumptus nuper ad

animarum curam de tui status debito solici-
tus crebris me precibus postulasti."

Incip. cap. " De abstinencia vera, ficta et
falsa. Abstinencie triplex est species, prima
est ciborum."

Desin. cap. ult. quod agit de usurariis,
" de adquisitis injuste de avaricia, et de sepultura."

3. Narratio mirabilis de sententia excommunicationis et beati Augustini Anglorum apostoli,
qualiter resuscitavit duos mortuos. p. 371.

Incip. " Est vicus in pago Oxenfordensi,
sex miliariis distans a loco qui dicitur Wodestoke, Conetona nomine."

4. Tractatus de virtutibus theologicis et fidei articulis. p. 375.

Incip. " Descriptio virtutis theologice. Quoniam necessarium est ad eternam salutem."

Incip. tract. de articulis fidei, " Ad honorem Dei et animarum profectum."

5. Speculum Peccatorum [auctore S. Augustino].
p. 407.

Incip. " Quoniam carissime in hujus via
vite ;" ut inter opera, tom. vi. App. col. 155.

6. Soliloquium animæ. p. 417.

Incip. " Anima mea si vis amari."

7. Sermo in istud, ' Reliquum est, ut qui habent
uxores,' etc. fol. 424 b.

Incip. " Apostolica lectio, fratres."

8. Disputatio inter corpus et rationem. p. 428.

Incip. " Anima mea in angustiis est."

In calce, " Explicit disputatio inter corpus
et rationem."

9. Excitatio necessaria ad peccatorem. pp. 436, 1.

Incip. " . . . . exteriora querens."

Desin.

" Plangens preterita prudens caveatque futura."

" Explicit excitacio necessaria peccatorum."

list of contents in hand

XXX.

Codex membranaceus, in 4to, ff. 84, sec. xv.

1. Oratio S. Anselmi, Cantuariensis archiepiscopi,
ad Deum Patrem. p. 1.

Incip. " Deus piissime, Deus clemens ;" ut
inter opera, ed. 1721, p. 251.

2. S. Augustini, sive cujuscumque sit, sermo de
oratione Dominica. p. 4.

Tit. " Sermo sancti Augustini, Ypponensis
episcopi, de oratione Dominica."

Incip. " Anima nobis Dominica oratio ex
pontificali doctrina."

In calce hymnus et oratio, ad Christi faciem
incip.

" Salve sancta facies nostri Redemptoris,
In qua nitet species divini splendoris."

3. Orationes sive meditationes beati Ambrosii episcopi, præviis capitulis decem. p. 13.

Incip. i. " De incarnatione Christi. Jhesum
Nazarenum innocentem, a Judeis nequiter
condempnatum."

In calce, " Expliciunt meditaciones sive orationes beati Ambrosii episcopi."

Sequitur oratio B. Augustini de humanitate
Domini.

4. S. Augustini meditationum sive Soliloquiorum
liber, cum prologo et capitulis xxxvij. p. 41.

Incip. prol. " Oraciones sive meditaciones
infra scripte quoniam."

Incip. lib. " Cognoscam te, Domine cognitor meus ;" ut in tom. vi. App. col. 85.

Sequuntur,

a. Orationes tres ad S. Trinitatem ; p. 142.

Incip. i. " Tres coequales et coeterne."

b. Oratio devota ad Spiritum Sanctum. p. 167.

Incip. " O jam divini amor ;" ut inter Anselmi opera, p. 255.

Defic. in verbis, " deficiensium, diem nam
gaudii——"

XXXI.

Codex chartaceus, in 4to, ff. 168, sec. xvi., nitide scriptus.

Praxis in curiis ecclesiasticis Anglicanis per
Franciscum Clarke, curiæ de Arcubus procuratorem exposita, cum prologo.

Inscribitur prologus, " Optimis et eruditissi-
mis adolescentibus juris civilis in utraque academia tam Oxoniensi quam Cantabrigiensi
studiosis amicissimis curiarum ecclesiasticarum inferiorum procuratoribus Franciscus
Clearke, alme curie Cant. de Archubus London procurator."

Incip. " Cum de libello meo ;" ut in edit.

XXXII.

Chartaceus, in 4to, ff. 81, sec. xvii.

1. Tractatus perutilis et necessarius de vera ecclesie disciplina et excommunicatione ex puris
fontibus sacre scripture sanctorumque patrum

sententiis selectus, et in ecclesia metropolitana Christi Cantuariæ prælectus per d. Petrum Alexandrum, in eadem ecclesia præbendarium, et sacræ theologiæ professorem, anno Domini 1553 et regis nostri clementissimi Edwardi Sexti 6. fol. 1.

Incip. cap. 1. " De excommunicatione et disciplina ecclesiastica tractaturi."

Præit tabula capitum, numero xii.

2. Tractatus de vero et unico fidelium purgatorio, ex puris fontibus, [etc. ut supra,] selectus, per eundem Petrum ; anno Domini 1552 ; prævia capitulorum sex tabula. fol. 42.

Incip. cap. i. " De vero et unico fidelium purgatorio, divina coadjuvante clementia."

In calce, " Finis. In nullo gloriandum, quando nostrum nihil est."

Ꮛ. XXXIII.

Codex membranaceus, in 4to, ff. 71, sec. xv., olim Thomæ Browne, postea coll. Univ. ex dono Johannis Bancroft, ep. Oxon. anno 1632.

Liber collectus de gestis et translationibus sanctorum trium Regum de Colonia, in capitula xlvi. distinctus, prævia tabula capitulorum.

Incip. " Cum venerandissimorum trium magorum, ymo verius trium regum."

In calce tabulæ notatum est, " Anno Domini mlxiiij. in crastino beate Marie Magdalene corpora sanctorum trium regum translata sunt Colonie per clare memorie Reynoldum archiep. Colonie."

Desin. cap. ult. " in die judicii sis secura in reddenda racione, Amen. Laus Deo ; pax vivis, et requies defunctis ; Amen."

In calce, " Explicit liber sanctorum trium regum Colonie requiescentium."

Sequuntur versus Anglicani de amore Dei, incip.

" While thou hast Gode and getest gode, for Gode thou miȝt be holde,

Who hath no Gode, he can no gode, a gode man so me tolde."

Ɖ XXXIV.

Chartaceus, in 4to, ff. 147, anno 1625 Toleti scriptus.

Antonii Sanchez Disputationes sive quæstiones

novendecim de Incarnatione Christi ; cum tabula et procemio.

Tit. " Tractatus de Verbi Incarnati mysterio in via doctoris subtilis."

Incip. procem. " Invocato prius divino numine aggredimur explicare."

Incip. quæst. i. " Utrum incarnatio sit possibilis ? Quoniam possibilitas."

Desin. " ad laudem Dei Omnipotentis, Deiparæ Virginis etc." [et deinde manu auctoris] " sub correctione sanctæ matris Ecclesiæ, etc. Fr. Antonius Sanchez."

Ꮛ. XXXV.

Codex chartaceus, in 4to, ff. 32, sec. xvii.

1. Chronologiæ sceleton ab exordio mundi ad captivitatis Babylonicæ finem, auctore Tho. Walker, coll. Univ. magistro. fol. 2.

2. Ὑποτύπωσις temporum in chronologica diatriba Johannis Marshami tractatorum et collatorum, exposita oculis κατὰ πλάτος per Th. Walker, ad mentem quam potuit proxime ipsius textus, " quem valde velit, pro intimo in authorem affectu, dari posse in omnibus inconcussum." fol. 7.

Incip. " In sequente hac chronologia observabis annorum aliquot differentiam."

Ɛ XXXVI.

Membranaceus, in 4to, ff. 154, sec. xiv. exeuntis ; binis columnis exaratus ; olim Thomæ Browne, postea coll. Univ. ex dono Tho. Walker, S. T. P. magistri.

1. [Joh. Hoveden] Speculum Laicorum, sive Loci communes capitulis nonaginta comprehensi, cum prologo. p. 1.

Incip. prol. " Quoniam ut docet apostolus lacte non cibo solido."

Incip. lib. " Abstinencie triplex est species ; prima est ciborum ;" ut supra in cod. xxix.

In calce, " Explicit tractatus intitulatus, Speculum laycorum."

2. Explicatio decalogi in istud, " Si vis ad vitam ingredi, serva mandata ;" fragm. p. 228.

Incip. " Karissimi, ad omne opus bonum."

3. De modo et forma concionandi. p. 237.

Incip. " Predicatio est thematis assumptio, ejus denique thematis divisio."

Defic. pars ii. in verbis, " si fuerit auctoritas"——

4. Tractatus [Roberti Grostete] domini Lincolniensis de venenis. p. 261.

Incip. " Racio potissime veneni."

In calce, " Explicit tractatus de venenis
secundum Lincolniensem episcopum; Amen."

5. S. Athanasii sermo de imagine Salvatoris apud
Berytum inventa. p. 299.

Incip. " Elevate oculos, sensus."

In calce, " Explicit sermo sancti Athanasii."

Sequuntur notitiæ de septem peccatis, de
plagis Ægypti [*metrice*], de commemoratione B. M. V. in Sabbato, et vii. donis Spiritus Sancti.

. XXXVII.

Codex membranaceus, in 4to, ff. 107, sec. xv.

Catena SS. Patrum in psalmos septem pœnitentiales; initio mutil.

Incip. in verbis, "penarum et ubique Dei laudibus decoratum. Sequitur collector. Quodque si in eodem quomodolibet."

Patres sunt, Augustinus, Nicolaus de Lyra,
Cassiodorius, Hugo de S. Victore, Remigius,
Bernardus, Hieronymus, Isidorus.

In calce fol. 15 b, " Explicit exordium tocius psalterii glossati et incipiunt septem
psalmi penitenciales."

Desin. " in hac valle miserie consolaciones
Domini nostri Jhesu Christi, qui est benedictus in secula seculorum. Amen."

. XXXVIII.

Chartaceus, in 4to, ff. 166, sec. xvii.

Quæry John Hales

Commentarii in universam Aristotelis Physicam,
cum præfatione; anonymo auctore.

Incip. præf. " Peractis rationalibus atque
moralibus disciplinis."

Incip. lib. " An physica sit scientia? Dico
primum physicum esse habitum."

Desin. " secundum formas ipsarum causarum, dico 3."

. XXXIX.

Chartaceus, in 4to, ff. 169, sec. xvii.

Anonymi cujusdam commentarius in Organon
Aristotelis, cum præfatione.

Incip. præf. " Quod erat suscepti operis fundamentum."

Incip. lib. " Quænam fuerint logicæ artificia-
lis inventores aut potius reparatores et quomodo fuerint reparata. Circa primam propo-
sitæ quæstionis."

Desin. imperf. " Saltem habitus illi proprio-
rum omnes acquiruntur nostris actibus——"

D. XL.

Codex membranaceus, in 4to, ff. 120, sec.
xvi., in usum Christophori Urswyke, Henrici
VII. regis Angliæ eleemosinarii, nitide exaratus, et quoad pag. primam pictus.

written by Peter Meghen (see O. Pächt, Bodleian Mag. 82 (1944), 134-9

1. Homilia S. Johannis Chrysostomi in Evangelii S. Matthæi cap. v. et vi., anonymo interprete. fol. 1.

Incip. " Audistis, quia dictum est; Ecce
sextum mandatum legem adimplens."

2. Ejusdem homilia in calamitatem civitatis Antiochiæ et quod utilis ubique timor, etc. f. 25.

Incip. " Oportebat hodie et superiore sabbato."

3. Sermo divi Augustini episcopi de expositione
orationis Dominicæ ad Neophytos; etc. f. 42.

Incip. " Duo sunt charissimi, que principaliter attendere debet humana."

Sequebantur sermones duo Martini Lu-
theri, scil. 1. de præparatione ad Eucharistiam; 2. Quomodo Christi passio est consideranda; hodie evulsi.

Tantum est reliqua præfatio, ' Christianis
omnibus; incip. Habetis sermonem vere
eruditum."

4. F. Hieronymi Savonarolæ, ord. Præd. expositio in psalmum quinquagesimum; cum præfatione. fol. 64.

Incip. præf. " Infelix ego omnium."

Incip. expos. " Deus qui lucem."

In calce, *man pr.* " Liber venerabilis viri
domini Christophori Vrswyke, quondam
illustrissimi regis Henrici VII. elemosinarii
magni."

5. Ejusdem Hieronymi expositio in psalmum tri-
gesimum, prævio dialogo inter doctorem et
spem. fol. 103.

Incip. præf. " Tristitia obsedit me."

Incip. expos. " O mira potentia spei."

Sequuntur, (a) Oratio ad S. Trinitatem.

(b.) Conclusiones fratris Dominici pro Hieronimo per eum predicate ; incip. ' Ecclesia Dei indiget renovatione.'

Desin. "Excommunicatio nuper facta contra venerandum patrem, fratrem Hieronymum, nulla est. Non observantes eam non peccant. Finis."

XLI.

Codex membranaceus, in 4to, ff. 77, sec. xiv., mutilus ; olim conventus fratrum Salopiæ.

1. Definitiones sphæræ, solidi, superficiei, etc. fol. 1 b.
2. Tabula contentorum codicis. fol. 2 b.
3. Roberti Grostete Lincolniensis compotus ; mutil. fol. 3.

Incip. in verbis, " primi et ideo in sua proportione minimi."

4. Tractatus quadrantis novi compositus a magistro Prophatio Hebræo anno Dominicæ incarnationis 1288, et correctus ab eodem A. D. 1301. fol. 10.

Incip. " Cum stellarum scientia sine instrumento congruis minime compleatur."

5. Johannis de Sacro-Bosco libellus de algorismo. fol. 16.

Incip. " Omnia que a primeva rerum ;" ut in edit. impress.

6. Ejusdem tractatus de sphæra cum appositione et compilatione. fol. 19 b.

Incip. " Tractatum de spera in 4 capitulis ;" ut supra in cod. xxvi. §. 3.

7. Liber quem edidit Thebit filius Chore, de his quæ indigent expositione antequam legatur Almagestus. fol. 26.

Incip. " Equator major in cujus."

8. [Roberti Grostete] Theorica Planetarum. fol. 28.

Incip. " Circulus eccentricus."

9. Regulæ ad pronosticandum diversam aeris dispositionem futuram [secundum Robertum Grostete.] fol. 33.

Incip. " Ad pronosticandum."

10. De compositione Cylindri, cum tabulis altitudinem solis exhibentibus in civitate Oxon. London. et Exon. fol. 35.

Incip. " Investigantibus nature."

11. De compositione quadrantis. fol. 36 b.

Incip. " Geometrie due sunt partes."

In calce, " Explicit de mensura geometrie."

12. Ars et operacio novi quadrantis a magistro Prophacio Marsiliensi editi, a Petro de Sancto Audomaro Parisius diligenter correcti et perfecti. fol. 41.

Incip. " Accipe igitur tabulam."

Defic. in verbis, " pone almury primo super ejus cordam rectam et postea"——post quæ evulsa sunt folia novem plura de judiciis continentia.

13. Canones super Almanach Prophatii. fol. 47.

Incip. " Quia omnes homines naturaliter scire desiderant et maxime res occultas.'

14. Tabulæ sive Almanach Prophatii. fol. 52.

Tabula ult. inscribitur, " Tabula radicum planetarum super meridiem Oxonie cujus longitudo ab occidente est 51 gradus."

Sequitur expositio [mutil.] incip. " Iste tabule fundate sunt super tabulas et radices Alfonsi ad circulum meridianum civitatis Oxon."

XLII.

Codex chartaceus, in 4to, ff. 129, sec. xv., haud una manu exaratus ; olim domus clericorum de communi vita in Grönigen circa Sanctam Walburgam, postea an. 1639 Johannis Halei, Med. Doct.

1. Anonymi cujusdam liber de vera vite, Jhesu Christo, in istud, ' Ego sum vitis vera,' prævia oratione. p. 1.

Incip. orat. " Jhesu benigne, vitis vera."

Incip. lib. " Ego sum, etc. Ipso Domino Jhesu Christo adjuvante, videamus quasdam proprietates."

Desin. " optimo et dulcissimo Jhesu, qui est benedictus in secula ; Amen."

2. Tractatus de prædestinatione editus per venerabilem et egregium virum magistrum Henricum de Goriken sacræ theologiæ professorem eximium. p. 137.

Incip. " O altitudo diviciarum sapientie et scientie Dei ; Hujus exclamacionis verba."

Desin. " possessionem nobis largiri dignetur Jhesus Christus ; Amen."

In calce, " Explicit tractatus, etc. per Henricum de Gorinken S. T. P." etc.

3. Verba aurea fratris Ægidii [Romani]. p. 159.

Incip. " Gracia Dei et virtutes sunt scala et via ascendendi in celum."

[handwritten left margin note:] cod. Vo in der Ludwig Baur's Philosophische Werke des Robert Grosseteste (Münster, 1912).

[handwritten note at bottom:] On the inner cover " Frater Volkerus Zwollis me scripsit anno domini 1491 ipso die Augustini episcopi etc."

4. Henrici Ramsen, magistri sacri palacii apostolici, responsiones de indulgentiis ad Johannem ep. Leodiensem. p. 187.

Incip. " Responsiones ad articulos per reverendissimum in Christo patrem dominum Johannem, episcopum Leodiensem."

In calce, " Explicit improbacio articulorum aliquorum cum manifestatione quorundam necessariorum circa indulgentias et maxime anni quinquagesimi, id est, Jubilei."

5. Tractatus magistri Johannis Gerson, cancellarii Parisiensis, de pollutione nocturna. p. 199.

Incip. " Dubitatum est a me frequenter."

In calce, " Finit tractatus magistri Johannis Gerson ;" etc.

6. De vita. p. 216.

Incip. " Communis vita est multum utilis et proficua volentibus."

7. De vita Christi juxta Evangelistas. p. 231.

Incip. " Anno xlij. imperii Augusti Cesaris viij. kal. Januarii nocte Dominice diei."

In calce, " Explicit brevis et utilis cursus vite Jhesu Christi secundum quatuor evangelistas in evangelia hystorica."

8. Excerptum ex cronica episcoporum Trajectensium et comitum Hollandiæ ipsius Johannis Vander Beke. p. 237.

Incip. " Nero qui cepit anno Domini lviij. expulit de Roma duos nobiles."

Desin. " anno Domini m.ccc.iiij. captus est episcopus in bello in Zelandia."

Et in inferiore margine " A. D. m.ccc.xv. multi fame perierunt in Agip.; modium siligis lx cornoysche," etc.

XLIII.

Codex chartaceus, in 4to, ff. 67, sec. xvii.

" Discorso dell' Abondanza, del consigliario Carlo de Tapia ;" capitulis centum tribus comprehensus : *Italice.*

Incip. " Fra tutte le virtu che possone far un principe glorioso et amabile."

Desin. " ho consumato in servitio di sua maiesta."

XLIV.

Chartaceus, in 4to, ff. 44, sec. xvii.

Ailredi, sive Ealredi, Rievallensis, de vita Davidis sive Genealogia regum Anglorum, ad Henricum II.

Exstat impress. apud Twysden Scriptores Decem. p. 347.

In calce, *man. sec.*, " Explicit liber bonæ memoriæ A. abbatis de Rievalle de prosapia regis Henrici editus."

XLV.

Codex membranaceus, in 4to, ff. 91, secc. xv. xiii. et xiv. *List of contents in hand of O Walker*

1. Petri Ploughman visio, [Rob. Langlande fere tributa ;] *Anglice.* fol. 1.

Ad fol. 27, " Explicit visio Willelmi de Petro Plowman, et hic incipit, Do wel, Do bet and Do best secundum wit and resoun."

Defic. in versu,

" Dauyd Godis derling deffendeth it also ;"

Cui succedit rubrica, " Vide prevaricantes et thabescebam."

2. Henrici Huntindoniensis, [sive Bedæ, sive cucuscumque sit,] Imago mundi, cum prologo. fol. 37.

Tit. " Incipit liber, qui vocatur Ymago mundi."

Exstat impress. inter S. Anselmi opera. edit. 1630, tom. ii. p. 416.

Defic. in verbis, " sed Hercules hec cum Athlante"——

3. [Clementis Lanthoniensis] Libellus de sex alis. in istud, ' Sub umbra alarum,' etc. fol. 45.

Incip. " Prima ala confessio est, non laudis, unde confitemini."

4. De quinque septenis in Scriptura. fol. 47.

Incip. " Quinque septena in Sacra Scriptura inveni ; que volo si possum."

Includitur expositio orationis Dominicæ,incip. " Prima peticio est contra superbiam."

5. Carmen de expositione missæ, [auctore Hildeberto Cenomanensi.]

Incip.

" Scribere proposui, quo mistica sacra priorum."

Desin.

" Jure Deo grates referens plebs ire jubetur.

Expliciunt versus de missa."

6. Versus xxii. de diversis. fol. 51 b.

Incip.

" Editur hic Jhesus, totus manet integer esus."

7. Expositio brevis metrica orationis Dominicæ,

cum prologo ad quendam virum summe dis-
cretum. fol. 51 b.

 Incip. prohem. " Non minus arbitror egregium aliquod compendiosum."

 Incip. vers.

" Esse petens liber petens operator alme timorem."

8. Hymnus Hildeberti abbatis. fol. 52.

 Incip.

 " Alpha et ω. magne Deus,

 Helli Heu Deus meus."

 Desin.

 " Cum Moyse et Helia

 Pium cantem Alleluia."

9. Versus de hexaemero. fol. 52 b.

 Incip.

" Primus in orbe dies lucis primordia sumpsit."

10. Narrationes de fratribus sanctisque ex SS.
Bibliis et Vitas Patrum, etc. collectæ. fol. 53.

 Incip. " In quodam monasterio erat quidam
monachus secretarii officii functus."

11. [R. Hampole] Commentarius in aliquot versus
pœnitentiales libri Job et Psalmos. fol. 65.

 Incip. i. " Parce mihi Domine; etc. Exprimitur igitur in hiis verbis humane condicionis instabilitas."

 Deficit ult. in verbis, " sed non obtinebit,
quia constituit"——

XLVI.

Codex chartaceus, in 4to, ff. 43, sec. xvii.;
olim Obadiæ Walker, coll. Univ. magistri.

Of magnetical physic, and of things necessary in
a physician before he undertake this part of
the same.

 Beg. " There are many things necessary for
him that undertakes the practice of this art
and does any good by it."

 Ends, " And thus. much is enough for us
that hast to the practice. Deo gratias."

XLVII.

Chartaceus, in 4to, ff. 104, sec. xvii., manu
Roberti Paine, S. T. P. et ædis Christi canonici scriptus; coll. Univ. ex dono Joh. Elmhurst, A. M., socii.

1. Rogeri Baconis Grammatica Græca; [ex
MS. Briani Twyne exscripta.] fol. 3.

 Incip. " Primus hic primi voluminis grammatici circa linguas alias."

2. Ejusdem Compendium studii Theologiæ et per
consequens philosophiæ et potest servire theologiæ, et habet 2 partes principales; [tran-
scriptum ex MS. doctoris Prideaux.] fol. 37.

 Incip. " Quoniam autem in omnibus causis
authoritas digna potest et debet valere plurimum."

3. Ejusdem Computus naturalium, cum præfatione.
fol. 58.

 Incip. præf. " Omnia tempus habent et suis
spatiis transeunt universa sub sole."

 Incip. cap. i. " De sæculo et ætate. Sæcu-
lum dicitur in sacra scriptura multipliciter."

XLVIII.

Codex chartaceus, in 4to, ff. 112, sec. xvii.,
eadem manu ac tomus superior scriptus;
coll. Univ. e dono Johannis Elmhurst.

1. Rogeri Bacon Communia naturalium; [ex
MS. T. Allen, correctus ex MS. Lumleiano.]
fol. 2.

 Incip. " Postquam tradi grammatica."

2. Ejusdem Tractatus de speciebus; [transcrip-
tus ex MS. magistri Allen, correctus per MS.
doctoris Prideaux.] fol. 62.

 Incip. " Primum caput circa influentiam
agentis."

 Des. " quanquam bene retineat receptum."

 In calce, " Explicit tractatus magistri Rogeri Bacon, de multiplicatione speciei."

XLIX.

Chartaceus, in 4to, ff. 176, sec. xvii., manu
eadem ac priores duo scriptus; et coll.
Univ. ex dono ejusdem Johannis.

1. Rogeri Bacon opus tertium ad Clementem
papam IV. [ex MS. Briani Twyne A. D.
1617 exscriptus.] fol. 1.

 Incip. " Duo transmisi."

2. Ejusdem Mathematica, [ex MSS. doct. Pri-
deaux]. fol. 105.

 Incip. " Postquam manifestata est necessitas mathematicæ."

3. Pars sexta operis majoris ejusdem Rogeri;
sive Scientia Experimentalis, [ex MSS. mag.
Tho. Allen.] fol. 151.

 Incip. " Positis radicibus sapientiæ."

4. Ejusdem de corporibus cælestibus, [ex MSS.
doct. Prideaux.] fol. 164.

Incip. " Post locorum descriptionem deberent."

L.

Codex chartaceus, in 4to, ff. 102, sec. xvii.; olim Arthuri Deane.

Documentorum formulæ legalium, puta citationum, libellorum, excommunicationis sententiarum, aliorumque, ad curias ecclesiasticas, præcipue de Arcubus, ut videtur, spectantium; annexa tabula alphabetica.

Incip. i. " Monitio ad solvendum expensas registrario pro transmissione processus."

LI.

Chartaceus, in 4to, ff. 39, sec. xvii.

A treatise of magneticall physick, in two books, written in Latin by William Æmilian Maxwell, doct. phys. Scoto-Brit., and translated into English by . . . . . . fol. i.

Beg. " Conclusion i. The soule is not only in its proper visible body but alsoe without it, neither is it circumscribed in an organical body."

The second book is composed of " an hundred aphorismes conteyning the whole body of natural magick, being the key to open that which goeth before and which followeth after."

Beg. " The whole world is animated with the first supreme and intellectual soule."

LII.

Membranaceus, formæ quadratæ, ff. 245, sec. xii., anno scilicet 1126 manu Constantini Sacerdotis, binis columnis exaratus; olim Thomæ Cayii, deinde Johannis Brown, coll. Univ. socii, postea ejusdem coll. ex dono Joh. Bancroft.

Octateuchus, secundum versionem LXX. interpretum ; ~~Neo Græco.~~

Tit. βίβλος παλέας γένεσις ὀκτατεύχου κεφάλεον πρῶτον.

In calce, τέλος Ῥοὺθ βίβλου.

Sequitur notitia, τέλος εἴληφεν ἡ ὀκτάτευχος βίβλος νοεμβρίω εἰς τὰς κ΄ ἡμέρα ἕκτη ὥρᾳ γ΄ τοῦ ἔτους, ͵ςχλδ΄ ἰνδ. δ΄.

ὥσπερ ξένοι χέρουσι ἰδεῖν πατρίδα,
οὕτω καὶ τοῖς γράφουσι τέλος βιβλίου.

ὁ τὰ πάντα πληρὸν Θεὸς ἡμῶν δόξα σοι, ὅσι ἀναγινόσκοντες εὔχεσθε . . . . . τὸν Κύριον, μνήσθητι Κύριε Κωνσταντίνου ἱερέως, ἀμὴν, ἀμὴν, ἀμήν.

LIII.

Codex chartaceus, in 4to, ff. 224, sec. xv.

1. Tabula exhibens genealogiam SS. Mariarum trium, cum expositione metrica. p. 3.
Incip. expos.
" Anna solet dici tres concepisse Marias."

2. Epistola ad Johannem [Kemp] cardinalem, archiep. Ebor. de electione Thomæ Basin in præsulatum Lexoviensem. p. 9.

3. Incidentia pauca ex [Petri Comestoris] Historia Scholastica. pp. 5, 11.

4. Excerptum ex historia Judæorum sub Maccabæis. p. 13.
Incip. " Porro quedam superaddita in hac epistola recapitulatione summatim."

5. Excerpta ex Johannis de Rosseto libris de apibus. p. 17.
Incip. " Legitur in libro de apibus sic, Opidum Duacense est inter Cameracum."

6. Excerpta ex Historia Scholastica. pp. 21, 169, 175.

7. Epistola ad fratres de contemnenda peste et morte. p. 27.
Incip. " Etsi apud plurimos nostrum, fratres dilectissimi."
In calce, " Explicit epistola de peste contempnenda."

8. Alexandri de Villa Dei, sive Dolensis, Doctrinale, sive Quæstiones et Responsa super Grammaticam ita dictam. p. 43.
Incip. " Quod est Doctrinale? Est quidam liber artis grammatice sub brevi compendio fere totam grammaticam comprehendens."
Sequuntur excerpta ex lege Mosaica, historia scholastica, Petro Chrysologo, Ravennate, etc.

9. Versus de S. Georgio. p. 173.
Incip.
" Territus ecce magus genibus sanctique volutus."

10. Descriptio invidi. p. 176.
Incip.
" Pallor in ore sedet, macies in corpore toto."

11. Carmen de arte grammatica. p. 177.
Incip.
" Ut flos gramatice pingatur corde minoris."

12. Objectiones et fere omnia dubia, quæ moveri

possunt super Doctrinale magistri Alexandri de villa Dei secundum glossulas monachi. p. 197.

Incip. " Scribere clericulis; etc. In isto principio dicit actor quod ipse proponit representare in scripto unum librum de doctrina."

13. Libellus de arte bene moriendi secundum tentationes diaboli et, e contra, inspirationes Angeli ordinatus. p. 422.

Incip. " Quamvis secundum philosophum iij. Ethycorum omnium terribilium mors est terribilissima."

In calce,

" Explicit ars moriendi,
Qui gerit normam vivendi,
Quisque videat et legat,
Ut in fine sic se regat."

———

" Chacun corps humain fait de terre
Tendant a mort et porriture ;
Nuyt et jour ne cesse de guerre,
Retour a sa prime nature."

14. Decretum concilii Basiliensis de superioritate concilii supra papam; dat. xvij. kal. Jun. 1439. p. 435.

15. Ex Origene et Augustino de virtute Crucis. p. 437.

16. Disputatio cordis et oculi, cum sententia diffinitiva. p. 439.

Incip.

" Si quis cordis et oculi . Non sentit in se jurgia,
Non novit qui sunt stimuli . Que culpe seminaria."

17. De Virgilio. p. 440.

Incip. " Virgilius dicitur a virga."

18. Epistola directa filiis proditoris per principem inferni. p. 441.

Incip. " Lucifer princeps inferni."

LIV.

Codex membranaceus, in folio, ff. 227, sec. xv., manu Italica nitide exaratus; olim Francisci Clethero.

S. Johannis Chrysostomi in S. Johannis evangelium homiliæ octoginta octo, [interprete forsan Johanne Burgundione, cive Pisano,] initio mutil., excisa scilicet litera initiali.

Incip. i. in verbis, " — eos pretereat. Tum si quispiam prestanti ingenio musicus [adven-

taverit] non minori studio idem ipsi theatrum occupant;" ut in versione Francisco Aretino adscripta, Bandin. catal. tom. iv. col. 442.

Desin. ult. " ne igitur hoc patiamur, et ne premente nos avaritia inferius elemosina nos derelinquat, leves nos faciamus et ad superna evolemus, ut et per malorum mutationem et virtutum opera perfecti eterna bona consequamur, gratia et benignitate Domini nostri ;" etc.

Sequitur distichon,

" Vis hujus libri dominum cognoscere verum,
Illius hæc scriptum pagina nomen habet. "

LV.

Codex membranaceus, in folio, ff. 182, sec. xiii., binis columnis exaratus; olim Thomæ Brown, postea coll. Univ., ex dono Johannis Bancroft.

Petri Lombardi Sententiarum libri quatuor, glossulis perpetuis marginalibus illustrati.

Sequuntur, *manu secunda*,

a. Tabula super librum Sententiarum. fol. 171.

b. Quæstio 14 quodlibeti 15 Henrici de Gandavo de indulgentiis. fol. 178.

Incip. " Circa indulgentias arguitur."

c. Arbor consanguinitatis, cum explicatione. fol. 179 b.

Præmittuntur codici glossulæ in distinctiones varias; et ad fol. 3 b, 'Expensæ procuratoris cleri in decanatu de Basyngstoke; incip. " Ecclesia de Basyngstoke, iiij. s. xi. d. Vicaria de Basyngstoke, xxij. d.

LVI.

Membranaceus, in folio, ff. 264, sec. xv. ineuntis; olim cujusdam e familia de Hamptone, postea coll. Univ. e dono Samuelis Clerke, coll. Univ. commensalis, A. D. 1641.

1. Kalendarium, cum monostichis. fol. 1.*

Monost. i. incip. " Prima dies, nona."

Ad diem xiv. Maii notatur, ' Nativitas Richardi Hamptone anno m.cccc.xxij.' et ad xxiii. Sept. ' obitus Katerine Hampton, m.cccc.xiij.;' de qua in initio codicis, ' Md. de Katerine ma ffemme, qe Dieu lassoile, qe morroit le xxiij. jour de Septembre lan du roy Henry quint depuis le conquest primere et anno Domini m.cccc.xiij.'

2. Ricardi Rolle de Hampole commentarius in Psalterium Davidis, cum præfatione; *Anglice.* p. 1.

   Incip. præf. " Grete habundaunce of gostly comfort and joy in God."

   Incip. comment. " In this psalme first he speketh."

   Desin. " euery spirit preyse the Lord."

3. Ejusdem Ricardi commentarius in Cantica Sacra, tam Novi quam Veteris Testamenti; *Anglice.* p. 487.

   Incip. " Confitebor tibi Domine ;" etc.   " I shal shryve to thee, Lord, for thou art wraththed to me," etc.   " To the preisynge of thee I shal shryue."

4. Hymnus, ' Te Deum Laudamus' et Symbolum Athanasianum cum versione Anglicana. pp. 512, 519.

   Deficit codex in Litaniarum verbis, " Ab appetitu inanis glorie."

LVII.

Codex chartaceus, in folio, ff. **244**, sec. xv.

Gulielmi [Peraldi] Lugdunensis Sermones Dominicales in Evangelia per annum totum, numero ccxxiv.

   Incip. ' Dicite filie Syon ;' etc. ut in edit. Lugd. 1576.

   In calce, " Expliciunt expositiones super evangelia Dominicalia per annum secundum doctorem Parisiensem compilate."

   Sequuntur tabulæ duæ; in fine prioris legitur, " Explicit tabula super sermones Dominicales fratris Willelmi Parisiensis, aliter Lugdunensis nuncupati, per totum annum."

LVIII.

Membranaceus, in folio, ff. **217**, sec. xiii. ineuntis; ex dono Gul. Green, armigeri nuper hujus collegii commensalis superioris ordinis **1683**.

Evangelia quatuor, glossis marginalibus interlinearibusque perpetuis illustrata.

   In initio S. Lucæ Evangel. notatum est, " In Luca expositores sunt, Beda, Ambrosius et omelie; In multis tamen glossis simul inveniuntur Beda et Ambrosius."

   Succedunt S. Joh. Evangel. (a.) Tractatulus ad Sacerdotes in istud, ' Templum Dei sanctum est ;' incip. " Sermo iste quamvis omnes tangat."   (b.) Tractatus de confessione, sive manuale confessorum ; incip. " Qualis debeat esse perscrutator."

   Deficit. in verbis, " Deciorum concussorum, Si Decios invitat vel——"

LIX.

Codex membranaceus, in folio, ff. **73**, sec. xiii., binis columnis nitide exaratus; olim Thomæ Browne, postea coll. Univ. ex dono Johannis Bancroft.

   S. Anselmi, archiepiscopi Cantuariensis, opera varia ; scilicet,

1. Cur Deus homo, libris duo, cum præfatione et capitulis. p. 1.

   Tit. " Liber Anselmi Cur Deus homo ; Incipit prologus."

   Exstat inter opera, ed. Paris. 1721, p. 74.

2. De conceptu virginali et peccato originali, cum capitulis. p. 47.

   Ibid. p. 97.

3. De humanis moribus, sive de similitudinibus ; mutil. [usque ad cap. 46. inclusive.] p. 60.

   Omittitur in edit. cit. sed exstat in edit. Venet. 1744, tom. ii. p. 189.

4. Monologion ; mutil. [scil. a cap. 58 ad finem.] p. 73.

   Ibid. p. 3.

5. Proslogion, cum præfatione et capitulis. p. 82.

   Ibid. p. 29.

6. Contra Insipientem. p. 93.

   Ibid. p. 35.

7. De veritate cum prologo et capitulis. p. 102.

   Ibid. p. 109.

8. De libero arbitrio, cum capitulis. p. 115.

   Ibid. p. 117.

9. De casu diaboli, cum capitulis. p. 125.

   Ibid. p. 62.

   In calce. " Explicit tractatus de casu diaboli."

LX.

Membranaceus, in folio, ff. **190**, sec. xv., manu Hugonis Halle exaratus; olim Thomæ, et Johannis, Browne, deinde F. Drake, et denuo coll. Univ. ex dono Tho. Walker, magistri.

1. Nicolai de Aquæ-villa Lugdunensis Sermones Dominicales in Evangelia per anni circulum. p. 1.

D

Incip. i. " Dicite filie Syon, Verba ista as-
sumpta sunt a Zacharia 9, Dicitur similiter."
Desin. ult.

" Gloria. laus, requies, amor et concordia dulcis,
Ad illa gaudia perducat nos Christus Jhesus."
In calce, " Explicit sermones de tempo-
rali per totum annum secundum Nicholaum
de Aque-villa, alias Lugdunensem."
Sequitur tabula alphabetica.

2. Sermo in istud, ' Diliges Dominum." p. 230.
Incip. " Christus docens viam."

3. Sermo in istud, ' In domo tua, Domine.' p. 234.
Incip. " De prima ecclesia."

4. Roberti Grostete, ep. Lincoln., liber de venenis. p. 236.
Incip. " Ratio veneni potissime."
In calce, " Explicit tractatus Lincolniensis
de venenis."

5. Bonaventuræ Cardinalis, sive cujuscumque sit,
de passione Christi libellus. p. 261.
Incip. " Adveniente jam et imminente tempore."
In calce, " Explicit tractatus Bonaventure
de passione Christi."

*This is the
"Speculum Chris-
tiani" somelim :
ascribed to Thomas
de Watton.*

6. Liber moralis in 52 capitula distinctus, maxima
ex parte expositionem sive Catenam Patrum
super decalogum continens. p. 285.
Incip. " Contra ignorantes, capitulum pri-
mum ; Dominus in evangelio ; Qui est ex
Deo verba Dei audit.   Gregorius in omelia ;
Cibus mentibus."
Defic. in cap. 50 verbis, " Augustinus ; om-
nino non temptari———"
Citantur quoque Thomas Aquinas, Robertus
Grostete, Stephanus Langton, ex quo con-
jectare licet auctorem Anglicanum.

7. Ejusdem ut videtur auctoris liber similis momenti de vitiis et virtutibus, etc. ex SS. Patribus aliisque confectus, capitulis lxv. comprehensus. p. 313.
Incip. in verbis, " a sua rectitudine deviare."
Desin. " cum illo fuit et est ante eorum ;" etc.
Sequitur epilogus incip. " Ecce, domine,
nunc habes ante te bonum et malum, lucem
et tenebras."

8. [Ejusdem ?] exhortatio bona de libris sanctis
breviter tractata pro vere Dei dilectoribus
vitam perfectam habere desiderantibus, capitulis septendecim. p. 357.
Incip. " Quot sunt necessaria ad salutem."

Plura ex Ricardi Hampole colliguntur.
Sequitur tabula capitulorum tractatuum
trium supradictorum.

9. Regulæ ad sanitatem servandam ; *metro An-
glicano* ; [auctore Johanne Lydgate.] p. 378.
Incip.
" For helth of body keuer fro colde thyne hede."

Ricardus Gosmore   LXI.   *see BLR. iii. 24*

Codex membranaceus, in folio, ff. 192, secc.
xiii. et xiv., binis columnis maximam partem exaratus ; olim Thomæ Browne, postea
coll. Univ. ex dono Tho. Walker, magistri.

1. Valerii, sive Valeriani, ad Ruffinum epistola
de non ducenda uxore, cum commentario
anonymi. p. 1.
Tit. " Incipit epistola Valerii ad Ruphi-
num, cum comento."
Incip. epist. " Loqui prohibeor ;" ut inter
S. Hieronymi opera, ed. Vallars. tom. xi.
col. 240.
Incip. comment. " Loqui prohibeor ; Sciendum quod tres fuerunt Valerii."
Desin. " vel aliis corrigendum viderit . . . .
———ione Dei.   Amen."

2. S. Gregorii Magni papæ super Ezechielem
Homiliæ viginti duæ, prævia ad Marinianum
epistola. p. 45.
Tit. " Gregorius super Ezechielem."
Impress. inter opera, tom. i. col. 1173.

3. S. Bernardi, abbatis, Meditationes. p. 193.
Incip. " Multi multa sciunt ;" ut inter
opp. ed. 1690, tom. ii. p. 319.

4. Magistri Præpositini Cremonensis summa
super libros duo priores Sententiarum, cum
prologo. p. 201. *imperf.*
Tit. " Incipit prologus super summam ma-
gistri Præpositini Cremonensis super Sen-
tencias magistri Petri Lumbardi."
Incip. prol. " Qui producit ventos.'"
Incip. sum. " De vocabulis igitur que de
Deo dicuntur incipiemus." *non supponit tamen*
* Desin. " ~~crimina criminibus vindicantur~~."

5. S. Hieronymi, sive Ruffini, sive cujuscumque
sint, Vitæ Patrum ; scilicet,
a. S. Pauli eremitæ. p. 323.
Tit. " In nomine Domini incipit Vita Patrum.   Incipit de Sancto Paulo Thebeo
edita a Sancto Jeronimo presbytero."

* 4ª *Guihelmus Altissiodorensis, Summa in
IIum librum Sententiarum. p 207*

Honorii Augustodunensis, inevitable,
fragm. et first edition, ed. Keller,
wiener SB 150, pp. 9-12 L. 28.

Exstat impress. apud Rosweyd. p. 17.
b. S. Antonii, cum prologo. p. 325.
Ibid. p. 35.
c. S. Malchi. p. 337.
Ibid. p. 90.
d. S. Pauli Simplicis. p. 339.
Ibid. p. 368.
In calce, " Explicit vita sanctorum Egyptiorum."
Sequuntur, de SS. Eulogio, Paphnutio, Apelle, Heleno, Elia, Dioscoro, Nitria (sive monachis ex Nitriæ regione), Ammone, Coprete, Or, Ammone, Beno, Oxyrnicho, Theone, Apollonio, Ammone, Isidori monasterio, Serapione, Apollonio martyre de quodam heremita, incip. " Fuit quidam monachus qui in eremo."
Exstant, vario ordine, ibid. p. 457, *seqq.*
✗ 6. Dialogus brevis de prædestinatione, interlocutoribus legato et magistro. p. 365.
Incip. " Fratres in domo Dei communi consensu ambulantes."
7. S. Augustini edicta de animæ egressione e corpore. p. 367.
Incip. " Et cum anima uniuscujusque."
8. Vita beati Fursei presbyteri atque abbatis edita a sancto Beda, presbytero.
Exstat in Act. SS. mens. Jan. tom. ii. p. 41.

LXII, LXIII.

Codices duo membranacei, hodie in unum compacti, in folio, ff. 197, secc. xv. et xiii.; ex dono Mariæ Elmhurst.

1. Extracta ex Roberti Grostete libro de lingua et corde, cum aliis, secundum literas alphabeti. fol. 1.
Incip. " Adulacio est Deo detestabilis; hoc ostenditur natura."
Desin. " de lingua, parte 5 capitulo ultimo."
In calce, " Explicit extracta Lincolniensis de lingua," etc. ut supra. Sequitur index.
fol. 64ᵛ Humfredus Gilbertus
2. Gilberti [de Hoylandia] commentarius in S. Pauli epistolas quatuordecim, cum prologo. fol. 65.
Tit. " Commentum magistri Gilberti super epistolas Pauli."
Incip. prol. " Sicut prophete post legem."
Incip. comment. " Paulus; more scribencium epistolas premittit salutacionem."

Desin. " de Italia; hinc intelligitur a Roma scripsisse; gratia sit cum omnibus vobis; Amen."

3. Postilla super librum Danielis usque ad finem. fol. 186.
Incip. " *Anno tercio*; Occiso Josia a rege Egipti Pharaone Nichao populus Joachay qui et Sellum dictus est."
Desin. " quandoque emittebat ignem, quandoque visibiliter apparebat."
Præmittitur codici fragmentum comment. in Psalmos; *manu alia*; et notitia, " Liber collegii magnæ aulæ universitatis, Oxon. ex dono Marie Elmhurst, in gratiam unici sui nati Hereberti Elmhurst, collegii scholaris, et in collegio mortui."

LXIV.

Codex chartaceus, in folio, ff. 135, sec. xv., binis columnis exaratus; in calce mutilus; ex dono Tho. Walker, magistri.

1. Ricardi Rolle de Hampole commentarius in Psalterium; *Anglice.* fol. 3.
Incip. " Grete haboundance of gostly comfort and joy in God."
2. Ejusdem commentaria in Cantica sacra, tam Veteris quam Novi Testamenti; *Anglice.* fol. 124.
Incip. " Confitebor; I sall shrife til the Lord."
Defic. in quarto versu a fine Cant. Mosis et libri Deut. cap. 32, " Sagittas meas sanguine; et gladius——"

LXV.

Membranaceus, in folio, ff. 8, sec. xii., binis columnis bene exaratus; olim W. Rogers, de Paynswick.

Exhortationes Sanctorum Patrum perfectionesque monachorum, quas de Greco in Latinum transtulit beatus Jeronimus; cum præfatione S. Athanasii; [fragmentum.]
Tit. præf. " Liber Sancti Athanasii de exortacione monachorum ad exortaciones Sanctorum Patrum perfectionis monachorum; de compunctione; de continencia; revelationes pro cautela contra insurgencium fornicationum bella; narrationis ad penitentiam hortantes;

De eo ut nihil per ostentationem fieri debeat;
Incipit liber Athanasii episcopi de exhortatione monachorum."

Incip. " Et si quid gloriari in Christo;"
ut in Codd. Regular. App. ed. Holsten.

Incip. lib. " Interrogavit quidam beatum
Antonium."

Defic. in verbis, " ut semper desideret ingredi
in terram illam"——

LXVI.

Codex membranaceus, in folio, ff. 140, sec.
xii., binis columnis exaratus sed mutilus;
ex dono Thomæ Walker, magistri.

S. Gregorii Magni papæ I. Moralium super librum Job libri xxxv.

Incip. in comment. verbis in cap. xxxi. ——
" quicquam cognovit extempore, sed cognoscere ejus est ex cujuslibet cause emergentis
articulo;" inter opp. tom. i. col. 1.

Defic. in verbis, " Dies itaque suos sancta
ecclesia etiam cum presentem vitam deserit
non ammittit quia in"——

LXVII.   ex.

Membranaceus, in folio, ff. 129, sec. xiv.; olim
libri de communitate fratrum Prædicatorum
conventus Beverlaci; postea ' liber Thorgott, dono Nicolai Mell.'

1. Anonymi cujusdam auctoris Opus, quod intitulatur, Alphabetum Narrationum, cum prologo. fol. 1.

Incip. prol. " Antiquorum patrum exem-
plo didici nonnullos ad virtutes fuisse inductos."

Incip. lib. " Abbas; abbas non debet esse
nimis rigidus. Anselmus quidam abbas."

Desin. " Zelotipa est mulier de marito habita modica occasione; supra de uxore, ij."

Sequitur tabula vocum cum epilogo, ut supra in cod. Mert. 84.

2. Opusculum narrationum in capitula xxvi. distinctum, cum tabula. fol. 122.

Incip. " In vitis Patrum; De periculo im-
pediente pacem. Legitur de Sancto Apollonio, quod cum quadam vice."

Desin. " quia talibus omnia cooperantur
in bonum."

Explicit.
" Qui dedit alpha et oo. Sit laus et gloria Christi."

LXVIII.   *Binding identical with MS. Bodley 214.*

Codex membranaceus, in folio, ff. 326, sec.
xiii., binis columnis bene exaratus; olim,
ut videtur, Roberti de Wynchelsey, archiepiscopi Cantuarensis; postea H. Sutton.

Thomæ Aquinatis summa contra Gentiles, sive
de veritate catholicæ fidei contra errores infidelium libri quatuor, præfixa cuique libro capitulorum tabula.

Tit. " Incipit liber de veritate catholice fidei
contra errores infidelium editus a fratre Thoma de Aquino, ordinis fratrum Prædicatorum."

Exstant impress. inter opera, tom. ix. p. 1.

In calce, " Explicit quartus liber et est totalis tractatus de fide catholica contra Gentiles
a fratre Thoma de Aquino editus ordinis fratrum Predicatorum.

Hic est tractatus fratris Thome generatus;
Contra gentiles quapropter sunt modo viles."

In pagina prima notatur, an manu autogra-
pha, " Thomas de Alquino contra Gentiles
libri quatuor. R. de Wynch. arᴾⁱ."

LXIX.   *Gwenly W. Rogers*

Membranaceus, in folio, ff. 108, sec. xiii.,
binis columnis bene exaratus; mutilus; olim
liber ecclesiæ ..... Wintoniæ, postea Johannis Theyer, de Cowpers Hill juxta Gloucest.

Rogeri Croilandensis, [potius Herberti de Bose-
ham, Johannis Carnotensis, Gulielmi Stephan-
idis, et Alani Theokisberiensis] libri quatuor de
vita et processu Thomæ Becket, archiepiscopi
Cantuariensis.

Incip. in verbis, lib. i. cap. 8, " quem tociens
tam magnanimum in magnis periculis expertus
erat;" ut in Quadrilogo, ed. Paris. 1495.

Inseruntur a p. 86 ad p. 92, Consuetudines
Clarendonianæ quæ in editione citata omissæ
sunt.

In calce codicis, " Liber ecclesie .... Win-
tonie; quem qui alienaverit anathema sit.
Amen."

LXX.   *from the medieval college Library*

Chartaceus, in folio, ff. 138, sec. xv.

[Johannis Felton] vicarii ecclesiæ S. Mariæ Mag-

dalenæ apud Oxonienses Sermones Dominicales per anni circulum, cum prologo.

Incip. prol. " Penuria studentium ;" ut in
Tanner Biblioth. *ad loc.*

Incip. serm. " Dicite filie Syon ; Sciendum
quod gratia Dei."

Desin. " Ad illa gaudia perducat Jhesus Christus ; Amen."

In calce, " Expliciunt sermones dominicales
per annum per vicarium Magdalene Oxonie
horum collectorem."

Sequitur tabula alphabetica.

LXXI.

Codex membranaceus, in folio, ff. 171, sec.
xv. ineuntis, binis columnis exaratus ; olim
liber Magistri Hawkyns, ex dono Roberti
Page, postea coll. Univ. ex dono Willelmi
Hawkyns, anno 1527.

1. Tabula materiarum in opere sequenti alphabetica. fol. 2.

Incip. " Abbas ; numquid abbas vel prelatus alius possit compellere religiosum."

In calce, " Et sic finitur tabula de septu-
plo, de quo laus et gloria sit semper Deo
nostro.

Finis adest tabule libri peccata docentis,
Huic tibi laus Christe, sapientia cunctipo-
tentis."

2. Opus de peccatis et remediis eorum, ' Septuplum,' sive Septenarius, vocatum, textu glossaque confectum ; cum glossatoris prologo.
fol. 15.

Incip. glossat. prol. " ad Ricardum Pyt-
teum, Bathoniensem," [sic testatur manus
secunda in margine superiori,] " Cum illius
non sim auctoritatis, quod meis scriptis
fides."

Incip. proœm. " Subnectivam tabulam fragilitatis humane."

Incip. comment. " Subnectivum ; licet enim
peccator centies faciat malum."

Incip. pars i. de Superbia, " Superbia radix
omnium viciorum."

Incip. comment. " *Superbia ;* Cum secundum consideracionem diversam vicia."

Desin. " qualia sunt remedia contra ea, sic-
que materia viciorum in generali finitur ; de
qua Laus Deo."

Sequuntur versus,

" Laus tibi sit, Christe, quia Septenarius iste,
Est finem retinens capitalia crimina ponens,
Anno miflesimo quadringento duodeno,
Idus cum tenuit sex Julius atque replevit
Sed mala perpessus fuerat scriptor quoque fes-
sus,
Hinc Christum rogitat ut eum celestibus ornat ;
Non ponit nomen quia mundi despicit omen.
Lauda Deum."

Sequitur tabula divisionum cujusque partis.

LXXII.

Codex membranaceus, in folio minori, ff. 73,
sec. xiii. exeuntis ; utrimque mutil.

Operis juridicialis [sc. Britton] fragmentum ad
legem municipalem in Anglia spectantis, in libros quatuor distincti ; *Gallice.*

Titulus qui hodie restat primus est. " De
excepciouns de commune ; cap. xxvij." [lib. ii.]

Incip. " Mystre issuit la attente au plaintif,
si le tenaunt ne soit ne son bailif."

In calce lib. ii. cap. 34, " Ci finist le secund
liuere et comence le terce luiere, de Intru-
sioun."

In calce, lib. iii. cap. liiij., " Ici finist le tierz
liuere de la possession et comence le quart
liuere, de proprete."

Incip. cap. i. " De plus procheynete. Cest
accioun soulement detrie en counte countaunt
la plus."

Defic. in cap. iv. ejusdem libri.

LXXIII.

Chartaceus, in folio, ff. 68, sec. xvii.

Advertencias al duque de Alcala del regente
Valenzuela ; *Hispanice.*

Tit. i. " Al ex.mo Senor duque de Alcala del
conseso de Estado Jesu mag. Virrey lugarte-
niente y capitan general del Reyno de Napoli."

Incip. " Por el desseo conque."

Pars secunda intitulatur, " Segunda parte
deste discurso que trata del abundancia y an-
nona del Reyno y Ciudad de Napoli."

Per hanc et per partem præcedentem citantur in margine opera alia et instrumenta ad
eandem rem spectantia.

In fine, " En Madrid, a 8 di Oct. 1628, El
regente D. Juan Baptista Valenzuela Veles-
quez."

LXXIV.

Given by
T. Walker

Codex membranaceus, in folio, ff. 44, sec. xv. utrimque mutilus.

Psalterium Davidis, cum versione et glossa Anglicana, [interprete Ric. Rolle, de Hampole.]

Incip. in verbis comment. super Ps. 23, vers. 4, " is the image of the deuyle whos wille thei fulfille and if thei go among alle these I schal not drede her yvele pryue ne apeert, for the loue of Crist is so kyndelid in myn herte that I drede no thing but to falle ther fro."

Defic. in ps. xlii. vers. 3, " as thei hadde no God or that he wolde not help them but for suche scorne the meke in"——

Sequitur notitia brevis computorum, " Olyuere; a russet gowne schort, xij.d. Item a capte howft, vi.d." etc.

fol. 44ᵛ John Dowctyng

LXXV.

Ex dono magri
Willi As[phyd]
(label on back
Cover) : a com-
panion volume
to MS. 57

Chartaceus, in folio, ff. 150, sec. xv.

Gulielmi [Peraldi], Lugdunensis, Sermones Dominicales super Epistolas per anni circulum; notis marginalibus instructi.

Incip. " Hora est jam nos," etc. Hoc tempus dicitur tempus adventus;" ut in edit. Lugd. 1566.

In calce, " Expliciunt sermones fratris Guillelmi Lugdunensis, alias Parisiensis, super epistolas Dominicales."

Sequitur index alphabeticus, cui succedit tabula sermonum cum explicatione annexa.

LXXVI.

Chartaceus, in folio, ff. 310, sec. xv.; olim Johannis Castell *(Master, 1411-20)*

Repertorium, sive collectanea de re theologica philosophicaque, ex diversis auctoribus ab anonymo quodam consarcinata.

Sequitur index eorum, quæ majoris videntur esse momenti, quem [Gulielmus Smith, olim coll. Univ. socius] confecit feliciter et in fine scripsit,

1. Loci communes de Christo, de ecclesia, sacramentis et ministris ecclesiæ, [Beda de mystica significatione xij. lapidum pretiosorum], de peccatis in genere et specie, de virtutibus; etc. p. 1.
2. Collectanea diversa philosophica, ex Aristotelis Ethicis, Organo, etc. p. 90.

3. Super Proverbia Salomonis, Ecclesiasticum et Sapientiam. p. 100.
4. Super [Joh. de Balbis] catholicon. p. 111.
5. De re grammatica, ex Britone. p. 161.
6. Ex Johanne Damasceno. p. 171.
7. Ex libris S. Augustini ad Orosium; de Civitate Dei; de Spiritu et litera. p. 174.
8. De temporibus anni ex Januensi. p. 191.
9. Ex S. Augustino de doctrina Christiana, de libero arbitrio et contra Pelagianos, etc. pp. 195, 253.
10 De oratione Dominica secundum [Petrum Comestorem] magistrum Historiarum in allegoriis suis. p. 216.
11. Ex [Petro Lombardo et Petro Comestore.] pp. 300, *seqq.*
12. Ex Summa Thomæ Aquinatis notabilia. p. 349.
13. Notabilia super Rob. Cowton in Sententias. p. 455.
14. Ex C. et T. an Cowton et Thoma Aquinate. p. 484.
15. Ex Augustino de civitate Dei aliisque ejusdem operibus. p. 524.
16. Notabilia ex Roberto Holcot, Augustino, etc. p. 541, *seqq.*
17. Ex epistolis Cassiodori. p. 588.
18. Ex Anselmo de casu diaboli, de veritate, monologio, etc. pp. 593, 609.
19. Index alphabeticus. p. 597.
20. Epistola Universitatis Oxon. de persolvendis decimis ad synodum Londinensem, 1420. p. 619.

Exstat impress. in A. Wood Hist. Oxon. part. 1. p. 210.

In calce, " Ce est ouure Sieur M. John Castell."

LXXVII.

Codex membranaceus, in folio, ff. 136, sec. xiii., olim liber de communitate fratrum minorum Salopiæ, postea ex librario monasterii de Hangmod sumptus et Ricardo Fowler præsentatus a Johanne Shelrock, rectore de Smethcott, 4 Aug. 1606.

1. Evangelium secundum S. Matthæum, glossis marginalibus interlinearibusque ordinarii illustratum. fol. 1.

In calce, " Expliciunt evangelia secundum Mattheum, versus, ij.ᵐd.cc."

2. Tractatus de sacramento altaris sive de canone missæ, et de signo crucis inibi facto. fol. 50.

fol. 18 ista compilavit Kexby apud Odynton (crossed through)
Magister J. Kexby de textnons philosophie
(see BLR. III. 16)

Incip. " In virtute sancte Trinitatis et sancte Crucis et Sacramento altaris magna est conveniencia."

3. S. Lucæ evangelium, prologo S. Hieronymi glossisque instructum. fol. 54.

In calce, " Explicit Lucas evangelista."

Sequitur notitia de SS. Mariis tribus; incip. " Anna et Emeria fuerunt sorores."

LXXVIII A.

Codex membranaceus, in folio, ff. 227, sec. xv. ineuntis, binis columnis exaratus; olim Gul. Rogers, ex hospit. Lincoln. 1668.

1. Kalendarium, cum monostichis. fol. 1.

2. Missale secundum usum, ut videtur, Herefordensem, mutilatum. fol. 7.

Excisa est pars canonis missæ; et alia.

In officio sponsalium in imponendo annulo dicitur, " Wyth this rynge I the spowse, and with this gold and selver I the dowe and with my body I the honowre."

Cf. Maskell's Antient Liturgies, 1846, pref. p. clv.

In eodem officio ad fol. 223, de benedictione unitatis omittenda in secundis nuptiis, notatur, " Hec questio fuit discussa et determinata in palacio domini pape Johannis et translata in Angliam per magistrum Johannem Haystede, anno Domini, m°ccc°xxi°;" ut in editt. impress. Missalis, tam Sarum, quam Hereford.

LXXVIII B.

Membranaceus, in folio, ff. 183, sec. xv., binis columnis bene exaratus; olim ecclesiæ de Coknay ex dono Willelmi Sheppard.

1. Kalendarium, cum monostichis. fol. 1.

In die 17 Maii notatur sepultura Margaretæ Haverham, A. D. m.cccc.xxxij.

2. Missale secundum usum [Eboracensem.] fol. 7.

In calce, " Orate pro anima Willelmi Shepparde, qui dedit istum librum ecclesie de Coknay."

LXXIX.

Chartaceus, in folio, ff. 242, sec. xv.; ex dono Will. Asplyon, unius e xij. sacerdotibus monast. S. Salvatoris in Sion; 1473.

Raynerii de Pisis Summæ Theologiæ pars prima

incipiens a litera A et progrediens ad literam E et vocem Electio.

Exstat summa impress. in fol. Mogunt. 1473, et alibi.

Præcedit index alphabeticus vocum et notitia de donatione hujus et sequentium voluminum coll. Univ. A. D. 1473 facta, manu W. Smith, [coll. Univ. socii], scripta 23 Aug. 1700.

LXXX.

Codex chartaceus, in folio, ff. 184, sec. xv.; ex dono ut supra.

Raynerii de Pisis Summæ pars altera, a litera E. ad literam I. et vocem Infidelis; cum tabula capitum in principio.

Præmissa est bulla Innocentii papæ VI. pro provisione domini Johannis Wynter, presbyteri Hereford. dioc., cum executione ejusdem per Radulphum [de Stratford] ep. London. qui per procuratores suos onus provisionis in abbate et convent. monast. S. Crucis apud Waltham imposuit; dat. 4 Jul. 1353.

LXXXI A.

Chartaceus, in folio, ff. 194, sec. xv.

Raynerii de Pisis Summæ volumen quartum; a voce Paciencia ad Reprobacio inclusive.

Præcedit index vocabulorum sub litera P.

In calce, " Explicit reproband. Explicit litera R."

LXXXI B.

Chartaceus, in folio, ff. 182, sec. xv.; ex dono ut supra.

1. Raynerii de Pisis pars quinta et ultima a litra S. et voce Sacerdos ad finem operis, cum tabula præmissa.

In calce, " Explicit Summa venerabilis fratris Reynerii de Pisis sacre pagine professoris, ordinis fratrum Predicatorum."

2. Index Summæ locupletissimus, secundum ordinem alphabeticum ex mente datoris supra memorati consarcinatus. fol. 121.

Incip. " Aaron fuit primus sacerdos in lege; Sac. 1 B."

Desin. " zelus, quid sit et quid significat et quomodo accipitur; Amor, 17."

LXXXII.

Codex membranaceus, in folio, ff. 67, sec. xv.

Registrum Statutorum Ordinationumque ad ecclesiam collegiatam S. Johannis de Beverlaco spectantium.

1. Præmittuntur statuta per vicarios ordinata in capitulo; dat. 15 Nov. 1462. p. 1.

2. Tabula super librum, titulos partium viginti exhibens, quarum hodie prima, secunda, 16, 17, 19 et 20 tantummodo inveniuntur. p. 6.

3. De libertate et franchesis ecclesiæ; scil. pars prima. p. 7.

    Incip. cum charta Aethelstani, sub titulo, "Carta Adelstani regis facta beato Johanni Beverlaci in hec verba,

        Als fre make I the

        Als hert may thinke,

        Or egh may see."

    Incip. "Predictus rex inclitus Adelstanus, instinctu Wlstani, archiepiscopi."

4. Thomæ Arundel, archiep. Eborac. Ordinatio; dat. Beverlaco 28 Jul. 1391; pars scilicet xvi. p. 13.

5. Juramenta ministrorum ecclesiæ, pars scilicet xvii. p. 22.

6. Excommunicatio quater in anno facienda; pars scilicet secunda. p. 24.

7. De obitibus et compositionibus vicariorum; pars scil. xix. p. 33.

    Tit. "Hic incipiunt obitus et composiciones."

    Incip. "Obitus magistri Gilfridi de Scropo S. Petri canonici eccl. Beverlac. sub festo duplici."

8. De chartis omnium tenementorum et reddituum pertinentium vicariis infra Beverlacum et extra; pars scil. xx. p. 57.

    Tit. "Hic incipiunt carte omnium tenementorum pertinentium vicariis ecclesie collegiate beati Johannis Beverlaci, divise in particulis, ut patent inferius."

    Incip. "Carte extra barras boreales. Scient presentes et futuri quod ego Robertus de Walton de Beverlaco."

    In tegmine exteriori servatur, æneo circumcinctum annulo, distichon sequens,

"Omnibus in annis, qui . . . . sat jura Johannis,

Ter execrantur, damp . . . . jure probantur."

℞. LXXXIII.

Codex chartaceus, in folio, ff. 70, sec. xvii.

State and parliamentary papers having reference principally to the year 1640; as follow,

1. Petition of the Scotch commissioners with the king's answer, dat. 5 Sept. 1640. fol. 1.

2. The king's speech to the assembly of the peers at York, 24 Sept. 1640. fol. 2.

3. The king's speeches; 3d Nov. fol. 2 b.

4. The speaker, Lenthall's, speech, 5 Nov. fol. 3 b.

5. The lord keeper Finch's speech, at the opening of parliament. fol. 5.

6. Mr. Bagshawe's speech. fol. 8 b.

7. Sir Benjamin Rudyard's speech, 7 Nov. fol. 10.

8. Mr. Grimstone's speech. fol. 12.

9. Sir Edward Dering's three speeches. f. 14, seqq.

10. Sir John Holland's speech. fol. 17.

11. Sir John Wray's first, second and third speech. fol. 18 b.

12. Sir Edward Hale's speech. fol. 20 b.

13. Sir John Culpepper's speech, 9 Nov. fol. 22.

14. The lord Digby's speech. fol. 23 b.

15. Mr. Pym's first and second speeches, with his Declarations touching the earl of Strafford. ff. 25, 27.

16. Petition of, and other papers relating to, the earl of Strafford's attainment, 27 Nov. fol. 29, seqq.

17. Remonstrances from Ireland to the same. fol. 30 b.

18. The lord Falkland's speech. fol. 33.

19. The names of the committee, 19 Decemb. f. 35.

20. The accusation of the Scotch commissioners against Canterbury and the lieutenant of Ireland, 16 and 17 Dec. fol. 36.

21. Mr. Grimstone's second speech. fol. 42 b.

22. The earl of Bristol's speech, 4 Dec. fol. 43.

23. The impeachment of sir George Ratcliffe, deputy lieutenant of Ireland, with Mr. Pym's speech, 31 Dec. fol. 43 b.

24. The impeachment of John lord Finch, lord keeper. fol. 44.

25. The lord keeper's last speech, 21 Dec. fol. 46.

26. Mr. Grimstone's third speech. fol. 49 b.

27. Lord Falkland's speech on the impeachment of the lord keeper, 14 Jan. fol. 50 b.

28. Report of the judges' answer to the house of commons by the 26 gentlemen appointed to examine the judges as to their votes about the ship money. fol. 52.

29. Demands of the Scotch commissioners concerning their losses and charges, with preamble; 7 Jan. fol. 52 b.

30. Mr. Rigby's speech in answer to the lord keeper Finch. fol. 55.

31. Articles against Dr. Pearce, or Pierce, bishop of Bath and Wells; in Dec. fol. 56.

32. Sir Richard Wiseman's petition to the house, on his imprisonment in the Fleet; Dec. fol. 56 b.

33. The petition of John Bastwick, M. D. fol. 58.

The speeches and petitions above enumerated have all been printed by Rushworth in the fifth volume of his Collections and elsewhere.

34. A discourse of the passages betwixt the earls of Essex, Northampton, and Somerset, the countess of Somerset, sir Thomas Overbury, and others, with theyr risings and falls, and with divers other matters, acted during the raigne of king James of blessed memory, and also of the duke of Buckingham his first coming into France. fol. 58 b.

Beg. " First of the condission of the state of Englande and the relation that it had to other provinces. Howsoever every kingdom and commonwelth."

LXXXIV.

Codex membranaceus, in folio majori, ff. 203, sec. xiii. exeuntis, binis columnis exaratus; ex dono Thomæ Walker, S. T. P. magistri.

Justiniani Imperatoris Codex, glossis [Francisci Accursii] aliisque recentioribus instructus; in calce mutil.

Præcedunt titulorum tabula atque prolegomena.

Tit. " In nomine Domini Jhesu Christi Codicis Justiniani domini electissimi principis repetite preelectionis perpetui Augusti hic incipiunt Constitutiones de novo codice faciendo."

Defic. in lib. vij. tit. lxiv. de appellationibus verbis, " *Imp.* Cum magistratus dacionis"—— et in gloss."est ergo ratio quandoque quis"——

Præfixit codici bibliopegus bullam Johannis papæ XXII. ad [Nicolaum Bubbewith] episc. Wellensem directam de Gerardo de Sudbyria, canonico ibidem; dat. 1417.

LXXXV.

Codex membranaceus, in folio, ff. 90, sec. xv.; nitide exaratus et quoad paginam primam pictus.

1. The quadrilogue of Aleyn Charietere [Chartier] secretarie sometyme to [Charles VI.] the kynge of France; with a prologue to the Regent, etc. p. 1.

Prol. beg. " To the most high and excellent majeste of princes, to the right honeurable magnificence of nobles."

Tit. " Incipit quadrilogum invectuum et comitum ad morum populorum correctionem."

Beg. " Aboute the dawnynge of the day."

Ends, " profite by good exhortacion more than for any repreef."

2. Here begynneth the booke of the gouernaunce of kings and princes called the Secreet of Secreets which was first made by Aristotle to kynge Alexander, [translated into English by Lydgate?] p. 70.

Tit. prol. " The prologue of a doctour recommending Aristotle."

Beg. " God Allmighety preserve our kynge and the prosperite of his true subgites."

Ends, " And thou holde the on the better parte and moost profitable."

3. Three consideracions right necessarye to the good gouernaunce of a prince. p. 136.

Beg. " It is conuenient and reson requireth that euery prince, estate."

Prefixed is a rubric of authorities whence the work has been compiled, " that is to sey in the Bible, the wise parables of Salamon, in the booke of Ecclesiastes, Ecclesiasticus and diuers othir, the politiques and ethiques of the famows philosophre Aristotle, thaduertisement of Vegecyus in his trety made of the ffeete of chiualrye, and prudent counseyll of Gyles [Ægidius Romanus] in his treatise of regiment and gouernaunce of prynces and many othir writinges ;" etc.

Ends, " and in the bookys of other diuers clerkys which more largely and pleneurly entreetith of this matere."

On the upper margin of the first page, as also below the illumination at p. 70, is the following crest, a man's arms clothed, az. supporting a wheat-sheaf, proper, with the motto, ' Oublier ne doy !'

At p. 2, as also at the end of the volume, are verses, *in French*, addressed to Anne, duchess of Somerset, [wife of the protector,] by Michael Ottheu, physician in ordinary to the emperor Maximilian II.

LXXXVI.

Given by Charles Hales

Codex membranaceus, in folio majori, ff. 355, sec. xiii. exeuntis, ff. 189—242 ex codice antiquiori suppletis, binis columnis bene exaratus et servatus; olim armarioli communis Dunelmensis, postea Johannis de Kelton.

Gratiani Clusini Decretum, sive concordantia discordantium canonum; quoad Causas sex priores glossis marginalibus instructum.

Incip. gloss. " Verbo reperiendi ponitur xj. q. iii. Rogo."

In margine inferiore ff. 1—10 subjecit manus recentior monosticha; incip.

" Dicit et dividit quid Jus, distinctio prima."

LXXXVII.

Membranaceus, in folio, ff. 162, sec. xii., binis columnis bene exaratus; in calce mutilus.

S. Augustini contra Faustum Manichæum disputationum libri; initiali litera affabre delineata.

Exstant impress. inter opera, t. viii. col. 183. Deficit in lib. xxx. cap. iv. verbis, " ille non tantum stultus putandus"——

LXXXVIII.

Probably given by C. Theyer

In the same hand as MS. Wood empt 2.

Membranaceus, in folio, ff. 98, sec. xvi. exeuntis.

The history of Joseph, *part I of* a poem, by William Forrest, chaplain to queen Mary, with a dedicatory letter to Thomas, duke of Norfolk, prologue and argument.

The dedication is, " To the right highe and myghtye prince Thomas, duke of Northfolke, earle of Surrey, lorde Hawarde, earle marshall of Englande, and one of the most noble order of the Garter, be grace and favour from God above, prosperous and longe lief in quyetnes of harte, withe, after the same, eternall felycyte so wischeth his humble oratour Wyllyam Forrest."

Beg.
" Off three ons we reade syngular alone
The whale the phenix eache without compare."

Tit. prol. " The prologe of Wyllyam Forrest, sometyme chaplayne to the noble queene Marye, yn the moste famous hystorye of Joseph the Chaste, sunne unto Jacob the holy patryarke, composed by hym in balade royall, as appearethe, to the glory of God and thacceptation of all goode folke he humbly beseacheth."

Beg.
" Off wysedome hydde and treasure saufe unseene."

Title of the poem, " Heere ensueth the notable hystory of the moste chaist innocent Joseph sunne to Jacob the holy patryarke, veary fructefull and delectable to bee reade, garnysched withe sentencyes of sundrye autentyke sayinges, to the more amplyfyinge and perfectynge of the same."

Beg.
" In Canaan that countrey opulent,
Thear ruled a lorde calde Jacob by name."

Ends,
" For heere endynge his great aduersyte,
The next shall treat of his felycyte."

" Heere endethe the tragedous trobles of the moste chaiste innocent Joseph, sun to the holy patryarke Jacob."

Cf. MS. Mus. Brit. Reg. 18. C. 13. *which is part II of the same poem*

LXXXIX.

Codex membranaceus, in folio, ff. 261, sec. xiv. ineuntis; binis columnis exaratus.

1. Galeni Tegni [Microtechnon,] sive Ars parva, cum Haly commentario, interprete Gerardo Cremonensi. fol. 1.

Tit. " Incipit Tegni Gallienus commento Hali."

In calce, " Explicit Tegni G. cum commento Hali, Deo gracias."

2. Hippocratis Aphorismorum libri septem cum Constantini Africani [an Galeni] commentariis, et prologo ad Glauconem. fol. 90.

Tit. " Incipiunt amphorismi Ypocratis cum commento domini Constantini Affricani montis Cassienensis monachi."

Incip. præf. " Licet petitionibus tuis."
Incip. comment. " Plurimi interpretes."
Defic. in verbis, " Consuevit Ypocrates dicere exeuncia et inter"——

3. Ejusdem Prognostica cum Galeni commento, eodem interprete; initio mutil. fol. 155.

Incip. in verbis, non longe ab initio, " —— Ypocrates in hoc sermone . . . . . . — citum sed ex juvamentis."

In calce, " Explicit liber Pronosticorum Ypocratis cum commento Gallieni."

4. Ejusdem liber de regimine acutorum, cum ejusdem commento, eodem interprete; initio mutil. fol. 203.

Incip. in verbis comment., " —— partis hujus artis medicine, scilicet medicacionis."

XC.

Codex chartaceus, in folio, ff. 83, anno 1480 manu Willelmi White scriptus.

This boke is the copy of the extent of lordeshippes and londes perteynyng unto the erle of Ormond in Irlande atte the tyme of the making of the said extents, with copies of dedes and other thingis in the same; whiche this copy was copied in the xx yere of the regne of kyng Edward the fourth oute of a boke called the redde boke, whiche was in tyme of the wrytinge herof in the keping of James Botler eldest sone of Edmond Richardson.

Beg. " Extenta terrarum et tenementorum Pincerne Hibern. in comitatu de Katherlath facta coram Ricardo le Botiller et H. clerico die dominic. prox. post festum Nativitatis B. Johannis Baptiste, anno regis Edwardi xxxj. per sacramentum subscriptorum."

XCI.

Membranaceus, in folio, ff. 3 et 225, sec. xiii., binis columnis bene exaratus; olim decani de Crediton, ex legatione W. Palmer, postea Gulielmi Muggi ex dono Georgii Mason.

Gulielmi Peraldi Lugdunensis opus de vitiis septem in partes totidem distinctum.

Tit. " Incipit tractatus moralis de septem viciis capitalibus et de peccato lingue."

Exstat impress. Colon. 1479.

In calce, " Explicit summa de viciis septem et eorum speciebus multimodis;" cui succedit tabula capitulorum totius operis.

Deinde, *man. recent.* notitia de dissensione orta inter canonicos eccl. collegiatæ de Crediton et decanum ejusdem pro mortuario cujus-

dam Willelmi Bremryge de Shobroke; Oct. 1518.

In fol. 3* b., " Liber M. Willelmi Palmer, quondam precentoris ecclesiæ Crediton emptus a Thoma Veysey, stacionario London. pro xxxiij. s. iiij.d anno Christi 1433, in mense octavo."

" Hic liber disponitur decano et parochianis Crediton per executorem dicti M. W. Palmer, M. Johannes Lyndon."

XCII.

Codex membranaceus, in folio, ff. 198, sec. xiv., binis columnis nitide exaratus; initio et fine mutilus.

Commentarius in Sententiarum librum primum, [auctore Roberto Cowton?]

Incip. in verbis, " boni et bonum in infinitum et tenet."

Incip. distinct. 2, quæst. 1, " Circa distinctionem secundam quero primo, Utrum Deum esse sit per se."

Defic. in verbis quæst. 3 distinct. xlvii. " licet actualis abstraccio sit"——

Incip. comment. in distinct. eandem, " Circa distinctionem 47 queritur Utrum ydee sint in mente."

XCIII.

Chartaceus, in folio, ff. 325, quorum ff. 200 usque ad finem vacua sunt, sec. xvi. exeuntis.

Anonymi cujusdam S. Theologiæ professoris lecturæ de controversiis inter Reformatos et ecclesiam Romanam, per annos 1586—1588 [apud Oxoniam?] habitæ.

Incip. " Quod foelix faustumque sit controversiis de religione omnes quæ inter nos et pontificios agitantur tractandas suscepi."

Desin. in lect. 81 Decemb. 12, 1588 habita, " illa petitione Augustini, quam in præfatione Retractationum suarum ponit omnibus bonis."

XCIV.

Membranaceus, in folio, ff. 245, sec. xv., manu Italica optime exaratus et quoad literas initiales ornatus; olim Thomæ Kech ex dono M. Thomæ Gandy.

Diogenis Laertii de vitis atque sententiis Philosophorum libri decem, interprete Ambrosio Traversario, cum interpretis ad Cosmum Medicem præfatione.

Tit. " Laertii Diogenis Vitæ atque sententiæ eorum qui in philosophia claruerunt liber primus foeliciter incipit."

Exstant impress. Venet. 1475.

XCV.

Codex membranaceus, in 4to, ff. 212, sec. xv.; olim Johannis Naylor, coll. Univ. socii; initio mutilatus.

1. Liber dictus Rosarium, [auctore Alano de Rupe?], sive Loci communes secundum ordinem alphabeti dispositi.

Incip. in voce, " Adversitas est duplex, scilicet, adversitas tam purgativa quam punitiva.

Desin. sub voce Zelus; " ubi enim est zelus et contensio, ibi inconstancia et omne opus pravum," etc.

In calce, " Explicit Rosarium."

2. Ordo legendi epistolas et evangelia in Dominicis et feriis per annum. fol. 198.

3. Hugonis de S. Victore de archa Noe fragmentum; *manu secunda.* fol. 210.

Incip. " Aer dicit vitalem tibi prebeo."

Sequitur notitia quod non debet sacerdos ejus audire confessionem, cum qua peccavit carnaliter.

XCVI.

Membranaceus, in 4to, ff. 110, sec. xv.

1. A summary of the contents of the books of the Old Testament, with chapters on the interpretation of holy scripture and his English translation of it [by Wycliffe]. fol. 1.

Printed London 1550.

At the end is a table of the chapters into which each book in the Old and New Testament is divided.

2. Lections for Easter day and Palm Sunday from the Gospels. fol. 97.

Beg. " Whanne Jhesus hadde seyd these thynges he wente out wit his disciples ouer the stronde of Cedron."

At the end the decalogue, in verse, beg. " Thou schalt have no God but oon."

XCVII.

Codex membranaceus, in 4to, ff. 185, sec. xv.; olim ecclesiæ [S. Petri] de [Westmonasterio?] in qua Blanchia ducissa Lancastriæ an. 1368 sepulta fuit; postea coll. Univ. e dono Th. Walker, magistri.

1. De prophetia Sancti Thomæ de Canturbyry; *Anglice.* fol. 1.

Incip. " When that I Thomas archebyschope of Canturbyry went out of Ynglond and fled."

2. Prophetia Henrici prophetæ. p. 4.

Incip. " Ab origine mundi."

3. Gesta Romanorum moralizata. p. 9.

Incip. " Dolfactus in civitate Romana regnavit, qui tantum filiam habebat pulcram valde."

4. Calixti papæ III. bulla ad Thomam Bourchier, archiep. Cantuar. de bello Dei contra Infideles; dat. 1456. p. 161.

5. Prophetiæ de nomine regis qui Sanctam Crucem inveniret. p. 164.

Ad calcem ' de prophesia,' incip.

" M. simplex Domini cccc. quater lxi. numeratur
Non erit angulorum rex de stirpe priorum."

6. Medicina contra fluxum et pro stigmate. p.166.

7. Exposition on the Ten Commandments [by Hampole?] p. 169.

Beg. " Alle maner of men shulden holde Goddes biddyngges."

8. Here bigynnen the vii. commaundements of the Newe Testament. *p.186*

Beg. " Thise been the seuene."

9. Here begynneth how men that been in heele schuld visite seeke folke. p. 186.

Beg. " My deere sone or daughter in God, it semeth that thou hiest the faste."   X

10. Postil on " Thou schalt love thi Lord, thi God, of al thyn herte." p. 193.

Beg. " Thanne thou louest God of al thyn herte that is to seye of al thyn understondyng."

11. Excerptum ex S. Bernardi Florum viij. capitulo quadragesimo quinto. p. 195.

Incip. " Arbitror quod tu."

12. Bernardi Senensis epistola ad Raimundum dominum Castri Ambrosii, de cura rei familiaris. p. 196.

Exstat impress. in editt. S. Bernardi operum variis.

13. Two sermons upon Luc. xvi. ' Redde racionem
villicationis tue." p. 201.

> Beg. " My deere frendes ȝe shuln undir-
> stoonde that Crist Jhesu auctour and doc-
> tour of treuthe."
> End. " the eendeles blisse that thei haan in
> the sight of God."

14. This tretis next folewynge maade sir Johan
Clanevowe, knyȝt, the laste viage that he
maade ouer the greete see in whiche he dyede;
of whos soul Jhesu haue mercy. p. 227.

> Beg. " The gospel telleth that in a tyme
> whanne our Lord Jhesu Crist was heere."
> End. " for hem that louen hym. Amen."

15. An exposicioun of the Pater noster, in schort.
p. 246.

> Beg. " Crist oure goode heed of al hooly
> chirche and owre God he tauȝt us to
> preye."

16. The twelve articles of the feith. p. 249.

> Beg. " Thise been the articles of the feith
> of Cristene men that euery Cristene man
> schulde bileeve stedefastly."
> At the end, " Heere eenden the twelue ar-
> ticles of oure feith."

17. Heere bigynneth a sentence ful good and profitable to rede, which is icleped the Myrour
of synneres, [by Hampole.] p. 253.

> Beg. " For that we been in the wey of this
> failyng."

18. A meditacion of the fyue woundes of Crist.
p. 262.

> Beg. " Byhold specially in the fyue mooste
> notable woundes."

19. A trete that Richard hermyte maade to a
good ankeresse that he louede. p. 266.

> Beg. " In euery synful man or woman."

20. A ful good meditacion for oon to seie by him
self al oone. p. 305.

> Beg. " ȝef thou couete to be maad cleene."

21. A good meditacion the which Seynt Anselme
maade. p. 310.

> Beg. " My lif fereth me soore."

22. The three arowes, that schullen bee schot on
Domesday. p. 316.

> Beg. " Whoso wol haue in mynde."
> At the end,

" Nomen scriptoris salvet Deus omnibus horis."

23. Bonus sermo per Johannem Gregory, fratrem
Augustinensem de Neuport. p. 324.

> Incip. " Per proprium sanguinem ; Be his
> awne propre blode he entred in. Blode
> kyndely maketh a tree that is drie fruteful."

24. Copia testamenti Roberti Folkyngham ; dat.
12 Dec. 1399. p. 339.

> He bequeaths to John of Brugges a haber-
> joun, a basynet, a longe dagger of Burdeux
> harneysid with silver in manere of a sword ;
> etc.

25. Indentura inter abbatem et conventum de A.
et W. C. clericum pro solutione x marc. ; cum
obligatione cc.l. pro solutione ejus ; dat. 1400.
p. 341.

26. Alia indentura inter priorem et convent. de
Lanthonia et J. B. de N. capellanum, qua
pensio annua 20 l. conceditur ; dat. 7 Jul. 22
Ric. II. p. 345.

27. Formæ duæ præsentationum factæ per Henricum le Strange, ep. Lichfeld, 14 Oct. 1304,
et W. de Bello Campo 1392. p. 347.

28. Mensura ecclesiæ Paulinæ London. p. 347.

> Incip. " Ecclesia S. Pauli London. continet
> infra limites suos tres acras terre."

29. Breve Chronicon ab A.D. 140 ad 1382. p. 348.

> Sub anno 1368 recordatur, " erat magna
> pestilencia in qua obiit nobilis domina Blan-
> chia Lancastre ducissa, que in presenti eccle-
> sia honorifice jacet tumulata."

30. Aliud chronicon a principio mundi ad 1399.
p. 349.

31. Prophetiæ Merlini. p. 356.

> Incip. " Sedente itaque Vortigerno."

___

32. Litteræ officialis archidiaconi Stafford ad mandatum Johannis ep. Lichfeld. ad convocan-
dum abbates, priores et clerum ad convoca-
tionem apud S. Pauli eccl. Lond. habendam ;
dat. 3 April. 1460. p. 369.

XCVIII.

Codex membranaceus, in 4to minori, ff. 77,
sec. xii., bene exaratus, sed utrimque mutilus.

> S. Gregorii Magni Pastoralis Curæ libri duo
> præviis capitulis.
>
> Tit. "Incipit liber regule Pastoralis editus a
> beato Gregorio urbis Rome papa ad Johan-
> nem Ravennatem episcopum."

Exstant impress. inter opera, tom. ii. col. 1.
Defic. lib. ii. in verbis, "quasi imminentes
undarum cumulos negligit"——

⁝. XCIX.

Codex chartaceus, in 4to, ff. 170, sec. xv.,
manu M. T. de Ashburne scriptus ; olim
Roberti Halytreholme.

1. S. Gregorii Magni Pastoralis Curæ libri duo
   præviis capitulis. p. 1.
   In calce, " quod M. T. de Ashburne, etc."
2. S. Augustini liber de conflictu vitiorum et virtutum ; fine imperf. p. 167.
   Incip. "Apostolica vox clamat ;" ut inter
   opera, tom. vi. App. col. 219.
   In calce occurrunt versus de Mariis tribus ; etc. incip.
   " Crede ratem ventis, animum ne crede puellis."
3. Aristotelis libellus de pomo, cum prologo.
   p. 193.
   Tit. "Incipit prologus libri de morte Aristotelis sive de pomo."
   Incip. " Cum homo creaturarum dignissima."
   In calce, " Explicit liber de pomo Aristotelis, etc. quod M. T. de Ashburn."
4. Philosophia cujusdam tractatus de animalibus et præcipue de homine. p. 210.
   Incip. " Superiorum voluminum series a
   prima causa rerum."
   In calce, " Explicit tractatus philosophi
   aliqualiter de animalibus ;" etc.
5. Methodii, episcopi Paterensis, libellus de initio et fine seculi. p. 239.
   Tit. "Incipit liber Methodii Martiris de
   inicio et fine seculi, de creacione celi et terre
   et de miliario."
   Incip. "Sciendum namque est nobis fratres."
6. S. Augustini liber de disciplina Christiana.
   p. 250.
   Incip. " Locutus est ad nos ;" ut inter
   opp. tom. vi. col. 581.
7. Liber S. Hieronymi de membris Domini.
   p. 263.
   Incip. "Omnipotens Deus, Pater et Filius."
8. Peregrinationes Terræ Sanctæ. p. 274.
   Incip. " Post transitum maris Grecie si
   quis applicet apud Joppen, vel vocatur
   Japho, ibi invenietur locus desolatus."

Desin. " Item civitas de Raguse, de domi-
nio regis Hungrie."
In calce, "Expliciunt peregrinaciones sancte
Terre quod M. T. de Assheburne, etc."
Sequitur, " I William Jackson ouns this
buke."

9. Liber de moribus hominum et officiis nobilium
   compilatus a Philometore philosopho super
   ludo scacchornm. p. 303.
   Incip. " De schachario in genere locuturi
   sumus ; sciendum quod ipsum representat
   civitatem illam Babilonicam, in qua hic ludus
   primo inventus."
   Desin. " Omne datum optimum et omne
   donum perfectum ; Amen."
   Insertum est a bibliopego fragmentum bullæ Urbani papæ VI. ad archiep. Eborac. de
   Patricio Asseburne presbytero ut obtineat
   beneficium aliquod ecclesiasticum ; circ. 1386.

⁝. C.

Codex membranaceus, in 4to minori, ff. 109,
sec. xiii. exeuntis ; ex dono Gul. Rogers de
Painswyck.

1. Liber Apocalypseos S. Johannis, cum expositione, tabulis pictis passim illustratus ; Gal-
   lice. fol. 1.
   Incip. præf. " Seint Pol le apostle dit ke
   tuz iceus ;" ut in cod. MS. Douce, clxxx.
   Incip. lib. " Ieo Johan votre frere e par-
   cenere en tribulacion ;" etc. " Par seint
   Johan sunt signifie li bon prelat."
   Desin. " que li en sa gloire encore e en
   alme sanz fin regner, Amen."
   Sequitur tabula principiorum capitum, nu-
   mero lxix.
2. Carmen de vita et morte B. Mariæ Virginis ;
   Gallice. fol. 100.
   Incip.
   " Parlerum a la deuaie
   Coment notre dame issi de ceste vie."
   Desin.
   " E pur la mort seinte Marie,
   Amen, Amen, chescune en di."

CI.

Membranaceus, in 4to crasso, ff. 14 et 379,
sec. xiii. exeuntis, binis columnis exaratus.
Breviarium secundum usum [Cluniacensem ?]

Præcedunt,

1. Lectiones quadragesimales aliæque; *man. recent.* fol. 1*.
2. De translatione B. Mariæ Magdalenæ. fol. 13*.
3. Psalmi familiares et prostrati. fol. 14*.
4. Lectiones privatis diebus adventus, etc. fol. 1.
5. Officium S. Thomæ archiep. et martyris. fol. 8.
6. Kalendarium; cum monostichis. fol. 11.

Ad diem Maii ix. notatum est, " Bellum apud Flodden anno Domini m.d.xiij. litera Dominicali B."

7. Tabula lectionum evangelicarum in diebus sanctis habendarum. fol. 17.

Ad fol. 163 delineatur figura dialli et in medio, " John Miller made this A. D. 1669."

D . CII.

Codex chartaceus, in 4to, ff. **134**, sec. xv.

[Liber Festivalis] sc. The Festival Book, containing short sermons for the principal Sundays and festivals throughout the year; with a narrative or moral attached to each.

Beg. " Thys day is callyd ye fyrst Sonday in Advent, that is the Sonday in Cristis comyng."

The last, the sixty-third in number, begins, " In dedicatione ecclesie; siche a day 3e sall haue ye kyrke halyday."

In MS. Cotton Claud. A. ii. this work is ascribed to John Mircus, monk of Lilleshull, author of the Pars oculi; it was printed by Caxton.

At the end,

1. Sermo de utilitate. fol. 261.

Incip. " O homo qui ex anima."

2. Chrysostomus de concupiscentia. p. 265.

Incip. " Nemo est eciam sanctorum."

On the last page, a fragment of private accounts, " for makynge a gyrken and buttenes vij.; d. for a dublett vij. s.

E . CIII.

Chartaceus, in 4to, ff. **160**, sec. xvii.

1. The contents of this booke; Y. Y. fol. 1.
2. A genealogie written in Irishe beginninge at Donell McCartie, who was created earle of Clancartie by queen Elizabeth, and of all the septs or familie of the Clancartie's, and so upwards unto Adam. fol. 3 b.

3. An epitome of a chronicle; in *Irish.*
4. Another Irish genealogie. fol. 43.
5. Another abstract of an Irish chronicle. fol. 53.
6. Verses; in *Irish.* fol. 58.

───────

7. The rates of marchandizes as they are set downe in the booke of rates for the custome and subsidie of poundage and for the custome and subsidie of cloathes, etc. for the direction of such as it may concerne in this kingdome of Ireland; *a printed tract,* in 4to. Dublin, 1608. fol. 74.
8. Another printed tract, entitled " A collection of such orders and conditions, as are to be observed by the undertakers, upon the distribution and plantation of the eschaeted lands in Ulster. 4to. Lond. 1608. fol. 81.
9. " Conditions to be observed," as before; printed at London, 1610. fol. 92.
10. A discourse of the reformation of Ireland. f. 99.

Beg. " To the queenes most excellent majestie. I have fownde the chardge that your majestie committed unto me."

11. A rental of the lands given by Edward VI. to sir Nicholas Bagenall, marshal of Ireland in and about the lordship of Newrye within the countye of Downe, in Ulster, made by Randolph Brereton, constable of Newry Castle; in 1575. fol. 115 b.
12. A discourse of the province of Munster. p. 159.

Beg. " I presume, my verrie good Lord."

. CIV.

Codex membranaceus, in 4to minori, ff. **96**, sec. xi., bene exaratus et servatus.

Juliani, ecclesiæ Toletanæ episcopi, Prognosticum futuri seculi, libris tribus comprehensum : quibus singulis capitum index præcurrit, cum præfatione ad Idalium, episcopum Barcinonensem.

Tit. " Incipit prefatio in librum Juliani urbis Toletane epischopi."

Exstant impress. Lips. 1535, et alibi.

F . CV.

Chartaceus, in 4to minori, ff. **391**, sec. xvii.

1. Institutionum Juris Civilis Justiniani Imperatoris epitome; cum Introductione. p. 1.

Tit. " Institutionum juris civilis liber primus."

Incip. prooem. " Consentiunt in hoc fere."
Incip. lib. " Cum finis jurisprudentiæ."
In calce, " Finis libri 4 Institutionum Justiniani."

2. Titulus de Rescriptis, libri primi Decretalium. p. 409.
Incip. " Hic titulus sua dignitate."

3. Manuale Juris Civilis, in quo continentur paratitla singulorum librorum atque titulorum Institutionum Civilium, relatis plus minus 200 definitionibus divisionibus atque differentiis secundum 3 subjectum Juris Civilis. p. 511.
Incip. " Cum nulla ars quæ litteris continetur ac præsertim Jus Civile Romanorum."
In calce, " Notæ [abbreviationum scilicet,] corpori Juris Civilis servientes ;" et postea, " Index titulorum seu Rubricarum quatuor librorum Institutionum Justiniani."

G. CVI.

Codex membranaceus, in 4to minori, ff. 625, sec. xiv. ineuntis ; binis columnis charactere nitido sed minutissimo exaratus ; ex dono Gulielmi Percyval, de Shenlye, co. Buckingham. 1616.

Biblia Sacra Universa, prologis S. Hieronymi et quoad Maccabæorum libros Rabani Mauri illustrata.
Tit. " Incipit epistola beati Ieronimi presbiteri ad Paulinum de omnibus divine historie libris."
Præcedit *man. sec.* Tabula evangeliorum epistolarumque uti legi solent per annum.
In calce, Interpretationes nominum Hebraicorum secundum Remigium Autissiodorensem.
In fol. 621 b, " Caucio domini . . . . . . exposita in cista Turvile pro xx. s. anno Domini millesimo cccc.xxv. in festo translacionis sancti Ricardi."

G. CVII.

thomas larkysh (s. xvi) f. 169 Membranaceus, in 4to minimo, ff. 173, sec. xiv. ineuntis.

Statuta Angliæ, tempore præcipue Edwardi I. regis edita ; scilicet,
1. Magna Charta. p. 11.
2. Charta de foresta. p. 27.
3. Statuta de Mertona. p. 35.

4. Statuta de Marleberga. p. 45.
5. Statutum Westmonasteriense, primum *Gallice*, et secundum. pp. 70, 136.
6. Statuta de Glocestria ; *Gallice.* p. 121.
7. De emptoribus terræ. p. 225.
8. De regia prohibitione impetranda. p. 227.
9. De ponendis in assisis et juratis. p. 231.
10. De mercatoribus ; *Gallice.* p. 233.
11. De militibus faciendis. p. 243.
12. De religiosis. p. 245.
13. De scaccario ; *Gallice.* p. 248.
14. De Wyntonia ; *Gallice.* p. 261.
15. De bigamis. p. 270.
16. De quo warranto. p. 273.
17. De conspiratoribus ; *Gallice.* p. 275.
18. De vocatis ad warrantum. p. 277.
19. De vasto facto in custodia. p. 279.
20. Super vicecomites et clericos, suis male retornantibus. p. 282.
21. De terris perquirendis religiosis ; *Gallice.* p. 284.
22. De finibus. p. 287.
23. De gaveleto. p. 293.
24. Statutum de Lincolnia. p. 295.
25. De hiis ad defensionem juris admissis. p. 299.
26. De foresta. p. 301.
27. De protectionibus non allocandis ; *Gallice.* p. 307.
28. De conjunctim feoffatis. p. 308.
29. De finibus et attornatis. p. 314.
30. Dies communes in banco. p. 318.
31. Dies communes in placito dotis. p. 318.
32. Modus calumniandi essonias. p. 319.
Sequuntur manu recentiori,
33. Act against privy enfeoffments ; fragment. p. 321.
34. Judicium pillorii. p. 325.

E. CVIII.

Codex chartaceus, in 4to, ff. 82, sec. xvi.

Chartularium sive Registrum Chartarum ad baroniam sive thanatum de Boyne spectantium ; chartas præcipue exhibens Waltero Ogilvie seniori priorique factas circa annos 1495 et 1530.
Tit. i. " Carta Georgii Ogilevy super terris baronie et thanatus de Boyne per resignationem sue matris."
Incip. " Jacobus [scil. IV.] rex Scotorum, etc. Sciatis nos dedisse, etc. Georgio Ogilevy filio et heredi apparenti dilecti familiaris

armigeri nostri et conciliarii Walteri Ogilwy de Boyne; dat. Edinburg. 27 Mar. 1491.

Ult. est, " Instrumentum resignacionis communium croftarum cum maneriis, domibus et hortis, necnon annuo redditu duorum solidorum, etc. ;" dat. 23 Mai. 1543.

(left margin, handwritten) [fellow of New Coll. vicar of Basingstoke]

D. CIX.

Codex membranaceus, in folio minori, ff. 152, sec. xv., binis columnis exaratus; olim Thomæ Raynes, postea Ricardi Gosmore, deinde Thomæ Browne et denique coll. Univ. ex dono Thomæ Walker, magistri.

(left margin, handwritten) [fellow of Magd. Coll. vic. of Basingstoke]

1. [Jacobi de Voragine, Januensis,] Sermones quadragesimales. p. 1.
   Incip. " Dicite filie Syon ;" ut in edit. impress. Brixiæ, 1483.
   In calce, " Expliciunt sermones Januensis super opus quadragesimale."
   Sequitur tabula alphabetica.

2. S. Chrysostomi de compunctione cordis ad Demetrium libri duo, [interprete forsan Ambrosio Camaldulensi.] p. 177.
   Incip. " Cum te intueor."

3. [Ejusdem de reparatione lapsi libellus, eodem interprete. p. 195.]
   Incip. " Quis dabit capiti."
   Cf. Mehus præfat. ad Ambros. Epp. p. 390.

4. Ejusdem sermo, quod nemo læditur nisi a seipso. p. 214.
   Incip. " Scio quod crassioribus."

5. Roberti Grostete, ep. Lincolniensis, liber de confessione. p. 227.
   Incip. " Quoniam cogitacio hominis."
   In calce, " Explicit tractatus Lincolniensis do confessione ; quod S."

6. Liber Aurelii Augustini de vera et falsa pœnitentia libellus. p. 235.
   Incip. " Quantum sit appetenda ;" ut inter opp. tom. vi. App. col. 231.
   In calce versus sunt septem ; incip.
" Hic Augustinus mihi se, mihi me, mihi Christum, Pandit et ostendit, quid agat qui tendit in ipsum."

7. Liber de septem peccatis mortalibus, et de quinque sensibus ; in partes novem distributus. p. 247.
   Incip. in verbis part. i. cap. 2. " dum protinus invidens homini, quam conceperat."

Desin. " nolite tangere. Et hec de quinque sensibus dicta sufficiant."
In fine, " Explicit summa Justicie quod S."
Ad calcem codicis notantur, " Liber M. Thome Raynes emptus a magistro Vaghan, prec. xiii. s. iiij. d. Liber Ricardi Gosmore deliberatus eidem per executores M. Thome Raynys."

E. CX.

Codex membranaceus, in 4to, ff. 5 et 134, sec. xv., manu M. J. Goold, exaratus; olim Galfridi Burdon ; mutilus.

(right margin, handwritten) [In Oxford binding, probably shortly before 1462, reproduced in Gibson's Early Oxford Bindings, pl. III, cp p.16.]

Johannis Duns Scoti Quæstiones quodlibetales numero viginti una. fol. 1.
   Inc. " Cuncte res difficiles ;" ut in edit. impr.
   Præmittuntur regulæ optimæ decem pro Quodlibetis, incip. " Da vacue menti quo tueatur opus." " In divinis repperitur triplex genus terminorum."
   In calce, " Expliciunt optime regule pro Quodlibetis, scripte per manus M. J. Goolde."
   Ad finem operis, " Expliciunt Quodlibeta doctoris Subtilis per manus M. J. Goold."
   Sequitur tabula quæstionum, incip. " Utrum in divinis essencialia."
   Præmittitur codici epitaphium Scoti, incip. " Hic lector Scotus subtilis sic bene notus."

C. CXI.

Chartaceus, in folio, ff. 106, sec. xvii.

Systema Logicum, in libros tres distinctum.
   Tit. i. " Systematis logici liber primus ; in quo pars prima, quæ est directrix simplicium. Sectio prior de terminis simplicibus primis."
   Incip. " Logica est ars dirigendi mentem in cognitione rerum. In hac definitione notanda sunt."
   Desin. lib. iii. " gratias, ut debemus, devotissimas agimus semperque agemus."
   In calce, " Finis Systematis Logici."
   Sequitur sermo in Luc. iii. 22, 23 ; Anglice.
   Verso volumine,
a. Quæstiones dialecticæ ; incip. " An genus recte definiatur."
b. Sermones de Redemptione et Resurrectione duo ; Anglice ; incip. " Beloued in the Lord, we are at this time to consider."

F

C. CXII.

Codex membranaceus, in folio, ff. 182, sec. xiii. ineuntis, binis columnis bene exaratus et servatus; in calce mutilus.

Petri Comestoris, presbyteri Trecensis, Historia Scholastica, prævia præfatione ad N. Remensem archiepiscopum; glossulis marginalibus hic illic instructa.

Deficit in Hist. Act. Apostolorum verbis, " Nam de Ytamar non erant summi sacerdotes sed minores nisi pauci circa tempora"—

List of contents in hand of O. Walker

B. CXIII.

Membranaceus, in folio, ff. 168, sec. xiii., binis columnis exaratus; olim ecclesiæ S. Mariæ Rievallensis, ex dono, ut videtur, Johannis de Elyngton, postea C. Hyldyard.

libri sententiarum domini willelmi Brauley

1. Petri Lombardi Sententiarum libri quatuor, prævia tabula quæstionum, glossis marginalibus penitus instructi. fol. 7.
2. Hugolini, [ep. Faventini?] Distinctiones super C. de Sacro-sanctis et lege, Placet. fol. 152.
    Incip. " Munerum alia sordida, alia honesta, sordida ut calcis coquende arene fodiende."
    Desin. " Si vero collat. viij. Expliciunt distinctiones domini Angelini."
    Sequuntur folia tria rejectanea, in quibus habentur nonnulla de duabus columnis in porticu templi Salomonis, *Hebraice* cum Latina interpretatione.

from MS. 190 (see R.R. iii. 27, 31)

D. CXIV.

Ardorne (s xv) fol. 193

Membranaceus, in folio minori, ff. 193, sec. forsan xi. exeuntis; bene exaratus et servatus.

Prisciani, grammatici Cæsareensis, commentariorum grammaticorum libri octodecim, prævio prologo.

Tit. " Incipit liber primus Prisciani, viri disertissimi, grammatici Cesariensis doctoris, urbis Constantinopolitanæ præcentoris."

Præmittuntur,

a. Characteres linguæ Græcæ elementa exhibentes. fol. 1 b.
b. De orthographia. fol. 2.
    Incip. " Rectæ ortographiæ ratio quæ hic annotatur, sicubi prevaricatur."

c. Hii sunt omnes termini, Septuagesime, Quadragesime, Pasche, Rogationum, Pentecostes, collecti simul, et, qui sunt singuli, per cicli decennovalis annos singulos annotati. fol. 2 b.
d. Versus novem proverbiales, desin. in derivativis a verbo Rogo. fol. 4.
    Incip.
    " Qui petit a multis stipendia corrogat ille."
e. Versus alii grammaticales. fol. 4.
    Incip.
    " Est barbarismus verbi corruptio vilis."
f. Alphabetum Græcum, cum tabula numerationum ab uno ad mille. fol. 5 b.

B. CXV.

Codex membranaceus, in folio majori, ff. 275, sec. xii., binis columnis optime exaratus; mutilus. *The first two quaternio, of Deutero-nomy, hand ... paged in binding*

Testamenti Veteris libri qui sequuntur, scilicet, Pentateuchus, Josuæ, Judicum, Ruth, Regum libri quatuor, Isaiæ prophetæ, et Hieremiæ fragmentum; prologis Hieronymi capitulisque illustrati.

Tit. " Incipit epistola beati Jeronimi presbiteri ad Paulinum presbiterum de omnibus divine hystorie libris."

Defic. lib. Hierem. in verbis, " Absque peccato et innocens Ego sum et propterea aue"—

B. CXVI.

Membranaceus, in folio majori, ff. 395, sec. xiii. exeuntis, binis columnis bene exaratus; olim Willelmi Wharton, postea Johannis Thorgott. *foredge painting: patterns*

1. Testamenti Veteris libri sequentes, Prophetarum scilicet sedecim [succedunt Hieremiæ Threni Baruchque], Salomonis Parabolæ, Ecclesiastes, Cantica Canticorum, Sapientia, et Ecclesiasticus, Hieronymi prologis illustrati. fol. 177.
2. Testamentum Novum, cum S. Hieronymi prologis. fol. 177.
    Præmittitur rubrica, incip. " Beatissimo pape Damaso, Jeronimus post expositionem xxiiij. seniorum, qui tenentes cytharas et phialas adorant agnum Dei."
    Evangelia quatuor in margine inferiori per versus hexametros summatim exprimuntur, [an ex Petri Rigæ aurora]; incip.

" Quatuor est primus primis tribus alter opimus,
Marce tibi trino Luca canone cede quaterno."

3. Interpretationes Hebraicorum nominum [secundum Remigium Autissiodorensem.] f.331.

4. Textus SS. Bibliorum secundum materias in usum Prædicatoris ordinati. fol. 385 b.

Rubrica est, " Predicator debet habere verbum Domini primum in aure, post in corde per affectum et intellectum, post in manu per opus, tandem in ore ; prius enim discenda est justicia et magistrorum limina sunt terenda."

Incip. " Jacobus, I. Sit omnis homo velox ad audiendum."

D. CXVII.

Codex membranaceus, in folio minori, ff. 157, secc. xii. et xiii., binis columnis bene exaratus ; olim liber eccl. S. Augustini Cantuar.

S. Augustini opera varia ; scilicet,

1. De doctrina Christiana libri quatuor. fol. 1.

Tit. " Hic incipit liber Aurelii Augustini de doctrina Christiana."

Exstant inter opera, tom. iii. col. 1.

Sequitur Retractatio ejusdem libri.

2. Confessionum libri tredecim. fol. 44.

Tit. " Incipit primus liber Confessionum Aurelii Augustini."

Exstant ibid. tom. i. col. 69.

3. Liber de pœnitentia. fol. 122 b.

Tit. " Incipit Augustinus de penitentia."

Ibid. tom. v. col. 1350.

Ad calcem habetur retractatio de Confessionum libris.

4. Quædam excerpta de jure canonico præcipue ad electionem cleri et consecrationem ecclesiæ, etc. spectantia. fol. 129.

Incip. " He sunt cause separacionis conjugii ; fornicacio, ordines sacri, consanguinitas."

Sequuntur leges aliquot per versus summatim expressæ ; incip.

" Ordine plana carent spoliatus judice falsi."

5. Decisiones juridiciales. fol. 145.

Incip. " Introductis publica auctoritate renunciare non licet."

Sequuntur expositio vocum, sententiæ ex SS. Patribus, etc. ; incip. " Cocodrillus serpens est aquaticus."

6. Quædam quæstiones legales. fol. 149.

Incip. " Questio, Si jure naturali communis est omnium possessio quomodo eodem jure adquiruntur dominio nostro ea, que celo, terra, mari capiuntur."

7. Tabula argumentorum pro et contra de diversis materiis in jure civili. fol. 152 b.

Tit. i. " Argumentandum ex superficie littere ideoque verba non sensum spectare."

C. CXVIII.

Codex membranaceus, in folio, ff. 241, secc. xii. et xiii., binis columnis optime exaratus sed mutilus ; olim Willelmi Parkhous, postea coll. Univ. ex dono Tho. Walker, magistri.

1. Isidori Hispalensis Etymologiarum libri viginti, præviis Isidori et Braulionis epistolis mutuis. fol. 19.

Præmisit manus recentior indicem vocabulorum alphabeticum.

Defic. lib. xx. in cap. penult. verbis, " hauriendæ aquæ causa telonem"——

2. [Avicennæ Practica, libris decem, interprete Constantino Africano?] imperf. fol. 168.

Incip. in verbis, cap. 24 lib. ii. " quibus sanguinis profluit multitudo."

Tit. cap. 25 est " De signis capillorum"——

Defic. cap. 14 lib. x. de febre mortifera, quæ fit ex malicia humorum et cruditate ; " incipit, et si corpus non fuerit"——

In calce, " Caucio Henrici Witfeld [an postea præpositi coll. Reg.] exposita in cista antiqua Universitatis pro una marca, die Sabati prox. post festum Omnium SS. A. D. m.ccc.lviij. et habet sumptum quatuor florenos de Florencia."

D. CXIX.

Membranaceus, in folio minori, ff. 68, sec. xiii. exeuntis, binis columnis nitide exaratus ; olim Thomæ de Billingham.

Summa magistri Thomæ de Cobham, sive Chobham, subdecani Sarisburiensis, de pœnitentia.

Incip. " Cum sint miserationes Domini super omnia opera ejus."

Desin. " quam pro occulto ; et hec ad presens de penitentia dicta sufficiant."

Sequuntur " capitula istius tractatus."

Præmittuntur versus nonnulli proverbiales, de Disma et Gisma, De tribus Mariis, incip. "Sit tibi potus aqua, cibus aridus, aspera vestis." "Dismas et Gismas latrones nomen habentes." "Anna tribus Joachim Cleophe Salomeque Marias."

D. CXX.

Codex membranaceus, in folio minori, ff. 70, secc. xiii. et xv. ineuntis.

c. 1300.

See M. R. James A Bestiary of the 12th Century (Roxburghe Club, 1928) p. 31 and Supplementary plate 21.

1. Bestiarium, sive liber de naturis bestiarum, quadrupedum scilicet, avium, serpentium, piscium, etc. picturis coloratis instructum. p. 1.
Tit. "Incipit de naturis bestiarum."
Incip. "Omnibus animantibus Adam primus vocabula indidit."
Cf. Hugonis de S. Victore opera, tom. ii. part. iii. et Notices des MSS. du Roy, tom. v. p. 275.

2. Walteri Burlæi de universalibus libellus. p. 127.
Incip. "Circa universalia sunt dubitaciones non pauce."
In calce, "Expliciunt universalia magistri Walteri Burlay."
Sequuntur alia incip. "Circa finem seu terminum tam active potentie quam passive."

E. CXXI.

Xber 22-50

Chartaceus, in 4to, ff. 105, sec. xvii.

1. Catechesis Racoviana, ' ante annos quatuor *Polonice* nunc vero *Latine* edita per Hieronymum Moscorovium; Racoviæ anno Domini, 1609;' prævia interpretis præfatione ad Jacobum I. regem Angliæ. fol. 1.
Tit. "Catechesis ecclesiarum, quæ in regno Poloniæ et magno ducatu Lithuaniæ et aliis ad istud regum pertinentibus: affirmant, Neminem alium præter Patrem;" etc.
Incip. præf. "Quemadmodum omnibus rex serenissime quæ veri specie."
Exstat impress. Racov. 1609, et alibi.

2. Religionis Christianæ institutio brevis, Racoviæ 1609, prævio capitum et materiarum indice. fol. 82.
Tit. i. "De religione Christiana in genere."

E. CXXII.

Chartaceus, in 4to, ff. 80, sec. xv.

Gulielmi de Pagula Oculi Sacerdotis pars prima.

Tit. "Oculus sacerdotalis, in libris tribus. Hic incipit liber primus oculi sacerdotis."
Incip. "[Cum ecclesie] quibus proficiuntur persone nimis."
Desin. "suspirat et anxiatur, torpet et infirmatur."

E. CXXIII.

Codex membranaceus, in 4to, ff. 77, sec. xv.; ex dono Gulielmi Rogers.

1. S. Bonaventuræ Speculum vitæ Christi, in partes septem secundum dies hebdomadales distinctum, per anonymum quendam Wyclevistam ex Latino in Anglicum sermonem traductum, cum interpretis præfatione et epilogo. fol. 1.
Præcedit tabula sub titulo, "Speculum vite Christe. At the beginnynge the proheme of the boke that is clepid The mirrour of the blessid lijf of Jhesu Crist. The first parte, of the Moneday."
Incip. proœm. "Quecumque scripta sunt; etc. Theos bene the wordis of the grette doctour and holy apostle."
Incip. lib. "Amonge other vertuse comendinges of the hooly virgine Cicele."
Desin. "he is souereyne kynge with the Fader and the Holy Goste, one God in Trinite that lyueth and regneth without ende. Amen."
Incip. epilog. "Thus endith the contemplacioun of the blesside lijf of oure Lorde Jhesu, the wiche processe for as miche as it is hereyn writen in Engliche tounge lenger in many parties."
Desin. "to confucioun of alle fals Lollerdes and heretikes; Amen."

2. A shorte tretis of the heiest and moste worthi sacrament of Cristis body and the miraclis theroff. fol. 68.
Incip. "Memoriam fecit mirabilem, etc. The wordes of Dauid in the sau3ter seide in prophecie."
Sequitur, "Here foloweth a short devoute praier to Him and His blesside body in the sacrament of the auter, the wiche owith to be seide in presence of that holy sacrament at the messe with inward devocioun."

In calce,
" Jhesu Lorde thi blesside life;
Helpe and coumforte oure wrechede life; Amen."
   Amen for charite; Explicit Speculum vite
Christi complete."
3. ' Bonus lectus,' sive descriptio lecti Christiani
figurativa; *Anglice.* fol. 74 b.
   Incip. " Take here hede and lerne howeȝ
thou schalt make an honest bede and a good
plesing unto God."
   In calce, " Explicit lectus floridus."
4. De sacramentis; *Anglice.* fol. 76.
   Incip. " Because that manye men ben per-
vertid in manye maneres and ben sliden."

F. CXXIV.

Codex membranaceus, in 4to minori, ff. 202,
sec. xiii. exeuntis, nitide exaratus; anno
1580 peculium Ricardi Tomsoni, deinde
1596 Willelmi Wraye, et denique coll.
Univ. ex dono Tho. Walker, magistri.

Quodlibetorum libri quindecim [auctore Th.
Aquinate], prævia tabula librorum et capitulorum.
   Incip. i. " De vita eterna. In evangelio super
illum locum, Faciamus hic tria tabernacula."
   Lib. xv. cap. i. agit de fide, spe, et caritate,
et cap. ult. de tegendis bonis operibus; quod
sic desin. " nec hominum reprehensionem timere debet. Explicit.
Finito libro, sit laus et gloria Christo."
   Præfixit manus recentior indicem vocum alphabeticum.

F. CXXV.

Chartaceus, in 4to, ff. 66, sec. xvi.

Compendium interdecreti a Cæsare Carolo Augustæ Vindelicorum vulgati et, quid secundum
scripturas et synceram religionem de eo sentire
vindicare oporteat, indicium; [auctore Philippo
Melancthone.]
   Incip. " Duo a me postulasti, fratres, principio, ut compendium vobis contexam Interdecreti Imperatorii."
   Desin. " eripiat sanctos suos e malo trans-
feratque secum in vitam æternam. Amen."
   In calce, " Mense Augusto, anno 1548." Sequitur index alphabeticus; *manu secunda.* dat.
1549, Decemb. 18.

C. CXXVI.

Codex chartaceus, in folio, ff. 111, sec. xvii.;
olim Willelmi Cooper.

A short compendium of the exchequer, pointing
forth what every officer there is to do by virtue
of his office; written by Mr. [sir Thomas]
Fanshawe at the request of the lord treasurer
Buckhurst, by way of question and answer.
   Printed in 8º Lond. 1658.

B. CXXVII.

Hodie desideratur: continebat,
   Grants of Henry VIII. and Edward VI. of
abbey lands to [Edward Seymour, first] duke
of Somerset.

F. CXXVIII.

Chartaceus, in 4to minori, ff. 123, sec. xvii.;
manu Thomæ Walker, coll. Univ. magistri
exaratus.

1. The order of preaching the university sermons in St. Mary's and elsewhere. fol. 1.
2. List of chancellors of the university from 1505
to 1641. fol. 5.
3. Of vice-chancellors from 1533 to 1640. fol. 6.
4. Of bachelors in divinity from 1563 to 1628.
ff. 9—20, 8.
5. Of doctors in divinity, law, and medicine,
masters of arts and proctors from 1563 to
1628. fol. 21.

B. CXXIX.

Membranaceus, in folio majori, ff. 381, sec.
xiv., binis columnis exaratus; olim capellæ
S. Elizabethæ juxta Winton. ex dono Joh.
Pountoyse ' quondam ep. Winton.' postea
Ricardi Neuport, et anno 1667 Gulielmi
Shippen.

Johannis Balbi, sive de Balbis, Januensis, Summa quæ dicitur Catholicon, in partes quinque
distributa, quarum ultima lexicon exhibet alphabeticum.
   Tit. " Incipit summa que vocatur Catholicon,
edita a fratre Johanne de Janua, de ordine
fratrum Predicatorum."
   Exstat sæpius impressa.
   In calce, " Explicit catholicon liber, Deo
gratias. Nobis solamen instanter det Deus;
Amen."

Sequitur notitia, " Liber domini Johannis Pountoyse, quondam episcopi Wynton. accomodatus Willelmo de Wynterborne tunc rectori ecclesie de Stocton, Sarum. dioces. per Simonem de Farham, executorem dicti pontificis, restituendus capelle sancte Elisabeth juxta Wynton. quam quidem dictus episcopus edificavit."

In fol. 1. " Liber Sancte Elisabeth ex dono magistri Ricardi Neuport, teste domino Johanne Watton."

B. CXXX.

Codex membranaceus, in folio majori, ff. 168, sec. xii., binis columnis optime exaratus et olim affabre pictus sed hodie misere mutilatus.

Veteris Testamenti libri, qui sequuntur; scilicet, Octateuchus, Job, Regum quatuor, Ezechielis prophetæ, ex versione vulgata, cum S. Hieronymi præfationibus et titulis.

Defic. lib. iv. Reg. in verbis cap. xvi. vers. 5. Incip. lib. Ezechielis in cap. v. vers. 16, et defic. in cap. xxx. vers. 21 verbis, " brachium Pharaonis regis Egypti confregi, et ecce non"——

CXXXI.

Hodie desideratur; continebat,

Johannis Spelmanni notæ in vitam Aelfredi regis; in 8vo.

E. CXXXII.

Codex chartaceus, in 4to minori, ff. 23, sec. xvii.; [autograph.]

Syllabus Cyclorum; una cum ratione quali quali inveniendi, quo anno periodi Julianæ quilibet numerus cujuslibet cycli cum quolibet numero singulorum cyclorum concurrat, per Thomam Walker, S. T. P. coll. Univ. magistrum.

Incip. " Incessit mihi animus periodum Julianam. Si non per singulos annos expandendi." Desin. " donec voti sui compos aliquatenus rediret in quo jam acquiescit. D. G."

E. CXXXIII.

Chartaceus, in 4to minori, ff. 128, sec. xvii.

Disputationes triginta in S. Thomæ Aquinatis Quæstionem 4 et sequentes de Angelorum natura; auctore Didaco Escriva, societatis Jesu, in collegio Valentino S. Pauli, cum procemio.

Incip. procem. " Universam de Angelis tractationem jure optimo." Incip. disput. i. " Postquam D. T. de Deo uno et trino copiose diseruit et communem rationem."

Desin. " in æterna beatitudine efficiamur. 27 Junii 1612."

D. CXXXIV.

Codex membranaceus, in 4to, ff. 13, sec. xvi.

Bernardini Tomitani Clonicus sive de Reginaldi Poli, cardinalis, amplissimis laudibus.

Exstat impress. Venet. Ald. 1556.

CXXXV, CXXXVI.

Desideratur; continebant,

a. Osberti monachi de Stoke Clare vita et passio S. Athelberti regis et martyris; in folio.
b. Vita Aelfredi regis, primi monarchiæ Anglicanæ fundatoris" Anglicano sermone; in folio.

... CXXXVII.

Chartaceus, in 4to, ff. 1160, sec. xvii.

Edwardi Simson, e coll. Trin. Cantabr. socii, Chronicon historiam catholicam complectens ab exordio mundi ad A. D. 71; ex sacris Bibliis cæterisque probatæ fidei auctoribus contextum; cum parasceue ad Chronicon Catholicum, tabulis chronologicis, etc.

Desunt pars prima et plura hic illic ex aliis; Codex enim noster primam exhibet lineationem, ex qua promulgata est editio impressa.

D. CXXXVIII.

Membranaceus, in 4to, ff. 18, sec. xiii., nitide scriptus; olim Gul. Rogers, ex hospit. Lincoln. 1669.

M. Tullii Ciceronis Lælius, sive de amicitia dialogus ad T. Pomponium Atticum, glossis marginalibus interlinearibusque instructus.

Incip. gloss. " Auguris nomen et officium." In calce, " Explicit Tullius de vera amicitia. Jam nunc penna tuum paulisper figito gressum."

Sequitur argumentum operis supradicti; incip. " Aticus fuit Rome quidam nobilissimus."

CXXXIX.

Desideratur; continebat,

Catalogus librorum MSS. in archivis Collegiorum et ecclesiarum cathedralium Angliæ repositorum.

40-163 probably all given by Mary Langtwine

E. **CXL.**

Codex chartaceus, in folio, ff. 41, sec. xvi.

1. Manuelis Bryennii Harmonicorum fragmentum. fol. 1.

     Tit. Μανουὴλ Βρυεννίου ͵ ἁρμονικῶν βιβλίον πρῶτον.

     Defic. in verbis, καὶ ὁ ἐκγεράσης Νικόμαχος ἐν τῷ ἔγχει——ut in Wallis Opp. Mathemat. tom. iii. p. 364, l. 23.

2. Porphyrii in Ptolemæi Harmonica commentarius. fol. 3.

     Tit. Πορφυρίου εἰς τὰ ἁρμονικὰ Πτολεμαίου ὑπόμνημα.

     Exstat ibid. tom. iii. p. 189.

3. Claudii Ptolemæi Harmonicorum liber tertius, præviis capitulis. fol. 19.

     Tit. Κλαυδίου Πτολεμαίου ἁρμονικῶν τῶν εἰς τρία τὸ τρίτον.

     In calce, Κλαυδίου Πτολεμαίου ἁρμονικῶν τῶν εἰς τρία τὸ τρίτον, τέλος.

E. **CXLI.**

Chartaceus, in 4to, ff. 28, sec. xvii.

Grammatica linguæ Italianæ; *Gallice.*

     Tit. " Observations plus necessaires de la langue Italienne."

     Incip. " De l'article. Il y a 3 articles; 2 pour le genre masculin."

     In calce, " Fin qua; jusq. icy. Fin a Fiorenza; jusq. a Florence."

D. **CXLII.**

belonged to Gerard Langborne

Codex membranaceus, in folio minori, ff. 121, sec. xv., manu Thomæ Plenus-amoris nitide exaratus; olim Johannis Ramsey.

Ricardi Rolle de Hampole Stimulus Conscientiæ, poema scilicet in septem partes distinctum, metris Anglicanis; dict. ' Pricke of Conscience."

     Incip.

     " The myȝthe of the Fader almyȝthy,
     The wit of the Sone al wytty."

     Cf. Archæolog. Britan. vol. xix. p. 346; et ' Gentleman's Magazine,' vol. xcvii. part. ii. p. 216.

In calce, " Explicit stimulus consciencie. Nomen scriptoris Thomas Plenus amoris; Ricardus Rauf, P. L."

Sequuntur,

a. A litel tretis that telleth how ther wer vi. mastres asembled togedir, and echon asked oder ̭ vat thyng they myȝt best speke of that myȝt ples God and wer most profitabel to the pepel; and al they wer acorded to speke of trybulacion; [by Adamus Carthusianus.] p. 234.

     Beg. " The first master said."

     Printed Lond. 1530, 4to.

b. Of seuen maystyrs of art who founden and noumbred the evell houres and perilous days in the year; etc. p. 238.

D. **CXLIII.** *Oratoni de communitate fabrum predic' sudbyr' (fol 9)*

Codex membranaceus, in folio minori, ff. 80, sec. xiii., binis columnis exaratus.

Petri de Riga liber qui dicitur Aurora, paraphrasis scilicet librorum fere omnium sacræ scripturæ, una cum recapitulatione utriusque Testamenti, carmine præcipue elegiaco, partim hexametro eoque rhythmico.

     Incip.

     " Principium mundi quales ab origine prima."

     In calce epilogus est incip.

     " Explicit Aurora, que prebet verba decora,
     Pascit et auditum stolidum redditque peritum."

     Desin.

     " Tam cito tam subito cum nunc Petre versificeris,
     Vermibus esse cibus reminiscere cum morieris,
     Vermiculos post versiculos in fine sequeris,
     Postque tuos versus, vermiculosus eris."

     Sequuntur, folio verso, *man. sec.* versus octo de clero, incip.

     " Excusant septem, qui clerum percutit illum."

E. **CXLIV.**

Chartaceus, in 4to, ff. 110, sec. xvii.

Description of Russia, its government, customs, etc. by Giles Fletcher, LL.D.

     Tit. " Of the Russe Commonwealth."

     Printed in 8°. Lond. 1591.

D. **CXLV.**

Membranaceus, in 4to, ff. 18, sec. xvi.

The statutes of the hospital of Ewelme, alias

New-Elme in Oxfordshire, made by William de la Poole, duke of Suffolk, and Alice his wife, the founders of the same.

Some notes are at the beginning and end in the handwriting of W. Smith, fellow of University college.

E. CXLVI.

Codex membranaceus, in 4to, ff. 240, sec. xvii.; mutil.

Loci communes, secundum materias diversas dispositi; partim *Latine* et partim *Anglice*.

Incip. ad p. 527, sub capite, "Examples good we must imitate; As the painter looketh."

In calce index est tam titulorum, quam materiarum alphabeticus.

CXLVII.

Desideratur; continebat,

Anonymi collectanea, Lat. Angl. et Gallico sermone. 8vo.

D. CXLVIII.

Membranaceus, in folio minori, ff. 115, annum circiter 1300 præcipue exaratus; olim Gerardi Langbaine, [coll. Reg. præpositi filii] postea coll. Univ. ex dono Mariæ Langbaine, viduæ, in gratiam mariti sui Gerardi nuper defuncti, olim per multos annos hujus collegii superioris ordinis commensalis; anno Domini 1692.

1. Brevia quædam Henrici III. vicecomiti Sussexiæ de reddendis terris et tenementis a se per decanum et capitulum in civitate Cicestrensi retentis; datt. 37, 38 Hen. III. p. 1.
2. Charta Galfridi de Belstede, per quam concedit Thomæ Comger Cicestrensi terram suam in suburbio Cicestriæ extra portam occidentalem, feodo decani. p. 3.
3. Situs et mensuræ tenementorum ad idem capitulum spectantium in et juxta urbem Cicestriæ. p. 5.

   Incip. "Extra portam orientem. Crofta Radulphi de la Hulque se extendit a terra prebendali usque ad croftam Johannis Fabri."
4. Argumenta ex exemplis ducta apud Oxonium, Glocestriam, etc. pro conservando jure ædi-

ficandi domos in et supra muros ejusdem urbis. p. 6.
5. Argumenta pro stabilienda jurisdictione capituli in quibusdam causis adversus jurisdictionem archidiaconi ibidem. p. 7.
6. Ordinationes, sive Regula, Hospitalis S. Mariæ apud Cicestriam. p. 10.

   Incip. "Cum aliquis petit domum Hospitalis Sancte Marie de Cycestria."

   Sequitur, *man. recent.*, forma collationis ejusdem Hospitalis facta Joh. Goswell, per resignationem M. Johannis Crucher, decani Cicestr. 20 Oct. 1447.
7. Præparatio ad missam, sive Orationes ante missam dicendæ, S. Ambrosio tributæ. p. 13.
8. Troparium, Hymni scilicet et Cantica pro diebus festis Dominicisque secundum usum Cicestriæ, notis musicalibus instructum. p. 19.

   Tit. i. "Dominica prima Adventus Domini; Cantus sine Carmine."

   Incip. "Te Pater supplices exoramus cunctipotens ut nostri digneris, eleyson."

   In calce, "Iste liber pertinet ad decanatus Cicestre."
9. Orationes editæ ab Anselmo, Cantuariensi archiepiscopo, cum prologo. p. 85.

   Incip. prol. "Orationes sive meditationes;" ut in edit. impress. 1721, p. 102.

   In calce, "Expliciunt orationes edite ab Anselmo."

   Sequuntur orationes quatuor ad S. Trinitatis personam unumquemque, sub tit. "Oratio monachorum propria."
10. Thomæ de Berghstede, decani Cicestriæ, meditatio, sive soliloquium contra inanem gloriam, carnalem delectationem, etc. p. 113.

    Incip. "Cum ad juventutis, immo tocius vite mee, postquam peccare scivi."

    In calce, "Oratio ejusdem Thome decani."
11. Chartæ terrarum et tenementorum ad Hospitalem B. Mariæ Cicestrensis spectantium. p. 117.

    Tit. i. "Carta Willelmi de Sancto Johanne facta hospitali B. Mariæ de quadam fago viij. quadrigatus." *Calendared in Sussex Archaeological Collections, 41, pp. 37–64.*
12. Constitutiones Ottonis cardinalis legati in Anglia. p. 145.
13. Constitutiones Ottoboni cardinalis legati in Anglia. p. 155.
14. Statuta synodalia domini Ricardi [de la Wych] secundi Cycestre episcopi. p. 183.

Incip. "Cum ex injuncto nobis officio saluti subditorum;" ut in Wilkins. Concil. tom. i. p. 688.

15. Narratio receptionis Roberti, archiep. Cantuariensis, in visitatione sua eccl. Cicestr. 2 id. Decemb. 1299. p. 193.

Incip. " Memorandum quod secundo idus Decembris anno Domini, m.cc. nonagesimo nono, venerabilis pater Robertus Cantuariensis archiepiscopus, venit ad civitatem Cicestre ad visitacionis officium exercendum; Cui primo extra civitatem in equis decanus et canonici, qui presentes fuerunt."

16. Radulphi Neville, ep. Cicestriæ, Constitutiones anno 1232 editæ. p. 195.

Incip. "In nomine Sanctæ ;" etc. "Ad decus et decorem."

Sequuntur, *man. sec.* (a.) De residentia Canonicorum. (b.) Quædam clausulæ in testamento Rogeri de Freton, decani Cicestr.

17. Bonifacii, archiep. Cantuar. Constitutiones, Lambethæ editæ anno 1261. p. 207.

Incip. " Eterne sanctio voluntatis ;" ut apud Wilkins. tom. i. p. 746.

18. De admissione Canonici Decanique. p. 218, *seq.* Sequitur, *man. sec.* de installatione M. Richardi le Scrop in decanatum, e vita decedente Rogero Freton supra memorato.

19. Henrici III. Charta Magna; dat. Westmon. 11 Feb. 9. H. III. p. 220.

20. Ejusdem Charta de foresta. p. 225.

In calce legitur Excommunicationis forma contra violatores istarum chartarum.

F.
CXLIX, CL, CLI.

Desiderantur; continebant,

I. Rentale ecclesiæ cathedralis S. Petri, ut videtur Westmonast.; imperfectum. pp. 114.

CL * II. In universam Aristotelis Physicam tractatus, incerti auctoris.

III. Carmina in mortem Thomæ Owen, filii D. Johannis Owen, S. T. P.

Belonged to G. Langbaine ## CLII.

Codex chartaceus, in 4to, ff. 2 et 106, sec. xvii.; olim Gulielmi Goswell.

1. Causes of the earl of Arundel's, [Philip Howard,] indictment, 1589. fol. 1.*

2. Articles objected by Mr. Andrewes of Hitchin, Herts, against Chambers, the puritan vicar of that parish. fol. 1* b.

3. Index of the letters and other transcripts in this volume. fol. 2.*

4. Letter from queen Elizabeth to lady Norris in way of comfort for the loss of her two sons. p. 1.

5. Two petitions from John Lilly to the queen, for some place. p. 2.

6. Letter from sir Philip Sidney to his brother being beyond the seas. p. 6.

7. Sir Fulke Greville to a cousin of his residing in France, wherein he sets down what observations he thinks fit for him to make use of in his travels; dat. 20 Nov. 1609. p. 13.

8. A letter written by Philip [Howard] earl of Arundel to the queen when he departed the realm of England. p. 18.

9. A letter from queen Elizabeth to [R. Devereux] earl of Essex and the council in Ireland. p. 33.

10. Letter from the lady Penelope Rich to the queen in the earl's favour. p. 38.

11. Letter from James I. at his first coming to the crown to the lord mayor and aldermen of London to persevere in their love to him. p. 42.

12. Two letters from sir Walter Raleigh to the king before and after his condemnation. p. 43.

13. From the same to his wife the night before his execution. p. 48.

14. From the same to sir Robert Carr, that he would not seize upon his estate forfeited to the crown, 1608. p. 51.

15. From F. Norris to the king vindicating his defence of himself against lord Willoughby. p. 53.

16. From Patrick Ruthven to the earl of Northumberland in defence of a lady's honour, himself and country. p. 55.

17. From John Hollis to the lord treasurer Cecil on his speech against himself and ancestors. p. 58.

18. From lord Rochester to the earl of Northampton on his obtaining the mastership of the horse. p. 62.

19. Lord Ellesmere's petition to the queen to be released from office. p. 64.

20. From Rob. Devereux, earl of Essex, to the queen on the loss of her favour. p. 65.

21. The lord visc. Rochester [Robert Carr] to Mr.

G

*Found, and in its place, 1883.

Overbury on the death of his son sir Thomas. p. 68.

22. Sir Jervase Ellowis [Yelvis or Hollis?] lieut. of the Tower, his apology on the death of the same, with his speech on the scaffold, 20 Nov. 1615. pp. 70, 80.

23. From sir Richard Sp[encer?] to sir Robert Cecil, secretary of state, on the charge of joining in a conspiracy against Mr. Fowler; dat. 14 Jun. 1600. p. 94.

24. The lady Alice, countess of Derby, to queen Anne [wife of James I.] on the death of queen Elizabeth; dat. 4 April. 1603. p. 96.

25. Mr. Thomas Aldred to the marquis Villiers on the Spanish match; 1620. p. 97.

26. Instructions of sir Rob. Cecil to his son. p. 111.

27. From Matthew Hutton, archbishop of York, on the growth of the papists; 18 Dec. 1604. p. 119.

28. Queen Elizabeth to sir Amyas Paulet. when hee kepte the queene of Scottes. p. 121.

29. The earl of Essex to the queen on his commands to goe for Ireland. p. 122.

30. Jabin Borgrave, baron de Donah, to the lord lieutenant and sheriffs of the county of Berks on the affairs of his master the king of Bohemia; 31 May 1620. p. 123.

31. James I. in behalf of the earl of Southampton and sir Henry Neville, knight; 1 Apr. 1603. p. 126.

32. The chancellor's speech to sir H. Montague when he was sworn chief justice of the King's Bench; with the answer. p. 127.

33. Prerogative royal, shewing what manner of persons those should be that are to execute the power or the ordination of the king's prerogatives, by the late lord chancellor. p. 136.

34. Three letters from [Thos.?] Granger to the lady Harington on the death of the two lords Harington, her husband and son; and to sir Francis Bacon. p. 141.

35. From Edmund Anderson to sir F. Bacon, that he would intercede with the king in his behalf. p. 145.

36. Proclamation for the plantation of mulberry trees for silk worms; 29 Nov. 1 Jac. I. p. 147.

37. Two letters from sir Walter Raleigh to sir Ralph Winwood on his proceedings in the West Indies; dat. S. Christopher's 1617. p.151.

38. The lowsy Scotland, or a letter from an Eng-lishman in Edinburgh in abuse of the Scots. p. 160.

39. Question concerning the states of Bohemia, with the answer. p. 170.

40. The submission of sir Henry Yelverton delivered in his own person in the Star Chamber, 1620. p. 177.

41. The lord chancellor's (lord Verulam) submission and letter to the parliament; April 1621. p. 181.

42. Sir Edw. Sackville's speech in the parliament house on the vote of supplies to the king. p.189.

43. Speech of bishop Williams when called to the office of lord keeper. p. 196.

44. A petition of Francis Phillips to the king for the release of his brother in the Tower; 1622. p. 204.

E.   **CLIII.** belonged to G. Langbaine

Codex chartaceus, in 4to minori, ff. **193**, sec. xvii.

     Nathanielis Carpenter Systema Opticum.

         Tit. i. " Caput primum de definitione et distributione Opticæ."

         Incip. " Optica et scientia que visibilium naturam et mensuram contemplatur."

         Desin. in cap. 24 verbis, " Lumen appulsum opaco non fit per se inc. . . ."

D.   **CLIV.** belonged to G. Langbaine

Membranaceus, in 4to, ff. **121**, sec. xv.; olim, ut videtur, Willelmi Manyngham, Christophori Purpilli, W. Bendloues, et Willelmi Bere.

     The Chronicles of England, known as the Chronicle of the Brute, comprising the history from Brute to the 6th of Henry V. [1418;] divided into 207 chapters, with prologue.

         Prol. begins, " The furste inhabitinge of this lande, howe women furste inhabit it and after that Brute inhabit it;" etc. " Sum tyme in the land of Surre ther was a myghty and a ryall king called Dioclician."

         Ends, " and then the king rested him ther and put the towne in gouernance and rule and cried hys peace amongis the citezeins, etc. Explicit."

         On the last page are some lines beginning,

"Voe vorthe the debate that neuer may haue peas."
On the 2d leaf are sixteen verses, beginn.
" The pope holy prestis fulle of presumcyon."

D. CLV.

Codex chartaceus, in 4to, ff. 204, sec. xvii.

Catalogus librorum [in Bibl. Bodl. servatorum]
secundum res subjectas ordinatorum, prævia
" Synopsi subjectorum in singulis facultatibus
authorumque qui de iis scripserunt," cum prologo; auctore Thoma Jamesio, S. T. P. Bibl.
Bodleianæ Protobibliothecarii primi.

Inscribitur prologus ' ad spectatæ probitatis
et optimæ spei tyrunculos vel candidatos in
facultate artium.'

Incip. prol. " Accipite, optimæ spei Juvenes,
conatum hunc meum ad studia vestra."

D. CLVI.

Chartaceus, in folio, ff. 83, sec. xv. exeuntis;
anno scilicet 1491 manu auctoris propria
scriptus; olim Gerardi Langbaine, [coll. Reg.
præpositi *l*]

Excerpta de opere sacramentali fratris Thomæ
Waldensis, provincialis Carmelitarum Angliæ,
per Johannem Russell, episcopum Lincolniensem, confecta.

Incip. " Ex epistola fratris Thomæ Waldensis ad papam Martinum quintum in prefacione
sua ad opus de sacramentalibus. Habetur
quod licitum est in confutacione heresium."

Præmisit confector notitiam sequentem, "Ego
Johannes Russell, episcopus Lincolniensis, fa-
tigatus hoc anno 1491 Oxon. cum multis hereticis, postquam pervenit in manus meas liber
fratris Thomæ Waldensis, venerabilis doctoris, contra Wiclevistas, quorum insanissima
dogmata multos nostre religionis Anglicane
populares infecerunt; cogitavi aliqua excer-
pere ex eodem libro super sacramentalibus,
in quæ Lollardi ipsi maxime invehuntur, unde
successores nostri et sui assistentes consiliarii
in inquisicionibus hereticæ pravitatis aliqua
paratiora inveniant ad confusionem errantium,
quam aut nos ante habebamus aut ipsi successores habuissent istis non habitis.

Remaneant igitur hi quaterni in registro
episcopi Lincolniensis quicumque erit pro
tempore.

Quicumque hunc titulum deleverit anathema sit.

Jo. Lincolniensis manu propria in festo Epiphaniæ apud Woborn anno 1491 secundum
computacionem ecclesie Anglicane."

In calce, " Prosequatur residuum qui voluerit satis nobis sit hos octo quaternos ex multis congestis auctoritatibus in hoc compendium adduxisse in octo septimanis plura ex-
ecuturis si opportunitas et valetudo corre-
spondissent. Jo. Lincoln. manu propria, dat.
Woborne;" etc. ut supra.

CLVII. [Missing vol.] now Ms. c.c.c. 352 ff. 1-212

Desideratur; continebat,

Collectanea varii argumenti; scilicet,
a. A copy of Dr. Joh. Rainold's will.
b. An inventory of his books and goods.
c. A catalogue of his MSS. delivered to A. B.
Bancroft.
d. His letter to Dr. Thornton of Ch. Ch. Oxon.
about stage plays.
e. His answer to Dr. Gager upon the same
subject.
f. Dr. Gager's letter in defence of the plays, and
the students that acted them.
g. Dr. Rainold's answer to it.
h. Alberici Gentilis epistola ad D. D. Rainoldum
de ludis scenicis.
i. Rainoldi responsio.
k. Alb. Gentilis epistola alia ejusdem argumenti,
cum alia Rainoldi responsione.

B. CLVIII.

Codex chartaceus, in folio majori, ff. 169, sec.
xvi. exeuntis; utrimque mutil.

Relationes casuum legalium qui acciderunt in
annis regni Edwardi III. sequentibus; scil. xxi.
xxxii. xxxviii.—xlv. inclusive; *Gallice.*

Incip. in verbis, " qil suit vnqore seisi de les
bestes; Gayner, la ou il se pleint qe nous."

Incip. ad fol. 4, De termino Paschæ, " Le
priour de nouel lieu part. un repleg."

Defic. " et quod vn tiel etc. tenet predictam
contra formam finis, predicti modo sinit in-
gressi."

C. CLIX.

Chartaceus, in folio, ff. 296, sec. xvii. ineuntis.

Loci communes legales, sub capitibus variis distributi; *Gallice.*

Incip. " Ayde ; En un repleg envers V. quelle avowa sur B. come sur son very tenaunt."

Titulus ult. est " Plede de Herony ; En assis le tenaunt plede ;" etc.

In calce notitia est computorum privatorum, sc. " Item the slyves and makyng of my satyn doblett ; xij. s."

In fronte codicis " 29 Sept. 1695. To Ralph Becford for binding this book 2/s."

C. CLX.

Codex chartaceus, in folio, ff. 138, sec. xvii. ineuntis.

Johannis Scott, ex hospitio Lincolniensi, commentarii super [Thomæ?] Littleton opus de tenuris terrarum et tenementorum etc. ; cum prologo, procemio, epilogoque ; *Gallice.*

Incip. prol. " Quia labilis est memoria humana."

Incip. pars i. " Adeprimis my saches qe dez toutz et parentre toutz les generalx et especyalx articles par les nomes des tenures des terres et tenementes."

Incip. pars ii. " [fol. 57.] " Adonqes pur resorter a ceo de qe ad estes parle en le commencement de cest treatys."

Desin. " parenter lez deux services defauts la correctioun de cheschun prudent qe ceo liera. τέλος."

Sequitur epilogus incip. " Jamque hujus libelli finito opusculo. Que omnia et singula prerecitata in predictoque impressata apud Dorney in comitatu Buk. per me Johannem Scott de Greys Inn pennata atque compilata fuerunt, tempore preclarissimæ memoriæ illustrissimi maxime legiferi regis hujus regni sui Anglie, scilicet, prenotandissimi regis Henrici septimi, videlicet anno octavo nobilissimi regni sui."

Sequuntur a. Breve de jure hereditario Edwardi IV. ad coronam Angliæ ; *Anglice.* f. 128.

b. Notitiæ Brevium aliorum ; *Gallice.* fol. 130.

c. Brevia duo contra Edwardum, ducem Somersetiæ, insurgentem ; dat. 5 Edw. VI. f. 137 b.

Præmittuntur codici chartæ duæ, hæc, Willelmi de la Lane dimittentis Johanni de Hivenden, cum Christiana filia sua, ix. s. et ij. d. etc. ; Illa, Radulphi personæ de Burnham,

concedentis Osberto fil. Edwardi unum messuagium et i. acram terræ, etc.

C. CLXI.

Codex chartaceus, in folio, ff. 204, sec. xvii. ; haud eadem manu exaratus.

1. Brief notices or reports of cases in the court of Queen's Bench, apparently from the 36th to the 39th of Eliz. inclusive ; *French, Latin,* and *English.* fol. 1.

2. " Casus inter dominam Reginam et Georgium Calverley militem, in curia wardarum et liberacionum ;" in *English.* fol. 158.

3. Legal decisions arranged alphabetically under different heads ; in *French.* fol. 163.

Beg. " Eleccioun ; Si rent est qe en fee hors de terre et le grauntee."

C. CLXII.

Chartaceus, in folio, ff. 179, sec. xvii. ineuntis.

1. Reports of cases principally in the 17th to the 24th Eliz. inclusive ; partly in *French* and partly *English.* fol. 7.

Prefixed is " A table for the finding of the cases and the terms agreeing with the book and the original."

At fol. 33 occurs the case of the Queen and sir George Calverleye, as in the previous volume.

———

2. Eighteen lectures upon the statute of the 1 Ric. III. " secundum Adgore ;" in *French.* fol. 96.

Beg. " Sest estatut est fait tut pur lauantage dez vendez, etc. All commen ley si homme auoit fait feffement sur confidence et puis ust fait bargayne."

Ends, " ne serra dowe qe leir ne einz par le bar ; etc."

C. CLXIII.

Chartaceus, in folio, ff. 237, sec. xvi. exeuntis.

Anonymi cujusdam commentarii in **Statuta Angliæ**, quæ sequuntur, *Gallice,*

1. Magna Charta. fol. 1.

Incip. " Sur cest estatut est reherce coment le roy Henri le terce progenitour le roy."

2. Statutum de Mortona. fol. 37.

Incip. " Note qe al le commune ley deuaunt."

3. Statutum de Marleberga. fol. 48.

Incip. "Devaunt cest estatut."
4. Westmonasterii primum. fol. 77.
Incip. "Cest estatut de Marlebruge."
In calce desunt a fol. 112 ad fol. 120 inclusive.
5. Statutum de Glocestria. fol. 102.
Incip. "Sur cest estatut fuist reherce, qe al le commune ley deuaunt cest estatut le mischief."
Desunt ad calcem folia decem.
6. Westmonasterii secundum. fol. 146.
Incip. "Sur cest estatut fuist reherce qe al le commun ley si un homme ust aliene terre le droit."
7. Westmonasterii tertium. fol. 228.
Incip. "Sur cest estatut fuist reherce qe deuaunt cest estatut chacun tenaunt."
8. Statutum de finibus. fol. 230.
Incip. "Sur cest estatut fuist etc. fuere diuers maners des fynes."
9. Statutum de bigamis. fol. 233 b.
Incip. "Al le commune ley deuant cest estatut si le roy ust enfeffe une homme par sez lettrez."
10. Prærogativa Regis. fol. 236.
Incip. "Sur cest estatut fuist reherce qc si ceux qe teignent de Roy."

CLXIV.

Hodie desideratur; continebat,
Sir Christopher Wren's account of Salisbury church.

CLXV.

Codex membranaceus, in 4to minori, ff. 102, sec. xii., optime exaratus et servatus, figurisque affabre delineatis perquam illustratus; olim M. Lelonde, Joh. Theyer de Cowpers Hill juxta Glouc., Fulconis Wallwyn, ex dono Danielis Bacheler, Willelmi et Thomæ Leigh, et denique coll. Univ. ex dono Gul. Rogers.

1. Vita et miracula S. Cuthberti, auctore venerabili Beda, cum prologo ad Eadfridum. p.1.
Tit. "Prologus Bede presbiteri in vitam Sancti Cuthberti."
Consentit usque ad cap. xlvi. inclusive cum editt. impress. Sequuntur capitula duo sc. xlvii. et xlviii. ex Historiæ Eccl. lib. iv. desumpta, ubi numerantur xxxi. et xxxii. Quæ supersunt ex Turgoti Historia videntur

et exstant impress., hic illic varia, in edit. Stevenson. pp. 285—316, l. 24.
2. Oratio ad S. Cuthbertum versibus circ. dcccl. comprehensa leoninis. p. 170.
Incip.
"O pater Anglorum . patrum par Angelorum
Tu Cuthberte sacer . pronis pius hostibus acer."
Desin.
"Nec mora surgebat . cunctosque stupore replebat,
Omnibus hoc dicens . et laude Deum benedicens."
Divisa est secundum rubricas quarum ultima, "De monacho ad ejus tumbam curato."

CLXVI. CXLIX

Codex membranaceus, in folio sive 4to majori, ff. 27, sec. xiv.
Rentale maneriorum tenementorumque ad ecclesiam Sarisburiensem pertinentium; imperf.
Complectitur modo custumaria de Sunning, Berghfelde, Yenyngdon, Wokyngham, et Ramsbury.
Tit. "Custumare de Sonnyngg."
Incip. "Liberi tenentes. Robertus de Lenham tenet de domino episcopo in capite pro servicio militari unam hidam terre in Syndlesham."
In calce Rentalis de Wokyngham notatur, "Concordat cum rotulo Custumarii."
Sequitur, "Inquisitio facta de redditibus, serviciis et consuetudinibus manerii de Remmesbury tam liberorum quam villanorum per sacramentum Rogeri le 3onge de Wytyndich et Nicholai Maseringe, Johannis Langthon, Ade atte Hegge, Johannis atte Stour et Thome Marchepais, juratorum die Veneris in festo cathedre S. Petri anno regni regis Edwardi tercii a conquestu Anglia quinto incipiente."
Incip. "Quoniam dicunt, quod dominus Hildebrandus de London tenet quatuor carucatas terre in Axeford et tres carucatas apud Littlecote pro ij. feodis militis."
Desin. "Summa feodorum vj. et dimid. et tertia pars unius feodi."

CLXVII.

Membranaceus, in folio, ff. 149, sec. xv. exeuntis.
1. Chartularium, sive registrum chartarum privilegiorumque, ad abbatiam S. Mariæ de Fontibus pertinentium; in partes duas

distinctum ; quarum prior mutila videtur, incipit enim a tabula sive sectione xiv.

Pars prima chartas continet et confirmationes Regum Angliæ abbatibus de Fontibus factas a Stephano usque ad Ricardum II. inclusive. fol. 1.

Pars altera bullas et brevia Pontificum Romanorum continet ab Innocentio II. ad Johannem XXIII. fol. 17 ; cui annexa sunt munimenta collegii S. Bernardi Oxon. sive Henrici Chicheley, archiep. Cantuar. chartæ, quibus contulit collegium B. Bernardi in Oxon. ordini Cisterciorum in usum monachorum alborum scholarium in Universitate Oxon. dat. 1437.

Sequitur index ad Privilegia supradicta sub Rubrica, quæ incip. " In ista tabula subsequenti notandum quod non componitur vocaliter secundum verba et dictiones, sed secundum sentencias et fructuosum intellectum clausularum, et non solum continet ea sola privilegia, que adhuc obtinent firmitatem sed eciam alia que aut per jura post condita aut per alia privilegia seu per abusum cassantur."

2. Collectio privilegiorum papalium toti ordini Cisterciensi concessorum ante annum Domini 1490, a Johanne tunc temporis abbate compilata, concessionibus etiam quorundam regum ac principum eidem ordini in calce adjectis ; cum præfatione compilatoris, qua consilii sui, in eandem aliis monasteriis ordinis communicando, rationem reddit et cur indicem eidem non adjecerit. fol. 61.

Incip. præf. " In nomine Sancte Trinitatis nos frater Johannes, abbas Cistercii frequentius non absque profundo cordis dolore—— ab archivis Cistercii extrahi et conscribi fideliterque ad originalia et registra auscultari ac diligenter, anno Domini millesimo quatricentesimo nonagesimo, in modum qui sequitur imprimi fecimus."

Datum est privil. i. 2 Paschal. II. anno scilicet Domini 1100. Numerantur privilegia et instrumenta clii., quibus succedit ' Pia et exhortatoria totius operis conclusio ;' incip. " Eya venerabiles et egregii patres, amantissimique ac devotissimi fratres."

Desin. " constituta faciat piissimus dominus Jesus sue dulcissime matris precibus."

In calce,

a. Carmen rhythmicum in laudem Cistercii. fol.149.
Incip.

" Gaude felix mater Cistercium firmamenti spera stelligera,
Paradisus lignorum omnium quem divina plantavit dextera."

b. Carmen elegiacum ad lectorem de eodem ordine et Johanne abbate. fol. 149 b.
Incip.

" Quisquis es, accipies istum qui forte libellum Ordinis eximii quisquis amator ades."

In fine, " Ther is in this book this 29 of October 1605, clxv. leaves of fare written parchment, no part wherof is ether decayed or deffaced." Deinde ; " There is 149 leaves and no more this 28 Dec. 1615 whereof one is not written upon."

B. CLXVIII.

Codex membranaceus, in folio majori, ff. 303, sec. xv., binis columnis bene exaratus et servatus.

1. Commentarius sive Postillæ octo in Cantica Canticorum ex SS. Gregorio, Augustino, Bernardo, Beda, aliisque collectus, cum prologo. fol. 1.

Incip. prol. " Deus in gradibus ; etc. Tres sunt gradus quibus ascenditur ad Dei cognicionem."

Incip. lib. " Simile est regnum ; etc. In hac auctoritate tanguntur ea que pertinent ad cognicionem libri."

In calce, " Explicit ; Deo gracias."

2. Expositio in Cantica Canticorum, libris septem, quam composuit Beda presbyter venerabilis, juvante se gratia superna. fol. 80.

Primus liber est Bedæ contra Julianum ; sex reliqui ' ex opusculis beati Gregorii collecti sunt.'

Exstant omnes impressi, inter opp. ed.1612, tom. iv. col. 714.

3. Ejusdem in S. Marci evangelium commentarii, cum præfatione. fol. 146.

Incip. " In exposicione evangelii ;" ut ibid. tom. v. col. 92.

4. Ejusdem in S. Lucæ evangelium expositio, libris sex comprehensa ; præviis capitulis ; mutil. fol. 201.

Incip. " Beatus evangelista Lucas de omnibus ;" ut ibid. tom. v. col. 217.

Defic. "illa indigencia, ista potencia ; At illi optulerunt ei partem———"

D. CLXIX.

Codex membranaceus, in 4to, ff. 5 et 228, sec. xv. ineuntis ; ex dono Sibyllæ de Felton, abbatissæ de Barking ; mutil.

Edited for Henry Bradshaw Society, vol. LXV

Ordinale secundum usum monialium de Barking, co. Essex, prævio kalendario ; initio mutil.

Incip. Ordinal. in verbis, " ad pascha Ps. Quicunque vult, dicatur omni Dominica post preces."

Præcedit notitia, " Memorandum quod anno Domini millesimo quadringentesimo quarto domina Sibilla, permissione divina abbatissa de Berkyng, hunc librum ad usum abbatissarum in dicta domo in futurum existencium concessit et in librario ejusdem loci post mortem cujuscumque in perpetuum commoraturum ordinavit, donec electio inter moniales fiat ; tunc predictus liber eidem electe in abbatissam per superiores domus post stallacionem deliberetur."

In kalendario notantur dies obituales abbatissarum, quarum catalogus inveniatur ad p. 448 ab " Adlicia que fundavit hospitale de Illeford" ad Elizabetham Laxham inclusive.

Sequuntur a. Tabula locorum quibus abbatissarum corpora jacent sepulta ; *Gallice* ; sub titulo, " Ceste esscripture fait a remembrer de les sepultures des abbesses qe ount leur services cutee couent a les anniversaires par lan." p. 450.

Incip. " Dame Yolente de Suttoun, qe gist deuant lauter nostre Dame de Salue."

b. Ordo instituendi priorissam ; *Anglice, man. recentiori.* p. 452.

c. Ordinationes factæ per Ricardum Fitz-James ep. London. in visitationibus suis ; 1507, 1509. p. 453.

D. CLXX.

Membranaceus, in 4to, ff. 117, sec. xiii. ; / manibus recentioribus hic illic adauctus. ʌ

Chartularium, sive Registrum chartarum ad abbatiam S. Mariæ de Fontibus pertinentium ; scilicet,

1. Chartæ terrarum, quas habuit abbatia in Craven, numero cccii. in quatuor thecis dispositæ, cum tabulis duabus præfixis. fol. 1.

Tit. " Notandum quod quatuor tekas habemus, in quibus ponuntur carte terrarum quas habemus in Craven."

Præmittuntur (a.) Chartæ tres de villa de Otterbourne ; (b.) Summonitio ad abbatem, ut coram rege personaliter intersit apud Westmonaster. ad tractandum de terra Vasconiæ et remedio contra regem Franciæ ; dat. 22 Edw. I. (c.) Genealogia Henrici de Percy, anno 1302 nati.

2. Chartæ LXXVI. ad terras in Martuna, Disford seu Dreeford, etc. præcipue spectantes. fol. 74.

Tit. i. " Carta Alani de Meirig."

3. Chartæ sexaginta sex donationes familiæ de Percy aliorumque villæ de Litton aliarumque terrarum exhibentes. fol. 87.

Tit. i. " Carta feofamenti domini Ricardi de Percy per quam dat domui de Fontibus willam de Littona cum tota walle et foresta specialiter ad pitanciam ad opus conventus."

E. CLXXI.

probably presentation copy ; dedicatory letter pr. Strype, Life of Sir J. Cheke (1705), 237-76. See N.R.iii.2b

Codex chartaceus, in 4to, ff. 46, sec. xvii.

Plutarchi Chæronensis de superstitione libellus, Johanne Checo Cantabrigiensi interprete, prævia interpretis ad Henricum VIII. regem Angliæ præfatione.

Incip. præf. " Magni est ingenii judiciique ac fortassis etiam non naturæ humanæ sed gratiæ divinæ."

Data est, Hartfordiæ, 30 Decembris.

Incip. text. " Cum omnis ignoratio Dei."

D. CLXXII.

Membranaceus, in 4to, ff. 8, annum circiter 1300, binis columnis exaratus ; olim Gul. Rogers, 1669.

Gregorii papæ X. " Constitutiones, editæ in concilio Lugdunensi anno Domini m.ºcc.ºlxx. quarto."

Incip. " Gregorius episcopus, etc. De Summa Trinitate et fide catholica. Fideli ac devota professione fatemur."

Desin. " nisi per sedem apostolicam absolucionis beneficium optinere."

In calce, " Expliciunt constituciones domini Gregorii pape X. edite in concilio Lugdunensi."

F.   CLXXIII.

Codex chartaceus, in 4to minori, ff. 198, sec. xvii., olim Willelmi Sharpe.

1. Anonymi cujusdam liber de concessione indulgentiarum ; initio mutil. fol. 1.

 Incip. Distinctio 4, " Utrum concessio indulgentiarum sit actus potestatis ordinis an potius jurisdictionis. Durandus in 4, d. 20. q. secunda existimat."

2. De Sacramentis quædam brevissima collecta. fol. 94.

 Incip. " In primis sacramentum significat certum quoddam pignus."

 Defic. in verbis, " Conficere hoc sacramentum et panem in corpus mutare"——

E   CLXXIV.

Chartaceus, in 4to minori, ff. 18, sec. xvii.

The statutes and ordinances of the most noble order of Saint George, named the Garter, reformed, explained, and revised by the most excellent and moost . . . . Henry the viii.th by the grace of God, king of England, France and Ireland, defender of the faith, and in earth of the church of England and Ireland the supreme head.

E   CLXXV.

Chartaceus, in 4to minori, ff. 26, sec. xvii.

1. Exercitationes aliquot novitii cujusdam in Mathesi, quibus periculum facit, an possit arte sua vel marte constituere canonem triangulorum sive sinuum, tangentium et secantium ad radium 1000, secundum regulas Barth. Pitisci, libro 2 Trigonometriæ. fol. 1.

2. " Out of Mr. Edmund Wingate's book of Arithmetique natural, concerning Decimals." fol. 15.

3. " Of Logarithmes out of Mr. Edm. Wingate's book of Arithmetique natural and artificial." fol. 16.

D.   CLXXVI.

Chartaceus, in 4to, ff. 22, sec. xvii., manu Willelmi Cardinall ex MS. antiquo Roffensi transcriptus.

1. Aluredi regis leges, cum præfatione ; *Anglo-Saxonice.* fol. 1. b.

2. Aluredi et Guthrun regum fœdus ; *Anglo-Saxonice.* fol. 18.

 Incip. Ðıꞩ ıꞩ þe ꝼꞃıþe þat Ælꞃꝥeð cynınᵹ ᛘ ᵹyðꝛun cynınᵹ ᛘ ealleꞃ anᵹel cynneꞩ pıꞇan, ᛘ ealle ꞃeo ðeoð þe on eaꞃꞇenᵹlum.

 Sequitur Thomæ Cardynall epistola de codice ; *Anglice;* dat. Maulden in Essex. 1675.

B.   CLXXVII.

Codex membranaceus, hodie in duo volumina distinctus, in folio majori, constans olim ff. 352, quorum 209—232 hodie desiderantur, sec. xiv. exeuntis, binis columnis exaratus ; olim Thomæ Sparchi ex dono Matthæi Piggotti, utrimque mancus.

Ranulphi Higdeni Polychronicon, cum prologo ; indice rerum alphabetico præmisso.

 Incip. præfatio tabulæ brevis, " Ad subsequentis tabule noticiam considerentur."

 Incip. prol. " In historico namque contextu cronographorum diligencia nobis delegato."

 Incip. lib. " Julius Cesar divinis humanisque rebus singulariter instructus cum consulatus sui fasces ageret."

 Volumen primum comprehendit libros quatuor priores ; secundum incipit in verbis sub anno gratiæ 635, " et baptizavit apud Dorcit, id est Dorcestre, assistente tunc ibidem rege Northanhumbriæ Oswaldo ipsius genero ; et deficit sub anno 1340 in verbis, [epistolæ scil. Johannis Stratford, ad Edw. III.] " qui comodum proprium sive utilitatem, quam honorem vestrum populive sa"——

 Tegmini interiori affixum est fragmentum expositionis in S. Johannis evangelii cap. xix. manu antiqua, sec. scil. xi., exaratæ.

B.   CLXXVIII.

Membranaceus, in folio, ff. 8, annum circiter 1400 exaratus.

Missalis fragmentum, olim ut vidətur ad capellam collegii Universitatis pertinentis ; Hodie restant modo, quæ sequuntur.

1. Formula benedicendi salem ; Exorcismus aquæ, et orationes. fol. 1.

2. Kalendarium, cum monostichis. fol. 2.

 Monost. 1. est,

" Prima dies mensis, et septima truncat ut ensis."

 Notantur ; ad 26 Mart., " Isto die singulis

C. Wordsworth, Ancient Kalendars (OHS xiv)
pp. 36-40 ; J. R. Magrath, Liber Vitruanus, App. D.

annis celebrandus est obitus magistri Walteri Skyrlaw, quondam episcopi Dunelmensis, istius collegii benefactoris precipui, a consociis in collegio pro perpetuo observandus, qui obiit ix. kal. Aprilis, anno Domini m.cccc.vi. et sit missa solempnis cum diacono et subdiacono;" ad 30 April., " Isto die anno Domini m.cccc.lxxvj. erat ista capella dedicata in honore sancti Cuthberti;" ad 22 Maii, " Isto die singulis annis celebrandus est obitus domini Henrici Perci, secundi comitis Northumbrie, istius collegii specialis benefactoris, qui obiit xj. die kal. Junii, anno Domini m.cccc.lv., et pro cujus anima dicatur missa cum diacono et subdiacono."

Gwénby Francis Lockley D. **CLXXIX.**

Codex membranaceus, in 4to, ff. 96, sec. xv.

Manuale Precum, Horas includens B. M. Virginis, Psalmos septem pœnitentiales, Litanias, Placebo, preces psalmosque, qui in libro, vulgo apud nos ' Prymer' dicto, fere inveniuntur; versione *Anglicana* penitus instructum; prævio kalendario.

Incipiunt horæ ad fol. 15, secundum editionem a viro cl. Gulielmo Maskell inter Monumenta Ritualia tom. ii. nuper prolata, qua cum versione minime concordat codex noster; In foliis septem prioribus leguntur, Pater Noster, Symbolum Apostolorum et orationes.

Ad fol. 25 b. legitur commemoratio S. Thomæ Becket, incip. " Crist make us stye yn to that plase that Thomas styed to be;" quæ in editione non invenitur.

Immediate ante officium Defunctorum, sive Placebo, occurrit officium Passionis, sive Lectiones et orationes ad mortem Christi spectantes, quæ in edit. cit. desiderantur.

Desinit editio impressa in fol. 83 b; cui succedunt Psalmus cxix. aliique et orationes.

In calce regula est ad inveniendum Pascha, aliosque festos.

D. **CLXXX.**

Membranaceus, in 4to, ff. 23, sec. xiii., olim Thomæ Ailesbury, clerici.

1. Canones evangeliorum quatuor; metrice. f. 1. Incip.

" A. generat; b. magos vocat, Egiptum petit, exit."

In calce, " Expliciunt canones."

2. Glossa super Cantica Canticorum; fragm. f. 3. Incip. " Osculeter; Licet modus agendi."
3. Sermo in istud ' Lucerna pedibus meis.' fol. 4. Incip. " Verbum ut habetur in glossa."
4. Libri Job fragmentum, incip. a cap. vii. ver. 7, ad cap. xii. ver. 12, glossis marginalibus instructum. fol. 5.

Incip. gloss. " Vita hominis dicitur ventus, propter transitus velocitatem."

Sequuntur adversaria varia theologica, scilicet,

a. De cœlo, ex Alpharagio etc. fol. 16 b.
b. Sententiæ ex Hamone, Bernardo, Augustino, aliisque patribus. fol. 17.
c. Glossulæ super epistolas ad Titum, Philemonem, et Hebræos. fol. 20.
5. Catalogus librorum, operum scilicet præcipue SS. Anselmi Augustinique, forsan ad monasterium quoddam pertinentium, annexis eorumdem initiis. fol. 23.

D. **CLXXXI.**

Codex membranaceus, in folio, ff. 153, sec. xv. ineuntis; olim, anno scilicet 1491, Henrici Percei de N. postea, anno 1577, Roberti Hedrington; bene exaratus et servatus.

The pilgrimage of the soul, translated from the French [of Guillaume de Guilleville], in six books.

Tit. " Incipit liber qui nuncupatur Grace Dieu."

Beg. " As I lay on a seynt Laurence nyght slepyng in my bed me bifel a ful merveillous dreem."

Ends, " and goodly correctith where that it nedith ought to ayden or withdrawen."

At the end, " Here endeth the dreme of the pilgrimage of the soule translatid out of Frenshe into Englisshe wit somwhat of addiciouns, the 3eere of oure Lord a m. and cccc. and endid in the vigil of Seynt Bartholmew."

It is the second of ' Les trois Pelerinages' by Guillaume de Guilleville, and was printed in French in 1499.

At fol. 40 b is the note following, now nearly obliterated, " Iste liber pertinet domino Henrico Percei de N . . . . . . h, ex dono domini

H

Johannis Renhall predessessoris sui anno domini millesimo cccc.lxxxxi. x. kal. Novemb."

E. CLXXXII.

Codex chartaceus, in 4to minori, ff. 54, sec. xvii. exeuntis.

A catalogue of books, principally French and English, printed about the middle of the seventeenth century, with here and there bibliographical notices annexed, apparently the memorandum book of a bookseller; made in France and England.

At fol. 21 is noted, "There is one Herbert of Camb. who I thinke has writ good divine poems;" and at 35, "8ber. 1660; Books bound in good black leather with blew leaves as Mr. Lockey's librarie; the title on the back a la mode de France and not on the leaves; Those that are not worth binding in leather as heretiques etc. bind in velan." etc. "All the church books, in blew turky leather with guilt leaves and silver claspes." "See Rouen; carry over some excellent images de la rue S. Jacques, Poilly, etc."

D. CLXXXIII.

Chartaceus, in 4to, ff. 309, sec. xvii.

1. Considerations concerning the spirit of Martin Luther and the originall of the Reformation, [by Abraham Woodhead.] fol. 1.
   Printed in Univ. college, Oxford, 1687.
   Annexed are the sheets furnished to the printer as the 'copy' of the same work.
2. A tract concerning Celibacy, [by the same;] two copies. fol. 198.
   Printed ibid. 1687.
3. A treatise of the first part of Ancient Church Government, [by the same.] fol. 255.
   Printed ibid. 1688. ?
   On the cover is written "Success. Clergy." And in another hand, "Approved by Mr. Ward."

D. CLXXXIV.

Chartaceus, in 4to, ff. 302, sec. xvii.

1. [Four discourses by Abraham Woodhead;] entitled,
   a. Discourse 2d. On Infallibility. fol. 1.
   b. Discourse 3d. Concerning ye obligacion of

not professing or acting against our judgment or conscience; and whether the obedience on non-contradiction only or also of assent be due to the decrees of councils. fol. 35.
   c. Discourse 4th. Concerning Triall of Doctrines. fol. 74.
   d. Discourse 5th. Concerning salvation possible to be had in a schismaticall communion, and concerning the danger of living in, and the necessity of departing from a knowne schismaticall communion. fol. 112.
   For an account of these discourses, see A. Wood's Athen. Oxon. ed. Bliss. tom. iii. col. 1163.
2. A discourse on the Eucharist, [by the same, with two Appendixes, the first by Francis Nicholson, fellow, and the second by Obadiah Walker, master, of University.] fol. 149.
   Printed Oxf. 1688.
   Of the first discourse there are two copies both imperfect; as is also the second appendix.
3. [Another treatise by Woodhead, probably his 'Motives to Christian piety;' imperf. the original copy for the printer.] fol. 259.
   The first signature is K 6, begin. "iterated also by S. James, 5, 12, with this caveat, 'least you fall into condemnation.'"

E. CLXXXV.

Codex chartaceus, in 4to, ff. 80, sec. xvii.

1. A discourse upon the soul, and the vital spirit, and their connexion with the body, in 12 conclusions. fol. 1.
   Tit. i. "The soule is not onely in its proper visible bodye, but also without it, neither is it circumscribed in an organical bodye."
2. A hundred aphorisms containing the whole body of natural magic, being the key to open that which goeth before and which follows after. fol. 23 b.
3. Of the things necessary for a physician, before he undertake this part of magnetical physic. fol. 34 b.

E. CLXXXVI.

Chartaceus, in 4to minori, ff. 171, sec. xvii.

[M. T. Ciceronis de Officiis libri tres, ab ano-

nymo quodam in Anglicanum sermonem translati, notisque penitus illustrati.]

In calce legitur, " The turning into English
a book of this nature, especially in so loose
an age as ours, is a work that will hardly
stand in need of an excuse; but ye doing
after so eminent a writer as sir R. Lestrange
perhaps will hardly admit of any."

C. CLXXXVII.

Codex chartaceus, in folio, ff. 52, sec. xvii.

The epistle of S. Paul to the Romans, and the
first epistle to the Corinthians, *in English*;
[this translation differs from the authorized
version.]

Beg. " Paul, a servant and by particular calling an apostle of Jesus Christ, ordain'd and
set apart for ye gospel of God."

C. CLXXXVIII.

Codex membranaceus, in folio, ff. 91, sec. xv.,
utrimque mutilus.

The Romance of Parthenopex, or Parthenope,
count of Blois; in English verse; imperf.

Beg.
" A man to seche the worlde rounde,
    Swiche another myght none be
    Founde as he was in alle degree."

Ends,
" Of treuth in stabyllnesse they bere the floure,
    In hym ys peynted gentylnesse and honoure."

The French original of this Romance was
printed by Crapelet in 1834. See an English metrical version by W. S. Rose, 4to.
Lond. 1807; also an Essay on the same by
G. Roquefort, 1811, and a notice of it in the
first volume of the Mémoires de la Société
Royale des Antiquaires de France, p. 898.

APPENDIX TO MSS. IN UNIVERSITY COLLEGE NOT DESCRIBED IN COXE'S CATALOGUE

Descriptions from the *Bodleian Library Record* III, 31.

189 Collection of recipes, mainly medical, in English, with a few in German, French, and Latin, *beg.* Vor die Lungensucht. Des morgens. A few authors' names are given. One for ink (fol. 59) is ascribed to Sir Theodore [Turquet de] Mayerne.

Second half of the 17th cent. 62 leaves.

190 In Latin, on parchment, written in England in the 13th cent.: 330 x 220 mm.: 146 leaves in two columns, the columns on fols. 1–135^v are numbered 1–536 and each column subdivided a–g: 57–59 lines: collation 1^{10}–10^{10}, 11^{14}, 12^8, 13^4, 14^6, 15^{10}: initials in red and blue with blue and red pen-work filling: 2^0 f^0 *rant ea*.

1 (fol. 1) Petrus Comestor, *Historia scolastica* (pr. *P.L.* 198, col. 1053) with many marginal notes. Following the text (fols. 115^v–36^v) is a series of longer notes in more than one hand. Those on fols. 116^v–118^v, 119^v–23^v are theological questions, and contain references to the opinions of Magister W. The rest relate to biblical history. At fols. 143^v–4^v is an index to the *Historia scolastica*. Cols. 541–8, 537–40, 549–60 (*sic for* 50) are bound at the end of MS. 113; see the description in Coxe.

2 (fol. 137) Liber S. Ieronimi de locis qui in scripturis inveniuntur sacris per alfabetum editus. Pr. *P.L.* 23, cols. 859–928.

3 (fol. 143) Fausto presbitero Insulano Eucherius episcopus. *Ierosolomitane urbis situm ... a solis occasu etc.* An incomplete copy of Eucherius, *De situ urbis*, ed. Geyer, *C.S.E.L.* xxxix. 125–31$_4$. It is followed without a break by some interpretationes nominum Hebraicorum, *beg.* Balanus id est quercus luctus.

On fol. 145 is a versification of the Ten commandments, *beg.* Non tibi plures dii, sed verus deus unus.

Originally fols. 137–44 were at the beginning of the volume.

Fratrum predicatorum and Fratris Roberti de Eston, 13th cent. (fol. 1); Conventus Beverlaci, 15th cent. (fol. 137). In the 17th cent. the MS. belonged to C. Hildyard and Obadiah Walker: see above, p. 27.

191 In Latin, on parchment: written in the middle of the 12th cent. in England: 310 x 210 mm.: 142 leaves: 33 lines: collation 1^5 2^8 (2–6 missing) 3^8–18^8, 19^4, 20^2: initials mainly red and green, a few pale blue and red: bound in oak boards with remains of two leather straps, repaired in 1883: 2^0 f^0 [*videbunt*].

1 (fol. 6) Liber quadraginta homeliarum b. Gregorii pape, the Homilies on the Gospels, pr. *P.L.* 76, col. 1075. Bk. II begins fol. 50.

2 (fol. 128) Expositio beatissimi Ieronimi presbiteri super Marcum, pref. *Curis fratrum occupatus . . . furtum laudabile*

faciens; text *Et factum est . . . Marcus evangelista sicut cervus . . . concordans enarrat*, pr. *P.L.* 30, cols. 594–644.

At the beginning in a slightly later hand are (*a*) (fol. 1ᵛ) Extracts headed S. Augustinus, *Presentia mala . . . thesaurum in celo*; (*b*) (fol. 2ᵛ) Ieronimus de passione reciproca vel subalterna inter duas personas, rationem scil. ammonentem et hominem deflentem, *Homo. Anima mea in angustiis . . . ploratu enim* (breaks off incomplete), a shortened form of part of Isidore, Liber synonymorum, *P.L.* 80, cols. 827–40 B; (*c*) (fol. 3ᵛ) Extracts from Bede, H. E., and the Hist. Francorum; (*d*) (fol. 3ᵛ) Extracts from Isidore, Gregory, and Jerome on the qualities of pastors, *Non sunt promovendi . . . istosque diligamus*; (*e*) (fol. 5) Table of contents of Bede's Homilies, in two books, each of 25 homilies in the order of the Boulogne MS. (cf. G. Morin, *Rev. Bén.* ix. 316), a leaf from another MS., 2 cols. of 35 lines.

At the end (fol. 140ᵛ) is Descriptio cuiusdam sapientis breviter de codicibus excepta ad reginam Gerbertam Heinrici Saxorum (*sic*) nobilissimi regis filiam de Antichristo in omnibus malefico atque omni improbitate digno, *In primo proferendum est . . . ante predixit*. Finiunt gesta Antichristi. By Adso of Montier-en-Der, pr. E. Sackur, *Sybillinische Texte und Forschungen*, Halle, 1898, pp. 104–13. For the opening words see his app. crit. p. 105 n.*a*.

On fol. 4ᵛ is an erased *ex libris* '[Liber] S. Ma[rie] d[e] - - - anathema sit,' late 12th cent. In item 1 there are the remains of a contemporary division into series of 12 lectiones. Notes of the 14th and 15th cent. give directions for a reader in the refectory (fols. 31ᵛ, 40ᵛ, 103, 112ᵛ). There are many contemporary *nota* marks, usually enclosed in a circle or circle and dots, including D.M. (expanded 'dignum memoria', fols. 115, 121ᵛ), A.L. (expanded 'audi lector', fol. 121ᵛ), and R.L. (expanded 'retine lector', fol. 109ᵛ). The paste-downs are two leaves of a 15th cent. breviary.

192 Fragments of medieval manuscripts removed from bindings, all service books, including fols. 3–4, a fine antiphonar, early 13th cent., and fols. 13–15, 18–20, six leaves of a gradual with rubrics, 15th cent. (on fol. 20ᵛ is the beginning of the office of St. Thomas Becket, with sequence *beg.* Solemne canticum [Chevalier, no. 19118]), except (*a*) (fol. 5) Sermons, 13th cent. *beg.* Cum appropinquasset . . . Redemptor noster pro salute; (*b*) (fol.

9) Eberhard of Bethune, Grecismus, xxv. 78–95, 125–52, with glosses, 13th cent.; (*c*) (fol. 29) Will of Stephen atte Roche (see above, p. 15, n. 3); (*d*) (fol. 30) Reject (?) leaf of an Edington Register, removed from the cover of MS. 95, from Edington.

30 leaves.

193 Loose papers, 17th cent., bound up in 1883. The chief contents are (*a*) (fols. 11–12) fragments of Robert Morison, *Plantarum historia universalis Oxoniensis pars secunda* (1680), corresponding to pp. 313–18 of the printed edition; (*b*) (fol. 13) an alphabetical list of works on Roman history, with additions in the hand of Obadiah Walker; (*c*) (fols. 9–10, 27) short list of books in the hand of Obadiah Walker, and other notes in his hand.

29 leaves. (*b*) has an incomplete pressmark of the College muniments 'Pyx M.M. fasc.'.

194–6, 198 Vacant.

197, 199–203 Sir William Jones's MSS., vols. 1, 3–7. Official documents in Turkish.

204 Alexandri Richardsoni Tabulae artium.

17th cent. 11 leaves. Removed in 1935 from the end of P. Rami Scholae in liberales artes, Basil., 1578, Univ. Coll. Library, H. 31. 10.

205 Leges Willelmi primi and Institutiones Henrici primi, with Scholia et animadversiones and Glossarium, copied from the *autographum* of William Somner by William and Dorothea Elstob, 1710–11.

166 leaves. Formerly Phillipps MS. 20552. Bookplate of William Carr, Fellow.

206 Analysis of William Godwin, *Enquiries concerning political justice*, London, 1793, bks. I–VI, ch. 1.

Late 18th or early 19th cent. 59 leaves. Bound in reversed calf. On the front cover is a leather label stamped 'UNIV. COLL. OXON. 1792.'.

207 Hexameron; sive sex dierum opera, in gratiam Mecaenatis sui benignissimi Domini Doctoris Caesaris, Regiae

Maiestati a Libellis supplicum & Admirall: iudicis longe gravissimi; per Jasperum Swift; observantiae ergo, *O magne caelos inter . . . laudes ferat*, followed (fol. 37) by an epigram of 8 lines, *Qui cecinit ranas . . . Musa suo*, Amplitudinis tuae obseq: Jasper Swift. 17th cent. 40 leaves.

208 Fragments formerly pasted together to form the covers of MS. 41, which belonged to the Franciscan Convent at Shrewsbury.

1 (fol. 1) Strip of letter of Ricardus, minister fratrum minorum in Anglia to Johannes de Puppletone. Ricardus Conyngton was minister provincial, 1310–16.

2 (fols. 2–7) Fragments of accounts, mainly of payments for masses, early 14th cent. The accounts are written partly over an account of expenses at Marlborough Castle 34 [Henry III],[1] and partly (fol. 7) on a leaf of a medical work, early 13th cent.

3 Theological fragments: (*a*) (fol. 8) Sermon 13th cent., (*b*) (fol. 9) Work in questio form, written in a very small hand. *Item queritur de diffinitione fidei . . . Quod non sit substantia. Videtur quod fides sit virtus.* 13th cent.; (*c*) (fol. 10) Commentary on the New Testament (Luc. 17–18, I Jac. 1), 13th cent.

4 (fol. 11) Four leaves of a commentary in questio form on a logical work. *Queritur quis terminus potest infiniri et quis non. Et primo videtur quod nomen non posset infiniri.* Late 13th cent.

5 (fol. 15). Part of a leaf of a legal work, 13th cent. 16 leaves.

NOTE ON MSS. LI AND CLVII IN UNIVERSITY

COLLEGE LIBRARY

In the annotated Bodleian Library copy of Coxe's Catalogue; the above MSS. are indicated as "Missing"; the latter is now MS. CCC pp. 1–212.

CATALOGUS

CODICUM MSS.

COLLEGII BALLIOLENSIS.

NOMINA BENEFACTORUM,

QUI COLLEGII BALLIOLENSIS BIBLIOTHECAM CODICIBUS MSS. AMPLIAVERUNT.

Numeri nominibus adfixi Codices denotant, quos quisque donaverit vel legaverit.

ABDY, ROBERTUS, coll. Ball. magister; lxxxi. xcii. clxxxvi.

ASSCHBY, ELIAS DE; cxii.

BAYLY, JOHANNES, coll. Exon. socius; cccxiv.

BELL, ALEXANDER, coll. Ball. socius; ccxxxiv.

BOLE, RICARDUS, coll. Ball. socius, postea archidiac. Eliensis; xxxiv. lxxxiii. lxxxviii. cxxi. cxxiii. cxxvii. clviii. ccxl. cclviii. cclxxxvii. cccx.

BRADON, SIMON, coll. Ball. socius; lxxxix.

BURNELL, WILL.; xlii. ccxii.

CLOTHALE, ROBERTUS; xcix.

COLINGE, RICARDUS, a secretis dom. Camerarii Regis, olim coll. Ball. alumnus; ii.

DOKKES, JOHANNES, coll. Ball. socius; cvi.

DUFFELD, WILLELMUS; xliii.

DUKINS, WILL., coll. Ball. socius; ccxxxix.

FELTON, JOHANNES, eccl. S. Mariæ Magdalenæ Oxon. vicarius; lxxvi.

GASCOIGNE, THOMAS, coll. Oriel.; cxcii. ccxxv. ccxxxv.

GRAY, seu GREY, WILLELMUS, episcopus Eliensis; iii. vi. ix. x. xvi.—xxi. *inclusive*, xxiii. xxiv. xxvi. xxviii. xxxi. xxxii. xxxv. B. xxxvi. xxxix. xli. xliv.—xlvi. xlix. li. lii. lv.—lxx. lxxviii. lxxix. lxxxii. lxxxv. *seq.* xciii. xcvi.—xcviii. c. cii. civ. *seq.* cxiii. cxv. cxxii. cxxv. *seq.* cxxix.—cxxxiii. cxxxv. cxxxvii.—cxl. cxliv. *seq.* cxlvii. *seq.* cli. *seq.* cliv.—clvii. clix.—clxiv. clxvi.—clxx. clxxii.— clxxviii. clxxx.—clxxxv. clxxxviii.—cxc. cxciii. cxcviii.—ccvii. ccix. ccxiii.—ccxviii. ccxxii. ccxxiv. ccxxvi. ccxxix. ccxxxii. ccxxxvi.—ccxxxviii. ccxlii. *seq.* ccxlv. ccxlvii.—ccxlix. cclxii. cclxxv. *seq.* cclxxxi. cclxxxiii. cclxxxvi. cclxxxix. ccxcii. ccxciv. cccvii. cccxii. *seq.* cccxv.

HAMILTON, WILLELMUS; cclxxii. cclxxiii.

HARRIS, JOHN, coll. Ball. socius; ccliv. cccviii. cccix.

HOLBECHE, SIMON DE; ccxxxi.

HOLLAND, GEORGIUS, coll. Ball. socius; i.

LAMBARD, WILLELMUS, coll. Ball. magister; xxxviii.

LEIGH [an THEOPH.]; cclxix. cccxxiii.—cccxxvii.

MALVERNE, JOHANNES, coll. Ball. capellanus; xcv.

MEPHAM, EDMUNDUS DE; cxix.

MUNDHAM, WILLELMUS DE; v. ccxliv.

NEVYLL, GEORGIUS, ep. Oxon.; cxvii.

POKYNLYNGTON, JOHANNES DE; clxxix.

POLAN, ROBERTUS, coll. Ball. socius, postea vicarius de Penystane; l. cxcv.

QWELPDALE, ROGERUS, v. WHELPDALE.

REDE, sive REED, WILLELMUS, eccl. S. Mariæ Magdalenæ in Oxon. vicarius, ~~postea ep. Cicestrensis~~; xiv. xciv. cclxxxv.

ROKE, ROBERTUS, coll. Ball. socius; xxii. xxxvii. cxcvi. ccxx. cclxxvii.

SAXTON, sive SHAXTON, NICOLAUS, coll. Ball. socius; xxv. lxxiv. ci. ciii. cxlvi. B. cliii. cclxv.

STAPYLTON, RICARDUS, coll. Ball. magister; cxcvii. ccxix.

THORNHILL, LAURENTIUS DE, coll. Ball. socius; cxiv.

THWAITES, ROBERTUS, coll. Ball. magister, postea decanus de Aukland; xxvii. xxxv. A. liv. lxxiii. cxliii. cxlix. cl. cclxi. cccxx.

TRYMNELL, RICARDUS, coll. Ball. socius; cccv.

WALTHAM, JOHANNES, coll. Ball. socius, postea eccl. Ebor. subdecanus; xxxiii.

WENDY, THOMAS, eques auratus; cclxvi.

WHELPDALE, ROGERUS, coll. Ball. socius, postea coll. Regin. Præpos. et denuo episc. Carleolensis; ccx.

WILLIS, BROWNE; cclv.

WILSON, WILLELMUS; xci.

WOODHOUSE, M.; cccxxxii.

WORCESTER, WILLELMUS; aulæ Cervinæ scholarius; cxxiv.

WYLTON, WILL., coll. Ball. socius; ccxcix.

CODICES MSS.

CODICES MSS.

COLLEGII BALLIOLENSIS.

I.

CODEX MEMBRANACEUS, in folio, foliis constans scriptis 392, sec. xiii., binis columnis bene exaratus et servatus; "liber collegii de Balliolo ex dono Georgii Holland, in artibus magistri et quondam socii hujus collegii, anno Domini 1596."

Biblia Sacra, Psalterio excepto, universa, ex editione Vulgata, S. Hieronymi prologis illustrata.

Præmittuntur, a. Ordo legendi evangelia et epistolas per anni circulum; *manu secunda.* b. S. Hieronymi epistola ad Paulinum. . c. Ejusdem Prologi in singulos bibliorum libros in unum collecti.

Ad finem annexæ sunt interpretationes nominum Hebraicorum "secundum Ysidorum" [potius Remigium Autissiodorensem?] ordine alphabetico.

II.

Membranaceus, in folio, ff. 523, sec. xiii. exeuntis; binis columnis optime exaratus, et quoad literas initiales figuris et auro bene pictus et ornatus; A. D. 1677 "ex dono Richardi Colinge, armigeri, a secretis domini Camerarii Hospitii domini regis, olim hujus collegii alumni."

Biblia Sacra universa, ex versione Vulgata, S. Hieronymi prologis illustrata.

Testamento Novo succedunt interpretationes nominum Hebraicorum, ut supra.

Sequitur notitia hodie pæne deleta incip. "Memorandum xxii die Julii, A. D. m. cccc. lxxxvi. ego Hugo Lynke, medicus, executor Testamenti, m. . . . Py . hley"———.

III.

Codex membranaceus, in folio, ff. 169, sec. xiii. ineuntis, binis columnis nitide exaratus; ex dono Willelmi Gray, episcopi Eliensis.

1. S. Augustini de cognitione veræ vitæ liber, cum prologo. fol. 2.
   Tit. "Augustinus de cognitione vere vite."
   Exstat impress. inter opera, ed. Bened. tom. v. col. 169.
2. Ejusdem de gaudio electorum et de damnandorum supplicio liber. fol. 15.
   Exstat ibid. tom. vi. App. col. 159.
3. Roberti Kilwarby, sive cujuscumque sit, liber philosophicus de animæ facultatibus, maximum de imaginativa, in quo sæpissime citatur S. Augustinus. fol. 18.
   Incip. "Cum in anima humana supra sensum duplex sit cognitiva."
   Desin. "Et hec ad presens de hac incidentali questione sufficiant."
4. Ejusdem Roberti de divisione scientiarum liber capitulis sexaginta septem comprehensus; prævia capitum tabula. ff. 47–69 b, 72–117.

B

Incip. " Scientiarum alia est divina, alia humana, divinam dico."

Ult. cap. titulus est, " De artibus magicis brevis sermo secundum Hugonem."

In calce, " Benedicta sit Sancta Trinitas atque indivisa Unitas ; confitebimur ei semper."

5. Ejusdem liber de natura relationis, prævio indice capitum 35. ff. 117 b, 130.

Incip. " De predicamento relationis querunt aliqui, que sint res hujus generis."

Desin. " et posteriori in terminis suis ; sic Deo Trinitati summe laus."

6. Ejusdem de divisione capitulorum scientiarum, per modum indicis quatuor librorum sententiarum. ff. 146—169 b, 118—129 b, 70, 71.

Incip. " Quod theologia est de rebus et signis."

In calce, " Sit nomen Domini benedictum, ex hoc, nunc, ex usque in seculum, Amen, Amen."

Sequitur tabula arboris consanguinitatis cum expositione [in calce mutil.], incip. " Ad arborem consanguinitatis docendam."

IV.

Codex membranaceus, in folio majori, ff. 138, sec. xii. ; binis columnis bene exaratus et servatus.

Origenis Homiliæ plures, interprete S. Hieronymo, scilicet,

1. In Jesum Nave homiliæ xxvi. cum procemio. fol. 1.

Tit. " Incipit proemium expositionis Origenis in Jesum Naue editum a beato Jeronimo presbitero."

Exstant inter opera, 1733, tom. ii. p. 52.

2. In librum Judicum octo. fol. 42.

Tit. " Incipit expositio Origenis in libro Judicum."

Ibid. tom. ii. p. 458.

3. Homilia de Helcana, et Fenenna, et Anna et Samuel, et Heli, et Ofni et Finees. fol. 53 b.

Ibid. tom. ii. p. 481.

In calce, " Explicit omilia ix. in regnorum."

4. In Esaiam novem. fol. 59 b.

Ibid. tom. iii. p. 106.

5. In Hieremiam quatuordecim. fol. 72 b.

Ibid. tom. iii. p. 125.

6. In Ezechielem quatuordecim, cum S. Hieronymi prologo. fol. 105.

Ibid. tom. iii. p. 353.

Cf. Cod. MS. Merton. iv.

V.

Codex membranaceus, in folio, ff. 228, sec. xiv., binis columnis exaratus, ex dono Gulielmi de Mundham.

1. Index in opera Augustini alphabeticus. fol. 2.

Incip. " Abraham ; Quid sit funus ejus ; super Gen. ad literam, 12, 63 D."

2. Synopsis et Summa capita Moralium Gregorii. fol. 146.

Incip. " Libris moralium beati Gregorii super Job inveniuntur, quod est, Prefaciones premisse."

3. Index alphabeticus Gregorii Moralium super Job. fol. 174 b.

Incip. " Abel ; de innocentia ejus."

4. Index locorum S. Scripturæ in S. Gregorii Moralibus citatorum cum prologo. fol. 209 b.

Incip. " Divina Scriptura quot modis."

Præmissa est codici, " Caucio M. Willelmi de Eton et Will. de Kottylby, exposita in cista de Roubery pro sedecim solidis die commemoracionis animarum."

VI.

Membranaceus, in folio, ff. 336, sec. xii., binis columnis optime exaratus, et quoad literas initiales ornatus ; ex dono Willelmi Gray, ep. Eliensis.

S. Augustini super S. Johannis Evangelium homiliæ CXXIV.

Tit. " Incipit evangelium Domini nostri Jhesu Christi secundum Johannem juxta eam translationem, quam beatus Augustinus exponit."

Exstant inter opera, tom. ii. part. ii. col. 289.

In calce, " Aurelii Augustini doctoris eximii Omeliarum liber in Evangelium Domini nostri Jhesu Christi secundum Johannem explicit, quas ipse colloquendo prius ad populum habuit et inter loquendum a notariis excerptas eo quo habitæ sunt ordine, verbum ex verbo postea dictavit ; Deo gratias Amen."

VII.

Chartaceus, in 4to, ff. 111, anno 1471 manu

fratris T. Briel, ord. minor. scriptus; ex
dono Alexandri Bell; coll. Ball. socii.

Bernardini de Senis, ord. prædicatorum, sermones sexaginta duo.

Tit. "Incipiunt sermones fratris Bernardini
. . . . de ordine fratrum minorum."

Incip. i. "Non enim veni, solumus legere;"
ut inter opera, ed. Paris. tom. ii. p. 417.

In calce, " Explicit evangelium eternum
beati Bernardini de Senis, ordinis minorum,
per manus f. T. Briel, ejusdem ordinis, anno
m.cccc.lxxi. pro festo beate Barbare."

VIII.

Codex membranaceus, in folio, ff. **221**, sec.
xiii. exeuntis, binis columnis nitide exaratus; olim Joh. Felton, eccl. B. Magdalenæ
apud Oxonium vicarii.

1. S. Augustini super Genesim ad literam libri
duodecim. fol. 2.

Exstant inter opera, tom. iii. col. 117.

In calce, " Explicit liber Augustini de
Genesi ad litteram."

2. Ejusdem Quæstiones octoginta tres. fol. 65 b.

Incip. "Utrum anima a se ipsa sit;" ut
inter opp. tom. vi. col. 1.

In calce, " Explicit, Deo gratias."

3. Isidori, episcopi Hispalensis, Etymologiarum
libri viginti, præviis auctoris Braulionisque
epistolis mutuis. fol. 90.

Exstant inter opera, p. 1.

In calce, " Explicit Ysidorus Ethimologiarum in libris xx. mirabiliter elaboratus."

Scribuntur in pagina sequenti,
" Jhesu Crist my soule bote,
In myn hert thou sette a rote,
Of thy love that ys so sounte,
Crist grante that hyt greuwe mote,
Crimen mortale dum desplicit est veniale;
In nece quisque jacet, dum veniale placet."

Præmissa est notitia, an manu Joh. Felton, " Memorandum, liber iste et alius liber
S. Petrus de Salinis super Decreta 2º fol.
Ut ii. Q. 1. dati erant domui de Balliolo
per dom. Johannem Felton, vicarium ecclesie S. Marie Magdalene extra muros
Universitatis Oxon. A. D. m.cccc.xx.ᵐᵒ pro
quodam libro, 2º fol. *Vulneratur,* in quo
continebatur Parysiensis super epistolas

Pauli, precii ij. marc. et d. et quar.; dictus
dom. Johannes expers et immunis aliena-
cionis illius libri 2º fol. *Vulneratur,* sic
domui restituit, pro eo specialiter est orandum."

IX.

Codex membranaceus, in folio, ff. **97**, sec. xii.
exeuntis, binis columnis bene exaratus, ex
dono Willelmi Gray, ep. Eliensis; in calce
mutilus.

S. Augustini Hipponensis super Genesim ad litteram libri duodecim.

Tit. qui in margine fol. 2. inferiori quæren-
dus est, " Aurelii Augustini doctoris incipit
expositio super Genesim ad litteram."

Exstant inter opera, tom. iii. col. 117.

Defic. in verbis lib. xii. " quid enim faciant
oculi non habent cum simile corpus viderint,
quid ab alio discernere."

X.

Membranaceus, in folio, ff. **133**, sec. xii., binis
columnis bene exaratus et servatus; ex dono
ejusdem Willelmi.

1. S. Augustini de S. Trinitate libri quindecim,
prævia ' Sententia ejusdem de libro Retractationum et epistola ad Aurelium.' fol. 2.

Tit. " Aurelii Augustini doctoris de Trinitate liber primus incipit."

Exstant impress. inter opera, tom. viii.
col. 749.

Lib. xv. succedit S. Augustini oratio, et
ad calcem, " Aurelii Augustini doctoris de
Trinitate xv. libri expliciunt feliciter."

2. Anitii M. S. Boethii de S. Trinitate liber ad
Symmachum. fol. 113 b.

Exstat impress. in calce lib. de Consolatione Philosophiæ, ed. Lugd. 1656, p. 147.

3. Ejusdem, ' Quomodo substantiæ in eo quod
sint, bonæ sint,' etc. ad eundem. fol. 116 b.

Exstat ibid. p. 166.

4. Ejusdem confessio fidei. fol. 117 b.

Ibid. p. 172.

In calce, " Anitii Manlii Severini Boetii
liber explicit de Trinitate."

5. Ejusdem Boethii liber contra Eutychen et
Nestorium. fol. 119 b.

Ibid. p. 183.

Sequitur de xxvii. variis carminum generibus quæ a Boethio in libris de Consolatione Philosophiæ usurpantur, incip. "Quinque libros."

6. Orthodoxi contra Luciferianum disputatio a B. Hieronymo translata. fol. 126.

Incip. " Proxime accidit ut quidam Luciferi;" inter opp. tom. ii. col. 171.

In calce carmen est de transubstantiatione, versibus sedecim comprehensum, incip.

" Constat in altari carmen de pane creari,
Qui negat hoc reus est iste cibus Deus est,
Panis mutatur, specie remanente priore,
Et non est talis, qualis sentitur in ore."

In fine codicis inseruit bibliopegus Missalis fragmentum hymnos exhibentis ad officia S. Clementis, S. Ceciliæ, etc. notis musicalibus instructos.

XI.

Codex membranaceus, in folio, ff. 323, sec. xiv. ineuntis, haud una manu nec eodem tempore exaratus; olim liber . . . . quem emit a magistro Willelmo Tayntrell, anno Domini, m.cccc.vi. pro . . . .

1. Britonis, ord. Cisterc. Dictionarium alphabeticum de scriptis sanctorum Patrum. fol. 4.

Præmittitur prologus metricus, incip.

" Difficiles studeo partes quas biblia gestat
Pandere sed nec . . . latebras nisi qui manifestat."

Incip. dict. "A littera sicut dicit Isidorus."

In calce epilogus est metricus, incip.

" Hic ego Doctorum compegi scripta sacrorum,"

quem una cum prologo evulgavit Bandinius in catalog. Codd. Latt. tom. iv. col. 213.

2. Petri Comestoris Historia Scholastica, prævia epistola ad Willelmum archiep. Senonensem, necnon tabula capitulorum. fol. 122 b.

Tit. "Incipit historia scolastica."

In calce, " Explicit historia Actuum Apostolorum secundum magistrum Comestorem."

In utroque fine legitur fragmentum codicis Justiniani, sed ex MStis diversis, secc. scil. xii. exeuntis, et xiii.

XII.

Membranaceus, in folio majori, bene exaratus sed mutilus, literis scilicet initialibus excisis; ex dono W. Gray, ep. Eliensis.

1. Josephi Antiquitatum Judaicarum libri viginti.

2. Ejusdem de bello Judaico libri septem.

[Hodie desideratur.]

[Liber impressus est : Arch. C. I. 6]

XIII.

Codex membranaceus, in 4to, ff. 73, sec. xii, bene exaratus et servatus, olim liber S. Mariæ de Humbrestein.

1. S. Gregorii papæ I. cognomento Magni, expositio in Cantica Canticorum. fol. 1.

Tit. ' Incipiunt Cantica Canticorum."

Exstat inter opera, tom. iii. col. 397.

2. Sermo in istud, 'Venite ad me omnes qui laborati et onerati estis.' fol. 63 b.

Incip. " Audite, fratres karissimi, quantum."

3. Sermo in istud, ' Cum exiret Jepte ad pugnam,' de septem peccatis mortalibus. f. 64 b.

Incip. " Si fuero in pace."

4. Sermo in istud, ' Simile, etc. qui seminavit bonum semen in agro suo.' fol. 72.

Incip. " Dominus Jesus Christus, fratres karissimi, inter homines habitans."

In fol. 1. " Hic est liber Sancte Marie de Humbrestein ; Si quis enim absportaverit vel furatus fuerit, anathema sit."

XIV.

Membranaceus, in folio minori, ff. 236, sec. xv. ineuntis, binis columnis nitide exaratus; ex dono Will. Rede, vicarii B. M. Magdalenæ, in Oxon. [postea ep. Cicestrensis.]

1. Hugonis de S. Caro Viennensis super B. Johannis Apocalypsim commentarius, cum prologo. fol. 3.

Incip. " Vidit Jacob scalam etc. Liber iste ;" ut in edit. impress. part. vi. f. 334 b.

2. S. Gregorii Magni super Ezechielem libri duo, homilias viginti comprehendentes, prævio ad Maximianum episcopum prologo. fol. 122.

Exstant inter opera, tom. i. col. 1173.

In calce, " Explicit Gregorius super Ezechielem," cui succedit tabula alphabetica.

Præmittitur codici, "Istum librum legavit magister Willelmus Rede quondam vicarius perpetuus ecclesie Sancte Magdalene in Oxonia perpetuo cathenandum in libraria communi collegii de Balliolo, A. D. m. cccc. lxviii."

XV.

Codex membranaceus, in folio, ff. 324, sec. xiii. ineuntis, binis columnis nitide exaratus.

S. Gregorii Magni Expositiones sive Moralium super Job pars secunda, incipiens a fine libri xiv.

Incip. in verbis, "Surget, unde queso te bene Job subjunge que sentis et hujus nobis questionis scrupulum tolle;" ut inter opera, tom. ii. col. 305.

Sequitur in pagina proxima titulus, "Moralia beati Gregorii super Job. Incipit liber quintus decimus."

In calce, "Finita sunt moralia beati Gregorii pape per contemplationem sumpta in librum Job."

XVI.

Membranaceus, in folio majori, ff. 195, sec. xv. ineuntis, binis columnis nitide exaratus; ex dono Will. Gray, ep. Eliensis.

Hugonis de S. Caro, Viennensis, expositio super Ezechielem prophetam, prævio prologo; initio mutil.

Incip. "——ta in Jerico et nectitur a quo facta fuerit, dicit ergo sed et;" ut in edit. impress. part. iv. fol. 134 b. l. 40.

In calce, "Expliciunt postille secundum magistrum Hugonem de Vyenna super Ezechielem prophetam; Et qui scribi fecit sit benedictus in secula seculorum; Amen."

XVII.

Membranaceus, in folio majori, ff. 142, sec. xv. ineuntis, eodem tempore et scriba ac codex præcedens exaratus; ex dono episcopi ejusdem.

Hugonis de S. Caro, Viennensis, expositio super Hieremiam prophetam, cum prologo præmisso.

Incip. prol. "Apoc. ix. Vidi et audivi, etc. in quo innuitur modus agendi esse facilis et manifestus;" ut in edit. part. iv.

Paginæ primæ depicta est margo et aurata, exhibens in initiali litera in scuto coccineo infra oram auream et striatam leonem erectum aureum.

In calce, "Finito libro sit laus et gloria Christo."

XVIII.

Codex membranaceus, in folio majori, ff. 236, sec. xv., binis columnis nitide exaratus, ex dono ejusdem Willelmi.

Hugonis de S. Caro, Viennensis, expositio sive Postillæ super Octateuchum, prævio cuique libro prologo.

Incip. prol. Genes. i. "Principium verborum tuorum veritas. Deus pater immo et operum scriptum est."

Incip. prol. ii. "Desiderii post primum prohemium quidem potest dici."

Incip. postil. "In principio; agit Moyses in hoc libro de primordiali rerum creacione;" ut in edit. impress. part. i. fol. 6 b.

Ad finem prologi in Josuam primi, sunt versus incip.

"——tres præcipuos bis quinque prophetas, Hebreus reliquis tentet præcellere libris."

Explicit gloss in Ruth, "et alciora disputare sicut Apostolus fecit; Explicit: Finito libro sit laus et gloria Christo."

XIX.

Membranaceus, in folio, ff. 202, sec. xv., binis columnis bene exaratus; ex dono ejusdem Willelmi.

Anonymi cujusdam, an Johannis de Whethamstede, sive Loco-Frumenti, in Canticum Canticorum commentarius, cum prologo.

Incip. prol. "Salomon convenire principio libri quia incipit a signo pacis, id est, osculo, simulque adverte solum."

Incip. text., "Osculetur; Sicut dicit B. Bernardus."

Desin. "de articulo notabili in prima et secunda et tercia exposicione aliquid pertractatur."

Sequitur index alphabeticus incip. "Accubitus Christi multiplex."

In fol. 1. legitur, "primo disco borialis partis. Vide in libraria S. Albani, an hoc sit opus Whethamstede."

XX.

Codex membranaceus, in folio, ff. **179**, sec. xiii., binis columnis bene exaratus et servatus; ex dono ejusdem Willelmi.

Stephani Langton, archiep. Cantuar. expositio super librum Ecclesiasticum.

> Tit. " Expositio super Ecclesiasticum secundum magistrum Stephanum, Cantuariensem archiepiscopum."
>
> Incip. " Hoc nomen, Ecclesiastes, interpretatur concionator et refertur ille liber Salomonis ad Deum."
>
> Desin. " Significatur autem per tumulum sabuli congregatio peccatorum."

XXI.

Membranaceus, in folio, ff. **102**, sec. xv. ineuntis; binis columnis exaratus; ex dono ejusdem Willelmi.

1. Henrici, [Lexinton?] episcopi Lincolniensis, expositio super Cantica Canticorum, cum introductione. fol. 1.
   > Incip. introd. " In funiculis Adam traham, etc. Rationalis anime perfectio consistit in conjunctione."
   >
   > Incip. expos. " Osculetur me; Liber iste, qui est de conjunctione Christi et ecclesie."
   >
   > Desin. " et dans Deo gloriam de jumentis."
   >
   > Præmittitur index totius codicis alphabeticus.
2. Collationes et divisiones in eundem librum. fol. 68.
   > Incip. " In die quando alloquenda. Nota quod dies quandoque sumitur causaliter, et hoc modo lux."
3. Expositio abbreviata super Cantica, cum prologo. fol. 76.
   > Incip. prol. " Ecce Ego lætabo, etc. Sicut dicit egregius doctor Augustinus."
   >
   > Incip. expos. " Osculetur; Hic incipit tractatus de conjunctione Christi et ecclesie."
4. Explanatio super Cantica Canticorum secundum dominum Thomam, abbatem S. Andreæ Vercellensis, cum prologo. fol. 88 b.
   > Incip. prol. " Jeremie nono; In hoc glorietur; etc. Duplex hic designatur Dei cognitio."
   >
   > Incip. lib. " Osculetur; Nunc tertio Cantica in scriptis exponens nec premissas."

Desin. " in quo perpetuo perseverat."

In calce, " Explicit exposicio Thome, abbatis Vercellensis, super Cantica Canticorum."

XXII.

Codex membranaceus, in folio minori, ff. **173**, sec. xiii. ineuntis, binis columnis nitide exaratus; ex dono M. Roberti Roke, quondam socii.

1. Expositio in duodecim Prophetas minores, [auctore Alberto Magno, seu Steph. Layte?] cum prologo. fol. 1.
   > Incip. prol. " Ossa duodecim prophetarum pullulant de loco suo; nam corroboraverunt Jacob;" ut inter Alberti opera, tom. viii. part. iv.
   >
   > Incip. text. " Perlecta littera cum glosis."
   >
   > Desin. in Malach., " set sedebit Jerusalem secura."
2. Allegoriæ nonnullæ de statu hominis; etc. fol. 163 b.
   > Incip. " Rex dives et prepotens Deus omnipotens filium sibi fecit heredem, quem creant."
3. Tractatus metricus dict. ' Pœniteas cito' cum expositione, in quo agitur de pœnitentia, confessione,' etc. fol. 167 b.
   > Incip. text.
   >
   > " Peniteas cito peccator, cum sit miserator."
   >
   > Incip. expos. " Spes venie; Ne desperet sicut Chain."
   >
   > Desin. in versibus dialogum exponentibus incip.
   >
   > " Non sis occisor, fur, mœchus, testis iniquus, Vicinique thorum, resque caveto suas."

XXIII.

Membranaceus, in folio majori, ff. **146**, sec. xii. exeuntis; binis columnis bene exaratus; ex dono Will. Gray, ep. Eliensis.

Petri Cantoris Parisiensis expositio super libros SS. Scripturarum, qui sequuntur, scilicet,

1. In Numeros. fol. 2.
   > Tit. " Incipit prologus M. Petri Cantoris super Numeri."
   >
   > Incip. " Multiplicabo semen tuum; Secundum littere superficiem videtur Habrahe."
2. Super Deuteronomium. fol. 58 b.

Incip. " Fasciculus mirre ; In mirra tria solent notari."

3. In librum Josuæ, prævio S. Hieronymi prologo in librum Josuæ et Judicum et Ruth. f. 111.

Incip. prol. Petri, " Liber iste a nomine censetur auctoris, qui et Jhesus dictus est."

Incip. expos. " Factum est ; Factum est ; Mistice post mortem legis, sacrificiis."

4. Super librum Judicum. fol. 126.

Incip. prol. " Primo in Genesi exigentibus."

Incip. expos. " Post mortem Josue ; Scientes quod dictum est. Ideo filii Israel."

5. In librum Ruth. fol. 141 b.

Incip. prol. " Sicut in testa parva."

Incip. expos. " In diebus ; Hic secundum Hebreos fuit Booz."

In calce, " Explicit expositio magistri Petri Cantoris Parisiensis super Ruth," cui succedit tabula Evangelia Epistolasque exhibens pro Dominicis per annum, ex adverso notatis concionibus SS. Patrum Ambrosii, etc. in easdem.

In calce, " Caucio M. Willelmi Collyng exposita in cista de Burnell, pro xix. s. iij. d. in festo Santi Gregorii anno Domini, m. cccc. xxxij. et luat M. Thomas Chase."

XXIV.

Codex membranaceus, in folio, ff. 264, sec. xii. exeuntis, binis columnis bene exaratus et servatus ; ex dono ejusdem episcopi.

Johannis Fordensis, sive de Forda, ord. Cisterciensis, expositio super partem Cantici Canticorum extremam, sermonibus centum et viginti comprehensa, prævio prologo.

Tit. prol. " Incipit prologus dompni Johannis venerabilis abbatis de Forda super extremam partem Cantici Canticorum, ab eo loco, Dilectus meus candidus et rubicundus usque in finem."

Incip. " Si quis me temeritatis."

Præcedit tabula capitulorum locupletissima.

Tit. serm. i. " Quam sollicite sponsa sponsum et quibus in locis querere soleat, et quomodo cum non invenerit effecta sit languida."

Incip. " Adjuro vos filie Jerusalem."

Desin. ult. " quia Tu ipse es sponsus ecclesie, gloria Sanctorum, laus spirituum beatorum, qui cum eodem Patre et Spiritu Sancto ;" etc.

In calce, " Explicit sermo centesimus vicesimus domp̄ni Johannis abbatis venerabilis de Forda, ordinis Cisterciensis, super extremam partem Cantici Canticorum."

" Finito libro sit laus et gloria Christo."

XXV.

Codex membranaceus, in folio, ff. 257, sec. xv., binis columnis bene exaratus, ex dono et legato M. Nicolai Saxton, quondam coll. Ball. socii.

Petri de Harentalis, eccl. Floreffiensis prioris, ord. Præmonstrat. expositio sive collectarius super Psalterium, ex SS. Patrum variorum scriptis collecta, cum prologo ad Johannem de Arkel, ' dudum Trajectensis ecclesie nunc vero Leodiensis episcopum.'

Incip. prol. " Pater carissime, cum ratio."

Incip. gloss. " Beatus vir ; Psalterium est quasi magna domus, que habet plures cubiculos."

Desin. " intelligere et intellectis humiliter obedire, ad laudem ;" etc.

In calce, " Explicit collectarius super librum Psalmorum collectus per fratrem Petrum de Harentalis canonicum et priorem Floreffiensem, Premonstratensis ordinis, ad opus reverendi patris Johannis de Arkel quondam Trajectensis postea Leodiensis episcopi, anno 1374 die x. mensis Januarii."

XXVI.

Membranaceus, in folio minori, ff. 203, sec. xv. ineuntis, nitide exaratus ; ex dono Will. Gray, ep. Eliensis.

1. Roberti Holcot, sive Holkoth, Postilla super Prophetarum xii. minorum libros, cum prologo. fol. 1.

Incip. prol. " Verbum Domini ; etc. Liber xij. prophetarum in xij. partes principaliter est divisus."

Incip. lib. " Incipit tractatus et dividitur in quinque partes, primo ponuntur divina precepta."

Inter ff. 136 et 139 exciderunt folia duo ; et desin. ult. in verbis, " in futuro ad quam nos perducat, etc. Amen ; Amen ; Amen ; Deo gratias."

Sequitur 'Tabula super postillam Holkote' alphabetica.

2. S. Augustini opuscula varia; scilicet,

a. Quod Deus laudandus est in lingua et opere. fol. 189.

Incip. "Resurrectio et clarificatio."

b. De divinatione dæmonum. fol. 190.

Incip. "Ver idem tempus;" ut inter opp. tom. vi. col. 505.

c. De natura et voluntate. fol. 194.

Incip. "Spiritus creatus."

d. De castitate mulierum. fol. 194 b.

Incip. "Nemo dicat;" ibid. tom. v. app. col. 488.

e. De virginitate. fol. 196.

Incip. "Non solum predicanda."

3. Hugonis de S. Victore tractatus de laude caritatis. fol. 200 b.

Incip. "Octavo Canticorum, Fortis est."

Cf. edit. Mogunt. tom. ii. p. 150.

In calce, "Sit laus Deo; Amen; Amen."

XXVII.

Codex membranaceus, in folio, ff. 382, sec. xiv. exeuntis, binis columnis exaratus; ex legato Roberti Thwaits, quondam coll. Ball. magistri, ac decani de Aukland.

1. Roberti Holcote super Sapientiam Salomonis expositio, in capita CCXI. distincta, cum prologo, et indice annexo. fol. 2.

Incip. "Dominus petra; etc. Artes et scientie humanis studiis adinvente."

Exstat impress. Venet. 1509 et alibi.

In margine notantur auctorum nomina, qui in opere citantur.

2. Lectura Willelmi Deincourt super Ecclesiastem. fol. 316.

Incip. "Vanitati creatura; Hugo libro 4 super Ecclesiaste circa medium dicit sic."

Desin. "et scrutari credenda sunt; aut quod poterit, etc."

XXVIII.

Membranaceus, in folio majori, ff. 257, sec. xv.; anno scilicet 1442 manu Tielmanni, filii Reyneri Almanni, binis columnis exaratus; ex dono Will. ep. Eliensis.

Thomæ Dockyng, sive Dokkyng, Minoritæ, expositio super librum Deuteronomii.

Incip. "Legitur Exod. 26 quod Dominus jussit fieri in introitu tabernaculi ij. columpnas lignorum."

Desin. "Hebreorum caracteres fuerint."

In calce, "Finitur per manus Tielmanni, filii Reyneri, Almanni, oriundi in monte Sancte Gertrudis in Hollandia, anno Domini m°. cccc°. xlij°. in profesto Sancte Gertrudis."

In initio et fine voluminis folia sunt pauca rejectitia, de vanitate humanæ vitæ, etc.

XXIX.

Codex membranaceus, in folio majori, ff. 161, sec. xv., binis columnis exaratus; mutilus.

Thomæ Dockyng Minoritæ in Isaiam prophetam commentarius.

Incip. in verbis, "——rupte eo quod non erant immediate a fonte hanc corrupcionem volens emendare."

Incip. comment. in vers. ii. "Audite celi, etc. Jeronimus in principio voluminis."

Desin. in cap. 25. "et adhuc mirabilius fructus ex ligno creat."

Sequitur, notatum in margine, "Hic hujus operis via habetur medium."

XXX.

Membranaceus, in folio majori, ff. 406, sec. xv., binis columnis nitide exaratus; sed utrimque mutilus.

Thomæ Dokkyng super epistolas S. Pauli expositio.

Incip. in verbis ep. ad Galat. cap. iv. "—tres portantes ymaginem et similitudinem ejus."

Desin. ead. Epist. "sed mistica religione."

Incip. ep. ad Ephes. "Ephesii sunt Asiani; Epistole Pauli ad Ephesios premittitur argumentum."

In calce ejusd. ep. "Explicit lectura H. M. et d. Dockyng super Epistolam ad Ephesios."

Epistolæ fere omnes aliæ subscriptæ sunt, "secundum venerabilem doctorem Thomam Dockyng."

Incip. ep. ad Hebræos; "Multipharie; Incipit epistola ad Hebreos, circa cujus inicium."

Defic. in verbis expos. super cap. xi. "fellis est caprina collo pendens percuncta"——

XXXI.

Codex membranaceus, in folio, ff. 189, sec. xv., binis columnis exaratus; ex dono Willelmi Gray, ep. Eliensis.

1. Epistolæ canonicæ glossatæ ex glossis Sanctorum Patrum, quorum nomina minio subsignantur, secundum fratrem Augustinum Triumphum fratrem de Ancona, ord. S. Augustini. fol. 2.

Incip. i. " In persone singularitate."

Desin. ult. " tabernacula voravit."

In calce, " Explicit canonica Jude ;" et deinde, " Expliciunt epistole canonice glosate glosis Sanctorum secundum fratrem Augustinum de Ancona, ord. fratris heremitarum Sancti Augustini, Deo gracias, Amen, Amen, Amen."

Succedunt "tituli dubitacionum super ipsas canonicas glosatas secundum predictum fratrem Augustinum."

Litera quæque initialis picta est.

2. S. Johannis Apocalypsis glossata ex glossis Sanctorum secundum eundem Augustinum de Ancona. fol. 73.

Incip. " Beati Johannis Evangeliste doctrine sinceritatem utilitate atque claritate."

Desin. " pro sua pietate dignetur perducere, Qui cum Patre," etc.

Sequuntur tituli dubitationum, quibus succedit colophon, " Expliciunt tituli dubitacionum supra Apocalipsim secundum fratrem Augustinum de Ancona, ordinis fratrum heremitarum Sancti Augustini, anno completo 1432, 14 Marcii, Deo laus."

XXXII.

Membranaceus, in folio, ff. 409, sec. xii. exeuntis; ex dono Will. ep. Eliensis.

1. S. Augustini commentarius in librum Psalmorum usque ad finem Ps. 109; cum prologo. f. 2.

Tit. " Incipit prologus Aurelii Augustini in libro Psalmorum."

Desin. in verbis, "laqueus contritus est et nos liberati sumus."

Sequitur ad fol. 281 Petri Cantoris prologus in Psalmos, incip. "Flebat Johannes," postea vero revertitur glossa ad Ps. 110, " Tytulus hujus psalmi patet, qui est psalmus David ;" et continuatur ad finem Psalterii.

Desin. " Tanquam duo parietes. Finito libro sit laus et gloria Christo."

2. Petri Cantoris Parisiensis glossa in Ps. xcv. fol. 390.

Incip. " Venite ; Laus Cantici ipsi David."

3. Ejusdem in istud, ' Signatum est.' fol. 391.

Incip. " Ad questionem secularium."

4. Ejusdem in Ps. xcvi. et xcvii. fol. 392.

Incip. " Psalmus David, quando domus."

5. Ejusdem Ratio quinquagenarum. fol. 394.

Incip. " Omnis spiritus ; angelicus et humanus ; laudet Dominum ; qui non nisi spiritualiter."

6. Ejusdem in istud Ps. lxxvi., 'Notus.' f. 394 b.

Incip. " Notus ; In finem et in carminibus, canticum Asaph ; psalmus ad Assirios."

7. Ejusdem in istud ' Voce,' Ps. lxxvii. fol. 395 b.

Incip. " In finem psalmus Asaph pro Idithun."

8. Cantica Sacra, cum glossis marginalibus interlinearibusque. fol. 398.

Incip. " Confitebor tibi ; Prophetaverat Ysaias."

9. Symbolum Athanasianum, cum commento Brunonis Herbipolensis. fol. 406 b.

Incip. gloss. " Hic beatus Atanasius suis liberum."

Sequitur, manu altera, glossa in istud, " Benedicite omnia opera Domini ; Ad aliam significationem dici per accusaturum."

XXXIII.

Codex membranaceus, in folio majori, ff. 353, sec. xiv. exeuntis, binis columnis bene exaratus; ex legato M. Johannis Waltham, subdecani eccl. Ebor. quondam coll. Ball. socii.

Gulielmi Notingham, sive Snotingham, de concordia Evangelistarum, sive commentariorum super evangelia libri xii.

Incip. " Da mihi intellectum et scrutabor, etc. Dionysius de divinis nominibus capitulo 3° dicit."

Desin. " ad dona sempiterna pervenire, que Dominus ipse promisit, Ipso adjuvante ;" etc.

In calce,

" Hic postillatus evangelicus liber iste,
Est consummatus. Sit laus et honor tibi Christe,
Scriptoremque tibi fac hujus vivere gratum,
Ac William N. cui scribitur, esse beatum."

c

Sequitur *man. antiq.* " Iste Notyngham fuit canonicus secularis et precentor Eboracensis ecclesie," *et manu altera*, " postea factus est frater ordinis Sancti Francisci."

Sequitur notitia de cautione exposita in cista de Rathbery pro quinque marcis vii. solidis, A. D. 1418 " et luat Sarton."

Præmissa est codici in fol. rejectitio, 'Admonitio S. Augustini, quam bonum sit lectionem divinam legere,' etc. incip. " Propitio Christo, fratres."

XXXIV.

Codex membranaceus, in folio majori, ff. 253, anno 1461 manu T. Werken Londini nitide exaratus, ex dono Ricardi Bole, archidiac. Eliensis, olim coll. Ball. socii ; initio mutilus.

Thomæ Ringstede, Dominicani, expositio super Parabolas Salomonis, lectionibus comprehensa octoginta tribus.

Incip. in verbis expos. in cap. i. "——arbore viridi ; unde qui in sapientia morabitur et qui in justicia."

Desin. " ex tempore natus filios Dei congregavit in unum, etc."

In calce, " Postilla Thome Ringestede, Anglici, super proverbia Salomonis, ordinis Prædicatorum, sacræ paginæ professoris, scripta London. 1461, 28 Febr. T. Werken."

Tempore vir. cl. Gerardi Langbainii, qui catalogum hujus bibliothecæ compilavit amplissimum, integer fuit codex iste et incepit, " Parabolæ Salomonis ; Circa principium hujus libri."

XXXV. A.

Membranaceus, in folio majori, ff. 248, sec. xiii. ineuntis, binis columnis bene exaratus, anno 1277 peculium S. Mariæ de Buldewas, ex legato Walteri de Bruge dict. le Paumer ; postea coll. Ball. ex legato Rob. Thwaites, quondam magistri, et decani Aukland.

Glossa ordinaria super Psalterium, ex SS. Patribus, quorum nomina in margine colore vario distincta sunt, collecta.

Incip. proœm. " Cum omnes prophetas Spiritus Sancti revelatione constat esse locutos."

Incip. gloss. " Beatus ; Cui omnia optata succedunt ; *vir ;* scilicet contra prospera."

Defic. in gloss. super Ps. 147, vers. 9, "*pullis corvorum ;* id est, filiis paga"——.

In pag. 1 fol. 3 legitur " Liber Sancte Marie de Buldewas, quem magister Walterus de Bruge dictus le Paumer legavit eidem domui anno Domini m. cc. lxx. vij. tempore fratris Willelmi Tyrry, tunc abbatis loci ejusdem ; qui, communi assensu conventus sui interveniente, sententiam excommunicationis in omnes ipsius alienatores vel ejus alienationis fautores solempniter fulminavit."

In pag. præcedenti liber dicitur fuisse donum Will. Gray, cum Rob. Thwaites fere contemporanei.

XXXV. B.

Codex membranaceus, in folio majori, ff. 167, anno 1443 manu Tielmanni, filii Reyneri de monte S. Gertrudis, binis columnis nitide exaratus ; initio mutilus ; ex dono Will. Gray, ep. Eliensis.

Roberti Grostete, ep. Lincolniensis, Moralitates super Evangelia quatuor, in partes totidem distinctæ, cum indice capitulorum subjuncto.

Incip. in verbis, " ——quid fecerunt alia verba autem predictis nisi ex justa causa percesserunt."

Desin. " ut cum Christo ascendere possimus, quod nobis præstare dignetur, Qui cum Patre," etc.

Sequuntur capitula cujusque partis, et ad calcem, " Ego Tielmannus filius Reyneri de monte Sancte Gertrudis oriundus finivi hunc librum anno Domini m°. cccc°. xliij°. iij°. die Aprilis."

XXXVI.

Membranaceus, in folio minori, ff. 144, sec. xii., binis columnis bene exaratus et servatus ; ex dono ejusdem Will. Gray.

Gilberti Porretani, episcopi Pictaviensis, glossæ super Psalterium, cum prologo.

Incip. prol. " Christus integer caput cum membris est materia hujus libri de qua agit propheta hoc modo."

Incip. lib. " Beatus vir ; Huic psalmo non est ausus Esdras apponere titulum."

Desin. " istam armoniam spiritualiter volens intelligi ita conclusit, Omnis spiritus laudet Dominum."

In calce, " Explicit glosatura magistri Gili-
berti Porretani super Psalterium quam ipse
recitavit coram suo magistro Anselmo, ~~terra~~
~~Emerederonis~~?" *causa emendacionis*
~~Emenderationis~~

4713c

XXXVII.

Codex membranaceus, in folio minori, ff. 274,
sec. xv., ex dono Roberti Roke, quondam
coll. Ball. socii.

Odonis [Cantuariensis] super Psalterium expositio in libros quatuor secundum virtutes totidem cardinales, Justitiam scilicet, Fortitudinem, Prudentiam et Temperantiam divisa ;
folio hic illic a nebulone quodam exciso.

Incip. " Beatus vir ; Sciendum quod intencio
psalmorum est facere homines virtuosos ; quia
igitur iste psalmus."

Desin. ult. imperf. " temperancia a sinistris
fortitudo ne succumbat. Ruminacionem"———.

Sequitur index distinctionum, moralium et
rerum alphabeticus ; et auctoritates Sanctorum
Patrum.

See Henrieux
Eccles de
chereton
at 30s
derives
1896, p 140

XXXVIII.

Membranaceus, in 4to, ff. 217, sec. xiii. exeuntis, binis columnis exaratus ; ex dono M.
Will. Lambard, coll. Ball. olim magistri,
" quem magister Robertus Roke alienatum
iterum procuravit et redemit."

1. Odonis Cantuariensis sermones septuaginta
novem in Evangelia Dominicalia, ista præcipue ad vitam Domini spectantia. fol. 1.

Incip. i. " In die illa erit fons patens ;
Ardorem desiderii patrum antiquorum desi-
derancium Christi in cruce presentiam."

Desin. ult. imperf. " sunt dolores membrorum. Omnia autem flagicia"———.

2. Sermones xxix. breves vitæ ordinem Domini
nostri exhibentes. fol. 83.

Incip. " Cum appropinquasset Dominus,
etc. Erudit nos sapientia Dei patris in ac-
cessu suo ad terrestrem Jerusalem ;" [in
edit. Paris. 1520?]

Desin. " dimidium miliare complent."

3. Expositio passionis Domini nostri Jhesu
Christi secundum magistrum Odonem ad
laudem ipsius, qui est alpha et ω ; fol. 94.

Incip. cum sermone in istud, " Vexilla regis prodeunt, etc. Comfortamini filii Benjamin."

Incip. tract. " Appropinquavit autem dies
festus ; Augustinus dicit quod Pascha est
Hebrehum et sonat transitum."

Desin. " et confitemur, Dominus noster Jhesus Christus, Qui cum Patre, Spiritu Sancto ;"
etc.

4. Ejusdem Odonis sermones viginti septem super
Evangelia Sanctorum. fol. 122.

Incip. " Assumpsit Jhesus Petrum ; In
transfiguratione Domini sex erant persone
presentes, Ipse Christus de celo."

Desin. " quiescere valeamus, Salvator mundi,
Qui cum Patre ;" etc.

In calce, " Expliciunt evangelia sanctorum
secundum magistrum O, ad laudem Istius
Qui est alpha et ω."

Sequitur index sermonum primæ partis
voluminis.

XXXIX.

Codex membranaceus, in folio majori, ff. 131,
sec. xiii. ineuntis, binis columnis bene exaratus ; ex dono Will. ep. Eliensis.

Alexandri Neckham, sive Nequam, expositionis
super Cantica Canticorum volumen primum,
tres priores libros complectens.

Incip. procem. " Humilitas vera dignitates
feliciter adauget."

Incip. prol. " Ortus deliciarum paradisi."

Incip. lib. i. " In principio creavit Deus ;
Domine, puteus sacre scripture altus est."

Desin. " revertatur ad nos velociter, quod
nobis prestare dignetur, Qui est benedictus in
secula, Amen."

In calce, " Explicit liber tertius magistri
Alexandri Nequam super Cantica Canticorum."

XL.

Membranaceus, in folio, ff. 118, sec. xiii. ineuntis, binis columnis bene exaratus ; ex dono
forsan ejusdem episcopi ; initio mutilus.

Alexandri Neckham Expositionis super Cantica
Canticorum volumen alterum, tres libros posteriores comprehendens.

Incip. in verbis expos. super lib. iv. cap. 4,
" istius de igne tribulationum et persecu-
tionum ; ascendit sicut virgula fumi."

Desin. " misericordie mater intercedas ad
Dominum nostrum Jhesum Christum, filium
tuum ;" etc.

c 2

In calce legitur, " Caucio M. Thomæ Chace exposita in cista Turbevyle in festo S. Joh. ante port. Lat. 1425, et habet suppletam unam feciam argenti ponderis, i. uncie et dimidii in cujus fundo scribitur rota Sancte Katerine, et jacet pro xxvj.ˢ. viij.ᵈ."

XLI.

Codex membranaceus, in folio, ff. 166, sec. xiii. exeuntis, binis columnis exaratus, ex dono Will. ep. Eliensis.

S. Thomæ Aquinatis Summæ Theologiæ pars prima.

Tit. " Incipit prima pars summe theologie copillata per Sanctum Thomam de Aquino ordinis prædicatorum."

In calce, " Explicit prima pars summe Theologie edite a venerabili fratre Thoma de A-quino, ordinis Predicatorum."

Sequitur tabula quæstionum.

XLII.

Membranaceus, in folio, ff. 191, sec. xiv. ineuntis, binis columnis exaratus ; ex legato W. Burnell, " perditus et recuperatus per venerabilem dom. ep. Eliensem."

S. Thomæ Aquinatis pars prima secundæ partis Summæ Theologiæ, prævia capitulorum tabula. Tit. capp. " Incipiunt capitula prime partis secundi libri Summe edite a fratre Thoma de Aquino, ordinis fratrum Predicatorum."

In calce, " Explicit prima pars secunde partis fratris Thome," etc.

In pagina prima "Caucio communitatis exposita in cista inferiori per Kirvessal pro sex solidis et sex . . . que quidem caucio tradebatur dicto Kirvessal a communitate ad exponendum pro qrs quas expendebat communitas in septimana in qua fuit festum Ramis Palmarum et dicta communitas d . . luet."

XLIII.

Membranaceus, in folio, ff. 334, sec. xiv. ineuntis, binis columnis exaratus ; ex legato M. Willelmi Duffeld, 'ad instanciam M. Willelmi Moreton, coll. Ball. quondam socii, anno regni Henrici Sexti 31.'

S. Thomæ de Aquino pars secunda secundæ partis Summæ Theologiæ.

Tit. i. " Contumacio libri precedentis ad subsequentem."

Præcedit capitulorum tabula, sub titulo " Incipiunt capitula secunde partis secundi libri summe edite a fratre Thoma de Aquino," cui subjicitur, " Explicit ordo et signatio questionum secundi libri secunde partis fratris Thome de Aquino, benedictus Deus ; Amen."

XLIV.

Codex membranaceus, in folio, ff. 238, sec. xiv. ineuntis, binis columnis bene exaratus ; ex dono Will. ep. Eliensis.

S. Thomæ de Aquino Summæ Theologiæ pars tertia.

In fine occurrit versus iste,

" Hic moritur Thomas, O Mors, quam sis maledicta.'"

Sequitur Quæstionum tabula, quæ sic concluditur, " Moritur Thomas, O !"

XLV.

Membranaceus, in folio, ff. 250, sec. xiv. ineuntis, binis columnis bene exaratus, ex dono Willelmi prædicti ; in calce mutil.

1. S. Thomæ de Aquino Catena Patrum super S. Matthæi Evangelium, prævio prologo ad Urbanum papam IV. fol. 2.

2. Ejusdem Catena super S. Marci Evangelium, prævio prologo ad Ambaldum Cardinalem. fol. 227.

Defic. in verbis comment. super cap. vi.
" sed et occasionem non haberent ulterius dubitandi"——

XLVI.

Membranaceus, in folio, ff. 313, sec. xiv. ineuntis, binis columnis nitide exaratus ; ex dono ejusdem Willelmi ; fine truncatus.

1. S. Thomæ Aquinatis opus solenne sive Catena Patrum super S. Lucæ Evangelium. fol. 2.

2. Ejusdem Catena super S. Johannis Evangelium. fol. 118.

Defic. in comment. in cap. xvii. verbis,
" unam vero esse Patris et Filii voluntatem"——

Præmisit manus recentior filiarum novem nomina, quas ex iniquitate genuit diabolus.

XLVII.

Codex membranaceus, in folio, ff. 263, sec. xiv., binis columnis exaratus.

S. Thomæ Aquinatis Quæstiones variæ; scilicet,

1. De Potentia Dei quæstiones decem. fol. 5.

    Incip. " Utrum in Deo sit potentia ; Questio est de potentia Dei ;" ut in editt. impress.

    In calce, " Expliciunt questiones de potentia Dei a fratre Thoma compilate."

2. De malo quæstiones sedecim. fol. 88.

    Incip. " Questio est de malo ; et primo queritur an malum sit aliquid ;" ut ibid.

3. De spiritualibus creaturis quæstio. fol. 181.

    Incip. " Questio est de spiritualibus creaturis ; et primo queritur utrum substantia spiritualis ;" ibid.

    In calce, " Expliciunt questiones fratris Thome de spiritualibus creaturis."

4. De virtutibus quæstiones sex. fol. 197 b.

    Incip. " Questio est de virtutibus in communi ;" ut ibid.

    In calce, " Expliciunt questiones de virtutibus anime in communi fratris Thome de Aquino."

5. De anima quæstio. fol. 236.

    Incip. " Questio est de anima ;" ibid.

    Index est quæstionum tum in principio tum in fine.

XLVIII.

Membranaceus, in folio, ff. 359, sec. xiv. ineuntis, binis columnis bene exaratus.

1. S. Thomæ Aquinatis Quæstiones de divina potentia, numero octoginta una. fol. 2.

    Incip. i. " Questio est de potentia Dei ;" etc. ut supra.

2. Ejusdem Quæstiones de virtutibus in communi. fol. 108 b.

    Incip. " Quæstio est de virtutibus ;" etc.

3. Ejusdem · quæstiones de Christo quinque. fol. 161.

    Incip. " Questio est de unione Verbi Incarnati, et primo utrum hæc unio facta sit."

    In calce, " Expliciunt questiones de virtutibus anime in communi fratris T. de Acquino, Deo gratia ; Amen."

    Sequitur questionum supradictarum tabula, quæ quasi in unum corpus compositæ numerantur in totum cxxii.

4. Ejusdem quæstiones triginta, subdivisæ in capita varia numero cclii, de veritate, de falsitate, de scientia Dei, de ideis, de Verbo, de prædestinatione, de cognitione angelorum, de imagine mentis, de prophetia, de fide, de cognitione animæ post mortem, de libero arbitrio, de gratia, et de merito Christi, etc. prævia tabula. fol. 170.

    Incip. i. " Questio est de veritate, et primo queritur, quid est veritas ; videtur autem quod verum."

    Desin. ult. " Alia concedimus, quia verum concludunt nisi aliqua eorum non sufficienter."

    Ad finem habetur extra ordinem quæstio Utrum Spiritus Sanctus personaliter distingueretur a Filio, etc. quæ debuerat esse ultima quæstionum de potentia divina.

XLIX.

Codex membranaceus, in folio majori, ff. 322, sec. xiv., binis columnis nitide exaratus ; ex dono Willelmi, episc. Fliensis.

1. S. Thomæ Aquinatis de veritate, etc. ut in priore codice enumeratum est. fol. 5.

    Incip. i. " Questio est de veritate ; et primo queritur quid est veritas."

    Desin. ult. " quia verum concludunt licet aliqua eorum non sufficient."

    In calce, " Expliciunt questiones de veritate."

2 Ejusdem quæstiones de potentia Dei. f. 134.

    Incip. " Questio est de potentia Dei."

    Defic. ult. in verbis, " cum amor nichil sit quam stabilimentum"——

3. Ejusdem quæstiones de malo, de peccato originali, etc. ; initio mutil. fol. 194.

    Incip. in verbis, "——Augustinus in Enth. Prima pena destruit substantiam."

    Desin. " sicut patet in arreptitiis."

    In calce, " Expliciunt questiones de malo."

4. Ejusdem quæstiones de anima. fol. 256.

    Incip. " Questio est de anima."

    In calce, "Expliciunt questiones de anima."

5. Ejusdem quæstiones de virtute in communi. fol. 277.

    Incip. " Questio est de virtutibus in communi."

    Sequuntur ad fol. 306 quæstiones de Christo ; incip. " Questio est de unione Verbi

Incarnati;" et ad calcem, "Expliciunt questiones de Christo."

6. Ejusdem Thomæ quæstiones de spiritualibus creaturis. fol. 310.

Incip. "Questio est de spiritualibus."

In calce, "Expliciunt questiones;" ut supra.

Præmisit codici manus recentior quæstionum tabulam materiarumque, quæ in codice continentur.

L.

Codex membranaceus, in folio, ff. 110, sec. xiv., binis columnis exaratus; ex dono Roberti Polan, vicarii de Penystane, quondam coll. Ball. socii.

1. Compendium totius Theologiæ, sive de Theologiæ veritatibus libri septem, [auctore Petro Thoma, sive Alberto Magno, sive cujuscunque sit,] prævio prologo et tabula capitulorum. fol. 4.

Tit. "Incipit compendium tocius theologie."

Exstat impress. inter Alberti Magni opera, ed. Jammy, vol. xiii. et alibi.

In calce, "Explicit compendium," etc. deinde,

"Christus laudetur, quia libri finis habetur."

2. S. Thomæ Aquinatis Summa de virtutibus, capitibus xvii. expressa. fol. 79.

Incip. "Hic agitur de virtutibus; Virtus sic diffinitur in libro de Spiritu et anima."

3. Ejusdem Summa de vitiis, capitibus octo. fol. 96 b.

Incip. "De peccato in communi. Peccatum est dictum vel factum vel concupitum."

4. Summa de beatitudinibus, capitibus septem. fol. 102.

Incip. "Primo de humilitate. In nomine Domini nota de beatitudinibus, et primo de humilitate."

In calce, "Explicit liber de beatitudinibus."

LI.

Membranaceus, in folio, ff. 161, sec. xiv. ineuntis, binis columnis exaratus; olim fratris Rogeri de Bredbury, postea coll. Ball. ex dono Will. Gray.

S. Thomæ Aquinatis Expositio super primum librum Sententiarum, annexa quæstionum tabula.

Tit. "Principium super primum librum Sententiarum."

Præmissa est manu recent. quæstio An Eternitas Dei sit ipse Deus; incip. "Quod videtur sic, Deus propter summam simplicitatem."

LII.

Codex membranaceus, in folio, ff. 164, sec. xiv. ineuntis, binis columnis exaratus; ex dono ejusdem Willelmi.

S. Thomæ Aquinatis expositio super secundum librum Sententiarum, cum tabula annexa.

In calce, "Explicit secundus liber fratris Thome de Aquino ordinis fratrum Predicatorum;" cui succedit tabula, et isti, "Expliciunt capitula secunda libri sentenciarum fratris Thome de Aquino."

Sequuntur conclusiones octo quibus Thomas sibi ipsi in hoc scripto contraria docet ab iis, quæ in Summa tradit."

LIII.

Membranaceus, in folio, ff. 202, sec. xiv., binis columnis exaratus.

S. Thomæ Aquinatis super tertium librum Sententiarum expositio, cum tabula annexa.

In calce tabulæ, "Explicit liber iste."

LIV.

Membranaceus, in folio, ff. 253, sec. xiv., binis columnis exaratus; ex legato Roberti Thwaites, quondam coll. Ball. magistri, ac decani Aukland; in calce mutilus.

S. Thomæ Aquinatis expositio super quartum librum Sententiarum.

Defic. in verbis Distinct. xlix. "quia ad similitudinem visionis corporaliter cognoscit, ea quasi presencia"——

LV.

Membranaceus, in folio majori, ff. 343, sec. xv., binis columnis nitide exaratus; ex dono Will. episc. Eliensis.

Gerardi Senensis, ord. S. Augustini, super primum librum Sententiarum Lectura, cum prologo.

Exstat impress. in fol. Patav. 1598.

In calce, "Explicit lectura super primum

Sententiarum edita a fratre Gerardo de Senis, ordinis heremitarum Sancti Augustini." Sequitur tabula quæstionum.

LVI.

Codex membranaceus, in folio minori, ff. 152, sec. xiv. exeuntis, binis columnis exaratus; ex dono sæpe dicti Willelmi.

Anonymi cujusdam Commentarius super tres libros priores Sententiarum; initio mutil.

Incip. in verbis, "——gradum cognoscitur in proprio genere igitur quelibet entitas."

Desin. lib. i. "libro sententiarum semper sit laus Deo omnipotenti."

Incip. lib. ii., cujus pagina prima nitide ornata et picta est, "Circa secundum Sententiarum, ubi magister."

Incip. lib. iii., itidem in initio ornatus, "Circa principium tertii libri Sententiarum, postquam magister in libro precedenti."

Desin. "ex quo reddo Omnipotenti Deo debitas gratias, cujus nomen sit semper benedictum in εecula seculorum, Amen."

LVII.

Membranaceus, in folio, ff. 348, sec. xiv. ineuntis, binis columnis exaratus; ex dono ejusdem Willelmi.

Richardi Fishacre super libros quatuor Sententiarum commentarius.

Incip. "Rom. ii. O altitudo diviciarum, etc. Constat non est parum admirabilis illa sapientia."

Desin. "quæcumque dixi in hiis de tuo agnoscant et tui, si qua de meo et tu cognosce tui; Amen. Amen. Amen."

LVIII.

Membranaceus, in folio, ff. 257, sec. xv., nitide exaratus; ex dono ejusdem Willelmi.

1. Index Alphabeticus, sive Tabula Concordantiarum, super totam Summam Thomæ, quatuor Scripta et contra Gentiles. fol. 2.

Incip. "De abstinencia, secunda secunde questione 146 sub duobus articulis."

In calce, "Expliciunt concordancie super totam Summam Thome, quatuor scripta et contra Gentiles."

2. Excerpta fratris Bertrami de Alens [an Fiza-

lani] super 15 quodlibetis, prima et secunda parte Summe Henrici de Gandavo et 10 quodlibetis Godfridi et tribus Jacobi, ordine alphabetico disposita. fol. 71.

Incip. "Abbas; Utrum religiosus institutus in curia plus debeat obedire episcopo in remanendo in curia."

Desin. sub voce 'Ymago,' "cum presencia fantasmatis includitur in racione parentis."

In calce, "Expliciunt excerpta fratris Bertrami de Alen." etc. ut supra.

Sequitur index vocum alphabeticus.

LIX.

Codex membranaceus, in folio, ff. 231, sec. xiv. ineuntis, binis columnis exaratus; ex dono ejusdem Willelmi.

S. Thomæ Aquinatis contra Gentiles libri quatuor, tabulis tum quæstionum tum materiarum instructi.

Incip. tab. "Accidentia; Accidentia non cadunt in Deo libro i. cap. 23."

In calce lib. iv., "Explicit expliceat, ludere scriptor eat."

LX.

Membranaceus, in folio, ff. 123, sec. xiv. ineuntis, binis columnis exaratus; ex dono ejusdem Willelmi.

Petri Tarentasii super primum librum Sententiarum commentarius; cum tabula, *manu secunda*, præmissa.

Incip. "Numquid nosti ordinem, etc. Verba ista sunt Domini ad beatum Job."

Desin. "prestante eodem Redemptore, Qui est benedictus in secula seculorum; Amen."

In calce, "Explicit primus liber Sententiarum."

In initio et fine inseruit bibliopegus folia pauca rejectanea Missalis cujusdam fragmentum exhibentia, notis musicalibus instructum.

LXI.

Membranaceus, in folio, ff. 330, sec. xiv. ineuntis, binis columnis exaratus; ex dono ejusdem.

Petri Tarentasii super tres reliquos libros Sententiarum commentarii, cum titulis quæstionum *manu secunda* suppletis.

Incip. lib. ii. " Qui vivit in æternum ;" etc. " In hiis verbis opus creationis sufficienter."

Incip. lib. iii. [fol. 107] "Ubi venit plenitudo, etc. In hiis verbis opus reparacionis."

Incip. lib. iv. [fol. 203] "Haurietis aquas; etc. In verbis istis duplex effectus sacramentorum."

Desin. " vitam in premio ; Jo. xiiij. ad quam vitam," etc.

In calce, " Explicit quartus fratris Petri super Sententias."

LXII.

Codex membranaceus, in folio, ff. 248, sec. xiii. exeuntis, binis columnis nitide exaratus ; ex dono ejusdem Willelmi.

~~Jacobi de Viterbio~~ super libros tres priores Sententiarum commentarius ; cum tabula.

Tit. tab. " Capitula questionum primi libri Sententiarum, quæstionum dico contentarum in notulis ejusdem."

Tit. lib. i. " Incipiunt notule super primum librum Sententiarum."

Incip. " Cum venisset una vidua ; etc. Laudanda creatoris humilis et pia benivolentia."

Desin. ult. " vel promulgata vel recepta. Et hec sufficiant de tercio libro et continet quinque sextarios tantum."

In fol. ult. verso habentur carmina ista ; " Dicit cyphus,

" Quisque sitim sedet, ita de me re mihi sedet, Sic capias parte ne tu capiaris aperte."

" Tutius ut peterem laici sub ymagine Romam, Fas fuerit ut sinerem luxuriare comam."

" De caseo Britonum mihi promissum peto domum."

" Caseus iste brevis, quem tu facis abreviatum, Si produxisses productus caseus esset."

" Caula brevis, brevitas pecudis, brevis ipsa supellex, Muneris hec parvi causa fuere mihi. Cum fiscella, locus, pecus, incrementa resumant, Tunc producetur caseus iste brevis."

LXIII.

Membranaceus, in folio, ff. 165, sec. xiv., binis columnis haud una manu exaratus ; ex dono ejusdem.

1. Petri Aureoli commentarius super secundum librum Sententiarum ; annexa tabula. fol. 1.

Incip. " Utrum tempori præterito ;" ut in edit. impress.

2. Ejusdem determinatio, Utrum virtus in quantum virtus sit ens per accidens, contra Thomam de Wylton. fol. 19.

Incip. " Quia sic, quod includitur."

3. Thomæ de Wilton Utrum habitus theologicus sit practicus vel speculativus contra Aureolum. fol. 19 b.

Incip. " Dicitur hic una oppinio et est Aureoli."

4. P. Aureoli Utrum actu differat a forma agentis ; etc. fol. 20 b.

Incip. " Quod, quia modus rei non est."

5. Quæstio super primum Sententiarum. fol. 22.

Incip. " Quia supponitur in lectione."

Citantur in margine Ægidius, et "Henricus, xij. Quodlibet."

Sequitur quæstio, Utrum viator possit naturaliter pervenire ad cognoscendum omnia saluti suæ necessaria.

6. Lectio in librum Ecclesiastis. fol. 23.

Incip. " Vanitas vanitatum, etc. Secundum quod dicit beatus Augustinus."

7. Dionysii de Burgo ' Utrum finis per se sacre Scripture in via sit amare Deum.' fol. 24.

Incip. " Arguitur quod non, quia in scientia theologie."

Inscribitur *man. sec.* " Questiones super primum sententiarum cum determinacione magistri Petri Aureoli."

Citantur in margine, Ægidius, Coutone, Herveus, et sequuntur Conclusiones Aureoli de tempore.

8. Johannis de Lana, Bononiensis, quæstiones octodecim partim theologicæ partim philosophicæ, prævia tabula. fol. 28.

Incip. " Questio est an anima humana conjuncta corpori ut forma sit principium individuationis."

Citantur Joh. de Bononia, Farkelay, P. Aureolus, etc.

In calce, " Expliciunt questiones de anima fratris Johannis de Bononia qui dicitur de Lana, bacellarii in sacra pagina, ordinis fratrum heremitarum Sancti Augustini."

Sequitur lectio in Sententiarum prologum, " Fluvius egrediebatur," etc. " Profunda quoque fluviorum."

9. [Thomæ de ?] Wylton, Utrum intellectivam

esse formam corporis humani possit ratione necessaria probari. fol. 52.

Incip. " Quod sic, quia homo experitur se."

10. Quæstio super Distinct. xxxiii. libri I. Sententiarum. fol. 54 b.

Incip. " Circa secundum vero considerandum quod aliqui dicere voluerunt, quod proprietates et essentiæ."

11. Recollectiones super secundum Sententiarum. fol. 57.

Incip. " Utrum ex ordine entium."

12. Ægidii quæstiones aliquot de angelis. fol. 58 b.

Incip. " Utrum angelus sit compositus ex materia."

13. Quæstiones super primum Sententiarum, auctore ut videtur Ger[sone] sive Ger[ardo Senensi]. fol. 60.

Incip. " Utrum Deus sub abstracta ratione Deitatis sit subjectum in theologia."

Mentio fit de Durando, Ægidio, Henrico [Gandavensi], etc.

14. Quæstiones, ejusdem fere momenti. fol. 67.

Incip. " Utrum theologia sit proprie scientia ; quod non, quia est proprie sapientia."

Citantur Cowton, Ware, Bernardus, Aureolus, H. de Gandavo, Scotus, etc.

15. P. Aureoli quæstio Utrum videns Deum videat omnia quæ in eo repræsentantur. fol. 86.

Incip. " Quod sic, videns representans necessarium."

Succedunt argumentum, auctore ut videtur Paynots quodam, incip. " Ad illas rationes quibus superius probatur," et quæstiones breves Gerardi.

16. Principium in quatuor libros Sententiarum. fol. 88 b.

Incip. " Ecce quatuor quadrige."

17. Quæstiones [Johannis] Beverley Utrum Deus sit trinus et unus. fol. 89.

Incip. " Quod non quoad unitatem arguitur sic, Quia plures sunt Dii."

18. Willelmi de Wodeford junioris quæstiones de Deo et angelis, etc. fol. 100.

Inc. " In secundo quolibet queruntur quedam de Deo et quedam de creaturis ; Et erat questio virum posse videri divina essencia."

19. Anonymi cujusdam quæstiones sex, Utrum ingenitum sit proprietas Patris in divinis, etc. fol. 112.

Incip. " Quesito de proprietatibus relativis

in generali modo, querendum est de illis in speciali."

20. Anonymi opus Quodlibeticum quæstionibus viginti quatuor comprehensum de attributis divinis, etc. fol 132.

Incip. " In nostra disputacione generali nuper facta quolibet querebantur quedam circa Creatorem."

21. Quæstiones de Deo et de creatura. fol. 155.

Incip. " In disputatione nostra generali de quolibet quesitum est de Deo et de creatura, Et de Deo primo."

22. Quæstiones de Angelis. fol. 162.

Incip. " Questio est utrum angelus intelligat seipsum per essentiam suam et videtur quod non."

Desin. " speciem multiplicem et non unam tantum."

LXIV.

Codex membranaceus, in folio, ff. 178, sec. xiv. exeuntis, binis columnis bene exaratus, et quoad literas librorum initiales, præter primum hodie abscissum, ornatus auro coloribusque ; ex dono ejusdem Willelmi.

Petri de Candia super quatuor libros Sententiarum commentarius.

Incip. in verbis, " ——bilibus vel similiter editus vel experiencia rerum sed hujus habitus."

Desin. " atque sanctissimi confessoris Christi saginata ex speciali privilegio differentis. Amen."

In folio primo rejectitio legitur, rubris scriptum, " Hunc librum vendidit magister Johannes Carso magistro Guillermo Pulcrinepotis[?] in lugo, pretio x. solidis et iiij. d."?

LXV.

Membranaceus, in 4to minori, ff. 49, sec. xiii., binis columnis nitide exaratus ; ex dono ejusdem.

1. Simonis Tornacensis Disputationes centum duæ. fol. 1.

Tit. " Incipiunt questiones magistri Simonis Torniacensis."

Incip. " Duo quesita sunt ; Primum, Utrum id primum retribuatur omnibus in patria vel non ; Secundo, An alius ordo caritatis."

D

Desin. ult. "simplex est compositum, si compositum susceperis substantive verum est, alias non."

In calce, "Expliciunt disputaciones magistri Symonis Torniacensis, numero cii. continentes in se questiones ccc.lxxi."

2. Johannis Cornubiensis eulogium ad Alexandrum papam tertium de discussione philosophorum et hæresium. fol. 40.

Incip. "In concilio Turonensi quod dudum convocatis plerisque omnibus tam Anglicane quam Gallicane prelatis ecclesie."

Desin. "fideliter firmiterque crediderit, salvus esse non poterit."

In calce, "Explicit eulogium magistri Johannis Cornubiensis auctoritate Alexandri pape tercii confirmatum."

3. M. fratris Rievallensis ad Thomam Becket, archiep. Cantuar., epistola de statu ecclesiæ, contra episcopos, etc. fol. 48.

Incip. "Quis sum ego vel cujus momenti quem tanti sibi faciat pater jam patris, dominus regni secundus a rege."

4. Patriarchæ Antiocheni epistola de prælio per Saladinum contra Christianos 4 Jul. 1187 commisso, in quo Christiani magna cum strage fugati erant. fol. 49 b.

Incip. "Audiat vobiscum omne seculum et dolorem nostrum et totius Christianitatis."

LXVI.

Codex membranaceus, in folio majori, ff. 252, sec. xv., binis columnis manu Theoderici Nicolai Werken de Abbenbroeck exaratus; ex dono ejusdem Willelmi.

1. Francisci de Maironis, sive de Mayronibus, sermones ab adventu usque ad Quadragesimam, numero xxxviii. fol. 7.

Incip. i. "Fratres scientes quia hora, etc. Adventus Deo quatuor Dominicis."

Præcedit tabula alphabetica, desin. "Explicit tabula Francisci de Meronis ab Adventu Domini usque ad quadragesimam."

Desin. ult. "quia Deus numquam cessat benefacere, etc."

2. Opus Quadragesimale sive Sermones quinquaginta duo quadragesimales, cum tabula posthabita. fol. 110 b.

Incip. i. "Pro die Cinerum; Cum jejunatis, etc. Licet opera penitentialia in mortali facta sint interanda."

Desin. ult. "hoc innuitur, cum dicit, Venite, prandete, etc."

In calce tabulæ, "Theodericus Nicolai Werken de Abbenbroith scripsit hunc librum. Explicit tabula sermonum operis quadragesimalis Francisci de Maronis."

LXVII. (A.)

Codex membranaceus, in folio majori, ff. 257, anno 1444 manu Theoderici Nicolai de Abbenbroeck binis columnis exaratus; ex dono ejusdem.

1. Francisci de Mayronibus sermones æstivales numero xxxix. fol. 2.

Incip. i. "Omne quod natum est ex Deo;" etc. "Secundum quod dicitur Job 7, millia est vita."

Desin. ult. "locuti sunt sancti Dei homines," etc., cui subjicitur nota in margine, "Nil plus inveni in exemplari," etc.

Sequitur tabula alphabetica, ad cujus calcem notatur, "Explicit tabula super hoc opus æstivale M. Francisci de Maronis ord. Fratrum Minorum, quam scripsit Theodericus Nycolai Werken de Abbenbroeck, anno Domini 1444 Deo gratias."

2. Ejusdem sermones festivales xvii. fol. 206.

Incip. i. "Utrum Nativitas Christi fuit naturalis; videtur quod sic, Matth. i. Scribitur quod mater Domini periendo Christum peperit filium suum."

Sequuntur sermones de S. Johanne duo, de S. Agnete, de conversione S. Pauli, de S. Agatha, de novo Sacerdote, de annuntiatione B. M. V. duo, de S. Spiritu, de S. Vincentio, de S. Francisco, de S. Sapientia, de S. Johanne Baptista, de S. Margareta et de S. Maria Magdalena duo.

Desin. ult. "quorum gaudiorum nos participes faciat Dei filius; Amen;" deinde, "Per manus Theoderici Nycolay Werken de Abbenbroeck liber explicit Deo gratias; anno Domini 1444."

LXVII. (B.)

Membranaceus, in folio majori, ff. 210, sec.

xv. binis columnis nitide exaratus, sed mutilus; ex dono ejusdem episcopi.

Francisci Maironis, sive de Mayronibus, ord. Præd. Commentarii super quatuor libros Sententiarum.

Desideratur folium primum in quo prima pars quæstionis primæ in prologum, quæ sic incip. "——quater; primo quia modus cujuslibet rei."

Lemma quoque est inter librum secundum et tertium; secundus defic. in distinct. xxv. quæst. 1. verbis, "et alterum suspendere quia illi incompossibile"——; tertius incip. in quæst. 4 distinct. iii. "——actus beatificus sit perfectior."

Desin. "nunquam erunt actu infinite."

In calce, "Explicit editum super quartum librum magistri Francisci de Marronis, ordinis fratrum minorum, etc."

LXVIII.

Codex membranaceus, in folio majori, ff. 188, sec. xv., eodem tempore librarioque ac præcedens, binis columnis nitide exaratus; ex dono ejusdem episcopi; initio mutilus.

Francisci de Mayronibus Lectura sive Conflatus super primum librum Sententiarum.

Incip. quæst. i. in verbis, "——principium vel ejus veritas invenitur formaliter in creatura."

Incip. quæst. ii. "Utrum subjectum primi principii dictum de Deo et creatura."

Desin. "ad scientiam speculativam alia per que habetur hujus applicacio ad opus pertinent ad alium habitum practicum scilicet ad artem;" ut in edit. impress. Venet. 1521.

In calce, "Explicit lectura super primo Sententiarum magistri Francisci de Marronis de provincia Provincie ordinis fratrum minorum; etc."

LXIX.

Chartaceus, in folio, ff. 132, anno 1444 in urbe Colonia binis columnis scripta; ex dono ejusdem.

1. Francisci de Mayronibus commentarius super primum librum Sententiarum. fol. 1.

Incip. "Utrum cum summa simplicitate."

Desin. "alioquin est ad placitum et sic debet intelligi."

In calce, "Explicit scriptum super primum librum Sententiarum editum a fratre Francisco de Maronis et excopiatum in Colonia anno Domini 1444, 8° die Februarii."

Sequuntur "Distinctiones cum suis quæstionibus primi libri Scripti."

2. Ejusdem Scriptum super tertium librum. f. 109.

Præcedunt tituli quæstionum, quibus subjecit manus altera, "Titulos quæstionum super primo Sententiarum Conflatus [*sic*] Francisci."

Incip. "At ubi venit, etc. Utrum Verbi incarnacio sit cognoscibilis per naturam."

Desin. "non impugnat licet bene formalis."

Sequuntur, *man. sec.*, "tituli quæstionum super quarto Sententiarum."

LXX.

Codex membranaceus, in folio majori, ff. 205, sec. xv., binis columnis nitide exaratus; ex dono ejusdem; mutilus.

1. Francisci de Mayronibus Flores excerpti ex operibus S. Augustini variis. fol. 2.

Incip. in verbis, "——fidei ut ad plures noticia veritatis."

Desin. flores in libros De S. Trinitate; "ubi clausisti aperi pulsanti; Amen."

Libri e quibus excerpti sunt flores, sunt, De Trinitate, fol. 2; de Doctrina Christiana, fol. 43; Retractationum liber, fol. 53; Super Genesim ad litteram, fol. 57 b; De mirabilibus, ff. 74 b, 198, 201, 77; Super Genesim contra Manichæos, fol. 78 b; Contra Adamantium, fol. 80; In quæstionibus super SS. Matthæum et Lucam et diversas Scripturas, fol. 81; de Civitate Dei, fol. 85.

Desin. ult. "ubi sic concludit, ibi vacabimus, videbimus, et amabimus et laudabimus; Amen."

2. Ejusdem Francisci de primo principio complexo quæstiones quatuordecim; mutil. fcl. 117.

Incip. "Attendite populi, etc. In psalmo 77 scribitur idem verbum."

Defic. in verbis, "cum sol sit genitor et non pater; septima ratio quasi verbum"——

3. Ejusdem Quæstiones super secundum Senten-

D 2

tiarum, sive de creatione, de angelis, de corpore humano; etc. fol. 127.

> Incip. "Ego sum alpha et O, etc. Quia secundum doctrinam beati Dyonisii de angelica Ierarchia."
>
> Incip. quæst. i. "Utrum primum principium efficiencium coincidat cum ultimo fine."

4. Ejusdem quæstio Utrum principatus regni Sicilie ex hoc sit nobilis quia subjectus ecclesie. ff. 195–197 b, 75, 199.

> Incip. "Et quidem ad istius questionis declarationem."
>
> In calce, "Explicit tractatus magistri Francisci de Mayronis de principatu regni Sicilie, Deo gratias, Amen; Amen."

5. Ejusdem quæstio Utrum obedientia sit nobilissima virtutum moralium. ff. 199–200 b, 76, 202.

> Incip. "Et quidem ad istius questionis declarationem."
>
> Desin. "quando vires omnes erant eis ad nutum subjecte secundum beatum Augustinum; Amen."

LXXI.

Codex membranaceus, in folio, ff. 156, sec. xiv. exeuntis; binis columnis exaratus.

> Roberti Holcothi, sive Holkote, Lectura super libros quatuor Sententiarum, cum tabula annexa.
>
> Incip. "Utrum viator existens in gratia assentiendo articulis fidei mereatur vitam eternam; Quod non, quia si sic."
>
> Incip. lib. ii. "Distinctione prima libri secundi agit magister de creacione hominis."
>
> Incip. lib. iii. "Utrum Filius Dei."
>
> Incip. lib. iv. "Utrum cum omni Sacramento."
>
> Desin. "iste est Deus demonstrato ydolo."
>
> In calce, "Expliciunt questiones Holkote super Sententias."

LXXII.

Chartaceus, in folio, ff. 170, sec. xv., binis columnis exaratus.

> Hervei Dyot, sive Eyot, ut videtur, Quæstiones super quatuor libros Sententiarum tredecim.
>
> Incip. i. "Utrum ex testimoniis veritatis in eternum fundatis constet theologiam esse scienciam omnibus scienciis humanitus inventis

contradistinctam; Arguitur primo quod non, quia vel per hujus testimonia."

> Quæstiones decem priores super primum librum comprehendunt lecturam, quæ sic terminatur, "solvi potest; et sic est finis questionum primi libri Sententiarum."
>
> Incip. quæst. xi. [fol. 129] "Utrum Deus creare potuerit."
>
> Incip. quæst. xii. [fol. 144] "Utrum beata virgo Maria."
>
> Incip. quæst. xiii. [fol. 157 b] "Utrum quolibet Sacerdote verba consecrationis Eukaristie."
>
> Desin. "ad tertiam in dictis ex tertio et sic est finis per Eum," etc.
>
> Additur quæstio collativa, "Utrum divina sapientia ab eterno communicabilis intus et extra."
>
> In fol. rejectanei pag. 2 margine superiori notatur, "Iste questiones super librum Sententiarum M. Her. Dyoti sunt mei [?] M. Lamberti de Enskirchen."

LXXIII.

Codex membranaceus, in folio, ff. 186, sec. xiv. exeuntis, binis columnis exaratus; ex legato M. Roberti Thwaits, quondam coll. Ball. magistri.

> Gregorii de Arimino, ord. S. Augustini, Lectura super primum librum Sententiarum, cum prologo.
>
> Exstat impress. Venet. 1503.
>
> In calce, "Explicit lectura primi Sententiarum edita a fratre Gregorio de Arimino, ordinis fratris heremitarum Sancti Augustini, qui legit Parisius anno Domini millesimo ccc^{mo}. quinquagesimo sexto; Amen."
>
> Sequitur tabula quæstionum, prævio brevi monito incip. "Et ex tabula ista qualiter faciliter possit."

LXXIV.

Membranaceus, in folio, ff. 105, sec. xiv. exeuntis; binis columnis exaratus; ex legato M. Nicholai Saxton, coll. Ball. socii.

> Gregorii de Arimino Lectura super librum Sententiarum secundum, posthabita tabula.
>
> Exstat impress. Venet. 1503.
>
> In calce, "Explicit secundus Sententiarum magistri Gregorii de Arimino, ordinis fratrum heremitarum Sancti Augustini."

LXXV.

Codex membranaceus, in folio minori, ff. 124, sec. xv. ineuntis; binis columnis haud una manu exaratus.

1. Anonymi cujusdam quæstionum liber super Evangeliorum difficultates, ordine alphabetico. fol. 1.

    Incip. " Abraham ; Queritur super primo dicto Christi ; Jo. 8. ' Abraham pater vester exultavit ut videret diem meum.' "

    Desin. " ipsa miracula scivit, tum ea voluit conticere."

2. Sermo in istud Joh. ' Nuptiæ factæ sunt ;' an coram Universit. Oxon habitus. fol. 106.

    Incip. " Prehonorabiles magistri et patres hodierni evangelii manifestat historia."

    Ad fol. 109 leguntur, " Non sic, o amici, non sic quoniam in hac alma Universitate philosophie imperato residetis florigero" ————" Ecce qualiter hiis diebus ut Christi sponsi nuncius nos vocat pestilencia, que brevi citacione furatur juvenes, conculcat fortes, prosternit senes ut experientia presens docet ; sed proh dolor, quis attendit ; sic etiam a nostre juventutis diebus nos vocavit virga Dei ferrea, gladius scilicet, qui multis sevit in regnis et in nostris adhuc temporibus prostravit, captivavit duces, devoravit milites."

3. Ejusdem auctoris sermo in istud, ' Ite vos in vineam.' fol. 109 b.

    Incip. " In evangelio Dominice jam instantis."

4. Index locorum SS. Evangeliorum in quæstionibus supra dictis expositorum. fol. 114.

5. Expositio symboli secundum S. Augustinum. fol. 117.

    Incip. " Sicut nonnullis scire."

6. S. Augustini sermo de indigna et inhonesta conversatione mulierum. fol. 119.

    Incip. " Nemo dicat, fratres."

7. Sermones tres pro mortuis. fol. 121.

    Incip. i. " Nolumus vos ; Apostolus hic nititur."

    Incip. ii. " Memor esto judicii ; Mortuus vivo."

    Incip. iii. " Miseremini mei ; In hiis verbis, in persona."

LXXVI.

Codex membranaceus, in folio, ff. 320, sec. xiii. exeuntis, binis columnis exaratus ; ex dono Johannis Felton, ' quondam vicarii ecclesie Beate M. Magdelene extra portam Borealem, Oxon. ;' haud una manu scriptus.

Petri de Salinis commentarius super Gratiani Decretum.

Incip. " In nomine Trinitatis. In hoc principio circa tria principaliter laborabo ; Primo in invocatione nominis Jhesu Christi ; secundo in commendacione."

Defic. in fol. 195 b, caus. 31 verbis, " Se . . . . Hic intitulatur, quarta questio quia queritur"——

Incip. xxxii. " Moyses Hoc sic ponit casum istum et dicit hec similiter loquor."

Sequitur de Penitentia, incip. " *Hiis breviter ;* Hic incipit tractatus de penitentia, quem ita potes continuare cum precedentibus ; formavit Gracianus quandam incidentem questionem."

Succedit de ecclesiarum consecratione, " Hic incipit tertia et ultima pars istius operis, in qua agitur de ecclesiasticis sacramentis."

Desin. " *ita inseparabiliter ;* et inseparabilia enim sunt opera Trinitatis ut xxviii., q. 1. sic enim neque."

LXXVII.

Membranaceus, in folio, ff. 108, sec. xv. ineuntis, binis columnis exaratus.

Ranulphi, monachi Cistercensis, [an R. Higdeni Cestrensis], liber qui dicitur Speculum Curatorum, in capita octoginta distributus, prævio titulorum elencho.

Incip. præf. " Cum circa duo potissime versetur officium sacerdotis sicut diffuse traditum est per doctores."

Incip. cap. i. " de articulis fidei ; Eorum que sacerdos scire tenetur, aliqua sunt credenda."

Defic. in cap. ult. " de sententia excommunicationis ; ut consultacioni, 84, d. Quisquis, etc."

Continebat olim codex tractatus sequentes, qui hodie desiderantur ; scil. Exposicio super Enigmatibus Aristotelis ; Sermo Augustini de x. chordis ; Statutum Johannis de Peccham ; Lincolniensis de modo confitendi ; Massa compoti ; Tractatus de spera Johannis de Bosco."

LXXVIII. (A.)

Codex membranaceus, in folio, ff. 117, sec. xv., anno scilicet 1442 manu R. Bole binis columnis exaratus; ex dono Will. Gray, ep. Eliensis.

Expositio in S. Augustini libros de civitate Dei, quoad decem priores auctore Thoma Anglico, [quoad cæteros Nicolao Triveth.]

Incip. præf. " Fluminis impetus, letificat civitatem Dei, In psalmo, Fons sapientie in excelsis."

Incip. lib. " Gloriosissimam civitatem Dei, etc. In isto primo capitulo tangit beatus Augustinus duas."

Desin. " ad eternam beatitudinem, ad quam nos perducat Jhesus Christus, Qui cum Patre," etc. ut in edit. impress.

Sequitur tabula alphabetica, cui succedit, " Explicit exposicio super libros Augustini de civitate Dei cum tabula, quorum 10 primi sunt secundum Thomam Anglicum;" deinde versus,

" M. semel x. quater, totidem c, jungite binos Ocia devitans subtracto codice complet R. Bole Coloniis scripturam carminis hujus."

" Abide and Have."

LXXVIII. (B.)

Membranaceus, in folio, ff. 189, sec. xv., anno scil. 1448 manu Antonii Marii filii, Florentini, nitide exaratus; ex dono ejusdem Willelmi, ep. Eliensis.

1. Johannis Scholastici, sive Climacis, Scala Spiritualis in triginta capita distributa, per Ambrosium Traversarium, Camaldulensem, Latine versa. fol. 3.

Præcedunt,

a. Tabula contentorum codicis. fol. 2 b.

b. Ambrosii præfatio ad Patrem Matthæum. fol. 7 b.

Incip. " Hortatus es, Domine."

c. Vita S. Johannis Scholastici a Daniele monacho sub compendio scripta. fol. 4.

Incip. " Quenam hunc divinum virum civitas."

d. Epistola Johannis Raithensis, [Rhaithunensis,] hortantis Johannem Scholasticum ad describendum spiritualem scalam, cum responsione. fol. 6.

Incip. " Agnoscentes nos a perfectione."

Incip. respons. " Accepi convenientissimam."

Incip. gradus primus, " Cum summe incomprehensibilis atque incircumscripte bonitatis."

In calce, " Explicit gradus tricesimus et ultimus spiritalis scalæ a Johanne Scolastico edite mirabiliter et excellenter."

2. Ejusdem Johannis ad Pastorem liber, eodem interprete. fol. 98.

Incip. " In inferiori quidem."

3. Commendatio præcedentis operis a Johanne, abbate Raithensis cœnobii, scripta, in qua totum fere opus brevissime ac mistice exponitur laudaturque scriptor eximie. fol. 104.

Incip. " Qualem esse oportere."

4. S. Ephraem Syri sermones triginta, Latine versi per Ambrosium eundem. fol. 106.

Præcedit interpretis præfatio ad Cosmam de Medicis, incip. " Peregrinum nuper offendi."

Incip. sermo i. " De penitentia. Dilectissimi nihil Sancte Cariti præferamus."

Ult. est de laudatione Josephi, incip. " Insipiens, imperitus, rudis pictor et horridus."

In calce, " Explicit de laudibus Joseph sermo Sancti Ephrem."

Enumerantur omnes a Bandinio in catal. codd. Laurent. tom. iii. col. 337.

5. De Sacerdotio Christi ab Ambrosio monacho e Greco in Latinum traducta ad instantiam mei Antonii, scriptoris presentis voluminis. fol. 187 b.

Incip. " Temporibus piissimi imperatoris Justiniani fuit vir quidam princeps Judeorum."

In calce, " Antonius Marii filius, Florentinus civis, Atonotarius trascripsi Florentiæ ab originalibus exemplaribus ii. idus Junii M. CCCC. XLVIII. quo tempore nostra respublica iniquiter et injuste ab inmanissimo rege Aragonum vexabatur.

Valeas mi suavissime Ghuiglelme feliciter."

LXXIX.

Codex membranaceus, in folio majori, ff. 332, sec. xv., binis columnis nitide exaratus; ex dono ejusdem Willelmi.

1. Cæcilii Firmiani Lactantii opera varia ; scilicet,
   a. Institutionum Divinarum adversus gentes libri septem, præviis testimoniis ex Hieronymo. fol. 2.
   > Tit. " Firmiani Lactancii divinarum institucionum adversus gentes liber primus."
   b. De ira Dei ad Donatum. fol. 189.
   > Tit. " Incipit liber Lactantii de ira Dei ad Donatum."
   c. De opificio Dei ad Demetrianum. fol. 205 b.
   > Tit. " Incipit liber Lactancii qui et Firmiani de opificio Dei vel formacione hominis."
2. Tertulliani Apologeticum de ignorancia Jhesu Christi. fol. 220.
   > Hujus ut et superiorum librorum margines notis passim illustratæ sint contenta in adverso textu exhibentibus, quorum auctorem censet Langbainius fuisse Gulielmum Malmsburiensem ; ut infra in cod. 125.
3. Index super libros Lactantii locupletissimus. fol. 247.
   > Tit. " Tabula super libros Lactantii."
   > Incip. " Ablucio ; quod corpus cito ablui potest, mens autem contagione impudici corporis inquinata."

LXXX.

Codex membranaceus, in folio, ff. 232, sec. xv., binis columnis exaratus.

1. Tabula sententialis super epistolas S. Hieronymi, præmissis epistolarum titulis numero 123, ordine alphabetico. fol. 7.
   > Incip. " Abstinentia ; de modo abstinendi quere infra ubi jejunium ; Flamma abstinencie in deliciis."
   > In calce, " Explicit tabula super epistolas Jeronimi."
2. Ricardi Rotheram, quondam coll. Ball. socii et cancellarii Oxoniensis, de pluralitate beneficiorum expositio notabilis, lectionibus quinque comprehensa, cum prooemio. fol. 50.
   > Incip. prooem. " Necesse est ut scandala ; Condilecti, karissimi, sancta summaque caritate complexi."
   > Incip. quæst. i. " Utrum sincera veritas ecclesieque honestas interim paciantur ut uni ex gratia plura beneficia."
   > Ad fol. 102 ita scribit de ecclesie Sarisburiensis statu, " Ego in quadam civitate epi-

For another imperfect copy see B M. Egerton MS 2891.

scopali annis undecim adolevi, ubi canonici vii. sub prebendis pinguissimis ducentarum fere librarum Parisiensium in matrice ecclesiam serviebant, quorum plures erant plurium beneficiorum detentores"——"Vidi ego ipse in eadem ecclesia infra paucos annos quatuor archidiaconos sic defungi, unde lector miraculum mirare ; Primus eorum de equo phalerato et grandi cecidit, et fractis cervicibus expiravit ; secundus mane in cathedra sedens mortuus est repertus ; tertius in choro stans, cum ad missam elevacio corporis fieret, cecidit resupinus, et subtracta loquela cum sensu, quasi brutum animal die tercia sine sacramentis ecclesiasticis est defunctus ; quartus confessionem peccatorum recusans mortuus est et extra cœmeterium est sepultus."
   > Desin. " singulis in dubiam veritatem."
   > Sequuntur, " Conclusiones, que prescriptorum materiam comprehendunt sub protestatione humili consueta."
3. Processus notabilis de sacramento altaris. fol. 107.
   > Incip. " Quia autem de sacramento altaris multa sunt que specialem habent difficultatem."
   > Defic. in verbis, " et bibite et inebriamini, karissimi."
4. Sermones super epistolas quadragesimales, auctore anonymo ; mutil. in fine. fol. 123.
   > Incip. " Hec dicit dominus Deus, Convertimini, etc. Secundum morem antiquum ecclesiæ."
   > Defic. xvi. in verbis, " Quia dicit igitur, Facietis, non est"——
   > Delineavit hic illic in margine insignia gentilitia Will. Gray, cujus forsan sumptibus exaratus est codex.
5. Scholastici cujusdam expositio super S. Lucæ evangelii principium, cum prologo. fol. 156.
   > Incip. prol. " Appropriate ad me indocti ; Hec verba convenienter possunt dici de persona Salvatoris."
   > Incip. expos. " Terminato prohemio incipit tractatus evangelii secundum Lucam, circa quem duo sunt consideranda."
6. Francisci de Mayronis sermones quinque, scil. de Circumcisione, de Epiphania duo, In Conversione S. Pauli, et de Purificatione. f. 180.

Incip. i. " Postquam consummati sunt, etc. Quia in ista sacra solempnitate."

7. Thomæ Maldoni, ord. Carmel. S. T. P. Cantabrigiensis, Lectura super psalmum cxviii. [cxix.] fol. 190.

Incip. " Bonitatem et disciplinam, etc. Reverendi Domini, teste Damasceno, primo."

In calce, " Explicit lectura fratris Thome de Maldona, Carmelite, sacre pagine confessoris [sic] cathedre Cantebrigge."

In quatuor foliis primis rejectitiis habetur fragmentum disputationis de religiosis, incip. " ——est per fidem, unde dicitur Hebr. xi. Accedentem ad Deum oportet credere quia est."

LXXXI.

Codex membranaceus, in folio grandiori, ff. 391, sec. xv. exeuntis, binis columnis exaratus ; ex dono Roberti Abdy, coll. Ball. magistri.

Alexandri Carpenter, coll. Ball. quondam socii, Destructorium Vitiorum, in partes octo principales distinctum, prævia capitulorum tabula.

Incip. expos. tab. " Iste liber, qui Destructorium Viciorum nuncupatur, octo partes continet principales."

Exstat. impress. in fol. Paris. 1516, et alibi.

Subjungitur index alphabeticus, cui succedit colophon sequens, " Auferens angustias tenebrarum cujusdam fabri lignarii filius hec notabilia supradicta ex sanctorum doctorum sentenciis et sacre scripture documentis collegit et ad honorem Dei scribere et sue ecclesie utilitatem decrevit. Et opus inceptum anno Domini millesimo cccc. xxix. ad finem optatum perduxit et Destructorium Viciorum nuncupavit libellum, Deo gracias, scriptum 1475."

Folia in initio et fine rejectanea commentarii habent fragmentum super Hieremiam.

LXXXII.

Membranaceus, in folio minori, ff. 177, sec. xiv. ineuntis, binis columnis exaratus ; ex dono Will. Gray.

[Petri Canonici] Pantheologiæ pars prima, continens de libris tredecim, [quorum omnium capitula in principio exhibet index peculiaris] tres tantum priores ; quorum primus capitula habet 59, estque de personis, secundum diversos status distinctis ; secundus de animalibus, capitibus 120 ; tertius de animalium partibus, capita habens 76, quorum ultimum est de asella.

Incip. " Deus multipliciter dicitur in sacra scriptura, videlicet, Essentialiter, ut Deus Trinitas ; adoptive, ut angeli ut homines sancti ; nuncupative, qui solo nomine dicuntur Dii."

Defic. in verbis, " pro nichillo reputantur, et non respiciunt"——

LXXXIII.

Codex membranaceus, in folio, ff. 168, sec. xiv., binis columnis exaratus ; ex dono Ricardi Bole, archidiaconi Eliensis, olim coll. Ball. socii.

1. Johannis de Burgo, sive cujuscumque sit, Oculus Sacerdotis, in tres partes distinctus ; scilicet,

a. Summa, quæ vocatur pars oculi sacerdotum. fol. 3.

Incip. "Cum ecclesie quibus preficiuntur."

b. Summa, quæ vocatur, Dextra pars oculi sacerdotum. fol. 27.

Incip. " Multi sunt sacerdotes."

c. [Sinistra pars oculi.] fol. 54 b.

Incip. " Ignorancia sacerdotum."

Cf. codd. MSS. coll. Nov. ccxcii, Trin. xviii. et C. C. C. 145.

2. Gulielmi de Monte Landuno, Decretorum doctoris, liber qui dicitur Sacramentale, præviis titulis et prologo ad Poncium de Villamuro. fol. 88.

Incip. prol. " Et nunc virtute vestri."

Incip. lib. " De Caractere ; Signatum est super nos lumen."

Desin. " Nullus cum similibus, Gratias Deo Patri ejusque Filio, cum Spiritu Paraclito ;" etc.

In calce, " Explicit tractatus qui vocatur Willelmus in Sacramentali."

3. De virtutibus et vitiis auctoritates Sacræ Scripturæ et Sanctorum et Philosophorum in capita lxxii. distinctæ, quorum index præmittitur. fol. 136.

Incip. " De sapiencia et sciencia. Nam sunt omnes homines ; etc. Est itaque quasi lumen signorum."

Cap. ult. est de Christo, et desin. "appropinquabit regnum celorum ; Quod nobis prestare dignetur," etc.

In calce, " Explicit tractatus de viciis et virtutibus compilatus ; Toppyng ;" nomen, ut videtur, scribæ potius quam compilatoris.

In cap. 71 occurrunt versus quatuordecim *Gallice*, et in ultimo, sex ut sequuntur,

" Bien poet Dieu per voler
    Ou solement per poer
    Ses almes delivere del felon
    Mes pur nous doner a cheson
    Ne nous le dussom le pluys amer
    Voleit pur nous la mort suffrer."

LXXXIV.

Codex membranaceus, in 4to, ff. 143, sec. xv., nitide exaratus.

Ricardi de Pophis Summa, formularum scilicet collectio literarum rescriptorumque, maxime papalium, numero cccclxxiv, prævia tabula.

Tit. i. " Amicus amicum redarguit, ut ad curiam revertatur."

Incip. " Archidiacono Neapolitano. Quid et qualiter homini rerum temporalium."

Ult. est, " De processionibus faciendis pro creatione papæ tempore nativitatis ecclesie." Et desin. " Sancti Spiritus infundatur."

In calce, " Explicit Summa magistri Ricardi de Pophis ; Deo gratias."

Quæ ad Angliam et res Anglicanas spectant invenientur in formulis 132, 407, et 464, in quibus præcipue de turbationibus regni ; In formula 157 scribit abbatibus Cisterciensibus et capitulo generali, quod non servent statutum contra conversos de tonsura barbarum.

LXXXV.

Membranaceus, in 4to, ff. 262, sec. xiii. ineuntis, bene exaratus ; olim eccl. S. Mariæ et B. Thomæ martyris de Novo Loco ; postea coll. Ball. ex dono Will. Gray.

Anonymi cujusdam opus, commentarii forsan in librum tertium Sententiarum, capitibus cclxxix. comprehensum ; tabula præmissa.

Incip. i. " De reparatione, scilicet de Dei Filio. Dicto de peccatis quibus homo lapsus in perditionem dicendum de reparatore."

Desin. ult. " De clericis et sacerdotibus conjuratoribus. Non debet ei obedire in parte illa."

Præcedit fragmentum finis secundi libri, cujus cap. xcvii. et ultimum est, " An homines peccent, quia Deus permittit eos peccare."

LXXXVI.

Codex membranaceus, in folio majori, ff. 244, sec. xiv. exeuntis, binis columnis bene exaratus ; ex dono ejusdem Willelmi.

1. Anonymi de virtutibus et vitiis Summa, in capita septuaginta duo distincta. fol. 2.

Incip. " De vitiis et virtutibus auctoritates sacre scripture," ut supra in cod. lxxxiii.

2. [Gulielmi Durandi] Rationale divinorum officiorum in octo partes distinctum ; prævia tabula. fol. 30.

Exstat sæpius impressum.

In calce, " Explicit Rationale divinorum officiorum."

Sequitur regula de conjunctione lunæ, et de bisextili anno, etc.

3. Quoddam additamentum oculi Sacerdotis, quod vocatur Cilium oculi Sacerdotis. fol. 229.

Incip. " Primo determinandum et dicendum, quis confitetur. Omnis utriusque sexus cum ad discretionem."

Desin. " facerent esse humilium populi mei. Explicit cilium Sacerdotis."

Cf. Tanneri Bibl. Brit. Hibern. p. 570 sub nomine Gulielmi de Pagula.

LXXXVII.

Vacat.

LXXXVIII.

Membranaceus, in folio majori, ff. 134, sec. xv., binis columnis exaratus ; ex dono Ricardi Bole.

Anonymi cujusdam Summa de rebus ad vitam monasticam sive spiritualem spectantibus in libros quinque distincta, præviis cuique libro capitulis.

Incip. i. " De abstinentia. Abstinencia est statutum prandendi tempus non pervenire ante horam diei terciam sine causa racionabili."

Liber 1 habet capita 97 ; secundus habet 52 ; tertius 18, et est Hugonis de S. Victore

E

Formula Novitiorum; quartus 57; quintus 19 et inscribitur, "Incipiunt capitula de excerptis de libris de claustro anime secundum supradictum Hugonem;" et desin. "quando mali florent et boni laborant, tunc paciencia est summa medicina; Amen."

LXXXIX.

Codex membranaceus, in folio, ff. 396, sec. xiv., binis columnis exaratus; ex dono M. Simonis Bradon, coll. Ball. socii.

Avicennæ Canon Medicinæ libris quinque, capitulorum tabulis indicibusque illustratus.

Tit. "Incipit liber canonis quem princeps Abhoali Avicenna de medicina edidit. Verba Abhoali medicine."

Exstat impress. Venet. apud Juntas, 1608.

In calce, "Completus est liber v. canonis, qui est Antidotarium Senis regis Abhoali Hasen, filii Hali Avicenni, et ejus complemento completus est liber totus."

Sequitur "Confectio trochiscorum de cacabe de libro Ame^ti filii Ysaac, et sic completus est liber totus Avinceni medici de medicinali sciencia."

In calce, "Explicit expliceat, Ludere scriptor eat."

Deinde octastichon, de urinæ coloribus, incip.

"Alb. Lac. Glau. karapos indigestum tibi signant."

Postea, expleto indice, 'Unguentum ad paralysin factum in curia Romana per medicos ibidem pro Will. de Grenefeld, archiep. Ebor.'

Ex foliis rejectitiis in principio liquet codicem istum pro cautione [in Universitat. Oxon.] sæpius expositum, tam in cista de Rowbery quam de Warwyke, per varios ut videtur e coll. Ball. socios; ex. gr. per Thomam Tirwyth, Hamundium Askam, Rogerium Wacfeld, Joh. Batton, Tho. Tynlow, Will. Feryby, et Galfrid. Wyk, an. 1370; per Joh. Warthyll, et Robert Tonge, an. 1418, et iterum 1436; per Robert Kyrkman, Nicholaum Saxton, Borow, et Joh. Segden, "viij. die Novembris, A. D. 1438, et habet supplementum unum coopertorium de Argento," etc. et iterum per eosdem annis 1439 et 1440.

XC.

Operum Avicennæ volumen aliud. Desideratur.

XCI.

Codex membranaceus, in folio, ff. 282, sec. xiv., binis columnis exaratus; ex dono Willelmi Wilson.

1. Gualteri Burlæi expositio super Aristotelis octo libros Physicorum. fol. 5.

Incip. "Ab isto determinatur de rebus naturalibus;" ut in edit. impress.

Desin. "et in hoc finitur expositio super 7 et 8 phisicorum;" etc.

2. Quæstiones datæ super librum de anima a magistro Thoma de Willetona, coll. Ball. socio? fol. 246.

Incip. "Bonorum honorabilium, etc. An de anima possit esse scientia. Quod non videtur: scientia est habitus intellectualis."

In calce notatur hunc codicem pro cautione expositum fuisse in cista de Wynton. annis 1358, 1367, 1371, et 1373; nomina autem, præter Will. Feriby et Will. Wilton, erasa sunt.

Folia octo rejectitia commentariorum exhibent fragmenta super Salomonis Parabolas et Sapientiæ librum.

XCII.

Membranaceus, in 4to minori, ff. 198, sec. xv. ineuntis; ex dono M. Roberti Abdy, coll. Ball. magistri.

Walteri Burlæi expositio super Aristotelis libros de anima, tabulis illustrata.

Incip. "Bonorum honorabilium; etc. Sicut dicit Themistius que sunt perfectiora;" ut in edit. impress.

In calce, "Explicit expositio super libros de anima secundum magistrum Walterum de Burley, doctorem præcipuum."

Præmittuntur notitiæ de cautionibus in cista expositis, annis, 1466, 1470, 1471 et 1473, erasis nominibus.

XCIII.

Membranaceus, in folio, ff. 251, sec. xv. ineuntis, binis columnis exaratus, ex dono Will. Gray.

1. Walteri Burley liber de potentiis animæ; initio mutilus. fol. 3.

Incip. in verbis, "——in organo sensus hoc potest intelligi."

Desin. " sicut appetitus sensitivus, ideo,"etc.

In calce, " Explicit tractatus de potentiis animæ secundum W. Burley."

2. Ejusdem liber de principiis naturalibus. fol. 7.

Incip. " Sicut fructus est."

In calce, " Explicit tractatus M. Walteri Burley de principiis naturalibus. In mynde."

3. Conclusiones libri de differentia spiritus et anime. fol. 11 b.

Incip. " Bonorum honorabilium, etc. Anima, ut dicitur in libro de differentia."

4. Notificationes de diversis materiebus. fol. 13.

Incip. " Nota quod iste terminus."

5. Joh. Scharpe quæstiones de anima. fol. 14.

Incip. " Utrum anima intellectiva sit."

6. Ejusdem quæstiones super octo libros Physicorum. fol. 35 b.

Incip. " Cum tantum tria sunt intrinseca."

In calce, " Et in hoc finiuntur questiones alique circa libros phisicorum superficialiter collecte modo quo in scholis phisicis Oxon. disputari consuerant."

Deinde, " Hec per magistrum Johannem Acutum."

7. Walteri Burley quæstiones super Meteororum libros quatuor brevissimæ. fol. 91 b.

Incip. " De primis ergo causis; In primo libro, qui liber metheororum intitulatur."

In calce, " Explicit expositio M. Walteri Burley, super 4 libros metheororum secundum literam brevis et utilis."

8. Johannis Scoti quæstiones super libros eosdem; quoad tertium figuris instructæ mathematicæ. ff. 108–148 b, 96–107.

Incip. " Circa primum metheororum, queritur utrum de impassionibus metheoricis;" ut in edit. impress.

In calce, " Explicunt questiones super 3 libros metheororum secundum Scotum doctorem subtilem."

In marg. infer. fol. 131 b depictus est a librario vulpes toga seculari et cucullo monachali habitus, benedictionem quasi impertiens anseri pullisque juxta stantibus.

9. Johannis Dedecii, sive Dedeci, Commentarius in Aristotelis Ethicorum libri decem. f. 149.

Incip. " ——est in ordine declarandum includens materiam tercii articuli."

Desin. " ——ciose declin . . . . delectabiliter ex . . . . concedat Qui . . ."

Lineæ tam initiales, cum litera aurea, quam extremæ, una cum clausula finali authoris nomen exponente, hodie a nebulone quodam excisæ sunt.

Cf. MS. infra cxvii.

10. Antonii Andreæ, ord. minor. commentarius super Aristotelis Metaphysicorum libros duodecim. fol. 195 b.

Incip., excisa litera initiali, " ——circuivi sola . . . doctrinam Aristotelis et . . . . scientia metaphisica."

Desin. " super universam creaturam per infinita secula seculorum, Amen."

In calce, " Expliciunt questiones super metaphisicam Aristotelis secundum novam translationem fratris Antonii ordinis minoris de provincia Aragonie, Amen."

Sequitur quæstio quæ debet esse ad finem libri sexti.

XCIV.

Codex membranaceus, in folio, ff. 135, sec. xiv., binis columnis exaratus, olim Willelmi Rede, ep. Cicestrensis, ex dono Nicolai de Sandwyco, postea coll. Ball. ex dono ejusdem Willelmi.

Averrois commentarius super Aristotelis Physicorum libros octo.

Incip. " Quoniam dispositio scientie et certitudinis, etc. Incepit hunc librum a causa propter quam fuit consideracio."

Desin. " in secunda figura primum motorem non esse corpus nec virtus in corpore."

In calce, " Explicit octavus liber phisicorum."

XCV.

Codex membranaceus, in folio majori, ff. 232, sec. xv. ineuntis; binis columnis nitide exaratus; ex legato M. Johannis Malverne, S. T. B. et quondam coll. Ball. capellani.

1. Walteri Burlæi super Aristotelis Ethicorum libros decem commentarius, propositionum tabula cuique libro annexa; initio mutil. f. 3.

Incip. in verbis, " ——cionibus exercitatis et probatis ad aliquem finem bonum eorum que in vita."

2. Ejusdem Walteri in Politicorum libros octo commentarius, cum tabulis. fol. 162.

Incip. " Ut dicit philosophus Eticorum quinto re familiari oportet ei qui gratiam ;" ut in edit.

In calce tab. ult. " Explicit liber Politicorum et liber Ethicorum in eodem volumine."

In fine, " Et in hoc finitur intencio Aristotelis super totum quod translatum est de Greco in Latinum super librum Politicorum ; et Deo qui dedit intelligere sint gratie infinite."

XCVI.

Codex membranaceus, in folio minori, ff. 102, sec. xv. ineuntis, binis columnis exaratus ; ex dono, testante Langbainio, Will. Gray.

Domini Marlo^{is}, magistri in artibus Tholosani, et canonici de Timsey, quæstiones super octo libros Physicorum Aristotelis ; cum prologo.

Incip. prol. " Venite ad me, etc. Quot et quantos fructus scienciarum noticiam et cognicionem nobis inferat."

Incip. quæst. i. " Queritur primo, Utrum substancia finita in suo conceptu communi, in quantum naturalis sit."

Desin. " et per consequens de questionibus tocius libri Phisicorum."

In calce, " Expliciunt questiones super 8 libros phisicorum compilate a domino Marlo^{is} magistro in artibus Tholose ac canonico de Timsey, etc."

Sequuntur indices duo, alter alphabeticus, quæstionum alter.

XCVII.

Membranaceus, in folio, ff. 135, sec. xiv. ineuntis, binis columnis nitide exaratus ; ex dono Willelmi Gray.

1. Johannis Buridani quæstiones super octo libros Physicorum ; prævia cuique libro tabula capitulorum. fol. 2.

Incip. " Bonum sicut habetur Ethicorum quarto ; etc. Quero igitur primo, Utrum scientia naturalis est scientia de omnibus rebus."

Desin. lib. 8, " Sine composicione aliqua et trinus et unus ; Qui est benedictus," etc.

Sequitur tabula, cui succedit, " Expliciunt questiones tocius libri phisicorum edite a reverendo philosopho magistro Johanne Buridani scripte Parisius et finite anno Domini m. cccc. secundo."

Ordo foliorum mire a bibliopego confusus est, omnibus scilicet a medio quarti ad initium octavi libri ad finem tractatus sequentis rejectis, ubi iterum transpositæ sunt quaterniones.

2. Ejusdem forsan commentum super libros de cœlo et mundo. fol. 80 b.

Incip. " Utrum philosophiam speculativam ratione sue dignitatis, rectum sit vocare scientiam veritatis."

Defic. in verbis, " a Beda Strabo et Basilio, sicut dicit Sanctus Thomas"——

XCVIII.

Codex membranaceus, in folio majori, ff. 282, sec. xv., binis columnis bene exaratus, sed initio mutilus ; ex dono ejusdem.

1. Alberti Magni Elenchorum Sophisticorum libri duo. fol. 2.

Incip. in cap. ii. verbis, " consequentie evenire vel accidere : diversum dico ab his, que posita sunt ;" ut in edit. tom. i. p. 842.

In calce, " Explicit liber elenchorum fratris Alberti Magni Theotonici de ordine fratrum Predicatorum ; Deo gratias."

2. Ejusdem commentarii super Aristotelis Metaphysicorum libros tredecim. fol. 61.

Incip. " Naturalibus et doctrinalibus jam quantum licuit scientiis ;" ibid. tom. iii. part. ii.

In calce, " Explicit commentum fratris Alberti Theotonici de ordine predicatorum, episcopi quondam Ratisponensis, summi philosophi, super methaphisicam Aristotelis."

XCIX.

Membranaceus, in folio, ff. 319, sec. xiv., binis columnis exaratus ; ex dono M. Roberti Clothale.

1. Alberti Magni commentarius super Aristotelis Metaphysicorum libros tredecim. fol. 1.

Tit. " Incipit liber Methaphisice primus, qui totus est de stabilimento hujus scientie," etc. ; ut inter opp. tom. iii. part. ii.

2. Ejusdem ? quæstio de separatione animæ a corpore, etc. fol. 174.

Incip. " Quia apud nonnullos eorum qui philosophiam profitentur dubium est de anime separatione a corpore."

3. Simplicii commentarius super Aristotelis libros de cœlo et mundo, in partes duas distinctus, interprete Gulielmo de Morbeka. fol. 183.

Incip. pars i. " Intencionem tractatus Aristotelis de celo Alexander ait de mundo."

Incip. pars ii. quæ est super lib. ii. et reliqua ; " Quoniam quidem igitur neque factum est omne celum neque contingit."

Desin. " quam habes ad omnia a te perducta ; Huc usque Simplicius."

In calce, " Ego autem frater Guylermus de Morbeka de ordine fratrum predicatorum, domini pape penitenciarius et capellanus, hoc cum magno corporis labore ac multo mentis tedio Latinitati offero, putans in hoc translacionis opere me plura Latinorum studiis addidisse. Expleta autem fuit hec translacio Viterbii anno Domini 1271, 17 kal. Julii post mortem bone memorie domini Clementis pape quarti, apostolica sede vacante."

C.

Codex membranaceus, in folio majori, ff. 284, sec. xiv., binis columnis optime exaratus ; ex dono Willelmi Gray.

1. Alberti Magni commentum super Physicorum libros octo. fol. 2.

Incip. " ——animal erit altera et secundum esse cujuslibet particularis erit altera. Sicut ergo ;" ut in edit. tom. ii. p. 3, col. i.

In calce, " Finitur comentum domini Alberti Magni, episcopi Ratisponensis, super octo libris Phisicorum Aristotilis. Deo gratias."

2. Ejusdem commentum super libros tres de anima. fol. 195.

Incip. " Omnibus, que de corpore mobili ;" ut ibid. tom. iii. part. i.

In calce, " Explicit comentum domini Alberti .Magni supra libros de anima Aristotilis."

CI.

Membranaceus, in 4to, ff. 202, sec. xv. ineuntis ; ex legato Will. Saxton, sive Shaxton, quondam socii.

Alberti Magni de vegetabilibus et plantis libri septem.

Tit. " Albertus de vegetabilibus. Incipit primus noster liber de vegetabilibus."

Incip. " Universalibus principiis ;" ut inter opera, edit. Jammy, tom. v. p. 342.

In litera initiali picta, est auctoris effigies in horto legentis.

In calce, " Explicit liber septimus et ultimus vegetabilium et plantarum secundum venerabilem doctorem et egregium philosophum Albertum, episcopum Ratisponensem."

CII.

Codex membranaceus, in folio, ff. 224, sec. xiv. ineuntis, binis columnis haud una manu exaratus ; ex dono Willelmi Gray.

1. Alberti Magni super Aristotelis Phisicorum libros octo commentarius. fol. 3.

Tit. " Incipit liber Phisicorum sive auditus phisici tractatus primus de prelibandis ante scientiam ;" etc.

Incip. " Intencio nostra in scientia naturali ;" ut in edit. cit. tom. ii. part. i.

In calce, " Finis adest, finis scriptori sit sine ruinis."

———

2. Ejusdem in libros de cœlo et mundo commentarius. fol. 150.

Tit. " Incipit liber primus de celo et mundo tractatus primus. quod mundus est perfectus."

Incip. " De celo et mundo in hoc secundo libro ;" ut ibid. tom. ii. part. ii.

In calce, " Explicit liber de celo et mundo ; Deo gracias et beate virgini et Magdalene."

CIII.

Membranaceus, in folio, ff. 293, sec. xiii. exeuntis, binis columnis bene exaratus ; ex donatione M. Willelmi Saxton, coll. Ball. socii.

Alberti Magni de animalibus libri sex et viginti.

Tit. " Liber animalium primus, qui est de communi diversitate animalium."

Incip. " Scientiam de animalibus secundum eam ;" ut inter opera, tom. vi. p. i.

In calce, " Explicit liber de animalibus."

CIV.

Membranaceus, in folio, ff. 200, secc. xiii. exeuntis et xiv. ; quoad partem posteriorem binis columnis exaratus ; ex dono Will. Gray.

1. Ægidii Romani de primo principio et de esse et essentia liber. fol. 2.

Incip. " Questio est utrum sit dare."

2. Ejusdem quæstiones de cognitione Angelorum. fol. 50.

Incip. " Questio est utrum angelus intelligat seipsum per essentiam suam, et videtur quod non ; quia aliqua causa est, propter quam angelus intelligat."

In calce, " Expliciunt questiones disputate de cognitione angelorum edite a fratre Egidio de Roma, ordinis fratrum heremitarum Sancti Augustini, complete Baiocis."

3. Ejusdem quæstiones de ævo sive de mensura Angelorum. fol. 107 b.

Incip. " Questio est de mensura Angelorum et primo queritur utrum evum sive eternitas participata sit mensura angelorum."

In calce, " Expliciunt questiones de mensura Angelorum edite a fratre Egidio de Roma ;" etc.

Sequitur initium tantum quæstionis cuĵusdam quodlibeticæ, incip. " Ut questiones in nostra."

———

4. Petri de Alvernia expositio in Aristotelis librum de somno et vigilia. fol. 162.

Incip. " Secundum philosophum secundo phisicorum, Quæcunque movent mota sunt naturalis considerationis ; quæcunque enim movent."

In calce, " Hec est expositio magistri Petri de Avernia super libro Aristotelis de sompno et vigilia, sequendo prout potuit intencionem ipsius, et qua si defecit non malicie sed ignorancie aut instanciis postulancium pocius imponatur."

5. Ejusdem expositio super librum de juventute et senectute. fol. 176.

Incip. " Sicut dicit philosophus primo, Innota est nobis via ex nobis nocioribus et prioribus, innociora et priora."

6. Ejusdem super librum de morte et vita. f. 183.

Incip. " Postquam philosophus determinavit."

In calce, " Explicit sentencia magistri Petri de Alvernia de morte et vita."

7. Ejusdem super librum de motibus Animalium ; imperf. fol. 184 b.

Incip. " Sicut innuit philosophus in tertio Phisicorum, volentem considerare de natura."

In calce, " Explicit libellus de motibus animalium expositus per magistrum Petrum de Alvernia."

———

8. Quæstiones duæ de materia. ff. 191, 195.

Incip. i. " Questio est utrum materia in sua essentia."

Incip. ii. " Questio est utrum materia prima ab omni forma denudata aliquid habeat activitatis sive entitatis."

Desin. " quod divina essentia non actus fluens unde potuit sibi per generacionem sed per creacionem facta fuit."

In calce est tabula ad inveniendum epactum anni per cyclum annorum viginti octo ab an. 792 ad an. 1408.

CV.

Codex membranaceus, in folio, ff. **171**, sec. xiv., binis columnis exaratus ; ex dono Will. Gray.

1. Averrois expositio super Aristotelis Parva Naturalia ; scilicet,

a. De sensu et sensato. fol. 2.

Incip. " Virtutes quidem sensibiles."

b. De memoria et reminiscentia. fol. 5.

Incip. " Iste tractatus incipit."

c. De somno et vigilia. fol. 6 b.

Incip. " Somnus ergo et vigilia."

d. De longitudine et brevitate vitæ. fol. 10 b.

Incip. " In hoc tractatu."

e. De morte et vita. fol. 11 b.

Incip. " Continue alternantur."

f. De vegetabilibus. fol. 12.

Incip. " Vita in animalibus."

2. Themistii commentarius super Aristotelis libros de anima. fol. 15.

Incip. " Bonorum ; etc. De anima quæcunque est possibile scientia."

3. Anonymi super eosdem expositio. fol. 65 b.

Incip. " Intendit per subtilitatem."

In calce,

" Explicit expliceat, ludere scriptor eat."

CVI.

Membranaceus, in folio, ff. **220**, sec. xiii. exeuntis ; binis columnis exaratus ; ex dono Joh. Dokkes, coll. Ball. socii.

Anonymi cujusdam [sed Averrois] commentarius super octo libros Physicorum Aristotelis cum duplici textu, altero ex nova translatione, altero ex antiqua.

Incip. comment. " Incepit hunc librum a causa propter quam fuit consideracio hujus sciencie in cognicione causarum rerum."

Desin. ".primi motoris virtus est infinita concludit in secunda figura primum motorem non esse corpus nec virtus in corpore."

CVII.

Prætermissus est iste numerus.

CVIII.

Codex membranaceus, in folio, ff. **126**, sec. xiii. exeuntis; binis columnis exaratus.

1. Petri de Alvernia expositio super Aristotelis libros de cœlo et mundo. fol. 2.

Incip. " Sicut dicit philosophus in primo phisicorum."

Desideratur hodie libri tertii pars extrema, et quartus totaliter; defic. in verbis, " primo sunt terra et aqua, aer et ignis"——

2. Ejusdem commentarius super Aristotelis Meteororum libros; initio mutil. fol. 50.

Incip. in verbis, "——aer, oportet quod totum intermedium terre et lune non est repletum."

In calce, " Explicit sentencia magistri Petri de Alvernia super libris Metheororum Aristotelis; Deo gratias."

3. Conclusiones ex Aristotelis Ethicorum libris, anonymo compilatore. fol. 105.

Incip. " Prima conclusio hujus libri."

In calce, " Hic finem habent, que in decimum interpretaciones. Hec secundum meam potestatem : si autem aliquis habet meliora et pulcriora dicere, et erit o Domine et conditor Crucifixe propter ineffabilem amorem hominum omnino optimus et doctor iste venerabilissimus mihi, et mea quidem sint igni cibus, quæ autem illius in semper animabus bonum amantibus et Dei formosissimis."

Deinde, " Qui fecit et scripsit hec, scriptus sit in libro, de quo dicitur, Dignus es, Domine, accipere librum et solvere signacula ejus ; Amen."

CIX, CX, CXI.

Prætermissi sunt numeri isti, seu forsan codices olim ita signati novum invenerunt pluteum.

CXII.

Codex membranaceus, in folio, ff. **174**, sec. xiv. ineuntis, binis columnis exaratus ; ex donatione Eliæ de Asschby.

1. Anonymi cujusdam commentatoris [Buridani?] expositio super Aristotelis Metaphysica. f. 3.

Incip. " Consideracio quidem in veritate, etc. Quid ista scientia perscrutatur."

Desin. " secundum quod est finis. Explicit."

2. In libros de generatione et corruptione. f. 105.

Incip. " Intencio nostra in hoc libro."

3. Averrois de substantia orbis liber. fol. 116.

Incip. " In hoc tractatu intendimus perscrutari de rebus ex quibus componitur corpus celeste."

4. Liber de Causis cum commentario. fol. 119 b.

Incip. " Omnis causa," etc. " Quod est quia causa Universalis prima."

5. De articulis fidei. fol. 123 b.

Incip. " Quicquid est causa cause est causa causati."

In calce, " Explicit de articulis fidei. Finito libro reddatur gloria Christo ; Amen."

6. In librum de sensu et sensato. fol. 127.

Incip. " Virtutes quidem sensibiles."

7. De memoria et reminiscentia. fol. 129.

Incip. " Incipit perscrutari."

8. De somno et vigilia. fol. 130 b.

Incip. " Sompnus igitur et vigilia."

9. Aristotelis Politicorum libri octo. fol. 133.

Incip. " Quoniam omnem civitatem."

10. Ejusdem Magnorum Moralium libri septem. fol. 161 b.

Incip. " Quoniam eligimus dicere."

In calce, " Explicit liber magnorum Ethicorum Aristotelis Stragerite, etc."

11. Ejusdem Œconomica. fol. 171.

Incip. " Iconomica et politica differunt."

In calce, " Explicit Yconomica Aristotelis translata de Greco in Latinum per unum archiepiscopum et unum episcopum de Grecia et magistrum Durandum de Alvernia, Latinum procuratorem Universitatis Parisiensis tunc temporis in curia Romana.

Actum Anagnie, in mense Augusti Pontificatus domini Bonifacii pape viii. anno primo."

12. In librum de longitudine et brevitate vitæ. fol. 173.

Incip. " In hoc tractatu perscrutatur."

13. Albredi, potius Alberti, commentarius super librum de plantis. fol. 173 b.

Tit. " Albredus super librum de plantis ;" deinde manu recentiori, " quod T. Chace."

Incip. " Vita in animalibus, etc. Inferioris mundi corpora quatuor sunt."

CXIII.

Codex membranaceus, in folio, ff. 164, sec. xv., binis columnis exaratus ; ex dono Will. Gray.

1. Anonymi cujusdam commentarius super Aristotelis Metaphysicorum libros xii. fol. 2.

Incip. " Consideracio quidem ; Quia ista scientia perscrutatur simpliciter de veritate ;" ut in codice modo memorato, excepto quod in hoc codice ad finem lib. xii. habentur triginta circiter lineæ quæ in altero desiderantur.

2. Procli Diadochi Lycii, philosophi Platonici, elementatio theologica, interprete Gulielmo de Morbeka. fol. 144.

Incip. " Omnis multitudo participat."

In calce, " Completa fuit translacio hujus operis Viterbii a fratre G. de Morbecha, ordinis fratrum Predicatorum xv. kal. Junii, anno Domini m°. cc°. lx°. viij°."

CXIV.

Membranaceus, in folio, ff. 186, sec. xiv. ineuntis, binis columnis exaratus ; ex legato Laurencii de Thornhill.

1. Averrois commentarius in Aristotelis Physicorum libros octo, cum procemio. fol. 2.

Incip. procem. " Intencio mea in hoc sermone est."

Incip. " Incepit hunc librum a causa."

Desin. " est virtus in corpore ; Explicit commentum libri Phisicorum."

2. Ejusdem Averrois tractatus de substancia orbis. fol. 164.

Incip. " In tractatu intendimus perscrutari."

In calce, " Explicit tractatus Averoys de substantia orbis."

3. Ejusdem commentum super librum de sensu et sensato. fol. 167.

Incip. " Virtutes quedam sensibiles."

4. Ejusdem super librum de memoria et reminiscentia. fol. 169.

Incip. " Secundus incipit de rememoratione."

5. Ejusdem super librum de somno et vigilia. fol. 170.

Incip. " De sompno et vigilia dicendum."

6. Ejusdem in librum de longitudine et brevitate vitæ. fol. 172.

Incip. " Et in hoc tractatu perscrutatur de causis."

7. Ejusdem super libros duo de generatione et corruptione. fol. 173.

Incip. " Intencio in hoc libro est."

8. Ejusdem super quartum Meteororum. f. 182 b.

Incip. " Postquam visum est."

In calce, " Explicit comentum super quartum Metheororum."

Sequitur distichon *manu sec.*

" Nunc lege, nunc ora, nunc cum fervore labora ; Sic est hora brevis, et labor ipse levis ; quod Wyke."

In fol. ult., " caucio . . . . exposita in cista Vaghan, ... die lune . . . . m. ccc. xxviij."

CXV.

Membranaceus et chartaceus partim, in folio, ff. 202, sec. xv., binis columnis exaratus ; ex dono Willelmi Gray.

Johannis Buridani commentarius in Ethicorum Aristotelis libros decem.

Incip. " Bonitatis et nobilitatis excellenciam philosophie moralis ;" ut in edit. Oxon. 1637.

Desin. " et sic est finis questionis hujus decimi Ethicorum saltem in tanto quantum magister Johannes Byridani, cujus est totum istud opus creditur conscripsisse," etc.

In calce, " Explicit Colinus."

In initio et fine sex sunt folia rejectanea commentarium super distinct. xviii. [Sentent. lib. i.] exhibentia scil. de nomine doni in Divinis.

CXVI.

Membranaceus, in folio, ff. 266, sec. xiv., binis columnis bene exaratus et servatus.

Eustratii, episcopi Nicæni, commentarius in Ethicorum Aristotelis libros decem, cum prologo.

Tit. " Eustratii metropolitani Nikee narracio in primum Aristotilis Moralium ad Nichomachum."

Incip. præf. " Philosophia in duas divisa partes."

Incip. text. " Omnis ars ;" ut in versionibus tribus Frib. Brisg. editis, p. 180.

Incip. comnent. " Consuete Aristoteles universale preordinat et in presenti doctrina."

Versio commenti istius eadem a Bandinio recensita est, in Catal. Codd. Laurent. tom. iii. col. 174.

Præcedit notitia de cautione exposita in cista de Vacham et Hesy [Vaughan et Hussey], in vigil. B. M. Concept. pro decem marcis, anno 1376 " et caveat M. Thomas Lyndelow."

CXVII.

Codex membranaceus, in folio, ff. 245, sec. xv., binis columnis nitide exaratus ; ex dono Georgii Nevyll, ep. Oxon.

1. Johannis Canonici quæstiones super Aristotelis Physicorum libros octo. fol. 1 b.

Incip. " Venite ad me," etc. " Quot . . . . . ntos functus scientiarum noticia ;" ut in edit. Venet. 1492.

Præcedit fragmentum, quo concluditur ' Metaphisica fratris Antoni,' desin. " super universam creaturam a seculo et usque in seculum ; Amen."

2. Duns Scoti super Meteororum libros quæstiones. fol. 108.

Incip. " Circa primum," ut in editt.

Desiderantur hic quæstiones octava et nona in tertium librum et pars septimæ.

3. Ejusdem quæstiones super secundum et tertium de anima. fol. 169.

Incip. " Queritur Utrum sensus," ut in editt. impress.

In calce, " Expliciunt questiones D. super secundum et tercium de anima, Amen ;" etc.

4. Dedecii commentarius super Aristotelis Ethicorum libros quatuor priores. fol. 189 b.

Incip. " Utrum ad felicitatem sub ratione finis ultimi appetitus rationalis debeat."

Cf. Cod. MS. supra xciii. fol. 149.

CXVIII.

Codex membranaceus, in folio, ff. 233, sec. xiii. exeuntis ; binis columnis exaratus.

1. Ægidii de Columna Romani expositio super Aristotelis Physicorum libros octo ; cum indice, sed imperfecto. fol. 5.

Incip. " Naturalis scientia est anima ;" ut in edit. Venet. 1502.

In calce, " Sit nomen Domini benedictum quoniam completa sententia libri Phisicorum est, edita a fratre Egidio Romano, ordinis heremitarum S. Augustini ; Deo gratias."

2. Ejusdem tractatus de Intellectu. fol. 201.

Incip. " Quia nonnulli dubitant."

3. Thomæ Aquinatis de ente et essentia libellus. fol. 205 b.

Incip. " Quia parvus error in principio."

In calce, " Explicit liber de ente et essentia secundum fratrem Thomam de Aquino."

4. Ægidii Romani liber de gradibus formarum. fol. 209.

Incip. " Dixisti Domine Jhesu Christe."

In calce, " Laus ergo sit Ipsi Christo, Dei filio, Qui cum sit ars omnipotentis et sapientis Dei plena rationum omnium viventium ;" etc.

In calce, " Caucio Johannis Laurens exposita in nova cista Universitatis die Sabbati prox. ante fest. Annunciat. 1324 ;" occurrunt quoque alia sed hodie plus minus deleta.

CXIX.

Membranaceus, in folio, ff. 231, sec. xiii. exeuntis, binis columnis exaratus ; ex legato Edmundi de Mepham.

1. Ægidii Romani expositio super Aristotelis Elenchorum libros duo ; cum præfatione ad Philippum, com. Flandrensis filium. fol. 4.

Incip. " Nature sagacitas ex ejus ;" ut in ed. Venet. 1500.

In calce, " Explicit sentencia super libro Elenchorum edita a fratre Egidio de Romano, ordinis fratrum Eremitarum Sancti Augustini."

2. Ejusdem Ægidii commentarius super libros Posteriorum. fol. 71.

Incip. " Sicut dicit Aristoteles."

F

3. Ejusdem in libros de anima commentarius, prævia epistola ad Jacobum Johannis Gajetani, Rotomagensem canonicum. fol. 112.

  Incip. " Dum infra me tacitus cogitarem ;" ut in edit. Venet. 1501.

  In calce, " Explicit sentencia super libro de anima edita a fratre Egidio ;" etc.

4. Ejusdem expositio in libros de generatione et corruptione. fol. 185.

  Incip. " Anima ut testatur philosophus est quodammodo ;" ut in edit. 1526.

  In calce, " Explicit sentencia ;" etc.

5. Thomæ Aquinatis commentarius in libros duo de Interpretatione ; prævia præfatione ad præpositum Lovaniensem. fol. 221.

  Incip. " Sicut philosophus dicit ;" ut in editt.

  Præmittitur codici notitia, " Iste liber legatus erat domui de Balliolo in Oxonia per magistrum Edmundum de Mepham ; qui quidem liber inveniebatur expositus in cista de Vahghan pro v. s. et vi. d. quam pecuniam solvit domus predicta dicte ciste librum extrahendo 1330." Cautio quoque fuit liber iste Johannis Laurens, anno 1324, et Jacobi de D . . . . a " exposita pro scolis que dicuntur Helle, die Mercur. prox. ante fest. Natalis S. Joh. Bapt. A. D. 1296," atque iterum exposita pro scolis eisdem die translat. S. Thomæ, 1297.

CXX.

Hodie desideratur. Continebat,

1. Fabri Stapulensis paraphrasis in Physica.
2. Ejusdem Introductio in Metaphysica.

CXXI.

Codex chartaceus, in folio, ff. 148, sec. xv., ex dono Ricardi Bole, archidiac. Eliensis.

Valerii Maximi Factorum Dictorumque memorabilium libri novem, cum glossis marginalibus interlinearibusque perpetuis, necnon capitum rerumque indicibus illustrati.

  Tit. " Vallerii Maximi factorum dictorumque memorabilium ad Tiberium Cesarem liber primus incipit."

  In calce,

" Natalis Christi lux previa contulit isti,
Finem operi sit honor, cui laus atque decor ;
Mille quater centum cum nono dant paramentum,
Dum requies baculo hic labor est maculo."

Sequitur expositio nominum officiorum et dignitatum urbis Romæ, necnon abbreviaturarum eorundem in historiis Romanis occurrentium.

CXXII.

Codex membranaceus, in folio majori, ff. 368, sec. xv., binis columnis exaratus ; ex dono Will. Gray.

Valerii Maximi Dictorum factorumque memorabilium libri novem, Dionysii de Burgo commentariis instructi.

  Incip. comment. " Valerius huic operi suo primo prohemium posuit ;" ut in edit. impress.

  Præcedunt, a. Tabula capitulorum. b. Commentatoris præfatio ad Johannem de Columna. S. Angeli diaconum Cardinalem, incip. " Moralium philosophorum attestante."

CXXIII.

Chartaceus, in folio, ff. 170, sec. xv., ex dono Ric. Bole, olim socii.

1. Ægidii Romani opus de regimine principum, in partes quatuor distinctum. fol. 2.

  In calce, " Finis libelli de principum eruditione."

2. Anonymi cujusdam commentarius super Sallustii bellum Catilinarium. fol. 103.

  Incip. " Cum simus lecturi Salustium, scire debemus quod quatuor in eo sunt inquirenda."

  In calce, " Finit expositio super Salustio in Catelinario."

3. Commentarius in bellum Jugurthinum. f. 122.

  Incip. " Ut a principio promisit."

  In calce, " Finiunt glose ;

Pars ocii Fulham, reliquum superaddit Olente."

  Sequitur expositio nominum in expositione modo memorata exhibitorum, incip. " Legio est sex milium lxvi. armatorum."

4. Gasparini [Bergomensis] de elocutione libellus. fol. 163.

  Incip. " Cum omnes commodæ et perfectæ aelocutionis præceptio in tres partes."

  In calce, " Gasperinus de ælocutione finit."

CXXIV.

Chartaceus, in 4to, ff. 227, sec. xv., ex dono venerabilis viri Willelmi Worcestre, quondam scolarii aule cervine, de beneficiis domini Johannis Fastolffe militis de Northfolchia, collegio Ballioli in Oxonia.

1. Cosmographia mundi cum naturis arborum, plantarum, specierum diversarum, de manu et studio magistri Johannis Free, quondam socii aule sive collegii de Balliolo Oxon. et postea doctoris professi in medicina in universitate Paduæ. fol. 1.

Incip. " Mundus, et hoc quod nomine alio cœlum appellari libuit, cujus circumflexa."

Opus istud nihil aliud est præter excerpta ex Plinii Historia Naturali per singulos libros, a secundo incipiens in vigesimum desinens.

In margine primi folii adjecit manus aliquantulum recentior, " De cosmografia mundi necnon de speris celestibus compilata per magistrum Johannem Freas de Brist[ollia] natus et in Italia Padue de ejus propria manu scriptus." . . . . " et idem magister fuit in collegio vocato Balyollo et ex postea in Italiam studens Padue, Rome doctor professus in medicinis lege civili ac Greca lingua sufficienter instructus."

2. Diodori Siculi libri sex priores ex translatione ejusdem Johannis, seu potius Poggii Bracciolini Florentini, prævia epistola ad Paulum papam V. fol. 138.

Incip. ep. " Nullus autem quantumvis præclarus rerum scriptor fuit."

Incip. versio, " Magnas merito gratias rerum."

Desin. " Greci postea expulsis inde Caribus barbaris pluribus ex eis tenuerunt."

Præcedunt in margine scriptæ notitiæ quæ sequuntur,

a. Magister Johannes Free compilator [superscript., ' translator'] et scriptor hujus sequentis operis natus erat in civitate Londoniarum, et pro Londoniensi electus et admissus socius atque juratus in collegium Ballioli tempore magistri Ricardi Luke, Londoniensis et senioris socii sive consocii eidem ; et in loco dicti M. Jo. Free successit Johannes Burton, post quem magister Pott, et post eum Johannes Suthworth.

b. Magister Johannes Freas de Bristow natus in Italia compilavit istud opus ad dominum papam Paulum viz. 6 libros Diodori Siculi, poetice fabulando more gentilium circa annum Christi 1464, et est de manu propria dicti Johannis Free de Greco in Latinum per ipsum translatus ; et ex merito dominus Papa contulit sibi beneficium episcopatus Bathoniensis ; et obiit infra mensem consequentem prefatum donum, quod dolendum est, cujus anime propicietur Deus.

c. Iste magister Johannes Free beneficiatus erat Bristollie, quoniam rector Sancti Michaelis ibi in Monte, et plures ibi habuit manentes de affinitate, quos ibi novi, postquam ego sum effectus vicarius ibi S. Michaelis et prior kalendarium."

In calce, " Insula Creta est principalissima omnium Cicladorum, etc. " ut in libro vocato——amplissime declaratur per Christophorum Baldemont, ad Cardinalem de Ursinis compilatum, qui quidem liber remanet cum Willelmo Worcestre, quondam possessore hujus libri de cosmographia mundi. De properti . . er, dictus Botoner."

CXXV.

Codex membranaceus, in folio, ff. **216**, sec. xv., ex dono Will. Gray.

1. Historiæ Romanæ libri sedecim, quorum priores decem sunt Eutropii et reliqui sex Pauli diaconi, omnes in unum corpus redacti et glossis marginalibus prologoque adaucti per Gulielmum, monachum Malmesburiensem. fol. 1.

Tit. " Incipit liber primus Pauli et Eutropii de gestis Romanorum."

Concordant initium et finis historiarum cum iis a Muratorio inter Rerum Ital. Scriptt. editis tom. i. pp. 1—108, l. 6.

In calce lib. x. " Huc usque Eutropius, cui Paulus quedam annexit ; Sequencia Paulus collegit."

Præcedit prologus " Willelmi Malmesburiensis ad notificationem operis sequentis;" quam sic exscribimus, " Sequentes x. libros de gestis Romanorum Eutropius ad Valentem Imperatorem edidit, quibus quia Paulus montis Cassinensis monachus multa adjecit, cure nobis fuit nomina eorum separatim ponere ut quid a quo dictum sit lector possit intelligere. Sequentes eciam v. libros usque ad Justinianum idem Paulus ex pluribus auctoribus et maxime [Jord]ane contexuit, sicut in margine annotare cu[ravimus]; Paulo autem sicut Orosium preposuimus, ita Jordanem sub[junximus], ut ex utroque sane habeat lector integros quos iste putavit deflorandos : A Justiniano autem usque ad Ludovicum collegit Haimo, monachus Floriacensis."

Incip. gloss. marg. " Secundum Gennadium de viris illustribus floruit Eutropius anno Domini 437, tempore beati Augustini."

2. Jordanis, sive Jornandis, episcopi Ravennatis, natione Gothi, de gestis Romanorum ad Vigilium abbreviationis liber, cum notis marginalibus a Will. Malmesburiensi confectis. fol. 57.

Incip. prol. " Vigilancie vestre, nobilissime frater Vigili, gratias refero ; quod me longa per tempora."

Incip. opus, " Romani ut ait Amblicius armis et legibus exercentes orbem."

In calce, " Jordanis episcopi Ravennatis, natione Gothi, de gestis Romanorum ad Vigilium liber adbreviationis explicit ;" et in margine, " Notule inserende in marginibus libri abbreviationis Willelmi de Malmesburi excerpte ex actis Haymonis Floriacensis monachi incipientes a tempore Justiniani imperatoris."

3. Willelmi Malmesburiensis abbreviatio ex gestis Haimonis de Imperatoribus, cum prologo et notis marginalibus. fol. 86 b.

Tit. " Incipit adbreviacio Willelmi de gestis sequencium Imperatorum."

Incip. prol. " Precedencium gesta Imperatorum Jordanes episcopus et Paulus dyaconus texuerunt sequencium et acta."

Incip. hist. " Justinianus igitur ad cujus XXIII. annum scribendo pervenit Jordanes."

4. Pauli Orosii presbyteri de Ormesta Mundi libri septem cum prologo notisque marginalibus. fol. 96 b.

Tit. " Incipit prologus libri primi Pauli Orosii presbiteri ad beatum Augustinum contra Paganos."

Præcedunt, 1. Testimonia de Orosio ex Gennadio, Hieronymi epistola ad Augustinum et ex Decretali Gelasii papæ primi. (2.) Orosii epistola ad Augustinum de miseriis mundi.

Incip. not. marg. " Quorum probitatem contra Romanos multum commendat Orosius."

5. Oratio Poggii [Bracciolini] edita in funere [Nicolai Albergati ?] Cardinalis Florentini, perorata Constantiæ in exequiis ejusdem cardinalis. fol. 207.

Incip. " Etsi plurimo luctu doloreque impedior ;" ut inter opera, edit. 1538, p. 252.

6. Guarini Veronensis oratio ad populum Veronensem in laudem Rectorum. fol. 211.

Incip. " Optavi cum sepe alias."

7. Gasparini Pergamensis orationes duæ, ad [Philippum Mariam de Vicecomitibus] ducem Mediolanensem. fol. 211 b.

Incip. i. " Gaudeo plurimum, illustrissime ;" ut inter opera, tom. i. p. 151.

Incip. ii. " Quantum tue ;" ib. tom. i. p. 36.

8. Leonardi [Bruni] Aretini ad Innocentium papam vii. fol. 213 b.

Incip. " Qui tuam laudant sanctitatem ;"

9. Oratio Fr. Barbari in promotione Alberti Guidalocti, cum susciperet insignia doctoratus. fol. 214.

Incip. " Antequam ea que hodierno ;" ut apud Pezium, Thesaur. tom. vi. part. iii. p. 165.

CXXVI.

Codex membranaceus, in folio, ff. 123, sec. xv., binis columnis nitide exaratus ; ex dono Will. Gray ; in calce mancus.   *written in Italy*

Francisci Petrarchæ epistolarum ad familiares libri viginti quatuor, præviis epistolarum lemmatibus.

Desiderantur tamen tum pars epistolæ primæ libri primi tum sex libri postremi.

Incip. i. in verbis, " ——si quid altius loquaris ; Infinite sunt varietates hominum.'

Defic. lib. xviii. ep. 1. " eo quidem tempore hoc dixit, quo exempto jam rebus huma"——

CXXVII.

Membranaceus, in folio minori, ff. 161, anno 1450 manu T. Werkent nitide exaratus ; ex dono Ric. Bole.

1. Francisci Petrarchæ, poetæ Laureati, de secreto conflictu querimoniarum suarum libri tres, cum prooemio. fol. 2.

Incip. proœm. " Attonito mihi quidem et
sæpissime cogitanti ;" ut inter opera, p. 331.

2. M. Tullii Ciceronis liber de Senectute. fol. 63 b.
Tit. " Marci Tullii Ciceronis de senectute
liber incipit ad Titum Attilium, lege fœliciter, A. D. 1450."

3. Ejusdem liber de Amicitia. fol. 82 b.

4. Ejusdem liber de Paradoxis. fol. 103 b.
In calce, " Anno Domini nostri Jhesu Christi 1450, T. W. T. Werken."

5. Poggii Bracciolini de vera nobilitate liber, cum
præfatione ad Cardinalem Cumanum. fol. 114.
Exstat inter opera, ed. Aucupario, p. 25.

6. Ejusdem in Avaritiam liber, prævia epistola ad
Franciscum Barbarum. fol. 133.
Exstat in edit. cit. p. 1.
In margine primæ paginæ eleganter satis
decoratæ sæpius dicitur sermone Anglicano,
" Abide and Have ;" *man. sec.*

CXXVIII.

Codex membranaceus, in 4to, ff. 50, sec. xv.,
in calce mutil.

Anonymi cujusdam expositio et analysis rhetorica orationis M. T. Ciceronis pro Quinto Ligario, cum præfatione ad L. Marium Victori-
num.

Incip. præf. " Petiisti a me sepius Victorine
pater ut nonnullas orationes Ciceronis ita ex-
ponerem ut qua quidque ratione dictum sit."

Incip. expos. " Quintus Ligarius, cum esset
adhuc nulla belli civilis suspitio, legatus in
Africam profectus."

Defic. in verbis, " semper in altius progre-
dietur, o ratio, ut hic nobilitas honorem splendor nobili"——

In foliis quatuor rejectitiis notantur brevi
casus in curia [de Arcubus ?] anno 1622 oc-
currentes, [French quodam procuratore ?]
præcipue ad comitatum Berks. spectantes; ex.
gr. Jan. 29. 1622, " Samuel Radcliff, rector
de Boxford, contra Johannem Head, parochie
de Boxford, in causa subtractionis decimarum;" M. Robertus Boriton, rector de Wool-
hampton contra Mariam Denton ;" " M. Thomas Todhunter, vicarius de Sparsholt contra
Georgium Hyde, militem de Kingston Lisle in
parochia de Sparsholt in causa subtractionis
decimarum."

CXXIX.

Codex membranaceus, in folio, ff. 252, secc.
xiv. et xv., binis columnis literis grandius-
culis exaratus, olim Roberti de Caldewell,
manentis apud Newerk, postea coll. Ball.
ex dono Will. Gray.

L. Annæi Senecæ opera varia ; scilicet,

1. Liber de remediis fortuitorum. fol. 4.
Tit. " Incipit Seneca de remediis fortuitorum."

2. Epistolæ Senecæ ad Paulum et Pauli ad Senecam. fol. 7.
Præcedit testimonium de Seneca ex Hieronymi catalogo virorum illustrium, quem in
margine inferiori ita glossavit manus recentior, " Hunc prologum habet S. Ieronimus
doctor magnus in libro, qui dicitur liber virorum illustrium, qui ab ipsomet Ieronimo
fuit editus, qui liber est in armario fratrum
minorum Oxonie : et continet idem liber
plures alios bonos libros ; et nota quod in illo
armario sive libraria sunt optimi libri et
specialiter ex dono domini Roberti Grostete,
Lincoln. ep. qui fecit plures libros ibi existentes."

3. Liber de moribus. fol. 9.
Tit. " Incipit liber Annei Senece de moribus."

4. De paupertate. fol. 11.

5. De quatuor virtutibus cardinalibus. fol. 13.

6. De providentia Dei ad Lucilium. fol. 16 b.
Tit. " Liber Annei Senece ad Lucillum cum
mundus providencia regitur, quare multa
mala viris bonis accidunt."

7. De constantia Sapientis. fol. 24 b.
Tit. " Incipit liber secundus Annei Senece
ad Serenum quomodo in sapientem nec injuria nec contumelia cadit."

8. De ira ad Novatum libri tres. fol. 34 b.

9. Ad Marciam de consolatione filii. fol. 77 b.

10. Ad Gallionem de vita beata. fol. 95.

11. Ad Serenum de tranquillitate animi. fol. 113.

12. Ad Paulum de brevitate vitæ. fol. 129 b.

13. Ad Hebbiam, sive Helvidiam, de consolatione
filii. fol. 153 b.
In calce legitur epitaphium Senecæ ; incip.
" Cura, labor, meritum," etc.

14. De beneficiis libri septem glossis marginalibus
interlinearibusque illustrati. fol. 166.
Sequitur fragmentum [Gul. Malmesburien-

sis consarcinationis Historiarum Pauli diaconi Eutropiique, ut supra in cod. cxxv.]

In fol. 1 verso, " Liber Roberti de Caldewell,
etc. accomodatus fratri Thome Box ; loco cujus habet dictus Robertus ex accomodatione
fratris Thome predicti unum pert . . istoria-
rum et unum libellum parvum in nigro co-
opertorio, qui vocatur Pharetra."

CXXX.

Codex membranaceus, in folio, ff. 141, sec. xv.,
binis columnis manu Henrici Horn de Dussel-
dorf nitide exaratus ; ex dono Will. Gray.

1. L. Annæi Senecæ de remediis fortuitorum libellus, cum prologo brevi. fol. 3.

Incip. prol. " Hunc librum composuit Seneca nobilissimus oratorum ad Gallionem."

2. Ejusdem libellus de moribus. fol. 5.

In calce, " Explicit tractatus Senece de
moribus."

3. Ejusdem libellus de quatuor virtutibus cardinalibus. fol. 7.

In calce, " Explicit liber Senece de quatuor
virtutibus cardinalibus."

4. Marci Annæi Senecæ Declamationum libri
novem, glossa seu expositione perpetua in
textum interjecta. fol. 9 b.

Tit. " Incipit prologus in librum primum
Annei Lucii Senece Declamationum ad Novatum, Senecam et Messam [sic] filios suos."

Incip. gloss. " Liberi parentes alant ; Hoc
est intelligendum quando liberi plus habun-
dant quam parentes."

In calce, " Expliciunt novem libri Annei
Lucii Senece declamationum ad Novatum,
Senecam, Meli, filios, numero lxxij. cum
aliquali expositione."

5. Epistolæ Senecæ et S. Pauli amœbææ, cum
glossa. fol. 64 b.

Incip. gloss. " Lucius dicitur a luce quia
sicut lux fuit et sibi et aliis."

Præcedunt testimonium ex Hieronymo et
Senecæ epitaphium metricum.

6. Senecæ Ludicra de morte Claudii cum glossa
interjecta. fol. 76.

Incip. " Quid actum sit in celo."

Incip. gloss. "Claudius animam agere cepit."

7. Ejusdem libri duo de Clementia ad Neronem,
cum glossulis marginalibus et interlinearibus.
fol. 83 b.

In calce, " Expliciunt libri duo Annei Senece de clemencia ad Neronem."

8. Ejusdem de quæstionibus naturalibus ad Lucilium libri septem ; cum glossulis marginalibus interlinearibusque. fol. 93.

Incip. gloss. " Seneca considerans plures
tempus vite sue consumere ad investigandas
naturam et causas."

In calce, " Explicit liber 7 Annei Lucii
Senece de questionibus naturalibus, scriptus
per manum Henrici Horn de Duysseldorff ;
Dec gracias."

CXXXI.

Codex membranaceus, in 4to, ff. 177, sec. xv.,
ex dono Will. Gray ; mutilus.

1. Timæi Locrensis Pythagoræi libellus de fabrica mundi Latine versus per Gregorium
Castellanum, prævia interpretis præfatione
ad Nicolaum papam V. fol. 2.

Incip. præf. " Marcus Tullius, qui ut quidam referunt Timæum Pythagoricum transtulit."

Incip. vers. " Timæus Locrensis hæc inquit
duas esse universarum."

2. Platonis dialogus, qui dicitur Axiochus, interprete anonymo ; initio mutil. fol. 14.

Incip. in verbis, " ——tuus ille superior
sermo, hec ne ineffabilis."

Desin. " ad vos huc sum profectus."

3. Ejusdem dialogus, Euthyphron, anonymo interprete, cum prologo et argumento. fol. 20.

Incip. prol. " Mos quidem fuit apud majores nostros, reverendissime pater, eundem
apud Grecos."

Incip. vers. " Quid hoc novi, o Socrates,
quod relicto Licio gymnasio, quo es solitus."

4. Anonymi cujusdam fabula, indoctos impro-
bosque bonis doctisque præferri ; cum prologis duobus et argumento. fol. 31.

Incip. prol. i. " Quo quidem tempore, reverende pater, Greciam me contuli Greca-
rum."

Incip. prol. ii. " Cum hujus opusculi titulum legeris, videre videor mi Matthæe, te
quamplurimum."

Incip. argum. " Cum Petrus physicus vir
nostri temporis."

Incip. fabula, cujus locutores sunt, Blepsi-
dinus, Gurgulio, chorus Agricolarum et

Penia, " O socii mihi tum mutua benivolentia vicini tuteque juncti, tum et maxime in rebus angustis."

5. Æsopi vita et fabulæ cvi. Latine versæ per Rinuccium Aretinum, cum prolegomenis et epilogo. fol. 38.

Præcedunt,

a. Epistola ad Laurentium Lavina; incip. "Ad duo potissimum nititur genus humanum."

b. Epistola ad A. tit. S. Chrysogoni presbyt. Cardinal.; incip. "Quo tempore sanctissimus dominus noster Nicolaus."

c. Epistola ad eundem; incip. "Novas nimirum merces, reverendissime pater."

Incip. vita, "Qui per omnem vitam vite."

Incip. fab. i. "Aquila et vulpes conflata inter se amicitia in proximo."

Desin. fab. ult., "quam feminis carere, et maxime junioribus nisi penitus obrui se velint."

Incip. epilog. "Habes vitam pariter et fabulas."

6. Bruti aliorumque epistolæ amœbææ lxx. cum Mithridatis præfatione Latine versæ per Rinuccium Aretinum, prævia epistola ad Nicolaum papam V. fol. 95.

Exstant impress. Florent. 1487.

7. Epistolæ tres, scil. Abaris ad Phalarim, Pythagoræ ad Hieronem, et Lysiæ ad Hipparchum, Latine [ab eodem?] versæ, cum argumentis, quibus omnibus epistolam suam præmittit dedicatoriam. fol. 108.

Incip. prol. "Inter hec Salvatoris nostri Natalitia, dum lucubrarem essemque a ceteris curis vacuus, reverendissime pater."

Incip. arg. i. "Abaris in philosophia apud Hyperboreos clarus fuit."

Incip. epist. "Quod sis sevus."

8. Pythagoræ aurea carmina [eodem interprete?] cum præfatione ad Petrum. fol. 111.

Incip. "Credo, ni fallor, mi suavissime Petre, agrum cultoribus non minus esse gratum."

Incip. versio, "Deos immortales, ut lege."

9. Hippocratis epistolæ xv. [eodem interprete, cum præfatione ad Nicolaum papam V.] f. 114.

Incip. "Philippus Mediolanensis vir."

Exstant impress. in edit. Basil. Epp. Laconic. apud Jo. Oporinum, p. 63.

10. Diogenis philosophi epistolæ xix. [eodem inter-

prete?] cum præfatione dedicatoria; [imperf.] fol. 123 b.

Incip. præf. "Inter hos turbulentos rerum curialium motus, ac temerariam pape Eugenii ab urbe fugam."

Incip. ep. i. "Diogenes Canis Antipatro. Noli mihi succensere."

Defic. ep. xix. ab initio, "Diogenes canis omnibus, qui se Gentiles appellant gemitum"——

11. Bartholomæi Facii liber contra Laurentium Vallam Grammaticum. fol. 128.

Incip. "Linguæ tuæ petulantiam et maledicta, Laurenti sepenumero ridens preterii."

Desin. "que in aliud tempus differri placet."

CXXXII.

Codex membranaceus, in folio, ff. 206, anno 1425 manu Damiani de Pola nitide exaratus; ex dono Will. Gray.

Gasparini Barzizii Bergomatis opera, scilicet,

1. Exempla septuaginta exordiendi epistolas. f. 2.

Incip. "In genere dubio. Gaudeo plurimum ac lector [*sic*] in ea te sententia esse ut nihil a me fieri sine causa putes; Merito amo te quia non."

In calce, "Exacta sunt exordia clarissimi oratoris Gasparini Pergamensis; Deo gratias; Amen."

2. Tractatus de compositione orationis. fol. 15.

Incip. "Cum omnis commode et perfecte elocucionis percepcio in tres partes;" ut in edit. Furietti, p. 1.

In calce, "Explicit tractatus de composicione oracionis secundum eximium oratorem Gasparinum Pergamensem; Deo gratias, Amen."

3. Epistolarum exordia ad exercitationem missivarum responsivarumque. fol. 19 b.

Incip. "In genere dubio. Gaudeo plurimum," etc. ut supra, "Ego enim etsi multorum verebar suspiciones;" ibid. p. 220.

In calce, "Has epistolas Gasparini Pergamensis, viri eloquentissimi, scripsit Padue Damianus de Pola eductas ex corruptissimo exemplari, et complevit die decima mensis Novembris 1425; Deo gracias Amen."

4. Tractatus de figuris sive schematibus rhetoricis

in ordine ad epistolas scribendas; cum prologo. fol. 60 b.

 Incip. prol. "Cum exornaciones verborum."

 Incip. tract. "Repeticio est, etc. Huic ornacioni correspondet in Greco, quantum ad primum."

5. Epistolæ numero cxlv. fol. 88.

For list of them see Beiträge zur Forschung, neue Folge, Heft 2 (1928), 47-56.

 Inscripta est prima, "Gasparinus Pergamensis plurimam dicit salutem suo Laçarino Reste."

 Incip. "Gratulor tibi quod bene amicicia Danielis nostri," ut in edit. Furiet. p. 111.

 Alt. est ad Valerium Marcellum, incip. "Quam res michi omnes adverse illo ipso tempore;" ibid. p. 186.

6. De orthographia liber. fol. 142.

 Incip. "Quoniam recta scriptura."

 Desin. "Zoticus, a, um, per unum t, id est vitalis, et corripit penultimam; Deo gracias, Amen."

CXXXIII.

Codex membranaceus, in folio, ff. 277, sec. xiv. ineuntis, binis columnis nitide exaratus; olim fratris Thomæ Trumpynton, S.T.P. postea coll. Ball. ex dono Will. Gray.

Bonaventuræ Cardinalis commentarius super libros Sententiarum primum et secundum.

 Præcedit tabula quæstionum ordine alphabetico disposita, incip. "Absolucio; Utrum inferior possit absolvere superiorem, ipso volente."

 In calce, "Explicit secundus Bonaventure."

 In fol. 1 rejectanei dorso notantur, "Pro anima Alicie de Depedene matris . . . . . Nicholai de eadem," et postea, "Iste liber constat fratri Thome Trumpynton, precii viij. marcarum, ordinis minorum, sacre theologie professori;" et in pagina sequenti, "Pro anima . . . . qui dedit totam summam Bonaventure in hoc volumine et al . . . . . lad mundi auctoritate."

CXXXIV.

Membranaceus, in folio, ff. 252, sec. xiii. exeuntis, quoad partem primam manu Ivonis de Haverberga binis columnis exaratus.

Bonaventuræ Cardinalis commentarius super libros Sententiarum tertium et quartum.

 Incip. "Deus qui dives est," etc. "In quo insinuatur nobis nostre redempcionis misterium;" ut in edit. impress.

 In calce lib. iii. "Explicit tertius Sententiarum fratris Bonaventure, quam scripsit Ivo de Haverberga."

 In calce codicis sequuntur definitiones septem Sacramentorum, quoad signum et rem cujusque, incip. "In sacramento baptismi; Signum tantum est exterior ablucio."

CXXXV.

Codex membranaceus, in folio, ff. 131, sec. xv., nitide exaratus, sed mutilus; ex dono Will. Gray.

1. Guarini Veronensis orationes xxix. fol. 1.

 Incip. i. "Non mediocri me dicendi onere."

 Inter orationes alias anepigraphas partim, partim suis titulis insignitas, habentur et istæ,

a. Ad Leonellum Estensem marchionem pro assumptis equestribus insignibus. fol. 16 b.

 Incip. "Hodierno die, mi rex."

b. In calumniam Luciani ad Johannem Quirinum Venetum procemium. fol. 22.

 Incip. "Animadverti sæpe mecum."

c. In rhetoricam novam Ciceronis. fol. 28.

 Incip. "Per hosce dies."

d. In municipales Vincentinorum leges. f. 30 b.

 Incip. "Divina sæpius opera."

e. Ad Jacobum Trevisanum prætura Veronensi functum. fol. 34 b.

 Incip. "Proximis diebus."

f. Oratio Andreæ Juliani pro Manuelis Chrysoloræ funere. fol. 38 b.

 Incip. "Si quis vestrum."

g. Ad excellentissimum virum ac magnificum ductorem Franc. de Vicecomitibus, cognomento Carmangnolam, insignem comitem Castri novi. fol. 43.

h. Ad Ludovicum, Firmanorum principem, ne ager Veronensis labefactetur. fol. 48 b.

 Incip. "Hoc tempore, magnifice."

i. Pro illustri ac patricio viro Georgio Lauredano funebris oratio. fol. 53.

 Incip. "Maxima pars hodierno."

k. In Ciceronem de officiis. fol. 58 b.

 Incip. "Antea quam ad hunc locum."

l. In inchoandis studiis Ferrariæ. fol. 59 b.

 Incip. "Soleo sæpenumero."

 In marg. fol. 60 super, "Johannes Mathewes, A. D. 1644."

m. Ad Cypri reginam laus picturæ. fol. 69 b.

Incip. " Mecum nuper cogitabam."

2. Ejusdem epistolæ lxiii. ad diversos. fol. 82.

Tit. " Incipiunt quedam epistole clarissimi et eloquentissimi viri Guarini Veronensis."

Incip. i. Johanni Niccoli inscripta, " Proxime ut aliquid ad te scriberem."

Ad fol. 112 habetur epistola ad Ludovicum, cui subnectitur carmen, incip. "Tibi non auro nitidam mitto;" et post viginti octo versus, " Proseuche ad Benacum," incip.

" Tranquilli, Benace, lacus pater inclite salve."

In calce epistolæ penultimæ, quæ, ut ultima, Leonello Estensi scripta est, occurrunt nomina et patriæ septem Græciæ sapientum, versu heroico, incip.

" Nomina septenum sapientum Græcia cantat."

Defic. ult. in verbis, " legebam, annotabam, excerpebam; sic animus cum lectionis"——

In fronte codicis legebat olim vir cl. Langbainius, " Liber coll. de Balliolo post miseram et execrandam quorundam hominum sacrilegorum lacerationem et larienam, quantum fieri potuit, non recuperatus amisimus, sed superstes, anno Domini 1608, Junii die 7."

CXXXVI.

Codex chartaceus, in folio, ff. **176**, sec. xv.; mutilus.

1. Hieronymi Guarini in Nicolaum Gislardum, Jurisconsultum Bononiensem, epitaphia duo, alterum soluta alterum ligata oratione scriptum. fol. 1.

Incip. i.

" Qui quondam sancti fueras, gravis, integer, æquus."

Incip. ii. "Nicolaus Gislardus, eximie juris."

2. Antonii Hieronymi Tridentani Permensis ad eundem Hieronymum de epitaphiis iisdem epistola; dat. Bonon. x. kal. Febr. 1445. f. 1.

Incip. " Cupienti mihi pro ingenio."

3. Hieronymi Guarini responsum; dat. Ferrar. id. Feb. 1445. fol. 3 b.

Incip. " Proximis diebus cum essem Mutine."

4. Poggii Bracciolini de infelicitate liber, prævia epistola ad Thomam de Sereçano. fol. 9 b.

Incip. præf. " Rem minime probatam."

Incip. opus, " Cum ex mea consuetudine."

In calce, " Finis 1446, 28 Januar."

5. Caroli [Marsuppini] Aretini ad Cosmum et Laurentium de Medicis de piæ matris obitu consolatio. fol. 36.

Incip. " Nuper, viri mihi amicissimi, cum in matris vestræ sanctissimæ atque honestissimæ."

In calce sequuntur versus,

" Cuncta dari voto nec falli posse deorum est, Mors comes est vite, lex placet ista Jovi."

Deinde octastichon, an in Angelum Politianum? incip.

"Corripis assidue sed corrigis, Angele, nunquam."

Demum hexastichon; incip.

" Non facile est clarum quicquam componere, si quis."

6. Tabula sententiosa Valerii Maximi, cum prologo. fol. 49.

Incip. prol. " Ad intelligentiam hujus tabule quatuor prenotari oportet dicendorum narrationem."

Incip. tab. " Abstinencia Maximis viris prandere et cenare in propatulo."

Sequitur tabula alia vocabulorum, quæ in præcedenti continentur, compendiosa.

7. Anonymi oratio in Principis cujusdam nuptias. fol. 77.

Incip. " Quamquam multi, princeps illustrissime, benivolentiam tibi."

8. L. A. Senecæ de morte Claudii Ludicra, cum commentario. fol. 82.

Incip. comment. " Claudius animam agere; etc. id est, ejicere et non poterat totaliter."

In calce, " Expliciunt ludicra Senece de morte Claudii."

9. Ejusdem de Clementia ad Neronem libri duo. fol. 89.

In calce, " Explicit liber Annei Senece de Clemencia ad Neronem."

10. M. T. Ciceronis Tusculanarum Disputationum libri quinque; in calce mutil. fol. 97.

Defic. " Athenis Metrodorus ut Plato"——

In initio et fine inseruit bibliopegus folia quinque rejectitia, Decreti fragmentum cum glossis exhibentia.

CXXXVII.

Codex membranaceus, in 4to, ff. **54**, sec. xv., nitide exaratus; ex dono Will. Gray.

1. Lysiæ Oratio funebris pro Atheniensibus qui

G

in prœlio adversus Lacedæmonios interiere, interprete Fr. Philelpho, prævia interpretis epistola ad Pallantem Strozzam. fol. 1.

Incip. epist. "Soleo certe nonnunquam."

2. Ejusdem oratio de Eratosthenis adulteri nece, eodem interprete, cum epistola ad eundem dedicatoria. fol. 13 b.

Incip. "Fuere nonnulli et prudentes."

3. Dionis Chrysostomi oratio ad Ilienses captivitatem Ilii non fuisse, ex ejusdem versione, prævia interpretis epistola ad Leonardum Brunum Aretinum. fol. 21.

Incip. "Cum nuper ex nova Roma."

Incip. orat. "Non ego sum admodum nescius."

In calce, "Ex Bononia, idibus Juniis, m. cccc. xxviij. Τέλος καὶ Θεῷ χάριτα."

CXXXVIII.

Codex membranaceus, in folio, ff. 185, sec. xv., nitidissime exaratus, sed mutilus; ex dono Will. Gray.

M. Fabii Quintiliani de institutione oratoria libri decem.

Incip. i. in verbis, "—bio vitiosa sunt juncta sine reprehensione dicuntur, nam et dua- et tre- pondo diversorum sunt barbarismi generum."

Defic. lib. x. a verbis, "Cicero certe Grecorum Metrodorum Scepsium et Eniphilum Rhodium nostrorumque hor"——

CXXXIX.

Membranaceus, in 4to, ff. 227, sec. xv., nitidissime exaratus, et quoad literas initiales manu Italica ornatus.

M. Fabii Quintiliani Declamationes novendecim, cum argumentis; mutil.

Incip. i. [Paries Cruentatus], cum verbis, "——sine uxore non posset; cum in cede, in qua nemo utitur suo ferro."

In calce, "Explicit foeliciter."

CXL.

Membranaceus, in folio, ff. 214, sec. xv., optime exaratus, ex dono Will. Gray.

P. Virgilii Maronis opera, quæ sequuntur,
1. Bucolicorum liber. fol. 2.

Tit. "P. Virgilii Maronis Mantuani, poetæ

omnium linguæ Latinæ præstantissimi, Bucolicorum liber unicus feliciter incipit."

2. Georgicorum libri quatuor. fol. 16.

Tit. "P. Virgilius Maro," etc. "quom Bucolicorum librum unicum expleverit ad Georgicon libros proficiscitur."

In calce,

"Cedite scriptores Romani, cedite Grai,
Nescio quid majus nacitur Ilyade."

3. Æneidum libri duodecim. fol. 51.

Præcedit notitia, "P. Virgilius Maro," etc. "quom Georgicon libros explevit ad Æneidam suam proficiscitur; Vale qui legeris."

In calce, "P. Virgilii Maronis Mantuani," etc. Deinde, a. "Versus Octavii Cæsaris in P. Virgilium;" incip. "Ergone supremis potuit;" b. "Versus ex ii. libro Æneidum excerpti per Tucam et Varum;" incip. "Jamque adeo super unus."

CXLI.

Codex membranaceus, in 4to, ff. 56, sec. xv. ineuntis; ex dono Johannis Burton, olim socii, et vicarii S. Nicholai Bristol.

1. Boethii de consolatione philosophiæ libri quinque, cum glossis perpetuis in margine a manu recentiori additis.

Incip. in metro secundo lib. 1, "Heu quam precipiti mersa profundo."

In calce,

"Finito libro, sit laus et gloria Christo."

Sequuntur,

a. Epitaphium in auctorem, versibus viginti elegiacis comprehensum; incip.

"Heu malus ille sapor, quo venit mortis amaror;
Omne quod est genitum tendit ad interitum."

b. Decastichon in Elpidem, Boethii uxorem; incip.

"Elpes dicta fui, Siculi regionis alumpna,
Quam procul a patria, conjugis egit amor."

2. Aristotelis libellus de pomo ex Arabico in Hebraicum, et deinde a Manfredo in Latinum versus, prævio interpretis prologo. fol. 51.

Tit. "Prologus Manfredi super librum de morte Aristotelis."

Incip. "Cum homo, creaturarum dignissima similitudo sit omnium ad ymaginem Dei factus."

Incip. lib. "Cum clausa esset via veritatis sapientibus vel sapientum et impedita."

CXLII.

Codex membranaceus, in 4to, sed forma oblonga ; olim Ricardi Teddyngton, monachi Westmonasteriensis ; initio mutil.

Ovidii Metamorphoseon libri ; sed evulsi sunt tres primi et pars quarti.

Quod superest a fabula Pyrami et Thisbes orditur, scilicet a versu,

" Utque dedit nostræ lacrymas dedit oscula vesti."

In calce, " Explicit liber Ovidii Publii Nasonis Metamorphoseon.

Bis sex millenos versus in codice scriptos,
Sed ter quinque minus, continet Ovidius."

[Hodie desideratur.]

CXLIII.

Membranaceus, in folio, ff. 67, sec. xiv. exeuntis, ex legato Petri Thwaits, coll. Ball. magistri et decani de Aukland.

P. Ovidii Nasonis epistolarum liber, glossis marginalibus et interlinearibus instructus.

Tit. " Incipit Ovidi epistolarum. Penelope mittit Ulixi."

Incip. gloss. " Ovidius epistolas istas ab Esiodo poeta Græce conscriptas in Latinum innovavit."

Desin. " Hoc est, Timeo, quod parvo tempore velit me manere virginem." Deinde, " Explicit liber Ovidii epistolarum, Deo gratias, Amen ; Amen."

CXLIV.

Chartaceus, in folio, ff. 159, sec. xv. ineuntis, binis columnis exaratus, ex dono Will. Gray.

Benvenuti de Imola Dictata super Lucani Pharsalia, libris decem.

Incip. " Corduba me genuit ; Sicut in principiis aliorum librorum sex sunt prelibanda."

Desin. " et tandem Cesar vicit eum et summersus est in il¹o et cognitus est aurea lorica."

In calce, " Expliciunt recollectiones super Pharsalia Lucani recollecte Ferarie sub egregio historico et gramatice professore Benvenuto de Imola. Ego G. scripsi 1401."

[Litera G. tamen et annus manu recentiori super erasuram imposita sunt.]

Sequitur nota de statura Cæsaris, incip. " Fuisse traditur excelsa statura," et deinde ordo Romanorum Imperatorum a C. J. Cæsare

usque ad Constantinum, Constantini filium, 1309."

In pag. ult. occurrunt versus de ludo Schaccorum ; incip.

" Belli cujus instrumentum qui jocando fingere,
Atque arte Persucosa prelium committere,
Duos tabularum reges, pone per planiciem."
Desin.

" Si non habet ubi pergat, Schacum matum audiat."

CXLV.

Codex membranaceus, in folio, ff. 109, sec. xiv. exeuntis, binis columnis exaratus ; ex dono Will. Gray.

Gulielmi Durandi Speculum Juridiciale, prævio prologo ad Ottobonum, S. Adriani cardinalem ; in calce mutil.

Incip. " De trono Dei procedunt ;" etc. " Tronus Dei ecclesia est, a qua procedunt fulgura, voces ;" etc. ut in edit. impress.

Defic. in verbis, quæstionis, De salario medicorum, " Qualiter autem libelli super salariis concipiantur, dicetur l. iii. tit. de magistris"—

CXLVI. (A.)

Membranaceus, in folio, ff. 279, sec. xv., binis columnis exaratus.

1. Flavii Vegetii Renati epitome institutoris rei militaris de commentariis Catonis, Augusti, Trajani, et Crumptoni, libris quinque, præviis capitulis. fol. 1.

In calce, " Flavii Vegecii Renati de re militari libri numero quinque expliciunt feliciter."

2. Aristotelis Secretum Secretorum, cum prologo Johannis Hispani, qui librum transtulit de Arabico in Latinum, et capitulis. fol. 20.

Incip. in verbis, " ——tacione et loquendi proprietate fortiter abundare."

3. Plinii Historia Naturalis in epitomen redacta per Retinaldum quendam, cum interpretis prologo et capitulis præfixis. fol. 31.

Incip. prol. " Retinaldus ego servus Christi Plinii libros revolvens et cursim inspiciens stili."

Cf. quæ habet Tannerus Bibl. Brit. Hib. p. 622.

Incip. ex catalogo illustrium virorum, " Plinius secundus novem menses."

Desin. " sardonix e surda ; item cetere ex aliis nec est ulla fraus vite lucrosior."

4. De regimine papæ, an possit deponi, etc. libellus capitibus xxii. cum prologo. ff. 117, 106—116 b, 118.

Incip. prol. " Interdum contingit quod vitare volens errorem."

Incip. cap. i. " Circa primum sciendum est quod regimen pape acceptum sic potest diffiniri."

5. Ægidii de Columna Romani de regimine Principum libri tres, cum prologo ad Philippum, primogenitum et hæredem Philippi Francorum regis. fol. 120.

Incip. " Clamat polliticorum sententia ;" ut in editt.

In calce, " Explicit liber de regimine principum editus a fratre Egidio Romano ordinis fratrum heremitarum S. Augustini."

Sequitur tabula alphabetica.

6. Anonymi cujusdam commentarius super octo libros Politicorum Aristotelis, prævia " tabula extractionum de libris eisdem." fol. 238.

Incip. " Intendo per Dei gratiam sententiam Aristotelis de libris Politicorum magis fructiferam."

Desin. " quam jam scripsi non videtur michi pro presenti amplius insistendum."

In calce, " Explicit octavus liber Politicorum."

7. Copia literæ missæ anno Christi 1456 a doctore in medicinis M. Wolfardum, *Italice*, doctori Thomæ Gascoigne, Oxon. dat. ex Londoniis 28 Decemb. *man. recentiori.* fol. 279 b.

In ea refert scriptor quod quisque princeps et populus Christianus pro expeditione adversus Turcos contulerit.

CXLVI. (B.)

Codex chartaceus, in folio, ff. **167**, sec. xv. ; ex dono Nicolai Saxton, coll. Ball. socii.

1. Francisci Petrarchæ in objurgantem medicum Invectivarum libri quatuor, prævia epistola ad Johannem Boccacium de Certaldo. fol. 2.

Incip. " Quatuor Invectivarum libros ;" ut in edit. Basil. tom. ii. col. 1087.

In calce, " Clarissimi atque facundi viri Francissi Petrarce de Florentia, poete Lauriati, in objurgantem medicum Invectivarum liber 4 ultimus explicit filiciter."

2. Ejusdem ad eundem Johannem epistola ; dat. Patav. kal. Jun. fol. 30.

Incip. " Magnis me monstris."

3. Excerptum ex Martiano Capella " in grammatica sua de origine uniuscujusque litere Latine et eorum sono, breviter." fol. 34.

Incip. " Ex hiis igitur universe."

4. Epistola anepigrapha ; dat. Venetiis v. kal. Septemb. fol. 34 b.

Incip. " Habeo tibi aliquid dicere, ut peccator Salvatoris utar verbo."

5. M. T. Ciceronis Oratio pro A. Licinio Archia poeta. fol. 38.

6. F. Petrarchæ ad Boccaccium epistola de ætate sua ; dat. Ticini xiii. kal. Aug. fol. 42.

Incip. " Mos est juvenum."

7. Ejusdem ad eundem de molestia scabiei et leonis Thessali instabilitate epistola ; dat. Venet. kal. Mart. fol. 44 b.

Incip. " Satis superque tacuimus."

8. Petri de Monte-forti, cognominati Pictuli, militis insignis et legum doctoris in defensione et laude poeseos liber ad eundem ; dat. Neapoli, iv. non. Febr. fol. 46.

Incip. " Si magistri nomen tacendum."

9. [Petrarchæ ?] epistolæ tres ; incip.

a. " Ad literas tuas nil respondere." fol. 49 b.

b. " Epistola status tui." fol. 50.

Data est, " Patav. iv. kal. Mai ad vesper. 2."

c. " Librum tuum quem nostro materno eloquio." fol. 54.

10. Ejusdem contra hostes medicinæ, quod se medicos dii volunt ; dat. iii. id. Decemb. fol. 60.

Incip. " Meum tibi consilium."

11. [Ejusdem ?] alia ; dat. inter colles Euganeos vi. id. Jun. 1374. fol. 64.

Incip. " Arsit amor tui."

12. Ejusdem alia in commendacionem sui ac suarum rerum ; dat. Patav. ix. id. April. f. 64 b.

Incip. " Jam satis me vixisse."

13. Ejusdem alia. fol. 66.

Incip. " Equidem hoc sum semper."

14. [F. B. Andreæ de Mediolano ?] oratio ad Patres de sacrarum literarum laudibus. fol. 68 b.

Incip. " Sane miror cura me."

In calce, " F. B. Andr. de Mediolano."

15. Ejusdem oratio in laudem S. Augustini. f. 71 b.

Incip. " Nichil ego hoc loco."

In calce, " F. B. Andr. de Mediolano."

16. Anonymi cujusdam liber de arte sermocinandi. fol. 75.

    Incip. "Ars sermocinandi seu collaciones faciendi prima sui divisione."

17. Radulphi de Longo-Campo commentarius super Alani Anti-Claudianum de Anti-Ruffino, cum argumento et præfationibus. fol. 87.

    Incip. i. "Quia in hoc opere agitur."

    Incip. procem. "Dicet ejusdem hujus libri."

    Incip. procem. alt. ad personam, "A. Dei gratia Narbonensi archiepiscopo dicatum; Quia te solum, Pater."

    Incip. comment. "In principio hujus voluminis sicud et in aliorum auctorum principiis."

    Desin. "ex precedentibus elucescunt."

    In calce, "Explicit commentum magistri Radulphi de Longo-Campo super Anti-Claudianum Alani de Anti-Ruffino."

CXLVII.

Codex membranaceus, in 4to, ff. 247, secc. xii. exeuntis et xiii.; ex dono Will. Gray.

S. Hieronymi Stridonensis opera varia; scilicet,

1. De Hebraicis quæstionibus in Testamento veteri liber, cum prologo. fol. 1.

    Tit. "Incipit prologus S. Jeronimi presbiteri in libro Hebraicarum questionum."

    Incip. prol. "Qui in principiis;" ut in edit. Vallars. tom. iii. col. 302.

    Ad fol. 27 "Explanatio decem temptationum pro quibus corripuit Moyses filios Israhel;" incip. "Hec sunt verba;" ibid.

2. De nominibus urbium et locorum terræ promissionis, que in sacra pagina inveniuntur, cum prologo. fol. 70 b.

    Incip. prol. "Eusebius qui a beato Pamphilo martire;" ibid. tom. iii. col. 121.

3. Expositio in librum Ecclesiasten; cum præfatione. fol. 99.

    Incip. præf. "Memini me ante hoc;" ibid. tom. iii. col. 381.

4. Ad Pammachium et Marcellam pro se contra Ruffinum defensio pro objectis, libris tribus. fol. 147.

    Incip. "Et vestris et multorum;" ibid. tom. ii. col. 457.

5. B. Anastasii papæ epistola ad Johannem, ep. Hierosol. super nomine Ruffini. fol. 192 b.

    Incip. "Probatæ quidem affectionis."

6. Hieronymus ad Avitum, ubi ea, quæ in libris Peri Archon adversus fidem catholicam sunt, pandit. fol. 193 b.

    Incip. "Ante annos circiter decem;" tom. i. ep. 124, col. 910.

7. Definitio fidei symboli, quæ in Nicæno concilio facta est. fol. 199.

    Ibid. tom. xi. col. 149.

8. Præfatio Ruffini in libris Peri Archon, quos de Græco in Latinum transtulit. fol. 201.

    Incip. "Scio quam plurimos;" tom. i. ep. 80, col. 504.

9. Regulæ definitionum prolatæ a S. Hieronymo contra hæreticos. fol. 202.

    Incip. "Omne quod est."

    In marg. "Hic liber alibi inscribitur de essentia Dei."

    In calce occurrunt, Testimonia Hieronymi, Gelasii, etc. de Eusebio, etc. fol. 207 b.

10. Hieronymi epistola ad Ruffinum. fol. 208 b.

    Incip. "Plus Deum tribuere;" col. 9.

11. Ruffini adversus Hieronymum libri duo. f. 211.

    Incip. "Relegi scripta, Aproniane fili karissime, que ab amico;" tom. ii. col. 583.

CXLVIII.

Codex membranaceus, in 4to, ff. 120, sec. xiii. exeuntis, binis columnis nitidissime exaratus; ex dono Will. Gray.

S. Bernardi, abbatis Clarævallensis, opera varia; scilicet,

1. Sermones quatuor super Evangelium, 'Missus est.' fol. 2.

    Exstant inter opera, ed. Paris. 1690, tom. i. fol. 732.

    Præcedit tabula contentorum codicis, sub titulo, "Contenta melliflui Bernardi in hoc libro."

2. Tractatus de xii. gradibus humilitatis. fol. 4.

    Ibid. tom. i. col. 599.

3. De diligendo Deo, ad A. eccl. Rom. diaconum et cancellarium. fol. 7.

    Ibid. tom. i. col. 583.

4. De amore Dei. fol. 10.

    Ibid. tom. ii. col. 234.

5. De Præceptorum dispensatione, ad abbatem Columbensem. fol. 14.

    Ibid. tom. i. col. 495.

6. Epistola consolatoria. fol. 17.
    Ibid. tom. i. col. 367.

7. Apologia ad patrem Willelmum. fol. 17 b.
    Ibid. tom. i. col. 526.

8. De gratia et libero arbitrio, cum præfatione ad
W. abbatem S. Theodosi. fol. 19 b.
    Ibid. tom. i. col. 603.

9. De consideratione ad Eugenium papam III. libri quinque. fol. 22 b.
    Ibid. tom. i. col. 407.

10. Epistolæ ad diversos numero cclxxviii., cum
argumentis sæpe in margine expressis. fol. 29.
    Prima est ad Robertum, nepotem suum,
incip. "Satis et plusquam;" ibid. tom. i.
col. 1.
    Ult. est ad Arnaldum Carnotensem, abbatem Bonæ Vallis, incip. "Suscepimus caritatem vestram;" ibid. tom. i. col. 290.

11. Homiliæ super Cantica Canticorum lxxxvi.
fol. 68 b.
    Ibid. tom. i. col. 1267.

12. Flores Scripturæ, capitulis triginta. fol.
    Incip. "Noli timere filia Syon, etc. Veni
Domine Jesu."
    Subjunxit manus recentior tabulam Bernardi super Cantica.

CXLIX.

Codex membranaceus, in folio, ff. 220, sec.
xiv., manu Johannis Richesdale, rector eccl.
paroch. de Rodemton | forsan exaratus; ex
legato Roberti Thwaits, coll. Ball. magistri.

1. Sermones circiter triginta ab Anglo quodam,
[an Johanne Richesdale?], ut patet a pluribus Anglice scriptis hic illic insertis, collecti.
fol. 1.
    Incip. i. in istud, 'Christus passus est,'
Angl. sic, 'Crist in hys passion;' "Quamvis
hec verba dicantur generaliter."
    Ad ff. 12 b, et 23 b plura Anglice intermixta habentur; ex. gr.
"At his burth thow hurdist angell syng,
And now seest his frendis wepyng;
Atte his burthe kynggis and schephurdis dede
hym humage and worchip,
And now al maner men doth spit and schenship."
    et ad fol. 32 b ubi describit Christi contra
diabolum in cruce pugnam, "habuit suum
Actoun, suum corpus mundum, et pro suo

Haberk, quod est, full of holes, habuit, corpus suum plenum vulneribus," etc.
    Ad fol. 55 sermo est in istud 'Cum fortis
armatus;' Angl. "Wyle the stronge yarmed
keputh his holde, or his Hall in pes," ubi et
Anglice plura inserta sunt.
    Sermo 15 est Johannis de Scrata, ord. minor. in istud Zach. 13, 'Suscitare super pastorem;' incip. "Patres mei, reverendi Domini magistri juxta sententiam Salvatoris."
fol. 59.
    Sermo 17 est Outredi monachi Dunelmensis, S. T. P. in Universitat. Oxon. contra
Fratres Minores. fol. 64.
    Habentur etiam quædam rejectanea, partim
metrice, de vii. peccatis mortalibus, etc. et
ad fol. 65, "Memorandum quod in die Sabbati in festo S. Mauri abbatis, mense Jan.
1361 fuit ventus validus per totum orbem,
ante quem ventum die S. Marci proxime
precedenti fui ego Jo. R. natus,
M. ter C. Lux lxxix. Simon Can. decapitatur,
Mors communis in M. C. ter fuit L. minus uno.
Dominus Jo. Richesdale rector et parochus de
Rodemhton."
    Ad ff. 84 et 90 sermones sunt "Chambron"
duo in die Paschatis et Dominica iii. Quadragesimæ.
    In calce, "Explicit, expliciat," etc.

2. Lectura super Apocalypsin [et man. sec.] "numquid est Dokyng." fol. 107.
    Incip. "Panis ei datus; Querit propheta
ibidem."
    In calce versiculi nullius momenti, quibus
succedit narratio brevis de Alexandro Magno
cum milite quodam ad scaccos ludente.

3. Moralitates super librum Apocalypseos ad intellectum literæ pleniorem super illud in
prologo "De hiis, quæ oportet fieri;" etc.
fol. 193.
    Incip. "Inevitabile est quin fiant."

4. Tractatus brevis de periculis novissimorum
temporum, "ex scriptis divinis excerptus et
in certa capitula digestus;" [an Gulielmi de
S. Amore?] fol. 205.
    Incip. "Ecce videntes clamabunt foris angeli."

5. Simonis de Gaunt, episcopi Sarisburiensis, literæ ad Bonifacium papam VIII. de dignatibus et præbendis eccl. Sarum in extraneos

collatis querentis ; dat. Ramesbiriæ, iv. kal. April. 1302. fol. 217 b.

Incip. " Licet vestre benignitati."

6. Rescriptum rectoris forte alicujus ecclesiæ de præcepto alicui de ecclesia sua a curia Romana obediendo. fol. 219. 220

Incip. " Noverit autem discretio vestra quod mandatum."

7. Universitatis Oxoniæ Cancellarii Literæ ad M. Henr. Laur. de la Wyle, eccl. Sarisb. canon. opem implorantis ut Johanni de Chelmelegh fidem habeat. fol. 220.✓

Incip. " Novissimæ prolis amor."

8. Ejusdem Universitatis epistola gratulatoria ad Robertum de Wynchcumbe eccl. Sarum canon. fol. 220.✓

Incip. " Amicitiam veram a ficta."

9. Edwardi h literæ ad G. tit. S. Cyriaci in —— presbyterum Cardinalem, ut ejus interventu Thomas, quondam comes Lancastriæ, in album Sanctorum referatur ; dat. Eltham, 3 Apr. an. regn. 5. fol. 220✓

Incip. " Miraculorum laudabilium eminentes."

Mittit præterea Johannem de Brabazoun, S. T. P. Antonium de Pessaun, militem, et Johannem de Neuton.

CL.

Codex membranaceus, in folio, ff. **175**, sec. xiii. ineuntis, nitide exaratus ; ex legato Roberti Thwaits.

S. Bernardi, abbatis Clarævallensis, sermones centum septuaginta quatuor, in festis anni præcipuis et de diversis, in partes duas distincti, præviis capitulorum tabulis initiisque.

Incip. cum isto in adventu Domini, incip. " Hodie fratres celebramus adventus initium ;" ut in edit. 1690, tom. i. col. 717.

Sermo quartus, ut et alii per volumen dispersi, vel non sunt Bernardi vel ab editoribus omissi. Incip. serm. iv. " In celebrations adventus Domini Sanctorum Patrum desideria."

In calce sermonis lvii. et fol. 81, " Explicit prima pars sermonum beati Bernardi abbatis primi Clarevallis. Hic secuntur quidam sermones generales."

Invenienda sit pars altera ad fol. 110, præmissis singulorum verbis initiantibus titulisque.

Sermo ult. est in obitu reverendissimi Patris Humberti, incip. " Humbertus, famulus Domini."

Includit pars prima cviii., pars altera lxvi. sermones.

In calce tabulæ primæ ad fol. 2 b legitur, " Liber Sancte Marie monachorum de Buldewias "

CLI.

Codex membranaceus, in folio, ff. **199**, sec. xiii., binis columnis bene exaratus et servatus ; ex dono Will. Gray.

S. Bernardi epistolæ ad diversos, numero ducentæ sex et nonaginta.

Pr. est ad Robertum Nepotem, incip. " Satis et plusquam ;" in edit. 1690, tom. i. col. 1.

Tit. est, " Ad Robertum Nepotem suum, qui de ordine Cisterciensi transierat ad Cluniacenses."

Ult. est ad Hibernenses in transitu beati Malachie episcopi, incip. " Si haberemus hic manentem ;" ibid. tom. i. col. 336.

Præcedit tabula eorum quibus inscriptæ sunt epistolæ.

CLII.

Membranaceus, in folio, ff. **2 et 165**, sec. xiii., binis columnis bene exaratus ; ex dono Will. Gray.

1. S. Bernardi Meditationes. fol. 1.

Tit. " Incipiunt meditationes Sancti Bernardi, ut ab exterioribus ad interiora nostra cognoscenda convertamur et ad Deum contemplandum."

Incip. " Multi multa sciunt ;" ut in edit. 1690, tom. ii. col. 306.

Sequuntur capitularia tria anepigrapha, in calce mutil., incip.

a. " Nemo si caute profitetur."

b. " Ut sentio ego regula S. Benedicti."

c. " Si jubente seniore."

2. Stephani de Langton, archiep. Cantuariensis, tractatus " de pœnitentia, sub persona Magdalenæ." fol. 25.

In marg. super. testatur rubrica coætanea, " Sic voluit Dominus Cantuarie ut vocaretur libellus iste."

Incip. " Miserator et misericors Dominus."

Sequuntur ad calcem excerpta paucula ad

confessionem spectantia; incip. "Confiteantur penitentes."

3. Explanatio decem Mandatorum literalis sive moralis, et subdivisiones eorundem. fol. 117.

　　Incip. "Non adorabis alienos Deos coram me. Hoc preceptum sicut cetera sequencia litteralem sive moralem habet expositionem, literaliter autem secundum Andream."

4. Sermo in istud Corinth. "Probet seipsum homo et sic de pane illo;" etc. fol. 163 b.

　　Tit. " De non digne sumentibus corpus Christi; ad chorum."

　　Incip. " Qui enim manducat et bibit indigne, sine devotione vel aliter quam a Domino vel ab ecclesia."

　　Desin. in verbis, " et dormiunt multi, id est, moriuntur morte corporali, sicut dicit Augustinus."

CLIII.

Codex membranaceus, in folio, ff. **175**, sec. xv., binis columnis nitide exaratus; ex dono Nicolai Shaxton.

　　S. Johannis Chrysostomi in S. Matthæi evangelium opus imperfectum, capitibus lvii. comprehensum; in calce mutil.

　　Incip. " Sicut referunt, Matheum scribere evangelium causa compulit talis;" ut in editt. Gr. Lat. operum Chrysostomi variis.

　　Defic. serm. 57 in verbis, "Sed erat omnium credencium cor unum et anima; sed de nostris dicit temporibus, in quibus"——

CLIV.

Membranaceus, in folio majori, ff. **316**, anno **1447** manu Antonii Marii filii Florentiæ nitide exaratus; ex dono Will. Gray.

　　Præcedit literis aureis exaratus titulus totius voluminis, ut sequitur, " Hoc volumen continet infra scriptas traductiones Johannis Chrisostomi traductas e Greco in Latinum per Ambrosium [Traversarium] monachum [Camaldulensem."]

　　In calce tabulæ legitur, " Lege feliciter, mi suavissime Ghuiglelme."

1. Contra vituperatores vitæ monasticæ libri tres. fol. 2.

　　Incip. "Templum illud per justum."

　　Litera prima excisa fuit.

2. Epistola ad Stagirium monachum de providentia Dei, libris tribus, prævio interpretis prologo ad serenissimum Portus-Galliæ regem. fol. 56.

　　Incip. proœm. "Sunt quidem plurima quæ in te."

　　Incip. text. "Oportuerat quidem, o mi."

3. Expositio in epistolam B. Pauli apostoli ad Titum, homiliis sex. fol. 104.

　　Incip. "Unus ex Pauli sociis hic fuit."

4. Expositio in epistola prima ad Timotheum cum argumento, homiliis xviii. fol. 130 b.

　　Incip. arg. "Unus ex apostoli discipulis."

　　Incip. hom. i. " Magna erat profecto."

5. Expositio in epistolam ad Timotheum secundam, homiliis x. fol. 201.

　　Incip. " Quid sibi vult quod secundam."

6. In epistolam ad Philemonem homiliæ tres, cum argumento. fol. 242 b.

　　Incip. arg. "Primum necessario dicendum."

　　Incip. exp. " Pro servo hæc."

7. Homilia super verbo Pauli ' Modico vino utere.' fol. 254.

　　Incip. "Audistis, fratres, apostolicam."

　　In calce, "Antonius Marii filius Florentinus civis aque notarius transcripsit Florentiæ i. idus Augusti m.cccc.xlvii. salvus sis o lector."

8. Homiliæ quinque, quod Deus incomprehensibilis sit contra Anomæos; dictus in absentia episcopi Antiochiæ in majori ecclesia. f. 265 b.

　　Incip. " Quid est hoc pastor non adest."

9. Ad Olympiadem epistolæ tres. fol. 297 b.

　　Incip. "Age rursus meroris tui."

　　In calce ad marginem notavit scriba, " Puto hic deficiant carte alique : sic reperii in originali."

CLV.

Codex membranaceus, in folio, ff. **204**, sec. xiv., binis columnis exaratus; ex dono ejusdem.

1. S. Hieronymi Liber de nominibus locorum et urbium in terra promissionis, cum prologo. fol. 1.

　　Tit. " Prologus sancti Ieronimi presbiteri in librum glosarum."

　　Incip. "Eusebius, qui a beato Pamphilo;" inter opp. tom. iii. col. 121.

2. Glossarium Græco-Latinum, sub titulo, " Her-

meneumata, id est, Interpretamenta secundum grecam ethimologiam." fol. 26 b.

Incip. "Abscida; lucida. Abebius; inconsul. Absinthium; herba. Abdomen; pinguedo carnis."

In calce, de variis orationis schematibus, incip. "Quadrimembris, Tetracolon," et deinde de mensuris agrestibus et de ponderibus, etc.

3. Glossarium Latinum per ordinem alphabeti. f. 38.

Incip. "A. littera in omnibus gentibus ideo prima est litterarum pro eo quod ipsa prior nascentibus vocem aperiat. Abba Syrum nomen."

Desin. "Zosimus; vivax vel vividus. Zoisti, interpretator. Explicit liber glosarum Sancti Jeronimi."

4. Pauli, Warnefridi diaconi, Caroli Magni Imperatoris Consiliarii glossarium Latinum ex libris Sexti Festi Pompeii concinnatum, cum prologo. fol. 175 b.

Tit. prol. "Prefacio Pauli doctoris eximii ad regem Karolum in glosarium ex libris Sexti Festi Pompeii excerptum et de variis philosophorum dictis."

Incip. prol. "Divine largitatis, etc. Cupiens aliquid vestris."

Incip. gloss. "Abacti, magistratus dicebantur, qui coacti deposuerant imperium."

Desin. "Urbanus tribus appellabant in quas urbs erat dispertita a Servo Tullio rege, id est, suburbana, palatina, exquilina, collina."

CLVI.

Codex membranaceus, in folio majori, ff. 241, sec. xii. exeuntis, binis columnis bene exaratus et servatus; ex dono ejusdem.

S. Hieronymi in Esaiam prophetam libri octodecim, prævio prologo ad Eustochium.

Tit. "Incipit prologus libri primi expositionis beati Jeronimi presbiteri in Ysaiam prophetam."

Incip. prol. "Expletis longo vix tempore," ut in edit. Vallars. tom. iv. col. 1.

CLVII.

Membranaceus, in folio majori, ff. 217, sec. xv., manu Italica optime exaratus; ex dono ejusdem.

1. S. Hieronymi expositio in S. Pauli Epistolas omnes præterquam ad Hebræos, cum argumentis. fol. 1.

Excisum est folium primum, et in eo prologus in omnes epistolas fere totus.

Incip. in verbis, "———— Judea; eadem enim passi estis et vos a contribulibus vestris."

2. Ejusdem in Epistolam ad Galatas libri duo, cum prologo. fol. 135.

Incip. prol. "Pauci admodum dies sunt, quod aepistolam Pauli ad Filemonem interpretatus;" tom. vii. col. 367.

Incip. comment. "Paulus apostolus; etc. Non superbe, ut quidam putant, sed necessarie;" col. 373.

3. Ejusdem in Epistolam ad Ephesios, cum prologo ad Paulam et Eustochium. fol. 180 b.

Incip. prol. "Si quicquam est, o Paula et Eustochium quod in hac vita sapientem virum;" tom. vii. col. 537.

Incip. "Paulus apostolus; Si per prepositio ministerium ejus per quem res agitur, ostendit;" col. 543.

In calce, "Explicit liber beati Hieronimi super aepistolas Pauli apostoli."

CLVIII.

Codex membranaceus, in folio minori, ff. 248, sec. xv. ineuntis, binis columnis exaratus; ex dono Ricardi Bole, coll. Ball. socii.

1. Othonis legati Constitutiones, cum commentario [an Johannis de Athona] perpetuo. fol. 14.

Incip. comment. ". . . . cidendos palmites pes . . . . enim nocivos quos velut."

In calce, "Expliciunt constitutiones domini Othonis in Anglia legati."

2. Ottoboni Cardinalis Constitutiones, itidem commentario instructæ perpetuo. fol. 69.

Incip. comment. "Mandata Dei; De quibus notatur per ordinem xxxij. qu. vij. quod in omnibus."

Hisce constitutionibus præmittitur tabula duplex, altera largior materiarum per ordinem alphabeti, altera titulorum seu initiorum cujusque constitutionis.

In calce, "Expliciunt constitutiones domini Octoboni apud sedem legati."

H

3. Constitutiones provinciales Angliæ; scilicet,

1. Stephani Langton; in Oxonia an. 1222 editæ.
fol. 136.
In calce, " Expliciunt constituciones bone
memorie Stephani Lancton, arch. Cant.
edite in concilio Oxon. A. D. 1222."

2. Concilium provinciale apud Lambeth a Bonifacio arch. Cant. celebratum ejusque suffraganeis A. D. 1272 a. reg. Henr. lvii. mensis
Maii. fol. 143 b.

3. Johannis Peckham, apud Lambeth, editæ
1281. fol. 149 b.

4. Concilium factum apud Reding per eundem,
assistentibus sibi suis suffraganeis. fol. 156.

5. Constitutiones Simonis Mepham apud London. editæ 1328. fol. 158.

6. Constitutio Johannis Stratford apud London.;
1380. fol. 159 b.

7. Constitutiones Stephani de Langton apud
Merton, 1209. fol. 164 b.

8. Roberti Winchelsea constitutio de Stipen-
diariis anno 1305. fol. 165.

9. Johannis Peckham de eucharistia, 1280. fol.
165 b.

10. Simonis Mepham Statutum 1362 [sc. 1332]
de diebus festivalibus, etc. fol. 167.

11. Breve regis de bonis ecclesiasticis, sive " Concordia inter regem Angliæ et episcopos super
diversis articulis," [1316, 1319.] fol. 167 b.

12. Roberti Winchelsea constitutiones apud Merton 1360, [sc. 1305.] fol. 169.

13. Rubrica de visitatione archidiaconorum et
super quibus debent inquirere in visitationibus eorum. fol. 171.
Incip. " Archidiaconus oculus episcopi appellatur, ut loco episcopi per episcopatum
respiciens."
Sequitur ' Regula archidiaconi,' incip.
" Archidiaconus non potest licite exigere
penam peccuniariam."
Succedit, man. recentiori, constitutio de
processu judiciali contrahendo; incip. "Cum
propter nimiam prorogacionem."

14. Constitutiones Johannis Stratford editæ London. in concilio provinciali x. die mensis
Octob. A. D. 1342. fol. 176.

15. Concilium celebratum apud Westmonasterium
tempore Ricardi archiep. Cantuar. A. D.
1065, de clericis contrahentibus matrimonium. fol. 179 b.

16. S. Edmundi Riche constitutiones provinciales,
A. D. [1236.] fol. 180.

17. S. Mepham [potius W. Raynold] apud Lam-
bethe de ornamentis altaris et clericorum
circa illud ministrantium. fol. 183.
Incip. " Lintheamina, corporalia."

18. Roberti Winchelsea, " et secundum quosdam
libros Simonis Islep, quid parochiani invenire debeant;" etc. [1305.] fol. 184.

19. Ejusdem Simonis de presbyteris annualia
celebrantibus; [1362]. fol. 184 b.

20. [W. Courtenay] constitutio de oblationibus,
[1391.] fol. 185.

21. Simonis Islep [sc. Sudbury] de stipendiis,
[1378.] fol. 186.

22. Roberti Winchelsea de abjuratione concubi-
narum, [1305.] fol. 186.

23. Stephani Langton super casibus de quibus
simpliciter Sacerdos absolvere non possit,
[1222.] fol. 186 b.

24. Rogeri Walden super indictione festorum
SS. David, Ceddæ, et Wynefridæ ac commen.
S. Thomæ, [1398.] fol. 186 b.

25. Thomæ Arundel Constitutiones apud Oxon.
editæ A. D. 1407. fol. 187.

26. Constitutio Henrici Chicheley ne bigami exerceant jurisdictionem spiritualem. fol. 190.
Sequuntur, manu rec., sc. M. Mannyng,

a. Articuli super quibus hæretici vel Lollardi
debent examinari concepti per Juristam;
num. 37. fol. 190 b.
Incip. " An post consecracionem sit in
altari."

b. Articuli concepti per theologos, ejusdem
momenti. fol. 191.
Incip. " An sacerdos rite consecrans."
Sequitur notabilis processus de confessione vocali facienda; incip. " In Dei nomine, etc. Ego N. B. senciens, intelligens."

c. Informatio ad procedendum contra hæreticos.
fol. 192.
Incip. " Imprimis, postquam hereticus
est detectus vel denunciatus."
In calce, "Suppleant defectus discreciones
intuencium; M. Mannyng."

4. Jacobi de Theramo, ord. Præd. liber qui dicitur,
Belial; sive Consolatio peccatorum, prævia
præfatione. fol. 193.
Exstat impress. in fol. Aug. 1472.
In calce, " Liber iste dividitur in tres partes;

in prima parte agit Belial, procurator Inferni contra Moysen, procuratorem Jhesu super spolacione Inferni facta per dictum Jhesum, judicio possessorio; in secunda parte agit de judicio petitorio; in tertia pronunciatur in causa;" cui succedit tabula alphabetica.

CLIX.

Codex chartaceus, in folio majori, ff. 244, sec. xv., binis columnis exaratus, ex dono Will. Gray; in calce mutilus.

Domini Aricii [potius Dominici de Sancto Ge-miniano] commentariorum super Bonifacii li-brum Sextum Decretalium volumen alterum.

Incip. in tit. de vita et honestate Clericorum, " Oppono quod rubrica non fuerit bene for-mata, quia sufficiebat alterum ex istis dicen-dum."

Incip. gloss. " Clerici, etc. Glossa enim sumat et duo membra distinguit."

Defic. in verbis super tit. de Sententia Ex-communicationis, " et ideo a pluribus denomi-nabatur et secundum id judicabatur."

Cf. MS. cod. Arundel. in Mus. Britan. hodie servatum, No. 472.

CLX.

Membranaceus, in folio, ff. 277, sec. xiv., bi-nis columnis exaratus; ex dono Will. Gray.

1. Anonymi cujusdam commentarius in Gregorii ix. Decretalium libros quinque, cum prologo. fol. 1.

   Incip. prol. " Cum eram parvulus; etc. Licet divine magestatis concilium super na-turaliter quinque."

   Incip. gloss. " Bonefacius; Antequam ad textum vel glosam primo discendam est sciendum quod Johannes Mo. Cardinalis in hoc summe commendandus;" et postea, " Bonefacius; Salutacio et contra id quod licet papa premittit scripsi post Vinc. in prohemio."

   Desin. " dimittere; hec melius intelliges per notata scilicet de voto, quod super hiis in tercia glossa Jo. Andree."

2. Commentarius de Regulis juris secundum or-dinem alphabeti dispositus. fol. 182 b.

   Incip. " Non est nomen; Sic incipit glosa super rubrica, cujus glossæ principio et fini resistens faciam plura nova."

Incip. gloss. " Accessorium naturam; Re-gule juris civilis, ut videbis."

Desin. " plus urgentem pretermitto."

Sequuntur *man. recent.* quæstiones non-nullæ, sive casus, juridiciales.

CLXI.

Codex chartaceus, in folio, ff. 411, sec. xv., binis columnis scriptus; ex dono Willelmi Gray.

Anonymi cujusdam, Mediolanensis, sermones Dominicales Quadragesimalesque, cum prologo.

Incip. prol. " Quantum sim hoc opere per-fecturus nescio, qui nec ipsius operis modum video nec quantum vel fidei vel saluti cujus-quam prodesse possit intelligo. * * *. Maxime vero contigit ut primum cum essem Florentie in illa ecclesia pro diebus quadra-gesime hanc a me operam postularent. Cum igitur ut qui eram in hac exercitatione rudior pauca contuli quibus in exponendis illius tem-poris evangeliis proficerem. Eadem post Bo-nonie necessitas incidit ut alios sermones ha-beremus."

Incip. serm. i. " Lumen ad revelationem," etc. " Quanquam totum humanum genus ante Christi adventum magna ignorancia et ceci-tate."

Ad fol. 78 b incipit ut videtur pars altera operis, cum proœmio, incip. " Non deficit qui-dem ab initio hujus operis divini auxilii spes."

Incip. serm. " Non in solo pane," etc. " Homo ut plane constat secundum genuinam substan-tiam, hoc est carnem."

Ad fol. 349 divisio succedit tertia, incip. " In dominica Palmarum; Recte hoc nomen factuun videtur quod huic ebdomade majores tribue-runt ut majorem eam ebdomadam dicerent."

Defic. opus, in verbis, " quia in ipsis vivifi-casti me; sed nunc eciam in evangelium"——

CLXII.

Chartaceus, in folio majori, ff. 300, sec. xv., binis columnis exaratus; ex dono ejusdem Willelmi.

[Dominici de S. Geminiano] commentarius super Bonifacii libri Sexti Decretalium libros priores duo, cum prologo.

Incip. prol. "Que glossa prima sine recitatione est legenda secundum Jo. Andreæ."

Incip. comment. "Bonifacius; Istud prohemium potest dividi in quinque partes tenendo quod salutacio sit de epistola."

Desin. ab initio tit. ' de vita et honestate Clericorum,' in verbis, "cap. Quoniam, ubi dicitur"—— ut supra in cod. 159.

CLXIII.

Codex membranaceus, in folio minori, ff. 217, sec. xii. exeuntis; binis columnis exaratus, ex dono ejusdem Willelmi.

Petri Chrysologi, episcopi Ravennensis, sermones centum septuaginta sex, prævia notitia Felicis episcopi de ipso, et capitum tabula.

Tit. "Incipit prologus Felicis episcopi in sermones beati Petri Ravennatis, ecclesie pontificis."

Incip. "Beatus pontifex," ut in Bandinii Catal. tom. iv. col. 309.

Incip. serm. i. "De duobus fratribus hereditatem petentibus; Hodie nobis Dominus," ut in edit. Venet. 1742, p. 1.

CLXIV.

Chartaceus, in folio, ff. 394, sec. xv., ex dono ejusdem Willelmi.

Sermonum collectio in concilio Basileensi annis 1436 seqq. factorum.

Tit. i. "Sermo in die Epifanie Domini anno 1436 in generali Basiliensi concilio factus per Ma. doctorem in theologia ordinis fratrum minorum."

Incip. "Intrantes domum invenerunt, etc. et in evangelio hodierne festivitatis novissime decantato."

Sermonum auctores, quorum nomina occurrunt liceat exscribere,

1. Simonis Freroni doctoris. p. 38.
2. Abbatis de Dritudaynan de Scotia et ambassiatoris regis Scotiæ. p. 72.
3. Johannis Albalcri, canonici regularis. p. 93.

Ad p. 116 notatur, "Hunc sermonem compilavi ego Petrus Porquirii doctor S. P. in universitate Tholosana et provincialis minister fratrum minorum in provincia Aquitanie, quando eram Basilee, quam predicavi coram tota sacratissima universalis ecclesie synodo

anno Domini 1435 dominic. iv. Quadragesimæ."

4. Johannis de Ronray, "prædicatus die Concept. B. M. V. m. cccc. xxxv." p. 149.
5. Jacobi, ep. Laudensis et magistri palatii apostolici. p. 179.
6. Collatio facta in ascensione Domini concilio Basileensi, 1432, a quodam magistro theologiæ de ordine Cisterciensi. p. 210.
7. Johannis de Polemar, sedis apost. causarum auditoris. p. 245.
8. Henrici Kaltysen, S. T. P. ord. Præd. p. 253.
9. Magistri Matthiæ, provincialis Saxoniæ. p. 266.
10. Johannis Didaci de Coca, Decret. doctoris, abbatis de Cernatos. p. 277.
11. P. Dignensis episcopi, in die Pentecostes 1434. p. 314.
12. Arnoldi de Glimis præpositi de Morsen, ord. Bened. in die Nativit. B. M. V. 1435. p. 330.
13. Guidonis de Versailles, S. T. B. in die S. Dionysii 1436, "in qua fuit processio et missa solemnis pro pace Franciæ." p. 357.
14. Johannis prior. Fornensis ord. Præmonst. dominic. iv. Quadragesimæ 1435. p. 370.
15. Domini decani Asto. su . . Compostellani. p. 407.

Sequuntur hic Mauritii de Praga sermones duo in concilio Constantiensi habiti, 1416. p. 432.

Incip. i. "Habeo vobis dicere, Joh. xvi. Originaliter et in officio misse transumptive, reverendissimi patres."

16. Fratris Willelmi Tuscanne, de observantia S. Francisci de Francia. p. 496.
17. Abbatis Cisterciensis sermo in adventu Bohemorum congregato concilio prolatus in consistorio publico. p. 512.
18. Abbatis de Mulbron, ord. Cisterc. p. 541.
19. De dominica xxiii. per priorem monasterii S. Benigni Divionensis, ord. Clun. de auctoritate et potestate concilii generalis. p. 589.
20. Thomæ de universitate Viennensi S.T.P. p.608. Folium inter pp. 610 et 613 excisum est.
21. Henrici Bakel, seu Babel, de Deist S. T. P. in die SS. Philippi et Jacobi. p. 629.
22. Radulphi de Portu in Dominic. post Domini nativitatem. p. 650.
23. Sermo auditoris domini Legati. p. 665.
24. M. Matthiæ in octav. Assumpt. 1434. p. 703.
25. Episcopi Dignensis in die Epiphaniæ. p. 717.
26. Decani Turonensis in die S. Martini. p. 738.

27. Thomæ Francisci, S. T. P. in ascensione Domini. p. 771.

Incip. " Euntes in mundum, etc. Originaliter et in evangelio provincialiter lecto."

Desin. " tam diu postpositam tamque neglectam perficere studeatis, quod vobis concedere dignetur Unigenitus Dei Filius."

CLXV. (A.)

Codex chartaceus, in folio, ff. 446, sec. xv.

Sermonum apud Concilium Basileense habitorum volumen alterum.

Incip. i. " De puritate B. M. V. Conceptionis." Divi ac summi in terris interpretes juris humani."

Sunt,

1. Episcopi Laudensis. p. 45.
2. Johannis de Turre-Cremata, ord. Domin. Dominic. 2 Adventus. pp. 62, 613.
3. Dionysii doctor. Paris. Dominic. 1 Advent. 1[4]31. p. 77.
4. Johannis de Ragusio, ord. Præd. Dominic. ii. Advent. p. 92.
5. Joh. de Polemar, S. palatii apostol. causarum auditoris. p. 125.
6. Sermo in die S. Nicolai Dominic. ii. Advent. 1433. p. 155.
7. Thomæ Haselbach, ambassiator. Vienn. Alberti ducis Austriæ, in festo SS. Simonis et Judæ. pp. 174, 407.
8. Collatio M. Henrici Tock, canon. eccl. Magdeburg. in Quadrag. p. 209.
9. Collatio Joh. de Montemartis, canon. eccl. Wormacensis. p. 225.
10. Dom. decani de Salteya. p. 254.
11. Jacobi Villeti, ord. Carmel. Paris. p. 273.
12. Simonis Freroni in die Invent. S. Crucis. pp. 283, 307.
13. Prioris de Benignis de Divione in die SS. Philippi et Jacobi. p. 321.
14. Simonis Pinguis de Pane. p. 335.
15. Collacio M. Herbardi, canon. Luppsensis. p. 371.
16. Henrici Kalteysen, ord. Præd. in festo SS. Simonis et Judæ 1434. p. 378.
17. Provincialis Saxoniæ ord. min. in die S. Pauli Convers. p. 429.
18. Nicolai Jaqueri ord. Præd. in Dominic. post Quadrages. pp. 451, 461.
19. Abbatis S. Ewgendi [sic], ord. S. Benedict. de Burgundia de Nativitate B. M. V. 1433. p. 485.

20. Hieronymi de Praga, [in concilio Constantiensi.] p. 508.
21. Nicolai de Cremona in die S. Matthæi. p. 524.
22. Lupi de Galdo, ambassiat. regis Castellæ 1435. pp. 532, 542.
23. Vicarii Cluniacensis. p. 556.
24. Johannis Kasoloski de Polonia. p. 575.
25. Andreæ de Prato, provinc. Portugal. p. 597.
26. Collatio prioris S. Benigni de Divione. p. 627.
27. Johannis de Ronray, seu Rouray, thesaurarii Aviciensis, in die B. M. V. Conceptionis, et 1435. pp. 653, 769.
28. T. de Courcellis in S. Augustini festo. pp. 739, 755.
29. Mauritii de Praga sermones duo in concilio Constantiensi habiti. pp. 791, 807.
30. Ejusdem, vel ut habet correctio marginalis antiqua, Jo. de Ragusio, Dominic. Quadrages. in eodem concilio habitus. p. 819.
31. Nicolai Kasoloski, S. T. P. de Polonia in Dominic. post Pasch., mutilus. p. 844.
32. C. Cæcilii Lactantii Firmiani liber de ira Dei. p. 849.

In calce, " Explicit liber de ira Dei."

CLXV. (B.)

Codex chartaceus, in folio, ff. 220, sec. xv.

1. Anonymi cujusdam doctoris Parisiensis Allegationes in materia et facto subtractionis; [scil. de schismate inter Urbanum vi. et Clementem vi. eorumque successores Bonifacium et Benedictum xxix.] p. 1.

Incip. " Nunc reges intelligite, etc. ut in psalmo quod intelligitur, ut nunc quando ecclesia est in tanta tribulatione, ut dicit Augustinus, in epistola ad Vincentium."

Quærit auctor, Numquid reges et regna, Italia sc. Hungaria, Alemannia et Anglia qui a partibus Bonifacii stabant, tum obedientiæ Bonifacii, quam obedientiæ Benedicti, ipsis ambobus nolentibus renunciare possint, et obedientiam canonice subtrahere seu penitus denegare, etc.

2. Copia literæ capitanei rectorum et syndicorum Avinionensium, ad regem Aragonum ; dat. Cæsar-Augustæ 6 Dec. 1318, cum responso. p. 101.

Incip. " Rex Aragonum. Lecta et intellecta litera, quam misistis, qua excusationis."

3. Allegationes pro subtractione ab obedientia concertantium de papatu. p. 109.

Incip. "Primo videtur quod non licet obedientiam."

4. Collatio Conradi Satalis ep. Verdensis, facta in gratiam Ruperti Romanorum regis coram Antipapa. pp. 133, 189.

    Incip. "Sanctissime pater, etc. Devotissimus Sanctitati vestræ filius princeps invictissimus."

5. Copia capitulorum et informacionis datorum per dominum Bonifacium domino Antonio de Monte Cateno, legum doctori per eum transmisso ad novum electum, scil. Rupertum, et copia bulle confirmationis novi Imperatoris electi. p. 137.

    Incip. "Primo exponere qualiter."

    Incip. bull. "Bonifacius, etc. Pater universe majestatis altissimus."

6. Ordo unionis per consilium de eodem schismate. pp. 149, 210.

    Incip. "Secundum omnes per quemcumque modum."

7. Clementis papæ VI. bulla falsa de indulgentiis plenariis. p. 153.

    Incip. "Clemens papa et episcopus servus servorum Dei ad memoriam reducendo causam."

8. Urbani V. constitutio contra petentes vel exigentes aliquid ab ingredientibus religionem. p. 162.

    Incip. "Ne in vinea Domini."

9. Gregorii XI. quod religiosi quilibet subsint correctioni superiorum. p. 163.

    Incip. "Gregorius, etc. Ad perpetuam rei memoriam et ad Romani pontificis prudenciam."

10. Responsum Benedicti papæ, quibusdam ambassiatoribus regis Franciæ et domini Aurelianensis. p. 165.

    Incip. "Noverint universi, quod anno a Nativitate Domini mill. ccc. xcix. indict. sept. die xi. mensis Octobris."

11. Requisitio regis Aragoniæ et protestatio contra Cardinales et Avinionenses, in gratiam Benedicti; dat. 20 Dec. 1401. p. 173.

    Incip. "Pateat universis quod nos Martinus, Dei gratia rex Aragonum."

12. Capitula per Romanorum regem et legatos Concil. Constant. ab una parte et dominos Ambassiatores Regum aliorumque principum obedientiæ Benedicti papæ xiii. ab altera;

die Veneris, 13 Decemb. 1415, in capitulo novo S. Eccl. Narbonensis et in camera magnæ turris novi palatii. p. 181.

    Incip. "Primo quod convocatio fiet per prelatos ceterosque viros ecclesiasticos."

13. Sermo in istud, 'Accepistis quomodo oporteat vos ambulare,' etc. p. 193.

    Incip. "Et in epistola hodierne electionis."

14. Martini papæ ad Henricum regem Angliæ epistola, in gratiam Ricardi ep. London. dat. Mantuæ iii. Non. Decemb. an. Pont. ii. p. 201.

    Incip. "Venerabilis frater Rycardus."

15. Qualiter fuerit status ecclesiæ in veteri et novo Testamento, et qualiter ecclesia fuit recta temporibus prædictis, et quot scismata et quot intrusiones fuerint in eccl. Rom. etc. secundum veras chronicas. p. 203.

    Incip. "Postquam superius status et effectus."

16. Responsio Benedicti papæ facta regi Franciæ super facto unionis; dat. 24 Octob. p. 215.

    Incip. "Receptis noviter jocundis rumoribus."

17. Tractatus quod regi Galliæ nec liceat nec expediat obedientiam Benedicto XIII. subtrahere; dat. 1397. p. 217.

    Incip. "Primo ponam tres maximas."

18. Practica Justitiæ per Benedictum cum Martino reges Aragon. concordata pro unitate ecclesiæ facienda et pro parte ipsius domini nostri oblata. p. 241.

    Incip. "Primo concordata inter ipsum dominum nostrum et parte ejus."

    Sequitur additio facta pro parte regis Aragonum ad practicam supradictam.

19. Tractatus quod via justitiæ cum Practica supradicta est potius eligenda ad unitatem faciendam, quam via renunciationis utriusque partis. p. 244.

    Incip. "Est autem considerandum quod non potest cogitari seu inveniri."

20. Facta et gesta compendiose scripta cum responsionibus tribus factis dominis ducibus a tempore assumptionis domini Benedicti XIII. ad papatum usque ad exitum hominum armorum de palatio et cessationem guerræ. p. 249.

    Tit. i. "Informacio seriosa eorum que nuper facta fuerunt Avinion. per duces Franciæ et alios ex diversis sumptis occasionibus circa dominum nostrum papam."

    Incip. "Et ante omnia est sciendum."

21. Anonymi cujusdam oratio coram rege Franciæ in præsentatione epistolæ Tholosanæ Universitatis. p. 269.

Incip. "Regum serenissime, etc. Coegit me quodammodo remittentem filia vestra."

22. Universitatis Tholosanæ epistola ad regem Franciæ pro restitutione Benedicti papæ. p. 289.

Incip. "Orthodoxe ac invictissime pugil fidei, Brachium inclitum dextrum."

23. Litera dom. episcopi S. Pontii directa domino S. Angeli de modo Unionis; dat. Paris. 24 Febr., cum responso. p. 313.

Incip. "Reverendissime pater, etc. post recommendationem humilem et actiones gratiarum."

24. Declaratio regis Franciæ post subtractionem. p. 321.

Incip. "Karolus, etc. per presentes notum facere duximus quam benigne, quam pie."

25. Decretum Concilii Basiliensis dat. 29 Apr. 1432, in quo queritur quod Eugenius papa rogatus concilio interesse recusaverit, cum notarii, sc. Petri Bennett canon. Atrebat., subscriptione. p. 328.

Incip. "Olim sacrum Constantiense concilium."

26. Allegationes, quod papa non habeat plenitudinem potestatis in temporalibus; item quod rex pro bello justo potest exigere subsidia a personis ecclesiasticis sine auctoritate papæ. p. 333.

Incip. "Est opinio aliquorum quod papa."

Tractatum hunc ab Anglo quodam scriptum colligendum sit ab locis, quos videsis ad pp. 345, 348, 350 seq.

27. Quæstiones quatuor, quæ ponuntur de verbo ad verbum per dominum [Petrum Bertrandi] Cardinalem Eduensem super procœnio Sexti. p. 355.

Incip. "Primo, Utrum potestas secularis per quam populus regitur quam ad temporalia sit a Deo."

Ad p. 375 in calce quæst. iii. legitur, "Predicta extraxi de libello domini Durandi; Petrus Bertrandi."

28. Tractatus, in quo pluribus impugnatur compositio quædam prætensa, per quam episcopus quidam Baiocensis Cancellario nonnulla ad mensam episcopi spectantia concesserat. p. 379.

Incip. "Puta, quia in veritate, jura que petebat cancellarius."

29. Harenga facta per Magistrum ord. Minor. Aragon. quando ambassiatores regis Aragon. venerunt ad regem [Franciæ.] p. 401.

Incip. "Considerate lilia agri, etc. Illustrissime princeps, per signa sensibilia et figuras varias."

30. Subtractio collegii sacri Dominorum Cardinalium, [ab obedientia Benedicti papæ XIII. ad regem Franciæ;] dat. apud Villam Novam prope Avinion. 17 Septemb. p. 405.

Incip. "Christianissime ac serenissime princeps; Nuper per honorabiles viros magistros Robertum Cordelerii et Tristanum de Bosco."

31. Assertiones cujusdam habitum Carmelitanum deferentis, 'quod aqua benedicta non est addenda aquæ benedictæ,' etc. p. 408.

32. Allegationes super quæstione temporalitatis et jurisdictionis ecclesiæ, pro et contra temporales; "Iste est liber compositus et translatus de Gallico in Latinum per dominum Petrum Bertrandi, utriusque juris professorem tunc episcopum Eduensem nunc cardinalem super facto Prelatorum, A. D. 1329, die prima mensis Septembris." p. 409.

Incip. "Dominus Philippus, Dei gratia Francorum rex illustris filius illustris."

In hoc tractatu habentur gravamina populo Gallicano per clerum illata, articulis 66 expressa, cum responsione ad singula coram rege exhibita.

33. Quæstio an monachus absolvi possit a suo abbate, et si non, an possit absolvi ab episcopo. p. 473.

Incip. "Monachus Perusinus excerptus aliqua commisit in suo monasterio exempto."

CLXVI. (A.)

Codex chartaceus, in folio, ff. 408, sec. xv., ex dono Will. Gray.

1. Johannis de Ragusio, postea ep. Argensis et Cardinalis, responsio ad primum articulum Bohemorum in concilio Basiliensi de communione sub utraque specie. p. 19.

Exstat impress. in Canisii Thesauro Monument. Eccles. vol. iv. p. 467.

Præcedit notitia de contentis manu Bryani Twyne scripta.

2. Ægidii Carlerii, decani eccl. Camerac., responsio ad secundum articulum contra Hussitas de corrigendis peccatis publicis. p. 219.

     Exstat ibid. vol. iv. p. 566.

3. Henrici Kaltheisen responsio ad tertium articulum Hussitarum de potestate ecclesiastica et officio prædicandi. p. 355.

     Exstat ibid. vol. iv. p. 628.

4. Johannis Polemar archidiac. Barcinonensis responsio ad quartum articulum Bohemorum de dominio ecclesiæ temporali. p. 535.

     Exstat ibid. vol. iv. p. 710.

     In calce, " Expliciunt responciones dom. Johannis Polomar, auditor. sacri palacii apostolici, archidiac. eccl. Barchinon. decret. doct. ad proposita per magistrum Petrum [Paine] Anglicum hereticum, seu ad articulum quartum Bohemorum, qui est quod clerici non debent habere temporalia facte in generali congregatione concilii Basiliensis A. D. 1433."

     Meminit tractatus istius Tho. Gascoigne in Dictionario suo theologico, sub verb. Prædicare, MS. coll. Lincoln. [cxvii.] p. 455.

5. Responsio M. Ægidii [Carlerii?] ' ad replicas dom. Nicolai memorati' data coram Patribus in congregatione generali, A. D. 1433, cum præfatione. p. 631.

     Incip. præf. " Cum excrescit ignis."

     Incip. respon. " Cum replicas contra posicionem."

---

6. S. Bernardi abbatis ad Eugenium de consideratione libri quinque. p. 727.

     Inter opera, ed. Paris. 1690, tom. i. col. 407.

     In calce, " Explicit liber quintus Bernardi abbatis de consideratione ad Eugenium papam; Deo gratias."

7. Ricardi de Bury, ep. Dunelmensis, Philobiblon. p. 791.

CLXVI. (b.)

Codex membranaceus, in folio maximo, ff. 303, sec. xiv. exeuntis, binis columnis nitide exaratus, quoad literas initiales auro coloribusque ornatus.

Nicolai de Lyra postillæ super Veteris Testamenti libros, qui sequuntur, scil. Genesim ad Ruth inclusive, Regum quatuor, Paralipome-

non duo, Esdræ duo, Neemiæ, Esther, Tobiæ, Judith, Job, Parabolas Salomonis, Ecclesiasten, Cantica Canticorum, Sapientiam et Ecclesiasticum.

CLXVII.

Codex membranaceus, in folio minori, ff. 215, sec. xiii. ineuntis, binis columnis nitide exaratus; ex dono Will. Gray.

1. Rabani Mauri, ep. Ratisponensis, commentarius super Genesim, prævia ad Freculphum præfatione. fol. 3.

     Tit. " Incipit epistola Rabani ad Freculfum episcopum."

     Incip. " Magnorum virorum;" ut in edit.

     In calce, " Explicit exposicio Rabani super Genesim."

2. Ejusdem expositio super Maccabæorum libros duo, cum præfatione ad Geroldum, sacri palatii archidiaconum. fol. 81.

     Tit. " Exposicio Rabani in libro Machabeorum."

     Incip. " Memini me in palacio;" ut ibid.

     In calce, " Explicit tractatus Rabani super Machabeorum libro."

3. Ejusdem expositio super Actus Apostolorum, cum prologo. fol. 143.

     Tit. " Incipit tractatus Rabani super Actus Apostolorum."

     Incip. " Lucas medicus Antiocensis, ut ejus scripta;" ut ibid.

     In calce, " Explicit tractatus Rabani;" etc.

4. Expositio Bedæ de nominibus urbium vel locorum, quæ leguntur in Actibus Apostolorum. fol. 174 b.

     Incip. " Acheldemach, ager sanguinis, qui hodie monstratur in Helya ad australem plagam montis Syon;" tom. v. p. 666.

5. Liber magistri Roberti prioris de Friddeswide, de connubio Jacob. fol. 177.

     Incip. " Quod significet quod Ysaac vocavit Jacob," etc. " De Jacob quod superna pietas mihi donare dignabitur."

     Præcedunt,

     a. Præfatiuncula ad Laurentium monachum monachofane; incip. " Dum adhuc scolaris."

     b. Oratio auctoris; incip. " Regum omnium rex Jhesu Christe, qui sitienti populo in heremo."

     In calce, " Autoris nomen qui queris;

Junge vocales ut prece, cum libris, hoc ordine, quarta secundam precedat, finis erit ultima sillaba libri."

6. Brevis ordinatio de prædicatione S. Crucis laicis facienda, quæ verborum ornatam non respicit compositionem sed potius lucidam manifestam veritatis ostensionem; etc. fol. 212 b.

Incip. " Obsida pressuris humana fragilitas suarum virium sepe considerat pravitatem."

Desin. " similiter sumpserunt crucem."

CLXVIII.

Codex membranaceus, in folio, ff. 210, sec. xii. exeuntis, binis columnis bene exaratus; ex dono Will. Gray.

Rabani Mauri opera, ut sequuntur,

1. In Paralipomenon libros commentariorum libri quatuor, prævio prologo ad Ludovicum regem, et capitulis. fol. 2.

Incip. prol. " Cum sæpius jam dudum ;' ut inter opera, tom. iii. p. 145.

Incip. lib. i. " Adam, Seth, Enos."

Desin. " partem mereamur habere."

In calce, " Explicit liber quartus commentariorum Hrabani Mauri in volumine Paral."

2. Ejusdem commentarius in librum Judith, præviis capitulis. fol. 161.

Ibid. tom. iii. p. 266.

3. Ejusdem in librum Esther, cum prologo et capitulis. fol. 191.

Incip. prol. " Liber Hester quem Ebrei inter agiographa annumerant."

Ibid. tom. iii. p. 279.

Desin. " quia isti sunt semen cui benedixit Dominus. Hi querunt bona populo suo et locuntur que ad pacem pertinent seminis sui, quia juxta Ysaie vocem"——

CLXIX.

Membranaceus, in folio, ff. 230, sec. xiv., ex dono Will. Gray.

Rabani Mauri in S. Matthæi evangelium commentariorum libri octo, cum prologo ad Haistulfum archiepiscopum.

Incip. prol. " Memor illius precepti."

Incip. lib. i. " Exposicionem scripturus."

Inter opp. tom. v. p. 1.

In calce, " Rabani Mauri exposicionis liber octavus explicit;

" Laus tibi sit Christe . per quem liber explicit iste."

Sequuntur " annotationes evangeliorum, que docent ubi invenientur expositiones eorum."

In fol. penult. verso notatur pretium codicis olim esse xlvi. s. viii. d.

CLXX.

Codex membranaceus, in folio majori, ff. 323, sec. xiii. ineuntis, binis columnis exaratus; ex dono W. Gray; in fine mutil.

Testamenti Veteris libri qui sequuntur, scil. Josuæ, Judicum, Ruth, Regum quatuor, Paralipomenon duo, Esdræ, Nehemiæ, et Maccabæorum duo, omnes glossa ordinaria atque interlineari necnon prologis instructi.

Incip. prol. i. " Tandem finito Pentateucho Mosis velut grandi fœnore liberati."

Desinit lib. ii. Maccab. a supplicio sumpto de filio sexto matris Maccabaicæ.

CLXXI.

Membranaceus, in folio grandi, ff. 262, sec. xiv. exeuntis, binis columnis.

Nicolai Lyrani Postilla super libros sequentes;

1. Psalterium. fol.

Incip. prol. " Propheta magnus, etc. Quamvis liber."

Excisum est folium, quod extremam partem expositionis in Psalterium et primam super Esaiam prophetam.

2. In Esaiam prophetam. fol. 81.

Incip. in verbis, " ——Zorobabel duce, qui reedificaverunt templum et postea civitatem."

3. In Jeremiam prophetam, Threnos et Baruch. fol. 125 b.

4. In Ezechielem prophetam. fol. 159 b.

5. In Danielem prophetam. fol. 194.

Pro capite 13 numeratur hic et exponitur Historia Susannæ, et pro cap. 14 Historia Belis et Draconis.

6. In Prophetas duodecim minores. fol. 116.

Excisum est hic quoque folium primum ob literam principem illuminatam.

Incip. " ——vite Achab, usque ad principium regni."

In calce, " Explicit postilla fratris Nicholai de Lira super librum duodecim prophetarum."

7. In Maccabæorum libros. fol. 146 b.

In calce, " Explicit postilla," etc.

" Opere completo sit laus et gloria Christo, Scriptoris miseri dignare, Deus, misereri."

I

CLXXII.

Codex membranaceus, in folio, ff. 169, sec. xii. exeuntis; ex dono Will. Gray.

1. Ezechielis prophetæ liber, cum glossa ordinaria et interlineari, et prologo. fol. 2.
    Incip. prol. " Ezechiel propheta."
2. Danielis prophetæ liber, itidem glossis et prologo instructus. fol. 130.
    Incip. prol. " Danielem prophetam."
    Ad finem habentur nomina regum Persarum, Ægypti et Syriæ.

CLXXIII. (A.)

Membranaceus, in 4to, ff. 119, secc. xiii. et xii. ineuntis; ex dono ejusdem.

1. Roberti Grostete, ep. Lincoln. super Analytica Posteriora commentarius. fol. 1.
    Incip. " Intentio Aristotelis in isto libro."
2. Avicennæ tractatus super librum Aristotelis de cœlo et mundo. fol. 40 b.
    Incip. " Collectiones expositionum ab antiquis."
3. Conclusiones Ethicorum, sive Propositiones Universales ex Aristotelis Ethicis collectæ. fol. 50.
    Incip. " Omnis ars et omnis doctrina."

———

4. De musica tractatus ad Dardanum, schematibus graphice delineatis instructus. fol. 74.
    Incip. " Musicam non esse contemnendam."
    Desin. " mixolidius, yperonxolidius."
5. Guidonis monachi ad Theodaldum liber de re musica, cum epistola et prologo. fol. 82.
    Tit. " Incipit micrologus, id est brevis sermo in musica, editus a domino Guidone piissimo monacho et peritissimo musico."
    Incip. epist. " Dum solitariæ vitæ."
    Incip. prol. " Cum me et natalis."
    Incip. lib. " Igitur qui nostram ;" ut in edit.
    Præcedit acrostichis, incip. " Gymnasio musas placuit revocare solutas." Concluditur quoque opus similiter, incip. "Gliscunt corda meis hominum mellita camœnis."
6. Ejusdem alia ejusdem momenti; metrice. f. 92.
    Incip.
" Musicorum et cantorum magna est distantia,
    Isti dicunt, illi sciunt quæ componit musica."

7. Ejusdem alia. fol. 94 b.
    Incip. " Temporibus nostris super omnes."
8. Ejusdem opus musicum cum epistola ad amicum. fol. 96.
    Tit. " Incipit epistola Guidonis ad amicum suum M."
    Incip. " Per anfractus multos dejectus et auctus. Aut dura sunt tempora."
    Incip. opus, " De novo cantu inveniendo ; Ad inveniendum ergo ignotum."
    In calce, " Explicit musica domini Guidonis."
9. Explanatio artis musicæ, sub dialogo. fol. 10c.
    Incip. " Δ. Quid est musica? Res. Veraciter canendi scientia."
10. Bernardi cujusdam liber qui dicitur Tonarium, prævia epistola ad archipræsulem Piligrinum. fol. 106.
    Incip. ep. " Præclara Christianæ."
    Incip. opus, " Omnis igitur regularis monochordi constitu_:us."
    Defic. in verbis, " Deus in loco sancto suo"———
    In folio rejectaneo ad initium ita notatur, " Requisitus per Cancellarium adire carcerem infra diem naturalem si non adeat ipso jure, est bannitus," etc.

CLXXIII. (B.)

Codex membranaceus, in folio, ff. 204, sec. xii. exeuntis ; binis columnis optime exaratus et illuminatus, olim eccl. S. Mariæ de Bildewas, co. Salop. : ex dono ejusdem.

Glossa ordinaria super Epistolas Paulinas quatuordecim ; nominibus auctorum in margine rubricatis.
    Præcedit index summorum capitum epistolæ ad Romanos.
    Incip. prol. " Principia rerum requirenda sunt."
    Scholia aliquot ob literas initiales hic illic a nebulone quodam excisa sunt.

CLXXIV.

Membranaceus, in folio majori, ff. 248, sec. xv., binis columnis bene exaratus ; ex dono ejusdem ; initio mutil.

Gulielmi Parisiensis Summæ Partes, quæ sequuntur,

1. Pars quinta, quæ est de fide. fol. 2.

> Incip. in cap. 2, lib. i. verbis, "——derare vel obedire."

2. Pars sexta, de Sacramentis. fol. 68.

> Incip. prol. " Cum inter sapientiales."

3. Pars septima, de virtutibus et vitiis. fol. 153.

> Incip. præf. " Postquam claruit ex ordine."

CLXXV.

Codex membranaceus, in 4to, ff. 132, sec. xii., ex dono ejusdem.

1. Venerabilis Bedæ expositio in Salomonis Proverbia. fol. 1.

> Tit. " Incipit expositio Bede presbiteri in libro Salomonis."
>
> Incip. " Parabolæ, Græce, Latine dicuntur Similitudines ;" ut in edit. Colon. 1612, tom. iv. col. 634.

2. Ejusdem in librum Tobiæ expositio. fol. 94.

> Tit. " Expositio venerabilis Bede presbiteri in librum Tobiæ incipit."
>
> Inc. " Liber S. patris Tobiæ ;" ib. col. 347.

3. S. Hieronymi expositio super Marcum. f. 106.

> Tit. *man. sec.* " Ieronimus super Marcum."
>
> Incip. " Omnis scriba doctus ;" ut inter opera, tom. xi. col. 783.

4. Hugonis Ambiacensis epistola ad Gravionem Andegavensem de anima primo homini data. fol. 130 b.

> Incip. " Questioni tue rescribere amor imperat, imperitia denegat."

CLXXVI.

Membranaceus, in folio, ff. 182, sec. xii. exeuntis, binis columnis exaratus ; ex dono ejusdem.

1. Venerabilis Bedæ Historiæ ecclesiasticæ gentis Anglorum libri quinque, cum prologo, et indice capitum cuique libro præfixo. fol. 2.

> Tit. " Incipit prologus venerabilis Bede presbiteri super ecclesiasticam historiam Anglorum."
>
> In calçe, " Explicit ecclesiastica hystoria Anglorum edita a venerabili Beda presbitero."

2. Ejusdem expositio evangelii S. Marci. fol. 94.

> Tit. " Incipit prologus venerabilis Bede presbiteri in expositione evangelii secundum Marcum."

> Incip. " In expositione evangelii secundum Marcum ;" ut inter opera, tom. v. col. 92.

CLXXVII.

Codex membranaceus, in folio, ff. 192, sec. xii. exeuntis, binis columnis bene exaratus ; ex dono ejusdem.

1. Bedæ expositio super Actus Apostolorum, ad Accam. fol. 2.

> Tit. " Domino in Christo desiderantissimo et vere beatissimo Accæ episcopo Beda perpetuam salutem."
>
> Incip. ep. " Accepi creberrimas ;" ut inter opera, tom. v. col. 625.
>
> In calce, " Explicit opusculum venerabilis Bede in librum Actuum Apostolorum."

2. Ejusdem expositio super epistolas septem catholicas. fol. 29.

> Incip. " Jacobus ; Dixit de hoc Jacobo ;" ut ibid. tom. v. col. 673.
>
> Præcedit S. Hieronymi prologus in easdem epistolas generalis, et in epistolam S. Jacobi.

3. S. Hieronymi libellus de locis Sanctis, cum præfatione. fol. 89.

> Incip. " Eusebius qui a beato ;" ut inter opp. tom. iii. col. 121.
>
> In calce, " Explicit liber Sancti Ieronimi presbiteri de situ sive distanciis vel nominibus locorum."

4. Ejusdem præfatio de interpretatione nominum Hebræorum. fol. 114 b.

> Incip. " Philo vir disertissimus ;" ib. col. 1.

5. Ejusdem epistola de Hebraicis quæstionibus in Genesim. fol. 115.

> Inc. præf. " Qui in principiis ;" ib. col. 301.

6. Ejusdem de Hebraicis quæstionibus in Samuelis et Paralipomenon libros. fol. 145.

> Inc. " Ramathaim interpretatur ;" ib. c. 755.

7. Ejusdem de decem temptationibus liber. f. 182.

> Incip. " Hæc sunt verba ;" ibid. col. 741.

8. Canticum Deboræ, cum expositione. f. 183 b.

> Incip. " Barach, vir Deboræ ;" col. 745.

9. S. Jeremiæ Lamentationes cum expositione. fol. 187.

> Incip. " Sicut inter omnia cantica."

CLXXVIII.

Membranaceus, duobus voluminibus distinctus, in folio majori, ff. 156, et 214, sec. xii., binis columnis bene exaratus ; olim S. Mariæ de Woburnia, postea coll. Ball. ex dono ejusdem.

Bedæ expositionis super epistolas Paulinas pars altera, ex S. Augustini operibus collectæ.

Incip. ab epistola ad Corinth. secunda, in verbis, " Paulus, etc. Ex tractatu octavo epistolæ Johannis ;" inter opp. tom. vi. col. 447.

Desideratur folium extremum. Deficit ergo expos. in epist. ad Hebr. in verbis, " illo ergo quod eum nolle dixit, hoc signi"——

Tractatus S. Augustini unde expositio desumitur minio prænotati sunt.

CLXXIX.

Codex membranaceus, in folio, ff. 330, sec. xiii. exeuntis, binis columnis exaratus ; ex dono Johannis de Pokynlyngton.

Bertrandi homiliæ lxxix. super Evangelia quæ in ecclesia legi solent per anni circulum, cum prologo et præfatione.

Incip. prol. "Quis putas ; Sicut per hordeum."

Incip. præf. " Vidi alterum angelum ; Prædicator evangelicus qui more apostoli."

Incip. homil. i. in Dominic. Advent. " Erunt signa ; In quo quidem evangelio quamvis aliqua."

Homiliæ cuique si forte unam et alteram excipias, subjicitur collatio seu brevis conciuncula sive collatio, de eodem festo, incip. " Videbunt filium hominis ; Quamvis verbum istud."

Sequuntur,

1. Ars dividendi themata. fol. 321.

Incip. " Omnis traditio Scripturarum."

2. Ars dilatandi sermones. fol. 325.

Incip. " Quoniam æmulatores estis."

Præmisit volumini scriba distichon istud,

" Duc pennam, rege cor, Sancta Maria precor,
Ne faciam vanum, duc, pia Virgo, manum."

CLXXX.

Membranaceus, in folio, ff. 135, sec. xv. ineuntis, binis columnis exaratus ; ex dono Will. Gray.

Bertrandi sermones super Epistolas, quæ in ecclesia leguntur per anni circulum, cum præfatione.

Incip. præf. " Scripsit Ezechias literas."

Incip. serm. i. in Dominic. i. Advent. " Scientes, quia hora ; Ad evidentiam hujus sacri temporis."

Desin. ult. " sic trahat nos ad perfectionem sue glorie in vinculis caritatis, quod nobis concedat, et cetera."

CLXXXI.

Codex chartaceus, in folio, ff. 169, sec. xv., bicolumnis ; ex dono ejusdem.

1. Lectura sive Postilla super S. Marci evangelium, ' ordinata et facta a fratre Johanne de Hisdinio, ord. Hospitalis, S. Johannis Hierosolymitani, doctoris in S. Theologia " et fuit completa A. D. 1360 10 die Julii." fol. 2.

Incip. præf. " Similis factus est leoni, 1. Maccab. 3. In primis sciendum est, quod sicut dicit philosophus."

Incip. opus, " Istud evangelium in prima sui divisione dividitur in duas partes."

In calce index est alphabeticus.

2. Ejusdem lectura super epistolam Pauli ad Titum, cum præfatione ad DD. Philippum de Alenconio, archiep. Rothomagensem. fol.

Incip. ep. " Quia sicut dicit philosophus."

Incip. lect. i. " Erudi filium ; Quia ut dicit Cyprianus."

Incip. lect. ii. " Paulus servus," etc. " Iste liber in prima sui divisione dividitur in tres partes."

In calce, tetrastichon est,

" Annis millenis transactis Nativitatis
A quadringentis ast quadraginta quaternis,
Ipso nempe die Lamberti presulis almi,
Nunc fuit hec scripta fratris lectura Johannis."

Sequitur tabula contentorum locuples.

CLXXXII.

Membranaceus, in 4to, ff. 121, sec. xii. ineuntis, bene exaratus ; ex dono Will. Gray.

Haimonis, episcopi Halberstadiensis, super Esaiam prophetam commentarius, cum præfatione.

Incip. " Mos et usitata consuetudo est scriptorum ;" ut in edit. 1531.

In principio codicis habentur folia septem rejectanea, in quibus exhibentur ritualia quædam de officiis sacris celebrandis, de horis canonicis ; etc. a quibus non multum abscedunt, quæ ad calcem foliis tribus habentur, in quibus de sacramentis agi videtur ex Gregorii epistola ad Joh. ep. Ravennatem.

CLXXXIII.

Codex membranaceus, in folio, ff. 204, sec. forsan xi. exeuntis, bicolumnis; manu Deodati cujusdam optime exaratus; olim monasterii S. Laurentii nescio cujus transmarini, postea coll. Ball. ex dono ejusdem Willelmi; mutilus.

Remigii, archiep. Remensis, potius Haimonis Halberstadiensis, expositio super S. Pauli epistolas; exceptis istis ad Titum et Philemonem.
Incip. prol. ad Rom. "Ab Achaia regione Græcorum scripsit apostolus Paulus Romanis."
Cf. edit. 8vo. s. loco 1534.
In calce, " Ego Deodatus manu mea scripsi; Rogo vos ut oretis pro me."
Excisa sunt folia quædam ex epistola ad Thessalonicenses secunda et ista ad Hebræos.
In calce notantur de pensionibus et debitis ad monasterium B. Laurentii ' For. inur.' spectantibus; ex. gr. "Præterea pro vi. aliis libris den. quos idem Ramerius eidem monasterio mutuaverat, habet pro pignore duas pedicas de terra, unam in Pelaiano pro iii. libris denariorum, aliam in Muselino in duas partes divisam pro iii. aliis libris."
Annexa fuit olim, ut notavit Langbainius, Instrumenti chartacei copia, exemplificatio scilicet Bullarum trium Bonifacii papæ ad hospitales cum capella S. Trinitatis juxta Laffordysgate apud Bristolliam spectantium, ad petitionem Johannis Barstaple de eadem villa; dat. London. in Fryday Street 24 Sept. 1400.

CLXXXIV.

Membranaceus, in folio, ff. 138, sec. xiii., binis columnis optime exaratus; ex dono ejusdem.

Haimonis [?] Homiliæ xxxviii. de Temporali super Evangelia ab adventu Domini usque ad vigiliam Paschæ, prævia capitum summa; mutil.
Incip. i. "Cum appropinquasset; Non solum opera et virtutes."
Periere folia 2—9, et cum eis homilia 2 et 3, ut et pars extrema primæ et prima quartæ.

Defic. ult. in verbis, "hec nimirum est illa hora in qua Jhesus aquam"——
Colligata sunt olim cum codice nostro, ut eadem manu sunt scripta, omnia quæ hodie inferius inveniantur sub numero, 226.

CLXXXV.

Codex chartaceus, in folio, ff. 250, sec. xv., bicolumnis; ex dono ejusdem.

1. Anonymi cujusdam super Apocalypsim expositionis fragmentum; partim metrice. fol. 1.
Incip. "Apocalipsis; In verbis præmissis ostenditur quod in hac sua apocalipsi," etc.
et post pauca,
" Altum scrutinium rimetur vivide,
Donans fastigium in alto numine,
Profundum mysterium scrutabor limpide;
Promens incendium in summo germine."
Desin. abrupte in expositione verborum istorum, ' Et angelo ecclesiæ Ephesi scribe, " attentius perscrutentur et in cunctis"——

2. Lectura super Apocalypsin distincta per sermones et tractatus disputativos edita a magistro Augustino de Roma de Favoronibus, ord. Eremit. S. Augustini; prævia epistola ad dominum Carolum de Malatesta. fol. 140.
Incip. epist. "Hinc cujusdam mei assumpti laboris in expositione Apocalypseos gloriosi Johannis."
Incip. opus, " De sacramento unitatis Christi et ecclesiæ sive de Christo integro. Cum gloriosus evangelista Johannes."
Post priores quatuor tractatus, sequuntur alii quatuor, quos dedicat auctor Cosmato Cardinali; incip. " Quanquam sacra Eremitarum religio." fol. 196.
In calce, " Explicit lectura super Apocalipsim distincta per sermones et tractatus disputativos edita a magistro Augustino de Roma de Favoronibus, ord. fratrum eremitarum Sancti Augustini."

CLXXXVI.

Membranaceus, in folio, ff. 228, sec. xv., bicolumnis; ex dono Rob. Abdy, coll. Ball. magistri.

Alberti [Ratisponnensis] expositio super S. Matthæi evangelium, cum prologis duobus.
Incip. prol. i. "Sume tibi librum."

Incip. prol. ii. " Matthæus ex Judæa."

Incip. opus, " Liber generationis; Hic evangelista librum intitulat, quod sic de generacione Jhesu Christi;" inter opp. tom. ix. p. 1.

Desin. " est sacerdos in eternum secundum ordinem Melchisedech Cui est honor et gloria in secula seculorum."

CLXXXVII.

Codex membranaceus, in folio, ff. 314, sec. xiii. exeuntis; binis columnis.

1. Alberti Ratisponnensis commentarius super S. Lucæ evangelium, cum prologo. fol. 2.

Incip. prol. " Ubi apparent plurimæ."

Incip. opus, " Toti huic operi Lucas;" ut inter opera, tom. x. p. 1.

In calce, " Expliciunt notule super Lucam secundum fratrem Albertum de ordine Prædicatorum episcopum quondam Ratisponensem."

2. Ejusdem expositio super S. Marci evangelium, cum prologo. fol. 242.

Incip. prol. " Ecce vicit Leo; Tria notantur hic."

Incip. opus, " Sicut dictum est in præbabitis;" ut inter opp. tom. ix. part. ii.

In calce, " Expliciunt notule super Marcum."

CLXXXVIII.

Membranaceus, in folio, ff. 293, sec. xii. exeuntis, bicolumnis; ex dono Will. Gray.

Ambrosii Antperti seu Ansberti, [seu Authberti,] expositio in S. Johannis Apocalypsin libris x exacta, prævia contentorum tabula, et epistola ad Stephanum Papam dedicatoria.

Incip. epist. " Incipit epistola Ambrosii Antperti ad Stephanum urbis Rome episcopum pro libris suis."

Incip. præf. " Dei omnipotentis illustratio."

Incip. opus, " Apocalypsis; etc. Primo ergo hoc in loco notandus;" in edit. 1536.

Desin. " ac dicat Domine fiat; Amen."

In fine, " Explicit liber decimus expositionis Ambrosii Antperti super Apocalipsim beati Johannis apostoli."

Præmisit scriba distichon sequens,

" Sensibus Auperti sensus nudantur operti Clausa recluduntur, prius ignorata sciuntur."

CLXXXIX.

Codex membranaceus, in folio, ff. 178, sec. xv., bicolumnis; [autograph.?] ex dono ejusdem.

Johannis Capgrave expositio super Actus Apostolorum prævia epistola ad [Will. Gray], episcopum [Eliensem].

Incip. epist. " Reminiscor Sancte Antistes, quanta pia visitatione vestra in me miserum."

Incip. opus, " Primum quidem sermonem."

Desin. " Hujus igitur apostoli adjuti doctrinis facilius celestia capiamus, donante Illo qui vivit," etc.   " Feliciter per Capgrave."

CXC.

Membranaceus, in 4to, ff. 116, sec. xv., bene exaratus; ex dono ejusdem.

Johannis Capgrave opus super Symbola, prævia epistola dedicatoria ad Will. Gray, episcopum Eliensem.

Incip. epist. " Quoniam Psalmigraphus ait, Secundum nomen tuum ita et laus tua, michi quoque ut reor loquitur, cui animus jam ebes est, corpus fatescit."

Incip. opus, " Symbolum quod vocatur Apostolorum, in quo sunt 14 articuli secundum quosdam, sed certior opinio est quod sunt tantum duodecim."

Symbola de quibus agitur in opere isto; sunt,

1. Symbolum Nicæni concilii. fol. 5 b.
2. Symbolum, quod Anselmus archiepiscopus, se præsente, fecit scribi ante corpus B. Apostoli ad exemplar argenteæ tabulæ, quæ a Nicæa missa fuerat Romæ. fol. 6.
3. Symbolum compositum a B. Athanasio. fol. 6 b.
4. Johannis Chrysostomi. fol. 8.
5. B. Hieronymi, ex libro Epistolarum. fol. 10 b.
6. Ex concilio Toletano undecimo. fol. 12 b.
7. Carthaginiensis concilii quarti, ubi interfuit S. Augustinus, tempore Honorii, et allegatur in lib. Decretorum, Dist. 23, ' Qui episcopus.' f. 16 b.
8. B. Augustini, ' et est sermo primus ejusdem, in secunda parte Sermonum.' fol. 17 b.
9. Aliud ejusdem, ' et est sermo 59, in tertia parte Sermonum.' fol. 21.
10. Item aliud Augustini, ' ex uno antiquo codice conscripto, quoniam in numero Sermonum non est.' fol. 23.
11. Aliud S. Augustino adscriptum ' et recte quoniam ille famosus sermo qui legitur in ecclesiæ

Dominic. 4 Adventus trahitur ex hoc Symbolo. fol. 26 b.

12. A. M. S. Boethii symbolum. fol. 40 b.

13. B. Maximi, ' et est sermo iste inter sermones B. Augustini part. i. serm. 54.' fol. 42.

14. Rabani Mauri ex lib. iv. de natura rerum cap. ult. fol. 45.

15. Ignoti cujusdam, ' Sententiæ de S. Trinitate ex libris S. Augustini raptim sumptæ.' fol. 52.

16. Augustini de symbolo libri quatuor. fol. 59 b.

In calce, " Aurelii Augustini de symbolo liber iiij. explicit."

17. Hugonis de S. Victore symbolum. fol. 104 b.

Tit. " Simbolum magistri Hugonis de S. Victore."

Desin. " probet experimentum. Feliciter per Capgrave."

Sequitur fragmentum Historiæ Romanæ, *Anglicè*, cujus caput xiii. intitulatur et incip., " Of the hors of bras and the rider that stant at Laterne. xiij. Now of the hors that stant at Laterne."

CXCI.

De Codice isto mentio jampridem facta fuit sub numero cxxxiii.

CXCII.

Codex membranaceus, in folio, ff. **171**, sec. xv., binis columnis; ex dono Thomæ Gascoigne, **1448**.

1. Johannis Duns Scoti quæstiones quodlibetales, ' quas abbreviavit doctor famosus Jo. Scharp, de Hannonia, qui fuit socius coll. Regin. in Univ. Studii Oxon.' fol. 2.

Incip. " Utrum in divinis essentialia sint immediatiora essentiæ divinæ."

In calce habetur index alphabeticus, cui succedit, " Explicit tabula super quolibeta doctoris subtilis secundum Scharp, utiliter abbreviata."

2. Roberti Cowton Scriptum super quatuor libros Sententiarum per eundem Jo. Scharp abbreviatum. fol. 70.

Incip. " Utrum habitus theologiæ sit forma simplex, abnegationem compositionis."

Ad calcem habetur tabula octo foliis constans, qua absoluta, legitur, " Explicit Tabula super Cowton abbreviatum per P. Perdix."

In principio codicis legitur Thomam Gascoigne usum istius libri dedisse M. Jo. Reding ad terminum vitæ; et post finem Quodlibetorum abbreviatorum, " Liber collegii Ballioli in Oxon. ex dono M. Thomæ Gascoigne, sacerdotis et quondam doctoris S. Th. et cancellarii Oxon., qui in die mortis patris sui Ricardi Gascoigne de Hunslet in comitatu Eboraci fuit filius unicus et hæres patris sui, octodecim annorum existens in ætate in die mortis patris sui."

CXCIII.

Codex membranaceus, in folio, ff. **275**, sec. xiii. exeuntis, binis columnis eleganter exaratus; ex dono W. Gray.

Petri Lombardi Sententiarum libri quatuor.

Cuique libro præmissus est prologus capitulorumque tabula.

CXCIV.

Membranaceus, in 4to minori, ff. **220**, sec. xiii., binis columnis exaratus.

Petri Lombardi Sententiarum libri quatuor, capitulis instructi.

Tit. " Incipit prologus."

Primo libro præmittitur, manu recentiori, præfatio, incip. " Radix sapientiæ cui revelata est; etc. In opere quocunque aggrediendo."

In extrema pagina rejectitia habentur,

a. Regula Septuagesimæ; incip.

" A festo stellæ numerando perfice lunam,

Quadraginta dies post Septuagesima fiet."

b. Distichon de abluendis sordibus cum explanatione;

" O stillam laves pluvia, oleum liquore fabarum,

Incaustum vino, laxiva dilue vinum."

CXCV.

Membranaceus, in folio, ff. **204**, sec. xiii. exeuntis, bicolumnis; ex dono M. Roberti Polan, vicarii de Penistene quondam coll. Ball. socii; mutil.

P. Lombardi Sententiarum libri quatuor, præfatione in totum scholiisque marginalibus perpetuis manu recentiori illustrati.

Excisa est pars lib. iii. et iv., scil. a Dist. xxxix. ad Dist. viii.

In fol. penult. rejectitio habentur versus

circiter civ. ad B. Virginem Mariam, seu ma-
viꞩ picturam ejus, adposita columba, pomum
Nato porrigentis; incip.
" Qui per me transis ad me te verte Mariam."
     Fuit olim hic codex cautio magistri Philippi
de Wythemere, exposita in nova cista Universitatis, A. D. 1348.

CXCVI.

Codex membranaceus, in 4to, ff. 294, sec.
xiii. exeuntis, olim Willelmi Marche, capellani, postea coll. Ball.; ex dono Roberti
Roke, socii.

Anonymi cujusdam expositio super Sententiarum libros quatuor, cum præfatione.
     Incip. præf. " Toti operi libri Sententiarum
præmittit magister prologum suum; ubi primo
ponit causas allicientes."
     Incip. comment. " Magister aggrediens in-
tentum, quod primo preparat sibi."
     Fronti primi libri præmittitur carmen, quot
in quoque libro sunt distinctiones; incip.
" Cuique quadragenæ, octo, tetras, cifra, denæ."
     In fol. i. verso numerantur, " Anni a bello
de Lewys xliii. Anni a bello de Ewysham xlii."
     Præcedunt lib. ˙v. notulæ breviores ex SS.
Patribus fere collectæ.

CXCVII.

Membranaceus, in folio, ff. 129, sec. xiv., binis columnis exaratus; ex dono Ric. Stapulton, coll. Ball. magistri.

Scotuli opus super quatuor libros Sententiarum,
sive compilationes extractæ ex Joh. Duns Scoti
super eosdem libros commentariis.
     Incip. i. " Circa prologum libri Sententiarum,
quæritur utrum homini pro statu isto sit necessarium."
     Desin. ult. " sua gratia nos perducat, Qui
sine fine vivit, etc. Amen."
     In calce, " Explicit Scotulus super quatuor
libros Sententiarum."
     In fronte codicis notatur, " M. Richardus
Stapulton quondam socius et magister coll.
Ball. Univ. Oxon. dedit hunc librum predicto
collegio catenandum in libraria predicti coll.
in perpetuum exemplum, ut socii et magistri
collegii conformiter faciant et multo melius si
poterint."

CXCVIII.

Codex membranaceus, in folio, ff. 135, sec.
xiv., bicolumnis; ex dono Will. Gray.

Ricardi de Media-villa, sive Middleton, ord. min.
expositio super Sententiarum librum secundum,
cum prologo.
     Incip. prol. " Omnia per Ipsum facta."
     Incip. lib. " Creationem rerum; etc. In primo
libro determinavit magister de Deo quantum
ad rationem."
     Desin. " usque in finem hic salvus est; ad
quam salutem per obediencie perseveran-
·ciam;" etc.

CXCIX.

Membranaceus, in folio, ff. 159, sec. xiv., binis
columnis; ex dono Will. Gray.

Roberti Cowton, ord. min. expositio super primum librum Sententiarum, cum prologo.
     Incip. prol. " Sicut dicit B. Ambrosius."
     Incip. lib. " Quæro primo an Theologia nos-
tra per Dei faciem designata."
     Desin. " secundum dictum modum."
     In calce, " Explicit primus liber Cowton su-
per primum librum Sententiarum."

CC.

Membranaceus, in folio, ff. 133, sec. xiv., bicolumnis; ex dono ejusdem.

Roberti Cowton super Sententiarum librum
secundum commentarius.
     Incip. " Circa distinctionem primam secundi
libri quæritur primo, Utrum sit ponere in Deo."
     Desin. " sicut patet intuenti."
     In calce, " Explicit lectura Coutone super
secundum librum Sentenciarum."

CCI.

Membranaceus, in folio, ff. 108, sec. xiv., bicolumnis; ex dono ejusdem.

1. Roberti Cowton super Sententiarum librum
tertium lectura nobilis. p. 1.
     Incip. " Circa tertium librum."
     In calce, " Explicit lectura nobilis super
3 librum Sentenciarum edita a quodam fratre minorum nominato, Ricardus Cowton."
2. Ejusdem lectura super quartum librum. p. 189.
     Incip. " Circa istum quartum librum quæ-
ritur."

In calce, " Explicit lectura Coutoune super quartum librum Sentenciarum."

Sequitur index amplissimus quæstionum.

CCII.—CCIV.

Codices tres membranacei, in folio majori, ff. 223, 231, et 277, anno 1460 et 1461 manu Johannis Reynboldi Alemannici de Monte Ornato terræ Hassiæ binis columnis eleganter satis exarati ; ex dono W. Gray.

Johannis Duns Scoti in opere Oxoniensi expositio super Sententiarum libros quatuor.

Excisum est folium primum ex lib. 1, 2, et 3 ; incip. quæst. i. Distinct. i. " Circa distinctionem primam ubi magister agit."

Ad calcem cujusque libri legitur [mutatis mutandis] clausula sequens, " Explicit lectura doctoris subtilis in Universitate Oxon. super quartum Sententiarum, scilicet doctoris Johannis Duns, nati in quadam villicula parochiæ de Emyldon vocata Dunstan, in comitatu Northumbriæ, pertinentis domui scholarium de Merton-Halle in Oxonia et quondam socii dictæ domus ; scripta per me Johannem Reynboldi, etc. anno Domini millesimo cccc. sexagesimo primo decimo 7 die mensis Martii."

CCV, CCVI.

Codices duo membranacei, in folio majori, ff. 283 et 266 anno 1461 et 1462 manu Johannis Reynboldi bene exarati, ex dono Will. Gray.

Johannis Duns Scoti in opere Parisiensi super quatuor libros Sententiarum.

Incip. i. " Circa prologum libri Sententiarum primo quæritur utrum Deus."

Excisum est lib. ii. folium primum.

Ad calcem cujusque libri repetit scriba, quæ antea exscripsimus de auctore et labore suo.

CCVII.

Codex membranaceus, in folio, ff. 295, sec. xv., bicolumnis ; ex dono ejusdem.

1. Gulielmi [Durandi] Parisiensis Summæ pars secunda in libros quatuor distincta. fol. 2.

Primum folium atque adeo prima capita excisa sunt ; Incip. cap. 3, " Revertar ergo nunc juxta promissum."

2. Ejusdem Summæ pars tertia. fol. 200.

Incip. cap. de Bono, " Quoniam in nonodecimo Matthæi et xviij. Lucæ."

Capita sunt ;

a. De malo. fol. 217.

b. Contra exemptiones, tractatus capp. xxvi. comprehensus. fol. 233.

c. De claustro animæ. fol. 253.

d. De potentia animæ. fol. 260.

e. De præbendis. fol. 264.

f. De immortalitate animæ. fol. 272.

g. Cur Deus homo. fol. 277.

h. De gratia. fol. 287.

i. De faciebus mundi libri duo, cum prologo. fol. 289.

Incip. prol. " Veritas evangelica."

Incip. lib. i. " Hæc modica sunt."

CCVIII.

Codex membranaceus, in folio, ff. 183, sec. xiv., binis columnis.

1. Duns Scoti super secundum Sententiarum librum lectura per magistrum Gulielmum de Alnewick abbreviata. fol. 1.

Tit. " Secundus de reportatione Oxoniensi et Parisiensi doctoris fratris Johannis Scoti de ordine minorum."

Incip. " Circa distinctionem primam secundi libri, quæritur, Utrum primus actus creandi."

In marg. super. notatum est, " Hic non est liber totalis Duns super secundum, sed solum abreviatus."

In calce, " Expliciunt additiones secundi libri M. Johannis Duns extractæ per M. Will. de Alniwik, ord. fratrum minorum de lectura Paris. et Oxon. prædicti M. Johannis."

[margin annotation: c. 131647]

Sequuntur tituli quæstionum.

2. Quæstio logicalis Utrum omne intrinsecum Deo sit omnino idem essentiæ divinæ, circumscripta quacumque consideratione intellectus. fol. 41.

3. Duns Scoti ordinatio super Secundum. fol. 43.

Tit. " Incipit secundus ordinarius fratris Johannis Scoti doctoris subtilis."

Incip. " Creationem rerum ; etc. Circa secundum librum, in quo ut dictum est."

Litera initialis satis eleganter picta est et aurata.

K

[handwritten annotation: This copy for 2 Italian ... Fr. Anson & Fr. James of Thornton, MS in Oxon of 1376]

4. Ejusdem Lectura super Tertium. fol. 109.

Incip. " Circa Incarnationem quæro primo de possibilitate, Utrum possibile fuerit naturam."

In calce, " Explicit liber tercius subtilis doctoris Scoti."

Suus cuique libro quæstionum index subjicitur.

CCIX.

Codex membranaceus, in folio majori, ff. **173**, anno **1463** et **1465** per Johannem Reynboldi de Monte-Ornato eleganter exaratus; ex dono Will. Gray.

1. Duns Scoti quæstiones quodlibetales xxi. fol. 1.

Incip. in verbis, " Secundo sic, In omni creatura esse eo modo, quo distinguitur."

In calce, " Explicit quodlibetum doctoris subtilis scilicet Duns scriptum et finitum per me Johannem Reynbold Almanicum de Monte Ornato terre Hassie, A. D. 1463, Deo sit laus et honor in secula seculorum; Amen."

2. Ejusdem de primo rerum principio quæstiones. fol. 99.

Incip. " Primum rerum principium michi ea credere, sapere, ac proferre concedat."

In calce, " Explicit opus, etc. A. D. 1463 mensis die quinto decimo," etc.

3. Ejusdem Collatio Parisiensis. fol. 114.

Incip. " Utrum sit tantum una prudentia."

In calce, " Explicit collacio Parisiensis, etc. 1465, die mensis Maii vicesimo primo."

4. Ejusdem Quæstiones aliæ. fol. 142.

Incip. " Utrum cui simplicitate personæ divinæ."

Defic. in quæst. xxiv. verbis, " Contra illud, non est cujus esse"——

CCX.

Membranaceus, in folio, ff. **177**, sec. xiii. exeuntis, bicolumnis; ex legato M. Rogeri Qwelpdale, quondam coll. Ball. socii et postea ep. Karliolensis.

1. Magistri Præpositivi Summa theologica, capitibus clxx. comprehensa. fol. 3.

Incip. proœm. " Qui producit ventos de thesauris."

Incip. cap. i. de nominibus Dei, " De voca-

bulis igitur quæ de Deo dicuntur incipiamus."

Cap. ult. est de Resurrectione, cui succedit, manu alia, caput de dotibus corporis et animæ glorificatæ, incip. " Mensuram bonam."

2. Quæstiones duæ, An aliquis teneatur ad impossibile, et de Simonia. fol. 72.

3. Tractatus magistri Ægidii de Fœno, doctoris in sacra theologia contra Flagellatores. f. 74.

Incip. " In quodam ergo sermone ad populum."

In calce, " Tractatus magistri Egidii de Feno doctoris in sacra theologia contra flagellatores."

4. Simonis Tornacensis quæstiones centum una. ff. 79, 110 b, 157.

Incip. " Hodierna disputatione quæsitum est utrum morale peccatum quod ignoratur."

Desin. " elemosina extinguuntur venialia."

In calce, " Expliciunt questiones magistri Symonis Tornacensis."

5. Glossulæ super Sententiarum libros tres posteriores; initio mutil. fol. 111.

Incip. in verbis, " ——grossiora et visibilia, corpora superducerent."

Incip. lib. iii. " Cum venit; Cum in primo libro de mysterio Sanctæ Trinitatis sufficienter."

6. Liber de quinque luminibus. fol. 160.

Incip. " Virtutum essentias, species, ordinem."

7. Glossulæ libri primi Sententiarum. fol. 168.

Incip. " Summa divinæ in credendis."

CCXI.

Codex membranaceus, in folio, ff. **230**, sec. xiv., binis columnis.

Godefridi de Fontibus Quodlibeta xiv.

Incip. " Querebantur quedam circa Deum, quedam circa creaturas. Circa Deum querebantur."

In calce, " Expliciunt quodlibeta magistri Godfridi de Fontibus;" sequitur tabula quæstionum cujusque Quodlibeti.

Partem ultimam supplevit manus recentior.

CCXII.

Membranaceus, in folio majori, ff. **391**, sec. xiv., bicolumnis; ex dono Will. Burnell.

Henrici de Gandavo, sive Goëthalis, Summa theologica.

Tit. *man. sec.* " Summa Gandavi doctoris solennis."

Incip. " Quia theologia est scientia in qua est sermo de Deo ;" ut in edit.

Des. "quia nomen illud derivaretur a nomine."

CCXIII.

Codex membranaceus, in folio, ff. 190, sec. xiv., bicolumnis; ex dono Will. Gray.

Henrici de Gandavo Quodlibetarum pars prima.

Incip. " Querebantur in nostra generali disputatione, quasi 42 questiones; quedam circa pertinentia ad primum principium."

Desin. in quæst. 22 Quodlibeti septimi.

Sequitur tabula. Exhibent folia rejectanea octo fragmentum Digesti Veteris glossulis illustratum, satis antiquum.

CCXIV.

Membranaceus, in folio, ff. 340, sec. xiv., binis columnis exaratus; ex dono ejusdem.

Henrici de Gandavo Quodlibeta xv.

Tit. " Quodlibeta Gandavi."

Incip. " Querebantur in nostra ;" ut supra.

In calce, " Explicit quodlibet magistri Henrici quintum decimum ultimum in vita."

Cuique præmittuntur quæstionum particularium capita, et habetur index utilis ad calcem libri.

CCXV.

Membranaceus, in folio, ff. 162, sec. xiv., binis columnis varia manu exaratus; ex dono ejusdem. *14 Robert Kilwardby*

Tabularum collectio alphabeticarum, super operibus quæ sequuntur,

1. Henrici de Gandavo Quodlibetis. fol. 1.
   Incip. " Absolvere; Utrum prælatus."
2. Super Altissiodorensem super Sententias. f. 2 b.
   Incip. " Abel. Quare ecclesia."
3. Tituli quæstionum librorum quatuor Altissiodorensis. fol. 3 b.
   Incip. " Si fides debeat probari."
4. Tabula quæstionum Ægidii. fol. 6.
   Incip. " Actus. Utrum actus precedens." .
5. Super Augustini libro de vera innocentia. fol. 7.
   Incip. " Abraham. De fide Abr."

6. Super Hugone de S. Victore de Sacramentis. fol. 9 b.
   Incip. " Abraham. Quod primus status."
7. Super B. Thomæ Quodlibetis. fol. 14.
   Incip. " Absolutio 76."
8. Auctoritates Bibliæ expositæ in libris B. Gregorii. fol. 16.
   Incip. " Genes. cap. 1. A. In principio creavit."
9. Capitula librorum 13 Confessionum S. Augustini. fol. 24.
10. Introitus in theologiam. fol. 30.
    Incip. " Omnis scriptura divinitus."
11. Glossæ seu præfationes in Sententiarum libros. fol. 34.
    Incip. i. " Quid est sapientia."
12. De arbore consanguinitatis et affinitatis; cum figura. fol. 39 b.
    Incip. " Ad arborem consanguinitatis docendam et intelligendam primo videndum."
13. Expositio B. Jacobi epistolæ canonicæ. fol. 46.
    Incip. " Mosi Christi figuram gerenti."
14. Tabula super Sententiarum libros. fol. 81 b.
    Incip. " Abortivi. Quod tunc dicuntur."
15. Tabula librorum B. Augustini Retractationum. fol. 121.
    Incip. " Intentio."
16. Capitula libri Augustini de dogmatibus ecclesiasticis. fol. 123 b.
    Incip. " Quod Deus credendus."
17. Tabulæ capitulorum operum aliorum S. Augustini, scilicet,
    a. De vita beata. fol. 124.
    b. De duabus animabus. fol. 124 b.
    c. De doctrina Christiana. fol. 125.
    d. Epistolæ ad Honoratum. fol. 127 b.
    e. Soliloquiorum. fol. 128.
    f. De bono conjugali. fol. 128 b.
    g. De S. Virginitate. fol. 129.
    h. Ad Inquisitiones Januarii. fol. 129.
    i. De perseverantia. fol. 130 b.
    k. De correptione et gratia. fol. 131 b.
    l. De natura boni. fol. 132 b.
    m. Epistolæ ad Volusianum. fol. 132 b.
    n. Epistolæ ad Paulinam de videndo Deo. f. 133.
    o. De quantitate animæ. fol. 133 b.
    p. De immortalitate animæ. fol. 134 b.
    q. De fide et operibus. fol. 134 b.
    r. De præscientia Dei. fol. 135.
    s. In Genesim ad Litteram. fol. 135 b.

t. De disciplina Christiana. fol. 141 b.

u. Sententiarum Prosperi. fol. 141 b.

v. Quæstionum 83 [ad Orosium]. fol. 143.

x. De hæresibus. fol. 145.

y. De S. Trinitate. fol. 146.

18. Tabula contentorum operis Chrysostomi, Quod nemo læditur nisi seipso. fol. 145.

CCXVI.

Codex membranaceus, in folio, ff. 140, sec. xv., binis columnis manu Johannis Reynboldi de Monte Ornato exaratus; ex dono W. Gray.

Petri Wythymleyd prima pars tabulæ septem Custodiarum; scilicet super Veteris Testamenti omnes libros tam apocryphos quam canonicos.

Incip. "In principio creavit; Hoc exponit B. Augustinus anagogice, quantum ad hoc in principio lib. xi. Confessionum."

Desin. "prerogativa hec; etc."

In calce, "Ideo gratias. Scriptum per me Johannem Reynboldi de Monte Ornato, Teutonicum."

CCXVII.

Membranaceus, in folio, ff. 118, sec. xv., binis columnis exaratus; ex dono ejusdem Willelmi.

Petri Wythymleyd secunda pars tabulæ Septem Custodiarum; scil. super libros Testamenti Novi.

Incip. "Liber generationis Jesu Christi Augustinus contra Faustum."

Desin. "et naturarum Dominus; Amen."

In calce, "Hic explicit quædam tabula nova super Novum Testamentum incepta per manus Petri Wythymleyd, feria quinta post octavam Michaelis anno Domini 1401, completaque per eundem die Sabbato ante Dominicam, Reminiscere, anno 1402, cujus anime propicietur Deus; Amen."

Sequitur tabula librorum et doctorum in hac tabula, allegatorum.

CCXVIII.

Membranaceus, in 4to oblongo, ff. 122, sec. xii., optime exaratus; ex dono ejusdem.

1. Juliani Pomerii, urbis Toletanæ episcopi, Prognosticon futuri seculi libri tres, prævia

epistola Idalii, ep. Barcinonensis, ad Julianum. fol. 2.

Incip. "Recordatione meorum peccaminum pavidus."

Incip. epist. "Diem illum clara."

Tit. op. "Prognosticon futuri seculi Juliani Toletane urbis episcopi de origine humane mortis."

Incip. cap. i. "Quomodo mors primum subintraverit mundum; Peccati primi hominis actum esse."

In calce, "Prognosticon, etc. de ultimi corporis resurrectione liber tercius explicit."

2. Canones quidam ecclesiastici pœnitentiales. fol. 69 b.

Incip. "Sanctorum Patrum vestigiis inhærentes novis morbis nova remedia procuramus."

3. Salomonis libri, scil. Proverbia, Ecclesiastes et Cantica Canticorum, ex versione, et cum prologis, S. Hieronymi, instructi. fol. 71.

Incip. "Jungat epistola quos jungit sacerdocium."

4. Ejusdem Hieronymi in librum Job prologus. fol. 122.

Incip. "Per singulos scripturæ."

Præcedunt notulæ breviores, subjunctis versibus quinque incip.

"Cum timor est sine spe mox desperatio torquet."

CCXIX.

Codex membranaceus, in 4to minori, ff. 240, sec. xv. ineuntis, ex dono M. Ricardi Stapylton, socii.

1. Remedia varia pro morbis variis; partim *Latine* partim *Anglice.* fol. 1 b.

Incip. "Contra festulam, ponantur limaces cum Testudinibus; etc. To make a tret light liche that is rith goud and wel yprunede to all manere soris."

2. Narratio de stulto, qui super porcum pinguem pinguedinem stillabat. fol. 5 b.

Incip. "Rogabat quidam stultus."

3. Narratio fabulosa ut Corpus Domini perfectus infirmi in corpus ejus ingressum sit. fol. 5 b.

4. ~~Arnulphi~~ alphabetum Narrationum, quæ ad mores et pietatem faciunt, cum procemio. f. 6.

Incip. procem. "Antiquorum Patrum ex-

Arnoldi (see J. A. Herbert, Catalogue of Romances, III, p. 425)

emplo didici nonnullos ad virtutes fuisse inductos."

Incip. "Abbas ; Abbas non debet esse nimis rigidus."

Desin. "Zelotipa est mulier de . . . . . modica occasione."

Nomina authorum unde desumptæ sunt narrationes minio signantur. Ad finem habetur index alphabeticus locorum communium, et eo absoluto, " Nomen compilatoris in literis capitalibus hujus procemii continetur."

5. Hugonis Sententiæ, Fidei Articulos, Præcepta, etc. exponentes ; cum præfatione. fol. 181.

Incip. præf. " Ad instructionem juniorum, quibus non vacat opusculorum."

Incip. opus, " Quid sit symbolum ; Symbolum est omnium credendorum."

6. Sermo de confessione, narrationibus nonnullis fabulosis refertus. fol. 231 b.

Incip. " Si quis peregre iturus esset versus Jerusalem."

7. Nota de naturali ordine mandatorum decem. fol. 235.

Incip. " Secundum philosophum primo Ethicorum."

CCXX.

Codex membranaceus, in folio, ff. 242, sec. xiv. exeuntis, bicolumnis ; ex dono Roberti Roke, socii.

1. S. Anselmi, archiep. Cantuar. Cur Deus homo, libris duobus, cum prologo. fol. 2.

Tit. " Incipit liber beati Anselmi, Cantuariensis archiepiscopi, Cur Deus homo."

Exstant impress. inter opera, 1721, p. 74.

2. Ejusdem liber de Similitudinibus. fol. 19.

Tit. " Liber Sancti Augus. [sic] Cantuar. archiep. de Similitudinibus."

Inter opp. part. ii. p. 153.

In calce, " Explicit Ancelmus de Similitudinibus."

3. S. Augustini liber de spiritu et anima. f. 38 b.

Inter opp. tom. vi. App. col. 35.

4. Johannis de Burgo liber qui dicitur Pupilla Oculi, cum præfatione et tabula contentorum præmissa. fol. 54.

Incip. " Humanæ conditio naturæ."

In calce, " Explicit pupilla oculi."

5. S. Augustini Enchiridion ad Laurentium, cum præfatione et indice contentorum. fol. 167 b.

Tit. " Incipit liber beati Augustini Encheridion ad Laurencium."

Inter opera, tom. vi. col. 195.

6. Ejusdem liber de conflictu vitiorum et virtutum liber. fol. 180.

Tit. " Incipit, etc. de conflictu viciorum atque virtutum."

Ibid. tom. vi. App. col. 219.

7. Ejusdem de disciplina Christiana liber. f. 183 b.

Ibid. tom. vi. col. 581.

In calce, analysis est sive recapitulatio ejusdem operis.

8. Ejusdem sermo de igne purgatorio. fol. 186.

Incip. "In lectione apostolica ;" ut ibid. tom. v. App. col. 185.

9. Ejusdem sermo de agone Christiano. fol. 187.

Incip. " Corona victoriæ."

10. De Sermone Domini in Monte duo. fol. 191.

Incip. " Sermonem ;" tom. iii. pt. ii. 165.

11. Anonymi cujusdam Angli de septem peccatis mortalibus et de x mandatis tractatus, in partes duas distinctus, cum prologo. fol. 214.

Incip. prol. " Surge et ambula."

Incip. lib. " Primum quidem peccatum."

12. Ejusdem auctoris distinctiones Sacramentorum. fol. 224.

Incip. "Quoniam autem Sacramenta Laicis."

Anglum esse auctorem colligendum est ex pluribus, præcipue quod in narrationibus suis, quæ omnes incipiunt a verbo ' Contigit,' agit de quodam in villa Leicestriæ degente, et de aliis ad villas alias Anglicanas spectantibus.

Tract. ult. est De Innocentibus et incip. " Sicut modo geniti infantes."

CCXXI.

Codex membranaceus, in folio, ff. 224, sec. xiv. ineuntis, binis columnis bene exaratus.

1. Petri Comestoris Historia Scholastica, cum prologo. fol. 2.

Tit. " Incipiunt Historie."

Incip. " Imperatoriæ majestatis ;" ut in edit. impress.

In calce, " Explicit hystoria Actuum Apostolorum."

2. S. Anselmi meditationes et orationes ad B. Virginem novem. fol. 198.

Tit. " Meditaciones Beati Anselmi. Meditacio ad excitandum morem."

Incip. i. " Terret me vita mea ;" ut inter opp. p. 207.

3. Ejusdem Proslogion. fol. 203.

Tit. " Soliloquium Anselmi, Cant. archiep. fides querens intellectum."

Ibid. p. 29.

Sequitur Johannes de Scalis ; incip. " Primum est principale."

4. Ejusdem ' Cur Deus homo,' libris duobus, cum prologo et capitulis. fol. 207 b.

Tit. " Incipit prologus in librum Anselmi, Cur Deus homo."

Ibid. p. 74.

Sequuntur notitiæ cautionum Joh. de Lullyngton in nova cista Universitatis expositarum 1339, 1340 et 1342.

CCXXII.

Codex membranaceus, in folio, ff. 76, sec. xiii., binis columnis bene exaratus; ex dono Will. Gray.

Gulielmi de Montibus, ecclesiæ Lincolniensis canonici, opera, quæ sequuntur,

1. Similitudines, cum procemio et tabula locorum communium alphabetica. fol. 2.

Tit. " Capitula libri, qui Similitudinarius dicitur."

Incip. procem. " Ad declarandum in sermone quocumque propositum."

Incip. lib. " Ciconia post pullorum."

2. De Tropis liber. fol. 27 b.

Tit. " Incipiunt tropi magistri W. de Montibus, canonici ecclesie Lincolniensis."

Incip. " Dei dona dispensamus."

3. Numerale, cum prologo. fol. 48 b.

Tit. " Incipit numerale magistri Willelmi de Montibus, canonici Lincolniensis ecclesiæ ab uno usque ad duodecim."

Incip. prol. " Introducendis in facultatem."

Incip. opus, " Unus Dominus. Contra sunt Domini multi, Respondeo, Dominus dicitur substantialiter."

In calce, " Explicit numerale magistri W. canonici ecclesie Lincolniensis."

CCXXIII.

Membranaceus, in folio, ff. 255, sec. xii. exeuntis, binis columnis optime exaratus.

Laurentii abbatis Sermones de Adventu Domini et de aliis festis per anni circulum, numero xcix.

Incip. i. " D[ecet] ut tota cum devotione Domini celebremus Adventum delectati tanta consolacione."

Sermones quatuor extremi sunt in jejunio quatuor temporum et ad sacerdotes directi.

Ult. incip. " Labia sacerdotis ; etc. Audite, fratres charissimi quantum thesaurum Dominus vobis commisit."

In fol. 1 rejectanei dorso notatur, " Pro locacione equorum, xij. d."

CCXXIV. (A.)

Codex membranaceus, in folio, ff. 98, sec. xv., bicolumnis ; ex dono Will. Gray.

Ricardi Rolle, eremitæ de Hampole, opuscula quæ sequuntur ;

1. Tractatus super Cantica Canticorum. fol.

Incip. " Super primum versiculum. Suspirantis animæ deliciis eternorum vox."

2. De amore Dei et contra mundi amatores. f. 18 b.

Incip. " Quoniam mundanorum."

3. De institutione vitæ. fol. 31.   *commenly known or de emendatione vitoo*

Incip. " Ne tardius converti."

4. De contemplatione. fol. 37 b.

Incip. " Contemplatio vel via."

5. De incendio amoris. fol. 39.

Incip. " Admirabar amplius."

Sequuntur orationes et alia minutula de meritis visionis corporis Christi, etc.

6. Quomodo perveni ad incendium amoris. fol. 47.

Incip. " Incendium amoris in animum."

7. Bona et utilis tabula fidei Christianæ, in qua continentur, sed brevius, 7 virtutes principales, 7 peccata mortalia ; etc. fol. 57.

8. De modis prædicandi et alia plura per distinctiones, de Christi parentibus et consanguineis, etc. fol. 59 b.

Incip. " Increpacio malorum."

9. Parvum Job, sive Lectiones novem in Ps. Parce mihi, Domine. fol. 61 b.

Incip. " Exprimitur autem in his verbis."

10. Tractatus in istud, ' Judica me Deus,' *manu secunda*. fol. 87 b.

Incip. " A Deo qui scrutatur corda."

CCXXIV. (B.)

Membranaceus, in folio majori, ff. 344, anno

1444 binis columnis exaratus; ex dono Will. Gray.

Expositio fratris Berthcoldi de Mosbur, ordinis Prædicatorum provinciæ Teutonicæ super Procli Diadochi elementatione theologica, cum proœmio.

Incip. proœm. " Invisibilia Dei, etc. Summus divinalis sapientiæ, theologus."

Incip. op. " Procli Diadochi Lycii Platonici elementatio theologica incipit. Hic est titulus qui presenti libro prescribitur in quo quatuor causæ."

In calce expositionis notatur, " Explicit expositio fratris Berthtoldi de Mosburch, ordinis Prædicatorum, provincie Theotonice, super elementatione theologica Procli; scripta novum completa anno Domini m.cccc.xliiij. in feria sexta post festum Mathei, apostoli Domini nostri Jhesu Christi, Cui est honor et gloria cum Patre et Spiritu Sancto, in secula seculorum; Amen."

Deinde habetur postea index duplex, primus rerum alphabeticus, alter auctorum e quorum libris hæc expositio compilata est, inter quos occurrunt, Theodoricus de Uriberga Teutonicus, Ulricus de Argentina, Arnoldus Luscus, Thomas Anglicus Minor, aliique.

CCXXV.

Codex membranaceus, in folio, ff. 224, sec. xv. ineuntis, binis columnis bene exaratus; ex dono ut videtur Tho. Gascoigne.

Revelationes cælestes ostensæ B. Brigittæ viduæ Principissæ Nericiæ de regno Sueciæ, anno Christi 1373, in crastino S. Mariæ Magdalenæ, in aurora diei Sabbati, auctore ut notavit Th. Gascoigne Petro Olavii, monast. S. Mariæ in Alvastro, ord. Cisterc. in regno Sueciæ priore.

Ricardo de Lavenham

Incip. prol. in verbis, " ——est, subtrahunt autem."

Incip. lib. i. " Ego sum creator cæli et terræ, unus in Deitate cum Patre."

Post librum 7 [fol. 174 b] sequitur epistola Solitarii ad Reges, auctore ut notat Th. Gascoigne, Alfonso, episcopo Giennensi in Hispania; et est quasi prologus libri 8 Revelationum.

In calce, " Finito libro sit laus et gloria Christo."

Sequuntur,

a. Tabula rubricarum omnium capitum librorum præcedentium. fol. 181.

b. Nota de S. Brigittæ canonizatione, an. 1391. fol. 192.

c. Sermo angelicus B. Brigittæ dictatus de excellentia B. M. Virginis cum prologo. fol. 193. Incip. " Cum beata Brigida."

d. Orationes quatuor eidem revelatæ. fol. 204. Incip. " Benedicta et venerabilis."

e. Officium in festo ejusdem. fol. 207 b. Incip. Antiphon. ad Vesperas, " Brigittæ matris inclytæ Testa jocunda suscipe." In hoc officio pro lectionibus habetur vita S. Brigittæ, quam, ut notavit Th. Gascoigne, edidit Virgerus, archiep. Upsalensis, in regno Sueciæ; incip. " Ecce descripsi eam."

f. Certificatorium factum per Thomam tit. SS. Nerei et Achillei cardinalem, in quo ad petitionem D. Katherinæ natæ D. Ulfonis, D. loci de Ulfason, Lincopiensis diocesis in Suecia, bullam Urbani vi. de confirmatione monasterii per S. Brigittam fundati et Regulæ ejusdem monialibus suis relictæ, (quæ bulla et regula hic recitantur) per notarium publicum Angelum Lucæ cum originalibus collatione facta, fidem exemplaribus adhiberi præcipit; dat. anno 1380, indict. 3, 24 Mart. Urbani 6 anno secundo. fol. 217.

Incip. " Frater Thomas miseratione divina."
Incip. reg. " Hæ sunt constitutiones."
Incip. cap. i. " De humilitate et castitate et paupertate. Principium itaque hujus religionis et salutis."

CCXXVI.

Codex membranaceus, in folio, ff. 94, sec. xiii. exeuntis, binis columnis eadem manu ac iste codex antea memoratus sub numero clxxxiv. exaratus; ex dono Will. Gray.

1. Sulpitii Severi liber de vita S. Martini prævia epistola ad Desiderium et præfatione. fol. 2.
Incip. epist. " Ego quidem librum."
Incip. præf. " Plerique mortalium."
Incip. vita, " Igitur Martinus."

2. De vita et miraculis S. Nicolai, cum prologo. fol. 33.
Incip. prol. " Sicut omnis materies."

Incip. vita, " Beatus Nicolaus ex illustri prosapia."

3. Vita S. Edmundi Riche, archiep. Cantuar. f. 48 b.
Incip. prol. " Ad honorem Salvatoris."
Incip. lib. " B. Edmundus piis ex parentibus Habendoniæ."

4. Vita S. Margaretæ. fol. 64.
Incip. " Post passionem et resurrectionem."

5. Narratio de miraculo per crucem Christi edito, temp. Heraclii. fol. 68 b.
Incip. " Tempore illo postquam Augustino."

6. Passio S. Luciæ virginis. fol. 70.
Incip. " Dum per universam."

7. S. Brendani vita. fol. 72.
Incip. " Sanctus Brendanus filius Finloca."

8. S. Brigidæ vita per Laurentium Dunelmensem, prævia epistola ad Ethelredum dispensatorem. fol. 86.
Incip. ep. " Licet inexplicabili."
Incip. opus, " Fructificante in diversis."

CCXXVII.

Codex membranaceus, in folio, ff. 308, sec. XIV in: xiii., partim binis columnis haud eadem manu exaratus.

1. Liber de vitis miraculisque Sanctorum, eorum maxime qui in kalendariis annotantur, qui dicitur Abbreviatio in gestis et miraculis anctorum. fol. 4.
Incip. prol. " Cum plurimi sacerdotes Sanctorum."
Incip. lib. " S. Andree apostoli, Johannes Baptista, quando predicabat in deserto."
Desin. in vita Ruffinæ et secundæ in verbis, " die vj yduum Juliarum, regnante Domino nostro Jhesu Christo, Qui cum Patre," etc.
Sequitur Hymnus in earundem honorem, " Corde fideli voceque sonora."

2. Meditacio bonæ memoriæ fratris Bonaventuræ. fol. 136.
Incip. " Christo confixus sum."

3. Epiphanii, archiep. Cypri, Historia B. V. Mariæ, e Græco in Latinum per P. de Roma traducta, cum præfatione ad Dandolum, patriarcham dignissimum. fol. 146 b.
Incip. ep. " Karissime pater."
Incip. hist. " De domina nostra Dei genitrice."
In calce, " Explicit ystorie gloriose semper Virginis Marie."

4. Epistola Dionysii beati de morte Apostolorum Petri et Pauli ad Timotheum. fol. 151 b.
Incip. " Saluto te Dionisii [sic] discipulum."

5. Liber Sententiarum de diversis doctoribus, in capitula lxvi. distinctus, prævio eorumdem syllabo. fol. 157.
Incip. " De caritate. Cum verbum caro factum."
Ult. cap. est de lectione, desin. " homo nutritur ac pascitur."

6. S. Bonaventuræ Itinerarium mentis in Deum. fol. 182.
Incip. " In principio ;" ut in edit.

7. Anonymi cujusdam sermones breves de diversis. fol. 201.
Incip. " Ecce persona Filii, que premittitur."

8. Sermones [seu sermonum abbreviationes], fratris Thomæ de Aquino, ord. fratrum Prædicatorum, festivitatum. fol. 214.
Incip. " Omnis quicumque invocaverit," etc.
" In istis verbis notantur."
In calce, " Expliciunt sermones de omnibus festivitatibus."

9. Expositio brevis in orationem Dominicam. fol. 253.
Incip. " Pater noster ; Hic dat Salvator."

10. Vocabulorum variorum interpretatio seu derivationes, intersertis passim carminibus proverbialibus et rhythmicis. fol. 255.
Incip. " Dapsilis ; dapes dans illis."

11. Nota de arbore, quæ vocatur 'Fisticus.' f. 258 b.
Incip. " Nota quod est quedam arbor, que vocatur Fisticus, cujus duplex est genus."
Sequuntur versus Leonini, incip.
" Qui clausi statis . qui perigrina queque voratis."

12. Ad sanandum oculos equorum ; etc. fol. 259 b.
Incip. " Accipe ederam campestrem."

13. [Aristotelis epistola ad Alexandrum de sanitate servanda, prævia præfatione Johannis Hispanensis.] fol. 260.
Incip. " Cum de utilitate corporis."

14. Versus de sanitate tuenda. fol. 261 b.
Incip.
" Lumina mane, manus, surgens gelida lavet unda."
Sequitur de conservatione medici in corrupto aëre."

15. Sententiæ ex SS. Patribus collectæ, partim prosaice, partim metrice. fol. 262.
Incip. " Joel propheta dicit, Sanctificate jejunium."

16. Versus de peccatis septem mortalibus, etc.;
Martialis epigrammata in Ponticum et in
Zoilum, etc. fol. 264.

Incip. "Superbia; Inobediencia,
"Nescio parere, mihi jussa recuso tenere."

17. Antiphona et oratio de S. Barbara. fol. 265 b.

Incip. "Ad quem confugient filii miserie,
si eos repulerit mater misericordie."

18. Expositio S. Augustini in Psalmos; fragm.
fol. 266.

Incip. "Si vis pro peccatis."

19. Psalmi ad precandum Deum ex S. Hilario,
Pictaviensi. fol. 266 b.

20. Versus de festis observandis sive de lectionibus per annum. fol. 267.

Incip.
"Post carisma datum dicet tibi prœlia regum."
In calce, "Liber quondam M. J. de Fun-
doun; et nunc M. S. le Scrop."

---

21. Formulæ epistolarum cartarumque judicialium.
præcipue ad curiam ecclesiasticam spectantium. fol. 268.

Incip. in epistola regis Siciliæ ad C. S. Romanæ et universalis ecclesiæ pontificem;
"Expectatam diutius et desideratam."
] Sequuntur versus [de Decretalium librorum
contentis,] etc. incip.

"Pars prior officia creat ecclesie ministros,
Altera dat testes et cetera judiciorum."

CCXXVIII.

Codex membranaceus, in folio, ff. 333, sec.
xv., binis columnis exaratus.

1. The table to wete which planete regneth in
eche houre of the dai and nyst. fol. 1.

2. Kalendarium 12 mensium expansum una cum
tractatu de computo. fol. 3.

Incip. "Hæc ars est compilatio temporis."

3. Jacobi de Voragine, Januensis, ord. Præd.
Legenda aurea sive Historia Lombardica de
legendis Sanctorum, cum prologo. fol. 11.

Incip. "Universum tempus;" ut in editt.
impress.

Legendæ xlvi. primæ et ordine et alias
cum impressis satis conveniunt, postea vero
plures exhibent variationes, præsertim quod
Legenda de translatione S. Thomæ Becket,
[fol. 201,] incip. "Gloriosissimi martyris,"
in editis non reperitur.

4. Tractatus Adæ et Evæ primorum parentum.
fol. 203.

Incip. "De octo partibus factus est Adam."

5. S. Hieronymi libellus de conceptione et nativitate B. M. V., prævia epistola Chromatii et
Heliodori ad eundem. fol. 206 b.

Incip. "Ortum Mariæ;" ut in edit. Vallars.
tom. xi. col. 279.

6. Liber qui dicitur Omnis Ætas, sive Instructio
ad Sacerdotes de pœnitentia, etc. fol. 214.

Incip. "Omnis ætas hominum."

7. Tractatus de Confessionibus. fol. 216.

Incip. "Cum pœnitentia consistit."

8. Alexandri, ep. Coventrensis, constitutiones ad
Archidiaconos. fol. 218.

Incip. "Et sic vigilias noctis;" ut in Wilkins. Concil. tom. i. p. 640.

9. Tractatus de septem Criminalibus. fol. 219.

Incip. "Dicatur omnibus parochianis."

10. Quæstiones de Sacramentis ecclesiæ. fol. 220.

Incip. "Septem sunt sacramenta ecclesiæ,
quæ notantur hoc versiculo, Bos ut erat."

11. Sermo in istud 'Homo quidam fecit cœnam,'
etc. fol. 225.

Incip. "Fratres charissimi; In verbis per-
lectis."

12. Breviores notulæ de tribus viis Domini, sc.
confessione, contritione et satisfactione; de
x præceptis, de virga Jeremiæ. fol. 225.

13. Speculum ecclesiæ, capitibus octo comprehensum; [auctore Hugone de S. Victore.] f. 226.

Incip. "De ecclesia. De sacramentis ut
tractarem."

Sequuntur minutula alia theologica de orationis Dominicæ petitionibus, de quinque
speciebus paupertatis, et jejunii, etc. inter
quæ notanda sint,

a. Parabolæ philosophorum, sive de speciebus
variis patientiæ. fol. 236 b.

b. Exemplum B. Gregorii ad Secundinum, servum Dei inclusum, de callidis hostis insidiis.
fol. 240.

c. De vera confessione, de castitate, etc. fol. 241.

d. De septem diebus hebdomadis. fol. 245.

14. Sermones breves de adventu, nativitate, ascensione, epiphania, et passione Domini; de assumptione B. M. Virginis, de S. Johanne Evangelista, etc. ff. 247 b—264.

Incip. i. "Dicite pusillanei; etc. Ante adventum Domini, fratres charissimi, in tanta caligine."

15. Distinctiones Missæ. fol. 264.
    Incip. "Missa dicitur quasi transmissi, quod in hoc officio Catechumeni."

16. Visio dilectissimi apostoli. fol. 268.
    Incip. "Dies Dominicus, dies electus est in quo gaudent angeli."

17. De pœnitentia tractatus. fol. 269.
    Incip. "De penitentia autem dicturi subtilitates et inquisitiones theoricas prætermittemus."

18. De prosapia Mariarum trium. fol. 276.
    Incip. "Anna et Eniera [sic] sorores."

19. De septem remissionibus peccatorum. f. 276 b.
    Incip. "Septem sunt remissiones."

20. De sacramentis et de dedicatione ecclesiæ. fol. 276 b.
    Incip. "Sacramentum est invisibilis."

21. Nomina eorum, qui sepulchrum custodiebant, et de Disma et Gisma versus. fol. 278 b.

22. De quodam rege, qui habuit quatuor filias; sc. Misericordia, Veritas, Pax et Justitia. f. 278 b.
    Incip. "Fuit quidam rex."

Sequuntur Narrationes aliæ plures ex Vitis Sanctorum, etc. collectæ; inter quas,

a. De pœna adulterorum et consentientium, ex relatu Petri de Branham, personæ venerabilis. fol. 284.

b. Quomodo B. Edmundo apparuit Jesus ostendens in fronte suo scriptum, Jhesus Nazareus. fol. 285.

c. De Hudone, episcopo Hildernensi in Alemannia, damnato, ex relatu Johannis studentis Oxoniæ. fol. 287 b.

d. Vita vel passio S. Juliani martyris, et Basilissæ virginis et cum eis aliorum Sanctorum innumerabilium v. idus Januarii. fol. 290 b.
    Incip. "Beati igitur Juliani."

e. Passio S. Columbæ, virginis, pridie kalendas Januarii. fol. 297.
    Incip. "In diebus illis adveniens Aurelianus."

f. Passio S. Potiti martyris, quæ est xi. kalend. Febr. fol. 298.
    Incip. "Factum est autem in diebus."

g. Vita S. Frideswidæ Oxon. fol. 300.
    Incip. "Erat quedam virgo."

h. S. Edmundi archiep. Cantuar. vita. fol. 300 b.
    Incip. "Beatus archiepiscopus Edmundus apud Abbendoniam."

i. Vita S. Symeonis Stylitæ. fol. 301.
    Incip. "Sanctus Symeon ex utero."

k. Anecdota de SS. Thoma, Cuthberto et Bernardo. fol. 305 b.
    Incip. "Legitur in vita B. Thome martiris; quod cum semper leccioni et oracioni."

l. Qualiter quidam miles Wyntoniensis in Anglia liberatus est a morte die Parasceues. f. 309 b.
    Incip. "Quidam frater famosus."

m. De S. Symeone Bon Barun, et origine proverbii 'Seynt Symeon bon barun,' quod Gallice dicunt homines in tonitruo. fol. 310.
    Incip. "Narratur de quodam homine seculari."

n. De quodam Pistore Hibernico, qui illusus est a quodam clerico. fol. 310 b.
    Incip. "In provincia Hibernie."
    Desin.
        "Bakere Belami,
            War thee from the pillori;
        But thou mak goud lof,
            Sent Marie worth the wroth."

o. De puella Herefordensi dicente se esse pulchriorem B. Maria. fol. 311 b.
    Incip. "Erat aliquando apud Herford."

p. Miracula B. Mariæ Virginis. fol. 312.
    Incip. "Quidam frater ordine minorum."
    Ad fol. 316, "Qualiter Horæ B. Virginis, necnon commemoratio ejusdem primo fuerunt institutæ."

q. De Willelmo Grys, Anglico, postea episcopo de Meschines facto. fol. 319.
    Ad fol. 319 b, memoratur, "Wille Grys, Wille Grys, Thenke what thou were and what thou is."

23. Roberti Grostete, Lincolniensis, tractatus de templo Dei. fol. 322.
    Incip. "Templum Dei, etc. Sermo iste, quamvis omnes tangit quos Spiritus Dei inhabitare debet, specialiter cum sacerdotibus convenit."

24. Collectanea quædam miscella de Adamo; etc. fol. 328 b.
    Incip. "Legitur quod Adam."

25. De confitendi modo. fol. 329 b.
    Incip. "Penitus accedens."

CCXXIX.

Codex membranaceus, in folio, ff. 171, sec. xii. exeuntis, binis columnis exaratus; ex dono Will. Gray.

1. S. Hieronymi epistola ad Fabiolam de mansionibus filiorum Israel per eremum. fol. 2.
    Incip. " In septuagesimo vii. psalmo ;" ut in edit. Vallars. tom. i. col. 461.
2. Origenis Peri-archon libri tres ad Pammachium et Marcellam, cum præfatione Ruffini, interpretis. fol. 6 b.
    Incip. " Scio quam plurimos ;" ib. 504.
    In calce lib. ii. " Explicit liber secundus Ieronimi in defensionem pro se contra accusatorem."
    Tit. lib. iii. " Incipit ejusdem liber tertius ad Rufinum Invectivus."
    Incip. " Lectis litteris prudentie tue."
3. Ejusdem Hieronymi ad Ruffinum excusantis se, quod post reconciliationem non repetierit maledicta. fol. 27 b.
    Incip. " Diu te Romæ ;" ibid. col. 507.
4. Ejusdem ad Virgines de continentia virginali. fol. 28.
    Incip. " Quantam in celestibus ;" xi. 127.
5. Ejusdem epistola de induratione cordis Pharaonis, etc. fol. 31 b.
    Incip. " Voce me provocas ;" ib. i. 529.
6. Ad Cyprianum epistola de psalmo 89. f. 31 b.
    Incip. " Prius te, Cipriane ;" ib. 1042.
7. Ad Damasum de fide catholica. fol. 35.
    Incip. " Credimus in unum ;" ibid. tom. xi. col. 146.
8. Epistola consolatoria ad Oceanum. fol. 35.
    Incip. " Diversorum ;" ibid. xi. 264.
9. Ad Præsidium, ut monachus fiat. fol. 37.
    Incip. " Nulla res vetus ;" ib. xi. 154.
10. Ad Rufinum sua secum familiaria commemorans. fol. 38 b.
    Incip. " Plus Domini tribuere ;" ib. i. 9.
11. Ad Celariam quomodo in conjugio recte et sancte vivat. fol. 39.
    Incip. " Vetus scripturæ ;" ibid. 1089.
12. Ad Ctesiphontem contra eos, qui apathiam prædicant. fol. 42.
    Incip. " Non audacter ut falso ;" ib. 1019.
13. Hieronymi et Theophili epistolæ quinque mutuæ. fol. 44 b.
    Incip. " Meminit beatitudo ;" ibid. 351.

14. Epiphanii ad Hieronymum de confutatis Origenis hæresibus. fol. 45 b.
    Incip. " Generalis epistola ;" ibid. 536.
15. Theophili ad Epiphanium, unde supra. f. 45 b.
    Incip. " Dominus qui locutus est ;" ib. 534.
16. Hieronymi ad Fratellam et Somniam de Psalterio, quod lxx. interpretum editione corruptum sit. fol. 45 b.
    Incip. " Vere in vobis ;" ibid. 635.
17. Anastasii papæ epistola ad Johannem ep. Hierosol. de nomine Rufini. fol. 50 b.
    Incip. " Probate quodam affectionis."
18. Hieronymi epistola de diversis nominibus leprarum. fol. 51.
    Incip. " Admirabile divinæ ;" xi. col. 232.
19. Paulini et Therasii epistola ad Sebastianum exhortatoria ad caritatem. fol. 51 b.
    Incip. " Benedictus est Dominus ;" etc.
20. Hieronymi ad Principiam de psalmo xliv. f. 52.
    Incip. " Scio me, Principia ;" ib. i. 371.
21. Ad Marcellam de perseverando in proposito. fol. 55 b.
    Incip. " Magnam humilitati ;" ibid. xi. 31.
22. Epistola de psalmo cxvii. fol. 56 b.
    Incip. " In omni psalterio."
23. S. Augustini de mirabilibus Novi et Veteris Testamenti, cum prologo. fol. 57.
    Incip. " Beatissimi dum adhuc viveret ;" ut inter opera, tom. iii. App. col. 1.
24. Ejusdem de sermone Domine in monte libri duo. fol. 79 b.
    Ibid. tom. iii. part. ii. col. 165.
    In calce, " Explicit liber secundus Aurelii Augustini de sermone Domini in monte habito et de misericordia."
25. S. Ignatii Antiochensis epistolæ duodecim ; scilicet,
    a. Ad Mariam. fol. 103.
    b. Ad Trallianos. fol. 103.
    c. Ad Magnesianos. fol. 104 b.
    d. Ad Tarsenses. fol. 106.
    e. Ad Philippenses. fol. 107.
    f. Ad Philadelphenses. fol. 108 b.
    g. Ad Smyrnenses. fol. 110.
    h. Ad Polycarpum. fol. 111.
    i. Ad Antiochenos. fol. 111 b.
    k. Ad Hieronem diaconum. fol. 112 b.
    l. Ad Ephesios. fol. 113.
    m. Ad Romanos. fol. 115.
    Sequitur, " Laus Yronis in beatum Igna-

tium discipuli ejus et successoris qui ei per revelationem fuerat ostensus ; quod esset sessurus in cathedram ipsius ;" incip. " Sacerdos et assertor."

26. S. Polycarpi epistola ad Philippenses. fol. 116.
Tit. " Epistola S. Polycarpi episcopi et martiris, discipuli Sancti Johannis evangeliste."

27. S. Chrysostomi sermo de reparatione lapsi ad Theodorum monachum, [interprete Ambrosio Traversario?] fol. 117 b.
Incip. " Quis dabit capiti."

28. S. Hieronymi de Hebraicis quæstionibus in Genesim, cum præfatione. fol. 129 b.
Sequitur tractatulus de membris Domini ; incip. " Omnipotens Dominus Pater."
Inter opera, ed. Vallars. tom. iii. col. 301.

29. Ejusdem 'de Hebraicis quæstionibus in Samuel,' sive in libros Regum. fol. 145.
Ibid. tom. iii. col. 755.

30. Ejusdem de Hebraicis quæstionibus in Paralipomenon. fol. 153.
Ibid. tom. iii. col. 789.

31. Ejusdem liber de situ et nominibus locorum, cum præfatione. fol. 160.
Incip. præf. " Eusebius, qui in beato ;" ut ibid. tom. iii. col. 121.
In calce, " Explicit liber Sancti Jeronimi presbiteri de situ, sive distanciis, vel nominibus locorum."
Sequitur fragmentum ex Pauli diaconi et Eutropii Historiis.
In pag. prima notatur, " Caucio M. Johannis . . . . . exposita in cista Langton pro xxvj. s. viij. d. in vigil. S. Cathedr. S. Petri anno Domini m. cccc. xxj."

CCXXX.

Codex membranaceus, in 4to, ff. 254, sec. xiv. ineuntis, binis columnis exaratus.

1. Compendium veritatis Theologicæ libris septem comprehensum, [auctore Alberto Magno, sive Petro Thoma, sive cujuscunque sit,] prævia tabula. fol. 1.
Tit. " Incipit prologus in compendium theologice veritatis."
Exstat impress. inter Alberti opera, tom. xiii. part. iii.
In calce, " Explicit veritas theologie."
Deinde distichon de hostia Christi, " Candida, triticea," etc.

2. Sermo quod non est dolendum de morte amicorum immoderate ; et de etymologia nominis Bernardi. fol. 98 b.

3. Quæstiunculæ de septem Sacramentis et responsiones earundem. fol. 99.
Incip. " Quid est Sacramentum."

4. Sermo in istud ' Agite pœnitentiam.' fol. 100 b.
Incip. " Beati qui audiunt."
In calce, testrastichon de confessione, " Provida, festina, spontanea."
Sequuntur notæ breviores, quare Evangelistæ quatuor in specie quatuor animalium depinguntur ; quibus privilegiis gaudent mulieres ; de divitibus, cum maritabunt filias vel filios, ad pauperes currentibus et dicentibus, " Tayle penne, Tayle mun vilein ;" etc.

5. Elucidarium, libris tribus exhibitum, cum prologo. fol. 103 b.
Incip. " Sepius rogatus a condiscipulis."
Ad finem habetur index capitum.

6. Sermones in istud, Tenebrescere faciam terram, et in istud, Thesaurus desiderabilis et oleum.' fol. 123.
Incip. i. " Scribitur in Eccl. Cor sapientis erudiet."

7. Hymnus ad B. M. Virginem. fol. 126 b.
Incip.
" Letare puerpera leta puerperio."

8. Tractatus de conceptione B. M. V. et de miraculis ejusdem. fol. 127.
Tit. i. " Qualiter honorat ipsam honorantes."
Incip. " Cum quidam rex Anglie, Willielmus nomine, audiret regem Daciæ."

9. De novem pœnis inferni, Qualis debeat esse confessor ; cum notitiis alius ex Augustino, Alex. Nequam, etc. partim metrice. fol. 133 b.
Incip. " Iste sunt ix. pene inferni."

10. Sermones de nativitate Domini, etc. fol. 135.
Incip. " Verbum caro factum est ; etc. Juxta communem usum loquendi."
Ad fol. 140 b, occurrit in fine tractatus de diligendo Deo versus incip. " Rex, Dominus, cursor, judex, adleta, Deus, vir."

11. Excerpta ex Hugonis de S. Victore super Cantica sermone xv. fol. 143 b.
Incip. " Si scribas non sapit."

12. Exempla Hugonis, S. Gregorii ; De proprietate asini ; de paupertate ; de duabus regulis theologiæ ; cum sermonibus quibusdam brevibus. fol. 144.

Incip. "Quidam paterfamilias servum suum." Ad fol. 153 sermo est in istud, " Illa quæ sursum est Jerusalem," in quo narratur " de pueris qui ludunt Quot leneas habeo ad Beverleyham," et continuatur, " Alius dicit viij. primus dicit Possum venire per lucem, alius dicit Juramento ita potes— et ille incipit bonum cursum, ac si festinanter ire vellet, et tunc retro saltat, et est pristino statu, et dicit, Ha, Ha, Petipas, ʒuot Ich am, ther Ich was."

13. De dignitate orationis Dominicæ. fol. 158.
Incip. " Oracio dominica multis ex causis dignior est aliis oracionibus."

14. Significationes verborum super libris Sententiarum. fol. 159.
Incip. " Cupientes pro modulo nostre facultatis."
In calce, " Expliciunt verborum significationes super librum Sententiarum."

15. Narrationes breves de variis Sanctis aliisque. fol. 165.
Incip. " Quidam papa fuit quondam apud Romam vir bonus æternum Deum."

16. Opiniones Magistri Sententiarum ' reprobate Parisius.' fol. 167.
Incip. " Caritas, que est amor Dei."

17. Dubitationes literales super quartum librum Sententiarum. fol. 171.
Incip. " Samaritanus, etc. In parte ista sunt dubitaciones."

18. De arte compoti. fol. 203.
Incip. " Principium artis compoti."

19. De ordine omnium festivitatum per annum. f. 204.
Incip.
" Stella facit, ferit, Hylarius fundit Fabianus."

20. De algorismo. fol. 205.
Incip. " Algorismus dicitur ab algor."

21. De signis mortiferis in corpore humano. f. 205 b.
Incip. " Signa mortifera."

22. Versus de tribus Mariis, ' Anna solet ;' de duratione mundi. fol. 205 b.

23. Versus undecim, ' Nil valet.' fol. 205 b.
Incip.
" Nil valet hec regio, que non est subdita legi."

24. Notæ breviores contra peccata mortalia, de sacerdotibus pravis, de detractoribus, etc. fol. 207.
Incip. " De luxuria ; Quero a te quando dicis pannum tuum valde immundum."

25. De malis prælatis, de humilitate, etc. ex SS. Patribus. fol. 224.
Incip. " A turbacione fontis segniter."
In calce, " Expliciunt exempla."

26. Sermo ad laicos in die Palmarum. fol. 231.
Incip. " Ecce ascendimus, etc. Gregorius, quia Christus scivit corda."

27. Quædam miracula de Sancta Maria, et primo de quodam fratre temptato de sacramento altaris, et de monachis a diabolo temptatis. fol. 234.
Incip. i. " Erat in cenobio Damacensi frater quidam de fide sacramenti altaris graviter."

28. Tractatus de spiritu et anima [auctore S. Augustino?]. fol. 243.
Incip. " Quoniam dictum est mihi ut meipsum cognoscam."
Sequuntur,
a. Nota de saltibus Christi.
b. Hymnus ad Virginem.
Incip.
" Salve sancta mater Dei,
Radix vite, robur spei,
Mortis in angustiis."
c. Versus de cruce, etc.
Incip.
" Ecce crucis longum, latum, sublime, profundum."

CCXXXI.

Codex membranaceus, in folio majori, ff. 437, sec. xiv. ineuntis, binis columnis bene exaratus ; olim Stephani de Cornubia M. D. coll. Ball. socii, postea coll. Ball. ex legato Simonis de Holbeche, M. A.

Galeni opera, quæ sequuntur,
1. De elementis. fol. 2.
Tit. "Hic incipit liber elementorum Galieni."
Incip. " Quoniam cum sit elementum."

2. De virtutibus naturalibus. fol. 10.
Incip. " Quia sentire quidem."
In calce, " Explicit liber de virtutibus naturalibus Galieni philosophi. Illi Filio, qui a Patre procedit Unigenito et Sancto Spiritu ambobus, inspirato divinitus, honor detur equalis omnibus ut protegamur a malis actibus ; Amen."

3. De anathomia. fol. 26.
Incip. " Medicorum anathomicos."

4. Liber Microtegni, vel de spermate. fol. 34 b.
   Incip. " Sperma hominis."
5. De xii. signis vel portis. fol. 37.
   Incip. " Sciendum quod."
6. Secreta Galieni a magistro Gerardo Cremonensi translata de Arabico in Latinum, cum
   interpretis præfatione. fol. 39 b.
   Incip. " Rogasti me amice."
7. De tactu pulsus. fol. 45.
   Incip. " Quoniam in arte."
8. De motibus liquidis et fluidis. fol. 51.
   Incip. " Galienus inquit quoniam."
9. De voce et anhelitu. fol. 55.
   Incip. " Dixit G. si nervis."
10. De juvamentis membrorum. fol. 56 b.
    Incip. " Inquit Galienus quod corpora."
11. De interioribus. fol. 76.
    Incip. " Medicorum non solum."
12. Mega-Tegni, sive Ars magna, interprete [Con-
    stantino], cum præfatione. fol. 107 b.
    Incip. " Quamvis karissime fili Johannes."
13. De morbo et accidente. fol. 135 b.
    Incip. " In inicio hujus libri."
14. De crisi. fol. 154 b.
    Incip. " Ego non intendo."
15. De criticis diebus. fol. 176 b.
    Incip. " Egritudinum que."
16. De differentiis febrium, " translatus a Burgun-
    dione a Greco in Latinum." fol. 193.
    Incip. " Differencie febrium."
17. De differentiis pulsuum. fol. 202 b.
    Incip. " Quocumque hiis."
    Sequitur libellus Constantini Africani libel-
    lus de oblivione, incip. " Pervenit ad nos."
18. De causis pulsus. fol. 206 b.
    Incip. " Has quidam."
    Succedunt secreta Hippocratis.
19. De regimine Sanitatis. fol. 216.
    Incip. " Quod a temperancia."
20. De alimentis, interprete Gul. de Morbeka, cum
    præfatione ad Rosellum de Aretio. fol. 233 b.
    Incip. " In hiis transferuntur."
21. De rigore et tremore, " translatus Barchinone
    a m. Arnaldo de Villa-Nova, anno Domini
    m.cc.lxxxij." fol. 256 b.
    Incip. " Quoniam Anaxagoras."
22. De complexionibus, cum interpretis præfatione.
    fol. 263.
    Incip. " Summa que sunt in sermone."

23. De malicia complexionis diversæ. fol. 280 b.
    Incip. " Malicia complexionis diverse."
24. De simplici medicina. fol. 283.
    Incip. " Non mihi necesse est."
25. De ingenio sanitatis. fol. 330.
    Incip. " Librum de ingenio."
26. Ad Glauconem nepotem suum. fol. 389 b.
    Incip. " Si quis intente."
    Desin. in lib. vii. cap. " de tremore, qui fit
    in acutis febribus."
    In fronte codicis notatum est, " Iste liber,
    in quo continentur omnes libri Galieni, fuit
    magistri Stephani de Cornubia, quondam
    socii domus scolarium de Baliolo Oxon. et
    doctoris in medicina Parysius, et dimisit il-
    lum ad usum magistri Simonis de Holbeche,
    tunc magistri in artibus et socii sui ibidem
    et preterea doctoris in medicina ac socii do-
    mus scolarium Sancti Petri Cantabr. qui
    istum librum in testamento suo ordinavit et
    legauit magistro et scolaribus domus de Ba-
    liolo predicte in perpetuum eorundem usum,
    ita quod predicti magister et scolares ani-
    mam dicti magistri Stephani et Suani [sic]
    in suis orationibus et missis inter suos mo-
    dicos benefactores habeant specialiter recom-
    mendatam ; script. Cantabr. xij. kal. Febr.
    anno Domini m.ccc.xxxiv. Obiit magister
    Simon de Holbeche tercio kal. Octob. anno
    Domini predicto."

CCXXXII. (A.)

Codex membranaceus, in folio majori, ff. 292,
sec. xiv., binis columnis exaratus, et quoad
literas initiales pictus et auratus ; ex dono
Will. Gray.

Aristotelis opera varia tam ex antiqua tam ex
nova versione ; scilicet,

1. Physicorum libri octo. fol. 2.
   Tit. " Incipit primus liber phisicorum Ari-
   stotilis philosophi."
   Incip. " Quoniam quidem intelligere."
2. De celo et mundo. fol. 43 b.
   Incip. " De natura scientia."
3. De generatione et corruptione. fol. 70.
   Incip. " De generacione autem."
4. Metheororum libri quatuor. fol. 85.
   Incip. " De primis quidem."
   In calce, " Explicit liber Metheorum trans-
   lationis nove."

5. De anima. fol. 116.
   Incip. " Bonorum honorabilium."
6. De sensu et sensato. fol. 134 b.
   Incip. " Quoniam autem de anima."
7. De memoria et reminiscentia. fol. 142.
   Incip. " De memoria autem."
8. De somno et vigilia. fol. 144 b.
   Incip. " De sompno autem."
9. De causa motus animalium. fol. 151.
   Incip. " De motu autem."
10. De progressu animalium. fol. 154 b.
    Incip. " De partibus autem."
11. De juventute et senectute. fol. 161.
    Incip. " De juventute autem."
12. De respiratione et aspiratione. fol. 162 b.
    Incip. " De respiratione."
13. De morte et vita. fol. 167 b.
    Incip. " Est quidem igitur."
14. De longitudine et brevitate vitæ. fol. 168 b.
    Incip. " De eo autem quod est."
15. De differentia spiritus et animæ. fol. 170.
    Incip. " Interrogasti me."
16. De vegetabilibus et plantis. fol. 175.
    Incip. " Tria enim ut ait."
17. De causis elementorum. fol. 186.
    Incip. " Postquam premissus est sermo."
18. De coloribus. fol. 192 b.
    Incip. " Simplices colorum."
19. De Nilo. fol. 198.
    Incip. " Propter quid aliis."
20. De mundo. fol. 199 b.
    Incip. " Multociens mihi."
21. De lineis indivisibilibus. fol. 206.
    Incip. " Utrum sunt indivisibiles."
    Subjunguntur,
    a. Vita Aristotelis. fol. 208 b.
       Incip. " Aristoteles philosophus de gente quidem fuit Macedo."
    b. De morte Aristotelis et de pomo. fol. 210.
       Incip. " Cum autem homo."
22. Physiognomia Aristotelis. fol. 213 b.
    Incip. " Quoniam et anime."
23. Metaphysicorum libri xiv. fol. 220.
    Incip. " Omnes homines natura."
24. De causis. fol. 280.
    Incip. " Omnis causa primaria."
25. De intelligentia et de ortu scientiarum. f. 288 b.
    Incip. " Dum rerum quidem."
    In calce, " Explicit liber de ortu scientiarum."

CCXXXII. (B.) .

Codex membranaceus, in folio, ff. 167, sec. xiv., binis columnis exaratus; quoad literas initiales mutilus.

Aristotelis opera ; quæ sequuntur,
1. Physicorum libri octo. fol. 2.
   Incip. " Quoniam quidem."
2. De cœlo et mundo. fol. 53.
   Incip. " De natura scientia."
3. Meteororum libri quatuor. fol. 79 b.
   Incip. " De primis quidem."
4. De generatione et corruptione. fol. 110.
   Incip. " De generacione autem."
5. De anima ; manu recentiori in margine plene glossati. fol. 124.
   Incip. " Bonorum honorabilium."
6. De sensu et sensato. fol. 143 b.
   Incip. " Quoniam autem de anima."
7. De memoria et reminiscentia. fol. 150.
   Incip. " De memoria autem."
8. De somno et vigilia. fol. 152.
   Incip. " De sompno autem."
9. De longitudine et brevitate vitæ. fol. 158.
   Incip. " De eo autem quod est."
10. De differentia spiritus et animæ. fol. 159 b.
    Incip. " Interrogasti me."
11. De causis. fol. 164.
    Incip. " Omnis causa primaria."

CCXXXIII.

Membranaceus, in folio majori, ff. 373, sec. xv., nitide manu Italica exaratus; mutilus.
1. Laurentii Vallæ Elegantiarum libri sex, sine titulis. fol. 1.
   Exstant inter opera, p. 1.
2. [Ejusdem in M. Antonii Randensis errores.] fol. 177 b.
   Ibid. p. 391.
3. [Ejusdem in Barptolemæum Facium Invectivarum libri quatuor.] fol. 224.
   Ibid. p. 461.
   Defic. in verbis lib. ult. " prestantius carpis, nec verbis"——— in edit. cit. p. 630, l. 21.

CCXXXIV.

Membranaceus, in folio, ff. 144, sec. xiv., binis columnis exaratus; ex legato Alexandri Bell, coll. Ball. socii.

Johannis Duns Scoti super Aristotelis Metaphysica quæstiones octoginta una, prævia tabula.

Tit. *man. sec.* " Questiones Johannis Duns super metaphisica."

Incip. " Omnes homines natura ; In principio metaphisice quam pre manibus habemus ;" ut in edit. impress.

In margine inferiori fol. 3 notatur, " Liber magistri Alexandri Bell, quondam socii collegii de Balliolo legatus per eundem eidem collegio, A. D. m. cccc. lxxiiij. cujus anime propicietur Deus ; Amen." In fol. secundo rejectaneo continetur catalogus librorum xxxiv. ejusdem Alexandri, pretio quod dederit cuique annexo ; incip. " In primis metaphisica doctoris Subtilis ; 2° folio libri, ' queritur que causa ;' prec. xvj. s. viij. d."

In calce fragmentum est commentarii super Sententias, incip. " quando de uno tantum ordinate habito."

CCXXXV.

Codex membranaceus, in folio, ff. 183, sec. xiv. exeuntis, binis columnis exaratus ; ex dono M. Thomæ Gascoigne, " sacerdotis, filii et heredis Ricardi Gascoigne, de Hunslet juxta Eboracum ; 1448."

Ranulphi Higdeni, Cestrensis monachi, Polychronicon, prævia tabula ; in calce mutil.

Defic. ad an. 1289, in verbis, " Eoque anno modius frumenti ad iiij. d. venditur"——

Sequitur " A W." scil. Ant. Wood, " m.dclx."

Præmittuntur,

a. Stationes urbis Romæ. fol. 2 b.

b. Versus novem de Sacramento Altaris. fol. 2 b.

Incip.

" Nos qui vivificat pane celi nos benedicat."

c. Symbolum xii. apostolorum et xii. prophetarum super articulis fidei. fol. 3.

d. Hymni de S. Maria Magdalena. fol. 3.

Incip.

" Collaudemus Magdalene . lacrimas et gaudium."

e. Præbendæ et dignitates ecclesiæ Lincolniensis. fol. 4.

Incip. " Prebenda de Thame, clxviij. marcis."

f. Bernardi [Carnotensis, cognomento Sylvestri,] epistola ad Raymundum, militem, [dominum Castri Ambrosii, de cura rei familiaris.] f. 4 b.

g. Kalendarium, cum expositione secundum usum Sarum. fol. 5.

Ad April. 29 notatur, " Anno Domini m. cc. xx. factum fuit nove ecclesie Sarum fundamentum."

Ad 14 Jun. *man. sec.* " anno [m.ccc.]lxxxi. decollatus est Symon de Suthburia, archiepiscopus Cantuar."

CCXXXVI.

Codex membranaceus, in folio majori, ff. 332, sec. xv., binis columnis bene exaratus ; olim [Hum. Stafford] ducis de Buckinghamia, postea coll. Ball. ex dono Will. Gray.

Ranulphi Higdeni Cestrensis Polychronicon.

Desin. sub anno 1347, in verbis, " et regi Anglie urbs Calesii reddita est"——

In fol. 1 b notatum est, " Policronicon ex dono ducis Bokyngamie, avunculi subscripti episcopi." " Liber domus de Balliolo in Oxon. ex dono Willelmi Gray, Eliensis episcopi."

CCXXXVII.

Membranaceus, in folio, ff. 69, sec. xv., manu Italica nitide scriptus ; ex dono ejusdem.

S. Pompeii Festi de vocabulorum significatione liber, ordine alphabetico.

Incip. " Augustus, locus sanctus, ab avium gestu id est quia ab avibus ;" ut in editt. impress.

CCXXXVIII.

Membranaceus, in folio, hodie in volumina quinque distinctus, constans foliis, 135, 242, 174, 257, et 158, partim manu T. Werken, anno 1448, partim Laurentii Dyamantis, sumptibus Will. Gray, binis columnis exaratus ; ex dono ejusdem Willelmi.

Dominici Bandini de Arecio Fontes memorabiles.

Tit. i. " Ponitur causa quæ auctorem compulit ad scribendum ; loquitur cum illo ad quem liber mittitur ;" etc.

Incip. " Michi diu cogitanti consulentique eciam sacros viros, quibus animarum potestas celitus data est."

In calce, vol. 2, " Iste liber inceptus erat Colonie anno Domini 1447, 20 die mensis Decembri et finitus est Rome anno Domini 1448 et 10 die mensis Februarii T. Werken."

Tit. vol. 3, " Incipit pars quarta Fontis memorabilium universi editi a magistro Dominico de Arecio, cujus primus liber est de provinciis et regionibus secundum ordinem alphabeti."

Tit. vol. 4, " Incipit liber de moribus gencium seu populorum editus a magistro Dominico magistri Bandini de Arecio."

In calce, postquam de metallis tractatum est, " Et sic est finis, sit laus et gloria Trinis."

In calce vol. 5, cujus margines delineationibus pluribus bene sunt illustratæ, sermo est ad librum, qui sic concluditur, " et satis tecum verbi gratum sit ; Deo gracias. Laurencius Dyamantis scripsit ad institutionem eggregii ac prefulgentis viri domini Guillermi Gray, in ceteris scientiis superiori theologiaque magistra doctoris, regnante excellenti magnifico et potenti principe Henrico, rege Anglie, Francie, Irlande, Ybernie, aliarumque terrarum, regnorum, ac insularum, propter breve tempus non explicandarum."

In fol. 57 marg. inferiori delineati sunt mendicantes, quorum unum, qui cæcus est, ducit canis ; et ad fol. 68 urbes Januæ Venetiarumque.

CCXXXIX.

Codex membranaceus, in folio, ff. 141, sec. xv., binis columnis exaratus, sed quoad foliorum ordinem misere compactus ; ex dono Gulielmi Dákins, Art. Mag. et coll. Ball. socii A. D. 1656.

1. Dialogus inter discipulum et magistrum, qui dicitur Lucidarius, [an Anselmi ?] ; initio mutil. fol. 4.

   Incip. in verbis, " M. Qui fecit celos intellectu. Sol et Luna Deum senciunt, quia loca sui cursus."

   Cap. ult. est, De potentia sanctorum, et desin. " Videas bona Jerusalem omnibus diebus vite tue ; Amen."

   In calce, " Explicit Lucidarius."

2. Quæstiones et responsa inter Epictetum et Hadrianum Imperatorem. fol. 24 b.

   Incip. " Tribunus commendavit illum comiti."

3. Liber dictus, Speculum Christiani, duabus partibus comprehensus, prævio kalendario capitum lii. et lxix. ff. 27—31, 40, sed foliis mire confusis.

   Incip. " Deus in evangelio, qui ex Deo est Verba Dei audit."

Desin. ad fol. 48 b in cap. de vita activa et contemplativa verbis, " bona conjungunt aut mala disjungunt."

Sequuntur,

a. Nota de tribus annulis aureis in sarcophago mortui cujusdam inventis. fol. 48 b. 77 b.

b. Quomodo debet pastor gregem suum pascere. fol. 49.78.

c. Versus de Annunciatione Dominica, incip. " Salve festa dies." fol. 49.78.

d. Quare depinguntur evangelistæ ad similitudinem quatuor animalium. fol. 49. 78

   Incip. " Mundus stat in quatuor partibus."

4. S. Augustini libri duo de conflictu vitiorum et virtutum. ff. 32—39 b, 87. fol.79.

   Incip. " Apostolica vox clamat ;" ut inter opera, tom. vi. App. col. 219.

   Tit. lib. ii. est, " qui vocatur sinonimi."

5. Expositio in Symbolum Apostolicum. fol. 91 b.

   Incip. " Accepto Spiritu Sancto."

   In fol. 92 margine notatur, " Richard Baylied Esq. Governour of Graston Kohen I writt this booke ; John Maundeville K. of Lyed." *when*

6. Sir John Maundeville's Travels to the Holy Land. fol. 112. 93

   Begins with the words, " that it may come to mynde. And specially for hem that wil purpose to visite the holi citee of Jerusalem." The leaves are much transposed.

   At the end, " Explicit Maundevyle."

CCXL.

Codex membranaceus, in folio, ff. 256, secc. xii. exeuntis—xiv., pluribus constans codicibus ; olim ut videtur prioratus de Kirkeby, postea coll. Ball. ex dono Ricardi Bole.

1. Salomonis libri qui sequuntur ;

   a. Proverbia ; prævia Hieronymi epistola ad Chromatium et Heliodorum. fol. 4.

      Incip. epist. " Jungat epistola quos."

   b. Ecclesiastes, cum commento annexo. fol. 32.

      Incip. com. " Quomodo hic liber legendus."

   c. Cantica Canticorum, cum commento. fol. 46.

      Incip. " Cum esset rex in accubitu."

2. Homiliarum collectio, numero xciv. per anni circulum legendarum, prævia præfatione brevi et tabula. fol. 57.

M

Incip. præf. " Prima causa est quare in una die septem cruces adit septem porte inferni."

Incip. homil. i. " Primum omnium oportet nos memorare, fratres karissimi, et recitare de Deo veraciter."

Præcedunt, " Fide-jussores plumbi accommodati a priore et monachis de Kirkebi ; qui persolvant tantam quantitatem plumbi quantam nunc recipiunt." incip. " In primis Willelmus filius Reginaldi de Hesenhul."

3. De historia miraculisque B. Virginis Mariæ libri tres, quibus annexi sunt sermones Fulberti aliorumque in honorem ejusdem Virginis Assumptionis, etc. cum prologo. fol. 137.

Tit. " Incipit prologus in miraculis Sancte et perpetue Virginis Marie et matris Domini."

Incip. " Eterna Dei sapiencia."

Incip. lib. i. " Scripturi virtutes et miracula intemeratæ Virginis Dei genitricis."

Incip. ad fol. 165 Fulberti sermo, " Approbatæ consuetudinis est apud Christianos."

Tit. ult. cap. est, " Cur Johannes et illi qui similiter contempti sunt per miraculum non sint per se liberi a peccato." fol. 187 b.

Incip. " Quod si objiciuntur mihi Johannes Baptista."

Sequuntur lectiones de B. M. Virgine.

4. Liber Actuum Apostolorum, cum glossa marginali et interlineari, necnon argumentis. f. 190.

Incip. arg. " Lucas medicus Antiochensis."

Incip. gloss. " Beda. Primum sermonem, id est, evangelium."

5. Romanorum Pontificum series a S. Petro usque ad Innocentium papam III. inclusive. fol. 245.

Incip. " Petrus sedit annis xxv. mens. vij. diebus viij."

6. Series annorum ab 1001 usque ad annum 1274, notulis ad historiam Angliæ pertinentibus in margine instructa. fol. 250.

Incip. not. ad an. 1012 " Sanctus Elphegus lapidatur."

Occurrunt plura ad partem Angliæ occidentalem, necnon ad prioratum de Kirkeby, spectantia.

CCXLI.

Codex membranaceus, in folio, ff. 294, sec. xiv., binis columnis exaratus.

1. Adami Buckfield commentarius super Aristotelis Metaphysicorum libros undecim. fol. 2.

Incip. " Consideracio autem, etc. Supposito ut vult Avicenna et etiam Algazel quod subjectum."

Desin. " suum contrarium esse principium. Expliciunt sentencie super undecimum Methaphisice."

2. Thomæ Aquinatis super Metaphysicorum libros duodecim expositio. fol. 80.

Incip. " Omnes homines ; etc. Sicut dicit philosophus in Politicis suis ;" ut in edit.

In calce, " Explicit liber xij. Methaphisice."

3. Ejusdem super Ethicorum libros. fol. 205.

Incip. " Sicut dicit philosophus ;" etc. ut ibid.

4. Ejusdem super librum de causis. fol. 283 b.

Incip. " Sicut philosophus dicit in decimo Ethicorum, Ultima felicitas ;" ut ibid.

CCXLII.

Codex membranaceus, in folio, ff. 191, sec. xv., manu Italica nitidissime exaratus ; ex dono Will. Gray.

1. Aristotelis Ethicorum libri decem, interprete Leonardo Bruno Aretino, prævio prologo et epistola interpretis ad Martinum v. papam. fol. 2.

Incip. prol. in verbis, " ——tum jocunditatem dixere et qui ita se habet urbanus."

Incip. epist. " Non novum esse."

Incip. traduct. " Omnis ars omnisque doctrina."

In calce, " Ethicorum Aristotelis liber decimus et ultimus finit."

2. Ejusdem Politicorum libri octo, eodem interprete, prævia epistola ad Eugenium papam IV., et præfatione. fol. 87.

Incip. ep. " Libros Politicorum multus a me."

Incip. præf. " Inter moralis discipline."

Incip. lib. " Quoniam videmus omnem."

In calce, " Finis Politicorum."

CCXLIII.

Membranaceus, in folio, ff. 117, sec. xiv. ineuntis, binis columnis ; ex dono Will. Gray.

Averrois commentarius super Aristotelis libros quatuor de cœlo et mundo.

Incip. " Maxima cognicio ; etc. Quia iste liber primus in quo loquitur."

Desin. " et sic finitus est liber celi et mundi. Explicit hic totum."

Sequitur commentarius super Meteororum librum quartum; incip. "Postquam visum est quod principia elementaria."

CCXLIV.

Codex membranaceus, in folio, ff. 133, anno 1308, manu Ricardi de Maincestria, ad opus Will. de Mundham, binis columnis exaratus.

Averrois commentarius super Aristotelis libros de cœlo et mundo.

Incip. " Maxima cognicio ;" etc. unde supra. In calce, " Iste liber scriptus fuit ad opus magistri Willelmi de Mundham anno Domini m.ccc. octavo per manus Ricardi de Maincestria, quem Deus commendet in eternum. Amen."

Sequitur pars commenti in fine libri primi inserenda.

CCXLV.

Membranaceus, in folio, ff. 190, sec. xiv., binis columnis exaratus ; ex dono Will. Gray.

1. Averrois in libros Aristotelis de historiis animalium commentarius. fol. 3.
    Incip. " Earum quæ sunt in animalibus."
2. Ejusdem in libros de progressu animalium. fol. 69 b.
    Incip. " De partibus autem opportunis."
3. Ejusdem in libros de generatione animalium. fol. 105.
    Incip. " Quoniam autem de aliis partibus."
4. De physiognomia Aristotelis. fol. 146.
    Incip. " Quoniam et sententie sequuntur corpora."
5. De morte Aristotelis. fol. 149 b.
    Incip. " Cum homo est ad ymaginem."
6. Secreta Secretorum edita ab Aristotele ad Alexandrum regem, Latine versa per Philippum Clericum, cum prologis. fol. 152.
    Incip. " Quando luna ceteris stellis."
    In calce, " Expliciunt Secreta Secretorum missa ad peticionem Alexandri ad Aristotelem."
7. De coloribus. fol. 170.
    Incip. " Simplices colorum sunt."
8. De proprietatibus elementorum. fol. 172 b.
    Incip. " Postquam premissus est sermo."

9. De causis. fol. 177.
    Incip. " Omnis causa ; etc. Cum ergo sermonum."
10. Poetria Ibn Bosclin, scil. Ebr .... commentarius in Aristotelis Poetriam. fol. 182.
    Incip. " Inquit Hermannus Alemannus, postquam cum non modico labore consummaveram translationem rhetorice."
    In calce,
    " Explicit hec summa . sit bonis gratia summa, A Christo detur . ut cum sanctis comitetur."

CCXLVI.

Codex membranaceus, in folio, ff. 268, sec. xv. ineuntis, binis columnis exaratus; olim Ricardi Roderham ; " prec. xiij. s. iiij. d."

1. Roberti Holcot quæstiones quodlibetales. f. 5.
    Incip. " Utrum ex testimoniis in eternum fundatis veritatis constat theologiam esse scientiam."
    Desin. " non exeunte in eodem."
    Sequitur tabula alphabetica.
2. Commentarius in Aristotelis Meteororum libros ; imperf. fol. 169.
    Incip. " Cum omne desiderii compos et maxime creatura racionalis appetat suam perfectionem."
    Defic. in cap. 36 verbis, " virtus una celestis per ipsam movetur"——
3. Roberti Holcot quæstiones aliæ xci. quodlibetales. fol. 181.
    Incip. i. " Utrum theologia sit scientia." " In disputacione de quolibet proposite fuerunt questiones."
    Desin. " vel plus de ista questione."
    Sequuntur tituli, et in calce, ut in fronte codicis, folia quatuor rejectanea fragmentum Digesti Veteris exhibentia.

CCXLVII.

Membranaceus, in folio minori, ff. 64, sec. xiii. exeuntis, binis columnis exaratus ; ex dono Will. Gray.

1. S. Thomæ Aquinatis commentarius super Aristotelis librum de sensu et sensato. fol. 38 b.
    Incip. " Ut dicit philosophus in tertio de anima."
    In calce, " Explicit sentencia super librum de sensu et sensato secundum egregium ex-

248(C) 1. Ad Fam. 1-16
2A) Brutum 1
3. Ad Quintum Fratrem 1-3
4. Ad Atticum 1-16
ne girstta ad Octavianum is
also in the volume.

[Apr. 1891
A. Watson]

positorem fratrem Thomam de Alquino, de
ordine fratrum Prædicatorum, cujus anime
propicietur Deus."

2. Ejusdem expositio super librum de memoria et
reminiscentia. fol. 39.
    Incip. " Sicut dicit philosophus in vij."
    In calce, " Explicit expositio fratris Thome,"
etc.

3. Ejusdem expositio libelli de causis. fol. 51.
    Incip. " Causa prima, etc. Postquam osten-
sum est."
    In calce, " Explicit expositio," etc.

4. Ejusdem expositio super librum Boethii de
hebdomadibus. fol. 56.
    Incip. " Pre .... prior in domum tuam; etc.
    Habet hoc privilegium sapiencie studium."
    In calce, " Explicit exposicio libri Boetii ;"
etc.

5. Ejusdem expositio super librum de generatione
et corruptione. fol. 61.
    Incip. " Sicut philosophus tradit in tertio
de anima."

CCXLVIII. (A.)

Codex membranaceus, in folio majori, ff. 302,
sec. xv., manu Italica nitide exaratus; mutil.

Ciceronis Orationes, quæ sequuntur ; scilicet,

1. Pro T. Annio Milone. fol. 2.
    Incip. in verbis, " aliquando per vestram
fidem, virtutem sapientiamque."

2. Pro lege Manilia. fol. 15 b.
    Tit. " Pro Gneo Pompeio Magno."

3. Pro M. Marcello. fol. 24 b.

4. Pro rege Deiotaro. fol. 28 b.

5. Pro Archia poeta. fol. 33 b.

6. Ad Quirites de congratulatione sui reditus in
urbem. fol. 39.

7. Pro Q. Ligario. fol. 42.

8. Pro Cneio Plancio. fol. 46 b.

9. Post reditum in Senatu. fol. 62 b.

10. Pro se ad Equites ne eat in exilium. fol. 69.

11. Pro Sexto Roscio Amerino. fol. 73.

12. Pro A. Cluentio. fol. 91 b.

13. Pro P. Sylla. fol. 118 b.

14. Pro L. Muræna. fol. 130.

15. In Vatinium. fol. 144 b.

16. Pro M. Cælio. fol. 150.

17. Pro L. Cornelio Balbo. fol. 160 b.

18. Pro P. Sextio, cum glossis marginalibus. f. 172 b.

19. Pro domo sua ad Pontifices. fol. 187 b.

20. Gratias agit de reditu suo. fol. 208.
    Cf. supra, art. 6.

21. De Haruspicum responsis. fol. 212.

22. De provinciis consularibus. fol. 223.

23. Sallustii in Ciceronem. fol. 230 b.

24. In Sallustium. fol. 231 b.

25. In Catilinam orationes quatuor. fol. 235.

26. Pro C. Rabirio Postumo. fol. 253.

27. Pro C. Rabirio perduellionis reo. fol. 258 b.

28. Pro Roscio Comœdo. fol. 264 b.

29. Pro A. Cæcina. fol. 271.

30. Pro lege Agraria contra Rullum orationes duæ.
fol. 286 b.

CCXLVIII. (B.)

Codex membranaceus, in folio majori, ff. 224,
anno 1447 manu Gerardi Cerasii Florentini
nitide exaratus ; ex dono Will. Gray.

1. M. T. Ciceronis Orationes contra M. Antonium Philippicæ quatuordecim ; initio mutil.
fol. 2.
    Incip. in verbis, " ——post edictum Bruti
affertur et Cassii, quod quidem."
    In calce, " Marci Tullii Ciceronis in Mar-
cum Antonium Philippicarum quarta decima
et ultima explicit."

2. Ejusdem in Caium Verrem orationes septem.
fol. 74.
    In calce, " Iste liber Philippicarum et Ver-
rinarum scriptus fuit per me Gherardum
Cerasium, civem et notarium Florentinum,
anno Domini m. cccc. xlvij. die trigesimo
Septembris."

CCXLVIII. (C.)   = ψ Cicerl.

Membranaceus, in folio majori, ff. 377, sec.
xv., ex dono ejusdem.

M. T. Ciceronis Epistolarum libri ; ut sequuntur,

1. Ad Lentulum, Brutum, aliosque libri sedecim.
fol. 2.
    In calce, " M. T. Ciceronis epistolarum ad
Lentulum liber decimus sextus et ultimus
finit feliciter."

2. Ad Atticum libri quatuordecim. fol. 164.
    Tit. *aureis literis exaratus*, " Marci Tullii
Ciceronis clarissimi et eloquentissimi oratoris
epistolarum ad Atticum liber primus incipit
feliciter."
    In calce, " M. T. Ciceronis epistolarum ad

Atticum liber decimus sextus et ultimus finit feliciter Deo gratias; Amen."

CCXLVIII. (D.)

Codex membranaceus, in folio majori, ff. 390, sec. xv., ex dono ejusdem.

M. T. Ciceronis opera quæ sequuntur,

1. De officiis libri tres. fol. 1.
   Incip. in verbis, "——suscipitur de aliqua re institutio."
2. De amicitia. fol. 50.
3. De senectute. fol. 64 b.
4. De paradoxis. fol. 77 b.
5. Disputationum Tusculanarum libri quinque. f. 86.
6. De natura Deorum libri tres. fol. 155.
7. De divinatione libri duo. fol. 208 b.
8. De fato 'fragmentum.' fol. 248 b.
9. De legibus libri tres. fol. 256.
10. Academicorum "libri 1 fragmentum." f. 282 b.
11. Academicorum liber tertius. fol. 288 b.
12. Timæus. fol. 313 b.
13. Somnium Scipionis. fol. 319 b.
14. De finibus bonorum et malorum libri quinque. fol. 323.
    In calce, "M. T. Ciceronis de finibus bonorum et malorum liber v. et ultimus explicit."

CCXLVIII. (E.)

Membranaceus, in folio majori, ff. 251, anno 1445 manu Antonii Marii filii Florentiæ nitide exaratus; ex dono ejusdem.

M. T. Ciceronis opera alia; scilicet,

1. Rhetoricarum Inventionum libri duo. fol. 2.
   In calce,
   "Tullius erexit Romanae insignia lingue, Rhetoricas Latio, dum sonat ore tubas."
2. Rhetoricorum ad Herennium libri duo. f. 45 b.
3. De oratore. fol. 88.
4. Brutus. fol. 167.
5. Orator. fol. 199.
6. Partitionum Rhetoricarum liber. fol. 223.
7. Topica. fol. 236.
   Defic. in verbis, "quæ si ipsa contenta sunt melioraque"——
8. Synonyma. fol. 242.
   Incip. in verbis, "Sordidus genere; Infando genere."
   In calce, "Antonii Marii filius, Florentinus civis atque notarius, transcripsit Florentiæ ij. idus Novembris, m.cccc.xlv. Valeas."

CCXLIX.

Codex membranaceus, in folio majori, ff. 450, sec. xv., manu Italica nitide exaratus, sed quoad literas initiales hic illic mutilus; ex dono ejusdem.

1. C. Plinii Secundi Historiæ Naturalis libri xxxvi. prævio elencho capitum. fol. 2.
   In calce, "Explicit liber xxxvi. et ultimus historie Naturalis Plinii Secundi Veronensis feliciter."
2. Ejusdem de viris illustribus liber. fol. 442.
   In calce, "Explicit liber Plinii de viris illustribus feliciter."

CCL.

Membranaceus, in folio, ff. 181, sec. xiii. exeuntis, binis columnis nitide exaratus.

1. Aristotelis Rhetoricorum libri tres. fol. 1.
   Incip. "Rethorica assecutiva."
   In calce, "Explicit rethorica Aristotelis translata a Greco in Latinum."
2. Ejusdem de causa motus animalium. fol. 36.
   Incip. "De motu autem eo qui."
3. De problematibus. fol. 39 b.
   Incip. "De problematibus, que sunt circa medicinalia."
4. De historiis animalium libri. fol. 104.
   Incip. "Eorum que sunt in animalibus."
5. De progressu animalium. fol. 176 b.
   Incip. "De partibus autem."
   Sequitur fragmentum de causa motus animalium, ut supra.

CCLI.

Chartaceus, in folio, ff. 255, sec. xvii.; olim Ra. Cudworth, D. D. postea P. Allix, D. D. et deinde Ric. Kidder, ep. Bath. et Well.

Porta Veritatis, sive compendiosa via ad beatitudinem, authore Jacob Aben Amram Judæo [sive Ben Israel], anno ab orbe condito 5394 [scil. A. C. 1634], in tres partes distincta, indice posthabito.

Incip. prol. "Vir quidam illustris, natione Flandricus, origine et habitu Christianus."

Incip. pars i. "De simplicissima et omnimoda immultiplicabili unitate Dei veri. Audi Israel; etc. Unus, id est solus, non ergo aliorum."

Desin. "et agnosces simul vanitates gentium. Vale."

Notitiam de codice in initio scripsit Ricardus Kidder, ep. Bathon. et Wellensis, dat. 9 May 1700, *Anglice,* incip. " This MS. was found in the library of the very learned Ra: Cudworth, D. D. Thence it came into the hands of my learned friend P. Allix, D. D. of whom I bought it. I have heard Dr. Cudworth say that he bought of M. Ben Israel a MS. for £10, and I believe this to be the same. It hath bin thought that M. Ben Israel was the author of it. I cannot affirm that to be so,"etc.

CCLII.

Codex membranaceus, in folio, ff. 150, sec. xiii. exeuntis, binis columnis bene exaratus.

Aristotelis de historia animalium libri novendecim.

Abscissum est folium primum; incipit ergo lib. i. abrupte in verbis, " agrestia non sunt fixa nimio mobilia."

Desin. " et propter causam moventem."

CCLIII.

Membranaceus, in folio, ff. 265, sec. xiii., bene exaratus.

1. Porphyrii Isagoge, notulis marginalibus manu recentiori illustrata. fol. 1.

Incip.vers."Cum sit necessarium Grisarori."

2. Aristotelis Organon, aliis intermixtis, et cum notis marginalibus; scil.

a. Prædicamenta. fol. 10 b.

b. De Interpretatione. fol. 27 b.

c. De sex Principiis. fol. 37 b.

d. Boethii Topicorum libri iv. fol. 46.

Incip. " Omnis ratio disserendi."

e. De divisione. fol. 80 b.

Incip. " Quam magnos studiosis."

f. Topicorum libri octo. fol. 92.

Incip. " Propositum quidem."

g. Priorum Analyticorum libri duo. fol. 157 b.

Incip. " Primum dicere."

h. Posteriorum libri duo. fol. 209 b.

Incip. " Omnis doctrina."

Sequitur fragmentum vetustum regulæ societatis cujusdam, in cujus columna tertia occurrunt ista, " Adeo morte socii solvitur societas, ut nec ab inicio pacisci possimus, ut heres succedat societati. Hec ita in privatis societatibus, at in societate vectigalium nihilominus manet societas."

CCLIV.

Codex chartaceus, in folio, ff. 44, seç. xvii., ex dono Joh. Harris, quondam socii; 1666.

Breve relatione della stato forza richeza et grandezza del gran duca di Toscana, fatta al tempo del seren. Ferdinando Medici, Gran Duca V. et del nome II. a di xii. Juglio, 1630; con una minutissima descrittione delle Curiosita da vedersi particularmente in Firenze, e luoghi di Ricreationi et diletie appresso.

Nel fine sono descritte l' entrate del Gran Duca nel modo calculato et dilanicato l' anno passato 1629.

Incip. " Il modo non si stimerebbe."

Desin. " ogni particulare istoria."

CCLV.

Chartaceus, in folio, ff. 81, sec. xvii.; ex dono Browne Willis, de Whaddon Hall, 1744.

Balliofergus; or a commentary upon the foundation, founders and affairs of Balliol College, gathered out of the Records thereof and other Antiquities; by Henry Savage, master of the said College, 1661.

Printed, 4to, Oxford, 1668.

CCLVI.

Chartaceus, in folio minori, ff. 149, annum circiter 1200 binis columnis exaratus.

1. Eusebii Cæsareensis Historiæ Ecclesiasticæ libri undecim, prologo capitulisque illustrati. fol. 1.

Tit. " Incipit prologus Historiarum."

Incip. " Peritorum dicunt esse medicorum ;" ut in edit. impress.

In calce, "Expliciunt xi. libri Historiarum."

2. Historia Wandalorum libris quatuor comprehensa, auctore S. Victore, episcopo Vitensi, cum prologo. fol. 91.

Tit. " Incipit historia persecutionis Affricane provincie temporum Aisenti et Hunenci regis Wandalorum, scribente Sancto Victore, episcopo patrie Vitensis."

Incip. prol. " Quondam veteres ob studium sapientie ;" ut in edit. Ruinart. p. 1.

3. Historiarum gentis Longobardorum libri sex a Paulo [Warnefrido] monacho quodam editi. fol. 110.

Incip. " Septentrionalis plagæ ;" ut in Murator. Rer. Ital. Scriptt. tom. i. col. 404.

Desin. " avarumque pacem custodiens."

Sequitur Pontificum tabula a S. Petro usque ad Cœlestinum III., et postea Imperatorum usque ad Conradum II.

CCLVII.

Codex membranaceus, in 4to, ff. 98, sec. xii. exeuntis, in fine mancus.

Euclidis Elementorum Geometricorum libri xiv.; schematibus illustrati.

Incip. vers. " Triangulum equilaterum supra datam lineam rectam collocare. Esto exemplum."

Præcedunt definitiones sub titulo, " Primus liber Euclidis institucionis artis geometrice incipit xvii. propositiones continens per Adelardum Bathoniensem ex Arabico in Latinum translatus."

Defic. in propos. " Intra cubum assignatum figuram octo basium triangularum equalium laterum constituere."

CCLVIII.

Membranaceus, in 4to minori, ff. 148, sec. xv., manu R. Bole, anno 1460 exaratus; ex dono M. Ric. Bull, archid. Eliensis, quondam coll. Ball. socii.

1. C. Crispi Sallustii Bellum Catilinarium. fol. 2.
2. Ejusdem Bellum Jugurthinum. fol. 53 b.

In calce, " Finit Salustius in Jugurtino per R. Bole, 20 Februarii, anno 1460, quo anno male pugnatum est per Anglos contra Anglos juxta Sanctum Albanum 17 mensis supradicti."

CCLIX.

Chartaceus, in folio, ff. 439, sec. xvii.; olim Rogeri Norton, postea J. H.; haud eadem manu scriptus.

Volume of Sermons on several subjects by the right reverend father in God James Ussher, late archbishop of Armagh and primate of Ireland.

They are upon the texts following, Rom. viii. 15,16. Joh. viii. 31,32. 2 Cor. v. 19. 1 Cor. x. 17. Ps. xxxii. 10. Ps. xxxii. 11. Luke i. 73. Heb. ii. 14,15. Galat. iv. 4. Rom. vi. 14. Matt. xiii. 44. 1 Thess. ii. 13. 2 Chron. xxxiv. 33. Ps. ciii. 1, 2, 3. 1 Cor. xi. 28. Rom. iii. 19.

1 Joh. v. 12. 1 Joh. iii. 9. Galat. v. 17. Matt. xxv. 31,32. 1 Joh. v. 7. 1 Joh. v. 8. 1 Joh. iii. 3. Jude 20, 21. Ephes. iv. 13.

The first beg. " Rom. viii. 15, 16. For yee have not received, etc. The apostle sets downe in this epistle a platforme of Christian doctrine."

The last beg. " Ephes. iv. 13, Till 'wee all come, etc. When the Lords ark was to set forward."

Ends, " working in you that which is well pleasing in his sight through Jesus Christ;" etc.

At the end, " 4 Apr. 1656. This booke of sermons was entred in ye Register. J. Burroughs."

CCLX.

Codex chartaceus, in folio, ff. 138, sec. xvii.

Historiæ Britannicæ Defensio, Johanne Priseo equestris ordinis Britanno authore; manu sua propria recognita et emendata.

Incip. " Quod Britannia rerum in ea gestarum monumentis nullo unquam tempore a primo ejus incolatu caruisse videatur. Ut hec Insula Britannia, Albion quoque ab antiquis."

Desin. " valerem, patrocinio destitueretur."

Sequuntur, " Capita hujus commentacionis."

CCLXI.

Membranaceus, in folio minori, ff. 209, sec. xv. manu Joh. Reynboldi de Monte-Ornato, nitide exaratus; ex dono Roberti Thwaits, magistri.

Rogeri de Waltham, canonici Londoniensis, Compendium Morale, libris xiii. comprehensum.

Tit. i. " Prologus in compendium morale de virtuosis dictis et factis exemplaribus antiquorum magistri Rogeri de Waltham, canonici Londoniarum."

Incip. " Sapienciam antiquorum exquiret."

Desin. " sibi commissum cum fervore, sicut bonus debitor optimo creditori."

In calce, " Scriptus est liber iste per manus Johannis Reynboldi de Monte Ornato terre Hassie Theutonicum."

CCLXII.

Membranaceus, in folio minori, ff. 188, sec. xv., nitide exaratus, sed in calce mutilus; ex dono Will. Gray.

1. Nonii Marcelli, peripatetici Tiburtiensis com-

pendiosa doctrina per litteras ad filium de proprietate sermonum. fol. 2.

2. De diversis acceptionibus nominum et verborum. fol. 74 b.

3. De differentiis verborum. fol. 147.

4. De genere navigiorum. fol. 180 b.

5. De genere vestimentorum. fol. 182.

6. De genere vasorum. fol. 184.

7. De genere colorum. fol. 186.

8. De genere ciborum. fol. 187.

9. De genere armorum. fol. 187 b.

Defic. in verbis, " ex cursu levi armi gravibus non impediti ca"——

CCLXIII.

Codex chartaceus, in folio minori, ff. 176, sec. xv. ineuntis; binis columnis haud una manu exaratus.

1. Anonymi cujusdam de epistolaris natura Dictaminis. fol. 1.
    Incip. " Cum inter jocunda familiariter."
    Desin. " eos sapidiores auditoris."

2. Anonymi cujusdam auctoris liber qui dicitur, ' Tria sunt.' fol. 7 b.
    Incip. " Tria sunt circa que cujuslibet."
    In calce, " Explicit tractatus, qui dicitur Tria sunt."

3. Galfridi [de Vino-salvo] carmen de nova poetria, versibus heroicis. fol. 32 b.
    Incip.
    " . . . . nocenti
    . . . tribuam . . . caput addam.
    Testis erat nomen metri tibi vult simulari."
    In calce, " Explicit liber magistris Galfridi de nova poetria."

4. Tractatus de arte Dictaminis episcopi Carleolensis, [scil. Thomæ de Novo-Mercatu.] f. 44 b.
    Incip. " Dilectissime frater in Christo in quodam amoris."
    In calce, " Explicit tractatus episcopi Carliolensis de titulis dictaminis."

5. Guidonis de Columnis Historia de bello Trojano, cum epilogo. fol. 49 b.
    In calce, " Factum est presens opus anno Dominice Incarnacionis m.cc.lxxxvij. ejusdem prime indictionis. Deo gratias agamus."

6. Johannis Lemovicensis somniale Dilucidarium Pharaonis ad Theobaldum regem Navarinæ, cum prologo et capitulorum tabula. fol. 114.

Incip. " Rex virtutum progressurus ad prelium adversus principes tenebrarum."
    Desin. " et vox laudis ; Amen."
    In calce, " Explicit Sompniale Delucidarium Pharaonis compositum per Johannem Lemovicensem ad regem Navarine."

7. Ricardi de Bury Philobiblion. fol. 124 b.
    In calce, " Explicit Philobiblon domini Ri. de Bury, Dunelmensis episcopi ; completus est autem tractatus iste in manerio nostro de Aukeland xxiiij. die Januarii anno Domini m.ccc.xliiij.," etc.

8. [Matthæi] Vindocinensis tractatus de arte versificatoria. fol. 138.
    Incip. " Ne meas viderer."
    Desin. " Explicit emeritum Vindocinensis opus."
    In calce, " Explicit tractatus Vindocinensis de arte versificatoria."

9. Gervasii de Saltu-Lacteo tractatus de arte versificatoria et modo dictandi ad Johannem Album, ' non tam socium, quam magistrum suum.' fol. 153 b.
    Incip. " Armata est majorum petitio."
    In prologo recenset scriptores de arte versificatoria sequentes, " Matthæum Vindocinensem, Galfridum Vinesa [Vinsauf], et Bernardum Sylvestrem."
    Desin. opus, " delectari nolumus, sed prodesse."
    In calce, " Explicit tractatus Gervasii de Saltu-Lacteo de arte versificatoria et modo dictandi."

CCLXIV.

Codex membranaceus, in 4to, ff. 98, sec. xv. ineuntis; olim eccl. B. Petri Westmonast.

Opus, quod dicitur Forma Religiosorum, in libros tres distributum, præviis capitulis et prologo.

Incip. prol. " Forma religiosorum dicitur iste liber et bene, quia secundum doctrinam in eo contentam vivere quis voluerit."
    Tit. lib. i. " Incipit libellus qui dicitur Formula Religiosorum. Cap. pr. Quid debes primo considerare."
    Incip. " Primo considerare debes quare veneris et ad quid veneris."
    Desin. lib. iii. qui in septem processus distinguitur ; " aut cum gratias agimus pro ac-

ceptis vel promissis, que nobis concedat Deus, Qui vivit," etc.

In calce, " Explicit tertius liber de forma Religiosorum ;" et in pag. sequenti, " Starrys, monachus Westmonestrii."

CCLXV.

Codex membranaceus, in 4to, ff. 147, sec. xv.; ex dono M. Nicolai Saxton, quondam socii.

Alani [Insulani] Carmen quod dicitur Anti-Claudianus, notulis marginalibus et interlinearibus perquam instructum.

Præcedit prologus, incip. "Cum fulminis impetus vides suas expendere dedignetur."

Incip. carm.

" Actoris mendico stilum phalerasque poete."

Incip. gloss. " Ego usurpo modum scribendi verba ornata ;" et in marg. " Actor hujus operis in principio."

Desin. carm.

"Supplantare novas saltem post fata silebit, Qui dedit alpha et O . sit laus et gloria Christo."

CCLXVI.

Chartaceus, in 4to, ff. 60, sec. xvi., ex dono Thomæ Wendy, equitis aurati.

The life of Sir Thomas More, by John Harris, his secretary.

Tit. " The Lyffe of Sir Thomas Moore."

Beg. "Thomas Moore was borne in London, the principall cytty of this realme."

At the end are, 1. The description of Sir T. Moore, according to the relation of them who best knew him and his picture which was drawne when hee was chancellor. 2. The translation of his epitaph.

Prefixed is a note upon the authorship.

CCLXVII.

Chartaceus, in 4to minori, ff. 53, sec. xvii.

1. Heliodori Larissæi optica. fol. 2.
2. Autolyci Definitiones de Sphæra. fol. 19.
3. Ejusdem libri duo περὶ ἐπιτολῶν καὶ δύσεων. f. 24.
4. Theodosii Theoremata περὶ οἰκήσεων. fol. 34.
5. Ejusdem de diebus et noctibus libri duo. f. 41.

CCLXVIII.

Chartaceus, in 4to, ff. 5, et 106, sec. xvi.

The lyfe of the gloryous virgin Saynt Werburge,

also many myracles, that God hath shewed for her; and fyrst the prologe of the auctor; by Henry Bradshaw, monk of Chester.

Prefixed is,

The prologe of J. T. in the honour and laude of Seynt Werburge and to the prayse of ye translatour of the legende folowinge.

Beg.

" Honour, joy and glory the trynes organicall."

This poem, as is noticed at the end in a colophon, was printed by Pynson, 1521. There are two copies of the original edition in the Bodleian Library.

CCLXIX.

Codex chartaceus, ex charta lævigata, in folio, ff. 247, sec. xvii.; ex dono [Theoph.?] Leigh.

Tsikaràt al-Evlian; i. e. An account of several of the Turkish Saints; *in Turkish.*

Prefixed is the note following, " Mr. Leigh's compliments to Mr. Davey and sends him two college books.

" He likewise sends him five Turkish manuscripts brought by Dr. Brydges from Aleppo, which he begs ye college to accept of, and to find a place for them in their library."

CCLXX.

Chartaceus, in folio, ff. 83, sec. xvii. ineuntis, manu Rob. Sprakelinge scriptus.

1. The life of Cardinal Wolsey written by Mr. Banister, his gentleman usher. fol. 2.

At the end, " Upon the 30th day of June towards the evening in ye yeere of Christ 1609, I began to copie out this booke and upon the 31 day of July next following I ended it. Robt. Sprakelinge."

2. The copie of a letter which was said to have been sent unto the kyng by Sir Walter Rawligh presently after his condemnation. fol. 75.

Beg. " The life which I had."

3. Letters on the Churches of Rome and England. fol. 76.

Beg. " The blessed disposicion of his Majestie."

At the end, " This tretise is supposed to have bin written by Doctor Carrier."

4. The tenor of Sir Water Raleigh's speech at his death. fol. 82.

CCLXXI.

Codex membranaceus, in folio, ff. 15 et 119, secc. xiv. et xv.

Chartularium, sive Registrum Chartarum ad prioratum de S. Guthlaco apud Herefordiam spectantium.

Charta prima est Roberti Folet de aquæ ductu apud Aylnadeston.

Præcedunt,

a. Tabula chartarum circiter quingentarum, secundum ordinem foliorum.

b. Registrum earundem alphabeticum secundum loca, ad quæ chartæ spectant.

c. Chartæ aliæ inferioris ævi, a manibus insertæ recentioribus.

Ad fol. 107, *seqq.* tabulæ sunt reddituum aliorumque ad eundem prioratum spectantium.

CCLXXII.

Membranaceus, in 4to, ff. 31, sec. xii. exeuntis; ex dono Gulielmi Hamilton.

M. T. Ciceronis Rhetoricorum ad Herennium libri quatuor, notulis marginalibus interlinearibusque instructi.

In calce notatum est de oratoris officio; incip. "Oratoris officium est de hiis rebus posse dicere."

CCLXXIII.

Membranaceus, in 4to, ff. 26, sec. xii. exeuntis; ex dono Gulielmi Hamilton.

M. T. Ciceronis de inventione rhetorica libri duo.

CCLXXIV.

Membranaceus, in folio, ff. 257, anno 1409 manu Pauli de Mertzenich binis columnis nitide exaratus.

1. Johannis Wallensis, sive Guallenis, Collationes sive Communiloquium in partes septem distinctæ, prævia capitulorum tabula. fol. 2.

Tit. "Incipit prologus in Communiloquium a fratre Johanne Vallensi, ordinis Minorum editum."

Incip. "Cum doctor sive predicator evangelicus sapientibus et insipientibus."

In calce, "Explicit Summa Collacionum, sive Communiloquium, Johannis Vallensis, ordinis fratrum Minorum, scriptum ·per me

Paulum de Mertzenich, etc. anno Domini mcccc nono in crastino Sancti Thome apostoli. Deo gratias."

2. Ejusdem Johannis Vallensis Breviloquium de virtutibus antiquorum principum et philosophorum, præviis titulis. fol. 130.

Incip. "Quoniam misericordia et veritas custodiunt regem et roboratur."

In calce, "Explicit Breviloquium Johannis Vallensis."

3. Petri Blesensis Opus quod dicitur 'Quales sunt' cum prologo et capitulis. fol. 145 b.

Incip. "De utinam episcopis;" ut inter opera, p. 563, ex codice nostro editum.

In calce, "Explicit liber qui intitulatur 'Quales sunt' editus per venerabilem Petrum Blesensem, scriptus per me Paulum," etc.

4. Liber de oculo morali, cum prologo et capitulis. fol. 166.

Incip. prol. "Si diligenter voluerimus."

Incip. lib. "Sciendum igitur quod sicut."

In calce, "Explicit libellus de oculo morali."

5. Tractatus de vita et moribus philosophorum. fol. 204.

Incip. "De vita et moribus philosophorum."

In calce, "Explicit libellus de moribus, etc. per manus Pauli de Mertzenich; Deo gratias, Amen."

6. De memoria artificiali tractatulus. fol. 236.

Incip. "Memoria utrum aliquid habeat."

In calce, "Explicit notabile quoddam de memoria artificiali."

7. Radulphi de Praellis epistola ad Carolum, regem Francorum quintum. fol. 238.

Incip. prol. "Etsi quos principibus notos ars efficit mechanica, quanto magis eos, qui liberalibus insistunt artibus."

Incip. opus, "Nocturnis nuper pulicibus."

8. Notitiæ de Arthuro rege et de Methodio. fol. 255 b.

Incip. "Arturus utriusque Britanniæ."

9. Bernardi, abbatis Clarævallensis, epistola ad servum in Christo in monasterio S. Mariæ quod est Trecas a suo proposito fluctuantem. f. 256.

Incip. "Relatum est michi;" in edit. ep. cxv.

10. Legenda de Thaide meretrice pœnitente. f. 256 b.

Incip. "Gaudium fuit angelis Dei."

11. Anonymi prophetia de ultima ætate. fol. 257.

Incip. "In ultima etate humiliabitur."

CCLXXV.

Codex membranaceus, in folio, ff. 184, sec. xiv., binis columnis bene exaratus; ex dono Will. Gray.

1. Johannis Cassiani monachi de institutis cœnobiorum libri duodecim, prævia " epistola S. Castoris Aptensis episcopi ad beatum Cassianum, Massiliensem abbatem." fol. 2.

Incip. epist. " Rationabiliter, Pater ;" ut inter Cassiani opera, edit. 1628, p. 1.

2. Ejusdem Cassiani collationes SS. Patrum, numero viginti quatuor, prologis capitulisque illustratæ. fol. 46.

Tit. " Incipit liber collationum beati Cassiani qui et Johannis Massiliensis presbiteri. Hic codex continet collationes Sanctorum Patrum numero xxiiij." etc.

Incip. præf. " Debitum quod beatissimo pape Castorio ;" ut ibid. p. 297.

In calce, " Explicit collatio abbatis Piamonis."

CCLXXVI.

Membranaceus, in folio, ff. 154, sec. xv., binis columnis nitide exaratus, mutilus; ex dono Will. Gray.

1. Galfridi [de Vino-Salvo] de Poetria nova opus ad Innocentium III., carmine heroico; initio mutil. fol. 2.

Incip. in versu,

" Exemplum sed et hic sicut penultimus in tres Crescit et hiis octo ramis stilus ipse superbit."

Desin.

" Sed licet omnis apex tibi crescat honoris honore, Crescere non poteris quantum de jure meretis."

2. Alani de Insulis Anticlaudianus. fol. 15.

Incip.

" Auctoris mendico stilum falerasque poete."

Exstat impress.

In calce, " Explicit liber Anticlaudiani."

3. Ejusdem liber de planctu Naturæ, partim prosaice partim metrice. fol. 43 b.

Tit. " Incipit Encheridon magistri Alani de Podio."

Incip.

" In lacrimas risus, in luctus gaudia vertit."

4. P. Terentii Afri comœdiæ sex; [scil. Phædrus,] Eunuchus, Heautontimorumenos, Adelphi,

Hecyra, et Phormio; cum prologis argumentisque. fol. 57.

Incip. in Phædr. verbis, " ——sese ; item alia multa que nunc narrandi non est locus, continuo ad te properans percurro."

In calce, " Explicit comedia Phormio feliciter." Sequitur epitaphium Terentii, " Natus in excelsis ;" ut inter Epigrammata et Poematia Vetera, ed. 1619, p. 71.

5. Gervasii de Melkeleyn, sive de Saltu-lacteo, liber de arte versificatoria. fol. 108.

Incip. " Ne meas viderer magnificare fimbrias."

Desin. " dignatus est delegare."

6. Ejusdem Gervasii liber de modo dictandi; initio mutil. fol. 127.

Incip. " ——solum sufficit in legendis auditoribus solum sensum exponere."

Desin. " ad presens pretermittamus, quippe delectari nolumus sed prodesse. Deo gratias."

In calce, " Explicit tractatus Gervasii de Saltu-lacteo de arte versificatoria et modo dictandi."

Sequuntur versus transmissi ad episcopum Norwicensem, incip.

" Magnus Alexander bellorum sæpe procellas."

CCLXXVII.

Codex membranaceus, in folio, ff. 191, sec. xiii. exeuntis, binis columnis nitide exaratus; ex dono Ro. Rok, vicarii eccl. S. Laurent. London.; mutilus.

Aristotelis opera, quæ sequuntur,

1. Metaphysicorum libri xi. fol. 3.

Incip. in verbis, " Speculantibus causam."

Desin. " ut quidem dicunt neque hec circa principia. Explicit Metaphisica Aristotelis."

2. Meteororum libri quatuor. fol. 99.

Incip. " De primis quidem igitur."

Defic. in verbis, " coagulatas calido et frigido. Dico autem quecunque omnino"——

3. Ethicorum libri sex priores. fol. 146.

Incip. " Omnis ars et omnis doctrina."

Defic. in verbis, " exeunte propter quod et prin"——

In calce, " Caucio M. Roberti Rok exposita in cista de Turvyll A. D. m. cccc. xxvj. in festo S. Blasii, viz. in crastino Purif. B. M. Virginis et jacet pro xv. s. ;" etc.

CCLXXVIII.

Codex membranaceus, in folio, ff. 238, sec. xiii. exeuntis; binis columnis exaratus.

1. S. Thomæ Aquinatis super Aristotelis libros de anima expositio. fol. 5.

    Incip. "Bonorum; etc. Sicut philosophus docet in undecimo;" ut in editt. impress.

    In calce, "Explicit sentencia super librum de anima secundum fratrem Thomam de Aquino, ordinis Predicatorum."

2. Ejusdem super libros de sensu et sensato, et de memoria et reminiscentia. fol. 43.

    Incip. i. "Sicut philosophus dicit;" ibid.

    In calce, "Explicit de sensu," etc. " Deo gracias, Amen."

3. Ejusdem super libros Ethicorum. fol. 64.

    Incip. "Sicut philosophus dicit;" ibid.

4. Ejusdem super libros Politicorum tres priores. fol. 141.

    Incip. "Sicut docet;" ibid.

    In calce, "Explicit Politic. fratris Thome."

5. Ejusdem super librum de Causis. fol. 166 b.

    Incip. "Sicut philosophus;" ibid.

6. Ejusdem super Meteororum libros. fol. 176.

    Incip. "Sicut in rebus naturalibus;" ibid.

7. Ejusdem super libros tres de Cœlo et mundo; in calce mutil. fol. 192.

    Incip. "Sicut dicit philosophus in primo Phisicorum, Tunc opinamur;" ibid.

    Defic. in verbis, "dicebat quod corpora componuntur ex superficiebus secundum lineam"——

CCLXXIX.

Membranaceus, in folio, ff. 265, sec. xv., binis columnis exaratus.

[Huguitionis Pisani?] Vocabularium ordine alphabetico dispositum.

    Incip. "A. prepositio est et deservit ablativo et aliquando recipitur in compositione."

    Desin. "Zoticus, ca, cum, id est, vitalis; zozinus, na, num, vivax vel vividus."

CCLXXX.

Membranaceus, in volumina tria olim distinctus, quorum hodie modo restant primum et tertium, ff. 200 et 218, sec. xii. exeuntis; binis columnis bene exaratus.

S. Gregorii Moralium super Job libri i.—x. xxvi. —xxxv. inclusive, prævia ' Visione per totam Hispaniam inventa,' et præfatione ad Leandrum coepiscopum.

    Tit. "Incipiunt moralia beati Gregorii pape per contemplationem sumpta in librum beati Job; libri quinque."

    Defic. lib. 10 in verbis super cap. xii., "quanto ex lectionis quoque incisione respirat."

    Incip. vol. ii. in verbis lib. xxvi. "——ciat, qui discussis quibusdam signis exterius apparentibus."

    In calce notatur rubricatum, "Deo gratias."

CCLXXXI.

Codex membranaceus, in folio, ff. 194, sec. xiv. ineuntis, nitide exaratus; ex dono Will. Gray.

" Liber intitulatus Hortus copiosus, id est, Summa Auctoritatum, quas per multiplicium librorum campos venerabilis dominus Egidius Beneventanus, veluti floridum germen ad utilitatem pauperum in unam coronam collegit," cum præfatione et capitulis, in partes tres distinctus. f. 1.

    Incip. præf. "Si temporis moderni superstites antiquorum philosophorum doctrinis dignantur attendere."——" Ego quidem Egidius Beneventanus scriptor in penitenciaria domini papæ."

    Incip. pars i. "Contra ociosum, pigrum et somnolentum, et nota quod hec rubrica tripartita est;" etc. " Plus vigila semper ne sompno."

    Incip. pars ii. [fol. 149], "In hac secunda particula hujus libri agitur de civitatum et castrorum ac plurium famosorum locorum fundationibus."

    Incip. pars iii. [fol. 165], "Tercia hujus operis particula, que quidem ultima est, continet quasdam exfloraciones seu excerpta ex Pantheon, Speculo Regum, Anselmo, Solino."

    Ad fol. 190 b, chronicon est breve ab anno 1190 ad 1245 inclusive.

    Desin. opus, "non tantum a proximis dissenciat, sed plerumque eciam a se ipso; Deo gratias."

CCLXXXII.

Membranaceus, in folio, ff. 202, sec. xiv., binis columnis exaratus.

1. Ægidii Romani de regimine principum libri tres. fol. 2.

Præcedit præfatio ad Philippum, primogenitum Philippi regis Franciæ.

In calce, " Explicit liber de regimine Principum editus a fratre Egidio Romano, ordinis S. Augustini."

2. Gualteri Burlæi commentarius super Aristotelis Politicorum libros, prævia tabula. fol. 124 b.

Incip. " Capitulum primum est prohemium et continet duas partes principales."

Defic. in lib. vii. verbis, " oportet duo observare, scilicet, quod non sint"——

Continebat olim codex noster Ursonis Aphorismos, et Tractatum nobilem de effectibus qualitatum primarum, qui hodie desunt.

CCLXXXIII.

Codex membranaceus, in folio, ff. 166, sec. xiii. exeuntis, binis columnis bene exaratus; ex dono ejusdem Willelmi.

Isidori Hispalensis Etymologicorum libri viginti, prævia tabula alphabetica; necnon S. Isidori et Braulionis epistolis mutuis.

In calce, *man. sec.* ut et fol. ult. integrum, " Explicit liber Ethimologiarum beati Ysidori Hispalensis archiepiscopi; Amen."

Præmittitur notitia de cautione MM. Th. Chace, Ric. Rotheram, aliorumque exposita in antiqua cista Universitatis pro quinque libris, A. D. 1408 " et habent tria supplementa, Primum est una zona argentea deaurata habens xxvij. scipas;" etc.

CCLXXXIV.

Membranaceus, in folio, ff. 110, sec. xiv., binis columnis haud una manu nec eodem tempore exaratus.

1. Collectio secunda libri sufficientiæ Avicennæ philosophi principis. fol. 1.

Tit. " Prologus. Dixit princeps philosophorum Arabis."

Incip. "Postquam expedivimus nos, auxilio Dei, ab eo ;" ut in edit. Ven. 1500.

Desin. " hee propositiones note sunt."

In calce, " Explicit secundus liber collectionis secunde, qui dicitur sufficiencia vel Phisica Avenceni."

2. Avicennæ liber de cœlo et mundo. fol. 20.

Incip. " Collecciones expositionum ab antiquis."

3. Quæstiones de caritate, et de spe, etc. fol. 27.

Incip. " Utrum caritas per essentiam augeatur ; et arguitur quod non : quia augmentum est."

4. Expositio de canone missæ edita a fratre Ægidio de Roma, ord. Fratrum heremitarum S. Augustini. fol. 43.

Incip. " Ad cujus evidenciam advertendum."

5. De S. Trinitate. fol. 54.

Incip. " Salvator noster discipulos ad predicandum."

6. De articulis fidei et de Sacramentis. fol. 58.

Incip. " Postulat a me vestra dilectio, ut de articulis fidei et ecclesie sacramentis."

7. Expositio orationis Dominicæ. fol. 72.

Incip. " Pater noster ut in summa exponitur."

In calce, " Finito libro sit laus et gloria Christo."

8. Commentarii fragmentum in Cantica Canticorum. fol. 75.

Incip. " Osculetur me ; Hec est vox sinagoge, que Christum venturum in mundum didicerat."

9. Liber de officio sacerdotali. fol. 76.

Incip. " Qui sunt isti, qui ut nubes volant ; etc. Materiam plenam, et ut credo nobis non ignotam."

Defic. in verbis, " convictum vel confessum extorrem fieri exhereda"——

CCLXXXV.

Codex membranaceus, in folio, ff. 257, sec. xiii., binis columnis nitide exaratus; ex dono ven. patris Willelmi [Rede] tertii episcopi Cicestriæ; olim peculium Nicolai de Sandwyco.

1. Moralium Dogmata philosophorum, quorum nomina in margine leguntur, cum prologo. f. 5.

Incip. prol. " Moralium dogma philosophorum per multa dispersum volumina."

Incip. cap. i. " De honesto consilio. Triplex est capiendi consii (*sic*) deliberatio."

Præcedunt versus,

" Presens huic operi sit gracia stemmatis almi, Me juvat et faciat complere quod utile fiat."

In calce, " Explicit liber iste de morali
scientia."

2. Aristotelis liber de regimine principum, sive
Secretum Secretorum, prævia epistola Philippi
Clerici ad Guidonem de Valentia, et tabula
capitum. fol. 15 b.

Tit. " Hic incipit regimen principum, et
regum vel dominorum, quod edidit princeps
philosophorum Aristoteles filius Nicomachi
de Macedonia."

In calce, " Explicit liber de Secretis Secretorum."

3. Liber de virtutibus lapidum, nuncupatus La-
pidarius, quem Marbodus composuit, in se continens sexaginta capitula, cum glossis; *metrice*.
fol. 34.

Incip. " De adamante.

" Evax rex Arabum legitur scripsisse Neroni."
Cf. ed. Gottingæ, 1799.

In calce,

" Hec ex innumeris extracta vocabula gemmis,
Sufficiat nostro collecta labore teneri,
Quæ decies senis distincta patent capitellis."

4. Sermo de xii. lapidibus. fol. 38 b.

Incip. "De Jaspide. Jaspis primus ponitur."
Sequuntur quædam de diætis, incip. "Omnis
sapiencia et omnis sciencia."

5. De carne quorundam animalium. ff. 41, 66 b.

Incip. " De lupo. Caro ejus frigida."

6. Tractatus quadrantis, quartæ partis Astrolabii.
fol. 42.

Incip. " Scire debes, quod circulus solis."

7. De efficacia medicinarum, quomodo ad humana
corpora secundum potentiam planetarum et
signorum effectum. fol. 42 b.

Incip. " Inter astrologos est ardua."

8. Kalendarium, anno, ut videtur, 1239, exaratum.
fol. 43 b.

Sequuntur manu altera inserta,

a. Quæstiones nonnullæ medicinales. fol. 44 b.

Incip. " Queritur utrum compositio."

b. Carta obligationis Milonis Doget, aliorumque
ad Petrum de Clif, rectorem eccl. de Nerny;
dat. Dublin. 1289. fol. 45.

c. Carta F[ulconis de Saunford] archiep. Dublin.
ad Petrum de Clif, de ecclesia de Clunard;
dat. Suwerdes, xvi. kal. Jul. 1259. fol. 46.

d. Inspeximus ejusdem cartæ per R. de S. Martino, decanum, et capitulum eccl. S. Patric.
Dublin. dat. Dublin. xii. kal. Jul. 1259. f. 46 b.

9. Magistri Ricardi Anglici Micrologus. fol. 47.

Incip. " Acutarum alia est terciana."
In calce, " Explicit Micrologus magistri
Ricardi."

10. De urinis sanorum et ægrorum. fol. 63.

Incip. " Omnium significacionum."
Præcedunt versus de eisdem, incip.
" Qui cupit urinas mea per compendia scire."

11. Tractatulus de chiromantia; *Gallice*. fol. 67.

Incip. " Troyes sunt lignes naturelles."

12. Rhasis aggregationum liber ad Almansorem,
partibus decem comprehensus, [Latine versus
per Gerardum Cremonensem;] cum præfatione
et tabula. fol. 69.

Incip. prol. " In hoc libro aggregabo."
Incip. pars i. " De figura et forma membrorum. Creator omnium Deus ossa condidit ;" ut in edit. Venet. 1508.
Præcedunt versus, incip.

" Ne tibi displiceat quod sic sum corpore parvus."

13. Ejusdem de divisionibus ægritudinum libri tres,
eodem interprete. fol. 142 b.

Tit. " Rasis Abubecri Magmaeti filii Zacarie Arazi de divisionibus egritudinum liber
incipit."
Incip. " Ventilata fuit in presentia ;" ibid.
fol. 59 b.

14. Verba Abubecri fil. Zaccarie Arazi, sive Antidotarium Rahsis. fol. 177.

Incip. " Dixi in hoc libro meo ;" ibid. fol. 78.

15. Experimenta Rhasis de doloribus juncturarum.
fol. 189.

Incip. " Dixit Rasi volo in hoc capitulo."
In calce, " Explicit tractatus Rasi de dolore
juncturarum, et de egritudinibus puerorum
in prima etate ; Deo gracias."

16. Liber Galeni de medicinis experimentatis, qui
intitulatur experimentatio medicinalis, quem
transtulit Johannes de Greco in Latinum, et
magister Farachius de Arabico in Latinum.
fol. 198.

Incip. " Dixit Galenus ; ignis qui descendit."

17. Liber præscientiæ Hippocratis, qui inventus est
in sepulchro ejus in pixide eburnea. fol. 207.

Incip. " Pervenit ad nos."

18. Liber parvus Ipocratis de morte subitanea.
fol. 208 b.

Incip. " Dixit Ypocrates, cum in sompnis."
In calce, " Expliciunt experimenta Rasi et

G. et secreta Ypocratis gloriosissimi medici ; Deo gratias."

19. Onomasticon vocum Arabicarum. fol. 209 b.

Incip. "Alhasef ; id est, puncti rubei."

20. Tractatus de effectibus qualitatum. fol. 216.

Incip. "Quoniam fere omni."

21. De conferentibus et nocentibus cerebro et aliis membris totius corporis. fol. 219.

Incip. "Conferunt cerebro fetida."

22. Johannis de S. Paulo de medicinis simplicibus sive de virtutibus herbarum libellus. fol. 221.

Incip. "Cogitanti mihi de simplicium."

neg Salerni 23. Ricardi [Anglici ?] liber de laxativis, cum prologo et tabula capitum. fol. 226.

Incip. prol. "Dupplici causa me cogente, socii."

Incip. lib. "Medicina est scientia."

24. Versus de pluvia, de nive, aliisque meteorologicis. fol. 232 b.

Incip.

"Ad pluvie causas reserandas illico clausas."

25. Practica magistri Bartholomæi [a Glanvilla]. fol. 233.

Incip. "Practica dividitur in duo."

Sequuntur remedia ad varios morbos.

In foliis quatuor in principio libri rejectaneis, occurrunt,

a. Sententiæ proverbiales. fol. 1 b.

Incip. "Regere linguam, cor dominari, felix est imperium."

Deinde nota, "Liber Willelmi Read, ex empto de bonis sibi datis per magistrum Nicholaum de Sandwyco."

b. Tabula contentorum. fol. 1 b.

c. Aristotelis epistola ad Alexandrum de sanitate servanda. fol. 2 b.

In calce,

"Hoc opus exiguum regi princeps medicorum Scripsit Alexandro, servatus ut ille tenore Prepositoque modo medicis non indiguisset."

d. De quinque clavibus sapientiæ. fol. 3.

Incip. "Nobis cupientibus ad sapientiam."

e. De sphæris. fol. 4.

Incip. "Ut in libro de natura rerum."

CCLXXXVI.

Codex membranaceus, in folio, ff. **175**, sec. xv., manu Italica nitide exaratus ; ex dono Will. **Gray.**

Blondi Flavii, Foroliviensis, Italia illustrata, cum prologo ad Eugenium papam IV.

Incip. "Cum multi historiam, beatissime pater," ut in edit. Basil. 1531, p. 293.

CCLXXXVII.

Codex membranaceus, in folio, ff. **106**, sec. xv., quoad partem secundam manu T. Werken anno **1450** nitide exaratus ; ex dono Ric. Bole, archid. Elien.

1. Tractatus magistri Guillermi Alvernensis de bono et malo. fol. 2.

Incip. "Quoniam in nondecimo Mathei et xviij. Luce dicit et ipsa veritas."

2. Anonymi cujusdam expositio vocabulorum secundum Virgilium. fol. 58.

Incip. "Aegro denuo, Virg. Magnus ab inte[gro sæcl]orum nascitur ordo. Abjurare, est [rem c]reditam negare perjurio."

Desin. "Uxorius, qui uxori servit, Virg. iiij. En. pulchramque uxorius urbem Extrius."

In calce, "T. Werken, 1450."

CCLXXXVIII.

Membranaceus, in folio, ff. **180**, sec. xiv. exeuntis, binis columnis exaratus.

1. Johannis de Ravenna opus dictum Rationarium Vitæ. fol. 1.

Incip. "Quo diuturnus iste labor homuncio quousque te aliis impendes et nunquam tibi."

In calce, "Explicit racionarium vite Johannis de Ravenna."

2. Liber ejusdem de consolatione in obitu filii ; Mœsto et Solatore collocutoribus. fol. 2. *5/*

Incip. "Mestus. Heu, Heu, me fili miserum morte tua. S. Haud est sapientis vox ista."

In calce, "m.cccc.i. viij. kalendarum Octobrium Patavi."

3. Apologia Johannis de Ravenna. fol. 71 b.

Incip. "Deus laudem meam."

In calce, "1399 ydibus Mai ; Patavi."

4. Ejusdem liber de primo ejus introitu ad aulam. fol. 85.

Incip. "Quamvis Justiniane dilectissime longe prestet."

Dat. "Idibus Septembrium ad Dubraume rupes."

5. Ejusdem liber de fortuna aulica. fol. 94.
　　Incip. " Redditam michi oraciunculam."
6. Ejusdem liber de dilectione regnantium. f. 114.
　　Incip. " Memini, Domine, insignis."
　　In calce, " Nonis Septembri. 1399."
7. Ejusdem de lustro Alborum in urbe Padua ad
　　clarum virum Paulum de Rugulo, civem Ter-
　　visinum. fol. 137 b.
　　Incip. " Pridem, frater honorande."
8. Ejusdem violatæ pudicitiæ narratio; collocu-
　　tores Damon et Pythias. fol. 165 b.
　　Incip. " Quamquam illustribus."
9. Dolosi astus narratio; collocutores Galba et
　　Cato. fol. 171 b.
　　Incip. " Quo lugi et conselicis."
　　Desin. " suprema nos tempestas hortatur."

CCLXXXIX.

Codex membranaceus, in folio, ff. 87, sec. xv.,
nitide exaratus; ex dono Will. Gray.

1. Aurelii Augustini dialogorum cum Licentio
　　de Musica libri sex. fol. 1 b.
　　Inter opera, tom. i. col. 443.
　　In calce, " Aurelii Augustini de Musica
　　explicit liber sextus et ultimus."
2. De ponderibus et mensuris libellus. fol. 80 b.
　　Incip. " Omnis scriptura a summis."
3. De numeris libellus. fol. 83 b.
　　Incip. " Cardinales. Unus; duo;" etc. " Non
　　est abs re ut consideremus senatu numeri
　　perfectionem."
　　In calce, haud tamen eadem manu, " Liber
　　scriptus et completus per me Thomam"——

CCXC.

Membranaceus, in folio majori, ff. 330, sec.
xv., nitide exaratus, sed utrinque mutilus;
ex dono ejusdem.

Johannis de Aricio orthographia, ordine alphabetico disposita, ad Nicolaum Quintum Papam.
　　Incip. præf. " ——peram olim beatissime."
　　Incip. opus, " Græcorum litteræ quibus ipsi."
　　Defic. in verbis, sub voce Prosodia, " ut est
　　apud Grecos, sic apud nostros detinet, unde
　　ait ipse"——

CCXCI.

Membranaceus, in folio majori, ff. 230, anno
1464 manu Joh. Reynboldi de Monte-Ornato
exaratus; ex dono ejusdem.

Johannis Duns Scoti Lecturæ seu Commentarii
in libros sequentes,
1. Super Prædicamenta. fol. 1.
　　Incip. " Queritur utrum logica sit scientia ;"
　　ut inter opera impressa.
　　In calce, " Explicit sentencia super Pre-
　　dicamenta secundum doctorem subtilem.
　　Hoc qui fecit opus Duns subtilis vocitatur,
　　Doctor theologus logica cunctis dominatur ;
　　Qui cupit in logica merito consultus haberi,
　　Discat dicta sua sic cautus habet retineri."
2. In libros de Interpretatione. fol. 56 b.
　　Incip. " Primum oportet constituere."
　　In calce, " Explicit liber 2 peryarmeniarum
　　doctoris subtilis scriptus per me Johannem
　　Reynboldi de Monte Ornato terre Hassia
　　Almannicum."
3. In libros Metaphysicorum. fol. 79.
　　Incip. " In principio Methaphisice."
　　In calce, " Expliciunt questiones doctoris
　　Johannis Duns super Methaphisicam scripte
　　et finite per me Johannem," etc. " A. D. mil-
　　lesimo ccccᵐᵒ. sexagesimo quarto, mensis
　　Januarii die quarto, Laus Deo in secula
　　seculorum ; Amen."
　　Sequitur tabula quæstionum " per manus
　　domini Thome Appelby, socii contubernii
　　Ballioli anno Domini 1512."

CCXCII.

Codex membranaceus, in folio majori, ff. 116,
sec. xii. exeuntis, binis columnis exaratus ;
ex dono Will. Gray. *[ie. Ricardo de Furnell, abbatate Prælli]*

1. Tractatus in parabolas Salomonis editus a
　　quodam Dominicæ Crucis servo, prævia epi-
　　stola ad abbatem Cluniacensem et præfa-
　　tione. fol. 2.
　　Incip. epist. " P . . . cenobii quidem servus."
　　Incip. prol. " Post negotia forensium."
　　Incib. lib. " Parabole Salomonis," etc. " Sa-
　　lomon tres libros qui in canones."
　　Desin. " quando reddetur unicuique, prout
　　gessit in corpore sive bonum sive malum ;
　　Quo cum Patre ;" etc.
2. S. Callisti Papæ [II.] opus de translatione et
　　miraculis B. Jacobi Apostoli ; præviis præfa-
　　tionibus duabus. fol. 106.
　　Incip. ep. " Quoniam in cunctis Cosme."
　　Incip. prol. " Hanc B. Jacobi translationem."
　　Desin. opus, " corde implorando sub arbore."

CCXCIII.

Codex membranaceus, in folio majori, ff. 131, sec. xiv.; initio mancus.

Gulielmi Durandi Speculum Juridiciale.

Incip. in verbis lib. i. " ——ledi presumitur."
In calce, " Explicit speculum judiciale magistri Guillermi Duranti; Deo gratias."
Sequitur tabula titulorum.

CCXCIV.

Membranaceus, in folio, ff. 215, sec. xiv., binis columnis exaratus; ex dono Will. Gray.

Bartholomæi de Glanvilla de proprietatibus rerum libri novendecim, cum prologo.

Tit. " Hic incipit prologus de proprietatibus rerum."
Incip. " Cum proprietates rerum," ut in editt. impress.
Sequitur tabula alphabetica, cui succedit notitia, " Explicit tabula Bartholomei de proprietatibus."

CCXCV.

Chartaceus, in folio, ff. 148, anno 1445 manu Theoderic Nicolai Werken de Abbenbroec binis columnis exaratus.

Xichonis sive Siconis, Polentoni, in Ciceronis opera expositiones; scilicet,

1. In Rhetoricorum libros quatuor. fol. 1.
    Incip. " Justinianus Christianissimus imperator dicit, In nomine Domini."
    Sequuntur ad fol. 98 argumenta super orationibus octo, incip. in eam pro P. Sylla; " Hee oracio est in judiciali genere constituta, habet enim hec causa."
    Desin. in orat. pro L. Flacco, " hic est color repeticio. Explicit pro Lucio Flacco, Deo gratias."
    Deinde, " Iste liber scriptus et completus est per me Theodoricum Nicolai Werken de Abbenbroec anno Domini 1445."
2. Ejusdem Xichonis Polentoni argumenta super aliquot [duodecim] orationibus et Invectivis Ciceronis ad Jacobum de Alvaretis legum doctorem, Patavum, cum prologo. fol. 122 b.
    Incip. " Quoniam longitudo scripture."
    Incip. arg. i. super oratione Tullii ab exilio revocati, " Rhetoricorum princeps Marcus."
    Ult. est super Invectivis inter Sallustium et

Ciceronem; desin. " oratoris judicio accommodata."
    Sequitur epilogus desin. " aditum faciliorem ostendent, Patavi, 1413."
    In calce, " Xiconis Polentoni argumenta duodecim super aliquot Invectivis;" etc.

3. Ejusdem epistola ad clarum vetustatis cultorem Nicolaum Niccoli, civem Florentinum de repertione Titi Livii; dat. Patavi v. kal. Nov. 1414. fol. 127.
    Incip. " Egregia et singulari."
4. Ejusdem in librum de Amicitia. fol. 129.
    Incip. " Circa hunc auctorem septem sunt consideranda; Intencio autoris."
5. In librum de juventute et senectute. fol. 140 b.
    Incip. " Duas etates esse legimus."
    Defic. in verbis, " aliud ad probandum quod mors non est timenda"——

CCXCVI.

Codex membranaceus, in folio majori, ff. 285, sec. xiv.; mutilus.

1. Petri Abælardi Theologiæ libri tres; initio mutil. fol. 1.
    Incip. in verbis prope ad finem præfationis, " rursus idem de unico baptismo."
    Incip. lib. i. " Tria sunt, ut arbitror."
    In calce, " Explicit juxta exemplar."
2. Ejusdem Ethicorum liber, sive Scito teipsum. fol. 61.
    Incip. " Mores dicimus animi vicia."
3. Ejusdem in epistolam ad Romanos glossæ. f. 80.
    Incip. " Omnis scriptura divina."
4. Ejusdem collationum libri duo. fol. 161.
    Incip. præf. " Aspiciebam in visu noctis."
    Incip. lib. " Philosophus, meum est inquit."
    In calce, " Explicit collatio philosophi cum Christiano."
    Cf. de operibus Abælardi, ' Histoire Littéraire de la France,' tom. xii. p. 86, seqq.
    Edituri sunt eadem D. Pitra aliique ord. Benedict. in opere, vocando, " Spicilegium Solesmense," hodie sub prelo.
5. Expositio magistri Clarenbaldi super librum Boethii de Trinitate contra Abælardum. f. 190.
    Incip. " Sunt que hominum vitam."
    Cf. ibid. tom. xii. p. 445.
6. Joachimi abbatis liber contra Lombardum. fol. 219.

Incip. " Quia pluribus dubitetur de confessione fidei."

Sequitur de symbolo ubi in margine notavit cl. vir Th. Barlow, " Hæc fidei confessio tradita est e concilio Laterano sub Innocentio 3 anno 1215. Extat apud Binii Conciliorum tom. 7, part. 2, p. 806, in cap. 2 concilii dicti."

Defic. in fol. 145 b verbis, "ypostases sive personas"——

7. [Petri Damiani] sermo de vitio linguæ. f. 249.
Incip. in verbis post hiatum ff. quatuor, "——lingue vicium protulisse."
Exstat impress. inter opera, ed. Paris. 1642, tom. ii. p. 174.

8. Petri Damasceni, seu Damiani, "liber de spirituali certamine." fol. 250.
Incip. " Si diligenter considerare ;" ib. p. 176.

9. Ejusdem de correptione monachorum. fol. 253.
Incip. " Filius sapiens letificat."

10. Ejusdem ad Hildebrandum, scil. Gregorium papam VII. libellus de renuntiatione episcopatus. fol. 257.
Incip. " Ferunt qui in rimandis ;" ut ibid. tom. iii. p. 193.

11. In Ezechielem commentarius. fol. 262 b.
Incip. " Dei enim omnipotentis."

12. Dindymi epitome in philosophiam. fol. 266.
Incip. " Sepe nobis Indaleti frater."
In calce, " Explicit juxta exemplar."

13. De gradibus caritatis. fol. 269 b.
Incip. " Vulnerata caritate, ego sum, viget caritas."

14. De Alexandro Magno, quomodo in tribus complacuit Spiritui Sancto. fol. 277.
Incip. " Exiit edictum ab Alexandro."

15. De tribus processionibus. fol. 284.
Incip. " Omnis anime rationalis."
Defic. in verbis, " Galylei qui in terra stabant; celestibus intendebant; congrue speculativos"——

CCXCVII.

Codex membranaceus, in folio, ff. 248, sec. xiii., binis columnis exaratus.

Pandectarum libri viginti quatuor priores Digestum Vetus comprehendentes, Accursii aliorumque commentariis perpetuis in margine adscriptis.

Tit. " Domini Justiniani sacratissimi principis perpetuo Augusti juris enucleati ex omni [vetere] jure collecti Digestorum seu Pandectarum ex ordine."

Incip. gloss. " In nomine ; Hæc in compilatione."

Desin. " ut G. de concubinis, l. c. Ac.
Gaudeat Accursius dignus diademate cursus,
Ex aliis micas ex isto collige spicas. Deo gratias.
Explicit liber xxiiii. ff. veteris."

Sequuntur notitiæ aliæ juridiciales.

CCXCVIII.

Codex membranaceus, in folio majori, ff. 206, sec. xiv. exeuntis ; binis columnis exaratus.

Huguccionis Pisani, sive Uguitionis, Vocabularium, ordine alphabetico, cum prologo.

Incip. prol. " Cum prevaricacione."
Incip. opus, " Augeo, -ges -xi -ctum, id est, amplificare, id est augmentum dare."
Desin. " Zoro-astrum minimum . sidus."

CCXCIX.

Membranaceus, in folio majori, ff. 207, sec. xiv, binis columnis exaratus ; ex legato M. *med* Willelmi Wylton, quondam Canc. Universit. Oxon. ac socii coll. Ball.

1. Inceptor Ockham, seu Gul. Occham expositio super quatuor libros Sententiarum. fol. 7.
Incip. " Circa prologum quero."
Præcedit tabula alphabetica.
In calce lib. i. " Explicit scriptum fratris Willelmi de Hocham super primum Sentenciarum."

2. Ejusdem libellus de sacramento altaris. f. 196.
Incip. " Stupenda superne munera."
Desin. " est qualiter in sacramento altaris.
Explicit, benedicto Deo."
Sequitur in calce codicis notitia de cautione exposita in cista Universitatis A. D. 1368, per MM. Will. Feribus et Will. *Forley (?)* " et tradatur M. Will. Wiltoun vel Will. Feribus."

CCC. (A.)

Membranaceus, in folio majori, ff. 178, sec. xv.; ex dono forsan Ric. Bole, archid. Eliensis.

Johannis Sarisburiensis Polycraticon, sive de Nugis Curialibus libri octo, cum proœmio.

Tit. " [Johannis S]arisburiensis de nugis Curialibus et intitulatur Policraticon."

Incip. prœem. "Jocundissimus cum in multis."

Desin. opus, "in eo gressus nostros."

In calce, "Finit Policraticon Johannis Sarisburien viri doctissimi de Nugis Curialibus ; R. Bole ;" quem si non liceat autumare scribam totius operis, certe tamen rubricarum, quibus scatent margines.

CCC. (B.)

Codex membranaceus, in folio minori, ff. 185, sec. xv., binis columnis haud una manu exaratus.

Johannis Sarisburiensis Polycraticon.

Tit. "Incipit liber Policraticon."

Præmittitur ejusdem Eutheticus, ad Thomam, archiep. Cantuar. incip. "Si michi credideris linguam cohibebis et aule."

In calce, "Explicit Policraticus Johannis Salisburiensis."

CCCI.

Membranaceus, in folio majori, ff. 198, sec. xiv., binis columnis exaratus.

1. Bonifacii papæ VIII. liber Sextus Decretalium, Regulis juris annexis, cum apparatu sive commentario Johannis monachi perpetuo. fol. 1.

Incip. appar. "In Dei nomine ; Secundum philosophum . . . . rem per causam cognoscere."

In calce lib. Sexti, "Explicit textus Sexti libri Decretalium a domino papa Bonifacio VIII. compositus."

Desin. apparat. "quarto, id est, xiiij. q. iij. Plerique."

In calce, "Explicit apparatus Sexti libri Decretalium per dominum Johannem monachum compositus."

Sequitur [Johannis XXII. papæ extravagans 'Execrabilis' et 'Suscipe regiminis,' cum commentario ; incip. "Circa constitutionem de pluralitate dignitatum personatuum officium."

2. Othonis Constitutiones editæ Londoniis, cum apparatu Johannis de Athona. fol. 121.

Incip. "Ad succidendos palmites."

3. Ottoboni Constitutiones, cum ejusdem apparatu. fol. 149 b.

Tit. "Hic incipiunt Statuta domini Octoboni miseracione divina Sancti Adriani

diaconi Cardinalis apostolice sedis legati ad perpetuam rei memoriam."

Incip. app. "Mandata Dei de quibus."

4. Constitutiones concilii Oxoniensis a Stephano Langton Cant. archiep. editæ, præviis capitulis xxxi. fol. 183.

Incip. "Auctoritate Dei," ut in Wilkins Concil. tom. i. p. 585.

Sequitur De provisione pacis et utilitatis ecclesie Anglicane apud Westmonasterium post dictas Constitutiones promulgatas ; incip. "Sciendum quod in anno Domini 1248."

5. Statuta de Lambeth concilii celebrati a Bonifacio, quondam Cant. archiep. cum capitulis xxi. fol. 186.

Incip. "Universis sancte matris ;" ibid. tom. i. p. 746.

6. Constitutiones R. de Kylwerbi, ejusdem loci quondam archiep. editæ apud Radingas ; cum capitulis quinque. fol. 189 b.

Incip. "Ingredientibus hoc mare ;" cf. ibid. tom. ii. p. 24.

7. Constitutiones Johannis de Peckham editæ apud Lambeth in concilio ibidem celebrato et recitatæ in ultima actione dicti concilii die Veneris vi. idus Octobris, E. litera Dominicali currente, A. D. 1281, indictione ix. pontificatus dom. Martini papæ quarti primo, etc., præviis capitulis xxiv. fol. 191.

Incip. "Ab exordio nascentis ;" ibid. tom. ii. p. 51.

8. Statuta concilii Provincialis London. mense Februarii anno Domini m.ccc.xxviii. per dominum Simonem de Mepham, archiep. Cantuar. de consilio suffraganeorum suorum, cum capitulis vii. fol. 196.

Incip. "Zelari oportet ;" ib. tom. ii. p. 552.

9. Constitutiones synodales Norwicensis diœcesis. fol. 197.

Incip. "Debentes de vobis."

Defic. in verbis, "fuerint admittendi citra inicium Septembris singulis annis"——

CCCII.

Codex membranaceus, in folio, ff. 208, sec. xiv., binis columnis exaratus.

1. Johannis Duns Scoti Quæstiones super librum primum Sententiarum, annexa tabula. fol. 1.

Incip. "Utrum homini pro statu."

In calce tabulæ, "Expliciunt tituli quæstionum doctoris subtilis fratris Johannis Scoti de ordine fratrum Minorum, super primum librum Sententiarum; Amen."

"Summa omnium questionum hujus primi ordinarii Scoti cx."

2. Ejusdem Johannis Reportatio super eundem librum, cum tabula quæstionum. fol. 135.

Incip. "Utrum Deus sub proprii."

In calce, "Explicit primus liber Reportationis doctoris subtilis fratris Johannis Scoti, ordinis Minorum, cujus anima requiescat in pace."

In fine tab. "Summa omnium questionum hujus prime reportationis Scoti cviij."

CCCIII.

Codex membranaceus, in folio, ff. 118, sec. xiv., binis columnis exaratus; initio mutilus.

Joh. Duns Scoti Quæstiones super quartum librum Sententiarum, cum tabula posthabita.

Incip. in verbis, "——quia nihil aliquid est de distancia, hic nisi excessus."

Desin. "in eterna beatitudine firmavit; ad quam nos perducat," etc.

In calce, "Explicit quartus Sententiarum fratris Johannis Scoti, doctoris subtilissimi et accuti de ordine minorum."

In fine tab. "Summa omnium questionum hujus quarti cliij."

CCCIV.

Codicem istum jam supra descripsimus sub numero CLXXIII. B.

CCCV.

Chartaceus, in folio, ff. 68, sec. xvi., ex legato Ric. Trymnel, coll. Ball. diu socii senioris; 1652.

A copie of fower sermons of Adam Squier, maister of Bailiol College, in Oxforde, as nighe to the pronowncinge as could be gathered, preached before the Judges at Warwicke Assisis twoo at th'on and twoo at th'other Assises, anno Domini, 1571.

First beg. on 2 Paralip. c. 19, "Videte judices, quid faciatis, etc. If the noble and famous oratour."

At the end is a copy of the "Association for the Queen's Majesty's safety;" dat. Hampton Court, 19 Oct. 1584; and a note of the execution of Dr. Parre, 2 Mar. 22 Eliz.

CCCVI.

Codex membranaceus, in folio minori, ff. 91, secc. xi. et xii.

1. A. M. S. Boethii de arithmetica libri tres. f. 5 b.

Tit. "Incipit liber primus de arithmetica Anitii Manlii Severini Boetii domino Patricio Symmacho."

Glossis marginalibus interlinearibusque frequentius sunt illustrati.

2. Ejusdem Boethii de musica libri quinque, cum glossis. fol. 43.

Tit. "Anitii Manlii Severini Boecii de musica liber primus."

In foliis quatuor rejectaneis ad initium legitur fragmentum operis de assumptione et miraculis B. M. Virginis; et in calce insertum est fragmentum de Procurationibus.

CCCVII.

Membranaceus, in folio, ff. 175, sec. xii., bene exaratus et servatus; ex dono Will. Gray.

Opus theologicum in capita circiter ccxx. distinctum, ex SS. Augustino, Hieronymo, Ruffino, Anselmo, Origene sæpius, aliisque decerptum, prævio indice capitum.

Tit. tabulæ primus est "Quomodo dixit Deus Fiat lux et fiat firmamentum," etc. qui in operis principio sic repetitur, "Augustinus in primo libro super Genesim ad literam; Quomodo dixit Deus, Fiat lux;" etc.

Incip. cap. i. "Querendum est quomodo dixit Deus, Fiat lux, Utrum temporaliter an in Verbi Eternitate."

Cap. ult. est, "Origenes in nona super Genesim; Quod Christus malos angelos a sua depulit potestate;" incip. "Quod autem Christus semen Abrahe;" et desin. "ad supernum perfectionis ovile revocare."

Opus, ait cl. Langbainius, si non aliis de causis ob hoc certe non contemnendum, quod et commode scriptum est, et authorum loca late exscribit quæ forte alias non exstant."

Sequuntur,

a. De decem nominibus Dei et de S. Trinitate. fol. 169 b.

Incip. "Beatissimus Ieronimus vir eruditissimus et multarum linguarum peritus Hebreorum nominum."

b. Sermo in istud, ' Missus est Angelus.' fol. 173.

Incip. " Quid sibi voluit evangelista."

c. Sermo alter in Salutationem Angelicam. f. 174 b.

Incip. " Novum quidem canticum illud."

Defic. in verbis, " quam segregavit Deus hereditati sue placide prius et absque strepitu"——

CCCVIII.

Codex chartaceus, in 4to crasso, ff. 575, sec. xvii.; ex dono Joh. Harris Art. Mag. coll. Ball. olim socii, 1666.

Relatione della stato dell' Imperio, et della Germania per tutto l' anno 1628 di Mons. Caraffa.

Incip. " Le ragioni de presenti e passati tumulti dell' Imperio le varieta."

Desin. " congionta alla Germania e la Terza parte del suo regno."

CCCIX.

Chartaceus, in folio, ff. 562, sec. xvii.; ex dono Johannis Harris, A. M. coll. Ball. quondam socii; 1666.

1. Relatione di alcuni successi occorsi alla republica di Lucca negli anni 1638, 1639 et 1640; dopoi la venuta a quel vescovato del sig. Cardinal Francioti, scritta fedelmente da Girolamo Beraldi, gentilhuomo Lucchese, in Colonia, 1640. fol. 1.

Incip. " Clegge antichissima della republica."

2. Diffesa per la republica di Lucca contro le censure fulminate da monsig. Cesare Racagni composta da Girolamo Beraldi, gentilhuomo Lucchese, dottore e Teologo ; in Colonia, 1640. fol. 61.

Incip. " Perche le censure delle scommuniche contro il supremo magistrato."

3. Memorial de su Magestad Catolica que dieron a nuestro muy santo Padre Vrbano papa viii. d. fray Domingo Pimentel, obispo de Cordova, y D. Juan Chumaçero y Carrillo de Conseio y Camara ; en la embaiada, a que uinieron el a'no de 633, incluso en el otro, que presentaron los reynos de Castilla juntos en Cortes del a'no antecediente sobre diferentes agrauios, que reciben en las expediciones de Roma, de que piden reformacion. f. 138.

Incip. " Muy Santo Padre. Luigo que entre en la soccession."

4. Relatione e descrittione de rep 'blica di Vicenza per il cardinale [Alfonso] de la Cueua al Re di Spagna. fol. 292.

Incip. " Se ministro alcuno, sacra maesta, hebbe ragione e raghezza."

5. Istructione data del Cardinale de la Cueua gia ambass. catolico in Venetia al suo successore D. Luigi Bravo. fol. 372.

Incip. " Ricerca il buon servitio."

6. Discorso Politico nel quale si disputa, se il papa ne presenti rumori di guerra debba star neutrale o no. fol. 398.

Incip. " Come il sapere tenere."

7. Relatione di Roma fatta del clarissimo Rainiero Zeni ambasciator Veneto presso la Santila di N. S. Urbano viii. fol. 431.

Incip. "La morte di Gregorio decimo quinto."

Des. " hauesse sparso il sangue e la vita."

CCCX.

Codex membranaceus, in folio, ff. 153, anno 1449 manu T. Werken nitide exaratus ; ex dono Ric. Bole, archid. Eliensis.

Leonardi Bruni Aretini Epistolarum ad familiares libri novem.

Tit. " Leonardi Aretini Æpistolarum familiarium liber primus incipit."

Ep. i. inscribitur Colucio [Picrio] et incip. " Romam veni ad viij. kal. Apr."

Ult. est ad Alphonsum Aragonum Siciliæque regem, incip. " Rem incredibilem, serenissime."

In calce, " T. Werken ; 1449."

CCCXI.

Membranaceus, in folio, ff. 223, sec. xiv. ineuntis, binis columnis exaratus.

1. S. Thomæ Aquinatis super Aristotelis libros de Anima commentarius. fol. 2.

Incip. " Bonorum; etc. Sicut philosophus."

In calce, " Expliciunt Sentencie super librum de anima."

2. Ejusdem super libros Physicorum. fol. 39 b.

Incip. " Quia liber phisicorum."

In calce, " Expliciunt sententie super librum Phisicorum secundum fratrem Thomam de Aquino."

3. In libros de sensu et sensato. fol. 126 b.

Incip. " Sicut philosophus."

4. In librum de memoria et reminiscentia. f. 142 b.

Incip. " Sicut philosophus."

In calce, " Expliciunt sentencie super librum de sensu et sensato et de memoria et reminiscentia, secundum fratrem Thomam ;" etc.

5. Quæstiones super libros de anima a magistro Joh. de Didneshen, vel Didneshale. fol. 148.

Incip. " Bonorum ; etc. Philosophus in secundo phisicorum volens investigare terminos."

In calce, " Expliciunt sentencie super librum de anima et super librum Phisicorum et super de sensu et sensato et super de memoria et reminiscentia, et questiones super librum de anima date a magistro Johanne de Dydneshale."

6. Quæstiones super primum librum de animalibus. fol. 182.

Incip. " Queritur primo de communibus."

7. S. Thomæ in libros Posteriorum. fol. 188.

Incip. " Sicut dicit Aristoteles."

Desin. " Deus benedictus in secula."

CCCXII.

Codex membranaceus, in folio, ff. 325, sec. xiv. ineuntis, binis columnis nitide exaratus; ex dono Will. Gray.

1. S. Thomæ Aquinatis commentarius super Aristotelis libros Physicorum octo. fol. 2.

In calce, " Explicit sententia super librum Phisicorum secundum fratrem Thomam de Aquino, ordinis Prædicatorum."

2. Ægidii Romani sententia super libros de generatione et corruptione. fol. 109.

Incip. " Anima ut testatur philosophus."

In calce, " Explicit sentencia super librum Aristotelis de generatione et corruptione."

3. In libros de cœlo et mundo commentarius, quoad priores duo per Thomam de Aquino, quoad posteriores per Petrum de Alvernia, confectus. fol. 164.

Incip. " Sicut dicit philosophus."

Desin. " que primo reperiuntur in corporibus primus, quorum conditor primus est Deus benedictus in secula seculorum."

In calce, " In hoc completur expositio magistri Petri de Alvernia in tertium et quartum celi et mundi Aristotelis, ubi preventus morte venerabilis vir frater Thomas de

Aquino omisit, in qua quamvis non assequatur intencionem ipsius aliqualis erit via aliis assequendi ipsam vel simpliciter vel in parte."

4. Ejusdem Petri sententia super libros Meteororum. fol. 240 b.

Incip. " Philosophus primo phisicorum."

Desin. " diriguntur omnia, Qui est benedictus in secula seculorum ; Amen."

In calce, " Explicit sentencia magistri Petri de Alvernia super libris Metheororum Aristotelis."

CCCXIII.

Codex membranaceus, in folio, ff. 262, sec. xiii. exeuntis, binis columnis exaratus ; ex dono ejusdem Willelmi.

1. Thomæ Aquinatis in Physicorum libros commentarius. fol. 2.

In calce, " Explicit sententia super librum Phisicorum secundum fratrem Thomam de Aquino ordinis Predicatorum."

2. Ejusdem super libros de anima. fol. 85.

In calce, " Explicit sententia ;" etc.

Sequitur notitia de motus principio in lib. ii. Phys.

3. Notulæ de sensu et sensato a magistro A. de Bocfelde. fol. 130.

Incip. " Cum intencio phisici."

Desin. " iste totalis liber."

4. Ejusdem ? commentum super librum de somno et vigilia. fol. 143.

Incip. " Quoniam scientia tradita in libro de sensu et sensato et de memoria."

Sequitur fragmentum quæstionum super lib. xi. Metaphysicorum ; incip. " Queritur circa divinam essentiam."

5. De generatione et corruptione secundum magistrum R. de Alburwic. fol. 158.

Incip. "Cum de corpore mobili simpliciter."

In calce, " Explicit sententia super librum de generatione secundum magistrum R. de Alburwyc."

6. Quæstiones ejusdem momenti, auctore Johanne de Sampis, magistro. fol. 163 b.

Incip. " Quia generacio et corrupcio sint actus, et omnis actus sit circa singularia."

7. Thomæ Aquinatis sententiæ super libros xii. Metaphysicorum. fol. 165.

Incip. " Sicut docet Philosophus in Politicis."

In calce, " Explicit sentencia fratris Thome de Aquino super librum Metaphisicorum."

8. Metaphysica Intelligentiarum facta ab Alberto. fol. 260.

Incip. " Phisica scientia dividitur in theoricam et practicam ; Theorica adhuc dividitur." Sequitur manu altera, quæstio de eternitate divinæ essentiæ ; incip. " Queritur de eternitate."

CCCXIV.

Codex chartaceus, in 4to, ff. **516**, sec. xvii., ex dono Johannis Bayly, S. Theol. doctoris, fil. Rev. in Christo Patris Ludovici divina providentia episc. Bangor. nat. maximi, coll. Exon. olim socii ; manu Gul. de Wynd.

Controversiæ nostri temporis in epitomen redactæ per Robertum Personium, sive Parsons, olim coll. Ball. socium, in tres partes distinctæ.

Incip. pars i. " Omnes controversiæ nostri temporis pertinent fere ad duos articulos, symboli apostolici scilicet ad 9 et 10."

Incip. pars ii. [fol. 263], " Secunda pars controversiarum nostri temporis ut diximus in initio."

Incip. pars iii. [fol. 453], " Pars hec tertia ut diximus in initio."

In calce scripsit manus recentior tabulam contentorum.

Præcedunt notitiæ de libro et auctore, scil. (1.) R. Persons electus est in socium coll. Ball. Oct. 21, 1568, et resignavit 1573, sub hac forma verborum, " Ego R. Persons socius collegii de Balliolo resigno omne meum jus, titulum et clamum, quod habeo vel habere potero, societatis meæ in dicto collegio, quod quidem facio sponte coactus die decimo tertio mensis Februarii A. D. 1573." (2.) " Compilator hujusce epitomes est Robertus Parsonius, ut patet ex Johanne Rainoldo in censura librorum Apocryphorum, prælectione secunda, pag. 22, intra litteras C. et D. ex editione Hieronymi Galleri in nobili Oppenheimio, 1611."

CCCXV.

Membranaceus, in folio minori, ff. **147**, sec. xv.; ex dono Will. Gray.

1. Leonardi Bruni Aretini Isagogica ad Galeottum. fol. 4.

Incip. " Si, ut vivendi Galeotte." Desin. " virtutesque exerceamus."

2. Ejusdem commentarius rerum Græcarum ad Angelum [Politianum]. fol. 12 b.

Incip. " Animadverti nonnunquam, o Angele, te admirari solere."

3. Luciani de amicitia dialogus, interprete eodem. fol. 30 b.

Incip. præf. " Amiciciam exhortanti."

4. Joh. Aurispæ, equestris, liber de contentione præsidentiæ Alexandri, Hannibalis, et Scipionis, coram Minoye rege Inferorum. fol. 44 b.

Incip. " Cum in rebus bellicis."

5. Oratio in laudem Januensium adversus regem Aragonum triumphantium. fol. 47.

Incip. " Mihi sepius cogitanti."

6. Leonardi Bruni de origine urbis Mantuæ oratio ; dat. Florentiæ vi. kalend. Jun. 1418. fol. 53 b.

Incip. " Non sum nescius."

7. Ejusdem oratio in orationes Homeri. fol. 58.

Incip. " Admirari nonnunquam soleo."

8. Platonis Socrates, sive dialogus de morte contemnenda, interprete Cincio Romano, prævia præfatione. fol. 62 b.

Incip. præf. " Locus quidem, suavissime." Incip. tract. " Magna profecto."

9. Ejusdem in Plutarchi libellum de virtute et vitio, cum prologo. fol. 67 b.

Incip. prol. " Ab hac tantula." Incip. lib. " Indumenta quidem."

10. Plinii Secundi Panegyricus ad Trajanum. f 69.

Incip. " Bene ac sapienter, P. C. instituerunt majores ;" ut in editt.

11. Latini Pacati Drepani oratio Theodosio dicata. fol. 97.

Incip. " Si quis unquam fuit." In calce, " Finit panegyricus Latini Pacati Drepani dictus Theodosio."

12. " Panegyrici diversorum septem ;" scilicet, a. Gratiarum actio ad Imperatorem. fol. 110 b.

Incip. " Si flamma Eduorum."

b. Panegyricus Constantino Imperatori dictus fol. 114 b.

Incip. " Facerem sacratissime imperator.'

c. Panegyricus Constantino et Maximiano dictus. fol. 120 b.

Incip. " Dixerunt licet plurimi."

d. Panegyricus Constantio Cæsari dictus. f. 124 b.

Incip. " Si mihi Cesar invicte."

e. Eumenii oratio pro reparandis scholis. f. 129.
　　Incip. " Certum habeo, V. P."
f. Mamertini Panegyricus Maximiano Augusto
　　dictus. fol. 133.
　　Incip. " Cum omnibus festis."
g. Ejusdem Mamertini Genethliacus Maximiani
　　Augusti. fol. 136 b.
　　Incip. " Omnes quidem homines, sacer Im-
　　perator."
　　In calce, " Finit genethliacus Maximiani
　　Augusti."
h. Panegyricus dictus Constantino filio Constan-
　　tii. fol. 141 b.
　　Incip. " Unde mihi tantum confidentie,
　　sacer Imperator, ut post tot dissertissimos."
　　Desin. " cum sis omnium Maximus Impe-
　　rator ; Explicit."

CCCXVI. (A.)

Codex membranaceus, in 4to, ff. 108, sec. xv.
ineuntis ; olim peculium Alexandri Cotoni.

The five books of Boethius de Consolatione Phi-
losophiæ translated into English verse by John
Walton, canon of Oseney.
　　Beg.
" In suffisaunce of connyng and wytte,
Defaut of langage and of eloquence."
　　At the end, " Explicit liber Boicii de conso-
lacione philosophie de Latino in Anglicum
translatus per Johannem Waltoun, nuper ca-
nonicum de Oseneye, anno Domini milesimo
cccc. decimo :
" Hoc opus est factum, scriptor tenuit bene pactum,
Non petit inchaustum sed vini nobilis haustum."
　　Then follow two hymns to the Saviour, be-
ginning,
a. " Jhesu for thi blode thou bleddest
　　And in the firste tyme thou sheddest."
b. " I The honour with al might,
　　In forme of brede as Y The see."

CCCXVI. (B.)

Membranaceus, in 4to, ff. 116, sec. xv. ineuntis.

Another copy of the above poem.
　　At the end of the volume is the following
note of plate ; " The Crose, v. marke ; The
chayne, viij. l. 5. s. ; The gylte cupp, iiij. l. xvj. s. ;
A plate cupp with cover, vj. l. 5. s. ; A grete
salte with a cover, iiij. l. x. s. ix. d. ; viij. sponys,
xxv. s."

CCCXVII.

Codex membranaceus, in folio minimo, ff. 71,
sec. xii., bene exaratus, " liber scolarium de
Baleolo legatus pro anima Petri de Cosin-
tone."

A. M. S. Boethii de musica libri quinque, cum
tabulis glossulisque marginalibus.
　　Incip. " Quoniam quidem perceptio ;" ut in
edit. impress.
　　In calce adjecit manus antiqua, " Memoriale
pro duobus voluminibus de Fisia, scilicet,
Practica Alexandri de Aylestre, et glosis super
Viaticum ejusdem contra magistrum Petrum
de Cusinctone."

CCCXVIII.

Chartaceus, in 4to, ff. 155, sec. xvii.

Georgii Browne disputationes in Aristotelis libros,
1. De ortu et interitu. fol. 1 b.
　　Incip. " Discussis eis quæ ad corpora."
2. In tres libros de anima. fol. 39.
　　Incip. " Occupatam hactenus mentem."
3. In Metaphysicam, unica. fol. 143.
　　Incip. " Quod aquila intravolvens."

CCCXIX.

Chartaceus, in 4to, ff. 216, sec. xvii.

Tractatus in Universam Aristotelis Logicam sub
reverendo necnon eruditissimo domino domino
Roberto Jones, illius professore dignissimo, a
Georgio Browne ejusdem quidem studioso licet
indigno, feliciter aspirante Deo, scriptus atque
perlectus anno a partu Virgineo m.DC.lxxvj."
　　In calce, " Finis Logicæ sub R. A. D. D. Roberto Pugh."

CCCXX.

Membranaceus, in 4to, ff. 270, sec. xv. ; ex
legato Roberti Thwaites.

1. Extracta de libro, qui dicitur, Speculum Laicorum. fol. 2.
　　Incip. " De abstinencia discreta. Abstinencie triplex est species, prima est ciborum et potuum."
　　Desin. " qui dum viveret oblitus est Dei.
Explicit [sic] quedam extracta de speculo
laycorum."
2. Roberti Grostete, Lincolniensis, Summa de

justitia in partes novem distincta, prævia præfatione et capitulorum tabula. fol. 57.

 Incip. præf. " Quia justicia fidelium."

 Incip. i. " De peccato in generali. Peccatum fugiendum."

 Desin. " et hec de quinque sensibus dicta sufficiant ; etc. Explicit Summa justitie edita a reverendo Lincolniensi."

3. Gesta Romanorum Imperatorum. fol. 150.

 Incip. præf. " Exemplum bonum de uno."

 Incip. lib. " Anselmus in civitate Romana."

 Desin. " perfrui gaudio sempiterno, ad quod nos perducat, Qui sine finit vivit," etc.

 In calce, " Expliciunt gesta Romanorum Imperatorum."

4. Loci communes, ordine alphabetico ; [imperf.] fol. 232.

 Incip. " Abjecit mundus pauperes et honorat divites."

 Desin. " Curatus debet esse bone vite ;" etc.

5. S. Augustini epistola ad Cyrillum de S. Hieronymo, cum epistola amœbæa. fol. 246.

 In calce, " Explicit epistola Cirilli ad Augustinum ; Deo gracias."

6. Tractatulus de chiromantia, cum figuris. f. 260.

7. Loci communes, et anecdota brevia. fol. 261 b.

 Incip. " Scriptum est Mat. 4. Experiencia cotidiana nos edocet luculenter, Si Dominus habens servum."

CCCXXI.

Membranaceus, in 4to, ff. 82, sec. xiii.

Breviarii fragmentum secundum usum quendam, ut videtur, Anglicanum.

 Incip. in verbis, " Claritatis eterne ;" et post pauca, " In Oct. Epiphanie ad Vesp. Cap. Domine Deus meus ; honorificabo te."

 Ad fol. 41 legitur, " Translatio beati Thome martyris ; Deus, Qui nobis translacionem."

 Versus finem occurrunt lectiones in festivitate S. Ethelberti ; incip. " Gloriosus puer Ethelbertus ex regali stirpe progenitus."

CCCXXII.

Chartaceus, in 4to, ff. 67, sec. xvii.

Liber, seu Registrum, Brevium, præviis nominibus civitatum et villarum infra regnum Angliæ et Walliæ.

 Incip. " Attachiamenta. Carolus, etc. Vic. W. salutem. Precipimus tibi quod attach.

W. B. ita quod sit coram nobis apud Westmonasterium."

CCCXXIII.

Codex ex charta lævigata, in folio minori, ff. 396, sec. xiv. ; [ex dono T. Leigh.]

The pillar of Islâm, or the Faith ; an explanation of the faith and religious rites of the Turks ; *in Turkish.*

CCCXXIV.

Chartaceus, ex charta lævigata, in 4to, ff. 190, sec. xvi. ; [ex dono ejusdem.]

Omadah Al-Hokum, or The Pillar of Government, being a collection of the Laws and Customs of the Mohammedans ; *in Turkish.*

CCCXXV.

Chartaceus, in 4to, ff. 99, sec. xvi. ; [ex dono ejusdem.]

Chosen Pearls ; being the History of Aleppo by Ibn-Shehenah ; *in Arabic.*

CCCXXVI.

Chartaceus, in 4to, ff. 84, sec. xvi. ; [ex dono ejusdem.]

Tarîkh Al-Othmân ; being a compendium of the Turkish History, beginning from Adam ; *in Turkish.*

CCCXXVII.

Chartaceus, ex charta bombycina, in 4to, ff. 142, sec. xiv. ?

Kitâb Al-Borhân ; id est, Liber Demonstrationis Evangelicæ ; Dialogus inter Jacobum et Justum, in quo per omnia refert auctor Eusebii librum ejusdem nominis. *Arabice.*

Sequuntur,

a. Præcepta duodecim Stomata-Thalassii.

b. Oratio Damasceni de Incarnatione Domini.

CCCXXVIII.

Chartaceus, ex charta bombycina, in 4to, ff. 161, sec. xiv. ? ; olim Gul. Creed Joan : ex dono Joh. Birkenhead, coll. Omn. Anim. socii ; postea B. Woodroffe.

Psalterium Davidis ; *Arabice.*

CCCXXIX.

Chartaceus, in 4to, ff. 171, sec. xv. ; olim W. Harte.

1. An Herbal, with the properties of the dif-

P

ferent herbs, in alphabetical order; with a table prefixed. fol. 2 b.

Beg. "Agnus castus ys an erbe that me clapyth Tutsans or Porke levys."

2. A book of medical receipts for various disorders, 145 in number, with a table annexed. fol. 35.

Beg. "A medycyne for sore throte and for a sore mowthe. Take synkfoyle a good quantyte and stampe it."

3. The work of Ægidius Romanus de Regimine Principum translated into English verse by Thomas Occleve, or according to others John Lydgate. fol. 78.

Beg.
"God Almyghty save and conferme owre kyng."

At the end, "Nunc finem feci; Habeam quod merui.

Clamat ultra celum vox sanguinis, vox Sodomorum, Vox oppressorum mercesque retenta laborum.

Expliciunt lenvoyes de lapsu principum preteritorum."

Then follows a list of books, chiefly romances, amongst which are, "The Romaunce of Partanope, The pylgrymage of the Sowle, The tales of Canterbury, The booke of Chevalleris, Maister of the Game, and Sydrake."

CCCXXX.

Codex membranaceus, in 4to minori, ff. 462, sec. xiii. exeuntis, binis columnis nitide exaratus.

Biblia Sacra Universa, ex editione vulgata, prologis Hieronymi illustrata.

CCCXXXI.

Chartaceus, in 4to minori, ff. 41, sec. xvii.

A Lawyer's Common Place book; The principal entries are under ' Justices' and ' Penalties.'

Beg. "The rates of wages in Easter Sessions, 1627."

CCCXXXII.

Chartaceus, in 4to minori, ff. 508, sec. xvi. exeuntis; ex dono M. Woodhouse, de Chichester; 1619.

1. In Logicam Aristotelis Canones, "cui adjecimus alias, quæ ad alios Aristot. libros spectare videbantur; [scil. Physicorum; de Cœlo

et Meteororum] adjecto in fine cujusque libri indice omnium quæstionum et conclusionum locupletissimo; auctore religiosissimo in Christo patre Thoma de Aquena Sardo, societatis Jesu sacerdote, sacrosanctæ theologiæ professore, ac philosophiæ in gymnasio societatis collegio prælectore. Calari; Anno Domini M.D.LXXV."

Incip. "Quatuor docet Aristoteles in 2 Post. cap. x. de qualibet re queri."

2. Ejusdem in libros de Anima annotationes. f. 181.
Dat. Calari, A. D. 1577.

3. Ejusdem in libros de Generatione et Corruptione et Metaphysices. fol. 386.
Dat. Calari, A. D. 1577.

CCCXXXIII.

Codex chartaceus, in 4to minori, ff. 71, sec. xviii.

History of Viscount Scudamore, his embassy at the court of France, and of his sufferings in the Civil War.

Beg. "The first account I find."

End. "lasting beneficence to the Church: Laus Deo. Feby. 24, 1722."

CCCXXXIV.

Chartaceus, in 4to minori, ff. 247, sec. xvii.

Adversaria medica, medicamenta scilicet tam simplicia quam composita, notasque alias ad rem pertinentes medicinalem ex Sennertio, etc. exhibentia; indice secundum ordinem alphabeticum posthabito.

CCCXXXV.

Chartaceus, in 4to minori, ff. 48, sec. xvii.

Ex Institutionibus Sennerti de $\sigma\eta\mu\epsilon\iota\omega\tau\iota\kappa\tilde{\eta}$ libri tertii; eodem compilatore.

Incip. "Pars prima, Sect. prima: signum $\tau\grave{o}$ $\tau o\tilde{v}$ $\grave{a}\delta\acute{\eta}\lambda o\upsilon$ $\delta\eta\lambda\omega\tau\iota\kappa\acute{o}\nu$."

CCCXXXVI.

Chartaceus, in 4to minori, ff. 35, sec. xvii.: eadem manu.

1. Paulini, ep. Nolæ, urbis in Campania Italiæ. carmen in mirabilem flammæ extinctionem per splintrum Crucis. fol. 1.

Incip.
"Ipse domum remeans, modicum sed grande saluti."

2. Verses; beg. "Tis the mind that makes the fault." fol. 2.

3. I. H. Dialogue, Hedon and Eurithea. fol. 3.
Beg. "Hed.
"Say, faire, should we ourselves refresh."

4. Mensa Lubrica Montgom: illustrissimo domino Edw. baroni de Cherbury. fol. 4 b.
Incip.
"Roborrus longo se porrigit æquore *Campus*."

5. Syndænia. fol. 7.
Beg.
"Soe to be good that all men shall confesse."

6. Verses to a lady. fol. 9.
Beg.
"Madam, I doe not these few lines indite."

7. To Alicia, countess of Carbery coming into Wales. fol. 10.
Beg.
"As when the first day dawn'd man's greedy eye."

8. In nobilium Palæmonem. fol. 10 b.
Beg.
"This is confest presumtion, for had I."

9. Rustica Academiæ Oxoniæ nuper reformatæ descriptio, una cum comitiis ibidem A.D. 1648, habitis, non habitis, etc. fol. 12.
Incip.
"Rumore nuper est delatum."

10. On Mrs. Mar. Nappe by sir Ch. Sidley. fol. 14.
Beg.
"As in those nations, where they yet adore."

11. Porcus Patricius, cujus portiunculas quasdam viro spectatissimo R. G. degustandas propinat, J. A. fol. 16.
Incip.
"Habeto Levidense manus
Colende Gardinere."
Reversing the volume is a catalogue of medical works.

CCCXXXVII.

Codex chartaceus, in 4to minori, ff. 43, sec. xvii.

A common-place book, chiefly theological; in alphabetical order.
Beg. "The Anabaptist would have all equal."
It is divided into two parts, the first under English the second under Latin heads.

CCCXXXVIII.

Chartaceus, in 4to minori, ff. 54, sec. xvii.

Anonymi cujusdam de arte Logica quæstiones.

Incip. "An logica recte definiatur. Aff. De natura logicæ plurimum ambigitur."
Desin. "An premissæ magis sciantur, quam conclusio."

CCCXXXIX.

Codex chartaceus, in forma oblonga, ff. 44, sec. xvii.

A note book of medical Receipts, arranged alphabetically, with the names of the patients annexed; [by Nicholas Crouch, of Ball. Coll.]
At the beginning is a list of books "brought from Woofton: die 4 Jun. 9, 1664."
At fol. 3, "Medicaments to be enquired after."
Many of the prescriptions are for sir Robert Napier.
At fol. 37, "for Robt. Robinson, Lindford, Apr. 18, 1663."

CCCXL.

Chartaceus, in 4to minori, ff. 19, sec. xviii.

An Establishment, or List contayning all payments to be made for civil list affairs from the 25 day of March 1709 in the eighth year of the reign of Queen Anne; for the kingdom of Ireland.

CCCXLI.

Chartaceus, in 4to minori, ff. 7, sec. xvii.

Autobiography of Richard Boyle, knight, earl of Cork, Lord High Treasurer of Ireland, etc.
Beg. "My father Mr. Roger Boyle."
End. "I was made Lord High Treasurer of Ireland and sworn the 9th day of November, 1631."
At the beginning, "N. B. This life of the earl of Cork, written by his Lordships own hand, is now in the possession of the Burlington family: vide Thoresby's Ducatus Leodiensis; p. 537."

CCCXLII.

Chartaceus, in 4to minori, ff. 44, sec. xviii.

Life of Dr. William Thomas, bishop of Worcester, by his grandson William Thomas, D. D. transcribed from the original by George Coningesby, vicar of Bodenham, 1752, corrected and enlarged by Dr. George Hickes.
Annexed is an appendix of Papers, referred to in the foregoing life.

P 2

CCCXLIII.

Codex chartaceus, in 4to minori, ff. 37, sec. xviii.

Geography, or a short way to know the world; in question and answer.

Beg. "Question. What is geography? Answer. It is a science which teaches a description of the natural globe of the earth."

CCCXLIV.

Chartaceus, in 4to minori, ff. 7, sec. xvii. exeuntis.

The full pay, subsistence, poundage, Hospital Pells, Agent, cloaths and clearings to Horse Dragoons and Foot according to the Irish Establishment.

CCCXLV.

Chartaceus, in 4to minori, ff. 27, sec. xvi. exeuntis; olim Willelmi Chamber.

A short Catechism on the Commandments, the Lord's Prayer, etc.

Beg. "What is catechising? It is an easy instructinge especiali of the ignorant in ye grounds of religion."

CCCXLVI.

Chartaceus, in 4to minori, ff. 37, sec. xvii. exeuntis; olim Jo. Browne.

A cautionary discourse of Schism, with a particular regard to the Bishops, who are suspended for refusing to take the new oath, by Henry Dodwell.

Printed Lond. 1691.

CCCXLVII.

Chartaceus, in 4to minori, ff. 115, sec. xvii.

Copies of verses written apparently as exercises, by Leonard Benett, under the tuition of John Harmar, formerly master of Winchester School.

They are chiefly Latin; a few Greek occurring occasionally.

Tit. "Dictata Magistri Harmari, quondam Ludimagistri Scholæ Wintoniensis amari; sub quo vixit et floruit Leonardus Benett; ætatis suæ 12."

CCCXLVIII.

Membranaceus, in 4to minimo, ff. 538, sec. xiii. exeuntis; binis columnis nitide exaratus; mutilus.

Biblia Sacra Universa, ex versione vulgata, S. Hieronymi, necnon quoad Maccabæorum libros Rabani Mauri, prologis illustrata.

Incip. in verbis prologi primi, "――quidem habens dignum sacerdotio; animos vero crudelis tyranni."

Maccabæorum libri, excepto lib. i. cap. 1, evulsi sunt.

In calce, "Explicit biblia."

CCCXLIX.

Codex membranaceus, in folio, ff. 141, sec. xv. ineuntis; olim Rob. ep. Hereford.

1. Opus quod dicitur, Via sive Diæta Salutis, a fratre Willelmo de Lanicia, [sive Lancea,] Aquitanio, Ord. Min. composita. fol. 2.

   Incip. "Hec est via; etc. Magnam misericordiam facit, qui erranti viam."

   Sequitur narratio ex Lincolniensi, de sancto quodam, qui diabolum conjuravit.

2. Exhortatio S. Chrysostomi ad quendam episcopum amicum suum. fol. 76.

   Incip. "Novam tibi Dominus dignitatem."

3. Dionysii Chor-episcopi ad Timotheum de morte SS. Petri et Pauli apostolorum. fol. 79 b.

   Incip. "Saluto te divinum discipulum et filium veri patris."

   Sequuntur expositiones breves in loca SS. Pauli et Petri, etc. incip. "Abjiciamus opera tenebrarum; etc. In adventu magni regis."

4. Summa Pœnitentialis ad Sacerdotes. fol. 92.

   Incip. "Sciendum est sacerdotibus."

   Desin. "quam semper premeditari."

   In calce, "Explicit summa penitencialis."

5. Liber de vita et gestis et de translationibus sanctorum trium Regum in majori ecclesia Coloniensi quiescentium. fol. 98.

   Præmittitur tabula capitulorum, numero xlvi.

   Incip. cap. i. "Cum reverendissimorum trium majorum, immo verius trium regum."

   Desin. ult. "secura in reddenda ratione, Amen. Deo laus, pax vivis et requies defunctis, Amen. Explicit liber sanctorum trium regum Coloniensium requiescentium."

   Deinde *man. sec.* "Precium hujus libri est xx. 8."

6. De dignitate sacerdotali secundum beatum Augustinum. fol. 140.

   Incip. "O veneranda sacerdotum dignitas."

7. Versus de sacerdotibus et eorum officio, dict.
"Speculum Sacerdotum." fol. 140 b.
Incip.
"Viri venerabiles sacerdotes Dei,
Precones altissimi lucerne diei."
Desin.
"Vobis sit auxilio mater pietatis,
Ut Habrahe gremio sine fine sedeatis.
Amen. Explicit speculum sacerdotis."

CCCL.

Codex membranaceus, in folio minori, ff. 168, secc. xii. ineuntis, xiii. et xiv. ineuntis.

Præcedunt chartæ Richardi et Roberti de Chaundos, hæc concedens Willelmo, fil. Rogeri de Burthulla, terram quandam in Wistastone; altera exhibens, quot milites habet feoffatos de veteri et de novo feoffamento.

1. Index terrarum, quas tenuit tam rex, quam alii, in comitatu de Herefordia, mensuras redditusque earundem exponens; liber vulgo dictus "Domesday Book." fol. 2.
Incip. "In Hereford civitate tempore regis Ædwardi erant centum et tres homines commanentes intus et extra murum."

2. Tractatus de legibus et consuetudinibus regni Angliæ tempore regis Henrici secundi compositus, "justiciæ gubernacula tenente illustri viro Ranulpho de Glanvilla, juris regni et antiquarum consuetudinum eo tempore peritissimo;" præviis tabularum titulis. fol. 45.
Incip. "Regiam potestatem non solum armis contra rebelles et gentes sibi regnoque insurgentes."

3. Edwardi I., regis Angliæ, leges in capitula cxxvi. distinctæ, quorum restant solummodo hodie capitula LXXXV. priora; *Gallice*. f. 73.
Incip. "Edward par la grace Dieu roy dEngleterre et sire de Irlaunde a tuz ses feans;" etc. "pees et grace desiraunt entre le people, qe est en nostre proteccion."
Incip. cap. i. "De Coroners; Et pur ceo qe nus voloms qe Coroners seyent en chescun counte principaus gardeins de nostre pees a porter record de pleez de nostre corone."
Defic. in verbis cap. lxxxv., "depleder sur la possession, ou issi"——

CCCLI.

Codex membranaceus, in folio, ff. **404,** sec. xiii. ineuntis, binis columnis bene exaratus; in initio et calce mutilus.

Biblia sacra Universa, ex versione vulgata, prologis S. Hieronymi illustrata.
Incip. in verbis epist. i. "——Philippus ostendit ei Jhesum; qui clausus latebat in littera."
In Test. Nov. post epistolam ad Hebræos sequitur ista ad Laodicenses.
In calce occurrunt Interpretationes nominum Hebraicorum, secundum Remigium Autissiodorensem; defic. in verbis, "Sane digna vel elevata seu dignitas"——

CCCLII.

Chartaceus, in folio, ff. **77,** sec. xvii.

Report of the case of Alice Smyth, alias Elizabeth Hodson, plaintiff, and the bishop of Lincoln, Cadwallader Powell and George Walker, defendants, containing the speeches of Sir John Finch, Lord Chief Justice of Common Pleas, of Lord Chief Justice Branston, Mr. Secretary Windebank, and others.

CCCLIII.

Chartaceus, in folio, ff. **174,** sec. xvi. exeuntis; olim ut videtur Joh. Prise, postea Johannis Watkins.

1. Welsh poems and verses by different authors. fol. 2.
Tit. i. "Kywydden Kymraec."
Beg.
"Y ddyn ar santaidd anwyd
O dduw hydolessaidd wyd."
At the end, "Bedo Brwynllys ar Kant."

The following are the titles and names of writers as they occur,
a. "Marw ny wnaf mor wen yw nyn." Jeuan Deulwyn ar kant. fol. 3.
b. Kywyddau. fol. 4.
c. Account of the owner of the book ~~, signed~~ ~~T. Pale.~~ fol. 6. ς
d. Kywydd. Howel Llwyd ar kant. fol. 7.
e. Kywydd. Dafydd ap Edmwnd ar kant. f. 8.
f. Kywydd. Tudyr Aled ar kant. fol. 10.
g. Kywydd. Howel Dafydd ap Jeuan ap Rys ar kant. fol. 11.

h. Englynion; or Verses. Jeuan ap Tudur Penllyn. fol. 13.

i. Cas ddynion Selyf ddoeth; [the hated men of Selyf the wise.] fol. 14.

　　Beg. "Dyn ny wypo dda, ac nys dysg."
　　On the other side, "Tri chynghor yr Aderyn melyn."

k. Trioedd; Triads. fol. 15.

"Tri pheth a gar Gwyddel, Trais a thwyll a haidd [?]
Tri pheth a gar Kymro, Tan a halen a diod."

l. Kywydd i Dduw. Dafydd Llwyd ap Einiwn. fol. 16.

m. I Frenhin Harri yr wythfed. Lewys Morganwg ar kant. fol. 20.

n. Kywydd i Sion ap Rhys. Lewys Morganwg. fol. 21 b.

o. Awdwl. fol. 22 b.

p. Kywydd y Syr Sion ap Rhys pan wnaethpwyd yn farchog. Lewys Morganwg 1548. fol. 24.

q. Kywydd. Jolo Goch ar kant. fol. 25.

r. Kywydd ymrysson. Maestyr Harri ar kant. fol. 26.

s. Kywydd. Jeuan Fôn. fol. 27.

t. Kywydd. Howel Dafydd ap Jeuan ap Rys-Llwyd ap Adam. fol. 28.

u. Kywydd. fol. 29.

w. Kywydd. Jeuan Dew. fol. 30.

x. Kywydd i Lewys Môn am fwkled. Rhys Nantmor. fol. 32.

y. Kywydd cyftan. Dafydd ap Edmwnd. fol. 34.

z. Kywydd. Dafydd Nanmor. fol. 35.

aa. Englynion y Missoedd. fol. 36.

bb. Englyn, y draetha yr deuddeg arwydd; a poem treating on the 12 signs, by Dafydd Nanmor. fol. 38.

cc. Kywydd dwyfol. Sion y Kent. fol. 39.

dd. Kywydd i Dduw. Jeuan Deulwyn. fol. 40.

ee. Kywydd o enwau Duw; Ode on the names of God, by Dafydd Nanmor. fol. 41.

ff. Geiriau digri yr hwn ni ellir y ail hadrodd mewn Jiaith arall. fol. 42.

gg. Epitaphium Ricardi III., apud fratres Minores, Lecester. Lat. fol. 43.

hh. Kywydd i Edmwnd Jarll; by Dafydd Nanmor. fol. 44.

ii. Kywydd i Dafydd Llwyd; by the same. fol. 45.

kk. Kywydd. Jeuan ap Rydderch ap Jeuan Llwyd. fol. 46.

2. Common places in Latin, and Welsh verse, arranged alphabetically; the Welsh titles are;

a. Awdwl. fol. 52.

b. Kywydd. Dafydd Llwyd ap Ednyfed. fol. 54.

c. Kywydd. Gwilym ap Jeuan Hen. fol. 56.

d. Kywydd y ci du. fol. 57.

e. Kywydd. fol. 61.

f. Kywydd. Jeuan du'r Bilwg. fol. 67.

g. Kywydd i Owain Tudyr gyndad Harri yr wythfed. fol. 68.

h. Kywydd. Jeuan Deilwyn. fol. 70.

i. Marwnad. Gryffydd Gryg. fol. 73.

k. Kywydd. fol. 74.

l. Kywydd. Jolo Goch. fol. 78 b.

m. Awdwl. Lewys Morganwg. fol. 81.

n. Awdwl. Gryffydd Hiraethog. fol. 82.

o. Englynion y Jul. Gryffydd ap Meredydd. f. 85.

p. Kywydd, Sion y Kent y Brycheiniog. fol. 96.

q. Grammaticalia; Wallice. fol. 106.

r. Kyngor i wr Edwyn ei dynghed yn gall ac yn gymedrol. fol. 127.

s. The Testament of one Will. Tracy with the judgment of certain divines upon the same. fol. 141.

t. Diarhebion Kymraeg; Proverbs in alphabetical order. ff. 148—161 b, 142.

"A vo da gan dduw ys dir.
Achub maes mawr a drygfarch."

3. Nomina Cantredorum, script. A. D. 1539, 2 Marcii. fol. 164 b.

4. Index of contents. fol. 165.

　　At fol. 124 under the title 'Privata, vel Propria' are notices of the marriage of John Prise with Jane Williamson, and of the births of their nine children with the names of the sponsors annexed. The marriage was solemnized at Canburre, [Canonbury,] the house of Thomas Cromwell earl of Essex, in the parish of Islington, near London.

CCCLIV.

Codex chartaceus, in folio oblongo, ff. 4 et 253, secc. xv. exeuntis et xvi. ineuntis; manu Johannis Hyde, ut videtur, præcipue exaratus.

A collection of Romances, ballads, and other miscellaneous poetical pieces, with historical anecdotes, etc. relating to England, inserted; as follow,

1. The cheff placis wher fairrs be kept in England. fol. 1.
2. Forms of Grace before and after meat. fol. 2.
3. The table of the contents within this boke, whiche is a boke of dyveris tales and baletts of dyvers reconyngs. fol. 3.
4. The tale of Godfridus of Rome and his three sons. fol. 1.
   Beg. "Godfrydus regned in Rome that had iij. sonnes, the whiche he loved mekyll. Whan he lay on his dethe bedd."
5. Receipts to brew beer, to make soap, to make ink, ypocras, clary, etc. fol. 3 b.
6. Ordynauncis for London Curates, for finding ember days, for oblations, etc. fol. 5 b.
7. The book of Merchalsie, or Treatise on the breaking and managing horses, with medicines and modes of treating them in illness. fol. 7.
   Beg. "An hors hath xxv. propertees whereof he hath iiij. of a lyon."
8. Memoranda of the birth of six children of Richard Hill with their Godfathers and Godmothers ; also the one sponsor at the Bisshope, or Confirmation. fol. 17.
9. The Romance of the Seven Wise Masters. f. 18.
   Tit. "Here begynneth ye prologes of the vij. sagis or vij. wise masters."
   Beg.
   "In olde days ther was a man,
   His name was Dyoclesyan."
   End.
   "And that it may ever so be
   Amen Amen for charyte."
   "Thus endith of the vij. sages of Rome which was drawen owt of crownycles and owt of wrytyng of old men and many a notable tale is ther in as ys beffore sayde. Quod Richard Hill."
10. The tale of Anthiochus and Appolynes of Tyre. fol. 55.
    Beg.
    "Of a cronyqe in dayes goun."
11. The tale of Tybory Constantyne, Ytaly his wife and his dowghter Constance. fol. 70 b.
    Beg.
    "A worthy kynge of Cristis lawe."
12. The tale of Phylip of Masedown king and his two sonnes Demetrius and Perseus. fol. 79.
    Beg.
    "In a crownyk as ye shall wytt."

13. The tale of Adryan of Rome and Bardus the pore man. fol. 81 b.
    Beg.
    "To speke of on unkynd man."
14. The tale of Pyrotous and Ypotasie the fayre mayde. fol. 83 b.
    Beg.
    "This fynd I wrytt in poyesy."
15. The tale how pore Lazar lay at the Lord's gate. fol. 84 b.
    Beg.
    "Of Cristis word who so it rede."
16. The tale of Constantyne the gret Emprowre. fol. 86 b.
    Beg.
    "Amonge the bokes of Latyne."
17. The tale of Nabegodhonosor, howe he dremid of the gret tree. fol. 89 b.
    Beg.
    "Ther was a kynge of myche myght."
18. The tale of kyng Alysandere that cam to Diagynes wher he sat in his toun. fol. 91 b.
    Beg.
    "A philosipher of which men told."
19. Of Pyramus and Thesbes which slew themself upon on swerd. fol. 93.
    Beg.
    "I rede a tale and tellith this."
20. The tale of kyng Mide, how all that he towched was gold. fol. 94 b.
    Beg.
    "Bachus which is the god of wyne."
21. Jak and his step dame, and of the Frere. f. 98.
    Beg.
    "God that died for us all."
    Printed by Ritson in his Pieces of Ancient Popular Poetry, p. 35.
22. Rules for purchasing land. fol. 100 b.
    Beg.
    "Whoso will beware in purchasynge."
23. A treatise of wine ; in verses alternately English and Latin. fol. 101.
    Beg.
    "The best tre yf ye take entent
    Inter ligna fructifera."
24. The seven ages of the world, and the seven ages of man living in the world. fol. 101 b.
25. The charge of every ward in London. fol. 102.
    Beg. "The ward of Chepe taxed in London at £lxxij. xvj. s. and in ye escheker alowed £lxxij."

26. The assise of talewode and Essex billet in London. fol. 103.
27. The numbre of parishe chirches, townes, bishoprickes and sheres in Ynglond and the compas of the londe. fol. 103.
28. Such howsholde stuff as must nedis be occupied at the mayres fest. fol. 103.
29. The words of Fortune to the people. fol. 104.
    Beg.
    " Myne high estate power and auctoryte."
30. Receipts for cleaning harness, etc. fol. 106 b.
31. Memoranda of Richard Hill; that he was ' Hansed' at Barow, in 1508, at Brigius, (Bruges?) 1511, and at Andwerpe 1511; also that he was made free of the Merchant Adventurers, of England, at Barow, 25 May, 1508; and that he was sworn at Grocers Hall, x. Nov. 1511. fol. 107.
32. Extracts from the Statutes of the Realm how every Craft'sman, Vyteler, shall be ruled. f. 108.
33. Treatise on graffyng trees, compiled from different authors. fol. 109.
    Beg. " The maner of tretise."
    The authors' names occurring are, " Mr. Robert, Amercellus, Isaac Judeus, M. Bonete-pago, Wycen, (Avicenna,) M. Guydone, Godfrey upon Paladyes, Nicholaus Ballard de Oxinford."
34. Ordynaunce for Bakers. fol. 117.
35. The assise of Bread in London. fol. 118.
36. Tabula ad Christianæ religionis disciplinam. f. 122.
    Incip. " Ultima enim sunt hec."
37. Versus continentes x. præcepta legis. fol. 126.
    Incip. " Primum preceptum. Unum cole Deum.
    " Qui colit extra Deum sanctos, quodcumque creatum."
38. The siege of Rone (Rouen) by Henry VI.; by an eye-witness. fol. 128.
    Beg.
    " God that dyed upon a tree
    And bowght us with his blode so free."
    Two poems upon this siege have been printed in the Archæologia, i. e. vol. xxi. p. 43, and vol. xxii. p. 350. The first mentioned is that which agrees with the present MS.
39. Trentale Sancti Gregorii papæ. fol. 139.
    Beg.
    " I fynde wretyn a noble story,
    The pope it wrote Seynt Gregory."

40. Phrases, in English and French. fol. 141.
41. The book of Curtasie, in *Eng.* and *French.* fol. 142.
    Beg.
    " Litill children here may ye lerne."
42. Verses to the good Angel. fol. 144.
    Beg.
    " O Angell dere wherever I goo."
43. Miserere mei Deus. fol. 144.
    Beg.
    " O dere God, pereles prince of pece."
44. Verses to the Father, and the Virgin. fol. 145.
    Beg.
    " As I walked here by west
    Ferther under a forest side."
45. Verses on the Masse. fol. 148.
    Beg.
    " O ye folkis all which have devocion."
46. Verses, ' Revertere,' and ' Know thyself.' fol. 155 b.
    Beg.
    1. " In a tyme of a somers day."
    2. " As I go wandre in on evynyng."
47. Stans puer ad mensam; by Lydgate. f. 158 b.
    Beg.
    " My dere chyld fyrst thyself inable."
48. An holy ' Salve Regina,' in Englyshe. f. 159 b.
    Beg.
    " Salve with all obeysaunce to God in humblesse."
49. Lytill John, or the Boke of Curtesy. fol. 160.
    Beg.
    " Lytell Johan, sith your tender enfancye."
50. A ballad. fol. 165 b.
    Beg.
    " Lully, Lulley, Lully, Lulley,
    Ye Fawcon hath born my mate away."
51. On the offerings of the Wise Men. fol. 165 b.
    Beg.
    " Be merry all that be present,
    Omnes de Saba venient."
    " Owt of the Est a sterre shon bright."
52. The chorle and the byrde. fol. 166.
    Beg.
    " Problemes of olde lyknes and fygures."
53. The complaint of the duchess of Gloucester. fol. 169 b.
    Beg.
    " Thorow owt a pales as I can passe,
    I herd a lady make gret mone."

54. Ten 12 line stanzas; with the burden, 'Fortis ut mors dilectio.' fol. 170 b.
    Beg.
    " On a dere day by a dale so depe."

55. Of King Alphonse, the knight Danz Petit and his daughter Pyronel. fol. 171 b.
    Beg.
    " A kynge sum tyme was yonge and wyse."

56. The lamyntacioun off quene Elyzabeth. f. 175.
    Beg.
    " Ye that put your trust and confydence."
    At the end, " Iste liber pertineth Rycardo Hill, servant with M. Wynger, alderman of London."

57. Hymns, or Carols, to the Virgin. fol. 177 b.
    Beg.
    a. " Fayre maydyn who is this barn."
    b. " Upon a Lady fayre and bright."
       The burden, " Newell, Newell, Newell, Newell; I thank a mayden every dele."
    c. " As I me walked in on mornyng."
    d. " A virgyn pure, this is full sure."
    e. " Whan Jhesu Crist baptised was."

58. Song with the refrayn, " We shall have game and sport ynow." fol. 178.
    Beg.
    " As I walked by a forest side."

59. Song, " Sawst thou not my oxen my litill prety boy." fol. 178 b.
    Beg.
    " I have xij. oxen that be fayre and brown."

60. A puzzle, entitled St. Thomas Lotts. fol. 178 b.
    Beg.
    " First ij. and than j. than iij. and than v. Than ij. and than ij. and iiij. go belyve."

61. Letter of the arrival of two galleys; with a French translation. fol. 179.

62. Interrogationes et doctrinæ, quibus quilibet sacerdos debeat interrogare suum confitentem. fol. 179.
    Incip. " Hec sunt multa utilia."

63. Tables of money, weights and measures. f. 182.

64. Prices of woollen in Calais, reckoning of mercery wares, with other merchants tables, their stamps, called " the Cures of Mader ;" etc. fol. 184.

65. Rules to make tawny, red, and gold water, etc. fol. 192.

66. The life of man, corrected by Conscience, by Lydgate?, in eight line stanzas. fol. 194.

Beg.
    " How that mankynd doth begynne
    Yt ys a wonder for to discrye soo."

67. Stanzas on the approach of death, in the form of a last Testament. fol. 199.
    Beg.
    " In iiij. poyntis or I hens departe."

68. Others of the same moment. fol. 199.
    Beg.
    " Farewell this world I take my leve for ever."

69. A treatise of London made " at Mr. Shaa table when he way meyre ;" [1483]. fol. 199 b.
    Beg.
    " London, thou art of townes a per se."

70. Proverbial sentences in English, and Latin verse. fol. 200.
    Beg.
    " A good scolar yf thou wilt be,
    Rise erly and worchip the Trinite.
    Surge sub aurora Dominumque frequenter adora,
    Talibus utaris, si vis bonus esse scolaris."

71. Table of weights and measures. fol. 202.

72. A good true reconnyng of ledde, 1520. f. 202 b.

73. Oratio eximii doctoris S. Augustini. fol. 203.

74. The order of goyng or sittyng, according to rank. fol. 203 b.

75. A ' prety questyon ;' a trick with cards. fol. 203 b.

76. The crafte to make ynke. fol. 204 b.

77. Exhortation to the hearing Mass. fol. 205.
    Beg.
    " Loke on thys wrytyng man for thi devocioun."

78. " Welfare hath no sykerness." fol. 206.
    Beg.
    " As I fared thorow a forest free."

79. Song, " Good gossipps myn." fol. 206 b.
    Beg.
    " I shall you tell a full good sport."

80. Song on death. fol. 207 b.
    Beg.
    " Erth owt of erth is worldly wrowght."

81. Verses on the vanity of riches by doctore Joh. Ednam ; *Latin*. fol. 208.
    Beg.
    " Si sum dives agris et nobilitate ; quid inde."

82. Speculum vitæ et mortis. fol. 208 b.
    Beg.
    " Cur mundus militat sub vana gloria."

83. Verses to the Father, Son and Holy Ghost; etc. fol. 209.
> Beg.
> "O most blessid Fader omnipotent."

84. On the seven deadly sins. fol. 210.
> Beg. "Superbia."
> "I bost and brage ay with the best."

85. The Nutbrown Mayde. fol. 210 b.
> At the end, "Explicit quod Ric. Hill.
> Here endith ye Nutbrown Mayde."
> Printed in the Percy Reliques.

86. Verses, beg. "Kepe well x." [commandments sc.] fol. 213 b.

87. Præscripta mirabilia. fol. 214.
> Incip. "Ad faciendum unumquemque hominem duo capita."

88. The assise of Taverners in Ynglond. fol. 214.

89. Trick with Cards. fol. 214 b.

90. The names of all parishe chirches within London and ye suburbis and who be patronis. f. 215.

91. For pain in the side and other receipts. f. 217.

92. A good remembrans and knowledge of ye pownd Troy weight. fol. 217 b.

93. Names of Kings Cristened. fol. 218.

94. Hymn to the Virgin. fol. 219.
> Beg.
> "Goude Maria Cristis moder."

95. Short riddles. fol. 219.
> Beg.
> "8 is my trew love."

96. Verses on the angel Gabriel. fol. 219 b.
> Beg.
> "From hevyn was sent an angell of light."

97. Carols, hymns and other sacred pieces, beginning, as follow,
> Beg.
> a. "Make we mery in hall and bowre
>   Thys tyme was born owre Savyowre." f. 220.
> b. "Of a rose a lovely rose." fol. 220 b.
> c. "Man, asay, asay, asay." fol. 220 b.
> d. "Nowe syng we wyth joy and blys." fol. 221.
> e. "Mary moder I you pray." fol. 221.
> f. "The son of the fader of hevyn blys." f. 221 b.
> g. "Now syng we syng we, Regina celi letare." fol. 221 b.
> h. "Ther ys a chyld borne of a may." fol. 221 b.
> i. "Pray for us to the prince of peace." fol. 222.
> k. "Tirly tirlow, tirly tirlow,
>   So merily the sheperds began to blow." f. 222.
> l. "As I me lay on a nyght." fol. 222.

m. "In Bedlem in that fayer cyte." fol. 222 b.
n. "Ther ys a blossum sprong of a thorn." f. 222 b.
o. "Mary moder cum and se
   Thy swet son naylid on a tre." fol. 223.
p. "O worthy Lord and most of myght." f. 223.
q. "Man that in erth abydys here." fol. 223.
r. "Make we mery bothe more and lasse,
   For now ys ye tyme of Crystymas." f. 223 b.
s. "What cher, gud cher, gud cher, gud cher;
   Be mery and glad this gud new yere." f. 223 b.
t. "Ay, ay, ay, Gaude celi domina." fol. 223 b.
u. "Can I not syng but Hoy,
   Whan the joly sheperd made so mych joy." fol. 224.
v. "Now have gud day, now have gud day,
   I am Crystmas and now I go my way." f. 224 b.
w. "Shall I moder;" etc.
   "I was born in a stall." fol. 225.
x. "A babe is borne to blis us brynge." f. 225 b.
y. "Lulley, Jhesu, Lulley, Lulley,
   Myn own dere moder syng Lulley." fol. 226.
z. "This endens night;" etc.
   "A lovely lady sat and songe." fol. 226.
aa. "I was with pope and cardynall." fol. 226 b.
> At the end is 'a question;' "There were xij. persones."
bb. "God that sittith in Trinite." fol. 227.
cc. "Syng we with myrth joy and solas,
   In honowre of this Cristermasse." fol. 227.
dd. "Now syng we;
   This babe to us now is born." fol. 227 b.
ee. "Lystyn Lordyngs both gret and small." fol. 227 b.
ff. "Now syng we both all and sum,
   Lapidaverunt Stephanum.
   Whan Seynt Stevyn was at Jeruzalem." fol. 228.
gg. "Caput apri refero.
   "The boris hed in honds I brynge." fol. 228.
> At the end, "A question," "As I went by the way."
hh. "Gaude for thy joyes five." fol. 228 b.
ii. "A blessid byrd as I you say,
   That dyed and rose on Good Fryday." f. 228 b.
kk. "Pray for us to the Trinite
   Johannes, Cristi care." fol. 228 b.
ll. "Alas my hart will brek in thre." fol. 229.
mm. "Synge we all for tyme it is." fol. 229.
nn. "I pray you be mery and synge with me." fol. 229 b.

oo. " Newell, Newell, Newell, Newell,
  This ys ye salutacion of Gabryell." f. 229 b.

pp. " O my harte is woo, Mary she sayd so."
  fol. 230.

qq. " To see the maydyn wepe her sonnes passion." fol. 230.

rr. " I consayll you bothe more and lesse." f. 230.

ss. " What hard ye not ye kyng of Jherusalem,
  Is now born in Bethelem." fol. 230 b.

tt. " Wassaill, Wassayll, Wassaill, syng we
  In worshipe of Crists nativite." fol. 230 b.

uu. " He is wise ;" etc.
  " Be mery and suffer as I the vise." fol. 231.

ww. " An old sawe hath be fownd trewe." f. 231.

xx. " Man be ware and wise in dede." fol. 231.

yy. " Man meve thy mynde and joy this fest."
  fol. 231 b.

98. The names off mayers and sheryffs from the
  first yere of kyng Herry the Vth ; A. D.
  m. iiij.ᶜ, xiij. fol. 232.

  Interspersed are many historical and local
  anecdotes ; continued down to the year
  1535, Sir John Aleyn, mayor.

99. Ballad, " In villa, in villa, quid vidistis in villa."
  fol. 248.
  Beg.
  " Many a man blamys his wyffe perde."

100. Ballad, " I will have the whetston and I may."
  fol. 248 b.
  Beg.
  " I sawe a doge sethyng sowse."

101. Sing we Gloria tibi, Domine. fol. 248 b.
  Beg.
  " Cryst kepe us all as He well can."

102. Ballad, " Att ye townys end." fol. 249.
  Beg.
  " A lytyll tale I will you tell."

103. Hymn to the Virgin. fol. 249 b.
  Beg.
  " Quene of hevyn blessid mott thou be."

104. Against Pride. fol. 249 b.
  Beg.
  " Pryde is owt and pride ys yn."

105. " Of all Creatures Wommen be best,
  Cujus contrarium verum est ;" a ballad. f. 250.
  Beg.
  " In every place ye may well see."

106. Ballad, " Women, women, love of women." f. 250.
  Beg.
  " Sum be mery and sum be sade."

107. Verses against women. fol. 250 b.
  Beg.
  " When netills in wynter bere rosis rede."

108. Ballad ; " Draw me nere, draw me nere,
  Draw me nere the joly Juggelere." fol. 251.
  Beg.
  " Here beside dwellith a riche barons dowghter."

109. Ballad, " Nay nay Ive it may not be I wis." f. 251.
  Beg.
  " Holy berith beris, beris rede ynowgh,
  Ye thristilcok ye popyngay daunce in every
  bowgh."

110. Ballad ; " Bonjowre, Bonjowre, a vous,
  I am cum unto this hows." f. 251 b.
  Beg.
  " Is ther any good man here."

111. Ballad, " How butler, how bevis, a towt of fill."
  fol. 251 b.
  Beg.
  " Jentill butler Bellamy."

112. Ballad, " Hay, hay, by this day." fol. 252.
  Beg.
  " I wold fayn be a clarke."

113. Complaint to the Virgin. fol. 252.
  Beg.
  " Lord, how shall I me complayn."

114. A few receipts, for a horses back, etc. f. 253.

CCCLV.

Codex chartaceus, in folio, ff. 166 et 40, sec.
xvii.

Diary of Nicholas Crouch, fellow of Balliol College, from 1634 to 1672 inclusive.

The entries are very few, having reference
chiefly to his own movements, the state of the
weather, etc.

It appears that he was admitted Commoner,
1 Oct. 1634, B. A. 2 Jun. 1638, actual fellow,
29 Nov. 1641, Burs. Jun. 20 Oct. 1649, Notary
21 Oct. 1652 ; etc.

Reversing the volume are bursars' and private accounts from 1649 to 1689 ; and 1634
to Jun. 6, 1690.

CCCLVI.—CCCLXI.

Codices chartacei, in folio, ff. 173, sec. xvii.
exeuntis.

1. Treatise on the authority and interpretation
  of the Holy Scripture. fol. 1.

Beg. "Since the longest life of man on earth is nothing in comparison."

2. On a right rule of faith by the same author. fol. 28.
Beg. " The peremptorie holding."

3. A dialogue concerning the men that may and shall be saved, between Eusebius and Timothy by the same. fol. 36.
Beg. "Euseb. God save you Timothie."

4. Dialogue between a Master and Scholar, on the honour due to God, etc. by the same. f. 78.
Beg. "Scholar. I pray you, Master, tell me what God is? Master. He is the maker of all things."

5. Petri Fonsecæ, e soc. Jesu, commentarius in libros Metaphysicorum Aristotelis. fol. 137.
Incip. "De Aristotelis parentibus," etc. "Aristoteles omnium consensu, author noster."

6. Samuel Woodfords letter to John Williams, bishop of Chichester, on defects in the Edition of Common Prayer; dat. 20 Aug. 1700. f. 168.

CCCLXII., CCCLXIIIA.

Codices chartacei, in folio, ff. 80, sec. xvii. exeuntis, et xviii.

1. Domesday book for the county of Hereford, containing a list of townships and manors, with their respective tenants, and nature of the tenure, etc., divided according to the Hundreds. fol. 1.

2. The same taken apparently in the reign of Elizabeth. fol. 35.

3. Transcripts of the original cause between the king and (F. Gastrell) the bishop of Chester lodged by the bishop in the University Archives; "from which it is evident the Court party was afraid of trying the merits of the cause which the bishop had before in his printed case in 1721 laid open in so clear and convincing a manner; Witness my hand George Coningesby." fol. 71.

ADDITIONAL NAMES OF BENEFACTORS OF BALLIOL
COLLEGE LIBRARY

William Rede, bp. of Chichester, died 1385.
William Rede, vicar of St. Mary Magd., Oxford, died 1469.

Ball. Coll. MS. 14 was given by William Rede, the Vicar: the rest were given by the Bishop.

Lincoln Coll. MS. 56 was given by William Rede, the Vicar.

The will of William Rede, the Vicar, is in the Univ. Archives; it was proved in March 1469.

There are 3 deeds of William Rede, the Vicar, relating to property in St. Mary Magd. parish, dated 1451 and 1455, in Ball. Coll. archives.

G. Parker.
11 Nov. 1896.

APPENDIX TO MSS. IN BALLIOL COLLEGE NOT

DESCRIBED IN COXE'S CATALOGUE

363B. HEBREW– Pentateuch, Quinque Volumina and Haphtaroth of all the Sabbaths– presented by the Revd. G. J. Chester– 1865. 2438 in Bodl. Cat. of Heb. MSS.

364. ARABIC– 'Unwan ab Sharaf: a treatise of Shafūte Law by Sharaf ab Dîn al Mukrî– presented by the Revd. G. J. Chester– 1878.

365. ARABIC– Halbat al Mujallî: a commentary by Muhammad ibn Amîr Haj abḤanafî on Munyat al Muṣallî– etc. A.H. 1125. Presented by the Rev. G. J. Chester– 1878.

366. AMHARIC–   Pres. by the Rev. G. J. Chester– 1880.

367. LATIN– fragmentary MS., containing part of the IVth and Vth books of an Antidotarium XI–XIIth century. Small octavo– Bequeathed by Sir John Conroy, Bt.– 1900.

368. PERSIAN– Bústan of Saádí– Bequeathed by Professor F. York Powell– 1904.

369. PERSIAN– Dīvān of Ḥāfiẓ, 370. Gulistān of Sa'di– (from the same bequest).

371. ARMENIAN– Book of Songs– presented by the Revd. G. J. Chester.

372. ARMENIAN– Book of Prayers.   373. Breviary or Bk. of Hours (from the same donor).

374. TURKISH– Roman Catholic private Prayer Book, written in Armenian characters– 18th: century (from the same donor).

375. ARMENIAN– The 'Treasury of Truth'– 19th: century– (from the same donor).

376. ARABIC– The Koran. (from the same donor).

377. HEBREW– The Book of Esther.

378. ETHIOPIC– 'Prayers of the Virgin Mary'– Bequeathed by the Revd. B. Jowett, Master– 1893.

379. ENGLISH– Diary of Raymond Portal (died big-game hunting in 1893)– presented by Miss Portal– 1918.

380. ENGLISH– Praelectiones of the Revd. Henry Fisher, fellow of the College (died 1773)– purchased 1928.

381. ENGLISH– Autograph MS. of Professor H. Sweet's Anglo-Saxon Dictionary– presented by Mrs. Sweet.

382. HEBREW– Bible, with marginal notes written in various patterns– presented by Dr. R^d Prosser. 2542 in Bodl. Cat. of Heb. MSS.

383. FRENCH– Ovid's Epistles, the translation of Octovien de St. Gellais, bishop of Angoulême; with fine illustrations– early 16th: century– Bequeathed by Dr. Richard Prosser– 1839.

384. LATIN– Book of Hours, etc.– illuminated, English, 15th: century.

385. PĀLI– (inscribed) Om namo Subhūti-therassa Kamma vācā-potthako 'yam– written on palm leaves.

386. PĀLI– Part of the Vinaya-pitaka– written on palm leaves in Burmese script.

CATALOGUS

CODICUM MSS.

COLLEGII MERTONENSIS.

NOMINA BENEFACTORUM,

QUI COLLEGII MERTONENSIS BIBLIOTHECAM MUNIFICENTIA SUA AMPLIAVERUNT.

———————

Numeri nominibus adfixi Codices denotant, quos quisque donaverit vel legaverit.

ABYNDON, HENRICUS, coll. Mert. custos; cliv.

AUBREY, ROBERTUS; clxxix.

BALSALL, THOMAS, temp. Hen. VI. coll. Mert. socius; clxi. *Bodl 696*

BATTELE, JOH.; cxxvii.

BLOXHAM, JOH., temp. Ric. II. coll. Mert. custos; clvi. cclxxxiv.

BLOXHAM, THOMAS, M.D. temp. Hen. VI. coll. Mert. socius; lx. lxii. lxiv. lxxxvii. ciii. civ. cxxxi. cxxxii. cxxxix. cclxv. ccxcix.

BOHUN, JOHANNES; cxxii.

BREDON, JOHANNES; ccxxxi.

BREDON, SIMON, temp. Edw. III. insignis medicus et astronomus; ccl.

BUDDENUS, JOH., reg. prof. jur. et aulæ Nov. Hospit. principalis; cccxxvii.

BURBACHE, JOH., S.T.P. temp. Hen. IV. coll. Mert. socius, postea Acad. Oxon. cancell.; cxx. clxxvi. clxxxii. ccliii.

BURNELL, WILL. de; clxvii.

CLAYTON, THOMAS, temp. Car. II. coll. Mert. custos; cccxxiii.

DONECAN, sive DUNKAN, THOMAS, temp. Hen. IV. coll. Mert. socius; ccxix.

DUFFELD, WILL., temp. Ric. II. coll. Mert. socius, postea archidiac. Cleveland; xci. cvi. cexxi. ccxxv. ccxxxii. cclv.

DURAUNT, WILL., temp. Edw. III. coll. Mert. custos; lxxxiv. xcvii. cxxxiv.

ELYOTT, ROBERTUS; ccxiv.   *English legavit cod Hodie Bodl. 51.*

FANE, GULIELMUS; codd. orientt. xvii. xviii. xix. xxi.

FARNYLAWE, THOMAS, eccl. Ebor. cancellarius; xvi. cii. cccxx.

FEYLD, ROBERTUS; clxxix.

FITZ-JAMES, RIC., temp. Hen. VII. coll. Mert. custos, postea ep. Cicestr. necnon Londini; ix. xxiii. xxv. xxvi. xxxii. lii. lxxxix. cxxx. clxxiii. clxxiv. ccx. ccxiii. ccxviii. ccxxix. cclvii. cclxiv. cclxxxvii. ccc.   *Bodl 700, 757.*

GARSTANG, HENRICUS; cc.

GAUGGE, THOMAS, temp. Hen. VI. coll. Mert. socius, S.T.P. Aulæ S. Jo. Bapt. principalis; xc.

GILLYNGHAM, ROBERTUS, temp. Edw. III. coll. Mert. socius, eccl. B. Petri in Oriente vicarius; xvii. cxxix.

GOODHEW, M., temp. Hen. VI. coll. Mert. socius; clxxix.

GYGGARD, sive GYGAR, JOHANNES, temp. Ric. III. coll. Mert. custos; xcviii. cxcii.

HANHAM, JOHANNES, temp. Hen. VI. coll. Mert. socius; cxli. cci.

HAYDOK, HAMUNDUS; xxxix. lxvii. cxii. clxxxix. cxcvi.

HUNTINGTON, ROBERTUS, temp. Jac. I. coll. Mert. socius; codd. orientt. i.—iv., viii.—xvi. xx.

JUGGE, WILL., coll. Mert. socius, postea archidiac. Surreiensis; cclxxx.

KETRINHAM, ROBERTUS, eccl. S. Gregorii Lond. rector; xcv.

KING, CAROLUS, coll. Mert. socius; cccxxiv.

KING, ROBERTUS, coll. Mert. capellanus; cccxxii.

LAMBOURNE, SIMON, S. T. P. temp. Edw. III. coll. Mert. socius; lxxi.

LISTER, JOHANNES, coll. Mert. commensalis; cccxxi.

LORYNGIS, WILL., temp. Edw. III. coll. Mert. socius, canon. eccl. Sarum; cxxxvi.

MARTIVALLE, ROGERUS DE, ep. Sarum; cxxiii. cxxiv. cxxv. cxxvi.

OSEMYNGTON, JOH. DE, temp. Edw. II. coll. Mert. socius; cclxx.

RAMMESBURY, WILL., S. T. P. temp. Edw. III. coll. Mert. socius; xv. xcii. xciii.

RAYNHAM, JOH., S. T. P. temp. Edw. II. coll. Mert. socius; xxii. xxix. lxxxv. lxxxviii. cxlv. clix. clxxx. clxxxviii. ccl. cclxxvii. cclxxxiii. cccvii. cccxiii. *tylon by ant 16*

Rede , REED, WILL., temp. Edw. III. coll. Mert. socius, postea ep. Cicestrensis, librariam ædificabat; viii. xix. xxvii. xxxv. lxxvii. lxxviii. cxxxvii. cxxxviii. cxl. cxlix. clxvi. clxviii. clxx. cxc. cxcvii. ccviii. ccxvi. ccxxvii. ccxxxiv. ccxxxvii. ccxxxviii. ccxxxix. ccxlii. ccxlviii. ccxlix. cclii. cclix. cclxxxi. cclxxxii. ccxci. ccxciv. ccxcv. ccxcvii. cccv. cccxi. *tyh ...*

RYSEBORW, JOH., temp. Edw. III. coll. Mert. socius; cxiii.

SEVER, HENRICUS, temp. Hen. VI. coll. Mert. custos; vi. xxxi. lxxx. xciv. cl. cli. clii. cliii. clxxv. clxxxvi. clxxxvii. cciii. ccxii. ccxxxvi. ccxlvi. ccxcviii. cccii. *Bodl 159,75*

SHERLES, sive SCHARLE, ROBERTUS, temp. Edw. I. coll. Mert. socius; cccxviii.

STAVELE, JOHANNES, temp. Edw. II. coll. Mert. socius; lxxxi. clxxvii.

STAUNDON, THOMAS DE, temp. Edw. III. coll. Mert. socius; lxxiv. lxxvi.

STONHAM, ROBERTUS, S. T. P. temp. Ric. II. coll. Mert. socius; cxviii. cclxii.

TAYLOUR, JOHANNES, S. T. P.; ii. cccxvi.

TURK, JOH., temp. Edw. III. coll. Mert. socius, postea Acad. Oxon. cancell.; xi. cxxviii.

WARKWORTH, JOHANNES, temp. Hen. VI. coll. Mert. socius, postea coll. S. Petri Cantabrig. magister; vii.

WAVERE, NIGELLUS de, temp. Edw. II. coll. Mert. socius; cccxvii.

WIRPLESDONE, RICARDUS DE, temp. Edw. I. coll. Mert. socius; cxvi.

WODE, JOH., archidiac. Middlesex.; ci. clvii.

WRYGHT, ROBERTUS; cxi.

WYGHT, ROBERTUS, coll. Mert. socius; xx. xxxviii. cxliv. cxcv.

WYKYNGS, RICARDUS, vicar. eccl. de Westwell; ccxliv.

WYLE, sive VYLE, HENRICUS DE LA, coll. Mert. socius et cancel. Sarum; lvi.

Bodl. 689 olim Coll. Merton

CODICES MSS.

CODICES MSS.

COLLEGII MERTONENSIS.

I.

CODEX MEMBRANACEUS, in folio majori, constans foliis scriptis **367**, sec. xiv., binis columnis nitide exaratus.

S. Augustini, episcopi Hipponensis, Opera varia; scilicet,

1. Confessionum libri tredecim; prævia Retractatione. fol. 1.
   Extant impress. inter opera, edit. Benedict. tom. i. col. 69.
   In calce, " Explicit liber Sancti Augustini de Confessionibus; Amen."

2. De libero arbitrio libri tres. fol. 32.
   Tit. " Liber Augustini de libero arbitrio."
   Exstant ibid. tom. i. col. 569.

3. Super Genesim ad literam libri duodecim, cum prologo. fol. 46.
   Tit. " Incipit prologus beati Augustini episcopi super Genesim ad literam."
   Ibid. tom. iii. col. 117.

4. Retractationum libri duo. fol. 85.
   Ibid. tom. i. col. 1.
   In calce, " Explicit liber de Retractationibus."

5. Liber de vera innocentia, [sive Prosperi Sententiæ ex Augustino.] fol. 97.
   Tit. " Incipit liber beati Augustini de vera innocencia."
   Ibid. tom. x. App. col. 223.

6. De S. Trinitate libri quindecim, prævia Retractatione et epistola ad Aurelium. fol. 104.
   Tit. " Incipit liber beati Augustini doctoris de Trinitate."
   Ibid. tom. viii. col. 749.

7. De vera et falsa pœnitentia, prævio prologo. fol. 149 b.
   Ibid. tom. vi. App. col. 231.
   In calce, " Explicit liber Augustini de vera et falsa penitencia."

8. Quæstiones ad Orosium. fol. 153.
   Tit. " Incipit liber Augustini ad Orosium."
   Ibid. tom. viii. col. 611.

9. Ad amicum de utilitate credendi contra Manichæos, prævio ex Retractationibus excerpto. fol. 156 b.
   Ibid. tom. viii. col. 45.

10. De octoginta tribus quæstionibus. fol. 161.
    Tit. " Incipit liber Augustini de octoginta tribus questionibus."
    Ibid. tom. viii. col. 1.

11. De decem præceptis et decem plagis. fol. 173 b.
    Ibid. tom. v. App. serm. xxi.

12. Liber contra Pelagianos de prædestinatione. fol. 174.
    Incip. " Addere etiam hoc quam maximo huic operi."
    Minime consentit cum istis in tomo. x. Augustini operum editis.

B

13. De doctrina Christiana libri quatuor, prævia
    præfatione. fol. 175 b.
    Ibid. tom. iii. col. 1.
    In calce, " Explicit liber Sancti Augustini
    de doctrina Christiana."

14. De cura pro mortuis agenda. fol. 194.
    Ibid. tom. vi. col. 515.

15. De mendacio. fol. 197.
    Ibid. tom. vi. col. 419.

16. Contra mendacium. fol. 202 b.
    Ibid. tom. vi. col. 447.

17. De perfectione justitiæ. fol. 208.
    Ibid. tom. x. col. 167.

18. De natura et gratia. fol. 211 b.
    Ibid. tom. x. col. 127.

19. De gratia et libero arbitrio. fol. 218 b.
    Ibid. tom. x. col. 718.

20. De correptione et gratia. fol. 224.
    Ibid. tom. x. col. 750.

21. De prædestinatione Sanctorum. fol. 229.
    Ibid. tom. x. col. 789.

22. De dono perseverantiæ. fol. 235.
    Ibid. tom. x. col. 822.

23. De natura boni. fol. 241 b.
    Ibid. tom. viii. col. 502.

24. De mirabilibus divinæ scripturæ. fol. 245 b.
    Ibid. tom. iii. App. col. 1.

25. De agone Christiano. fol. 250 b.
    Ibid. tom. vi. col. 245.

26. De fide ad Petrum. fol. 254.
    Ibid. tom. vi. App. col. 19.

27. De disciplina Christiana. fol. 260.
    Ibid. tom. vi. col. 581.

28. De purgatoriis pœnis. fol. 261.
    Ibid. tom. v. col. 413.

29. De beata vita. fol. 261 b.
    Ibid. tom. i. col. 297.

30. De pœnitentia sermo. fol. 265.
    Ibid. tom. v. col. 1350.

31. De vera religione. fol. 267 b.
    Ibid. tom. i. col. 747.

32. De duodecim abusionibus, [S. Cypriano quo-
    que tributa.] fol. 276 b.
    Conf. ibid. tom. vi. App. col. 211.

33. De hæresibus. fol. 278 b.
    Ibid. tom. viii. col. 1.

34. Sextus Musicæ. fol. 283 b.
    Ibid. tom. i. col. 511.

35. Catholica computatio, Quod Christus pro om-
    nibus mortuus est. fol. 289.
    Incip. " Quidam Christiane ac fraterne
    caritatis obliti."

36. De laude caritatis. fol. 290.
    Ibid. tom. v. col. 1348.

37. De igne purgatorio. fol. 290 b.
    Ibid. tom. v. App. col. 185.

38. De reddendo voto ad Armentarium et Pauli-
    nam. fol. 291 b.
    Ibid. tom. ii. col. 373.

39. De bono virginali. fol. 292.
    Ibid. tom. vi. col. 341.

40. De perjurio sermo. fol. 297.
    Ibid. tom. v. col. 859.

41. De spiritu et anima. fol. 298 b.
    Ibid. tom. vi. App. col. 35.

42. De octo quæstionibus ad Dulcitium. fol. 302 b.
    Ibid. tom. vi. col. 121.

43. Ad Inquisitiones Januarii. fol. 305 b.
    Ibid. tom. ii. col. 123.

44. De gratia Novi Testamenti ad Honoratum.
    fol. 309 b.
    Ibid. tom. ii. col. 422.

45. De bono conjugali. fol. 316.
    Ibid. tom. vi. col. 319.

46. De nuptiis et concupiscentia ad Valerium.
    fol. 319 b.
    Ibid. tom. x. col. 279.

47. Ypognosticon liber, contra Pelagianos et Cœ-
    lestinos. fol. ~~390 b.~~   324 b.
    Ibid. tom. vi. App. col. 6.

48. Enchiridion. fol. 330 b.
    Ibid. tom. vi. col. 195.

49. De decem chordis. fol. 338 b.
    Cf. ibid. tom. v. col. 48.

50. Orationis de quinque hæresibus fragmentum,
    scilicet ad medium capitis quarti. fol. 340 b.
    Ibid. tom. viii. App. col. 1.

51. Contra adversarium legis et prophetarum.
    fol. 342.
    Ibid. tom. viii. col. 549.

52. De jejunio sabbati ad Casulanum. fol. 346 b.
    Ibid. tom. ii. col. 68.

53. De præsentia Dei ad Dardanum. fol. 347.
    Ibid. tom. ii. col. 678.
54. De divinatione dæmonum. fol. 349 b.
    Ibid. tom. vi. col. 505.
55. De moribus ecclesiæ. fol. 351.
    Ibid. tom. i. col. 587.
    In calce, " Explicit liber Sancti Augustini
    de moribus ecclesie catholice."
56. De humilitate et obedientia. fol. 357.
    Ibid. tom. vi. App. col. 298.
57. De assumptione B. Virginis Mariæ. fol. 357.
    Ibid. tom. vi. App. col. 250, D. 3.
58. De unico baptismo. fol. 358.
    Ibid. tom. ix. col. 527.
59. Regula S. Augustini. fol. 360 b.
    Ibid. tom. i. col. 789.
60. De gaudiis electorum et pœnis reproborum.
    fol. 362.
    Ibid. tom. vi. App. col. 159.
61. De honestate mulierum. fol. 362 b.
    Ibid. tom. v. App. col. 488.
62. De visitatione infirmorum libri duo. fol. 363.
    Ibid. tom. vi. App. col. 253.
63. De animæ immortalitate in septem capitulis.
    fol. 365.
    Incip. " Deum nostrum qui nos vocavit in
    regnum suum quem gloriavi et rogavi, quem
    rogo ut hoc quod ad te scribo."
64. Guigonis prioris Carthusiani ad Durbones
    fratres super epistolas S. Hieronymi; imperf.
    fol. 366 b.
    Exstat impress. inter Mabillon. Analecta,
    tom. i. p. 331.

II.

Codex membranaceus, in folio majori, ff. 288,
sec. xiv. ineuntis, binis columnis exaratus;
olim Johannis Tailour, sacre theologie professoris.

S. Augustini, episcopi Hipponensis, Homiliarum
liber in S. Johannis Evangelium, prævia capitulorum tabula

Exstat impress. inter opera, tom. iii. part. ii.
col. 289.

In calce, " Aurelii Augustini doctoris omeliarum liber in evangelium domini nostri
Jhesu Christi secundum Johannem explicit,
quas ipse colloquendo prius ad populum habuit et inter loquendum a notariis exceptas,
eo quo habite sint ordine, verbum ex verbo
postea dictavit ; Deo gratias."

Præmittitur codici notitia sequens, " Librum
istum dedit collegio bone memorie venerabilis
pater magister Johannes Taylour, nuper sacre
theologie professor doctissimus, ad communem
utilitatem in hac bibliotheca studentium ; et
continet Omelias beati Augustini super Johannem. Oremus igitur omnes pro eo ut a
peccatis solvatur—"

III.

Codex membranaceus, in folio majori, ff. 221,
sec. xv. ineuntis.

S. Augustini, episcopi Hipponensis, opera varia ;
scilicet,

1. Epistolæ ad diversos, numero centum triginta
   octo, prævia tabula. fol. 6.
   Ep. i. Volusiano inscribitur et exstat impress. in edit. Benedict. tom. ii. col. 395, ep.
   cxxxii.; Ult. est ad Probam de orando
   Deo, et exstat ibid. tom. ii. col. 382, ep.
   cxxx.
   Consentiunt fere ad epistolam cum istis a
   Bandinio in Catal. Codd. Laurent. memoratis, tom. i. col. 1, 1.—cxliii.
2. Sermo ad populum excusatorius, pro clericis.
   fol. 177 b.
   Exstat ibid. tom. v. col. 1384.
3. Sermo de vita et moribus clericorum. f. 179 b.
   Ibid. tom. v. col. 1379.
4. Liber contra quinque hæreses. fol. 181.
   Ibid. tom. viii. App. col. 1.
5. Contra adversarium legis et prophetarum libri duo. fol. 187.
   Ibid. tom. viii. col. 549.
6. De Christianorum disciplina liber. fol. 207.
   Ibid. tom. vi. col. 581.
7. Epistola ad Paulinam de videndo Deo. f. 210.
   Ibid. tom. ii. col. 473, ep. cxlvii.
   In calce, " Explicit liber epistolarum beati
   Augustini episcopi."
   In initio et fine inseruit bibliopegus mem-
   branas octo, sec. xiv., fragmentum habentes
   libb. viii. et ix. Codicis Justiniani.

IV.

Codex membranaceus, in folio majori, ff. 125, sec. xii. exeuntis, binis columnis bene exaratus; "liber domus scolarium de Merton in Oxon. ex dono magistri Walteri Rammesbury inceptoris theologie, precentoris in ecclesia Herefordensi, ac quondam prefate domus consocii; Oretis igitur, etc."

Origenis Adamantii opuscula; scilicet,

1. Homiliæ viginti sex in librum Josuæ, cum Ruffini procemio. fol. 1.

>Tit. "Incipit proemium expositionis Origenis in Jhesum Naue; Ieronimus."
>Exstant impress. inter opera, Paris. 1733, tom. ii. p. 396.

2. Homiliæ octo in librum Judicum. fol. 33.

>Tit. "Incipit expositio Origenis in librum Judicum."
>Exstant ibid. tom. ii. p. 458.

3. Homilia prima in librum regnorum. fol. 42 b.

>Tit. "Incipit nona in regnorum de Belchana et Fenenna et Anna et Samuel, et Heli et Ofri et Finees."
>Ibid. tom. ii. p. 481.

4. Homiliæ ix. in Isaiam prophetam. fol. 47 b.

>Ibid. tom. iii. p. 106.
>Longior est homilia nona in codice quam in edit. impress. nam post verba 'poterimus intelligere,' sic continuatur, "Conversi sunt ad iniquitates quorum non ait simpliciter," et desin. "et efficeris filius Dei in Christo Jhesu, cui est gloria," etc.

5. Homiliæ quatuordecim in Hieremiam prophetam, secundum Hieronymum. fol. 58.

>Tit. "Incipit expositio Origenis in Jeremiam."
>Ibid. vario ordine, tom. iii. p. 125.

6. Homiliæ xiv. in Ezechielem prophetam, cum prologo. fol. 85.

>Tit. "Incipit prologus in expositionem Origenis super Ezechielem."
>Ibid. tom. iii. p. 353.

7. Tractatus duo in Cantica Canticorum, prævia S. Hieronymi epistola ad Damasum papam. fol. 11.

>Ibid. tom. iii. p. 11.
>In calce, "Explicit Omelia ii. Origenis in Cantica Canticorum."

V.

Codex membranaceus, in folio majori, ff. 114. sec. xii. exeuntis, binis columnis bene exaratus; "ex dono magistri Walteri Rammesbury," ut supra; in calce mutilus.

Origenis Adamantii, opera varia; scilicet,

1. Homiliæ septendecim in Genesim. fol. 1.

>Tit. "Incipit tractatus Origenis in vetus Testamentum."
>Exstant inter opera, 1733, tom. ii. p. 52.

2. Homiliæ tredecim in Exodum. fol. 35 b.

>Ibid. tom. ii. p. 129.

3. Homiliæ sedecim in Leviticum, cum prologo. fol. 65.

>Tit. "Incipit proemium in expositione Origenis super Leviticum."
>Ibid. tom. iii. p. 184.
>Deficit homilia ultima prope ad finem, in verbis, "ille qui nos in Captivitatem"—

VI.

Membranaceus, in folio, ff. 278, sec. xv. ineuntis, binis columnis exaratus; "Merton. coll. ex dono magistri Henrici Lever, sacre pagine professoris ac custodis ejusdem, incathenatus ad communem usum sociorum in libraria studere volencium, A. D. m.cccc.lxvi."

S. Augustini Homiliæ in tres partes distinctæ; scilicet,

1. Homiliæ quinquaginta octo. fol. 5.

>Tit. i. "De Cantico novo."
>Incip. "Omnis qui baptismum Christi desiderat;" ut inter opera tom. vi. col. 590.
>Tit. ult. "De verbis ps. cxviii. Bonitatem et disciplinam et scientiam doce me;" Incip. "Inter cetera quibus beatus David;" ut ibid. tom. v. app. col. 101.
>In calce, "Explicit pars prima Amen."
>Eundem fere ordinem habet ac istum a Bandinio memoratum, tom. i. col. 18.

2. Homiliæ triginta novem. fol. 113 b.

>Tit. i. "Augustini de simbolo, secunde partis prima."
>Incip. "Sacrosancti misterii simbolum," ibid. tom. v. col. 949.
>Tit. ult. De S. Johanne Evangelista; incip. "Gaudemus fratres karissimi copiosum."
>Cf. Bandin. tom. i. col. 21.

3. Homiliæ centum triginta quatuor. fol. 168.

Tit. i. " Sermo Augustini de secundo adventu Domini."

Incip. " Diem novissimum scimus venturum, utiliter autem scimus venturum."

Ult. est, de consonantia SS. Matthæi et Lucæ in generationibus Domini; incip. " Expectationem vestram et vestre caritatis;" ibid. tom. v. col. 282.

In calce, " Explicit tertia pars sermonum Aurelii Augustini."

Post secundam homiliam inserta est tabula materiarum alphabetica; et in calce tabula homiliarum omnium.

Præmittitur Psalterii fragmentum ex codice quodam ecclesiastico evulsum.

VII.

Codex membranaceus, in folio, ff. 370, sec. xiii. exeuntis, binis columnis nitide exaratus; ex dono Joh. Warkeworth, socii coll. Merton. et postea magistri coll. S. Petri Cantabrig.

Biblia Sacra Universa, ex versione vulgata, S. Hieronymi prologis glossulisque marginalibus hic illic instructa.

In calce est tetrastichon sequens,
" Hec est, o lector, nostri pars prima laboris,
Cetera Scripture fortassis erunt melioris;
Me de corde bono summo committe patrono,
Ut jungar Christo jam corpore liber ab isto."

Sequitur Interpretatio nominum Hebraicorum secundum Remigium Autissiodorensem.

Præmittitur codici notitia, " Liber collegii de Mertona in Oxon. ex dono magistri Johannis Warkeworth, nuper socii ejusdem collegii, et postea erat magister collegii Sancti Petri in Cantabrigia, sub pena anathematis nullatenus alienandus."

VIII.

Membranaceus, in folio, ff. 192, sec. xiii. exeuntis, nitide exaratus; ex dono Willelmi Reed, episcopi Cicestrensis.

Petri de Riga liber qui dicitur Aurora, paraphrasis scilicet librorum fere omnium SS. Scripturarum, una cum recapitulatione utriusque Testamenti, carmine præcipue elegiaco, partim hexametro eoque rhythmico, cum prologis tribus.

Tit. " Incipit prologus super Auroram."
Incip. prol. i. " Omnis scriptura divinitus."
Incip. prol. ii. " Accedat igitur parvulus."
Incip. prol. iii. " Frequens sodalium meorum."
Exstant impress., a Leysero in lucem dati, in Histor. Poes. Med. Ævi, p. 692, seqq., qui edidit etiam Recapitulationem utriusque Testamenti supra memoratam.

Incip. opus,
" Inicium mundi quales ab origine prima
Traxit ab artificis conditione vices."
Codex noster opus habet distinctum, ut sequitur,

a. Testamentum vetus, ordine sequenti, Genesis ad Regum librum iv. inclusive, Tobias, Daniel, Susannæ historia, Bel et Draconis, Judith, Hester, Maccabæorum. fol. 8.
In calce, " Explicit Vetus Testamentum."

b. Testamentum Novum. fol. 114.
Incip.
" Post legem veterem respira, Petre, refulget
Lux nova, fac versus de novitate novos."

c. Recapitulationes utriusque Testamenti per xxii. distinctiones, [ut apud Leyserum.] fol. 148.

d. Actus Apostolorum. fol. 153 b.
Incip.
" Tyberii nono decimo regnantis in anno."
Sequitur " Misterium de agno paschali; quæ quidem editor transierat, corrector apposuit;" incip.
" Ut legis Egyptum Dominus percussit et ejus."

e. Cantica Canticorum, prævio prologo. fol. 172.
Tit. " Incipit Omelia prima Origenis in Canticis Canticorum."
Incip.
" Solus Origenes cum doctos vicerit omnes."

f. Liber Job, cum prologis. fol. 181.
Incip. prol. i.
" Ex libri Moysi, Josue, Paralipomenon, Job."
Incip. lib.
" Nonne Job vir erat simplex et juris amator."
Sunt in initio codicis septem et in calce tria folia, quæ habent loca varia, ad opus supradictum pertinentia, scribæ forsan incuria a textu omissa, vel e codice altero postea suppleta.

Præmittuntur notitiæ sequentes,

a. " Liber M. Willelmi Reed, archidiaconi Roffensis, ex dono reverendi domini sui M.
Nicholai de Sandwico; Oretis igitur pro
utroque."

b. " Liber domus scolarium de Merton in Oxon.
in communi libraria ejusdem et ad usum
communem sociorum ibidem studencium
cathenandus, ex dono venerabilis patris
domini Willelmi, episcopi Cicestrie, Oretis
igitur pro eodem et benefactoribus ejusdem
ac fidelium animabus a purgatorio liberandis."

IX.

Codex membranaceus, in folio, ff. 152, sec.
xiii. exeuntis, binis columnis nitide exaratus; " ex dono Ricardi Fitz-James, nuper
Cicestrensis episcopi et custodis istius collegii."

Origenis Adamantii opera varia; scilicet,

1. In Josuam homiliæ ix.—xxvi. inclusive. fol. 2.
Exstant impress. inter opera, ed. Paris.
1733, tom. ii. p. 418.

2. In librum Judicum homiliæ novem. fol. 30.
Ibid. tom. ii. p. 458.

3. Homilia prima in librum Regnorum. fol. 43 b.
Ibid. tom. ii. p. 481.

4. Homiliæ duæ in Canticum Canticorum. f. 50 b.
Ibid. tom. iii. p. 12.

5. In Isaiam prophetam homiliæ novem. f. 59 b.
Ibid. tom. iii. p. 106.
Longior est homilia ultima in codice quam
in edit. impress. ut supra notavimus, in
cod. iv. art. 5.

6. In Jeremiam homiliæ quatuordecim, interprete Hieronymo. fol. 74 b.
Ibid., sed ordine mutato pluribusque additis, tom. iii. p. 125.

7. In Ezechielem homiliæ quatuordecim, prævio
S. Hieronymi prologo. fol. 112.
Ibid. tom. iii. p. 353.

Præmittuntur notitiæ sequentes,

a. " Liber magistri Ricardi Fytz James sacre
theologie professoris, quem emit 12 die
Novembris anno Christi 1482, precii
x. s."

b. " Origenes super Josuen ex dono domini Ricardi Fitz James, nuper Cicestrensis episcopi et custodis istius collegii, cujus anime
propicietur Deus; Amen."

X.

Codex membranaceus, in folio, ff. 226, sec.
xiv.; binis columnis exaratus.

1. Roberti Grostete, episcopi Lincolniensis,
dictorum liber theologicorum in capitula
cxlvii. distinctus, cum duabus tabulis annexis. fol. 2.
Incip. " Amor multipliciter dici videtur,
consuevimus enim dicere amatorem pecunie
qui multum desiderat."
Desin. " in patientia per adversitates sanat, et cariorem reddit haustus aque cognicionis justicie et misericordie."
In calce, " Expliciunt dicta Roberti Lincolniensis episcopi."
Sequitur auctoris notitia, " In hoc libello
sunt capitula 147, quorum quedam sunt
brevia verba, que, [dum] in scolis morabar,
scripsi breviter et composito sermone ad
memoriam; nec sunt de una materia nec
ad invicem continuata : quorum titulos po-
sui, ut facilius quod vellet lector possit
invenire; spondentque plerumque plus aliquo tituli, quam solvant capitula lectori.
Quedam vero sermones sunt, quos eodem
tempore ad clerum vel populum feci."
In calce tabulæ est versus iste,
" Ecce libri finis . constat hic cernere si vis."

2. S. Johannis Chrysostomi in S. Matthæi evangelium opus imperfectum, homiliis quinquaginta septem comprehensum; prævia tabula
alphabetica. fol. 85.
Exstat impressum in Chrysostomi operum editionibus variis Latinis et Græco-
Latinis.
In calce, " Explicit opus imperfectum
beati Johannis Crisostomi super Matheum."

3. S. Gregorii Magni Homiliæ quadraginta de
diversis lectionibus Evangelii, cum tabula
alphabetica annexa. fol. 175.
Exstant impress. inter opera, ed. Benedict.
tom. i. col. 1434.

XI.

Codex membranaceus, in folio, ff. 137, sec. xiv., binis columnis exaratus; ex dono Johannis Turk, quondam coll. Mert. socii.

S. Johannis Chrysostomi in S. Matthæi Evangelium opus imperfectum, quinquaginta septem homiliis comprehensum.

Exstant impress. in operum Chrysostomi editionibus variis.

Præmittitur notitia, " Liber domus scolarium aule de Mertone, quem dedit collegio scolarium predictorum Johannes Turk, quondam socius aule predicte, incathenandus in communi libraria ejusdem collegii."

XII.

Membranaceus, in folio, ff. 283, sec. xiv. ineuntis; binis columnis Willelmi Romsey sumptibus exaratus.

1. Petri Aureoli, theologi Parisiensis, Breviarium Bibliorum, sive Compendium S. Scripturæ juxta sensum literalem. ff. 2—7 b, 21 —78.

Tit. " Incipit compendium literalis sensus tocius divine scripture editum a fratre P. Aureoli, ordinis fratrum minorum, et ponitur primo commendacio sacre scripture in generali."

Exstat impress. Paris. 1508, et alibi.

In calce, " Explicit compendium literalis sensus tocius divine scripture editum a fratre Petro Aureoli, ordinis fratrum minorum."

2. S. Augustini, ep. Hipponensis, sermo in istud Stude sapientia. fol. 8.

Incip. " Omnem hominem primo generaliter."

3. Ejusdem sermones sex ad fratres habitantes in eremo. fol. 14 b.

Incip. i. " Scriptum est fratres karissimi quod Moyses posuit," ut ibid. tom. vi. App. col. 345.

In calce, " Expliciunt sermones ad fratres habitantes in heremo per beatum Augustinum editi."

4. Ejusdem sermo de utilitate Psalmorum. f. 18 b.

Incip. " Quam grata sit et acceptabilis Deo psalmorum devotio, dicamus quod nobis Deus donare dignatus est."

In calce, " Explicit sermo beati Augustini valde devotus de utilitate psalmorum."

5. Repertorium Bibliæ, ordine alphabetico cum prologo. fol. 78 b.

Incip. prol. " Licet nonnulli cuncta vocabula biblie."

Incip. opus, " Abba secundum Papiam Syrum nomen est."

6. Tabula contentorum in S. Chrysostomi homiliis 57 in S. Matthæum, sive opere imperfecto, prævio ordine homiliarum. fol. 133 b.

Incip. tab. " Adversitas; Utilitas adversitatum temporalium."

7. Gulielmi Nortoni, Ord. Min., index alphabeticus in Nicolai de Lyra scholia ad Vetus et Novum Testamentum, prævia tabula Lyrani quæstionum. fol. 167 b.

Incip. " Abacuck prophetavit destruccionem Caldeorum ad consolationem duarum tribuum, quibus ipsi inimici."

In calce, " Explicit tabula super doctorem de Lyra compilata per fratrem Willelmum Norton de sacro ordine fratrum minorum in conventu Coventrensi, anno Domini millesimo ccccº tercio."

8. Expositio literalis Psalterii juxta sententias authenticas SS. Hieronymi, Augustini diversorumque, cum prologo epilogoque. fol. 265 b.

Incip. prol. " Ad consolacionem fidelium, eorum maxime."

Incip. opus, " Ad primum psalmum igitur accedendo notandum est."

Desin. " qua fuit purificatus ex sanguinis aspersione."

Incip. epil. "Completa est autem exposicio literalis psalterii secundum sentencias diversorum et glosas autenticas Hebreorum, ut in Scripturis in Latinum translatis inveni, quia fateor me Hebreum nescire."

XIII.

Codex membranaceus, in folio minori, ff. 239, secc. xiv. exeuntis et xv.; binis columnis exaratus.

1. Quæstionum de pignoribus, etc. fragmentum. fol. 1.

In marg. fol. 2. superiori scripta est notitia de acræ mensura et denarii pondere Anglicani.

2. Sermones decem de diversis. fol. 3.

    Incip. i. in istud ' Qui mihi ministrat,' etc.
"In his verbis notantur duo."

    Notavit manus aliquantum recentior in fol.
10 de Will. Ingram de Stapiltone non apparente coram Justiciariis ad respondendum, quare vi et armis pratum Symonis Attenoke depastus erat et conculcavit, etc.

3. S. Augustini vita, auctore anonymo; imperf. fol. 14.

    Tit. "Incipit vita Sancti Augustini magni doctoris et episcopi Yponensis instructoris canonicorum."

    Incip. "Beatum Augustinum magnum fuisse doctorem catholicum."

    Desin. in verbis, "ideo mihi catholicam viam tenendam."

4. Thomæ Ismaelitæ de Christi infantia et miraculis liber; initio mutil. fol. 24.

    Desin. "De nomine collectoris et auctoris libri. Ego autem Thomas Ysmaelita semper peccator, servus autem justorum et omnium in Christo credencium hec collegi de dispersis scriptis et miraculis per loca, que nullatenus voluit Deus abscondi nec a memoria hominum detegi ; etc."

    In calce, "Explicit liber de infancia Salvatoris Domini nostri Jhesu Christi cum miraculis maximis."

5. S. Anselmi liber qui dicitur Elucidarius. fol. 30.

    Tit. "Incipit liber Elucidarius beati Anselmi doctoris."

    Exstat impress. inter opera, Paris. 1721, p. 457.

6. Secundi philosophi responsiones ad Hadriani quæstiunculas. fol. 39.

    Tit. "Liber Secundi philosophi, quem scripsit Adriano Romanorum imperatori deposcenti ipsum."

7. Rhythmi parænetici ad regem Henricum. f. 40.

    Incip.

"Pax Henrico . Dei amico.

Decet regem . discere legem."

8. Tabula de utilitate orationis dominicæ, in qua breviter tractatur de septem petitionibus ejus. fol. 40 b.

    Incip. "Pater noster, etc. Prima peticio."

9. S. Anselmi meditatio. fol. 48.

    Incip. "Terret me vita mea;" ut inter opera, p. 207.

10. S. Pauli verba ad Neronem. fol. 48 b.

11. Dicta SS. Ambrosii, Bedæ, Augustini, Bernardi et Petri Blesensis de Eucharistia. fol. 48 b.

    Tit. i. "Hec est oracio beati Ambrosii archiepiscopi ad sacerdotes circa Eucharistiam."

12. Narratio de apparitione spiritus Guidonis de Corvo in civitate Alosti, an. 1324. fol. 49.

    Tit. "Incipit liber alloquiorum de Spiritus Gwydonis."

    Incip. "Augustinus de fide ad Petrum libro dicit, Miraculum quicquid arduum."

    Desin. "complevit in purgatorio communi."

13. Liber et historia "Metodii, episcopi Patriensis vel Paterensis ecclesie, et martyris Christi, quem de Hebreo et Greco sermone in Latinum beatus Jeronimus transferre curavit ; hic est de principio seculi, de regnis gencium et de fine seculorum, quem illustris vir beatus Jeronimus doctor suis opusculis plane collaudavit." fol. 51 b.

    Incip. "Sciendum est nobis, fratres carissimi, quomodo in principio creavit."

14. S. Augustini epistola ad beatum Cyrillum, Hierosolimitanum episcopum ' de apparitione beati Jeronimi doctoris et presbiteri Cardinalis.' fol. 53.

    Exstat impress. in edit. Vallars. tom. xi. col. 325.

15. Epistola S. Cyrilli ad Augustinum de S. Hieronymi miraculis. fol. 55 b.

    Ibid. tom. xi. col. 332.

    In calce, "Expliciunt epistole sive libri Sanctorum Augustini et Cirilli episcoporum de apparicionibus et miraculis beati Jeronimi."

16. Bernardi, abbatis Clarevallensis, [potius Sylvestris,] epistola ad quendam militem, nomine Raymundum dominum Castri Ambrosii, de re familiari utilius gubernanda." fol. 61 b.

    Exstat in editt. Vett. Opp. S. Bernardi, Clarævallensis.

17. Epistola "Domini nostri JESU CHRISTI de interdictione omnium malorum et de observatione omnium bonorum, quam angelus Domini digito suo scripsit et in manu Petri Antioch. episcopi tradidit." fol. 62 b.

    Incip. "Ego angelus et nuncius Domini Salvatoris mando et remando."

    Cf. Fabric. Cod. Apocr. Nov. Test.

18. Versus in epitaphio apud S. Paulum. fol. 63 b.
Incip.
"Vermibus hic donor et sic intendere conor."

19. Revelatio S. Pauli hiis tribus diebus quando conversus et vocatus a Christo cecidit in terra nihil videns. fol. 63 b.
Incip. "Dies dominicus, dies electus, in quo gaudent angeli."

20. Gulielmi Aquitanici, [sive Bonaventuræ,] liber qui dicitur Diæta Salutis, cum proœmio. f. 65.
Exstat impress. inter Bonaventuræ opera, tom. vi. p. 286.
In calce, Tabula alphabetica, et deinde, "Explicit liber qui dicitur dieta salutis; 1428."

21. Revelationes, quas vidit Albertus archiepiscopus Coloniensis, dum missam celebraret. f. 100.

22. Narratio de S. Thoma apostolo. fol. 100 b.
Incip. "Sanctus Thomas apostolus, qui dicitur Didymus, quiescit corporaliter."

23. Orosii ad Augustinum Quæstiones LXV. cum responsis. fol. 101.
Tit. "Incipit liber 65 questionum propositarum ab Orosio doctore et a beato Augustino doctore Yponensi episcopo expositarum."
Exstant inter opera S. Augustini ed. Benedict. tom. vi. App. col. 7.

24. Sententiæ et responsiones ex libris beati Augustini excerptæ adversus Manichæos et quæstiones eorum. fol. 108.
Incip. "Quare fecit Deus hominem, quem peccaturum sciebat ? Quia de peccatore multa bona facere."

25. S. Prosperi responsiones contra Impugnatores libellus, cum præfatione. fol. 112 b.
Incip. "Doctrinam quam Sancte memorie Augustinus episcopus."

26. S. Augustini libellus de confutatione Judæorum. fol. 115 b.
Incip. "Vos inquam convenio, o Judei, qui usque in hodiernum."
In calce, Versus Sibyllæ sapientis de Christo judice, [ex Augustini lib. xviii. de Civ. Dei.] fol. 116 b.
Incip.
"Judicii signum tellus sudore madescat."
Exstant inter fragment. Orac. Sibyl. ed.

Obsopæo, p. 65, in notis; et inter Augustin. Opp. tom. vii. col. 505.

27. Ejusdem de conflictu virtutum et vitiorum libellus. fol. 117.
Incip. "Videamus quemadmodum castra Dei et Inferni," ut ibid. tom. vi. App. col. 219, C. 12.

28. Ejusdem sermo de pœnitentia, confessione et indulgentia. fol. 119 b.
Ibid. tom. v. col. 1506.

29. Hugonis de S. Victore liber de instructione novitiorum cum prologo, et capitulorum, numero xxviii., tabula. fol. 121.
Exstat inter opera, Venet. 1588, tom. ii. fol. 15 b.
Occurrit in MS. prologus, incip. "Non preter solitum facere quosdam," qui in edito non invenitur.

30. Ejusdem liber de modo orandi. fol. 128 b.
Ibid. tom. ii. fol. 110.

31. Ejusdem sermo in istud, 'Ibo mihi ad montem myrrhæ.' fol. 131 b.
Incip. "Sponsus quidam hic loquitur;" ut ibid. tom. ii. fol. 113.

32. Ejusdem de meditatione, quomodo disponetur animus deprecantis ad Deum. fol. 133 b.
Incip. "Meditacio est frequens cogitacio;" ibid. tom. ii. fol. 130 b.

33. Ejusdem tractatulus de refectione verbi Dei. fol. 134 b.
Incip. "In refeccione duo sunt potus et cibus."

34. Ejusdem de quinque septenis. fol. 134 b.
Incip. "Quinque septena, frater, in sacra scriptura inveni."

35. Ejusdem de oblivione præteritorum malorum et memoria. fol. 136.
Incip. "Insipientem doctus interrogas."

36. Ejusdem de judicio faciendo. fol. 136 b.
Incip. "Quid retribuam Domino."

37. Ejusdem de substantia dilectionis. fol. 137.
Incip. "Cotidianum de dilectione."

38. Excerptum ex libro ejusdem de archa Noæ, etc. fol. 138.
Incip. "Tribus modis per contemplacionem."

39. Ejusdem liber de arrha animæ. fol. 139 b.
Inter opera, tom. ii. fol. 104.

C

40. Ejusdem liber de laude caritatis, cum præfatione. fol. 144.
    Ibid. tom. ii. fol. 108 b.

41. Ejusdem libellus de virginitate et matrimonio Beatæ Mariæ, cum prologo. fol. 146.
    Incip. " Quæ est ista, quæ."

42. Ejusdem dialogus inter rationem et animam de creatione mundi; libris duobus. fol. 151 b.
    Ibid. tom. ii. fol. 121 b.

43. Ejusdem dicta et approbationes super sententias beati Athanasii, Alexandrini episcopi. fol. 162 b.
    Incip. "Veritatis propugnaculi turris Athanasius."

44. Miraculum de sacramento altaris apud Mantuam, cum prologo per H. Karoli Loci monachum attestatum. fol. 169.

45. Miraculum aliud de eodem per Phegum, sacerdotem quondam comprobatum. fol. 169 b.

46. S. Gregorii magni homilia de Divite et Lazaro. fol. 170 b.
    Incip. " Nonnulli putant precepta veterum."
    In calce, Anecdota duo, a. De quodam presbytero qui semper cantabat missam de requie eterna; b. De muliere quadam anno 1421 Judæo servienti.

47. S. Maximi Confessoris de observatione Quadragesimæ tres, aliorumque scil. Hieronymi, Bedæ et Origenis, quatuor sermones. fol. 170 b.
    Incip. i. " Ante dies devocionum sancte quadragesime predicantes."

48. Anecdota de SS. Bonifacio, et Thecla virgine. fol. 176.
    Incip. " Temporibus Diocletiani impiissimi imperatoris erat quedam mulier."

49. Excerpta libri beati Augustini de fide Christiana; et regulæ theologicæ. fol. 176 b.
    Incip. " Aliud est nosse regulas connexionum, aliud sentenciarum veritatem."

50. Evangelium Nazareorum, secundum Nicodemum. fol. 181.
    Incip. " Factum est in anno decimo nono imperii Tyberii Cesaris Romanorum."
    Cf. Fabric. Cod. Apocr. Nov. Test. vol. i. p. 238.
    In calce, " Explicit evangelium Nichodemi, quod dicitur Evangelium Nazareorum."

51. Interlocutio S. Anselmi, archiep. Cantuar., ad beatam virginem Mariam de passione Filii sui Domini nostri Jhesu Christi, quomodo factum est Jherusalem. fol. 186.
    Incip. " Sanctus Anselmus, Cantuariensis archiepiscopus, doctor theologie eximius vita et moribus preclarus."

52. Vado Mori, sive Carmen elegiacum de morte. fol. 190.
    Incip.
    " Ad mortem tendo morti mea carmina pendo."

53. Versus leonini de tribus regibus Coloniæ quiescentibus. fol. 190 b.
    Incip.
    " Hi tres reges sunt Indorum,
      Diversorum sed regnorum,
      Saba, Tharsis, Arabum."

———

54. S. Augustini sermones octo in Orationem Dominicam. fol. 191.
    Incip. " Sublevatis; Poterat Dominus."
    In calce, " Finita est Salvatoris oratio; Amen."

55. Liber conscientiæ vel confessionis beati Bernardi abbatis. fol. 201 b.
    Incip. " Conscientia, in qua est anima perpetua."
    In calce, " Explicit liber conscientia vel confessionis beati Bernardi abbatis."

56. Sermones, numero circa viginti duo, de diversis. fol. 205 b.
    Incip. i. " Convertimini ad me; etc. Et nota quod quatuor requiruntur ad hoc quod peccator."

57. Clementis Papæ V. Constitutiones, sive Clementinarum liber; imperf. fol. 223 b.
    Præcedit tabula capitulorum.
    In calce, manu recentiori, Index contentorum in libro; et in fol. 239 et ult. verso, " Liber domus scolarium de Merton in Oxon. ut incathenetur in libraria ejusdem ex dono magistri Henrici Sever, sacre theologie professoris; Oretis igitur pro eo."

XIV.

Codex membranaceus, in folio, ff. 330, sec. xiv., binis columnis nitide exaratus; olim Willelmi Burnel.

1. S. Hieronymi contra Jovinianum libri duo. fol. 3.

Tit. " Incipit liber beati Jeronimi contra Jovinianum."
Exstant impress. inter opera, edit. Vallars. tom. ii. col. 237.

2. S. Augustini de symbolo sermones quatuor. fol. 18 b.
Exstant inter opera, tom. viii. App. col. ii.

3. Ejusdem sermo de Cantico novo. fol. 26.
Incip. " Omnis qui baptismum."

4. Ejusdem de nuptiis et concupiscentia ad Valerium libri duo. fol. 27 b.
Ibid. tom. x. part. i. col. 277.

5. Ejusdem de pœnitentia libellus. fol. 36.
Ibid. tom. v. col. 1350.

6. Ejusdem sermo de pastoribus. fol. 39.
Ibid. tom. v. col. 225.

7. Ejusdem sermo de ovibus. fol. 42 b.
Ibid. tom. v. col. 248.

8. Ejusdem de baptismo contra Donatistas libri septem. fol. 46.
Ibid. tom. ix. col. 79.

9. Ejusdem de baptismo parvulorum ad Marcellinum libri tres. fol. 66 b.
Ibid. tom. x. part. i. col. 1.

10. Ejusdem contra Academicos libri tres. f. 78 b.
Ibid. tom. i. col. 250.
In calce, Sermo ejusdem de symbolo, incip. " Sacrosancti misterii."

11. Ejusdem contra epistolam Parmeniani libri tres. fol. 88.
Ibid. tom. ix. col. 11.

12. Ejusdem sermo de utilitate Psalmorum. f. 99.
Incip. " Quam gratasit et acceptabilis."

13. Sermo S. Basilii de eo, ' Attende tibi ne forte fiat in corde tuo sermo occultus. fol. 100.
Incip. " Sermonis usum Deus nobis, qui nos creavit."

14. SS. Augustini et Hieronymi epistolæ decem mutuæ. fol. 101 b.
Prima est in istud, Qui totam legem observaverit, etc. in edit. cit. tom. i. ep. cxxxii.

15. S. Augustini sermones viginti octo, de excidio urbis, S. Vincentio, Fide, Adventu Domini, etc. fol. 111.
Incip. i. " Intueamur primam lectionem S. Danielis."

16. S. Chrysostomi sermones quatuor, scilicet,

a. Quod nemo læditur nisi a seipso, interprete forsan Ambrosio Camaldulensi. fol. 126 b.
Incip. " Scio quod crassioribus."

b. Cum de ejus expulsione ageretur. fol. 130.
Incip. " Multi quidem fluctus."

c. Post exilii prioris reditum. fol. 130 b.
Incip. " Quid dicam, quid loquar."

d. Quando de Asia regressus est Constantinopolim. fol. 131.
Incip. " Moyses magnus ille Dei."

17. S. Hieronymi liber de interpretatione nominum Hebraicorum, cum prologo. fol. 131 b.
Inter opera, tom. iii. col. 1.

18. Ejusdem Epistolæ ad diversos numero centum novem. fol. 138.
Tit. i. " Epistola Ieronimi Pammachio de optimo genere interpretandi," et est in edit. Vallars. tom. i. ep. lvii.
Ult. inscribitur ad eundem Pammachium " de morte Paulinæ ;" in edit. cit. tom. i. ep. lxvi.
Insertus est ad fol. 182 b, " Sermo Ieronimi de assumptione Sancte Marie sacris consecratus virginibus ;" incip. " Quotiescumque dilectissime."

19. Origenis Sermones duo de Cantico Canticorum a S. Hieronymo *Latine* versi, prævia traductoris præfatione. fol. 235.
Inter S. Hieronymi opera, tom. iii. col. 499.

20. S. Augustini ad Simplicianum libri duo, prævia epistola. fol. 239.
Exstat inter opera, tom. vi. col. 81.

21. Ejusdem libellus contra Judæos. fol. 246.
Ibid. tom. viii. col. 29.

22. Ejusdem ad Orosium de Priscianistis et Origenis errore. fol. 247 b.
Ibid. tom. viii. col. 611.

23. Ejusdem contra Felicem Manichæum libri duo. fol. 249.
Ibid. tom. viii. col. 471.

24. Ejusdem contra Pelagium et Cælestinum de gratia et peccato originali libri duo. fol. 254.
Ibid. tom. x. part. i. col. 229.

25. Ejusdem Annotationum liber in Job. f. 261 b.
Ibid. tom. iii. part. ii. col. 625.

26. Ejusdem in S. Johannis evangelium homiliæ centum viginti quatuor, cum tabula annexa. fol. 273.

Tit. " Aurelii Augustini doctoris eximii omelie in expositionem evangelii secundum Johannem, quas colloquendo prius ipse ad populum habuit et inter loquendum a notariis exceptas, eo quo habite sunt ordine, verbum ex verbo postea dictavit."

Ibid. tom. iii. part. ii. fol. 289.

27. Anonymi cujusdam in Aristotelis Ethica ad Nicomachum glossæ. fol. 321.

Incip. " Politica dicitur a polis, que est civitas."

28. Glossulæ super titulos Ethicorum. fol. 326.

Tit. " Tituli libri primi Ethice Aristotelis secundum A."

Incip. " Omnis ars et omnis doctrina, etc. Primum capitulum de eo quod est aliquis finis."

In fol. 330 et ult. verso sequuntur, a. Tabula contentorum codicis. b. " Liber domus scolarium de Mertona Oxon. ex legato M. Will. Bernel." c. " Istum librum reparavit M. Johannes Burbach, sacre pagine professor."

XV.

Codex membranaceus, in folio majori, ff. 176, sec. xii. exeuntis, binis columnis optime exaratus ; " ex legato magistri Walteri Rammesbury," olim coll. Mert. socii.

1. Homiliæ diversorum in Evangelia, quæ in ecclesia leguntur a Dominica prima usque ad Dominicam xxiv. post Pentecosten. f. 2 b.

Tit. i. in istud, ' Homo quidam erat dives, qui induebatur purpura,' etc. " Omelia lectionis ejusdem beati Gregorii pape habita ad populum in basilica Sancti Laurentii martiris."

Incip. " In verbis sacri eloquii," ut in edit. Benedict. tom. i. col. 1652.

Occurrunt post sermones in Dominicas, homiliæ decem in dedicatione ecclesiæ, ex SS. Augustino, Beda et Maximo. fol. 127.

Præfigitur tabula homiliarum omnium quæ in codice continentur, sub titulo, " Prima dominica post octavas Pentecostes usque ad adventum Domini Omeliaris estivalis pars secunda," cum præfatione.

Incip. præf. " Quomodo vero non solum temporis presentis particula."

Homiliarum, quæ occurrunt, auctores nominantur, " Gregorius, Augustinus, Beda, Chrysostomus, Ambrosius, Claudius presbyter, Eusebius, Origenes, Leo, Hieronymus, Maximus, Petrus Ravennas, Amalarius, Expositor Anonymus in S. Pauli epistolas.

2. S. Augustini, sive cujuscumque sint, sermones viginti septem de diversis. fol. 141.

Tit. i. " Sermo beati Augustini episcopi de eo, quod scriptum est in psalmo xxxiii., Quis est homo qui vult vitam."

Incip. " Sermo divinus peragrans currensque per campos."

In tabula volumini præmissa recensentur homiliæ quinquaginta una, (quarum desiderantur hodie viginti quatuor,) sub titulo, " Præter illa, que in serie hujus voluminis continentur, quorum hic sunt prescripta capitula, sunt in fine voluminus sermones Sancti Augustini episcopi de diversis rebus."

In initio voluminis notatum est, " Liber domus scolarium de Merton in Oxon. ex legato Walteri Rammesbury inceptoris theologie, precentoris in ecclesia cathedrali Herefordensi, ac quondam dicte domus consocii ; cujus anime propicietur Deus ; Oretis igitur pro eodem et omnium fidelium animabus a purgatorio liberandis, etc."

XVI.

Codex membranaceus, in folio, ff. 281, secc. xiv. et xv., binis columnis exaratus.

1. S. Johannis Chrysostomi sermo de pœnitentia. fol. 1.

Incip. " Pura mente et profundo cogitatu cognoscere debes."

In calce, " Explicit tractatus Sancti Johannis Crisostomi de penitencia."

2. Tractatus ejusdem super psalmum L. qui est de pœnitentia David. fol. 2.

Incip. " Pictores imitantur arte naturam et colores coloribus permiscentes."

In calce, " Explicit omelia Johannis Crisostomi super psalmum quinquagesimum."

3. Ejusdem libellus de reparatione lapsi. fol. 6 b.
   Incip. "Quis dabit capiti meo, etc. Oportunius
   multo nunc a me dicitur."
   Cf. Bandin. Catal. Codd. Biblioth. Laurent.
   tom. i. col. 27.

4. Ricardi Rolle de Hampole liber de emendatione
   vitæ sive de regula vivendi, prævia capitulorum tabula. fol. 19.
   Incip. "Ne tardes converti ad Dominum et
   ne differas de die in diem."
   In calce, "Explicit libellus quem scripsit
   heremita Richardus apud Hampol tumu-
   latus."
   Sequuntur versus novem rhythmici, incip.
   "Cuncta Deus celat. homo si peccata revelat."

5. S. Chrysostomi homiliæ LVII. super Evangelium
   S. Matthæi, "et dicitur liber ipse, Opus im-
   perfectum," prævio prologo. fol. 27.
   Incip. prol. "Sicut referunt, Matheum con-
   scribere evangelium causa compulit talis."
   Incip. text. "Liber generacionis, etc. Liber
   est quasi apotheca."
   Exstat impress. Latine, in editt. variis
   S. Chrysostomi operum.
   In calce, "Expliciunt omelie Johannis
   Crisostomi patriarche Constantinopolitani
   super Matheum operis imperfecti scripte
   Anno Domini 1382."

6. S. Gregorii Papæ I. Magni liber Pastoralis
   Curæ, præviis capitulis et prologo. fol. 137.
   Exstat impress. inter opera, edit. Benedict.
   tom. ii. col. 1.
   In calce, "Explicit liber regule pastoralis
   Gregorii pape scriptus ad Johannem epi-
   scopum."

7. Ejusdem Gregorii Homiliæ XL. super Evan-
   gelia, quæ in ecclesia leguntur; cum prologo.
   fol. 168.
   Exstant ibid. tom. i. col. 1434.
   In calce, "Expliciunt omelie beati Gregorii
   pape, feria quinta proxima post festum
   Sancte Katerine, ad finem perducte gratia
   Jhesu Christi Anno Domini 1405. Laus tibi
   sit Christe quoniam liber explicit iste."
   Sequuntur, "Versus quinque Willelmi in
   Clementinis, Cap. Dudum;" incip.
   "Qui facit incestum deflorans aut homicida."

8. S. Anselmi, archiepiscopi Cantuariensis, homilia in istud, 'Intravit Jesus in quoddam castellum;' cum prologo. fol. 218.
   Exstat impress. in edit. 1721, p. 178.

9. Johannis de Sacro-Bosco liber de computo;
   cum figuris. fol. 219.
   Exstat impress. in 8vo. Paris. 1551, et
   alibi.
   Subjunxit manus recentior,
   a. Sermo B. Augustini de decimis reddendis et
      de vitandis maleficiis, quæ fiunt in festivi-
      tate S. Johannis Baptistæ. fol. 227 b.
      Incip. "Propicio Christo fratres karis-
      simi jam fuisse."
   b. Secreta meditatio S. Hieronymi. fol. 228.
      Incip. "Pensandum quippe est cum jam
      peccatrix."

10. S. Anselmi 'Cur Deus homo,' libri duo, cum
    prologo. fol. 230.
    Tit. "Liber beati Anselmi Cantuariensis
    episcopi Cur Deus homo."
    Exstant impress. inter opera, Paris. 1721,
    p. 74.

11. Sermo in istud 'Ibo mihi ad montem myrrhæ,'
    [auctore Hugone de S. Victore.] fol. 239 b.
    Incip. "Sponsus quidam hic loquitur, qui
    sponsam habet;" ut inter opera, tom. ii.
    fol. 113.

12. Gennadii episcopi Massiliensis liber de dogma-
    tibus ecclesiasticis. fol. 241.
    Tit. "Liber Gennadii ecclesiasticorum dog-
    matum."
    Exstat impress. in 4to. Hamb. 1614.

13. Chæremonis abbatis collatio de fide, spe et
    caritate; [ex lib. collationum Cassiani ab-
    batis.] fol. 242 b.
    Exstat in edit. 1628, p. 556.

14. Fulgentii Ruspensis liber de Trinitate et fide
    catholica ad Donatum. fol. 240 b.
    Exstat inter opera ed. Raynaud. 1633, p. 78.

15. Ejusdem epistola ad Petrum diaconum, ejus-
    dem momenti. fol. 246 b.
    Incip. "Epistolam, fili Petre, tue civitatis;"
    ibid. p. 83.

16. S. Augustini liber de pœnitentia. fol. 251 b.
    Incip. "Quam sit utilis et necessaria;" ut
    inter opera, tom. v. col. 1350.
    In calce, "Explicit Augustinus de peni-
    tencia."

17. Tractatus S. Johannis Chrysostomi, ' Quod nemo læditur nisi a seipso;' [interprete forsan Ambrosio Camaldulensi.] fol. 255.

    Incip. " Scio quod crassioribus."

    In calce, " Explicit tractatus Sancti Johannis Crisostomi continens, quod nemo leditur nisi a se, quem scripsit Robertus de Fenton, capellanus, ad communem utilitatem, anno Domini 1391."

18. S. Bernardi meditationes de passione Christi et de compassione matris ejus. fol. 262.

    Incip. " Quis dabit capiti meo; O vos filie Jerusalem, sponse dilecte."

    In calce, " Explicit meditacio beati Bernardi de passione Domini Jhesu Christi."

19. Tabula alphabetica super S. Chrysostomi Homilias in S. Matthæum supra memoratas. fol 265.

    In calce, " Explicit tabula super Crisostomum."

20. Ejusdem Chrysostomi super Psalmum, ' Miserere mei Deus,' sermo. fol. 277 b.

    Incip. " Reliquias hesterne mense hodie."

    In calce, " Explicit liber secundus Johannis Crisostomi de psalmo quinquagesimo."

XVII.

Codex membranaceus, in folio, ff. 152, sec. xiv., binis columnis exaratus; ex legato Roberti Gillyngham, eccl. S. Petri in Oriente, Oxon. vicarii.

1. Tabula alphabetica super S. Augustini libros de civitate Dei. fol. 2.

    Incip. " Abel; quid interpretatur."

    In calce, " Explicit tabula super libros Augustini de civitate Dei."

2. Tabula alphabetica super S. Johannis Chrysostomi in S. Matthæum opus imperfectum; prævio numero et ordine homiliarum. fol. 16.

    Incip. " Omel. i. Liber generacionis; quomodo Ysaac Christum figurabat."

    Incip. tabula, " Adversitas; Utilitas adversitatum temporalium."

3. Tabula in ejusdem Johannis ' Opus perfectum,' [sive homilias in eundem Evangelistam?] fol. 34 b.

    Tit. " Tabula Crisostomi de opere perfecto."

    Incip. " Abhominacio desolacionis, quæ dicitur, exponitur omelie 57."

    In calce, " Explicit tabula Johannis Crisostomi de opere perfecto."

4. Martini Strepi, cognomine Poloni, Summa Juris canonici, quæ dicitur Martiniana, prævia præfatione; ordine alphabetico. fol. 47.

    Tit. " Incipit alphabetum Decreti et Decretalium, quod Martiniana nuncupatur."

    Exstat impress. Argent. 1486, et alibi.

    In calce, " Explicit tabula Martiniana;" sequitur index verborum alphabeticus.

5. Nicolai de Anessiaco, Ord. Præd., tabula super librum Sextum Decretalium. fol. 151.

    Incip. " Abbatisse; si debeant benedici."

    In calce, " Explicit tabula Decretalium Sexti libri edita a fratre Nicholao de Anessiaco, de ordine Predicatorum."

    In fronte codicis leguntur notitiæ sequentes,

a. " Liber quondam M. Roberti de Gillyngham, in sacra pagina professoris et vicarii beati Petri in Oriente Oxon. et legatus domui Aule de Mertone ad incathenandum in librario ejusdem domus."

b. " Istum librum de novo ligari fecit magister Ricardus Scardeburgh anno Domini m.cccc.liii. Oretis igitur pro eo et parentibus ejus."

XVIII.

Codex membranaceus, in folio, ff. 229, sec. xiv. ineuntis, haud eadem manu binis columnis exaratus.

1. S. Augustini, opuscula varia; scilicet,

a. De pœnitentia animæ. fol. 2.

    Incip. " Quotquot Spiritu Dei aguntur."

b. De pœnitentia. fol. 2 b.

    Incip. " Admonet Dominus Deus noster."

c. De eleemosyna. fol. 5.

    Incip. " In lectione Sancti Evangelii."

d. De humilitate et obedientia. fol. 6 b.

    Incip. " Nihil sic Deo placet;" tom. vi. App. col. 297.

e. De gaudio electorum et supplicio damnatorum. fol. 7.

    Incip. " Tria sunt sub omnipotentis Dei manu."

f. De opera monachorum liber abbreviatus. fol. 8 b.
> Incip. "Dominus monachos in quandam."

g. De disciplina Christianorum. fol. 9.
> Incip. " Locutus est ad nos sermo Dei ;" tom. vi. col. 581.

h. Dialogus hominis plangentis et rationis consolantis. fol. 11 b.
> Incip. " Hic introducuntur persone."

i. De visitatione infirmorum libri duo. fol. 12.
> Ibid. tom. vi. app. col. 253.

2. Paschasii Radberti, Corbeiensis, epistola de corpore et sanguine Domini ad Fredegardum, fratrem et commilitonem. fol. 15 b.
> Tit. " Paschasius de corpore Christi."
> Exstat inter opera, 1618, col. 1619.

3. Ejusdem liber, ejusdem fere momenti ad Placidum, præviis versibus et prologo. fol. 19 b.
> Ibid. col. 1554.

4. Ejusdem de Sacramentis liber. fol. 27 b.
> Incip. " Quoniam populus ad fidem vocatus."

5. Anonymi cujusdam in Dionysii Areopagitæ librum de divinis nominibus commentarius. fol. 35.
> Incip. " Domine, Dominus noster, quam admirabile est nomen tuum, non solum mirabile sed admirabile."

6. Extractio sive compendium ejusdem Dionysii de Angelica hierarchia libri, secundum Thomam S. Andreæ Vercellensem, cum prologo. fol. 52 b.
> Exstat teste Caveo, inter opera, 1536.

7. Ejusdem extractio, sive compendium, ecclesiasticæ hierarchiæ. fol. 63.
> Tit. " Extraccio ecclesie: Que ecclesiastice ierarchie traditio et hujus intentio."
> Exstat ibid. eodem teste.

8. S. Augustini liber ad Paulinam de videndo Deo. fol. 72.
> Exstat impress. inter opera, ed. Benedict. tom. ii. fol. 473.

9. Ejusdem Augustini ad Italicam epistola de eodem. fol. 78 b.
> Ibid. tom. ii. col. 227.

10. Ejusdem sermo ad Juvenes. fol. 79.
> Ibid. tom. v. col. 1500.

11. S. Anselmi, archiep. Cantuar. libellus de Sacramentis ecclesiæ. fol. 80 b.
> Inter opera, edit. 1721, p. 139.

12. S. Augustini opuscula alia ; scilicet,

a. De amissione virginitatis. fol. 81.
> Incip. " Anima mea, anima erumpnosa ;" ut inter Anselmi opera, p. 208.

b. De reddendo voto, ad Armentarium et Paulinam. fol. 82.
> Incip. " Vir egregius filius meus ;" inter Augustini opera, tom. ii. col. 373.

c. Sermo de perjurio. fol. 83 b.
> Incip. " Prima lectio que nobis hodie ;" tom. v. col. 859.

d. De immortalitate animæ. fol. 85 b.
> Incip. " Si alicubi est disciplina ;" tom. i. col. 387.

e. Sermo de timore Domini. fol. 91.
> Incip. " Recordamini vobiscum, dilectissimi ;" tom. v. col. 1338.

f. De spiritu et litera. fol. 90 b.
> Incip. " Lectis opusculis que ad te ;" tom. x. col. 86.

g. De natura summi boni. fol. 103 b.
> Incip. "Summum bonum quo superius nihil est ;" tom. viii. col. 501.

h. Qualiter homo factus est ad imaginem Dei. fol. 105.
> Incip. " Quanta dignitas humane condicionis ;" cf. tom. vi. App. col. 292.

i. Expositio symboli contra Judæos. fol. 105 b.
> Incip. " Inter pressuras atque angustias presentis ;" tom. viii. App. col. 11.

k. De bono conjugali. fol. 111.
> Incip. " Quoniam unusquisque homo humani generis pars est ;" tom. vi. col. 319.

l. De ordine rerum libri duo. fol. 118.
> Ibid. tom. i. col. 315.

13. Glossæ sive postillæ in S. Pauli epistolam ad Timotheum secundam. fol. 124.
> Incip. " In isto argumento tanguntur quatuor cause."

14. Postillæ in epistolam ad Titum. fol. 131.
> Incip. " In isto argumento tanguntur quatuor cause."

15. In Epistolam ad Hebræos. fol. 136.
> Incip. " Circa hunc prologum epistole subsequentis."

16. In epistolam ad Ephesios. fol. 165.
    Incip. " Apostolus isti epistole sicut aliis argumentum premittit."
    Desin. " Amen ; quod est, Fiat ut dixi."

17. Rabani Mauri in S. Matthæi Evangelium commentarii. fol. 178.
    Exstant impress. inter opera, edit. 1626, tom. v. p. 5.

18. Johannis Burgundionis Judicis prologus in commentarium S. Johannis Chrysostomi super Matthæum ; imperf. fol. 228 b.
    Deficit in verbis, " Minorari non permittit ; immo scru——"
    In calce, " Caucio magistri Johannis ...... nham, exposita in cista Boburi pro die ...... in die Mercurii prox. post. festum S. Agathe anno Domini m.ccc.xlvi."
    Sequitur tabula contentorum.

XIX.

Codex membranaceus, in folio majori, ff. 247, sec. xiv., binis columnis exaratus ; ex dono Willelmi Reed, episcopi Cicestrensis.

1. Anselmi, archiepiscopi Cantuariensis, opera varia ; scilicet,

a. De veritate dialogus, cum prologo et capitulis præmissis. fol. 2.
    Tit. " Incipit prefacio Anselmi Cantuariensis archiepiscopi in librum de veritate."
    Exstat impress. inter opera, ed. Paris 1721, p. 109.

b. De libero arbitrio, præviis capitulis. fol. 4.
    Exstat ibid. p. 117.

c. De casu diaboli præviis capitulis. fol. 5 b.
    Ibid. p. 62.

d. De conceptione virginali, cum capitulis. fol. 9 b.
    Ibid. p. 97.

e. Cur Deus homo, libri duo, cum præfatione et capitulis. fol. 12 b.
    Ibid. p. 74.

f. De incarnatione Verbi. fol. 20.
    Ibid. p. 41.

g. Monologion, cum epistola ad Lanfrancum et præfatione. fol. 23.
    Ibid. p. 3.

h. Proslogion, cum præfatione. fol. 29 b.
    Ibid. p. 29.

i. De processione Spiritus Sancti. fol. 31.
    Ibid. p. 49.

k. De sacrificio Azymi et fermentati. fol. 35.
    Ibid. p. 135.

l. De sacramentis ecclesiæ. fol. 36.
    Ibid. p. 139.

m. De concordia præscientiæ, prædestinationis et gratia, cum libero arbitrio. fol. 36.
    Ibid. p. 123.

n. Epistola ad Langonem. fol. 40.
    Ibid. p. 321.

o. Ad Odonem et Langonem epistola. fol. 40 b.
    Ibid. sed in fine contractior, p. 312.

p. Ad F. abbatissam. fol. 41.
    Ibid. p. 452.

q. Ad Goffridum, episc. Parisiensem. fol. 41.
    Ibid. p. 369.

r. Ad Falconem, ep. Beluacensem. fol. 41.
    Ibid. p. 369.

s. De caritate. fol. 41 b.
    Incip. " Cogit me instancia tue caritatis monachorum."

t. De corpore Christi. fol. 43.
    Incip. " Primum quidem quid hoc sacrificii corpus appelletis."

u. De corpore et sanguine Christi ; [fragm.] fol. 46.
    Incip. " Nota quod humana natura in anima et corpore."

w. De similitudinibus. fol. 47.
    Exstat in edit. Venet. 1744, tom. ii. p. 189.

x. De Grammatico. fol. 59.
    In edit. Paris. p. 143.

y. De conceptione virginali. fol. 60 b.

z. Contra Insipientem dicentem, non est Deus. fol. 65 b.
    Ibid. p. 35.
    Præmittuntur nonnulla in codice, quæ in edit. impress. haud inveniuntur, incip. " Ergo domine qui das fidei intellectum."

aa. Meditationes et Orationes, cum prologo. fol. 67.
    Exstat prol. ibid. p. 202.
    Medit. i. est 'Ad concitandum terrorem,' ibid. p. 207.

2. S. Augustini opuscula varia, scilicet,

a. De baptismo parvulorum, prævia retractatione. fol. 78.

    Exstat impress. inter S. Augustini opera, edit. Benedict. tom. x. col. 1.

b. Enchiridion. fol. 91.

    Ibid. tom. vi. col. 195.

c. Sermo de pœnitentia. fol. 99.

    Ibid. tom. v. col. 1350.

d. Sermo alius de pœnitentia. fol. 101.

    Ibid. tom. v. col. 1506.

e. De vera et falsa pœnitentia. fol. 101.

    Ibid. tom. vi. App. col. 231.

f. De prædestinatione sanctorum. fol. 104 b.

    Ibid. tom. x. col. 790.

g. De dogmatibus ecclesiasticis. fol. 109 b.

    Ibid. tom. viii. App. col. 71.

h. De fide ad Petrum diaconum. fol. 110 b.

    Ibid. tom. vi. App. col. 19.

i. De immortalitate animæ. fol. 115 b.

    Ibid. tom. i. col. 387.

k. De duabus animabus. fol. 117 b.

    Ibid. tom. viii. col. 75.

l. De spiritu et anima. fol. 120.

    Ibid. tom. vi. App. col. 25.

m. De vera religione. fol. 124.

    Ibid. tom. i. col. 747.

n. De genesi ad literam libri xii. fol. 131 b.

    Ibid. tom. iii. col. 117.

o. De octoginta tribus quæstionibus. fol. 167.

    Ibid. tom. vi. col. 1.

p. De quantitate animæ. fol. 179 b.

    Ibid. tom. i. col. 401.

q. De prædestinatione contra Pelagios. fol. 181.

    Incip. " Addere etiam hoc quam maxime nunc opera oportet ut litera calumnia quam objicere."

r. De vera innocentia, sive Sententiæ Prosperi ex Augustino. fol. 183.

    Ibid. tom. x. App. col. 223.

s. De symbolo. fol. 189.

    Incip. " Sacrosancti misterii simbolum, quod simul accepistis."

t. De decem plagis et decem præceptis. fol. 189 b.

    Ibid., nonnullis variis, tom. v. col. 41.

u. De cura pro mortuis agenda. fol. 190 b.

    Ibid. tom. vi. col. 515.

w. De libero arbitrio. fol. 191.

    Ibid. tom. i. col. 569.

x. Retractationum liber. fol. 206 b.

    Ibid. tom. i. col. 1.

y. Ad inquisitiones Januarii. fol. 219 b.

    Ibid. tom. ii. col. 123.

z. De disciplina Christiana. fol. 223 b.

    Ibid. tom. vi. col. 581.

aa. De doctrina Christiana libri quatuor. fol. 225.

    Ibid. tom. iii. col. 1.

bb. De mirabilibus S. Scripturæ, cum capitulis. fol. 240 b.

    Cf. ibid. tom. iii. App. col. 1.

    In fol. i. b. notantur,

a. " Liber M. Willelmi Read prepositi Wynghammensis quem habuit per escambium pro alio libro cum M. ... Willelmo Lynham, quondam socio domus de Merton; Oretis igitur pro utroque."

b. " Liber domus scolarium de Merton in Oxon. in communi libraria ejusdem et ad usum communem sociorum ibidem studentium cathenandus, ex dono venerabilis patris domini Willelmi, tercii episcopi Cicestrie; Oretis igitur pro eodem et benefactoribus ejusdem ac fidelium animabus a purgatoris liberandis."

c. " Oretis igitur, si placet, pro Waltero Roberti scriba venerabilis patris predicti, qui suprascriptos titulos et titulos aliorum 99 librorum per dictum patrem ut premittitur eidem domui datorum ad emendacionem librarie ejus inscripsit et circa eosdem libros et alios quam plures per diversa collegia Universitati Oxon. per ipsum venerabilem patrem distributos diligenter insudavit."

XX.

Codex membranaceus, in folio, ff. 2 et 150, sec. xiv. exeuntis; " peculium domus scholarium de Merton, ex dono magistri Roberti Wyght, quondam socii; incatenatus anno Domini 1468."

1. S. Anselmi, archiepiscopi Cantuariensis, opera varia; scilicet,

D

a. Monologium, prævia epistola ad Lanfrancum, et præfatione. fol. 1.
> Tit. " Epistola Anselmi archiepiscopi ad Lanfrancum, primatem Angliæ."
> Exstat impress. inter opera, Paris. 1721, p. 3.

b. Libellus de Incarnatione Verbi ad Urbanum papam. fol. 14 b.
> Ibid. p. 41.

c. De conceptu virginali, et de originali peccato, prævia capitulorum tabula. fol. 20.
> Ibid. p. 97.

d. De processione Spiritus Sancti. fol. 26 b.
> Ibid. p. 49.

e. De Sacramentis ecclesiæ. fol. 34 b.
> Ibid. p. 139.

f. De concordia præscientiæ et prædestinationis et gratiæ Dei cum libero arbitrio. fol. 36 b.
> Ibid. p. 123.

g. De grammatico. fol. 43 b.
> Ibid. p. 143.

h. De veritate. fol. 47.
> Ibid. p. 109.

i. De libertate arbitrii. fol. 51.
> Ibid. p. 117.

k. Cur Deus homo, libri duo. fol. 55.
> Ibid. p. 74.

l. De casu diaboli. fol. 69 b.
> Ibid. p. 62.

m. Proslogion. fol. 78.
> Ibid. p. 29.

n. De similitudinibus. fol. 82.
> In edit. Venet. 1744, tom. ii. p. 189.

o. De eminentia beatæ Virginis. fol. 99.
> Incip. "Supereminentem omni," ut ibid. App. p. 135, Eadmero adscriptus.

p. De conceptione beatæ Virginis. fol. 123.
> In edit. Paris. p. 499.

q. Libellus contra insipientem dicentem ' Non est Deus.' fol. 126 b.
> Ibid. p. 35.

2. S. Augustini opuscula varia, scilicet,

a. Enchiridion. fol. 109.
> Exstat inter opera, tom. vi. col. 195.

b. De fide, ad Petrum diaconum. fol. 121.
> Ibid. tom. vi. App. col. 19.

c. Quæstiones Orosii ad Augustinum cum responsis. fol. 129.
> Ibid. tom. vi. App. col. 7.

d. De disciplina Christianorum. fol. 134 b.
> Ibid. tom. vi. col. 581.

e. Admonitio, ut non solum lingua, sed moribus et opere, laudetur Deus, quia quale est quod cogitatur in corde tale quod procedit in ore. fol. 136 b.
> Incip. " Resurrectio et clarificatio."

f. Qualiter homo factus est ad imaginem et similitudinem Dei. fol. 137 b.
> Ibid. tom. vi. App. col. 293.

g. De duodecim abusionibus seculi. fol. 138.
> Ibid. tom. vi. App. col. 211.

h. De gratia et libero arbitrio. fol. 140 b.
> Ibid. tom. x. col. 717.

XXI.

Codex membranaceus, in folio, ff. **156**, sec. xiv., binis columnis exaratus.

1. Indices, partim alphabetici, in S. Augustini opera varia. fol. 1.
> Incip. " Super librum de civitate Dei. Aaron non consensit in vitulum."
> Opera, quibus indices, sunt, De civitate Dei, De Trinitate et Confessione, Enchiridion, De quantitate animæ, etc.

2. Index alphabeticus in P. Lombardi Sententiarum libros quatuor. fol. 74.
> Incip. " Abortum : quod etiam dictum homicide."

3. Index alphabeticus in Aristotelis Ethicorum libros decem. fol. 104 b.
> Incip. " Accio : exaccio, id est operacio virtutis."
> In calce, " Explicit tabula Ethicorum."

4. Index super Hugonis de S. Victore libros de Sacramentis. fol. 118 b.
> Incip. " Abyssus ; quid sit abissus."
> In calce, " Qui scripsit carmen sit benedictus ; amen."

5. Capitula excerpta de gestis habitis contra Pelagium hereticum et alia de libellis ejus, quæ in Palestino synodo sibi objecta ipse damnare compulsus est. fol. 124 b.

6. Collectio errorum in Anglia et Parisiis condemnatorum, per capitula. fol. 124 b.
> Incip. " Primum capitulum de erroribus in grammatica."

7. Tabula Decretalium secundum ordinem alphabeti, cum prologo. fol. 128.

Incip. proi. " Prompte volentibus per hoc opusculum in decretalibus et super decretales."

Incip. tab. " Abbas, ubi appellacio."

XXII.

Codex membranaceus, in folio, ff. **194**, sec. xiv., binis columnis sed haud una manu exaratus; olim Joh. Raynham, S. T. P.

1. S. Augustini, episcopi Hipponensis, de S. Trinitate libri quindecim, prævio excerpto ex libro retractationum, et epistola ad Aurelium. fol. 2.

  Tit. " Aurelii Augustini doctoris de Trinitate liber primus."

  Exstant impress. inter opera, tom. viii. col. 749.

2. Ejusdem Augustini Locutiones in Pentateuchum. fol. 61.

  Tit. *man. sec.* " Incipiunt questiones super Pentatheucum, super quinque primos libros biblie."

  Ibid. tom. iii. col. 325.

3. Ejusdem quæstiones super librum Josuæ. fol. 96.

  Ibid. tom. iii. col. 579.

4. Ejusdem quæstiones in lib. Judicum. fol. 98 b.

  Ibid. tom. iii. col. 595.

5. Ejusdem de quæstionibus evangeliorum libri duo. fol. 103.

  Ibid. tom. iii. part. ii. col. 1.

  Deficit in verbis, " sed alter evangelistarum de uno tacuit—."

6. Anselmi, archiepiscopi Cantuariensis, meditatio de redemptione humana. fol. 109.

  Incip. in verbis, " — terror horribilis, dolor terribilis," inter opera, p. 209, c. 3.

7. Hugonis de S. Victore de claustro animæ libri, cum prologo. fol. 109.

  Exstant, inter opera, tom. ii. fol. 23.

8. Ejusdem didascalicon libri sex, prævia capitulorum tabula. fol. 121.

  Tit. " Capitula didascalicon Hugonis de Sancto Victore; Parisius."

  Ibid. tom. iii. fol. 1.

  In calce, " Explicit didascalicon Hugonis de Sancto Victore "

9. Ejusdem Sigillum Sanctæ Mariæ, " in istud, Intravit Jhesus in quoddam castellum." fol. 133 b.

  Incip. " In festo S. Mariæ recitatur."

10. Johannis Abbeville, sive Johannis Algrini de Abbatisvilla, sermones dominicales super epistolas et evangelia per annum. fol. 134.

  Incip. " Cum sacrosancta mater ecclesia premonstravit spiritu non sine certarum causis rationum."

  Defic. in verbis, " prima decima dabatur sacerdoti—."

11. Ejusdem liber de quinque septenis. fol. 174 b.

  Tit. " Incipit liber H. de. S. Septenis."

  Incip. " Quinque septena, frater, in sacra scriptura."

12. S. Anselmi sermo in istud, " Intravit Ihesus in quoddam castellum." fol. 175 b.

  Inter opera, 1721, pp. 640, 178.

13. Ejusdem tractatus de conceptione B.V. Mariæ. fol. 176 b.

  Tit. " Incipit tractatus Anselmi de concepcione B. Virginis."

  Ibid. p. 499.

14. Ejusdem, [sive Eadmeri], de excellentia B.V. Mariæ tractatus. fol. 181.

  Ibid. App. p. 135.

15. Ejusdem Deploratio Virginitatis perditæ. fol. 185 b.

  Deficit in verbis, " turpitudinis terror horribilis—," ibid. p. 209, C. 3.

16. H. de S. Victore [potius S. Augustini] de abusionum gradibus libri fragmentum. fol. 186.

  Incip. " —buerat humilis apparens," ut inter S. Augustin. Opp. vi. App. 214.

17. Ejusdem de virtute orandi libellus. fol. 186 b.

  Inter opera tom. ii. fol. 110.

18. Ejusdem de arrha animæ. ff. 188 b, 174.

  Ibid. tom. ii. fol. 104 b.

19. Sequuntur alia duo fragmenta ex Hugone et S. Anselmo, ut videntur, desumpta.

  In fol. 1 b. notatum est, " Istum librum fecit reparari Magister Johannes Burbage sacre pagine professor;" et in fol. 2 marg. super. " Liber domus scolarium de Merton ex legato magistri Joh. Raynham sacre pagine professoris et quondam socii ejusdem domus, cujus anime propicietur Deus; Amen."

XXIII.

Codex membranaceus, in folio ff. 237, anno
1497, impensis Ricardi Fitz-James, ep. Roffensis, binis columnis nitide exaratus.

S. Hieronymi presbyteri in Prophetas xii. minores commentarius.

Tit. " Incipit explanacionum in Osee prophetam beati Jeronimi presbiteri liber primus
et ad Pammachium."

Exstat inter opera, ed. Vallars. Veronæ,
tom. vi. col. 1.

In calce, " Explicit liber explanacionis beati
Jeronimi presbiteri in Malachiam prophetam
ad Minervium et Alexandrum. Hic quoque
opus ejusdem in explanacionem 12 prophetarum minorum perfectum feliciter finit, quod
singulari reverendissimi in Christo patris et
domini domini Ricardi Fytz-James Roffensis
episcopi industria unaque impensis exaratum
fuerat in vigilia Sancti Hugonis anno Dominice
Incarnationis, 1497."

XXIV.

Membranaceus, in folio majori, ff. 169, sec.
xiv. exeuntis; binis columnis exaratus.

S. Hieronymi presbyteri in Psalterium commentarius ; initio mutil.

Incip. in comment. in Psalmum i ad finem,
" iniquitatis, non novi vos," in edit. Vallars.
tom. vii. App. col. 4, l. 38.

XXV.

Membranaceus, in folio majori, ff. 203, sec.
xiv. exeuntis; binis columnis nitide exaratus; " ex dono domini Ricardi Fitz-James,
nuper Cicestrensis episcopi et custodis istius
collegii ; cujus animæ propicietur Deus ;
Amen."

S. Hieronymi presbyteri commentarius in Isaiam
prophetam, in libros octodecim distinctus.

Exstat impress. inter opera, ed. Vallars.
tom. iv. col. 1.

In calce, " Ieronimi liber super Ysaiam xviij.
et ultimus prophetam feliciter hic finit."

XXVI.

Membranaceus, in folio, ff. 212, sec. xv. exeuntis ; binis columnis nitide exaratus ; " ex

dono domini Ricardi Fitz-James nuper Cicestrensis episcopi," etc. ut supra.

S. Hieronymi, presbyteri, opera varia, scilicet,

1. Commentarius in S. Matthæi Evangelium.
fol. 2.

Tit. " Incipit commentarium super Matthæum."

Exstat impress. inter opera. edit. Vallars.
tom. vii. col. 1.

In calce, " Finit liber quartus commentarii beati Hieronymi presbiteri super Matheum."

2. In S. Johannis Apocalypsin commentarius, ad
Anatolium. fol. 47.

Tit. " Incipit prologus beatissimi Ieronimi
ad Anatolium de explanacione apocalipsis."

Incip. " Diversos maxima discrimina tran-
scendentes inveniunt casus."

De isto opere in edit. cit. nullam invenimus
mentionem.

3. De monogramma Christi. fol. 53.

Incip. " Hec est sapiencia et intellectus."

4. Regulæ Definitionum contra hæreticos. fol. 54.

Incip. " Omne quod est aut ingenitum est
aut genitum."

5. In S. Marci evangelium commentarius, cum
præfatione. fol. 57.

Ibid. tom. xi. col. 783.

In calce, " Explicit commentarium beati
Hieronymi presbyteri super evangelium
Marci."

6. Breviarium super epistolas S. Pauli, cum prologo et argumentis. fol. 69.

Tit. " Hieronimi presbiteri breviarium incipit feliciter."

Exstant argumenta et prologus in Gloss.
ordinar. et commentarii, istis in epist. ad
Hebræos exceptis, nonnullis variantibus,
tom. xi. col. 837.

Desin. comment. in ep. ad Hebr. " cete-
rum majora crimina et que puniuntur cese
victime non remittunt."

In calce, " Expliciunt annotationes super
epistolam ad Hebreos."

7. Commentariorum in epistolam ad Galatas
libri tres. fol. 140.

In calce, " Explicit liber tertius sancti
Ieronimi presbiteri super epistolam ad Galathas."

8. In epistolam ad Ephesios commentariorum libri tres, cum prologo. fol. 170.

Ibid. tom. vii. col. 537.

In calce, " Explicit liber tercius sancti Ieronimi super epistolam Pauli apostoli ad Ephesios."

9. In epistolam ad Titum commentarius, cum prologo. fol. 197.

Ibid. tom. vii. col. 685.

In calce, " Explicit ad Titum."

10. In epistolam ad Philemonem commentarius, cum prologo. fol. 207 b.

Ibid. tom. vii. col. 742.

XXVII.

Codex membranaceus, in 4to, ff. 104, sec. xiv., binis columnis exaratus, olim Thomæ Tryllek, ep. Roffensis, postea coll. Merton. ex dono Will. Reed, ep. Cicestrensis; in calce, mutil.

Moralitatum liber ex Origenis commentariis in Genesim, Exodum, Leviticum, Numeros Josuamque excerptarum, in capitula xcvi. distinctus, prævia capitulorum tabula.

Tit. tab. " Incipiunt capitula in moralitates excerptas de libris Origenis."

Tit. i. " Quod homo noster interior quadam similitudine celestis appellatur."

Incip. " Cum omnia quæ facturus erat Deus ex spiritu cantarent."

Tit. ult. cap. est " De multimoda ratione caritatis."

Codex noster in cap. xciv. deficit in verbis, " quæ juxta legem ad sollempnitates Dei excitat que—."

In initio codicis, sunt notitiæ sequentes,

a. " Liber M. Willelmi Reed, episcopi Cicestrensis, quem emit a domino Thoma Tryllek, episcopo Roffensi, Oretis igitur pro utroque."

b. " Liber domus scolarium de Merton in Oxon." etc. " ex dono Willelmi tertii episcopi Cicestrie; Oretis igitur pro eodem et benefactoribus" etc. " Walterus Roberti, notarius."

XXVIII.

Membranaceus, in folio minori, ff. 328, sec. xi., binis columnis nitide exaratus; olim Petri cujusdam.

1. S. Johannis Chrysostomi ad populum Antiochenum in statuas homiliæ viginti una. ff. 3—229, 243.

Tit. βιβλίον χρυσοστομικὸν ὃ λέγεται οἱ ἀνδριάντες, deinde, Ἰωάννου τοῦ ἁγιωτάτου ἀρχιεπισκόπου Κωνσταντινουπόλεως τοῦ Χρυσοστόμου ὁμιλία λεχθεῖσα ἐν Ἀντιοχείᾳ πρεσβυτέρου αὐτοῦ ὑπάρχοντος εἰς τὸ ῥητὸν τοῦ ἀποστόλου, οἴνῳ ὀλιγῷ χρῶ κ. λ.

Exstant impress. inter opera, tom. ii. p. 1.

Præcedunt,

a. Notitia sequens literis scripta majusculis sub Crucis imagine, κύριε βοηθεῖ τῷ σῷ δούλῳ Πέτρῳ καὶ συγχώρισον τὰς ἁμαρτίας αὐτοῦ, ὡς ἀγαθὸς καὶ φίλος.

b. Tabula S. Chrysostomi effigiem repræsentans.

c. Index contentorum, imperf. sub titulo. πίναξ σὺν Θεῷ τῆς παρούσης πυξίδος.

2. Ejusdem Catechesis secunda. fol. 243.

Tit. κατήχησις πρὸς τοὺς μέλλοντας φωτίζεσθαι καὶ περὶ γυναικῶν τῶν ἐν πλέγμασι, κ. λ.

Exstat ibid. tom. ii. p. 234.

3. Ejusdem homilia quarta in istud, ' Factum est in anno,' etc. fol. 270.

Ibid. tom. vi. p. 120.

4. Ejusdem homilia in seraphim. fol. 280 b.

Ibid. tom. vi. p. 137.

5. Ejusdem homilia in Oziam. fol. 288 b.

Ibid. tom. vi. p. 95.

6. Ejusdem homilia quinta in istud, ' Factum est in anno,' etc. fol. 300.

Tit. τοῦ αὐτοῦ εἰς τὰ ὑπόλοιπα τοῦ Ὀζίου.

Ibid. tom. vi. p. 131.

7. Ejusdem, potius Severiani, in libros signaculorum homilia. fol. 306 b.

Ibid. tom. xii. p. 403.

8. Ejusdem homilia in Abraham; initio mutil. fol. 321.

Incip. in verbis, διὰ παντὸς τούτων ἐκπέσωσιν, ibid. tom. iv. p. 768, E. 9.

XXIX.

Codex membranaceus, in folio, ff. 173, sec. xiii., ff. 14 primis exceptis sec. xiv. exaratis, binis columnis nitide scriptus; ex legato M. Joh. Raynham, S.T.P. coll. Merton. olim socii.

Origenis presbyteri opuscula varia; scilicet,

1. Homiliæ xxiv. in Jesum Naue, cum Ruffini prologo. fol. 2.

Tit. "Incipit prohemium exposicionis Origenis in Jhesum Naue; Ieronimus."

Exstant impress. inter opera, tom. ii. p. 397.

2. Homiliæ octo in librum Judicum. fol. 44 b.

Exstat ibid. tom. ii. p. 458.

3. Homilia in Canticum Canticorum, sive 'de Helkanah et Fenenna et Anna,' etc. fol. 59.

Ibid. tom. ii. p. 481.

4. Homiliæ duæ in Canticum Canticorum. fol. 66 b.

Ibid. tom. iii. p. 12.

5. Homiliæ novem in Isaiam prophetam. fol. 76.

Ibid. tom. iii. p. 107.

Longior est ultima in codice quam in impressis.

6. Homiliæ xiv. in Jeremiam, secundum Hieronymum. fol. 91 b.

Ibid. sed plures numero et mutato ordine, tom. ii. p. 125.

7. Homiliæ xiii. in Ezechielem, cum S. Hieronymi prologo. fol. 131.

Ibid. tom. iii. p. 353.

In margine fol. 15 superiori, "Liber domus scolarium de Merton. in Oxon. ex legato Joh. Raynham, sacre pagine professoris et quondam socii ejusdem domus, cujus anime propicietur Deus; Amen."

XXX.

Codex membranaceus, in folio, ff. 228, sec. xiii., binis columnis nitide exaratus.

1. S. Johannis Chrysostomi in S. Matthæi evangelium homiliæ nonaginta *Latine* versæ per Joh. Burgundionem Judicem civem Pisanum, glossulis marginalibus instructæ, cum traductoris prologo. fol. 1.

Tit. "Prologus Burgundionis in librum Sancti Johannis Crisostomi super Mattheum, quem transtulit de Greco in Latinum."

Exstat prologus impress. in Bandini. Catal. codd. Laurent. tom. iv. col. 448.

Incip. opus, "Oportebat quidem nos non indigere, eo quod a literis."

Desin. "vitam et stabilem, eterna fruemur vita, qua sit nos omnes potiri, gratia et philantropia Domini nostri Jhesu Christi, cui gloria in secula seculorum; Amen."

2. Ejusdem Johannis in S. Johannis evangelium homiliæ octoginta octo, eodem interprete, cum interpretis prologo. fol. 133.

Tit. "Incipit prologus Burgundionis judicis in commentatione Johannis Crisostomi supra evangelium sancti Johannis evangeliste."

Incip. "Cum Constantinopoli pro negociis publicis patrie mee a concivibus meis ad Imperatorem Manuelem missus legati munere fungerer, et quendam filium meum, Hugolinum nomine, quem mecum direxeram in itinere morbo arreptum amiserim, pro redemptione anime ejus explanationem evangelii Sancti Johannis evangeliste a beato Johanne Crisostomo Canstantinopoleos patriarcha mirabiliter editam de Greco in Latinum vertere statui sermonem."

Desin. "et in hujus evangelii textus explanatione, et in fidei Christi confirmacione habere auctoritatem; Finit prologus."

Incip. homil. i. "Qui agonum, qui foris sunt, inspectores existunt, cum aliquem nobilium et coronabilem athletam."

Desin. ult. "et per bonorum operacionem perfecti facti fruamur eternis bonis, gratia et clementia Domini nostri, cum quo Patri gloria, imperium, honor," etc.

In calce, "Finis exposicionis beati patris nostri Sancti Johannis Crisostomi in sanctum evangelistam Johannem a Burgundio, judice Pisano cive, de Greco in Latinum translate anno Christi m.c.lxxiiij.

Explicit expositio super Johannem."

XXXI.

Codex membranaceus, in folio, ff. 219, sec. xv., binis columnis manu Nicolai Voocht nitide exaratus, ex dono Henrici Sever, coll. Merton. custodis.

1. Thomæ Gualensis et Nicolai Triveti in S. Augustini de civitate Dei libros xxii. commentarii. fol. 1.

Exstant impress. Tolosæ, 1488 et alibi.

Sequitur tabula alphabetica, et in calce ejusdem, "Explicit expositio super libros Augustini de civitate Dei, cum tabula, quorum 10 primi sunt secundum Thomam Anglicum."

2. Testimonia quinque SS. Augustini et Hieronymi de Lactantio. fol. 101.

3. Cæcilii Lactantii Firmiani Divinarum Institutionum adversus Gentes libri septem. fol. 101.

4. Ejusdem de ira Dei liber. fol. 175.

Tit. " Firmiani Lactancii liber de ira."

5. Ejusdem ' de opificio Dei sive de formacione hominis.' fol. 183.

In calce, " Firmiani Lactancii de opificio Dei sive de formacione hominis liber explicit; Deo Gratias; Nicholaus Voocht.

Scriptor qui scripsit bene, melius si potuisset, Sed quia non potuit, indeclinabile mansit."

6. Francisci Petrarchæ de vita solitaria libri duo. fol. 190 b.

Exstat opus impress. in tres libros distinctum, in edit. Basil. 1554, tom. i. p. 227.

In calce, " Viri clarissimi Francisci Petrarce de Florentia poete Laureati de vita solitaria ad Philippum Cavalicensem episcopum liber secundus explicit feliciter."

In fronte codicis, " Liber domus scolarium de Merton ex dono magistri Henrici Sever sacre pagine professoris ac custodis ejusdem, incathenatus ad communem usum sociorum in libraria studere volencium anno Domini m°.cccc°.lxvi°."

XXXII.

Codex membranaceus, in folio, ff. 137, sec. xii., binis columnis bene exaratus; ex dono Ricardi Fitz-James, coll. Merton. custodis, postea episcopi Cicestrensis.

S Augustini de S. Trinitate libri quindecim, prævia Retractatione et epistola ad Aurelium.

Tit. " Aurelii Augustini doctoris de Trinitate liber primus incipit."

Exstant inter opera, tom. viii. col. 749.

In calce notantur cautiones variæ " MM. Johannis Thamys et Joh. Fysher expositæ in cista Wagan et Hussy" ab an. 1462 ad 1470 inclusive.

XXXIII.

Hodie desideratur.

Olim continebat, secundum Bernardi catalogum codd. MSS. Angliæ et Hiberniæ, S. Augustini in Psalterii primam partem, sive psalmos i.—lxxvi. inclusive, commentaria.

XXXIV.

Codex membranaceus, in folio, ff. 411, sec. xiv. ineuntis; binis columnis exaratus.

S. Augustini in Psalterii partem alteram, sc. in Psalmum lxxvii.—ad finem, commentarius.

Tit. i. " Incipit tractatus de psalmo septuagesimo septimo."

Defic. in comment. in ps. cxlviii. in verbis, ' Ympnus omnibus sanctis ejus;' " Ympnus, scitis quid est, Cantus est cum laude Dei" ut in edit. cit. tom. iv. col. 1682, l. 15.

Sequuntur, (a) Tabula initiorum versuum singulorum uniuscujusque psalmi. (b) Index alphabeticus materiarum; qui incip. " Abissus dicuntur in profundo peccati."

XXXV.

Membranaceus, in folio, ff. 246, sec. xiv. ineuntis, binis columnis exaratus; ex dono Will. Reed, ep. Cicestrensis.

1. S. Augustini, opuscula varia; scilicet,

a. Hypognosticon liber. fol. 1.

Tit. " Aurelii Augustini, doctoris egregii, contra quinque hereses ypponosticon, id est, abbreviatus liber, incipit."

Exstat impress. inter opera, tom. x. App. col. 6.

In calce, " Aurelii Augustini doctoris contra Pelagianos et Scelestianos Ypponosticon liber explicit."

b. Liber contra quinque hæreses. fol. 12.

Ibid. tom. viii. App. col. 2.

c. De fide rerum invisibilium. fol. 18 b.

Ibid. tom. vi. col. 141.

d. Sermo de decem chordis. fol. 21 b.

Ibid. tom. v. col. 48.

e. De Genesi contra Manichæos libri duo. fol. 27.

Tit. " Aurelius Augustinus doctor egregius jam in Affrica constitutus de genesi duos libros apertissime editos adversum Manicheos in defensione veteris legis, quam vehementi studio oppugnabant."

Ibid. tom. i. col. 645.

In calce, " Explicit liber creature celi et terre Sancti Augustini episcopi contra Manicheos."

f. De natura boni, cum prologo. fol. 42.

Ibid. tom. viii. col. 499.

g. De S. Trinitatis unitate disputatio contra Felicianum. fol. 48 b.
Ibid. tom. viii. App. col. 39.

h. Sermo Arianorum. fol. 54. b.
Ibid. tom. viii. col. 621.

i. Liber contra Arianorum perfidiam. fol. 56.
Ibid. tom. viii. col. 625.

k. Contra adversarium legis et prophetarum libri duo. fol. 64 b.
Ibid. tom. viii. col. 549.

l. De prædestinatione Sanctorum. fol. 85.
Ibid. tom. x. col. 789.

m. De bono perseverantiæ. fol. 94 b.
Tit. " Explicit liber primus de predestinatione. Incipit liber secundus de bono perseverancie."
Ibid. tom. x. col. 821.

n. De natura et origine animæ ad Renatum. fol. 107.
Ibid. tom. x. col. 337.

o. Ad Petrum presbyterum epistola, ejusdem momenti. fol. 113.
Ibid. tom. x. col. 357.

p. Ad Vincentium Victorem libri duo, unde supra. fol. 117 b.
Ibid. tom. x. col. 373.

q. Epistola Quodvultdei diaconi ad S. Augustinum cum Augustini responsione. fol. 122 b.
Ibid. tom. ii. col. 816.

2. S. Anselmi, archiepiscopi Cantuariensis, meditatio. fol. 132.
Incip. " Anima christiana de gravi morte recuscitata ;" ut inter opera, ed. Paris. 1721, p. 221.

3. Hugonis de S. Victore in Dionysii Areopagitæ cælestem hierarchiam commentarius. fol. 133.
Exstat impress. inter opera, ed. Venet. tom. i. fol. 238.

4. Ægidii de Columna, Romani, ord. S. Augustini, liber de Sacramento Corporis Christi, cum prologo. fol. 198.
Exstat impress. in calce Quodlibetorum, Venet. 1504.
In calce, " Explicit tractatus de corpore Christi editus a fratre Egidio Romano, fratrum heremitarum ordinis Sancti Augustini; Deo gratias."

5. Anonymi cujusdam de compositione chilindri tractatulus ; initio mutil. fol. 234.
Incip. in verbis, " et spissitudinem ita numerus."
Desin. "tam in numeris quadratis quam cubicis ; Explicit."

6. Ejusdem de compositione quadrantis tractatulus. fol. 234 b.
Incip. " Post chilindri compositionem et officium."
Desin. " Scies altitudinem cujuslibet rei erecte."
In calce, " Explicit compositio chilindri cum arte sua, que composita fuit Oxonie."

7. Tractatus de quadrante, cum tabulis. fol. 237.
Incip. " Scito quod quadrans est quarta pars circuli."
Sequitur in calce, ' Regula quadrantis,' incip. " Cum secundum diversos."

8. [Roberti Grostete, ep. Lincoln., sive cujuscumque sit,] tractatus de sphæra. fol. 239 b.
Exstat. impress. Venet. 1478, et alibi.
In calce " Istum librum fecit reparari M. Joh. Burbage sacre pagine professor."
In initio codicis notantur, (a) " Liber M. Will. Reed socii domus scolaris de Merton in Oxon. quem emit ibidem a quodam stacionario de bonis sibi datis per Rev. D. suum M. Nicholaum de Sandwico ; oretis igitur pro singulis supra dictis." (b) " Liber domus scolaris de Merton." etc. " ex dono domini Willelmi, tercii episcopi Cicestrie ; oretis igitur pro eodem et benefactoribus," etc. ' Walterus Roberti xxvii. volumen.'

XXXVI.

Codex membranaceus, in folio, ff. 307, sec. xiii. exeuntis ; binis columnis nitide exaratus.

S. Augustini, episcopi Hipponensis, opuscula varia ; scilicet,

1. Enchiridion, prævia capitulorum tabula. fol. 2.
Exstat impress. inter opera, tom. vi. col. 195.

2. De natura boni, cum prologo. fol. 13.
Exstat ibid. tom. viii. col. 502.

3. De cura pro mortuis agenda. fol. 17 b.
Ibid. tom. vi. col. 515.

4. Hypognosticon libri quatuor contra Pelagianos. fol. 21.

   Ibid. tom. x. App. col. 6.

5. Confessionum libri tredecim. fol. 32.

   Ibid. tom. i. col. 69.

6. De nuptiis et concupiscentiis, cum prologo ad Valerium. fol. 79.

   Ibid. tom. x. col. 279.

7. Liber ad Paulinum et Eutropium de perfectione justitiæ hominis, adversus eos qui asserunt hominem posse fieri justum solis viribus suis. fol. 84.

   Ibid. tom. x. col. 167.

8. De natura et gratia ad Timasium et ad Jacobum. fol. 89 b.

   Ibid. tom. x. col. 127.

9. Ad Valentinum et fratres epistolæ duæ. fol. 99.

   Ibid. tom. ii. col. 791.

10. De gratia et libero arbitrio ad Valentinum liber. fol. 100 b.

    Ibid. tom. x. col. 718.

11. De correptione et gratia ad eundem. fol. 107 b.

    Ibid. tom. x. col. 750.

12. De utilitate credendi liber. fol. 11 b.

    Ibid. tom. viii. col. 45.

13. De anima et spiritu liber. fol. 125.

    Ibid. tom. vi. App. col. 35.

14. De immortalitate animæ liber, prævia Retractatione. fol. 131.

    Ibid. tom. i. col. 387.

15. De origine animæ liber ad Petrum presbyterum. fol. 134.

    Ibid. tom. x. col. 357.

16. Ad Vincentium Victorem de eadem re libri duo. fol. 138.

    Ibid. tom. x. col. 373.

17. De quantitate animæ, cum prologo. fol. 149.

    Ibid. tom. i. col. 401.

18. De natura animæ ad Renatum, cum prologo. fol. 161.

    Ibid. tom. x. col. 337.

19. De duabus animabus. fol. 167.

    Ibid. tom. viii. col. 75.

20. De Genesi ad literam, prævia Retractatione. fol. 173.

    Ibid. tom. iii. col. 93.

    Desinit in verbis, " quod dictum est ad imaginem."

21. De Genesi adversus Manichæos libri duo, cum prologo. fol. 180 b.

    Ibid. tom. i. col. 645.

22. De libero arbitrio libri duo. fol. 194.

    Ibid. tom. i. col. 569.

23. De vera religione. fol. 211.

    Ibid. tom. i. col. 747.

24. De magistro dialogus. fol. 224 b.

    Ibid. tom. i. col. 539.

25. De musica liber vi. cum Retractatione. fol. 232.

    Ibid. tom. i. col. 511.

26. De ordine libri duo, prævia Retractatione. fol. 241 b.

    Ibid. tom. i. col. 315.

27. Contra Academicos ad Romanianum libri tres. fol. 254 b.

    Ibid. tom. i. col. 250.

28. De beata vita, prævia Retractatione. fol. 269 b.

    Ibid. tom. i. col. 297.

29. Soliloquiorum libri duo, prævia Retractatione. fol. 275.

    Ibid. tom. i. col. 355.

30. De moribus ecclesiæ catholicæ. fol. 286.

    Ibid. tom. i. col. 587.

31. De moribus Manichæorum. fol. 297.

    Ibid. tom. i. col. 687.

    Sequitur tabula tractatuum.

XXXVII.

Codex membranaceus, in folio, ff. **380**, sec. xiv. ineuntis, binis columnis exaratus.

S. Augustini opuscula varia; scilicet,

1. De virginitate genitricis Dei ad Volusianum epistola. fol. 1.

   Tit. " De virginitate genitricis incipit epistola Augustini ad Volusianum."

   Exstat impress. inter opera, tom. ii. col. 401.

2. Liber de bono conjugali. fol. 4.

   Exstat ibid. tom. vi. col. 319.

3. De adulterinis conjugiis libri duo. fol. 10.

   Ibid. tom. vi. col. 387.

4. De decem chordis sermo. fol. 20.

   Ibid. tom. v. col. 48.

5. De nuptiis et concupiscentiis ad Valerium libri duo, cum prologo. fol. 25.

   Ibid. tom. x. col. 279.

6. De symbolo sermones quatuor ad Catechumenos. fol. 43.

   Ibid. tom. vi. col. 547.

E

7. De gratia Christi et peccato originali contra
   Pelagium libri duo. fol. 59.
   Ibid. tom. x. col. 229.
8. De sancta Virginitate. fol. 74.
   Ibid. tom. vi. col. 341.
9. De inhonestate mulierum et familiaritate.
   fol. 84.
   Ibid. tom. v. App. col. 488.
10. De antichristo. fol. 85.
    Ibid. tom. vi. App. col. 243.
11. De duodecim gradibus abusionis. fol. 86 b.
    Ibid. tom. vi. App. col. 211.
12. De disciplina Christianorum. fol. 90.
    Ibid. tom. vi. col. 581.
13. De visitatione infirmorum libri duo. fol. 93.
    Ibid. tom. vi. App. col. 253.
14. De igne purgatorio sermo. fol. 97.
    Ibid. tom. v. App. col. 185.
15. De S. Josepho sermo. fol. 98.
    Ibid. tom. v. App. col. 35.
16. De cantico novo sermo. fol. 99.
    Ibid. tom. vi. col. 590.
17. Liber Annotationum in Job. fol. 101 b.
    Ibid. tom. iii. col. 625.
18. De oratione Dominica sermo. fol. 121 b.
    Ibid. tom. v. col. 322.
19. De perjurio sermo. fol. 124 b.
    Ibid. tom. v. col. 859.
20. De eleemosyna sermo. fol. 127.
    Ibid. tom. v. col. 1496.
21. De excidio urbis. fol. 129.
    Ibid. tom. vi. col. 622.
22. De gaudiis electorum et pœnis reproborum
    sermo. fol. 131 b.
    Ibid. tom. vi. App. col. 159.
23. De vita Christiana liber ad sororem suam.
    fol. 133 b.
    Ibid. tom. vi. App. col. 183.
24. De præsentia Dei. fol. 137 b.
    Ibid. tom. ii. col. 678.
25. De ecclesiasticis dogmatibus, prævia capitulo-
    rum tabula. fol. 141 b.
    Ibid. tom. viii. App. col. 75.
    In calce, " Explicit liber dogmatis in Christo
    Jesu Domino nostro."
26. De libero arbitrio libri tres. fol. 145.
    Tit. " Aurelii Augustini liber incipit, qui
    appellatur ' Unde Malum.'"
    Ibid. tom. i. col. 569.

27. Soliloquiorum libri duo. fol. 171.
    Ibid. tom. i. col. 355.
28. De Musica Liber sextus, cum prologo. fol. 182.
    Ibid. tom. i. col. 511.
29. De correptione et gratia ad Valentinum mo-
    nachum. fol. 191 b.
    Ibid. tom. x. col. 750.
30. De natura boni, cum prologo. fol. 202.
    Ibid. tom. viii. col. 502.
31. De videndo Deo ad Paulinam. fol. 208.
    Ibid. tom. ii. col. 473.
32. De falsis articulis sibi impositis. fol. 216.
    Ibid. tom. x. App. col. 204, Prospero Aqui-
    tano adscriptus.
33. De gratia et libero arbitrio. fol. 218.
    Ibid. tom. x. col. 718.
34. De beata vita, seu de vera religione. fol. 225 b.
    Ibid. tom. i. col. 747.
35. Ad Orosium de sexaginta quinque quæstioni-
    bus. fol. 241.
    Ibid. tom. vi. App. col. 7.
36. De natura et gratia. fol. 247 b.
    Ibid. tom. x. col. 127.
37. De prædestinatione sanctorum. fol. 260 b.
    Ibid. tom. x. col. 789.
38. De vera et falsa pœnitentia. fol. 270.
    Ibid. tom. vi. App. col. 231.
39. De pœnitentiæ medicina. fol. 276 b.
    Ibid. tom. v. col. 1350.
40. Hypomnesticon contra Pelagianos liber. fol.
    281 b.
    Ibid. tom. x. App. col. 6.
41. De mendacio. fol. 295.
    Ibid. tom. vi. col. 419.
42. Contra mendacium ad Consentinum. fol. 303.
    Ibid. tom. vi. col. 447.
43. Quæstionum veteris et Novi Testamenti liber,
    præviis capitulis. fol. 312.
    Ibid. tom. iii. App. col. 41.
    In calce, " Expliciunt quæstiones Augustini
    de veteri et nova lege."
44. De timore Dei. fol. 377 b.
    Ibid. tom. v. col. 1338.
45. De timore Dei sermones alii duo. fol. 378.
    Ibid. tom. v. col. 1340.
46. De laude caritatis sermo. fol. 380.
    Ibid. tom. v. col. 1348.

In calce, " Explicit sermo Sancti Augustini
de laude caritatis."

Sequitur in fine codicis notitia, " Caucio M.
Ricardi Elyngdon exposita domui scolarium
de Merton in Oxonia pro xx. s. in festo S.
Fredeswyde, anno Domini millesimo ccc°.
quinquagesimo."

XXXVIII.

Codex membranaceus, in folio, ff. 163, sec.
xiv., binis columnis exaratus; ex dono M.
Roberti Wyght, quondam coll. Mert. socii,
anno Domini m.cccc.lxviii.

S. Johannis Chrysostomi in S. Matthæi evangelium homiliæ quinquaginta septem sive opus
imperfectum. fol. 32.

Præcedunt, haud eadem manu,

a. Vocabula, seu dictiones in tabula Crisostomi
quæ sic incip. Abierunt Pharisei, contenta,
de quibus tractatur plus vel minus quid vel
quantum secundum quod habetur in opere
imperfecto. fol. 3.

b. Tabula ejusdem operis alphabetica. fol. 4.

Incip. " Abhominacio desolacionis quadri-
pliciter exponitur, Omel. 57, q. 1."

In calce, " Explicit tabula Crisostomi super opus imperfectum et consequenter subscribitur de quibus vocabulis seu dictionibus in dicta tabula contentis tractatur plus
vel minus quid vel quantum secundum quod
habetur in opere imperfecto."

c. Tabula altera alphabetica ejusdem operis.
fol. 20.

Incip. " Abierunt Pharisei Omelia 37."

In calce, " Explicit tabula S. Johannis
Crisostomi operis imperfecti."

" Qui me complevit non tota nocte quievit."

In fine codicis, " liber magistri Roberti
Wyght, xiiij.s.iiijᵈ."

XXXIX.

Membranaceus, in folio minori, ff. 219, sec.
xiv. exeuntis, binis columnis exaratus; " ex
dono M. Hamundi Haydok, incathenatus in
libraria anno Domini m.cccc.lxviii."

1. S. Augustini, episcopi Hipponensis, opuscula
varia; scilicet,

a. Sermo de S. Latrone; initio mutil. fol. 2.

Incip. in verbis, " nec animam inferni porta

nec corpus tenere potuit ;" in edit. Benedict. tom. v. App. col. 269, E. 10.

In calce, " Explicit sermo S. Augustini de
beato latrone."

b. Sermo de assumptione B. Mariæ Virginis,
cum præfatione. fol. 3 b.

Ibid. tom. vi. App. col. 250.

c. Epistola sive liber de patientia. fol. 6.

Ibid. tom. vi. App. col. 533.

d. De adaptatione decem plagarum contra decem præcepta. fol. 10 b.

Ibid. tom. v. App. col. 42.

e. De conflictu vitiorum atque virtutum. fol. 12.

Ibid. tom. vi. App. col. 219.

f. In S. Johannis epistolam canonicam homiliæ
decem. fol. 18.

Tit. " In hoc volumine continentur Aurelii
Augustini in epistola super Johannem omelie decem."

Ibid. tom. iii. p. ii. col. 825.

In calce, " Explicit tractatus beati Augustini episcopi super epistolam canonicam
Johannis in decem omeliis sive sermonibus
seu tractatibus."

g. De sermone Domini in monte habito libri
duo. fol. 47.

Ibid. tom. iii. p. ii. col. 165.

h. Sermo de laude caritatis. fol. 74.

Ibid. tom. v. col. 1348.

i. De igne purgatorio sermo. fol. 74 b.

Ibid. tom. v. App. col. 185.

k. De pœnitentia sermo. fol. 76.

Ibid. tom. v. col. 1506.

l. De vita æterna sermo. fol. 76 b.

Ibid. tom. v. col. 1338.

m. De timore Domini sermo. fol. 77.

Ibid. tom. v. col. 1340.

n. Liber ad Valentinum monachum de correptione et gratia. fol. 78.

Ibid. tom. x. col. 749.

o. Liber ad Julianum comitem de salutaribus
et nocumentis. fol. 86 b.

Ibid. tom. vi. App. col. 192.

p. Sermo qualiter homo factus est ad imaginem et similitudinem Dei. fol. 99 b.

Cf. ibid. tom. vi. App. col. 293.

q. Enchiridion ' ad Laurentium primicerium
notarium ecclesie urbis Rome de fide et spe
et caritate,'cum capitulorum tabula. fol.102.

Ibid. tom. vi. col. 195.
In calce, " Explicit enchiridion beati Augustini, quem scripsit Laurentio."

r. De vanitate hujus seculi sermo. fol. 120 b.
Ibid. tom. vi. App. col. 292.

s. De bono disciplinæ sermo. fol. 122.
Ibid. tom. vi. col. 581.

2. S. Thomæ Aquinatis de veritatibus theologiæ libri septem, prævia capitulorum tabula. fol. 125 b.
Tit. " Incipit libellus Thomæ Alquini de veritatibus theologie."
Incip. " Veritatis theologice sublimitas."
In calce, " Explicit veritas summarum theologie."

3. S. Augustini sermo de die Pentecostes. fol. 219.
Inter opera, tom. v. col. 1471.

XL.

Codex membranaceus, in 4to minori, ff. 7 et 131, sec. xiii. exeuntis; binis plerumque columnis nitide exaratus.

1. S. Anselmi archiepiscopi Cantuariensis, opuscula varia; scilicet,

a. De concordia præscientiæ et prædestinationis, et gratiæ Dei cum libero arbitrio. fol. 1.
Exstat impress. inter opera, edit. Venet. 1744, tom. i. p. 183.

b. De Incarnatione verbi. fol. 9.
Exstat ibid. tom. i. p. 59, ubi tamen occurrit præfatio quæ deest in Codice.

c. De libero arbitrio, prævia capitulorum tabula. fol. 14.
Ibid. tom. i. p. 174.

d. De similitudinibus. fol. 18.
Tit. " Incipit curatio similitudinum Anselmi, archiepiscopi Cantuariensis."
Ibid. tom. ii. p. 189.

e. Proslogium, cum prologo et elencho capitum. fol. 27 b.
Ibid. tom. i. p. 41.

f. Monologium, præviis epistola ad Lanfrancum, prologo capitulisque. fol. 31 b.
Ibid. tom. i. p. 3.

g. Cur Deus homo, cum prologo et capitulis. fol. 45.
Ibid. tom. i. p. 108.

h. S. Anselmi liber de processione Spiritus Sancti, cum prologo. fol. 59.
Ibid. tom. i. p. 71.

i. De conceptu virginali et originali peccato, cum capitulis. fol. 66.
Ibid. tom. i. p. 143.

k. De casu diaboli, cum capitulis. fol. 72.
Ibid. tom. i. p. 91.

l. De veritate, cum prologo et capitulis. fol. 79.
Ibid. tom. i. p. 162.

2. S. Bernardi, abbatis Clarævallensis, liber de amore Dei. fol. 83.
Exstat impress. inter opera, edit. Paris. 1690, tom. ii. col. 243.

3. Exceptio libri Tullii de amicitia. fol. 90.
Incip. " Amicitiam omnibus rebus humanis anteponatis."

4. S. Bernardi epistola ad Henricum, archiepiscopum Senonensium. fol. 92 b.
Exstat inter opera, tom. i. col. 461.

5. Excerptum de epistola Bernardi. fol. 97 b.
Incip. " Confirmat Deus in vobis bonum."

6. Ejusdem [sive Gul. abbatis S. Theoderici] epistola ad Fratres de monte Dei. fol. 98.
Exstat inter opera, tom. ii. col. 199.

7. Ejusdem de præcepto et dispensatione, ad abbatem Columbensem. fol. 110.
Ibid. tom. i. col. 496.
In calce, " Explicit Bernardus de præcepto et dispensatione."

8. Liber distinctionum de diversis, cum tabula posthabita. fol. 117 b.
Incip. " Quatuor sunt judicia, secundum præscientiam secundum causam."

9. Regula beati Basilii, sive Admonitiones ad filium de militia spirituali. [imperf.] fol. 124.
Incip. " Audi, fili, admonicionem patris tui."
Præmittuntur codici adversaria quædam theologica et ethica, nullius fere momenti.

XLI.

Codex membranaceus, in 4to minori, ff. 118, sec. xiv. ineuntis.

Anonymi cujusdam Flores beati Bernardi, cum præfatione, in libros plures distincti; in calce mutil.
Incip. prol. " Cum non essem alicui exercicio magno opere occupatus."

Tit. operis, " Incipit liber primus excepcionum collectarum de diversis opusculis beati Bernardi, egregii abbatis Clarevallensis."

Incip. " Quis est Deus, qui est, merito quid, nil competencius eternitati."

Deficit in lib. x. cap. ' De diversis nominibus Domini,' in verbis, " oculus in amaritudine morabatur, sed nunc."

Præmittitur notitia, " Istum librum reparaverunt magister Will. Emyldon, M. Ricardus Langstone, M. Thomas Bloxham, M. Ric. Scarburgh, M. Johannes Yonge."

XLII.

Codex membranaceus, in 4to, ff. 172, sec. xv.

1. S. Bernardi, abbatis Clarævallensis, ad Eugenium papam de consideratione libri quinque. fol. 1.

Tit."Bernardus ad Eugenium liber primus."

Exstat impress. inter opera, edit. 1690, tom. i. col. 407.

In calce, " Magister Hamound."

2. [Gulielmi Alverni, episcopi?] Parisiensis, Expositio super Apocalypsin, in capitula viginti duo distincta. fol. 47.

Tit. " Primum Parisiensis super Apocalypsin."

Incip. " Apocalipsis, id est, revelatio Jhesu Christi in Jhesu Christi facta."

Sequuntur,

a. Tabula materiarum alphabetica, cum explicatione annexa.

In calce,

" Laus tibi sit Christe, quoniam liber explicit iste."

b. Tabula altera alphabetica.

XLIII.

Membranaceus, in 4to minori, ff. 83, sec. xiv.; haud una manu nec eodem tempore exaratus.

1. Petri Blesensis de utilitate tribulationis libellus. fol. 2.

Incip. " Utilitas tribulacionis hominis est eo quod illuminat cor."

Cf. opera, ed. 1667, p. 553.

2. S. Augustini tractatuli parvi varii; scilicet.

a. De vera et falsa pœnitentia. fol. 3.

Exstat inter opera, tom. v. col. 1506.

b. De oratione. fol. 4.

Incip. "Quo studio et quo affectu a nobis."

c. De conflictu vitiorum et virtutum, " alias Gregorii." fol. 9 b.

Inter opera, tom. vi. App. col. 219.

In calce, " Explicit liber beati Augustini de conflictu viciorum et virtutum;

Qui scripsit carmen, sit benedictus; Amen."

d. De imagine et similitudine S. Trinitatis. fol. 19 b.

Incip. " Tanta dignitas humane condicionis esse," ut tom. vi. App. 293.

In calce, " Explicit tractatus beati Augustini de ymagine et similitudine Trinitatis."

3. Tractatus Hugonis de S. Victore de tribus, quæ offerre debet homo Trinitati Deo, ut efficiatur ymago Trinitatis. fol. 20 b.

Incip. " Quid retribuam Domini, etc. O homo quid sit bonum."

4. S. Augustini liber de decem plagis. fol. 22.

Exstat inter opera, tom. v. App. col. 42. §. xxi.

In calce, " Explicit liber beati Augustini de 10 plagis.

Qui scripsit carmen, sit benedictus; Amen."

5. Ejusdem tractatulus de timore. fol. 25.

Incip. " Hoc dicimus et hoc docemus, karissimi."

6. Hugonis de S. Victore libellus de duobus modis, quibus diabolus in nobis humilitatem oppugnat, et quomodo defendere debet humilitas contra hos modos. fol. 26.

Incip. " Duobus modis diabolus in nobis;" ut inter opera, tom. iii. fol. 67, tit. clxxi.

7. Roberti Grostete, ep. Lincolniensis, de venenis liber. fol. 27.

Incip. " Racio potissime veneni convenit peccato prioritate originis generalitate."

In calce, " Explicit tractatus de venenis per Lincolniensem episcopum."

———

8. Libellus de celebratione missæ, auctore anonymo. fol. 54.

Incip. " Celebracio misse in commemoracione passionis Christi peragitur."

Desin. " Missæ per acta videntur a Domino esse recepta."

In calce, "Expliciunt quidem. Nomen scriptoris Walterus amator amoris."

Sequuntur,

a. Sermo in istud, 'Faciem vos fieri piscatores hominum.' fol. 68.

Incip. " Nota spiritualiter mundus iste dicitur mare."

b. Notitia de diebus anni periculosis sive infaustis ; *Gallic.* fol. 68 b.

Incip. " Les mestre, qe les ars commencerent."

9. Innocentii papæ III. de expositione missæ liber, præviis prologo et capitulis ; imperf. fol. 69.

Tit. " Tractatus Innocentii III. de exposicione misse et ejus capitulis."

Incip. "Sacerdos celebraturus missarum sollempnia."

Præmittitur codici notitia de codicis contentis et pretio, scilicet vij.ˢ.

XLIV.

Codex membranaceus, in 4to, ff. **177**, sec. xiv., binis columnis exaratus.

1. Fragmentum quæstionis de Intellectu. fol. 1.

2. Tabulæ de modo confitendi, de pœnitentia, peccatis et vitiis, etc. fol. 2.

3. S. Bernardi, abbatis Clarævallensis, liber de reparatione lapsus humani. fol. 10.

Tit. " Bernardus de reparatione lapsus humani."

Incip. " Consideranti diligentius quid sit."

Desin. " qui transiit ex hoc mundo ad Patrem, cui," &c.

4. S. Hieronymi sermo ad Paulam et Eustochium de pœnitentia Theophyli. fol. 46.

Incip. " Factum est priusquam mentio."

5. Summa in foro pœnitentiali brevis et utilis maxime sacerdotibus super hiis notitiam non habentibus. fol. 52.

Incip. " In primis debet interrogare sacerdos penitentem, utrum sciat Pater noster, Credo in Deum, et Ave Maria."

Calci subjicitur, " Summa brevis extracta a summa magistri Reymundi [de Penna forti] fratris Prædicatorum, quomodo penitens debet remitti ad superiorem."

Incip. " Quoniam sepe dubitatur quando penitens."

Desin. " sicut Moyses Amalech non armis sed orationibus expugnavit ; Deo gratiis."

In calce, " Explicit summa in foro penitentiali."

Sequitur tabula capitulorum operum supradictorum.

6. Regula Anachoritarum, in octo partes distincta, præviis capitulis et præfatione. fol. 89.

Incip. præf. " Recti diligunt te ; Cant. i. Verba sunt sponse ad sponsum. Est rectum grammaticum, rectum geometricum, rectum theologicum."

Incip. cap. i. " Omni custodia serva cor tuum, etc. Custodes cordis sunt quinque sensus."

Desin. abrupte in lib. vii. verbis, " ideo non debetis Eukaristiam sumere nisi quindecies in anno." *[a Latin translation of the Ancren Reule (preserved only in this copy)]*

7. [S. Anselmi] Liber, qui dicitur Elucidarium, ad modum dialogi inter magistrum et discipulum, cum præfatione ; in calce mutil. fol. 166.

Exstat impress. inter opera, p. 457.

XLV.

Codex membranaceus, in folio, ff. **195**, sec. xiv. ; binis columnis exaratus.

1. S. Anselmi, archiepiscopi Cantuariensis, opera varia ; scilicet,

a. Monologion, cum præfatione. fol. 3.

Exstat impress. inter opera, ed. Venet. 1744, p. 3.

b. Proslogion ; cum procemio. fol. 23.

Exstat ibid. p. 41.

c. Tractatus contra Insipientem. fol. 29.

Ibid. p. 53.

d. De processione Spiritus Sancti. fol. 33 b.

Ibid. p. 71.

e. De concordia præscientiæ et prædestinationis et gratiæ Dei cum libero arbitrio. f. 46.

Ibid. p. 183.

In calce, " Explicit liber de concordia præscientie et predestinatione et gratia Dei et libero arbitrio."

f. De veritate Dei, cum præfatione. fol. 58.

Ibid. p. 162.

g. De libertate arbitrii, cum capitulis. fol. 65.

Ibid. p. 174.

h. De casu diaboli, præviis capitulis. fol. 71 b.

Ibid. p. 91.

i. De grammatico, ad modum dialogi. fol. 84 b.
Ibid. p. 211.

k. Cur Deus homo libri duo, cum prologo et
capitulis. fol. 91.
Ibid. p. 108.

l. De peccato originali, cum capitulis et prologo.
fol. 117.
Ibid. p. 143.

m. Epistola ad Virgines. fol. 127 b.
Incip. " Omnis actio laudabilis."

2. Johannis Damasceni liber de fide orthodoxa,
Latine redditus a Burgundione Judice, cive
Pisano, cum capitulis. fol. 128 b.

Tit. " Johannis Damasceni, qui Cumanair,
liber incipit in quo est tradicio certa orthodoxe fidei capitulis divisa centum a Burgundione Judice, cive Pisano, de Greco in Latinum domino tercio Eugenio bone memorie
papa translatus."

In calce, " Explicit liber Johannis Damasceni."

3. Quidam parvus tractatus de virtutibus cardinalibus. fol. 191 b.

Incip. " Plotinus inter philosophie profes-
sores cum Platone princeps in libro de virtutibus."

XLVI.

Codex membranaceus, in folio minori, ff. 185,
sec. xii. ineuntis; binis columnis nitide exaratus.

S. Bernardi, abbatis Claraevallensis, sermones
super Cantica Canticorum, numero sex et octoginta, praevia capitulorum tabula.

Tit. " Incipit liber beati Bernardi, abbatis
primi Clarevallis super Cantica Canticorum."

Exstant inter opera, 1690, tom. i. col. 1267.

Praemittitur " Sermo visitatoris vel cujuscunque prelati ad subditos, paucis verbis im-
mutatis vel omissis."

Incip. " Fratres meos quero, Gen. xxxvij.
ubi scribitur quod Joseph penultimus fratrum."

In margine 184 inferiori, " Deo gratias, per-
legitur hic liber anno 1469, 19 die Augusti."

Sequitur, " Collatio de S. Bernardis; incip.
De omni corde suo laudavit Dominum; Eccl.
xlvij. Karissimi ut ait egregius predicator."

XLVII.

Codex membranaceus, in 4to, ff. 284, sec. xv. ;
olim Willelmi Romsey, " quem fieri fecit."

1. Bernardi de Gordonio liber de conservatione
vitae humanae. fol. 1.

Incip. " Secundum intencionem Aristotelis
primo Ethicorum."

In calce, " Explicit liber de conservacione
vite humane editus a magistro Bernardo de
Gordonio, sit nomen Domini benedictum in
secula; Amen."

2. Breviloquium de virtutibus antiquorum principum ac philosophorum. fol. 49.

Incip. " Quoniam misericordia et veritas
custodiunt."

3. Breviloquium de sapientia sanctorum. fol. 68.

Incip. " Cum vani sint omnes homines in
quibus non est."

In calce, " Explicit breviloquium de philosophia sive scientia sanctorum."

4. S. Bernardi, abbatis Claraevallensis, sermones
xvi. in Psalmum xc. Qui habitat. fol. 73.

Exstant inter opera, tom. i. col. 827.

5. Ejusdem tractatulus super Canticum, Magnificat. fol. 105.

Exstat ibid. tom. ii. col. 763.

6. S. Johannis Chrysostomi liber, quod nemo
laeditur nisi a seipso, anonymo [an Ambrosio Camaldulensi] traductore. fol. 109.

Incip. " Scio quod crassioribus in quibus-
que et presentis vite."

Praemittitur Isidori testimonium ex catalogo virorum illustrium de beato Johanne
Chrysostomo.

7. Ejusdem de reparatione lapsi libelli duo, anonymo interprete. fol. 119 b.

Incip. " Quis dabit, etc. Oportunius multo
a me nunc quam tunc."

In calce, " Explicit liber secundus de reparacione lapsi ad Theodorum monachum."

8. Ejusdem epistola ad Theodorum monachum.
fol. 138 b.

Incip. " Si fletus possit et gemitus per
literas nunciari."

9. Ejusdem de compunctione cordis libri duo.
fol. 143.

Incip. " Cum te intueor, beate Demetri."

In calce, " Explicit liber secundus beati Johannis Crisostomi de cordis compunctione ad Stelechinum."

10. Ejusdem sermo de dignitate primi hominis, ' quomodo prelatus fuit omni creature.' fol. 160.

    Incip. " Dignitas humane originis facile."

11. Ejusdem de lapsu primi hominis. fol. 161.

    Incip. " Nemo est qui nesciat in principio."

12. Ejusdem contra eos, qui prævaricationem Adæ imputant Deo, sermones duo. fol. 162 b.

    Incip." In veteri Testamento legimus dixisse."

13. Ejusdem sermo de cœna Domini. fol. 165 b.

    Incip. " Paucis hodie necessarium."

14. Ejusdem sermo de passione Domini. fol. 170.

    Incip. " Hodierna die noster Dominus pependit in cruce."

15. Ejusdem sermo de parasceue. fol. 114 b.

    Incip. " Quid dicam? quod loquar?"

16. Ejusdem sermo de Ninevitarum jejunio in Litania. fol. 117.

    Incip. " Clementissimus omnipotens Deus."

17. Ejusdem sermo de militia Christiana. fol. 180 b.

    Incip. " Omnes homines qui sese student."

18. Ejusdem de muliere mala. fol. 182 b.

    Incip. " Heu me quid agam."

19. Ejusdem super Psalmum l. expositio. fol. 186.

    Incip, " Pictores imitantur arte."

    In calce, " Explicit liber beati Joannis Crisostomi super psalmum 50, Miserere mei Deus."

    Sequitur, *manu altera*, Bernardus de triplici misericordia Domini in eundem Psalmum; incip. " Triplex est misericordia divina, parva, mediocris et magna."

20. Petri Blesensis libellus de utilitate tribulationis. fol. 204.

    Incip. " Utilitas tribulacionis hominis est."

21. Hugonis de S. Victore tractatulus de tribus, quæ offerre debet homo S. Trinitati. fol. 206 b.

    Incip. " Quid retribuam Domino."

22. S. Bernardi epistola ad quandam sanctimonialem in proposito fluctuantem. fol. 207.

    Incip. " Relatum est mihi."

23. S. Ambrosii epistola ad violatorem Virginis. fol. 207 b.

    Est caput ix. libri de lapsu virginis, inter opp. ed. Benedict. tom. ii. col. 315.

24. Roberti Grostete, ep. Lincoln. epistola ad conventum de Messendem pro abbate eligendo. fol. 208.

    Incip. " Cum ministerium cure."

25. [Ejusdem?] sermo de officio pastoris. fol. 209 b.

    Incip. " Natus et educatus et assuefactus."

26. Ejusdem sermo, ejusdem fere momenti. f. 213.

    Incip. " Dominus noster Jhesus Christus."

    In calce, " Explicit sermo ' Dominus Jhesus Christus' secundum Lincolniensem."

27. [Ejusdem?] sermo in istud ' Sacerdotes tui induantur justitia.' fol. 218.

    Incip. " Secundum hoc verbum."

28. Ejusdem sermo in istud, ' Oportet episcopum sine crimine.' fol. 228 b.

    Incip. " Beatus Paulus apostolus discipulum suum Titum."

    Sequitur notitia Petri Blesensis contra usum legum, incip. " Res plena discriminis."

29. Epistola aurea de silentio; fragmentum. f. 238.

    Incip. " Silencium teneas, quia secundum Ysidorum."

30. Secreta S. Hieronymi. fol. 238.

    Incip. " Pensandum quippe est cum jam anima peccatrix."

31. Tractatus de mandatis succinctus. fol. 238 b.

    Incip. " In primis debemus Dominum Deum diligere."

32. Epistola M. Walteri Hilton de utilitate et prærogativis religionis, ' primo directa domino Horsley, e scaccario domini Regis.' fol. 239.

    Incip. " Quia vero ex tenore cujusdam litere."

33. Henrici de Hassia, de Langenstein, epistola ad Edwardum, episcopum Wormacensem, super obitu fratris ipsius. fol. 251.

    Incip. " In medio regni pestilencie."

34. Ejusdem epistola ad C. de Yppelborn eccl. Mogunt. decanum. fol. 255.

    Incip. " Audiens nuper iterum de digniori promocione."

35. Ejusdem epistola ad Johannem de Ebristein, Camerarium Moguntinum. fol. 258.

    Incip. " Benigno vestre caritatis affectui."

36. Francisci de Mayronis de indulgentiis sermo. fol. 263 b.

Incip. "Quodcumque ligaveris, etc. Duos fines ultimos esse futuros."

In calce, "Explicit sermo doctoris Francisci de Maronis de indulgenciis in presencia domini pape et cardinalium."

37. S. Hieronymi tractatus de membris Domini. fol. 270 b.

Incip. "Omnipotens Deus Pater et Filius."

In calce, "Explicit Jeronimus de membris Domini."

38. S. Augustini de agone Christiano. fol. 275.

Incip. "Corona victorie non promittitur," ut inter opera, tom. vi. col. 245.

In calce, "Explicit Augustinus de agone Christiano."

XLVIII.

Codex membranaceus, in 4to, ff. 123, sec. xv. ineuntis, binis columnis nitide exaratus.

1. S. Augustini Hipponensis episcopi epistola ad Julianum comitem. fol. 1.

Exstat inter opera, tom. vi. App. col. 193.

In calce, "Explicit epistola beati Augustini ad Julianum comitem."

2. Expositio articulorum fidei secundum eundem Augustinum. fol. 13 b.

Incip. "Dividitur etiam et distinguitur symbolum."

In calce, "Explicit exposicio articulorum fidei."

Sequitur expositionis in orationem Dominicam fragmentum, incip. "Dominus autem priusquam orationem suam promulgaret."

3. Petri Blesensis, [sive Canonici?] de remediis conversorum opus in partes duo distinctum, prævia epistola ad Ricardum, ep. London. tertium. fol. 17.

Incip. epist. "De mentis solitudine necnon et evangelice paupertatis beatitudine."

Incip. pars. i. "Ipsa humane condicionis qualitas indicet quam longe rebus."

Desin pars altera, "precibus suis animam Petri commendet Deo et Domino nostro Jhesu Christo, cui cum Patre," etc.

In calce, "Explicit Remediarium Conversorum."

XLIX.

Membranaceus, in 4to, ff. 354, sec. xv.

1. Hugonis de S. Victore de archa Noæ libri quinque. fol. 1.

Tit. "Incipit liber primus Hugonis de Sancto Victore de archa Noe."

Exstat impress. inter opera, ed. Venet. 1588, tom. ii. fol. 136 b.

2. Ejusdem de conscientia libellus. fol. 33 b.

Incip. "Domus hec in qua habitamus."

3. Expositio ejusdem super Lamentationes Jeremiæ. fol. 43 b.

Incip. "Quantum ad litteram," ut inter opera, tom. i. col. 75.

4. Ejusdem sermo in istud, Cum esset Jesus annorum duodecim et duo alii. fol. 73.

Incip. i. "Sicut mundus iste dupliciter sicut," ibid. tom. iii. fol. 55.

Sequuntur epistolæ duæ, inscriptæ, a. Fratri R. incip. "Karitas nunquam;" b. Canonicis Lucensibus; incip. "Veni ad vos et inveni Christum."

5. Expositio orationis Dominicæ. fol. 76.

Incip. "Hec autem obsecratio, oratio Dominica vocatur."

6. Devota explicatio ejusdem orationis. fol. 79.

Incip. "Perfectus amor continetur in hoc verbo."

7. Indiculum omnium scriptorum magistri Hugonis de S. Victore quæ scripsit. fol. 81.

Desin. "sed post mortem ejus abbas Geldewinus collegit omnia insimul et fecit quatuor volumina."

8. Hugonis de S. Victore responsio super quinque dubitationibus. fol. 82 b.

Incip. "Insipientem doctus interrogas," ut inter opera, tom. iii. fol. 52 b.

9. Ejusdem de tribus locis, et quid nos in singulis simus vel agamus. fol. 83.

Incip. "Tria sunt loca; Egiptus, desertum," ibid. tom. iii. fol. 57.

10. Ejusdem libellus de judicio veri et boni. fol. 83 b.

Incip. "Spiritalis dijudicat," tom. iii. f. 42 b.

11. Ejusdem de duabus voluntatibus in Christo. fol. 86 b.

Incip. "Queris de voluntate," tom. iii. f. 25.

12. Ricardi de S. Victore, liber de exterminatione mali, super istud, 'Quid est tibi mare quod fugisti.' fol. 92.

Exstat inter opera, 1650, p. 1.

F

13. Hugonis de statu interioris hominis post lapsum, præviis capitulis et prologo. fol. 111 b.
Incip. " Inter hoc amice amici animi."
In calce, " Explicit tractatus de dictis Ysaie prophete super 'Omne caput languidum,' etc.

14. S. Johannis Chrysostomi homilia de muliere Chananæa sub persecutionis figura. fol. 132.
Incip. " Mulier tempestates et inquietudo aeris."

15. S. Augustini liber de vanitate seculi et de die judicii et de pœnis inferni. fol. 137 b.
Incip."Fratres karissimi quoniam timenda."

16. Ejusdem sermo de beato latrone. fol. 145.
Incip. " Ad hoc itaque nobiscum vixit;" cf. inter opera, tom. v. App. col. 269.

17. S. Ambrosii sermo in cœna Domini. fol. 147.
Incip. " Quoniam hodierna die de latrone."

18. S. Augustini libellus de gaudiis electorum et suppliciis damnatorum. fol. 148 b.
Incip. " Tria sunt sub omnipotentis Dei manu," tom. vi. App. col. 159.
In calce, " Explicit liber Aurelii Augustini, doctoris excellentissimi de gaudiis electorum et suppliciis dampnatorum."

19. Ejusdem liber de honestate mulierum. f. 151 b.
Incip. " Nemo dicat, fratres, quod corporibus nostris," tom. v. App. col. 488.
In calce, " Explicit liber beati Augustini de societate et familiaritate mulierum a clericis precipue vitanda, et de eadem materia peropportune scribit beatus Jeronimus ad Oceanum epistola 42, de vita clericorum intitulata, que sic incipit, Sophronius et Eusebius Jeronimus Oceano salutem."

20. Expositio ejusdem quarundam propositionum ex epistola Pauli apostoli ad Romanos. f. 153.
Incip. " Cum presbiter adhuc essem."
Cf. ibid. tom. iii. part. ii. col. 903.
In calce, " Explicit exposicio beati Augustini super capitula epistole ad Romanos."

21. Ejusdem liber de opere monachorum, prævia sententia ex libro Retractationum. fol. 163.
Exstat ibid. tom. vi. col. 475.

22. Ejusdem sermo de Pastoribus. fol. 177 b.
Incip. " Spes tota nostra ;" tom. v. col. 225.

23. Ejusdem sermo de ovibus. fol. 189.
Incip. " Verba que cantavimus continent professionem ;" tom. v. col. 248.

24. Ejusdem libri quatuor de concordia evangelistarum, prævia Retractatione. fol. 201.
Incip. " Inter ipsas omnes divinas ;" ut ibid. tom. iii. part. ii. col. 1.

25. Ejusdem liber de laude et utilitate spiritalium canticorum, quæ fiunt in ecclesiæ. fol. 282 b.
Incip. " Dicamus, que nobis Deus donare dignatus."

26. Venerabilis Bedæ, epistolæ sex ; scilicet,

   a. Ad Pleguinum. fol. 285.
   Exstat impress. inter opera, ed. Giles, tom. i. p. 144.

   b. Ad Accam. fol. 288.
   Ibid. tom. i. p. 198.

   c. Ad Helmuualdum de bissexto. fol. 289 b.
   Incip. " Gavisus sum, fateor."

   d. Ad Accam altera. fol. 291.
   Ibid. tom. i. p. 203.

   e. Ad Vuicthedum. fol. 294 b.
   Ibid. tom. i. p. 155.

   f. Ad Egbertum. fol. 296 b.
   Ibid. tom. i. p. 108.

27. Hugonis de S. Victore liber de anima Christi ad Walterum. fol. 301 b.
Incip. " Nuper de Parisius veniens."
Cf. opera, tom. iii. fol. 26.

28. De B. Mariæ Virginis perpetua virginitate, auctore eodem. fol. 306 b.
Incip. " De incorrupta virginitate matris."

29. S. Bonaventuræ liber, qui dicitur, Breviarium. fol. 315.
Exstat impress. inter opera, tom. vi. p. 5.
In calce, " Expiicit fratris Bonaventure Breviarium."

30. Homilia in istud, ' Hora est e somno surgere.' fol. 350.
Incip. " Fratres si contingeret."
Sequuntur fragmenta ex libris quibusdam ecclesiasticis notis instructa musicalibus."

L.

Codex membranaceus, in folio, ff. 263, sec. xv.

1. S. Hieronymi tractatulus de decem tentationibus, quibus tentaverunt filii Israel Dominum. fol. 1.
Incip. " Hec sunt verba que locutus est Moyses ;" ut in edit. Vallars. tom. iii. col. 741.

2. Ejusdem super cantica Deboræ uxoris Baruch commentum. fol. 2.
   Incip. "Barak vir, Debbora prophetes fuisse;" ibid. tom. iii. col. 745.
3. In Hieremiæ Lamentationes commentarius, eodem auctore. fol. 5.
   Incip. " Et factum est postquam;" ibid. tom. iv. col. 835.
4. Albini, sive Alcuini Flacci Quæstionum liber super librum Geneseos, prævia epistola ad Sigulfum presbyterum. fol. 9.
   Exstat impress. inter opera, 1617, p. 1.
   In calce, " Explicit liber questionum magistri Albini ad Sigulfum presbiterum super librum Geneseos."
5. S. Hieronymi quæstiones sive traditiones Hebraicæ in Genesin. fol. 30.
   Exstant inter opera, ed. Vallars. tom. iii. col. 301.
   In calce, " Explicit liber questionum Hebraicarum Sancti Jeronimi in Genesin."
6. Ejusdem liber de mansionibus filiorum Israel ad Fabiolam. fol. 49.
   Exstat ibid. tom. i. col. 463.
   In calce, " Explicit de mansionibus filiorum Israel."
7. Ejusdem Quæstiones in libros Regum priores duos. fol. 59 b.
   Ibid. tom. iii. p. 755.
   In calce, " Explicit liber beati Jeronimi presbiteri de questionibus Regum."
8. Ejusdem ' de quæstionibus Paralipomenon.' fol. 74 b.
   Ibid. tom. iii. col. 789.
   In calce, " Explicit liber beati Jeronimi de questionibus Paralipomenon."
9. Ejusdem commentarius in S. Matthæi evangelium. fol. 90 b.
   Ibid. tom. vii. col. 1.
10. Sententia ejusdem de essentia et invisibilitate et immensitate Dei, sive de his quæ Deo in scripturis tribuuntur. fol. 174 b.
    Incip. "Omnipotens Deus, Pater et Filius."
11. Tractatus S. Cypriani, episcopi Carthaginensis, de oratione Dominica. fol. 178 b.
    Exstat inter opera, Paris. 1726, p. 204.
12. S. Augustini sermo, Qualiter homo factus est ad imaginem et similitudinem Dei. fol. 187 b.
    Incip. " Tanta dignitas humane;" ut in edit. tom. vi. App. col. 293.

13. S. Basilii, ep. Cæsariensis, Regula. fol. 189.
    Incip. "Audi, fili, admonicionem patris tui," ut inter Paraenet. Vet. Goldasti, p. 181.
    In calce, " Explicit doctrina Sancti Basilii, episcopi Capadocie."
14. Venerabilis Bedæ libellus de ponderibus et mensuris. fol. 198 b.
    Incip. " Beda de ponderibus et mensuris."
15. Tractatus de immortalitate animæ rationalis. fol. 201.
    Incip. " Posse debes ex aliis quod quatuor modis humanis consulitur erroribus."
    Desin. " et affeccionibus totaliter consistit."
16. [Gulielmi de S. Amore,] Parisiensis liber contra exemptos, in capitula viginti sex distinctus. fol. 213.
    Tit. " Incipit liber Parisiensis contra exemptos."
    Tit. cap. i. " Quod exempcio secundum humanos actus contradicat cursui secundum naturales motus."
    Incip. "Augustinus septimo de civitate Dei capitulo tricesimo ait."
    Desin. " habetur quod exempti delinquendo quoddam ad ea, etc."

LI.

Codex membranaceus, in folio, ff. 120, sec. xii., binis columnis bene exaratus.

S. Hieronymi, presbyteri, opera varia, ut sequuntur,

1. Liber de Hebraicis quæstionibus, cum prologo. fol. 1.
   Tit. " Incipit prologus Sancti Jeronimi presbiteri in libro questionum Hebraicarum."
   Exstat impress. inter opera, ed. Vallars. tom. iii. col. 302.
2. De mansionibus filiorum Israel. fol. 24.
   Exstat ibid. tom. i. col. 463.
3. De quæstionibus Regum. fol. 34 b.
   Ibid. tom. iii. col. 755.
   In calce, " Explicit liber beati Jeronimi presbiteri de questionibus regum."
4. De quæstionibus Paralipomenon. fol. 50 b.
   Ibid. tom. iii. col. 789.
5. Eusebii Pamphili de situ et nominibus locorum Hebraicorum in libris S. Scripturæ, in-

terprete Hieronymo cum S. Hieronymi prologo. fol. 66 b.

> Tit. " Incipit liber beati Ieronimi presbiteri
> de distantiis locorum."
>
> Ibid. tom. iii. col. 121.

6. De decem tentationibus filiorum Israel. f. 90 b.

> Tit. " Incipit de decem temptationibus."
>
> Ibid. tom. iii. col. 741.
>
> Sequitur notitia de seu civitatibus ad quas
> homicida fugit.

7. Commentum in Deboræ canticum. fol. 92 b.

> Tit. " Incipit canticum Debbore."
>
> Ibid. tom. iii. col. 745.

8. In Hieremiæ Lamentationes. fol. 95.

> Tit. " Incipiunt lamentationes Jeremie."
>
> Ibid. tom. xi. col. 727.

9. Expositio in alphabetum Hebraicum. fol. 95 b.

> Incip. " Aleph. interpretatur doctrine."
>
> In calce, " Explicit expositio super alfabeto
> Hebreo."

10. Epistola ad Dardanum de generibus musicorum diversis. fol. 99.

> Ibid. tom. xi. col. 202.

11. Epistola ad Rusticum monachum. fol. 99 b.

> Ibid. tom. i. col. 926.

12. De sphæra cœli et de diversis scripturis.
fol. 105 b.

> Incip. " Affirmatur celum rotundum."

LII.

Codex membranaceus, in folio, ff. 83, sec. xv.,
binis columnis exaratus; ' ex dono Ricardi
Fitz-James, Cicestrensis episcopi.'

S. Hieronymi in Hieremiam prophetam commentarius, in libros sex distinctus, cum prologis.

> Tit. " Incipit prefacio Sancti Ieronimi pres-
> biteri in explanacione Ieremie prophete."
>
> Exstat impress. inter opera, tom. iv. col. 835.
>
> In calce, " Ieronimi Eusebii presbiteri Beth-
> leemitici super Ieremiam prophetam liber sex-
> tus, qui et ultimus, explicit."
>
> Præmittitur codici notitia, " Beatus Hiero-
> nymus super Hieremiam prophetam, ex dono
> domini Ricardi Fitz-James, nuper Cicestrensis
> episcopi et custodis istius collegii. Cujus
> anime propicietur Deus; Amen."

LIII.

Codex membranaceus, in folio, ff. 261, sec.
xiv., binis columnis nitide exaratus.

1. S. Bernardi, abbatis Clarævallensis, super
Cantica Canticorum sermones octoginta sex.
fol. 1.

> Tit. " Incipit tractatus beati Bernardi
> abbatis super Cantica Canticorum sermo
> primus."
>
> Exstant impress. inter opera, ed. Paris.
> 1690, tom. i. col. 1267.

2. Ejusdem [potius Gaufridi abbatis] sermo de
colloquio Simonis et Jhesu. fol. 9 b.

> Ibid. tom. ii. col. 284.

3. Ejusdem liber de diligendo Deo. fol. 104.

> Ibid. tom. i. col. 583.

4. Ejusdem [potius Gulielmi abbatis S. Theode-
rici] de amore Dei. fol. 111.

> Ibid. tom. ii. coll. 234—242, 243.

5. Hugonis de S. Victore 'liber de caritate.'
fol. 121.

> Inter opera, tom. ii. fol. 108 b.

6. S. Bernardi liber de xii. gradibus humilitatis
et superbiæ. fol. 123.

> Tit. " Liber beati Bernardi, Clarevallensis
> abbatis, de gradibus ascendendi et descen-
> dendi."
>
> Inter opera, tom. i. col. 357.

7. S. Bernardi sermones plures de tempore; in
calce mutil. fol. 132.

> Tit. i. " Sermones beati Bernardi abbatis
> de adventu Domini et septem circumstan-
> ciis ejus."
>
> Ibid. tom. i. col. 717.
>
> Ult. est in festo S. Michaelis, in edit. cit.
> tom. i. col. 1021.

LIV.

Membranaceus, in folio, ff. 229, sec. xiv., binis columnis exaratus.

S. Bernardi, abbatis Clarævallensis, opera varia;
scilicet,

1. Meditationes. fol. 1.

> Exstant impress. inter opera, 1690, tom. ii.
> col. 318.

2. Sermones super Cantica Canticorum, numero
octoginta septem. fol. 9 b.

> Exstant ibid. tom. i. col. 1267.

3. Super evangelium ' Missus est' sermones quatuor. fol. 170.
    Tit. " Prefacio Bernardi abbatis super evan-
    gelium missus est Gabriel exposicio."
    Ibid. tom. i. col. 732.
4. De consideratione ad Eugenium papam libri
quinque. fol. 182 b.
    Tit. " Incipit liber Bernardi abbatis Clare-
    vallis de consideracione ad Eugenium pa-
    pam."
    Ibid. tom. i. col. 407.
5. De diligendo Deo ad Haimericum cardinalem.
fol. 208 b.
    Tit. " Incipit liber Bernardi abbatis Clare-
    vallis de diligendo Deo."
    Ibid. tom. i. col. 583.
6. Liber de præcepto et dispensatione. fol. 217.
    Tit. " Incipit liber Bernardi abbatis Clare-
    vallis de precepto et dispensacione."
    Ibid. tom. i. col. 496.

LV.

Codex membranaceus, in folio, ff. 263, sec.
xiv. ineuntis, binis columnis exaratus.

1. S. Augustini de S. Trinitate libri quindecim,
cum notulis marginalibus; prævia sententia
ex libro Retractationum, et ad Aurelium papam epistola. fol. 2.
    Tit. " Incipit liber primus beati Augustini
    de Trinitate."
    Exstant inter opera, tom. viii. col. 749.
2. Ejusdem de civitate Dei libri viginti duo.
fol. 80.
    Tit. " Incipit primus liber Augustini de
    civitate Dei."
    Exstant ibid. tom. vii. col. 1.
    Præcedit tabula materiarum ' per vocales.'
    Sequitur librorum catalogus, quos edidit
    S. Augustinus.
3. Ejusdem liber de quantitate animæ. fol. 232 b.
    Ibid. tom. i. col. 401.
    In calce, " Explicit liber de quantitate
    anime."
4. Orosii ad Augustinum quæstiones, numero
sexaginta quinque cum responsibus. f. 243.
    Tit. " Incipit liber questionum Orosii ad
    Augustinum."
    Ibid. tom. vi. App. col. 7.
    Sequitur fragmentum prologi ad solilo-
    quiorum libros duo.

5. S. Augustini liber de hæresibus. fol. 250.
    Tit. " Liber beati Augustini de heresibus."
    Ibid. tom. viii. col. 2.
    Sequitur index materiarum ad S. Augustini
    libros, olim in codice nostro contentos, quo-
    rum plures, ut patet ex indice præmisso, ho-
    die desiderantur.
    Occurrunt in fol. 261 verso notitiæ, qua-
    rum prior, "Caucio J. Woode, Willelmi Ly-
    nam et Nicolai Wreyzth, exposita in cista
    Exonie anno Domini mº. ccccº. lº. xxiiij. die
    Marcii et habet supplementum, scilicet pe-
    ciam stantem cum coopertura et aquila et
    aquila in supremum et pondus xxv. unciarum
    et dimid. et jacet pro c. solidis."
    Quatuor aliæ spectant ad cautiones simi-
    les per eosdem expositas diversis annis, et
    deinde, " Memoriale fratris Thome de Barne-
    by pro quatuor decem solidis."

LVI.

Codex membranaceus, in folio majori, ff. 467,
sec. xiii. exeuntis binis columnis exaratus;
ex legato M. Henrici de la Wyle, quondam
cancellarii Sarum et coll. Merton. socii.

S. Gregorii Papæ I. magni moralium super Job
libri triginta quinque prævia ad Leonardum
præfatione.
    Exstant impress. inter opera, tom. i. col. 1.
    In calce, " Moralia beati Gregorii pape urbis
    Rome in librum Job per contemplationem
    sumpta expliciunt."

LVII.

Membranaceus, in folio majori, ff. 248, sec.
xiv., binis columnis exaratus.

1. S. Gregorii magni moralium super Job libri
decem priores. fol. 1.
    In calce, " Explicit prima pars moralium
    beati Gregorii pape super Job."
2. Ejusdem in Ezechielem prophetam libri duo.
fol. 129.
    Exstant inter opera, tom. ii. col. 1273.
    In calce, " Explicit liber secundus Ome-
    liarum B. Gregorii pape urbis Rome super
    extremam partem Ezechielis prophete."
3. Ejusdem liber de cura pastorali. fol. 216.
    Exstat ibid. tom. ii. col. 1.
    In calce, " Explicit liber pastoralis."

LVIII.

Codex membranaceus, in folio majori, ff. 250, sec. xiv., binis columnis exaratus.

S. Gregorii Papæ I. moralium super Job pars secunda, scil. lib. xi. ad finem inclusive.

Tit. " Incipit liber undecimus moralium S. Gregorii pape urbis Rome in librum Job, id est, pars secunda."

Exstat inter opera, tom. i. col. 365.

LIX.

Membranaceus, in folio majori, ff. 192, manu Johannis Reynbold, de Monte Ornato, anno 1455 nitide exaratus.

Johannis Duns Scoti super sententiarum P. Lombardi librum primum quæstiones, sive opus Parisiense.

Incip. " [Cir]ca prologum libri sententiarum primo queritur utrum Deus sub propria racione," etc. "Videtur quod non. Omne scibile habet conceptum alium," ut inter opera, ed. 1639, tom. xi. p. 1., qua cum editione tamen minimum habet consensum.

Des. " sed hoc pertinet tantum ad voluntatem divinam comprehendere finem suum, qui est beatitudo sua, ad quam nos perducat," etc.

In fine, " Explicit lectura doctoris subtilis in universitate Parisiensi super primum librum sentenciarum, scilicet doctoris Johannis Duns nati in quadam villicula parochie de Emyldon, vocata Dunstan, in comitatu Northumbriæ, pertinentis domui scolarium de Merton-halle in Oxonia et quondam socii dicte domus. Scriptum per me Johannem Reynbold de Monte-Ornato, anno Domini milessimo cccc.lv."

Sequitur tabula distinctionum et questionum super primum librum sentenciarum in opere Parisiensi.

LX.

Membranaceus, in folio majori, ff. 239, anno 1451, manu eadem ac præcedens codex, nitide exaratus; ex dono Thomæ Bloxham, Med. Doct.; initio mutil.

Johannis Duns Scoti in sententiarium librum primum quæstiones, sive scriptum Oxoniense.

Incip. in verbis, " sumus naturaliter cognoscere distincte quod ille finis sit conveniens nature nostre;" cf. edit. Oxon. Venet. 1612, p. 8.

In calce, " Explicit lectura doctoris subtilis in universitate Oxoniensi super primum librum sentenciarum scilicet doctoris" etc.; ut supra, " scriptum per me Johannem Reynbold, Almanicum de Monte Ornato, anno Domini millesimo cccc.li."

Sequitur tabula distinctionum et questionum doctoris subtilis super primum librum sentenciarum in opere Oxoniensi.

Præmittitur notitia, " Orate pro anima magistri Ricardi Scardeburgh, sacre theologie professoris, qui istos libros fieri fecit, quos postea magister Thomas Bloxham in medicinis doctor ab eodem emit et huic collegio dedit; orate igitur pro utroque."

LXI.

Codex membranaceus, in folio majori, ff. 222, anno 1452 manu Johannis Reynbold, Alemanni, de Monte Ornato, nitide exaratus; initio mutil.

1. Johannis Duns Scoti super sententiarum librum secundum scriptum Oxoniense. fol. 1.

Incip. in verbis, " persone spirate in natura divina, prius igitur naturaliter quam intellectu."

Desin. " est a Deo, quoniam ex ipso et in ipso sunt omnia, ipsi honor et gloria."

In calce, " Explicit lectura doctoris subtilis in universitate Oxoniensi super secundum librum sententiarum scilicet doctoris Johannis Duns nati in quadam," etc. ut supra, " scripta per me Johannem Reynbold, Almanicum de Monte Ornato anno Domini millesimo cccc.lii."

2. Ejusdem Johannis super librum eundem scriptum Parisiense. fol. 15.

Incip."Utrum primus actus causandi," etc. " Quod non, Ricardus tertio de Trinitate;" ut inter opera, tom. xi. p. 239.

Desin. " tanto plus posteriora dependent ad ipsum, ideo omnia dependent ad Deum, Qui est benedictus in secula seculorum; Amen."

In calce, " Explicit lectura doctoris subtilis in universitate Parisiensi," etc. ut supra.

Sequuntur tabulæ cujusque operis prædicti.

LXII.

Codex membranaceus, in folio majori, ff. 259, anno 1453 manu eadem ac præcedentes nitide exaratus; ex dono Thomæ Bloxham, M. D.

1. Johannis Duns Scoti in sententiarum librum tertium lectura in universitate Oxoniensi habita. fol. 2.

Incip. " Circa incarnacionem, de possibilitate; utrum possibile fuerit naturam humanam, etc. Videtur quod non .... propriis et infinitus non est alicui."

Desin. " Jugum enim meum suave est et onus meum leve; Cui sit laus," etc.

In calce, " Explicit lectura doctoris subtilis in Universitate Oxoniensi super tertium librum sententiarum ;" etc. ut supra.

Sequitur tabula distinctionum et quæstionum.

2. Ejusdem super sententiarum librum eundem (usque ad Distinct. 37. inclusive) lectura Parisiensis. fol. 124.

Incip. " Circa distinctionem primam tercii libri queritur primo utrum sit possibile," etc. " Quod non ; Primo quia actus purus et infinitus non est alteri componibilis."

Desin. " in secundo vero fuit animacio, in tercio fuit incarnacio."

3. Ejusdem in ejusdem libri distinctiones iv.— xvii. inclusive lectura Parisiensis. fol. 231.

Incip. " Utrum beata virgo fuit vera mater Christi. Quod non Damascenus cap. 58 dicit ipsam," ut in edit. cit. tom. xi. p. 437.

Desin. dist. xvii. " oratio exaudita in repetita ;" ibid. tom. xi. p. 485.

In calce, " Explicit lectura incompleta doctoris subtilis in universitate Parisiensi super tercium librum sentenciarum," etc. ut supra.

Sequitur tabula distinctionum et quæstionum.

Præmittitur codici notitia, " Orate pro anima magistri Ricardi Scardeburgh, S. T. P. qui istos libros fieri fecit, quos postea magister Thomas Bloxham in medicinis doctor ab eodem emit et huic collegio dedit; orate igitur pro utroque."

LXIII.

Codex membranaceus, in folio majori, ff. 117, anno 1455 manu eadem exaratus; mutil.

Johannis Duns Scoti super quartum librum sententiarum lectura Parisiensis.

Incip. in verbis schol. in quæst. 4 Distinct. iv., " amoveatur et ponantur ibi folia viridia."

Desin. " Ex hoc patet quod per accidens pena est eterna, quia manet culpa perpetuo."

In calce, " Explicit lectura doctoris subtilis in universitate Parisiensi super quartum librum sententiarum" etc. ut supra, " scriptum per me Johannem Reynbold de Monte Ornato, anno Domini millessimo cccc.lv."

Sequitur tabula distinctionum et quæstionum.

LXIV.

Membranaceus, in folio majori, ff. 5 et 262, anno 1454 manu eadem exaratus; ex dono Thomæ Bloxham M. D.

Johannis Duns Scoti super sententiarum librum quartum lectura Oxoniensis.

Incip. " Samaritanus, etc. De ista saucii sanacione."

Desin. " permanet in eis juste retribucionis dampnacio, a qua nos custodio dignetur, Qui əst benedictus in secula seculorum; Amen."

In calce, " Explicit lectura doctoris subtilis in universitate Oxoniensi super quartum librum sentenciarum," etc. ut supra, " scriptum per me Johannem Reynbold Almanicum de Monte Ornato, anno Domini millesimo cccc.liiii."

Præmittitur notitia, " Orate pro anima magistri Ricardi Scandeburgh," etc. ut supra.

LXV.

Membranaceus, in folio, ff. 154, anno 1456 manu eadem exaratus; mutil.

1. Johannis Duns Scoti quæstiones quodlibetales. fol. 1.

Exstant inter opera, tom. xii. p. 1.

Deficiunt in verbis, " potest aliquis ratiocinare de agendis et ita."

2. Collationes ejusdem sive quæstiones vii.— xxiv. inclusive; utrumque mutil. fol. 66.

Incip. in verbis, " nec debet poni quomodo includit contradictionem."

Deficit in, " necesse esse ergo quocunque posito—."

3. Ejusdem Collationes aliæ Parisienses; initio mutil. fol. 90.

Incip." non esset delectatio, tum quia talis."

In calce, " Explicit collacio Parisiensis doctoris subtilis scripta per me Johannem Reynbold de Monte Ornato, Almanicum, anno Domini millesimo cccc.lvi."

Sequitur tabula quæstionum doctoris subtilis in collationibus Parisiensibus.

4. Ejusdem libri de primo principio capita quatuor; mutil. fol. 111.

Ibid. tom. iii. p. 210.

Deficit in verbis cap. iv. " quia tamen de simplicitate essentiali." in edit. cit. tom. iii. p. 237, col. 1. l. 10.

5. Ejusdem liber de perfectione statuum. fol. 119.

Incip. " Quod status prelatorum ecclesiasticorum."

In calce, " Explicit opus doctoris subtilis intitulatum Duns, de perfectione statuum. Scriptum per me Johannem Reynbold Almanicum de Monte Ornato anno Domini millesimo cccc.lvi."

6. Francisci a Mayronibus quæstio de dominio bonorum apud apostolos. fol. 138.

Incip. " Et videtur quod sic, quia Act. 4, c. dicit Sanctus Lucas, quod erant omnia communia."

In calce, " Explicit questio Francisci de Maronis de dominio apostolorum; scriptum per me," etc. ut supra.

7. Ejusdem Francisci quæstio de subjectione universalis et plenitudinariæ potestatis seu principatus monarchiæ ad hierarchiam. fol. 144 b.

Incip. " Circa quam questionem dicunt civiliste quod princeps."

In calce, " Explicit questio de subjectione," etc. ut supra.

8. Venerabilis Bedæ de duodecim lapidibus Apocalyps. rhythmus. fol. 148 b.

Incip.

" Cives superne patrie.

In Jhesu et civite."

In calce, " Explicit rithmus venerabilis Bede presbiteri de duodecim lapidibus preciosis

qui numerantur in fine Apocalipsis, scilicet capitulo 21."

9. Francisci a Mayronibus sermo de indulgentiis super istud, ' Quodcumque ligaveris super terram,' etc. fol. 149.

Incip. " Duos fines ultimos futuros esse in fine seculi describit beatus Augustinus."

In calce, " Explicit sermo venerabilis doctoris fratris Francisci de Maronis predicatus in assiso tempore indulgenciarum in presencia domini pape et cardinalium de indulgenciis; scriptus per me Johannem Reynbold de Monte Ornato Almanicum, anno Domini millesimo cccc.lvi."

LXVI.

Codex membranaceus, in folio, ff. 257, sec. xiv., binis columnis exaratus.

1. Johannis Duns Scoti super librum primum sententiarum lectura Oxoniensis, cum tabula annexa. fol. 1.

Incip." Utrum homini pro statu" etc. " Omnis positio habens aliquod commune."

Desin. " ordinata est ad finem ultimum, Qui est alpha et o," etc.

2. Ejusdem Johannis in quartum librum lectura Oxoniensis. fol. 121.

Incip. " Samaritanus," etc. " De ista saucii sanatione salubri."

Deficit, in verbis, " hoc autem potest poni duplex in proposito una—"

Sequitur, manu recentiori, " Hic deficiunt decem questiones."

LXVII.

Membranaceus, in folio majori, ff. 217, sec. xv., binis columnis exaratus; ex dono M. Hamundi Haydok, A.D. 1468.

1. Nicolai de Byard distinctiones theologicæ et morales, ordine alphabetico, prævia tabula alphabetica. fol. 5 b.

In calce tab. " Expliciunt capitula distinctionum fratris Nicholai de Byard, quod W."

Incip. " Absconditur malum a dyabolo sub delectacione."

Desin. " Zelatus est Dominus terram suam," etc.

In calce, " Expliciunt distincciones fratris Nicholai de Byard."

2. Gulielmi Parisiensis, ord. Præd. in epistolas Dominicales Postillæ. fol. 93.

Incip. " Hora est jam nos de sompno surgere, etc. Hoc tempus dicitur tempus adventus."

Desin. " quin ornet se crinibus alienis. Explicit."

3. Ejusdem Gulielmi speculum beatorum sive liber de vitiis et virtutibus, cum tabula capitulorum. fol. 170.

In calce tab. " Explicit tabula speculi beatorum tractatus de Parisiensi viciorum et virtutum abbreviati."

Incip. lib. " De viciis et virtutibus auctoritates sacre scripture et sanctorum ac philosophorum."

In calce, " Explicit speculum beatorum."

4. S. Bernardi speculum conscientiæ, sive de interiori domo liber. fol. 196.

Exstat impress. inter opera, 1690, tom. ii. col. 335.

In calce, " Explicit speculum conscientie editum a beato Bernardo ; Deo gracia."

5. Ricardi Rolle, de Hampole, libellus de emendatione vitæ, capitulis duodecim. fol. 211.

Incip. " Ne tardes converti ad Dominum."

In calce, " Explicit libellus de emendacione vite."

6. Liber Johannis Damasceni vocatus Mansur de orthodoxa fide. fol. 216.

Incip. " Deum nemo vidit ;" etc. ut in edit. Le Quien. tom. i. p. 123.

Deficit verbis, " Tempus vero a sub—"

LXVIII.

Codex membranaceus, in folio majori, ff. **302**, sec. xv., binis columnis exaratus.

1. De adoratione latriæ, hyperduliæ et duliæ libellus. fol. 1.

Incip. "Latria est honor soli Deo debitus."

Auctorem fuisse Anglicum liceat conjectare ex eo quod inter auctoritates alias Robertum Grostete Wodefordumque citat.

2. S. Bonaventuræ cardinalis liber qui dicitur Parvum bonum sive incendium amoris. fol. 2.

Tit. " Incipit parvum bonum fratris SS. Bonaventure, quod a quibusdam vocatur meditatio ejus."

Exstat inter opera, tom. vii. col. 197.

3. Liber de natura rerum, avium scilicet, bestiarum, lapidum pretiosorum, etc. ordine alphabetico. fol. 6.

Incip. " Julius Silvius dicit quod Aquila, que acuti luminis dicitur."

Citantur Isidorus, Albertus magnus, [Barthol. a Glanvilla] liber de proprietatibus rerum, Historia Israelitana, S. Ambrosius aliique Patres, cum multis aliis.

Sequitur index materiarum alphabeticus.

4. De vita apostolica libellus, sive defensio ordinis prædicatorum contra impugnatores. fol. 17 b.

Incip. " Quia quidam emuli nostri impugnant in nos dicentes, quod ordo prædicatorum non servet formam apostolorum."

In calce, " Explicit vita apostolica."

5. Thomæ Palmeri, sive Palmarii, ord. Præd. de adoratione imaginum libellus. fol. 18 b.

Incip. " Numquid Domini nostri crucifixi et beate Marie ac reliquorum sanctorum."

In calce, " Explicit tractatus de adoracione ymaginum secundum Thomam Palmer, fratrem prædicatorem et professorem theologie."

6. Ejusdem de originali peccato. fol. 23 b.

Tit. " Tractatus de originali peccato secundum Palmer ut dicitur."

Incip. "Ego cum sim pulvis et cinis loquar."

In calce, " Explicit Palmer de peccato originali."

7. De peregrinationibus libellus, in quo arguitur de favore Dei speciali erga ecclesiam Cantuariæ. fol. 29.

Incip. " In materia peregrinacionis dicendum."

In calce, "Explicit materia perigrinacionis."

8. Roberti Alyngton determinatio de adoratione imaginum. fol. 32.

Incip. " Pro materia de adoracione ymaginum."

In calce, " Explicit determinacio M. Roberti Alyngton de adoracione ymaginum."

9. Tractatulus de judiciis astrorum secundum Thomam de Aquino. fol. 40.

Incip. " Quia petisti ut tibi scriberem an liceret."

10. De observatione sabbati tractatulus. fol. 40.

Incip. " Quia de tercio precepto prime tabule."

Citantur SS. Augustinus, Thomas Aquinas, Alex. Ales, aliique.

G

11. Auctoritates de diversis ex SS. Bibliis collectæ ab anonymo quodam, et ordine alphabetico dispositæ, cum prologo. fol. 42.

Incip. prol. " Tanta pollet excellentia predicacionis."

Incip. opus, " Abstinentia et jejunium ; precepit Dominus Ade Ge. ex omni ligno paradisi."

In calce, Index vocabulorum alphabeticus.

12. Roberti Grostete, episcopi Lincolniensis, de venenis liber. fol. 64 b.

Incip. " Racio veneni potissime convenit."

In calce, " Explicit tractatus de venenis et ejus remediis."

13. Ricardi Rolle, heremitæ de Hampole, tractatus qui vocatur Stimulus conscientiæ. fol. 74 b.

In calce, " Explicit tractatus qui vocatur stimulus conscientiæ secundum Hampole."

14. Ejusdem libellus de emendatione vitæ sive de regula vivendi. fol. 88 b.

In calce, " Expliciunt xii. capitula Ricardi heremite de modo vivendi in vita contemplativa."

15. [Ejusdem?] Commentum in istud, 'Placebo Domino in regione vivorum.' fol. 95 b.

Incip. " I shall please my Lorde by worching in the regioun of them that be lyvyng. Forma placendi Domino notatur Miche sexto."

16. [Ejusdem in novem lectiones mortuorum libellus, sive Parvum Job.] fol. 97.

Incip. " Parce mihi Domine, etc.

Lord for thi mercy thou me spare,

Forsothe my dayes to notʒ beth fare.

Ista fuerunt verba beati Job."

Exstat impress. Colon. 1536.

17. Tractatus magistri Johannis Eyton, canonici de Repindano sive de Repington, de usura, ' quem composuit anno Domini 1387, tunc regens Oxoniæ in theologia,' cum prologo. fol. 113.

Incip. prol. " Appropinquante termino mundi hujus."

Incip. lib. " Sicut ejus quod est in se decorum."

In calce excisa sunt folia tria.

Deficit liber in verbis cap. vii. " secundum Parisiensem comparatur usurarius cujusdam——."

18. Quæstiones quas movet [Gul.] Notyngham in scripto suo super evangelia, extractæ secundum ordinem alphabeti per magistrum Johannem Wykham. fol. 121.

Incip. " Abel queritur super primo dicto."

Sequitur tabula lectionum evangelicarum per anni circulum, et in fine, " Expliciunt questiones Notyngham super evangelia."

19. ~~Ricardi~~ Butler, ord. Min. libellus contra SS. Scripturarum translationem Anglicanam ; initio mutil. fol. 202.

Incip. in verbis argumenti primi, " intellexisse scripturam sacram et eam false composuisse."

Desin. " Mee nimium excedente absque inpactivorum verborum misera Christianitate."

In calce, " Explicit determinacio fratris et magistri Willelmi Buttiler, ordinis minorum. regentis Oxonie anno Domini m.cccc. primo."

20. Augustini Triumphi, Anconitani, quæstiones super Canticum Deiparæ, præviis titulis. fol. 205.

Tit. " Incipit tractatus fratris Augustini de Anchona sacre pagine professoris ordinis fratrum heremitarum S. Augustini super magnificat."

Exstant impress. Matrit. 1648.

In calce, " Explicit tractatus fratris Augustini de Anchona," etc. ut supra.

21. Libellus de ecclesiastica hierarchia ex Dionysio Areopagita confectus. fol. 224.

Incip. " Numquid nosti ordinem celi, etc. Secundum beatum Dionisium de ecclesiastica gerarchia ordinata est ad instar."

In calce, " Explicit tractatus de Angelorum secundum beatum Dionisium."

22. Johannis Waldby, ord. Augustin. archiep. Dublinensis, Itinerarium salutis, sive commentarius super orationem Dominicam. fol. 229.

Incip. " Septies in die laudem dixi tibi, Ps. cxviii. Scribitur Eccl. xxxiii. Sic contra malum bonum est."

Desin. " qui dilexit nos et lavit nos a peccatis nostris in sanguine suo; Ipsi gloria," etc.

23. Ejusdem Johannis, quinque homiliæ super quinque verba salutationis angelicæ. fol. 257.

Incip. " Vas electionis Paulus doctor gencium egregius scribens."

In calce, " Expliciunt quinque omelie" etc.
ut supra, " secundum fratrem Johannem
Waldeby, ordinis heremitarum beati Augustini."

24. Ejusdem commentarius super symbolum, prævia epistola ad Thomam, abbatem de S. Al-
bano, et proœmio. fol. 272.

Incip. epist. "Cum in loco sacro Tynmowth,
ubi regis martiris Oswyn sunt ossa venerabi-
liter translata vos ex more visitarem."

Incip. proœm. " Credo Adjuva incredulitatem meam; Marc. Karissimi, consideranti
et superfici aliter."

Incip. expos. " Credo in Deum, etc.   Iste
articulus repellit tres errores."

In calce, " Explicit expositio super symbolum fidei secundum fratrem Johannem Waldeby."

Sequitur tabula materiarum alphabetica, æt
postea vocabulorum.

LXIX.

Codex membranaceus, in folio, ff. 166; sec. xv.

1. [Thomæ Galli,] abbatis Vercellensis, ~~extractio~~ *exp...*
~~seu paraphrasis~~ in quatuor libros Dionysii
Pseudo-Areopagitæ de Cælesti et Ecclesiastica Hierarchia, de divinis nominibus et de
mystica theologia, cum præfationibus. fol. 1.
—118, 124—134 b.

Incip. præf. " Job. xxxix. Nunquam per
sapientiam tuam plumescit."

Incip. opus, " Omne datum bonum; Antiqua translacio habet optimum."

Desin. de mystica theologica, " lumina lu-
minaria, etc. usque proporcionalem partici-
pantibus."

In calce, " Explicit exposicio abbatis Vercellensis de mistica theologia."

In calce expos. de divinis nominibus, " Actum anno gratie m.cc.xlii. v. kal. May."

2. Dionysii Areopagitæ libri supra dicti, *Latine*
versi per Johannem Saracenum, sive Sarrazi-
num, cum ejusdem Johannis prologis. fol. 140
—165 b, 118 b.—119.

Incip. prol. i. " Quoniam prudencie vestre
serenitatem perpendi in libris beati Dionisii."

Incip. text. " Omne datum bonum, etc. sed
cunctus a Patre motus luminis apparicionis
processus ad vos."

Desin. " ab omnibus simpliciter absoluti et
supra tota."

In calce, " Explicit mystica theologia Dionisii Areopagite, episcopi Athenarum."

3. Ejusdem epistolæ decem ad diversos, eodem
interprete. fol. 119.

Incip. i. " Tenebre occultantur lumine et
magis multo lumine."

Desin. ult. " et hiis qui erunt post tetrades."

LXX.

Codex membranaceus, in folio majori, ff. 515,
sec. xv. ineuntis, binis columnis exaratus.

Anonymi cujusdam, [scilicet Johannis Felton,
eccl. S. Mariæ Magdalenæ Oxon. vicarii,] Dictionarium theologicum, vocatum Petra Peregrine, [sive Pera Peregrini,] scilicet, loci communes theologici ex SS. Patribus aliisque collecti et secundum alphabeti ordinem dispositi.

Incip. " Abbas; Cum constitueretur Joseph
super Egiptum, precessit eum preco clamans
juxta Symachium, Ab. quod interpretatur
Pater."

Desin. "Zelotipus,
Mens mala zelotipa se non sinit esse quietam,
Nec spem nec requiem suspiciosus habet; co-
media."

In calce, " Explicit tabula theologie que dicitur Petra peregrine compilata a quodam
monacho novi monasterii anno Domini m.ccc.l.
scripta per magistrum . . Lyneham socium
aule Mertonensis in Oxonia 14...."

LXXI.

Membranaceus, in folio majori, ff. 264, anno
~~1344~~ binis columnis exaratus; ex dono Simonis Lambourne.

Thomæ Bradvardini, sive Bravardini, de causa
Dei contra Pelagium libri tres, prologo, contentorum tabula et ad Mertonenses suos epistolis instructi.

Tit. " De causa Dei contra Pellagium et de
virtute causarum Thome de Bredewardyna,
cancellarii London."

Exstant impress. curante H. Savilio, London.
1618.

In calce, " Explicit istud opus de causa Dei
contra Pelagium et de virtute causarum, vir-

tute Dei cause causarum perscriptum London. anno milesimo trecentesimo quadragesimo quarto Domini Jhesu Christi."

LXXII.

Codex membranaceus, in folio, ff. 261, sec. xiv., binis columnis exaratus.

Thomæ Aquinatis Summæ theologicæ pars prima.
In calce, " Explicit prima pars summe fratris Thome de Aquino, de ordine Predicatorum."
Sequitur tabula quæstionum.

LXXIII.

Membranaceus, in folio, ff. 168, sec. xiv., binis columnis exaratus.

Thomæ Aquinatis Summæ pars prima secundæ partis ; initio mutil.
Incip. in quæst. xx. in verbis, " Sed alia est virtus intellectualis."
In calce, " Explicit expliciat liber ;" et deinde tabula quæstionum, et in fine, " Expliciunt capitula prime partis secunde fratris Tho. de Aquino, ordinis fratrum predicatorum."

LXXIV.

Membranaceus, in folio, ff. 228, sec. xiv., binis columnis exaratus ; " liber domus scholarium de Merton ex legatione M. Thomæ de Staundon, quondam socii."

Thomæ Aquinatis Summæ secundæ partis pars secunda.
In calce, " Explicit secunda pars secunde edita a fratre Thoma de Aquino."
Sequitur tabula quæstionum, et in calce, " Explicit ordo et signacio questionum secunde partis secunde fratris Thome de Aquino."
In fol. ult. scripta est notitia, " Istum librum de novo ligari fecit M. Johannes Burbach, sacre theologie professor."

LXXV.

Membranaceus, in folio, ff. 177, sec. xiv., binis columnis exaratus.

Thomæ Aquinatis Summæ pars tertia, subjuncta quæstionum tabula.
In calce, " Expliciunt capitula tercie partis fratris Thome de Aquino ordinis fratrum predicatorum."

LXXVI.

Codex membranaceus, in folio, ff. 189, sec. xiv., binis columnis nitide exaratus, " ex legatione M. Thome de Staundon."

1. Thomæ Aquinatis Summæ pars prima, prævia capitulorum tabula. fol. 4.
2. Anonymi cujusdam Glossæ in quæstiones aliquas partis prædictæ. fol. 180.
Incip. in quæst. xii. art. 2, " Ista positio videtur Augustino contraria."

LXXVII.

Membranaceus, in folio, ff. 179, sec. xiv., binis columnis exaratus ; olim Thomæ Trillek, ep. Roffens. postea coll. Mert. ex dono Will. Reed, ep. Cicestr.

Thomæ Aquinatis quæstiones xxix. disputatæ de veritate, scientia Dei, etc.
In calce subnectitur tabula quæstionum.
Præmittitur, post notitias de possessione et donatione codicis, " Istum librum fecit de novo ligari magister Ricardus Scardeburgh, oretis igitur pro eo et pro parentibus ejus."

LXXVIII.

Membranaceus, in folio, ff. 153, sec. xiv., binis columnis exaratus ; olim Thomæ Trillek, postea coll. Mert. ex dono Will. Reed, ep. Cicestrensis.

Thomæ Aquinatis de fide catholica contra Gentiles libri quatuor, prævia tabula.
Tit. " Incipit liber de veritate catholice fidei contra errores infidelium editus a fratre Thoma de Aquino, ordinis fratrum predicatorum."
Præcedit notitia, " Liber scolarium de genere venerabilis patris dom. Will. tertii episcopi Cicestrie Oxon. successive studencium, ex dono ven. patris predicti, et per custodem et rectorem domorum de Merton et Stapleton Oxon. vel per earum librarios eisdem scolaribus juxta facultates et merita ipsorum cujusque ad tempus sub cautione juratorum provide liberandus."

LXXIX.

Membranaceus, in folio, ff. 177, sec. xiv., binis columnis exaratus.

Thomæ Aquinatis de veritate catholicæ fidei contra Gentiles libri quatuor, prævia cuique libro tabula.

Tit. " Incipit liber," ut supra.

In calce, " Explicit quartus liber et etiam totalis tractatus de fide catholica contra Gentiles, de Aquino."

LXXX.

Codex membranaceus, in folio, ff. **171**, sec. **xv.**, binis columnis nitide exaratus; " ex donô magistri Henrici Sever, anno Domini **1466**."

Anonymi cujusdam doctoris in S. Johannis evangelium commentarii.

Incip. comment. in S. Hieronymi procemium, " Hic est Johannes apostolus et evangelista; etc. Dividitur ergo pars prima in duas partes, primo enim describit Johannem."

Incip. in text. " In principio erat; hoc evangelium dividitur in quatuor partes, quia primo inducitur persona mediatoris."

Desin. " scripta non ferrent, sed capacitate legencium comprehendi fortasse non possent."

Sequuntur contenta capitulorum summatim expressa.

LXXXI.

Membranaceus, in folio, ff. **141**, sec. **xiv.**, binis columnis exaratus; " ex legatione M. Johannis Stavele."

1. S. Gregorii papæ I. in Ezechielem prophetam homiliæ viginti, prævia ad Marianum præfatione. fol. 1.

Exstant inter opera, tom. i. col. 1172.

In calce, " Explicit liber secundus omeliarum beati Gregorii pape urbis Rome super extremam partem Ezechielis prophete."

2. S. Augustini sermones octoginta novem de diversis. fol. 67.

Incip. i. de verbis Domini 'Penitenciam agite' etc. " Evangelium audivimus et in eo Dominum eos arguentem;" ut inter opera, tom. v. col. 557.

Incip. ult. ' De verbis apostoli Videte quomodo caute ambuletis,' etc. " Apostolorum cum legeretur audistis;" ut ibid. tom. v. col. 803.

LXXXII.

Membranaceus, in folio, ff. **150**, sec. **xiv.** exeuntis.

1. S. Gregorii magni dialogorum libri quatuor. fol. 1.

Exstant inter opera, tom. ii. col. 149.

2. Roberti Grostete, ep. Lincolniensis, de oculo morali liber. fol. 64.

Incip. " Si diligenter voluerimus in lege Domini meditari facillime."

In calce, " Explicit tractatus moralis de condicionibus oculi corporalis."

3. Ejusdem conciones ad clerum suum, prævia narratione de consecratione sua apud Lugdunum anno 1150. fol. 95 b.

Incip. " Anno Domini millesimo quinquagesimo 3 ydus May apud Lugdunum venerabilis pater Robertus Grosthed," ut in Fasciculo rerum expetendarum, tom. ii. p. 250.

In calce, " Finiunt hi sermones quos ad clerum solum modo proposui. Incipiunt et alii sermones quos generaliter ad omnes protuli et primo de virgine gloriosa, omnium vivencium infallibili exemplari. Lovekoc."

4. Ejusdem de cessatione legalium. fol. 106.

Incip. " Fuerunt plurimi in primitiva ecclesia."

Desin. " ad langoris et infirmitatis medicinam, quam nobis concedat, Qui sine fine vivit et regnet; Amen."

Præmittitur, " Precium, xx. s. iii., s. iiij. d. xx. d."

LXXXIII.

Codex membranaceus, in folio minori, ff. **116**, sec. **xii.**; binis columnis nitide exaratus.

S. Gregorii magni de diversis lectionibus evangeliorum homiliæ quadraginta; initio mutil.

Incip. in homil. xii. verbis, " elementa contremiscere, cum eo simul ad nupcias intrare;" in edit. tom. i. col. 1479, A. 9.

In calce, " In hoc codice continentur omeliæ de diversis lectionibus evangeliorum Gregorii papæ urbis Romæ, numero xl."

LXXXIV.

Membranaceus, in folio minori, ff. **142**, sec. **xiv.**; " ex legatione Willelmi Duraunt."

1. Anonymi cujusdam liber, qui dicitur Alphabetum narrationum, cum prologo, in quo asserit auctor se aliud opus sub titulo Alphabetum auctoritatum composuisse. fol. 2.

Incip. prol. " Antiquorum patrum exemplis didici nonnullos ad virtutes fuisse inductos narracionibus edificatoriis."

Incip. opus, "Abbas; Abbas non debet esse nimis rigidus; Anselmus. Quidam abbas semel conferebat cum Anselmo."

Desin. "Zelotipa est mulier de marito habita modica de occasione; supra de uxore, ij."

Sequitur tabula vocum, et deinde epilogus, "Finis huic venit et ecce nunc venit hujus alphabeti finis, Illi gratias qui est a et o, principium et finis. Quem qui hunc librum lecturi sunt orare devote dignentur ut horum compilator, cujus nomen in prologo continetur, eorum orationibus adauctus finem legatum consequi mereatur," etc.

2. S. Gregorii Papæ I. Dialogorum libri quatuor; præviis capitulis et prologo. fol. 80.

Tit. "In Christi nomine incipiunt capitula libri dialogorum."

Exstant inter opera, tom. ii. col. 149.

Præmittitur codici notitia, "Liber Will. Duraunt, legatus domui scolarium de Mertone in Oxon. et liberatus eidem domui per Johannem Wendovere, executorem ejusdem Willelmi Duraunt; orate pro utroque."

LXXXV.

Codex membranaceus, in folio, ff. 157, secc. xiv. et xv., binis columnis exaratus; ex legato M. Jo. Raynham, S. T. P. coll. Mert. socii.

1. Hugonis de S. Victore super Dionysii Areopagitæ cœlestem hierarchiam. fol. 2.

Exstat impress. inter H. de S. Victore opera, Mogunt. 1617, p. 340.

2. Interpretationes nominum Biblicorum. fol. 49.

Incip. "Aat apprehendens vel apprehensio."

3. [S. Bonaventuræ] liber, qui vocatur, Via vel Diæta salutis. fol. 65.

Incip. "Hec est via, etc. Magnam misericordiam facit;" ut inter opera, tom. vi. col. 285.

In calce, "Explicit liber, qui vocatur, Dieta vel via salutis."

4. Tabula operum misericordiæ, peccatorum mortalium, etc., divisiones scilicet pro sermonibus. fol. 107 b.

Incip. "Cecos ad Dominum dirigere."

5. Tabula Nicolai Trivet super allegorias libri Ovidii de transformatis, secundum ordinem alphabeti. fol. 111.

Incip. "Abbas, a monacho veneno occiditur, libro 4. fabula 2."

6. Ejusdem Nicolai moralizatio fabularum Ovidii, sive commentarius super Ovidii metamorphoses. fol. 124.

Incip. "A veritate quidem auditum avertent fabulas ante convertentur."

7. Libellus, qui dicitur Viridarium consolationis, partes v. et octoginta tractatus comprehendens. fol. 154.

Incip. "Vidi bestiam ascendentem."

In calce, "Explicit Viridarium consolacionis."

8. Mauricii, archiep. Rothomagensis, oratio ad B. V. Mariam. fol. 157.

Tit. "Oracio Sancti Maureti Rothomagensis archiepiscopi ad gloriosam virginem."

Incip. "Singularis meriti."

LXXXVI.

Codex membranaceus, in folio, ff. 285, sec. xiv., binis columnis exaratus.

Dionysii Areopagitæ opera cum commento locupletissimo; glossulis aliquot adjectis marginalibus, Latine, scilicet,

1. De cælesti hierarchia. fol. 1.

Incip. prolog. "Nobilitatem quidem et preclarum in diviciis beatissimi Dionisii."

Incip. comment. "Horum qui hunc librum de Greco in Latinum."

2. De ecclesiastica hierarchia. fol. 86.

Incip. comment. "Liber de angelica ierarchia huic libro."

Sequuntur capitula Angelicæ et ecclesiasticæ hierarchiæ sub compendio expressa, cum prologo, incip. "Intenciones et continencias singulorum."

3. De divinis nominibus. fol. 169.

Incip. "Scripturus iste pater beatus Dyonisius, qui labor excedit omnem."

4. De mystica theologia. fol. 276.

Incip. "Mystica theologia est secretissima et non jam per speculum."

LXXXVII.

Codex membranaceus, in folio, ff. 258, sec. xv., binis columnis partim manu Gybbys cujusdam exaratus; olim Ricardi Scardeburgh, S. T. P. postea coll. Mert. ex dono Thomæ Bloxham.

1. Abbreviatio, sive Repertorium Johannis Duns Scoti super primum et secundum sententiarum in opus Parisiense. fol. i.

Incip. i. " Utrum Deus sub propria ratione Deitatis possit esse."

Desin. i. " per modum precepti sic recta est, de ista questione quere alibi."

Incip. ii. " Circa d. primam 2 libri queritur primo, utrum primus actus creandi."

Desin. " in actibus suis ipsa vero nulla in ratione cause, etc."

In calce, " Expliciunt addiciones secundi libri sentenciarum doctoris subtilis seu reportacio ejusdem super 2."

2. Ejusdem quæstio ' Utrum ponentes mundum eternum possint ponere hominem bene fortunatum.' fol. 141 b.

Incip. " Et arguitur quod sic, quia ponentes mundum eternum."

In calce, " Explicit quedam utilis questio de bona fortuna."

3. Quæstio in Distinct. 17 lib. ii. ' Utrum paradisus sit locus conveniens habitationi humanæ.' fol. 144.

Incip. " Quod non quia magister dicit quod Paradisus."

In calce, " Explicit hec questio."

4. Gul. Durandi quæstio, utrum theologia sit practica vel speculativa. fol. 145.

Incip. " Videtur quod sit speculativa."

In calce, " Quæstio Durandi in prologo primi libri sentenciarum."

5. Abbreviatio seu Repertorium ejusdem doctoris subtilis super quatuor libros sententiarum, in opus Oxoniense. fol. 147.

Incip. " Circa prologum libri sentenciarum queritur utrum homini pro statu isto."

Desin. " Ad quod gaudium Christus Dei filius nos perducat sollercius; Amen."

In calce, " Quod Gybbys."

In initio codicis, " Orate pro anima magistri Ricardi Scardeburgh sacre theologie professoris, qui istum librum fieri fecit, quem postea magister Thomas Bloxham in medicinis doctor ab eodem emit et huic collegio dedit; orate igitur pro utroque."

In paginæ primæ calce notatur, " Cum isto libro concordant liber de Theukysbury, et liber Bedon (?) et liber de abbathiæ Gloverine, quem librum habet dominus Walterus; et liber Abyndon, quem habet Asshyndene."

LXXXVIII.

Codex membranaceus, in folio, ff. 123, sec. xii., binis columnis nitide exaratus; ex legatione M. Joh. Raynham.

1. Ivonis, ep. Carnotensis, [potius Hugonis Floriacensis,] chronicorum Franciæ regum libri sex. fol. i.

Tit. " Incipiunt excerpta Ivonis episcopi Carnotensis, in primis de gestis quorundam regum Assyriorum et de gestis omnium Romanorum imperatorum et ad ultimum de Karolo Magno et ejus filio Ludovico pio."

Exstant impress. Westphal. 1638.

2. Bedæ Chronica, a creatione mundi ad Leonem, III. sive de sex ætatibus mundi. fol. 101.

Tit. " Incipiunt chronica venerabilis Bede presbiteri."

In calce inseruit manus recentior excerpta varia ex constitutionibus aliquibus papalibus, incip. " Licet de vitanda discordia in electione Romani pontificis."

LXXXIX.

Membranaceus, in folio, ff. 301, sec. xv., binis columnis nitide exaratus; "ex dono Ric. Fitz-James, nuper episc. Cicestr. et custodis istius collegii."

Raymundi Lullii opera varia; scilicet,

1. Disputatio heremitæ et Raymundi super aliquibus dubiis quæstionibus sententiarum M. Petri Lombardi, cum tabula annexa. fol. i.

Incip. " Raymundus Parisius studens."

2. Declaratio per modum dialogi contra aliquorum philosophorum et eorum sequencium opiniones erroneas damnatas a venerabili patre episcopo Parisiensi. fol. 109.

Incip. " In quadam silva juxta Parisius."

Deficit in verbis, " et attingeret intelligibilem remotum"—

3. R. Lullii liber de lumine. fol. 159.

　　Incip. "Quoniam intellectus multiplicat."
　　In calce, "Ad honorem Dei finivit Ray-
　　mundus librum de lumine in Monte Pessulano
　　mensis Novembris m.ccc.iij." etc.

4. De anima rationali. fol. 180.

　　Incip. "Quoniam anima rationalis est."
　　In calce, "Finitus fuit iste liber Rome in
　　civitate per magistrum Raymundum anno
　　incarnationis Domini nostri Jhesu Christi
　　millesimo ducentesimo nonagesimo tercio,"
　　etc.

5. Dialogus de articulis fidei, interlocutoribus fide
et intellectu. fol. 239.

　　Tit. "Dyalogum magistri Raymundi theo-
　　logi."
　　Incip. "Theologorum studia januam."

6. De naturis rerum; mutil. fol. 262.

　　Incip. in verbis cap. de vi flammæ, "intel-
　　ligendo alioquin voluntas scientiam genera-
　　ret sine intellectu."

XC.

Codex membranaceus, in 4to, ff. 216, sec. xv.;
ex dono Thomæ Gaugge, coll. Mert. socii.

1. Johannis Duns Scoti quodlibeta, quæstiones
viginti unam comprehendentia. fol. 2.

　　Tit. "Quodlibet doctoris subtilis."
　　Exstant inter opera, tom. xii. p. 1.
　　In calce, "Explicit quodlibeta D. S."

2. Ejusdem liber de primo principio. fol. 131.

　　Tit. "Doctor subtilis de primo principio."
　　Incip. "Primum verum principium mihi
　　ea credere," ut ibid. tom. iii. p. 210.
　　In calce, "Explicit primus tractatus J.
　　Scoti de primo principio."

3. Ejusdem libellus de cognitione Dei. fol. 147.

　　Tit. "Doctor subtilis de cognicione Dei."
　　Incip. "Quia supprema cognicio nobis."
　　Cf. ibid. tom. iii. p. 431.

4. Ejusdem Collationes Parisienses. fol. 155.

　　Incip. "Utrum sit tantum una prudentia;"
　　ut ibid. tom. iii. p. 345.

5. Ejusdem Collationes Oxonienses. fol. 200.

　　Tit. "Collationes Oxon. secundum docto-
　　rem subtilem et sunt collationes 3, 5, 25."
　　Incip. "Utrum cum simplicitate persone,"
　　ut ibid. tom. iii. p. 393.

XCI.

Codex membranaceus, in 4to, ff. 131, sec. xiv.
exeuntis, binis columnis exaratus; "legatus collegio de Merton halle Oxonie per
Willelmum Duffeld, nuper socium."

Scriptum fratris Roberti Cowton super quatuor
libros sententiarum abbreviatum per magistrum Ricardum Sneddesham.

　　Incip. "Utrum habitus theologie sit forma
　　simplex per abnegationem corporis."
　　Desin. "discere faciat, Qui trinus et unus
　　vivit et regnat; Amen."
　　In calce, "Explicit scriptum super 4 libros
　　sentenciarum fratris Roberti Cowton."

XCII.

Membranaceus, in folio, ff. 236, sec. xiv. exeuntis, binis columnis exaratus; "ex dono
M. Walteri Ramesbury, incept. in theologia
precentorisque in ecclesia Herfordensi, ac
quondam prefate domus consocii."

Roberti Cowton super secundum, tertium et
quartum sententiarum.

　　Incip. "Circa distinctionem primam secundi
　　libri."
　　Desin. "discere faciat, Qui cum Deo Patre
　　et Spiritu Sancto vivit et regnat; Amen."
　　Sequitur tabula quæstionum libri quarti.

XCIII.

Membranaceus, in folio, ff. 190, sec. xiv. exeuntis, ex dono Walteri Ramesbury, ut
supra.

Roberti Cowton super primum librum sententiarum commentarius, cum tabula annexa.

　　Incip. "Sicut dicit beatus Ambrosius super
　　epistolas Pauli in principio rerum."
　　Desin. "recipitur in subjecto secundum dic-
　　tum modum."
　　In calce codicis sunt notitiæ de cautionibus
　　MM. Walteri Ramesbury et Simonis Ban-
　　bury in cistis expositis anno 1382.

XCIV.

Membranaceus, in folio, ff. 8 et 406, sec. xv.,
binis columnis exaratus; ex dono M. Henrici Sever, custodis, anno 1468.

Raymundi (de Pennaforti?) Ord. Præd. "tractatus de diversis materiis predicabilibus ordinatis et distinctis in vij. partes secundum vii. dona Spiritus Sancti et eorum effectus, currens per diffinitiones materiarum per causas et effectus, refertus auctoritatibus et rationibus et exemplis diversis ad edificationem pertinentibus animarum;" cum prologo, aliisque prolegomenis.

Incip. prol. " Quoniam multi multipliciter, subtiliter et utiliter, elaboraverunt auctoritates diversas."

Incip. pars 1. " Quoniam autem inicium sapiencie est timor Domini."

Desin. " hiis ergo causis mundus est contempnendus et fugiendus."

Sequuntur tituli et capitula et in calce, " Quod merui detur michi nunc quia finis habetur."

In initio et fine codicis fragmenta sunt [Ric. Rolle de Hampole] commentarii in Psalmos, *Anglice.*

Incip. præf. " Grete habundaunce of gostly comfort."

XCV.

Codex membranaceus, in folio, ff. **196**, sec. xiv., binis columnis exaratus; ex legato Roberti Ketrinham, quondam rectoris eccl. S. Gregorii London.

1. Isidori Hispalensis, Ethymologiarum libri viginti, præviis epistolis Isidori et Braulionis mutuis, necnon tabula vocabulorum alphabetica. fol. 9.

    Tit. " Incipiunt libri Ysidori Junioris, Spalensis episcopi ad Braulionem Cesaraugustanum episcopum scripti."

    Exstant impress. inter opera, p. 1.

2. S. Hieronymi epistola ad Marcellam de decem nominibus Dei apud Hebræos. fol. 135.

    Exstat in edit. Vallars, tom. i. col. 128.

3. Ejusdem epistola de gradibus Romanorum. fol. 135 b.

    Incip. " Decanus, qui sit super x."

4. Excerptiones de primo libro Willelmi Parvi, doctoris in theologia et canonici regularis monasterii Novi Burgi, de rebus Anglorum. fol. 136.

    Incip. " Historiam gentis nostre, id est, Anglorum venerabilis presbiter et monachus."

5. Venerabilis Bedæ Historia Ecclesiastica, libris quinque, præviis capitulis et præfatione. fol. 138.

Tit. " Incipit liber primus ecclesiastice historie gentis Anglorum Venerabilis Bede presbiteri ad regem Celwlfum."

Desin. in verbis lib. v. " ecclesia sanctæ institucionis utilia didicit"—

XCVI.

Codex membranaceus, in folio, ff. **270**, sec. xiv., binis columnis nitide exaratus.

1. Thomæ Aquinatis quæstiones disputatæ de veritate, de scientia Dei, etc. numero ducentæ quadraginta novem. fol. 1.

2. Ejusdem quæstiones quodlibetales, numero cxxxiv. ; mutil. fol. 218.

    Tit. i. " Questiones de quolibet fratris Thome. Questio de Deo, angelo et homine."

3. Joh. de Peccham, archiep. Cantuar. quæstiones quodlibetales, numero xxvi. fol. 262. *1279-92*

    Incip. i. De prædestinatione, " Quesita sunt de Deo plura quam ad essentialia et quam ad personalia."

    In calce, tabula omnium quæstionum prædictarum.

XCVII.

Membranaceus, in folio, ff. **111**, sec. xiv., binis columnis exaratus; ex dono Will. Duraunt, quondam coll. Mert. custodis.

Thomæ Aquinatis super primum librum sententiarum commentarius.

Incip. in verbis quæst. viii., " agendum, sed Dyonisius prius agit de bono."

In calce, " Explicit primus liber Thome."

" Est liber hic scriptus, qui scripsit sit benedictus."

Sequitur tabula quæstionum.

XCVIII.

Membranaceus, in folio, ff. **206**, sec. xiv., binis columnis exaratus; ex dono Johannis Gyggard, sive Gygur, quondam custodis.

1. Thomæ Aquinatis super sententiarum secundum librum commentarius. fol. 1.

    In calce, " Explicit."

2. Ricardi de Media-villa, sive Middleton, ord. Minor. Scriptum super primum librum sententiarum. fol. 118.

H

Tit. manu recentiori, " Scriptum super primum sententiarum secundum venerabilem doctorem fratrem Ricardum de Media villa de ordine fratrum minorum."

Incip. " Abscondita produxi ; Hec verba scripta Job xxviii. ad literam de Deo dicta sed secundum allegoricum."

Desin. " mihi tribuat Dominus Jesus Christus, Qui cum Patre et Spiritu Sancto vivit," etc.

Sequitur tabula quæstionum, et in fine, " Expliciunt tituli questionum primi scripti super sentencias fratris Ricardi de Media villa ord. minorum Deo gracias ; Amen."

XCIX.

Codex membranaceus, in folio, ff. 291, sec. xiv., binis columnis exaratus.

Thomæ Aquinatis super sententiarum librum quartum commentarius, posthabita tabula quæstionum.

In calce, " Expliciunt problemata supra quartum sentenciarum secundum fratrem Thomam de Aquino ordinis predicatorum Deo gratias."

C.

Membranaceus, in folio, ff. 202, sec. xiv., binis columnis exaratus.

Gulielmi Occam, ord. Minorum, super sententiarum libros quatuor commentarii.

Exstant impress. Lugd. 1495.

In calce occurrunt versus isti,

" Finito libro sit laus et gloria Christo ;
Ex victu Christi doctori sit benedictio nostri
Si nobis bina, tribuens constat bona vina."

CI.

Membranaceus, in folio, ff. 215, sec. xv. ineuntis, binis columnis exaratus ; ex dono Johannis Wode, quondam archidiaconi Middlesexiæ.

Simonis de Boreston Distinctiones, secundum ordinem alphabeti distributæ.

Incip. " Abjicere ; Secundum auctorem de natura rerum, Columba propter calorem, quem habet."

Desin. " zelus justitiæ, remissio pietas vult videri."

In calce, " Laus tibi sit Christe, quoniam liber explicit iste."

Sequitur tabula vocabulorum, et in fine, " Precium hujus libri xxvi. s. viii. d."

CII.

Codex membranaceus, in folio, ff. 288, sec. xiv., binis columnis nitide exaratus ; olim Alani de Corbryk, postea Thomæ de Farinlawe, et deinde coll. Merton. ex dono Thomæ Bloxham socii.

1. Mauricii, archiepiscopi Thuanensis, Dictionarium S. Scripturæ, ordine alphabetico ; prævia tabula distinctionum, sed mutila.

Tit. tab. " Incipiunt distincciones fratris Maurici de ordine predicatorum."

Incip. " Circa abjectionem nota, qualiter in scriptura sumitur qualiter dividitur ;" ut in edit. impress. Venet. 1603.

Desin. " circa pectora zona aurea, etc. Deo gracias."

In calce, " Explicit liber, Deo gratias ; Amen."

2. Libellus artis prædicatoriæ compositus a fratre Jacobo Fusignani, ord. Præd. fol. 278.

Tit. i. " De quatuor causis divine exhortationis."

Incip. " Oro ut caritas vestra, etc. Omni operi omnique actioni non solum debetur efficiens, quod opus agit."

Desin. " et non tam quam ex uno procedit ; Explicit."

In fronte codicis notatum est, " Liber magistri Thome de Farinlawe ex empto precii quinque marcarum, qui onerat possessorem ut habeat animam magistri Alani de Corbryk in suis orationibus specialiter recommendatam, de quo habuit istum librum ;" et in margine superiori, " Istum librum fecit reparari M. Joh. Burbage sacre pagine professor."

CIII.

Membranaceus, in folio, ff. 256, sec. xiv., binis columnis exaratus, ex dono Thomæ Bloxham socii.

1. [Gulielmi de] Warre sive Waria, sive Veri, ord. Minorum, super sententiarum libros quatuor commentarius. fol. 5.

Incip. " Utrum finis per se et proprius theologie, ut est habitus."

Desin. " tamen patitur a qualitatibus tangibilibus."

In calce, " Explicit, Deo gratias, Waare super 4 libros sentenciarum."

2. Quæstiones aliæ super primum sentenciarum, auctore incerto ; in calce mutil. fol. 212.

Incip. " Posito quod Deus sit hic subjectum."

Sequitur fragmentum tractatus de lege canonica, Qualiter contra reum contumacem procedatur, etc.

Præmittitur fragmentum Digesti Novi.

CIV.

Codex membranaceus, in folio, ff. 143, sec. xiv., binis columnis exaratus ; ex dono Thomæ Bloxham socii.

[Gulielmi] Warre sive de Waria, super sentenciarum libros quatuor commentarii, cum præfatione.

Incip. præf. " Quoniam testante beato Augustino."

Incip. lib. " Utrum finis per se et proprius theologie, ut est habitus."

Desin. " a qualitatibus tangibilibus."

In calce, " Expliciunt questiones quarti."

Præcedit tabula titulorum.

CV.

Membranaceus, in folio, ff. 300, sec. xiv., binis columnis exaratus.

1. Petri de Tharum, ord. Præd. super sentenciarum librum quartum scriptum, cum tabula annexa. fol. 1.

Incip. " Haurietis aquas, etc. In verbis istis duplex effectus sacramentorum, de quo in hoc quarto libro agitur."

Desin. " vita in premio, Joh. xiii. ad quam vitam Ipse," etc.

In calce, " Explicit quartus liber super sententias fratris Patri de Tharum, ordinis predicatorum."

2. [Ejusdem ?] scriptum super sententiarum primum, prævia tabula. fol. 166.

Incip. " Numquid nosti ordinem celi, etc. Verba ista sunt Domini ad beatum Job, ipsum sicut magister."

Desin. " eodem Redemptore, Qui est benedictus in secula ; Amen."

In calce, " Explicit liber primus sentenciarum."

CVI.

Codex membranaceus, in folio, ff. 141, sec. xiv., binis columnis exaratus ; ex dono M. Will. Duffeld, archidiac. Clyvelandiæ, coll. Mert. olim socii.

1. Scriptum venerabilis inceptoris Gul. Occham super primum librum sententiarum. fol. 1.

Exstat impress. in fol. Lugd. 1495.

In calce, " Explicit scriptum fratris Will. de Hocham super primum sentenciarum."

Sequitur tabula distinctionum librorum sententiarum iv.

2. Ejusdem, sive Alphonsi de Portugallia, quodlibetalium fragmentum. fol. 136.

Incip. in verbis quæst. xix. Quodlib. iii. " generatur ex actibus, igitur ex distinctis actibus generantur distincti habitus," et desin. " qui est sub actu contrario."

In calce,

" Nomen scriptoris benedicat Deus omnibus horis, Scribere qui nescit nullum putat esse laborem."

CVII.

Membranaceus, in folio majori, ff. 399, sec. xiv., binis columnis exaratus.

1. Henrici Goëthalis, Gandavensis, quæstiones quodlibetales, cum tabulis annexis. fol. 4.

Exstant impress. Venet. 1613.

In fine tab. " Expliciunt questiones omnium quodlibetalium magistri Henrici de Gandavo, et sunt in universo 427 questiones."

Præmittuntur, Articuli quos Stephanus episcopus Parisiensis " dampnavit et excommunicavit, dogmatizantes, defensantes et sustinentes librum de Deo amoris."

In calce codicis sunt notitiæ de cautionibus expositis a MM. Gilberto Kymer et Thomæ Balsall, annis 1455, seq.

CVIII.

Membranaceus, in folio majori, ff. 334, sec. xiv.; binis columnis exaratus ; liber domus scolarium de Merton Oxon. de emptione, pretii xx. s.

Henrici Goëthalis, Gandavensis, summa quæstionum ordinariarum theologiæ, prævia capitulorum tabula.

Exstat impress. in folio, Paris. 1520.

In calce tabulæ, " Quæstiones in universo ccc.lxxiiij."

CIX.

Codex membranaceus, in folio majori, ff. 342, sec. xiv., binis columnis exaratus.

Gulielmi, seu Guillermi, Altissiodorensis, summa aurea super quatuor libros sententiarum, cum tabula.

Quærenda est tabula in fine libri secundi.

Exstat impress. in folio, Paris. 1500.

CX.

Membranaceus, in folio majori, ff. 415, sec. xiv. exeuntis; binis columnis exaratus.

1. [Gulielmi Durandi, Mimatensis ecclesiæ episcopi,] Rationale divinorum officiorum, libris octo comprehensum, prævia præfatione. fol. 1.

Tit. i. " Liber primus de ecclesia et de ecclesiasticis locis et ornamentis et consecrationibus ac sacramentis incipit."

Incip. præf. " Quicumque in ecclesiasticis officiis, rebus ac ornamentis."

Incip. lib. " Prius est ut de ecclesia et ejus partibus videamus."

Exstat sæpius impressum.

In calce, " Explicit racionale divinorum."

2. Vincentii Bellovacensis de puerorum nobilium eruditione, prævia epistola ad Margaretam Franciæ reginam. fol. 271.

Tit. " De puerorum nobilium erudicione."

Impress. exstat, fol. Basil. 1481.

In calce, " Explicit liber de puerorum erudicione."

3. Ejusdem epistola ad Ludovicum Francorum regem de morte filii consolatoria. fol. 322 b.

Tit. " Specialis consolacio de morte filii."

Exstat impress. ibid.

In calce, " Explicit epistola de morte amici consolatoria."

4. Ejusdem de morali principis institutione epistola, cum prologo ad Ludovicum et Theobaldum regem Navarræ, et capitulis. f. 352 b.

Incip. præf. " Olim dum in monasterio regalis montis."

Incip. lib. " Sicut dicit apostolus ad Romanos cap. xii."

5. S. Bernardi libellus de præcepto et dispensatione. fol. 375.

Exstat inter opera, tom. i. col. 496.

6. Ejusdem ad [Robertum] nepotem suum. fol. 377.

Incip. in verbis, Quoniam huc usque frustratum, tom. i. col. 1, B. 3.

7. Petri Blesensis de periculis prælatorum epistola ad H. abbatem Radingensem. fol. 378 b.

Exstat inter opera, ed. 1667, p. 158.

8. Ejusdem Compendium super Job, prævia ad Henricum II. Angliæ regem epistola. fol. 382.

Exstat ibid. p. 408.

9. [S. Isidori Hispalensis libellus de ortu et obitu SS. Patrum.] fol. 392.

Exstat impress. inter opera, ed. Madrit. 1699, part. ii. p. 139.

10. Liber, qui dicitur, Speculum sacerdotale, sive libellus de ordine missæ. fol. 409.

Incip. " Dicit apostolus ad Ephesios vj. Induite vos armaturam Dei; etc. Hec armatura est vestis sacerdotalis significativa."

Desin. " et ideo dicitur in principio et eciam in fine misse."

In calce, " Explicit ordo misse, qui dicitur Speculum sacerdotale."

CXI.

Codex membranaceus, in folio majori, ff. 251, sec. xiv., binis columnis exaratus; ex dono M. Rob. Wryght, 1468.

Petri Lombardi sententiarum libri quatuor, cum glossulis marginalibus.

In calce, " Explicit liber quartus sententiarum."

Sequuntur, *manu altera*, concordantiæ operis supradicti a Roberto Kylwardby, archiep. Cantuar. editæ, ordine alphabetico.

Incip. " Abraham; Christus in eo fuit decimatus, sicut Levi."

CXII.

Membranaceus, in folio, ff. 168, sec. xv. ineuntis, binis columnis exaratus; " ex dono M. Haymundi Haydok, A. D. m.cccc.lxviii."

1. Roberti Holcothi, sive Holkot, distinctiones super librum Sapientiæ, ordine alphabetico. fol. 6.

Incip. "Abhominabitur autem Deus tales."

Exstant sæpius impressæ.

In calce, " Expliciunt distinctiones Holkot super sapientiam."

Tabulam alphabeticam præmisit manus recentior.

2. Johannis Eyton, de Repingduna canonici, tractatus de usura, quem composuit anno Domini 1387, tum regens Oxoniæ in theologia, cum prologo. fol. 65.

Incip. prol. " Appropinquante termino mundi hujus."

Incip. tractatus " Sicut ejus quod est in se decorum."

In calce, " Explicit tractatus de usura."

3. Compendium literalis sensus tocius divinæ scripturæ editum a fratre Petro Aureoli, ordinis fratrum minorum. fol. 71.

Exstat impress. Paris. 1508, et alibi.

In calce occurrit versus,

" Explicit iste liber . scriptor sit crimine liber."

4. Nicolai de Lyra determinatio de adventu Christi per scripturas Judæorum. fol. 133.

Exstat impress. in 8vo. Francof. 1601.

5. Determinatio ejusdem super illud Isaiæ, ' Ecce virgo concipiet et pariet Filium,' etc. fol. 139.

Incip. " Questio est de conceptione Verbi incarnati ;" ut ibid.

6. Anonymi cujusdam sermones Dominicales super epistolas et evangelia, quæ in ecclesia legi solent. fol. 140.

Incip. i. " Dies appropinquabit ; Dies secundum philosophum est lacio solis super terram."

Ult. est in istud Joh. ' Hic est vere propheta,' et incip. " In hiis verbis de Salvatore nostro dictis."

In calce, " Benedicamus Domino : Deo gracias."

CXIII.

Codex membranaceus, in folio, ff. 233, sec. xiv. ineuntis, binis columnis haud una manu, exaratus ; ex legato Joh. Ryseborw, coll. Mert. socii.

1. Roberti Holcot quæstiones sive quodlibeta super libros sentenciarum. fol. 1.

Tit. " Holcot super sentencias."

Exstant impress. Lugd. 1497, et alibi.

2. Quæstio, [an ejusdem], Utrum præscitus et prædestinatus faciens fructus bonos æternæ vitæ meritorios possit decedere finaliter cum eisdem. fol. 107.

Incip. " Istud dubitatum duo tangit, primum, An facere fructus bonos."

3. Alani de Insulis de complanctu naturæ, partim soluta partim ligata oratione scriptus. fol. 117.

Exstant carmina in Polycarp. Leyseri historia de poetis med. æv. p. 1045.

Incip. prosa, " Cum hac elegiaca lamentabili epilacione."

In calce, " Explicit enchiridion Alani minimi capelle de conquestione nature."

4. Liber qui dicitur Accentuarius, sive de accentuatione syllabarum penultimarum et mediarum. fol. 129.

Incip. " Quia inter sillabarum accentus maxime videtur pro sacre scripture congrua seu debita expressione."

In calce, " Explicit accentarius scriptus anno Domini m.ccc.lxxvii. Cade."

Sequitur notitia de Tessera, in qua citantur Papias, Hugo, et Brito.

5. Ricardi Filii-Radulphi, Armachani, de paupertate Christi libri septem, cum prologo ad Innocentium Papam VI., et tabula capitulorum cuique libro prævia. fol. 143.

Incip. prol. " Dominus Clemens VI. sui regiminis."

Tit. lib. " Incipit liber Ricardi, archiepiscopi Armachani, Hibernie primatis, de pauperie Salvatoris."

Incip. " Johannes ; Quia circa rerum propter hominem."

Desin. " retinens quod delectat, Qui semper benedictus in secula seculorum, Amen."

Sequitur tabula contentorum.

6. Anonymi quæstiones de dilectione Dei. f. 218 b.

Incip. " Utrum solus Deus a quacumque rationali creatura super omnia supreme diligendus ; Quod non ; Quod dilectione."

CXIV.

Codex membranaceus, in folio, ff. 109, sec. xiv., binis columnis exaratus, " ex traditione Bernardi pro Hugutione."

Bonaventuræ, Cardinalis, super sententiarum librum primum scriptum.

In calce, " Completus est liber I. Bonaventure."

Sequitur tabula distinctionum, et in fine,

" Explicit problema super tertium sententiarum. Continet problemata 299 præter quæstiones incidentes et questiones literales."

CXV.

Codex membranaceus, in folio, ff. 283, sec. xiv., binis columnis exaratus.

S. Bonaventuræ Cardinalis super sententiarum librum secundum expositio.

In calce, " Explicit liber secundus sententiarum," *et manu recentiori*, " Bonaventure completus."

CXVI.

Membranaceus, in folio majori, ff. 474, sec. xiv., binis columnis exaratus, liber coll. Merton. ex legato Ricardi de Werplesdone.

S. Bonaventuræ Cardinalis in tertium et quartum librum sententiarum expositio.

In calce, " Expliciunt questiones, secundum."

CXVII.

Membranaceus, in folio majori, ff. 261, sec. xv. ineuntis, binis columnis exaratus.

Anonymi cujusdam, [sed Roberti Cowton,] in sententiarum libros quatuor commentarius.

Incip. i. " Sicut dicit beatus Ambrosius in prologo super epistolas Pauli, in principio rerum."

Desin. ult. " discere faciat, Qui cum Deo Patre et Spiritu Sancto vivit et regnat; Amen."

Sequuntur tabulæ quæstionum uniuscujusque libri.

CXVIII.

Membranaceus, in folio, ff. 315, sec. xiv. exeuntis, binis columnis exaratus; ex dono M. Roberti Stonham, coll. Mert. socii.

1. Ranulphi Higden Polychronicon, libris septem comprehensum, prævio prologo, et contentorum indice. fol. 9 b.

Incip. prol. " In historico namque contentu chronographorum."

Incip. lib. " Julius Cesar divinis humanisque."

Desin. cum Edwardi III. accessione, " mare tranquillitatem, Scocia concordiam, ecclesia libertatem."

2. Jacobi de Vitriaco, ep. Acconensis, liber de historia Hierosolymitana abbreviata et ad annum 1291 continuata, prævia capitulorum tabula. fol. 172.

Tit. i. " De variis generibus hominum, qui terram sanctam inhabitaverunt."

Incip. " Melchisedech Dei altissimi sacerdos ;" ut in cod. MS. Magd. coll. xliii. f. 45 b.

Desin. in an. 1291, " perdiderunt in terra sancta quicquid ante fuit lucratum."

In calce, " Explicit primus liber opusculi magistri Jacobi de Vitriaco, qui fuit primus episcopus Acon et postea cardinalis, de historia Jerosolimitana."

3. S. Johannis Chrysostomi de compunctione cordis libri duo, [interprete forsan Ambrosio Camaldulensi.] fol. 200.

Incip. " Cum te intueor, beate Demetri, frequenter insistentem."

Cf. Bandin. Catal. Codd. Laurent. tom. i. col. 565.

In calce, " Expliciunt libri beati Crisostomi de compunctione cordis."

4. Venerabilis Bedæ de imagine mundi libellus, prævia tabula. fol. 212.

Tit. " Incipit Beda de ymagine mundi."

In calce sunt versus,

" Assit ei lumen, qui scripsit tale volumen.
Penna precor siste . quoniam liber explicit iste."

5. S. Ambrosii, Mediolanensis archiepiscopi, sermones quatuor, scilicet,

a. De consecratione ecclesiarum. fol. 219 b.

Incip. " Morem quem sancta ecclesia tenet."

In calce, " Explicit Ambrosius de consecratione ecclesiarum."

b. De observantia episcoporum. fol. 227.

Exstat impress. inter opera, ed. Benedict. tom. ii. App. col. 357.

c. Ad Irenæum, ne vir muliebri veste nec mulier virili uti deberet. fol. 230.

Ibid. tom. ii. col. 1061.

d. Ad Orancianum, quod sex diebus fecit mundum et septimo die requievit Deus. fol. 230.

Ibid. tom. ii. col. 976.

6. S. Bernardi, super evang. ' Missus est,' homiliæ quatuor, cum præfatione. fol. 231 b.

Tit. " Incipit prefatiuncula Bernardi abbatis Clarevallensis in laudibus virginis matris."

Exstant impress. inter opera, Paris. 1690, tom. i. col. 732.

In calce subjungitur, " Excusatio."

7. Heraclidis Alexandrini Paradisus, sive Liber de vitis SS. Patrum. fol. 243.

Exstat impress. apud Rosweyd. p. 705.

In calce, " Explicit Heraclidis."

CXIX.

Codex membranaceus, in folio, ff. 184, sec. xiv., binis columnis exaratus.

Jacobi de Voragine, Januensis, legenda sanctorum, quæ dicitur legenda aurea, prævia tabula.

Tit. " Incipit prologus super legendas sanctorum quas compilavit frater Jacobus nacione Januensis de ordine fratrum predicatorum."

Exstat sæpius impressa.

In calce inseruit bibliopegus fragmentum determinationum juridicialium de stipulationibus.

CXX.

Membranaceus, in folio, ff. 174, sec. xiii., binis columnis optime exaratus ; ex dono M. Joh. Burbache, doct. in theol.

Petri Comestoris historia scholastica, prævia epistola ad Will. Senonensem archiepiscopum et præfatione.

In calce,

" Laus tibi sit Christe, quoniam liber explicit iste."

Subjunxit manus secunda tabulas titulorum et incidentium, cum prologo, incip. " Hic sunt autem libri Veteris Testamenti, quos ob amorem doctrine legendos."

Præmittitur in fol. i. *man. sec.* ordo legendi epistolas et evangelia per annum, et in eodem fol. verso, carmina Anglicana, quæ sequuntur, " The joye of ur hert is withere to wo

The floures of ur gerland are fallen thar fro,

The game of ur carollyngs es turned into sorowe,

Wo es us for synne ! may no man us b ......"

CXXI.

Membranaceus, in folio, ff. 191, sec. xv.&ineuntis, binis columnis nitide exaratus ; ex dono M. Johannis Woode, S. T. B., quondam coll. Mert. socii.

1. Ranulphi Higdeni Polychronicon ; in fine mutilatum. fol. 1.

Deficit sub anno 1401, in verbis, "atque cum illo in montes de Snowdon et speluncas."

2. Martini Poloni Chronica de imperatoribus et pontificibus Romanis, in fine mutil. fol. 168.

Deficiunt sub anno 1109, in verbis, " vidisset pensans multum quod olim viderat et etatem——."

CXXII.

Codex membranaceus, in folio, ff. 120, secc. xiv. et xv. ; ex dono M. Johannis Bohun.

1. Martini Poloni chronica de pontificibus et imperatoribus Romanis, ' qui fuerunt ab incarnatione Domini usque nunc,' scil. ad annum 1277. fol. 2.

Tit. " Incipit liber cronicarum fratris Martini, domini pape penitentiarii et capellani, ordinis fratrum predicatorum."

Exstat impress. una cum Mariano Scoto. Basil. 1559, et alibi.

In calce, " Expliciunt cronica fratris Martini penitentiarii," etc.

2. Liber provincialis, sive catalogus ecclesiarum episcopatuumque quæ per orbem sub Romano pontifice constituuntur. fol. 29.

Tit. "Incipit liber, qui dicitur provincialis."

Incip. " In civitate Romana sunt v. ecclesie et patriarchales decem."

———

3. [Petri de Vineis epistolarum libri quinque posteriores,] prævia cuique libro capitulorum tabula. fol. 32.

Exstant impress. sed fusius, in 8vo, ed. Isel. Basil. 1740, tom. i. p. 235.

———

4. Epistolæ ad pontificem Romanum querentes de archiepiscopi Cantuariensis injustitia contra monachos monasterii S. Augustini ibidem, tempore, ut videtur, Edwardi III. regis Angliæ et Jo. Stratford, archiep. Cantuar. exaratæ. fol. 104.

Incip. i. " Post primam parentis culpam derivatam in posteros."

Occurrunt nomina Jo. Maukel, Rob. Fekenham, monachorum, Icherius de Concorrecco, Joh. de Northbourne, Matthæus Cardinalis, et Edmundus Areforfensis episcopus.

CXXIII.

Codex membranaceus, in folio majori, ff. 239, sec. xiv., binis columnis bene exaratus; "ex legato Rogeri de Martivalle, quondam episcopi Sarum."

Vincentii Bellovacensis Speculi historialis pars prima, libri scilicet octo priores; prævia capitulorum tabula.

Tit. " Incipit speculum historiale fratris Vincencii."

In calce, " Explicit primum volumen speculi hystorialis Alleluya."

Præmittitur codici, " Prima pars speculi historialis continet seriem naturalem."

CXXIV.

Membranaceus, in folio majori, ff. 280, sec. xiv., binis columnis manu Roberti de Longojumello bene exaratus; ex legato Rogeri, ut supra.

Vincentii Bellovacensis speculi historialis pars secunda amplectens libros ix.—xvi. inclusive, prævia tabula.

Præmittitur notitia, " Secunda pars speculi historialis continet seriem doctrinalem."

In calce, " Explicit secundum volumen speculi hystorialis de manu Roberti de Longojumello, Alleluia."

CXXV.

Membranaceus, in folio majori, ff. 287, sec. xiv., binis columnis manu Johannis Wade, Anglici, bene exaratus; ex legato, ut supra.

Vincentii Bellovacensis speculi historialis pars tertia, includens libros xvii.—xxiv., præviis titulis.

Præmittitur, " Tercia pars speculi historialis continet erudicionem moralem."

In calce, " Johannes Wade, Anglicus, scripsit istud."

CXXVI.

Membranaceus, in folio majori, ff. 289, sec. xiv., binis columnis bene exaratus; ex legato, ut supra.

Vincentii Bellovacensis speculi historialis pars quarta, libros xxv.—xxxii. includens, præviis tabulis.

Præmittitur, " Quarta pars speculi historialis continet historiam temporalem."

In calce, " Explicit quartum volumen speculi hystorialis."

CXXVII.

Codex membranaceus, in folio minori, ff. 220, sec. xiv., binis columnis exaratus; "ex legato M. Joh. Battele."

1. Eusebii Cæsariensis episcopi historia ecclesiastica, cum prologis Rufini presbyteri et tabula. fol. 2.

In calce, " Expliciunt undecim libri hystoriarum ecclesiasticarum."

2. Roberti Grostete, ep. Lincoln. epistola ad Innocentium papam IV. fol. 96.

Tit. " Grostete ad papam Innocentium quartum."

Exstat impress. in Fasciculo Rerum Expetendarum, ed. Browne, tom. ii.

3. Tabula [Vincentii Bellovacensis] speculi historialis, ordine alphabetico. fol. 101.

Tit. " Incipit tabula speculi hystorialis."

Incip. " Aaron conflat vitulum aureum."

4. Tabula altera, sive summa librorum operis supradicti, cum prologo. fol. 218 b.

Incip. prol. " Quoniam in principali tabula precedenti."

In calce, " Explicit secunda tabula."

CXXVIII.

Membranaceus, in folio, ff. 149, sec. xiii. ineuntis, binis columnis optime exaratus; ex dono Johannis Turk, quondam coll. Mert. socii.

Petri Comestoris historia scholastica, prævia ad Will. archiep. Senonensem epistola.

Post historiam evangelicam sequitur liber secundus Maccabæorum.

In calce codicis manus secunda subjecit commentarium in Aristotelis cap. περὶ ἐπιεικείας, incip. " Postquam philosophus determinavit de justitia."

In fronte codicis, " Liber domus scolarium aule de Merton quem dedit collegio scolarium predictorum Johannes Turk, quondam socius aule predicte incathenandus in communi libraria ejusdem collegii."

CXXIX.

Codex membranaceus, in folio, ff. 149, sec. xiv., haud una manu binis columnis exaratus; ex legato Roberti de Gillynham, in sacra pagina quondam professoris et vicarii B. Petri in oriente Oxon.

1. Tabula super libros sententiarum alphabetica. fol. 2.

Incip. "Abraham; Quare Christus non dicitur decimatus in Abraham."

2. Tabula originalium, sive Manipulus florum, secundum ordinem alphabeti extracta e libris xxxvi. auctorum, SS. Patrum scilicet, ethnicorumque, auctore Thoma [Palmerano, sive Palmerstono,] de Hibernia socio de Sorbona, cum præfatione. fol. 26.

Incip. præf. "Abiit .in agrum, etc. Ruth paupercula non habens messem propriam ad colligendum."

Incip. lib. "Abstinencia; Bonum est in cybo gratiarum actione percipere."

Exstat impress. ed. Venet. 1550, et sæpe alibi.

In calce, "Explicit manipulus florum compilatus a magistro Thoma de Hybernia, quondam socio de Serbona; et incepit super Johannis Galensis ordinis fratrum Minorum doctor in theologia istam tabulam et magister Thomas finivit."

In fine tabulæ, "Explicit tabula aurea."

3. Catalogus librorum, sive operum, Dionysii Areopagitæ, S. Augustini, H. de S. Victore, Ciceronis aliorumque, cum principio eorundem et fine [eodem forsan auctore]; cum prologo; [manu recentiori.] fol. 134 b.

Incip. "Notandum quod librorum originalium sanctorum."

4. Tabulæ alphabeticæ super epistolas Paulinas, Actus Apostolorum, et evangelia. fol. 137.

Incip. "Abba idem est quod pater."

Deficit tabula in Evangel. in voce tribulatio, "quanta erit in fine mundi——."

CXXX.

Membranaceus, in folio, ff. 224, sec. xiv., binis columnis nitide exaratus; olim Joh. Wyttenham, quem emit de Joh. B own stationario Oxon. A D. 1403, in die SS. Joh.

et Pauli, postea coll. Mert. ex dono Ric. Fitz-James, custodis.

Durandi a S. Portiano in sententiarum libros quatuor commentarius.

Exstat impress. in fol. Venet. 1571.

Libro tertio succedit "Tractatus ostendens in toto universo unum tantum esse principium;" incip. "Unum universorum existere principium fidenter fatetur catholicorum concio."

In calce, lib. iv., "Explicit quartus liber," et postea, "Liber M. Ric. Fitz James sacre theologie professoris, quem emit 12 die Novembris anno Christi 1482, precium vi.s. viii.d."

Sequuntur, a. Adversaria theologica, incip. "Utrum diligere amicum sit meritorium."

b. Articuli ab Joh. archiep. Cantuar. in ecclesia S. Mariæ de Arcubus anno 1286 damnati.

Præmittuntur codici,

a. Versus ad Carolum Magnum. fol. 1 b.

Incip.

"O rex Auguste clarissime dignus honore."

b. Quæstiones theologicæ. fol. 2 b.

Incip. "Utrum Christus in triduo fuerit homo."

CXXXI.

Codex membranaceus, in folio, ff. 231, sec. xiv., binis columnis exaratus; ex dono M. Thomæ Bloxham.

Roberti Kylwardeby super sententiarum libros quatuor expositio.

Tit. "Kylwardeby super sententias."

Incip. "Sapientia edificavit, etc. In hiis verbis accendi possunt quatuor cause hujus doctrine."

Sequuntur ejusdem solutiones dubiorum de incarnatione Dei, et de relationibus; incip. "Triplex questio de incarnatione Dei proponitur."

Desin. quæstiones de relationibus, quæ 37 numerantur, "extentum subjicitur priori et posteriori in terminis suis; Sit Deo Trinitati summe laus."

CXXXII.

Membranaceus, in folio, ff. 162, sec. xiii. exeuntis, binis columnis nitide exaratus; ex dono Thomæ Bloxham.

I

1. Anselmi, sive Ancelini, [an Simonis Tornacensis?] super sententiarum libros quatuor
expositio ad Willelmum, præsulem Senonensem. fol. 1.

> Incip. " In deserto manna colligentes alius
> integrum gomor, alius plus."
> Desin. " mandata ejus observa; hoc est
> omnis homo."
> In calce, *man. sec.* " Explicit summa beati
> Ancelmi super libros sententiarum ; Deo
> gratias."

2. Simonis Tornacensis institutiones in sacram
paginam. fol. 105.

> Titulus primus est, " Institucio prima de
> sermone teologico."
> Incip. " Sicut legitur in ortographia, d.
> littera media est inter th."
> Desin. " est autem affinitas spiritualis com-
> paternitas."
> Præmittuntur chartæ tres Joh. de Con-
> stantia, decani, ad Walterum archiep. Rotho-
> magensem, conquerentes de statu ecclesiæ
> Rothomagensis.

CXXXIII.

Codex membranaceus, in folio minori, ff. 267,
anno 1427 manu Nicolai de Bodelswerda
binis columnis Oxoniæ exaratus ; " liber
domus scolarium de Merton, emptus anno
Domini m.cccc.xxxi. quum maxime floruit
scola doctoris presentis."

1. Quæstiones de distinctione formalitatum determinatæ a reverendo fratre Petro Thomæ,
ord. fratrum minor. de provincia S. Jacobi
in studio Barchinonensi. fol. 5.

> Incip. " Ad evidenciam distinctionis."
> Desin. " et in materia et forma regimen
> compositi."
> In calce, " Expliciunt questiones de dis-
> tinctione," ut supra.

2. Francisci de Maronis, sive Mayronibus, conflatus super primum librum sententiarum,
tabula posthabita, sed mutila. fol. 41.

> Incip. " De quolibet dicitur affirmacio vel
> negacio, etc. Queritur utrum primum prin-
> cipium complexum possit," ut in edit. Venet.
> 1521.
> Desin. "pertinent ad practicam scientiam."
> In calce, " Explicit conflatus Francisci de
> Maronis finitus per manus Nicolai de Bo-

delswerdia anno Domini 1427, in vigilia S.
Barbaræ virginis, tum temporis Oxoniæ
studentis."

> Sequitur fragmentum quæstionum de re-
> lativis, in cujus margine superiori, " In isto
> libro continentur formalitates Petri Thome
> et conflatus Francisci super primum sen-
> tenciarum, pretium xli. s. ii. d."

CXXXIV.

Codex membranaceus, in folio, ff. 189, sec.
xiv., binis columnis bene exaratus ; ex dono
M. Willelmi Duraunt, quondam custodis;
mutil.

Anonymi cujusdam in sententiarum libros quatuor commentarius.

> Incip. " Veteris et nove legis, etc. Questio
> de subjecto theologie et quod sit Deus vi-
> detur."
> Deficit in Distinct. 43 lib. iv. in verbis, " Item
> ratione morali universalis finis——."
> Desiderantur quoque omnia a lib. ii. Dis-
> tinct. 30. ad lib. iii. Distinct. 17.

CXXXV.

Membranaceus, in folio, ff. 340, sec. xv., binis
columnis exaratus.

Francisci de Mayronibus super sententiarum
libros quatuor expositio, cum tabula præmissa.

> Incip. " De quolibet dicitur affirmacio vel
> negacio."
> Desin. " sed nunquam erunt actu infinite."
> In calce, " Explicit quartus liber magistri
> Francisci Meronis super sentencias."
> In fine tabulæ notatur, " Liber iste collatus
> extitit collegio de Merton Oxon. per M. Ri-
> cardum Redewe prepositum ecclesie collegiate
> S. Thome Martiris de Glaseney in presencia
> M. Thome Chippenham, decretorum doctoris.
> et M. Joh. Marshall, dominorum Joh. Re-
> nawdene, et Joh. Mabb, capellanorum, ac
> Jacobi Davy et Will. Bokebynder, xvij. die
> Junii, a. d.m.cccc.lix."

CXXXVI.

Membranaceus, in folio, ff. 22%, sec. xiv.,
binis columnis exaratus ; ex dono M. Willelmi Loryngis, canon. eccl. Sarum. 1415.

Gulielmi Alverni, episcopi Parisiensis, opera varia ; scilicet,

1. Liber dictus, Cur Deus homo. fol. 2.

    Tit. " Hic incipit tractatus ejusdem Willelmi, Cur Deus homo."

    In calce, " Explicit tractatus domini Parisiensis, Cur Deus homo."

2. Liber de septem sacramentis. fol. 12.

    In calce, " Explicit tractatus de sacramentis."

3. Liber de virtutibus. fol. ~~105~~ *105*.

    In calce, " Explicit tractatus de virtutibus."

4. De vitiis et peccatis. fol. ~~162~~ *186*.

5. De temptationibus et resistentiis. fol. ~~185~~ *189*.

6. De meritis. fol. ~~196~~ *200*.

7. De gloria. fol. ~~202~~ *206*.

    In calce, " Explicit tractatus de peccatis et viciis secundum M. Will. de Alvernia, etc. Amen."

8. De gratia. fol. ~~205 b.~~ *210 b*.

    In calce, " Explicit de gracia; Amen."

9. De immortalitate animæ. fol. ~~207 b.~~ *212 b*.

10. De faciebus mundi. fol. ~~213 b.~~ *218 b*.

    Tit. " Incipit prologus in libros de faciebus mundi a Willelmo de Alvernia, episcopo Parisiensi, edita."

    Exstant omnia supradicta inter opera edita, Venet. 1591.

CXXXVII.

Codex membranaceus, in folio, ff. 183, sec. xiv., binis columnis haud eadem manu exaratus; ex dono Will. Reed, ep. Cicestrensis.

1. Gulielmi Ochami liber de corpore Christi, sive sacramento altaris; in fine mutil. fol. 2.

    Exstat impress. Paris. 1487 et alibi.

    Defic. in verbis, " et per concilia licere reprehendi——."

2. Ægidii de Columna Romani, archiep. Bituricensis, liber de esse et essentia, quæstionibus tredecim. fol. 14.

    Incip. " Questio est utrum sit dare plura principia," ut in edit. Venet. 1503.

3. Ejusdem Ægidii Theoremata de eodem argumento. fol. 42.

    Incip. " Omne esse vel est purum; etc. Volentes de esse tractatum componere ne laboremus in equivoco."

    In calce, " Expliciunt theoremata de esse

et essentia edita a fratre Egidio Romano fratrum heremitarum ordinis Sancti Augustini, Deo gratias, Amen."

4. Ejusdem tractatus de formatione humani corporis in utero, prævia tabula capitulorum xxiv. fol. 53 b.

    Incip. " Post tractatum de predestinacione et prescientia et de paradyso."

    In calce, " Explicit tractatus de formacione humani corporis a fratre Egidio ;" etc.

5. Ejusdem de laudibus divinæ sapientiæ liber, præviis capitulis xvii. fol. 80.

    Incip. " Eructavit cor meum; etc. Inter multas et varias occupationes."

    In calce, " Explicit tractatus de laudibus divine sapientie e. a. F. E."

6. Ejusdem tractatus de prædestinatione et prescientia et de paradiso et inferno, ubi prædestinati et præsciti sunt finaliter collocandi, prævia epistola ad dominum Thavenam de Thalomeis. fol. 87.

    Incip. præf. " Cum in nostro reditu versus Parysiense studium."

    Incip. opus, " Post distinctionem capitulorum restat tractatum."

    In calce, " Explicit tractatus de prædestinatione," etc. ut supra.

7. Ejusdem quæstiones de cognitione Angelorum. fol. 99.

    Incip. " Questio est utrum angelus intelligat," ut in edit. 1503, fol. 76.

    In calce, " Expliciunt questiones disputate de cognicione angelorum edite a fratre Egidio de Roma ;" etc.

8. Ejusdem quæstiones de mensura angelorum. fol. 135.

    Incip. " Questio est de mensura angelorum." ut ibid. fol. 35 b.

    In calce, " Expliciunt questiones de mensura angelorum."

9. Ejusdem quæstiones septem de resurrectione. fol. 169 b.

    Incip. " Questio est utrum sit possibile resurrectio mortuorum."

10. Ejusdem questiones duæ de materia cæli. fol. 176 b.

    Incip. " Questio est utrum in celo sit materia vel sit celum corpus."

    Sequitur tabula contentorum codicis.

Præmittitur codici notitia, " Liber M. Willelmi Reed, socii domus scolarium de Merton
in Oxon. quem de quadam cista ibidem ven-
dicioni expositam emit de bonis sibi datis
per reverendum dominum suum M. Nicholaum de Sandwyco,—Oretis igitur pro utroque ;" et postea, " Liber domus de Merton
in Oxon. in communi libraria ejusdem et ad
usum communem magistrorum et sociorum
ibidem studencium cathenandus ex dono ven-
patris dom. Willelmi tercii episcopi Cicestriæ," etc. " xxxi. volumen."

CXXXVIII.

Codex membranaceus, in folio, ff. 338, sec.
xiv., binis columnis exaratus; ex dono M.
Will. Reed, ep. Cicestrensis.

1. Godefridi de Fontibus quodlibeta decem ul-
tima, scil. a 5 ad 14 inclusive. fol. 2.
Incip. " Querebantur quedam circa Deum,
quedam circa creaturas."
Desin. " nisi ab intellectu et in intellectu
concipiente."
In calce, " Explicit quodlibet 14 magistri
Godfridi de Fontibus."
" Explicit hic totum pro Christo da mihi
potum."

2. Ejusdem, sive Thomæ Suttum, coll. Mert.
socii, quæstiones quodlibetales seu ordinariæ,
numero 35. fol. 154 b.
Incip. " In disputacione do quolibet quesitum fuit de Deo creatore."
Desin. " excepto solo Deo simplicissimo ;
Cui sit honor et gloria ; Amen."
Sequitur tabula.
In fol. 1. verso notantur, a. Liber M. Will.
Reed ex empcione de bonis sibi datis per
magistrum Nicolaum de Sandwyco. b. Liber domus de Merton, etc. ex dono D. Will.
tercii ep. Cicestrie ; oretis igitur etc. Walter Roberti, notarius. c. Istum librum fecit
de novo ligari M. Ricardus Scardeburgh
A. D. 1453, oretis igitur pro eo et pro parentibus ejus.

CXXXIX.

Membranaceus, in folio, ff. 221, sec. xiv.,
binis columnis exaratus; ex dono Thomæ
Bloxham.

1. Ricardi de Media-Villa quæstiones quodlibetales in partes duas distinctæ, cum tabula. fol. 2.
Incip. pars i. " Queritur utrum Deus sit
summe simplex ; Videtur quod non, quia
compositum notabilius."
Desin. pars ii. " sine temeraria assercione
dicta sunt ; Explicit."

2. Ejusdem Ricardi quodlibeta tria. fol. 162.
Incip. " In nostra disputacione de quolibet
quedam fuerunt de Deo et quedam de Creaturis ;" ut in calce operis ejusdem in sententias.

CXL.

Codex membranaceus, in folio, ff. 197, sec.
xiv., binis columnis haud eadem manu exaratus ; liber coll. Mert. ex assignatione
MM. Will. Lynham et Will. Reed, ep. Cicestr., olim coll. ejusdem sociorum.

1. Anonymi commentarius in Aristotelis librum
de causis. fol. 1.
Incip. " Omnis causa primaria, etc. Cum
ergo removet causa secunda universalis virtutem suam a re causa universalis."
Desin. " faciens adquirere non adquisi-
tum, sicut ostendimus. Completus est noster ordo, etc." ut apud Bandin. Catal. tom.
iv. col. 112. §. xii.
In calce, " Explicit tractatus Aristotelis
de causis."

2. Clementis papæ [V?] Ars fidei catholicæ per
compendium exhibita, in quinque libros distincta, cum præfatione, prævia divisionum et
definitionum tabula. fol. 3 b.
Incip. præf. " Clemens papa cujus rem."
Incip. " Quicquid est causa causæ, etc.
Sit enim tantum a ejus causa."

3. S. Augustini de spiritu et anima libellus.
fol. 8 b.
Exstat inter opera, tom. vi. App. col. 35.

4. Johannis presbyteri Damasceni, qui Mansur
liber incipit, in quo est traditio certa ortho-
doxæ fidei capitulis divisa C. a Burgundione
Judice, cive Pisano, de Græco in Latinum
" domino iij. Eugenio beatæ memorie pape
translatus." fol. 12.
Incip. " Deum nemo vidit," ut inter opera,
ed. Le Quien, tom. i. p. 123.
In calce, " Explicit liber Damasceni."

5. S. Augustini liber de vera innocentia, potius Prosperi extracta ex operibus ejusdem sancti. fol. 64.

Exstat inter opera, tom. x. App. col. 223.

In calce, " Explicit liber Augustini de vera innocencia vel Prosperi sententie collecte ab Augustino expliciunt quod idem est liber."

6. Ricardi de S. Victore liber de potestate ligandi et solvendi. fol. 77.

Exstat impress. inter opera, Rothom. 1650, p. 328.

7. Ejusdem libellus de spiritu blasphemiæ. f. 83 b.

Exstat ibid. p. 346.

8. Ejusdem libellus de potestate judiciaria. f. 86.

Ibid. p. 342.

9. S. Thomæ Aquinatis expositio symboli apostolici. fol. 90.

Exstat inter opuscula, p. 114.

In calce, " Explicit expositio symboli fratris Thome."

10. Ricardi de S. Victore de S. Trinitate libri sex. fol. 101.

Exstant inter opera, p. 216.

In calce, " Explicit Ricardus de S. Victore."

_____

11. [Hugonis de S. Victore] Annotationes elucidatoriæ allogoriarum in Testamentum vetus et in quatuor evangelia; cum prologo. f. 127.

Tit. " Incipiunt allegorie v. librorum Moysi de veteri Testamento."

Incip. prol. " In precedentibus premissa descripcione originis vel discrecionis."

Exstant inter opera, Paris. tom. i. fol. 155.

In calce, " Expliciunt allegorie v. librorum Moysi cum descriptione quatuor evangeliorum."

12. S. Augustini libri de civitate Dei xxii. abbreviati, cum prologo. fol. 175.

Incip. prol. " Cum Roma aliquando Gothorum irrupcione."

Incip. " Ad intellectum eorum que dicuntur in primo capitulo tria sunt notanda."

Desin. " cum verba fide resurrectionis future ad eternam beatitudinem, ad quam nos perducat ;" etc.

In calce, " Expliciunt abbreviationes de civitate Dei secundum Augustinum."

Præmittuntur codici notitiæ sequentes;

(a.) " Hunc librum M. Willelmus Reed habuit ex accomodacione magistri Willelmi Lynham, in quaternis pro quibusdam libellis quos dictus M. W. Lynham habuit ex accomodacione M. W. Reed predicti." (b.) " Liber domus scolarium Mertone Oxon. ex assignacione magistrorum Will. Lynham, et Will. Reed, ep. Cicestrensis, quondam sociorum domus ejusdem. Oretis igitur pro utroque . . . . Anselmi et Augustini."

CXLI.

Codex membranaceus, in folio, ff. 236, sec. xv., binis columnis exaratus ; ex legato Joh. Hanham, coll. Mert. socii.

1. Anonymi cujusdam tractatus de isto, An Dominus noster Jesus Christus assumpsit in persona divina miseriam mendicandi ab hominibus. fol. 2.

Incip. " Volvens et revolvens constantem devotionem precedentium antiquorum."

2. Augustini Triumphi de Ancona de potestate ecclesiastica Summa ad Johannem papam XXII. fol. 10.

Exstat impress. Aug. Vind. 1473, et alibi.

Sequuntur tabulæ quæstionum et harmonia evangelistarum.

CXLII.

Chartaceus, in folio, ff. 131, sec. xv.

Anonymi cujusdam opus de causa potestatis ecclesiasticæ immediata, in quæstiones conclusionesque plurimas distinctum, annexa tabula.

Incip. "Apostolus, Rom. x., loquens de Judeis dicit quod ignorantes Dei justiciam et suam querentes."

Desin. " sed certum est quod irrationabiliter ageret et peccaret."

Inseruit bibliopegus in initio et fine fragmenta quædam commenti ad jus canonicum spectantis.

CXLIII.

Membranaceus, in folio, ff. 144, sec. xv., binis columnis exaratus. ₃ᵤₖ

1. Thomæ de ~~Netyngham~~ quæstiones contra errores Pelagii. fol. 1.

Tit. " Questiones tractate per Thomam de [₃ᵤₖ] h Notyngham ...... Oxoniensem cancellarium ...... inter errores Pelagii," etc.

*For another copy
see MS New Coll.
134.*

Incip. "Utrum credere prophetas de articulo contingenti."

Desin. "commorimur et consepelimur Christo."

Sequitur tabula quæstionum.

2. Godfridi de Fontibus, episcopi, quæstiones quodlibetales. fol. 8*f.5*

Incip. "Queritur primo de scientia sacre theologie."

Defic. in verbis, "circa primum sciendum quod non—"

CXLIV.

Codex membranaceus, in folio minori, ff. 137, sec. xiv., binis columnis exaratus ; ex dono M. Roberti Wyght.

1. [Gulielmi Alverni?] *Gilberti Minorita* Parisiensis distinctiones theologicæ, ordine alphabetico. fol. 7.

Tit. *man. sec.* "Distinctiones Parisienses Bonaventuræ."

Incip. "Duplex est abstinencia detestabilis et laudabilis ; detestabilis."

Desin. "que preparavit Deus electis suis, ad que nos ;" etc.

Præcedunt

a. Nota de celebratione missarum pro defunctis non intermittenda. fol. 1.

b. Versus septem, incip. "Qui plus expendit."

c. Adaptationes omnium sermonum in hoc libello contentorum prout competunt omnibus Dominicis tocius anni. fol. 3.

d. Capitula tocius libri secundum ordinem alphabeti. fol. 6.

2. Bonaventuræ, sive cujuscumque sit, summa de sacramentis ecclesiæ. fol. 129 b.

Incip. "Infirmitatem contractam per peccatum primorum parentum."

CXLV.

Membranaceus, in folio minori, ff. 102, sec. xiv., binis columnis exaratus ; ex legato M. Joh. Raynham, coll. Mert. socii.

1. S. Johannis Damasceni sententiarum de fide orthodoxa libri quatuor ; interprete Burgundione Pisano. fol. 2.

Tit. "Johannis presbiteri Damasceni, in quo est tradicio certa ortodoxa fidei c. divisa c. a Burgundione judice cive Pisano,

de Greco in Latinum domino iij. Eugenio beate memorie pape translatus."

Exstat impress. inter opp. tom. i. p. 123.

In calce, "Expliciunt sententie Damasceni ;" et deinde tabula capitulorum.

2. Ejusdem logica. fol. 50.

Incip. "Quemadmodum dulce philocosmis existit sensibilium paradisorum."

3. Ejusdem elementarium, sive de duabus naturis et earum operationibus in Christo, liber a voce S. Joh. Damasceni. fol. 68.

Tit. "Introduccio doctrinarum elementarii a voce S. Johannis Damasceni ad Johannem sanctissimum episcopum Laodicie."

Incip. "Que sit intencio Damasceni in hoc libro.   Substancia et natura et forma."

In calce, "Explicit."

4. Ejusdem de Trisagio epistola ad Jordanem archimandritam. fol. 80.

Incip. "Dei honoracio et zelo divino."

5. A. M. S. Boethii liber de S. Trinitate. fol. 87.

Tit. "Incipit prologus in librum Boecii de unitate Trinitatis ad Symacum."

Exstat impress. Lugd. Bat. 1656, p. 147.

6. Ejusdem quædam quæstio ad Johannem eccl. Rom. diaconum, utrum Pater et Filius et Spiritus Sanctus prædicentur substantialiter de natura divina. fol. 90.

Exstat ibid. p. 163.

7. Ejusdem libellus de hebdomadibus ad eundem. fol. 91 b.

Ibid. p. 166.

8. Ejusdem contra Eutychen et Nestorium libellus, potius fidei confessio. fol. 92.

Ibid. p. 172.

9. Ejusdem libellus contra eosdem de naturis duabus et una persona Christi ad Johannem Romanæ ecclesiæ sub-diaconum. fol. 94.

Ibid. p. 183.

10. Ejusdem de unitate et uno libellus. fol. 100.

Incip. "Unitas est qua unaquæque res una esse dicitur."

In calce, "Explicit liber de unitate et uno, qui a quibusdam dicitur esse Boecii."

CXLVI.

Codex membranaceus, in folio minori, ff. 189, sec. xiv., binis columnis exaratus.

Bartholomæi de S. Concordio, de Pisis, Pisanella sive Summa de casibus Conscientiæ, ordine alphabetico.

Exstat sæpius impress.

In calce, " Explicit summa de casibus conscientie secundum compilacionem fratris Bartholomei, ordinis predicatorum de Pisis; Deo sint gracie infinite."

CXLVII.

Codex membranaceus, in 4to, ff. 180, sec. xiv., binis columnis nitide exaratus.

1. Nicolai de Gorham distinctiones theologicæ, ordine alphabetico. fol. 1.

  Incip. " Abeuncium per hunc mundum, alii abeunt male et alii bene."

  Desin. " preparemus nos ut preparati intremus ad nupcias cum Domino Jesu Christo. Amen."

  In calce, " Expliciunt distincciones N. de Guerram."

  Sequitur tabula alphabetica.

2. Ejusdem sive cujuscumque sint themata dominicalia. fol. 159 b.

  Incip. " Tabernaculo meo, etc. Passionis qualitas."

  In calce," Expliciunt themata dominicalia."

3. Ejusdem, sive cujuscumque sint, Parvæ distinctiones, ordine alphabetico. fol. 167 b.

  Incip. "Ambulatio; sicut in corporali ambulacione, ita in spirituali."

  In calce, "Expliciunt parve distincciones."

4. Sententiæ, sive themata, ad quemque librum tam Veteris quam Novi Testamenti aptatæ. fol. 174.

  Incip. " Genesis 18 afferam paxillum, etc. Sicut in corporalibus."

CXLVIII.

Membranaceus, in 4to, ff. 390, sec. xiii. exeuntis.

Mauritii [Hibernici] summa distinctionum super auctoritatibus Sacræ Scripturæ, ordine alphabetico.

  Incip. " Abjectionem ; Circa abjectionem nota qualiter in scriptura sumitur, qualiter dividitur;" ut in ed. Venet. 1603.

  Desin. sub voce Zona, " de templo vestiti lapide candido."

In fine, " Explicit ;

Laus tibi sit Christe quia finitur liber iste."

Sequitur " Tabula de summa Mauricii alphabetica."

In calce est fragmentum ejusdem summæ, ex codice alio evulsum.

CXLIX.

Codex membranaceus, in folio, ff. 164, sec. xiv. exeuntis, binis columnis exaratus; olim Thomæ Tryllek, ep. Roffensis, postea coll. Mert. ex dono Will. Reed, ep. Cicestrensis.

Gerardi Bononiensis, ord. Carmelitarum, quæstiones de scientia theologica, cum præfatione.

  Incip. præf. " Pertransibunt plura et multiplex est scientia Dan. xii. Licet hec verba Danielis de multiformi."

  Incip. opus, " Primo queritur utrum theologia sit scientia."

  Desin. " esse vel essentie aut nature."

  In calce, " Hic venerandus Gerardus dimisit quia vitam suam in pace finivit."

  Sequuntur tituli operis et in fine, " Explicit tabula summe magistri Gerardi Bononiensis ordinis fratrum B. Marie de Monte Carmeli, Deo gracias; Amen."

CL.

Membranaceus, in folio majori, ff. 199, sec. xv., binis columnis nitide exaratus et quoad initiales literas pictus ; ex dono M. Henrici Sever, S. T. P. coll. Mert. custodis, anno Domini m.cccc.lxvj.

Hugonis de S. Caro, Viennensis, postillarum in Testamentum Vetus tomus prior, scilicet in Genesim ad Ruth inclusive, cum prologis.

  Tit. " Exposicio Hugonis de Vienna super primum prologum Genesis."

  Exstant impress. inter opera, Paris. 1539, part. i. fol. 1.

  In calce codicis, " Item recepi pro istis septem quaterniis xxiiii. g. s."

CLI.

Membranaceus, in folio, ff. 110, sec. xv., binis columnis nitide scriptus et pictus, ex dono H. Sever.

Hugonis de S. Caro postillarum tomus secundus,

commentariorum scilicet super Psalterium partem primam amplectens; mutil.

Tit. " Hugo de Vienna super Psalterium."
Exstant inter opera, 1539, part. ii. fol. 2.
Defic. in comment. in Ps. xxxi. a verbis,
" *conturbata sunt* a temptacione inimici; De
hiis dubiis supra in psalmo, Miserere," fol. 67,
col. i. l. 20.

CLII.

Codex membranaceus, in folio majori, ff. 315,
sec. xv., binis columnis nitide exaratus; ex
dono H. Sever, ut supra.

Hugonis de S. Caro postillarum tomus tertius,
scilicet in Psalterii partem alteram, a ps. 51 ad
finem.

Exstant inter opera, part. ii. fol. 121 b.
In calce, " Deo gracias."

CLIII.

Membranaceus, in folio majori, ff. 198, sec.
xv., binis columnis manu Colyngbourne cujusdam nitide exaratus; " ex dono M. Henrici Sever S. T. P. et coll. Mert. custodis
m.cccc.lxvi."

Hugonis de S. Caro Viennensis, postillæ sive
commentarii in libros Biblicos, qui sequuntur;
1. In libros Regum quatuor. fol. 1.
    Tit. "Incipit prologus Hugonis de Vienna
    autenticus super Reg. I."
    In calce, " Expliciunt moralitates super
    IIII. Regum."
2. In Paralipomenon libros duo. fol. 71.
    Tit. " Incipit i. Paralipomenon."
3. In libros Esdræ. fol. 93 b.
    Tit. " Incipit liber Esdre."
4. In librum Tobiæ. fol. 107.
    Tit. " Incipit liber Thobie."
5. In librum Judith. fol. 112.
    Tit. " Incipit liber Judith."
6. In librum Esther. fol. 117.
    Tit. " Prologus Hester."
7. In librum Job, cum tribus prologis. fol. 120.
    Tit. " Incipit liber Job."
    In calce, " Explicit Job, quod Colyngburne."
    Exstant omnia supradicta impress. in fol.
    Venet. 1488, et alibi.

CLIV.

Codex membranaceus, in folio, ff. 255, sec.
xiv., binis columnis exaratus; ex dono Henrici Abyndon, coll. Mert. custodis.

1. Hugonis de S. Caro super ecclesiasticum commentarius. fol. 4.
    Exstat inter opera, tom. iii. fol. 153 b.
    In calce, " Expliciunt postillæ super ecclesiasticum."
2. Tractatus de confessione et absolutione. f. 246.
    Incip. " Qui secure et discrete et fructuose vult exequi officium audiendi confessionem."
    In fronte codicis, " Istum librum donavit
    M. Henricus Abyndon custos de Merton
    halle in Oxon. ejusdem domus scolaribus
    incathenandus in eorum libraria nec extrahendus sine licencia custodis et sex sociorum ejusdem domus, et est postilla optima
    super ecclesiasticum cum uno subtili tractatu editus super materia de confessione et
    absolucione facta cum virtute privilegii."
    Sequuntur cautiones Tho. Allayn, W. Emyldon, Th. Bloxham, et Joh. Wode, expositæ annis 1445—1455.

CLV.

Membranaceus, in folio majori, ff. 454, sec. xv.
ineuntis; binis columnis exaratus.

1. Gulielmi Alverni Parisiensis super sacramentis ecclesiæ tractatus, cum tabula annexa.
    fol. 1.
    Tit. " Tractatus primus Parisiensis de sacramentis."
    Exstat impress. inter opera, p. 389.
    In calce tab. " Explicit tabula super tractatum domini Parisiensis de vii. sacramentis
    completa 27 die mensis Novembris anno
    Domini 1412."
2. Hugonis de S. Caro postillæ in S. Marci evangelium. fol. 92.
    Exstant inter opera, tom. v. fol. 82.
    In calce, " Explicit Marchus."
3. Ejusdem in S. Matthæum postillæ. fol. 132.
    Tit. " Epistola Hugonis de Wienna super
    Mattheum."
    Ibid. tom. v. fol. 3.
    In calce, " Explicit Mattheus, Deo gracias."

4. Ejusdem in Isaiam postillæ. fol. 225 b.

Tit. " Introitus Hugonis de Vienna super Ysayam. Idem in expositione prologi S. Ieronimi super Ysayam."

Cf. ibid. part. iii. fol. 1.

In calce, " Explicit Hugo de Vienna super Ysayam."

CLVI.

Codex membranaceus, in folio majori, ff. 399, sec. xiv., binis columnis exaratus; ex dono Joh. Bloxham, coll. Mert. quondam socii et postea custodis.

Gulielmi Notyngham super evangelia quatuor commentarii.

Incip. " Da michi intellectum ; etc. Dionisius de divinis nominibus capitulo tercio dicit quod ante omne et maxime theologiam."

Defic. in verbis prope ad finem, " quod Petrus per mare venit ad Christum, significantur quidem justi——"

In fronte codicis, " Istum librum fecit de novo ligari M. Johannes Burbach, sacre theologie professor."

CLVII.

Membranaceus, in folio majori, ff. 360, sec. xiv., binis columnis exaratus; " ex dono M. Johannis Wode, quondam archidiaconi Middlesexiæ."

Gul. Notyngham in evangelia commentum.

Incip. " Da michi ;" ut in cod. præcedenti.

Desin. " que Dominus ipse promisit, Ipso adjuvante, Qui vivit et regnat in secula seculorum ; Amen."

Sequitur tabula lectionum evangelicarum pro Dominics et feriis per annum.

CLVIII.

Membranaceus, in folio majori, ff. 151, sec. xiv., binis columnis exaratus; manu Will. de Notyngham scriptus.

Raynaldi de Piperno, ord. præd. postillæ super S. Johannis evangelium.

Incip. in prol. " Vidi Dominum sedentem, etc. Verba preposita verba sunt contemplantis."

Incip. in text. " Evangelista Johannes sicut dictum est."

Desin. " et multiplicati sunt super numerum. Hec ergo sunt que frater Raynaldus de Pi-

perno ord. prædicatorum a partibus quorundam sociorum et specialiter ad mandatum reverendi patris domini prepositi S. Adomari, post fratrem Thomam de Aquino, quasi qui colligit racemos post vindemiam, non diminute collegi ;" etc. " Explicit super Johannem."

Sequitur notitia, " Expliciunt postillæ fratris Thome de Aquino, quibus quicumque usus fuerit, oret pro anima domini Hugonis de Notyngham in cujus expensis scripte sunt, et pro anima fratris Willelmi de eadem per cujus diligentiam sic sunt parate."

CLIX.

Codex membranaceus, in folio, ff. 250, sec. xiv., binis columnis exaratus; ex legato M. Joh. Raynham, S.T.P. et quondam coll. Mert. socii.

Anonymi cujusdam in Psalterium Davidicum commentarius.

Incip. in Ps. ii. " Dixit Insipiens ; Titulus in finem intellectus David pro Amalec. Iste titulus alludit ystorie que habetur 1 Reg. xxx."

Desin. " vita vestra tunc et vos apparebitis cum Ipso in gloria, quam nobis Deus concedat."

In calce, " Hoc opus est scriptum. scriptor tenuit bene pactum."

In fol. i. verso notatur, " Istum librum fecit reparari magister Johannes Burbage sacre pagine professor."

CLX.

Membranaceus, in folio, ff. 129, sec. xiii. ineuntis, binis columnis nitide exaratus.

Hildegardis Spanheimensis Scivias, sive visionum simplicis hominis libri tres, prævia cuique parti capitulorum tabula.

Tit " Incipit liber Scivias simplicis hominis."

Exstant impress. Colon. 1628, et alibi.

In calce, " Finit tercia pars libri Hildegardis Scivias, id est, simplicis videntis ; dicitur simplicis videntis, propter sexum infirmior est ; Quod nunc dicitur propheta olim dicebatur videns, Scivias, visio veracium."

" Explicit liber Scivias simplicis hominis."

In margine fol. i. b. inferiori notatur, " Qui hunc librum transcribere voluerit rubricas in suis locis, id est, in capitulorum exordio dili-

K

genter conscribat, nam in hoc libro breviandi causa omissa fuerunt. Notandum etiam quasdam——"

CLXI.

Codex membranaceus, in folio, ff. 314, sec. xiv., binis columnis exaratus; " ex dono M. Thome Balsall, quondam socii."

Roberti Holcot, ord. Præd. lectiones ccxiii. in librum Sapientiæ Salomonis, prævia tabula alphabetica.

Exstant impress. Venet. 1586, et alibi.

In initio et fine fragmenta sunt, de caritate, de oratione, etc. auctore ut videtur Anglo quodam, incip. " Nota quod omnis caritas, incipit a sententia Plus et debeo diligere."

CLXII.

Membranaceus, in folio majori, ff. 223, sec. xv. ineuntis; binis columnis nitide exaratus.

Roberti Holcot lectiones super librum Sapientiæ Salomonis.

Exstant impress. Venet. 1586, et alibi.

Defic. in verbis lectionis penultimæ, " Non solum doctus scientia sed justus——"

CLXIII.

Membranaceus, in folio majori, ff. 391, sec. xiv., binis columnis exaratus.

Nicolai de Lyra in Testamentum Vetus postillarum tomus prior, libros scilicet a Genesi ad Psalterium inclusive comprehendens.

In calce, " Explicit postilla super librum Psalmorum edita a fratre Nicolai de Lyra, de ordine fratrum minorum sacre theologie doctore, anno Domini millesimo ccc. vicesimo sexto."

CLXIV.

Membranaceus, in folio majori, ff. 335, sec. xiv., binis columnis exaratus.

Nicolai de Lyra in Vetus Testamentum postillarum tomus alter, libros a Salomonis Proverbiis usque ad Maccabæorum lib. ii. includens.

In calce, " Explicit postilla super secundum librum Machabeorum."

CLXV.

Membranaceus, in folio majori, ff. 317, sec. xiv., binis columnis exaratus.

Nicolai de Lyra in Testamentum Novum postillæ, ordine sequenti, scil. SS. Lucam, Johannem, Matthæum, Marcum, epistolas xiv. Paulinas, Actus Apostolorum, epistolas septem canonicas et Apocalypsin.

In calce, " Explicit postilla super Apocalypsin et super totam bibliam edita a fratre Nicholao de Lira, de ordine fratrum Minorum, sacre theologie doctore; Deo gratias."

CLXVI.

Codex membranaceus, in folio, ff. 327, sec. xiv., binis columnis manu Will. de Nottingham exaratus; olim Tho. Tryllek, ep. Roffensis, postea coll. Mert. ex dono Will. Reed, ep. Cicestr.

Nicolai Gorrani, sive de Gorham, postillæ super Testamenti Veteris libros sequentes, scilicet, Pentateuchum, Josuæ, Judicum, Ruth, Regum quatuor, Paralipomenon duos, Esdræ, Neemiæ, Tobiæ, Judith, Hester, Job.

Incip. " Frater Ambrosius, etc. Hanc epistolam scribit beatus Ieronimus cuidam presbitero."

Desin. ult. " eternam feliciter pertingatur, ad quam nos perducat, Qui sine fine vivit et regnat; Amen."

In calce, " Quicumque habuerint solacium ex usu hujus voluminis rogent pro anima domini Hugonis de Notingham, in cujus expensis factum est, et etiam fratris Willelmi de eadem per cujus laboriosam diligenciam scriptum et collectum est."

In fronte codicis notantur a. " Liber Will. Reed, episcopi Cicestrensis, quem emit, a ven. patre Tho. Tryllek," etc. deinde memoratur donatio ejusdem per W. Reed ad coll. Merton, et denique, " Orare eciam dignemini pro Waltero Roberti scriba et notario dicti venerabilis patris, qui suprascriptos titulos et titulos aliorum 99 librorum per dictum patrem eidem domui datorum ad emendacionem librarie ejusdem inscripsit, et circa eosdem libros et alios quam plures per diversa collegia universit. Oxon. per ipsum ven. patrem distributos diligenter insudavit."

CLXVII.

Membranaceus, in folio majori, ff. 343, sec.

xiv., binis columnis exaratus; ex legato M. Willelmi de Burnell.

Nicolai de Gorham super Davidis Psalterium postillarum liber.

Tit. post præf. "Incipit liber ymnorum vel soliloquiorum, prophete David de Christo."

Incip. in præf. "Laudationem Domini, etc. Loquens sapiens de Spiritu Sancto inspirante ad Deum."

Incip. in text. "Beatus vir; etc. Secundum glosam prohemialem totalis liber iste psalmorum."

Desin. "nec dormire poterit nec lassari ad quam patriam nos perducat," etc.

In calce, "Expliciunt postille super psalterium a fratre Nicholao de Gorra, Deo gratias."

CLXVIII.

Codex membranaceus, in folio majori, ff. 306, sec. xiv., binis columnis manu Will. de Nottingham exaratus; olim Tho. Tryllek, ep. Roff., postea coll. Mert. ex dono Will. Reed, ep. Cicestrensis.

Nicolai de Gorham super Psalterium postillæ.

Incipiunt et desinunt ut in codice modo memorato.

In calce, "Expliciunt postille fratris Nicholai de Gorham super psalterium, quibus quicumque usus fuerit roget pro anima domini Hugonis de Nottingham per quem quoad omnia exhibite sunt expense. Et eciam pro anima fratris Willelmi de eadem per cujus tediosam sollicitudinem, quia dum actu Oxonie regens erat, taliter erant scripte."

Præmittuntur notitiæ de possessoribus, et Waltero Roberti scriba et notario, ut supra e cod. 166 exscripsimus.

CLXIX.

Membranaceus, in folio, ff. 397, sec. xiv. exeuntis, binis columnis manu Will. de Nottingham exaratus.

Nicolai de Gorham super Veteris Testamenti libros varios postillæ; scilicet,

1. In Proverbia Salomonis. fol. 1.

Incip. "Videbam coram me, etc. Secundum Jeronimum super Ecclesiasten tribus nominibus vocatus est Salomon."

Deficit in verbis, "et ad finem debitum"——

2. In Ezechielem prophetam. fol. 25.

Incip. "De forti, etc. Ut dicit Gregorius Nazianzenus in Apolegetico suo."

Desin. "satietas est consummata, Cui sit laus," etc.

3. In Danielem prophetam. fol. 82.

Incip. "Verbum revelatum, etc. Sicut dicit Anselmus Monologion cap. 9."

Desin. "beati Dei sui ad quam patriam,"etc.

4. In xii. prophetas minores. fol. 125 b.

Incip. "Duodecim prophetarum, etc. Ut testatur Gregorius Nazianzenus."

Desin. "separati eternaliter ululabunt."

In calce, "Expliciunt postille, gloria Deo."

5. In Maccabæorum libros duo. fol. 375 b.

Incip. "Tantummodo esto, etc. Hec auctoritas directa ad literam."

Desin. "scilicet ad captivitatem factam per Romanos."

In calce, "Expliciunt libri Machabeorum. In hoc volumine continetur expositio super Ezechielem, Danielem, xii. prophetas, sc. Osee," etc. "et super libros Machabeorum, quo qui usi sunt rogent pro anima D. Hugonis de Notingham, qui expensas in omnibus exhibuit circa scripturam, et etiam pro anima fratris Will. de eadem, per cujus laboriosam diligenciam erat scriptum."

CLXX.

Codex membranaceus, in folio majori, ff. 170, sec. xiv., binis columnis quoad partem secundam manu Will. de Nottingham exaratus; olim Tho. Tryllek, ep. Roff. postea coll. Mert. ex dono Gul. Reed, ep. Cicestr.

1. Nicolai Gorham Postillæ in S. Matthæi evangelium. fol. 2.

Exstant in edit. Antverp. 1617, p. 1.

Deficiunt in cap. xiiii. a verbis, "sed progressum ecclesie ad——"

2. Ejusdem Nicolai in S. Lucæ evangelium postillæ, cum introductione. fol. 52.

Exstant impress. ibid. p. 478.

In calce, "Expliciunt postillæ fratris Nicholai de Goram super Lucam, quibus qui usi sint rogent pro anima domini Hugonis

K 2

de Notingham qui in omnibus expensas exhibuit satis largas, et etiam pro anima fratris W. de eadem ;" etc. ut supra.

CLXXI.

Codex membranaceus, in folio majori, ff. 262, sec. xiv., binis columnis manu Will. de Nottingham exaratus.

Nicolai Gorham super S. Pauli epistolas omnes postillæ, prævio argumento.

Exstant impress. Paris. 1521, et alibi.

In calce, " Expliciunt postille fratris Nicholai de Gohram super epistolas Pauli, quarum usum quicumque pro sui utilitate eciam ad tempus habuerit, roget pro anima dom. Hugonis de Notingham, qui in omnibus expensas exhibuit multum prompte, et eciam pro anima fratris Willelmi de eadem," etc. ut supra.

CLXXII.

Membranaceus, in folio majori, ff. 167, sec. xiv., binis columnis manu Will. de Nottingham exaratus.

1. Nicolai Gorham super epistolas septem canonicas postillæ. fol. 1.

Exstant sub nomine Thomæ Wallensis sæpius editæ et Antverp. 1620, p. 60.

In calce, " Expliciunt epistole canonice. Expliciunt postille fratris Nicholai de Gorham super epistolas canonicas."

2. Ejusdem super Apocalypsin commentarius, prævia introductione. fol. 52.

Incip. introd. " Cognovit Dominus ; Dicitur Ezech. i. Ecce manus missa ad me in qua erat," in edit. Antverp. 1620, p. 178.

Incip. comment. " Apocalipsis ; Principaliter dividitur in tres partes."

In calce, " Expliciunt postille fratris Nicholai de Gorham super Apocalipsym."

3. Johannis Russel, ordinis Minorum, lectura super Apocalypsin. fol. 106.

Incip. " Statuit septem piramides, etc. Accedens ad expositionem Apocalipsis."

In calce, " Explicit lectura fratris Johannis Russel de ordine fratrum minorum super Apocalipsim."

Deinde, " In hoc volumine continentur postille fratris Nicholai de Gorham super

omnes epistolas canonicas et super Apocalipsim, lectura eciam fratris Johannis Russel super eundem librum, postille eciam communes super actus apostolorum, quo qui usi fuerint rogent pro anima dom. Hugonis de Notingham ;" etc.

4. Nicolai de Gorham postillæ super Actus Apostolorum. fol. 144.

Incip. " Scribe visum, etc. His verbis primo notatur actor vel causa efficiens libum actuum ;" ut in edit. cit. p. 1.

Desin. " et martirio coronatus."

In calce, " Expliciunt Actus Apostolorum."

CLXXIII.

Codex membranaceus, in folio majori, ff. 135, sec. xv., binis columnis manu Gosmer cujusdam nitide exaratus et quoad literas initiales pictus ; ex dono magistri Ricardi Fitz James, S. T. P. nuper Cicestrensis episcopi et custodis istius collegii de Merton.

Venerabilis Bedæ Florum in S. Pauli epistolas ex S. Augustino decerptorum pars prima, commentarios scilicet amplectens in epistolam ad Romanos et ad Corinthios primam.

Exstant impress. inter opera, ed. Colon. 1612, tom. vi. col. 31.

In calce, " Explicit exposicio in epistola ad Corynthios prima ; Quod Gosmer."

CLXXIV.

Membranaceus, in folio majori, ff. 185, sec. xv., binis columnis eadem manu ac præcedens codex scriptus et pictus ; ex dono Ric. Fitz James, ut supra.

Venerabilis Bedæ Florum in S. Pauli epistolas ex S. Augustino decerptorum pars altera, scil. ad comment. in epist. ad Hebræos inclusive.

Exstant inter opera, tom. vi. col. 447.

CLXXV.

Membranaceus, in folio majori, ff. 319, sec. xv., binis columnis exaratus ; ex dono magistri Henrici Sever, S. T. P. ac coll. Merton. custodis.

1. Venerabilis Bedæ opera varia, scilicet,

a. De tabernaculo et vasis ejus et vestibus sacerdotum libri tres. fol. 1.

Tit. " Incipit exposicio venerabilis Bede presbiteri de tabernaculo ;" etc. ut supra.

Exstant impress. inter opera, ed. Colon. 1612, tom. iv. col. 838.

b. Epistola de sex ætatibus seculi ad Plegwinum. fol. 28.

Exstat in edit. Giles. tom. i. p. 144.

In calce, " Explicit epistola venerabilis Bede presbiteri ad Flegwinum de sex etatibus seculi."

c. Ad Nothelmum de ædificatione templi Salomonis libri duo. fol. 30.

In edit. Colon. tom. viii. col. 1.

d. In epistolas septem catholicas expositio. fol. 47.

Tit. i. " Incipit in epistolam Jacobi apostoli exposicio venerabilis Bede presbiteri."

Ibid. tom. v. col. 673.

e. In Actus Apostolorum expositio, prævia ad Accam præfatione. fol. 74 b.

Tit. " Incipit prefacio venerabilis Bede presbiteri in Actus Apostolorum missa Acce episcopo."

Ibid. tom. v. col. 625.

f. De locis sanctis, ordine alphabetico. ff. 85 b, 152 b.

Incip. " Acheldemac est ager sanguinis, qui usque hodie monstratur in Hely," ut ibid. tom. v. col. 666.

g. Homiliarum in lectiones evangelicas per totum annum libri duo. fol. 87 b.

Incip. i. " In illo tempore fuit Johannes, etc. Adventum dominice predicationis ;" in edit. Giles. tom. v. p. 368.

Ad fol. 106 b. insertus est, " Sermo Leonis pape in die purificationis beati Marie et perpetue Virginis."

In calce, " Laus tibi sit Christe per quem liber explicit iste."

Sequitur exemplar aliud libelli de locis sanctis, sub titulo, " Liber de descriptione situs terre a beato Beda provinciarum, civitatum, insularum huic libro congruentium."

h. In librum Regum triginta quæstiones, prævia ad Nothelmum epistola. fol. 155.

Tit. " Incipit epistola Bede presbiteri ad Nothelmum de xxx. questionibus."

In edit. Colon. tom. iv. col. 333.

i. In evangelium S. Lucæ commentarius, prævia capitulorum tabula. fol. 161.

Ibid. tom. v. col. 217.

In calce, " Explicit B. super Lucam. 1417."

k. In Cantica Canticorum libri sex, præviis capitulis, libri Canticorum textu, et libro contra Julianum divinæ gratiæ repugnatorem. fol. 198 b.

Ibid. tom. iv. col. 714.

In calce sunt versus novem hexametri ; incip. " Beda Dei famulus, nostri didascalus evi."

l. In parabolas Salomonis commentarius. f. 231 b.

Ibid. tom. iv. col. 634.

Sequitur iterum libellus de locis sanctis, " ut patet per sanctum Orosium libro suo 7 de Ormesta."

m. De ponderibus et mensuris libellus. fol. 255.

Incip. " Ponderum et mensurarum."

In calce, " Explicit Beda de ponderibus et mensuris."

2. Johannis Scharpæi opus de orationibus sanctorum, de suffragiis viatorum, et de pluralitate beneficiorum. fol. 257.

Incip. " Reverendi magistri et domini cum secundum seriem evangelii omnis plantacio."

Desin. " ad collacionem gracie et defunctis ad mitigacionem pene, etc."

In calce, " Explicit opus magistri Johannis Scharp."

3. Ejusdem Johannis tractatulus de potestate sacerdotii. fol. 270.

Incip. " Ad sacrificandum ut panem et vinum."

In calce, " Thouჳ thou were neuere so gret a theef thi modyr wold not se the hangyd."

4. Ejusdem de adoratione imaginum tractatulus. fol. 273 b.

Incip. " Numquid Domini nostri Jhesu Christi crucifixi."

5. Ejusdem de peregrinationibus liber. fol. 279 b.

Incip. " In materia peregrinacionis dicendum est; Licitum est hominibus peregrinari."

6 Dialogus inter Petrum Christianum et Moysem hæreticum de ligno crucis, etc. fol. 281 b.

Incip. " [Moyses.] Quid adhuc quasi in thesauro reservavi tibi quod cum apposuero."

In calce, " Iste Petrus primo fuit hereticus et vocabatur Moyses, postea cum factus

fuisset catholicus, vocabatur Petrus, et tunc
fecit dialogum inter seipsum hereticum et
seipsum catholicum quasi essent duo homines
in materia heresis contendentes, quorum
unus hereticus et alius catholicus Christianus ; Deo gracias."

7. Ejusdem sive cujuscumque sit, expositio in
S. Johannis evangelii principium ; imperf.
fol. 282.

Incip. " Secundum glossam quater in hac
parte recitatur Hoc verbum erat."

Desin. abrupte in verbis, " necessarium
Deus dimitteret atten—"

8. Bedæ super Actus Apostolorum Retractationum liber, cum prologo. fol. 311 b.

Tit. " Incipit prologus Retractationis in
Actus Apostolorum."

CLXXVI.

Codex membranaceus, in folio, ff. 351, sec.
xii., binis columnis bene exaratus ; " ex
dono M. Johannis Burbache, doct. in theol.
et quondam socii ;" etc.

1. Venerabilis Bedæ presbyteri homiliarum in
lectiones evangelicas libri duo, præviis capitulorum tabulis. fol. 2.

Liber i. homilias viginti octo comprehendit, quarum prior est in istud, Fuit Johannes in deserto, etc. et incip. " Adventum
Dominicæ," in ed. Giles. tom. v. p. 368,
cujus præfationem consulat lector de isto
Bedæ opere.

Ult. est in istud, ' Ante diem festum
Paschæ,' ut inter opera, Colon. 1612, tom.
vii. col. 287.

Ad fol. 48 b. insertus est sermo Leonis
pape in die purificationis B. M. V. incip. ' Si
subtiliter,' ut in cod. super. f. 106 b.

Liber alter xxiv. homilias includit, quarum
prima est in istud, ' Vespere autem sabbati,'
in edit. Colon. tom. vii. col. 1.

Ult. est in, ' Respondens unus de turba ;'
ibid. tom. vii. col. 85.

In calce,

" Laus tibi sit Christe, per Quem liber explicit iste."

2. Rabani Mauri in S. Matthæi lectiones varias
evangelicas homiliæ quatuor. fol. 155.

Tit. " Incipiunt omelie viri venerabilis
Rabani, numero quatuor."

Incip. i. in istud, ' Nisi abundaverit justicia
vestra,' " Qui putant precepta veteris Testamenti."

In calce, " Expliciunt omelie venerabilis viri
Rabani."

3. S. Johannis Chrysostomi in lectiones evangelicas S. Matt. homiliæ duæ. fol. 162.

Incip. i. in istud, ' Audientes Pharisæi quod
silencium,' etc. " Convenerunt ut multitudine vincerent."

4. Origenis presbyteri homiliæ quinque. fol. 166.

Prima est in istud, ' Erant Joseph et Maria,' ut inter opera, ed. Bened. tom. iii. p. 950.

In calce,

" Alpha vocatur et ω, liber explicit, incipit
in quo."

5. Bedæ commentariorum in S. Lucam libri sex,
præviis capitulis, et Accæ epistola ad auctorem cum responsione. fol. 180.

Tit. " Incipiunt capitula in commentarium
Bede venerabilis presbiteri supra evangelium
Luce."

Exstant inter opera, tom. v. col. 217.

Sequitur notitia de cautione alicujus exposita in cista de Langton xv. die mensis Decembris anno Domini m.cccc.xxxiii."

CLXXVII.

Codex membranaceus, in folio, ff. 193, sec. xii.
binis columnis bene exaratus ; ex legato M.
Johannis Stavele.

1. Tabula homiliarum, quæ sequuntur. fol. 1 b.

2. Venerabilis Bedæ homiliarum hiemalium liber, numero xxv. fol. 3.

Tit. " Incipit liber omeliarum venerabilis
Bede presbiteri."

Incip. i. in istud, ' Fuit Johannes in deserto, " Adventum dominice predicationis ;"
ut in codice superiori, fol. 2.

Ult. est in istud, ' Ante diem festum,' et
incip. " Scripturus evangelista ;" ut inter
opera, tom. vii. col. 287.

In calce, " Explicit liber primus omeliarum venerabilis Bede presbiteri."

Post homiliam xiv. ad fol. 47 b. inserta est
rubrica sequens, " Hic desunt tres omelie
quia non fuerunt in exemplari, scilicet omelia xv. et xvi. et xvii. quarum capitula tantum habentur supra inter capitula reliqua
ante principium libri omeliarum."

3. Ejusdem Bedæ homiliarium æstivalium liber, numero xxv., prævia tabula. fol. 74.

Incip. i. in istud, ' Vespere autem sabbati,' " Vigilias nobis," ut ibid. tom. vii. f. 1.

Ult. est in istud, ' In illo tempore exiit edictum,' et incip. " Audivimus ex lectione evangelica," ibid. tom. vii. col. 298.

In calce, " Explicit liber omeliarum venerabilis Bede presbiteri."

4. Eusebii Emeseni, sive Gallicani, ad monachos sermones octo. fol. 177 b.

Tit. " Incipiunt omelie Eusebii Emiseni ad monachos."

Incip. i. " Exortatur nos sermo divinus ;" ut in edit. Lutet. 1547. fol. 94 b.

In calce, " Expliciunt omelie Eusebii Emiseni."

Præmittitur, " Iste liber est sorte sanctorum anno Domini m.ccc.lxxvii."

CLXXVIII.

Codex membranaceus, in folio minori, ff. 133, sec. xiv., binis columnis exaratus.

1. Venerabilis Bedæ in epistolas septem canonicas expositio, cum prologo. fol. 1.

Tit. " Incipit prologus venerabilis Bede presbiteri super septem canonicas epistolas."

Incip. prol. " Jacobus, Petrus, Johannes, Judas, septem epistolas ediderunt."

Exstat inter opera, tom. v. col. 673.

2. Haimonis, ep. Halberstadiensis, expositio super Apocalypsim, cum prologo. fol. 32.

Tit. " Incipit epithoma succinte expositionis super librum Apocalipsis."

Exstat impress. Colon. 1531.

In calce, " Explicit Haymo super Apocalipsim."

Sequitur summa contentorum libri Apocalypseos ; et postea *manu altera* epistola de vii. vitiis et totidem virtutibus.

CLXXIX.

Membranaceus, in folio minori, ff. 158, anno 1449 manu W. Breton binis columnis exaratus ; " ex dono MM. Robarti Aubrey et Robarti Feyld, ad incathenandum in libraria communi," etc. " ex procuratione M. Goodhew, socii ejusdem domus."

Hugonis Cardinalis, sive de S. Caro, in Apocalypsim commentarii.

Exstant inter opera, part. vi. fol. 333.

In calce, " Explicit Apocalipsis."

Deinde, " Scripta anno Domini millesimo quadringentesimo quadragesimo nono ; W. Breton."

CLXXX.

Codex membranaceus, in 4to, ff. 189, secc. xii.—xiv. ; ex legato M. Johannis Raynham, socii et S. T. P.

1. Venerabilis Bedæ in S. Marcum expositio, libris quatuor, cum præfatione et capitulorum tabula. fol. 3.

Tit. " Prologus domini Bede venerabilis presbiteri in expositionem evangelii Marci."

Exstat impress. inter opera, edit. Colon. 1612, tom. v. col. 91.

Præmittuntur S. Hieronymi prologus, aliaque de S. Marci vita.

2. S. Agathæ miraculum, versibus leoninis. fol. 97.

Incip.

" Spem velit ut celis . infigere quisque fidelis
Quid loquar excipiat . res hec celeberrima fiat."

3. Versus de tribus Mariis. fol. 97 b.

Incip. " Tres tribus Anna viris . peperit Judea Marias."

Sequuntur excerpta de vestibus albis, etc. ex SS. Patribus, et, in fine, ex Claudiano.

4. Auctoritates de S. Trinitate, de mendacio, perjurio, sacramentis, etc. anonymo collectore. fol. 99.

Titulus primus est, " De misterio Trinitatis et Unitatis."

Incip. " Hec itaque verba ac pia fide."

Desin. " atque a culpis abluimur."

5. Anonymi cujusdam de mysterio Dominicæ incarnationis tractatulus. fol. 147.

Incip. " Johannes confitetur se non esse dignum solvere coragiam calciamenti Dominici."

6. Arbor consanguinitatis et affinitatis cum glossula. fol. 148 b.

Sequuntur versus de Joachim, incip.

" Omnes sunt Joachim sed non omnes sibi juncti."

———

7. S. Anselmi, archiepiscopi Cantuariensis, sive cujuscumque sint, opuscula varia, scilicet,

a. Homilia in ascensionem Domini. fol. 150.
   Incip. " Christum regem ascendentem in celum."

b. Homilia in istud, ' Estote misericordes.' fol. 150.
   Incip. " Fratres carissimi, quia mundo quasi in peregrinatione."

c. Homilia in istud, ' Ascendens Jesus in altum.' fol. 150 b.
   Incip. " Considerandum est nobis, fratres, quis ascenderit."

d. In istud, ' Ibat Ihesus in civitatem, quæ vocatur Nain.' fol. 151.
   Incip. " Nain interpretatur commotio."

e. In istud, ' Fratres, humanum dico.' fol. 151 b.
   Incip. " Quicumque in domo Dei constituitur."

f. Meditatio de terrore judicii. fol. 151 b.
   Inter Anselmi opera, 1726, p. 207.

g. Oratio ad B. V. Mariam. fol. 152 b.
   Ibid. p. 279.

h. Orationes duæ ad S. Johannem. fol. 153.
   Ibid. pp. 290, seq.

i. Oratio ad S. Stephanum. fol. 154 b.
   Ibid. p. 293.

k. Oratio ad S. Augustinum. fol. 155.
   Incip. " Sancte et beate Augustine, quem tam opulenta benedictione virtutum."

l. Meditatio. fol. 155 b.
   Incip. " Peccator homuncule, tu multum indigens."

m. Oratio ad S. Johannem. fol. 156 b.
   In edit. cit. p. 287.

n. Oratio ad S. Petrum. fol. 157 b.
   Ibid. p. 288.

o. Oratio ad S. Paulum. fol. 158.
   Ibid. p. 298.

p. Homilia in istud, ' Dominus ipse veniet et salutabit.' fol. 159.
   Incip. " In nativitate authoris leticie."

q. In istud, ' Dixit Jesus Petro, Sequere me.' fol. 160.
   Incip. " Dominus Jesus salvator noster sapientia."

8. Alexandri cujusdam sermo in primo adventu, scolaribus Oxoniæ. fol. 161.
   Incip. " Tu exurgens Domine misereberis Sion."

9. Sermo in circumcisione Domini. fol. 161 b.
   Incip. " Post longam vatum seriem."

10. Sermo de nativitate Domini. fol. 162.
    Incip. " In ortu vere leticie, in nativitate Illius, Qui est vera leticia."
    Sequuntur sententiæ theologicæ, etc. incip. " Quatuor sunt naturales affectiones."

11. Tractatus de donis S. Spiritus. fol. 166.
    Incip. " Quanto studio et amore Christo sponsam sibi amore."

———

12. S. Alexii vita. fol. 169.
    Incip. " Alexius fuit filius Eufemiani," ut in Aur. Legend. fol. clviii.

13. S. Margaretæ vita. fol. 169 b.
    Incip. " Margareta de civitate Antiochiæ ;" ibid. fol. clvi. b.

14. S. Mariæ Magdalenæ vita. fol. 170.
    Incip. " Maria interpretatur amarum mare ;" ut ibid. fol. clix. b.

15. Sermo in festo S. Petri ad Vincula. fol. 172.
    Incip. " Festum S. Petri apostoli quod ad Vincula dicitur ;" ibid. fol. clxxx.

16. In exaltatione S. Crucis. fol. 173.
    Ibid. fol. ccxxxvii. b.

17. In festo S. Matthæi. fol. 174.
    Ibid. fol. ccxliii.

18. In festo S. Michaelis. fol. 175.
    Ibid. fol. ccxlix. b.

19. In festo S. Simonis. fol. 177.
    Ibid. fol. cclxxxi. b.

20. In festo S. Lucæ. fol. 178.
    Ibid. fol. cclxxiv. b.

21. In festo S. Martini. fol. 179.
    Ibid. fol. ccxcv.

22. In festo S. Leonardi. fol. 179 b.
    Ibid. fol. cclxxii. b.

———

23. Narratio [an ex Jacobi de Vitriaco] de locis variis mirabilibusque Terræ Sanctæ ; *Gallice.* fol. 180.
    Incip. " Ly apostaille de Rome [*Innocent*

III.?] maunda au patriark de Jerusalem qil enqeist la verite."

24. [Thomæ Bradwardini?] Sermo epinicius ad mandatum Christianissimi ac propterea victoriosissimi principis domini Edwardi, Dei gratia, regis Angliæ et Franciæ in præsentia sua et optimatum suorum in Anglico primo dictus et postea ad præceptum patris domini Anibaldi, sanctæ Romanæ ecclesiæ cardinalis episcopi Tusculani et apostolicæ sedis legati, translatus de Anglico in Latinum; " sed in Latino parumper ex causa diffusius prosecutus quam in Anglico dicebatur." fol. 183.

Incip. præf. " Deo gratias, qui semper triumphat, etc. Licet dominus noster rex habeat multos clericos."

Incip. serm. " Nos karissimi mos est in factis armorum."

Agit de bello [de Neville's Cross] apud Dunelmum cum Scotis 17 Oct. habito, etc.

CLXXXI.

Codex membranaceus, in folio minori, ff. 230, sec. xii., binis columnis nitide exaratus.

1. Bedæ in Salomonis Proverbia expositio, libris tribus. fol. 1.

Tit. " Incipit liber primus expositionis Bede presbiteri in parabolas Salmonis."

Exstat inter opera, tom. iv. col. 634.

2. S. Hieronymi presbyteri expositio in Ecclesiastem, cum prologo. fol. 54 b.

Tit. "Incipit prologus beati Ieronimi presbiteri in librum ecclesiastes Salomonis filii David regis Jerusalem."

Inter opera, ed. Vallars, tom. iii. col. 381.

In calce, " Explicit expositio sancti Jeronimi presbiteri in ecclesiastem Salomonis."

3. Alcuini expositio in eundem librum, cum præfatione ad Oniam et Candidum presbyteros. fol. 87 b.

Tit. " Incipit prefatio Albini ad Oniam et Candidum presbiteros et Nathanahelem diaconum."

Exstat inter opera, 1777, tom. i. 410.

In calce, " Explicit liber Albini super Ecclesiasten."

4. Origenis libri duo super Cantica Canticorum,

prævia Hieronymi epistola ad Damasum papam. fol. 111 b.

Tit. " Incipit prologus beati Ieronimi presbiteri ad Damasum papam super Origenem in Canticis Canticorum."

Exstant impress. inter S. Hieronymi opera, ed. Vallars. tom. iii. col. 499.

In calce, " Explicit liber Origenis super Cantica Canticorum."

5. Libellus super Cantica Canticorum, qui vocatur Sigillum Mariæ, cum prologo. fol. 120 b.

Incip. prol. " Quia pondus diei et estus decrevi in vinea."

Incip. lib. " Discite vos mirari cur evangelium, Intravit Jhesus in quoddam castellum."

In calce, " Explicit Sigillum sancte Marie."

6. Bedæ super Cantica Canticorum libri septem. fol. 131 b.

Tit. " Incipit liber primus Bede presbiteri super Cantica Canticorum specialiter editus contra Julianum Pelagianum."

Exstant inter opera, tom. iv. col. 714.

In calce, "Explicit liber septimus venerabilis Bede presbiteri super Cantica Canticorum."

7. Vita S. Gregorii Papæ I. Magni, [auctore Paulo Diacono.] fol. 221.

Tit. " Incipit vita beati Gregorii pape."

Inter opera, tom. iv. col. 1.

In calce, " Explicit vita vel virtutes beati Gregorii."

CLXXXII.

Codex membranaceus, in folio majori, ff. 316, sec. xiii., binis columnis exaratus; " ex dono M. Johannis Burbache doctoris in theologia et quondam socii," etc.

Petri Lombardi collectanea in epistolas xiv. Paulinas ex Ambrosio, Hieronymo, Augustino, aliisque SS. Patribus confecta.

Exstant impress. Paris. 1535, et alibi.

CLXXXIII.

Membranaceus, in folio majori, ff. 207, sec. xiii. ineuntis, binis columnis optime exaratus et servatus.

Petri Lombardi in S. Pauli epistolas collectanea ex SS. Patribus collecta.

Exstant impress. Paris. 1535, et alibi.

L

74 CATALOGUS CODICUM MSS.

CLXXXIV.

Codex membranaceus, in folio majori, ff. 259, sec. xiv., binis columnis exaratus.

Gulielmi Lyssy, sive Lissæi, ord. Minor., postillæ super Hieremiam, Baruch et Prophetas Minores ; ut sequuntur,

1. In Hieremiam, cum prologo. fol. 1.

Incip. prol. "Direxit opera, etc. Verba ista scripta sunt Sap. x."

Incip. gloss. "Verba Jeremie, etc. Hic incipit liber Jeremie qui dividitur in duas partes."

Desin. "quod magis patet in hystoria."

In calce, "Expliciunt postillæ super Jeremiam prophetam."

2. In Lamentationes ejusdem. fol. 85.

Incip. "Quis dabit capiti, etc. In verbis istis scriptis Jeremiæ."

Desin. "orationes et lamentationes sive."

In calce, "Expliciunt postille super Trenos."

3. In Baruch. fol. 1c4.

Incip. prol. "Post lacrimacionem et fletum, etc. Verba ista scripta sunt Thobie iii. et satis competunt huic libro."

Desin. abrupte, "quod fuit inventum in loco David."

4. In prophetas xii. minores, cum prologo. f. 114.

Incip. prol. "Ossa xii. prophetarum, etc. Verba ista scripta sunt Eccl. xlix."

Incip. text. in Oseam, "Verba Domini, etc. Liber iste dividitur in duas partes, scilicet in titulum."

Desin. "paratum est ab origine mundi, ad quod nos perducat, etc."

In calce, "Expliciunt postille super prophetas fratris Willelmi de Lyssy."

In fine codicis sunt notitiæ de cautionibus variis Walteri Hert, expositis in cista antiqua universitatis A. D. 1446—1455.

In initio præmittitur, "Hoc volumen continet postillas super Ieremiam et duodecim minores prophetas et appreciatur in quinque marcis ;" etc.

CLXXXV.

Membranaceus, in folio, ff. 240, sec. xiv., binis columnis exaratus.

Haymonis Halberstadiensis expositio in Isaiam prophetam, cum prologo.

Tit. "Incipit prefacio Hamonis super Ysaiam prophetam."

Exstat impress. in 8vo. Colon. 1531.

In calce, "Explicit Haymo super Ysaiam."

Sequitur notitia, hodie plurimum deleta, incip. "Iste liber pertinet," et desin. "regis H. vj. xi. precii ij. marcis."

CLXXXVI.

Codex membranaceus, in 4to, ff. 226, sec. xv., binis columnis exaratus ; "ex dono M. Henrici Sever, S. T. P. et custodis," etc. A. D. 1466.

1. Tabula fratris Jacobi Januensis S. T. P. ordinis fratrum prædicatorum super historias Bibliæ, ordine alphabetico. fol. 1.

Incip. "Abstinencia caro domatur unde, i. Cor. 9 scribitur, Castigo corpus meum."

Desin. cum voce, Zelus, "et eciam verbum Passio per totum, etc."

In calce, "Explicit tabula Januensis fratris ord. præd. et doctoris sacre theologie super sacram scripturam secundum ordinem alphabeti, cujus anime propicietur Deus omnipotens."

Sequitur tabula.

2. Roberti Holcot opus lectionis in librum Salomonis Sapientiæ abbreviatæ et ordine alphabetico dispositæ. fol. 112.

Incip. "Abrahe triplex est beneficium, videlicet preelacio, conversacio, propagacio."

Desin. "quoniam dissimilis est aliis vita illius."

Sequitur tabula.

CLXXXVII.

Membranaceus, in folio minori, ff. 290, sec. xv., binis columnis exaratus ; ex dono M. Henrici Sever, S. T. P. et coll. Mert. custodis, A. D. 1466.

1. [Roberti Grostete,] episcopi Lincolniensis, liber de lingua in sex partes distinctus. fol. 2.

Tit. "Incipit Lincolniensis de lingua."

Incip. "Lingua congruit in duo opera nature in gustum scilicet et locucionem."

Desin. "quoniam regina celorum misericors est et mater misericordie."

In calce, "Explicit tractatus Lincolniensis de lingua."

Sequuntur,

a. Divisio cujusque partis operis supradicti. fol. 135 b.

b. Tabula capitulorum cujusque partis. f. 136 b.

c. Tabulæ duæ alphabeticæ. fol. 137.

In calce, " Explicit tabula tractatus Lincolniensis de lingua."

2. Nicolai de Lyra responsio ad Judæum " ex verbis evangelii secundum Matheum contra Christum nequiter arguentem anno Domini m.ccc.xxxiiij." fol. 146.

Incip. " Potens sit exhortari," ut in calce postillæ, ed. Lugd. 1529.

3. Ejusdem quæstio determinata, utrum per scripturas a Judæis receptas possit probari, mysterium Christi esse jam completum. f. 160 b.

Prodiit, cum Hieronymi libro de fide, Francof. 1601.

In calce, " Explicit questio determinata per fratrem Nicholaum de Lyra."

4. Ejusdem tractatus " de visione divine essentie ab animabus a corpore separatis." fol. 173 b.

Incip. " Qui elucidant me vitam eternam."

In calce, " Explicit tractatus doctoris precipui fratris Nicholai de Lyra de visione ;" ut supra.

5. Ejusdem determinatio super prophetiam Isaiæ de privilegio virginali. fol. 184.

Incip. " Meditacio simplicis de fidei rimacione."

6. Alberti Magni liber de muliere forti. fol. 205 b.

Tit. " Incipit liber intitulatus de muliere forti."

Exstat inter opera, tom. xii. part. ult. p. 1.

In calce, " Explicit liber compilatus a domino Alberto Magno, episcopo Ratisponensi, ordinis fratrum predicatorum, intitulatus de muliere forti scriptus et finitus, anno Domini 1437."

———

7. S. Apuleii Medaurensis liber de Deo Socratis. fol. 286.

CLXXXVIII.

Codex membranaceus, in folio minori, ff. 246, sec. xiv., binis columnis nitide exaratus; " ex legato M. Joh. Raynham, S. T. P. et quondam socii."

1. Nicolai Triveth, seu Triveti, expositio in Le-

viticum, ex SS. Patribus variis confecta. f. 7 b.

Tit. " Incipit exposicio fratris Nicolai Trevett, de ordine predicatorum super Leviticum."

Incip. " Pone ternos circa montem ; Exod. xix. Libri legis ut testatur glosa Esichii."

Desin. " et non capaces erant misterii Dei, cui est honor et gloria in secula seculorum ; Amen."

Præmittuntur,

a. Aymerici, ord. præd. magistri, epistola ad auctorem ; dat. Argentinæ, in cap. generali. fol. 7.

Incip. " Cum receptam gratiam debeamus."

b. Nicolai ad Aymericum epistola. fol. 7.

Incip. " Exposicionem librorum legis."

2. Ejusdem Compotus Hebræorum, annexis tabulis duabus. fol. 212 b.

Incip. " Expleta exposicione Levitici."

In calce, " Hoc opus est factum . scriptor tenuit bene pactum."

3. Ejusdem liber de officio missæ, in partes sex distinctus, cum prologo ; prævia ad Johannem ep. Bathon. et Well. epistola. fol. 213 b.

Incip. epist. " Mundane machine fundamenta."

Incip. prol. " Fons sapientie verbum Dei."

Incip. lib. 2 Racio a qua nomen misse trahitur."

Desin. " procedere usque ad finem ad laudem," etc.

Præmittitur notitia de cautione Nicolai de Stenington.

CLXXXIX.

Codex membranaceus, in folio, ff. 210, sec. xv. binis columnis exaratus ; " ex dono M. Ha. Haydok, incathenatus in libraria anno Domini m.cccc.lxviii."

Johannis Lathbury, sive Latteburii, Liber moralium in Threnos Hieremiæ, cum tabulis posthabitis alphabeticis.

Tit. " Lectura super Trenos Ieremie prophete."

Exstat impress. in fol. 1482.

In calce, " Explicit secundum alphabetum et sic totum opus est completum anno Domini millesimo cccc. sexto."

Titulus tabulæ sequentis est, " Tabula super

opus Trenorum compilata per Johannem Lat-
thebury, fratrem minorum."

Præfixit bibliopegus cartarum aliquot fragmenta ad monasterium de Cerne spectantium.

CXC.

Codex membranaceus, in folio, ff. 115, sec. xv.,
binis columnis exaratus; olim Thomæ Tryllek, ep. Roff., postea coll. Mert. ex dono
Will. Reed ep. Cicestr.

[Hugonis de S. Caro] in Apocalypsin commentarii sive postillæ, cum prologo.

Incipit prol. " Vidit Jacob in sompnis scalam; etc.   Quatuor sunt cause hujus operis,
scilicet efficiens, materialis."

Incip. postil. " Apocalipsis; Liber iste dividitur principaliter in duas partes;" ut inter
opera, part. vi. fol. 334 b.

Sequitur tabula.

Præmisit manus recentior præfationem [Gil-
berti Pictaviensis] in Apocalypsim.

CXCI.

Membranaceus, in folio, ff. 284, sec xiii.,
binis columnis nitide exaratus.

Petri Canonici ecclesiæ S. Trinitatis London.
Pantheologi pars prima, libris tredecim comprehensa.

Tit. " Prime partis Pantheologi liber primus
de rationabilibus hic incipit."

Incip. " Deus in scriptura sacra tribus modis dicitur."

Desin. " non tantum vicia inferunt sed et
bona simulant; Explicit."

Sequuntur tabulæ variæ cum explanationibus, quarum prima sic intitulatur et incipit,
" Explanatio qualiter facillime invenienda sunt
que queruntur in David, secundum novum
modum, scilicet per literas alphabeti. Hec
capitula hic secundum ordinem litterarum."

Præmittuntur,

a. Prologus ad Radulphum, archidiac. Coleces-
trie. fol. 1.
Incip. " Ego autem puto illum suo vivere
commodo."

b. Prologus alter ad M. Henricum de Nor-
hamtum. fol. 2.
Incip. " Vir desideriorum sollicitus agno-
scere."

c. Capitulorum tabula. fol. 2 b.

CXCII.

Codex membranaceus, in folio, ff. 163, sec.
xiii., binis columnis nitide exaratus; ex
dono " M. Johannis Gygur, nuper custodis
istius collegii."

1. Petri Canonici Pantheologi pars secunda libris xiii. comprehensa, cum prologo ad Radulphum, archid. Colecestr. et tabula. fol. 2.

Tit. prol. " Incipit prologus in secundam
et in terciam partem Pantheologi."

Incip. prol. " Solent inpositores inter pre-
tiosa sub obscura luce."

Incip. lib. " Deus Creator omnium et Judex, unde Ecclesiastes."

Desin. " supra lib. ii. cap. v. in bone para-
grapho secundo."

2. Ejusdem Petri Pantheologi pars tertia, libros
tredecim complectens, prævia tabula. fol. 68.

Incip. " Dii aurei sunt sensus philosophici."

Desin. " libero arbitrio in nobis manende."

CXCIII.

Membranaceus, in 4to, ff. 332, sec. xv., binis
columnis nitide exaratus.

Petri, prioris ecclesiæ Floreffiensis, ord. Præmonstrat. Expositio in Psalterium ex scriptis SS.
Patrum collecta; prævia præfatione ad Johannem de Archel, ep. Leodiensem.

Incip. præf. " Pater karissime, quum rem
quamlibet honestatis splendore."

Incip. lib. " Augustinus; Sciendum est inprimis quod liber iste apud Hebreos."

Desin. " Collecta; Fac nos, eterne salutis
amator, per tuam graciam modulacionem pre-
miorum spiritualem intelligere et intellectus
humiliter obedire, ad laudem," etc.

Sequitur expositio super Cantica sacra, incip. " Confitebor tibi; etc.   Iste est primus
psalmus Canticorum."

Defic. in verbis, " ad destruendum Jerusalem,
et per nuncios——"

CXCIV.

Membranaceus, in 4to, ff. 144, sec. xv., nitide
scriptus.

Ricardi de Rosis summa dictaminis epistolarum
sub titulis xxxiiii. comprehensa, cum prologo
et tabula titulorum capitulorumque.

Tit. "Incipit summa dictaminis composita per quendam magistrum Ricardum de Rosis, clericum ;" etc.

Incip. prol. "Noviciorum studia januam sibi cupiencium aperire."

Incip. lib. "Incipiunt epistole summe predicte compilate sub xxxiiij. titulis."

Incip. "Amicus amicum redarguit, etc. Videt qualiter homini rerum temporalium."

Desin. "gratia Sancti Spiritus infundatur."

In calce,

"Finito libro sit laus et gratia Christo."

CXCV.

Codex membranaceus, in 4to, ff. 67, sec. xv.; ex dono M. Roberti Wyght, anno Domini m.cccc.lxviij.

Jacobi de Tarenio, sive Theramo, archidiaconi Adversani et canonici Aprutinensis, Compendium, quod dicitur Consolatio peccatorum, cum prologo.

Incipit prologus, "Adaperiet Dominus cor vestrum."

Incip. lib. "Postquam per esum ligni duplicem mortis habuimus dampnacionem."

Desin. "per palmam victorie, per quam Ille cujus est regnum omnium seculorum," etc.

Sequitur epilogus incip. "Letetur querencium Dominum, quia Ipse tanquam sponsus ;" et postea, "Datum Averse prope Neapolyn die penult. mensis Octobris quarta indictione anno Domini millesimo ccc. nonagesimo quarto pontificatus sanctissimi in Christi patris et domini etc. Bonifacii sacrosancte de universalis ecclesie pape noni, pontif. ejus anno quarto et etatis mee anno 33 que etas in homine peccatrix semper habetur et peccatorum plena, licet Deus peccanti in eadem etate et penitenti libentissime parcat ;" etc.

CXCVI.

Membranaceus, in 4to minori, ff. 105, sec. xiv. exeuntis; olim Hamundi Haydok, incaute scriptus et compactus.

Thomæ Walleys, sive Guallensis, ord. prædicatorum, in varios SS. libros commentarii ; scilicet,

1. In libros Numerorum, Deuteronomii, Isaiæ prophetæ et Exodum. fol. 3 b.

Incip. "Si volumus inter filios Israel numerari."

In calce, "Explicit opus fratris Thome Waleys de ordine predicatorum super Exodum."

2. In Leviticum ; imperf. fol. 76.

Incip. "Masculum et inmaculatum; Solus Christus erat masculus."

In calce, "Explicit opus fratris Thome Waleys super Leviticum."

3. In Josuam. fol. 85.

Incip. "Transi Jordanem; Volentibus terram promissionis ingredi."

Id calce, "Explicit super librum Josue."

4. In librum Judicum. fol. 94.

Incip. "Post mortem Josue; Illi utuntur in assumendo."

In calce, "Explicit opus Waleys super librum Judicum feliciter."

5. In librum Ruth. fol. 101 b.

Incip. "Amaritudine replevit me; Electi filii Dei."

In calce, "Explicit opus fratris Thome Waleys super librum Ruth."

Omnia supradicta exstant in cod. Nov. Coll. xxx.

Præmittitur codici tabula bestiarii, sive libri de naturis animalium et moralitatum.

CXCVII.

Codex membranaceus, in 4to, ff. 194, sec. xiv. ; "ex dono ven. patris domini Willelmi [Reed] tercii, episcopi Cicestrensis."

1. Tabulæ alphabeticæ super Testamentum Novum, ordine sequenti, Epistolas Paulinas, Actus Apostolorum, Evangelia, Apocalypsin et Epistolas Canonicas. fol. 1.

Incip. "Abba ; Abba idem est quod pater et quare simul."

2. Tabula alphabetica super libros Salomonis. fol. 73.

Incip. "Accidia; Accidia Accidiosi est velle regnare."

3. Tabulæ capitulorum, etc. super plura S. Augustini opera. fol. 89.

Incip. "Intencio Augustini in libro primo de Trinitate; In primo de Trinitate facit prælocutionem."

4. Tituli S. Augustini sententiarum a Prospero collectarum. fol. 187.

> Tit. "Liber Augustini qui intitulatur liber sententiarum Prosperi et particulatim et per clausulas, ex diversis ejus operibus excerptus, sicut mihi videtur et sunt in eo tituli subscripti."
>
> Inter opera tom. x. col. 223.

5. Tituli S. Chrysostomi sermonis, Quod nemo læditur nisi a seipso. fol. 193 b.

CXCVIII.

Codex membranaceus, in 4to minori, ff. 109, sec. xv. ineuntis.

1. Determinatio magistri Willelmi Wydford, sive Wodefordi, de ordine fratrum minorum Oxon. contra Wyclyff in materia de religione. fol. 1.

> Incip. "Utrum motiva ponentis communem religionem esse."
>
> Desin. "de illius radicis enarracione. Ista sunt dicta et tantum de determinacione prima magistri Willelmi Wodfford contra Wyclyff."
>
> In calce, "Explicit determinacio prima in materia de religione Oxonie."

2. Ejusdem tractatus de sacerdotio Novi Testamenti. fol. 14.

> Incip. "Utrum sacerdotium Novi Testamenti, quod in Melchisedech exstitit."

3. Ejusdem "opus compilatum contra quasdam conclusiones ab eodem extractas in libro, qui intitulatur, Trialogus M. Joh. Wyclyf, qui utinam liber damnatus est a D. Thoma, Cantuariensi archiepiscopo, anno Domini 1396 in capitulo cathedrali eccl. S. Pauli London. præsentibus episcopis, prælatis ac clero regni Angliæ." fol. 38.

> Exstat impress. in Fasciculo Rer. Expetend. Colon. 1535, p. 96.
>
> In calce, "Explicit tractatus magistri Will. Wydford, fratris de ordine minorum, contra magistrum Johannem Wyclyf."

CXCIX.

Membranaceus, in 4to minori, ff. 123, sec. xv.; manu Brown cujusdam scriptus.

Nicolai Boneti theologia naturalis in libros septem distincta, cum prologo.

> Incip. prol. "Motor immobilis; Primus cum de numero studentium."
>
> Incip. lib. "Primum autem in hac natura theologia naturali."
>
> Desin. "et eo frui in eternum; Amen."
>
> Sequitur tabula, et in calce, "Amen, quod Brown," et deinde, "Explicit theologia naturalis magistri Nicolai Boneti, ordinis fratrum minorum, scripta et finita."

CC.

Codex membranaceus, in 4to minori, ff. 319, sec. xiv., nitide exaratus; olim Thomæ Burstal, postea Johannis Brokholes et deinde coll. Merton. ex dono Henrici Garstang.

Vocabularium biblicum, sive dictionarium nominum theologicorum quæ habentur sub sensu æquivoco; ordine alphabetico, cum tabulis vocum.

> Incip. "Angelus quandoque dicitur filius Dei, unde Ysaias."
>
> Desin. sub voce Zona, "Mortificatione membris roboratus."
>
> Præcedit notitia, "Orate pro anima Thome Burstal, capellani, qui dedit istum librum Jhoanni Brokholes, capellano, qui Johannes dedit Henrico Gairstang, et idem Henricus dedit collegio Merton in Oxonia ad orandum pro anima magistri Ric. le Schrop, nuper Ebor. archiepiscopi, et pro animabus supradictorum."

CCI.

Membranaceus, in 4to minori, ff. 192, sec. xv., ex dono M. Johannis Hanham, coll. Mert. socii.

1. Francisci de Mayronibus, ord. min. Moralia, sive liber de virtutibus moralibus, intellectualibus, cardinalibus et theologicis, etc. in partes septem distributus. fol. 6.

> Pars prima, quæ in articulos xiii. distinguitur, incip. "Auditu auris; etc. Quia vero audicio divina."
>
> Desin. pars ult. quæ agit de voluntario et articulos octo comprehendit, "non crucifigere Dominum nostrum Ihesum Christum, cui est honor;" etc.
>
> In calce, "Expliciunt moralia Francisci de Maronis."

2. Ejusdem quæstio, 'Utrum terreno principi sit necessaria peritia literarum.' fol. 72.

    Incip. "Quod non, quia Saul electus fuit."

3. Ejusdem quæstiones septem de virtute heroica et de passionibus. fol. 74 b.

    Incip. i. "Utrum in Deo sit fortiata virtus heroyca; Quod non a quo reinduetur."

    In calce, "Expliciunt octo morales questiones Francisci de Meronis."

4. Ejusdem tractatus de Indulgentiis. fol. 94.

    Incip. "Quodcumque ligaveris super terram, etc. Duos fratres ultimos esse futuros in fine seculi."

    In calce, "Explicit sermo doctoris Francisci de Maronis de indulgenciis in presentia Domini pape et cardinalium."

5. Jordani [de Quedlingborg?] Liber in passionem Dominicam, in partes septem distinctus. fol. 106 b.

    Incip. "Aspice et fac secundum exemplar; etc. Etsi Christus ubique in scriptura."

    In calce, "Explicit expositio dominice passionis secundum Jordanem cum suis theoremmatibus et exemplaribus documentis ad honorem ejusdem Domini nostri Jhesu Christi, Qui pro nobis passus, mortuus, et sepultus, resurrexit, vivit et regnat;" etc.

6. Tractatus commendativus Sacræ Scripturæ. ff. 179—192, 1.

    Incip. "Stude Sapientie; Prov. 27. Omnem hominem primo generatur."

    In fol. 5 b, "Liber collegii de Merton in Oxon. ex dono Magistri Johannis Hanham, quondam socii ejusdem, cujus usus habeatur secundum discrecionem custodis."

CCII.

Codex membranaceus, in 4to minori, ff. 88, sec. xiii. exeuntis.

1. Bonaventuræ Cardinalis Opus in Flecto genua mea, sive Breviloquium. fol. 2.

    Incip. "Magnus doctor gentium et predicator veritatis," ut inter opera, tom. vi. p. 5.

2. ~~Ejusdem sive cujuscumque sit~~ compilatio de articulis fidei, septem petitionibus, etc. fol. 50.

    Incip. "Ad instructionem juniorum, quibus non vacat opusculorum."

[marginalia:] Simonis de Hinton seu Richardus de Theologie enc. et med. Tom. IX 1957 p. 8

In calce, Virtutum definitiones aliquot, et deinde, versus prophetici, incip.
"Gallorum levitas Germanos justificabit."

CCIII.A

Codex membranaceus, in 4to minori, ff. 284, sec. xiv., exceptis foliis aliquot in initio et fine a manu recentiori suppletis, "ex dono M. Henrici Sever, S. T. P. ac custodis," etc. A. D. m.cccc.lxviij.

[Hugonis de S. Caro] Postillæ super S. Lucæ Evangelium prol.

    Incip. "Vidi et ecce quatuor; etc. Hanc visionem revelavit Dominus Zacharie," ut inter opera, part. v. fol. 115 b.

CCIII.B

Chartaceus, in 4to minori, ff. 133, sec. xv.

Hirmologii, ut videtur, fragmentum, sive Hymnorum odarumque, qui decantari solent in ecclesia in festis diebus et Dominicis per annum; *Græce.*

    Incip. in verbis, —ζου δε γῇ ότη θυγάτηρ, [sic]
    Desin. τὴν εὐσέβαστον μνήμην σου.

CCIV.

Membranaceus, in folio majori, ff. 209, sec. xv., binis columnis manu Joh. Gisburgh capellani exaratus.

1. Liber qui dicitur Speculum vitæ humanæ, auctore anonymo, in partes quinque distributus, prævia capitulorum tabula. fol. 2.

    Præmittitur tabulæ, "Ad laudem et gloriam D. N. Jesus Christi ac perpetue gloriose Virginis Marie matris ejus inceptus et scriptus est liber iste qui intitulatur, Speculum humane vite, anno Domini millesimo cccc°. quadragesimo sexto ad utilitatem legencium, videlicet incipiencium, proficiencium et profectorum, qui quidem liber dividitur in quinque partes, in quarum principio docetur per capitula, quid in eis continetur."

    Tit. i. "Hic incipit prima pars hujus libri, qui dicitur speculum conversorum."

    Incip. "Fili ait scriptura accedens ad servitutem Dei."

    Desin. "in itinere securitas et in pervencione felicitas, Restante Domino nostro," etc.

In calce, " Et sic finitur totus liber, qui dicitur Speculum vite humane, scriptus atque completus per manum domini Johannis Gisburgh, capellani, penultimo die Januarii anno Domini millesimo quadringentesimo quadragesimo nono."

2. Tractatulus docens hominem noscere seipsum et timere Deum. fol. 179.

Incip. " Primo studeat quisque quam potest se."

3. S. Augustini Admonitio ad populum suum. fol. 181.

Incip. " Rogo vos fratres karissimi quotiens ad ecclesiam Dei."

4. Quædam devota meditatio ejusdem ad Patrem et Filium et Spiritum Sanctum. fol. 182 b.

Incip. " Domine Deus meus da cordi meo te desiderare."

5. Declamationes Senecæ, cum suis moralibus. fol. 186. b.

Incip. " Prima declamatio de Christo et mundo vel de anima et corpore narrat Seneca."

6. Liber de arte moriendi. fol. 197.

Incip. " Cum de presentis exilii miseria."

In calce, " Explicit liber de arte moriendi."

7. Alia doctrina sive exemplum de morituris. fol. 203.

Incip. " Fuit quidam papa, qui dum ad extrema venisset."

Sequitur meditatio mortis, incip. " Mors est eterna sompnus dissolucio."

8. Scientia utilissima homini, quæ est scire mori, et qualiter moriendum sit, ex Horologio divinæ Sapientiæ. fol. 204 b.

Incip. " Scire autem mori est paratum habere cor."

In calce, " Explicit extractio medullita libri autentici, qui vocatur orilogium divine sapientie."

9. Oratio metrica M. Ricardi Castre, quam ipse composuit. fol. 208.

Incip.

" Jhesu Lorde that madest me,

And with thi blessed blod has me bo3t."

10. Psalterium fraternæ caritatis ; vers. Anglic. fol. 209.

Incip. " Jesu for hem I the beseche."

In calce, " Ther beth girdils of saint Rose, which lith hole to this day at Vitarbe and

enport special remedy both for wemen laboryng in childe and also agenst the feueres if ye pacient be girde with oon of hem."
" J. Gisburgh."

CCV.

Codex membranaceus, in folio majori, ff. 165, sec. xiv., binis columnis exaratus.

Anonymi cujusdam postillatoris commentariorum compilatio in Bibliam universam, ex SS. Patrum operibus confecta .

Incip. " In principio, etc. Hoc exponit beatus Augustinus, anagogice quantum ad hoc."

Desin. " Nisi dicitur, ut qui jam in corde vocem sui amoris acceperis etc. Veni Domine Jhesu."

In calce,

" Finito libro sit laus et gloria Christo."

Citantur Damascenus, Beda, Hugo, Hieronymus, Gregorius, Augustinus, Rabanus, aliique.

CCVI.

Membranaceus, in folio majori, ff. 261, sec. xiv., binis columnis exaratus.

Bibliorum vulgatorum volumen primum, Libros scilicet, a Genesi ad Psalterium inclusive comprehendens, cum S. Hieronymi prologis, et glossa [Hugonis de S. Caro] marginali perpetuo instructum.

Incip. gloss. " Principium verborum tuorum veritas Deus, pater immo et operum," ut inter opera, part. i. fol. 1.

Desin. " tandem ad vitam glorificati intremus ubi omnis spiritus laudet Dominum. Amen."

Sequuntur,

a. Interpretationes nominum Hebraicorum, secundum Remigium Autissiodorensem. f. 231.

b. Lexicon nominum Latinorum, quæ in Bibliis vulgatis occurrunt. fol. 255.

CCVII.

Membranaceus, in folio majori, ff. 392, sec. xiv., binis columnis exaratus.

Bibliorum Sacrorum volumen alter, includens,

1. Veteris Testamenti libros a Parabolis Salomonis ad Maccabæorum librum II. inclusive ; S. Hieronymi prologis et [Hugonis de S. Caro] glossa marginali instructos. fol. 1.

Incip. gloss. " Hominis status triplex, inchoationis, profectus, et perfectionis."

Desin. " usque scilicet ad captivitatem factam per Romanos."

2. Testamentum Novum, cum argumentis et [ejusdem Hugonis] glossa itidem illustratum. fol. 230.

Incip. gloss. " Quatuor circulos aureos pones super quatuor arche angulos.'"

Incip. gloss. in text. S. Matt. " In prima parte hujus libri describit Matheus humanam generationem Christi."

Deficit in gloss. lib. Revel. cap. xx. " Cæreum quia empyreum stabit, sicut dicit glossa."

CCVIII.

Codex membranaceus, in folio majori, ff. 255, sec. xiii., binis columnis exaratus; " olim Will. Reed, ep. Cicestr. quem emit a D. Thoma Trillek, ep. Roffen." postea coll. Merton. " in communi libraria ejusdem," etc. " cathenandus ex dono ven. patris D. Will. tercii episcopi Cicestrie."

Psalterium Davidis, cum prologis glossaque perpetua ex Augustino, Cassiodorio, aliisque SS. Patribus collecta.

Præmittuntur,

a. Tabula Psalmorum omnium, initium cujusque et argumentum exhibens. fol. 2.

b. Oratio Eusebii Toletanæ sedis episcopi, versibus expressa. fol. 7.

Incip.

" Rex Deus immense quo constat machina mundi,
Quod miser imploro per Christum perfice mitis."

c. Origo prophetæ David, aliaque S. Hieronymi prolegomena. fol. 7.

d. Damasi versus xxvii. heroici in Psalterium. fol. 7 b.

Incip.

" Psallere qui docuit dulci modulamine sanctis."

e. Alia Prolegomena. fol. 7 b.

Incip. " Liber psalmorum quanquam uno concludatur volumine."

f. Prologus in Psalterium ex Patribus confectus. fol. 10.

Præcedit distichon,

" Ex punctis, quid, ubi, quantum, quis dixerit auctor,
Lector habe vigili singula mente notans."

Incip. " Cum omnes prophetas S. Spiritus."

Sequitur titulus libri, " Incipit liber hymnorum vel soliloquiorum prophete de Christo."

Incip. gloss. " Beatus vir; Cui omnia succedunt; vir, scil. contra prospera et adversa firmus; *qui non abiit,* a Deo in regione dissimilitudinis, id est, cogitatione non peccavit."

Desin. " et judicium cantabo tibi Domine, vite eterne vox est, Omnis spiritus laudet Dominum."

Sequuntur Hymni et Symbolum Athanasianum cum glossa.

Incip. " Confitebor tibi; Prophetaverat Ysaias, quod Deus percuteret flumen."

Desin. " Hecce est fides catholica; et si ita non credideris salvus esse non poteris."

In fol. i. verso, " Istum librum fecit reparari M. Joh. Burbage sacre pagine professor," et in margine sequenti superiori, " Liber domus scolarium domus de Merton halle in Oxon ex dono M. Johannis Burbache doct. in theologia," etc.

CCIX.

Codex membranaceus, in folio, ff. 283, sec. xiv., nitide exaratus.

Prophetarum quatuor Majorum Libri, S. Hieronymi prologis glossaque ordinaria et interlineari instructi.

Tit. i. " Incipit prologus beati Ieronimi presbiteri in Ysaiam prophetam."

Ordinem habent sequentem, Isaiæ prophetia, Danielis, Jeremiæ, Jeremiæ Lamentationes, Ezechielis.

In calce, " Explicit liber Ezechielis prophete."

Sequuntur Cautiones duæ M. Tho. Gawge expositæ in cistis Chycheley et Reede, annis 1445 et 1449.

CCX.

Membranaceus, in folio, ff. 92, sec. xiv, bene exaratus, ex dono Ric. Fitz-James, ep. Dunelm. et coll. Mert. custodis.

Prophetæ duodecim minores, S. Hieronymi prologis et glossa ordinaria et interlineari instructi.

In calce, " Liber M. Ricardi Fitz James sacre theologie professoris, emptus per eun-

M

dem ultimo die Januarii anno Christi 1481 ; Precii vj.s. viij.^d."

In fronte codicis, " Librum istum dedit ad communem utilitatem omnium in hac sacra bibliotheca studentium Ricardus Fitz James, S. T. minimus professor, et nuper custos istius collegii ;" etc.

CCXI.

Codex membranaceus, in folio, ff. 139, sec. xiv., olim liber Hugonis de Staunton, emptus de Willelmo Horn.

SS. Lucæ et Johannis Evangelia, S. Hieronymi prologis et glossa ordinaria instructa.

Præmittitur notitia, " Magister Nicholaus de Velleio recepit xx. solidos super librum istum in die S. Benedicti."

CCXII.

Membranaceus, in folio, ff. 151, sec. xiii. exeuntis, binis columnis nitide exaratus ; " ex dono M. Henrici Sever, S. P. P." etc. 1468.

Glossa super quatuor Evangelia, inter se collata, collecta et excerpta cum labore super unum ex quatuor [S. Johannis scilicet] per Petrum, Cantorem Parisiensem, cum tabula in distinctiones xcviii. distributa præmissa.

Incip. " In principio erat ; Quatuor facies uni erant, sicut Trinitas personarum Unitati divine."

Desin. " post Jhesum representat ecclesia dominicis diebus, Cetera require in fine historiarum."

In calce, " Expliciunt glose iiii. evangeliorum collecte et excepte cum labore super unum ex quatuor, in quibus punctus super punctum positus in litera vel hec figura ɱ. nota est verborum magistralium ; punctus vero juxta punctum positus vel hec figura G. nota est verborum et auctoritatum sanctorum ; figura vero 'm̄' litere Grece in margine posite nota est glosarum que faciunt contrarietatem sibi vel textui, vel questionem vel solutionem alicujus vel moralitatem exprimunt vel pungunt et affectus movent vel que supervacanee sunt. Explicit glosa super unum ex quatuor secundum P. cantorem Parisiensem."

Sequitur manu recentiori, " Liber collatus M. Thome Chace ad terminum vite sue per executores M. Thome Leyntwardyn ad oran-

dum specialiter pro anima ejusdem et animabas parentum suorum et dom. Roberti Braybrok et omnium aliorum benefactorum suorum pro quibus ipse tenebatur orare, sub condicione tamen quod dictus M. Thomas Chace post decessum suum relinquet istum librum alteri sacerdoti materiem predicabilem amplectenti ; et ipse sacerdos sub eadem condicione relinquet eundem librum tercio sacerdoti, et sic de uno sacerdote ad alium, quamdiu duraverit iste liber, condicione predicta semper servata."

Deinde, manu H. Sever, " non obstante scriptura precedente inventus erat iste liber vendendus London. in Pater Noster Rewe quem emit Henricus Sever."

Præmittuntur tabulæ duæ alphabeticæ ; *manu recentiori.*

CCXIII.

Codex membranaceus, in folio, ff. 254, sec. xiv. ineuntis, optime exaratus ; " ex dono D. Ricardi Fitz-James nuper Cicestrensis episcopi et coll. Mert. custodis."

Evangelia quatuor, S. Hieronymi prologis et glossa ordinaria instructa.

Præmittitur notitia, " Liber M. Ricardi Fitzjames sacre theologie professoris emptus per eundem xvi. die Februarii anno Christi m.cccc.lxxxiiij. ; precii xxvij. s."

CCXIV.

Membranaceus, in folio, ff. 300, sec. xiv., binis columnis manu Mitton cujusdam exaratus ; " ex dono M. Roberti Elyott."

[Gulielmi Alverni,] doctoris Parisiensis, Sermones super Evangelia Dominicales, numero ccxxv., secundum usum Sarum dispositi, cum tabula subjuncta.

Tit. i. " Dominica prima adventus Domini sermo primus."

Incip. " Hora jam est ; Hoc tempus dicitur tempus adventus quia cantus ecclesie sunt de adventibus Christi."

Desin. " in medio quadragesime, bis enim legitur in anno etc. quod Mitton."

In calce, " Expliciunt sermones de evangeliis dominicalibus secundum usum Sarum per annum per doctorem Parisiensem compilati."

CCXV.

Codex membranaceus, in folio, ff. 238, sec. xiv. exeuntis, binis columnis exaratus.

1. Revelationes cælestes S. Brigittæ, Nericiæ principissæ factæ, cum prologo, libris septem comprehensæ. fol. 2.

Tit. " Incipit prologus in libris celestibus revelacionum Dei beate Brigide principisse Nericie de regno Suecie divinitus revelatus."

Exstant impress. Antv. 1611, et alibi.

In calce, " Explicit ultimus liber celestis revelacionum Dei domine Brigide principisse Nericie de regno Suecie divinitus revelatus ; etc."

2. Epistola solitarii cujusdam ad reges, in qua reprehenduntur illi qui ex abrupto et nullo examine precedente approbant aut reprobant personas se asserentes habere visiones et revelationes divinas. fol. 213.

Incip. " O serenissimi reges et utinam veri reges."

In calce, " Explicit epistola solitarii ad reges, etc."

3. Officium S. Brigittæ, cui titulus, sermo angelicus de excellentia B. M. Virginis, quem ipse angelus dictavit beate Brigide ex precepto Dei, et ipsa ex eodem precepto devote conscripsit, cum prologo. fol. 221.

Incip. prol. " Cum beata Brigida."

Incip. sermo, " Verbum de quo evangelista Johannes."

In calce, " Explicit sermo angelicus beate Brigide per angelum divinitus dictatus in urbe Roma."

4. Orationes quatuor S. Brigittæ divinitus revelatæ. fol. 234.

Exstant impress. sine loco vel anno.

In calce, " Expliciunt orationes beate Brigide principisse Nericie de regno Suecie divinitus revelate ; Amen."

5. Quædam notabilia de vita et obitu " beate Brigide principisse Nericie de regno Swecie." fol. 238.

Incip. " Matrona hec venerabilis."

CCXVI.

Membranaceus, in folio, ff. 229, sec. xiv., binis columnis exaratus ; olim Will. Reed, præpositi Wynghamensis, postea ep. Cicestr. ex dono rev. M. Nicolai de Sandwico ; postea coll. Mert. ex dono Gulielmi supradicti.

1. Simeonis Burneston, sive Boraston, sermones de epistolis et evangeliis Dominicalibus totius anni, prævia tabula. fol. 2.

Incip. i. " Hora est jam nos de sompno, etc. His volentibus transire mare precipue est necessarium considerare horam."

Post Dominic. ult. post Trinitatem sequuntur sermones alii pauci de dedicatione ecclesiæ, in synodo sacerdotum, de pace, etc.

2. Ejusdem Simeonis opus alphabeticum de vocabulis prædicabilibus cum concordantia auctoritatum quorundam doctorum, prævia tabula. fol. 45.

Incip. " Abjicere secundum auctorem de natura rerum, Columba propter calorem."

Desin. sub voce, Zelus, " Zelus justitie remissio, pietas vult videri."

3. Roberti Grostete, episcopi Lincolniensis, liber de oculo morali. fol. 203.

Tit. *man. sec.* " Tractatus de oculo secundum Robertum Lync. ut dicitur."

Incip. præf. " Si diligenter voluerimus in lege Domini meditari."

Incip. cap. i. " Sciendum igitur quod potest elici ex summa Constantini."

Desin. " et illic eriguntur ; ad illud regnum nos perducat, Qui sine fine vivit et regnat ; Amen."

In calce, " Explicit tractatus de oculo morali."

In fronte codicis inveniuntur notitiæ de codicis possessoribus ut supra.

CCXVII.

Codex membranaceus, in folio majori, ff. 482, sec. xiv. ; binis columnis exaratus.

Anonymi cujusdam opus, quod dicitur, " Speculum prelatorum ac religiosorum et parochialium sacerdotum," in partes tres distinctum ; cum prologo.

Incip. prol. " Ut summe Trinitati et tote curie."

Incip. pars i. " Fides catholica est substantia rerum sperandarum."

Deficit pars ii. a cap. de Simonia ad finem.

Desin. pars tertia, " sicut quod comeditur, conteritur et devoratur."

In calce, " Explicit speculum prelatorum."
Sequuntur,

a. Tabula summæ alphabetica, prævio prologo,
incip. " Hec summa ad honorem S. Trinitatis." fol. 441.

   In calce, epilogus, incip. " Finem desideriorum omnium."

b. Tabulæ aliæ duæ, ordine alphabetico ; *manu
recentiori.* fol. 448.

CCXVIII.

Codex membranaceus, in folio, ff. 209, sec.
xiv., binis columnis exaratus; " ex dono
Ricardi Fitz-James, nuper Cicest. episcopi
et coll. Merton. custodis."

Claudii Galeni opera varia, Latine reddita ; scilicet,

1. De elementis secundum Hippocratem, [inter-
prete Nicolao Leoniceno]. fol. 2.

   Tit. " Incipit liber Galieni de secundum
Ypocratem elementis."

   Incip. " Quoniam elementum minima est
particula ejus;" ut in edit. Junt. 1556, tom. i.
part. ii. p. 2.

   In calce, " Explicit liber Galieni de secundum Ypocratem elementis.

2. De complexionibus liber in tres particulas distinctus, anonymo interprete. fol. 7 b.

   Incip. " Summe que sunt in sermone."

   In calce, " Explicit liber de complexionibus."

3. Liber de malitia complexionis diversæ. fol. 25.

   Incip. "Malitia complexionis diverse quandoque."

4. De simplicibus medicinis libri quinque, interprete anonymo. fol. 27 b.

   Incip. " Quoniam mihi necesse est hic
ostendere."

   In calce, " Finitus est tractatus v. libri
Galieni in virtutibus simplicium medicinarum."

5. De morbo et accidente particulæ sex, interprete anonymo. fol. 77 b.

   Incip. " In inicio hujus libri diffiniri."

   In calce, " Explicit liber de morbo et accidente."

6. Megatechni, [liber a Constantino Africano in
epitomen redactus, cum ejusdem prologo ad
Johannem filium.] fol. 99.

Incip. prol. " Quamvis karissime fili."

Incip. comment. " Quoniam intencio gloriosissimi G.," ut inter Isaaci Judæi opera,
part. ii. fol. 189 b.

7. De Crisi libri tres, [interprete Gul. de Morbeka.] fol. 129.

   Incip. " Ego non intendo in hoc meo
libro."

8. De diebus creticis libri tres, interprete anonymo. fol. 154.

   Incip. " Ut egritudinum, que non paulatim."

9. Liber de interioribus membris in sex particulas distinctus. fol. 172.

   Incip. " Medicorum non solum moderni."

   In calce, " Explicit liber Galieni de interioribus membris."

10. De virtutibus naturalibus cibariorum, interprete Accursio Pistoriensi. fol. 206.

   Incip. " Dicit G. quod quia corpora hominum."

   In calce, " Explicit liber G. de virtutibus
naturalibus cibariorum translatus per magistrum Acursium Pyscoyensem apud Bo-
nonias, anno Domini mº.ccº."

CCXIX.

Codex membranaceus, in folio, ff. 3 et 265,
sec. xiv. ineuntis, binis columnis exaratus;
" ex dono magistri Thomæ Donecan, coll.
Mert. socii."

1. Rogeri [an Saliceti vel Salernitani] Chirurgia,
in particulas quatuor distincta, præviis prologo et capitulis. fol. 1.

   Incip. prol. " Post mundi fabricam ejusque
decorem."

   Incip. lib. " Caput vulnerari diversis modis contingit."

   In calce, " Explicit Cyrurgia Rogeri."

2. Galeni liber de complexionibus, in particulas
tres distinctus, cum prologo, interprete anonymo. fol. 17.

   Tit. " Incipit prima particula de complexionibus."

   Incip. prol. " Summe que sunt in primo
libro."

   Incip. opus, " Imagines antiqui medicorum."

3. Ejusdem de malitia complexionis diversæ. fol. 36 b.

Tit. " Incipit liber Galieni archistratos medicorum de malicia complexionis diverse."

Incip. " Malicia complexionis diverse."

4. Ejusdem de simplici medicina, quinque particulis. fol. 39.

Incip. " Quoniam mihi necesse est hic ostendere."

In calce, " Finitus est tractatus quintus libri G. in medicinis singularibus."

5. Ejusdem libellus de morbo et accidente. f. 92.

Incip. " In initio hujus libri diffinire."

6. Ejusdem libri tres de Crisi, [interprete Gul. de Morbeka.] fol. 115.

Incip. " Ego non intendo in hoc meo libro."

7. Ejusdem liber de creticis diebus. fol. 141.

Incip. " Ut egritudinum que non paulatim."

8. Ejusdem Megatechni, in quatuordecim particulas diversas [per Constantinum Africanum redactus], cum ejusdem Constantini prologo ad Johannem filium, et commento. fol. 161.

Incip. "Quamvis karissime fili Johannes."

Exstat impress. inter Isaaci Judæi opera, part. ii. fol. 189 b.

In calce, " Hic explicit xiiij. particula Megategni."

Evulsa sunt folia 196—209 quæ, secundum indicem volumini præfixum, olim continebant Joh. de S. Paulo lib. de simplici medicina et Constantini de gradibus.

9. Constantini Africani de stomachi sanitate, cum prologo ad Alphinum, episc. Salernitanum. fol. 210 b.

Incip. ep. " Vestre sanctitatis altitudini."

Incip. lib. " Oportet nos intelligere quod prima actio ;" ut inter opera, Basil. p. 215.

10. Ejusdem libellus de melancholia, cum prologo. fol. 222 b.

Incip. prol. " Cum ego Constantinus."

Incip. lib. " Est igitur morbi."

Cf. opera, 1536, p. 280.

11. Ejusdem libellus de coitu. fol. 227.

Incip. " Creator volens genus ;" ibid. p. 299.

12. Capitula in genere medicinarum dissolutivarum. fol. 230.

Incip. " Postquam diximus virtutem simplicis medicine."

13. Ejusdem liber de spermate. fol. 232 b.

Tit. " Incipit liber Microtegni, qui a quibusdam intitulatur de spermate."

Incip. " Sperma hominis descendit ex omni."

14. Ejusdem liber de oculis, cum prologo. fol. 239.

Incip. prol. " Quod in libro Pantegni."

15. Fragmentum de urinis. fol. 252.

Desin. " vulve vel matricis dolorem significat."

16. Fragmentum de simplici medicina, cum prologo et capitulis. fol. 252 b.

Incip. prol. " Cogitanti mihi sepe de simplicium medicinarum virtutibus."

Tit. cap. i. " De perfecte temperatis."

17. Tractatus de urinis secundum magistrum Cophonem. fol. 253.

Incip. " Sciendum est in urinis duo esse consideranda."

18. Constantini Africani liber de stomachi sanitate; [imperf.] fol. 253 b.

Tit. prol. " Incipit epistola Constantini ad Alphinum episcopum Salernitanum de sanitate stomachi custodienda."

19. Anonymi cujusdam summa theologiæ, cum prologo ; [imperf.] fol. 254.

Incip. " Fides est substantia," etc. " Sicut enim vera dilectione."

Supplevit manus aliquantum recentior in initio codicis et alibi in foliis vacuis tractatum de impressionibus ex elevatione vel depressione elementorum factis.

Tit. " Incipit tractatus de impressionibus."

Incip. " Ad noticiam impressionum habendam."

In calce, ad fol. scil. 160 b., " Explicit summa vel tractatus de impressionibus, que fiunt ex elevatione et depressione elementorum, secundum quod diffusius traditur a philosopho in libris Metheororum et celi et mundi."

In marg. fol. 1. inferiori, " Liber domus scolarium de Merton in Oxon. ex dono magistri Thomæ Donecan, quondam socii ejusdem domus in electione philosophie ibidem annis singulis a regentibus artium eligendus."

CCXX.

Codex membranaceus, in folio, ff. 179, sec. xiv., binis columnis exaratus.

1. Johannitii, Arabis, Isagoge sive introductio ad Galeni artem parvam. fol. 3.
2. Theophili Protospatharii de urinis libellus, [interprete Pontico Virunio.] fol. 6 b.
   Tit. "Incipit liber urinarum."
3. Philareti de pulsuum scientia libellus, [eodem interprete.] fol. 10 b.
   In calce, "Explicit liber Philareti de pulsibus."
   Sequuntur, *manu secunda*, (a.) Tabula Aphorismorum alphabetica; (b.) Tabula quæstionum super Tegni.
4. Hippocratis prognosticorum liber, cum Galeni commentario, interprete Constantino Africano. fol. 13.
   In calce, "Explicit liber pronosticorum Ypo. cum comento G."
5. Ejusdem Aphorismorum liber, cum Galeni commentariis, eodem interprete, prævia interpretis epistola ad Glauconem. fol. 39.
   In calce, "Explicit liber Afforismorum Ypo. cum comento G."
6. Johannis Damasceni Aphorismi, cum prologo ad filium. fol. 75.
   In calce, "Expliciunt amphorismi Johannis Damasceni."
7. Hippocratis liber de regimine acutorum liber, cum Galeni commentario, interprete Constantino. fol. 78.
   In calce, "Expliciunt regimenta acutorum."
8. Galeni Tegni, sive Ars Parva, cum Haly Rhodoani commentario, [interprete Gerardo Cremonensi?] fol. 110.
   In calc. "Explicit tegni G. cum commento H."
9. Ægidii, monachi Corbeiensis, de urinis Versus. cum Gilberti Anglici commentario. fol. 157.
   Incip. comment. "Sicut dicit Constantinus in Pangtengni et hoc idem testatur Johannicius."
   In margine scripsit manus recentior commentarium alterum, incip. 'Liber iste quem proponimus,' ut in cod. Omn. Anim. lxxviii.
   In calce, "Expliciunt versus Egidii cum comento Gilberti."

Sequuntur,
a. Apophthegmata medica, metrice scripta; incip.
   "Ista calore vigent tria, salsus, amarus, acutus."
b. Tabula Aphorismorum Hippocratis alphabetica.
c. Tabula Aphorismorum secundum ordinem magistri Nicholai de Tyngewyk.
d. Quæstiones variæ ad medicinam spectantes; *manu recentiori.*

CCXXI.

Codex membranaceus, in folio, ff. 263, sec. xiv., binis columnis exaratus; ex dono magistri Willelmi Duffeld, archidiaconi Clyvelandiæ.

1. Johannitii Isagoge ad Artem parvam Galeni, cum glossulis. fol. 7.
2. Theophili Protospatharii libellus de urinis, interprete Pontico Virunio. fol. 12.
   Tit. "Incipit liber urinarum Theophili."
3. Philareti libellus de pulsibus, [eodem interprete,] cum glossulis. fol. 17.
4. Hippocratis Aphorismorum liber cum Galeni commentariis, interprete Constantino Africano, prævia interpretis epistola; cum glossulis marginalibus. fol. 19.
   Tit. "Incipit liber Afforismorum Ypo. cum commento Galieni."
   In calce, "Explicit commentum G. super librum Afforismorum Ypo."
5. Ejusdem prognostica, cum Galeni commentariis eodem interprete, et duplici translatione. fol. 69 b.
   Tit. "Incipit liber pronosticorum cum duplici translatione."
6. Ejusdem de regimine acutorum liber, cum ejusdem commento, interprete eodem. fol. 102 b.
   Tit. "Incipit liber Ypo. de regimine acutorum cum duplici translatione."
   In calce, "Finit liber de dieta acutarum egritudinum."
7. Galeni Tegni, sive Ars Parva, cum duplici translatione, et Haly Rhodoani commento, [interprete Gerardo Cremonensi?] fol. 160.
   Tit. "Incipit commentum super librum Tegni Galeni ab Haly."

In calce, " Explicit commentum Haly super Tegni cum duplici translacione ; Deo gratias."

8. Ægidii, monachi Corbeiensis, de pulsibus carmen, cum anonymi commentario. fol. 224.

Incip. comment. " Quatuor sunt membra principalia quibus humani corporis machina."

9. Ejusdem carmen de urinis, cum Gilberti Anglici commentario. fol. 240 b.

In calce, " Expliciunt glosule magistri Gilberti super versus Egidii."

Sequitur notitia, " Magister Willelmus Duffeld dedit librum istum magistro Joh. Somerseth ad terminum vite sue, ita quod post vitam ejus remaneat in collegio de Merton. Oxon. in eternum."

In initio codicis, (a) " Liber magistri Willelmi Duffeld ex empcione." b. Notitiæ ad medicinam spectantes. c. Versus leonini de medicina, amore, etc.

CCXXII.

Codex membranaceus, in folio, ff. 195, sec. xiv., binis columnis nitide exaratus.

1. Johannitii Isagoge in artem parvam Galeni. fol. 2.

Tit. " Incipit liber Johannicii."

2. Galeni liber Tegni sive ars Parva, interprete anonymo. fol. 4.

Tit. " Incipit liber tegni Galeni de corporibus, signis et causis, sanis, egris et neutris."

In calce, " Explicit liber tegni Galieni de propriis conscripcionibus."

3. Hippocratis Prognostica ; interprete Constantino Africano. fol. 13 b.

In calce, " Explicit liber pronosticorum."

4. Ejusdem de regimine acutorum liber, eodem interprete. fol. 15.

In calce, " Explicit regimen acutorum."

5. Galeni Ars Parva cum Haly Rodoani commentario, interprete Gerardo Cremonensi. fol. 19.

In calce est notitia de Gerardo Cremonensi et libris quos in Latinum transtulit.

6. Hippocratis Aphorismorum liber cum Galeni commentario, interprete Constantino, prævia interpretis epistola ad Glauconem, sive Azzonem. fol. 93.

In calce, " Explicit comentum Afforismorum."

Præmittuntur, manu recentiori, glossulæ et versus ad eundem librum spectantes. Incip. vers.

" Vita brevis longa sint ars et tempus avitum."

7. Ejusdem Prognosticorum liber, cum ejusdem commentario, eodem interprete. fol. 145 b.

In calce, " Completus est liber tertius Pronosticorum et est ultimus expositionis Galieni in libro Ypocratis. Explicit comentum G. super librum Pronosticorum."

8. De regimine acutorum liber, cum Galeni commento, eodem interprete. fol. 184.

Deficit in verbis comment., " quando non minuitur sanguis retentus in—"

CCXXIII.

Codex membranaceus, in folio, ff. 341, sec. xiv., binis columnis exaratus ; olim Symonis de Bredoun, M. D., coll. Mert. socii.

Petri Quesnel, sive Quesvel, Angli, Ord. Minor. Summa, quæ vocatur Directorium Juris in foro conscientiæ vel juridiciali, in libros quatuor distincta.

Incip. " Dignus es Domine aperire librum et solvere signacula ejus, quoniam occisus es."

Sequitur librum secundum, ad fol. 196, pars solummodo libri quarti ; incip. a tit. iii. De consuetudine, et post sex folia Tabula totius operis alphabetica, incip. " Abbas ; quod abbas exemptus potest prescribere capellam contra episcopum."

In calce libri tertii, quo cum concluditur codex noster, occurrit Proœmium in opus sub titulo, " Incipit summa, que vocatur Directoria juris in foro conscientie et judiciali composita a fratre Petro Quesuel de ordine fratrum minorum ex viribus et doctorum sentenciis diversorum."

Incip. " Si quis ignorat, ignorabitur i. Cor. xiiii. et hec verba ponuntur distinct. xxxviii. C. Quin ea."

CCXXIV.

Membranaceus, in folio majori, ff. 372, sec. xiv., binis columnis nitide exaratus.

Avicennæ, medici Arabis, Canon medicinæ in libros quinque distributus, titulis capitulorum instructus.

Tit. " Incipit liber canonis primus, quem princeps Abohali Avicenne de medicina edidit verba ; Abohali Aviseni."

In calce, " Completus est liber quintus libri canonis, qui est Antidotarium senis regis Alohali hasen filii Hali Abuicenni et ejus complemento completus est liber totus confectio trociscorum de cacabe de libro Aneti filii Ysac et sic completus est liber totus Abvicenni de medicali scientia."

Sequitur " Confectio trociscorum molarium."

Deinde, Interpretatio vocum Hebraicarum, ordine alphabetico.

CCXXV.

Codex membranaceus, in folio, ff. 247. sec. xiv., binis columnis exaratus ; liber " legatus coll. de Mertonhalle Oxon. per magistrum Willelmum Duffeld, nuper socium ejusdem."

1. Averrois opus, quod dicitur Colliget, in libros septem distinctum, interprete anonymo. fol. 2.
   In calce, " Explicit collectorium Averoys comentatoris peritistimi.
   Explicit expliceat scriptor ludere eat."

2. Ægidii Corbeiensis de urinis carmen, cum commentario Gilberti Anglici. fol. 77.
   In calce, " Expliciunt versus Egidii cum commento Gilberti."

3. Johannis Damasceni Aphorismorum liber cum Isidori Hispani commento; initio mutil. fol. 97.
   Incip. in verbis, " vel olerum vel hujus siripi ante cibum."
   In calce, " Explicit liber Amphorismorum Johannis Damasceni filii Serapionis, cum commento Ysidori, Ypaniensis episcopi ; Deo gracias."

4. Tractatus de gradibus ordinatus a magistro Bernardo de Gordonio in almo studio Montis-Pessulani anno 1303; [an ex Lilio medicinæ ?] fol. 99 b.
   Incip. " Doctrinam de gradibus intendimus triplicem ordinare."
   In calce, " Explicit de gradibus."

5. Tabula ejusdem Bernardi de decem ingeniis curandi morbos. fol. 102 b.
   Incip. " Ingenia curacionis morborum."

6. Ejusdem tractatus brevis et utilis supra regimentum acutorum. fol. 104.
   Incip. " Regimen acutarum egritudinum consistit."

7. Ejusdem tractatus brevis et utilis de crisi et diebus creticis, compilatus in præclaro studio Montis-Pessulani. fol. 106.
   Incip. " Senectus domina oblivionis est."
   In calce, " Explicit liber pronosticorum Gordonii."

8. Sequuntur nonnulla de pulsibus, et de urinis versibus expressa; incip.
   " Ut reor nostris calor extat causa ruboris."

9. Avicennæ liber de cordis viribus et medicinis cordialibus translatus a magistro Arnaldo [de Villa-nova] Barchinonie [Barcinonensi] fol. 119 b.
   In calce, " Explicit Avicenna de viribus cordis ; Deo gracias."

10. Avicennæ Canonis liber quartus et quintus, prævia capitulorum tabula. fol. 128.
    Tit. " Liber canonis quartus incipit de egritudinibus particularibus que accidunt non appropriantur membro, continens vij. fere, que apprehendunt xxiii. tractatus et summas duas."
    Defic. in verbis, " et non fuerit virtus virulenta et non festinat ad—"

CCXXVI.

Codex membranaceus, in folio majori, ff. 207, sec. xiv., binis columnis exaratus.

Gilberti Anglici Compendium, sive Lilium, medicinæ, in libros septem distinctum, præviis cuique libro capitulis.

Tit. " Incipit liber morborum tam universalium quam particularium a magistro Gileberto Anglico editus ab omnibus auctoribus et practicis magistrorum extractus et exceptus, qui Compendium medicine intitulatur."

Exstat impress. in 4to, Lugd. 1510.

In calce, " Explicit compendium medicinæ ; Deo gratias."

CCXXVII.

Membranaceus, in folio minori, ff. 209, sec. xiv., binis columnis exaratus ; ex dono Will. Reed, ep. Cicestrensis.

1. Abubecri Rhasis, filii Zachariæ, liber qui

dicitur Almansor, a Gerardo Cremonensi Latine versus. fol. 2.

Tit. " Incipit liber qui dicitur Almassorius, a magistro G. Cremonensi apud Toletum translatus, Abubetri Arazi filii Zacarie. Incipit liber qui ab eo vocatus est Almassorius eo quod regis Almassoris Ysaac filii precepto editus est."

In calc. "Explicit Almassorius, Deo gracias."

2. Ejusdem Rhasis divisionum liber, eodem interprete. fol. 118.

Tit. " Incipit liber divisionum Rasys, verba Abubecri filii Zacarie a Rasy."

In calce, " Expliciunt divisiones Rasys."

3. Ejusdem antidotarius. fol. 144.

Tit. " Incipit antidotarius Rasys."

In calce, " Explicit antidotarius Rasys; Deo gratias."

4. Ejusdem libellus de juncturis. fol. 155 b.

Tit. " Incipit liber de juncturis."

Incip. " Dicit Rasys, volo in hoc capitulo dicere medicinas."

Deficit in verbis, " quod illud apostema est compositum de sanguine et colera, et debemus——"

5. Avicennæ de animalibus libri novendecim, [potius Michaelis Scoti abbreviatio Avicennæ super Aristotelis libros totidem de naturis animalium.] fol. 158.

Incip. in verbis, " venatur et cum illis additamentis bellatur."

Desin. " propter fortitudinem sed de dentium utilitatibus jam scis ex alio loco."

In calce, " Explicit xix. Avicenne de naturis animalium."

6. Ejusdem Avicennæ de medicinis cordialibus, interprete Arnaldo [de Villa-nova] Barcinonensi. fol. 199.

Tit. " Incipit liber Avicene de membris [viribus] cordis et medicinis cordialibus translatus a magistro Arnaldo Barchinone capitulum i. tractatus i. de origine spiritus et generibus ejus et principiis sue generacionis et informacionis."

In calce, " Explicit tractatus de medicinis cordialibus."

Præmittitur codici notitia, " Liber magistri Will. Red, ex dono magistri Nicholai de Sandwyco; Oretis igitur pro utroque;" deinde, " Liber domus scolarium de Merton," etc., ut supra.

CCXXVIII.

Codex membranaceus, in folio, ff. 162, sec. xiv., binis columnis exaratus; olim Willelmi Rawdon.

1. Abubecri Rhasis divisionum liber, interprete Gerardo Cremonensi. fol. 1.

Tit. " Liber divisionum translatus a magistro G. Cremonensi. Verba Abubecri filii Zacarie a Rasi antidotarium cujusdam tractatus de simplicibus medicinis."

Sequuntur synonyma, ordine alphabetico, et in calce, " Expliciunt sinonoma et liber divisionum translatus a magistro Gerardo Cremonensi de Arabico in Latinum in civitate Toleto feliciter."

2. [Avicennæ liber experimentorum, interprete Gerardo Cremonensi ?] fol. 51.

Incip. " Dixit Galienus ; Ignis qui descendit de celo."

3. Abubecri Rhasis liber qui dicitur Almansor, eodem interprete. fol. 65.

Tit. " Incipit liber Albubezi Rasis filii Zacharie translatus a magistro Gerardo Cremonensi de Arabico in Latinum in Tholeto, qui ab eo vocatur Almassor, eo quod regis Almassoris Ysaac filii precepto editus est."

In calce, " Finito libro referamus gracias Christo ; Amen, Amen."

CCXXIX.

Membranaceus, in folio majori, ff. 325, sec. xiv., binis columnis nitide exaratus; ex dono Ric. Fitz-James, nuper Cicestrensis episcopi et coll. Merton. custodis.

1. Abhomeron, sive Albumeron, Avenzoar, liber qui dicitur Theizir, sive Al Teisîr. fol. 2.

Tit. "Incipit liber Theisir Albumeron Avençoar in practica medicine."

Exstat impress. Venet. 1490, et alibi.

2. Johannis filii Serapionis medici Arabis Breviarium in libros septem distinctum, interprete Gerardo Cremonensi. fol. 94.

Tit. " [T]ractatus primus breviarii Johannis filii Serapionis medici."

Exstat impress. Lugd. 1525.

In calce, " Completum est postremum aggregati ex libro medicine, editione Johannis

N

filii Serapionis. Et hoc transtulit magister Gerardus Cremonensis in Toleto de Arabico in Latinum."

3. Anonymi cujusdam practica. fol. 284.

Tit. " Incipit practica fratris."

Incip. " Compilationem significat."

Desin. pars, quæ dicitur Antidotarium, " cum melle et aqua tepida."

In calce, " Explicit pratica fratris."

Citantur, Bernardus Provincialis, Musandinus sive Musardus, Petrocellus, Ricardus, Platearius, Avicenna, Stephanus.

CCXXX.

Codex membranaceus, in folio minori, ff. 107, sec. xiv., binis columnis exaratus.

1. Anonymi cujusdam, natione Lucensis, liber de cura, regimine et infirmitatibus equorum. fol. 1.

Incip. " Cum inter cetera alia usui hominis deputata equus sit nobilius, de ipsius cura, regimine et infirmitatibus tractare intendimus recto ordine."

Desin. " et per ix. dies intus remaneant nisi per se prius ceciderint; Explicit."

In calce,

" Hoc egit immensis . studiis nacione Lucensis, Qui bene cunctorum . medicinas novit equorum."

2. Trotula de morbis mulierum. fol. 11.

In calce, " Explicit liber factus a muliere Salernitana, que Trotula vocatur."

3. Tractatulus de morbis puerorum. fol. 20 b.

Incip. " Passiones et morbos puerorum adhuc in cunabulis."

4. Johannis Stephani libellus de febribus. f. 21 b.

Incip. " Contra coleram rubeam."

In calce, " Explicit tractatus febrium magistri Johannis Stephani."

5. Gualteri medici cujusdam libellus de dosibus. fol. 23 b.

Incip. " Medicinarum quedam sunt simplices quedam composite."

In calce, " Expliciunt doses Galteri."

6. [Avicennæ?] de divisione scientiarum liber, cum prologo. fol. 29.

Incip. " Cum plures essent olim philosophi."

7. Tractatus magistri Arnaldi de Villa-Nova de

phlebotomia sive de considerationibus medicorum. fol. 33.

Exstat inter opera, Basil. 1585, col. 847.

In calce, " Explicit liber de medicinis cordialibus."

8. Galeni liber de rigore et tremore et jectigatione et spasmo translatus Barchinone a magistro Arnaldo de Villa-Nova. fol. 45.

Incip. " Quoniam Araxagoras filius Anchalis."

In calce, " Explicit liber G. de rigore et tremore."

9. [Arnaldi de Villa-Nova?] epistola de significationibus mirabilibus, etc. fol. 51 b.

Incip. " Vestre petitioni respondeo diligenter."

10. Summula de purgatione ciborum et potuum infirmorum secundum Musardum. fol. 53.

Incip. " De cibis et potibus preparandis infirmis videamus."

11. Tractatus magistri Arnaldi de Villa-Nova de intentione medicorum. fol. 56.

Cf. inter opera, col. 641.

12. Epistola ejusdem ad Valentinum episcopum de reprobatione negromanticæ fictionis. f. 60.

Incip. " Judiciis desiderii."

13. [Ejusdem expositio in Galeni librum de malitia complexionis diversæ.] fol. 61 b.

Incip. " Intendit G. in hoc tractatu ostendere," ut inter opera, col. 1756.

14. Ejusdem expositio de graduationibus medicinarum. fol. 83.

Incip. " In medicinis per artem compositis consideratis," ut ibid. col. 505.

Sequuntur tabulæ, et in calce, " Explicit liber magistri Arnaldi de Villa-Nova de graduacionibus medicinarum."

15. Doctrina Galeni de interioribus secundum stylum Latinorum. fol. 99.

Incip. " Quoniam diversitas membrorum corporis, que tam veteres quam moderni loca sepius appellant."

CCXXXI.

Codex membranaceus, in folio minori, ff. 152. sec. xiv., binis columnis exaratus; ex dono Joh. Bredon, M. D. coll. Merton. socii.

Isaaci Judæi Theorica Pantegni medicinalis.

libris decem, interprete Constantino Africano, cum tabulis capitulorum.

Tit. " Incipit theoria Pantegni, et primus liber."

Exstat impress. inter opera, part. ii. fol. 1.

In calce, " Explicit liber iste," et deinde tabula alphabetica, in cujus fine notatur, " Magister Johannes Bredon, qui scripsit hanc tabulam propria manu, doctor in medicina, sociis istius domus dedit istum librum huic collegio."

CCXXXII.

Codex membranaceus, in folio minori, ff. 148, sec. xiv., binis columnis exaratus; " legatus coll. de Marton-halle, Oxon. per M. Willelmum Duffeld nuper socium ejusdem."

Constantini Africani, potius Isaaci Judæi, opus, quod dicitur Viaticum, in libros septem distinctum, commento Geraldi Bituricensis instructum et prologo.

Tit. " Incipit Breviarius Constantini, qui dicitur Viaticus, cum glosulis Geraldi."

Incip. gloss. " Quoniam quidem ; Cum omne elementum et ex elementis corpus generatum."

In calce, " Expliciunt glosule Viatici secundum magistrum Geraldum Bituricensem ; Deo gratias.

Gaudet epar spodio macer cor cerebri quoque musco

Pulmo liquricia capere splen stoma galanga."

CCXXXIII.

Membranaceus, in folio, ff. 216, sec. xiv.

[Gulielmi Peraldi, sive Peralti, ord. Prædicatorum,] summa de septem vitiis capitalibus, in novem partes distincta, cum præfatione, præeunte summario totius operis.

Tit. " Incipit tractatus moralis de septem viciis capitalibus."

Exstat impress. Colon. 1479, et sæpius alibi.

In calce, " Explicit summa de viciis."

CCXXXIV.

Membranaceus, in folio minori, ff. 218, sec. xiv., partim duabus, partim tribus columnis haud eadem manu exaratus ; ex dono Will. Reed, ep. Cicestr.

1. Prima pars correctionum Bibliæ, videlicet, Orthographia nominum Hebræorum, cum prologo, [auctore Alexandro Neckham ?] fol. 2.

Incip. " Quoniam multos in hebraycis nominibus errare conspexi."

In calce, " Explicit orthographia nominum hebreorum de tota biblia."

2. [Ejusdem auctoris] Repertorium vocabulorum Bibliæ, cum prologo. fol. 16.

Incip. prol. " Licet nonnulli circa vocabula biblie simplicioribus."

Incip. lib. " Abba, secundum Papiam, Syrum nomen est."

3. Tabula notabiliorum, quæ in S. Chrysostomi opere imperfecto in S. Matthæum continentur, prævio numero et ordine homiliarum, alphabetice. fol. 53 b.

Tit. " Incipit tabula super Crisostomum ; omelia prima."

Incip. tab. " Adversitas ; utilitas adversitatum temporalium."

In calce, " Explicit tabula Crisostomi."

4. Tabula alphabetica in S. Gregorii moralium super Job libros, [auctore Ricardo de Insula, ord. minor.?] fol. 78.

Incip. " Abel ; de innocentia ejus."

In calce, " Scias quod prescripta tabula super moralia beati Gregorii super Job faciliter et expedite invenire docet quicquid in ipsis utile fuerit in quacunque materia circa quam vel de qua predicator aliquis desiderat loqui."

Sequitur vocabularium tabulæ prædictæ.

5. Tabula super auctoritatibus Bibliæ tractatis per S. Gregorium in moralibus super Job. fol. 127.

6. Tabula titulorum Decretalium secundum ordinem alphabeti cum titulis Sexti libri et Clementis concordantibus ad eosdem. fol. 139.

7. Tabula alphabetica super dictionibus et auctoritatibus Bibliæ allegatis per M. Gratianum in decretis. fol. 144.

Incip. " Aaron ; Moyses ex precepto Domini Aaron in summum pontificem."

Sequuntur in calce codicis vocabularia alphabetica perbrevia, super (a) Joh. Sarisberiensis Polycratica ; (b) Registrum Epp. S. Gregorii ; (c) S. Chrysostomi homilias in opere imperfecto ; (d) S. Cypriani epistolas ; (e) S. Hieronymi epistolas ; (f) S.Chrysostomi homilias super Johannem; (g) Ejusdem homilias in epistolas ad Hebræos et Timotheum."

In fronte codicis legitur, " Liber M. Willelmi Reed, episcopi Cicestrie, cujus partem primam habuit ex dono rev. domini sui M. Nic. de Sandwyco; secundam vero emit ab executoribus ven. patris dom. Joh. de Schepeya, ep. Roffensis; sed terciam emit ab executoribus ven. patris domini Simonis de Islep, archiep. Cantuar.; oretis igitur pro singulis supradictis."

Sequitur, " Liber domus scolarium de Merton;" etc. " ix. volumen."

CCXXXV.

Codex membranaceus, in folio minori, ff. 448, sec. xiv. ineuntis; binis columnis nitide exaratus.

Biblia sacra universa, ex versione vulgata, S. Hieronymi et Rabani Mauri prologis haud insolitis instructa.

Tit. " Incipit prologus beati Jeronimi presbiteri in omnes divine scripture libros ad Paulinum presbyterum."

Sequuntur Test. Nov. " Interpretaciones nominum Hebraicorum secundum Remigium [Autissiodorensem] incipientium per a litteram, et primo post a sequitur a."

In calce, " Expliciunt interpretaciones nominum Hebraicorum."

CCXXXVI.

Membranaceus, in folio minori, ff. 503, sec. xv., binis columnis nitide exaratus; ex dono M. Henrici Sever, S. P. Professoris et coll. Merton. custodis, 1468.

1. Sermones mendici de tempore, numero 78, [auctore Jo. Felton, S. Mariæ Magdalenæ, Oxon. vicario,] cum prologo. fol. 1.

Incip. prol. " Cum viribus et memoria notabiliter me deficere sentirem, ad honorem Dei et utilitatem gratanter suscipientium ac per me loco testamenti per totum annum de tempore singulis diebus de Quadragesima opusculum sermonum compendiosum extrahere festinavi ex grandibus et in mirum diffusis sed preciosis sermonibus Jacobi de Voragine."

Incip. hom. i. " Incipit mendicus de tem-

pore in adventu. Dicite filie Syon; etc. Epistola manifeste cum evangelio concordat."

Desin. ult. in istud, ' Cum sublevasset oculos Jesus,' " in Philippo malum de eo non poterit suspicari, et sic hujus laboris sit finis in Eo, Qui omnium principium est et finis Deus et Dominus cunctorum benedictus in secula seculorum, Amen."

2. Francisci a Mayronibus expositio super illud capitulum decretalium de summa Trinitate et fide catholica. fol. 51 b.

Incip. " Fidelis sermo et omnium, etc. Quia vero titulus, cui capitulum Firmiter credimus est subscriptum."

Deficit in verbis " propter quod solum diligit;" deinde desiderantur ff. 82—111 inclusive, quæ secundum tabulam codici præmissam continebant ejusdem exposi tiones in cap. ' Cum Marthe,' in tit. de celebratione missarum.

3. Ejusdem determinatio de dominio apostolorum. fol. 112.

Incip. in verbis, " unumquodque vis per easdem causas dissolvitur."

Desin. " Ut finit declaratum supra, articulo penultimo et sic finitur determinacio Francisci de Maronis doctoris Parisiensis ord. min. etc."

In calce, " Explicit determinacio Francisci de Maronis de dominio apostolorum."

4. Anonymi cujusdam, ut videtur Anglici, sermones quadragesimales, numero quinquaginta septem. fol. 118.

Incip. " Cum jejunas unge caput; etc. Secundum sententiam Jeronimi contra Jovinianum beatitudo in Paradiso."

Desin. ult. in istud, ' Stetit Jhesus in medio discipulorum,' " unde et apostolus recte orat pro nobis Dominum dicens, Dominus custodiat corda vestra; etc."

In calce, " Deo gracias, Amen."

Citantur Thomas Wallensis, Alanus de Insulis, Suetonius, Lactantius, Cicero, et SS. Patres varii.

5. Sermones Dominicales, feriales et festivales fere per totum annum, auctore anonymo. fol. 220.

Incip. i. " Videbunt Filium hominis venientem; etc. Quia secundum doctrinam beati Augustini super Genesim Sacra Scriptura."

Desin. ult., De novo sacerdotio, " Sicut condempnacionem indignis, Cujus sanctificacionis hos participes effici mereamur, Amen."

In calce, " Omnis Spiritus laudet Dominum; Amen."

CCXXXVII.

Codex membranaceus, in 4to, ff. 3 et 248, sec. xiv., binis columnis exaratus; olim Thomæ Tryllek, ep. Roff. postea coll. Mert. ex dono Will. Reed, ep. Cicestrensis.

Sermones notabiles de sanctis et de tempore per anni circulum ab anonymo quodam Parisiis collecti; prævia tabula festorum thematumque.
Incip. i. " Terra nostra dabit fructum suum. Terra sepe venientem bibens ymbrem generat herbam oportunam."

Desin. ult., cui titulus, " Sermo in xxv. dominica; fratris Latini;" " sunt querentes sicut heretici et mali Christiani; Rogabimus Dominum, etc."

Sequuntur manu altera,
a. Sermones alii quatuor in dedicatione ecclesiæ, etc. quorum primus incip. " Parisiensis in synodo; Eduxit de morte pastorem, etc. In officio hodie cantantur."
b. Index vocabulorum alphabeticus.

in a corrected lift see 8.Q.R.vi, p.170. Auctorum nomina, quæ occurrunt, sunt, Everardus de Valle Scolarium, Ægidius de Valle Scolarium, T. de Chabaris, Reymundus, archidiac. Morinensis, Arnaldus Galiard sive Gailard, J. de Sarbonio, Nic. de Maris, Symon Cressensis, Stephanus de Katelonia, Joh. de Viridi, Magister Aubertus, Præpositus de S. Homero, Matthæus Lumbardus, Johannes Varoni, Joh. de Aureliano, cancel. Paris, Nicholaus de Dacia, Simon de Londayco, Will. de Luscy, Frater Ferrarius, Joh. de Herpi, Steph. de Monte S. Eligii, Gerardus de Renis, Archiep. de Tornaco, W. de Tornaco, Ferrarii de Valle Sancto, Petrus de Temer . . o monte, frater Berniger, Joh. de S. Angelo, Henricus de Gandavo, Thomas de Carthasia, Thomas de Shalimis, Joh. de Molheri.

In fronte codicis, " Liber M. Will. Reed, episcopi Cicestrensis, quem emit a venerabili patre domino Thoma Tryllek, episcopo Roffensi, oretis igitur pro utroque." Deinde, " Liber domus scolarium de Merton," etc. " Walterus Roberti."

CCXXXVIII.

Codex membranaceus, in 4to, ff. 5 et 318, sec. xiv., haud una manu scriptus; olim Will. Reed, quem emit a Thoma Tryllek, ep. Roff., postea coll. Mert. ex dono ejusdem Willelmi, ut in initio codicis notavit Walterus Roberti notarius.

Sermonum volumen alterum curiosorum de sanctis et de tempore, Parisiis collectorum, prævia tabula locorum et thematum.
Primus est in istud, " Vide arcum et benedic qui fecit; Quoniam de beato Martino legitur."

Ad fol. 310 est sermo in synodo Parisiensi habitus, in istud, " Eduxit de morte pastorem;" et incip. " Verbo Dei celi firmati sunt."

Ult. incipit, " Ad insinuandam interioris hominis custodiam;" et desin. " ad amorem celestis patrie se transferre."

In calce, " —— quem fecit Parisiensis frater predicator cujus anime propicietur Deus; Amen; Amen."

CCXXXIX.

Membranaceus, in 4to, ff. 3 et 292, sec. xiv., haud una manu exaratus; olim Thomæ Walteri, deinde Tho. Tryllek, ep. Roff. et postea coll. Mert. ex dono Will. Reed, ep. Cicestr.

Sermonum curiosorum de tempore et de sanctis volumen tertium, Parisiis collectorum; prævia tabula locorum et thematum.
Tit. i. " Sermo in cena Domini."
Incip. " Ego in medio vestrum sum, etc. Ad hoc quod sermo predicatoris."
Ult. est in istud, " Oraverunt pro ipsis ut acciperent Spiritum Sanctum;" et deficit in verbis, " et respice nos et ostende—" Sequitur tabula.

CCXL.

Membranaceus, in 4to, ff. 175, sec. xv.
1. Clementis Lanthoniensis concordia quatuor evangelistarum, in partes xii. distincta, cum

prologo et tabula capitulorum præmissa. fol. 1.

Tit. " Incipit concordia iiij. evangelistarum; evangelice historie ordo; et evangeliorum manuale breviarium."

Incip. prol. " Clemens Lanthoniensis, ecclesie presbyter N. pacem utramque hujus operis."

Incip. opus, " In principio erat verbum."

Desin. " Que scribendi sunt libros."

In calce, " Concordia quatuor evangelistarum."

2. Jacobi de Voragine, Januensis, sermones quadragesimales. fol. 78.

Incip. i. " Filia populi mei; quamvis solempnitas quadragesime;" ut in edit. Brixiæ, 1483.

In calce, " Expliciunt sermones operis quadragesimæ compilati ab episcopo Januensi de ordine predicatorum, anno Domini m.cc.lxxxvi."

CCXLI.

Codex membranaceus, in 4to, ff. 94, sec. xii. ineuntis, optime exaratus.

1. Vita Malchi monachi ex S. Hieronymi historia de eodem confecta, et versibus leoninis rhythmicis exhibita. fol. 2.

Incip.

·· Carmen de monacho, menti sedet edere Malcho, Actibus ex cujus, sit nomen carminis hujus."

Desin.

·· Tantum dissimiles, facit absens esse Johannes, Nullus ut istorum, sic est nonnullus eorum."

2. Versus de contemptu mundi rhythmici, mutil. fol. 17 b.

Incip.

·· Aurea secula, primaque robora præteriere."

3. Sermones xlvi. de diversis. fol. 18.

Incip. i. " Fundamenta ejus in montibus; etc. Gloriosa fratres karissimi cepit ab initio mundi edificare."

Desin. ult. " Caritas Dei diffusa est in cordibus nostris per Spiritum Sanctum, Qui datus est nobis," etc.

4. Isidori Hispalensis Exceptiones de materiis diversis. fol. 85.

Incip. " De correptione; Dominus in evangelio, Ego quos amo."

Olim, ut ex tabula præmissa discimus,

continebat codex noster præter ista quæ memoravimus; " Expositio missæ per versus; Itinerarium Hierosolymitanorum; Descriptio SS. locorum; Excerptum ex gestis regum Francorum; Vita Willelmi nobilissimi regis Anglorum; Epitaphium ejusdem; Historia Apollonii Tyrensis; Liber Gildæ sapientis de excidio Britanniæ et quædam pulchra miracula; Prophetia Merlini;" quæ omnia hodie desiderantur.

CCXLII.

Codex membranaceus, in folio minori, ff. 2 et 223, sec. xiv., binis columnis haud una manu exaratus; olim liber M. Will. Reed, episc. Cicestr. quem emit a ven. patre D. Thoma Tryllek, ep. Roff., postea coll. Merton., ex dono Will. prædicti.

1. Sermones, circiter septuaginta, de sanctis per anni circulum; prævia tabula. fol. 1.

Incip. i. De omnibus sanctis, " Vidi turbam magnam, etc. Quadruplicem turbam vidit Johannes."

Folia tria in fine exciderunt; explicit itaque ult., qui est in istud, ' Ecce nova facio omnia,' in verbis, " visceribus virginis separata, et ideo completum."

2. Alani de Insulis summa de arte prædicatoria. fol. 132.

Tit. " Summa magistri Alani de arte predicandi."

Exstat impress. inter opera, Antverp. 1654.

3. Libellus de divinorum eloquiorum vi ad tria, videlicet, ad docendum, ad orandum et ad meditandum. fol. 147.

Incip. " Eloquia Domini eloquia casta."

4. Anonymi cujusdam sermones viginti unus de sanctis et de tempore permixti. fol. 152.

Incip. i. " Omnis gloria ejus filie regis; Celestis curie citharedus ad celestes nuptias."

5. Ricardi de S. Victore liber de duodecim patriarchis, sive Benjamin Minor. fol. 176.

Tit. " Incipit liber Ricardi de Sancto Victore de xii patriarchis."

Exstat impress. inter opera, ed. 1650, p. 114.

6. Hugonis de S. Victore libellus de quatuor voluntatibus in Christo. fol. 189 b.

Tit. " De voluntate."

Exstat impress. inter opera, ed. Mogunt. 1617, tom. iii. p. 41.

7. Ejusdem libellus de meditatione. fol. 190 b.

Exstat ibid. tom. ii. p. 185.

8. Capitula alia plura ex ejusdem forsan miscellaneorum libris. fol. 191.

Incip. i. " De contemplatione. Quamdiu anima per contemplationem Deo adheret."

Sequuntur capitula, " De fine bono et malo, De spiritualibus inimicis, De timore, De misericordia et veritate Dei ;" etc.

9. Ejusdem epistola ad Johannem quondam Hispanensem episcopum. fol. 202.

Incip. " Quid, frater karissime, quid dicam tibi."

10. Ejusdem capitula alia, De potestate et voluntate Dei, etc. fol. 202 b.

Incip. " Queritur de potestate Dei, si major est."

11. Sententiæ ex Augustino, aliisque. fol. 208 b.

Incip. i. " Beatus vir, etc. Sunt modi exercendi humilitatem."

12. Sermones decem de diversis. fol. 213 b.

Incip. i. in istud, ' Apprehenderunt vii. mulieres,' etc. " Ad litteram desolationem Judee propheta."

In fronte codicis, " Liber scolaris de genere ven. patris D. Will. Reed, ep. Cicestr. Oxonie successive studentis ex dono ven. patris per custodem et rectorem domorum de Merton et Stapleton in Oxon. vel per earum librarios eisdem scolaribus juxta facultates et merita ipsorum cujusque ad tempus sub concione juratoria proinde liberandus."

CCXLIII.

Codex membranaceus, in 4to, ff. 118, sec. xiv. exeuntis, binis columnis exaratus.

1. Tabula bibliorum sacrorum, sive contenta capitulorum cujusque libri. fol. 1.

Incip. " In principio creavit ; De operibus vi. dierum."

In calce, " Explicit tabula Biblie."

2. Petri Aureoli breviarium Bibliorum sive epitome S. Scripturæ secundum sensum literalem. fol. 29.

Exstat impress. Paris. 1585, et alibi.

In calce, " Explicit compendium Petri Aureoli supra Bibliam."

CCXLIV.

Codex membranaceus, in 4to, ff. 100, sec. xiv., binis columnis exaratus ; ex dono Ricardi Wykyngs, nuper vicar. ecclesiæ de Westwell, in Cancia juxta Cantuariam.

Porcheti a Salvatico opus quod dicitur, Victoria, sive de veritate fidei Christianæ contra Judæos, cum prologo.

Tit. " Incipit liber victorie a Porcheo de Salva-ignis Januensis, divina favente gracia, compilato (sic) ad Judaicam perfidiam subvertendam et ut prestancius veritas fulgeat fidei Christiane."

Exstat impress. Paris. 1520.

In calce, " Explicit liber Victorie ; Deo gratias."

CCXLV.

Membranaceus, in folio, ff. 85, sec. xiv., binis columnis exaratus.

Porcheti a Salvatico Victoria contra Judæorum perfidiam, cum prologo.

Tit. " Incipit liber Victorie a Porcheto de Salva-ignis, Januensis, divina favente gracia ;" etc. ut in codice superiori exhibuimus.

Exstat impress. Paris. 1520.

In calce, " Explicit liber Victorie ; Deo gracias."

CCXLVI.

Membranaceus, in folio, ff. 258, sec. xv. ; " ex dono magistri Henrici Sever," etc. m.cccc.lxviij.

Petri Berchorii, Pictaviensis, Reductorium morale utriusque Testamenti, cum prologo.

Exstat impress. Colon. 1620, et alibi.

In calce, " Explicit liber Apocalypseos moralizatus et sic est finis xvi. libri Reductorii moralis, in quo moralizantur omnes figure Biblie, etc."

Deinde, " Explicit liber Reductorii moralis, quod in Avinione fuit factum, Parisiis vero correctum et tabulatum anno Domini millesimo trecentesimo quadragesimo secundo."

Sequitur prologus in tabulam a fratre quodam Carmelitano confectam, sed quæ in codice omittitur.

CCXLVII.

Codex membranaceus, in folio, ff. 281, sec. xv., binis columnis exaratus.

Petri Berchorii, Pictaviensis, Reductorium morale, in quo moralizantur omnes figuræ Bibliæ. Tit. " Incipit liber de figuris biblie moralizatus ;" et *man. sec.* " secundum Petrum Berchorium."

Exstat impress. Colon. 1620, et alibi.

In calce duæ sunt notitiæ ejusdem momenti ac istæ, quas e codice præcedenti supra exscripsimus.

CCXLVIII.

Membranaceus, in folio, ff. 225, secc. xiv. exeuntis et xiii. ; ex dono Will. Reed, episc. Cicestrensis.

Collectaneorum liber tam ex concionibus sacris quam auctoribus classicis per Joh. Shepeium, episcopum Roffensem, confectorum ; scilicet,

1. Adversaria de regimine principum, etc. ex Augustino, A. Gellio, Wynkelay, [an Jo. Winchelsea,] aliisque collecta. fol. 1.
    Tit. " Tractatus primus vocatur et habui a fratre Willelmo Hotoft predicatore."
    Incip. " Cum doctor . . . . predicator evangelicus sapientibus et insipientibus."
2. Locorum tabula communium, sive sententiarum de diversis. fol. 17.
    Incip. " Crevit, etc. Amavit virorem puer."
3. Quomodo abbas vel prior S. Augustini debet se gerere. fol. 19.
4. Tabula fabularum Romulearum. fol. 20.
5. Tabula super flores moralium antiquorum. fol. 20.
6. Ex fabulis Æsopi sapientis viri moralis quas transtulit Romulus quidam in Latinum. fol. 25 b.
    Tit. i. " Contra calumpniosos ;" etc.
    In calce, " Explicit tractatus fabularum moralium Esopi."
7. Flores moralium antiquorum ex dictis Pythagoræ, Empedoclis, Socratis, Aristotelis, etc. fol. 30.
    Incip. " Has siquidem et consimiles fabel-

lulas licet aliquando in sermonibus publicis proponere."
    Sequuntur,
    a. " Responsiones Secundi philosophi ad interrogata Adriani."
    b. Ex dictis Galeni, Boethii, Virgilii, Statii, Claudii, Persii, Horatii, Catonis, Ovidiique.
8. Sermonum abbreviationes vel formulæ. fol. 43.
    Incip. i. " Thema, In ira molestia."
9. Adversaria, sive anecdota, de diversis. fol. 57.
    Incip. i. " Contra judicantes secundum faciem."
    Citantur, Aristoteles, Vegetius, Vita Pachomii, Innocentius papa III., Albertus Magnus, Elynandus in [Vincentii Bellovacensis] 4 parte Speculi Historialis, Boethius, Clementis Itinerarium, etc.
10. Seneca de remediis fortuitorum. fol. 62 b.
11. Sermones breves, vel notata, ex scriptoribus diversis collecti, rhythmis Anglicis hic illic interspersis. fol. 64.
    Incip. i. " In nomine Patris et Filii et Spiritus Sancti. Mat. 28. Ubi est accio difficilis et agens est debilis."
    Auctorum nomina qui occurrunt sæpe, sunt Gul. Hotoft, Manleverer, Petrus de Serivalis (?) Wantynge et Stanschawe.
    Rhythmorum specimen exhibere lubet ; scilicet,
a. Ad fol. 66 b.,
" Jhesu þat al þis world haþ wroȝt,
    Haue merci on me ;
Jhesu, þat wiþ þi blod us bouȝt,
Jhesu þat ȝaf us whanne we adde nouȝt,
    Jhesu David's sone, etc.
David's sone ful of miȝt, have, etc.
David' sone fair to siȝt,
David' sone that mengeþ merci wiþ riȝt,
Have merci on me, and mak me meke to þe,
And mak me þenche on þe, and bring me to þe
þat longeþ to þe, þat wolde ben at þe."
b. Ad fol. 131, in sermone de amore Christi et de ultima cœna, quam fecit Jesus ' upon the Shere þursday' occurrunt plura, inter quæ de visu malo et captatione ita agitur, *Gallice* et *Anglice*,
" Cor : Tu mas hony de ton mau regarder :
Oculus : Mes tu mas hony par ton mau penser :
Cor : Nestu la porte ou entre peche :
Oculus : Tu la puys clore a ta volunte :

Printed in Herrieux, Les Fabulistes Latins, t. IV pp. 417-450.

Cor: Vous regardez trop folement
Oculus: Ceo nest peche per ton assent;" etc.
" The herte seiþ to þe eie þus,
þou us ast schend þoru þi fol loking;
But þou us ast shent þouru þi fol þenching,
Nartou þe ȝate þoru wam comeþ sinne in ponces
ille;
þou maist it shette at þine wille." etc.

c. Ad fol. 139 b,
" I come vram þe wedlok, as a suete spouse, þet
habbe my wif wiþ me in nome,
I come vram viȝt, a staleworþe knyȝt, þet myne
vo habbe overcome,
I come vram þe chepyngis, as a riche chapman
þet mankynde habbe ibouyt,
I come vram an uncouþe lond, as a sely pylegrym,
þet ferr habbei souȝt."

d. Auctoritates ex SS. Scripturis et patribus contra peccata varia, quæ *Anglice* expressa in
margine exhibentur secundum ordinem alphabeti. fol. 149.
Incip. " Alle anselleres, ardemen, auende
and auerouse, almestes; O quam multos se-
deret cupiditas."

12. Carmen de Christo; *Anglice.* fol. 166.
Incip. " In sermone misit de summo et
accepit me," etc.
" He sent fro aboue a ouercomyer mythyest,
He sent fro aboue a lethe stillest,
He sent fro aboue a marchang or a byer richest,
He sent fro aboue and toche me."

13. Versus alii de falsitate, de pœnis inferni, etc.
fol. 166 b.
Incip.
" Falsenesse and couetys er feris
Wil neþer oþer be sweke,
Lewte and pouert ar peris
Have þai no richte in þis rike."

14. Versus alii in verba Christi, ' Caro mea vere
est cibus,' etc. B. V. Mariam, etc. fol. 167.
Incip.
" My flesse þat wrothe oȝas in mari blode,
My fiesse þat deyt peyfulli uppon þe rode,
My flesse þat stey to blisse for mennis gode
Esse soþe fasts mete þat fed us."

15. Sermo de pace, auctore, secundum catal. Vet.
Ricardo de Uskaley. fol. 168.
Incip. " Veniat pax; Si quis sitit veniat
ad me," etc.

16. Sermones alii de diversis. fol. 170.
Incip. i. " Domine salva nos; Mat. 8. In
Marco autem dicitur, Magister."
Auctorum nomina occurrunt, Henricus de
Cruce, minor, Johannes Middleton, prædi-
cator, J. Tanny, prædicator, Laurent. Bri-
toun, minor, Frater Symon, prædicator.

17. Loci communes theologici ex scriptis S. Augustini, etc. fol. 182.

18. De sacris locis, temporibus, rebus et personis
tractatus, in quo de introitu missæ, de diebus festis, etc. fol. 194.
Incip. " In primitiva ecclesia prohibitum
erat ne quis variis linguis loqueretur."
Desin., foliis ultimis inversis, " Nec attol-
lens oculos sursum diceret, Qui me plas-
masti miserere me."

19. Petri Blesensis compendium super Job prævia
ad Henricum II. epistola. fol. 206 b.
Exstat impress. inter opera, 1667, p. 407.
Deficit in verbis, " Quantum ad concupi-
scentiam oculorum."

20. Anonymi expositio summaria juris civilis.
fol. 210.
Incip. " Exponere summatim juris nostri
precepta Justiniani codicis ordine servato
proposui."
Desin. " directa ei competit, qui mandavit."
Sequitur fragmentum homiliæ in Adventum.
Præmittitur codici, " Liber Will. Reed,
archidiac. Roffensis, quem emit ab executoribus Ven. patris D. Johannis de She-
peya, ep. Roff. de bonis sibi datis per rev.
dom. suum M. Nicholaum de Sandwyco;
oretis igitur pro singulis supradictis.
Tertium volumen sermonum per D. Jo. de
Schepeya S. T. D. monachum Roffensem et
postea ibidem episcopum pro suo tempore
in Universitate Oxon. collectorum.
Liber domus scolarium de Merton. in Oxon.
in communi libraria, etc. cathenandus, ex
dono Ven. patris D. Will. tertii episcopi
Cicestrie; etc. Walterus Roberti."

CCXLIX.

Codex membranaceus, in folio minori, ff. 186,
sec. xiii., binis columnis haud una manu ex-

aratus; ex dono Will. Reed, ep. Cicestr. "quem emit a ven. patre Tho. Tryllek, ep. Roffensi."

1. Philippi de Thaun Bestiarium moralizatum, metrice expressum; *Gallice;* cum prologis. fol. 1.

Incip. prol. "Hic adamans significans—— Peres de telle ballie humme et femme."

Sequitur titulus, "In nomine sancte et individue Trinitatis, Bestiarius incipit, quem Philippus Thaonensis in laude et memoria regine Anglie Alenoris fecit;" etc. deinde, Philippe de Taun; en Fraunceis reisun, At enfeit le bestiarie un livre de gramarie. Incip. lib.

"Co en gru est leun. . en fraunceis rei et anun. Leun en mainte guise . mutis besties si justise."

De hoc opere et versione modo memorata, consulat lector "Notices et extraits des MSS." Paris, vol. v. p. 275.

2. Sententiæ morales, versibus expressæ leoninis. fol. 11.

Incip.

"Rex sedebit in cena turba cinctus duodena; Se tenet in manibus se cibat ille cibus."

3. Innocentii papæ III. liber de miseria humanæ conditionis. fol. 12.

Tit. "Incipit liber de miseria humanæ condicionis editus a Lothario, diacono cardinali SS. Sergii et Bachi, qui postea Innocencius papa appellatus est."

Exstat impress. Paris. 1645, et alibi.

Sequitur capitulum de pœnis inferni, incip. "In inferno secundum majorum traditiones."

4. Ejusdem Innocentii decretales constitutiones de summa Trinitate et fide catholica, [sive concilii Lateranensis decreta.] fol. 29 b.

Tit. "Incipiunt decretales constituciones Innocentii pape III."

Incip. "Firmiter credimus et simpliciter confitemur," ut inter opera, tom. i. p. 451.

Desin. "ut eis digne proficiat ad salutem."

Sequitur notitia brevis de concilio Lateranensi apud Romam anno 1215 habitæ; et postea decisio de archiepiscopo quodam Salathesi ab archiepiscopatu cupienti cedere et ad monachatum iterum descendere.

5. Valerii, sive Valeriani, ad Ruffinum epistola ne duceret uxorem. fol. 45 b.

Tit. *man. sec.* "Valerii Maximi pauca de dissuasione nubendi ad Ruffinum."

Exstat impress. inter S. Hieronymi opera, tom. v. col. 337.

Præcedunt versus novem rhythmici de vanitate mundi, incip.

"Qui bene perpendit quam sit grave pondus honorum."

6. Tractatus sive sermo de S. Zacharia et eidem contingentibus; in capitula octo distributus. fol. 49.

Incip. "Ingresso Zacharia templum," etc. Ex lectione evangelica octo colligimus."

Desin. "resolvat linguam nostram in laudes suas, Cui," etc.

7. Innocentii Papa III. liber de officio missæ, prævia præfatione. fol. 52.

Cf. inter opera, tom. i. p. 318.

In calce, "Explicit liber Innocencii pape tertii de missa."

Sequuntur, (a.) Officium pro peregrinantibus. (b.) Ordo missæ, et quomodo observari debent festa per annum. (c.) De S. Matthæo evangelista; de Abrahamo Christi typo, etc.

8. Kalendarium, prævio cuique mensi monosticho haud insolito. fol. 76.

Monost. i. est,

"Prima dies mensis et septima truncat ut ensis."

Notantur hic illic dies obituales diversorum, scilicet, Will. de Stocton, capell. coll. Mert. 4 kal. Jun. 1273; Radulph. de Ludinton dom. de Drayton, 14 kal. August. 1273; Edw. Woode, coll. Mert. soc. 12 kal. Jun. 1655. Notantur quoque aliquorum nomina ejusdem collegii, qui anno 1417 erant in Normannia cum rege Henrico V.

9. S. Gregorii Magni de Pastorali cura libri duo. fol. 80.

Exstant inter opera ed. Benedict. t. ii. p. 1.

In calce, "Explicit liber pastoralis beati Gregorii pape urbis Rome."

10. Expositio in psalmos varios; *Gallice;* imperf. fol. 117.

Incip. in istud, "Viri sanguinum et dolosi non dimiabunt dies suos; Li hume qui sanc espandent, qui ocient."

Desin. "sires sur Jacob et sur le pople des Jueus et finium terre."

Sequuntur versus, incip.

" Nectarum rorem tellus instillat Olimphus."

Et deinde epitaphium Rob. Grostete, ep. Lincoln., versibus quatuor rhythmicis; incip.

" Anni cum Domini transissent mille ducenti."

11. Liber de officio sacerdotum et curatorum. fol. 142 b.

Incip. " Evangelistis evangelizare, predicatoribus predicare, doctoribus docere sublimis est valde negocii."

Desin. " et cum pompa laudibus eam et ad eternam gloriam introisse non dubitemus."

12. Sermo fratris Ricardi de dilatatione sermonum. fol. 175.

Incip. " Quoniam emulatores estis Spirituum; etc. Bene dictum emulatores, quasi non simulatores."

Versus finem agitur de pœnitentia et confessione, partim *metrice*, incip.

" Peniteas cito, peccator, cum sit miserator, Judex, et sint hec quinque tenenda tibi."

Desin. opus, " ut de peccato in peccatum eat ut fiat longarrestis."

13. Sermo in istud, " Abraham tetendit tabernaculum suum;" etc. [an pars operis supradicti.] fol. 181.

Incip. " Tella congellata duobus remittitur modis."

14. Sermo alter in istud, " De excelso misit ignem in ossibus meis." fol. 183 b.

Incip. " Legitur in Actibus apostolorum, quod Petro."

CCL.

Codex membranaceus, in 4to, ff. 246, sec. xii. exeuntis et xiv.; quoad partem priorem ex dono Simonis Bredon, quoad posteriorem, ex legato M. Johannis Raynham.

1. Anonymi opus medicum, quod dicitur Passionarium, libris septem comprehensum, cum glossis marginalibus. fol. 1.

Tit. " Incipit liber primus Passionarii."

Incip. " Si quis intente cognoscere intencionem tocius libri desiderat."

Incip. gloss. " Libri hujus diversi auctores fuerunt; scilicet, Alexander, Paulus, Teodorus, Priscianus."

Partem ultimam et tabulam alphabeticam supplevit, ut videtur, manus Simonis Bredon,

qui in fine quoque notavit, " Explicit istud psssionarium, et datum fuit collegio per Simonem Bredon."

2. L. Annæi Senecæ de quæstionibus naturalibus libri priores quatuor, mutil. fol. 156.

Defic. lib. iv. in verbis, " temporibus imbres, nives diluunt."

In calce, " Liber domus scolarium de Merton in Oxon. ex legato magistri Joh. Raynham, quondam socii ejusdem domus, cujus anime propicietur Deus."

CCLI.

Codex membranaceus, in 4to minori, ff. 157, sec. xv.; manu cujusdam Wyke exaratus; mutilus.

1. Johannis Scharpe vel Sharpæi, Quæstiones de anima; mutil. fol. 2.

Incip. " Utrum anima intellectiva est quodammodo."

Deficit in verbis, " ideo potest per illum conceptum."

2. Antonii Andreæ, ord. minor. scriptum super Aristotelis Metaphysicorum libros duodecim, cum tabulis. ff. 90—149 b, 50—73 b, 150—156.

Incip. " Circum celi; etc. Secundum doctrinam Aristotelis et eum communiter sequencium."

Desin. " revoco paratus libenti animo emendare. Ecce finis."

In calce, " Explicit scriptum super metaphisicam Aristotelis secundum novam translacionem compilatum a fratre Antonio Andree ordinis minorum de provincia Arrogonie; Deo gracias; Amen. Ecce finis illarum questionum."

Sequitur tabula, et in calce, " Ecce finis titulacionis istarum questionum super totam methaphisicam etc. quod Wyke."

" Nunc finem feci da michi quod merui."

Ad fol. 74. Insertus est index materiarum alphabeticus.

Codicem nostrum olim plures habuisse quam quos hodie continet tractatus, testatur notitia contentorum sequens quam ex initio exscribimus; " Hunc librum providit dompnus . . . . . . suis bene-

volis . . . . sacre theologie
bacularii anno Domini m.cccc.xxv. quem qui
alienaverit vel ejus titulum hic aut alibi deleverit anathema sit, predicti Johannis fortuna prosperitatis non variata, seu ipso non
affirmante.

"In isto volumine continentur supscripta,
In primis, Questiones de anima secundum
magistrum Johannem Scharpe.

Item tractatus de actione elementorum secundum Chylmark.

Item tractatus de formalitatibus secundum
Franciscum de Maronis.

Item questiones valde utiles super xii. libros
methaphisice secundum Antonium.

Item tabula earundem secundum ordinem
alphabeti, secundum Derham.

Item tractatus de ·decem generibus secundum Scotum, etc.

Item tractatus de duobus primis principiis
secundum Burley.

Item tractatus de tribus in toto universo
per se agentibus secundum eundem.

Item tractatus de potencia activa et passiva.

Item tractatus Burley de abstractis."

CCLII.

Codex membranaceus, in 4to minori, ff. 220,
sec. xiv., binis columnis exaratus; ex dono
Will. Reed, ep. Cicestrensis.

Distinctiones fratris Nicolai de Byard, ordine
alphabetico, prævio indice alphabetico.

Incip. "*Absconditur*, etc. Abscondita est in
terra."

Deficiunt sub voce S. "non ipsi nos populus
ejus et——"

In initio codicis, "Liber M. Willelmi Reed,
quem emit a venerabili fratre domino Thoma
Tryllek, episcopo Roffensi; oretis igitur pro
utroque." Deinde, "Liber domus scolarium
de Mertone in Oxon;" etc. "xi. volumen."

CCLIII.

Membranaceus, in 4to, ff. 180, sec. xiv., binis
columnis exaratus; ex dono Joh. Burbache,
S. T. P. coll. Mert. socii.

Alberti Magni, Ratisponensis episcopi, Logica
varia; scilicet,

1. In Porphyrii Isagogen Commentarius, sive
liber de Prædicabilibus. fol. 4.

Tit. "Incipit Logica fratris Alberti ordinis
prædicatorum quondam episcopi Ratisponensis, liber primus de universalibus."

Incip. "Primum considerandum est, qualis
scientia est logica," ut inter opera, edit.
Jammy, tom. i. p. 1.

In calce, "Explicit liber de quinque universalibus, Deo gratias; Explicit Porphirius."

2. Prædicamentorum liber, tractatibus septem
comprehensus. fol. 57.

Tit. "Incipit liber predicamentorum."

Exstant ibid. tom. i. p. 94.

In calce, "Explicit liber predicamentorum;
Deo gratias."

3. Liber de interpretatione. fol. 113 b.

Tit. "Incipit liber peryarmenias."

Ibid. tom. i. p. 237.

In calce, "Explicit peryarmenias, Deo
gratias."

4. Liber Sex Principiorum. fol. 142.

Ibid. tom. i. p. 194.

In calce, "Explicit liber Sex Principiorum."

5. In librum Divisionum. fol. 165.

Tit. "Incipit liber Divisionis."

Incip. "Cum autem principio logice determinatum sit quod logica est scientia."

In calce, "Explicit liber Divisionum expositus a fratre Alberto episcopo; Deo gratias."

Sequitur, *manu altera*, fragmentum commentarii in librum de locis intrinsecis atque
extrinsecis.

Incip. "*Locus is*; id est, qui est maximus
talis est."

CCLIV.

Codex membranaceus, in 4to, ff. 138, sec. xiv.

Alexandri Nechami, sive Nequam, Isagogicum,
potius corrogationes Promethei de difficilioribus SS. Scripturarum locis.

Tit. "Incipit Ysagogicum magistri Alexandri Nequam."

Incip. pars i. quæ agit præcipue de arte
grammatica, "Ferrum situ rubiginem ducit."

Incip. expos. in Test. Vet. ad fol. 27, "Post
hec de singulis libris bibliotece aliquas dictiones."

Incip. expos. in Test. Nov. ad fol. 66, "Ad
Novi Testamenti seriem me verto."

Desin. "per hoc jam humanam naturam ex-
cellentiorem esse angelica."

CCLV.

Codex membranaceus, in 4to, ff. 88, sec. xiv. ineuntis; binis columnis partim exaratus; ex dono M. Willelmi Duffeld, coll. Mert. socii.

1. Johannitii Isagoge in Galeni Artem Parvam. fol. 2.
2. Galeni Ars parva, cum glossulis marginalibus. fol. 11 b.
3. Hippocratis Aphorismi, cum glossulis. fol. 38.
4. Ejusdem Prognostica. fol. 49.
5. Philareti de pulsibus libellus. fol. 56.
6. Theophili Protospatharii de urinis libellus. fol. 58 b.

   Sequuntur, *manu altera*, notitiæ et receptæ medicinales, medici cujusdam, ut videntur, Adversaria, inter quæ hic illic occurrunt nomina ægrotantium, ex. gr. Joh. Wellewe, Petrus de Bristollia, Will. de S. Dionisio, Rogerus de Bamptone, Joh. de Trinleg, Ricardus de Schrivenham; et ad fol. 69, "Ego pacavi pro roba Walteri Clerici v. sol. et v. d. et idem Walterus tradidit mihi xii. d. pro supertunica Walteri parvi ij. sol. et viii. d. ob. et ego tenebar eidem Waltero pro autumpno xx d. et ex alia parte vj. d."

7. Constantini Africani de ægritudine et de anatomia stomachi liber, prævia ad A. archiep. Salernitanum epistola, et capitulorum tabula. fol. 73.

   Exstat inter opera, edit. Basil. 1536, p.215.

CCLVI.

Membranaceus, in 4to, ff. 129, sec. xv. ineuntis.

Nicolai Trivet annales regum Anglorum Francorumque ab initio regni Stephani usque ad mortem regis Edwardi III. cum prologo.

Tit. "Incipit prologus fratris Nicolai Treveth ordinis predicatorum in Annales regum Anglie, qui a comitibus Andegavensibus suam traxerunt originem secundum lineam masculinam."

In calce, "Expliciunt gesta regis Edwardi Anglie."

CCLVII.

Membranaceus, in 4to, ff. 164, sec. xiii., binis

columnis nitide exaratus; ex dono M. Ric. Fitz-James, nuper custodis de Merton.

1. Proverbia Senecæ per alphabetum. fol. 1.
   Incip. "Alienum est, quicquid optando evenit."
2. Gulielmi de Montibus, Leicestrensis, liber qui dicitur Numerale, sive summa numerorum, præviis capitulis. fol. 4.
   Tit. "Incipiunt capitula libri magistri Willelmi de Monte, qui Numerale vocatur."
   Incip. "Unus est Deus et hoc natura docet."
3. Ejusdem Gulielmi Similitudinum liber, prævia tabula capitulorum alphabetica. fol. 67.
   Tit. "Incipiunt liber Similitudinarii magistri Willelmi de Monte."
   Incip. "Amor terrenus inviscat animum ne possit ad superna volare."
   In calce, versus isti,

   " Sis mundus, verus, justus, nec ore dolosus,
   Non alium perdas, fuge nummum, sperne malignum,
   Non jures falsum, cum fenore munera sperne."
4. Definitiones verborum, secundum auctores sacros profanosque, prævia tabula alphabetica. fol. 112.
   Incip. "Abitudo est abitus comparatus."
   Desin. sub voce Zelus, "est mocio animi sive ad bonum sive ad malum."
5. Roberti Grostete, ep. Lincolniensis, Summa de articulis fidei catholicæ. fol. 140.
   Incip. "Templum Domini sanctum, etc. Sermo iste quamvis omnes tangat quos Spiritus Sanctus."
   In calce, "Explicit summa magistri Roberti Lincolniensis, episcopi de articulis fidei et de fide catholica et de omnibus rebus pertinentibus ad officium sacerdotale."
6. S. Bernardi, abbatis Clarævallensis, Meditationum liber. fol. 148.
   Exstat impress. inter opera, ed. 1690, tom. ii. col. 319.
   In calce codicis, "Liber magistri Ricardi Fytz James, sacre theologie professoris, quem emit 21 die Januarii anno Christi 1481."

CCLVIII.

Codex membranaceus, in 4to, ff. 131, sec. xiv., binis columnis exaratus.

Petri de Crescentiis Ruralium Commodorum libri duodecim, cum prologo.

Tit. "Incipit liber Ruralium Commodorum a Petro de Crescentiis curie Bononie ad honorem domini omnipotentis et serenissimi regis Karoli compilatus et inventus."

Exstant impress. Basil. 1538 et alibi.

In calce, "Explicit liber Ruralium Commodorum."

Sequitur tabula Rubricarum totius operis cum prologo ad Aymericum de Placentia, ord. Præd. magistrum.

CCLIX.

Codex membranaceus, in 4to, ff. 99, sec. xiii., olim Will. Reed, ep. Cicestr., ex dono Nic. de Sandwico, postea coll. Merton. ex dono Willelmi prædicti ; in calce mutil.

1. Arzatzelis, sive Arzaelis, tabulæ plures astronomicæ. fol. 2.
2. Hermanni Contracti de mensura Astrolabii tractatulus, cum prologo. fol. 42.

    Incip. "Cum a pluribus sepe amicis ;" apud Pezium in Thes. Anecdot. tom. iii. part. ii. p. 95.
3. Abu'lcacim (?) tractatulus de Astrolabio ex Arabico in Latinum versus per Johannem Hispalensem. fol. 48.

    Tit. "In nomine Domini misericordis et pii incipit liber in scientia Astrolabii a magistro Johanne de Arabico in Latinum translatus, et sunt xl. capita."

    Incip. "Primum horum est armilla per quam suspenditur."

    In calce, "Finit liber operis Astrolabii ediciore Albchacim de Magerith, qui dicitur Al Macherita."

    Sequuntur nonnulla de planetarum æquatione; incip. "Quicunque vult coequare planetas."
4. Alchabitii, Abdilazi, liber introductorius ad magisterium judiciorum astrorum, [interprete Joh. Hispalensi,] cum prologo. fol. 56.

    Tit. "Incipit liber introductorius Alcabizi qui Abdilazi dicitur, id est, servus Dei, ad totam astronomiam."

    Exstat impress. 4to, Venet. 1485, et alibi.
5. Alfragani, sive Alferganii, liber de motibus cælestibus; [eodem interprete?] fol. 67 b.

    Incip. "Differentia prima in annis Arabum," ut in edit. Norimb. 1537.

    Deficit in verbis, "ortus ejus et occasus Indie et non——"
6. Arzatzelis sive Arzaelis canones astronomici. fol. 76.

    Incip. "Scientia inveniendi radices: cum volueris scire qua die ingreditur unusquisque."
7. Tractatulus de usu astrolabii. fol. 89 b.

    Incip. "Astrologice speculationis exercicium habere volentibus."

    In calce, "Explicit liber regularum astronomie."
8. Albumasaris flores. fol. 94 b.

    Incip. "Oportet te primum scire dominium anni."

    Cf. Brucker Hist. Crit. Phil. tom. iii. p. 121.
9. [Ejusdem?] tractatus de partibus latitudinis planetarum in signis xii. et eorum ortu et occasu; [mutil.] fol. 98.

    Incip. "Debes considerare planetas in hora revolutionis."

    In fol. 1 b. notatur, "Liber M. Will. Reed, archidiac. Roff. ex dono rev. dom. sui M. Nicholai de Sandwyco; Oretis igitur pro utroque."

    Sequitur notitia donationis per eundem Willelmum ad coll. Merton.

CCLX.

Codex membranaceus, in 4to minori, ff. 163, sec. xv.; partim manu Manby cujuspiam, partim Chapeleyn exaratus; "ex emptione sociorum hujus domus A. D. M.452."

1. Alberti de modo significandi liber. fol. 2.

    Incip. "Quoniam scire et intelligere continet in omni scientia ex cognicione principiorum."

    In calce, "Explicit modus significandi secundum Albertum."
2. Ejusdem Alberti de passionibus sermonum libellus. fol. 25 b.

    Incip. "Habito de modis significandi parcium oracionis."

    In calce, "Et hec dicta de passionibus sufficiunt sermonum. Deo gracias."

    Sequitur versus,

"Scriptor premissi tractatus nomine Manby."

3. Francisci [de Mayronis?] liber grammaticus de modis significandi. fol. 34 b.

Incip. " Ut habeatur cognicio regiminis in grammatica secundum modos significandi proporcionales."

In calce, " Explicit Franciscus de signis."

4. Johannis Duns Scoti in Aristotelis librum de Interpretatione expositio. fol. 62.

Ad fol. 84 b., " Explicit primum opus Dunce super primum librum periarmonias [*sic*]; secundum opus ejusdem doctoris super primum librum."

5. Ejusdem in Aristotelis Elenchos sophisticos expositio. fol. 95.

In calce, " Expliciunt questiones Duns super librum Elencorum; Chapeleyn."

6. A. M. S. Boethii libellus de hebdomadibus. fol. 148 b.

In calce, " Explicit Boecius de Ebdomadibus."

7. [Thomæ Aquinatis liber de ente et essentia; cf. opp. ed. 1593, iv. ad calc.] fol. 154.

Incip. " Qui errat circa principia, multo magis circa."

Deficit, " quia sunt materialia, et materia."

CCLXI.

Codex membranaceus, in 4to, ff. 112, sec. xiii. exeuntis, binis columnis exaratus.

1. [Johannis de Sacro-bosco liber de Algorismo, sive arte numerandi libellus.] fol. 2.

Exstat inter Rara Mathemat. Vett. ed. Halliwell. p. 1.

2. [Ejusdem, sive Roberti Grostete, tractatus de sphæra.] fol. 5 b.

Incip. " Tractatum de spera in quatuor partes," ut in editt. impress.

In calce, " Explicit tractatus de spera."

3. Arnulphi Provincialis libellus de scientiarum divisione. fol. 13.

Incip. " Sicut scribitur ab Algazele."

In calce, " Explicit divisio scientiarum omnium tam mecanicarum quam liberalium data a magistro Arnulfo Provinciali, qui rexit Parisius egregie."

4. Roberti Kilwarby de ortu sive divisione scientiarum liber. fol. 19.

Incip. " Scientiarum alia est divina alia humana."

Desin. " horoscopica, sortilegium maleficum, prestigium."

5. Ejusdem Roberti de divisione philosophiæ libellus. fol. 67.

Incip. " Cum summum in vita solacium sit sapientie studium."

Quem sequitur alius tractatus anonymus, cujus principium "Decus est in fine simplicitatis"

6. Themistii, seu potius anonymi cujusdam, in Aristotelis Logicam veterem. fol. 72.

Tit. *manu recenti scriptus*, " Themistius in artem veterem ut falso creditur."

Incip. " Secondum quod vult Agazel in methaphisicon sua scientia corrigit vicia anime."

In calce, " Actum anno Domini m.cc. nonagesimo quarto, die Veneris post Trinitatem Domini."

CCLXII.

Codex membranaceus, in 4to, ff. 252, sec. xiv., ex dono M. Roberti Stonham.

1. Johannis Gaddesden sive Gatisdeni, coll. Merton. socii, opus medicum, quod dicitur Rosa Medicinæ, libris quinque comprehensum, cum prooemio. fol. 1.

Incip. " Galienus primo."

Desin. " sed non vacat mihi modo."

In calce, " Explicit Rosa Medicine M. Jo. de Gatesdene, Deo ergo sint gratie multe qui ad hunc finem perduxit; Amen."

2. Ejusdem Johannis de medicinis digestivis et laxativis liber. fol. 237 b.

Incip. " Quoniam quidam de melioribus."

Desin. " sed dicitur in ejus laude."

3. Arnoldi de Villa-Nova, sive Villanovani, libellus de vinis. fol. 243 b.

Incip. " Cum instat tempus;" ut inter opp.

4. Hippocratis liber Secretorum, de solutivis et signis mortalibus. fol. 249.

Incip. " Ventrem solvunt extracta."

In calce, " Expliciunt secreta Ypocratis."

Sequitur tabula alphabetica in Rosam Medicinæ.

Præmittitur codici notitia sequens de Mertonensibus,

" Blancpayn, } in Milk Street;
Stonham, } nati London in Chepa;
Scardeburgh, in strato seu vico vulgariter nuncupato Lumbarde Street."

CCLXIII.

Codex membranaceus, in 4to minori, ff. 112, sec. xiii.

Isaaci Judæi medici opera varia per Constantinum Africanum Latine versa; et glossis marginalibus hic illic instructa, scilicet,

1. Opus de diætis universalibus. fol. 1.

Tit. " Incipit liber dietarum universalium magistri Ysaac."

2. Opus de diætis particularibus. fol. 49.

Tit. " Incipiunt diete particulares magistri Ysaac."

3. Liber de urinis. fol. 83.

In calce, " Expliciunt urine Ysaac."

Exstant omnia impressa inter Isaaci opera, edit. 1515, fol. 12, *seqq.*

Sequuntur versus nonnulli de ponderibus medicis, etc. incip.

" Dat scrupulum numus scrupulos tres dragma sed octo."

CCLXIV.

Membranaceus, in 4to, ff. 264, sec. xiv., binis columnis exaratus; ex dono Ric. Fitz-James, nuper custodis collegii de Merton.

Gulielmi Peraldi, episcopi Lugdunensis, Summa de virtutibus, in partes quinque distributa, cum prologo et tabulis rubricarum.

Tit. " Incipit tractatus moralis de virtutibus."

Exstat impress. Colon. 1479.

In calce, Index alphabeticus, et postea, "Liber M. Ricardi Fytz James sacre theologie professoris, emptus per eundem 15 die Januarii anno Christi 1481."

CCLXV.

Membranaceus, in 4to, ff. 112, sec. xv.; ex dono M. Thomæ Bloxham.

Rogeri de Waltham, canon. London., compendium morale de virtutibus; in capita quatuordecim distincta, cum prologo; [mutil.]

Tit. " Prologus in compendium morale de virtutibus, dictis et factis, exemplaribus antiquorum magistri Rogeri de Waltham canonici Londoniarum."

Incip. " Sapienciam antiquorum exquiret sapiens, etc. Petrus eciam diaconus in prin-

cipio primi libri dialogorum petens a B. Gregorio."

Deficit prope ad initium cap. viii. (cui titulus, "De 12 abusionibus et qualiter princeps, fidem hosti servare, perfidiam hostis spernere et victis parcere debeat;") in verbis "mestissimis lecior effrenatissimis."

Præcedit tabula capitulorum totius operis.

CCLXVI.

Codex membranaceus, in 4to, ff. 289, sec. xiv.; binis columnis exaratus.

1. Decretum Gratiani cum Johannis de Cadomo glossa continua. fol. 1.

Incip. gloss. " Humanum genus; Tracturus Gratianus de jure canonico a naturali jure non discordat."

In calce, " Explicit tractatus decretorum per magistrum Johannem de Cadomo compilatus."

Sequitur fragmentum Decretorum Tit. de Consecratione, et posthac manu altera summarum sententiarum lib. i., partim metrice, incip.

" A. res et signum sunt doctrine duo membra."

2. Decretalium Gregorii papæ IX. tabulæ alphabeticæ, indicibus rubricarum et vocum posthabitis. fol. 131.

Incip. " Abbates non exerceant, que sunt episcopalis dignitatis v. xxxi. xii. C."

In calce, " Expliciunt tabule decretalium."

Sequuntur manu altera versus leonini plures sententiosi, incip.

" Consentis operans defendens non reprehendens."

3. Decreti tabulæ alphabeticæ. fol. 184.

Incip. " Abbates et alia officia per episcopos debent institui, c. xviii. q. i. 'Beatum sibi.' "

4. Distinctiones Decretorum versibus hexametris comprehensæ. fol. 224.

Incip.

" Dividit reducit quod jus distinctio prima."

In calce, " Explicit de distinctionibus decretorum."

5. Distinctiones Decreti Causarum xxxvi. versibus heroicis, eisdem acrostichidibus, expressæ. fol. 224 b.

Incip.

" Est decretorum complexio causa duorum."

Sequuntur " Opiniones magistri sententiarum reprobatæ ;" *man. seq.*

6. Kalendarium ad inveniendum per combina-
tiones duarum primarum vocalium in qualibet dictione omnes materias de quibus loquitur in novis decretalibus, cujus subtilitas
quinque versibus subsequentibus datur intelligi. fol. 228.

Incip. vers.

" Sub brevitate stili compages materierum."

Sequuntur index alphabeticus, " Abbas
conveniri potest sine monachis ; Edoceri ;
3, 21 b."

7. Pulchra introductio libri Decreti cum divisione ejusdem. fol. 276.

Incip. " Primum nostri agressus stabili-
mus principium."

8. Introductiones aliæ in Decretales. fol. 278.

Incip. i. " In nomine Summi, etc. progre-
diamur exordium, sustentetur medium."

Ad fol. 283 b, " Sequitur pulcra benedictio que requiritur in dacione libri decretorum ;" incip. " Iste est qui cognovit."

Præmittuntur codici definitiones plures et
alia ad jus civile præcipue spectantia.

CCLXVII.

Codex membranaceus, in 4to minori, ff. 142,
secc. xiii. et xiv.

1. Correptorium S. Thomæ, sive abbreviatio primæ partis et primæ secundæ partis summæ
S. Thomæ Aquinatis, in quæstiones plurimas
distincta cum responsionibus. fol. 1.

Tit. " Incipit corruptorium cum responsionibus."

Incip. " Questione xij. arguitur et queritur utrum essentia diversa videatur."

In calce part. i. " Explicit corruptorium
contra primam partem summæ. Incipit
corrupcio contra primam secunde."

Incip. " In prima parte secundi libri questione 3 articulo quarto."

In calce, " Explicit et expliceat."

2. Anonymi cujusdam liber ad fratrem Neronem (?) de pœnitentia, sive de pœnis quas
injungere debet sacerdos confessis. fol. 89.

Tit. i. " Quod prima penitencia ante baptismum."

Incip. " Noverit ergo fraternitas tua quia
rerum sunt acciones."

Desin. " nisi ante mortem fuerit ecclesie
reconciliatus."

Sequitur epilogus incip. " Ecce mi frater
in Christo dilecte Ner. libellum ad te de
danda penitencia."

3. Tractatulus de modis pœnitentiæ diversis. fol.
103 b.

Incip. " Qui autem implere poterit quod
in penitenciali scriptum est."

In calce versus incip.

" Deditus usure, faciens incendia, falsus."

4. De virtute S. Crucis et sacramento altaris. fol.
104 b.

Incip. " In virtute Sancte Crucis et in sacramento altaris magna est convenientia."

Sequuntur versus, incip.

" Percuciens clericum, Romam petat, excipiuntur."

5. Epistola destinata a fratre Roberto, archiepiscopo Cantuariensi, ad P. archiepiscopum [?] Corinthiacum de erroribus apud
Oxoniam condemnatis, capitulis errorum
subjunctis. fol. 109.

Incip. " Scripsistis mihi nuper, quod venerabilis pater dominus episcopus Parisiensis
vobis significavit."

Desin. " consistit in virtutibus intellectualibus."

In calce, " Expliciunt errores."

6. Quæstio, utrum vegetativa et sensitiva et intellectiva in homine sit una substantia. f. 119.

Incip. " Queritur utrum vegetativa," etc.
" videtur quod sic, quia unius perfectionis."

7. Alani de Monte-Pessulano regulæ theologicæ.
fol. 121.

Incip. " Omnis scientia suis utitur regulis
vel propriis fundamentis."

Desin. " nisi occasionaliter intelligatur hec
prepositio."

In calce, " Expliciunt regule theologice M.
Alani de Monte Pessulano."

8. Martini, episcopi Dumiensis, libri de quatuor
virtutibus fragmentum. fol. 139 b.

Tit. " Incipit beati Martini libellus de quatuor virtutibus ad Mironem regem."

Incip. " Non ignoro, clementissime rex,
flagrantissimam."

Præmittitur codici, " Corruptorium Sancti

P

Thome cum nonnullis aliis contentis, precio xiij. iiij."

CCLXVIII.

Once belonged to the University Library given to the Coll. by Robert Barnes medicus (between 1565 & 1604)

Codex membranaceus, in folio, ff. 299, anno 1458-9, manu Hermanni de Grypesswaldis exaratus; olim Richardi Phillipps ex dono M. Henrici Morgan. *? his ex-Bishop who died in 1559 at Wolvercote*

1. Isagoge in Johannitium, una cum quæstionibus ad eandem spectantibus. fol. 1.

Incip. "Cum terminorum multorum sensuum vere significatione."

Desin. "optimo ordeo facta, etc. Et sic est finis hujus."

In calce, "Expliciunt Ysagoge in Johannicium una cum questionibus huic operi valde necessariis anno Domini millesimo cccc°. quinquagesimo viij. vicesimo tercio die mensis Decembris in vico Draconum, Sarum; Hermannus Zurke, alias de Grypessualdis scripsit, etc."

2. Quæstiones in Galeni Tegni, sive artem Parvam. fol. 190.

Tit. "Incipiunt questiones supra librum Tegni Galeni."

Incip. "Tres sunt omnes, etc. Nota quod tres sunt doctrine ordinarie."

Desin. "sic patet ad questiones supradictas. Et sic habetur finis harum questionum supra librum Tegni Galeni, Deo laus."

In calce, "Expliciunt questiones super librum Tegni Galeni anno Domini m.cccc.lix. tercio decimo die mensis Marcii per Hermannum Zurke alias de Gripesswaldis."

Sequuntur tituli quæstionum.

CCLXIX.

fine illuminated initials of the Paris school

Membranaceus, in folio, ff. 290, sec. xiv. exeuntis, binis columnis exaratus.

Aristotelis Metaphysicorum libri duodecim, cum commentario continuo; *Latine*.

Incip. comment. "Quia iste perscrutatur scientia simpliciter incepit notificare disposicionem."

Desin. "secundum quod est agens motum."

In calce, "Expliciunt libri methafisice commentate."

Sequuntur notitia de cautione alicujus, cujus nomen erasum fuit, exposita anno 1388, et postea fragmentum [Commenti in Gregorii papæ IX. Decretales] finem amplectens libri tertii (de sacramentis, jejuniis et ecclesiis ædificandis) et libri quarti initium, de sponsalibus et matrimoniis.

Incip. lib. iv. "Postquam de hiis que ad clericos pertinent."

CCLXX.

Codex membranaceus, in folio, ff. 183, sec. xiv., binis columnis exaratus; "quem legavit M. Johannes de Osemyngton, quondam socius dicte domus ad incathenandum in libraria communi ad communem usum sociorum."

1. Aristotelis de historia animalium libri sedecim, in quibus includuntur libri de partibus, de motu et de generatione; *Latine*. f. 1.

Tit. "De historiis animalium primus liber incipit quem Aristotelis composuit."

Incip. "Earum que sunt in animalibus parcium."

In calce, "Explicit liber de animalibus."

2. Ejusdem Problemata; *Latine*. fol. 131.

Tit. "Incipiunt problemata Aristotelis."

Incip. "De problematibus, que sunt circa medicinalia."

In calce, "Expliciunt problemata Aristotelis."

CCLXXI.

Membranaceus, in folio, ff. 150, sec. xiv., binis columnis nitide exaratus.

1. Aristotelis de historiis animalium libri sedecim; libros de incessu, de partibus, et de generatione, includentes; *Latine*.

Tit. "Liber primus de hystoriis animalium Aristotelis."

In calce, "Explicit liber de animalibus; Amen."

Versio est eadem ac ista in codice supra memorato.

CCLXXII.

Membranaceus, in folio minori, ff. 295, sec. xiii. exeuntis; binis columnis exaratus.

1. Commentarius in Aristotelis libros de anima. fol. 1.

Incip. " Bonorum honorabilium ; Intentio est in hoc libro de anima circa quod in principio."

Desin. " aut intellectu admixto cum fantasia. Explicit."

2. Commentarius in librum de memoria et reminiscentia. fol. 22.

Incip. " Reliquorum autem ; Quibusdam naturalis philosophie doctoribus."

3. In librum de longitudine et brevitate vitæ commentarius. fol. 23 b.

Incip. " De eo autem ; Cum ex sentencia omnium recte."

4. In librum de generatione et corruptione. f. 25.

Incip. " Cum in libro phisicorum determinatum sit."

Deficit in verbis, " materia et forma, si autem hic destruit."

ii-x, xii ex metaphysicorum

5. In libros de causis, sivo de statu causarum. f. 37.

Incip. " Consideracio quidem ; Assercio philosophorum et magistrorum sentencia."

Desin. " ipsum esse principium ; Deo gratias."

6. In libros quatuor meteororum. fol. 64.

Incip. " Postquam precessit ; Ex divisione naturalis philosophie patet."

7. In libros iv. de cœlo et mundo. fol. 71 b.

Incip. " Summa cognicionis ; Secundum rectum ordinem iste liber."

In calce, " Explicit sentencia quarti libri celi et mundi."

8. Quæstiones in quatuor libros physicorum, secundum magistrum Galfridum de Haspyl. fol. 88.

Incip. " Quoniam autem oportet ; Queritur de unitate scientie naturalis."

9. Quæstiones in Physicorum librum octavum. fol. 113.

Incip. " Utrum autem factum sit ; Queritur primo an sit motus primus."

10. In Physicorum libros primum, tertium, et quartum quæstiones. fol. 119. *unfinished*

Incip. " Quoniam iste liber, qui intitulatur, Liber phisicorum."

11. In Physicorum libros quinque priores. f. 136.

Incip. " Excellentissimum divine munificentie donum est philosophia."

12. In libros de generatione et corruptione. f. 175.

unfinished.

Incip. " Cujuslibet divisibilis extensi."

13. In libros tres de anima. fol. 191.

Incip. " Bonorum, etc. Scibilium quoddam est scibile simplex."

In calce, " Oratio magistri . . . de Monte forti in vesperis."

14. In librum de intellectu et intelligibili. fol. 242. *tertium de anima*

Incip. " De parte autem ; Cum sit duplex intellectus."

15. In librum de sensu et sensato. fol. 254.

Incip. " Quoniam autem ; In hoc libro qui intitulatur."

16. In librum de somno et vigilia. fol. 274 b.

Incip. " Quia vult Aristoteles in litera quod sompnus." *Expl. fol. 281 'et hoc concludunt rationes'.*

17. In librum de morte et vita. fol. 282. *i.e. de longitudine et brevitate vitæ*

Incip. " In isto libro determinat Aristoteles de causis."

Deficit in verbis, " quia in animalibus."

Sequitur fragmentum commentarii in opus aliquod de partibus orationis, incip. " Ut Aristoteles in secundo de anima."

CCLXXIII.

Codex membranaceus, in folio, ff. 223, sec. xiv., binis columnis exaratus.

1. Thomæ Aquinatis in Aristotelis Metaphysicorum libros commentarii. fol. 1.

' Exstant in operum editionibus variis.

2. Ejusdem Thomæ super Politicorum libros commentarii. fol. 114 b.

Exstant ibid.

In fronte codicis notatur pretium codicis ' xl.s.' et postea, " Secundus liber de sorte Abyndon" et " quintus liber de sorte Johannis Look."

CCLXXIV.

Membranaceus, in folio minori, ff. 319, sec. xiv., binis columnis exaratus.

1. Thomæ Aquinatis in Aristotelis de cœlo et mundo libros quatuor expositio continuata per Petrum de Alvernia. fol. 1.

Exstant impress. Venet. 1590.

In calce, " In hoc completur expositio magistri Petri de Alvernia."

2. Ejusdem in libros de generatione et corruptione expositio continuata per magistrum Thomam de Sutton. fol. 79 b.

Incip. " Sicut philosophus tradit in tertio de anima," ut in editt. impress.

Desin. Tho. de Aquino comment., ad fol. 92, circa medium primi libri, in verbis, " et fiet totaliter aqua. Quoniam autem principium"—et post verba ista, " Hic terminatur expositio fratris Thome de Aquino et incipit expositio fratris Thome de Suthona."

Incip. Tho. de Suthona expos. " Postquam philosophus determinavit de generatione et corruptione ;" et desin. " a quo omnia participant esse, Ipsi honor et gloria," etc.

3. Petri de Alvernia in Aristotelis libros Meteororum iv. commentarius. fol. 122.

Incip. " Philosophus in primo phisicorum proponit innata ex certioribus."

Desin. " a Quo principaliter procedunt et diriguntur omnia, Qui est benedictus ;" etc.

In calce, " Explicit sentencia magistri Petri de Avernia super libris Metherorum Aristotelis."

4. Ejusdem in libros duo de somno et vigilia commentarius. fol. 222.

Incip. " Secundum philosophum secundo phisicorum."

5. Ejusdem in librum de motu animalium. fol. 250 b.

Incip. " Sicut innuit philosophus tertio phisicorum ;" ut in Thomæ Aquinatis comment. Venet. 1588, p. 89.

6. Ejusdem in librum de senectute et juventute. fol. 263.

Incip. " Sicut dicit philosophus primo phisicorum ;" ut ibid. p. 122.

7. Ejusdem in librum de Respiratione. fol. 269 b.

Incip. " Animalium autem, etc. Postquam philosophus declaravit ;" ut ibid.

8. Ejusdem in librum de vita et morte. fol. 280.

Incip. " Est quidem omnibus ; etc. Postquam philosophus determinavit ;" ut ibid.

In calce, " Explicit sentencia magistri Petri de Alvernia de morte et vita."

9. Thomæ Aquinatis in librum de sensu et sensato commentarius. fol. 284 b.

Incip. " Sicut dicit philosophus in tercio de anima ;" ut ibid. p. 1.

In marg. super. scripsit man. sec. " Incipit de sensu et sensato fratris Thome."

10. Ejusdem in librum de memoria et reminiscentia. fol. 310.

Incip. " Sicut dicit philosophus in vij. de historiis ;" ut in edit. cit. p. 47.

CCLXXV.

Codex membranaceus, in folio, ff. 238, sec. xiv., binis columnis exaratus.

1. Thomæ Aquinatis in Aristotelis de anima libros tres commentarius. fol. 4.

Incip. " Sicut philosophus docet in xi. de animalibus ;" ut in editt. impress.

In calce, " Explicit sentencia super librum de anima secundum fratrem Thomam de Aquino, ordinis predicatorum ; Amen ; Amen."

2. Ejusdem Thomæ in librum Aristotelis de sensu et sensato commentarius. fol. 44.

Incip. " Sicut philosophus dicit in tertio de anima ;" ut ibid.

In calce, " Expliciunt sentencie super librum de sensu et sensato. Incipiunt autem super librum de memoria et reminiscentia fratris Thome de Aquino."

3. Ejusdem commentum in librum de memoria et reminiscentia. fol. 60 b.

Incip. " Sicut philosophus dicit in vij. de historiis animalium ;" ut ibid.

In calce, " Expliciunt sentencie super librum de memoria et reminiscentia."

4. ~~Anonymi~~ quæstiones in Aristotelis libros de anima. fol. 67.

Incip. " Bonorum honorabilium ; etc. In omnibus argumentis et doctrinis necesse est primo considerare."

5. Quæstiones in librum primum de anima, auctore anonymo. fol. 85.

Incip. " Bonorum ; etc. Supletis aliis hujus scientie antequam."

6. Quæstiones aliæ in librum primum de anima. fol. 98.

Incip. " Bonorum ; Circa librum istum querenda sunt quedam extrinseca."

7. Quæstiones aliæ in libros tres de anima. f. 108.

Incip. " Bonorum ; Anima scientiam habet honorabilem et mirabilem et ad cognicionem."

8. Thomæ Aquinatis liber de virtutibus. f. 154 b.

Incip. " Questio est de virtutibus in communi, et primo queritur utrum virtutes sint habitus."

In calce, " Expliciunt questiones de virtutibus anime in communi fratris Thome de Aquino; Amen."

9. Petri de Alvernia Lectura in Aristotelis librum de sensu et sensato. fol. 205.

Incip. " Sicut dicit philosophus in sexto metaphisice, Tres sunt scientie."

In calce, " Expliciunt questiones supra de sensu et sensato disputate a magistro Petro de Alvernia; benedictus Deus; Amen."

10. Ejusdem Lectura in librum de memoria et reminiscentia. fol. 2̶1̶4̶. 213b.

Incip. " Sicut dicit philosophus sexto de historiis animalium, Natura peculative procedit."

In calce, " Expliciunt questiones super de memoria et reminiscentia."

11. Ejusdem in librum de somno et vigilia. f. 217.

Incip. " De sompno, etc. Queritur utrum de sompno et vigilia sit scientia."

In calce, " Expliciunt questiones de sompno et vigilia disputate a magistro Petro de Alvernia; benedictus Deus; Amen."

Sequuntur alia de modo intelligendi, etc. incip. " De modo intelligendi primo est sciendum quod quia intellectus."

12. In librum primum de motu animalium commentarius. fol. 220.

Incip. " De motu autem; Sicut patet per philosophum tercio phisicorum."

13. Fragmentum commentarii in librum de juventute et senectute, de vita et morte; etc. f. 233.

Incip. " In isto libro determinat philosophus de quibusdam passionibus."

Sequitur fragmentum commenti in Decreti Causam iv. de testibus : præmittitur quoque codici fragmentum Digesti novi.

CCLXXVI.

Codex membranaceus, in folio minori, ff. **176**, sec. xiv, binis columnis exaratus.

1. Anonymi cujusdam in Aristotelis libros de sensu et sensato, de memoria et reminiscentia, et de anima quæstiones. [mutil.] fol. 1.

Incip. " Queritur utrum de sensu et sensato possit esse scientia, videtur quod de sensato non sit scientia."

2. Aristotelis liber de causis, cum commento; imperf. fol. 17.

Incip. " Omnis primaria causa; Cum ergo removet causa secunda."

3. Reprobationes dictorum a fratre Ægidio [de Columna, Romano?] in sententiarum libros. fol. 22.

Incip. " Frater Egidius super i sententiarum questione 3, qua queritur quid est subjectum in sacra pagina, dicit quod ars est ymago nature."

4. Tabula super novem Quodlibeta magistri Godefridi [Cornubiensis], quam ad articulos et loca in quibus dissentit ab aliis; et hoc a quinto Quodlibet et sic deinceps. fol. 51.

Incip. " Quinto Quodlibet q. i. circa transubstantiacionem unius substancie in aliam videtur ponere."

5. Aristotelis Magna Moralia, in compendium redacta. fol. 53.

Incip. " Quoniam eligimus dicere de moralibus."

In calce, " Explicit mangnorum moralium Aristotelis Stagerite. In hoc libro deficit tractatus de felicitate de qua in libro x. cap. 7 et 8, et 9 et 10."

6. In Aristotelis libros primum et secundum de cælo et mundo expositio. fol. 68.

Incip. " Sicud scribit philosophus secundo metaphisice vocari."

7. Thomæ Aquinatis expositio in octo libros Physicorum; [hic illic mutil.] fol. 95.

Incip. " Quia liber phisicorum cujus expositioni intendimus ;" ut in editt. impress.

In calce, " Explicit expositio fratris Thomæ Aquinatis super 8. libros phisicorum Aristotelis."

Sequuntur nonnulla de dominio Lunæ super mare; incip. " Visis effectibus quorum causa latet."

8. Quæstiones super tertium librum de anima. fol. 165.

Incip. " Quia sicud dicit comentator comento 4 tertii de anima."

Præmittitur codici notitia, " Hic liber reparatus est de novo bonis M. Roberti Fermour, oretis igitur pro anima ejus."

CCLXXVII.

Codex membranaceus, in folio minori, ff. **103**, sec. xiv., binis columnis exaratus; " ex legato J. Raynham, S. T. P. quondam socii."

1. Thomæ Aquinatis super Aristotelis posteriorum libros expositio. fol. 4.

> Incip. " Necessita scujuslibet rei ordinate ad finem sentitur ex suo."
>
> In calce, " Sententie secundum fratrem Thomam de Aquino expliciunt."

2. Ejusdem expositio in Metaphysica ; imperf. fol. 42.

> Exstat in editt. impress.
>
> Deficit in verbis " aliquid esse per se—"
>
> In ff. 2 b et 3 b, notantur, inter alia nullius momenti, " secundus, de sorte Martyn," " octavus, de sorte Johannis Chilmark," " de sorte Walbere," " de sorte Wodeward;" et in fine codicis, " Willelmus Dulcis, Gallicus natione."

CCLXXVIII.

Codex membranaceus, in folio, ff. 196, sec. xiv., binis columnis exaratus.

1. Aristotelis de Animalibus libri novendecim ex Arabico in Latinum translati per Michaelem Scotum, cum capitulorum tabula. fol. 5.

> Incip. prol. brev. " In nomine Domini nostri Jhesu Christi omnipotentis misericordis et pii incipit tractatus libri, quem composuit Aristoteles in cognicione naturarum Animalium, agrestium et marinorum, a magistro Michaele Scoto apud Tholetum translatus, et in illo est modus conjunctionis animalium in generacione ;" etc.
>
> Incip. translat. " Quedam partes corporum animalium dicuntur."
>
> Desin. " propter causam finalem et propter causam moventem."
>
> In calce, " Explicit liber de animalibus."
>
> In calce tabulæ præmissæ, " Expliciunt intitulaciones omnium xix. librorum et capitulorum libri de animalibus."

2. Libellus de humana natura. fol. 180 b.

> Incip. " Cerebrum est natura frigidum."

3. Libellus de intellectu et intellecto. fol. 183 b.

> Incip. " Intellexi quod quem tibi scribi sermonem brevem de intellectu secundum scientiam Platonis et Aristotelis."

4. Libellus de anima ex S. Augustino confectus. fol. 184.

> Incip. " Vidisti, ne unquam oculos."

5. Libellus de unitate et uno. fol. 185 b.

> Incip. " Unitas est qua unaquæque res."

6. Libellus Averrois de constitutione orbis et ipsius substantia. fol. 187 b.

> Incip. " In hoc tractatu intendimus perscrutari."
>
> In calce, " Explicit tractatus Averoiz de compositione orbis, et continet v. partes nobillissimas."

7. Hadriani Imperatoris cum Secundo philosopho dialogus. fol. 194 b.

CCLXXIX.

Codex membranaceus, in folio, ff. 179, sec. xiv. exeuntis, binis columnis exaratus.

Johannis de Dombleton summa de logicis et naturalibus in partes octo distributa ; in calce mutil.

> Incip. " Incipiendum est a primis cum minimus error in principio in fine maximus est."
>
> Deficit in verbis, " agente igitur qualibet terra——"
>
> Præmittuntur tituli totius operis.

CCLXXX.

Membranaceus, in folio, ff. 143, sec. xiii. exeuntis, binis columnis exaratus ; anno 1315 peculium Will. Hordle, postea Henrici de Hinklee, et denique coll. Merton. ex assignatione Will. Jugge, archidiac. Surreiensis, ejusdem coll. socii.

1. Roberti Grostete, ep. Lincolniensis, in Aristotelis de Sophisticis elenchis libros duo commentarii. fol. 3.

> Incip. " De sophisticis autem elenchis et de hiis que videntur elenchi, cum dubitandum sit."
>
> Desin. " multas referant grates."
>
> In calce, " Explicit tractatus super librum elenchorum datus a magistro Roberto Grostest."

2. Roberti Kylwardby in Aristotelis libros duo priorum analyticorum commentarii. fol. 38.

> Incip. " Cum omnis scientia sit veri inquisitiva."
>
> Desin. " quod non est inconveniens."
>
> In calce, " Expliciunt notule super secundum priorum."

Sequuntur ad fol. 100, Dubitationes super mixtionibus, incip. " Circa conversionem illarum de inesse ;" et desin. " et in hoc complentur dubitationes super librum priorum," et *man. sec.* " Secundum Kylwardeby et finiuntur questiones bone super eodem libro."

3. Roberti Grostete in libros duo posteriorum commentarii. fol. 107.

Incip. " Intentio Aristotelis in hoc libro est investigare."

Desin. " in omni sillogismo se habente."

In calce, " Grates sunt Deo altissimo, Jhesu Christo Domino, Amen. Explicit; Amen."

4. Anonymi cujusdam quæstiones in eosdem libros de Definitione, etc.; initio mutil. f. 131.

Incip. " Ad primum principale, quando arguitur quod sunt."

Desin. " oportet quod quelibet doctrina philosophi sit demonstrativa quemadmodum doctrine mathematice sunt."

Sequitur fragmentum de libellis, et deinde, " Iste liber constat Willelmo B. Hordle, scolari Oxonie scolatisanti anno Domini millesimo ccc.xv., eodem autem anno magistro Henrico de Hinklee, Cant. ibidem existenti."

CCLXXXI.

Codex membranaceus, in folio, ff. 229, sec. xiv. ineuntis, binis columnis exaratus ; olim Will. Reed, ep. Cicestr. ex dono Nicolai de Sandwyco, postea coll. Mert. ex dono ejusdem Willelmi.

1. Ægidii [de Columna?] Commentum in Aristotelis librum de bona fortuna. fol. 1.

Incip. " Quidam ordinant in idem bonam fortunam."

In calce, " Explicit de bona fortuna Aristotelis scriptum Egidii ; Deo gracias."

2. Anonymi cujusdam in Aristotelis Meteororum librum quartum commentarius. f. 11 b.

Incip. " Quoniam autem ; Postquam philosophus determinavit de corpore simplici."

Desin. " a quo principaliter procedunt et diriguntur omnia, Qui est," etc.

Sequuntur alia pauca incip. " Si igitur habemus cujus generis unumquemque omiomerorum."

In calce, " Amen; Scriptor sit benedictus ; Amen."

3. Fragmentum de Medicina, quæ dicitur Theriaca, ex Averrois dictis collectum. fol. 38.

Incip. " Inquid magnus medicus Hamet Averroys, postquam prius Deo gratias egero."

4. Fernandi cujusdam in Aristotelis Metaphysicorum libros commentarius ; in calce mutil. fol. 40.

Incip. " Sicut scribit Aristoteles quarto Ethicorum, oportet non secundum suadentes."

Deficit in lib. x. in verbis, " Non est de quidditate rei, est."

5. Tabula alphabetica medicinarum ; index scilicet ad opus quoddam medicinale. fol. 150 b.

6. Alexandri [Aphrodisiensis] Commentum super Aristotelis libros quatuor meteororum. f. 152.

Incip. " De primis quidem igitur causis nature et de omni motu naturali. Incipiens metheorologica primo nobis ad memoriam."

In calce, " Anno Domini m.°cc.°lx.° in vigilia Marchi evangeliste."

7. Aristotelis libellus de physionomia, ex versione antiqua. fol. 180 b.

In calce, " Explicit phisionomia Aristotelis."

8. Albumasar de magnis conjunctionibus, annorum revolutionibus et eorum profectionibus, tractatus octo. fol. 185.

Tit. " Hic est liber in summa de significationibus individuorum superiorum super accidentia que efficiuntur in mundo generationis de presenti eorum respectu ascendentium, incepcionum conjunctionalium et aliorum, et corruptionis, et sunt 8 tractatus, et sunt 63 differentie ; editus Alaphaz astrologo, qui dictus est Albumasar."

Exstant impress. Venet. 1515.

In calce, " Completus est liber conjunctionum ex dictis Albumasar Japhaz, filii Machomet Abalchi cum laude Dei," etc.

" Finito libro . sit laus et gloria Christo."

9. [Ejusdem] Introductorii in Astronomiam tractatus ii. iii. iv., prævia cuique differentiarum tabula. fol. 215.

Tit. i. " Tractatus secundi libri Introductorii, in quo sunt viiij. differentie."

Incip. " Quid sapientes antiqui ;" cf. edit. Ven. 1506, sign. b. 2. verso.

CCLXXXII.

Codex membranaceus, in folio, ff. **177**, sec. xiv. ineuntis, binis columnis exaratus; olim Will. Reed, ex dono Nic. de Sandwyco, postea coll. Mert. ex dono ejusdem Willelmi.

1. Averrois Cordubensis in Aristotelis libros tres de anima commentarius. fol. 2.
   Incip. " Quoniam de rebus ; etc. Intendit per subtilitatem confirmationem."
   In calce, " Explicit liber de anima."
2. Ejusdem in libros quatuor de cœlo et mundo commentarius. fol. 46 b.
   Incip. " Intendimus in hoc tractatu perscrutari de rebus ex quibus."
3. Ejusdem in librum de sensu et sensato. fol. 49.
   Incip. " Virtutes quidem sensibiles."
4. Ejusdem in librum de memoria et reminiscentia. fol. 51.
   Incip. " Secundus tractatus incipit perscrutari de rememoracione."
5. Ejusdem in librum de somno et vigilia. fol. 52.
   Incip. " Et cum infra diximus de hac virtute, dicendum est de sompno."
6. Ejusdem in librum de morte et vita. fol. 54.
   Incip. " Et in hoc tractatu perscrutatur de causis longitudinis et brevitatis."
7. Ejusdem in libros quatuor meteororum. f. 55.
   Incip. " Postquam visum est quod principia et elementaria."
8. Ejusdem in librum de generatione et corruptione. fol. 59.
   Incip. " Intentio nostra in hoc libro est."
9. Avicennæ in Metaphysicorum libros decem commentarius. fol. 69.
   Incip. " Postquam autem auxilio Dei explevimus tractatum."
10. Ejusdem in Physicorum libros duo. fol. 109.
    Incip. " Liber iste dividitur in 4 partes, prima est de causis."
11. Ejusdem liber de anima, in quinque tractatus distinctus, Latine versus per Philippum Hispanum, prævia ejusdem Philippi epistola ad Joh. archiep. Toletanum. fol. 132 b.
    Incip. epist. " Cum omnes homines constant ex corpore."

Incip. lib. " Jam explevimus in primo libro verbum de hiis que sunt contraria."
In calce, " Explicit liber Avicenne de naturalibus."
12. Ejusdem in libros de cœlo et mundo. f. 161 b.
    Incip. " Collectiones expositionum ab antiquis grecis."
    In calce, " Explicit liber celi et mundi."
13. Ejusdem Logica. fol. 168.
    Incip. " Dico quod intencio philosophie est comprehendere veritatem."
    In calce, " Explicit logica Avicenne."

CCLXXXIII.

Codex membranaceus, in folio, ff. **147**, sec. xiv. ineuntis, binis columnis exaratus; ex legatione M. J. Raynham, S.T.P. coll. Mert. quondam socii.

1. Alberti Magni summa de Creaturis in duas partes divisa, etc. de quatuor coævis et de homine. fol. 1.
   Tit. " Incipit opus sex dierum secundum fratrem Albertum."
   Exstant impress. inter opera ed. Jammy, tom. xix.
   Calci partis primæ subnectuntur capitula quædam de Adamo etc. ex parte secunda excerpta, quæ deficiunt in verbis, " secundum hunc modum est processus primi meroris in moriendo."
2. Ejusdem, sive cujuscumque sit, liber de virtutibus. fol. 109.
   Tit. i. " De bono secundum communem intentionem boni."
   Incip. " Questio est de bono, etc. Et queruntur quinque quorum primum," etc.
   In calce, " Explicit tractatus de virtutibus cardinalibus."
   Sequitur, " Tabula in sex dierum et quatuor coequevorum et super tractatu de anima et aliarum moralium questionum ;" et postea man. sec. glossulæ in Biblia ex Augustino, Hieronymo, etc.
   In fronte codicis, " Istum librum fecit de novo ligari M. Ricardus Scardeburgh, anno Domini 1453."

CCLXXXIV.

Chartaceus, in folio, ff. **114**, sec. xv. ineuntis ;

olim Johannis Bloxham, ex legato Symonis Lamburne, postea coll. Mert. ex dono Johannis supradicti.

Anonymi cujusdam quæstionum theologicarum collectio, præmissa fere omnium, septem scilicet et octoginta, tabula.

Tit. tab. " Tabula questionum infrascriptarum a variis doctorum scriptis sparsim extractarum, non enim quid novum in hoc opere inseritur, cum non habent dici novum quod alibi sparsim constat dictioni, licet sub compendio ad ordinem alium sit reductum."

Incip. i. " Utrum perfecta cognitio Dei sit possibilis viatori. Quod sic arguitur, intellectus agens cum quo omnia est facere."

Ult. quæst. est, " Utrum Symon Petrus assumendo corpus in unitatem suppositi resurget idem homo, qui prius in die finalis judicii. Quod sic arguitur."

Sequitur tabula cui titulus, " Articuli subscripti fuerunt reprobati tanquam errores a M. Theologie Oxonie anno Domini m.ccc.xiv."

In fol. 3 b. notantur, a. " Liber Johannis Bloxham, ex legatis M. Symonis Lamburne."

b. " Iste liber datur domui scolarium de Merton in Oxon. ad jacendum in librariis incatenatus, quamdiu durare poterit ad usum et utilitatem sociorum ejusdem domus et dabatur dicto Johanni superius nominato per magistrum Symonum Lamburne ; Oretis igitur pro utroque."

CCLXXXV.

Codex membranaceus, in folio majori, ff. 5 et 354, sec. xiv., binis columnis exaratus.

1. Algazelis Logica. fol. 1.
   Tit. " Incipit logica Algazelis."
   Incip. " Que autem preponi debet hec est, scilicet, quod scientiarum quamvis sint multi rami."
   In calce, " Explicit logica Algazelis."
2. Ejusdem Physica. fol. 5 b.
   Incip. " Jam diximus quod ea que sunt, dividuntur."
   In calce, " Explicit phisica Algazelis ; Deo gracias."
3. Alberti Magni opera, quæ sequuntur, scilicet,
   a. Physicorum libri octo. fol. 13.

Tit. " Incipit liber phisicorum sive auditus phisici."
Exstant inter opera, ed. Jammy,tom. ii. p.1.
In calce, " Explicit viii. liber phisicorum secundum fratrem Albertum et totus per consequens."

b. De cœlo et mundo libri quatuor. fol. 103.
   Ibid. tom. ii. part. iii. p. 1.
   In calce, " Explicit de celo et mundo ; Deo gracias."

c. De natura locorum liber. fol. 135 b.
   Ibid. tom. v. p. 262.
   In calce, "Explicit liber de natura locorum."

d. De causis proprietatum elementorum libri duo. fol. 141.
   Ibid. tom. v. p. 292.

e. De generatione et corruptione libri duo. f. 151.
   Ibid. tom. ii. part. iii. p. 1.
   In calce, " Explicit liber de generatione et corruptione. Qui scripsit carmen sit benedictus ; Amen."

f. De anima libri tres. fol. 173.
   Ibid. tom. iii. p. 1.
   In calce, " Explicit liber de anima secundum fratrem Albertum."

g. De instrumento et nutribili. fol. 217.
   Ibid. tom. iv. p. 175.
   In calce, " Explicit liber de nutrimento et nutrito ; Johannes Wyliot."

h. Naturalia Parva, de memoria et reminiscentia, de sensu et sensato, de intellectu et intelligibili, etc. fol. 221.
   Ibid. tom. v. p. 1.
   Hiatus est in cap. 3, tract. ii. de causis somniorum, a verbis " non eveniunt autem si eveniunt," in edit. cit. tom. v. p. 105, l. 41, ad " compositio et diversitas," cap. i. lib. ii. de intellectu et intelligibili, tom. iv. p. 252, l. penult.
   In calce, " Explicit liber de juventute et senectute."

i. De natura et origine animæ liber. fol. 257.
   Ibid. tom. v. p. 185.

k. [In Aristotelis librum de causis commentarius.] fol. 266.
   Incip. " Omnis causa primaria plus influit, etc. Cum ergo removet causa."
   Ut supra cod. 276. fol. 17.

l. De meteoris libri quatuor. fol. 269.
   Ibid. tom. ii. pt. iv. p. 1.

Q

m. De mineralibus libri quinque. fol. 308.
   Ibid. tom. ii. p. 210.
   In calce, " Explicit liber mineralium quin-
tus."

n. De vegetabilibus et plantis libri vii. fol. 322.
   Ibid. tom. v. p. 342.
   In calce, "Explicit liber unus vegetabilium."

CCLXXXVI.

Codex membranaceus, in folio, ff. 338, sec.
xiv.; binis columnis exaratus.

Alberti Magni de historia animalium libri sex
et viginti; initio mutil.
   Incip. in verbis, " et quando comparentur
animalia ad invicem secundum similitudinem ;" in edit. Jammy, tom. vi. col. 1.
   In calce, " Explicit opus naturarum," et *man.
sec.* " Secundum Albertum."

CCLXXXVII.

Membranaceus, in folio, ff. 166, sec. xiv., binis
columnis nitide exaratus; " ex dono D. Ricardi Fitz-James, nuper Cicestrensis episcopi," etc.

Isidori, Hispalensis episcopi, Etymologiarum libri viginti, præviis Isidori ad Braulionem, cum
Braulionis amœbæis, epistolis; necnon capitulis
cuique libro præmissis.
   Exstant impress. inter opera, ed. 1599, p. 1.
   In calce, " Explicit Ysidorus Ethimologiarum in libris xx. mirabiliter elaboratus."
   Sequitur, " Liber magistri Ricardi Fitzjames
sacre theologie professoris emptus per eundem
ultimo die Januarii anno Christi 1481, precii
xiij. s. iiij. d."

CCLXXXVIII.

Membranaceus, in folio, ff. 64, sec. xiv., binis
columnis haud una manu exaratus.

1. Expositio in Gilberti Porretani librum de sex
principiis. fol. 1.
   Incip. prol. " Aristoteles in quinto metaphisice dicit, quod unum quod."
   Incip. comment. " Forma est; Liber sex
principiorum cujus expositionem intendimus."
   In calce, " Explicit liber sex principiorum
cum literali expositore super eodem."

2. Commentarius in Prisciani de Constructione
libros duo, eodem ut videtur auctore; in
fine mutil. fol. 34.
   Incip. prol. " Sicut scribitur in prohemio
metaphisice."
   Incip. comment. " Quoniam in ante expositis; Ad formam tractatus redeundum est."

3. Ægidii Corbeiensis monachi carmen de urinis.
cum Gilberti Anglici commentario ; utrimque
mutil. fol. 54.
   Incip. in verbis comment. " a subcitrino
inferius."
   Defic. " est propter defeccionem—"
   Deinde in margine notatur, " Prec. xv. s."

4. Commentarius in Porphyrii librum de sex
prædicamentis. fol. 58.
   Incip. " Sicut dicit philosophus in secundo
Phisicorum."
   Præmittitur in pagina anteriori distichon,
" Vina bibat mane cerebrumque reformat inane,
   Quem profudit heri crapula multa meri ;
      quod Wytham ; etc."
   Sequuntur quæstiones de prædicamentis,
incip. " Circa librum predicamentorum
queritur utrum de predicamentis possit
esse scientia."

CCLXXXIX.

Codex membranaceus, in folio, ff. 186, sec.
xiv., binis columnis exaratus.

1. Anonymi cujusdam auctoris in Prædicamen-
torum librum expositio. fol. 1.
   Incip. " Sicut dicit philosophus in secundo
metaphisice oportet erudire."
   Desin. " per se ipsum dives essem, Cui
sit," etc.
   In calce, " Finito libro sit laus et gloria
Cristo."

2. Roberti Kilwarby, archiep. Cantuar., expositio in Analyticorum priorum libros duo. f. 33.
   Incip. " Cum omnis scientia sit veri inqui-
sitiva et hoc per rationem."
   In calce lib. i. " Explicit liber primus priorum analeticorum. Incipit secundus liber ;
exposicio Kylwarby."
   Desin. lib. ii. " quod non est inconveniens ;" etc.
   " Finito libro sit laus et gloria Cristo."

*also lacks Bk. III, ch. V, last two words — Bk. IV, ch. 6, studium quasi telli negocia et victoriarum triumphos...

COLLEGII MERTONENSIS. 115

3. Roberti Grostete, episc. Lincoln., expositio in Posteriorum libros duo. fol. 101.

Exstat impress. Venet. 1504, et alibi.

In calce, " Explicit tractatus super librum posteriorum datus a magistro Roberto Grostet," etc.

" Finito libro sit laus et gloria Cristo."

4. Ægidii de Columna Romani expositio in Elenchorum libros, prævia epistola ad Philippum comitis Flandriæ filium. fol. 125.

Exstat impress. Venet. 1500.

In calce, " Explicit sentencia super libro Elencorum edita a fratre Egidio de Roma, fratrum heremitarum sancti Augustini nobilis doctoris ; Amen."

CCXC.

Codex membranaceus, in folio, ff. 133, sec. xiv., binis columnis exaratus; initio mutil.

Johannis Sarisburiensis Polycraticus, sive de nugis curialium libri octo.

Desideratur fere totus liber primus, incip. prope ad finem in verbis, " Creditur ejusdem fortunare processum." *

In calce, " Explicit Policraticus."

CCXCI.

Membranaceus, in folio, ff. 96, sec. xii., optime exaratus sed mutilus ; olim M. Will. Reed, ex dono Nicholai de Sandwyco, postea " domus scolarium de Merton in Oxon." etc. " ex dono supradicti Willelmi tercii episcopi Cicestrie."

Martiani Minei Felicis Capellæ de nuptiis Philologiæ libri duo, cum glossis marginalibus, et de septem artibus liberalibus libri totidem.

Tit. " Martiani Minei Felicis Capelle Afri Cartaginiensis de nuptiis phylologiæ liber primus."

Incip. gloss. " Introducitur hoc loco quædam satira."

Recte annotavit in initio codicis manus aliqua recentis ævi, " Codex hic in medio lacunosus et valde mutilus est ; hanc ex novem libris, qui vulgo excusi circumferuntur, desiderantur heic finis primi, secundus, tertius, quartus, quintus toti, cum principio sexti libri."

In calce,

" Sic felix falsus finivit falsa capella

Corpore qui meruit miseram nunc ducere vitam ;"

Deinde versus iambici incip.

" Habes senilem Martiane favellam ;"

ut in edit. impress.

Sequuntur tabulæ planetarum et divisio orbis terrarum, incip. " Terrarum orbis tribus dividitur hominibus ;" et postea glossæ fragmentum in Capellæ opus, incip. " Titulus iste quatuor nomina dat autori."

CCXCII.

Codex membranaceus, in folio, ff. 401, sec. xiv. ineuntis ; binis columnis haud una manu exaratus.

1. Quæstiones super Aristotelis Metaphysicorum libros[1-IX], secundum Otleyum. fol. 1. *Ocleyv*

Incip. " Omnes homines, etc. In principio metaphysice, quam pre manibus habemus premittit philosophus."

Desin. " contra intentionem Aristotelis assingnantis differentiam predictam."

In calce, " Expliciunt —— —— quæ tu Johannes Sophista."

2. Johannis de Sicca Villa, sive Sackville, compilationes intitulatæ, Mihi cordi, de principiis naturæ ; init. mutil. fol. 70.

Incip. in verbis, " habens et etiam quia speculatio intellectus."

Desin. pars prima, " Singulares naturas singulorum."

In calce, [fol. 85] " Compilaciones intitulate Mihi cordi collecte per magistrum J. de Sicca Villa de principiis nature ; Prima pars que est de principiis nature in primo gradu, scilicet, materia, forma, et privacione explicit."

3. Ejusdem commoditates de relatione. fol. 87 b. *2* Tractatus de excellentia philosophie. Incip. Cum in omni natura per se*

Incip. " De predicamento relationis querunt aliqui."

In calce, " Expliciunt commoditates super relacionem tradite a magistro Johanne de Secchevile."

4. [Simonis de Feversham?] fragmentum in librum de Interpretatione. fol. 95.

Incip. in verbis, " ex istis duobus tanquam ex materiali et formali."

5. [Ejusdem?] in Sophisticos elenchos commentarius. fol. 100.

     Incip. " Sicut dicit philosophus secundo de anima, potentie distinguuntur."

6. Ejusdem in Analyticorum priorum libros commentarius. fol. 111.

     Incip. " Tria sunt genera causarum."

7. Ejusdem super libros posteriorum. fol. 138.

     Incip. " Sicut dicit philosophus decimo Ethicorum."

8. Roberti Grostete, ep. Linc., super libros posteriorum expositio. fol. 157.

     Incip. " Omnis doctrina; etc. Intentio Aristotelis in hoc libro est investigare."

9. Roberti de Clothale reportationes quæstionum in Physicorum libros a Simone de Feversham disputatarum; init. mutil. fol. 185.

     Incip. "Secundum substantiam suam celum et non mutat locum."

     Desin. " Concordant omnes leges secundum quod dicit comentator."

     In calce, " Expliciunt questiones disputate a magistro Symone de Faversham super libro phisicorum reportate a Roberto de Clothale."

10. Ejusdem Simonis Dictata in Metaphysicorum libros, fol. 290.

     Incip. " Omnes homines; Sicut dicit philosophus in x. sue metaphisice, In omni genere est aliquid."

     Deficit in verbis, " differens tamen secundum rationem."

11. Ejusdem in librum de somno et vigilia dictata. fol. 324.

     Incip. "Sompnus et vigilia non sunt passiones."

12. Ejusdem in librum de spiritu et anima. f. 342 b.

     Incip. " Multa sunt alia que quidem."

13. Ejusdem in librum de intellectu et intelligibili. fol. 350 b.

     Incip. " Sicut a principio istius operis."

14. Magistri Sigeri in librum tertium de anima commentarius. fol. 357 b.

     Incip. " De parte autem anime qua cognoscit et sapit."

15. Simonis de Feversham quæstiones super tertium de anima. fol. 364.

     Tit. "Incipiunt questiones super tertium de anima disputate a M. S. de Faversham, et

precedentes sunt M. Sigeri super eodem tertio."

     Incip. " Queritur de intellectu nostro librum."

16. Questiones de sompno et vigilia reportate per dom. Symonem de Faversham; in fronte mutil. fol. 389.

     Desin. " ex parte anime et corporis."

17. Ejusdem quæstiones super libros de motu animalium, de longitudine et brevitate vite, de juventute et senectute, et de inspiratione et respiratione. fol. 393 b.

     Incip. " De motu eo quod; Sicut dicit philosophus in x. Phisicorum, motus reperitur."

     In calce, " Expliciunt questiones de juventute et senectute, de inspiratione et respiratione disputate a D. Symone de Feveresham."

CCXCIII.

Codex membranaceus, in folio, ff. 149, sec. xiv., binis columnis exaratus.

     Gulielmi Occami sive Occham in Aristotelis Physicorum libros octo commentarii.

     Incip. " Valde reprehensibilis videtur, qui in sua perfectione acquirenda ;" ut in edit. Rom. 1637.

     In fronte codicis notatur, " Hic liber reparatus est de novo bonis M. Roberti Fermour; oretis igitur pro anima ejus."

CCXCIV.

Membranaceus, in folio, ff. 187, sec. xiv., binis columnis exaratus; olim Willelmi Reed, " emptus de bonis sibi datis per M. Nicholaum de Sandwyco," postea coll. Merton. ex dono ejusdem Willelmi.

     Tabula concordanciarum philosophiæ secundum ordinem alphabeti extractæ ex omnibus libris naturalibus Aristotelis et metaphysica sua, ex libris Platonis, Avicennæ, Macrobii, Plinii, Solini, Albumasar, Algazelis, Ciceronis, Trimegisti, Avicebron, Boethii, Senecæ, Valerii, et aliorum philosophorum cum Averroys quasi per totum.

     Incip. " Aborsus; De aborsu mulieris aut eque per olfactionem."

     Desin. " Zodyacus; De zodiaco et partibus ejus et divisione Trimegist. de Princip. cap. 7."

Sequuntur summæ capitulorum Aristotelis operum Physicorum.

Præmittitur index vocabulorum alphabeticus.

In calce codicis notatur, " Liber domus scolarium de Merton in Oxon, incathenatus in tempore M. Thome Redborne custodis ejusdem domus anno Domini m.cccc.xvi."

CCXCV.

Codex membranaceus, in folio, ff. 147, sec. xiv., binis columnis haud eadem manu exaratus; ex dono Will. Reed, ep. Cicestr.

1. Gualteri Burlæi in Aristotelis Topicorum libros septem expositio, cum brevi prologo. f. 1.

Incip. prol. " Ut de dicendis in hoc opere cognicio distinctior habentur."

Incip. expos. " Propositum quidem negocii; Aristoteles intendens dare artem."

Desin. " que determinata sunt a principio secundi libri usque hic et in hoc finitur liber septimus. Explicit liber septimus."

In calce, " Tabula quæstionum propositionumque ejusdem libri."

In margine pag. 1. inferiori notatur, " Liber M. Willelmi Reed, quem emit de bonis sibi datis per M. Nicholaum de Sandwyco."

2. [Roberti Grostete, ep. Lincoln.] in Aristotelis Posteriorum Analyticorum libros duo expositio. fol. 92.

Incip. " Omnis doctrina; Intentio Aristotelis in libro isto est investigare."

In calce,

" Heccine librorum . sentencia posteriorum,
Scribitur ut cernis . istis manifesta quaternis.
Explicit hic totum . pro Christo da mihi potum."

3. Ejusdem Roberti in Physicorum libros octo expositio. fol. 120.

Incip. " Cum scire et intelligere adquiritur ex principiis ut sciantur."

Ad fol. 132. insertum est fragmentum ex [Justin. Cod. lib. vi. tit. 1.] excerptum.

Id calce, " Explicit Lincoln. super libros Phisicorum Aristotelis; Deo gracias, Alleluia, Amen; et vocabatur magister Robertus Groceteste et fuit Lincoln. episcopus."

4. [Ejusdem libellus de potentia.] fol. 145.

Incip. " Omne quod est aut ens actu, aut ens in potentia."

5. Ejusdem de luce libellus. fol. 145 b.

Incip. " Formam primam corporalem."

In calce, " Explicit tractatus de luce Lincolniensis, etc."

In pag. i. fol 92 margine, " Liber M^r. Will. Reed, episcopi Cicestrensis, quem emit a D. Thoma Tryllek, ep. Roff. Oretis igitur pro utroque."

CCXCVI.

Codex membranaceus, in folio, ff. 163, sec. xiv.; binis columnis exaratus.

1. Anonymi cujusdam sententia in Porphyrii Isagogen. fol. 1.

Incip. " Sicut dicit Aristoteles secundo metaphysic. inconveniens est simul."

2. Ejusdem auctoris in Prædicamenta sententiæ, sive Summa. fol. 7 b.

Incip. " Equivoca dicuntur; Ex prius dictis apparet in divisione logices."

In calce, " Expliciunt sentencie super librum Predicamentorum Aristotelis."

3. In librum de Interpretatione sententiæ. f. 24.

Incip. " Primum oportet; Quid debeat dici subjectum."

In calce, " Expliciunt sententiæ libri peryarmenias."

4. In librum sex Principiorum sententiæ. f. 40 b.

Incip. " Forma est; Supposito quod sex principia sunt."

In calce, " Expliciunt sentencie super librum sex principiorum."

5. Anonymi cujusdam Quæstiones super octo libros Topicorum. fol. 47.

Incip. " Cum honorandi viri, videlicet, patres nostri."

6. [Thomæ de Aquino super librum Posteriorum commentarius.] fol. 83.

Exstat inter opera, ed. Venet. 1594, tom. i. p. 16.

7. Quæstiones de materia et forma. fol. 131.

Incip. " Queritur de principiis et primo de materia prima."

8. Quæstiones de arte grammatica. fol. 152 b.

Incip. " Innata est nobis via a nocioribus nobis in notiora."

CCXCVII.

Codex membranaceus, in folio, ff. 253, sec.
xiv., binis columnis nitide exaratus; olim
Will. Reed, quem emit de executoribus
venerabilis patris D. Simonis Islep, archiep.
Cantuar. postea coll. Merton. e dono ejusdem Willelmi.

1. L. Annæi Senecæ opuscula varia; scilicet,
   a. S. Pauli et Senecæ epistolæ amœbææ, cum
      prologo. fol. i.
         Tit. "Prologus Jeronimi in epistolas Pauli
         ac Senece."
   b. Epistolæ lxxxviii. ad Lucilium. fol, i b.
         Ordinem editt. sequuntur, ultimis tantum
         tribus transpositis.
   c. De beneficiis ad Œbutium libri septem. f. 68.
         Tit. "Incipit liber Senece de beneficiis."
   d. De clementia ad Neronem libri duo. f. 96 b.
   e. [M. Annæi Senecæ Prologus in Declama-
      tiones.] fol. 105.
   f. De remediis fortuitorum. fol. 107.
   g. Proverbia. fol. 109.
   h. De providentia Dei ad Lucilium libri duo.
      fol. 112.
   i. Ad Novatum de ira libri tres. fol. 121.
   k. Ad Marciam consolatio de morte filii. f. 144.
   l. Ad Gallionem de vita beata. fol. 152 b.
   m. Ad Serenum de tranquillitate animi. f. 162.
   n. Ad Paulinum de brevitate vitæ. fol. 171.
   o. Ad Helbiam matrem consolatio. fol. 184.
   p. De quatuor virtutibus cardinalibus. f. 191 b.
         Incip. "Quisquis prudenciam sequi desi-
         deras."
         Desin. "que per negligenciam sit."
   q. Ludi de obitu Claudii. fol. 197.
2. M. T. Ciceronis de officiis libri tres. fol. 201.
3. Ejusdem liber de Paupertate. fol. 238.
4. Ejusdem liber de Senectute. fol. 239.
5. Ejusdem liber de Paradoxis. fol. 248.
      In calce, "Explicit liber Tullii de para-
      doxis."
      Præmittuntur codici notitiæ de contentis,
      et de emptione et donatione codicis, per
      Will. Reed.

CCXCVIII.

Membranaceus, in folio majori, ff. 410, sec.
xiv. exeuntis, binis columnis exaratus; "ex
dono M. Henrici Sever, S. T. P. ac custodis,"
etc. "anno Domini m.cccc.lxvi."

[Petri Berchorii] Repertorii moralis totius Bibliæ pars prima, literas scilicet tantum includens
A—E.
      Abscissum fuit folium primum; incip. se-
      cundum in verbis, "unum autem cui servien-
      dum," ut in edit. impress.
      Sequitur tabula contentorum alphabetica,
      anno, ut fatetur scriptor in prologo, 1340
      confecta.
      Incip. prol. "Notandum igitur quod in ista
      præsenti tabula."
      In calce tabulæ, "Explicit tabula super
      librum Diccionarii seu Repertorii moralis."
      Deinde,
      " Vinum scriptori debetur de meliori."

CCXCIX.

Codex membranaceus, in folio, ff. 318, sec.
xv. ineuntis; ex dono M. Thomæ Bloxham.

1. Nicolai Triveti in Ovidii Metamorphoses
   commentarii, sive expositio moralis. fol. i.
         Incip. "A veritate quidem auditum aver-
         tent ad fabulas aut convertentur; Dicit
         apostolus predicator et rigator fidei Chri-
         stiane."
         Desin. "propter te mortificamur tota die,
         etc."
         Sequitur, "Tabula rerum in opere supra-
         dicto alphabetica;" et in calce, "Explicit
         tabula doctoris Trivet super alegorias libri
         Ovidii de transformatis secundum ordinem
         alphabeti."
2. Poetarum xii. Scholasticorum epitaphia in M.
   T. Ciceronem. ff. 130 b, 316 b.
         Tit. "Epitaphium Tullii per xii. oratores
         quorum nomina sequuntur."
         Sequitur catalogus operum Ciceronis.
3. Notabilitates extractæ de proprietatibus Deorum secundum antiquos, sive tabula altera
   argumentorum operis Trivetiani super Ovi-
   dium. fol. 131 b.
         Incip. "Saturnus; Qualiter Saturnus de-
         scribitur."
         Sequitur tabula vocum alphabetica.
4. Johannis Seguardi Metristenchiridion ad magistrum Ricardum Courtenay, cum præfa-

tione et epistolis duabus, quarum illa metrica, ad eundem Ricardum præmissis. fol. 154.

Incip. epist. i.

"Conspicui meriti vir honesti forma bonique."

Incip. ep. altera, ' ad M. Ricardum Courtenay, dum hec fierent cancellar. Oxon. nunc autem episcopum Norwicensem;' "Novitatem antiquam metrice facultatis. Quem nuper anime mee."

Incip. præf. "Cum divinis sit ars metrica libris non incognita."

Incip. lib. i. "Theorica super diffinicione tam pedis metrici quam metri quam etiam versus. Pes est composicio duarum aut trium."

Capp. xviii. *seqq.* agunt de metris Boethianis Horatianisque."

Desin. " nec edax abolere vetustas."

In calce, " Explicit metristenchiridion Johannis Seguard."

5. Ejusdem comœdia, quæ dicitur, Ludicra, prævio argumento. fol. 209.

Incip. arg. " Presumptuosos et errores in metris, oblatratus eorum, quos metrorum licet immaturos et ignaros Judices ratio dereliquit, cum secaret ea scientias, agentis scilicet Will. Relik, faventis autem Will. Scheffeld, Johannes Segward oppugnat inpaciens."

Incip.

" Qui Segward furit aut versus facit aut alioqui."

6. Ejusdem Epigrammatum liber ad magistrum J. W. fol. 218.

Tit. " Excellentis sapientie magneque discrecionis viro magistro J. W. suus Johannes Seguard sua epigrammata et Quintilium equiparare Judiciis."

Incip. " Pirrich. seu tribrach.

Metrica Bavius agit,
Geminus, ades, uter,
Mage baviet et utinam,
Stilus aret agilis."

7. Ejusdem Metrimetria, liber de metris hymnorum ecclesiasticorum, etc. fol. 222 b.

Præmittitur distichon,

" Qui metri vicia vitabis in ynmimetria,
Huc ades, ecce jocor, ynmimetria vocor."

Incip. " Pes est duarum aut trium."

8. Servii grammatici centimetrum. fol. 232.

Sequuntur alia Seguardi de metris, incip.

" Monocolos; Est quando omnes versus sunt unius coloris."

9. Ejusdem Seguardi Argumenta Ovidii Metamorphoseon. fol. 240.

Incip. " Prima fabula primi libri incipit sic, Aurea."

10. Arbores genealogicæ uniuscujusque libri, secundum Johannem de Bottasiis, scil. Boccaccio. fol. 273.

11. Seguardi Integumenta Metamorphoseon, sive iterum argumenta, partim metrice partim prosaice expressa. fol. 280.

Incip. " Jupiter primus filius fuit etheris."

Prope ad initium citantur versus Johannis de Garlandia et Macri de viribus herbarum.

Desin. lib. " ad locum ubi erat puer Jhesus; Amen."

In calce, "Expliciunt integumenta Ovidii Metamorphoseon."

CCC.

Codex membranaceus, in folio majori, ff. **207**, sec. xiv., binis columnis bene exaratus, quoad partem priorem " per manus Gerardi Johannis de Romarico-monte, Tullensis dyocesiæ," quoad alteram Florii; olim peculium " Johannis ex Bellovallorum familia, episcopi Andegavensis," postea coll. Merton. ex dono Ricardi Fitz-James, nuper custodis.

Lucii Annæi Senecæ opera varia; scilicet,

1. De septem liberalibus artibus fragmentum. f. 2.

Incip. in verbis, " missus vagetur in toto."

2. De quæstionibus naturalibus libri septem. f. 2.

Tit. " Incipit liber primus de questionibus naturalibus Lucii Annei Senece de diversitate vaporum elevatorum in altum et de diversitate figurarum et quantitatum ipsarum et de significationibus ipsarum."

3. Proverbiorum liber. fol. 26.

4. De providentia Dei ad Lucilium; mutil. fol. 29.

Deficit lib. i. in verbis, " ideoque ex omnibus rebus, quas——" deinde evulsa sunt folia decem.

5. De tranquillitate animi ad Serenum fragmentum. fol. 31.

Incip. in verbis, " habet ubi illam timeat."

6. De brevitate vitæ ad Paullinum. fol. 32 b.

7. De ira ad Novatum libri tres. fol. 38 b.

8. Ad Marciam de consolatione filii sui. fol. 50.

9. Ad Helbiam consolatio. fol. 54 b.

10. Pauli et Senecæ epistolæ amœbææ; prævia S. Hieronymi præfatione. fol. 58.

11. Ad Lucilium Epistolarum libri xvii. fol. 58 b.

12. Ad Gallionem de remediis fortuitorum. f.116b.

13. Libellus de quatuor virtutibus; lib. supposit. fol. 117 b.

14. De causis libri sex, [scil. M. Annæi Senecæ declamationum libri.] fol. 118 b.

15. De clementia ad Neronem libri duo. fol. 132.

16. De beneficiis ad Œbutium libri septem. fol. 134 b.

> In calce, " Expliciunt libri Senece scripti per manus Gerardi," ut supra. Sequitur tabula contentorum rubricata.

---

17. Tragœdiæ decem. fol. 157.

> Tit. "Incipiunt tragedie Senece, poete tragicorum clarissimi."
>
> In calce, " Expliciunt tragedie Senece, etc. scripte per Florium; Deo gratias."
>
> Sequitur Ludus Senecæ de morte Claudii imperatoris Romanorum.
>
> In calce voluminis subnexa sunt folia decem, in quibus, "Tabula super epistolis Senece ad Lucilium, ordinata Parisiis; Amen."

CCCI.

Codex membranaceus, in folio minori, ff. 240, sec. xiv. ineuntis, binis columnis exaratus.

1. Roberti Kilwarby, archiep. Cantuariensis, in Prisciani libros duo de constructione commentarius. fol. 2.

> Incip. " Ut dicit Aristoteles in secundo de anima."
>
> Desin. "quinto modo exigitur substantia."
>
> In calce, " Expliciunt sentencie super Priscianum de constructionibus edite a magistro Roberto de Culuardeby, archiepiscopo Cantuariensi."

2. Petri Heliæ Grammatici de constructione liber, sive in Priscianum commentarius. fol. 203.

> Incip. " Absoluta cujuslibet discipline, perfectione duplici comparatur exercicio."

In calce,

" Qui legit emendet, scriptorem non reprehendet." Et postea *man. sec.*

" Vincitur in bello vir inermis, et sine libro Clericus est mutus licet ingenio sit acutus."

Sequuntur sententiæ plures de Prisciani librorum contentis, aliæque grammaticæ et arithmeticæ.

Præmittitur fragmentum de intellectu et scientia humana; incip. "Sicut dicit philosophus primo metaphisice."

CCCII.

Codex membranaceus, in folio, ff. 336, sec. xv., binis columnis exaratus; ex dono Henrici Sever, custodis, A. D. m.cccc.lxvi.

Dionysii a Burgo, ord. S. Augustini, commentarius in Valerii Maximi de factis et dictis Philosophorum memorabilibus libros novem, textu instructus et commentatoris præfatione ad Joh. de Columpna, S. Augustini diaconum Cardinalem.

> Tit. " Incipit epistola super declaracione Valerii Maximi edita a fratre Dionisio de Burgo, sancti sepulcri, ordinis fratrum heremitarum sancti Augustini sacre theologie dignissimo magistro."
>
> Incip. " . rialium philosophorum attestante sentencia ad vite humane."
>
> Exstat impress. in fol. Argent. s. a.
>
> In calce, " Explicit liber nonus et ultimus Valerii Maximi et ejus exposicio edita a fratre Dionisio de Burgo, sancti sepulcri fratrum heremitarum ordinis sancti Augustini sacre theologie magistro."
>
> Sequuntur capitula; in fine mutil.

CCCIII.

Membranaceus, in folio, ff. 257, sec. xiv., binis columnis exaratus.

1. Isidori Hispalensis sententiarum libri tres; præviis capitulis. fol. 1.

> Tit. " Incipit liber primus sentenciarum Ysidori."
>
> Exstant inter opera, p. 414.

2. Ejusdem Etymologiarum sive de origine rerum libri xx., præviis epistolis ad Braulionem cum responsis.

> Tit. "Incipiunt capitula libri Ysodori Ju-

nioris Spalensis episcopi ad Braulionem Cesaraugastanum episcopum scripti."
Ibid. p. 1.
Sequitur index vocum alphabeticus sive kalendare, annexis locis aliquot in textu omissis.

CCCIV.

Codex chartaceus, in folio, ff. 371, sec. xv.

1. Sexti Empirici adversus Mathematicos libri decem; *Græce.* fol. 1.

Tit. Σέξτου Ἐμπειρικοῦ πρὸς μαθηματικούς.

In calce, Σέξτου Ἐμπειρικοῦ ὑπομνημάτων τὸ δέκατον τέλος τῶν τοῦ σκεπτικοῦ Σέξτου τῶν πρὸς ἀντίρρησιν δέκα ὑπομνημάτων.

Sequuntur capitula alia quatuor, de bono et malo, de honesto et turpi, de justo et injusto, de vero et falso, sub titulo, δωρικῆς διαλέκτου ἐντεῦθεν ἕως τοῦ τέλους, ζητεῖται δὲ, εἰ καὶ τὸ παρὸν σύνταγμα Σέξτειόν ἐστιν.

Tit. i. περὶ ἀγαθοῦ καὶ κακοῦ.

Incip. δισσοὶ λόγοι λέγονται, ἐν τῇ Ἑλλάδι ὑπὸ τῶν φιλοσοφούντων.

2. Scholia in Aristotelis Metaphysicorum libros xii. et xiii. *Græce.* fol. 268.

Tit. σχόλια εἰς τὸ μ̄ῡ τῶν Ἀριστοτέλους μετὰ τὰ φυσικά.

Incip. i. ἐν τῷ λάμβδα τῆς προκειμένης πραγματείας.

Incip. schol. in ν, ἐν τῷ πρὸ τούτου βυβλίῳ ζητήσας εἰ δύνατον εἶναι.

Desin. abrupte, ἀλλὰ τὰ συγκείμενα ἀνάγκη κεῖσθαί που καὶ χωρὶς ὁ νοῶν νοήσει τὰ ἐν—

3. Euclidis Data; *Græce.* fol. 342.

Tit. Εὐκλείδου δεδομένα.

CCCV.

Membranaceus, in folio, ff. 201, sec. xiv., binis columnis exaratus; olim Will. Reed ex dono M. Nicolai de Sandwyco, postea coll. Mert. ex dono ejusdem Willelmi.

1. Ægidii Romani de Columna commentarius in Aristotelis libros de generatione et corruptione. fol. 2.

Incip. "Anima ut testatur philosophus," ut in edit. 1526.

2. Ejusdem in Physicorum libros octo commentarius. fol. 47.

Incip. "Naturalis scientia est."

In calce, "Sit nomen Domini benedictum, quoniam completa sentencia libri phisicorum est, edita a fratre Egidio Romano ordinis heremitarum S. Augustini; Deo gratias."

CCCVI.

Codex membranaceus, in folio, ff. 119, sec. xiv., binis columnis exaratus; olim Joh. Laurenz, ex dono Sim. Lambourne.

1. [Johannis Dumbleduni, sive de Dumbleton,] liber de Insolubilibus, de significatione et suppositione terminorum, de arte obligatoria; etc. fol. 3.

Incip. "De sophismatibus, que non re sed nomine insolubilia exstant, superest pertractare."

In calce, "Explicit tractatus de diversis insolubilibus, et de significatione et suppositione terminorum et confusione et distributione eorundem et de modis . . . . signis universalibus et de arte obligatoria cum aliis incidentibus."

2. Cleri ad regem Anglicanum hortatio, carmine heroico itidemque rhythmico, expressa. fol. 8.

Incip.

"O rex Anglorum, que sunt jam facta videto,
Dudum gestorum signacula dura timeto."

3. [Ejusdem Johannis] Summa logicæ et philosophiæ naturalis, in partes decem distincta, cum prologo; in fine mutil. fol. 9.

Incip. prol. "Plurimorum scribencium grati laboris digniquе memoria particeps ad mensuram mee facultatis dom . . . ex logicali communi materia et physica quandam summam veluti spicarum dispersarum manipulum quoque modo non maturatum et incompositum recolegi——Itinerantis via recta tendens Oxonie a pluribus edocetur, sed precisuris pedum spatii numeris nequaquam ostenditur."

Incip. opus, "Incipiendum est a primis cum minimus error in principio in fine maxime."

Deficit in parte nona, "et indigestum manet diu propter grossitudinem."

4. Fragmentum Roberti Grostete de Iride. f. 118.

Desin. "prope terram et ipsius expansio."

R

In calce, " Explicit tractatus domini Lincoln de Yride."

In fine codicis, inter notitias cautionum quarundam hodie pæne deletarum, scriptum est, " Liber Johannis Laurenz ex dono magistri Simonis Lambourne."

CCCVII.

Codex membranaceus, in folio minori, ff. 100, sec. xii., optime exaratus et servatus; ex dono M. Joh. Raynham.

C. Julii Cæsaris et Auli Hirtii Pansæ de bello Gallico libri octo.

Tit. " G. Julii Cesaris belli Gallici liber primus incipit de narracione temporum."

Et in margine superiori, " G. Julius Cesar fecit vii. libros de bello quod fecit contra Gallos; Aulus Hircius Pansa fecit exinde ubi Cesar finivit vii. librum suum, unum librum de eodem Gallico bello, de bello vero civili iij., de Alexandrino unum, de Affricano unum, de Hispano unum."

In calce lib. vii. notatur, " Explicit liber vii. et notandum vii. precedentes libros a Gaio Cesare singulis annis Gallici belli conscriptos. Prologus Hyrcii Panse ad Balbum in ea que secuntur."

In calce, " Auli Hircii Panse rerum gestarum Gaii Cesaris lib. viii. explicit feliciter. Restant ejusdem libri usque ad mortem Cesaris."

CCCVIII.

Membranaceus, in folio, ff. 287, sec. xiv. exeuntis.

Vitellonis Thuringi Opticorum libri decem.

Exstant cum Alhaçen Opticis, Basil. 1572. In calce, " Explicit perspectura magistri Vitilionis, continet autem propositiones 805." Sequitur notitia de speculo comburenti et deinde, " Explicit expliciat, ludere scriptor eat."

CCCIX.

Membranaceus, in 4to, ff. 200, secc. xiv. xiii. et xi.

1. Prisciani Cæsariensis grammatici de constructione sive de ordinatione partium orationis libri duo, cum glossulis marginalibus. fol. 1.

Incip. gloss. " Quoniam in arte; In hac parte gramatice."

In calce, " Explicit liber Prisciani Constructionum."

" Est liber scriptus . qui scripsit sit benedictus, Assit ei numen . qui scripsit tale volumen; Penna precor siste . quoniam liber explicit iste."

2. Ælii Donati liber de Barbarismo, etc. cum glossa. fol. 89.

Incip. gloss. " Ducunt quidam quod dicitur hic yacus."

3. Petri Heliæ, grammatici, liber de speciebus constructionum, sive commentarius in Priscianum. fol. 99.

Incip. " Absoluta cujuslibet discipline perfectione."

In calce, " Explicit liber Petri Helie; gloria pro merito reddatur debito."

4. Sententiæ de cibo et vino, de operibus extra caritatem factis, etc. hic illic versibus interpositis. fol. 113.

Incip. vers.

" Sit timor in dapibus, benedictio, lexcio, campus."

5. Commentum breve in hymnum trium puerorum. fol. 114 b.

Incip. " Cum in hymno trium puerorum propter interminabilem."

Sequuntur quæstiones, Quis primus invenit logicam, et Ethicam."

6. M. Tullii Ciceronis Topicorum fragmentum. fol. 115 b.

Incip. in verbis, " persona autem non qualiscunque."

In calce, " M. Tullii Ciceronis Topica expliciunt."

7. Communis speculatio de rhetoricæ et logicæ cognatione. fol. 118 b.

Incip. " Quanta sibimet ars rethorica cognatione jungatur non facile considerari potest."

In calce, " De collacione rethorice speculationis communis explicit."

8. Locorum Rethoricorum distinctio. fol. 121.

Incip. " Persona est que in judicium vocatur."

Sequitur, " De multifaria predicatione potestatis et passibilitatis;" incip. " Potestate esse aliquid dupliciter."

9. A. M. S. Boethii in Topica Ciceronis ad Trebatium commentarius, cum prologo ad Patritium Rhetorem et textu Topicorum interposito. fol. 123.

Tit. " Anitii Manlii Severini Boetii, Vic. et Ini. exconsulis ordinarii ad Patricium in Topica M. Tullii Ciceronis commentarius."

In margine fol. 115 b. superiori, " Liber domus scolarium de Merton. in Oxon. ex legato M. Joh. Reynham, sacre pagine professoris, et quondam socii ejusdem domus."

CCCX.

Codex membranaceus, in folio minori, ff. 96, sec. xiv., binis columnis exaratus; utrimque mutilus.

1. [Roberti Grostete?] Compendium Philosophiæ in tractatus novendecim distributum; mutil. fol. 1.

Tit. " Incipit tractatus difficilium ad scientiam veram universaliter inspectantium."

Tit. cap. i. " De primis philosophantibus a tempore Noe usque ad Cyrum regem Persarum."

Incip. " Philosophantes famosi primi fuerunt Caldei."

Deficit in cap. xii. in verbis, " juxta Euclidem, quia lineabus——"

Ult. cap., ut a tabula præmissa discimus, agebat, " De Impressionibus."

In fol. 1. marg. inferiori scripti sunt versus de Roberto supradicto,

"Anni cum Domini transissent mille ducenti, } Robertus
Quinquaginta duo vir transiit iste sequenti. } G."

2. Conclusiones textuales super libros octo Physicorum " cum earundem probationibus et mediis;" mutil. in initio. fol. 61.

Desin. " cum ostensum sit in tertio hujus nullam magnitudinem esse infinitam."

3. Conclusiones similes in libros de generatione et corruptione; in calce mutil. fol. 90 b.

Incip. " De generacione; Prima questio, que intenditur in hoc libro."

Deficit in lib. ii. verbis, " aque frigiditas, terre siccitas."

CCCXI.

Codex membranaceus, in folio minori, ff. 134, sec. xii., quoad partem posteriorem binis columnis, nitide exaratus; olim Will. Reed, ep. Cicestr. jure emptionis ex Thoma Tryllek, ep. Roff., postea coll. Merton., ex dono Willelmi supradicti.

1. M. T. Ciceronis de officiis libri tres. fol. 3.

In calce, " Marci Tullii Ciceronis de officiis liber tertius explicit."

2. Poetarum xii. Scholasticorum epitaphia Ciceronis. fol. 38.

Tit. " Incipiunt epithaphia Ciceronis edita a xii. sapientibus Asmenio, Basilio, Vomanio, Euphordrio, Juliano, Hilario, Paladio, Asclepiado, Eustenio, Pompeliano, Maximino, Vitali."

In calce, man. sec., Catalogus librorum, quos scripsit Cicero.

3. Ejusdem de natura Deorum libri tres. fol. 39.

Tit. " Martii Tullii Ciceronis de natura Deorum liber primus incipit."

4. Ejusdem liber de fato. fol. 70.

In calce, " Martii Tullii Ciceronis liber quartus de natura Deorum explicit."

5. Ejusdem orationes Philippicæ tres priores et pars quartæ. fol. 81.

Desin. iv. quæ in codice nostro v. numeratur, in verbis, " hic enim exercitum quem accepit amisit."

6. Palladii Rutilii Tauri opus agriculturæ, cum prologo. fol. 100.

Consentit quoad initium et finem cum editionibus impressis.

In calce, " Palladii Rutili Tauri Emiliani viri illustris opus agriculture explicit."

Præmittitur notitia de codicis contentis, emptione et donatione.

CCCXII.

Membranaceus, in folio minori, ff. 130, secc. xiv. et xii., binis columnis partim exaratus.

1. Marci Pauli de Venetiis de conditionibus et consuetudinibus orientalium regnorum libri tres. fol. 1.

Exstant sæpius impressi.

In calce, " Explicit liber domini Marci

R 2

Pauli de Veneciis de condicionibus et consuetudinibus orientalium regionum."

2. " Flos Ystoriarum terre orientis, quem compilavit frater Hayconus dominus Churchi, consanguineus regis Armenie, ex mandato summi pontificis sanctissimi domini nostri Clementis pape quinti, anno incarnationis Dominice m.ccc.vii. in civitate Pictavensi regni Franciæ," de Gallico in Latinum versus per Nicholaum Falconi, cum prologo et rubricarum tabula. fol. 57.

Incip. prol. " Dividitur autem liber iste in quatuor partes."

Incip. lib. " Regnum Cathay est majus regnum quod in orbe sit."

Desin. " illam repleat et conservet, Qui potens est Deus;" etc.

In calce, " Explicit liber Ystoriarum partium orientis quem ego Nicholaus Falconi scripsi primo in Gallico idiomate secundum quod vir religiosus frater Hayconus, ord. Præmonstrat. dominus Churchi, consanguineus domini regis Armeniæ ore suo absque nota sive aliquo exemplari de verbo ad verbum dictavit, et de Gallico transtuli in Latinum anno Domini m.ccc.vi. mense Augusti in civitate Pictavensi tempore sanctissimi patris Domini Clementis pape quinti."

3. Palladii de agricultura liber; initio mutil. fol. 105.

Incip. in verbis, sub mense Martio, " possit ocius nasci Jugerum."

In calce, " Palladii Rutili Emiliani viri illustris opus agriculture explicit."

Præmittitur, in margine fol. 1. superiori, " ———— ———— Oxon. per . . . . . . Wy . yng, nuper vicarium ecclesie de Westwell in Cancia, juxta Cantuariam, qui fuit clericus magistri Thome Brawardyn, Cantuariensis archiepiscopi."

CCCXIII.

Codex membranaceus, in folio minori, ff. 158, sec. xiv.; " ex legato M. Joh. Raynham, sacre pagine professoris et quondam socii ejusdem domus, et rectoris de Holingborne in Cancia."

1. Historia Saracenorum de Arabico Latine versa per Robertum aliquem, et partim ut videtur, Hermannum, jussu Petri Cluniacensis abbatis. fol. 1.

Præmittitur prologus Petri dicti, incip. " Summa tocius heresis ac diabolice secte."

Sequitur ' prologus Roberti translatoris viri eruditi et scholastici' ad eundem Petrum incip. " Cum jubendi religio parendique votum."

Incip. lib. " Cronica mendosa et ridiculosa Saracenorum. In creacionis sue primordio."

Ad fol. 20 b, caput est, cui titulus, " Item doctrina Mahumet, que apud Saracenos magne auctoritatis est, ab eodem Hermanno translata, cum esset peritissimus utriusque lingue, Latine scilicet et Arabice."

In calce est tabula mensium secundum, Romanos, Ægyptios, Persas, Arabicos, Hebræos Græcosque.

2. Liber legis Saracenorum, dict. Alcoranus, per eundem Robertum Latine versus. fol. 29.

Tit. prol. " Prefacio Roberti translatoris ad dominum P. Cluniacensem abbatem in libro legis Saracenorum quem Alkoran vocant. et collectionem preceptorum, quam M. Pseudopropheta per Gabrielem de celo missam sibi finxit."

Incip. prol. " Uti sepius atque serio percepi qualiter."

Incip. lib. " Misericordi pioque Deo."

Deficit in ' Azoara lxxvii.' a verbis, " perhibuimus vos erroneos."

CCCXIV.

Codex membranaceus, in 4to, ff. 194, sec. xiv., binis columnis sed haud una manu exaratus.

1. Tabula super [Aristotelis libros Physicorum et Parva Naturalia.] fol. 1.

Incip. " Quoniam autem oportet intelligere."

2. Tabula altera alphabetica in Aristotelis opera universa. fol. 11 b.

Incip. abrupte in verbis, " quia sine partes solum differunt."

3. Tabula alphabetica in Johannis Duns Scoti opus [in Sententias?] fol. 75.

Incip. " Abstractio; Quoniam a forma absoluta incommunicabili."

In calce, " Explicit tabula super opus

doctoris subtilis, cujuscumque propicient conclusiones."

4. Tabula alphabetica in ejusdem, sive Thomæ, Quodlibeta. fol. 132.

Incip. " Abbas ; Utrum tenetur revocare subditum a parochia."

5. Tabula quæstionum de quolibet magistri Henrici de Gandavo. fol. 148.

Incip. " Utrum in Deo sit ponere veritatem."

In calce, " Explicit tabula questionum de quolibet M. H. de Gandavo, cujus anima requiescat in pace, Amen."

6. Tabula alphabetica in [Aristotelis?] libros de animalibus. ff. 167—178 b, 160—166 b.

Incip. " Abortivum ; quod equa impregnata si odoraverit candelam extinctam."

7. Tabula in anonymi cujusdam summam theologicam in libros quæstionum decem, ut videtur, distinctam. fol. 179.

Incip. " Absolvere ; Utrum prelatus subdito cui commisit."

CCCXV.

Codex membranaceus, in folio, ff. 154, sec. forsan x ineuntis ; optime exaratus et servatus.

Eusebii Cæsariensis Chronicorum canones Latine versi et continuati per S. Hieronymum ad tempora Valentis et Valentiniani Imperatorum, cum ejusdem Hieronymi prologis.

Tit. " Eusebius Hieronimus Vincentio et suis salutem."

Sequuntur,

a. " Reges gentium diversarum qui fuerunt vel quantum regnaverunt."

b. " Ordo plenarius succedentium sibi temporum ab Abraham usque in consulatum Valentis."

In calce, " Continet itaque omnis canon secundum Hieronimum annos īj.ccc.xcv."

c. Item secundum Severum.

d. Item secundum Africanum.

CCCXVI.

Membranaceus, in folio, ff. 162, sec. xii. exeuntis, binis columnis bene exaratus ; " dedit ad communem utilitatem in hac bibliotheca studentium bone memorie venerabilis pater

M. Johannes Taylour, sacre theologie professor devotissimus."

Flavii Josephi de bello Judaico libri septem [ex versione Ruffini,] prævia capitulorum tabula.

Tit. " Flavii Josephi in textu librorum de Judaico bello, incipit prologus."

In calce, " Flavii Josephi historiæ Judaici belli liber septimus explicit."

CCCXVII.

Codex membranaceus, in folio majori, ff. 159, sec. xii., binis columnis optime exaratus ; ex dono Nigelli de Wavere, socii.

1. Flavii Josephi Antiquitatum Judaicarum libri viginti, [Ruffino interprete,] cum prologo. ff. 1 b.—72 b, 140—158, 95—111 b.

Deest liber tertius decimus et xiv. usque ad verba, " quoniam interpellaverunt in civitate Judei."

In calce, lib. xii. notatur, manu prima, " Hic deficiunt octo ultimi libri Antiquitatum, quorum quinque primi ponuntur in fine tocius hujus voluminis, videlicet liber xiii. liber xiiij. liber xv. liber xvi. et liber xvii., residui vero tres ultimi libri ponuntur statim post librum secundum de bello Judaico, scilicet liber xviij. liber xix. et liber xx."

2. Ejusdem de bello Judaico libri septem, eodem interprete, cum prologo. ff. 72 b.—95, 111 b. —139 b.

In calce, " Bene navigat fretum, qui pervenit usque ad portum."

In fronte codicis, " Liber domus scolarium de Merton. Oxon. et scolarium ejusdem domus ex dono magistri Nigelli de Wavere, quondam socii ejusdem domus, quem dedit ad incathenandum in loco communi et inde non transferatur ad usus privatos, nisi de communi consensu scolarium predictorum, qui presentes fuerint pro tempore in collegio eorundem."

CCCXVIII.*

Membranaceus, in folio majori, ff. 157, sec. xv., binis columnis nitide exaratus ; olim " fratribus Oxoniæ " datus per Joh. Whethamstede, abbat. S. Albani, postea coll.

* nunc MS. Worcester College 233

Mert. ex dono Roberti Sherles, quondam socii.

This is the Second of two volumes of which the first is Royal MS 8 G X.

1. Thomæ Waldeni doctrinalis ecclesiæ catholicæ liber tertius et quartus contra Wyclevistas, cum prologis. fol. 2.

     Tit. " Liber tercius doctoris fratris Thome Waldene provincialis Anglie, ordinis Virginis matris Dei de monte Carmeli, de perfectis Christianis Evangelicis, id est, de religiosis viris in communi, contra hereticos Wyclevistas."

     Exstant impress. Paris. 1522, et alibi.

     In calce, lib. iv.

" Hic liber est scriptus, qui scripsit sit benedictus."

2. Opus magistri Willelmi Wodeforde super causis condemnationis articulorum Johannis Wyclef. fol. 84.

     Incip. " Articulus primus. In sacramento altaris manet post consecrationem substantia panis. Prima causa condemnationis ; " ut in Brown. Fasci. Rer. Expetend.

3. Determinatio magistri Jo. Deverose, in theologia doctoris egregii, de adoratione ac veneratione ymaginum contra maledictam sectam Lollardorum. fol. 118 b.

     Incip. " Utrum ymagines Christi et sanctorum sint in fidelium ecclesiis honorifice collocande atque latria sive dulia liciter adorande. Et quod non arguitur, Nam talium ymagines."

     In calce, " Explicit determinatio," etc. ut supra " quod A."

4. Ejusdem Johannis determinatio de Peregrinatione. fol. 128.

     Incip. " Utrum liceat fidelibus ad sanctorum basilicas," etc.

     " Quod non arguitur sic, Nam loca peregrinationis tempore moderno."

5. Ejusdem Responsiones ad mendacia perniciosa maliciose sibi imposita. fol. 131 b.

     Incip. " Jam restat excludere mendacia perniciosa."

     In calce, " Expliciunt responsiones magistri J. Deverose ad quedam argumenta Lollardorum, quibus probare nitebantur, quod omnis sacerdos tenetur predicare, etc."

6. Ejusdem " Quod licitum est sacerdotibus stipendium annuale recipere pro officii divini celebratione sine simonia." fol. 153.

     Incip. " Utrum sacerdotes licite recipere possunt ex conventione pecunias,"etc. "Quod non arguitur primo sic, In quodam tractatu."

7. Dicta ex Distinctionibus Johannis Bromyard de Missa. fol. 156.

     Incip. " Magna utilitas quam bonus."

8. Ejusdem Quæstio, Utrum præter effectus mirabiles qui fiunt naturaliter in instrumentis musicis, habet vim Armonia expellendi dæmones a corporibus obsessis. fol. 156 b.

     Incip. " In hac questione quatuor videntur contineri difficultates."

9. Anonymi cujusdam de conceptione B. Virginis Mariæ. fol. 157.

     Incip. " Marie de matris concepcio singularis immunis fuit a vicio."

     In fol. 1. b, post tabulam contentorum sequuntur versus,

" Fratribus Oxonie datur in munus liber iste
Johannem Whethamstede,
Per patrem pecorum prothomartiris Angligenarum,
Quem si quis rapiat, raptim titulumve retractet,
Vel Jude laqueum vel furcas sensiat, Amen."

CCCXIX.

Codex membranaceus, in folio majori, ff. 323, sec. xv., manu Johannis Holt, ord. Carmel. binis columnis optime exaratus.

Thomæ Waldensis Doctrinalis fidei liber quintus, sive liber de septem sacramentis contra Wyclevistas.

     Exstat sæpius impressus.

     Præmittuntur,

a. Epistola fratris Thome Waldeni directa summo pontifici Martino pape V. de opere consequenti. fol. 1.

b. Prologus primus in quintum librum Doctrinalis ecclesie Christi, qui est de Sacramentis. fol. 2.

c. Tabula Capitulorum. fol. 13 b.

     In calce libri de eucharistia notatur,

" Dextrum scribentis benedicat lingua legentis. Scriptum per manum fratris Johannis Holt, Carmelite."

     In calce codicis, " Scriptus per manum fratris Johannis Holt, ordinis beate Marie genitricis Dei de monte Carmeli."

CCCXX.

Codex membranaceus, in folio, ff. **194**, sec. xiv., binis columnis optime exaratus.

Henrici de Bracton opus de legibus et consuetudinibus Angliæ in libros octo distinctum.

Tit. " Incipit liber domini Henrici de Brattona super legibus et consuetudinibus regni Anglie."

Præcedit capitulorum tabula locuples, intitulata, " Incipiunt tituli tractatus domini Henrici de Brattona quondam justiciarii in Anglia editi super legibus et consuetudinibus regni Anglicani tam super placitis corone quam placitis terre cum formis brevium competencium utriusque."

Exstat impress. in fol. Lond. 1569.

CCCXXI.

Membranaceus, in folio minori, ff. **174**, sec. xiv. ineuntis, binis columnis nitide exaratus; ex dono " Johannis Lister, de Bawtrey, in agro Eboracensi Arm. fil. et coll. Mert. commensalis, Nov. **17, 1674.**"

1. Statutorum collectio chartarumque temp. Henr. III. et Edw. I. editarum, quarum tituli sequuntur,

1. Magna Charta. fol. 1.
2. Charta de Foresta. fol. 3.
3. Provisio de Mertona. fol. 4.
4. Statutum de Marleberga. fol. 5.
5. Statuta prima Westmonasterii ; *Gallice.* fol. 8.
    Tit. " Le primer estatut Westmonastre."
6. De districtionibus ; *Gall.* fol. 14.
7. Assisa Panis. fol. 14 b.
8. Statuta de Scaccario ; *Gall.* fol. 156.
    Tit. " Estatut del Eschekere."
9. De mercatoribus ; *Gall.* fol. 17.
10. Tertium statutum Westm., scil. de mediis. fol. 17 b.
    In calce, *manus recentior* descripsit nomina regum Angliæ, ab Alfredo usque ad Henr. VI.
11. Statutum de religiosis. fol. 18.
12. Estatut de Gloucestre ; *Gall.* fol. 18 b.
13. Explanationes Gloucestriæ. fol. 20.
14. Statuta Westm. secunda. fol. 20.

15. De finibus. fol. 32.
16. De moneta, ' edita apud Stebenhuth.' f.33.
17. Summa assisarum. fol. 34.

2. Summa Placitorum, quæ dicitur Brito, auctore Joh. de Britton, episc. Herefordensi, in libros quinque distributa, prævia capitulorum tabula ; *Gallice.* fol. 45.

Tit. " Ceste soume contient deus maneres de pleez principaumment ; ceo est a sauer pleez personeus, e plez reaus ; de personeus pleez est fet un livre, qe contient chapitres dont le primer est ceo."

Differt in pluribus locis codex noster ab ed. Wingate, 1640.

3. Walteri de Henley liber de husbandria, in partes duas distinctus, quarum una decem, altera habet viginti, capitula ; *Gallice*, excepto primo capitulo. fol. 152.

Tit. " Modus qualiter ballivi preposito debent onerari super compotum reddendum, et qualiter debet manerium custodiri."

Incip. " Primo debet ille qui compotum reddet, jurare quod compotum reddet fidelem."

Desin. part. i. " Si auerez ij. galons de mel de chescune bouche."

In calce, " Explicit una hosebonderia et sequitur alia."

Incip. pars altera, cui præcedit tabula capitulorum, " Ad primes coment hom deit terre e tenemens gouerner. Li pieres siet en sa veilesce e dit a son fiz, Viuez sagement ;" ut in cod. Douce, Bibl. Bodl. 98, fol. 187 b.

Desin. " par ceo se garderont le menz de mal fere e se peneront de menz fere."

In calce, " Explicit major hosebonderia."

Cf. " Pegge's Life of Grostete, p. 285," et exemplar versu Latino scriptum, in Bibl. Bodl. MS. Digby, 147.

4. Estatut de Excestre ; *Gallice.* fol. 160.
5. Provisio de anno et die, [21 H. 3.]. fol. 161 b.
6. Estatut de Champartours ; *Gallice.* fol. 162.
7. Circumspecte agatis. fol. 162.
8. De Juratoribus. fol. 162.
9. De hereditate sororum infra ætatem ; [Stat. Hibern. 14 H. 111.] fol. 162 b.
10. Liber de Essoniis. fol. 163 b.
    Incip. " Primum capitulum de difficultate essoniarum contra viros et mulieres et contra plures tenentes."

11. Estatut de la Monce; *Gall.* fol. 167.

12. Statut de Trespas; *Gall.* fol. 167 b.

13. Registrum Brevium, cum casibus variis; *Lat.* et *Gall.* fol. 168.

> Incip. " Nullus potest obligare assingnatos ad warantyam."

CCCXXII.

Codex membranaceus, in folio, ff. 24, sec. xiv., binis columnis exaratus; ex dono Roberti King, coll. hujus capellani 1678.

Francisci [de Mayronibus?] super secundum librum sententiarum commentarius; in calce mutil.

> Incip. " Circa principium secundi libri sentenciarum quero unam questionem."
> Defic. in verbis, " sunt uni in ratione."
> Præmittitur, " Franciscus super secundum Sentenciarum, precium iij. s. iiij. d."

CCCXXIII.

Formerly belonged to John Dee and Thomas Allen; extracts in MS. *James, 6 pp. 84-7.* Chartaceus, in folio, ff. 53, sec. xvi.; " bibliothecæ Mert. donavit dominus Thomas Clayton, eques auratus, et collegii hujus custos, Mar. 2, 1680."

Hoelli Dha Leges, cum præfatione.

> Incip. præf. " Hoelus, cognomento Bonus, filius Cadelli, Dei gratia rex Cambrie."
> In margine scripsit aliquis pedegradum Johannis Dee, a dicto Hoello incipientem.
> In calce codicis, " Expliciunt leges Howeli."

CCCXXIV.

Chartaceus, in folio, ff. 234, sec. xv., olim Johannis Hatfield, postea coll. Mert. ex dono Caroli King, socii.

1. Sententiæ proverbiales ex Galeno, Platone, etc. fol. 1.
> Incip. " Sobrietas memoriam servat."

2. De ponderibus et mensuris. fol. 1 b.
> Incip. " Siclus et stater et tenarius."

3. Asclepii opus, quod dicitur Speculum medicorum, cum prologo et titulis, numero 1019, præviis. fol. 3.
> Incip. prol. metrice ut sequitur,
> " Ne tibi displiceat quod sic sum corpore parvus, Ortulus iste brevis micia poma gerit."
> Incip. lib. " Quia de egritudinibus singularum parcium corporis tractaturi sumus."

4. Trotulæ liber de morbis mulierum, præviis capitulis. fol. 94 b.
> Tit. " Incipiunt capitula in librum Trotule de egritudinibus mulierum."

5. Alexandri libellus de coitu, cum capitulis. fol. 113 b.
> Tit. " Incipit liber Alexandri de coitu et ejus effectu."
> Incip. " Creator volens omne genus firmiter ac stabiliter."

6. Libellus de flebotomia, cum capitulis. fol. 118.
> Incip. " Sanguis alius est naturalis."

7. Walteri Agulini, sive Aquilini, de urinis libellus, cum tabula capitulorum. fol. 121.
> Tit. " Incipiunt capitula magistri Walteri Agulini de urinis."
> Incip. " Urina calida in terra color rubeus."

8. Ricardi Salernitani libellus de urinis et febribus, cum capitulis. fol. 123 b.
> Tit. " Incipit liber M. Ricardi Salernie medici de hiis que sunt consideranda in omnibus urinis."
> Incip. " Qui cupit urinas," etc. " Quinque attenduntur generalia et principalia."

9. Liber Hippocratis " de complexionibus, urinis, morbis, et medicinis, et de sanitate conservanda, regi Mecenati missus." fol. 129 b.
> Incip. " Libellum quem rogasti."

10. Liber de pulsibus ad Johannem. fol. 134.
> Incip. " Qua te devocione teneam, mi Johannes."

11. Experimenta Cophonis de febribus. fol. 136.
> Incip. " Quoniam humanum corpus."

12. Experimenta Parisii abbatis de febribus. fol. 137 b.
> Incip. " Sciendum est quod ex nimia."

13. Secretissimum regis Cateni Persarum de virtute aquilæ. fol. 142.
> Incip. " Est enim aquila rex omnium avium."
> In calce, " Explicit iste tractatus a magistro Willelmo Anglico de lingua Arabica in Latinum translatus."

14. Liber de virtutibus bestiarum et avium. fol. 142 b.
> Incip. " Regi Egipciorum Octoniano Augusto, salutem. Pluribus exemplis tuam."

15. Quæstiones naturales " arti phisice competentes." fol. 144.
> Incip. " Omnia corpora ex quatuor elementis."

16. Liber Anathomiæ partim ex Ricardo Salernitano confectus. fol. 150 b.
Incip.
" Hic bene quadrifera distinguitur Anathomia ;" etc.
" Constituencia corporis humani."
17. Geraldi de medicinis simplicibus et compositis, præviis capitulis, numero 1013. fol. 154 b.
Incip. " Cum omnis scientia ex fine."
18. De virtute simplicis medicinæ. fol. 181.
Incip. " Perfecte igitur temperate."
19. Liber de practica equorum et aliorum animalium et avium. fol. 188.
Incip. " Quoniam humana jocunditas in equorum incolumitate."
20. Herbarium, sive liber de virtutibus herbarum, versibus expressum, cum glossulis, præviis capitulis. fol. 192.
Tit. i. " De arthemesia, ermoyse, mugweed."
Incip.
" Herbarum quasdam dicturus carmine vates."
21. Marbodi de gemmis carmen. fol. 220 b.
Tit. " Incipit de generibus lapidum, et nominibus et eorum virtutibus."
Incip.
" Evax rex Arabum legitur scripsisse Neroni."
Cf. Leyser. Poett. med. æt. p. 369.
In calce, " Explicit liber Marbodi de lapidibus, habens versus septingentos xxx."
22. Libellus experimentorum pro diversis. f. 229 b.
Incip. " Ad dissolvendum flemmaticos humores."

CCCXXV.

Codex membranaceus, in 4to, ff. 119, sec. xiv., nitide exaratus et servatus; olim liber S. Mariæ de Bridelington, deinde Richardi Baylton, et postea an. 1698, Edmundi Welchman, eccl. Lapworth. rectoris.

Petri de Riga liber qui dicitur Aurora, Pentateuchum librosque Regum et Maccabæorum amplectens metrice versos, cum prologo.
Incip. prol. " Sodalium meorum petitio."
Tit. " Incipit liber magistri Petri cujus titulus est, Aurora."
Incip.
" Prima facta die duo celum terra leguntur,
Fit firmamenti spera sequente die."

Desin. lib. Maccab.
" Summi pontificis cepit honore frui."
Sequitur Testamenti Novi historia similiter reddita; incip.
" Symone quod debet morti solvente Johannes,
Qui fuit Hyrcanus jura paterna subit."
De opere isto consulat lector Polycarp. Leyserum, de poetis med. et inf. ætatis, p. 692.
In initio codicis, " Liber Sancte Marie de Bridelington; qui eum alienaverit anathema sit."

CCCXXVI.

Codex membranaceus, in 4to, ff. 168, sec. xv.; nitide scriptus.

1. Francisci Petrarchæ, poetæ Florentini, Triumphi ; Italice. fol. 1.
Tit. " Triomfi di messer Francesco Petrarca poeta Fiorentine Laureat . . . capitolio Romano."
2. Ejusdem Petrarchæ Carmina, sive " Canzoni et Sonetti," numero ccclxi. ; Italice. fol. 36.
Carmina priora tria evulsa sunt.
In calce, " Finiscono li canzoni e sonetti di messer Francesco Petrarca, poeta Fiorentino."
Sequitur tabula carminum initiorum alphabetica; in calce mutil.

CCCXXVII.

Membranaceus, in folio, ff. 18, sec. xv.; ex dono Johannis Buddeni, Reg. Prof. Jur. Oxon., 17 April. 1613.

Statuta collegii SS. Gregorii et Martini de Wy in comitatu Cantiæ, prout ordinata sunt per fundatorem, Johannem presbyterum Cardinalem S. Balbinæ et archiepiscopum Cantuariensem, dat. 14 Jan. 1447.
In calce est ordinatio Nicolai Wright, ejusdem collegii præpositi, pro collecta in memoriam specialem Thomæ Londoniensis episcopi confundatoris et singularissimi benefactoris.
In calce codicis, " Dono dedit collegio Mertonensi clarissimus vir Johannes Buddenus in facultate juris Regius professor in academia Oxon. 17 April. 1613.
Ita testor Thomas Frenche, notarius publicus, Universitatis Oxon. registrarius."

S

CODICES ORIENTALES.

I. [ol. 333.]

Codex chartaceus, in 4to, ff. 134, sec. xv., ex dono M. Roberti Huntington, socii, April. 30, 1673.

1. Porphyrii Isagoge; *Hebraice.* fol. 1.
2. Aristotelis liber de interpretatione; *Hebraice.* fol. 30.
3. Ejusdem Analytica priora, etc.; *Hebraice.* fol. 77.

II. [ol. 334.]

Chartaceus, ex charta lævigata, in 4to, ff. 174, sec. xvi. ineuntis; " ex dono magistri Roberti Huntington;" ut supra.

Ali Ben Abi Taleb, Imperatoris, sententiarum liber, secundum ordinem alphabeti; *Arabice.*

III. [ol. 335.]

Chartaceus, ex charta lævigata, in 4to, ff. 403, sec. xvi. ineuntis; " ex dono magistri Roberti Huntington;" ut supra.

Commentarius in partem tertiam operis Ibn Alsikkit grammatici, 'Clavis scientiarum' dicti; auctore celeberrimo Ali B. Mohammed Aljorjani, dicto Alsaïd Alsherif; *Arabice.*

Exstat opus istud in MS. in Bibl. Bodl. Cod. Marsh 314, et alibi.

IV. [ol. 332.]

Codex chartaceus, ex charta lævigata, in folio minori, ff. 216, sec. xvi.; " ex dono magistri Roberti Huntington;" ut supra.

Alcoranus; *Arabice.*

V. [ol. 324.]

Chartaceus, in 4to minori, ff. 444, sec. xvi.

Lexici Hebraici R. Davidis Cimchii, pars posterior, *Latine* reddita.

Incip. in verbis, " Separatæ מֶשֶׁק productio spinæ, expositio ejus secundum locum ejus est pullulatio spinarum."

Desin. " domine fortis meus et redemtor meus."

Sequitur epilogus traductoris; incip. "Benedictus misericors;" et desin. " hic Neapoli in mense Jullii ducentessimo quinquagesimo anno supra quinque millia creatoris mundi secundum computationem Hebreorum, quod est anno a nativitate domini nostri Jhesu Christi milessimo quadringentessimo nonagessimo."

In calce codicis, " Tuus quantus est Henricus Savillus."

VI. [ol. 336.]

Codex chartaceus, ex charta bombycina, in 4to, ff. 165, sec. xvi. ineuntis; ex dono M. Roberti Huntington; ut supra.

R. Samuelis Ben David commentariorum in Pentateuchum tomus primus, in quo illustratur Liber Genesis; *Hebraice.*

Consulat lector J. C. Wolfii Bibliothecam Hebræam, vol. i. p. 1092, §. 2053; qui codicem nostrum diffusius descripsit.

VII. [ol. 337.]

Chartaceus, ex charta bombycina, in 4to, ff. 195, sec. xvi. ineuntis; ex dono R. Huntington; ut supra.

R. Samuelis Ben David in Exodum commentarii, sive operis supradicti volumen alterum; *Hebraice.*

VIII. [ol. 338.]

Chartaceus, ex charta bombycina, in 4to, ff. 201, sec. xvi. ineuntis; ex dono ejusdem R. Huntington.

R. Samuelis Ben David in Leviticum commentarii, sive operis supradicti volumen tertium; *Hebraice.*

IX. [ol. 339.]

Chartaceus, ex charta bombycina, in 4to, ff. 176, sec. xvi. ineuntis; ex dono ejusdem R. Huntington.

R. Samuelis Ben David in Numeros commentarii, sive operis supradicti volumen quartum; *Hebraice.*

X. [ol. 340.]

Codex chartaceus, ex charta bombycina, in 4to, ff. 173, sec. xvi. ineuntis; ex dono ejusdem Roberti Huntington.

R. Samuelis Ben David in Deuteronomium commentarii, sive operis supradicti volumen quintum; *Hebraice.*

XI. [ol. 341.]

Chartaceus, ex charta bombycina, in 4to, ff. 211, sec. forsan xiv. exeuntis; ex dono ejusdem Rob. Huntington.

Galaloddin, sive potius, Ali Ebn Chatib Historiæ Alepensis tomus primus; *Arabice.*

XII. [ol. 342.]

Chartaceus, ex charta bombycina, in 4to, ff. 179, sec. forsan xiv. exeuntis; ex dono ejusdem Roberti.

Ali Ebn Chatib Historiæ Alepensis tomus secundus; *Arabice.*

XIII. [ol. 343.]

Chartaceus, ex charta bombycina, in 4to, ff. 166, sec. forsan xiv. exeuntis; ex dono ejusdem Roberti.

Ali Ebn Chatib Historiæ Alepensis tomus tertius; *Arabice.*

XIV. [ol. 344.]

Chartaceus, ex charta bombycina, in 4to, ff. 177, sec. forsan xiv. exeuntis; ex dono ejusdem Roberti.

Ali Ebn Chatib Historiæ Alepensis tomus quartus; *Arabice.*

XV. [ol. 345.]

Chartaceus, ex charta lævigata, in 4to, ff. 217, sec. xvi. ineuntis, binis columnis exaratus; " ex dono insignissimi viri domini Gulielmi Fane, honoratissimi domini Francisci comitis Westmorlandiæ nepotis, Nov. 20, 1675."

Historia Cosroes, sive Chosran, et Sirin, auctore Sheichi; picturis illustrata; *Turcice.*

XVI. [ol. 346.]

Chartaceus, ex charta lævigata, in 4to, ff. 127, sec. forsan xvi. exeuntis; nitide exaratus;

" ex dono Gulielmi Fane, honoratissimi domini D. Francisci comitis Westmorlandiæ nepotis; Maii 25, 1675."

Anonymi cujusdam liber de arte arithmetica; *Turcice.*

XVII. [ol. 348.]

Codex chartaceus, ex charta lævigata, in folio minori, ff. 244, sec. xvi. exeuntis; manu scilicet Gjemaleddîn filii Mohammedis filii Mohammedis Al-Ajemi anno 1585, in urbe Hierosolymitana exaratus; " ex dono Gulielmi Fane," etc. ut supra, " Maii 25, A. D. 1675."

Præmisit codici vir cl. Joh. Gagnier descriptionem, quæ sequitur,

" Liber dictus Ons Al-Gjalil be-Tarikh Al-Kods wa'l-Khalil, id est, socius-familiaris præstantissimus in historia (urbium) Jerusalem et Hebron; ab Adamo usque ad annum Hegiræ 900, æræ Christi 1494; auctore Mogireddin Abu'l-Raman, Abdo'rrahman ben Mohamed, Al-'Omarî, Al-'Olaïmî, Al-Hanbalî. *Arabice.* Obiit anno Hegiræ 927, Christi 1520.

Auctor vitam patris sui sub finem libri fuse describit aitque illum cognominari Al-'Omari, quod genus suum referret ad Omar Khalifam a Mohammede secundum. Pater ejus natus fuit in urbe Ramlah, Palæstinæ metropoli, anno Hegiræ 807 (Christi 1404) fuitque ejusdem urbis Kadhî, sive Judex, et obiit anno Hegiræ 873, (Christi 1468.)"

Conclusionem operis, una cum librarii notitia subjuncta, ita Latine vertit vir idem doctissimus, " Syntagma hujus operis cœpi die decimo quinto mensis Dhu'l-Hagiah anni Hegiræ nongentesimo, (Christi 1494) collectionemque ejus et ordinem absolvi intra quatuor menses, si unum fere mensem excipias, quo aliis sæculi negotiis detentus fui, eo enim intervallo nihil ejus quicquam egi, in rebus mundanis occupatus, Deus autem erga servum suum fuit munificus.

Quod si Deus opportunitatem dederit, huic operi appendicem subjiciam de rebus, quæ de novo contigerint in civitate sancta, atque in urbe (Hebron Abrahami) Amici Dei, cui pax, aliisque locis inde ab initio anni nongentesimi primi, usque ad tempus quo Deo excelso ætatem meam reliquam placuerit perducere.

Finitum est opus feria secunda, qui fuit dies benedictus decimus septimus mensis Ramadhân, providentia et misericordia Dei præ cæteris mensibus venerandi, anno Hegiræ 901, (Christi 1495.)"

Inquit librarius,

" Finis hujus exemplaris benedicti, Deo ita volente, incidit in feriam secundam post vesperam diei decimi quarti mensis Gjumadæ posterioris, anni octoḡesimi tertii supra nongentesimum (Christi 1585) in templo dicto Al-Aksa (Hierolymitano) glorioso, religiose culto, sublimi, per manum humilis servi Dei, miseri peccatoris, pauperis, Gjemaleddîn filii Mohammedis filii Mohammedis, Al-Ajemî concionatoris in tractibus Terræ-Sanctæ.

Atque hoc est exemplar sextum hujus operis benedicti quod descripsit (prædictus librarius). Laus Deo soli."

XVIII. [ol. 347.]

Codex chartaceus, ex charta bombycina et lævigata, in folio minori, ff. 82, sec. forsan xiii.; pulcherrime exaratus; " ex dono M. Roberti Huntington," etc.

Gregorii Abulfaragii grammatica parva ; *Syriace.*

Annexa est ad marginem adnotatio Syriaca, necnon Arabica literis Syriacis exarata.

XIX. [ol. 331.]

Chartaceus, ex charta lævigata, in folio minori, ff. 104, sec. xv., nitide scriptus et picturis ornatus ; " ex dono insignissimi viri domini Gulielmi Fane, honoratissimi domini Francisci comitis Westmorlandiæ nepotis, Nov. 20, 1675."

Firdusi liber, qui dicitur Shah Nameh, e Persico in Arabicum versa per Nasireddin, de Tous; *Arabice.*

ADDITION TO MS. CLXXXVIII IN MERTON COLLEGE

LIBRARY

(SEE CATALOGUS CODICUM MSS. COLLEGII

MERTONENSIS Page 75)

MS. CLXXXVIII

295 x 190 (*c.* 235–40 x 140–5) mm.: ii +
252 leaves: 2 columns of *c.* 41–44 lines:
collation 1^{12}–8^{12}, 9^{12} (+ 1 inserted
after 10), 10^{12}–11^{12}, 12^{12} (+ 1 inserted
after 9), 13^{12}–20^{12}, 21^8 (8 canc.).

CATALOGUS

CODICUM MSS.

COLLEGII EXONIENSIS.

NOMINA BENEFACTORUM,

QUI COLLEGII EXONIENSIS BIBLIOTHECAM MUNIFICENTIA SUA AMPLIAVERUNT.

———◆———

Numeri nominibus adfixi Codices denotant, quos quisque donaverit vel legaverit

ALWARD, JOHANNES, coll. Exon. socius; xvi.

BARKER, THOMAS, S. T. P.; ix.

ELYOT, GULIELMUS, magister domus Dei de Portsmouth; xiv. xlv.

FRENCH, JOHANNES, coll. Regal. Eton. capellanus; xxv.

KEYS, ROGERUS, archidiaconus de Barnstaple; li.—lxviii.

LANDREYN, JOHANNES; xxviii.

PETRE, GULIELMUS, eques; xlvii.

PLYMYSWODE, THOMAS; xxiii. xliii.

REED, WILLEMUS, episcopus Cicestrensis; xxxii.

SANDFORD, JOSEPHUS, e coll. Ball.; lxxxvii.—clxxvii.

WHITEFELD, HENRICUS; xxviii. xxxv.

CODICES MSS.

COLLEGII EXONIENSIS.

———◆———

I.

CODEX MEMBRANACEUS, in folio minori, foliis constans scriptis 78, sec. xiii., bene exaratus et servatus.

1. Regula ad usum monachorum ordinis Cisterciensis aptata, in capitula centum viginti unum distincta; initio mutil. fol. 10.

Incip. in verbis, cap. xiii. (de capite jejunii) " per quadragesimam sed secunda et quarta et sexta."

Desin. cap. ult. ' de versu refectorii,' " Largitor omnium bonorum benedicat potum servorum suorum."

Sequuntur *man. sec.* regulæ de missis observandis secundum literam Dominicalem.

Præcedunt, (a.) Tabula capitulorum, sub titulo, " Incipit usus monachorum." (b.) Kalendarium, versibus de diebus faustis infaustisque hic illic instructum. Occurrunt quoque dies obituales Hugonis de Ba., Walteri de Challenore, etc.

In ora fol. 3 b. inferiori notavit manus recentior, " Anno Domini 1515 apparuit cometa in parte occidentali per totum mensem Februarii, et eodem anno paulisper ante apparicionem dicte comete obiit rex Lodowicus qui duxit Mariam sororem Henrici illustrissimi regis Anglie octavi, sed minime cum ipsa convaluit."

c. Tabula veræ cognitionis literarum Dominicalium concurrentium atque cicli solaris annorum singulorum jam præteritorum multorumque milium subsequentium et etiam bisextilium. fol. 9.

d. Tabula veræ cognitionis aurei numeri, ˘cum expositione. fol. 9 b.

2. Ejusdem ordinis ' Carta Caritatis,' cum prologo. fol. 66.

Tit. " Incipit prologus in Carta Caritatis de abbatiis constituendis."

Incip. " Antequam abbatie Cistercienses florere inciperent dompnus Stephanus abbas."

Sequitur capitulum de forma visitationis; incip. " In facienda visitacione cautelam."

Deinde manu altera sed antiqua,

a. Urbani papæ IV. et Clementis papæ IV. bullæ septem ad eundem ordinem spectantes; datt. 1264, et *an. seq.* ff. 70–71 b, 69,74,72–73 b, 75.

Exstat impress. bulla Clementis in Bullario, ed. Cocquelines, tom. iii. p. 429.

b. Ordinatio Guidonis S. Laurent. cardinalis super discordia in ord. Cisterc.; Act. Cisterc. xvii. kal. Octob. temp. Cap. Gener. 1265. fol. 74 b.

c. Johannis, Porticensis episcopi, literæ ad eandem ordinationem spectantes; dat. Perusii. ff. 74 b.—72.

Sequuntur, manibus diversis,

a. Cartæ tres ad monasterium B. M. de Dora, dioces. Herford., ejusdem ordinis, spectantes, dat. Herford. 1372. fol. 75.

b. Benedicti papæ [XI.?] bullæ ad omnes con-

B

vent. Cisterc. per Angliam; dat. Avinion. ii.
non. Febr. an. pontif. 3. fol. 75 b.

c. Recordatio dierum tentorum apud Cocharde-
sacre, anno Domini millesimo ccc. duodecimo.
fol. 76.

    Incip. "Die Veneris prox. post fest. S.
Dyonisii martiris anno regni regis Edward
sexto, presentibus Ricardo de Atforton, Willelmo de Stretton, etc. ' venit frater Johannes
de la Walkyngmulne apud Cochardisacre et
fecit legem suam quam alias vadiavit contra
dominum Johannem de la Warre per consideracionem proborum hominum."

d. Ordo festorum secundum literas Dominicales.
fol. 77.

II.

Codex membranaceus, in folio, ff. 325, sec.
xiv., binis columnis exaratus.

  1. Anonymi cujusdam ord. Prædicatorum Sermones in Evangelia Dominicalia per anni
cursum, cum prologo. fol. 1.

    Incip. prol. "Humane vite labilis decursus
salubri erudicione me movet."

    Incip. serm. i. " Preparate in occursum
Dei," etc. " Cum rex vel aliquis princeps
ingenue dignitatis."

    Desin. ult. " omnibus sicut ipsa vita est
communis ; Ad illum benedictum finem perducat nos Ille, Qui sine fine vivit," etc.

    Sequitur tabula alphabetica, incip. " Ab-
stinencie sex sunt species."

  2. Anonymi cujusdam Sermones quadragesimales. fol. 218.

    Incip. " Filia populi mei induere," etc.
" Omnis solempnitas quadragesimalis in
sequenti Dominica."

    Desin. ult. " et precibus gloriosissime
Marie virginis matris Domine nostre ipse
Filius Dei ;" etc.

    Sequitur tabula alphabetica, incip. "Abra-
ham tria commendabilia."

III.

Membranaceus, in folio minori, ff. 143, sec.
xiv. exeuntis, binis columnis exaratus; ex
dono magistri Thomæ Baroun, olim coll.
Exon. capellani.

  Jacobi Januensis tabula super historias Bibliæ ;
ordine alphabetico.

    Tit. "Incipit tabula fratris Jacobi Januensis,
sacre theologie doctoris, ordinis fratrum Predicatorum super historias biblie."

    Incip. " Abstinencia caro domatur."

    Desin. " et eciam ubi passio per totum."

    In calce, " Expliciunt sermones Januensis
fratris ordinis Predicatorum."

    Sequitur tabula titulorum.

IV.

Codex membranaceus, in folio minori, ff. 142,
sec. xi., bene exaratus et servatus.

  Prisciani, Grammatici Cæsariensis, de partibus
orationis libri sedecim, prævia epistola ad Julianum consulem et patricium.

    Tit. "Incipit ars Prisciani grammatici Cæ-
sariensis doctoris urbis Romæ Constantinopolitanæ de voce et ejus speciebus."

    In calce, " Prisciani Cesariensis grammatici
viri disertissimi doctoris urbis Romæ Constantinopolitanæ de octo partibus orationis liber
xvi. explicit."

V.

Membranaceus, in folio minori, ff. 333, sec.
xiii. exeuntis, binis columnis nitide exaratus ; olim W. Howard.

  Biblia sacra universa, ex versione vulgata, S.
Hieronymi, necnon quoad Maccabæorum libros
Rabani Mauri, prologis usitatis instructa.

    Sequitur Interpretatio nominum Hebraico-
rum secundum Remigium Autissiodorensem ;
mutil.

    Deficit in verbis, " Azoride ; incendium vel
ignis patruelis"——

VI.

Membranaceus, in folio minori, ff. 267, sec.
xiv. ; binis columnis exaratus.

  S. Johannis Chrysostomi in S. Matthæi Evangelium ' opus imperfectum,' homiliis quinquaginta septem comprehensum, prævia tabula.

    Incip. præf. "Sicut referunt quidam Mathe-
um scribere evangelium causa compulit talis."

    Exstant impress. in editt. Gr. Lat. variis
opp. S. Chrysostomi.

    In calce, " Expliciunt omelie Johannis Chri-
sostomi patriarche Constantinopolitani super
Matheum operis imperfecti et cetera."

Sequuntur,

a. Homilia in istud, ' Egressus Jesus secessit in partes Tyri ;' incip. " Multe tempestates et inquietudo aeris. fol. 226 b.

In calce, " De ista ultima omelia non fit mencio in tabula."

b. Tabula in homilias supradictas ; incip. " Abhominacio desolacionis quadrupliciter." fol. 232.

In calce, " Explicit tabula Johannis Crisostomi bona et utilis de opere imperfecto."

c. Meditatio de passione Christi. fol. 262 b.

Incip. " Passio Christi fuit ex dolore amara, ex illusione despecta, ex utilitate multipliciter fructuosa."

In fol. 1. b. ora inferiori, notavit man. recentior, " Hic liber, cui titulus est Omiliæ Chrysostomi super Matheum, plane demonstrat fraudem illius temporis quo scribebatur, non enim vel unica sententia vera illius operis et authoris esse inveniri potest, ut cuique ipsum Chrysostomum inspicienti liquet constabit."

VII.

Codex membranaceus, in folio minori, ff. 215, sec. xv.

1. Martini papæ V. confirmatio bullæ Urbani papæ IV. de indulgentiis quibusdam ab eo concessis ; dat. Rom. vii. kal. Jun. an. pontif. 12. fol. 1.

2. [Gulielmi Wodefordi, ord. min.] de Sacramento Eucharistiæ liber contra Wyclevistas. f. 4.

Incip." Racione solempnitatis jam instantis de corpore Christi ad rogatum aliquorum."

Desin. " Veritati autem increate sit honor et gloria per infinita secula seculorum ; Amen ;" et deinde, nomen forsan scribæ, "Chyn."

Sequitur in ora inferiori notitia sequens memorabilis, " Hic frater Woodefford, de ordine minorum, cum transiret Londonie Oxon. ad incipiendum in theologia obviavit latronibus qui sumpserunt ab eo xl. libras in"........

3. Tractatulus de vita activa et contemplativa. fol. 160 b.

Incip. " Queritur de comparacione vite active et contemplative, que scilicet illarum melior."

In calce est sententia ex Hampole de incendio amoris.

4. Johannis Guallensis liber de vitiis ex [Gulielmo Alverno] Parisiensi confectus. fol. 163.

Incip. " Peccatum vitandum est."

Desin. " non potest vincere nisi volentem."

In calce, " Explicit Wallensis de viciis ;" cui subjecit man. sec. " Et iste tractatus est excerptus de Parisiensi de viciis."

Sequitur tabula titulorum.

VIII.

Codex chartaceus, ex charta lævigata, ff. 110, sec. xvi.

Alcorani pars secunda, incip. a cap. xl.; Arabice.

IX.

Membranaceus, in 4to, ff. 269, sec. xv. ineuntis ; ex dono ' venerabilis viri magistri Thome Barkere, sacre theologie professoris.'

1. Johannis de Rupella Summa theologiæ moralis, in quæstiones cxlviii distincta, cum prologo. fol. 2.

Incip. prol. " Cum summa theologice discipline divisa sit in duas partes."

Incip. lib. " Quoniam ordo est precognoscere naturam."

Desin. " ex quibus eciam poterunt dinosci anteacta bona opera."

2. [Ejusdem, ut testatur Waddingius,] Summa de anima, in capita centum quindecim divisa. fol. 199.

Incip. " Si te ignoras, o pulcherrima," etc. " Tibi anima rationalis preponitur verbum istud, que es mulierum pulcherrima."

Desin. " sit principium operabilium ; et hec de viribus anime ad presens sufficiant."

In calce, " Explicit summa de anima."

Sequuntur tabulæ duæ alphabeticæ operum supradictorum.

X.

Chartaceus, in folio, ff. 664, sec. xvii., hodie in tria volumina distinctus.

Antiphrastes ad Paraphrastem ; Responsio scilicet Johannis Squieri, sive Squire, filii ecclesiæ Anglicanæ infirmi, ad Franciscum a Sancta Clara, [scil. Jo. Davenport,] fratrum Romanæ ecclesiæ primarium, qua quæstio illa gravissima in primis tractatur, an ecclesiæ Anglicanæ ad Romanam fiat readunatio ; qua etiam vindicantur tres patres Anglicanæ ecclesiæ præclarissimi suspicione illis a fratre pontificio conspersa indignissime, quasi animo propendissent, ut faverent readunationi ad ecclesiam Romanam."

Præmittitur notitia ad Lectorem sequens, " Triennium agitur, postquam tractatus hic perageretur. Tunc sane destinatus tenebris, nunc autem in lucem prodire coactus est, quippe eapse transfodior ipse calumnia qua ecclesiæ Anglicanæ optimates asserui ; Sum (aiunt) propensus ad Papismum ; Vale parum est ! imo Purus Pupus Papista. Tu lector, lege, judica. Vale. Tuus in Jesu nostro Joannes Squier."

Succedunt titulo epistolæ, (a) Ad Gulielmum Juxon, ep. Londinensem ; (b) Ad Franciscum a S. Clara ; (c.) Ad Jac. Dreux, Thom. Blackloo, Gul. Tomsonum, Tho. P. Ægidium Chaissy, Joan. Gennings, Petr. Martinum. Incip. prolog. " Anno 1634 Angliam advolavit a Gallia, a signo S. Spiritus columba, portans ramum Olivæ."

Titulus partis secundæ, in vol. ii. initio, ita legitur, " Antiphrastes in Paraphrasten pars altera, qua Sententia ecclesiæ Anglicanæ necnon nonnullorum Theologorum Anglicanorum gravissimorum indicatur et vindicatur adversus conjecturas, commenta et calumnias Francisci a Sancta Clara a Joanne Squiero, ecclesiæ Sancti Leonardi Sheordicensis vicario."

In calce sunt tabulæ materiarum locorumque Scripturarum quæ in opere exponuntur.

XI.

Codex chartaceus, in folio, ff. 3 et 92, sec. xvii.

1. Charta amplissima regis Caroli primi anno regni undecimo Universitati Oxoniensi concessa, privilegiorum veterum confirmatoria, cum additione novorum ; ' membranis 16 contenta ;' [copia.] p. 1.
2. The exemplification of a composition made between the university and the town of Oxford in the 37th year of king Henry the 6 ; Feb. 23. p. 111.
3. An act of parliament 13 Eliz. for incorporating the two universities and confirming their charters and privileges, exemplified 7 Jun. 13 Elizabeth. p. 117.
4. The exemplification of the orders of the councell table in the seventeenth year of queen

Elizabeth, exemplifyed in Chancery under the great seal of England, 21 Jun. 17 Eliz. 1575. p. 125.
5. The exemplification under the great seal of England of the orders of the privy councell, 22 Jun. 1612, 10 Jac. I. ; exemplified 23 Jul. 10 Jac. p. 149.
6. A charter of 12 Novemb. 8 Car. I. to the University of Oxford for three printers, with a confirmation and additions annexed. p. 178.

XII.

Codex chartaceus, in folio, ff. 81, sec. xviii. ineuntis, manu nitida scriptus.

1. Capita summaria chartæ a Carolo primo Unversitati Oxoniensi concessæ, aliarumque quæ inibi recitantur et confirmantur. fol. 1.
2. Caroli I. charta Universitati concessa, unde supra. fol. 4.
3. Charta Burgensium Oxon. de rotulo Confirmationum de anno regni reginæ Elizabethæ septimo in domo Conversorum London. f. 40.
4. The case concerning the settling of the militia and the tax for the same within the University and city of Oxford. fol. 44.
5. The case of the University concerning its exemption from the above tax. fol. 47 b.
6. Charta Jacobi I. ad Burgenses Oxonienses ; dat. 3 Jac. I. fol. 56.
7. Charta Ricardi II. de Scholari Oxon. a Cancellario bannito, per regem perdonato et restituto ; dat. Cantabrig. 14 Oct. fol. 56. Inscribitur, " Ex Rot. Pat. de anno 12 Ric. II. pt. 1. m. 15. in Turre London. transcript. Jun. 25, 1649 per M. Ger. Langbain."
8. Libertates quædam ad villam Oxon. pertinentes extracta ex camera de Guild Hall, London. ; temp. Edw. III. et Ric. II. fol. 56. In calce, " Hæc omnia e libris E. et H. prænotatis in Guild-Hall London. excerpsi 26 Jun. 1649 Gerardus Langbain, custos archivorum Universitatis Oxon., solito feodo —— White clerico Aulæ prædictæ, qui mihi copiam transcribendi fecit 2 s."
9. Compositio facta inter Universitatem Oxon. et Burgenses Oxon. super Assis. et Assai. mensurarum et ponderum et quibusdam aliis particulis anno 22 Edwardi III. fol. 57.
10. A composition betwixt the University and

Town of Oxon. touching sundry points and articles in debate then among them. fol. 58.

11. Submissio Majoris et Burgensium et communitatis villæ Oxon. in qua se et omnes libertates suas in manum domini regis resignant pro pace et tranquillitate inter ipsos fienda. fol. 59.

12. Restitutio libertatum villæ Oxon. post magnum conflictum, exceptis his quæ Cancellario et scholaribus sunt concessæ; additis observationibus quibusdam super eisdem. fol. 59 b.

13. Charta Burgensibus Oxon. concessa, an. 36 Car. II. fol. 61 b.

14. Of the Court Leet belonging to the University of Oxford. fol. 64.

15. An abstract of several acts relating to the excise of beer and ale. fol. 66.

16. Observations concerning the assise and assay of wine beer and ale as granted to the University of Oxon. 1701. fol. 69.

17. Mr. Lane's case about the power of choosing of fellows, at Merton college; 1679. fol. 74.

18. Case of the Halls in Oxford by Dr. Wallis; 1693. fol. 79.

19. Dr. Bernard's case about punishing and expelling a fellow of Merton coll. 1679. fol. 81.

XIII.

Codex membranaceus, in folio, ff. 145, sec. xiv. exeuntis, binis columnis exaratus.

1. Anonymi cujusdam expositio super Cantica Canticorum, in capita ccxlv. distincta. fol. 1.

Incip. " Solet etas juvenilis ardentissimo studio et vite innocentia quandoque scientiam consequi.,

Inferius citatur Alexander Nequam.

Desin. " Sive ut aliis placet ad laudem et honorem Virginis benedicte, Cui sit honor et gloria ;" etc.

In calce, " Explicit exposicio super Cantica Canticorum."

2. Liber de vita hominis quadripartita, in capita septuaginta duo distinctus. fol. 109.

Incip. " Quadripartitam humanitatis vitam, videlicet nature et fortune gratie et glorie antiqui posuerunt."

Desin. " que ipse scripsit in hoc carmine ad laudem Domini nostri Jhesu Christi, cui sit honor et gloria, Amen."

Agitur de fortitudine et patientia, de articulis Christianæ religionis, de operibus pietatis, de perfectione evangelica ; etc.

XIV.

Codex membranaceus, in folio, ff. 195, sec. xv., olim Johannis Cobethorne, postea coll. Exon. ex dono Will. Elyot, magistri domus Dei de Portesmouth.

1. Liber Tolosani, sive Liber grammaticus de octo partibus orationis, cum præfatione. f. 1.

Incip. præf. " In qualibet arte diffusio fastidium procreat, ingenii acumen hebetat et memoriam perturbat ; ideo libellum hunc de quatuor partibus grammatice ad minorum instructionem e diversis auctoritatibus compendiose collectum ego balbutiens balbutivi."

Incip. opus, " Vox est arer (sic) tenuissimus ictus."

Desin. " determinatur supra in Ethimologia per totum, hic artem opusculi mei facio finem. Explicit liber Tolosani."

2. Catonis disticha moralia, cum commentario. fol. 174 b.

Incip. comment. " In principio pater spiritualis generalem causam innuit quare tractum istum suscepit."

Desin. in versu,

" Hec brevitas sensus fecit conjungere binos."

In calce,

" Explicit hic Cato, dans dogmata plurima nato."

Deinde, " Liber Willelmi Elyot, clerici, quem habuit de Johanne Cobethorne nuper ejus clerico pro debito iiij. librarum, quas eidem Willelmo ex debito debuit."

In fol. 2 margine superiori notatum est, " Liber Will. Elyot, clerici, rectoris de Aucton Giffard, quem librum idem Willelmus emit de executoribus testamenti Johannis Cobethorne nuper servientis ejus ;" et in marg. infer. " Hunc librum W. Elyot, clericus, magister domus Dei de Portesmouth, Winton. dioc. in com. Southn. olim registrarius bone memorie Edmundi Lacy, Exon. ep., dedit collegio Exon." etc. " quinto decimo die mensis Julii anno regni regis Ricardi tercii primo legavit, et in vita sua naturali disposuit ; Et si quis ;" etc.

XV.

Codex membranaceus, in folio, ff. 463, sec. xiii. exeuntis, binis columnis exaratus ; olim conventus S. Albani, ex dono Johannis Whethamstede, Prioris.

Vincentii Burgundi, Bellovacensis, Speculum Naturale, sive Historiale, libris xxxii. comprehensum ; præviis cujusque libri capitulis.

Tit. " Prima pars speculi . . . . cujus primus liber continet tantum annotaciones capitulorum librorum sequencium et ideo annotaciones inferius posite incipiunt a libro secundo."

In calce tabulæ, " Hunc librum ad usum conventus monasterii Sancti Albani assignavit venerabilis pater dominus Johannes Whethamstede, abbas monasterii antedicti, vinculoque anathematis innodavit illos omnes, qui aut titulum illius dolere curaverint aut ad usus applicare presumpserint alienos."

Evulsum est folium primum lib. ii. In margine fol. 2 inscribitur, " Hic est liber Sancti Albani de libraria conventus."

Defic. lib. xxxii. in verbis, " fervore conversatur. Apud Raven"——

XVI.

Membranaceus, in folio, ff. 207, sec. xv., quoad partem priorem binis columnis exaratus ; ex dono Johannis Alward, rectoris eccl. de Stokebruere, in comitatu Northampton, olim coll. Exon. socii.

1. Gulielmi Norton, Ord. Min., tabula super Nicolai de Lyra commentarii in totam Bibliam, ordine alphabetico. fol. 2.

Tit. " Incipit tabula super Liram novi ac veteris Testamenti."

Incip. " A alma dicitur virgo abscondita in tota sacra scriptura non inveniuntur."

Desin. " sub voce Zorobabel, et utriusque officium debebat conferri per unccionem et ideo dicti sunt filii olim, nota, Zach. 1. f."

In calce, " Explicit tabula super doctorem de Lira compilata per fratrem Willelmum Norton de sacro ordine fratrum Minorum in conventu Coventre, anno Domini m.cccc. tercio."

2. Quidam tractatus de tribus regibus Coloniensibus, in capitula xlv. distinctus, prævia capitulorum tabula. ff. 94-117 b., 193-203 b.

Incip. tit. i. " In primo capitulo hujus libri, qui est collectus de gestis et translacionibus sanctorum trium regum."

Incip. lib. " Cum venerandorum trium magorum immo verius trium regum gloriosissimorum."

Desin. " quod hii tres reges virgines fuerunt ; Deo gracias."

3. Anonymi cujusdam commentarius in S. Hieronymi prologos super totam Bibliam, prævio prologo metrico. ff. 169-192 b., 118-168 b.

Incip. prol.

" Partibus expositis textus nova cura cor angit,
Et fragiles humeros honus importabile frangit."

Incip. opus, " Frater Ambrosius, etc. Ad evidenciam hujus epistole quam scribit Jeronimus ad Paulinum."

4. [S. Augustini ?] Sermo in istud, ' Stabat ad monumentum.' fol. 204.

Incip. " Audivimus, fratres, Mariam ad monumentum foris."

In fol. 1 b. notatur, " Iste liber assignatur ad perpetuum usum rectoris et scolarium collegii Exon. in Oxon. per venerabilem virum magistrum Johannem Alward, rectorem ecclesiæ parochialis de Stokebruere in comitatu Northampton, quondam dicti collegii socium."

XVII.

Codex membranaceus, in folio majori, ff. 246, sec. xiv., binis columnis exaratus.

1. Apparatus domini W[illelmi] de Monte [L]auduno super constitutionibus Clementinis. fol. 1.

Incip. " Magnifice bonitatis, etc. Quoniam a Johanne et de Johanne pro revelanda veritate."

Des. " ex parte et de Ap. reprehensibiles."

In calce, " Explicit apparatus domini Guillermi de Auduno super constitutionibus Clementinis."

2. Ejusdem apparatus super Johannis XXII. Extravagantes. fol. 54.

Incip. " Suscepti ; Hoc decretum potest intitulari."

In calce, " Explicit apparatus domini Willelmi super Extravagantes."

3. Apparatus domini Gesselini [sive Jocelini] de Cassellis super Clementinis, ad Eustochium, diaconum Cardinalem. fol. 62.

Incip. " In perfectione in humana creatura."
In calce, " Explicit apparatus domini Gescelini de Cassandis juris utriusque professoris domini pape capellani super constitutionibus Clementinis factis per dominum Clementem papam quintum et per sanctissimum dominum Johannem papam vicesimum secundum publicatis ; Benedicamus Domino ; Deo gracias."

4. Johannis Andreæ Bononiensis apparatus super Clementinis ; initio mutil. fol. 107.
Incip. in verbis, " cum quibusdam constitutionibus quas prius edidit sub debitis titulis."
In calce, " Explicit apparatus domini Johannis Andree super Clementinis."

5. Johannis XXII. Extravagantes ; in calce mutil. fol. 170 b.
Defic. in verbis Extrav. iv. " Consummare, nulli ergo homini liceat"——

6. Pauli de Liazariis Lectura super Clementinis, cum prologo. fol. 174.
Incip. prol. " Bonus vir sine Deo."
Incip. lect. " Johannes; omissis questionibus."
In calce, " Finita lectura domini Pauli de Lazariis excellentissimi decretorum doctoris super constitucionibus Clementinis."

7. Modus procedendi in causis quæ in palacio apostolico agitantur ; " et primo de causis beneficialibus." fol. 245 b.
Incip. " Si cause namque beneficiales."

XVIII.

Codex membranaceus, in folio majori, ff. 142, sec. xii., binis columnis bene exaratus ; initio mutilus.

Expositio in S. Pauli epistolas tredecim, omnes scilicet ista ad Romanos et ad Corinthios prima exceptis, ex S. Augustini operibus a venerabili Beda concinnata.
Incip. in verbis comment. in Epist. ad Cor. cap. i. vers. 12, ' testimonium conscientie nostre,'——" vult placere, humilis anima in occulto ubi Deus videt vult placere."
Desin. " simul ergo in Dominico agro bonum operemur, ut simul de mercede gaudeamus."
In calce, " Explicit expositio epistole ad Hebreos ex dictis beati Augustini episcopi. Pars ultima."

XIX.

Codex membranaceus, in folio majori, ff. 323, sec. xiv., binis columnis exaratus.

Anonymi cujusdam Summa Summarum sive Commentarius in Gregorii papæ IX. Decretalium libros quinque ; prævia capitulorum tabula ; initio mutil.
Incip. tab. in titulo lib. ii. 17, " De Intrusis."
Tit. i. " Incipit liber primus, De summa Trinitate et fide catholica. Rubrica."
Incip. comment. " Quot modis dicitur fides, et quid sit fides."
Desin. comment. in tit. de Regulis Juris, " Multa sunt licita que non expediunt xj. qu. i. a° et in glossa."
Sequitur titulus de regulis magistralibus, qui incip. " De hoc dicitur ut notatur in Repertorio Willelmi Durandi in fine, ex quo repertorio multa breviter sumuntur, que in hac Summa plenius et intelligibilius inseruntur."
Citantur summæ [Henrici de Bartholomæis, ep.] Ostiensis ; Raynaldi [Ostiensis,] Goff[ridi de Trano,] etc.

XX.

Membranaceus, in folio majori, ff. 166, sec. xiii. exeuntis, binis columnis exaratus ; utrimque mutilus.

1. [Petri Lombardi Sententiarum libri quatuor,] glossis marginalibus hic illic instructi. fol. 1.
Incip. cum rubrica, " Determinatio eorum que videntur ecclesiastica."
In lib. iii. omnia desiderantur post capitulum de concilio Aurelianensi.

2. S. Johannis Damasceni de fide orthodoxa libri quatuor, cum glossulis marginalibus ; interprete Burgundione, Pisano. fol. 141.
Tit. " Johannis presbiteri Damasceni qui Mansur liber incipit, in quo est tradicio circa ortodoxe fidei capitulis divisa a Burgundione Judice cive Pisano," etc.
Incip. " Deum nemo vidit unquam ;" ut in edit. Le Quien. tom. i. p. 123.
In calce, " Hic explicit Damascenus, in nomine Patris et F. et S. S."
Sequitur *man. sec.* Index capitulorum S. Augustini operum de libero arbitrio, de S. Trinitate, de Doctrina Christiana, Confessionum, super Genesim ad literam, etc.

XXI.

Codex membranaceus, in folio, ff. 107, sec. xv. ineuntis, binis columnis exaratus; utrimque mutilus.

1. Roberti Grostete, ep. Lincolniensis, Dictaminum liber in capitula cxlvii. distinctus, cum epilogo; initio mutil. p. 1.

    Incip. in verbis cap. 51, " itaque officium est tripartitum."

    Desin. " reddit haustus aque cognicionis justicie et misericordie."

    Sequitur tabula capitulorum et deinde epilogus incip. " In hoc libello sunt capitula 147;" ut in Tanner. Biblioth.

2. Fragmentum sermonis de ordinibus ecclesiasticis, [eodem auctore]. p. 73.

    Incip. in verbis, " ad thesaurorum communicationem."

3. Sermo de moribus episcoporum, [eodem auctore.] p. 77.

    Inc. "Beatus Paulus apostolus discipulum."

    A Baleo Pitsioque ascriptus est sermo iste Ealredo Rievallensi.

4. Ejusdem sermo in istud, " Erunt signa in sole." p. 88.

    Inc. "Requirentibus discipulis a Domino."

5. Ejusdem sermo in die S. Martini in istud, " Pauper et inops laudabunt nomen." p. 96.

    Incip. " Canitur hodie in laude beati Martini."

6. [Ejusdem?] sermones alii, quorum initia,

    a. " Convenitis ex consuetudine." p. 104.

    b. " Exiit edictum." p. 105.

    c. " Beati pauperes spiritu; Vos omnes et singuli." p. 107.

    d. " Dominus noster Jhesus eternus." p. 117.

    e. " Itaque post primo." p. 125.

    f. " Cum itaque secundum sacram." p. 126.

    g. " Ad vestram sanitatem," cum præfatione, incip. " Interim dum predicta agerentur." p. 130.

    h. " Ecce quam bonum ;" cum præfatione, incip. " Anno Domini m.cc.io ;" ut cf. Fascicul. Rerum Expetendar. tom. ii. p. 250.

    i. " Prelati et doctores.'" p. 135.

    k. " Christus in scriptura frequenter." p. 136.

    l. " Qui autem sunt Christi." p. 138.

    m. " Ad verificacionem sequencium." p. 139.

    n. " Tribulatur homo." p. 141.

    o. " Absinthium tali." p. 142 b.

    p. " Si rex est." p. 145.

    q. " Timor est apprehensio." p. 145.

    r. " Ecclesia sancta celebrat." p. 147.

    s. " Sacerdotes tui induantur ;" cum præfatione, incip. " Premonitus a venerabili patre Ottono Sancti Nicholai in carcere Tullianensi diacono Cardinali." p. 153.

7. Liber de decem mandatis Dei. p. 170.

    Incip. " Sicut dicit apostolus plenitudo legis est dileccio."

    Defic. in verbis, "fruantur summo opere"—

    In calce, " Iste liber valet xxs. emi pro xvi. s. x. d, posterius feci scribi sermones in eo, et sic valet xxxv. s."

XXII.

Codex membranaceus, in folio, ff. 277, sec. xiv. ineuntis; binis columnis exaratus.

Johannis Lectoris, de Friburgo, Summa Confessorum, in libros quatuor distincta, præviis titulis prologisque duobus.

Præcedit notitia, quæ incip. " Nota quod lector iste Johannes ;" ut in edit. impr. 1518.

In calce, " Explicit tractatus de mermerio et finitur per consequens quasi in iiij. libros tota Summa Confessorum."

Sequuntur,

a. Paragraphi Summæ fratris Raymundi [de Pennaforti.] fol. 238.

    Incip. " Quoniam inter crimina ;" ut in edit. cit.

b. Statuta Summæ Confessorum ex Sexto Decretalium, etc. fol. 240.

    Incip. " De libro qui de Summa Confessorum ;" ut in edit. cit.

    In calce, " Explicit compendiosa tabula quorundam statutorum ex sexto libro Decretalium."

c. Tabula super Summa Confessorum alphabetica, cum prologo. fol. 249.

    Incip. prol. " In tractatulo ubicunque fit ;" ut in edit. cit.

    In calce, " Explicit tabula super Summam Confessorum."

XXIII.

Membranaceus, in folio, ff. 199, sec. xiii., binis columnis exaratus; ex dono Thomæ Plymyswode.

1. Stephani Langton, archiep. Cantuariensis,

commentarius in librum Tobiæ, cum prologo. fol. 2.

Tit. " Incipit prologus magistri Stephani
Cantuariensis archiepiscopi in expositionem
libri Thobie."

Incip. prol. " In Genesi legimus, Fiant lu-
minaria in firmamento celeste."

Incip. comment. " Thobias ex tribu; Ecce
in principio commendat."

In calce, " Explicit exposicio magistri Stephani Cantuariensis archiepiscopi in librum
Thobie."

2. Ejusdem expositio in librum Judith, cum prologo. fol. 8.

Incip. prol. " In ecclesiastico legitur."

Incip. comment. " Apud Hebreos."

In calce, " Explicit exposicio," etc.

3. Ejusdem expositio in librum Hester; cum prologo. fol. 18.

Incip. prol. " In proverbiis legitur."

Incip. expos. " Librum Hester variis."

In calce, " Expliciunt notule magistri ;" etc.

4. Ejusdem expositio in duodecim prophetas minores ; cum prologo. fol. 24.

Incip. prol. " Ossa duodecim prophetarum."

Incip. expos. Oseæ prophetæ, " Verbum
Domini, etc. Perlecta litera cum glosis."

Desin. ult. " sed sedebit Jerusalem secura."
Sequuntur proverbia Pamphili et Getæ,
metrice ; incip.

" Solet ars Dominum sepe juvare suum."

5. Excerptum de vita beati Thomæ. fol. 166 b.

Incip. " Beatissimus martyr Thomas."

6. Orationes et meditationes S. Anselmi archiep.
Cantuar., cum prologo. fol. 166 b.

Incip. prol. " Orationes sive meditationes
que subscripte sunt," ut in edit. 1721, p. 202.

7. Proverbia Claudiani magni, versibus heroicis.
fol. 184.

Incip. —— " res hominum multa caligine
volvi."

8. Vetus et novum Testamentum breviter versifi-
catum. fol. 184 b.

Incip.

" Ante dies omnes mundi fuit omnis in uno."

9. Proverbia ex Ovidio, Horatio, Lucano et Per-
sio. fol. 188.

Incip. " Ovidius de remedio amoris.

Terra salutiferas herbas eademque nocentes."

10. Proverbia Alexandri. fol. 191.

Incip. " Vacuum ferit improba lingua pa-
latum."

11. Proverbia Architrenii. fol. 193.

Incip. " Amarum in muliere."

12. Hugonis de Sancto Victore libellus de spiritu
et anima; *man. sec.* fol. 196 b.

Incip. " Interior substantia."

In fol. 2. marg. super. notatum est, " Hunc
librum dedit magister Thomas Plymyswode
collegio sive aule de Stapyldonhalle Oxon.
ad cathenandum in libraria ibidem ; oretis
pro eo."

XXIV.

Codex membranaceus, in folio, ff. 217, sec.
xiii., binis columnis exaratus.

Stephani Langton, archiepiscopi Cantuariensis,
commentarius in librum Ecclesiastici, cum prol.

Tit. prol. " Incipit prologus Stephani archiepiscopi Cantuariensis in Ecclesiasticum."

Incip. prol. " Hoc nomen Ecclesiastes interpretatur concionator et refertur."

Incip. expos. " Omnis sapientia ; hoc nomen
omnis quandoque vocat universitatem."

Desin. " carni a verbo assumpte, qui mun-
diciam subtrahit carni sue."

XXV.

Membranaceus, in folio, ff, 130, sec. xii. exeuntis, binis columnis exaratus; " ex dono
domini Johannis French, capellani collegii
regalis Etone, collegio Exonie in Oxonia;
orate pro anima ejus."

Flavii Josephi Antiquitatum Judaicarum libri
xii. priores, cum prologo, [interprete Ruffino
presbytero.]

Tit. " Incipit prologus Josephi in libris Ju-
daice Antiquitatis."

In calce, " Explicit liber duodecimus Josephi
illustris Hebreorum hystoriographi de antiquitate Judayca ab initio mundi usque ad tempora Machabeorum."

XXVI.

Membranaceus, in folio, ff. 215, sec. xv. ineuntis, binis columnis exaratus.

Johannis Lathebirii, sive Lathbury, Franciscani,
Distinctionum liber theologicarum, ordine alphabetico dispositus, annexa tabula.

Incip. " Abstinendum est a deliciis, etc. Le-

c

*and Liber J.
Exon : i.e.
Bp. Grandison,
Healing in
his hand.
fol. 196ᵛ.*

gitur libro de donis titulo 4, prime partis
capitulo 8."

Desin. " confessio de ave nidificante," etc.

Sequitur notitia, " Johannes Latbury doctor
de ordine fratrum minorum, qui fecit lectu-
ram super librum Trenorum, compilavit istum
tractatum, Deo gracias."

XXVII.

Codex membranaceus, in folio, ff. 253, sec.
xv., binis columnis exaratus.

Johannis Lathbury, Franciscani, commentarii
in Hieremiæ Threnos, cum procemio.

Tit. " Incipit liber lecture moralium super
duo capitula Trenorum Jeremie prophete per
fratrem Johannem Lathebury compilatus."

Exstat impress. in fol. 1482.

Sequitur tabula contentorum alphabetica.

XXVIII.

Membranaceus, in folio majori, ff. 307, sec.
xiv., binis columnis exaratus, ' emptus scolaribus de Stapleton Hall, cum bonis magistrorum Henrici Whitefeld et Johannis
Landreyn.   Oretis igitur pro utroque.'

1. Gulielmi Whetely, Anglici, in Boethii de
disciplina scholasticorum libros tres commentarius, cum præfatione. fol. 2.

Incip. " Hominum natura multipliciter est
serva. Ista propositio scripta est a philosopho."

Incip. comment. " Primo cum iste liber sit
de disciplina scolarium."

Desin. " et fragrancie in omnia secula seculorum. Amen."

In calce, " Explicit liber Boetii de disciplina scolarium in hunc modum ordinatus
ac compilatus per quendam magistrum, qui
rexit scolas Stamfordie anno ab incarnacione Domini millesimo tricentesimo nono.
Ipso incipiente die lune post festum Sancti
Martini in yeme et terminante in vigilia
palmarum proxima sequente."

2. Ejusdem in Boethii de consolatione philosophiæ libros quinque commentarius. fol. 68 b.

Tit. " Incipit liber Boetii de consolatione
philosophie."

Incip. " Philosophie servias, ut tibi contin-
gat vera libertas. Ista propositio scripta
est a Seneca."

Desin. " Judicis cernentis cuncta, Qui est
Dominus Deus Pater," etc.

In calce, " Anitii Manlii Severini Boetii
exconsulis ordinarii Patritii philosophie consolationis liber ultimus explicit."

Sequuntur capitula atque conclusiones librorum unde supra.

3. Anonymi cujusdam quæstiones in libros supra
memoratos. fol. 206.

Inc. "Carmina qui condam; etc. Quia in isto
libro, qui est liber Boecii de consolacione."

Desin. " temporum successione set earundem similitate ; Amen."

In calce, " Expliciunt questiones super
quintum librum Boecii de consolacione philosophie.

Mando lectori . post mortem gaudia celi,

Ut dei scriptori . roget Deum ore fideli ; quod
Sol . reue."

Sequitur, *manu recent.* ' Confessio generalis B. Augustini ;' incip. " Confiteor Tibi,
Pater, Creator."

4. Sermones in evangelia quæ legi solent in ecclesia, cum præfatione ad W. N. ecclesiæ
dispensatorem, auctore ' Filio Matris.' f. 250.

Incip. præf. " Quoniam nonnullos nostri
temporis."

Incip. serm. i. " Appropinquans Dominus;
Non sine magni causa misterii."

In calce, " Explicit tractatus quidam qui
vocatur Filius Matris, cum quibusdam pre-
dicacionibus super quatuor Evangelistas."

Deinde,

" Cum te formavi . non in hac te sede locavi,
In mea regna redi . quia te moriendo redemi."

5. Liber S. Augustini de prædestinatione et gratia Dei, " et est quintus inter ejus sermones."
fol. 285.

Incip. " Cum in sacrarum voluminibus litterarum ;" ut inter opera, tom. x. col. 49, App.

6. Sermo ejusdem ' de patientia xlix.' fol. 289.

Incip. " Virtus animi que paciencia ;" ut
ibid. tom. vi. col. 533.

7. Ejusdem sermo in natali S. Mariæ Magdalenæ. fol. 293.

Incip. " Evangelium cum legeretur."

8. Libellus domini Roberti Grosseteste, Lincolniensis episcopi, de veritate. fol. 294 b.

Incip. " Ego sum via, veritas," etc. " Hic
ipsa veritas dicit se esse veritatem ;" ut inter
opuscula, Venet. 1514.

9. Ejusdem libellus de libero arbitrio. fol. 297.
   Incip. " Cum per arbitrii libertatem."
10. [Ejusdem] libellus de Dei scientia, voluntate,
   misericordia et justitia et præsentia. fol. 306.
   Incip. " Queritur de scientia Dei, quomodo
   scit singularia, ista; quidam enim dicunt."

XXIX.

Codex membranaceus, in folio, ff. 314, annum
circiter 1400 binis columnis exaratus; olim
peculium M. Johannis Northwode.

Innocentii papæ IV. apparatus, sive commentarii
in Decretalium libros quinque, cum prologo.
   Incip. " Legitur in Ezechiele;" ut in edit.
impress. 1611.
   In calce, " Explicit liber quintus Innocentii quarti."
   Sequuntur Casus de pœnitentibus, de remissionibus omnis utriusque sexus, aliaque de
pœnitentia, et confessione, etc.
   In fine codicis notatur in margine, " Primo
die mensis Maii probatum testimonium domini Johan. Bendyn et commissa Roberto
Charteray," etc. et postea, " Caucio magistri
. . . . . decretorum exposita in cista de Wah-
ghan pro . . . . marcis in crastino translationis
beati Thome, A. D. m.cccc.xxvij."
   In fol. 1 b. " Innocentius magistri Johannis
Northwode accommodatus precarie M. Ricardo Wykeslond."
   In fol. 4 margine inferiori scriptum est, "Hunc
librum Willelmus Elyot, Eliensis magister domus Dei de Portesmouth, Wynton. dioc. in com.
Suthwic. olim registorarius bone memorie Edmundi Lacy, Exon. episcopi, quarto decimo
die mensis Julii anno regni regis Ricardi tercii
primo dedit, legavit, ac in vita sua naturali
disposuit collegio Wynton. in Oxon., ad usum
magistrorum;" etc.

XXX.

Membranaceus, in folio majori, ff. 266, sec.
xiv. ineuntis, binis columnis exaratus.

Innocentii papæ IV. commentarius super libros
quinque Decretalium, cum prologo.
   Exstat impress. ed. Tridini, 1611.
   In calce, " Explicit liber quintus Innocentii
quarti."

XXXI.

Codex membranaceus, in folio, ff. 290, sec.
xiv. exeuntis, binis columnis exaratus.

1. Martini Poloni Tabula super Decreto et De-
cretalibus, quæ dicitur Martiniana, cum pro-
logo; ordine alphabetico. fol. 3.
   Tit. " Incipit prologus in Martinianam
Decreti et Decretalium."
   Incip. " Inter alia que ad fidem;" ut in
edit. Argent. 1486.
   In calce occurrunt versus sequentes leonini,
" Opere completo . sit laus et gloria Christo,
Nil valet hoc metrum . sin hoc requirito Petrum,
Qui dedit expleri . laudetur corde fideli.
Nobilitas hominis est mens Deitatis ymago,
Nobilitas hominis virtutum clara propago,
Nobilitas hominis humilem relevare jacentem,
Nobilitas hominis mentem refrenare furentem,
Nobilitas hominis nisi turpia nulla timere
Nobilitas hominis nature jura tenere.
      Deo gratias."
2. Dictionarium aliud juridiciale, spectans tam ad
jus utrumque quam ad commentatores. f.111.
   Incip. " A ; De ista dictione notatur de
electis c. i."
   Desin. " zizannie, Jo. Andree in Clementinas ; Explicit litera z."
3. Constitutiones domini Ottonis, quondam apostolicæ sedis legati Londoniis editæ. fol. 207.
   Incip. " Quoniam decet domum Dei ;" ut
in editt. impress.
4. Constitutiones domini Ottoboni legati in Anglia editæ London. anno gratiæ 1268. fol. 209 b.
5. Constitutiones [S. Langton] Oxoniæ editæ
A. D. 1222. fol. 218.
   Incip. " Ex auctoritate Dei ;" ut in edit.
Wilkins. tom. i. p. 585.
6. Constitutiones Bonifacii, archiep. Cantuar.
editæ anno Domini 1261. fol. 223.
   Incip. " Universis sancte ;" ut ibid. tom. i.
p. 746.
7. Statutum Londoniis celebratum per eundem
Bonifacium, et episcopos sui archiepiscopa-
tus. fol. 226.
   Incip. "Quoniam propter diversas consuetudines ;" ut ibid. tom. i. p. 698.
8. Declarationes et Constitutiones Johannis de
Peccham, quondam Cantuariæ archiep. editæ
apud Reading, iij. kal. August. 1279 et 1281.
fol. 226 b.

c 2

Incip. " Cum recolende memorie ;" cf. ibid.
nonnullis variis, tom. ii. pp. 33—36, 51.

9. Constitutiones Simonis Mepham, archiepiscopi
Cantuariensis. fol. 233 b.

> Incip. " Zelari oportet pro Domino ;" ut
> ibid. tom. ii. p. 552.

10. Constitutiones Johannis de Stratford, archiep.
Cantuar. fol. 234.

> Incip. " Sponsam Christi ;" ut ibid. tom. ii.
> p. 702.

11. Roberti Winchelsea, archiep. Cantuar., Decretum et ordinatio in provinciam suam visitan-
do. fol. 237 b.

> Incip. " Ad doctrinam ;" ut ibid. tom. ii.
> pp. 278—281.

12. Benedicti papæ XII. Constitutio de novo edita
super quota procurationis percipienda a qui-
buscumque visitantibus ubique terrarum; dat.
Avinion xv. kal. Jan. an. Pontif. 2. fol. 239.

> Incip. " Vas electionis Paulus ;" ut ibid.
> tom. ii. p. 578.

13. Bonifacii papæ VIII. Constitutio Extravagans
contra fratres mendicantes ; dat. Lateran. xii.
kal. Mart. pont. an. vi. fol. 240.

> Incip. " Et si vultis et ordinis."

14. Ejusdem de sepultura defunctorum, et contra
quæstores, bullæ duæ. fol. 241.

> Incip. i. " Detestande ferocitatis ;"
> Incip. ii. " Ad Romani pontificis providen-
> tiam."

15. Tabula titulorum legum supradictarum. f.241 b.

16. Ordinatio facta a Roberto Winchelsea in visitatione sua. fol. 243.

> Incip. " In primis inquirendum est an rec-
> tor."

17. Casus generales sententiæ excommunicationis
majorum publicæ, ut dicitur in Constitut.
Reading. fol. 243 b.

> Incip. " Excommunicantur omnes illi."

18. Petri Blesensis, archidiaconi Bathoniensis, epistolæ centum una, cum tabula. fol. 244.

> Ep. i. inscribitur Henrico II. regi Angliæ,
> et incip. " Rogatus a vobis epistolas ;" ut in
> edit. 1667, ep. 1.
>
> Ult. est ad Guidonem et Gol. archidiaco-
> nos, et incip. " Quis dabit capiti meo."
>
> Sequitur, *man. recent.* Quomodo in necessi-
> tatibus publicis clerus quotam bonorum ec-
> clesiasticorum teneatur reddere ; incip. " Fe-
> cit potestas secularis."

Præmittitur codici epistola alia P. Blesensis ad P. Rossig. incip. " Divisus es et cor
tuum in diversa ;" ut inter opera, ep. cxl.

XXXII.

Codex membranaceus, in folio, ff. 159, sec.
xiii., binis columnis nitide exaratus; olim
Will. Reed, præpositi Wynghamensis, postea
episc. Cicestrensis, ex dono Nicolai de Sandwyco, postea coll. Exon. ex dono Willelmi
prædicti.

P. Lombardi Sententiarum libri quatuor ; cum
titulorum tabulis et prologo ; [imperf.]

> Deficit lib. iv. in verbis Distinct. v. " datur
> gratia qua cum tempus habuerint"——
> Præmittuntur,

a. Notitiæ duæ de codicis possessoribus, quarum
altera, " Liber aule Exon. in Oxon. in communi libraria ejusdem et ad usum communem sociorum ibidem studencium cathenandus ex dono venerabilis patris domini Willelmi tercii episcopi Cicestrie ; Oretis igitur
pro eodem et benefactoribus ejusdem ac fidelium animabus a purgatorio liberandis." f.1 b.

b. Glossæ super Sententiarum lib. primum. f. 2.

> Incip. " In primo libro Sententiarum in
> quo agitur de rebus."

XXXIII.

Membranaceus, in folio, ff. 169, sec. xiii., binis
columnis exaratus.

[Alexandri de Hales Summæ Theologicæ sive
Sententiarum liber primus.]

> Incip. " Quoniam sicut dicit Boetius in libro
> de Trinitate ; Optime dictum videtur ;" ut in
> edit. impress. Colon. 1622.
>
> Defic. in cap. 520 verbis, " in quo data est
> vis regenerativa aquis et hec in specie co-
> lumbe"——
>
> Præmisit manus recentior tabulam alpha-
> beticam.

XXXIV.

Chartaceus, in folio, ff. 104, sec. xvii., olim
liber Gul. Levett, 1676.

Taxatio ecclesiastica, sive Registrum valoris
rectoriarum vicariarumque in Anglia, per episcopatus decanatusque distributarum.

Sequuntur tabulæ duæ comitatuum, ut in

codice inveniuntur, et secundum ordinem alphabeti.

Cf. cod. MS. coll. S. Trin. lxxxviii.

XXXV.

Codex membranaceus, in folio, ff. **272**, sec. xiv. ineuntis, sed haud una manu nec eodem tempore exaratus ; ‘ liber de Stapledon halle ex dono magistri Henrici Whitefeld.’

1. Anonymi cujusdam liber de proprietatibus animalium physicis. fol. 2.

    Incip. “ Quedam animalia sunt simplices divisibiles in partes similes que solum partes dicuntur.”

    Desin. “ in amplitudine ossis in quo radicantur.”

    Sequitur *man. recent.* notitia de syrupis xii. communibus.

2. Summa magistri Girardi [Cremonensis?] de modo medendi et ordine unde corpus sit purgandum et quomodo. fol. 13.

    Incip. “ Cum omnis scientia ex suo fine.”

    Defic. in verbis, “ ab umbilico inferius descendere”——

3. Ex Tro[tulæ?] de morbis muliebribus. fol. 37.

    Incip. “ Contra difficultatem partus.”

4. Hippocratis epistola ad Antigonum, cum responsione. fol. 39 b.

    Incip. “ Quoniam convenit te omnium.”

5. Tabula utilium synonymorumque medicinalium, ordine alphabetico. fol. 41.

    Tit. “ Incipit id pro quo.”

    Incip. “ Omnia ea que sunt utilia.”

    In calce, “ Expliciunt sinonima, Deo gratias.”

6. Roger? Bacon De diebus criticis libellus. fol. 46 b.

    Incip. “ Ad evidenciam dierum creticorum est notandum ; et primo de notificatione diei cretice.”

    In calce versus, de modo dispensandi medicinas compositas, etc. *man. secunda.*

7. Ægidii, monachi Corbeiensis, carmen de pulsibus cum commentario. fol. 51.

    Incip. comment. “ Quatuor sunt membra principalia quibus humani corporis.”

    In calce, “ Expliciunt versus Egidii de pulsibus.”

8. Tractatulus de urinis. fol. 6 b.

    Incip. “ Ducendum quod omnis natura.”

Sequitur *man. sec.* tabula medicinarum, cui titulus, ‘ Quid pro quo.’

9. Ægidii monachi carmen de urinis cum commento. fol. 71.

    Incip. com. “ Liber iste quem legendum proponimus liber est nove institucionis.”

    In calce, “ Expliciunt versus Egidii.”

    Sequuntur versus, incip.

    “ Thetanus omne tenet me . cernat epyque supinat.”

10. [Aristotelis epistola ad Alexandrum Magnum de sanitate tuenda, Latine versa per Johannem Hispanum ;] *initio mutil.* fol. 87.

    Incip. in præf. interpretis, “ quem habebunt in te, dominabis in eis pacifice cum triumpho.”

11. Rogerini, sive Rogeri [Salernitani?] Summa minor. fol. 102.

    Incip. “ Cum medicinalis artis due.”

    In calce, “ Explicit parva summa magistri Rogeri.”

12. De diæta tractatulus. fol. 107.

    Incip. “ Cum omnis operacio medicine.”

13. Ricardi [Anglici?] Signa medicinalia. fol. 108.

    Tit. “ Hic incipiunt signa Ricardi.”

    Incip. “ Finis medicine duntaxat.”

    In calce, “ Expliciunt signa Ricardi.”

14. Commentarius in Nicholai [Præpositi] Antidotarium, dict. “ Secundum quod vult Avicenna.” fol. 121 b.

    Incip. “ Secundum quod vult Avicenna primo libro, qui in principio.”

15. [Gerardi Bertuti, an Cremonensis,] commentarius in Isaaci Judæi Viatici partes septem ; cum procemio. fol. 135 b.

    Incip. procem. “ Cum omnia ex quatuor elementis generata quodammodo sunt agnoscenda.”

    Incip. comm. “ De allopicia : Premisso ergo prohemio incipit a passionibus capillorum.”

16. Anonymi cujusdam commentarius in Ægidii carmen de urinis. fol. 206.

    Incip. comment. “ Sicut dicit Constantinus in Pantegni et idem testatur Johannicius.”

    In calce, “ Expliciunt versus Egidii cum commento.

    Qui scripsit carmen, sit benedictus ; Amen. Explicit expliceat . ludere scriptor eat.”

17. Summus tractatus de ornatu mulierum. f. 227 b.

    Incip. “ Ut dicit Ypocrates in libro quem de scientia pronosticorum.”

In calce, " Explicit tractatus necessarius de supletione pulcritudinis mulierum."

18. Anonymi cujusdam liber mineralium, de lapidibus scilicet et metallis, etc. fol. 230.

Incip. " De commixtione et coagulacione sicut eciam congelacione."

19. Versus de lapidibus pretiosis; [imperf.] f. 236. Incip.

" Et per bis binos capit incrementa sequentes."

20. Compositio aquæ vitæ. fol. 239.

Incip. " Que facit hominem letum."

21. Tractatus de regimine sanitatis secundum Johannem de Toleto. fol. 240.

Incip. " Ut dicit Constantinus in Viatico, qui vult continuam custodire sanitatem."

22. Judicia urinarum secundum M. Gualterum Agilon. fol. 243.

Incip. " In urina alba."

23. Contenta urinarum secundum M. Gualterum Agilon. fol. 245.

Incip. " Iste modus est judicandi urinas."

24. Ricardi Anglici liber de urinis. fol. 249 b.

Incip. " Circa urinas quinque attenduntur principalia."

Præmittitur distichon,

" Qui cupit urinas mea per compendia scire,
Hec legat assidue, hec oportet longius ire."

25. J. de Parma libellus de regimine contra sterilitatem. fol. 254.

26. Dormitoria chirurgica. fol. 256.

Incip. " Constitucio soporis."

27. Liber de modo medendi secundum Cophonem. fol. 256.

Incip. " In medendis corporibus et maxime purgandis."

28. De phlebotomia secundum Johannem Damascenum. fol. 262 b.

29. De modo qualiter medicus visitabit infirmos. fol. 263.

30. De modo compositionis medicinarum, ordine alphabetico, cum prologo. fol. 264.

Incip. " Quoniam ut diximus in areolis nostris et testatur Johannes Damascenus."

In calce, " Explicit tractatus de medicinis componendis, etc."

XXXVI.

Codex membranaceus, in folio, ff. 283, sec. xiii., suppletis hic illic foliis aliquot manu recentiori, sec. scil. xv.; mutilus.

Biblia Sacra Universa, ex versione vulgata.

Incip. in verbis Genes. cap. v. vers. 25, " Centum octoginta septem annis et genuit Lamech."

Præcedunt,

a. Versus decem ordinem librorum Bibliæ exhibentes. fol. 1 b.

b. Tabula librorum, ut in codice nostro ordinantur, cum præfatione, *man. sec.* fol. 3.

Incip. præf. " Ordo librum in hac Biblia est preposterus, in quibusdam."

Ordo librorum est iste, Genesis—Regum IV. inclusive, omnes capitulorum titulis instructi, deinde Prophetarum sedecim, [inserto in Danielis libro Trium Puerorum Cantico,] Job, Proverbiorum, Ecclesiastis, Canticorum, Sapientiæ, Ecclesiastici, Paralipomenon II., Esdræ, Neemiæ, Hester, Tobiæ, Judith, Maccabæorum II., Baruch, cujus libri partem alteram supplevit manus secunda, ut quoque librum Psalterii integrum qui sequitur.

In calce, " Explicit liber Ympnorum vel Soliloquiorum David prophete de Christo."

Sequuntur, *manu secunda,*

a. Prologi " Novi Testamenti, præter prologos in ·epistolas Pauli quos invenies primo folio ante evangelium Mathei." fol. 227 b.

b. Summa Bibliæ versibus expressa heroicis, [auctore Alexandro de Villa Dei.] fol. 229.

Incip. " Sex prohibet, peccant, Abel, Enoch, archa fit, intrant."

c. Tabula lectionum epistolarum et omnium evangeliorum sub concordia uniformi tam dominicalium quam sanctorum festivalium et omnium sanctorum tam de proprio, quam de communi per totum annum, incipiens, a prima Dominica adventus Domini, secundum usum Sarum, usque ad idem tempus anno revoluto. fol. 231 b.

d. Prologi in S. Pauli epistolas. fol. 235.

Ordo Testamenti Novi est iste, Evangelia quatuor, Actus Apostolorum, Epistolæ septem catholicæ, Apocalypsis, Epistolæ Paulinæ.

Defic. in epist. ad Corinth. i. cap. vii. vers. 15, " in ejusmodi; in pacem"——

Succedit *man. sec.* " Directorium alphabeticum verborum difficilium sparsim descriptorum in marginibus inferioribus librorum et capitulorum passim per bibliam superius in locis suis positorum atque in singulis marginibus superiorum eorundem ad tale signum trium punctorum seu foliorum ubilibet expositorum, et hic in isto alphabeto notatorum atque colatorum."

Ad fol. 1 b. legitur notitia, " Caucio M. J. Mercer et M. W. Masse exposita in cista Wynton., anno Domini m.cccc.lxxix.º 3 die mensis Novembris,et est Biblia, 2º fol. —*cione* et habet duo supplementa, 2 fol. *primi minus* et 2º fol. secundi, *quod septem* et jacet pro liii. s. iiij. d."

XXXVII.

Codex membranaceus, in folio, ff. 224, sec. xv., binis columnis exaratus.

S. Augustini in Psalterium expositionis pars tertia.

Tit. " Aurelii Augustini, egregii oratoris, tractatus prior de psalmo centesimo primo."

Incip. " Ecce unus pauper orat," ut inter opp. tom. iv. col. 1092.

In calce, " Explicit Aurelii Augustini episcopi tractatus de psalmo cl."

XXXVIII.

Membranaceus, in folio, ff. 189, sec. xiii. ineuntis, binis columnis nitide exaratus.

S. Augustini, ep. Hipponensis, expositio in Psalmos priores quinquaginta ; initio mutil.

Incip. ab initio ps. ii. ut in edit. Benedict. tom. iv. col. 4.

Præcedit tabula alphabetica, quæ deficit sub voce ' Tristicia.'

XXXIX.

Membranaceus, in folio, ff. 257, sec. xiv., binis columnis exaratus ; olim cujusdam qui portabat in scuto cæruleo sub cruce aurea leones quatuor argenteos auroque coronatos.

Thomæ Guallensis, sive Walleys, commentarius in duos nocturnos Psalmorum sive in Psalmos xxxviii. priores, cum præfatione.

Incip. præf. " Beatus qui custodit viam ;" ut in edit. Venet. 1611.

In calce est tabula super opus alphabetica, cum prologo, incip. " ad evidenciam et intellectum habendum sequentis tabule, que est

super expositione morali duorum nocturnorum Psalterii."

In fol. 1 b. notatur, " Precium istius libri xl. s."

XL.

Codex membranaceus, in folio, ff. 96, sec. xii., binis columnis nitide exaratus.

S. Gregorii papæ I. cognomento Magni, in Ezechielem prophetam sermones xxii. in partes duo distincti, prævia præfatione ad Maximianum episcopum.

Tit. " Incipit liber primus omeliarum beati Gregorii pape urbis Rome in primam partem Ezechielis prophete, que sunt numero duodecim."

Exstant impress. inter opera ed. Bened. tom. i. col. 1173.

In calce, " Explicit omeliarum liber sancti Gregorii pape urbis Rome in extremam partem Ezechielis prophete que sunt numero decem."

XLI.

Membranaceus, in folio, ff. 219, sec. xv. ineuntis.

1. [Johannis de Burgo] Liber dictus, Pupilla oculi, in partes decem distinctus ; initio mutil. fol. 1.

Incip. a verbis, versus finem partis 1, " sed relacio ordinis, ad aram sacramenti."

Desin. " sub decimo numero parcium terminatur."

Sequitur index alphabeticus, incip. " Abbas, quid si sciat per confessionem subditi sui."

In calce, " Explicit tabula super pupillam oculi, Deo gratias ; Amen."

2. Constitutionum collectio Provincialium ab archiepiscopis Cantuariensibus editarum ; scilicet,

a. Stephani Langton anno 1222 apud Oxoniam editæ. fol. 173.

In edit. Wilkins. tom. i. p. 585.

b. Bonifacii, anno 1259 apud Lambetham. fol. 176 b.

Ibid. tom. i. p. 746.

c. Johannis Peckham, anno 1279 apud Reading. fol. 180 b.

Ibid. tom. ii. p. 33.

d. Roberti de Winchelsea, ' vel Stephani de
Langton apud Merton editæ de decimis,'
etc. 1260, [potius 1305.] fol. 187 b.

    Ibid. tom. ii. p. 279.

e. Stephani de Langton, ' et in quibusdam libris
iste constitutiones pretenduntur Constitutiones de Merton de modo dandi mortua-
rium.' fol. 188 b.

    Incip. " Statutum felicis recordationis R.
predecessoris nostri ;" cui succedit canon
' Ne fiant scotallæ ;' ut ibid. tom. ii. p. 719.

f. Simonis Mepham, apud London. an. 1327.
fol. 189.

    Ibid. tom. ii. p. 552.

g. ' Stephani Mepham, apud Lambeth de ornamentis altaris ;' etc. fol. 190 b.

    Ibid. Waltero Reynolds tributæ, tom. ii.
p. 513.

h. Jo. Stratford, apud London. 10 Oct. 1342.
fol. 191 b.

    Ibid. tom. ii. p. 696.

i. ' Celebratum consilium apud Westmonasterium tempore Ricardi, archiep. Cantuar. an.
1065, de clericis contrahentibus matrimonium.' fol. 198 b.

    Incip. " Si quis sacerdos vel clericus in
sacris ordinibus."

    Hasce constitutiones excipit ' Casus in
quibus judex ecclesiasticus potest, regia
prohibitione non obstante, concessione per
cartam regiam ;' dat. Ebor. 24 Nov. 14 Edw.
[10 Edw. II. ut apud Wilkins, t. ii. p. 460.]

k. S. Edmundi Riche, ' qui sunt irregulares et
suspensi mero jure.' fol. 200.

    Ibid. tom. i. p. 635.

l. Simonis Islep ' secundum quosdam libros et
secundum alios hec est Ro. de Wynchilse,
quid Parochiani invenire debeant in ecclesia
et quid rectores.' fol. 202 b.

    Ibid. tom. ii. p. 280, et tom iii. p. 1.

m. Ejusdem constitutio ad Robertum ep. Sarum.
de festis sanctorum observandis et de parochianis ut intersint horis canonicis per ordi-
narios debite exhortandos. fol. 203 b.

    Incip. " Symon, etc. Ex scripturis sacris
didicimus dicimus vicia sepe." dat. ap.
Maghfeld. xvi kal. Aug. 1362.

n. Roberti Winchelsea constitutio facta an. 1305.
fol. 204.

    Ibid. tom. ii. p. 280.

o. Thomæ Arundel, apud Oxon. an. 1407. f. 204.

    Ibid. tom. iii. p. 314.

3. Statuta et constitutiones editæ apud London.
in eccl. cathed. S. Pauli, a venerabili Ottone,
S. Romanæ eccl. cardinali, in Oct. S. Martini,
A. D. 1219. fol. 207.

4. Othoboni, sive Ottoboni, cardinalis, constitutiones legatinæ. fol. 210 b.

    Exstant constitt. supradictæ in Gul. Lynd-
wode Provincial. editt. variis et alibi.

XLII.

Codex membranaceus, in folio, ff. 202, sec.
xiv. ineuntis, binis columnis exaratus ; mutilus.

Huguccionis, vel Huguitionis, Ferrariensis, Derivationes sive Etymologicon, ordine alphabetico.

    Incip. in verbis, " mortuus sed exanimatus
dicitur proprie terrefactus unde exanimatus."

    Desin. " Zoroastrum minimum sidus est,
Zucharia, Zuchere."

    In calce, " Expliciunt magne derivaciones
secundum Haguicionem.

    Dextram scribentis benedicat lingua legentis.
Qui scripsit carmen sit benedictus ; Amen."

    Præmittitur index vocabulorum cum deriva-
tivis ; incip. " Irrito-tas ; reor. Irritamen ;
reor."

XLIII.

Membranaceus, in folio, ff. 277, sec. xiv., binis
columnis exaratus ; ex dono magistri Thomæ
Plymyswode.

[Roberti Cowton] Quæstiones in libros quatuor
Sententiarum.

    Incip. " Sicut dicit beatus Ambrosius in pro-
logo super epistolas sancti Pauli."

    In calce, " Explicit liber quartus ;" cui suc-
cedit, Index materiarum alphabeticus.

    In fronte codicis notatur, " Hunc librum de-
dit magister Thomas Aymmyswode collegio
sive aule de Stapyldon halle Oxon. ad cathenandum in libraria ibidem. Oretis pro eo."

    Desin. " beatitudo essencialis, consistat Ille
nos in futuro experimentaliter discere faciat
Qui cum Deo," etc.

XLIV.

Codex membranaceus, in folio, ff. 342, sec. xiv., binis columnis exaratus.

S. Thomæ Aquinatis super librum Sententiarum quartum commentarius.

In calce, " Explicit 4 liber sententiarum secundum fratrem Thomam de Alquino, ordinis fratrum Predicatorum."

XLV.

Membranaceus, in folio, ff. 270, sec. xiii., binis columnis nitide exaratus; ex dono Willelmi Elyot, clerici, magistri domus Dei de Portesmouth.

Biblia sacra universa ex versione vulgata, prologis S. Hieronymi haud insolitis instructa, necnon glossulis a manu recentiori in margine scriptis.

Desiderantur sex capita priora libri Geneseos.
Notandum est quod Psalterii duplex est interpretatio, hæc vulgatæ, altera Hieronymianæ versionis.

Ordo librorum est sequens, Genesis—Esdras I. Esdras II., Tobias, Judith, Hester, Maccabæorum libri duo, Psalterium, Prophetarum libri sedecim, Job, Proverbia, Ecclesiastes, Ecclesiasticus, Sapientia Salomonis.

Evangelia quatuor, Actus Apostolorum, Epistolæ septem canonicæ, Epistolæ Paulinæ, Apocalypsis.

In calce, " Explicit liber apocalypsis, habet versus numero mille octingentos."

In marg. superiori fol. 3, " Iste liber constat Willelmo Elyot, capellano rectori ecclesie de Byryverber, quem quidem librum idem Willelmus emit de domino Waltero Boway, " nuper vicario de Hevytre.

In inferiori margine notatur, " Hunc librum Willelmus Elyot, clericus, magister domus Dei de Portesmouth, Winton. dioc. in com. Sutht. olim registrarius bone memorie Edmundi Lacy, Exon. episcopi, quarto decimo die mensis Julii anno regni regis Ricardi tercii primo dedit, legavit, ac in vita sua naturali disposuit collegio Exon. in Oxon. ad usum magistrorum sociorum et ejusdem collegii scolarium, quamdiu duraverit in libraria ibidem remansurum; et si quis seu qui hunc librum a dicto collegio contra predicti dantis et disponentis volun-

tatem alienare, removere, seu subtrahere presumpserit vel presumpserint, se noverit seu noverint indignacionem Omnipotentis Dei ac ejus maledictionem incurrere."

XLVI.

Codex membranaceus, in folio minori, ff. 193, sec. xiv., in Anglia bene pictus et auratus.

1. Kalendarium monostichis haud insolitis illustratum. fol. 1.

    Monost. 1. est,

    " Prima dies mensis et septima truncat ut ensis."
2. Psalterium Davidis; imperf. fol. 7.

    Incip. in Ps. ii. vers. 3, verbis, " — amus a nobis jugum ipsorum."

    Ad fol. 99 b. depicta est tabula mortem exhibens Absalom, et in scuto Joab aureo leo niger erectus.
3. Hymni Sacri et Cantica tam veteris quam novi Testamenti. fol. 152 b.

    Defic. in cantic. Zachariæ verbis, " qui in tenebris et in umbra"——
4. Symbolum Athanasianum, Litaniæ et Horæ; [initio mutil.] fol. 164.

    Incip. in verbis, " — in Trinitate et Trinitatem in Unitate veneremur."

    Defic. " Pater noster; Et ne nos; Ps."

    Sequuntur, manu secunda, nomina regum Angliæ, ab Aluredo ad Ricardum II. inclusive, annexo cuique annorum numero quibus regnavere sepulturæque loco.

XLVII.

Membranaceus, in folio minori, ff. 127, sec. xiv., optime illuminatus deauratusque; olim Elizabethæ, Henrici VII. regis conjugis, deinde Catharinæ [de Aragonia] Henrici VIII. reginæ, postea coll. Exon. ex dono Gulielmi Petre, equitis.

1. Kalendarium. fol. 3.

    Notantur dies aliquot notabiles ad regna regum supradictorum spectantes; ex. gr.,

    a. " 1. Jan. Hac die inter tertiam et quartam ante ortum solis natus fuit primogenitus Henricus princeps Henrici VIII."

    b. " 12 Jan. Hac die fuit baptizatus primogenitus Henrici VIII."

    c. " 18 Jan. Hic nuptiatus est rex H. vij."

D

on fol. 127ᵛ are semi-effaced directions in English for saying the rosary, c. 1500.

d. In marg. infer. " The noble king Harry the vij. was borne festo Agnetis secundo A. D. 1456, and wedded queen Elisabeth, festo Sancte Prisce virginis A. D. 1485 after the compting of England."

e. " 18 Martii ; Hoc die nata est domina Maria tercia filia Henrici vij. A. D. 1495."

f. In marg. inferiori mensis Junii, " The xvi. day of Juyn the yere of our Lord, m.cccc.lxxxvij. king Harry the vij. had the victori apon his rebelles in batail at Stoke bisydis Newark, wher and whanne was slayn John there of Lincoln and others."

g. In marg. mens. August. " The vij. day of August the yeere of our Lord m.cccc.lxxxv. litera Dominicali B. landed king Harry the vij. and the xxij. day of the same mounthe he wann the feeld whann king Richard the third was slayn."

h. In die 20 Sept. " Nativitas Arthuri primogeniti regis Henrici septimi."

i. In marg. mensis ejusdem, " The xxᵗʰ day of Septembre in the mornynge the first houre after mydnyghte was borne prince Arthure the first begoten child of king Harry the vij. and Quene Elisabeth, A. D. 1486 ; litera Dominicali A."

k. 30 Oct. " Hac die rex Henricus vij. coronatus est apud Westmonasterium A. D. 1485."

2. Psalterium Davidis ; mutil. fol. 9.

    Incip. ab initio Ps. iii. et defic. in verbis, Ps. cxlviii. vers. 12, " Juvenes et virgines, senes cum"——

3. Cantica sacra et hymni. fol. 104.

    Incip. in verbis Cantic. Isaiæ " Haurietis aquas in gaudio de fontibus Salvatoris."

4. Symbolum Athanasianum, Litaniæ et orationes. fol. 112 b.

5. Commendatio animarum, sive Commemorationes Sanctorum. fol. 117 b.

Reproduced in Burlington Fine Arts Catalogue, no. 73. pl. 64 ; Eric Miller, English Illuminated MSS. of the XIV th and XV th Centuries, plates 68, 69.

Literæ initiales per codicem optime sunt depictæ historiam exhibentes Biblicam a Genesi usque ad Exodum inclusive, et in hac ultima parte effigiem sancti cujusque.

In priorum quoque sex foliorum margine inferiori delineata sunt alternatim insignia familiæ de Bohun gentilitia et Angliæ regia, e quibus conjectare liceat codicem in usum Thomæ de Woodstock, comitis de Glovernia, filium Edwardi III. sextum.

In calce codicis subjecit manus recentior mandata decem, omisso secundo, metro scripta Anglico ; incip.

" Loue God aboven alle thing,
Swere not fals nor in vayn bi hym."

XLVIII.

Codex chartaceus, in 4to, ff. 186, sec. xvii, manu Edwardi Davenant, [postea præbendarii Sarum ?] scriptus.

1. The instructions given, and the English divines appointed, by James I. to attend as his representatives at the synod of Dort, 1619. p. 1*.

2. A relation of the journey and ot[her matters ?] bothe by the way and at Dort in the synod, by Edw. Davenant, son of Dr. Davenant, one of the English representatives. p. 1.

    Beg. " 1618 Octobris 8. On Thursday we set from Cambridge, and before dinner came to the court at Roiston."

3. Various theses and decisions of the English representatives at the synod above named, collected from the notes of Dr. Davenant ; *Latin.* p. 9.

    Tit. " Hæc quæ sequuntur ex patris mei doctoris Davenantii notis desumpta sunt."

    Beg. " Novemb. 13. sess. ii. Sibrandus in Synodum venit et litteras suas fidenciarias præsidi exhibuit."

    Bound in the same volume are the following printed tracts,

a. Nomenclatura Synodi Nationalis Ecclesiarum reformatarum Belgicarum, quæ celebratur Dordrechti anno 1618 ; Dordrechti, Ex officina Joannis Berewout, anno ɔ ɔ c.xviii.

b. Judicium Synodi Nationalis Reformatarum Ecclesiarum Belgicarum, habitæ Dordrechti, anno 1618 et 1619 ; etc. Promulgatum vi. May, ɔ ɔ c.xix.

XLIX.

Membranaceus, in 4to minimo, ff. 148, sec. xv., e libris Samuelis Linton, 1701.

The ' tretis compyled of a pore Catyf ;' comprising a commentary upon the Creed, Commandments, Lord's Prayer, a treatise intitled The Chartir of Hevene, the Armourie of Heaven ; etc., by John Wycliffe.

A summary of the contents is given by Vaughan in his Life of Wycliffe, vol. ii. p. 420.

L.

Codex membranaceus, in 4to minimo, ff. 146, sec. xv.

1. Liber, quinque partibus comprehensus, de amore et dilectione Dei et proximi et aliarum rerum, et de forma vitæ quem Albertanus causidicus Brixiensis de hora Sanctæ Agathæ compilavit ac scripsit, cum esset in carcere domini Imperatoris Frederici in civitate Cremonæ, " in quo positus fuit cum esset capitaneus gauerdi ad defendendum locum ipsum, ad utilitatem communitatis Brixiæ, anno Domini millesimo cc. tricesimo viij. de mense Augusti in die Sancti Alexandri, quo obsidebatur civitas Brixie per eundem Imperatorem indictione xj." fol. 1.

Incip. in verbis part. ii. " — sive assentatores, omnes quasi lacrimantes et dolorem in facie."

Desin. " et ad regnum celorum satage pervenire, ad quid Ille nos conducat ;" etc.

In calce, " Explicit liber de amore ;" ut supra exscripsimus.

2. Tractatus, qui Imago mundi vocatur. fol. 120.

Incip. " Septiformi Spiritu in trina fide illustrato ac septenis rivis tripharie philosophie mundato."

Desin. " longe supereminere dicitur colorum celum in quo habitat rex Angelorum."

In fol. ult. verso, " Johannes Mey ys a knave."

LI.

Membranaceus, in folio majori, ff. 204, sec. xv., scriptus scilicet, ut codices septendecim sequentes, Oxoniæ per manus Willelmi Salomonis, Leonensis dioceseos, inter annos 1450 et 1465, sumptibus ut videtur Rogeri Keys, archidiaconi de Barnstaple, et per eundem Rogerum collegio Exoniensi præsentati.

Hugonis de S. Caro, Viennensis, expositio super octateuchum sive libros priores octo SS. Bibliorum.

In calce, " Explicit liber Ruth secundum expositionem Hugonis de Vienna super Bibliam."

LII.

Codex membranaceus, in folio majori, ff. 155, sec. xv., scriptus scilicet ut supra.

1. Hugonis de S. Caro expositio in libros Regum quatuor, Paralipomenon duo, quorum prior mutilatus est ad initium, Neemiæ, [initio mancum] Tobiæ atque Hester. ff. 1—103 b.

In calce, " Explicit liber Hester secundum expositionem famosi doctoris sacræ theologie Hugonis de Vienna."

2. Opus Stephani Langton, archiep. Cantuariensis, super Ecclesiasticum. fol. 103 b.

Incip. " Omnis," etc. " Nota quod iste liber dicitur Liber Sapientie."

Des. " tempore suo metemus non deficientes."

In calce, " Explicit opus Stephani Langton, quondam archiepiscopi Cantuariensis, super Ecclesiasticum."

3. Hugonis de S. Caro expositio in Maccabæorum libros duo. fol. 128 b.

In calce, " Explicit secundus liber Machabeorum, secundum expositionem famosi doctoris theologie Hugonis de Vienna super byblyam."

LIII.

Membranaceus, in folio majori, ff. 271, sec. xv., scriptus ut supra.

Hugonis de S. Caro, [sive Alexandri Halensis,] in psalmos priores sexaginta octo expositio; initio mutil.

Incip. in verbis, " et sic fructificavit."

In calce, " Explicit prima pars Psalterii xx. die Febr. A. D. millesimo cccc. quinquagesimo septimo."

Præfigitur codici notitia sequens, " Hunc librum, Hugonem de Vienna super 1 partem psalterii, 2 fol. *Quia hiis*, magister Rogerus Keys, precentor ecclesie cathedralis Beati Petri Exoniensis, 1 die mensis Januarii anno Domini millesimo quadringentesimo sexagesimo nono contulit et dedit magistro Johanni Philipp, rectori, et sociis collegii Exon. in Oxon. vocato Stapilton Halle, cathenandum libraria ejusdem collegii ad usum predicti rectoris et sociorum ac successorum suorum in eodem studere volencium, quam diu durare poterit ; pro qua quidem donacione iidem M. Johannes

D 2

Philipp rector et socii collegii predicti obligarunt se et successores suos, rectores et socios ejusdem collegii prefati, magistro Rogero virtute juramenti prestiti, quod solempniter cum nota, postquam idem magister Rogerus ab hac luce migraverit, in perpetuum semel in anno tenebunt obitum suum et benefactorum suorum cum exequiis et missa in crastino, per rectorem ibidem pro tempore existentem vel unum de sociis collegii predicti in capella ejusdem celebranda. Si quis autem prefatum librum a collegio predicto alienaverit, vel de libraria predicta sine licencia rectoris et omnium sociorum collegii predicti tam absencium quam presencium pro tempore existencium abstulerit, alienaverit vel extra cariaverit, nisi causa correccionis, reparacionis vel ligacionis, per predictum rectorem et omnes socios predictos prius approbanda auctoritate Dei Patris omnipotentis et beatorum Apostolorum Petri et Pauli ac reverendi in Christo patris et domini domini Johannis Dei gracia Exon. episcopi anatematizatus sit, ipso facto."

LIV.

Codex membranaceus, in folio majori, ff. 293, sec. xv., scriptus ut supra; madore corruptus et initio et fine mutilus.

Hugonis de S. Caro, sive Alexandri Halensis, in psalmos lxix—cxlviii. inclusive expositio.
Incip. in verbis, "Intraverunt aque," etc. "universum mundum lucretur."
Defic. "et omnes abissi; nubilosus ad abissum pertinet et"——

LV.

Membranaceus, in folio majori, ff. 223, sec. xv., scriptus ut supra.

Hugonis de S. Caro expositio super Ecclesiastem, Proverbia et Cantica Canticorum.
In calce Prov. "Explicit notabile opus famosi doctoris Hugonis de Vienna super Proverbia Salomonis xvij. die Julii anno Domini millesimo cccc. sexagesimo."
Lib. Eccl. mancus est in initio, incip. "translacione hujus libri."

LVI.

Membranaceus, in folio majori, ff. 171, sec. xv., scriptus ut supra.

Hugonis de S. Caro expositio in Sapientiæ et Ecclesiastici libros.
Præfigitur notitia de donatione libri, quam antea exscripsimus.

LVII.

Codex membranaceus, in folio majori, ff. 292, sec. xv., scriptus ut supra.

Hugonis de S. Caro expositio in Isaiam prophetam.
In calce, "Explicit Ysaias in vigilia S. Nicolai anno Domini millesimo cccc. sexagesimo secundo, regnique regis Edwardi quarti post conquestum secundo."

LVIII.

Membranaceus, in folio majori, ff. 190, sec. xv., scriptus ut supra.

Hugonis de S. Caro expositio super Hieremiam prophetam ejusdemque Threnos.
Præfigitur notitia de legatione codicis.
Abscissum est folium primum, quod continebat omnia ab initio ad 'Sint lumbi vestri.'
In calce, "Liber magistri Rogeri Keys scriptus anno Domini millesimo cccc. quinquagesimo, secundo Oxon. per manum Willelmi Salomonis"——

LIX.

Membranaceus, in folio majori, ff. 199, sec. xv., scriptus ut supra.

Hugonis de S. Caro expositio in Ezechielem prophetam.

LX.

Membranaceus, in folio majori, ff. 265, sec. xv., scriptus ut supra.

Hugonis de S. Caro expositio super prophetas duodecim minores.

LXI.

Membranaceus, in folio majori, ff. 217, sec. xv., scriptus ut supra.

1. Hugonis de S. Caro expositio in Danielem prophetam; initio mutil. fol. i.
Incip. in verbis præf. "Estimat, scit versucias."
Præfigitur notitia de donatione codicis.
2. Ejusdem expositio super Job. fol. 68.

3. Ejusdem Hugonis expositio super Actus Apostolorum. fol. 182.

In calce, " Expliciunt Actus Apostolorum anno Domini millesimo cccc. sexagesimo quarto."

LXII.

Codex membranaceus, in folio majori, ff. 181, sec. xv., scriptus ut supra.

Hugonis de S. Caro expositio in SS. Matthæi et Marci evangelia ; initio mutil.

Incip. in verbis, — " et triginta ; ponitur autem solus Judas."

Præmittitur notitia donationis, et ad calcem subjungitur, " Explicit opus Hugonis de Vienna super Marcum ;" deinde ; " Iste liber constat magistro Rogero Keys, qui fuit scriptus Oxonie anno Domini millesimo quadringentesimo quinquagesimo quarto per manum Willelmi Salomonis, Leonensis diocesis, cujus anime propicietur Omnipotens ; Amen ; Deo gratias."

LXIII.

Membranaceus, in folio majori, ff. 224, sec. xv., scriptus ut supra.

Hugonis de S. Caro in S. Lucam expositio.

Præfigitur notitia supra memorata ; et in calce " Explicit Deo gratias."

LXIV.

Membranaceus, in folio majori, ff. 184, sec. xv., scriptus ut supra.

Hugonis de S. Caro in S. Johannem expositio.

Præfigitur notitia donationis ; et ad calcem, " Explicit, Deo gratias et beato Johanni, in vigilia apostolorum Symonis et Jude anno Domini millesimo quadringentesimo quinquagesimo vi. pro et nomine venerabilis viri magistri Rogeri Keys, archidiaconi de Barnstapelle, in ecclesia cathedrali Exon. cui donet Christus regnum celeste ; Amen."

LXV.

Membranaceus, in folio majori, ff. 253, sec. xv., scriptus ut supra.

Hugonis de S. Caro expositio in S. Pauli ad Romanos et ad Corinthios epistolas.

Præfigitur notitia ; et ad calcem, " Explicit notabile opus famosi doctoris Hugonis de

Vienna super epistolas Pauli ad Romanos et super primam et secundam ad Corinthios scriptum per me Willelmum Salomonem Oxon. finiturque in crastino Sancti Dionis, anno Domini millesimo quadringentesimo sexagesimo et anno regni regis Henrici Sexti post conquestum Anglie tricesimo nono ; Deo gratias."

LXVI.

Codex membranaceus, in folio majori, ff. 280, sec. xv., scriptus ut supra.

1. Hugonis de S. Caro expositio in S. Pauli epistolas undecim posteriores. fol. 1.

Præfigitur notitia donationis.

2. Ejusdem expositio in epistolas septem canonicas. fol. 223.

In calce, " Expliciunt septem epistole canonice penultimo die mensis Februarii anno Domini millesimo quadringentesimo lxiij."

LXVII.

Membranaceus, in folio majori, ff. 165, sec. xv., scriptus ut supra.

Hugonis de S. Caro expositio super S. Johannis Apocalypsin.

Præfigitur notitia sæpe dicta ; et ad calcem " Explicit notabilis glosa super Apocalypsin."

LXVIII.

Membranaceus, in folio majori, ff. 233, sec. xv., scriptus ut supra.

Hugonis de S. Caro sermones in dies Dominicales festivalesque, cum prologo.

Tit. prol. " Incipit prologus in seminarium predicacionis."

Incip. " Ad suggillandum vicia commendandumque virtutes."

Tit. serm. i. " Sermo invitatorius ad audiendum verbum Dei."

Incip. " Beati qui audiunt, etc. Vultis nosse quam beati."

Incip. ult. sermo ' de Virginibus,' " Simile est regnum ; Terrenis rebus similatur."

Defic. in verbis, " ad pejora accenditur ; Hinc Osee propheta."

Unicuique sermoni præfigitur tabula capitulorum, et in margine perquam notatur glossa de materia ejusdem.

Ad fol. 178 inserta est tabula materiarum secundum alphabetum et ordinem quem in codice obtinent.

LXIX.

Codex membranaceus, in 4to, ff. 86, sec. xiii. exeuntis, anno scilicet 1288 manu Petri Heremitæ exaratus; olim liber domini Johannis Lovell, postea Johannis ad Caputia; initio mutil.

1. [Philippi Gualterii de Castellione Poema, quod dicitur Alexandreis,] sive de gestis Alexandri Magni libri decem carmine heroico comprehensi, glossulis interlinearibus et argumentis metricis illustrati.

   Incip. in versu lib. iii.

   " Palluit et primo defectus passa nitoris,
   Demum sanguineo penitus suffusa rubore."

   In calce, " Explicit liber Alexandreidos perscriptus anno Domini m.cc. octogesimo octavo, in mense Junii.

   Gaudens gaudenti, flens flenti, pauper egenti ;
   Prudens prudenti, stolidus placet insipienti ;
   Res est vendibilis que cum sit vendita multis ;
   Venditor illud habet emptor abit vacuus ;
   Lepra, febris, scabies, lippus morbusque caducus;
   Nostris corporibus transitione nocent."

   Deinde literis rubeis hodie pæne evanidis, " Iste liber est Petri heremite, quem ipse scripsit, decimo octavo anno heremitagii sui."

   Postea, " Petrus heremita correxit istum librum secundum majores glosulas, ut dicuntur, Aurelianenses, anno Domini m.cc. nonagesimo, in vicesimo anno ipsius habitus; et scribuntur per se predicte glosule in quatuor quaternis, ideo quia margo libri non ei videbantur sufficere ; et est liber iste autenticus et ordinatus ad hystoriarum testimonia."

   Sequitur, " Post obitum Petri heremite, istius libri scribe, ego eundem comparavi cujus nomen in hoc potest innotescere, Caro sophia neue, anno Domini millesimo quadringentesimo tercio in tricesimo die Januarii."

2. Glossulæ super librum Alexandreidos ; in calce mutil. fol. 81.

   Incip. " Quia scientis est opponere vel proponere quo stupeant ignorantes."

LXX.

Chartaceus, in folio, ff. 36, sec. xvii. exeuntis.

Cinna, a trage-comedy written in French by Mon. Corneille, now englished and most humbly presented to her royal highness.

Beg.
" Yee restless thoughts that brave revenge exact."
End,
" That Cæsar knows all, and has all forgott."

LXXI.

Codex chartaceus, in folio, ff. 33, sec. xviii. ineuntis.

Book of receipts in cookery, with names of contributors occasionally introduced; e. g. Lord Capel, Lord Conway, Lord Alford, etc.

LXXII.

Chartaceus, in 4to, ff. 134, sec. xvii., binis columnis scriptus.

Apollonius Pergæus Redivivus, sive Conicorum libri tres, auctore Josepho Cotton, versione Anglicana parallela adaucti.

Incip. lib. i. " Definitiones ; Conus est corpus sive solidum."

Desin. " Cujus semidiameter est qu. q. e. d. Finis ; Soli Deo gloria, Jan. 4, 1676."

LXXIII.

Chartaceus, in 4to, ff. 194, sec. xvii, in volumina duo distinctus.

Logistica speciosa, sive Algebra Literalis, in partes duo distributa, auctore Edwardo Davenant, [an canonico Sarisburiensi?]

LXXIV.

Chartaceus, in 4to, ff. 168, sec. xvii.

Arithmetica, sive Regulæ Arithmeticæ, eodem auctore.

LXXV.

Chartaceus, in 4to, ff. 168, sec. xvii.

Geometria, sive Regulæ Geometricæ, auctore eodem.

LXXVI.

Chartaceus, in 4to, ff. 44, sec. xvii.

Hebrææ Linguæ Rudimentum sive Grammatica.

Incip. " Regula prima ; Hebræi cum cæteris orientalibus a dextra legere incipiunt."

LXXVII.

Codex chartaceus, in 4to, ff. 182, sec. xvii.; olim Will. Blencowe, e coll. Magd. Oxon.

A law dictionary, or common-place book, with notices of cases as precedents, divided according to subjects; first leaf wanting.

Beg. — " with warranty, the warranty shall extend to him and his heirs."

At the end is an index of chapters.

LXXVIII.

Chartaceus, in 4to, ff. 42 et 14, sec. xvii., olim an. 1650 Johannis Sheffeilde.

A common-place book of medical receipts for various diseases, with the names of medical men and others who contributed them on the margin.

At fol. 4 is a letter *in Latin* from John Sheffeilde to his father; and reversing the volume are several letters in English, with two in Latin, to his father and mother; without date.

LXXIX.

Chartaceus, in 4to, ff. 45, sec. xvii.

Opus medicum in capita quatuordecim distinctum, quorum priores septem de febribus, et prognosi et curatione earundem necnon morborum aliorum.

Incip. " Tabella febrium. Febris est continua vel intermittens."

Desin. ult. quod est de languore universali, " aut cerevisia crassa Brunsvicensis."

LXXX.

Chartaceus, in 4to, ff. 169, sec. xvii.

Adversaria medica, symptomata plerumque curationemque morborum variorum exhibentia; adjunctis perquam manu altera formulis remediorum.

Incip. man. pr. ad fol. 8, " De cephalæa; Meninges occupat cephalea, dolor diuturnus difficulter."

Ad fol. 144 b, " Index characterum chymicorum;" incip. " Acetum ✠."

LXXXI.

Chartaceus, in 4to, ff. 167, sec. xvii.; olim Lenthall cujusdam.

1. Liber de pulsibus et urinis in capita sedecim distinctus. fol. 2.

Incip. " 1673; De pulsibus et urinis. cap. 1. Quid pulsus, quotque ejus differentiæ."

Desin. " remedio prudenter decernantur."

In cal. " Libri de pulsibus et urinis; Finis."

2. Formulæ remediorum pro variis morbis. f. 30 b.

Incip. " Martii, —74; De synocho putrida. Venæsectio peragenda."

LXXXII.

Codex chartaceus, in folio, ff. 210 sec. xvii., olim J. Purcell, doctoris medici, cujus manu, ut videtur, totus codex exscriptus est.

1. Traité de la matiere medicale selon le sentiment de Monsieur Chirac; *Gall.* fol. 1.

Incip. " Pour parvenir a la connoissance."

Ad p. 111 exponuntur characteres, qui apud medicos in usu habentur.

2. Materia Medica Chymica et Pharmacopœia. fol. 112.

Incip. " Ad faciendam suam praxim."

Versus calcem agitur de regno animali et minerali, cui succedunt indices duo.

LXXXIII.

Chartaceus, in folio, ff. 175, sec. xviii. ineuntis; anno 1712 peculium A. Play.

Diary of a French physician studying in England, comprising a statement of the various diseases with his treatment of them, during the years 1701—1705; *in French.*

Tit. " Journal, l'année 1701; Juin, 1702, 1703, 1704, 1705."

Beg. "Petite Verole; Mary Hatchet, Strowd's niece, a tallow chandler in High Holborn; elle a x ans fort maigre, foible d'un teint noir."

At p. 331 is a treatise by Dr. Mead, ' de imperio solis et lunæ.'

Prefixed is a table of the diseases.

LXXXIV.

Chartaceus, in folio, ff. 69, sec. xvii. exeuntis.

A book of medical receipts, amongst which occur a few for the Earls and Countesses of Clanricarde and Somerset.

LXXXV.

Chartaceus, in folio, ff. 54, sec. xviii. ineuntis.

A collection of medical receipts.

On the margin are the names of medical men and others, authors of the several prescriptions.

LXXXVI.

Codex, in volumina duo distinctus, quorum habet prior, ff. 297, altera 215, sec. xvii. exeuntis; hic illic mutil.

Collectanea medicinalia tam ad physiologiam quam pathologiam spectantia, in quibus agitur de morbis variis eorumque remediis; de methodo medendi, etc.

Incip. vol. i. in verbis, " Frigida cerebri intemperies, — obstruens, estque insipida."

Incip. vol. ii. — " et ut communis est opinio siccantur."

Desin. " velle videar, remitto; cui et cujus studiis ut bene sit animitus a Deo," etc.

Codices qui sequuntur olim pertinebant ad Gulielmum Glynne, Baronettum; quorum pars maxima postea facta est peculium, jure emptionis, domini Josephi Sandford e coll Ball., qui omnes collegio Exoniensi dono dedit. Numero signantur duplici, cujus alter ad catalogum codd. MSS. Angliæ et Hiberniæ, etc. spectat, in quo codices isti jam partim sunt descripti; scil. ad tom. ii. part. i. p. 49.

LXXXVII.

Membranaceus, in folio, ff. 53, sec. xv.; mutil. [Gl. 2.]

Glossarium Juridicum, præcipue ad jus civile et canonicum spectans.

Incip. " Afficitur prebenda, certis modis notatis de com. prebende, Si. sol. glossa Magna, libro sexto per Jo[hannem] An[dreæ]."

Deficit sub voce ' Visitatio' in verbis, " prescribi non potest, De prescriptis, capitulo, Cum ex officii"——

LXXXVIII.

Chartaceus, in folio, ff. 59, sec. xvii. [Gl. 3.]

1. Case of the Lady Frances Howard and the Earl of Essex, before the king's delegates, with the judgment of Geo. Abbot, archbishop of Canterbury, and answer of the king; etc. 1613. fol. 1.

2. Commission to inquire into the amount of fees, etc. taken in the courts of law in the 30th year of Elizabeth, with a view to reform those taken at the present time; dat. 28 Oct. 20 Jac. I. fol. 8.

3. Treatise on the history of the high court of parliament by Mr. Starky. fol. 11.

4. Extracts from the journals of the house of commons, touching the questioning members by counsel whilst in the house; 1 and 3 December, 1621. fol. 17.

5. Sir H. Yelverton's speech in his own defence; 1 May. fol. 21.

6. A record of some worthy proceedings in the house of commons, in the late parliament, held 1611. fol. 22.

7. Petition exhibited to the king against the Roman catholics, 19 Jac. I. December. fol. 24.

8. Remonstrance from the king to the parliament; dat. Newmarket, 3 Septemb. 1621, with the commons' answer. fol. 26.

9. A discourse shewing how the kings of England have supported and repaired their estates, by sir Robert Cotton; 9 Jac. I. fol. 29.

10. A problematical discourse of the judges' robes and habits, begun long since by sir Stephen Powell, knight, and lately perfected, 26 Febr. 1617. fol. 52.

11. What inconveniences and abuses have fallen out by suffering the kings at arms to give coats; with the herald's answer. fol. 54.

LXXXIX.

Codex chartaceus, in folio, ff. 383, sec. xvii. [Gl. 4.]

Collectio Placitorum aliorumque ex Rotulis Ric. I., Johannis, Edw. I. et II. excerptorum, cum indicibus duobus alphabeticis subjunctis.

XC.

Chartaceus, in folio, ff. 54, sec. xvii. [Gl. 5.]

Catalogus sive tabula rerum in Rotulis liberatt. clausis, patentibusque, etc. scriptarum; a 31 Henr. III. ad 19 Edw. I. inclusive.

Sequuntur notitiæ literarum pro mercatoribus extraneis ab Hen. III. ad Edw. IV.

XCI.

Chartaceus, in folio, ff. 29, sec. xvii. [Gl. 6.]

Tabula rotulorum clausorum Finiumque ab an. 12 ad an. 51 Edw. III.

Sequitur notitia petitionum parliament. 4 Edw. III.

XCII.

Codex chartaceus, in folio, ff. **150**, secc. xvi. et xvii.; olim Gul. Dugdale, equitis aurati. [Gl. **7.**]

1. A table of contents, or ' The kalender of this present booke.' fol. 1.
2. The process done or made at the coronacion of kynge Richarde the Secunde after the deth of kinge Edward the iij^{de} after the conquest. fol. 5.
3. The viage of king Edward into Scotland, in the 24th yeare of his reign, containing the ordenauncis of the iij. battailes and the ij. wyngs of the kings battaile at the first viage into Scoteland the ixth yere of his reyn prefixed. fol. 40.

   Beg. " In the forward the duke of Lancaster one m. men of armes and iij. m. archers."

   The history beg. " In the xxiiij. yere of the reyn of king Edward Ester day was on the day of the annunciacioun of our Lady."
4. The form and manner of keeping of the parliament of England. fol. 45.

   At the end is the note following, " All that ys before wrytten beginninge at the latter ende of the first page of the 52 leafe to thys place ys wrytten before in the offyce of thearle marshall, and is so dotted in the margent wher yt beginnethe, with the lyke note and of thys same hand wrytinge."
5. The order of disclaiming those who usurped the titles of esquire and gentleman, by Rob. Cooke and Will. Harvey, Clarencieux kings of arms. fol. 58 b.
6. Statutes ordained by the king to be kept in time of war. fol. 60.
7. Queen Elizabeth's answer to the lords and others in parliament upon Thursday, 15 Mar. 1575. fol. 62.
8. Petition from the queen's orators to queen Mary, against the dean of Westminster, for depriving them of their perquisites at the funeral of Edward the Sixth. fol. 64.
9. Articles agreed upon by the officers of arms in a chapter holden at Westminster 3 H. VIII.

with other notices relating to the office and officers of arms. fol. 64.
10. Decreta ordinis nobilissimi Garterii, sive Periscelidis, per regnum Mariæ reginæ et regni Elizabethæ initium. fol. 77.
11. Account of the sitting in state of the dukes, earls, and barons in the presence of the king, ' necessarye to be hade in remembrance off the kynges chamberlayn.' fol. 95.
12. List of English peers from the conquest to the time of Elizabeth; with an index annexed. fol. 126.
13. Report of the discovery of New France, or a portion of the east coast of America, [by Jean Ribaut] in 1562. fol. 142.

    Cf. Charlevoix His. de Nouv. France. tom. i. p. 25.

    In pagina prima scriptum est, " Mr. William Dugdale, R. Croix, one of his majesties officers of arms;" et deinde, " Honor est in honorante non in honorato, sic dicit Blewmantle."

XCIII.

Codex chartaceus, in folio, ff. **106**, sec. xvii. [Gl. **8.**]

1. Casus ex quarta parte Coki relationum, et ex aliis, de scandalis; temp. Eliz. fol. 1.
2. Reports of cases in court of king's bench; an. 5 Jac. I. *Fr.* and *Lat.* fol. 9.

XCIV.

Chartaceus, in folio, ff. **54**, sec. xvii. [Gl. **9.**] Rotulorum patentium clausorumque, temp. Johannis, abbreviatio; cum notis marginalibus.

XCV.

Chartaceus, in folio, ff. **69**, sec. xvii., olim Caroli Jones. [Gl. **10.**]

Account of the proceedings of the commissioners appointed to enquire into the state of the church, crown revenues, courts of law, plantations, etc. in the kingdom of Ireland; Oliver, viscount Grandison, being lord deputy of that kingdom; an. 1622.

XCVI.

Chartaceus, in folio majori, ff. **11**, sec. xvii. [Gl. **11.**]

An establishment expressing the number of all

E

the officers, general bandes and companies of horse and foote and warders in fortes and castles appointed to serve in the realm of Ireland, with their entertainments and wages by the day, month and year. The same to begin for and from the first day of April 1623, and to be paid by the treasurer at warres.

XCVII.

Codex chartaceus, in folio, ff. 128, sec. xvii. [Gl. 12.]

" Modus tenendi parliamentum apud Anglos;" in two books; 'the first of the forme and all things incident thereto.'

" The second of matters handled in parliament."

Beg. " The first booke hath eight chapters. Chapter the first, of Summons. Who were ancyently summoned to parliament. Archbishopps and bishopps ratione spiritualis dignitatis et tenure."

End. " the same answeares continued in the tyme of kinge H. 6. and E. 4, notwithstandinge this peticion of the commons."

XCVIII.

Chartaceus, in folio, ff. 119, sec. xvii. [Gl.12.]
Another copy of the preceding work.

XCIX.

Chartaceus, in folio, ff. 411, sec. xvii. [Gl.13.]
Proceedings of parliament, as extracted from the parliamentary rolls of the first six years of the reign of Richard the Second; *in French*.

Tit. i. " Rotulus parliamenti tenti apud Westmonasterium in Quindena Sancti Michaelis, anno regni regis Ricardi Secundi post conquestum Angliæ primo."

Beg. " Adjournement de pronunciation. A la quinszine de Seint Michel, qe fust le mardy le xiij. jour doctobre lan du regne notre seigneur."

Ends, " ce qe ley sembleroit affaire en le cas son honour salue."

In the margin, " Perlegi et obiter excerpsi Septemb. 1, 1697; W: Kennett."

C.

Chartaceus, in folio, ff. 702, sec. xvii., hodie in duo volumina distinctus. [Gl. 15.]

1. A journal or report of the proceedings in parliament from the seventeenth of March to the 26th of June 1628; comprising the speeches of the king, and lord keeper, with the commons' remonstrance; etc. fol. 1.

Tit. " The parliament began on Monday decimo septimo Marcii iij. Caroli regis anno Domini, m.d.cxxvij."

Printed in the Journals, the Parliamentary History, the Ephemeris Parliamentaria, etc.

At fol. 448 is the case against Dr. Roger Mainwaring for advocating the king's supremacy in his sermons.

2. The debate upon the liberty of the freeman, with the arguments and precedents, produced by counsel, etc. commencing the 9th day of April, anno 1628. fol. 529.

Tit. " Sir Dudley Diggs his introduccion or charge delivered at an assembly of both houses of parliament the 9th day of Aprill anno 1628."

CI.

Codex chartaceus, in folio, ff. 94, sec. xvii. [Gl. 16.]

1. Dr. Reynolds opinion touching supremacy. [imperf.] fol. 2.

Beg. " Grace and peace in Christ Jesu to declare, right worshipfull."

2. Mr. Twynne's preface to his reading concerning the authority of the pope by the common law and statutes of this realm; [imperf.] fol. 7.

Beg. " The common lawe and ye antiente customes of England are so much the more worthie."

3. A treatise concerning the nobility according to the law of England. fol. 15.

Beg. " As in man's body for the preservation of the whole diverse functions."

CII.

Chartaceus, in folio, ff. 137, sec. xvii. [Gl. 17.]
Reports of cases in the court of king's bench; temp. Eliz.; *in French*. fol. 1.

Beg. " Tr. 36 Eliz. Rott. 928, B. R. Abbe Sein de 3 manurs in qe il ad un leete."

CIII.

Chartaceus, in folio, ff. 8, sec. xvii. [Gl. 18.]

History of the United Provinces by Clement Edmondes; 1615.

Beg. " The politia of the United Provinces. The Netherlands commonly knowne by the name."

At the end are fourteen elegiacs entitled, " Josephus Scaliger de miraculis terræ Hollandicæ ad Janum Dousam."

Beg.

" Ignorata tuæ referam miracula terræ."

CIV.

Codex chartaceus, in folio, ff. 84, sec. xvii.; olim Ricardi Martyn, junioris. [Gl. 19.]

A book of sundry instruments and proceedings concerning the mint and coinage of England, in the reigns of Elizabeth and Mary; amongst which,

1. Letters patent of Elizabeth granting the office of master and worker of the mint to sir Richard Martin and his son; dat. 28 Septemb. 40 Eliz. fol. 2.
2. A brief remembrance of the orderly proceeding in the mint concerning the true making of her majesty's monies according to the indenture and the indented tryall peece. fol. 4.
3. A true declaration of the causes of the controversy between Richard Martyn, warden of the mint, and John Louison, master worker there. fol. 6.
4. The order of rating the assaies of the mint; etc. fol. 6 b.
5. The opinion of Nicholas Barrham, G. Gerrard, and Thomas Bromeley, on mint matters. fol. 8.
6. Letters patents allowed sir R. Martyn, with his standard of silver money annexed. fol. 10.
7. Propositions concerning the matter of exchange for money by bill. fol. 18 b.
8. Commission to the warden and master of the mint; dat. Westm. 1 Jan. 40 Eliz. fol. 21.
9. Certaine thinges touching the commission of silver. fol. 22.
10. Oath of the officers of the mint. fol. 25 b.
11. Expenses of the mint as ' defreyed yerely.' f. 26.
12. The manner of making monies and the form of the remedies from the standard, etc. fol. 30 b.
13. Mint accompts, 1—5 Jac. I. ff. 32, 38.
14. Examples of the mint proceedings for copper and silver bullion. fol. 34.

15. Course to be observed in the accompt of the jewels. fol. 39.
16. The lords commissioners warrant in the cause between sir Richard Martyn and sir Thomas Knyvett, with other papers connected with the same case. fol. 39 b.
17. Indenture of James I. with sir Richard Martyn; dat. 21 May, 1 Jac. I. fol. 44.
18. Notes taken out of the original indentures of former kings for the making of monies. f. 52 b.
19. Patent of the king to sir Tho. Knyvett to coin money; dat. 29 Oct. 2 Jac. I. fol. 55.
20. Three indentures between the king and sir R. Martyn; datt. 1, 2, 10 Jac. I. fol. 57.
21. Fees and ' dyett of the officers of the mint.' fol. 80.

At the end, reversing the volume, is an accompt of sir R. Martyn, dat. 1595, " written by David Bourne and examined by Zachary Healy and John Vanne."

CV.

Codex chartaceus, in folio, ff. 431, sec. xvii. [Gl. 20.]

An abridgment or sum of proceedings in parliament, from the first year of Henry IV. to the 20 of Edward IV. inclusive, to which is added a list of the acts of parliament enrolled from the first of Richard III. to the seventh of James I. inclusive.

Annexed is a table of " Actes of parliament made tempore regis Jacobi, and removed by Certiorari."

At the end, " Perlegi et obiter excerpsi Septemb. 10, 1697 ; Wh: Kennett."

CVI.

Chartaceus, in folio, ff. 53 et 73, sec. xvii. [Gl. 21.]

1. A dissertation on the nature and custom of Aurum Reginæ, or the Queen's Gold, by W. Hakewill. fol. 1.

Beg. " How Sponte Oblatum was interpreted by the auncient queenes. By reason of the generalitie of these wordes in the ordinaunce, Qui in pecunia numerata."

At the end, " This duetie was orderlie payed by moste of the judges serjants at lawe and greate men of the realme in the tyme of Edward the 4th as may appeere by the seconde parte of this treatise in which are contayned many excellent recordes concerninge the nature of this duetie. W. Hakewill. The originall of this firste parte I delivered to the queenes majestie."

2. The claim of John Mowbray, earl of Nottingham, marshall of England, at the coronation of king Henry 5. *Lat. Fr.* fol. 41.

3. Notitiæ de coronatione Alienoræ, Henrici III. uxoris, Edwardi II., Ricardi I. aliorumque ex Rodulpho, Lond. diac., Rotulis clausis, Joh. Beveri chronicis, etc. excerptæ. fol. 44.

Incip. i. "Subscribitur de officiariis domus dom. Edwardi regis qui servierunt in die coronacionis ejusdem et de libertatibus eisdem officiariis pertinentibus."

In marg. "This is out of a booke in the office of the kinges remembrancer, called Liber rubeus. fol. 232."

4. Excerptum ex Andreæ Horne Speculo Justiciariorum. fol. 50 b.

5. Commentum breve in leges quasdam Canuti regis. fol. 52 b.
Reversing the volume;

6. Extracta ex rotulo patenti, an. 1. Hen. III. de negotiis Wallensibus per Ricardum Broughton, Justic. Caernarv. 1594. fol. 1.

Ad fol. 9 excerpta sunt ex chartis Walliæ principum variorum; incip. "Carta Griffini filii Conam."

7. Placita sessionis Ed. de Bohun, Justic. dom. regis Northwalliæ apud Hondlegge die Mercurii in Crast. Onm. SS. 8 Edw. I. coram Thoma de Deshin per commissionem domini Regis. fol. 11.

8. Carta ex Rot. Pat. Joh. ad Audoenum fil. David; Will. de Braosa; etc. fol. 12.

9. Placita apud Kermerdyn [Caermarthen] coram David Cradocke, Justic. dom. reg. Southwalliæ die Lunæ in crastino S. Trinitatis 2 Ric. II. fol. 14.

10. Ex Rotulo Pat. 26 Edw. III. de abbate de Leicestria. fol. 18.

11. De Augusto Imperatore, aliisque dignitatibus. fol. 19.

12. The oath of the counsaillour. fol. 21.
Beg. "Yee shalbe true and faithfull unto the kinge."

13. List of members of the houshold of the princess Mary, [afterwards queen.] fol. 24.

14. Treatise of the government of a camp. fol. 28.
Beg. "Firste when a captaine hath gatherid his menne together in a severall bande."

15. Case of the claim of Margaret Fiens, wife of Samson Lennard, to the barony of Dacres. fol. 42.

16. Excerpta ex rotulis Patent. 24, 25 Edw. III. fol. 59.

17. Memoranda of events, chiefly domestic, in English history. fol. 67.

18. Total number of bishoprics, deaneries, parsonages, etc. in England and Wales. fol. 67 b.

19. A table of matters contained in the parliament rolls, from the 4 to 17 Edw. III. fol. 69 b.

CVII.

Codex chartaceus, in folio, ff. 196, sec. xvii. [Gl. 22.]

La somme Appell; Le mirour a justices, vel Speculum Justiciariorum factum per Andream Horne; in capitula quinque distributum cum prooemio; *Gallice.*
Printed London, 1642.
Præmittuntur testimonia de auctore, ad quorum calcem, "Iste liber transcriptus fuit ex antiqua copia Francisci Tate armigeri, collatione et examinatione inde facta cum veteri manuscripto remanente in collegio Sancti Benedicti in academia Cantabrigiensi."

CVIII.

Chartaceus, in folio, ff. 165, sec. xvii.; olim Joh. Cottell. [Gl. 23.]

1. Magistri Deynshyll Lecturæ quindecim super statutum de finibus editum anno 4 Henrici VII. cap. 24; *Gallice.* fol. 1.
Incip. "On fuit ordeine en temps Edw. I."

2. Lecturæ undecim Fitzherberte in statutum de Marlebrige edit. anno 52 H. 3, cap. 11; *Gallice.* fol. 42.
Incip. "Per ceux peroulx fines."

3. Lecturæ tredecim Roberti Catlyn in statutum 32 H. VIII., cap. 36; *Gallice.* fol. 84.
Incip. "Primerment pur ce qe lestatut."

4. Lecturæ quatuordecim Ambrosii Giberte 'sur lestatut de explanacion sur lestatute de darrein volunte, 34 et 35 H. 8. cap. 5;' *Gallice.* fol. 105.

Incip. " Le common ley regard."

5. Lectura Edwardi Plowden, ' un apprentice del Midd. Temple qe doet etre lie in Auguste, an. 1557, mes fut lie 4° prochin ariant,' de dote mulierum; *Gallice.* fol. 130.

Incip. " Depuis qe lestatute dit ' in utroque casu audiatur mulier."

6. " Of ilandes arrisinge in the sea and of the salte shore compared with the freshe." fol.158.

Beg. " Insula quæ in mari nata est."

In the marg. " See this discourse inlarg'd in some things and shortned in others lib. B."

CIX.

Codex chartaceus, in folio, ff. 58, sec. xvii. [Gl. 24.]

Reports of cases in the King's Bench, 42 Eliz. 4, 5 Jac. I.

Beg. " De termino S. Hillarii anno 42, reginæ Eliz. Keble et alii versus Browne. A ceux temps Hicham recite le cas."

CX.

Chartaceus, in folio, ff. 315, sec. xvii. [Gl. 26.]

Rotuli parliamentorum apud Westmonasterium tentorum, ann. 40—57 Edw. III.; *Gallice.*

Incip. " Au palement tenuz a Westm. Lundy proschein apres la Inuention."

Desin. " estoit deuant eux trouez coupables."

In calce, " Finis de anno regni Edwardi tertii quinquagesimo primo."

In marg. " Perlegi et pro libitu excerpsi 4 Aug. 1697. W. K[ennett]."

CXI.

Chartaceus, in folio, ff. 357, sec. xvii. [Gl. 27.]

Placita et adjudicata de temporibus regum Edwardi I. II. III. et Ricardi II.

Incip. i. " Pauli, anno 15 E. I. Cessatur appellum pro morte propter has exceptiones."

Des. " et Walterus habeat execucionem."

In marg. " Perlegi et pro libitu excerpsi Aug. 3, 1697, W. K."

CXII.

Chartaceus, in folio, ff. 94, sec. xvii.; olim Dorotheæ et Luciæ Jones, 1641. [Gl. 28.]

The habeas corpus, or the proceedings at the king's bench bar between the king and divers of his subjects imprisoned in Michaelmas term in the 11th year of the reign of our sovereign lord king Charles, anno Domini 1627.

The names of those parties which occur as principals in this work are as follow,

1. Oliver St. John. fol. 2.
2. Sir John Elliott, knight. fol. 5.
3. Sir Thomas Darnell. fol. 9.
4. Sir Walter Earle. fol. 22 b.
5. Sir Edmund Hampden. fol. 30.
6. Sir John Corbett. fol. 34.
7. Sir John Henningham, with the three above named. fol. 53 *seqq.*

CXIII.

Codex chartaceus, ff. 87, sec. xvii.; olim Caroli Jones. [Gl. 29.]

1. A probleme whence it cometh to passe that the court of chancery of late is soe frequented above other the common lawe court at Westminster. fol. 2.

2. List of chancellors, from Thurketil to Williams, 1621. fol. 5.

3. The fees of the lord chancellour and keepers. fol. 7 b.

4. Further history of the constitution and practice of the same court. fol. 8.

Beg. " As God doth dispose his government."

5. The effect of the lord keeper Bacon's speech 7 May, at the taking of his place in chancery in performance of his charge his majesty gave him when he receaved the seal; 1617. fol. 26.

6. The lord keeper's speech to sir John Denham, when he received his patent for his succession in Mr. Baron Altham's place. fol. 33.

7. Speech of the same to Mr. Serjeant Hutton, when he received his patent to be one of the common pleas. fol. 35.

8. Speech of the same to sir Will. Jones, chief justice of the king's bench in Ireland. fol. 37.

9. Speech of the same in Star chamber on the last day of Trinity term, 1617. fol. 39.

10. Ordinances made by sir Francis Bacon, knt. lord Verulam for the better administration of justice in the chancery, to be duly observed

saving the prerogative of the court; ter. Hil.
1618. fol. 42.

11. The bishop of Lincoln's (lord keeper Williams) speech when he took his place in the chancery the first day of Mich. term, in the nineteenth year of the king. fol. 48.

12. Sir Henry Yelverton's submission in the Star chamber to an information against him for inserting divers clauses in the charter of London, he being attorney general. fol. 52.

13. The lord keeper's [Williams] speech at Guildhall the 30th day of July 1621 about the second subsidy. fol. 54.

14. Order under the great seal for the liberation of the imprisoned papists. fol. 58.

15. [Christopher] Lewknor's speech on the granting supplies. fol. 59.

16. Lord Chancellor Ellesmere's petition to the king for leave to resign; dat. 5 Feb. 1613. fol. 62.

17. Lord Chancellor Bacon's representation of his case to the house of lords; datt. 19 March and 22 Apr. 1621. fol. 63.

18. A discourse touching such parts and virtues as are requisite to be in a councillor, written by sir Thomas Wilkes, knight. fol. 66.

19. A treatise written by Monsignor della Casa of the mutual duties in the conversation between noblemen and gentlemen attending on them. fol. 73.

20. Arguments proving the queen's majesty's propriety in the sea lands and salt shores thereof, and that no subjects can lawfully hold any part thereof but by the king's especial grant. fol. 75.

　　At the end, " Vid pluis del cest matter in fine del livre del Readings, Mounsier Berkleys livre."

21. The earl of Pembroke touching the inconveniences of excepting the four shires from the jurisdiction of the council in the marches of Wales, etc.; 16 Eliz. 1574. fol. 82.

CXIV.

Codex chartaceus, in folio, ff. 364, sec. xvii. [Gl. 30.]

Reports of cases in the court of king's bench from the 15th to the 21st of James I. inclusive, Beg. " Robinson vers. Willis. Ejeccion firme entre Robinson et Willis."

At the end is an alphabetical list of the cases; with a cross prefixed denoting those ' reported by other authors in print.'

CXV.

Codex chartaceus, in folio, ff. 212, sec. xv., manu Johannis Morys scriptus; olim Francisci Stradlyng; in calce mutil. [Gl. 31.]

1. Year book or reports of cases in law in the 11th year of Henry IV.; *in French*. fol. 1.

　　Tit. " De termino Sancti Michaelis anno regis Henrici iiij. xi."

　　Printed s. l. 1605.

　　At the end, " Explicit annus undecimus Henrici iiij., quod Johannes Morys, et infra totum continetur."

2. Year book for the 3d, 19th and 20th year of Henry VI.; *in French*. fol. 77.

　　Tit. i. " De termino Michaelis anno H. VI. tercio."

　　The year books of the first 20 years of H. VI. were printed in London fol. 1609.

　　At the end are a few notes of money received from his father apparently by Francis Stradlyng; beg. " In primis receyvyd of my fadyr the xxiij. day of February yn the yere of owre Lorde God m.cccc.lxxxxj. when I went to London, xx s."

CXVI.

Chartaceus, in folio, ff. 214, sec. xvii.; in calce mutil. [Gl. 32.]

1. Reports of cases in different years of the reign of Elizabeth; scil., 18th, 31st, 32d, 44th and 45th, and the first eight years of James I. f.1.

2. Eight lectures by Spilman sur le stat. de Quo Warranto novo tempore quadragesimali an. 10 H. VIII. fol. 75.

　　Beg. " Le corps politike de ceo realme."

3. Reports of cases in the court of king's bench, in 32d, 33d, 37th and 38th of Elizabeth; *French*. fol. 85.

4. Reports of cases in the 30th, 37th and 38th Eliz.; *French*. fol. 138.

CXVII.

Chartaceus, in folio, ff. 118, sec. xvii.; olim Johannis Herring. [Gl. 33.]

Miscellaneous reports of cases in the exchequer and elsewhere, extracted from the rolls of the reign of Elizabeth; *Lat. Eng.*

Beg. " The demurrer of Edw. Burton, esq. defendant, upon the bill of complaint of James Gildredge and Thomas Parker, gentlemen, as well for themselves as for and in the behalfe of the inhabitants of the towne of Estbourne and of other townes and parishes adjoyninge, complaynants."

In most cases the number of the roll, whence it has been taken, is attached to the extract.

At fol. 1 b, and near the end of the volume, are some accounts of law expenses.

CXVIII.

Codex chartaceus, in folio, ff. 26, sec. xvii. [Gl. 34.]

Reports in the court of common pleas; in the 8th of James I.; *in French.*

Beg. " Pasch. anno 8 Jac. regis in communi Banco. Sur evidence inter Wilson et Wormall."

CXIX.

Chartaceus. in folio, ff. 112, sec. xvii. [Gl. 35.]

1. Reports of cases in the court of king's bench, in different years of Henry VIII., Edw. VI., Phil. et Mary, and Elizabeth; *in French.*

They are for the years following 20, 28—35 H. VIII., 2—6 Edw. VI., 1—6 Phil. and Mary, 3—8, 19—22 Eliz.

2. Arguments proving the queen's property in sea lands and salt shores thereof, and that no subjects can lawfully hold any part thereof but by the king's special grant. fol. 105.

Beg. " The prerogative of princes;" as above, MS. 113, fol. 75.

CXX.

Chartaceus, in folio, ff. 105, sec. xvii. [Gl. 36.]

1. A treatise concerninge the nobility according to the law of England, with a table of contents prefixed. fol. 1.

Beg. " As in man's body for the preservation of the whole divers functions and offices."

2. The privileges or special rights belonging to the baronage of England, in which name are comprehended all those who as prælati or magistrates and proceres regni by common right are to be summoned to every parliament, wherein also they have place and voice as incident to their dignity, concerne

them, either as they are one estate together in the upper house, or as every one of them is privately a single baron. fol. 71.

3. Case of the claim of Francis [Manners], earl of Rutland, to the title and dignity of lord Roos of Hamlake, etc. against Will. Cecil, son of lord Burleigh. fol. 81.

4. Proceedings against Anth. Felton and Edmund Wythypoole; 23 May 1598. fol. 89 b.

5. Certain questions humbly sought of my lords the marshals to be resolved and declared touching the baronets, arising from some doubtful words in their patent and his majesty's decree. fol. 92.

6. Of barons, their dignity and privileges. f. 103.

7. Opinion on the validity of the creation of John, viscount Beaumont. fol. 104.

CXXI.

Codex chartaceus, in folio, ff. 237, sec. xvii. [Gl. 37.]

Report of cases in the court of king's bench, in the 6th, 7th, 8th, 10th, 11th and 12th of James I.; *in French.*

Beg. " Accion : Le case per sire William Wray pur disant de luy, sir William Wray doth keepe a companie of theeves."

CXXII.

Chartaceus, in folio, ff. 45, sec. xvii. [Gl. 39.]

Summa rotulorum clausorum finiumque a 20 Edw. I. ad 11 Edw. III. inclusive.

Incip. " De quadam provisione facta per regem."

In marg. fol. ult. " Perlegi et obiter excerpsi Sept. 14, 1697."

CXXIII.

Chartaceus, in folio, ff. 20, sec. xvii. [Gl. 40.]

1. Excerpta brevia ex litteris patentibus clausisque, 13 H. III., 23, 24 Edw. III. 17, 20 Edw. II., 12 Edw. III. fol. 1 b.

2. A note of the townes that are contributory to the raising and maintaining of 20 ships and 4590 men in England and Wales, with double equipage, munition, and victuals, being to meet att Portesmouth, the first of March, unto the end of 26 weekes. fol. 17 b.

3. Breve ad contribuendum pro navibus, etc. apud West. 29 Oct. 10 Car. I. fol. 19 b.

CXXIV.

Codex chartaceus, in folio, ff. 307, sec. xvii. [Gl. 41.]

1. Ordinances per les prelates, comtes et barons fis e Londres per l'assent du roy; Edwardo Secundo, anno quinto. fol. 3.

2. Summonses to parliament, and abstract of proceedings therein, during the 4, 5, 6, 8, 13, 14, 15, 17, 18, 20, 22, 25, 27—30, 36—38, 40, 42, 43, 45, 47, 50, 51 Edw. III.; and the 1, 2, 5—15, 17, 18, 20—23 Ric. II. fol.

At the end on the margin is noted by White Kennett, " Hunc librum perlegi et obiter excerpsi, Sept. 13, 1697."

CXXV.

Chartaceus, in folio, ff. 195, sec. xvii. [Gl. 44 A.] Reports of cases in the court of king's bench in the 30th, 31st, and 32d Eliz.; *in French.*

CXXVI.

Chartaceus, in folio, ff. 94, sec. xvii. [Gl. 44 B.] Reports of cases in the court of king's bench in the 35th and 36th of Elizabeth; *in French.* Beg. " Les fines per concorde des fines."

CXXVII.

Chartaceus, in folio, ff. 53, sec. xvii. [Gl. 45.]

1. The effect of the lord keeper Bacon's speech, 7th May, 1617, on the taking his place in chancery, with four speeches of the lord keeper, as above described. ff. 1—16 b.
See above MS. 113, art. 5, *seqq.*

2. At the calling of sir William Jones to be judge of the common pleas, with the answer. fol. 17.

3. The bishop of Lincoln's speech when he took his place in the chancery; etc. fol. 20.
See MS. 29, fol. 48.

4. Sir Henry Yelverton's submission in the Star chamber. fol. 24 b.
Ibid. fol. 52.

5. The lord keeper's speech at Guild Hall, 30 July 1621. fol. 27.
Ibid. fol. 54.

6. The humble petition of Francis Phillips. f. 31.

7. The effect of the speech used by sir Nicholas Bacon, kt. lord keeper of the great seal of England, unto the queen's majesty at such

tyme as her highness first called him to serve, in anno Domini mdlviii. fol. 34.
Beg. " I wish for service sake."

8. Oration made the 23 day of January 1 Eliz. to the nobles and commons in the presence of her majesty, 1558. fol. 34 b.

9. An answer to the oration of sir Thomas Gargrave, chosen to be speaker of the parliament, disabling himself thereunto but yet admitted. fol. 40.

10. The answer to the speaker's oration made after the admission. fol. 41.

11. An oration made the 8 May before the queen, the parliament then ending in anno Domini 1559. fol. 42.

12. The answer of the lord keeper given in the queen's presence to the lord mayor, when he was presented unto her majesty, A. D. 1559. fol. 47.

13. An humble suit and petition made by all the lords both spiritual and temporal to the queen, delivered in writing at Westminster in the upper gallery, 1 Feb. 1563, ' about fower of the clock in the afternoone by the hande of the lord keeper of the great seal; and then by him uttered unto her highness in the effect verbatim in the presence of the lords spirituall and temporall of the upper house kneelinge upon their knees all.' fol. 49.

14. Notes of the queen's speech to the lords and commons in answer to their petition exhibited the xij. of November 1586, by the lord chancellor unto the queen for the speedy execution of the Scottish queen, ' as neere as any capacity without tables could serve to note them and any memory next morning might avayle to set them downe.' fol. 51 b.
Beg. " First her highness told them that when shee considered the profownde."

CXXVIII.

Codex chartaceus, in folio, ff. 163, sec. xvii. [Gl. 46.]

1. Opinion upon the question now in debate whether the king may by his preeminence royal without assent of parliament at his own will and pleasure, lay a new charge or imposition upon merchandize to be brought into or out of England and inforce merchants to pay the same; by Will. Hakewill. fol. 1.

2. Report of the case of Bates, a merchant adventurer, in the court of exchequer, 4 Jac. I.; *French.* fol. 59.

3. The copies of such records as upon search made by order in parliament an. 7. Jac. I. were brought into the parliament and there perused for the deciding of the right of impositions; *Lat. and French.* fol. 72.

4. A speech or argument made in the commons house of parliament at a general committee of the whole house concerning the new impositions upon merchandize lately imposed without assent of parliament, and the right and lawfulness thereof; [by sir W. Jones?] fol. 149.

    Beg. " The matter in hand being."

CXXIX.

Codex membranaceus, in folio, ff. 137, sec. xv., binis columnis exaratus; olim Edwardi Morgan: hic illic mutilatus. [Gl. 47.]

The siege of Troy, a poem in six books translated by John Lydgate, from the Latin of Guido de Columna.

    Printed in 1513, and Lond. 1555.

    At the end, " And thus her endeth the book of the sege of Troie, translatid by Dan John Lidgate monke of Buri out of Latine into English and"——

    Below, " vjj. mark. Edward Morgan me possidet."

CXXX.

Chartaceus, in folio, ff. 97, sec. xvii.; olim Johannis Jeffreys. [Gl. 48.]

Reports of cases in the court of king's bench, in the 41, 42, 43, 44 of Eliz.; *in French.*

    Beg. " Termino Pasch. an. Eliz. 41. Retourne del Viscount apres 15. Un breve est garde."

CXXXI.

Chartaceus, in folio, ff. 102, sec. xvii. [Gl. 49.]

Abstract of contents of patent, close and fines rolls from the first to the 30th of Henry III.

    At fol. 50 is an excerpt from the petitions in parliament 6 Edw. I.

    At the end, " Perlegi et pro libitu excerpsi, W. K. Jul. 20, 1697."

CXXXII.

Codex chartaceus, in folio, ff. 196, sec. xvii. [Gl. 50.]

1. Copyhold cases; temp. Eliz.; *French.* fol. 1.

2. Reports of cases in the court of king's bench, 29, 30, 31 Eliz.; *in French.* fol. 5.

3. Report del case arguè per les barons del eschequer enter Robert Mariott plaidant, et Ma. Paschall et auters deffs in ejectione firme del demise Tho. Fanshawe, esq. et fuit dem. a moy del report de Mounseuir Clarke; 30 Eliz. in lescheqr; *French.* fol. 146.

4. Reports of other cases in the courts of exchequer and common pleas, 30, 31 Eliz.; *French.* fol. 151.

    At fol. 186 is the case of Edward earl of Bedford, against Elizabeth and Anne daughters of John lord Russell, his father's brother. fol. 186.

CXXXIII.

Chartaceus, in folio, ff. 62, sec. xvii. [Gl. 51.]

1. Whether the barony of Burgavenny [or Abergavenny] with the title and dignity be descended unto the ladye, being the daughter and heir of the honorable Henry Nevell, the late baron of Abergavenny, or unto the speciall heir male unto whom the castle of Abergavenny, being anciently the head of that barony, is descended, by Mr. Serjeant Doddridge. fol. 1.

2. Case of the lord Cromwell, from the parliamentary journals; 30 Jun. 14 Eliz. fol. 45.

3. Several notes against the opinions and bookes set forth in the part and favour of the lady Katherine [daughter of Charles Brandon, d. of Suffolk] and the rest of the issues of the French queen. fol. 50.

CXXXIV.

Membranaceus, in folio, ff. 158, sec. xv. nitide exaratus; olim peculium Lionelli Talmache, de Helmyngham, [co. Suff.], postea Johannis Markham, et deinde Lancelotti Lake, hopit. Lincoln. an. 1633. [Gl. 53.]

1. Placita coronæ ab an. xxx. usque ad an. xliv. inclusive, Edw. III.; *Gallice.* fol. 2.

    Incip. " Nota qun attorne en bank le roy."

2. " Assises, errours et atteyntes regis Edwardi

F

tertii," ab an. xix. ad an. xlv. inclusive; *Gallice.* fol. 6.

Incip. " Errour fuist suey per Johan Gisores et lez heirs Henry Gysors."

3. Assisæ de anno octavo Henrici IV.; *Gallice.* fol. 148.

Incip. " Edward duc Deuerwyk et Philippe sa femme Elizabeth countesse de Sarum."

4. Assisæ de anno quinto Henrici V.; *Gallice.* fol. 151 b.

Incip. " Assise de rente fuit parte per labbe de Selby."

In calce, " Possessor hujus liber est Lionelli Talmache de Helmyngham."

CXXXV.

Codex chartaceus, in folio, ff. 11, sec. xvii. [Gl. 55.]

A discourse tending to prove that there can be no treason at this day but what is within 25 Edw. III. cap. 2, or by acts of parliament since made.

Reversing the volume is an abstract of the speech of the solicitor general in the case of the earl of Strafford, 29 April, 1641.

CXXXVI.

Chartaceus, in folio, ff. 27, sec. xvii. [Gl. 56.]

The complaints of the lord admirall of England to the kings most excellent majestie against the judges of the realme concerning prohibitions graunted to the court of the admiraltie 11 die Febr. penultimo die term. Hillar. anno 8 Jacobi regis ; the effect of which complaint was after by his majesties commandment sett downe in articles by doctor Dun judge of the admiraltye, which are as followeth with answeares to the same by the judges of the realme, which they afterwards by 3 kind of authorities confirmed in law, 1. by acts of parliament; secondly, judgments and judiciall precedents ; and lastly by bookes cases.

Beg. " The title of the complaynt. The 1 objection. That wheras the cognizaunce of all contracts and other things."

CXXXVII.

Chartaceus, in folio, ff. 285, sec. xvii. [Gl. 57.]

1. On the meaning of the word Telonium. fol. 1.
2 Excerpts from the ' Mercure Francois ;' *French.* fol. 3.

Beg. " Le vingt deuxiesme Juillet [1610] par letres patentes."

3. E libro Petri Fabri. fol. 5.
4. On the globe of the earth. fol. 8.

On the margin, " Sir Dudley Digges his observation of the next passage C."

5. Excerpta ex Luc. Necromantia, Terentio Varrone, Josepho Scaligero, M. Varrone, et Tertulliano. fol. 9.
6. Excerpta ex Historia Francorum. fol. 14.
7. General considerations touching the late book of canons, with exceptions against them. fol. 19.
8. De ecclesiastica et politica potestate. fol. 24.
9. [Ex Usserio ?] de antiquitate Britannicæ ecclesiæ. fol. 27.
10. Ex S. Cypriano et Isaaco Casaubono excerpta. fol. 33.
11. Extract from Downame's defence of his sermon for bishops, and bishop Bilson, etc. with other extracts relating to tithes. fol. 37.
12. De libertate ecclesiastica ex Is. Casaubono. fol. 59.
13. Just causes for the enabling by law of subjects by way of letters of mart to recover their damages upon the Spaniards. fol. 64 b.
14. Fees in the court of chancery. fol. 66.
15. Whether any nation by long use of navigation may by the law of nations challenge that they only may sail and traffic in the ocean, sea, or any parts thereof, and prohibit all others from the same. fol. 68.
16. Reasons why the commissaries for marshall causes should not have power to dispose of place or judge of the patents of baronets. f. 70.
17. That the kings of England have been pleased usually to consult with their peers, of marriage, peace and war. fol. 71.
18. Tabula diætarum ad brevia portanda. fol. 74.
19. Forma juramenti faciendi. fol. 74 b.
20. Papers concerning the matters in question between the king's bench and the lord president and council of Wales. fol. 77.
21. Notes out of other learning than the common law concerning the case in question of Commendams which have not been remembered by any that have argued nor exprest in sir John Dawes' printed case of Commendams. fol. 86.
22. Copia chartarum duarum ad eccl. S. Pauli London. spectantium, quarum una Willelmi

Conquestoris, altera Edwardi, Confessoris, et est *Anglo Sax.* fol. 91.

23. Copia chartarum quatuor Henrici I., quibus concedit, (1.) Miloni, fil. Walteri Glocestr. constabular. totam terram patris ejus, etc. (2.) Herberto, ep. Norwic. etc. finem, quem idem Herbertus et Petrus de Valoniis fecerunt inter se, de Binneham et Langham ; (3.) Waltero de Glocestria, Herefordiam parvam et Villingwicam ; (4.) Episcopis, comitibus, etc. terras quas temp. patris sui habuerunt. fol. 91.

24. Finalis concordia inter Albreiam de Lisores et Rogerum constabular. Cestriæ ; dat. Winton 21 April. 5 Ric. I. fol. 92 b.

25. Extract from the [Gascon ?] rolls of wages and men appointed for foreign service. fol. 94 b.

26. Excerpta ad Hospitium regis spectantia. fol.97.

27. Copia cartæ Matildæ Imperatricis concedentis Miloni, comiti de Hereford, castellum de Hereford, etc. fol. 99.

28. Carta Henrici II. concedens terras quasdam ecclesiæ de Brellintona. fol. 99 b.

29. Carta donationis Henrici II. ad Gunfridum de Wagvilla [Mandevilla] comitem Essexiæ. fol. 100.

30. Carta Henrici II. donationis ad Guarinum filium Geroldi. fol. 100 b.

31. " Records about the right of impositions ;" chiefly from the parliamentary rolls of Edw. III. and in *French.* fol. 101.

32. Other excerpts from the parliamentary rolls of the same reign. fol. 115.

33. Two extracts from the parliament rolls of Hen. IV., on the part to be taken by the commons, etc. ; *French.* fol. 134.

The first is attested as agreeing with the original by Ro. Bowyer, the second by " A. Elsyng, 1607."

34. Parliament rolls of the reign of Richard II. and H. IV. abridged. fol. 135.

35. Special denomination given to parliaments. fol. 149.

36. Johannis carta moderationis feodorum magni sigilli. fol. 150.

37. The state of a secretary's place and the peril, by [Rob. Cecil] lord of Salisbury. fol. 151.

38. Opinions on the case of the earl of Westmorland's claim to the title. fol. 152.

39. On the Duellum or laws of single combat. f.153.

40. Extracta de curia hundredi, etc. ex Rot. Claus. 18 H. III. aliisque. fol. 155 b.

41. Of the antiquity and diversity of tenures here in England. fol. 160.

42. The original of sealing in England with arms or otherwise ; of the word Sterlingorum or Sterling ; etc. fol 161.

43. Miscellaneous extracts from the rolls of the reign of Edw. II. fol. 163 b.

44. De domo Conversorum London, quæ modo dicitur, ' The Rolls in Chancery Lane.' fol. 170.

45. Petitiones ad parliamentum, temp. Ed. I. f.171.

46. Extracts from Domesday book. fol. 173 b.

47. Copia bullæ Clementis papæ V. super revocationem concessionum contentarum in carta de libertatibus et de foresta ; 1302. fol. 178 b.

48. Copia bullæ Gregorii IX. quod liceat regi rovocare ea quæ sunt alienata de juribus coronæ suæ. fol. 179.

49. History of the Prothonotary of the court of chancery. fol. 180.

50. ' Légitimacion des bastards fitz John de Gaunte, duke de Aquitaine et Lancastre.' fol. 181.

51. The antiquity and diversity of knights. f. 182 b.

52. Of the antiquity, dignity, etc. of serjeants at law. fol. 183 b.

53. Of the etymology of the name of Esquire, and its antiquity, etc. fol. 184.

54. Confirmatio Ricardo comiti Warwici de quadam concessione facta Ricardo Beauchamp de honore primi comitis Angliæ. fol. 185.

55. Clamium Will. de Latymer et Johannis Mowbray ad officium Eleemosynarum temp. Coronationis ; ex rot. Claus. 1 Ric. II. fol. 186 b.

56. Extracta ex rotulis temp. Edw. I. fol. 187 b.

57. Choses collect hors del libre escrye et imprymye in Frauncoys lanne 1531 appell le grande Custumarie du pays et duchye de Normandy et coment per Gulierm le Rovill Alencon. f.194.

58. Lectura de expositione antiquorum vocabulorum. fol. 195 b.

Incip. " Alderman, id est, comes, quia Thanus est nobilis homo quem nunc vocamus Baronem, que est inferior consule, id est, Alderman, id est, nunc Comite, etc."

59. Literæ patentes ' Ric. comiti Warwic. esse Seneschallum Angliæ,' 1 E. IV. fol. 200.

60. Literæ ad eundem de officio Magni Camerarii Angliæ 2 Edw. IV. fol. 200.

61. Literæ ad Will. Neville, comit. Cantiæ, de officio admiralli Angliæ. fol. 200.
62. Excerpta ex rotulis parliamenti, temp. Henr. IV. et H. VII. fol. 201.
63. List of speakers, from 6 Edw. III. to Philip and Mary. fol. 205.
64. Notes on ' passing of bills' in parliament. f. 208.
65. Abstract of parl. rolls, temp. Edw. III. ff. 211 —221, 233.

> Ad fol. 216, " Ex rotulo clausarum de anno regni regis Edwardi Secundi septimo" de Guidone de Bello-Campo, com. Warwic.

66. Ex rotulis Ric. II. Henr. IV. V. et VI. excerpta. fol. 222.
67. Index rotulorum ad Mercatores extraneos spectantium. fol. 245.
68. Letter to Charles Jones, esq. of Lincolns Inn, from his brother in law Robert Miryr (?), dat. Goldy 22 April, 1629. fol. 257 b.
69. The addresses of the commons to James I. on not executing laws against popish priests, and grievances, etc., with the king's answer. fol. 259.
70. A speech urged by sir Francis Bacon in the lower house of parliament concerning the article of naturalization. fol. 276.

CXXXVIII.

Codex chartaceus, in folio, ff. 156, sec. xvii. [Gl. 58.]

1. Reports of cases, or register of writs, from the 5th to the 20th Edw. II.; *in French.* fol. 1.
   > Beg. " Une brief de droit fuit part vers J. J. Vouche."
2. Assisa tenta Northamptoniæ coram Rogero de Bakewelle; *French.* fol. 45.
   > Beg. " Une assie de non dis feut port."
3. Reports of cases in the 11th, 14—16th of Edw. III.; *French.* fol. 53.
   > Beg. " Robert port un ass. vers. W. sa pleint."

CXXXIX.

Chartaceus, in folio, ff. 191 et 7, sec. xvii. [Gl. 59.]

1. Some few notes of the orders, proceedings, and privileges of the lower house of parliament; gathered by W. L. with a table prefixed. fol. 1.
   > Beg. " The choise of the speaker, his pre-

sentment, placinge and speaches. Hee that shalbe a speaker must be a knight."
2. ' Le discourse concerninge marshall ley' [law.] fol. 12.
   > Beg. " Marshal ley ut common ley."
3. Account of the proceedings at the conferences touching the liberty of the person and every freeman ; containing,
   a. The introduction of sir Dudley Diggs. fol. 16.
   b. The argument out of acts of parliament and authorities of law, by sir Rob. Cotton. f. 17 b.
   c. The objection of the king's counsel, with the answer made at the two other conferences. f. 27 b.
   d. Two copies of the records not printed which were used on either side in that part of the debate. fol. 32 b.
   e. The arguments made by Mr. Selden, at the first conference. fol. 39.
      > At 57 b, on the margin, " Some of these presidents left out in Wilkins last edition of Selden."
   f. Substance of the objections made by Mr. Attorney General before a committee of both houses, to the argument made by the house of commons, at the first conference. fol. 80 b.
4. Report of the case of the earl of Oxford for the high chamberlainship of England, with the arguments of justice Doddridge, chief justice Crewe. fol. 99.
5. On titles and dignities to be enjoyed by females, to which are added ' Examples of such as after the decease of a baron or peer of the realm without issue male, in the right of their wives, mothers, etc. having been eldest daughters or coheirs to the said baron, have enjoyed the style and dignity of the said barony,' etc. fol. 113.
6. The resolution delivered by Crew, chief justice, in parliament, concerning the earldom of Oxford. fol. 124.
7. The privileges or special rights belonging to the baronages of England, in which name are comprehended all those who as prelates or magnates and proceres regni by common right, are to be summoned to every parliament, wherein also they have place and voice as incident to their dignity concerning them, either as they are one estate together in the upper house, or as every of them is privately a single baron. fol. 128.

8. Whether the barony of Burgavenny with the title and dignity be descended unto the lady, being the daughter and heir of the hon. Henry Neville, the late baron of Abergavenny, or unto the special heir male unto whom the castle of Burgavenny, being anciently the head of that barony, is descended. fol. 161.

On the margin, " This discourse was written by Mr. Serjeant Dodderidge in the year of Q. Elizabeth, since made one of the judges of the king's bench by king James."

See above MS. 133.

9. A dialogue between a counsellor and a justice of peace of the success of parliament since the conquest to this time, written in the Tower of London by sir Walter Raleigh, and dedicated to king James, 1610. fol. 189 b.

At the end, " Perlegi et pro libitu excerpsi, Aug. 5, 1697 ; W. K."

Reversing the volume,

10. Case of the privilege of fishing in Devonshire granted to Henry Hearne, esq. 18 Jac. I. f. 1.

11. Papers relating to the woolgrowers in Northamptonshire. fol. 3.

CXL.

Codex chartaceus, in folio, ff. 102, sec. xvii. [Gl. 61.]

History of the life and reign of Mary, queen of Scots, with preface, by W. Strangways.

Printed, London, 1624.

Prefixed is the note following, " Writ by Wm. Strangways and printed in fol. 1624 and only reprinted by Udal : see Nicholson's Scotch Lib."

CXLI.

Chartaceus, in folio, ff. 107, sec. xvii., olim Luciæ et postea Dorotheæ Jones. [Gl. 62.]

1. The queen's letters respecting the repeopling of the province of Munster, after the rebellion of the earl of Desmond ; dat. Westm. 27 June, 28 Eliz. fol. 1.

At the end is a true copy of a letter of the undertakers of the work abovenamed to deliver certain lands to Mr. Andrew Reade.

2. The laws of the marches, comprising an indenture between Robert bishop of Durham, John Beaumont constable of England, etc.

comprehendiug acts of different kings upon the subject. fol. 9.

The last is dated 23 Sept. 1563.

3. Articles du traitte et accord provisionel fait e done la entre messers lez deputez de la majestie de la royne de Angleterre e ceux des estats generaulx diz provinces unies du Pais Bas pur le succours de la ville de Anvers, 1587; *French.* fol. 64.

Following one,

a. ' A minute of her majesty's commission ;' *Lat.* fol. 79.

b. ' A draft of safe conduct for the king of Spain ;' *Lat.* fol. 80 b.

c. The ' cessation of arms drawn up by her majesty's commissioners ; 28 May, 1588 ;' *Lat.* fol. 83.

d. ' Postulata legatorum serenissimæ reginæ Angliæ ; cum responso et replicatione ; Bourbourgi, Jun. 1588. fol. 85 b.

e. A " summary report of the whole proceeding between the queen's commissioners and those of the king of Spain in the treaty of peace between England and Spain, in Flanders, 1588." fol. 91.

f. Excerptum ex rotulo 8 Henry IV. contra Thomam Nightingale vinum, etc. vendentem in contemptu regis. fol. 104.

CXLII.

Codex chartaceus, in folio, ff. 48, sec. xvii. [Gl. 63.]

The draught of an act touching the common law county judicatures and courts of appeal.

At the end,

1. The oath for serjeants and counsellors at law. fol. 37 b.

2. The oath for attorneys. fol. 38.

3. Table of fees for the proceedings at common law. fol. 38 b.

4. Act touching appeals. fol. 42.

CXLIII.

Chartaceus, in folio, ff. 63, sec. xvii.; olim W. W. [Gl. 64.]

Twenty-three considerations touching the court of the Star-chamber.

Beg. " Of the conveniency of observacion of course. Beinge in the last place to treate of the course."

CXLIV.

Codex chartaceus, in folio, ff. 6 et 191, sec. xvii. [Gl. 65.]

Reports of cases in the courts of common pleas and of king's bench, in the 40th and 41st of Elizabeth ; *in French.*

Beg. " Gunston port accion de debt."

Prefixed is an alphabetical table of matters, and at the end " a table alphabeticall of the names of the plaintiffs and defendants in this booke of reports."

CXLV.

Chartaceus, in folio, ff. 88, sec. xvii. [Gl. 66.]

1. The authority, privileges and punishments of the higher and lower house of parliament in England, collected out of the common laws of this land and other good authorities by sir Robert Cotton, knight and baronet. fol. 1.
2. Notes of the orders, proceedings, punishments and priviledges of the lower house of parliament. fol. 62.

CXLVI.

Chartaceus, in folio, ff. 12, sec. xvii. [Gl. 68.]

Seven arguments concerning the power and privilege of parliament ; *in French ;* as follow,

1. Le case de S. John Elliott par M. Mason. fol. 2.
2. L'attorney le argue encontre Mason e Calthropp. fol. 5 b.
3. Calthropp's argument for Benjamin Valentine. fol. 6 b.
4. Justice Jones his argument. fol. 10.
5. Hide chief justice his argument. fol. 11.
6. Whitlocke his argument. fol. 11 b.
7. Croke his argument. fol. 12.

At the end,

" Elliott fuit fined . . . . 1000 &
Hollis . . . . 1000 merks.
Valentine 500 8
    et imprisonment in le Tower a le pleasure le roy."

CXLVII.

Chartaceus, in folio, ff. 611, sec. xvii. [Gl. 69.]

Placita coram ipso domino rege et ejus consilio ad parliamenta sua, annis Edwardi I. sequentibus ; scil. 18—23. 28. 35.

Post annum 23 sequitur parliamentum apud Westmonasterium convocatum die Lunæ in octavis S. Michaelis anno regni regis Edwardii filii regis Edwardi quarto decimo.

In calce, " Perlegi hunc librum et obiter excerpsi Sept. 2 1697 ; W. K."

CXLVIII.

Codex chartaceus, in folio, ff. 116, sec. xvii. [Gl. 70.]

Reports of cases in the court of king's bench from the 15th to the 19th inclusive of James I. ; *in French.*

At the end is the report of the case of " Brittaine vers. Marriott" term. Pasch. 22 Jac. I.

A second hand has prefixed the note, " Toutes les cases en cest livre, except le darrein case de Britaine et Menil concordant verbatim oue le second part des reports de Henry Rolle serj. del Ley."

CXLIX.

Chartaceus, in folio, ff. 47, sec. xvii. [Gl. 71.]

Copy of his majesty's indenture of lease granted to sir Ralph Freeman and others of the coal farm, comprising a prior lease granted 18 Jac. 1. of the taxations, imposts, etc. upon coal digged in England ; dat. 20 Jun. 15 Car. I.

At the end is a table of the impositions.

CL.

Chartaceus, in folio, ff. 43, sec. xvii. [Gl. 72.]

Case of the validity of the presentation of Josiah Horne, presented by the king to the rectory of Winwick.

Prefixed is the title, " Case betweene Jos. Horne and Fortescue concerning comendams and the power of the pope before the statute."

CLI.

Chartaceus, in folio, ff. 52 et 21, sec. xvii. [Gl. 73.]

1. Magna Carta ; *Gallice.* fol. 2.
2. Reports of cases in king's bench, from the 31st to the 39th of Eliz. ; *French.* fol. 7.
    Tit. " Reports hors del Sieur Willm. Jones, militis."
    Reversing the volume,

3. Reports of cases, 12, 13 Jac. I. *French*. fol. 2.

4. Report of the case of a ship 'the Hope of Grace,' seized at Bristol by Miles Lavington, 7 Car. I. fol. 16.

5. Case of the prebend of Wetwang, in York cathedral; 6 Car. I. fol. 18 b.

CLII.

Codex chartaceus, in folio, ff. 102, sec. xvii. [Gl. 74.]

Reports of cases in the court of common pleas, 43, 44 and 45 Eliz.; *French*.

On the cover, " Touts cest cases in cest liber sont in communi Banco et non alibi."

Prefixed to the reports are,

1. Nota al assises al countie de Leycester in Lent, anno 11 et 12 Ja. regis, le case fuit; Que un William Heyne." fol. 3.

On the margin, " Coppied out of a written booke of my lord Cooke and written with his owne hands."

2. Note of precedents of complaints made in chancery after judgments in the court of common law; 1615. fol. 3.

At the end are a few cases of the 1 James I.

CLIII.

Membranaceus, in 4to, ff. 92, sec. xv.; olim Luciæ et postea Dorotheæ Jones. [Gl. 76.]

Statuta regni ab anno 1 Hen. VI. ad annum 15, necnon an. 18 et 20 ejusdem regni; *Gallice*.

Incip. " Le parlement tenuz a Westm. le Lundy proschein deuaunt le fest de S. Marteyn."

Desin. ult. " pur le roi voet euer en celle partie."

CLIV.

Chartaceus, in folio, ff. 134, sec. xvii.; olim Luciæ postea Doro. Jones. [Gl. 77.]

1. A " refutation of a divulged discourse [in the case of the Marches] intituled Mr. Sollicitor his confutacion of Serjeant Harris of the 29th of January, Mr. Sollicitor the 21st of January and his last; or a rejoinder to the replie as it is intituled in the next ensuinge leafe." fol. 2.

Beg. " This case now groweth to some ripenes."

At fol. 32, " A collection of the arguments used in the pleadinges before the judges both for and against the jurisdiccion of the councell of Wales over the fouer English countyes."

2. A discourse of the government of Ireland and of the character of the people. fol. 51.

Beg. " At soche time as the meere Irishe of Ireland seemed to have bin in the height of their strength."

3. That the king hath power in his owne person to hear and determine all kinds of causes, when it shall soe please his majestie, as it appeareth by the reasons following. fol. 71.

Beg. " The chiefest cause whie God hath sett a king over anie nation."

4. A lecture upon the 11 Hen. VII. c. 20. fol. 89.

Beg. " Three thinges are to bee hadd and drawen into consideracion."

5. Statutes and the means to understand the same. fol. 91.

Beg. " There be three thinges which be helpes and inducements."

6. Collections from cases having reference to the matter of prohibitions granted to bishops, etc. fol. 108.

Beg. " The case of 41 Eliz. of the late lord marques was resolved by the whole court."

CLV.

Codex chartaceus, in folio, ff. 179, sec. xvii.; olim Luciæ postea Doro. Jones. [Gl. 78.]

1. Index Rotulorum, multis ex eisdem excerptis, ad ecclesiam de Westmonasterio aliasque præcipue spectantium ab Edwardo, Æthelredi filio, ad Edw. I. inclusive. fol. 1.

Tit. i. " Carta Edwardi filii Athelredi pro abbate et conventu Westmonasteriensi."

Hic illic inseruntur notitiæ, quibus rotuli insigniti sunt; ex gr. ad fol. 2. " Here is to be noted that all the charters before written are in one roll which is marked with this mark ✱ as by the margente of the same roll doth appear."

2. Carta privilegiorum Oxon. universitati concessorum; Westm. 1 Apr. 15 Hen. VIII. f. 33.

In calce, " Per ipsum regem et de dat. etc. per me Edm. Standen."

3. Litteræ patentes Edmundo, ep. London. per reginam Elizabeth concessæ de decimis decani et capituli S. Pauli Lond. et dignitatum

ac præbendarum ibidem, necnon de rectoris de Heuston, Est Bedfount, Dunmow, Magna Wetherfelde, Witham, Cressing, etc. 10 Feb. 5 Eliz. fol. 42.

4. Summa charta libertatum civitatis Norwici breviter exarata et per illustres reges Angliæ confirmata. fol. 51 b.

5. The incorporation of Maydeston; dat. 4 Dec. 2 Eliz. fol. 54.

6. The incorporation of Gravesend and Milton; *Latine*; dat. 5 Jun. 10 Eliz. fol. 61.

7. Confirmatio cartarum ad civitatem et ecclesiam de Nova Sarum spectantium; dat. Westm. 7 Dec. 1 Phil. et Mar. fol. 74 b.

8. Carta concedens Theophilo et Roberto Adams terras et tenementa etc. in Deptford et Lewisham; dat. Westm. 27 Jul. 25 Eliz. fol. 90 b.

9. Carta libertatum burgi de Abendonia; dat. Westm. 24 Nov. 3, 4 Ph. et Mar. fol. 93.

In calce, " Per breve de privato sigillo et de data predicta, auctoritate parliamenti; P. Hare.

Irrotulatum in officio mei Johannis Thomson auditor."

Then follows, A list of the burgesses, gentlemen farmers, and other inhabitants of the town.

10. Confirmation of the charter of Henry VIII. to the fraternity of the Trinity house at Deptford; dat. Westm. 28 Feb. 1 Eliz. fol. 105.

11. The ' Incorporation of the company of grocers in London;' Westm. 16 Feb. 7 Hen. VIII. fol. 108.

12. Carta præsentationis ecclesiæ de Honyland; dat. Lond. 26 Feb. 1463. fol. 108 b.

13. Confirmation of privileges to the town of Poole; Westm. 20 Jan. 1 Eliz. fol. 109.

14. Excerpta ex rotulis patentibus 1 Ph. et Mar.; fol. 111.

15. Abstract of the proceedings of parliament in Ireland; 1613, 1615. fol. 139.

Incip. " Statuta, ordinationes, acta et provisiones edita in quodam parliamento illustrissimi principis domini nostri Jacobi;" etc.

At the end, " Hunc librum perlegi et quæ ad rem spectare videbuntur excerpsi; Aug. 11, 1697."

CLVI.

Codex chartaceus, in folio, ff. 350, sec. xvii. [Gl. 80.]

Reports of cases in the court of king's bench from Mich. term 4 Car. I. to the same term 17 Car. I.; *in French.*

At the end is an alphabetical index of names of the cases; "those markt with a cross are reported by other authors in print."

CLVII.

Codex chartaceus, in folio, ff. 36, sec. xvii.; tres codices comprehendens [Gl. 81—84.]

1. A collection out of the book called Liber Regalis remaining in the treasury of the church of Westminster, touching the crowning of the king and queen together according to the usual form; presented unto his majesty by [Jo. Williams] the bishop of Lincoln lord keeper and dean of Westminster. fol. 1.

2. Reasons that the exposition of statutes belongs to the judges of the common law. fol. 9.

It begins with, " The second question propounded on the behalf of the lord archbishop of Canterbury touching the exposition of statutes concerning ecclesiastical causes, whether the same belong to the judges of the realm or to the interpretation of the civilians canonists, a question never made in any of the books nor moved by any in any tyme heretofor."

3. The grievances of all subjects that have had, now have, or hereafter shall or may have, any suits in court of chancery. fol. 19.

4. The manner and order of making new serjeants at law, Mich. term. 19, 20 Eliz. viz. Mr. Fr. Gawdy, Mr. Edmund Anderson, etc. with the fees and other expences added. fol. 27.

Prefixed is the account of being made a serjeant, 1648, [by John Glynne.]

Inserted amongst the fees, at fol. 32, are two bills paid by Jo. Glynne, esq. for his robes.

CLVIIII.

Membranaceus, in 4to, ff. 61, sec. xiv. [Gl. 87.]

1. Miracula fideli assertione probata que operata est potentia summi Dei diebus istis in ecclesia cathedrali Hereford. ad laudem et gloriam sui nominis et declarationem meri-

torum et vite laudabilis servi ejus sive memorie domini Thome de Cantilupo, quondam episcopi ecclesie supradicte, cujus ossa in eadem ecclesia sunt sepulta. fol. 2.

Incip. " Quinta igitur feria in cena Domini videlicet tertio nonas Aprilis anno gratie m.cc.lxxxvij. et a transitu dicti episcopi ab hac vita anno quinto; Cum Dominus Ricardus, Dei gratia ejusdem ecclesiæ episcopus."

Recordantur secundum annos, quibus evenerint, ab anno scilicet post episcopi decessum primo usque ad vigesimum sextum inclusive.

2. Narratio de canonizatione Thomæ prædicti. fol. 49 b.

Incip. " In negotio canonizationis pie memorie domini Thome, quondam Herefordensis episcopi, sedes apostolica de quinque principaliter mandavit inquiri."

In calce narratur miraculum aliud, testante Johanne Morevyle, mercatore, an. 1404.

CLIX.

Codex membranaceus, in 4to, ff. 136, sec. xv. [Gl. 88.]

1. Statuta regni ab anno 1 ad an. 43 Edw. I. inclusive; *Gallice*.

Tit. i. " De anno regni regis Edwardi tercii a conquestu primo Come Hugh le Despenser le sisme jour de Marez."

Def. in verbis, " Statuta de anno Edw. xlv."

Præmittuntur " Capitula statutorum editorum anno regis Edwardi tertii post conquestum primo, Cum Hugh le Despenser, etc."

2. Statuta regni annis 1—14 regis Ricardi II. edita. *Gallice*. fol. 73.

In calce est tabula expensarum pro ' aula mea' ædificanda.

CLX.

Chartaceus, in 4to, ff. 84, sec. xvii. [Gl. 89.]

Motives to attend the glory of God, and obedience to the king and good of the commonwealth, by John Morris, of All Souls college, Oxford.

Dedicated " To the honourable sir John Walter, knight, lord chief baron of H. M. court of exchequer;" dat. " From my study in All Souls coll. March 23, 1625."

At the end of the book " Salus reipublicæ."

CLXI.

Codex chartaceus, in 4to, ff. 151, sec. xvii.; olim Car. Jones. [Gl. 90.]

An humble petition directed to the right honourable the most reverend judges of the law for the clearing of some doubts arising out of the late established oath; at the humble suit of N. B. a poore English catholic and sometime a student in the law.

CLXII.

Chartaceus, in 4to, ff. 153, sec. xvii.; olim Jacobi Gilpin, de Oxford. [Gl. 91.]

Reports of cases in the court of common pleas, 31—33 Eliz., arranged according to the subjects, of Assumpsit, Devises, Indictments, Issues, Copyholds, Errors, etc.; *in French*.

At fol. 42, " Reportes del cases hors del banke le roy."

At fol. 145, " Ceux cases fueront argue deuant les 2 chiefe justices a Serjeants Inn esteant assistants al court de gardes."

CLXIII.

Chartaceus, in 4to, ff. 74 et 12, sec. xvii. [Gl. 92.]

Notes taken from the lectures of different readers in the inns of court, temp. Eliz. et Jac. I.; *Eng*. and *Fr*. fol. 2.

The names of lecturers which occur are as follow, Waltham, Robins, Selwin, Waintworth, Ayloff, Jeffries, Eyre, Puck, Escott, Chibborne, Hadd.

Reversing the volume are a few cases of New Inn and Cliffords Inn, 1610—1614.

CLXIV.

Chartaceus, in 4to, ff. 5, sec. xvii. [Gl. 93.]

Rolandi Crosby in primum librum Aristotelis de Interpretatione oratio encomiastica, prævia ad Johannem Walterum, eq. aurat. præfatione.

Incip. præf. " Insignissime Mecænas."

Incip. comm. " Et panegyrin expectatis."

CLXV.

Chartaceus, in 4to, ff. 70, sec. xvii. [Gl. 94.]

Discourses in divinity upon divers cases of conscience; amongst which are,

G

1. Whether a wicked magistrate be to be honoured. fol. 2.
2. Howe we may desire spiritual and temporal blessings. fol. 3.
3. Whether a man be bound to accuse himself. fol. 8.
4. Whether a man may go from his own pastor and hear another. fol. 15.
5. How the church cannot err. fol. 17.
6. How we are saved, and the means of our salvation. fol. 24.
7. Of the law delivered by Moses. fol. 29.
8. Moral phrases and sentences; *Eng. Lat.* f. 39.
9. Of fasting. fol. 55.
10. Of the resurrection at the last day. fol. 56.

CLXVI.

Codex chartaceus, in 4to, ff. 113, sec. xvii. [Gl. 95.]

1. The copy of a letter written by a master of arts of Cambridge to his friend in London concerning some talk past of late between two worshipful and grave gentlemen about the present state, and some proceedings of the case of Leicester and his friends in England; with an epistle dedicatory to M. G. M. [by Robert Parsons.]
   Printed under the title of Leycester's Commonwealth, Lond. 1641.
   At the end, " A godly and profitable meditation taken out of the 20 chapter of the book of Job ;" *Lat.* and *Eng.*
2. An "addycion of the translator, in which are declared many enormous and unchristen acts committed by the sayd earle of Leycester, of which thear hath been new advertysment and knowleg day by day." p. 203.
   Beg. " The abhominable and wretched lyfe of this monstrous erle."

CLXVII.

Membranaceus, in 4to, ff. 129, sec. xv.; olim Godefridi Lamkyn, postea Will. Falle, de Gippewic. [Gl. 96.]

Statuta regni ab anno 1 usque ad annum 30 inclusive Edwardi III.; *Gallice.*
   Incip. " Lestatut le Despensere fait."
   Defic. in verbis, " portez cea en arere si bien parmy lez guerrez"——

CLXVIII.

Codex chartaceus, in 4to, ff. 184, sec. xvii. [Gl. 97.]

Reports of cases occurring in the court of king's bench from the 18th of Jac. I. to the 4th Car. I. inclusive; *in French.*
   Beg. " Madam Dennis et Precentor de Paules; Si doyen, person, peut faire lease."

CLXIX.

Chartaceus, in 4to, ff. 30, sec. xvii. [Gl. 98.]

' Curia comitis Marescalli,' sc. the history of the manner of proceeding in the court of the earl marshal, illustrated by cases of precedents from the rolls, etc.
   Beg. " Roger le Bigob or Bigot earle of Norfolke and marshall of England, made Roger le Bigot his nephew his attorney."
   End. " As the said other persone or persons be seized to his use. Finis."

CLXX.

Chartaceus, in 4to, ff. 101 et 29, sec. xvii. [Gl. 99.]

1. Reports of cases in the court of king's bench, 3 and 4 of Car. I.; *in French.* fol. 1.
   Beg. " Bentley deft. En prohibition move per Litleton."
   At the end is an index of cases, those " markt with a cross are reported in print by other authors."
   At fol. 96 is a report of the case of Trevilian, deft. Mich. 5 Car. I.; *in French.*
   Reversing the volume,
2. Libellus de arte Logica; imperfectus. fol. 1*.
   Incip. " Duo celeberrima hujus disciplinæ."

CLXXI.

Chartaceus, in 4to, ff. 85, sec. xvii. [Gl. 101.]

A discourse or relation of the ancient and modern estate of the principality of Wales, duchy of Cornwall, and earldom of Chester, collected out of the records of the Tower of London by sir John Doddridge, knight, his majesty's serjeant at law, and by him contrived into method as followeth.
   Printed Lond. 1630.

CLXXII.

Codex chartaceus, in 4to, ff. 195, liber impressus Lond. 1612; olim Caroli Jones. [Gl. 102.]

A copy of ' Les tenures de Monsieur Littleton; ouesque certaine cases addes per auters de puisne temps,' etc. in 12mo., printed on 4to paper, and interleaved for the purpose of notes; the 25 first pages only of which have been so illustrated.

At the end of the index, ' Ingenii cibus studium; per W. West;' after which, the epilogue ' Lectori studioso W. West.' dat. 1581.

CLXXIII.

Chartaceus, in folio, ff. 219, sec. xvii.; hodie decem codices amplectens. [Gl. 103—112.]

1. A lecture of Charles Calthrope, reader in Furnival's Inn, upon Copyholds; impf. fol. 1. Tit. " Prima lectura Caroli Calthrope lectoris ibidem termino Trinitatis 4 regine Elizabethe de tenuris vulgo dictis Copiholdes. fol. 1.

2. The Parson's law, collected out of the body of common law and some late reports, by William H[ughes] of Gray's Inn, esquire; anno Domini 1633. fol. 13.

3. England's Epinomis by John Selden, esq.; with a table prefixed; imperf. fol. 23.
It ends abruptly at the end of the 16th section of the 6th chapter, in the words, " of human propagation."

4. The life of sir Thomas More by his son in law William Roper. fol. 39.

5. An apology for [Robert Cecil,] the earl of Salisbury, late lord treasurer. fol. 62.
Beg. " It was the impresse of a greate secretarie."

6. Ordinances made by the right hon. Thomas lord Coventry, lord keeper of the great seal of England, with the advice and assistance of the right hon. sir Julius Cæsar, master of the rolls, in the term of S. Michael in the xith year of Charles I. for the redress of sundry errors, defaults, and abuses in the court of chancery. fol 72.

7. A 'tractate from William the Conqueror to the end of queen Elizabeth, of what nobility was created in all former succeeding princes times,' with their arms. fol. 93.

8. An answer to certain arguments, raised from supposed antiquities and practice by some members of the lower house of parliament, to prove that ecclesiastical laws ought to be enacted by temporal men, by sir Rob. Cotton. fol. 142.

9. The sovereignty of the seas of England, proved by record, history, and the municipal laws of the kingdom also; a particular relation concerning the inestimable riches and commodities of the British seas, by sir John Burroughes, knt. keeper of the records in the Tower of London. fol. 151.

10. Lectures of Thomas Nichols, entitled, ' Thomas Nichols, lector Medii Templi tempore Estivali 1566, anno reginæ Eliz. 8, anno etatis ejusdem Thomæ 37, anno versationis suæ in medio Templo 17, sur Lestatut 11 Henr. VII. cap. 20.;' in French. ff. 188—219, 187.

CLXXIV.

Codices sequentes in catalogo veteri dicuntur fuisse, ' In schedulis solutis,' et numerantur, 1—18 inclusive; tom. II. part. I. p. 53.

Volumen chartaceum, in folio, hodie codices quatuordecim includens, ff. 343, sec. xvii. [Gl. 1*—14.*]

1. Articuli matrimoniales conventus habiti inter [Carolum] serenissimum principem Walliæ et serenissimam Infantam, et communes eorundem commissarios. fol. 1.

2. Report of the case of Morgan and Lewis concerning the place of searcher, at Sandwich, 1637. fol. 4.

3. Placita coram ipso domino rege et ejus consilio ad parliamenta sua post festum S. Mich.

Hilarii, et etiam post Pascha, 8 Edw. I.,
inter Rogerum ep. Coventr. et Lichfeld. et
Rogerum Extraneum et socios suos justiciar.
etc. fol. 6.

    Defic. in verbis, ' et sicut dictis temporibus'—

4. An information to all good Christians within
the kingdom of England from the noblemen,
barons, ancestors of the kingdom of Scotland,
for vindicating their intentions and actions
from unjust clamours and calumnies of their
enemies. fol. 54.

    At the end, " Revised according to the
ordinance of the general assembly by Mr.
Alexander Johnstone clerk there at Eden-
burgh, 4 Feb. 1639."

    Printed at Edinburgh by James Brison,
1639.

5. Report of the commissioners appointed to inquire into the regulation of abuses in Ireland,
1621 ; viz.

6. The argument of sir Edward Littleton, knight,
his majesty's solicitor, of the Inner Temple,
made in the exchequer chamber pro rege,
against Hampden, in the case of ship money.
fol. 73.

7. The argument of sir John Bankes, attorney
general, on the same case. fol. 129.

8. The arguments of Mr. Justice Weston and
Mr. Justice Crawley on the same, 24 Jun. 13
Car. I. fol. 187.

9. The argument of Mr. Justice Barcklye on the
same, 10 Feb. 13 Car. I. fol. 202.

10. The argument of sir John Finche, knight, lord
chief justice of the common pleas, in the same
case ; 9 Jun. 14 Car. I. 1638. fol. 217.

11. The reply of Mr. Holborne, of Lincolns Inn,
to the arguments of Mr. Solicitor General,
2 Oct. 13 Car. I. ' in camera scaccarii.' f. 256.

12. Iter tentum 6 Apr. 11 Car. I. pro foresta de
Essex per adjornandum apud Stradford Lang-
ther, coram Henrico comite Holland " capi-
tali justiciario itinerario omnium forestarum
citra Trent, assistente Johanne Finch," etc.
fol. 301.

    It is subscribed, ' Bridgman.'

13. Placita de termino S. Michaelis anno regis
Edwardi III. nono decimo, inter regem et
episcopum Norwicensem de exemptione monachorum S. Edmundi ; e rotulo 114. fol. 311.

14. Propositions humbly offered in obedience to
his highness commands for the better regulating the proceedings in the court of chancery, which may be used for those who sit as
judges in that court in all causes where the
particular circumstances of the case may not
necessarily in justice and equity cause them
to vary from the same, etc. fol. 334.

    Beg. " That the chancery shall not give
reliefe."

15. A discourse at Venice by Mons. D. de Rohan
unto the princes and commonwealth of Christ-
endom. fol. 340.

    Beg. " The tempests which have tossed my
country, and exercised the chief part of
mine age."

CLXXV.

Codex chartaceus, in folio, ff. 15—183, sec.
xvii. [Gl. 15*.]

    Reports of cases in the court of king's bench,
3 Car. I. *Lat.* et *Gallice.*

    Beg. " Termino Pasche anno 3 Caroli regis,
in banco regis. Sir William Fish de Grayes
Inn 3 apres il fuit poise par viscount de Bedfordshire."

    At the end is an alphabetical index of the
" names of the cases ; those markt with a
cross are reported by other authors in print."

CLXXVI.

Chartaceus, in folio, ff. 141, sec. xvii. [Gl.
16*, 17*.]

1. A collection of processes and decrees made
in the court of wards from 7 Edw. VI. to
17 Eliz.; *French.* fol. 1.

    Tit. beg. " Sey ensuist un breef colleccion
de tiels decrees fait in le court de gards
queux decide ascun doubt en ley on autre-
ment a expresse ou explaine ascun matter
necessary," etc.

2. Reports of cases in the court of king's bench
in the Easter, Trinity, and Michaelmas terms,
39 Eliz.; *French.* fol. 92.

Beg. "Beale port breve de temps de faux imprisonment."

CLXXVII.

Codex chartaceus, in folio, ff. 332, sec. xvii. [Gl. 18*.]

Reports of cases in the court of king's bench, 11, 12, 13 Jac. I.; *French.*

Beg. "Pasch. 11 Jac. B. roy. Nota en un Webbers case fuit dit par Yelverton."

At p. 632 is an alphabetical index of the cases; "those markt with a cross are reported by other authors in print."

CLXXVIII.

Chartaceus, in folio, ff. 183, sec. xvii.

1. Reports of cases in the court of king's bench, 26, 27 Car. II. fol. 1.

Beg. "Mich. term, 1675, in banco regis; Andrews versus Simpson."

2. Concerning the jurisdiction of the president and council of the marches of Wales in the four English counties. fol 176.

Beg. "What is the jurisdiction claymed."

At the end is a report of the case of Dod and Hamond, June 1676.

CLXXIX.

Chartaceus, in folio, ff. 114, sec. xvii.

1. Reports of cases in the court of exchequer, 3, 4 Car. I.; *in French.* fol. 1.

Beg. "Term. Trin. tertio Caroli regis in scaccario. Enter sir Allen Apsley et un auter per ' quo minus' in accion de dett."

2. Reports of different cases out of Mr. Noy's book; temp. Eliz. 40, 45, and 15 Jac. I., [sir R.] Edgcombe's case; *French.* fol. 94.

CLXXX.

Chartaceus, in folio, ff. 42, sec. xvii.; olim Luciæ postea Dorotheæ Jones.

1. A covenant to stand seised of certain uses with provisoes from restrain of alienation in the heirs and for liberty for the first person in use to alter, change, or determine any the uses herein limited and declared. fol. 1.

2. Whether the barony of Bergavenny be descended unto the daughter and heir of the

hon. Henry Neville, etc. by serjeant Doddridge. fol. 8.

See above, MS. 57, fol. 1.

CLXXXI.

Codex chartaceus, in folio, ff. 275, sec. xvii.; olim Johannis Aleyn.

The first volume of a legal common-place book, arranged alphabetically, from ' Abatement' to ' Non obstante ;' the notes or entries are chiefly in *French.*

CLXXXII.

Chartaceus, in folio, ff. 188, sec. xvii.

1. Extracta e libro militum feodorum, temp. præcipue Elizabethæ. fol. 2.

Incip. " Johannes de Novo Burgo tenet villam de Wynefred de rege."

2. Depositions to the birth of sir Thomas Poyning's babe at Dover 21 Apr. 1585. fol. 26 b.

3. Inspeximus of the indenture of Henry VIII. respecting the sale of divers lands of sir Thomas Poynings to the king, in the county of Kent, and the sale of the lands belonging to the monastery of Bindon to sir Thomas Poynings, dat. West. 28 Nov. 26 Eliz. fol. 28.

Tit. i. " The king's bargayne and sale to Ponings."

4. Two indentures touching the sale of the manor of Woodstreet, co. Dorset, datt. 30 and 31 Eliz. fol. 43 b.

5. Confirmatio terrarum abbati et conventui de Bindon, sive Byndon, co. Dorset; dat.Winds. 16 Mar. 6 Edw. I. fol. 47.

6. Valor omnium maneriorum, etc. Thomæ nuper vice comitis Howard de Bindon; dat. 22 Nov. 1582. fol. 52.

7. Other papers relating to the manors, etc. formerly belonging to the monastery of Bindon, etc. purchased by sir Thomas Poynings. fol. 55, *seqq.*

At fol. 62 is the last will and testament of sir Thomas Poynings.

8. Grant of lands, etc. in Corfe Castle to the queen by George Uvedale; dat. 1 Jun. 43 Eliz. fol. 91.

9. The king's jointure to the queen [Anne, wife of James I.], dat. Harfield, 19 Sept. 1. Jac. I.; *Lat.* fol. 93.

H

10. The king's grant of liberties to the queen; dat. Winton. 18 Oct. 1 Jac. I.; *Lat.* fol. 99.
11. An act of confirmation of the said jointure. fol. 106.
12. The last will and testament of Charles Blount, baron Mountjoy and earl of Devon; dat. 2 April, 1606. fol. 110.
13. Indenture by which Charles, earl of Devon, sells to sir Edward Blount and others the castle of Wycroft, co. Devon; dat. 2 Ap. 1606. fol. 115.
14. Another charter of the same earl with sir Will. Godolphin touching the manors of Langston Lacy, etc.; dat. Octav. Purif. B. M. 1 Jac. I. fol. 117.
15. Excerpta ex Inquisitionibus post mortem variis, sive libro militum feodorum, ad comitatum de Dorset et Somerset præcipue spectantibus. fol. 119.
    At fol. 140, " The pedigree of the Barke-leyes."
16. Valor sive extentus annui valoris omnium maneriorum, etc. Georgii de la Linde, militis, et Edwardi filii et hæredis ejusdem. fol. 145.
17. ' The particulars of the tenures in Dorset,' or a table of the contents of excerpts mentioned at ff. 2 and 119. fol. 147.
18. " Particulæ computi," tam hundredorum in com. Dorset. quam decanatuum in eodem comitatu. ff. 157, 175.
19. ' Le pedegre de Hussey prise hors Inquisition post mortem Johannis Leuesham.' fol. 170.
20. An act giving authority to the queen, on the avoidance of an archbishop or bishop, to take into her hands certain of the temporal possessions thereof, recompensing the same with parsonages impropriate and tenths. fol. 171 b.
21. The pedigree of Filole, and Gilbert de Clare. fol. 174.
22. Notes of the commencement and duration of the reigns of the kings of England from Edw. I. to James I. inclusive. fol. 180.
23. Excerpta ex Rot. claus. 26 Edw. I., ad abbates ord. Cisterc. ut necessitatibus regni urgentissimis liberaliter subveniant. fol. 181 b.
    Subnexa est tabula abbatiarum ejusd. ord.
24. Table of the contents of the volume. fol. 187 b.

CLXXXIII.

Codex chartaceus, in folio, ff. 77 et 13, secc. xvii. exeuntis et xviii.

1. An account of monies received by me W. E. for the master of the king's remembrancer's office; dat. 8 Oct. and 17 Dec. 1674. fol. 1.
2. Reports of cases and judgments in the court of common pleas, principally from the Rolls of James I. and Charles I. etc. fol. 5.
    Beg. " Per Paschæ Record. anno quinto Caroli. Et quia predictus Johannes Perperton non est plenarie advisatus ad presens."
    At the end is an alphabetical index of subjects.

3. Reports of cases in the exchequer and elsewhere, in the 34, 35 Car. II. and the reigns of Jac. II. and Will. and Mary. fol. 63.
    Beg. " Memorandum quod breve domini regis nunc sub sigillo hujus scaccarii."
    Reversing the volume,
4. Mr. Johnson's reading, which began Feb. 13, 1675, 28 Car. II. upon the statute of uses 27 H. VIII. fol. 2*.
    Beg. " I have made 3 divisions upon this statute, 1, what uses are executed within this law and what not."

CLXXXIV.

Chartaceus, in folio, ff. 83, sec. xvii.

A catalogue of manuscripts given by the late bishop of St. Asaph, [Thomas Tanner,] to the University.
    They are numbered from 1 to 464 inclusive.

ADDITION TO MS. LXI IN EXETER COLLEGE LIBRARY

(CATALOGUS CODICUM MSS. COLLEGII EXONIENSIS

Page 20)

1 (fol. 2) Johannes de Rupella, Postill on Daniel, prol. *beg.* incomplete; estimat, text *beg:* Danielem prophetam etc. Huic libro premittit Ieronimus prologum. *Ends:* Daniel comedit. Explicit Daniel. Laus honor et gloria omnipotenti deo in secula seculorum. Amen. Stegmüller, *Rep. bibl.* no. 4896. cf. MS. Lat. th. 6.5.

2 (fol. 44) Hugh of St. Cher, Commentary on Daniel, prol. *beg:* Homini bono . . . In hoc quod dicitur, text *beg:* Hunc librum transtulit Ieronimus. *Ends* (on Dan. xii. 11) *ablatum fuerit* i. auferri inceperit. Stegmüller, no. 3698.

3 (fol. 68) Hugh of St. Cher, Commentary on Job, prol. *beg:* Legitur Osee xj In funiculis . . . Funiculos Adam vocat, text *beg:* Prologus autem quem premisit Ieronimus . . . Cogor stimulo rationis. *Ends:* electi adiuvantur. Stegmüller, no. 3673.

4 (fol. 182) Hugh of St. Cher, Commentary on Acts, prol. *beg:* Scribe visum . . . Hiis verbis primo notatur actor, text *beg:* Primum nominaliter i. evangelium. *Ends:* martirio coronatus. Expliciunt actus apostolorum. Anno domini Millesimo CCCC° lxiiij. Stegmüller, no. 3725.

CATALOGUS

CODICUM MSS.

COLLEGII ORIELENSIS.

BREDON, Simon ; LXI
CORFF, Willelmus ; XLVII
GANDY, Henricus, coll. Oriel socius ; LXXV

MALDON, Johannes, coll. Oriel. praepositus ; LXII

SALOPIA, Radulphus de ; XL
SNETESHAM, Ricardus, coll. Oriel socius ; LIV

NOMINA BENEFACTORUM,

QUI COLLEGII ORIELENSIS BIBLIOTHECAM CODICIBUS MSS. AMPLIAVERUNT.

Numeri nominibus adfixi Codices denotant, quos quisque donaverit vel legaverit.

ALCOCK, SIMON, S. T. D.; l.   *vid MS. St. John's Coll. 184.*

ATKINSON, RADULPHUS, coll. Oriel. cominarius; lxxiv.

CORFF, JOHANNES; xxvi. lxiv.

GASCOIGNE, THOMAS, coll. Oriel. commensalis; xxx. xxxi. xxxvi. *(vid. XLIII)*

GOWER, ABEL, coll. Oriel. socius; v.

GRAFTON, ROBERTUS, coll. Oriel. socius; xx. xli.

GRAUNT, T., coll. Oriel. socius; lv.

HAWKYNS, THOMAS, coll. Oriel. præpositus; ix. LII

HERLOW, THOMAS; xxvi.

INGOLNIELES, JOHANNES; xxxi. lxvii.

KYLVYNGTONE, RICARDUS DE; xxix. lxviii.

LEIGH, EDWARDUS, baro; lxxviii. lxxxi.

LEYNTWARDYN, THOMAS, coll. Oriel. præpositus; viii.

MARKILL, JOHANNES; xliii.   *coll. Oriel. socius*

MADKYSWELL, ANDREAS, coll. Oriel. socius; xlii.   *postea præpositus*

MOORE, JACOBUS, coll. Oriel. socius; lviii.

PAGE, FRANCISCUS; lxxix.

PIERREPONT, ROBERTUS, comes de Kingston; lxxvii.

ROMSEY, WILLELMUS; vi.

SAMPSON, HENRICUS, coll. Oriel. præpositus; i. xiii. li.

STEPHYN, ROGERUS, S. T. B., coll. Oriel. socius; xxxvii.

TAILOUR, JOHANNES, coll. Oriel. præpositus; xxiv. xlviii.

TOLSON, JOHANNES, S.T.P., coll. Oriel. præpositus; lxxxii.

TRYKYNGHAM, ELIAS DE; iv.

WALDERSTONE, ROGERUS; xxvii.

II.c. is printed in *De Haymaro monacho*, by P.E.D. Riant (Paris, 1865), p.110 and a facsimile of the Oriel MS. is given in an appended plate.

CODICES MSS.
COLLEGII ORIELENSIS.

I.

CODEX MEMBRANACEUS, in folio majori, foliis constans scriptis 127, sec. xii., binis columnis bene exaratus et servatus; collegii Orielensis peculium ' ex dono venerabilis viri M. Henrici Sampson, quondam ibidem præpositi.'

Eusebii Cæsariensis Historia Ecclesiastica, libris undecim comprehensa.

Ad finem libri ix. legitur notitia, incip. " Hucusque nobis Eusebius Cesariensis rerum in ecclesia gestarum memoriam tradidit."

Liber x. capita numerat xxxii., quorum primum de Arrii hæresi. Lib. xi. cap. ult. est, ' De fide Theodosii.'

In fine, " Explicit liber undecimus."

II.

Membranaceus, in folio majori, ff. 188, sec. xii. exeuntis; binis columnis optime exaratus et servatus.

Isidori Hispalensis Etymologiarum libri viginti, præviis Isidori et Braulionis epistolis mutuis.

Excisæ sunt literæ totius fere operis initiales. In calce, " Explicit liber Ethimologiarum beati Ysidori Hispalensis archiepiscopi."

Sequuntur,

a. Epistola Johannis regis Indiæ ad Emanuelem, Imperatorem CPol. de imperio suo. fol. 184.

Incip. " Presbiter Johannes, etc. Nuntiabatur apud majestatem nostram."

b. Fabula de caballo æneo [qui falso dicitur Constantini] Laterani posito sine pelle cum coconia in capite; item de statuis omnium provinciarum cum tintinnabulis in capitolio positis, et de templo Cybeles per Bonifacium [IV. ?] B. M. V. dedicato; etc. fol. 186 b.

Incip. " Laterani est caballus quidam eneus, qui dicitur Constantini, sed non ita est."

c. Tetrasticha xxxviij. de Accone urbe anno 1181 expugnata. fol. 187.

Incip.

" Sabato post Domini resurrectionem
Philippus rex Francie veniens Aconem,
Totam mentis operam et intentionem,
Circa ville posuit expugnationem."

III.

Codex membranaceus, in folio, ff. 105, sec. forsan x., optime exaratus et bene servatus; olim M. Johannis Tailour, S. T. P., præpositi.

Aurelii Prudentii Clementis opera, cum præfatione, glossulis interlinearibus, argumentisque de carminum generibus; scilicet,

1. Hymni decem, quorum primus ad Gallicantum, ultimus Circa exequias defunctorum. f. 5.

Tit. " Incipit Praefatio Aurelii Prudentii. Per Quinquennia jam decem."

2. Liber Peri Stephanon. fol. 20.

Ad fol. 43, seq. occurrunt, " Versus Constantinæ scripti in Basilica quam condidit in honorem sanctæ Agnetis;" et Versus Damasi episcopi de eadem re.

B

3. Cathemerinon. fol. 50.

 Tit. " Incipit Prudentii Clementis cum cum de Sancto Romano martyre."

 In calce, " Finit Cathemerinon Prudentii Clementis Cum Cum."

 Sequitur De opusculis suis P. Immolat Patri Deo.

4. Tituli historiarum Prudentii Ispaniensis, quod Dirocheum [Dittocheum] de utroque Testamento vocatur. fol. 65.

5. Contra Symmachum libri duo. fol. 69.

 In calce, " Explicit Aurelii Prudentii Clementis adversus Symmachum liber secundus."

 Sex extrema rejectitia hinc inde folia continent annales juridicos de anno 13 Edw. III.

IV.

Codex membranaceus, in folio, ff. 241, sec. xiv.; ex dono magistri Eliæ de Trykyngham.

1. Bernardi de Gordonio Lilium medicinæ in septem particulas distinctum, cum præfatione et tabulis capitum. fol. 1.

 Incip. " Interrogatus a quodam Socrates."

 Desin. præf. " Inchoatus autem est liber iste in preclaro studio montis Pessulani post annum 20 lecture nostre A. D. 1303 mense Julii."

 In calce, " Explicit lilium medicine magistri Bernardi de Gordonio, cum Antidotario suo."

2. [Ejusdem?] de modo conficiendi medicinas tractatulus. fol. 216.

 Incip. " Cum volueris conficere."

3. Ejusdem tractatuli alii; scilicet,

 a. De gradibus. fol. 216 b.

  Incip. " Doctrina de gradibus."

  In calce, " Explicit opus de graduacione secundum magistrum Bernardum de Gordonio."

 b. De pulsibus. fol. 224.

  Incip. " Pulsus est nuncius."

 c. De conferentibus et nocivis. fol. 226.

  Incip. " Nocet cerebrum argento."

  In calce, " Conferencia et nocencia membris expliciunt."

4. Modus medendi, sub compendio. fol. 229.

 Incip. " Ego, fili karissime, tuis adquiescens precibus."

5. B. de Gordonio tractatulus de regimine acutorum. fol. 230.

 Incip. " Regimentum acutorum."

6. Ejusdem Tabula ingeniorum. fol. 234 b.

 Incip. " Ingenium creacionis morborum."

 In calce, " Explicit tabula ingeniorum a magistro Bernardo."

V.

Codex membranaceus, in folio, ff. 148, sec. xv., nitide scriptus; olim Thomæ Corseri presbyteri, deinde S. W. 1601, et postea coll. Oriel. ex dono Abelis Gower, socii.

L. Annæi Senecæ epistolarum ad Lucilium libri x.; numero cxxiv.

 In calce, " Expliciunt epistole Senece ad Lucilium."

VI.

Membranaceus, in folio majori, ff. 233, sec. xv., binis columnis exaratus; ex dono Willelmi Romsey.

1. Anonymi cujusdam expositio super Apocalypsim, cum tabula brevi annexa. fol. 2.

 Incip. prol. " Vidit Jacob in somnis scalam; etc. Quatuor sunt cause hujus operis."

 Incip. lib. " Apocalipsis; Liber ille dividitur principaliter in duas partes."

 Desin. " quicquid videat corrigendum; Benedictus sit Jhesus Christus, Amen. Explicit Apocalipsis; Deo gratias."

2. Berengaudi expositio in eandem. fol. 176.

 Incip. " Beatum Johannem;" ut inter S. Ambrosii opera, tom. ii. App. col. 499.

 In calce codicis notatur, " Pro scriptura ſvi. s. v.ᵈ juxta xiᵈ pro quaternione."

 In fronte legitur, " Liber collegii Regalis ex dono magistri Willelmi Romsey, qui rogat vos, ut oretis pro eo et pro omnibus pro quibus ipse tenetur orare."

VII.

Membranaceus, in folio, ff. 201, sec. xiv., binis columnis exaratus.

1. Aristotelis Metaphysicorum libri undecim cum Averrois commentario. fol. 1.

 Incip. " Consideracio quidam; etc. Quia ista scientia perscrutatur simpliciter."

 In calce, " Explicit liber Metaphisice; Deo gracias."

/8

2. De anima libri tres, cum ejusdem commento. fol. 10*5*.

Incip. "Quoniam de rebus, etc. A. intendit per subtilitatem."

3. Averrois liber de sensu et sensato. fol. 16*9* b.

Incip. "Virtutes quidem sensibiles."

4. Ejusdem de rememoratione libellus. fol. 16*5* b.

Incip. "Secundus tractatus incipit."

5. De sompno et vigilia libellus. fol. 16*5*. '7

Incip. "De sompno et vigilia dicendum."

6. De causis longitudinis et brevitatis vitæ. f. 16*6*.

Incip. "In hoc tractatu perscrutatur."

7. De compositione corporis celestis. fol. 16*7*. 71

Incip. "In tractatu intendimus."

8. Ejusdem commentum in libros de generatione et corruptione. fol. 17*0* b. 4

Incip. "Intentio nostra in hoc libro; etc. Antiquorum igitur."

9. De anathomia tractatus. fol. 18*0* b. 3

Incip. "Anathomia est membrorum."

10. Isaaci [Judæi?] libellus de somno et vigilia. fol. 18*1* b. 5

Incip. "Tu cui Deus occultorum."

11. Gundisalvi libellus de creatione mundi. f. 18*4* b.

Tit. "Incipit liber Gundi psalmi."

Incip. "Invisibilia Dei."

12. Adelardi [Abælardi] Bathoniensis libellus de decisionibus naturalibus. fol. 18*9*. 9 2

Incip. "Violentos principes."

13. De philosophia Danielis. fol. 19*1* b. 4

Incip. "Nos qui mistice."

14. De Macrobio super somnium Scipionis. f. 19*3* b.

Incip. "Dixit Colotes non oportere."

15. De universalibus secundum Avicennam. f. 19*3* b.

Incip. "Quinque distincta."

16. Extractio Alpharabii de intellectu et intellecto. fol. 19*6*. 9

Incip. "Intellectus secundum vulgus."

VIII.

Codex membranaceus, in folio majori, ff. 382, sec. xiv., binis columnis exaratus; ex legatione M. Thomæ Leyntwardyn, Hereford. dioc., quondam coll. Oriel. præpositi.

S. Thomæ Aquinatis in libros tres priores Sententiarum commentarius; tabulis illustratus.

Inter tabulam lib. 2 et 3, inserta est quæstio, 'Utrum pluralitas attributorum accipiatur ex parte intellectus Dei,' et ad calcem lib. i.,

' Questio de dimensionibus interminatis et est multum notabilis, sed non est de scripto Thome;' incip. "Questio utrum sit ponere dimensiones."

In calce, lib. ii. sunt versus,

"Hic liber est scriptus qui scripsit sit benedictus;

Explicit expliciat ludere scriptor eat."

In calce, lib. iii.

"Finito libro sit laus et gloria Christo."

IX. *see note to MS. LII*

Codex membranaceus, in folio majori, ff. 461, sec. xiii. ineuntis, binis columnis bene exaratus, sed quoad literas initiales misere mutilatus; ex dono Thomæ Hawkyns præpositi.

Biblia Sacra Universa, editionis vulgatæ, S. Hieronymi et quoad Maccabæorum libros Rabani Mauri prologis perquam instructa; annexa nominum Hebraicorum interpretatione, secundum Remigium Autissiodorensem.

In calce Test. Nov., "Qui scripsit sit benedictus a Domino; Amen; Amen; Amen."

In fol. i verso legitur, "Memorandum quod iste liber est collegii beate Marie de Oryell Oxon. ad perpetuum usum et profectum sociorum ejusdem ex dono venerabilis magistri Thome Hawkyns, in artibus magistri, quondam precentoris ecclesie cathedralis Sarum. et prepositi collegii de Oryell antedicti, datus eidem collegio anno obitus dicti magistri Thome, videlicet anno Domini millesimo cccc. septuagesimo octavo, cujus anime propicietur omnipotens et misericors Deus; Amen.

Dum fructum queris Hawkyns libri memoreris,

Res ingrata nimis dare nil pro rebus opimis;

~~Munera~~ librorum fructus pius usus eorum,   *H Mun*

Commoda multorum dent Hawkyns regna polorum; Amen."

X.

Membranaceus, in folio majori, ff. 440, sec. xv., binis columnis exaratus.

1. Johannis Bromyard ord. Præd. Summa Prædicantium, ordine alphabetico. fol. i.

Incip. "In nomine, etc. Abstinentia suum inimicum, scilicet carnem debilitat;" ut in edit. Venet. 1586.

In calce, "Explicit Summa Predicancium secundum Broomyard."

VIII. In the Treasurer's accounts for 1452 (p. 38) occurs an item of £6 paid to the executors of Mrs. Richard Thyng 'pro doctore subtili super iiij^or libros sententiarum.'

2. Johannis Felton, vicarii eccl. B. Mariæ Magd.
Oxon. Sermones Dominicales. fol. 271.

Incip. præf. " Penuria studencium ;" ut
apud Tanner. Bibl. Brit. ad loc.

Incip. serm. i. " Dicite filie Syon ; Sciendum est quod gratia Dei."

In calce, " Expliciunt Sermones Dominicales per annum per vicarium Magdalene
Oxonie horum collectorum."

Sequitur tabula alphabetica.

3. Thomæ de Hibernia Summa auctoritatum de
diversis, ordine alphabetico. fol. 336.

Incip. prol. " Abiit in agrum ; etc. Ruth
paupercula."

Incip. lib. " Abstinencia ; Bonum est in
cibo ;" ut in edit. impress.

In calce, " Hoc opus est compilatum a magistro Thoma de Hibernia."

XI.

Codex membranaceus, in folio, ff. 463, sec.
xv., bene exaratus et servatus.

De B. Mariæ Virginis laudibus libri duodecim,
auctore [Alano de Insulis ?] Cisterciensi quodam, præviis capitulis prologisque. fol. 1.

Tit. i. " Liber iste qui intitulatur de laudibus beate Marie distinctus est et partitus in
duodecim libros."

Incip. præf. i. " Si cymbalis bene sonantibus."
Incip. præf. ii. " Dictum est Johanni——quia
rogatus ab amicis meis tam monachis quam
monialibus de ordine Cisterciensium."

Des. " Nomen vero meum malim subticere, ne
tractatus forte vilesceret, cognito tractatore."
Incip. opus, " Ave Maria ;—Tres salutaci-
ones celebriores ceteris in evangelio reppe-
rimus."

Desin. " A quo fonte sumpta pia quadam
audacia debet peccator, quem penitet."

Sequuntur,

a. De spe tractatulus. fol. 448.

Incip. " Spes est certa expectacio."

b. Alani, ut videtur, epistola ad monialem quandam de amore sponsi cælestis. fol. 449.

Incip. " Dei providentia ; etc. Dilecta sponsa Dei, Sponsi celestis sponsa."

c. Litaniæ ad pœnas Virginis, collectæ et orationes. fol. 454.

Incip. " Pena virginalis uteri satisfacias pro
me et dignare me sentire te."

Intertexuntur quædam *Gallice ;* incip.
' Douce dame plaine de grace' et sic per
singula Virginis gaudia.

d. Orationes ad Jhesum. fol. 460.

Incip. " Dulcis Jhesu qui pro miseris."

e. Orationes ad S. Crucem. fol. 461 b.

Incip. " Crux sanctissima dignare."

Desin. " vivere et regnare confiteor per infinita secula ; Amen."

In initio codicis, " precii iij. marc." et dein.
" Liber legatus Domini beate Marie de Oryell
Oxonie, cathenandus in communi libraria
ejusdem ; orate pro legante."

XII.

Codex membranaceus, in folio, ff. 120, sec. xv.
ineuntis ; binis columnis exaratus.

Gualteri Burlæi, sive de Burley, opera varia ;
scilicet,

1. Expositio in Aristotelis libros de anima. fol. 2.

Incip. " Bonorum ; etc. Sicut dicit Themistius ;" ut in editt. impress.

In calce, " Explicit exposicio super libros
de anima secundum magistrum Walterum
de Burley."

Sequitur tabula quæstionum.

2. Expositio in librum de somno et vigilia.
fol. 69 b.

Incip. " Intencio philosophi in hoc libro."

In calce, " Et hic finis est libri qui dicitur
liber de sompno et vigilia secundum magistrum Walterum de Burley."

3. Expositio in libros de sensu et sensato. f. 86 b.

Incip. " Scientia de anima in tres partes."

In calce, " Explicit tractatus libri de sensu
et sensato datus a magistro Waltero Burley.
et cetera."

4. Tractatus de quinque sensibus. fol. 97 b.

Incip. " In homine sunt quinque sensus."

In calce, " Et sic finitur tractatus de sensibus secundum Burley."

5. Expositio super Averroem de substantia orbis.
fol. 99.

Incip. " Prohemium hujus libri continet
duas partes."

In calce, " Explicit expositio de substantia
orbis."

6. Expositio in librum Aristotelis de longitudine
et brevitate vitæ. fol. 109.

Incip. " Intencio in hoc tractatu."

7. Expositio de motu animalium; in fine trunca. fol. 115.

   Incip. " Secundum philosophum tertio physicorum."

8. Expositio in librum de memoria et reminiscentia; mutil. fol. 119.

   Incip. in verbis, " —— corelaria, est primum quod."

   Excisi sunt quoque per plagiarios tractatus, De fluxu et refluxu maris Anglicani, liber meteororum, de potentiis animæ, de formis, de generatione et corruptione, de cœlo et mundo.

XIII.

Codex membranaceus, in folio majori, ff. 343, sec. xiv., binis columnis bene exaratus sed misere quoad literas initiales mutilatus; ex dono M. Henrici Sampson, præpositi.

1. S. Thomæ Aquinatis Catena SS. Patrum super S. Lucæ evangelium. fol. 1.

   Incip. " Inter cetera incarnacionis Christi misteria;" ut in editt. impress.

2. Ejusdem Catena super S. Johannis evangelium. fol. 182.

   Defic. in verbis cap. ult. textus, " Si scribantur per singula, nec ip——" et glossæ, " sua dignitate. Sequitur; Et scimus——"

XIV.

Membranaceus, in folio majori, ff. 147, sec. xiii. exeuntis, binis columnis bene exaratus; mutilus.

Decretum Gratiani, Bartholomæi Brixiensis apparatu marginali penitus illustratum.

   Incip. app. " Quoniam novis supervenientibus causis novis remediis succurrendum."

   Defic. in tit. de consecratione, " nisi quod vidit patrem facientem"——

   Sequitur anonymi cujusdam commentarius super arborem consanguinitatis et affinitatis; incip. " Quia tractare intendimus."

   Arborum tabulæ excisæ sunt.

XV.

Membranaceus, in folio grandiori, ff. 279, sec. xiv. exeuntis, binis columnis exaratus.

1. Ricardi Radulphi, Armachani, opus in P. Lombardi Sententias, in quæstiones xxix. distributum, prævio sermone super idem. f. 1.

   Incip. serm. " Fluminis impetus; etc. Postquam primus parens noster paradyso deliciarum."

   Incip. opus, " Utrum possibile sit viatori scire demonstrative Deum esse; et arguitur primo quod non."

   Quæstio xxix. est, " Utrum in sacramento altaris sit totus Christus sub speciebus vini et panis;" et desin. " et condensatur per compressionem scilicet et incurvatur."

   In quæst. xviii. fol. 72, col. 2 mentio fit de articulis quibusdam a Roberto Kilwardby, archiep. Cantuar. damnatis.

2. Roberti Holcoth quæstiones in Sententiarum libros; cum sermone finali et prologo. fol. 114.

   Tit. " Incipit Holkoth ad primum librum Sentenciarum."

   Incip. " Jerusalem evangelistarum; etc. Scola devota theologice;" ut in edit. Lugd. 1510, et alibi.

   In calce,

" Laus tibi sit Christe, quoniam liber explicit iste, Mentem scriptoris salvet Deus omnibus horis."

   Sequuntur (a.) Tituli quæstionum et postea, per incuriam transpositus, prologus totius operis; qui concluditur, " Explicit prologus in opus Holkoth, qui immediate post sermonem in principio poneretur."

b. Sex articuli de diversis materiis prius tactis, contra quos quidam socii rationabiliter institerunt. fol. 199.

   Incip. " Primus articulus fuit quod objectum fidei et opinionis."

   In calce, " Expliciunt sex articuli quos impugnaverunt viriliter, qui in sententiis concurrebant, sed Holkoth clare solvens eorum argucias, quod de materiebus illis sensit ingeniosissime declaravit."

3. Quæstiones duodecim magistri Nicholai Aston, Oxoniæ disputatæ. fol. 202.

   Incip. i. " Utrum veritatem creatam poterit veritas creata ypostatice sustentare; Quod sic arguitur."

4. Tractatus de communicatione idiomatum in capitula viginti distributus. fol. 214 b.

   Incip. " Suppono primo cum doctoribus sanctis, quod in Christo."

XV. This MS. was purchased by the college in 1454 for 42s. (Treasurer's accounts, p. 50).
Thomson, S.H., Speculum, 1933, VIII, p. 200

5. W. [an Jo. Wycliffe] tractatus de Incarnatione Verbi, capitulis tredecim. fol. 217.

    Incip. " Prelibato tractatu de anima, qui introductorius est propter incarnacionis mesterium."

6. [Rogeri?] Swineshead Quæstiones super Sententias; in calce mutil. fol. 235.

    Incip. " Utrum aliquis in casu ex precepto possit obligari ad aliquid."

    Defic. in quæst. 5 verbis, " et ipse Abraham noluit hoc et in hoc"——

XVI.

/ Mutilus

Codex membranaceus, in folio majori, ff. 229, sec. xv., binis columnis exaratus. /

1. Tabula alphabetica super Higdeni Polychronicon. fol. 1.

2. Galfridi Monemutensis Historia Britonum; desideratis capp. 4—7 et parte octavi. f. 9 b.

    In calce, " Explicit historia Brittonum."

3. Ranulphi Higdeni Polychronicon libris septem comprehensum; cum continuatione usque annum 1377. fol. 49.

    Tit. " Prologus primus in historiam Policronica."

    Ad an. 1344 in margine notatum est " Explicit liber Ranulfi monachi Cestrensis;" et in textu, " Et sic finit opus Ranulphi monachi Cestrensis."

    Præfixa est codici notitia, manu Henrici Petrie, quæ sequitur, " Higden to A. 1342 continued to A. 1377. The continuation is radically as MS. Oriel B. 3. 9 [lxxiv.], but besides slight variations it has various biographical notices not in that edition, nor in the continuation of Murimuth printed by Hall, which may be considered a third variety; and when relating the same events it is fuller of particulars than the latter."

XVII.

Membranaceus, in folio, ff. 135, sec. xiv., binis columnis bene exaratus.

1. Thomæ de Chabeham, [Cobham,] subdecani Sarum. de pœnitentia et officiis ecclesiasticis summa, septem partibus comprehensa. fol. 2.

    Incip. prol. " Cum miseracione Domini sunt super omnia opera ejus."

    Incip. pars i. " De penitentia igitur dicturi."

    Desin. " De penitentia dicta sufficiant."

    In calce, " Explicit summa magistri Thome de Chebeham."

2. Libellus de pœnis purgatorii, vulgo dict. S. Patricii purgatorium, prævia Henrici monachi de Salteria præfatione. fol. 120.

    Incip. " Jussistis, pater venerande, ut scriptum vobis mitterem."

    Exstat in Triad. Thaumaturg. ed. Colgan. ed. 1647, tom. ii. p. 274.

    In calce, " Explicit libellus de penis purgatoriis."

3. De progenie Christi ex parte matris capitulum. fol. 132.

    In calce sunt versus sex de Mariis tribus, incip.

    " Anna solet dici tres concepisse Marias."

    Sequuntur alii quinque; incip.

    " Est ratio cur pars altaris dextera misse."

4. Aristotelis epistola ad Alexandrum de sanitate servanda. fol. 132 b.

    In calce occurrunt versus sex leonini; incip.

    " Hoc opus exiguum regi princeps medicorum."

5. Ordo ad benedicendam mensam per totum annum secundum congruentiam temporis. f. 134 b.

    In initio codicis charta est J. de C. in qua obligat se solvere W. de V. sex quaternos frumenti de maneriis suis de Caundon et de Wakeryng, co. Essex.

XVIII.

Codex membranaceus, in folio majori, ff. 82, sec. xv., binis columnis exaratus.

Johannis Cassiani, eremitæ, collationes SS. Patrum viginti quatuor, in partes tres distributæ.

    Tit. i. " Incipit prefacio Johannis Eremite in decem collacionibus missa ad papam Leoncium, et Elladium fratrem karissimum."

    Tit. collat. xi. [fol. 32.] " Hic incipit secundum opus continens collaciones quatuor;" et in calce collat. xiv. " Explicit opus secundum de collacionibus patrum continens collaciones quatuor."

    Exstant impress. inter Cassiani opera, Lips. 1733, p. 215.

    In calce, xxiv. " Explicit notabilis ille liber contemplacionis divinorum, qui vocatur Collaciones Patrum et continet in toto xxiiij. collaciones; Deo gracias."

    Sequitur ordo collátionum auctorumque index.

xxi. In the Treasurer's accounts for 1451 (p. 23) occurs an entry of 8d, paid 'pro coopertura cujusdam libri S. Alberti super 4 libros celi & mundi & super duos libros de generacione.'

COLLEGII ORIELENSIS. 7

XIX.

Codex membranaceus, in folio, ff. 326, sec. xiv. ineuntis, binis columnis bene exaratus; mutilus.

Biblia Sacra Universa, ex editione vulgata, S. Hieronymi prologis instructa; annexis nominum Hebraicorum interpretationibus.

Excisa sunt omnia a verbis lib. Job. cap. 15, " qui bibit quasi aquas iniquitatem, osten" — ad — " egestas eorum, opus justi ad vitam ;" Proverb. cap. x. vers. 15.

In calce, " Explicit interpretaciones Hebraicorum nominum per ordinem alphabeti dispositorum a Remigio digeste."

XX.

Membranaceus, in folio, ff. 309, sec. xv., binis columnis nitide exaratus; ex dono Roberti Grafton, socii.

Roberti Grostete, episcopi Lincolniensis, opera varia; scilicet,

1. Dictorum liber de Sacra Theologia; in capitula cxlvii. distinctorum. fol. 1.

Incip. " Amor multipliciter videtur."

In calce, " Explicit dicta Lincolniensis;" deinde tabula brevis capitulorum, et denique materiarum alphabetica.

2. De lingua libri sex; tabula posthabita. f. 140.

Incip. " Lingua congruit in duo."

In calce, " Explicit tractatus de lingua ;" Tabulæ præmittitur præfatio brevis, incip. " Notandum pro intellectu istius."

3. De oculo morali liber. fol. 271.

Incip. " Si diligenter voluerimus."

Desin. " et illic eriguntur; ad illud regnum nos perducat Jhesus Christus, Amen."

In calce, " Explicit tractatus Lincolniensis de oculo."

XXI.

Membranaceus, in folio majori, ff. 136, sec. xiv., binis columnis exaratus.

1. Alberti Magni Ratisponensis de cœlo et mundo libri quatuor. fol. 2.

Tit. " Incipit liber de celo et mundo domini Alberti, quondam Ratisponensis episcopi, de ordine fratrum Predicatorum."

Exstat impress. inter opera ed. Jammy, tom. ii. part. ii. p. 1.

2. Ejusdem Alberti de generatione et corruptione libri duo. fol. 112.

Tit. " Incipit liber de generatione et corruptione, domini Alberti ;" etc.

Exstat ibid. tom. ii. part. iii. p. 1.

In calce, " Explicit de generatione secundum Albertum."

Sequitur tabula capitulorum librorum de cœlo et mundo.

XXII.

Codex membranaceus, in folio majori, ff. 216, sec. xiii., binis columnis bene exaratus; sed mutilus; " precii iiij. marcis."

1. Justiniani Imperatoris Institutionum libri quatuor, cum glossis. fol. 4.

Tit. " In nomine Domini, etc. Domini Justiniani, Imperatoris Augusti, Institutionum seu elementorum liber primus incipit."

Incip. gloss. " Ex hoc notandum quod Christianus fuit."

2. Ejusdem Justiniani Novellarum Constitutionum libri novem, cum glossis; litera initiali affabre picta. fol. 47.

Incip. gloss. " Justinianus opus suum laudabile Deo attribuit."

Defic. lib. ix. in verbis, " aut aliam quamlibet gratiam"——

Sequitur, " Capitulum codicis Novellarum domini Justiniani. Si hec res legata solvere noluerit."

Incip. " Institutionibus didicimus parentibus quidem et liberis."

3. Codicis Justiniani libri tres ultimi, cum glossis. fol. 173.

Incip. gloss. " Probatus; sed non dicitur." In calce, " Codicis domini Justiniani Imperatoris liber duodecimus explicit ;" et in marg. infer. versus leonini, incip. " Talibus ornatus est miles, jure probatus."

XXIII.

Membranaceus, in folio, ff. 224, sec. xiv.

Johannis de Eschenden, coll. Merton. socii Summa judicialis de accidentibus mundi in tractatus sive libros duo distincta, cum prologo.

Tit. " Incipit summa judicialis de accidentibus mundi, quam compilavit magister Johannes de Eschendene."

Incip. prol. " Intencio mea in hoc libro est

compilare sentencias . . . . de accidencium pronosticacione."

Sequuntur 12 distinctiones et tituli primi libri, " quos compilavit M. Johannes Eschenden in civitate Oxon."

Incip. lib. i. " Dicit Julius Fermicus libro 3."

In calce, lib. i. " Completa est ergo hec compilacio tractatus primi summe judicialis de accidentibus mundi in civitate Oxonie per magistrum Johannem de Aschelden, 20 die mensis Julii, anno Christi 1341."

Incip. tract. ii. " Sicut dicit Aristotiles 2 Ethicorum."

In calce, " Completa est hec compilacio," etc. 18 die mensis Decembris 1348."

Deinde, " Explicit summa judicialis de accidentibus mundi secundum magistrum Johannem de Eschendon quondam socium aule de Mertone in Oxon. cujus anime propicietur Deus."

XXIV.

Codex membranaceus, in folio, ff. 265, sec. xiv., binis columnis nitide exaratus; olim liber Johannis Tailour, S. T. P., datus per eundem communi electioni collegii vocati Oryell, ubi tempore donacionis erat prepositus.

1. Præpositi͡n Parisiensis Summa Theologica. fol. 14.

    Incip. " Qui producit ventos de thesauris suis; etc. Dominus ille magnus qui imperat ventis."

2. Expositio super symbolum Apostolorum, auctore Willelmo *Blund*? fol. 46.

    Incip. " Ecclesiaste ultimo, Verba sapientum quasi stimuli et quasi clavi."

    In calce, " Explicit exposicio simboli apostolorum secundum magistrum Willelmum *Blund*?"

3. [Gulielmi] Autissiodorensis Summa theologiæ libris quatuor comprehensa. fol. 51 b.

    Incip. " Fides est, ut dicit apostolus, substantia rerum;" ut in edit. Paris. 1500.

    Desin. " que preparavit Deus hiis, qui diligunt illum; illa gaudia nobis prestare dignetur Jhesus Christus, Dominus noster;" etc.

XXV.

Codex membranaceus, in folio majori, ff. 222, sec. xiv., binis columnis bene exaratus.

Aristotelis opera quædam ex veteri translatione; scilicet,

1. Ethicorum libri decem, cum glossis marginalibus. fol. 1.

    Incip. " Omnis ars et omnis doctrina similiter et actus et eleccio."

    In calce, " Explicit liber Ethicorum Moralium."

2. De bona fortuna libellus. fol. 78 b.

    Incip. " Habitum autem utique."

    In calce, " Explicit liber Aristotelis de bona fortuna."

3. Metaphysicorum libri undecim. fol. 81.

    Incip. " Omnes homines natura scire desiderant. Signum est sensuum."

    In calce, " Explicit duodecimus liber Metaphisice Aristotilis."

4. Rhethoricorum libri tres. fol. 157.

    Incip. " Rethorica assecutiva dyaletice."

    In calce, " Explicit rethorica Aristotelis translata a Greco in Latinum."

    Occurrunt in tegmine interiori nomina, " W. Stretforth, dominus J. Bolton, T. Wyoth."

XXVI.

Membranaceus, in 4to, ff. 282, sec. xv.; ex dono, quoad partem priorem, Thomæ Herlow, quoad posteriorem Johannis, fratris Willelmi Corff, præpositi.

1. Tabula alphabetica super opus sequens per T. Derham ut videtur confecta. fol. 1.

    In calce, " Explicit tabula questionum Antonii super 12 libros Metaphisice; T. Derham."

2. Antonii Andreæ Ord. Min. Quæstiones super Aristotelis Metaphysicorum libros duodecim. fol. 11.

    Incip. " Girum celi, etc. Secundum Aristotelis doctrinam;" ut in editt. impress.

    In calce, " Explicit scriptum super Metaphisica Aristotelis secundum novam translacionem compilatum ab Antonio Andree, ordinis minorum de provincia; Quod Walterus Savager capellanus."

    Deinde, " Orate pro anima Karkeregge, qui in isto libro proficietis.

/ ab executoribus [? Ricardi Thyng]

Karkerage,
Anno mil. c. quater jungatur vel x. ter
Et quinto moritur Katerine nocte Beate.
Hic fuerat cantor bonus optimus organisator,
Vir pius ac humilis cunctos sermonibus hortans.
Hic nulli nocuit in agendis valde peritus,
In studio viguit fuit artibus hic redimitus
Cujus in ecclesia super Osenay corpus humatur,
Cujus letaretur celigenis anima."

Sequuntur versus octo de ejusdem morte et postea tabulæ quæstionum.

3. Johannis Duns Scoti quæstiones super quatuor libros meteororum. fol. 103.

Incip. " Circa primum metheororum, queritur utrum de impressionibus;" ut inter opp. tom. iv. ad calcem.

Sequitur tabula " facta per M. Johannem Aldward omnium propositionum notabilium cum questionibus quatuor librorum precedentium."

4. Aristotelis Metaphysicorum libri xi. secundum veterem translationem, cum glossulis. fol. 196.

Incip. " —— homines natura cire desiderant ; signum autem est sensuum."

5. Ejusdem de somno et vigilia libri duo. fol. 270.

Incip. " De somno autem et vigilia."

Sequuntur folia quinque fragmentum Decreti exhibentia ; incip. " Hiis legibus latis cepit ut naturaliter."

XXVII.

Codex membranaceus, in folio majori, ff. 344, sec. xiv. ineuntis ; binis columnis exaratus ; ex dono M. Rogeri Walderstone.

Justiniani Imperatoris Digestum Novum, xii. libris comprehensum, sive Pandectarum pars tertia, glossis Jo. Andreæ, Franc. Accursii, aliorumque illustratum.

Incip. gloss. " De novi operis, etc. Sed cum vii. sunt partes."

In calce, " Explicit apparatus ff. novi de regulis juris."

In fol. ult. verso notantur cautiones duæ Rogeri supradicti expositæ in cista de Cicestre, anno 1354 et seq. ; et in fol. 1 b. " memorandum quod iste liber non liberetur sine xx s. viij.d."

XXVIII.

Membranaceus, in 4to, ff. 214, sec. xv. ine-

untis ; anno 1455 peculium Ricardi Hopton, " quem emit pro xxff. s. viij. d."

/ vj

1. Alberti Magni, Ratisponensis, de mineralibus libri quinque. fol. 2.

Incip. " De commixtione et coagulatione ;" ut inter opera, ed. Jammy, tom. v. part. v.

In calce, " Explicit liber de mineralibus editus a domino Alberto."

2. [Ejusdem ?] Liber de scientia Falconum secundum antiquos. fol. 37 b.

Incip. " Falconum naturam, quam multi scire cupiunt, subtilius describere cupientes."

Citantur Falconarii Frederici Imperatoris ; Willelmus Falconarius, etc.

In calce, " Explicit sciencia Falconum secundum antiquos."

3. Ejusdem libellus de sensu communi et de septem potentiis animæ. fol. 53.

Incip. " Queritur de sensu communi."

In calce, " Explicit tractatus de sensu communi et 5 interioribus anime potenciis editus a domino Alberto fratre de ordine Predicatorum."

4. Summa causarum problematum Aristotelis. fol. 58.

Incip. " ' Felix qui poterit causas cognoscere rerum ;' Felicitas autem sive beatitudo."

[Inter ff. 93 et 94 excisi sunt, Liber Ursonis de commixtionibus elementorum ; Tractatus de diebus criticis ; Tractatus de potentiis animæ.]

5. Alberti Magni de vegetabilibus et plantis libri septem ; initio mutil. fol. 94.

Inter opp. tom. v. p. 342.

Incip. in verbis, " — secundum est de viribus anime planteque exercenda per corpus."

In calce, " Explicit Albertus de vegitabilibus et plantis."

XXIX.

Codex membranaceus, in folio majori, ff. 230, sec. xiv., binis columnis haud una manu exaratus ; ex dono Ricardi de Kylvyngtone.

1. Tabula alphabetica super tractatu peccatorum qui dicitur Septuplum. fol. 1.

Incip. præf. " Cum labilis sit humana memoria."

Incip. tab. " Abissus ; dubitacionis prologus."

c

In calce, " Explicit tabula super secunda parte Septupli."

2. Hystoriæ decretorum per Bartholomæum Brixiensem, cum prologo. fol. 12.

　　Incip. prol. " Licet merita scientie."

　　Incip. opus, " Testamentum hunc pollutum."

3. Canones evangeliorum, de quibus et pro quibus nota Ysidorum sexto Ethymolog. cap. 15. fol. 22 b.

　　Incip. " De divinitate Verbi."

4. Nomina eorum qui SS. Biblia exposuerunt. fol. 23 b.

5. Tabula super Aristotelis Metaphysica. fol. 24.

　　Incip. " Accidens ; Quod accidens non predicatur."

6. Tabula super Physica. fol. 30 b.

　　Incip. " Abstrahere libro Physicorum 2."

7. Tabula Martiniana, super Decreta. fol. 49.

　　Incip. " Aaron ; Rerum charitas Aaron multipliciter insinuatur."

　　In calce,

" Opere completo, sit laus et gloria Christo,
Qui dedit expleri, laudetur mente fideli."

　　Sequuntur versus sex de nobilitate hominis, incip.

" Nobilitas hominis est mens et deitatis ymago."

8. Bartholomæi Brixiensis quæstiones Dominicales, numero 174, præviis quæstionum titulis. fol. 191.

　　Incip. præf. " Ad honorem Omnipotentis."

　　Incip. lib. " Quidam habens uxorem."

　　Desin. " in prima parte allegata."

　　In calce, " Expliciunt quæstiones Bartholomei."

XXX.

Codex membranaceus, in folio majori, ff. 279, sec. xiv. ineuntis, binis columnis bene exaratus ; olim Radulphi de Baudac, archidiac. Middlesex., postea coll. Oriel. ex dono doctoris Thomæ Gascoygne, de comitatu Eboraci quondam commensalis in isto collegio de Oryell.

Alexandri de Hales, sive Halesii, Summæ Theologicæ pars tertia.

　　Incip. " Tota Christiane fidei disciplina ;" ut in editt. impress.

　　Desiderantur aliquot quaterniones in fine partis tertiæ, uti a Tho. Gascoigne notatum

est in margine, cujus et hoc distichon totum claudit,

" Hunc domui librum professor theologie,
Assecla Messie Gascon studii dat ad usum."

　　In fronte codicis notantur alia eadem manu, scil. " Liber magistri Thomæ Gascoygne de comitatu Ebor. commensalis quondam in collegio de Oryell Oxonie, qui incepit Oxon. in sacra theologia anno Dominice Incarnationis 1434, in die S. Basilii Magni ;" et in fol. 1. Notatur de partibus ejusdem Summæ tunc temporis apud fratres Prædicatores existentibus.

XXXI.

Codex membranaceus, in folio majori, ff. 315. sec. xiv., binis columnis haud una manu exaratus ; ex dono, quoad partem priorem, Thomæ Gascoigne, com. Ebor. nati 1403, quoad secundam, Johannis Ingolnieles, " prec. viij. s."

1. Henrici de Gandavo, sive Goëthalis, Quodlibetorum liber ; imperf. fol 1 b.

　　Incip. in Quodlibet. 7. cap. 34, verbis, " — cionis dicit quod opus."

　　In calce Quodlib. 9, " Explicit disputacio de quolibet magistri Henrici de Gant."

2. Johannis Andreæ Bononiensis Opus Hieronymianum. fol. 227.

　　Incip. præf. " Hieronimianum hoc opus per Johannem Andree, urgente devotione."

　　Incip. opus, " Hieronymum jugiter allegamus."

3. Brevis compilatio edita a Sancto Thoma de Aquino ord. Præd. de fide sive de Christiana religione. fol. 266.

　　Incip. " Æterni Patris verbum ;" ut inter opuscula, Venet. 1587, p. 20.

　　In calce, rubrica est,

" Vox Rachel planctum plangit,
　Tristatur et ecclesia ;
Mors crudelis Thomam frangit,
　Gerit celi curia.
Hic ut stella matutina
　Ut solaris radius,
Verbo vita et doctrina,
　Perfulsit Parisius."

4. Ejusdem expositio Symboli. fol. 294.

　　Incip. " Credo ; Primum, quod est necessarium Christiano ;" ibid. p. 114.

In margine et in calce, legimus, "Hoc non scripsit sanctus Thomas, sed aliquis post eum predicantem collegit."

5. Tractatus ejusdem de decem preceptis. f. 298 b.
   Incip. "Tria sunt homini;" ibid. p. 95.

6. [Ejusdem] expositio orationis Dominicæ. f. 303.
   Incip. "Inter alias orationes;" ibid. p. 127.
   In calce,
   "Amen sit que camen . Deus nostrum opitulamen."

———

7. Tabula Fyssakyr [Ric. Fishacre] fratris Prædicatoris super 4 libros sentenciarum; et est liber istius tabule Oxonie inter fratres Predicatores; [sic manu Tho. Gascoigne.] fol. 306.
   Incip. "Amor; Utrum Pater et Filius."
   In margine inferiori notatur,
   "Hunc domui librum Gascon. studii dat ad usum."

———

8. Index capitum operis superioris Thomæ de Aquino de fide. fol. 315.
   In calce codicis, "Codex accomodatus magistro Thome Wykis, secundo folio 'mencio facta.'"

XXXII.

Codex membranaceus, in folio, ff. **181**, sec. xv.; anno scilicet **1438** manu Johannis Capgrave ad usum Humfredi ducis de Glocestria bene exaratus.

Johannis Capgrave Postilla super Genesim, prævia epistola ad Humfredum supradictum dedicatoria.
   Incip. epist. "Gloriosissimo Christiane fidei defensori; etc.   Meditationes meas quibus in scripturarum."
   In litera initiali habetur auctoris imago librum patrono sedenti et galero induto humiliter offerentis.
   Incip. expos. "Arduum namque et supra vires nostras."
   Desin. "separato corpore volemus prestante Domino nostro Jhesu Christo, Qui cum Patre," etc.
   Sequitur, "Feliciter per Capgrave. Incepit frater Johannes Capgrave hoc opus in translacione Sancti Augustini doctoris, que occurrit mense Octobris, anno Domini m.cccc. xxxvij. et fecit finem ejusdem in festo Mathei apostoli et evangeliste anno Domini m.cccc.xxxviij."

Deinde, "Cest liure est a moy Homfrey duc de Gloucestre du don frere Jehan Capgrave quy le me fist presenter a mon manoir de Pensherst le jour de lan lan cccc.xxxviij."

XXXIII.

Codex membranaceus, in folio, ff. **407**, sec. xiv., binis columnis exaratus.

1. Index quæstionum omnium quæ in libro continentur. fol. 1.

2. Quæstiones super quinque libros priores Aristotelis Physicorum; [mutil. in fine.] fol. 8.
   Incip. "Quoniam quidem intelligere; etc. usque ibi Innata est nobis via, etc.   Super illud dicit commentator quod dispositio."

3. Quæstiones super Meteororum libros. fol. 77.
   Incip. "Aristoteles 8 Phisicorum scribit."
   Desinit liber ii. imperfectus, deestque liber iii. totus.
   Incip. lib. iv. "Circa istum quartum."
   In calce, "Explicit quartum Metheororum;" et in marg. super. 'George Chudlegh Devoniensis.'

4. Commentarius in librum primum de generatione. fol. 95.
   Incip. "Commentator super secundum de anima."

5. Quæstiones super libros tres de anima. f. 117.
   Incip. "Secundum quod scribit philosophus."

6. Quæstiones M. Johannis Didynsdale (Dymsdale) super Aristotelem de anima, bonæ et utiles. fol. 161.
   Incip. "Philosophus libro secundo physicorum."

7. Quæstio utrum rebus transmutatis vel destructis possibilis sit scientia de illis. fol. 180.
   Incip. "Videtur quod non; primo Posteriorum."

8. Quæstiones super librum de memoria et reminiscentia. fol. 181.
   Inc. "Circa istum librum primo queritur."
   Ad calcem habetur imago Crucifixi, cum disticho Will. Griffith, dioc. Bangor. hic socii, 1510.

9. Quæstiones super librum de sensu et sensato. fol. 189.
   Incip. "Queritur utrum de sensu et sensato."

10. Quæstiones super septem libros priores Metaphysicorum. fol. 196.

     Incip. " Commentator in prologo 8 Physi-
corum dicit."

11. Quæstiones aliæ super septimum librum Metaphysicorum; etc. fol. 259.

     Incip. " Circa istum septimum librum Me-
taphysicæ."

12. Ma. Johannis Tydenshale quæstiones super
Aristotelis libros de animalibus. fol. 270.

     Incip. " Quedam partes; etc.   Circa istum
librum primo queritur."

     In calce, " Explicit questiones super librum
de animalibus disputate a magistro Johanne
de Tydenshale."

13. Quæstiones de motu animalium. fol. 320 b.

     Incip. " Consideranti de natura."

14. Quæstiones in librum de juventute et senectute, de morte et vita, etc. fol. 327.

     Incip. " In isto libro intendit determinare."

15. Quæstiones in quinque libros priores Ethicorum. fol. 336.

     Incip. " Omnis ars; Cujus ratio et duo
sunt principia."

16. Quæstiones super librum decimum. fol. 374.

     Incip. " Circa istum x. queritur, 1, Utrum
pertineat ad philosophum."

17. Sophismata logicalia [Gul. Strodi, sive Gul.
Hentisberi?] in calce mutil. fol. 282.

     Incip. " Omnis numerus preter binarium
excedit unitatem in numero."

     Incip. ult. " Impossibile potest esse verum."

XXXIV.

Codex membranaceus, in folio minori, ff. 162,
sec. xiv. ineuntis, et forsan. x. ineuntis; bene
exaratus et servatus.

1. Glossa ordinaria et interlinearis super epistolas septem canonicas. fol. 1.

     Incip. " Non ita est ordo apud Grecos, qui
integre sapiant;" etc. " Catholice dicuntur
epistole hec, id est, universales."

2. Bedæ presbyteri super epistolas canonicas expositio, cum prologo. fol. 57.

     Tit. literis majusculis, alternante colore
nigro viridique, " Incipit in epistola Jacobi
expositio Bedae presbiteri."

     Incip. prol. sub titulo, ' Incipit prologus

venerabilis Bede presbiteri, super vij. canonicas epistolas,' " Jacobus, Petrus, Johannes ;" ut in edit. impress.

     In calce, " Explicit expositio Bedani pres-
biteri in epistola Judae apostoli A)—(HN."

3. Breviloquium de virtutibus antiquorum philosophorum, quod venerabilis pater magister
frater Johannes Wallensis compilavit ad honorem Dei et utilitatem ecclesiæ sue sancte,
ad instanciam domini episcopi Maglonensis.
fol. 154.

     Incip. " Quoniam misericordia et veritas;
etc.   Immo quatuor virtutes cardinales;" ut
in edit. Lugd. 1511.

XXXV.

Codex membranaceus, in folio, ff. 257, sec.
xv. ineuntis; binis columnis exaratus.

1. Gulielmi Mylverley compendium de quinque
universalibus. fol. 1 b.

     Incip. " Pro superficiali notitia."

     In calce, " Explicit compendium," etc.

2. Literalis sententia super Prædicamenta Aristotelis secundum expositionem magistri
Roberti Alyngton veritatis theologice professoris. fol. 5.

     Incip. " Quoniam logica ad omnium."

3. [Johannis Duns Scoti] doctoris subtilis liber
de anima. fol. 43.

     Incip. " Queritur ntrum sensus tactus;"
ut inter opera, tom. ii. p. 485.

4. Johannis Scharpe quæstiones in libros duo
priores Physicorum. fol. 60.

     Incip. " Utrum tantum tria sunt intrin-
seca rerum."

     Desin. quæst. ii. " Has duas questiones
scil. circa 1 et 2 collegi postquam jam dudum alias questiones circa posteriores libros consimili forma et processu conscrip-
seram, ideo sicut minus convenienter in eis
dictum extiterat imputetur memorie labili-
tati et parcatur etati, etc.   Deo gracias."

5. Quæstiones Meteororum per M. Johannem
Duns Scotum, juniorem. fol. 86.

     Incip. " Circa primum Metheor. queritur
utrum de impressionibus meteorologicis;"
ut in edit. in calc. tom. iv.

     In calce, " Expliciunt questiones tercii

libri Metheororum secundum Scotum," [et *man. sec.*] " Juniorem secundum exemplar Parisius."

" Finito libro sit laus et gloria Christo."

6. Gulielmi Mylverley commentum in Gilberti Toletani librum de sex principiis. fol. 134 b.

Incip. " Forma est ; Intencio auctoris."

Desin. " gratias Deo et meis doctoribus in secula seculorum ; etc. quod M."

7. Duns Scoti super libros Metaphysicorum decem quæstiones. fol. 152.

Incip. " In principio Metaphisice, quam pre manibus ;" ut inter opera, tom. v. p. 505.

In calce codicis, " Caucio . . . . . exposita in cista de Rowthbury in vigilia S. Cecilie virginis A. D. millesimo cccc.xxxij."

XXXVI.

Codex membranaceus, in folio majori, ff. 388, secc. xiv. et xii., binis columnis bene exaratus et servatus ; ex dono Thomæ Gascoigne.

S. Augustini, ep. Hipponensis, in Psalterium duæ priores quinquagenæ, sive in psalmos centum commentarius.

Quinquagena prima tota manu secunda descripta fuit, et secunda a fol. 323 inclusive.

Quinquagena ii. incip. ad fol. 144, sub titulo, " Incipit tractatus sancti Augustini episcopi de psalmo quinquagesimo primo."

In fol. ult. verso, " Liber magistri Thome de . . . . precii x. marc. ;" et initio codicis, " Duo quinquagene sancti Augustini super psalterium sunt in isto volumine ; ex dono doctoris Thome Gascoygne."

XXXVII.

Membranaceus, in folio, ff. 238, sec. xv. ineuntis, binis columnis exaratus ; ex dono M. Rogeri Stephyn in sacra theologia baccallarii, quondam in dicto collegio socii.

Francisci de Mayronibus super libros Sententiarum conflatus.

Incip. " Circa prologum ;" ut in edit. impress. Venetiis, 1520.

In calce, " Explicit conflatus Francisci de Mayronis ; Amen."

Sequitur index alphabeticus, et ad finem, " Explicit super Conflatum Franciscum super primum."

Deinde, " Iste liber est collegii regis in Oxon. vocati Oryall ex dono magistri Rogeri Stephyn, quondam socii ejusdem collegii."

XXXVIII.

Codex membranaceus, in folio, ff. 325, sec. xiv. *'Liber fratrum minorum Bruges' (15ᵗʰ cent., fol 324)*

Johannis de Saxonia, ord. minorum, Summa Confessionum libris duobus.

Tit. " In nomine summe et individue Trinitatis incipit Summa Confessionum edita et completa a fratre Johanne de Saxonia, ord. fratrum minorum, doctoris juris utriusque."

Incip. prol. " Rogatus a fratribus quod eis formulam ;" ut in edit.

Sequitur tabula alphabetica, et ad calcem, " Explicit summa Confessionum ; Deo gratias."

XXXIX.

Membranaceus, in folio majori, ff. 179, sec. xv., binis columnis manu J. de K. exaratus.

1. Francisci de Mayronibus Conflatus super libros Sententiarum, cum prologo. fol. 1.

Incip. prol. " Circa prologum primi libri ;" ut in edit. impress.

In calce, " Explicit conflatus Francisci de Mayronis, etc. quod J. de K."

2. Ejusdem Francisci tractatus de Formalitatibus. fol. 165 b.

Incip. " In 8ᵃ distinctione ubi magister tractat de singularitate divine essentie."

In calce, " Explicit tractatus formalitatum fratris Francisci de Merionis ; quod J. de K. Amen."

Sequitur tabula.

XL.

Membranaceus, in folio majori, ff. 195, sec. xiv., binis columnis bene exaratus ; sed misere mutilus.

Nicolai de Lyra, ord. minor. glossa super libros Testamenti Veteris, qui sequuntur ; scilicet,

1. Super Proverbia Salomonis. fol. 1.

2. Super Ecclesiasten ; initio mutil. fol. 13 b.

3. Super Cantica Canticorum. fol. 19 b.

4. In librum Sapientiæ. fol. 24.

5. In Ecclesiasticum ; initio mutil. fol. 32.

6. In Prophetas quatuor majores. fol. 54.

Hieremiæ succedunt glossæ super Threnos et Baruch.

XL. Will of Ralph of Shrewsbury bishop of Bath and Wells 1363, May 12 'scolaribus in aula que vocatur Oriele Oxon, studentibus in theologia postill' compilat' per Nicholaum de Lira super vetus testamentum & marcarunt?

14

CATALOGUS CODICUM MSS.

Illustrati sunt olim libri isti figuris picturisque, quæ omnes hodie ab impio quodam excisæ sunt.

7. In historiam Susannæ et Belis et Draconis; mutilus. fol. 156.

8. In duodecim prophetas minores; mutil. f. 156 b.

9. In libros duo Maccabæorum. fol. 182.

In calce, "Explicit postilla super secundum librum Machabæorum edita a fratre Nicholao de Lyra de ordine fratrum minorum sacre theologie venerabili doctore; Deo gracias."

XLI.

Codex membranaceus, in folio, ff. 163, sec. xv., manu Davidis Mychell exaratus; ex dono M. Roberti Grafton, coll. Oriel. socii.

1. Bedæ liber de tabernaculo et vestimentis, etc. fol. 1.

2. Ejusdem liber de templo Salomonis. fol. 41.

In calce, "Explicit Beda de templo Salomonis. Deo gracias."

3. S. Gregorii papæ I. homiliarum super Ezechielem libri duo. fol. 69.

In calce, "Explicit liber secundus omeliarum beati Gregorii pape urbis Rome super extremam partem Ezechielis prophete; Deo gracias; quod David Mychell."

In pag. 1. "Liber domus beate Marie et collegii regis Oxon. vocati Oryell, ex dono magistri Roberti Grafton, quondam in dicto collegio socii."

XLII.

Membranaceus, in 4to, ff. 220, sec. xii., binis columnis bene exaratus; ex dono M. Andreæ Maukyswell, socii 1450.

Præcedit tabula capitulorum lxiii. sub titulo, "Continet codex iste canones ecclesiasticos et constituta sancte sedis Apostolicæ sub capitulis sexaginta. Que adjecta sunt ex scriptis beati Leonis papæ, non sunt ex corpore canonum."

1. Canones Nicæni concilii sub titulis xlvi., prævio prologo. fol. 2.

Incip. prol. "Beatissimo Silvestro."

Tit. i. "Expositio fidei Nicænæ."

Ad finem ex eadem antiqua manu sic legitur, "Sciendum est autem quod in novellis exemplaribus desunt 26 capitula; sed iste codex transcriptus est ex vetustissimo exemplari," etc.

2. Canones concilii Carthaginensis; numero xxxix. cum subscriptionibus. fol. 10.

Incip. "Dilectissimis fratribus et coepiscopis Aurelius," etc.

3. Canones xxv. concilii Ancyritani. fol. 12 b.

In calce, "Explicit canon concilii Anciritani eodem quidem sensu quo in novellis exemplaribus, sed literatura plerumque diversa."

4. Canones xv. concilii Neo-Cæsariensis. fol. 14 b.

Incip. "Convenientibus in unum sanctis."

5. Canones xix. concilii Gangrensis. fol. 15 b.

Incip. "Quoniam conveniens."

6. Epistola concilii Carthaginensis ad Innocentium papam contra Pelagium et Cœlestium de libero arbitrio, cum Innocentii rescripto. fol. 16 b.

Incip. "Cum ex more."

7. Milevitani concilii ad eundem epistola contra eosdem, cum rescripto. fol. 19 b.

Incip. "Quia te Dominus."

8. Aurelii ep. Carthag. ad eundem epistola contra eosdem, cum rescripto. fol. 21 b.

Incip. "De conciliis duobus."

9. Innocentii epistola ad Aurelium familiaris. f. 26.

Incip. "In familiaribus."

10. Concilium plenarium apud Carthaginem habitum contra eosdem; cum Honorii et Theodosii rescripto. fol. 26.

Incip. "Honorio Augusto duodecies."

11. Edictum Palladii præpositi de eorumdem expulsione. fol. 27 b.

Incip. "Junius quartus Palladius."

12. Honorii et Theodosii epistola ad Aurelium de iisdem. fol. 28.

Incip. "Dudum quidem fuerat."

13. Aurelii ep. Carthag. ad episcopos provinciæ Bizacenæ; ejusdem momenti. fol. 28.

Incip. "Super Celestii."

14. Capitula excerpta de gestis habitis contra Pelagium; etc. fol. 28 b.

Incip. "Quod ad Hierusalem."

15. Constantii Imperatoris rescriptum de damnatione Cœlestii. fol. 29 b.

Incip. "Cum preteritas."

16. Volusiani præpositi edictum de eodem. fol. 29 b.

Incip. "Hactenus Celestium."

17. Innocentii papæ ad Exuperium, ep. Tholosa-
num. fol. 30.
Incip. " Consulenti tibi."

18. Ejusdem ad Macedones episcopos epistola. f.31.
Incip. " Magna me."

19. Idem ad Decentium, Eugubinum episcopum.
fol. 33 b.
Incip. " Si instituta."

20. Idem ad Victricium, ep. Rothomag. fol. 34.
Incip. " Etsi tibi."

21. Canones xxvii. concilii Chalcedonensis, præfa-
to gestorum ordine. fol. 37.
Incip. " Victores Valentinianus."
In marg. fol. 38 notatur, " Nota quod ea
quæ suprascripta sunt de congreganda synodo Chalcedonensi et allocutione Imperatoris in novis exemplaribus non inveniuntur.
Cætera omnia de ista synodo inveniuntur
sensu eodem sed litera plerumque diversa.
Denique in veteri exemplari non invenitur
in symbolo, Spiritum Sanctum procedere ex
Patre et Filio, sed tantum a Patre, sicut
hodieque Græci dicunt. Latini vero dicimus ex Patre et Filio eum procedere sicut
in novis exemplaribus scriptum est."

22. Marciani Imperatoris Confirmatio actorum
synodi supradictæ. fol. 41 b.
Incip. " Tandem aliquando."

23. Id. ad Palladium præpositum de eadem re. f.42.
Incip. " Venerabilem catholicæ."

24. Idem de obtinenda fide catholica et de Euty-
chianistis et Apollinaristis. fol. 42 b.
Incip. " Licet jam sacratissima."

25. Siricii papæ ad Himerium, ep. Tarracon., epistola. fol. 43 b.
Incip. " Directa ad decessorem."

26. Ejusdem epistola ad episcopos provinciarum
orientalium. fol. 46.
Incip. " Optimam semper."

27. Rescriptum Ambrosii et cæterorum episcoporum de eodem. fol. 47.
Incip. " Recognovimus in literis."

28. Zosimi papæ ad Hesychium Salonitanum epistola. fol. 48 b.
Incip. " Exigit dilectio."

29. Ejusdem epistola ad presbyteros, etc. Raven-
natenses. fol. 49.
Incip. " Ex relatione."

30. Bonifacii papæ epistola ad Hilarium, ep. Nar-
bon. de Patroclo. fol. 49.

Incip. " Difficilem quidem."

31. Cœlestini papæ epistola ad episcopos Viennen-
ses et Narbonenses. fol. 49 b.
Incip. " Cuperemus quidem."

32. Idem ad episcopos Apuliæ, etc. fol. 51.
Incip. " Nulli sacerdotum."

33. Expositio fidei catholicæ contra hæresin Ari-
anam ; annexa Faustini presbyteri fide Theodosio Imperatori missa. fol. 51 b.
Incip. " Nos Patrem et Filium.'"

34. Alter libellus fidei. fol. 52.
Incip. " Credimus unum Theum."

35. S. Augustini libellus de fide catholica contra
omnes hæreses. fol. 52 b.
Incip. " Credimus in unum verum."

36. Exempla testimoniorum SS. Patrum de duabus
naturis in una persona Domini nostri. fol. 53.
Incip. " Ex libro secundo contra Arrianos
S. Hilarii."

37. Gesta damnationis Eutychetis in synodo CPo-
litana, cum subscriptionibus. fol. 56.
Incip. " Congregata rursus."

38. Qualiter Dioscorus, ep. Alexandrinus, Euty-
cheti consentiens in ea, qua preerat ipse, ecclesia vel CP. errorem induxerit usque ad
tempus quo Acacius est damnatus, qui Fla-
viani successori Anatholii successerat. fol. 58 b.
Incip. " Postea quam Dioscorus."

39. Simplicii papæ Epistola ad Acacium ut scandala eccl. Alexandrinæ auferat ; cum Acacii
responso. fol. 59 b.
Incip. " Cogitacionum ferias."

40. Felicis papæ epistola Acacium damnantis. f. 60.
Incip. " Multarum transgressionum."

41. Gelasii papæ disputatio de anathematis vinculo
in Acacium. fol. 61.
Incip. " Sedis apostolicæ."

42. Idem ad Faustum contra eundem. fol. 64 b.
Incip. " Ego quoque mente."

43. Idem ad Anastasium Imp. fol. 66.
Incip. " Famuli vestre pietatis."

44. Idem ad episcopos Dardaniæ. fol. 68 b.
Incip. " Valde mirati sumus."

45. Ex ejusdem epistola ad episcopos Orientales.
fol. 72 b.
Incip. " *Post alia.* Quid ergo isti."

46. Athanasii ad Epictetum ep. Corinth. episcopum, de Domini incarnatione. fol. 76 b.
Incip. " Ego quidem putabam."

47. Cyrilli Alexandrini epistola ad Johannem Antiochenum de epistola supradicta. fol. 80.
    Incip. "Lætentur celi."
48. Leges quædam ex codice Theodosiano de fide
catholica. fol. 81 b.
    Incip. "Cunctos populos quos."
49. Damasi papæ ad Paulinum Antiochenum epistola de formula fidei. fol. 83 b.
    Incip. "Post concilium Nicænum."
50. Cyrilli ad Nestorium epistola de recto fidei
dogmate. fol. 84 b.
    Incip. "Comperi quosdam."
51. Concilii Antiocheni canones xxvi. fol. 85.
    Incip. "Sancta et pacatissima."
52. Concilii Laodiceni canones Phrygiæ Pacatianæ.
fol. 88.
    Incip. "Sancta synodus."
53. Concilii CPolitani canones, quando beatus Nec-
tarius eidem urbi est ordinatus. fol. 89 b.
    Incip. "Canon primus non spernendam."
54. Concilii Thelensis canones secundum Tracta-
toriam Siricii papæ per Africam. fol. 90.
    Incip. "Post consulatum."
    Exstant omnia supradicta inter Leonis papæ
I. opera tom. ii. pp. 1—242.
55. Leonis papæ I. gesta. fol. 91 b.
    Incip. "Leo natione Tuscus."
56. Ejusdem epistolæ quadraginta sex. fol. 92.
    Incip. i. ad Flavianum episcopum adversus
Eutychem; "Lectis dilectionis tue;" ut in
edit. cit. tom. i. p. 478.
    Ult. est ad Africanos episcopos, et incip.
"Cum de ordinacionibus sacerdotum;" ut
ibid. tom. i. p. 400.
57. Theodosii et Valentiniani Edictum contra Hilarium Arelatensem, qui episcopos in Gallia,
inconsulto Leone ordinaverat. fol. 140.
    Incip. "Certum est, et nobis."
58. Leonis papæ I. sermones sexaginta sex. f. 141.
    Incip. i. de jejunio decimi mensis, "Quod
temporales;" ut in edit. cit. tom. i. p. 125.
    Ult. est contra heresim, dictus ad populum
in basilica S. Anastasiæ.
59. De obitu Leonis papæ et translatione anno
688 facta. fol. 214.
    Incip. "Anno Dominicæ Incarnationis."
    Sequitur epitaphium, incip.
"Hujus apostolici magni est hic corpus humatum."
60. Proterii Alexandrini epistola ad Leonem de
ratione Paschæ. fol. 214.

    Incip. "Piissimus et;" ibid. p. 646.
61. Paschasii Lillebitatis episcopi epistola ad Leonem ejusdem argumenti. fol. 216 b.
    Incip. "Apostolatus;" ibid. p. 412.
62. Chromatii et Heliodori episcoporum epistola ad
Hieronymum de celebrandis natalitiis martyrum, cum Hieronymi rescripto. fol. 217 b.
    In edit. Vallars. tom. xi. p. 473.
63. Thiedmar abbatis congregationis S. Benedicti
montis Cassini ad Carolum Magnum de privatis eorum moribus. fol. 218.
    Incip. "Propugnatori ac defensori; etc. Tam
per epistolæ seriem."
64. Cassinensis congregationis ad Harduicum, abbatem Heresfeldensis cœnobii, de institutis
regularibus. fol. 219 b.
    Incip. "Professionis, etc. De quibus nobis
vestra paternitas."
    In calce, "Explicit epistola Cassinensis
congregationis de institutis regularibus ad
Harduicum abbatem Heresfeldensis cenobii."

XLIII.

Codex membranaceus, in folio minori, ff. 520,
sec. xiv. ineuntis, binis columnis optime exaratus; ex dono Johannis Martill, 1430.

    Ricardi Fishacre, ord. Præd. super quatuor li-
bros Sententiarum commentarius, cum prologo.
    Incip. prol. "Rom. xi. O altitudo divitia-
rum; Constat non parum admirabilis illa."
    Incip. comment. "Veteris ac nove; Et dici-
tur hoc vetus secundum Ysidor."
    Desin. "Si qua de meo, et tu ignosce et tui;
Amen, Amen, Amen."
    Ad calcem habetur index alphabeticus copi-
osus; necnon ad finem tertii libri, sed manu
recentiori.
    In initio codicis legitur; "Fishacre super 1,
3 et 4 Sententiarum. Qui fuit primus qui
scripsit super sententias de ordine suo in Anglia, et jacet Oxonie inter fratres Predicatores;
Et constat iste liber collegio Sancte Marie,
vocato Oryell, ex dono magistri Johannis
Martill, magistri 7 artium liberalium et quondam socii ejusdem collegii, anno Christi 1430;
quod Gascoygne."

XLIV.

Membranaceus, in folio, ff. 464, sec. xiv.

ineuntis, tribus columnis nitide exaratus; mutilatus.

Bibliorum Sacrorum concordantiæ, secundum ordinem alphabeticum dispositæ.

Incip. in verbis, "Tobias viij. c. —runt ut foderent sepulcrum."

Desin. "Zelpham ancillam marito tradidit; Expliciunt concordantie."

Excisit nebulo aliquis unamquamque literam initialem totius alphabeti.

XLV.

Codex membranaceus, in folio majori, ff. 224, sec. xiv., binis columnis exaratus.

Nicolai de Lyra, ord. minor. Postillæ super Testamentum Novum.

Incip. "Quatuor facies; etc. Secundum quod scribit beatus Gregorius;" ut in editt. impress.

In calce, "Explicit postilla super Apocalipsim; Amen."

Ad initium codicis folia sex, ad calcem duodecim habentur, commentatoris alicujus in jus canonicum; incip. "Alpha et O unum in essentia et trinum in personis a quo omnis legis."

De compilatoribus variis juris canonici tradit ad fol. 1 b. col. ii., sc. Bernardo Compostolano, Gilberto, Johanne Guallensi, Alano, etc.

XLVI.

Membranaceus, in folio, ff. 209, sec. xiv., binis columnis bene exaratus; olim Francisci Tate.

1. Expositiones vocabulorum, præcipue apud Anglo-Saxones in jure habitorum. fol. 1.

Incip. "Auerpain; Hoc est quietus esse de denariis dandis pro averagio domini regis."

2. De numero provinciarum et patriarum et comitatuum et insularum que de jure spectant et sine dubio pertinent coronæ et dignitati regni Britanniæ. fol. 2.

Incip. "In tribus divisorum consuetudine tres leges dicuntur scilicet Exsexenelaga."

3. De numero hidarum in Anglia. fol. 2 b.

Incip. "Mirchenelaud est de xxx. hidis."

4. Leges Inæ. fol. 2 b.

5. Leges Aelfredi. fol. 5 b.

6. Fœdus Aelfredi et Godrun. fol. 8 b.

7. Aethelstani leges. fol. 10.

In calce, "Expliciunt leges Aelstani regis." Sequitur Institutum de Ordalio.

8. Leges Cnutonis, 'qui preliatus est cum Edmundo Yrenesyde filio regis Ethelredi et preliando ad invicem concordati sunt, ita quod Angliam partirent, et postea, Edmundo occiso, Knutus totam Angliam optinuit.' fol. 19.

Præcedit prologus.

9. Leges S. Eadwardi, prævia Gulielmi Conquestoris confirmatione. fol. 27 b.

Præcedit tabula capitulorum, cui præmittitur distichon,

"Dux Normannorum . Willelmus vi validorum, Rex est Anglorum . bello conquestor eorum."

Ad calcem adnectuntur,

a. De ducibus Normannorum in Neustria, que modo vocatur Normannia. fol. 37 b.

Incip. "Primus Normannie dux Rollo."

b. De secundo Willelmo rege qui Rufus vocabatur. fol. 38.

Incip. "Anno vero tertio decimo."

c. Versus leonini de ejusdem morte. fol. 38.

Incip.

"Curthose ducatum . tenuit Rufus dominatum; Regni possedit . morti percussus obedit."

10. Henrici primi leges prævia notitia de rege historica et tabula. fol. 38 b.

Incip. "Post Willelmum Ruffum successit."

11. Stephani regis carta confirmans leges prædictas, cum notitia est versibus de eodem. fol. 62.

Incip. not. "Cui successit Stephanus."

Incip. versus,

"Stephanus in regem . magnatum laude levatur; Proles per legem . Matildis post dominatur."

12. Henrici II. leges, prævia notitia. fol. 62 b.

Incip. not. "Predictus autem rex."

In calce, "Expliciunt leges illustrissimi et invictissimi H. regis Secundi filii Matildis predicte imperatricis."

13. Ricardi charta confirmans leges prædictas, prævia notitia. fol. 100 b.

Incip. "Defuncto rege Henrico."

14. Ejusdem constitutio de æqualibus mensuris et ponderibus per totam Angliam; dat. in festo S. Edmund. 8 Ric. I. fol. 101.

Sequuntur manu altera et recentiori.

a. Modus tenendi parliamentum Angliæ, temp. Edwardi fil. Etheldredi. fol. 102.

Incip. "Hic describitur modus quomodo."

b. Narratio occursus regum Franciæ [Philippi] et Angliæ [Edwardi III.] apud Guynes, anno 1346; *Gallice.* fol. 104 b.

Incip. "Le Joefday proschein deuaunt le fest des apostres Simon et Jude, lan de grace mille trois centz quatreuins et sesze apres manger le roy notre sieur sen cheuachea hors de Caleis."

In calce, "Sensuent les noms des seignours que vindrent onesque le roi Franceois."

c. Nomina, quorum ope et auxilio dux Willelmus Anglie conquestor illam conquisivit. f. 108 b.

Incip. "Maundevyle, Daundevile, Frevile, Secchevile."

15. Edwardi confirmatio Henrici III. Magnæ Chartæ. fol. 109.

16. Charta de Foresta, cum confirmatione; necnon perambulatione; *Gallice,* 27 Edw. I. fol. 112.

17. Charta de Merton. fol. 116.

18. Charta de Marleberga. fol. 117.

19. Statutum Westmonasterii primum; *Gallice.* fol. 120.

20. Statuta de Glocestria; cum explanationibus. fol. 126 b.

21. Statutum Westmonasterii secundum. fol. 130 b.

22. De emptoribus terræ. fol. 142 b.

23. Edwardi I. confirmatio Magnæ Chartæ, etc. *Gallice.* fol. 143.

24. Statutum de Wyntonia; *Gallice.* fol. 14 b.

25. Statutum de Acton Burnel; *Gallice.* fol. 147.

26. Statuta Scaccarii præviis ejusdem districtionibus; *Gallice.* fol. 148.

27. De juratoribus et conspiratoribus. fol. 150.

28. De wardis et releviis; *Gallice.* fol. 150.

29. Extenta manerii. fol. 150 b.

30. Visus franci-plegii; *Gallice.* fol. 151.

31. Statutum Fait a savoir; *Gallice.* fol. 156.

32. Parvum Hengham. fol. 163 b.

33. Magnum Hengham. fol. 169.

34. De brevibus ordinandis. fol. 180.

35. Judicium Essoniorum. fol 183.

36. Ordo exceptionum Pur bref abatre; *Gallice.* fol. 187.

37. Proprietas narrationum. fol. 189 b.

38. Modus calumniandi essonia. fol. 191.

39. Cadit assisa. fol. 192.

40. Statutum de Gavelkinde; *Gallice.* fol. 196 b.

41. Registrum Brevium. fol. 200.

Tit. i. "Quod nullus distringatur pro ali-

quo debito de quo debitor vel plegius non existat."

XLVII.

Codex membranaceus, in folio, ff. **157**, sec. xv. ineuntis, binis columnis bene exaratus; ex dono Willelmi Corve, sive Corff.

1. [Gulielmi Peraldi Lugdunensis] Summa de vitiis, in septem partes distincta, prævia tabula divisionum. fol. 1.

Exstat impress. Lugd. 1497.

2. Exceptiones collectæ [per Bedam?] ex operibus variis B. Bernardi abbatis Clarævallensis, in libros decem distinctæ. fol. 89.

Incip. prol. "Cum non essem alieni."

Præcedunt versus,

"Par est in verbis id odoriferis opus herbis, Nempe gerit flores Bernardi nobiliores."

Incip. lib. i. "Quis est Deus."

Præcedunt versus,

"Fragrat Bernardus . sacer in doctis quasi nardus; E quibus hic tractus . liber est in scripta redactus."

In calce, lib. x. "habentur quædam de beata virgine ab eodem auctore et collectore; incip. "Non est quod me delectat magis."

Sequuntur folia suæ rejectanea in quibus occurrunt nonnulla ex Decreto? excerpta de lege Rhodia; etc.

XLVIII.

Membranaceus, in folio, ff. **160**, sec. xiv., binis columnis exaratus; ex dono Jo. Tailour, S. T. P. præpositi.

S. Thomæ Aquinatis opera varia; scilicet,

1. Expositio super octo libros Physicorum. fol. 3.

Inc. "Quia liber phisicorum;" ut in ed. imp.

In calce, "Explicit sentencia super librum phisicorum secundum fratrem Thomam de Aquino, ord. fratrum Prædicat."

2. Quæstio an intellectus numeratur numeracione corporum. fol. 88.

Incip. "Quia nonnulli dubitant."

3. Super secundum et tertium de anima. fol. 93.

Incip. "Postquam Aristoteles posuit opinionem aliorum;" ut ibid.

In calce, "Explicit sententia super librum de anima secundum fratrem Thomam de Aquino ordinis predicatorum."

LII. This MS. with no. IX and four others since lost, was bequeathed to the College by Dr. Thomas Hawkyns, provost, who died in 1498.

(Dean's Reg., p. 57)

4. Sententia de memoria et reminiscentia. f. 122 b.
 Incip. "Sicut dicit philosophus in vij. de historiis; ut ibid.

5. In librum de Causis, cum prologo. fol. 128.
 Incip. prol. "Sicut philosophus dicit in x. Ethicorum;" ut ibid.

6. Super primum librum Metaphysicorum. f. 143.
 Incip. "Sicut docet philosophus in Polleticis;" ut ibid.

 In initio uti et ad calcem codicis notatur tempus admissionis quorundam sociorum viz. annis 1525, 1537, -38, -45 et 97, et alia pauca de uno vel altero socio male feriato, viz. Norfolk et Crispyn.

 In fol. 3 scribuntur versus,

··"Linquo Coax ranis, Cra. corvis vanaque vanis; Ad Logicam pergo que mortis non timet ergo." Cf. Wood Fasti, ed. Bliss. pt. i. 388.

XLIX.

Codex membranaceus, in folio majori, ff. 315, sec. xiv., binis columnis exaratus.

 Petri Lombardi Sententiarum libri quatuor, scholiis marginalibus passim illustrati. Ad calcem notantur " conclusiones aliquot in quibus magister non tenetur."

 In fine codicis, " xxiiij. s," et inferius Caucio ...... exposita in cista Vyennæ in die sabbati ante festum S. Leonardi A. D. m.ccc. nonagesimo, primo pro xx. s. et habet unum supplementum, secundo folio, ' — plexionis' in textu."

L.

Membranaceus, in folio, ff. 67, sec. xiv., binis columnis exaratus; ex dono venerabilis viri M. Simonis Alcok, S. T. D.

 Bonaventuræ opus, quod dicitur Pharetra, in libros quatuor distinctum, cum prologo.

 Exstat impress. inter opera, tom. vi. p. 105.
 In calce occurrit dodecastichon; incip.
 " Explicit hec pharetra jaculorum fasce repleta, Tela vide pharetra quoniam curvantur ubique."
 Sequitur Tabula operis præcedentis.

LI.

Membranaceus, in folio grandiori, ff. 209, sec. xv., binis columnis nitide exaratus; mutilus; ex dono M. Henrici Sampson, præpositi.

1. Hugonis de S. Caro, Viennensis, postilla super S. Johannis evangelium; in calce mutil. fol. 1.
 Incip. "Ego ex ore; etc. Verba sunt sapientiæ, id est, filii Ecclesiastici, 24, ex quibus materia;" ut in edit. impress.
 Defic. in verbis, prope finem, "per orbem terrarum, tu ea que tui ipsius sunt"——

2. Ejusdem postilla super Psalmos xxiv. priores; mutil. fol. 147.
 Incip. in prol. verbis, " panis necessarius est, utamur consilio;" ut in edit.
 Defic. in expos. Ps. xxiv., " in timore Domini fiducia"——

LII.

Codex membranaceus, in folio, ff. 158, sec. xv., binis columnis exaratus.

 S. Johannis Chrysostomi in S. Matthæi evangelium Opus Imperfectum, homiliis lvii. comprehensum; prævia tabula alphabetica.

 Tit. tab. " Hic incipit kalendare super omelias Johannis Crisostomi de imperfecto secundum ordinem alphabeti."

 Exstat impress. in var. editt. Gr. Lat. operum S. Chrysostomi."

 In calce, " Expliciunt omelie Johannis Crisostomi patriarche Constantinopolitani super Matheum operis imperfecti."

LIII.

Membranaceus, in folio, ff. 265, sec. xiii., binis columnis bene exaratus; olim prioratus S. Andreæ de Northampton.

1. Stephani Langton, archiep. Cantuar., super librum Job commentarius libris xxxiii. comprehensus. fol. 2.
 Tit. " S. Cantuariensis super Job."
 Incip. "Vir erat; Licet cum malis valde laudabile bonum."
 Desin. " futura spes et erga preterita fides ligat."
 Præcedit notitia de ~~donationis~~ facta per *H dominio* priorem S. Andreæ de Northampton ecclesiæ de Cotes super Haveringsthorne."

2. Tropologia super duodecim prophetas collecta ad lectiones ejusdem Stephani. fol. 88.
 Incip. super Oseam, " Duodecim pullulant de loco suo nam corroboraverunt Jacob."
 Desin. ult. " sed sedebit Jerusalem secura."

3. Codicis Justiniani pars. fol. 219.

LI. Inthe Treasurer's accounts for 1459 (p. 74) occurs an item of 8s. 4d. paid 'pro quodam libro Hugonis de Vienna.'

LIV. Bequeathed to the College by Richard Snetesham, sometime Fellow, 1412. He also gave the sermons of Will. Pautiensis, not now in the Library.

20   CATALOGUS CODICUM MSS.

Incip. in verbis lib. i. tit. 26, leg. 7, " Nam et vir magnificus questor."

Desinit autem liber v. utpote fine truncus in lege 9 tit. 18: deinde alia manu sequitur liber vi. et porro vii. in cujus tit. 33 leg. 12 desinit.

4. Innocentii papæ IV. Constitutiones cum apparatu. fol. 291.

Incip. app. " Nota quod infinitas in multis juris articulis."

In calce, " Isti viii. quaterni dantur priori et conventui Sancti Andree Norht. ad orandum pro anima domini Willelmi Forde remansuri ibidem in perpetuum."

5. Commentarii fragmentum super libros Maccabæorum; auctore forsan Stephano Langton. fol. 203.

Incip. in verbis, " — interpretatur confusio caloris;" et post pauca, " Occidit Jonathan et filios ejus; Hoc est quod execato."

6. Fragmentum Johannis de Saxonia tabulæ utriusque juris. ff. 227—237 b, 214.

Incip. " Benedictio est alicujus superioris cum prece devota."

7. Quæstiones nonnullæ ad jus canonicum spectantes. fol. 238. 338

Incip. " Queritur an catholica cum anathemizato matrimonium possit contrahere."

8. Decretales epistolæ diversorum Pontificum; viz. Alexandri III. Honorii III. Eugenii III. Lucii III. Gregorii, Adriani, Urbani aliorumque; imperf. ff. 240, 262.

Incip. i. " Idem Eboracensi archiepiscopo et Coventrensi episcopo. Ex parte N. capellani tibi innotuit."

His interjecta sunt [ad fol. 150] folia tria alterius farinæ, utpote casus et quæstiones nonnullas ad jus civile pertinentes continentia; incip. ' Quod venditor cum effectu," deinde ad fol. 253 iterum epistolæ decretales incip. " Idem universis suffraganeis sanctæ Cantuariæ ecclesiæ. Significavit nobis venerabilis frater noster Cant. archiep."

9. Commentarius super Gratiani Decretales. fol. 254. 35b

Incip. præf. " In nomine; sumentes exordium gratiæ infusione infusæ."

Incip. opus, " Humanum genus; De jure canonico tractaturus Gratianus altius."

Defic. in verbis, " eorum non est culpa supra Di. v. c. 1. Circa primam"——

LIV.

Codex membranaceus, in folio minori, ff. 242, sec. xiv., binis columnis exaratus.

1. Petri Blesensis archidiaconi Bathoniensis, epistolæ, numero clvi. fol. 1.

Ep. 1., quæ in codice præfatio dicitur, incip. " Henrico regi, etc. Rogatus a vobis epistolas, etc.; ut in edit. 1667. p. 1.

Succedit tabula titulorum numero lxxxiv; deinde.

" Incipiunt epistolæ magistri Petri Blesensis," et titulus primæ, scil. secundæ epistolæ, " Conquestio magistri Petri Blesensis super dilacione promissorum;" incip. " Expectans expectavi."

In calce ep. 153, " Expliciunt epistole magistri Petri Blesensis."

Inscribitur penult. " Opus novum de confessione;" incip. " Rogasti me ut tibi aliquid;" ut inter opp. p. 436, et ultima " De episcopali officio ad Johannem ep. Vigorn. incip. " Petis instancius;" ibid. p. 447.

2. Ejusdem Petri de transfiguratione Domini libellus. fol. 138.

Incip. " Magistri Sigerii frequens;" ut ibid. p. 400.

3. Ejusdem tractatus super Job. fol. 142, b.

Incip. " Gratias ago;" ibid. p. 407.

4. Thomæ de Capua, S. R. ecclesiæ Cardinalis summa artis dictaminis sive de arte dictandi epistolas secundum stylum curiæ Romanæ; præviis titulis xxxv. fol. 154.

Incip. prol. " In hoc procemio reprehenduntur illi qui precipitant sentencias, et confundunt judicium."

Incip. opus, " Est ergo dictamen."

Des. " plenioris possibilitatis prosequatur."

Particulam istius operis edidit Jo. Ger. Hahnius Collect. Historic. tom. i. p. 279.

LV.

Membranaceus, in folio majori, ff. 206, sec. xiv., binis columnis exaratus; ex dono magistri T. Graunt quondam socii A. D. 1440.

Constantini Africani, monachi Cassinensis, Pantegni, scilicet;

1. Theorica in decem libros distincta. fol. 1.

Tit. " Incipit Theorica Pantegni edita a Constantino, monacho montis Cassianensis." Incip. præf. " Domino suo montis Cassianensis, etc. ;" ut in edit. impress.

Præcedunt versus,

" Omnia constringens . speculatrix incipit ingens, Ars per quam vere . valeas operando valere, A Constantino . verbo translata Latino."

2. Practica, libris decem comprehensa. fol. 81.

Tit. " Incipit secunda pars Pantegni, que dicitur Practica, et est secunda pars ejus de universali regimine sanitatis."

Incip. prol. " Quoniam in prima parte libri nostri Pantegne ;" ut in edit.

In calce,

" Laus tibi sit Christe, quoniam labor explicit iste ; Explicit Practica Constantini . Deo gracias et virgini Marie."

LVI.

Codex membranaceus, in folio majori, ff. 205, sec. xiv., binis columnis exaratus ; in calce truncus.

Innocentii papæ IV. in Gregorii IX. Decretalium libros quinque commentarii.

Incip. " Legitur in Ezechiele, Venter tuus comedet ;" ut in editt. impress.

Defic. in lib. v. verbis, haud longe ab initio, " sufficeret ei probare vel promissionem vel juram"——

In sex foliis prioribus habentur nescio cujus commentarii in Regulas juris ; initio et fine trunci.

Incip. in verbis, " racionem specialetatis probabilem assignare."

LVII.

Membranaceus, in folio majori, ff. 310, sec. xiv., binis columnis exaratus.

1. Walteri Burlæi, sive Burley, in libros decem Ethicorum Aristotelis commentarii, cum prologo. fol. 1.

Initialis litera excisa est ; incip. prol. " Etsi multorum scriptorum in philosophia ;" ut in edit.

Incip. opus, " Omnis ars ; etc. Scientia moralis que est de accionibus."

In calce, " Et ei qui dedit intelligere sint gracie justicie ; Amen."

Sequuntur communes propositiones librorum 10 Ethicorum.

2. Ejusdem commentarius in libros octo Politicorum, tabulis quæstionum instructus. fol. 208 b.

Incip. " Ut dicit philosophus ethicorum quinto, refamulari oportet ei."

Desin. " finitur intencio Aristotelis super totum quod translatum est de Greco in Latinum super librum Politicorum et de quibus dedit intelligere sint gracie infinite ; Deo gracias."

LVIII.

Codex membranaceus, in 4to, ff. 201, sec. xv.; olim Antonii Tye, 21 May, 1584, postea coll. Oriel. ex dono Jacobi Moore, socii.

Alexandri [de Hales] commentarius in Aristotelis librum primum et secundum de anima, cum prologo ad Philippum de Melduno.

Incip. " Interrogasti me."

Exstat impress. Oxon. 1481.

In calce, " Explicit elucidantissima exposicio egregii Alexandri super secundum librum de anima, et sequitur explanacio ejusdem super tercium de anima."

In margine inferiori fol. 3 legitur, " Iste liber continet exposicionem Alexandri super duos libros de anima datus communi eleccioni librorum scolarium collegii regis Oxon. vocati Oryell per magistrum Jacobum Moore de Newland in foresta de Deane, tunc predicti collegii socium."

LIX.

Membranaceus, in folio majori, ff. 223, sec. xiv., binis columnis exaratus.

1. Azzonis Bononiensis summa Codicis Justiniani Imperatoris librorum novem. fol. 1.

Tit. " Incipit proemium ad Summam Codicis per dominum Az. compilatum."

Incip. " Cum post invencionem."

Incip. lib. " Incipit materia ad Codicem. Liber iste codex."

In calce, " Explicit summa codicis domini Azonis ; Amen."

2. Ejusdem Azzonis Institutionum Justiniani librorum iv Summa, cum procemio. fol. 168.

Tit. " Incipit proemium ad Summam Institutionum a domino Azone compositum."

Incip. " Quasi modo geniti pueri."

Incip. sum. " Hujus proemii domini Justiniani sententiam aperte comprehendimus."

3. Materia ad Pandectam secundum Job. fol. 185.

Incip. " In nomine, etc. Principium omnium rerum."

4. Summa Authenticorum, sive Novellarum, secundum Job. fol. 193 b.

Incip. " Liber iste, quem donante."

5. Summa trium librorum Codicis posteriorum. fol. 204.

Incip. " Credidi quondam debere."

6. Additiones partim ex domino Odofredo de novo Codice faciendo. fol. 214.

Incip. " Sub rubrica primi libri; etc. Aperte exprimere; nam proprie dicitur interpretacio."

LX.

Codex membranaceus, in folio majori, ff. 201, sec. xiii. ineuntis, binis columnis bene exaratus et servatus.

1. S. Bernardi abbatis Claraevallensis, sermones duo in die S. Andreae apostoli. fol. 1.

Incip. a. " Sanctorum festa precipua." b. Hodie gloriosum B. Andree ;" ut inter opera, 1690, tom. i. col. 1058.

2. S. Gregorii Magni Registrum Epistolarum libris xiv. comprehensum. fol. 4.

Tit. i. " Registri beati Gregorii pape urbis Rome liber primus incipit; mense Septembri indictione nona."

Exstant inter opera, tom. ii. col. 485.

In calce, " Epistolarum beati Gregorii pape urbis Rome liber quartus decimus explicit."

LXI.

Membranaceus, in folio, ff. 123, sec. xiv., binis columnis exaratus.

1. Liber Averrois, qui Colliget dicitur, in partes septem distributus. fol. 7.

Tit. " Liber collectorii."

Incip. praef. traductoris, " Quando ventilata fuit super me voluntas."

In calce, " Explicit liber Mehemet Aueroyz, qui Colliget nominatur."

2. Avicennae liber de viribus cordis. fol. 62 b.

Incip. " Creavit Deus ex concavitatibus."

3. Johannis Damasceni Aphorismi cum Isidori commentario. fol. 67.

Incip. praef. " Liberet te Deus, fili."

In calce, " Expliciunt amphorismi Johannis Damasceni filii Serapionis cum commento Ysidiri."

4. Avicennae Cantica, sive commentarius in librum qui intitulatur De partibus medicinae. fol. 81.

Incip. praef. " Postquam gracias egi Deo."

Incip. comment. " Medicina est conservacio; etc. Hec est difinicio medicine."

5. Averrois libellus de Theriaca. fol. 108 b.

Incip. " Inquit magnus medicus Hamet, id est Averoys, Postquam gracias egero."

In calce, " Explicit liber de Tyriaca Aueroys magni medici."

6. Averrois commentum in Aristotelis librum de generatione et corruptione. fol. 111.

Incip. " Intencio magistri in hoc libro est quod oportet determinare causas."

Defic. in verbis, " adduxerit hanc proposi- tionem quam"——

In initio habentur folia rejectanea sex, et in calce quatuor, in quibus continentur commentarii nescio cujus in Aristotelem de anima.

LXII.

Membranaceus, in folio, ff. 9 et 310, sec. xiii. exeuntis, binis columnis exaratus.

1. Constantini Africani, sive cujuscumque sit, Viaticum, in partes septem distinctum, cum praefatione. fol. 1.

Exstat impress. inter Isaaci Judaei opera et alibi.

2. Fragmentum [Isaaci Judaei?] operis de regimine acutorum. fol. 108.

Incip. in verbis, " morbis dandi cibum."

Desin. " aliquando conveniens est."

3. Isaaci Judaei liber de urinis, [interprete Constantino], cum interpretis prologo. fol. 111.

Incip. " In Latinis quidem libris."

4. Ejusdem Isaaci de febribus libri quinque, interprete Constantino, praevio prologo ad filium Johannem. fol. 160.

Inc. " Quoniam te fili karissime Johannes."

5. Ejusdem Diaetarum Universalium liber, [eodem interprete?] fol. 219 b.

Incip. " Quod in primis cogit."

6. Ejusdem liber diaetarum particularium, [eodem interprete?], cum prologo et capitulis. fol. 266.

Incip. " Conplevimus in libro primo universales."

Defic. in cap. De vino veteri verbis, " et lapides in renibus creat"——

Novem folia rejectanea in initio continent quæstiones quasdam in libros Sententiarum, Distinct. 30, 40, etc. de Conscientia.

LXIII.

Codex membranaceus, in folio, ff. 108, sec. xii., optime exaratus.

1. S. Gregorii Magni papæ I. Dialogorum libri quatuor, cum prologo et capitulorum tabulis. fol. 1.

Tit. " In Christi nomine incipiunt capitula libri primi dialogorum Sancti Gregorii pape urbis Rome."

Exstant inter opera, tom. ii. col. 149.

In calce, " Finit dialogus Gregorii pape, quem contulit cum Petro diacono suo ; Amen."

2. Origenis homilia in istud, " Cum esset desponsata." fol. 104.

Incip. " Que fuit necessitas ut desponsata esset Maria Joseph."

LXIV.

Membranaceus, in folio, ff. 301, sec. xiii., binis columnis haud una manu exaratus ; ex dono Johannis Corff ; mutilns.

Avicennæ Canonis Medicinalis libri i. ii. iii. iv., cum prologo ; mutili et ex aliis fontibus resarcinati.

Tit. " Incipit liber canonis primus quem princeps Abohali Abinseni de medicina edidit."

In calce, " Completus est liber quintus liber canonis qui est Antidotarium senis regis Abohali Hasen filii Hali Abinceni et ejus complemento completus est liber ;" et deinde, " Confectio trociscorum de carabe de libro Ameti filii Ysaac, et sic completus est liber totus Abinceni medici de medicine ;" et in fine, versus,

" Libro finito . referatur gratia Christo, Scriptor salvetur . Domino sanctisque juvetur."

Sequitur notitia, " Liber domus B. Marie de Oryell, Oxon. Collatus eidem domui per Johannem Corff, fratrem magistri Willelmi Corff quondam prepositi domus predicte qui

obiit in concilio Constancie, cujus anime propicietur Deus ; Amen."

Deinde fragmentum Decretalium, de matrimonio ; incip. " De illo qui uxorem fratris."

In initio codicis inseruit bibliopegus folia tria, fragmenta libri cum glossa ; et commenti in istud " Cum appropinquasset Jhesus Bethaniam."

LXV.

Codex membranaceus, in folio, ff. 217, sec. xiv., binis columnis manu Morys cujusdam exaratus ; initio mutilus.

Antonii Andreæ, ord. minor. de Arragonia commentarius in Aristotelis Metaphysicorum libros xi., cum præfatione.

Incip. præf. in verbis, " — ex aliquo medio naturali."

Des. " ad exposicionem litere accedamus. In mynde quod Morys."

Incip. comment. " Omnes homines ; etc. Juxta consuetudinem suam in aliis."

Desin. " paratus libenti animo emendare."

In calce, " Explicit scriptum super metaphysica Aristotelis secundum novam translacionem compilatum a fratre Antonio Andree, ordinis minorum, de provincia Arragonie."

LXVI.

Membranaceus, in folio, ff. 261, sec. xiv., binis columnis haud eadem manu exaratus.

1. Sermones festivi, numero cccxii., auctore [Jacobo de Voragine] Januensi. fol. 8.

Incip. i. De S. Andrea, " Vestigia ejus secutus est ; etc. Tria sunt necessaria viro perfecto."

Præmittitur tabula materiarum alphabetica et ad calcem, " De istis 81 festis facit Januensis sermones precedentes."

Desin. ult. " in Ipso sunt omnia, Ipsi honor," etc.

In calce sunt, (a.) Sermo in istud, Facta est quasi navis ; Prov. ult. " Nota in gestis Romanorum ;" et in calce, " Quære in sermonibus Januensis super Dominicas, sermone 26."

b. S. Augustini tractatus de assumptione B. M. Virginis, cum prologo. fol. 139.

Incip. prol. " Ad interrogata de Virginis."

2. Sermones alii de festis Sanctorum, numero cxv.
[auctore Johanne Felton, B. M. Magdalen.
Oxon. Vicario?] fol. 141.

　　Incip. i. " Venite post me; In vcrbis istis
　　duo sunt consideranda."

　　In margine superiori notatum est, ' Liber
　　vicarii Sanctæ Marie, in Oxon.'

　　Desin. ult. " quod preparavit Deus diligen-
　　tibus se; illud gaudium concedat;" etc.

3. Index alphabeticus et locuples ad Gregorii Moralium libros super Job. fol. 218.

　　Incip ." Abstraccio; Cum anima a carne ab-
　　strahitur."

　　In calce, " Explicit tabula super librum
　　Moralium."

LXVII.

Codex membranaceus, in folio, ff. 184, sec.
xiii. exeuntis, binis columnis nitide exaratus; ex legato M. Johannis Ingolnieles.

[Gulielmi Peraldi Lugdunensis, Ord. Præd.]
Summa de virtutibus, præviis capitulis et præfatione.

　　Incip. præf. " Presens opus habet v. partes
　　principales;" ut in edit. Lugd. 1497.

　　Tit. op. " Prima pars operis de caritate in
　　communi;" incip. " Si separaveris."

　　In calce, " Tractatus virtutum explicit, Be-
　　nedictus Dominus virtutum, Qui incepit et
　　perfecit, Amen;" et in margine inferiori, " M.
　　Johannes Ingolnieles legavit hunc librum [et
　　man. sec.] domi̶n̶i̶ beate Marie, Oxon.; prec.
　　x. s."

　　In fol. penult. verso legimus, " Liber de Oriell
　　de electione M. J. Bedmestre."

LXVIII.

Membranaceus, in folio majori, ff. 433, sec.
xv., binis columnis exaratus; olim Ricardi
de Kylvyngtone.

Anonymi cujusdam fratris R. Ord. Prædicat. liber
de diversis materiis prædicabilibus, ordinatis
et distinctis in septem partes secundum dona
Spiritus Sancti et eorum effectus, continens
distinctiones materiarum per causas et effectus,
refertus auctoritatibus, rationibus et exemplis
diversis ad ædificationem pertinentibus animarum.

　　Incip. " Quoniam multi multipliciter, subti-

liter et utiliter elaboraverunt auctoritates
——ideo ego frater R.——collegi de diversis
libris historicis, ut de Biblia, de historia scolastica Petri Manducatoris, de historia Britonum cujus auctorem ignoravi——item de
libro qui Pantheon dicitur Godefridi Parisiensis——de chronicis fratris Johannis de
Malliaco, de Ord. Præd.——et de libris miraculorum B. Virginis, quorum plurimorum dicitur scriptor fuisse S. Petrus Tarentasiensis
archiep. et S. Hugo Cluniacensis abbas," etc.

　　In calce prologi, cujus pars ultima agit de
　　conversione Anglorum occurrit procemium ver-
　　suum super opus, incip.

" Summe Deus dona mihi septem celica dona."

　　Incip. pars i. de timore, " Quoniam autem
　　inicium sapientie."

　　Desinit hoc volumen in titulo tertio partis
　　quintæ, opere forsan nunquam absoluto, in
　　verbis, " De multiplici tribulationis utilitate
　　que sunt lxiiij." deinde rubrica, " Tytulus
　　quartus quinte partis de justicia cum perti-
　　nentibus."

LXIX.

Codex membranaceus, in folio minori, ff. 126,
sec. xv.

Petri de Alliaco Cameracensis opuscula varia,
scilicet,

1. De concordia theologiæ et astronomiæ tractatus tres, cum prologis et capitulorum tabulis.
fol. 2.

　　Tit. " Tractatus sequens de concordia theo-
　　logie et astronomie Vigintiloquium dicitur,
　　quia viginti verba utilia continet."

　　Exstat impress. in calce Gersoni operum.

　　In calce tract. ii. notatur, " Explicit tracta-
　　tus secundus et est de concordancia astro-
　　nomice veritatis et narrationis historice a
　　domino Petro Cardinali Camaracensi com-
　　positus et completus in civitate Basiliensi
　　anno Christi 1414."

2. Defensiones duæ apologeticæ astronomiæ veritatis. fol. 80.

　　Exstant in folio sine anno vel loco.

　　Sequuntur tabulæ cum expositionibus.

3. Tractatus de concordia discordantium astro-
nomorum. fol. 95 b.

　　Exstant impress. ibid.

4. Tractatus de correctione kalendarii, prævia

LXX. This MS. was purchased by the College in 1455 for the sum of £1.6.8 (Treasurer's accounts, p.62).

COLLEGII ORIELENSIS.   25

epistola ad Johannem papam XXIII. fol. 107 b.

Exstat ibid.

In calce, " Explicit exhortacio super kalendarii correctione edita a domino Petro Cameracensi."

5. Tractatus de vero cyclo lunari. fol. 116.

Exstat ibid.

6. Epilogus mappæ mundi. fol. 120.

Ibid.

In calce, " Explicit epilogus mappe mundi editus a domino Petro de Alliaco, ep. Cameracensi."

LXX.

Codex membranaceus, in folio, ff. 164, sec. xv., anno 1429 manu Nicolai de Bodelswerdia tunc temporis Oxoniæ studentis.

Scotuli quæstiones super Sententiarum libros quatuor, cum prologo.

Incip. prol. " Circa prologum libri Sententiarum queritur utrum homini pro statu."

Incip. quæst. i. " Circa distinctionem primam queritur."

Desin. " ad quod gaudium Christus Dei filius nos perducat. Qui," etc.

In calce, " Explicit Scotulus super quatuor libros Sententiarum scriptus per manus Nicolai de Bodelswerdia, finitus et completus anno Domini millesimo quadringentesimo vicesimo nono, tempore illustrissimi principis regis Henrici Sexti in profesto Sancti Mathei apostoli et evangeliste, tunc temporis Oxonie studentis."

LXXI.

Membranaceus, in folio majori, ff. 56, sec. xiv., binis columnis exaratus.

Thomæ Aquinatis in librum Sententiarum tertium commentarii fragmentum.

Omnia fere usque ad Distinctionem xxii. quæst. 6 perierunt.

Incip. fol. 1. versi col. 1. in verbis, " dicendum quod puerorum peccatum quamvis esset per alium expiabile quam ad genus peccati."

In calce tabula est quæstionum totius operis.

LXXII.

Membranaceus, in folio majori, ff. 414, sec. xiv., binis columnis exaratus.

Probably belonged, like Royal MS. 8. F. XVI, to magister Ricardus de Kylyngton, dean of St. Paul's, d. 1361, whose name occurs on every sheet.

Johannis de Saxonia, sive Alemannia, juris utriusque doctoris, tabula alphabetica juris tam civilis quam canonici, cum præfatione.

Tit. " In nomine Patris et Filii et Spiritus Sancti. Incipit tabula juris canonici et civilis secundum ordinem alphabeti edita et completa cum novis addicionibus a fratre Johanne Alemanno ordinis fratrum minorum, doctore juris utriusque."

Incip. præf. " Quoniam sicut dicitur."

Incip. tab. " Abbas ; Est et abbas is qui ex legitima eleccione vel canonica."

In calce, " Explicit tabula juris canonici et civilis edita et completa per fratrem Johannem de Saxonia, ord." etc.

LXIII.

Codex Hebraicus membranaceus, in folio grandiori, ff. 332, sec. forsan xiii. columna triplici optime exaratus ; mutilus.

Ad initium contenta ita declarantur ;

1. Quinque libri Mosis (nisi quod desunt versus 24, 1. cap. Genesis) distributi secundum distinctionem sectionum 54, quæ quidem discernuntur literis majusculis פפפ. fol. 1.

2. Sectiones Prophetarum quas Judæi quotannis in loco congregationis legunt juxta sectiones Pentateuchi ; secundum consuetudinem Germanorum (dict. הפטרות seu Dimissiones). Initio autem cujuslibet dimissionis signatur *Lectio Legalis* quæ cum ea concurrit. fol. 148.

3. Liber Psalmorum mutilatus in initio usque ad vers. 8, Ps. xxxii. fol. 198.

4. Liber Job. fol. 229.

5. Ecclesiastes ; mutil. usque ad vers. 5. cap. iii. fol. 244.

6. Cantica Canticorum. fol. 248.

7. Threni Jeremiæ. fol. 250 b.

8. Daniel. fol. 254.

9. Esther. fol. 265 b.

10. Ezra. fol. 271.

11. Nehemia. fol. 278 b.

12. Paralipomenon ; usque ad vers. 20. cap. ult. fol. 290.

Quilibet liber perfectus ad calcem signatur masoreticis symbolis ad notandum versuum summam in quolibet libro, e. g. Genes.

signatur אך לד. etc.

E

LXXIV.

Codex membranaceus, in folio, ff. 257, sec. xv., binis columnis nitide exaratus; ex dono M. Radulphi Atkinson, generosi de Wooburne in com. Bucks et olim cominarii hujus collegii.

Ranulphi Higdeni Polychronicon libri septem, cum continuatione ex auctoritatibus variis collecta usque ad annum 1450; prævio indice.

Præcedit notitia codicis, manu vir. cl. Henrici Petre, antiquarii famosissimi, quam exscribimus, "Higden's portion, to 1342, is nearly as usual, and from 1342 to 1377 it has the most frequent edition of the continuation. This is followed by Hearne's 'Vita R. Ricardi,' but changing the order by placing the record of Richard's deposition (somewhat fuller than in Hearne) immediately after *præsentata*, (Hearne p. 157), and then inserting 'Item alia forma resignationis R. Ricardi. In Dei nomine Ego Ric.' etc. (fol. 231 b— 236 b. Hearne pp. 157—182.) Then very brief annals from accession of Hen. 4 to 1416; affairs at some length to 1421. It returns to 1416 and continues to the surrender of Rouen 1419, returns again to 1417 and abridges Hearne's Titus Liv: Forojul. to death of Henry 5th. Brief notices from accession of Henry VI. to Jack Cade's rebellion 1450. It is fairly but inaccurately written. There is apparently a similar copy in Bodl. MS. Digby 201."

In calce, series est Patriarcharum, Imperatorum Pontificumque ab Adam ad Calixti III. papæ electionem anno 1456.

LXXV.

Membranaceus, in folio, ff. 314, sec. xiv. exeuntis, manu Samsonis cujusdam binis columnis optime scriptus et ornatus, necnon miniaturis affabre pictis illuminatus.

Missale secundum usum ecclesiæ Sarisburiensis, prævio kalendario.

In calce, "Explicit Missale scriptum per Sampsonem."

LXXVI.

Membranaceus, in folio minori, ff. 246, sec. xiii. exeuntis, binis columnis bene exaratus.

1. S. Johannis Chrysostomi liber de reparatione lapsi [interprete Ambrosio?] fol. 1.
   Incip. "Quis dabit; Oportunius multo."
   Cf. Bandin. Catal. iv. col. 502.
2. S. Augustini Hipponensis liber de cognitione veræ vitæ. fol. 23 b.
   Incip. "Sapiencia Dei;" ut inter opera, tom. vi. App. col. 169.
3. Epistola ad quendam comitem. fol. 42 b.
   Ibid. tom. vi. App. col. 193.
4. Ejusdem tractatus de spiritu et anima. fol. 65.
   Ibid. tom. vi. App. col. 35.
5. Ejusdem tractatus de conflictu virtutum et vitiorum. fol. 81.
   Incip. "Apostolica vox;" ut ibid. col. 219.
6. Summa magistri Johannis Beleth de officiis ecclesiasticis. fol. 88.
   Incip. "In primeva ecclesia prohibitum."
7. Flores B. Augustini per Bedam excepti, prologo versibusque præviis. fol. 135.
   Tit. "Incipiunt versus Bede super librum florum beati Augustini."
   Incip. vers.
   "Prologus in verbis exhaustis fonte beato."
8. Regula S. Augustini de vita clericorum. f. 145.
   Incip. "Ante omnia fratres;" ut in editt. impress.
   Sequuntur versus rhythimici triginta quatuor,
   "Uxor, villa, boves, cenam clausere vocatis,
   Mundus, cura, caro, celum, clausere renatis."
9. S. Bernardi Meditationes. fol. 147 b.
   Incip. "Multi multa sciunt;" ut inter opp. Paris. 1690, tom. ii. p. 319.
10. Meditationes B. Anselmi. fol. 155 b.
    Incip. "Intuere dulcem natum."
    Sequitur narratio de scholaribus Hildeberto Cenomannensi Parisius venienti occurrentibus, et distichon de carnifice interrogantibus.
11. Petri Blesensis, archidiaconi Bathoniensis, epistolæ ad diversos numero cxxx. fol. 157.
    Incip. i. ad Henricum regem Angliæ, "Rogatus a vobis epistolas;" in edit. p. 1.
    Ult. est ad R. ep. London. consolatoria, quare noluit fieri sacerdos; incip. "Scio quia ex intima;" ibid. p. 184.
    Sequitur epistola H. archiep. Cantuar. ad W. Remensem archiepiscopum, incip. "Regi glorie et gratie."
12. Narratio de leone custodiente asinum B. Hie-

ronymi et qualiter dictum asinum furatum reduxit. fol. 240 b.

Incip. "Quadam die ad vesperas."

13. Vita S. Marinæ Virginis. fol. 246 b.

Incip. "Frater erat quidam."

Cf. Rosweyd. p. 300.

14. Vita S. Simeonis Stylitæ. fol. 247.

Incip. "Sanctus igitur;" ut ibid. p. 131.

LXXVII.

Codex membranaceus, in folio, ff. 359, sec. xiii. ineuntis, binis columnis optime exaratus et ornatus; coll. Oriel. ex dono Roberti Pierrepont 1599, postea comitis de Kingston.

Biblia Sacra Universa, ex editione vulgata, S. Hieronymi prologis instructa.

Post Ecclesiasticum sequitur oratio Salomonis; deinde Psalterium, quod ex forma scribitur, ut linea quæque a litera illuminata incipiat.

Post psalterium absolutum ponuntur, (a.) Lemmata breviora sive contenta cujusque psalmi, ut ad Christum referuntur. fol. 273.

Incip. "Primus psalmus ostendit quod ipse erit lignum vite."

b. De nomine et qualitate psalterii, Utrum ad Christum allegorice ad David juxta literam omnes psalmi referendi sint; per interrogationem et responsionem. fol. 273.

Incip. "Quare psalmi dicuntur? Quia per psalterium canebat David."

c. S. Hieronymi ad Paulam epistola de alphabeto Hebræorum. fol. 274.

Incip. "Nudius tercius;" ut inter opp. ed. Vallars. tom. i. col. 144.

d. Liber psalmorum secundum translacionem B. Jeronimi, qui eum hoc modo de Hebreo transtulit in Latinum, [sc. glossulæ in psalmos.] fol. 275.

Incip. "Quidam dicunt hunc psalmum."

e. Quod omnis prophetia ad Christum referatur. fol. 281 b.

Incip. "Omnem prophetiam ad Christum referendam esse non dubium."

f. Origo prophetie Davidis. fol. 282 b.

Incip. "David filius Jesse."

Succedit Test. Nov. 'Canones ad discernen-

dum ubi similia dicant quatuor evangelistæ, in tabulam digesti.'

In calce codicis, "Caucio magistrorum Crosse et Kente exposita in cista de Celton, anno Domini 1477, 4 die Decembris; et est Biblia 2 fol. *Regnum Juda* et jacet pro"——

LXXVIII.

Codex membranaceus, in folio minori, ff. 406, sec. xiii. exeuntis, binis columnis bene exaratus et servatus; olim Scotellii (?) Moseley in com. Staff., postea coll. Oriel. ex dono Edwardi baronis Leigh.

Biblia Sacra Universa, ex versione vulgata, S. Hieronymi, et quoad Maccabæorum libros Rabani Mauri, prologis instructa.

Tit. i. "Incipit prologus in biblioteca Veteris et Novi Testamenti et primo in libro Geneseos."

In calce Apocalyps. "Expliciunt Vetus Testamentum et Novum.

Scriptori detur . ut cetibus associetur Angelicis, sit ei gratia summa Dei."

Sequitur Interpretatio nominum Hebraicorum secundum Remigium Autissiodorensem; ordine alphabetico.

Præmisit possessor aliquis recentior ad conscientiam debilem relevandum quædam dicta selectiora.

LXXIX.

Membranaceus, in 4to, ff. 89, sec. xv.; olim W. Smethwyk, postea Jos. Ames, et denique coll. Oriel. ex dono Francisci Page, gen.

The vision of Piers Plowman, usually ascribed to Robert Langlande.

Prefixed are six leonine verses; beg.

" Et sine verborum . sonitu, fit doctor eorum."

At the end of the poem, "Explicit hic dialogus Petri Plowman.

Lauderis Christe . quia finitur liber iste.

Sunt tria vere . que faciunt me dolere;

Est primum durum . quia scio me moriturum."

Annexed are twenty-one paper leaves, containing,

a. The wardes in London, with their taxes at xv. c. fol. 69 b.

Beg. "The Tour ffader Warde; xlv. ti. x. s."

b. List of the parish churches within the walls, and in the suburbs. fol. 70.

c. The privilege of [the abbey church of] Westmynstre. fol. 73.

d. A father's advice to his son; with instructions for his behaviour as a king's or nobleman's page. ff. 88, 89, 78.
    Beg.
" Kepeth clene and leseth not youre gere
And at the passen oute of youre loggyng
Every garment that ye shulle upponn you were
Awaytith welle that hit be so sythyng."

LXXX.

Codex membranaceus, in 4to, ff. 90, sec. xv., binis columnis nitide exaratus; olim anno scil. 1608, Johannis Warter; in calce mutil.

The Gospels of SS. Mathew, Mark, and Luke, according to the version usually ascribed to Wycliffe and known as the second version.

It ends in the 20th chapter of S. Luke, with the words, " and the last of alle the womman is deed, therfor in the"——

Prefixed is " a rule that tellith in whiche chapitres of the bible 3e mown fynde the lessouns, pistils and gospels that ben rad by al the 3eer aboute in holy chirche, after the use of Salisbury."

LXXXI.

Chartaceus, in 4to, ff. 28, sec. xvii.; olim Edw.

Sackville, comitis Dorset., postea coll. Oriel., ex dono [Edwardi] Baronis Leigh.

The statutes and ordynances of the most noble ordir of Saynt George, named the Garter, reformed, explayned, declared and renewed by the most mightie most excellent and most puissant prince Henry the Eight, by the grace of God, kinge of England, etc.

Prefixed are the arms of Edw. Sackville earl of Dorsett, baron of Buckhurst, K. G. and on the reverse of the leaf, a list of the first founders of the order.

On the cover are the royal arms of England quartering Scotland and Ireland.

LXXXII.

Chartaceus, in folio, ff. 5 et 41, sec. xvi. exeuntis; ex dono Johannis Tolson, doctoris in theologia et hujus collegii nuper præpositi.

A treatise against the prevailing sin of idleness in this country by John Easte, with a dedicatory preface to queen Elizabeth.

Pref. beg. " Consyderinge, o most noble and renownid prince and my dreade soueraigne."

Book beg. " Calling to remembraunce, moste noble soueraigne."

On the cover is a coat of arms, France and England quarterly.

LXXXIII.

A Greek MS. of the Gospels. 4to vellum.
Presented by David Parsons M.A., Oriel Coll., 1883.

LXXXIV.

An English MS., small folio, 55 leaves, c. 1640.
M. Tryn's Reasons proving the illegality of both the Censures in the Star Chamber, and of the severall branches thereof, and orders since made for his exile and close imprisonment in the Isle of Jersie
Presented by P. Simpson, Fellow o' Oriel, 1922.

CATALOGUS

CODICUM MSS.

COLLEGII REGINENSIS.

NOMINA BENEFACTORUM,

QUI COLLEGII REGINENSIS BIBLIOTHECAM CODICIBUS MSS. AMPLIAVERUNT.

Numeri nominibus adfixi Codices denotant quos quisque donaverit.

AIRAY, HENRICUS, coll. Reg. præpositus; cccvii.

ALLASON, JOHANNES, coll. Reg. socius; cc.

BARLOW, THO., coll. Reg. præpositus, postea ep. Lincolniensis; codices centum sex dedit, qui hodie in tomos varios compacti sunt.   Triginta sex alios post mortem ejus dedere capellani sui W. Offley et H. Brougham.

BATEMAN, JOHANNES, e coll. Univ.; ccclvii. ccclix.

CAUSTON, PETRUS, mercator Londinensis; cccv.

DAVIS, RICARDUS, de Sandford; ccclviii.

HILL, J., coll. Reg. socius, 1720; ccclxiv.

HOLIOKE, FRANCISCUS, coll. Reg. communarius; cccxxi.

JENKS, BEN., rector de Harley, co. Salop.; lii.

LUIDUS, JOHANNES; ccii. cccxiv.

OFFLEY, WILL., eccl. Linc. canonicus; lv.

POWELL, GRIFFITH, coll. Jes. soc. 1599; ccxcix.

ROBSON, CAROLUS, coll. Reg. soc.; cccli.

SHAW, JOHANNES, minister Okingiensis, in com. Surr.; cccvi. cccix.

TODD, HUGO, D.D. coll. Univ. socius; ccviii. ccx.

WILBRAM, THOMAS; cccxlix.

WILLIAMSON, JOSEPHUS, eques auratus; xxxv. xlviii. lxviii. lxxi.—clxvi. *inclusive*, clxx. clxxi. clxxii. clxxiii. clxxiv. clxxv. clxxvi.

CODICES MSS.

COLLEGII REGINENSIS.

I.

CODEX CHARTACEUS, in folio, foliis constans scriptis **310**, seculi xvii. exeuntis.

Ordinationes, Responsiones petitionum, etc. transcriptæ ex Rotulis Parliamentorum apud Westmonasterium alibique tentorum annis regni Edwardi Secundi sequentibus, scil. quinto, octavo nonoque; partim *Latine* partim *Gallice*.

Tit. i. " Ex Rotulo Parliamenti tenti apud Westmonasterium de anno quinto Edwardi Secundi;" et in margine, " Ordinaciones apud London."

In calce an. 5, scil. ad fol. 22 b. notatum est, " Ex^d. August 6, 1673; Convenit cum Recordo; Gulielmus Ryley."

Deinde, " Memorandum quod in Parliamento tento apud Eboracum anno 15 Edw. II. ordinationes infrascriptæ revocantur et adnullantur, ut patet in magno Rotulo Statutorum; membran. 31."

In calce codicis, " This booke is really worth 40/s. the quire with the Callender, vizt. 14 li. to be transcribed. Part not with the booke without a whole sett together."

II.—VI.

Codices quinque chartacei, in folio, sec. xvii. exeuntis; ut sequuntur:

Primus constat foliis 254, et continet Recorda et memoranda ex Rotulis Parliamentorum annis 4, 5, 6, 13, 14, 15, regni Edwardi tertii tentorum; partim *Gallice* et partim *Latine*.

II. ff. 224, Acta Parliamenti ex Rotulis per annos 17, 18, 20, 21, 22 ejusdem regni continens; *Gallice*.

III. ff. 271; in quo comprehenduntur Acta Parliamenti ex Rotulis annorum 25, 27, 28, 29 et 36 ejusdem regni; *Gallice*.

IV. ff. 212; in quo Acta Parliamenti ex Rotulis annorum 37, 38, 40, 42, 43, 45, 46 et 47 ejusdem regni; *Gallice*.

V. ff. 322; in quo Acta Parliamenti ex Rotulis ann. 50 et 51 ejusdem regni; *Gallice*.

VII—XII.

Codices sex chartacei, in folio, sec. xvii. exeuntis; ut sequuntur,

I. ff. 277; in quo habentur Acta Parliamenti ex Rotulis, annis primo et secundo regni regis Ricardi II.; *Gallice*.

In calce vol. " This booke containes 6 quires and a halfe, worth 13 li. att 40/s. the quire to be transcribed."

II. ff. 202; in quo Acta Parliamenti ex Rotulis, annis tertio, quarto, et quinto regni ejusdem; *Gallice*.

III. ff. 255; in quo Acta Parliamenti ex Rotulis, annis sexto, septimo et octavo ejusdem regni; quoad priores duo annos *Gallice*, sed *Latine* præcipue quoad octavum.

IV. ff. 234; in quo Acta Parliamenti, annis nono, decimo undecimoque ejusdem regni, ex Rotulis; partim *Latine* et partim *Gallice*.

B

V. ff. 212; in quo Acta Parliamenti ex Rotulis, annis 13, 14, 15 et 16 ejusdem regni; *Gallice.*

VI. ff. 369; in quo, a. Acta Parliamenti ex Rotulis, annis 17, 18, 20 et 21 ejusdem regni; *Gallice.*

b. Placita coronæ coram rege in Parliamento suo apud Westmonasterium die Lunæ prox. post festum Exaltationis S. Crucis 21 Ric. II.; *Gallice.* fol. 304.

XIII.—XV.

Codices tres chartacei, in folio, sec. xvii. exeuntis; in quibus continentur,

I. ff. 432; in quo Acta Parliamenti ex Rotulis, annis primo, secundo et quarto regni regis Henrici IV.; præcipue *Gallice.*

Ad fol. 159 inserta sunt quoque Placita coronæ in Parliamento apud Westmonast. tento in festo S. Fidis, an 1 Hen. IV., ad quorum calcem notatum est, " Examinatur quoad Laur. Halsted."

II. ff. 344; in quo Acta Parliamenti ex Rotulis annis 5, 6, 7 et 8 ejusdem regni; *Gallice.*

In fine, " Examinatur quoad Laur. Halsted;" cui succedit ' Recordum et processus facta coram Domino rege, etc. 1 Mart. 7 H. iv.'

III. ff. 257; in quo Acta Parliamenti ex Rotulis, ann. 9, 11 et 13 ejusdem regni; *Gallice.*

In calce Actorum an. 11, " Examinatur; Laur. Halsted."

XVI. XVII.

Codices duo chartacei, quorum constat prior ff. **288**, alter **280**, sec. xvii. exeuntis.

I. Acta Parliamenti ex Rotulis, pro annis tribus prioribus regni Henrici V.; præcipue *Gallice.*

In calce, " Examinatur quoad Laur. Halsted."

_____

II. Acta Parliamenti ex Rotulis, annis 4, 5, 7, 8 et 9 regni ejusdem; *Gallice,* et hic illic *Latine* et *Anglice.*

XVIII.—XXIV.

Codices septem chartacei, sec. xvii. exeuntis; et constant,

I. ff. 278; et comprehendit Acta Parliamenti

ex Rotulis annorum regni primi et secundi regis Henrici VI.; *Gallice;* " examinat. per Laur. Halsted."

II. ff. 343; in quo Acta Parliamenti ex Rotulis, annis 3, 4, 6 et 8 ejusdem regni; partim *Gallice, Anglice,* et *Latine;* " examinat." ut supra.

III. ff. 279; in quo Acta Parliamenti ex Rotulis, annis 9, 10 et 11 ejusdem regni; *Gall. Angl.* et *Lat.;* examinat. ut supra.

IV. ff. 311; in quo Acta Parliamenti ex Rotulis, annis 14, 15, 18 et 20 ejusdem regni; *Gall. Angl.* et *Lat.;* examinat. ut supra.

V. ff. 290; in quo Acta Parliamenti ex Rotulis, de annis 23, 25 et 27 ejusdem regni; partim *Latine* partim *Anglice;* examinat. ut supra.

VI. ff. 416; in quo Acta Parliamenti ex Rotulis, de annis 28, 29, 31 et 32 ejusdem regni: partem *Anglice* partim *Latine;* examinat. ut supra.

At fol. 207 is the petition of the commons against W. de la Pole, earl of Suffolk.

VII. ff. 302; in quo Acta Parliamenti ex Rotulis, de annis 33, 38 et 39 ejusdem regni; partim *Anglice* partim *Latine;* examinat. ut supra.

XXV.—XXVII.

Codices tres chartacei, in folio, sec. xvii. exeuntis; constantes,

I. ff. 410; et continet Acta Parliamenti ex Rotulis, de annis 1, 3 et 4 regni regis Edwardi IV.; *Anglice.* " Examinat. quoad Laur. Halsted."

II. ff. 512; in quo Acta Parliamenti ex Rotulis, annis 7 et 8, 12, 13 et 14 parte prima, ejusdem regni; *Latine* partim et partim *Anglice;* examinat. ut supra.

III. ff. 384; in quo Acta Parliamenti ex Rotulis, annis 14 [part. ii.], 17 et 22 ejusdem regni; *Anglice;* examinat. ut supra.

XXVIII.

Codex chartaceus, in folio majori, ff. **539**, sec. xvii. exeuntis.

Journals of the proceedings of the House of Commons from Wednesday the 25th of April until Thursday the 13th September, 1660, inclusive.

XXIX. XXX.

Codices duo chartacei, in folio majori, ff. **511** et **451**.

Journals of the proceedings of the House of Commons from the eighth of May 1661 to the 19th of May 1662, and from the eighteenth of February 1663, to the first of March 1665 inclusive.

The title of the first volume is as follows: " Parliamentum inceptum et tentum apud civitatem Westmonasterii die Mercurii, octavo scilicet die Maii, anno regni domini nostri Caroli secundi, Dei gratia Angliæ, Scotiæ, Franciæ et Hiberniæ regis, Fidei defensoris, etc. decimo tertio annoque Domini, 1661."

XXXI.

Codex chartaceus, in folio, ff. **4** et **164**, sec. xvii., anno **1675** peculium Francisci Parry.

Symbola Romanorum Pontificum, Imperatorum occidentalis et orientalis, regumque Hispaniarum, Galliarum, Jerusalemitarum, Anglorum, Scotorum, Portugalensium, utriusque Siciliæ, Sicumbrorum, Metensiorum, Ungarorum, Bohemorum, Polonorum, Daniarum, Suevorum et Navarorum, etc. necnon cardinalium, principum, electorum, arciducum, magnorum ducum, marchionum, archiepiscoporum, episcoporum, comitum, atque aliarum illustrium omnium nationum personarum, per Octavium de Strada, sacratissimæ Cæsareæ majestatis aulicum et civem Romanum.

Præmittitur epistola dicatoria ad Wolfgangum, archiep. Moguntinum, incip. " Omnibus ferme mortalibus."

In calce, Index nominum alphabeticus.

Cf. edit. Francof. ad Mœn. in folio, 1615.

XXXII.

Chartaceus, in folio, ff. **142**, sec. xvii. ineuntis.

1. Seven letters of Francis Bacon, lord Verulam, as follow:
   a. To the lord treasurer, excusing his speech against the treble subsidy. fol. 1.
   b. To the same touching the sollicitor's place; dat. 6 Jun. 1595. fol. 1 b.
   c. Two letters to the queen, sending a new year's gift. fol. 2 b.

   d. To the earl of Essex to take upon him the care of Irish business, when Cecil was in France. fol. 3.
   e. To the same on the first treaty with Tyrone, 1598. fol. 3 b.
   f. To the same, a letter of advice before his going into Ireland. fol. 4 b.
2. Epitaphs, upon Mr. Walsingham, who died in Spain in attendance on the prince, on sir Tho. Nevill, on the lady Rivers, upon sir G. C., lady E., by J. S. fol. 6 b.
   Beg.
   " Knew'st thou but whose these ashes weare."
3. Sir Wal. Raleigh to sir Ro. Carr. 1608. fol. 8.
4. Correspondence between sir Edw. Sackeville, and lord Edw. Bruce of Kinloss, with an account of the duel between them by the former; dat. Louvain, 8 Sept. 1613. fol. 9 b.
5. Car. Raleigh's petition to the king in behalf of his father. fol. 11 b.
6. The earl of Essex to the queen, on his command to go to Ireland. fol. 12.
7. Edmund Anderson's appeal to sir Fra. Bacon. fol. 12.
8. Sir Walter Raleigh to the king on his return from Guiana, with an account of his impeachment; 1618. fol. 12 b.
9. The same to his wife the night before his execution. fol. 17.
10. Lord Rochester to Mr. Overbury on the death of his son sir Thomas. fol. 18.
11. The same to lord Northampton, on his appointment as master of the horse. fol. 19.
12. Patrick Ruthven to the same on some scurrilous verses against him. fol. 19 b.
13. Petition from —— Granger to be admitted into sir F. Bacon's household. fol. 20.
14. Petition of Anthony Babington to the queen. fol. 20.
15. Mons. [Guil.] du Vaire speech when he delivered the seals to the king of France. fol. 20 b.
16. Queen Elizabeth to the lady Norris, on the death of her two sons. fol. 22.
17. Articles of treasonable and other crimes against the earl of Arlington, principal secretary of state. fol. 22 b.
18. Petition to the house of peers on behalf of the earl of Shrewsbury, a minor, against the duke of Buckingham and the countess of Shrewsbury; 1673. fol. 24.

19. Heads of the articles of peace between England and Holland. fol. 25.

20. Proceedings in the House of Commons from 24 Jan. 1673 to the 24th Feb. 1673. fol. 26.

21. Vox populi, or news from Spain, translated according to the Spanish copy; 1620; [imperfect at the end.] fol.

    Printed Lond. 1625.

22. A discourse of divers accidents and matters of state happening during the first five years of the reign of James I., in 34 chapters; with a table of chapters prefixed. fol. 48.

    Printed in the Harleian Miscellany, vol. 7, p. 407.

23. A brief declaration of the great and notable charges of the wars of Henry the Eighth and Edward VI. fol. 102.

24. Forms of grants and letters patent of charters of fee simple and acquittances. fol. 106.

25. Remedies for diseases in horses. fol. 110.

26. Copies or forms of letters;

    a. To my lord Mountjoye. fol. 116.

    b. The lord treasurer Burleigh. ff. 116, 118, 122.

    c. Sir Robert Cecil. ff. 117, 118 b, 119, 123 b.

    d. To my lord Essex. ff. 117 b, 119 b.

    e. To sir Thos. Lucy. fol. 118.

    f. Mr. Cawfeilde. fol. 119.

    g. To lord Henry Howard. fol. 124 b.

    h. Sir Francis Vere. fol. 125.

    i. Lord Bacon to lord Essex. fol. 125 b.

    k. Lord Essex to lord Bacon. fol. 125 b.

    l. To the house of Lords. fol. 126.

27. Certayne articles touching the union of England and Scotland, collected and digested for his majesty's better service. fol. 129.

28. The earl of Salisbury's [Robert Cecil] letter to the archbishop of York [Tobias Matthew] on the state of religion. fol. 137 b.

29. Trial of Henry Garnett, the Jesuit, condemned of high treason; May 1606. fol. 140.

XXXIII.

Codex chartaceus, in folio, ff. 36, sec. xvii.; olim Thomæ Fox, 15 Jan. 1680.

Fragmenta Parliamentaria, or a collection of speeches and other private debates in the House of Commons from October 21 to Jan. 10, 1680.

The speakers mentioned are, lord Lovelace, col. Titus, sir W. Jones, H. Boscawen, Mr. Trenchard, and others.

The debates, on the case of the duke of York, and the loss of Tangier.

XXXIV.

Codex chartaceus, in folio, ff. 432, sec. xvii.

Votes and orders of the House of Commons from 20 Jan. 1689 to the 20 Aug. of the same year.

They are written on separate sheets of paper, each of which is addressed to sir Joseph Williamson, then secretary of state.

At the end are the votes, printed, from the 19th of Oct. 1689 to 27 Jan. 1690; to which are added, Order of the house that no papist or reputed papist be admitted into the lobby or other part of the house, printed 15 Jun. 1689; and the petition of Titus Oates, also printed in the same year.

XXXV.

Chartaceus, in folio, ff. 88, sec. xvii.; olim Josephi Williamson.

1. "Chartæ excerptæ ex privato libro prioratus de Tutteburye, in com. Stafford, in manibus Hen. Agard, militis, de Foston in com. Derb." fol. 2.

    Incip. "Prima fundacio ecclesie Tuttesburi;" charta scil. Henrici de Ferrariis.

2. Chartæ septem, sive inquisitiones, ad familias de Brock, le Harpeur, et Shirley, et maneria de Chesterton et Etindon co. Warr. spectantes. fol. 10.

3. Chartæ sex Sewaldi de Ettindon, Henrici, filii ejus, et Roberti comitis de Ferrariis, ad ecclesias de Etindon et de Kenil[worth?] spectantes. fol. 12.

4. Hugonis de Shirley pedegradus a Radulpho Basset deducta. fol. 15 b.

5. Excerpta ex inquisitionibus factis de morte et possessionibus Radulphi de Basset, in comitatibus variis. fol. 16.

6. Vera copia chartæ Henrici Shirley, de Staunton Haraldt in com. Leicest. Bar. et in custodia Thomæ baronis de Brudenell de Staunton; dat. 4 Car. I. fol. 38.

7. Indenture between sir Henry Shirley, bart. on the one part, and sir Thomas Brudenell and others on the oth· · part; dat. 9 May. 20 Jac. I. fol. 51.

8. Letter from John Foley, or Poley, to sir Henry Shirley, forwarding him various " officia post mortem ;" dat. Wormegay, 16 Jul. 1633. fol. 67.

9. Pedegradus familiarum de Gymles et Lovett. fol. 69 b.

10. Pedigrees of Botheby or Bobey, and Paynell, with notices of some members of the families. fol. 73 b.

11. Pedigree of George, duke of Buckingham, traced from Malcolm king of Scotland, 1062. fol. 84.

XXXVI. XXXVII.

Codices duo chartacei, in folio, ff. 210 et 223, sec. xvi.

Short, but very interesting, notes of affairs of state, chiefly having reference to ambassadors and transactions in foreign courts, in the sixteenth and seventeenth centuries, collected from the letters of sir Henry Wotton and sir Dudley Carleton, [by John Brydall.]

The first vol. begins, " Out of sir H. Wotton's letters; 1591. Mr. Jo. Wroth, agent at Venice."

The second vol. beg. " An. 1614, July 13; The earle of Suffolke made lord treasurer, and the earle of Somerset lord chamberlayn of the houshold."

They follow no methodical arrangement, but seem to range from 1540 to 1670.

XXXVIII.

Codex chartaceus, in folio, ff. 282, sec. xvii. ; manu Radulphi Starkie præcipue scriptus.

An abridgment of the Parliament Rolls in the Tower, from the 4th year of Edward III. to the end of the reign of Henry V., transcribed from the autograph of William Bowyer and his son Robert the abridgers.

Prefixed are some Prolegomena on the nature of the MS. by sir Simonds D'ewes, and a Calendar of all Parliament Rolls remaining upon record by the same.

XXXIX.

Chartaceus, in folio, ff. vacuis scriptisque 529, sec. xvii.

Notes of negotiations between England and foreign states, from about the year 1540 to 1662,

with references to other volumes where they are more fully detailed annexed.

Prefixed is a table [by sir Jos. Williamson?] of the volumes referred to, inscribed, " NB. 1677, I alter'd my books of collections in order to another method of binding and digesting them under heads."

XL.

Codex chartaceus, in folio, ff. 175, sec. xvii.

Collectanea ad officium et curiam magistratus marescalciæ spectantia, ex Rotulis tam clausis quam patentibus regum Angliæ, a primo Johannis usque ad Jacobi tertium decimum.

Tit. " Ex Rotulo chartarum anno 1 Johannis parte 2, numero 85."

Tit. ult. " A commission unto the lord treasurer, lord privy seal, and others, for the exercising of the office of earl marshal of England."

XLI.

Chartaceus, in folio, ff. 488, sec. xvii., olim J. W[illiamson].

Arms of English families tricked, and arranged alphabetically.

The first is of Abylin; the last of Ynger in the county of Bedford.

XLII.

Chartaceus, in folio, ff. 232 scriptis vacuisque, sec. xvii. exeuntis.

Catalogue of books belonging to [sir Jos. Williamson] arranged alphabetically under their several subjects, with a table prefixed.

The latest date which occurs is about 1679.

XLIII.

Chartaceus, in folio, ff. 154, sec. xvii.

The well-springe of true nobilitie yeldinge foorth an ocean of heroicall descentes and roiall genealogies of the renouned kinges, princes, greate states, nobilitie and gentrie of this famouse ile of Brittaine descended of the bloud royall of the auntient Brittaynes, but principallye of the genealogie of the most highe and mightie monarche our dread soueraigne James by the grace of God, kinge of Greate Brittayne, France and Ireland, etc. with manye otʰer matters worthie of note, gathered by George Owen Harrye, rector of Whitchurch.

    Prefixed is a table of the ' Contentes of the whole booke.'

    At the end are,

1. The pedigree of Frederic the Fifth, count palatine of the Rhine. p. 289.
2. Pedigree of the earls of Ascania. p. 301.
3. Genealogies of the old kings of Denmark, and how the modern kings are descended from them. p. 305.

XLIV.

Codices duo chartacei, in folio, ff. **177** et **126**, sec. xvii. exeuntis.

    1. Catalogus bibliothecæ ornatissimi consultissimique viri domini Josephi Williamson, LL.D. e societate Regia Londin. in regni comitiis senatoris, regiæ majestatis ab archivis status et intimiori consilio a secretis.

    Prefigitur index classium sub quibus ordinati sunt libri.

    2. Catalogus ejusdem bibliothecæ alphabeticus.

XLV.

Codex chartaceus, in folio, crassus sed constans ff. tantum 15 scriptis, sec. xvii.

    A few notices of families, extracted from different rolls, viz. Fitz-Alan, Bruse, Darcy, de Bere, Percy, Stanley, Thornton, and Multon and Dacre of Gillesland.

    At fol. 8 is ' A roll of the nobility of England according to their creations and degrees this 15 Decemb. 1641.'

    Besides this are some loose papers, containing, (a.) Notes of pedigrees of the families of Dymock, Freeman, Stephens, Vesey and Dunbar, Giffard, Hastings, and Mowbray.

b. Summonses of the de Grey family of Ruthin and Codnor, from the 23 Edw. I. to the 12 Henr. IV.

c. Letter, in *French*, from Mons. Prevost de le Val, king of arms, Brussels, to Will. Reley, esq. Lancaster herald, concerning the lords of De Buter, with the answer in French and English.

XLVI.

Codex chartaceus, in folio, ff. **9**, sec. xvii.

    Letter from A. B. to a friend in London in defence of the English government, containing some Remarks upon that of the Low Countries in comparison with it; dat. Amsterdam, 30 Aug. 1672.

XLVII.

Chartaceus, in folio, ff. **35**, sec. xvii.; olim Thomæ Shirley, postea Jos. Williamson.

    1. The arms of the kings of England, from William I. to James I. inclusive, tricked, impaling those of their respective wives, whose names are written on the top of the page. fol. 1. b.

    2. A few miscellaneous coats of families, chiefly resident in Bucks and Northampton. fol. 18.

    3. Arms of gentlemen ' as now doe dwell, or hertofore have dwelled in the countye palatyne of Chester ;' in alphabetical order. f. 25.

XLVIII.

Chartaceus, in folio, ff. **19**, sec. xvii.; olim Jos. Williamson.

    Relatione del illustrissimo et eccelentissimo signor Giovanni Sagredo cavalliere stato ambass. alla corte Cesarea per la serenissima respublica Veneta, l'anno 1665. On the first page, " Procured me by Mr. Jones, at Venice, 1666. J. W."

XLIX.

Chartaceus, in folio, ff. **40**, sec. xvii.

    The names and armes of the principal captains as well of noblemen as of knights that were with the victorious prince king Edward the Third, at the siege of Calais, the 20th year of his reign, 1346.

    The arms are colored throughout, and the number of esquires, men at arms, archers, etc. furnished by each nobleman added.

    At the end there is also a list of the fleet, with the number of ships and men furnished by each port; to which is appended a sum of the expenses, " as appereth in the accompt of William Norwell, keeper of the kings wardrop, from the 21 daye or April in the 18th yeare of the raigne of the saide kinge unto the 24 daye of November in the 21 yeare of the saide kinges raigne, £337400. 9s. 4d."

L.

Codex chartaceus, in 4to, ff. 22, sec. xvii. exeuntis.

1. Scotica nobilitas, or a list of the noblemen of Scotland, in the year 1588; with a brief notice of the age, connections by marriage, etc. attached to each. fol. 1. b.
2. The shires of Scotland. fol. 16.
3. The principal clans. fol. 20.
4. Elenchus comitum, et baronum. fol. 20. b.
5. The names of his highness' officers of estate and of the secret councel. fol. 22.

LI.

Chartaceus, in 8vo, ff. 143, sec. xvii. ineuntis; olim Ricardi St. George, Clarencieux regis Armorum, 1624.

Collections relating to the office of Heralds, as follow,

1. Order of the proceeding to Parliament of Charles I. "from his pallace of Westminster, this day," in the hand-writing of St. George. fol. 1. b.
2. Of the name and office of herald, that they are, ' declarers of nobilitie, arbitrators of knight-hoode, setters forthe of truthe,' etc. fol. 5.
3. The Constitution of Thomas, duke of Norfolk, earl marshal, in 1568, with observations concerning the office. fol. 14. b.
4. Charters of Edward VI. and Mary in favor of heralds; datt. 4 June 3 Edw. VI. and 18 Jul. 2 and 3 Phil. and Mary. fol. 22.
5. Orders made to be observed by the officers of arms, by Thomas, duke of Norfolk, 18 Jul. 1568. fol. 35.
6. Accomplements appertayning to a pursuivant and herald at arms, etc. fol. 45 b.
7. Order of precedence of noblemen and peeresses. fol. 61.
8. Order of various state processions ; viz.
   a. Of Queen Elizabeth to St. Paul's, 1588. fol. 64.
   b. Of the same from Whitehall to Westminster, on horseback. fol. 66.
   c. Of James I. through the City from the Tower, 5 March 1603. fol. 68.
d. Of the coronation of James I. fol. 71.
e. Of the same to parliament, 19 March 1603, with a roll of the barons of the same parliament. fol. 76.
9. The placing of great officers according to the Act of Parliament, 31 Henr. 8. fol. 83.
10. Copy of a letter from the lords of the privy council to the lord mayor, dat. 10 June 1566. fol. 85.
11. Order of proceedings at different funerals. fol. 86 b.
    At fol. 104 b, is that of the funeral of Elizabeth, 28 April, 1603.
12. Fees at the making of knights of the bath. fol. 110.
13. Form of a patent for a crest, to be granted by a king of arms. fol. 111.
    The remainder of the volume is in the hand-writing of St. George.
14. The coronation of the liege lord the kinges grace [Edw. IV.?] " This roole was by me Richard St. George, Norroy, coppied out of the originall in parchment, which remayned in the abbey of Peterburgh, and was lent me by sir Thomas Lamburch, knight, of Lincolnshire." fol. 113 b.
15. Catalogue of the peers of the realm, according to their precedency. fol. 117 b.
16. Order set down by Charles Brandon, duke of Suffolk and earl marshall, for fees certain of all estates that shall be enobled. fol. 121 b.
17. Commission for the office of earl marshall, 2 Jac. I. fol. 125 b.
18. Order of the lords in Parliament, 27 Jul. in the cause of Henry lord Cromwell. fol. 127 b.
19. Notes of banquets held at Windsor, 13 Sept. 1617, 23 Apr. 1618, at Whitehall in 1621, 23 Apr. 1627. fol. 129, seqq.
20. Notices of installations, etc. from rolls of Parliament. fol. 138.

LII.

Codex membranaceus, in folio maximo, ff. 470, annum circiter 1200 forsan binis columnis exaratus ; olim Ricardi Watkys, postea Ricardi Newport, deinde Ben. Jenks ex dono Francisci Newport, et denique coll. Reg. ex dono Ben. Jenks, æctoris de Harley, in agro Salop.

Biblia Sacra Universa, ex versione vulgata S. Hieronymi prologis, necnon quoad Salomonis libros et Testamentum Novum glossis marginalibus atque interlinearibus, illustrata.

In calce prologi ad Genesim notatur 'Ordo bibliotece Parisiacensis,' quo cum fere consentit codex noster, scilicet, Genesis—Esdras, Tobias, Judith, Hester, Macchabæus, sedecim prophetæ, Job, Psalterium, Parabolæ, Ecclesiastes, Sapientia, Cantica Canticorum, Ecclesiasticus. Evangelia quatuor, Acta Apostolorum, Epistolæ Paulinæ et Canonicæ, Apocalypsis, cui denique succedit liber Ruth.

Membranarum loco aliquot antea e Genesi Psalterioque excisarum chartas supplevit manus nescio quæ longe recentior.

Folium ultimum occupat ordo legendi evangelia per anni cursum.

LIII.

Codex chartaceus, in folio, ff. 328, sec. xv., binis columnis exaratus; utrimque mutil.

[Anonymi cujusdam Commentarius in Gregorii IX. Decretalium librum tertium.]

Incip. in comment. verbis in cap. 4. tit. ii. "*Sicut.* Hoc est aliqualiter utile capitulum."

Defic. in verbis cap. 8. tit. xlix. "plus recepit, sufficit"——

Citantur, Joh. Andreæ, Goff[redus de Trano], Antonius de Butrio, aliique.

LIV.

Membranaceus, in folio crasso, ff. 443, sec. xv. exeuntis; olim Roberti Cotton, Brucei.

Liber Præcedentium ad curias ecclesiasticas spectantium, includens Appellationes, Citationes, Commissiones, Contestationes, Dimissiones, Exceptiones, Inhibitiones, Libellos, Mandata, Monitiones, Procuratoria, Provocationes, Replicationes, Sequestrationes, Testimoniales litteras, formasque ejusdem generis varias, indice alphabetico subjuncto.

Incipit ad fol. 8. cum registro de juribus, redditibus et pertinentiis ad archidiaconatum Colecestriæ spectantibus; incip. "Infrascripte sunt jura, jurisdictiones, redditus et pertinentiæ archidiaconatus Colecestriæ." In eodem registro habetur ordo installandi abbatem, et episcopum recipiendi ad visitationem suam.

Ad fol. 32 est modus prosequendi causas in curia Cantuariensis, utrum causa sit per viam appellacionis aut per viam querelæ.

Ad fol. 41 b, bulla Gregorii papæ pro denariis S. Petri colligendis; annexa summa totali £cxcix. xvis. viiid.

Ad fol. 71, "Epistola Salapis Machumeti, regis Turchorum, papæ, magno sacerdoti Romanorum."

Ad fol. 185 b, Mandatum archiepiscopi ad compellendum presbyteros stipendiarios jurare fidelitatem rectoribus juxta constitutionem provincialem, etc. subjunctis articulis duodecim juramentorum.

Inserta est ad fol. 294, tabula materiarum in constitutionibus provincialibus, incip. "*Abbas*, abbates et priores debent singulis annis mutare suos capellanos."

Sequuntur,

a. Roberti [Winchelsea] statuta Cantuar. f. 387. Incip. "Robertus, etc. Ad viam nostri regiminis;" ut apud Wilkins, tom. ii. p. 204.

b. Consuetudines non scriptæ in arcubus London. fol. 392 b. Incip. "Inprimis si pars appellans."

c. Johannis [Stratford], archiep. Cantuar. constitutiones ad curiæ Cantuar. ministros; dat. Lambeth. 3 kal. Aug. 1320. fol. 393 b. Incip. "Johannes, etc. Cum ad curiæ nostræ;" cf. ibid. ii. p. 681.

d. Simonis [Mepham] archiep. Cantuar. London. editæ an. 1328. fol. 406 b. Incip. "Zelari oportet;" ibid. ii. p. 552.

e. Edwardi regis responsiones ad gravamina clero a laicis illata; dat. Ebor. 24 Novemb. 10 Edw. III. (?) fol. 409. Incip. "Sciatis quod cum dudum."

f. Glossulæ super Bonifacii Sextum librum decretalium ex Jo. Andreæ confectæ. fol. 411. Incip. "*Bonifacius.* In hoc prohemio."

In calce sunt cartæ tres Adami Abbatis, S. Joh. de Colecestria et R[ogeri] episc. London. ad ecclesiam de Takeleye et Ardeleye, etc. spectantes, datt. 1237; et in fine "Omnia hec et multa alia concernentia ecclesiam de Ardeleye predicta in archivis divi Pauli London. sub sigillis, in scrinio U quinto reperiri et videri poterunt."

Subjuncta sunt indici,

a. Carta Joh. ep. Lincoln. ad ecclesiam præbendalem de Haydor, cum eccles. B. Margaretæ super collem Lincoln. spectans; dat. xv. kal. Januar. 1319.

b. Chartæ Galfridi S. Pauli eccl. decani, dat. 1237, et Thomæ abb. S. Joh. de Colecestr. dat. 1531, ad eccl. de Ardeleye spectantes.

c. Sententia contra Julianum Nerinum Florentinum, quod solvat Petro Ceretano summam 815 librarum, 9/s. et 1/d.; dat. 13 Aug.1540.

LV.

Codex membranaceus, in folio, ff. 568, sec. xiii. ineuntis, binis columinis bene exaratus; olim Gul. Offley, ex legatione Tho. Barlow, ep. Linc.; postea coll. Reg. ex dono ejusdem Gulielmi, eccl. Linc. canonici, 27 Apr. 1723.

Biblia Sacra, Psalterio excepto, Universa ex versione vulgata, prologis S. Hieronymi illustrata.

Ordo librorum est iste: Genesis—Esdras II., Neemias, Tobias, Judith, Hester, Maccabæorum libri II., Isaias, Jeremias, una cum Lamentationibus et Baruch, Ezekiel, Daniel, cujus libri pars secunda ex Theodotionis translatione dicitur, Prophetæ xii. minores, Job, Proverbia, Ecclesiasticus, Cantica Canticorum, Sapientia, Ecclesiastes; Evangelia quatuor; Actus Apostolorum, Epistolæ Canonicæ, Epistolæ Paulinæ, quibus succedit ista ad Laodicenos, et Apocalypsis.

Desiderantur S. Pauli epistolæ ad Timotheum secunda et ad Titum.

LVI. LVII.

Chartaceus, in volumina duo distinctus, in folio, quorum constat prior ff. 559, alter 542, sec. xvii.

A commentary or exposition upon the Epistle of S. Paul to the Colossians, by Luke Grushey, vicar of Thorley, in the Isle of Wight; begun by way of preaching at his own cure the Sunday, 25th day of May, 1651.

The first volume contains the exposition on the two first chapters, and the second, that on the two last chapters, with an appendix and a table of "certaine places of Scripture explicated."

At the end, "Ex musæo apud Thorley in Insula Vectis die Martis, 23 Sept. 1651, per me Lucam Grushey vicarium ibidem."

ἀρχὴν ἁπάντων καὶ τέλος ποιεῖ Θεόν.

LVIII.

Codex chartaceus, in folio, ff. 2 et 810, sec. xvii.

An exposition of the Decalogue or ten commandments as they are set downe by Moses Exod. 20, delivered in sundry lectures in ye parish church of Thorley, by Luke Grushey, vicar ibid. Begun Oct. 22, an. 1643; with an alphabetical index.

At the end, "Ex musæo, this Wednesday about 6 of ye clock in ye afternoone, the 14th day of May 1645, per me Lucam Grushey, pastorem ecclesiæ de Thorley, in Insula Vectis, being the first day of the 49th yeare of my age. Annusque magni mihi quidem periculi, misericorditer avertat, et in ejus vertet gloriam omnipotens, Amen, Amen, Amen."

On the fly leaf is noted, "Lent to Mr. John Warner, vicar of Christ Church, Heylin's cosmography, called μικροκοσμος, and Mr. Meade upon the Apocalypsis, called Clavis apolyptica, the 5 of April 1648, with promise to returne them after one moneth."

LIX.

Chartaceus, in folio, ff. 272, sec. xvii.

An exposition of the Catechism, briefly comprehending the doctrine of all the chiefest and most principal points of Christian religion, "Romesey, anno Domini, 1624, Octob. 19, per me Lucam Grushey."

At the end, "This exposition of the Creed, except the first part of the first article, which was the first fruits of my study in divinity and done many yeares before, viz. anno 1624, upon the occasion of catechysing, I began March the 14th, anno Domini 1640, and did finish it this 15th of September, 1642, Lucas Grushey, vel de Grucio, pastor ecclesiæ parochialis de Thorley in Insula Vectis."

There follow,

a. The order of the 12 articles compiled by the 12 apostles.

b. A double index to my lectures upon the Creed.

C

LX.

Codex chartaceus, in folio, ff. 94, sec. xvii.

The second volume of a private journal of the proceedings of the House of Commons, from Tuesday the 17th of April, 1621, to Tuesday the 29th of May inclusive, with an alphabetical index.

This volume is stamped B, and is intitled, "Colleccions of such things as I observed in the parliament house, after the cessacion att Easter, 1621."

At the end, "Wensday 30 Maii, 1621, vide plus libro C."

LXI.

Chartaceus, in folio, ff. 113 et 11, sec. xvii.

The third volume [marked C.] of the proceedings of the House of Commons, from Wednesday the 30th of May, to Wednesday the 19th day of December in the same year, with an alphabetical index annexed.

At the end is "the form of prayer used by the speaker in the house every morning after the clerk of the house of parliament hath finished the prayers he readeth in the book of Common Prayer."

Prefixed to the volume is a notice of a warrant granting the earl of Suffolk a market and mill, in the manor of Malden, co. Essex.

Reversing the volume is an analytical history of law terms, etc. intitled, "Descriptio Juris."

LXII.

Chartaceus, in folio, ff. 17 et 111, sec. xvii.

The first volume of the above-named journal, containing an account of the proceedings of the House of Commons, from the 30 of January, 1620, to the 26 of March of the same year.

At the end, "This was theffect of the busines done att the first sitting in parliament, which was adjourned a little before Easter."

There follows an account of the proceedings of a "Committee during the cessation att Easter, 1621," from Saturday the 7th to Tuesday the 16th of April.

Prefixed is an alphabetical index and the names of the burgesses summoned to the above parliament, with the places which they represented.

LXIII.

Codex chartaceus, in folio, ff. 37, sec. xvii.

Two essayes on divine subjects; viz. a. The causes of heresyes both antient and moderne. b. The method whereby wee may become true Christians, and avoyd both heresyes and schismes and hypocrisy in religion.

There were originally four more in the same vol. but cut out by J. F. apparently the author, as not 'belonging to the same subject.'

LXIV.

Chartaceus, in folio, ff. 120, sec. xvii. exeuntis et xviii.

Pharmacopœiæ Bateanæ editio altera, [*impressa* in 8vo. Lond. 1691,] interfoliata et additionibus MSS. Willelmi Musgrave, M.D. et practici Exoniensis, .aecnon et medici cujusdam recentioris, adaucta.

Præmittitur codici notitia sequens; "Lectori S. Hic liber erat quondam Wilhelmi Musgrave, M.D. et practici Exoniensis, quem quidem formulis quibusdam, vel suis vel ab se approbatis, augere cœpit A.D. 1698, æt. suæ 43. Hæ Musgravii literis majoribus exaratæ sunt; reliqua, manu incerti authoris scripta, addita sunt, vel quia iste expertus fuisset, vel eorum experientiam facere aliquando in animo habuisset. Hæc volui, nescius ne esses, Vale. A.D. 1741."

LXV.

Chartaceus, in folio, ff. 93, sec. xvii.

The formes of medicines prepared from animals which are distributed into classes by their specific tastes, with preface, by John Steyer.?

Pref. beg. "In Aristoteel's hystory of animals there are many usefull."

Prefixed is the note following, "I have made a small extract out of these for my use in a booke called the Practice of Physicke by tastes, but have not transcribed all usefull things. John Steyer [or Fleyer?] This is part of the dispensatory for a country physician, and containes the animall and minerall medicines."

LXVI.

Chartaceus, in folio, ff. 162, sec. xvii. exeuntis.

Valor ecclesiasticus, sive valor Rectoriarum Vicariarumque per Angliam et Walliam ordinatarum secundum comitatus decanatusque.

Hic illic adjecta sunt in margine nomina patronorum.

LXVII.

Codex chartaceus, in folio, ff. 288, sec. xvii. exeuntis.

Valoris ecclesiastici exemplar aliud, secundum decanatus per Angliam et Walliam, adjectis hi cillic patronorum nominibus.

Præmittitur tabula universalis totius Angliæ et Walliæ beneficiorum valoris annui.

Summa totalis est, " Beneficiorum 9406, valoris annui £113,270..14..1."

LXVIII.

Chartaceus, in 4to majori, ff. 31, sec. xvii. exeuntis.

Iter Hollandicum, or an account of a journey to some of the principal towns of Holland, in 1678, by William Nicolson, taberdar of Queen's college.

It is dedicated, " Honoratissimo D.D. Josepho Williamson, equiti aurato, archivorum regis custodi fidissimo, in supremis regni comitiis senatoris, etc. necnon Patrono suo e paucis optimo, exiguum hoc observantiæ suæ et gratitudinis non simulatæ τεκμήριον, quam potest humillime D. D. D. C. Q. clientum suorum minimus Guil. Nicolson, coll. Reg. Oxon. scholaris de taberda."

LXIX.

Chartaceus, in folio, ff. 10, sec. xvii.

Index auctorum alphabeticus, qui a Photio in Lexico citantur; *Græce.*

Incip. Ἀγαμέμνων ἐν Λυδίᾳ ἰδιόξενος.

LXX.

Membranaceus, in 4to, ff. 459 et 167, sec. xiv. ineuntis, binis columnis bene exaratus et servatus.

Biblia Sacra Universa, prologis S. Hieronymi, necnon quoad Maccabæorum libros Rabani Mauri, illustrata.

Tit. i. " Incipit epistola sancti Jeronimi

presbiteri ad Paulinum de omnibus divinæ historiæ libros."

In calce Test. Nov. sunt interpretationes Hebraicorum nominum a Remigio [Autissiodorensi] compositæ; quibus succedit, *manu secunda*, ordo legendi epistolas et Evangelia per anni circulum.

LXXI.

Codex chartaceus, in folio majori, ff. 65, sec. xvii ; olim Jos. Williamson, equitis aurati.

Book of pedigrees, comprising the following noble and other families; [in the handwriting of Nicholas Charles, Lancaster herald?] ;

St. John and Beauchamp; Tattershall; Lymsey; Hastings; Essex and Tyson; Athol; Essex; Stafford; Barkeley and Arundel; Segrave and Spencer; Scotorum reges; Shirley; Competitores regni Scotiæ; Fitzwilliam; Asteley; Mohun; Monte Caniso; comites Warwicenses; Beauchamp ' ex genealogia collecta Roberti Glover;' Nevill and Midleham; Curcy and Lisle; Herbert; Sutton; Cantelupe; Tregooze; Thevenge; Darcy; Manfeld and Furneaux; Albemarle; Seymour; de Plessettis; Sacy, Bassingburne and Coudry; Latymer; Lumley; Talbot; Bartie; Lucy; Stafford; Lovell; Carew; Bohun; Bouttetort; Bruis; Bardolph; Glanville and Grey; Pinson; Galloway; de Welles; Clare; Cooke of Giddy hall; de Quincy; St. Maur; de la Hay; Basset; Zouch; Colville; Gournay; Talboys; Kilpee; earls of Northumberland; de Olleyo, ' ex registro de Osney, prope Oxon ;' earl of Pembroke; Ferrers; Granethorp and Merley; Willoughby; Marmion; Meschines; Pelham; de Brewes; Boleyn; Harcourt; Berners; Howard; de la Pole; Brandon; Moules; Tankerville and Clinton; Lacy, Clavering, etc.; comites Sarum; Stanley; Strange and Talbot; Stafford; Nevill; Gray; Badlesmere; Morley; Lacon; Harley and Williley; de Brompton; Percy and Poynings; Beaumont; Stanley and Warren; Fiennis and Dacres; earls of Glocester; Daubeney; Brotherton; Stoner; Nigel, Handlo and St. Amand; Toll and Bilsdon; Spilman and Narborough; Charlton, Grey and Dudley; Scroope and St. John; Beke and Pessall; Bouchier and Barness; Carew, ' per Glover Somersett.'

At fol. 44 b. is an alphabetical index.

This, with the following numbers, forming a most valuable and important collection of heraldic MSS., written chiefly by heralds themselves, (as Glover, Brooke, and others,) or their clerks, appears originally to have belonged to sir Thomas Shirley, whose arms very frequently are on the bindings, whence they passed into the possession of sir Joseph Williamson, secretary of state, temp. Charles II., by whom they were given to Queen's College.

LXXII.

Codex chartaceus, in folio majori, ff. 6 et 174, sec. xvi. exeuntis; olim an. 1620 Ra. Brooke, 'Yorke heraulde.'

1. Index nominum alphabeticus. fol. 2*.
2. The booke of the visitacion of the citie and suburbes of London, taken by me Robert Cooke, alias Clarencieulx king of armes, of the sowthe, easte, and west partes of this realme of England, in anno Domini 1568, and in the tenthe yere of the reigne of oure sovereigne ladie quene Elizabethe. fol. 1.

The arms are neatly colored throughout.

3. Return of the property held by residents, strangers and companies in the different wards and parishes of London. fol. 143.

4. Nomina nobilium virorum tempore regis Henrici tertii et Edwardi primi. fol. 166.
5. Versus xiv. heroici de morte Philippi regis Castellæ A. D. 1506. fol. 174 b.

Incip.

"Dum petit Hesperias latissima regna Philippus."

6. The names of the knyghts, Inglysmen, of the relygyon of S. Johns beyng at Rhodes xxiii. H. 7, 4 die Augusti. fol. 172 b.

LXXIII.

Chartaceus, in folio majori, ff. 148, et 32, sec. xvi. et xvii. exeuntis

Robert Cook's Baronage; viz.

1. The five conquerors of England, with their arms colored. fol. 1.
2. The seven kings that reigned all at one time in England, with their arms colored. fol. 2.
3. The arms belonging unto England, with the cause of alterations thereof, from St. Edward unto the time of king Henry 5. fol. 4.
4. Names, titles and arms of the nobles of England living and created under the different kings of England from the Conqueror to Elizabeth. fol. 7.

The last peer is Gilbert lord Talbot, called by writ to parliament in 1588.

Between ff. 107 and 108 are inserted lists of the marshals, treasurers, chamberlains and stewards of England, "a conquestu in hunc diem, 1577."

5. Lists of the knights of the garter, with their arms, from the foundation of the order to king James inclusive. fol. 1*.

The last named is Ulricke duke of Alsatia; other arms, partly tricked in pencil, and partly colored, follow.

LXXIV.

Codex chartaceus, in folio majori, ff. 110, sec. xvii. ineuntis; [manu Will. Hervey, Clarencieux?]

1. Miscellaneous pedigrees, including the families of Flower, de Whitwell, co. Rutland, Brudenell and Blackett, Thorold, Brooke, Chaworth, Throckmorton, Wingfield, Englefield, Teringham, Tresham, Taylard, Deyncourt, Waldshaff, Blount, Catesby, Corbett, Griffin, Fitzwilliam, Boyville, Woodford, Bussy, Nevill, Markham, Clifton, Stanhope, Pakenham, Savage, Strangways, Trafford, Stafford, Salwey, Willoughby, Leighton, Ireland, Tyrwhitt, Tindale, Leek, Strelly, Constable, Staunton, Molyneux, Digby, Haddan, Caldwell, de la Pole, Corbet, Draper, Kendal, Ralegh, Wyndesore, Merlay, Stanley, Durward, Swynford, Barrey, Vere, Scales, Butler, Bendishe, Carew, Calthorpe, Beaumont, Pelham, Paston, Sheffeld, Berkeley, Waldegrave, Fiennes, Lisle, Rich, Surrey, Stourton, Burdett, Beauchamp; with a few others. p. 4.

2. Northamptoniensis comitatus iconismus, sive descriptio genealogica et heraldica, in qua declarantur stemmata et propagationes, insignia gentilitia, etc. ex archivis regiis, privatorum scriptis, sigillis, tumulis, vexillis et fenestris antiquis fidelissime excerptæ. p. 210.

Continet etiam excerpta quædam " ex chartis Edwardi Griffin de Braybroke, in com. Northampt. militis Balnei."

LXXV.

Codex chartaceus, in folio, ff. **55**, sec. xvi., exeuntis; olim Radulphi Brooke,'alias Rouge Croix.'

A book of the arms of the nobility and gentry of England, with some few coats of foreign princes, neatly tricked and arranged by sixteen in a page.

The descriptions are *in French.*

Beg. " Roy de Espagne porte quartelee de gules et de argent a deux chastelx dor et deux lions de purpull."

There is a full alphabetical index of names at the end.

LXXVI.

Chartaceus, in folio, ff. **8**, sec. xvii.

A few musical notes.

On the top of the last page is written, " La Candale mise par le St. L."

LXXVII.

Membranaceus, in folio, ff. **44**, sec. xvii.

The register of the treasurers of the military company, wherein are entered their annual accompts, from 1622 to 1639 inclusive ; " which booke was bought in anno 1632, for Joseph Symonds, being then treasurer."

They include the accompts of

1. Charles Kynaston. fol. 1.
2. William Cave. fol. 3 b.
3. George Prym and George Hulbert. fol. 8.
4. Henry Strugnell and Richard Marsh. fol. 10 b.
5. Duncan Manton. fol. 12 b.
6. Thomas Hart. fol. 14 b.
7. Joseph Symonds. fol. 17 b.
8. Joseph Woodgate. fol. 22 b.
9. Thomas Levingston. fol. 27.
10. Walter Burck. fol. 35.
11. Richard Warren. fol. 38 b.
12. William Smith, fol. 40 b.

LXXVIII.

Chartaceus, in folio, ff. **220**, sec. xvii. ineuntis.

Miscellaneous pedigrees of English families.

Prefixed is a table of some of the pedigrees, and also a very full index of names.

LXXIX.

Codex chartaceus, in folio, ff. **57**, sec. xvi. exeuntis ; olim Roberti Treswell, Bleumantle.

Book of visitation for the county of Wilts; containing the arms and notices of the families entitled to bear arms living in 1565.

" Wiltshire was visited, according to the MS. catalogue in the library, by William Harvey, Clarencieux."

LXXX.

Chartaceus, in folio, ff. **7** et **123**, sec. xvi. exeuntis ; manu eadem ac codex modo memoratus sub numero **78**.

Book of visitations for the county of Chester, containing pedigrees with the arms of the respective families ; " visited A.D. 1566 by Will. Flower, Norroy, and Robert Cooke, Chester." [MS. Cat.]

Prefixed is a full index of names.

On the cover occurs the name of ' Rychemonde Gowlde ;' perhaps the transcriber of the MS.

LXXXI.

Chartaceus, in folio, ff. **116**, sec. xvii. exeeuntis.

Arms of Irish and other noblemen and baronets neatly colored, with a pedigree occasionally but rarely inserted.

The names of the bearers are not affixed to the different coats.

LXXXII.

Chartaceus, in folio, ff. **4** et **39**, sec. xvii. ineuntis.

Visitation of the county of Berks, with arms in trick, and alphabetical index prefixed.

" Berkshire visited A.D. 1597, when James Fisher was maior of Abendon ;" MS. Cat.

LXXXIII.

Chartaceus, in folio, ff. **6** et **570**, sec. xvii.

A true coppie of a booke of armes, otherwise

called a booke of ordinaries, which was trickt
and written by the hands of the late worthie
gentleman Robert Glover, esq. Somerset herauld, but put into a more ample and plaine order and methode, and also inlarged by mee John
Withie.

Prefixed is a table for expedition to find oute
every thinge of speciall note; and at the end,
an 'alphabeticall callender readily to finde out
every particular name in his page.'

The shields are classed according to their
subjects. On the reverse of the first leaf are
painted the arms [of Bysshe?] or, a chevron
gu. between three roses of the 2nd.

LXXXIV.

Codex chartaceus, in folio, ff. 75, sec. xvii.

Titles of honour, as follow,

1. Case of lord Latimer, with pedigree. fol. 1.
2. The title of barons grown in England by the
   descent to the daughters and heirs thereof.
   fol. 4.
3. The names of divers persons taken out of an
   infinite number within other realms, which in
   right of their wives have enjoyed all manner
   of princely titles and styles. fol. 5.
4. The pedigrees of Hastings, Latimer. fol. 13 b.
5. Precedents in the cases of the baronies of Deyncourt, Latimer, Warwick, Barkeley, Oxford,
   Boxhall, Beaudesert, Kilpeck, Groby, de la
   Warre, Holgate, Greystock, Gittesland. f. 25.
6. Precedents on the part of my lady Bergavenny,
   Eresby, Dunster, Cobham, Fitzwarine, Furnival, Mulgrave, Audley, Morley, Fitzwater,
   Dacres. fol. 33.
7. The succession of the barons of Abergavenny.
   fol. 38.
8. Declaration how the state and dignity of a
   baron of this realm which Gregory lord Dacre,
   late deceased without issue, helde and enjoyed, is now in right descended unto Margaret,
   wife of Sampson Lennard, his sister and next
   heire. fol. 60 b.
9. Certain other precedents that the heirs females
   of barons have enjoyed the dignities of their
   ancestors, and their husbands in regard thereof have been summon'd to parliament. f. 66 b.
10. Case of the earl of Devonshire. fol. 67 b.
11. Reasons to prove that dignities of honours be
    descendable to females as well as males. f. 68.

12. Pedigree from John lord Hastings. fol. 71.
13. Descent of barons Willoughby d'Eresby. f. 73 b.

LXXXV.

Codex chartaceus, in folio, ff. 158, sec. xvii.;
manu forsan Thomæ Brudenell, domini de
Deane in com. Northampt., et Houghton
in com. Lincolne, 1616.

1. Collections relating principally to Lincolnshire families, the Bassetts, Deans and Bru-
   denells, with pedigrees illustrating the con-
   nexions of the latter family, as also the Ne-
   villes and others. fol. 1.

   They begin with a notice of the manor of
   Englefield, and the pedigree of the family
   of that name.

   Prefixed is a table of barons' and knights'
   fees according to the rates or valuation of
   the duchy of Lancaster, as also of the noblemen, knights and gentlemen in the county of Lincoln; 1617.

   At the end is an alphabetical index of
   names.

2. Miscellaneous pedigrees, with alphabetical in-
   dex of names affixed. fol. 59.
   Beg. with Baskerville and Fulshurst.
   Ends with 'Conquest.'

LXXXVI.

Chartaceus, in folio, ff. 264, sec. xvi. exeuntis; nitidissime scriptus.

Visitations of the county of York, [made as it
appears from fol. 43 b. by R. Glover, Somerset
herald], with the armorial bearings in trick.

It includes extracts from the Domesday Survey; as also,

1. Knights betwene Tyme [sic] and Tease in the
   tyme of king H. 3. at the battaile of Lewes,
   1265. fol. 238 b.
2. Nomina et arma illorum equitum de com. Ebor.
   qui cum Edwardo I. stipendia merebantur in
   Scotia et ibi. fol. 239.
3. Armes taken out of churches and houses in
   Yorkshire visitation, anno 1584. fol. 251.

   At the end, ' Heere endeth the gathering
   of the seconde yeares visitacion 1585.'

   On the fly leaf of the MS. catalogue is
   noted, ' Yorkshire visited 1584 and 1585, by

Rob. Glover, Somerset, for William Flower, Norroy."

LXXXVII.

Codex chartaceus, in folio, ff. 292, sec. xvii.

Book of knights, or a list of knights made in the several reigns from Henry the 7 to Elizabeth inclusive, with the dates and occasion of their creation, and arms of the greater number tricked, with a table prefixed and an alphabetical index appended.

Tit. i. " The names and armes of such as have been advanced to the honorable order of knighthoode in the tyme of the prudent and prosperous reigne of king Henry the Seventh."

Knights made at the landing of king Henrie the seaventh at Milforde Haven.

LXXXVIII.

Chartaceus, in folio, ff. 298, sec. xvii.

1. Nomina eorum, qui tenent feoda in comitatibus Angliæ variis, et de quibus ipsi tenent. fol. 1.

Præmittitur tabula comitatuum, inscripta, " Memorandum quod iste liber compositus fuit et compilatus de diversis inquisitionibus ex officio captis tempore regis Edwardi filii regis Henrici. Et sic contenta in eodem libro pro evidentiis habentur hic in Scaccario et non pro recordo."

2. Sigilla plura ex chartis delineata variis, hic illic annexis chartis ipsis sive excerptis. f. 121.

Charta prima est Isabellæ d'Albeneio concedens Henrico de Cestresham tenementum quoddam in Cotes.

Inter ff. 190 et 191 inserta sunt folia decem, quæ spectant proprie ad finem codicis et numerantur ff. 283–292.

3. Delineationes aliæ ejusdem momenti, cum chartis transcriptis ex collectione Roberti Glover, Somerset, etc., ad familias de Bello Campo, de Basset, de Nevill, aliasque spectantes. fol. 201.

4. Chartæ Edwardi Confessoris ex libro abbatiæ de Wigmore. fol. 229.

5. A copy of the epitaph of the high and mighty prince Thomas Howard, second duke of Norfolk, as it was described in a table which did hang up by his tomb in S. Mary's abbey church, Thetford, before the dissolution of that abbey. fol. 229 b.

6. Ex chartis abbatiæ de Dore, ad familias d'Evreux, de Marescallo, de Mortuomari, et de Bohun. fol. 237 b.

7. Ex chronicis prioratus de Lanthonia collecta, ad familiam de Bohun præcipue spectantia. fol. 243 b.

Incip. " Anno Domini 1066 Willihelmus, dictus Bastardus, dux Normannorum, venit in Angliam."

8. Ex libro abbatiæ de Tinterne in Wallia. fol. 250 b.

Incip. " Anno Domini 1066 obiit Sanctus Edwardus."

9. Historia monasterii de Parco Stanley. fol. 251 b.

Incip. " Tui peticioni, frater karissime, cum honesta sit admodum et utilis satisfacere volens."

Desin. " Petri de Gauseta, fundatoris domus de Newhowse, et Hugo de"———" Desunt nonnulla."

Sequitur, " Verus et perfectus numerus et ordo omnium abbatium istius loci ab inicio fundationis sibi invicem succedentium."

Incip. a Waltero de Sentony, et desin. in Ricardo Nottingham, abbas octavus decimus, cui succedunt chartarum transcriptiones ad eandem abbatiam pertinentium.

10. An abstract of the English register or lieger book of all the evidences of the abbey lands of Godstowe, where you may know both founder and benefactors. fol. 261.

Beg. " The cronacle of the howse and monastery of Godstow maketh mencion how that place was first founded by revelacion in this wise in Winchester."

11. Chartæ ad abbatiam B. Mariæ de Thama spectantes, cum prologo. fol. 275.

Incip. " Inter dona precipua."

Chartæ sunt præcipue Roberti Gait, et Thoraldi de Ottendune.

LXXXIX.

Codex chartaceus, in folio, ff. 147, sec. xvii.

The visitation of the county of Leicestershire taken by Sampson Leonard, alias Blewmantle, and Augustine Vincent alias Rude Rose, pursuivants of armes, in anno Domini 1619; with the arms in trick.

An alphabetical index of names is annexed.

XC.

Codex chartaceus, in folio, ff. 151, sec. xvii. ineuntis.

The visitation of the county of Norfolk, with the arms in trick.

Sir J. Williamson has added ' temp. Reg. Eliz. G. Clarencieux.'

" Norfolk was visited A. D. 1563 by William Hervey, Clarencieux ; but this was made when John Kyme was maior of King's Lynne." [MS. Cat.]

XCI.

Chartaceus, in folio, ff. 88, sec. xvii. ineuntis.

The visitation of the county of Derby, 1611, with arms in trick ; " visited A. D. 1611 by Richard St. George, Norroy, who had in his company Nicholas Charles, Lancaster, and Henry St. George, Rouge Rose." [MS. Cat.]

At the end are, (a) A note of the arms of certain gentlemen in com. Derby and Nottingham, A. D. 1569. (b.) Hundreds in Derbyshire. (c.) Index of names.

XCII.

Chartaceus, in folio, ff. 120, sec. xvii. ineuntis.

The visitation of the county of Lincoln, with the arms in trick, and an alphabetical index of names annexed ; " visited 1562 by Robert Cooke, Chester, marshal and deputie to William Hervey, Clarencieux."

XCIII.

Chartaceus, in folio, ff. 10 et 85, sec. xvii.

The visitation of the county of Cambridge by Henry St. George, Richmond herald, in 1629, marshal and deputy to William Camden, Clarencieux, with arms in trick and index annexed.

Prefixed are,

1. Names of the justices of the peace in the county, 1619. fol. 1*.
2. Names and arms of the same in 1601. fol. 2*.
3. List of sheriffs for the counties of Cambridge and Huntingdon ; from H. II. to 17 James I. fol. 6*.

XCIV.

Codex chartaceus, in folio, ff. 94, sec. xvii.

The visitation of the county of Huntingdon taken apparently (see fol. 80) by Jo. Philipott, Somersett herald, with additions made by a later hand ; with arms in trick and index.

" Huntingdonshire was visited A. D. 1613 by Nicholas Charles Lancaster, marshal and deputy to William Camden, Clarencieux ;" [MS. Cat.]

1. Ex chartis Roberti Bevill de Sawtrey. fol. 2 b.
2. Ex antiquo registro prioratus de Barnewell juxta Cantabrigiam. fol. 19 b.
3. Ex chartis et evidentiis Thomæ Brudenell.
4. Commission to William Camden, Clarencieux king of arms, for his visitation. fol. 63.
5. Clarencieux deputation to Nicholas Charles, Lancaster herald. fol. 65.
6. Proclamation for the disclaymyng of such as have usurped the title of gentlemen. fol. 67 b.
7. Arms taken out of Kimbolton castle in the hall and gallery. fol. 80 b.

XCV.

Chartaceus, in folio, ff. 147, sec. xvii.

The visitation of Essex made A. D. 1612 by John Raven, Richmond herald of armes, by vertue of a deputation from the learned Camden, Clarenceulx king of arms ; with arms in trick, and index by another hand.

XCVI.

Chartaceus, in folio, ff. 55, sec. xvii.

The visitation of the county of Hertford, with arms in trick, and index annexed.

XCVII.

Chartaceus, in folio, ff. 90, sec. xvii. ineuntis.

Miscellaneous pedigrees of families, residents in the counties of Northumberland, Nottingham, Derby, and Durham, apparently by William Dethick, York herald, [see p. 143.]

At p. 56 is a charter of Alanus Niger "taken out of the antique wrytings of the late dissolved monasterie of S. Maries near the cittie of York."

In the MS. Cat. it is noticed that Northumberland and Durham bishopric were visited A. D. 1575 by William Flower, Norroy, and

in his company Robert Glover Portcullis;
and Nottinghamshire and Derbyshire in 1569
by the same.

XCVIII.

Codex chartaceus, in folio, ff. **26**, sec. xvii.
ineuntis.

Arms of Gloucestershire families blazoned, arranged according to the subjects of the different coats.

Beg. " Quarterly; Tho. de Woodstock, 5 fil. Ed. 3. France semy floore and Engl. ———.''

XCIX.

Chartaceus, in folio, ff. **241**, sec. xvii.

Visitation of the county of Kent, with arms in trick and alphabetical index; 1619.

" Kent was visited 1619 and 1624 by John Philpot, Rouge Croix, marshal and deputy to William Camden, Clarencieux." MS. Cat.

C.

Chartaceus, in folio, ff. **82**, sec. xvi. exeuntis.

Visitation of the county of Lancaster, with arms tricked, and index, but in a different hand and inscrib'd, 'The table to Lancashire visitation taken 1567.'

" Lancashire was visited 1567 by William Flower, Norroy, and in his company Robert Glover." MS. Cat.

CI.

Chartaceus, in folio, ff. **135**, sec. xvii.

Visitation of the county of Kent from that made in 1574, as appears from the attestation to the arms of the chief towns prefixed to the volume.

The arms are in trick, and there is an alphabetical index of names affixed.

" Kent was visited 1574 by Robert Cooke, Clarencieux." MS. Cat.

CII.

Chartaceus, in folio, ff. **17**, sec. xvii.

The descendants of sir James Harrington, late of Exton in the county of Rutland, knight, and of his ladie Lucie, daughter of sir William Sydney, knight, of whom have been and are descended, and neare allied to their descendants, 3 dukes, 3 marquesses, 38 earls, 7 counts, 26 viscounts, 37 barons, besides a great number of honorable esquires and ladyes, knights baronetts, knights of the bath, knights bachellers, esquires and gentlemen, collected and composed by John Tilston, gent., anno 1670.

The arms are neatly colored.

CIII.

Codex chartaceus, in folio, ff. **5**, sec. xvii.

A few pedigrees, viz. of Lacy, the earls of Leicester, earls of Pembroke, Basset of Drayton, earls of Warwick and Arderne.

CIV.

Chartaceus, in folio, ff. **75**, sec. xvii.

1. Recordatio casus ex memorandis Scaccarii, 12 Eliz. termino Paschæ, rotulo xlviii. inter Willelmum Mathews et Edmundum Foster, ut videtur, ex una parte et Thomæ Lovett et Johannem Shirley, hæredem ejusdem Thomæ, ex altera parte, ad manerium de Bottlesbridge, in com. Hunt. spectantis. fol. 1.

2. Ex memorandis Scaccarii, 35 Eliz. inter recorda de term. S. Hillarii rotulo xliii. ad manerium idem de Bottlesbridge spectantibus. fol. 28.

3. Ex recordis regis Caroli in Thesauro receptis Scaccarii sui sub custodia dom. Thesaurarii et Camerarii ibidem remanentibus, videlicet, Fines de comitatu Nott. de tempore Henrici tertii, de annis ejusdem regni 27, 30—33, 36, 42, 46, 47, 53, 55, 56, exhibentibus finalem concordiam inter Simonem de Shyrelee, et Sarram uxorem, aliosque ex una parte, et Oliverum de Foun, de duabus partibus terræ in Holington. fol. 52.

4. Coats of arms of different baronets, with miscellaneous notes of the Shirley and other families. fol. 56.

Towards the end are pedigrees shewing the titles that France and Spain pretend to the kingdoms of Naples and Sicily and the duchy of Milan; succeeding which are tables of the ancestors of the earls of Pembroke and Montgomery.

CV.

Chartaceus, in folio, ff. **58**, sec. xvii.

The claim and title of the right honorable lady

D

the lady Anne Clifford to the baronies of Clifford, Westmorland and Vesey.

It includes pedigrees, allegations of the usual custom of descent through the females, with examples and precedents, brief notes of grants of lands and offices made by sundry kings to the Cliffords, abstracts of offices and inquisitions found in the Tower after the Cliffords' death, grants of the manor and castle of Skipton in Craven to the same family, summonses to parliament, etc.

CVI.

Codex chartaceus, in folio, ff. **156**, sec. xvi. exeuntis; manu Roberti Glover.

The visitation of Staffordshire made by R. Glover, alias Somerset herald, mareschall to W. Flower, alias Norroy king of armes, anno Domini 1583.

"This is Mr. Glover's book written by him at that visitation; and gives the original hands of those gentlemen from whom he received the information touching their respective descents." Cat. MS.

Prefixed is an alphabetical table of families. It includes also tables of tenures and inquisitions; and at fol. 128, " Nomina nobilium de comitatu Stafford, 1583."

At the beginning and end of the volume the binder has inserted two fragments of a Latin history of the Jews, apparently from Josephus, and one of a French romance.

CVII.

Chartaceus, in folio, ff. **61**, sec. xvii.

The names of all such as have been advanced to the honorable order of knighthood in the reign of the godlie, prudent and prosperous king James, from 1603 to 1624 inclusive.

CVIII.

Chartaceus, in folio, ff. **144**, sec. xvii.

Visitation of Northamptonshire, an. 1617, with the arms in trick, and an alphabetical index annexed.

CIX.

Chartaceus, in folio, ff. **23**, sec. xvii.

A catholog shewing what kings of arms were in former ages and now out of use in this realme,

as also discribing in maner of a descent, how the kings, heraults and pursevants of armes have from auntient tyme succeeded one another : which worke is contrived into severall tables for every kings raigne, one beginning with Henry the fift, shewing first when he entred, how long he raigned, and how many officers he created ; which tables are devided into three heads or coloms, the lowest conteineth all the pursevants names, how they were first admitted extraordinary and secondly to be in ordinary; from whence you are directed by a line unto the second colom or midle range which sheweth how they were prefered from pursevants to be heraults ; from whence also by the same line unto the highest colome you shall finde who where advanced to be kings of arms and how sometimes they removed from one kings place to another; all which are continued to this present yeare, 1629. With arms in trick.

CX.

Codex chartaceus, in folio, ff. **183**, sec. xvi. exeuntis, manu R. G[lover] Somerset; olim J. P[hilipot] Blanch Lion, R. Brooke, York herald, **1620**, et denique Thomæ Shirley.

A catalogue of arms, in blazon, in alphabetical order, with the names of places and counties, by Robert Glover, Somerset Herald.

Prefixed are tables of arms of emperors, kings and kingdoms, saints, princes, dukes, and contes anciennes.

CXI.

Chartaceus, in folio, ff. **181**, sec. xvi. exeuntis, manu eadem scriptus.

The visitacion of Staffordshire made by Robert Glover, alias Somersett herald, mareschall to William Flower, alias Norroy kinge of armes, anno Domini 1583; with arms in trick and index by a different hand annexed.

CXII.

Chartaceus, in folio, ff. **80**, sec. xvi. exeuntis, manu eadem scriptus.

Visitation of Northamptonshire, with arms in trick and index prefixed.

In the old catalogue, " This book of Northamptonshire pedegrees is written and trick'd by Robert Glover, Somerset herald, who dyed anno 1588."

CXIII.

Codex chartaceus, in folio, ff. **3** et **50**, sec. xv.; olim peculium E. Watson.

The names and creations of the noblemen in England from the tyme of William Conqueror untill the yere of our Lord God 1592, with their severall armes written and drawn by John Eayre; with an index prefixed.

The arms are rudely painted within printed escutcheons from Cooke's Baronage.

CXIV.

Chartaceus, in folio, ff. **46**, sec. xvi. exeuntis; manu R. Glover nitide scriptus.

Visitation of Bedfordshire, written and trick'd by Robert Glover, Somerset, with an alphabetical table of pedigrees prefixed.

CXV.

Chartaceus, in folio, ff. **178**, sec. xvi. exeuntis, manu ejusdem Roberti.

Visitation of Norfolk, copied ' by Robert Glover, when John Kyme was maior of King's Lynne.'

CXVI.

Chartaceus, in folio, ff. **240**, sec. xvii.

Visitation of Surrey, 1623; " Surrey was visited A.D. 1623 by Samuel Thompson, Windsor, and Augustine Vincent, Rouge Croix, marshalls deputies to William Camden, Clarencieux." MS. Cat.

CXVII.

Chartaceus, in folio, ff. **134**, sec. xvi. exeuntis.

1. Visitation of Nottinghamshire, or collections from the visitation of that county, including a few notes of arms in churches, and extracts from Rolls, with arms tricked and index. fol. 1.

2. Collections from the visitation of Shropshire, with arms tricked and index. fol. 80.

CXVIII.

Chartaceus, in folio, ff. **407**, sec. xvii.; olim Jo. Williamson, ex dono M. Torriani.

Arms of Venetian families, with their origin, or name of place whence they came to Venice;

with arms colored, and divided into two parts, each of them alphabetically arranged.

Prefixed is a preface intitled, ' Vera Origine della cita de Venetia.'

Beg. " Secondo che si trova scritto nelle istorie antiche che Tito Livio, Plinio, Cattone."

At fol. 40 is an alphabetical index to the second part.

CXIX.

Codex chartaceus, in folio, ff. **25**, sec. xvii.

List of baronets in the order of their creation from 1611 to 1631 inclusive, with their armorial bearings; arranged six in a page.

CXX.

Chartaceus, in folio, ff. **41**, sec. xvii.; olim Roberti Haward le Lecester.

The names and arms of the earls of England in the time of Edward the First, bannerets, continued to sir Matthew de Redman and sir Roger Maudat, [temp. Hen. VI.]

There is an alphabetical index of names at the end.

CXXI.

Chartaceus, in folio, ff. **294**, sec. xvii.

1. A dissertation with Dr. Heylin, whether the Eucharist be a sacrifice properly so called, and according to the doctrine and practice of the church of England, now in force, in eight chapters, [by George Hakewill.] p. 1.

2. The king's letter to George Abbot, archbishop of Canterbury, about preachers, together with the archbishop's order upon it; dat. Croydon, 12 Aug. 1622. p. 31.

3. Encyclical letter from the pope to his nuncio in England; without date. p. 33.

4. Upon occasion of a proclamation such as held by grand serjeanty, escuage or knights service, to do their services against the Scotts, 1640. p. 33.

5. Letter of Edward Saunder, Trin. coll. Oxon., bequeathing his library to that college; dat. 18 Aug. 1640. p. 34.

At the end is a note signed by his executors testifying that Mr. Richard Randes had indited and intended to present the same letter " to your learned society, whereunto through weakness he could not subscribe."

6. Treatise concerning heresy and schism. p. 37.

7. Animadversions upon heresy and schismes by D. P. p. 45.

8. Urbani papæ VIII. epistola ad Tobiam Matthew, soc. Jes. sacerdotem; dat. Rom. prid. id. Mai. p. 50.

9. Walter Mountague's letter to his father, with the earl of Manchester's answer touching the visibility of the church, and the scriptures' sufficiency, etc. dat. Paris. 10 Nov. 1635. p. 53.

10. An inducement to believe praying for the dead. p. 77.

11. Pope Innocent's [IX.?] pardon to them that bear Christ's three nails and worshippeth them; on vellum. p. 83.

12. A discourse concerning the excellency of divine knowledge, by way of a letter from sir William Borlace to Doctor Pilkington; dat. Sept. 1624. p. 87.

13. Whether it be better to suppress popish practices by the strict execution of laws touching Jesuits and seminary priests, or to restrain them to close prison during life, if no reformation follow; dat. 11 Aug. 1613. p. 137.

On the margin, "Ex MS. Bodl. Archiv." Printed amongst sir Robert Cotton's Posthuma.

14. An oration or sermon of pope Sextus the Fifth of the murther and death of Henry the Third the French king, made at Rome in the consistory of fathers the 11th of September in the year 1589; "ex MS. Bod. Bib. Archiv." p. 153.

15. A short discourse of the exempting timber trees of twenty years age or growth from being tithable, How doubtful it is to be right especially before God; by Will. Parsons. p. 159.

16. Of Robert Devereux earl of Essex, and George Villiers, duke of Buckingham, some observations by way of parallel in the time of their estates of favour, 1634, by sir Henry Wotton, provost of Eton. p. 173.

17. Sir Robert Cotton's opinion concerning the diminution of Coyn, 1627. p. 183.

18. The whole discourse of the duke of Norfolk, arraigned the 16 day of January 1571. p. 187.

19. A true relation of what passed at the death and execution of Mary queen of Scots, in a letter to W. Cecil, lord Burleigh, by R. W.; dat. 11 Feb. 1588. p. 202.

20. A letter to the master of Gray on the same subject. p. 210.

21. The examination of Mary, queen of Scots, lying at the castle of Fotheringhay, by the lords of the privy council and commissioners. p. 214.

22. The arraignment of Philip Howard, earl of Arundell, 1589. p. 220.

23. The arraignment, conviction and condemnation of Robert, earl of Essex, and Henry, earl of Southampton, 29 Feb. 1600, before the lord treasurer Buckhurst. p. 228.

24. The execution of the earl of Essex, 25 Feb. 1600. p. 253.

25. The execution of sir Guelly Merrick and Mr. Cuffe at Tyburn, 8 March 1600. p. 256.

26. The order of the funeral of queen Elizabeth, 28 April 1603. p. 259.

27. The case of Donald, lord Ray, against David Ramsay, with the answer, replication, and rejoinder; 28 Nov. 1631. pp. 272—275, 281.

28. The way of duelling before the king. p. 276.

29. Attestation to the birth of a child of monstrous shape, born in Cat Street, Oxford, 11 Nov. 1633, by Edw. Lapworth, M. D. p. 301.

30. The manner and order of solemnity at the election of the king of the Romans, at Ratisbon, 1636. p. 302.

31. The remonstrance of grievances delivered to his majesty by the house of commons, 17 Jun. 1628. p. 308.

32. A calendar of the ships of this kingdom taken by the enemy, and lost at sea, within the space of three years. p. 314.

33. The king's speech, the 26 June 1628. p. 315.

34. The information of sir Robert Heath, knight, attorney general, against sir John Elliott and others, in Star Chamber, also the demurrer of John Selden, one of the defendants, to the said information, 1629. p. 320.

35. The information of sir Robert Heath against Francis earl of Bedford, and others, for publishing a libel, with the answer, 1629. p. 344.

36. Relation of fire and lightning seen in S. Anthony's church, Cornwall, at the receiving of the communion, 24 May 1640. p. 356.

37. Acta synodi, 1640. ut Wilkins. iv. 538. p. 360.

38. Queries propounded to some of the clergymen on the oath of allegiance. p. 360.

39. The heads of grievances to be concluded of

with the lords of the upper house of Parliament. p. 362.

40. Apocalypsis Goliæ episcopi metrica; [auctore Waltero Mapes.] p. 363.

41. A brief consideration touching the union of the two kingdoms, by sir John Doddridge, 1604. p. 370.

42. Forms of answering interrogatories. p. 380.

43. Letter from Thomas Alured to the marquis of Buckingham. p. 384.

44. On the true greatness of kingdoms and states, by lord Bacon. p. 390.

45. The king's speech, 19 Feb. 1623. p. 394.

46. Letter from Achmet, the great Mogul of the Eastern India, unto his majesty of Great Britain [James I.] p. 396.

47. Gregorii papæ XV. epistola ad fratrem episcopum Coachen, Hispaniarum inquisitorem generalem, de adventu Caroli, principis Walliæ, in Hispaniam; dat. Rom. 19 Apr. 1623. p. 400.

48. Protest of William Jones against Richard Montague's election to the see of [Chichester.] p. 404.

49. Mr. Rouse's speech in parliament 26 Jun. 1628. p. 406.

50. Articles enquired of by Robert [Wright] bishop of Coventry, at his primary visitation, 7 Sept. 1636. p. 408.

51. A satire beg. 'False on his Deanry.' p. 420.

52. Epitaphium in Georg. Villiers, ducem Buckinghamensem. p. 422.

53. Briani Duppa sententia Gulielmum Prynne exuens ex gradu ejus Academico. p. 424.

54. A short view of Henry the Third's reign, by sir Robert Cotton. p. 426.

55. The parley at Essex house between the earls of Essex and Southampton and sir Robert Sydney, sent from the lord admiral, then lord general of H. M. forces. p. 440.

56. Two letters from the earl of Essex to the queen. p. 444.

57. From Anthony Bacon to the earl of Essex, with the earl's answer. p. 447.

58. The earl of Essex device on the queen day before he was to run at tilt, 17 Nov. 30 Eliz. p. 450.

59. The great Turk's oath to Bethlem Gabor, prince of Transylvania, dat. Constant. 3 Jun. 1620. p. 458.

60. Advertisement sent to sir Edward Cooke, 1617, by lord Bacon. p. 480.

61. Discourse of Mr. St. John that this kind of benevolence demanded is against law, reason and religion. p. 466.

62. The king's [James I.] letter to the university for glebe and tythes in parsonages impropriate to be leased to the vicars and other incumbents. p. 468.

63. The queen's speech, 30 Nov. 1602. p. 474.

64. The general causes of the discords, etc. in the Scotch commonwealth. p. 482.

65. The baron de Donati, ambassador from the prince palatine of Bohemia, to the earl of Salisbury, dat. July 1620. p. 488.

66. Letters of challenge between the earl of Southampton and the lord Gray. p. 490.

67. Letters of challenge between sir Edward Sackville and the lord Bruce, 1614. p. 493.

68. Lord Norris' letter to the king after he had slain one of the lord Willoughby's servants at the bath, 1615. p. 494.

69. Paul Tomson's letter to the king from Cambridge castle, with Mr. Butler's comment. p. 495.

70. Two letters from the great Mogul to the king, sent by sir Thomas Roe, 1619. pp. 496, 498.

71. Letter of Rob. Carre, E. of Somerset, to sir Thomas Overbury's father. p. 497.

72. Six letters of sir W. Raleigh, as follow,
 a. To sir R. Carr, 1610. p. 499.
 b. To the king before his trial at Winchester. p. 500.
 c. To his wife after his condemnation. p. 501.
 d. Two letters to secretary Winwood and one to the king after the Guiana voyage, 1618. p. 503.

73. Account of sir W. Raleigh's arraignment and imprisonment. p. 511.

74. Secretary Cuff's letter to a friend describing the taking of Cales. p. 532.

75. Speeches of the council in the star chamber, Mich. Term. 1599, against the earl marshal of England and libellers. p. 542.

76. The opinion of sir Robert Mansell of sir John Hawkins and sir F. Drake. p. 550.

77. Abstract of speeches in parliament by the chancellor of the exchequer and Dr. Turner. M.D. p. 553.

78. The lord keeper's and the king's speech. p. 553.
79. The petition of John Digby, earl of Bristol. p. 557.
80. Articles of the earl of Bristol, whereby he chargeth the duke of Buckingham, 1 May, 1626. p. 558.
81. Reasons why the lords should not give way to proceedings by way of indictment against the same earl. p. 562.
82. The king's letter to the speaker [sir H. Finch?] p. 564.
    Annexed is the address of the peers to the king on the dissolution of parliament, dat. 15 June, 1626.
83. Address of the king and duke of Buckingham to the university of Cambridge upon the election of the latter as chancellor. p. 567.
84. The charges or bill exhibited in the lower house of parliament against the duke of Buckingham. p. 568.

CXXII.

Codex chartaceus, in folio, ff. 2 et 57, sec. xvii.

A booke of orders, warrants, letters, etc. of the king and earl marshal concerning divers ceremonies; scil.

1. Grant of arms to John Brugge, de Dymock, co. Gloucestr. *Fr.* fol. 1*.
2. Letters of dispensation to sir Wm. Garter, for not entering his name in the college of arms; also to a nobleman, to receive the honour of knighthood at the king's hand. fol. 1.
3. Letter to the countess of Buckingham, summoning her attendance at Dover to receive the queen elect; dat. 27 April, 1625. fol. 1 b.
4. Warrant for letters missive with forms to the nobility to give attendance at the coronation of Charles I. fol. 1 b.
5. Other letters of form to and from the office of earl marshall, directing attendance at the king's coronation, the tilt, etc.; amongst which,
   a. Copy of the king's commission for the examining the statutes of the Garter, 26 Apr. 1618. fol. 2 b.
   b. A brief of two proclamations and his majesty's edicts against duels, 4 Feb. 1613. fol. 4.
   c. Letter from the earl marshall " to nominate John Cotes for one of your burgesses." fol. 11.
   d. Warrant for creating sir Richard St. George, Clarencieux, and Mr. Boroughs, Norroy, kings at arms. fol. 12 b.
   e. King's (James I.) warrant for creating Philipot, Somerset, and Thompson, Rouge Dragon. fol. 13 b.
   f. The king's letter for the lady Dormer's place. fol. 14.
   g. The king's letter for John Van Hesse his gentry, Feb. 1621. fol. 14 b.
   h. Sir W. le Neve's patents to be made Clarencieux. fol. 16 b.
   i. Letter to the earls of Chesterfield about the precedency of countesses, women and baronet's daughters. fol. 17.
   k. Nobility of Ireland, being Englishmen and residents in England. fol. 18.
   l. Copies of the earl of Clare and earl of Bristol's paper concerning foreign honours. fol. 19 b.
   m. The lord marshal's testimony for Mr. Neve, York herald, to go with sir Thomas Edwards into France, touching the conclusion of the peace, 18 Jun. 1629. fol. 20.
   n. Papers concerning the earls marshall. fol. 20 b.
   o. Mourning for the heralds and their men at the funeral of James I. fol. 22 b.
   p. Form of the coronation of Charles I. taken by Mr. Bradshaw, herald at arms. fol. 23.
   q. Copy of the original order for wearing the ensign of St. George, within a garter. fol. 26.
   r. Power of the provincial kings of arms in their visitations. fol. 27 b.
   s. Robes given at the coronation of Hen. VIII. fol. 28 b.
   t. Copy of a petition to the parliament against baronets. fol. 30.
   u. New years' gifts to heralds, temp. Hen. VI. fol. 32.
   v. Heralds' duties at courts at the five feasts of the year. fol. 32.
   w. Manner of the queen's proceeding to coronation, for her person. fol. 33.
   x. Allowances at the funeral of queen Elizabeth. fol. 34.
   y. Kings heralds and pursuivants at arms for allowance of black at the funeral. fol. 36.

z. Order of settling fees of Irish nobility to officers of England. fol. 36 b.

aa. Instructions for Mr. Preston, portcullis pursuivant of arms, now sent by his majesty into the realm of Ireland for the publication of the happy tidings of the prince's birth, 5 May, 1625. fol. 37 b.

bb. Draught of a warrant for fees of the court of marshal, and other papers relating to the same office. fol. 38 b.

cc. Concerning the ancestors and descents of the right honourable Thomas, earl of Arundel, and the lady Alathea his wife in Ireland. fol. 39.

dd. My lords' deputation of the marshalship to the earl of Pembroke; dat. 12 Jun. 1624. fol. 40 b.

ee. Records concerning the office of earl marshal. fol. 42.

ff. Form of a court marshal held in the painted chamber at Westminster, by Thomas earl of Arundel, 1625. fol. 46 b.

gg. A court of chivalry held in the painted chamber, 24 Nov. 1623. fol. 48.

hh. Papers relating to the precedence of the vicar general. fol. 50 b.

ii. Order for knights' fees in the court of requests. fol. 55.

kk. Letters of free passage to col. Christopher Sidney, by Charles II.; dat. Brussels, 31 May, 1658. *Lat.* fol. 57 b.

CXXIII.

Codex chartaceus, in folio, ff. 19, sec. xvi. exeuntis; olim Ricardi Kymbe.

A "trewe coppey of a roll of knights banneretts and other knights maid in king Henry the seventhe tyme taken by the originall roll, which was in collares wrought uppon veallom in his owne tyme;" with arms in trick and index annexed.

CXXIV.

Chartaceus, in folio, ff. 75, sec. xvi. exeuntis.

A treatise concerning the nobility, according to the laws of England; by M. B.

Beg. "As a mans bodie for the preservacion of the whole divers functions and offices of men."

End. "though not as a lawe. Finis. M. B."

CXXV.

Codex chartaceus, in folio, ff. 98, sec. xvii.

Visitation of Buckinghamshire, with arms in trick.

"Buckinghamshire was visited A. D. 1634, by John Philipot, Somerset, and William Ryley, Blew Mantell, for sir Richard St. George, Clarencieux, and sir John Borough, Norroy, who then visited jointly in each other's province." MS. Cat.

CXXVI.

Chartaceus, in folio, ff. 35, sec. xvii., olim Willelmi Bybey, 1647.

1. The visitation of the county palatine of Durham, taken by William Flower, esquire, otherwise called Norroy king of arms, etc., and in his company Robert Glover, alias Portcullis, in the year of our Lord 1575. fol. 2.

2. The visitation of the county of Northumberland, taken by the same in the same year. fol. 26.

At the end is an alphabetical index of names.

CXXVII.

Chartaceus, in folio, ff. 33, sec. xvii.

Excerpta, sive notitiæ de ordine militari suscipiendo aliisque ejusdem momenti, quæ in rotulis patentibus clausisque inveniendæ sint a temp. H. III. ad H. VI. inclusive.

At fol. 28 is an extract from the parliament roll 29 Edw. III., intitled, "Les grevances de la commune Dengleterre."

CXXVIII.

Chartaceus, in folio, ff. 3 et 68, sec. xvii.; olim Jos. Williamson, "bought of the daughter of Henry Lilley, rouge dragon."

The visitation of the county palatine of Durham, taken by Richard St. George, Norroy king of arms, etc. and in his company Henry St. George Blewmantle, anno Domini 1615.

Prefixed is a note of all such persons as were disclaimed in the tyme of his visitation, 1615.

The arms are in trick, and there is an index at the end.

CXXIX.

Codex chartaceus, in folio, ff. 2 et 63, sec. xvii.

Visitation of Oxfordshire by Jo. Philipot, Somerset herald, and William Ryley Blewmantle, marshals and deputies to Garter and Clarencieux kings of arms, August 1634.

Prefixed is an alphabetical index.

CXXX.

Chartaceus, in folio, ff. 2 et 154, sec. xvii.

1. Transcripts of state and other papers, as enumerated above in MS. CXXI. artt. 54—84. pp. 1 et passim.

   Besides are,

2. Sir Henry Mountague's speech to the lord chancellor, when he was made lord chief justice of England. p. 75.
3. A speech made to the king [James I.] at his entrance into London. p. 84.
4. The entertainment of the late queen at the lord keeper's. p. 86.
5. The submission of the attorney general, sir Henry Yelverton, delivered by himself at the Star chamber. p. 102.
6. Mr. Thos. Alured's letter to the marquis of Buckingham. p. 105.
7. Letter from Mr. Wake, ambassador for the king in Savoy, concerning the companies that did come from Naples for Fardinando, 1620. p. 120.
8. The form of sir Thomas Lake his submission before the lord chief justice in the Star chamber. p. 122.
9. Convivium Hibernicum. p. 161.

   Incip. "O Deus bone, quid ego in me suscepi? Sane ego asinus."

CXXXI.

Chartaceus, in folio, ff. 129, sec. xvi. exeuntis.

Pedigrees of families extracted from visitations of Sussex, Surrey, Hants, Somerset, Leicester and Yorkshire; with arms in trick and alphabetical index annexed.

Prefixed are a few notices relating to the pedigree of the Shirley family.

CXXXII.

Chartaceus. in folio, ff. 126, sec. xvi. exeuntis,

anno 1598 peculium Roberti Treswell, Somersett.

Visitations of the county of Oxford, with notices of Buckinghamshire families intermixed, partly collected in 1575, partly in 1597, with index.

"Buckinghamshire was visited in 1574 and 1575 by Robert Lee, Portcullis, marshal and deputy to Robert Cooke, Clarencieux. Oxfordshire was also visited by him about the same time. In this book the pedigrees of these counties are jumbled together." MS. Cat.

CXXXIII.

Codex chartaceus, in folio, ff. 111, sec. xvii.

Cooke's baronage, or a list of the nobles of England, from William the Conqueror to Charles I., with their arms in color; arranged chronologically.

Prefixed is a 'note of the names of the five conquerors of this famous iland called Englande.'

CXXXIV.

Membranaceus, in folio, ff. 20, sec. xv. exeuntis; olim Jos. Williamson, ex dono Tho. Barlow, præpos. Regin. postea episc. Lincoln.

Orders for the king's household set forth in the month of June 1478, with preface.

Pref. beg. "In the moneth of Juyn the yere of oure Lord m.cccc.lxxviij. we Edward," etc.

Orders beg. "First it is ordeyned that after any such assignacions."

Barlow has prefixed the following summary of contents, "De curiis regiis, de placitis aulæ regis, de officio marescalli, de privilegiis et feodo camerarii, de hospitio regis, videlicet de thesaurario, officio marescalli aulæ regiæ, de officio hostiarii, emptoris, clerici coquinæ, clerici pantriæ et butellariæ, pincernæ, elemosinarii, etc. sub Edw. I.: vide Fletam seu comentarium Juris Anglicani, ab anonymo conscriptum et Seldeno editum, Lond. 1647, lib. 2, capp. 2, 3, 4, etc. pp. 66, 67."

Under which, "Mem. This MS. was given me by my worthy friend Dr. Barlow, provost of Queen's Colledge, in Oxon. 1671. Joseph Williamson."

At the end is a transcript of the above MS. on 30 leaves of paper.

CXXXV.

Codex chartaceus, in folio, ff. 102, sec. xvii.

A treatise of the nobility of England according to the laws of this realm, with the privileges of the nobility in parliament and in what cases no privilege, and also the definition and antiquity of three sorts of barons, 1638.

See MS. above cxxiv.

At the end, " Finis 1638, July 15 per me John Walthall."

There follow,

a. A copy of the oath of allegiance, tendered the lord Saye and the lord Brooke at York, which they refused and were committed, 1639. p. 100.

b. A true, terrible, troublesome, tragical relation of a duel [between two cocks] fought at Wisbeach, 17 June, 1637; in verse. fol. 101.

Beg.

" Goe you tame gallants, ym that have the name, And would accounted bee Cocks of the game."

CXXXVI.

Chartaceus, in folio, ff. 122, sec. xvi. exeuntis.

Cooke's baronage, or, the names and arms of all the noblemen then being or created since the conquest of England, and by whom they were created.

The arms are in trick. The names are continued by a later hand down to sir Thomas Knevett, knight, created lord Knevett [1607].

CXXXVII.

Chartaceus, in folio, ff. 122, sec. xvii.

Grants of arms to various families from the 33 Elizabeth to 8 Car. I. inclusive, chiefly by sir William Dethick, garter king at arms.

The arms are in color, and there is an alphabetical index of names at the end.

The first grant is to Thomas Barrett, 33 Eliz.; the last to John Langley.

CXXXVIII.

Chartaceus, in folio, ff. 201, sec. xvii.

Grants of arms in the reigns of Edward VI. Henry VIII., but principally of Elizabeth to the 33rd year of her reign inclusive, by different kings of arms, but chiefly Gilbert Dethick; with arms in colour and index ; " ex magno registro Gilbert. Dethick penes Joh. Vincentium."

The first grant is to Edmond Wood, 1 Edw. VI.; the last to Richard Bourne, 33 Eliz.

CXXXIX.

Codex chartaceus, in folio, ff. 248, sec. xvii.

A third volume of armorial bearings granted by different officers of arms, from Edward the 3rd to Charles the 1st inclusive, with arms in colour, and index of names annexed.

The first grant is to " Thomas Andrew 1334, 8 Edw. III.;" the last to John Baylie 1634, 10 Car. I.

The originals of some are stated to have been in the collection of sir Thomas Shirley, and sir William Le Neve, Clarencieux king of arms.

CXL.

Chartaceus, in folio, ff. 313, sec. xvii.

A fourth volume of miscellaneous grants of arms in different kings' reigns, from Edward I. to Elizabeth inclusive, with arms coloured and index annexed.

The first is to Alan Trowt, 1381, *in French;* the last is to James Asketin, alias Astin, dat. 6 June 1578.

CXLI.

Chartaceus, in folio, ff. 284, sec. xvii.

The four first books of a work entitled, " The Catholike Armorist ;" an elaborate work on heraldry, blazon, etc.

Beg. " What armories are, and of their origin. In the examining and discussing."

CXLII.

Chartaceus, in folio, ff. 227, sec. xvii.

The sixth, seventh, eighth and a part of the ninth books of the above-named work; imperfect at the beginning.

Beg. with the words, " that give them the best, give them faire words."

Ends in the chapter of pilgrimages, pilgrims' staves, etc. in the words, " If we caste our eies upon the surface of the universe"——

E

CXLIII.

Codex chartaceus, in folio, ff. 146, sec. xvii.

The remainder of the preceding volume, containing the second part of the ninth, and the tenth book of the Catholike Armorist.

Beg.—— " Universe above and below, we shall see nothing but all in procession."

Ends with the epitaph upon John Stafford, archbishop of Canterbury; beg.

" Quis fuit enuclees quem celas saxea moles."

CXLIV.

Chartaceus, in folio, ff. 62, sec. xvii., olim familiæ de Shirley.

1. Chartæ variæ ad ecclesiam B. Mariæ de Kenilworth spectantes; scil.

   a. Ex Registro de Kenilworth MS. in custodia Simonis Clarke, baronetti. fol. 1.

   b. Ex Registro primo prioratus de Kenilworth fundati tempore Henrici II. fol. 11.

2. Indenture binding sir Ralph Shirley to one year's service in France; dat. 8 Nov. 4. [H. IV.?] in French. fol. 15.

3. Conventio inter fratres de Ruthfordia sive Ruffordia et Waltheof de Morneshall et aliæ chartæ ad terras de Drarichfield et de Sherbrooke spectantes. fol. 16.

4. Statutes of the order of the garter; in French. fol. 19.

   At the end is a note that Edward VI. abolished the name of S. George out of the order and made new ordinances, but that they were restored in the first of Mary.

5. Petition of the north baronets to the king, on the score of precedency; dat. Metheley, 17 March, 1618. fol. 24 b.

6. Order of the king touching the precedency of knights, in consequence of complaints that they had neglected attendance on the bench, etc. fol. 25.

7. Account of a quarrel between sir Thomas Dutton and sir Hatton Chicke, at the house of sir John Radcliffe, 27 July. fol. 28.

8. Declaration of the quarrel between [Henry Percy] earl of Northumberland and sir Francis Vere, temp. Eliz. fol. 30 b.

9. Petition of James Bragge, comptroller of the customs, Plymouth, to lord chancellor Ellesmere; 1 Feb. 1613. fol. 32.

10. Petition of Nicholas Hawkins, of Plymouth, to the same. fol. 33.

11. Copies of deeds of gift to Ralph Basset, by Ralph, earl of Chester, and Geoffrey Riddell, etc. 1304. fol. 34.

12. Radulphi Bassett, domini de Drayton, testimonium; dat. Lond. 12 Sept. 1383. f. 34 b.

13. Anglicarum quarundam familiarum, quæ ex Anglorum, Saxonum et Scotorum regum stirpe primo profluxerunt, delineatio genealogica; [scil. de Cotton, Harington et Gray]. fol. 37.

14. Will of sir Henry Shirley, bart. of Stanton Harold, co. Leicest.; dat. 1 Sept. 5 Car. I. fol. 42.

   Annexed is a codicil, dated 9 Aug. 1632, and the probate, 2 April, 1633.

CXLV.

Codex chartaceus, in folio, ff. 58, sec. xvii.

Armorial bearings granted principally during the reign of Elizabeth, by sir Gilbert Dethick, garter king of arms; with arms in trick and alphabetical index.

The first grant is to Nicholas Bristow, of Ayott S. Lawrence, granted by Chris. Barker, garter, 1544, and confirmed by Dethick.

CXLVI.

Chartaceus, in folio, ff. 151, sec. xvii.

1. Grants of arms at length by Gwyn, Brooke, Camden, Dethick, and other kings of arms, to the following; Aleyn, Swayne, Johnson, Andrew, Lucas, Nycolson, Mountford, Randes, Walker, Thompson, Venables, Drake, Greene, Bangor, Egerton, Tooke, Lee, Moore, Vaughan, Lovelace, Peniston, Beveridge, Hamby, Boddy, Randill, Prynne, Pickas, Purcell, Bernard, Harris, Coffin, Meredith, Clarkson, Clarke, Ashawe, More, Blunt, Evelyn. fol. 1.

2. A book of printed escutcheons filled up in trick, with the arms of various families in trick, and dates of the confirmation, with names of the heralds by whom granted. fol. 20.

   The first is, " William Colingburne, of Wiltshire, gent. per Willelmum Haukeslowe, Clarenc. 12 Mar. 13 Edw. 4."

At the end are some coats added in trick and pencil.

CXLVII.

Codex chartaceus, in folio, ff. 253, sec. xvii.

1. An alphabet of arms, in blazon. fol. 1 b.
    Beg. " Gamalem. A, b, Ware. Abney; Kent. Abell, Arg. Sawter, Arg. engrailed."
    At the end, a. The province of the kinge of armes of the south; b. ' A note of the escocheons that I had at the herald of armes office.'
2. Another alphabet of arms, in blazon. fol. 168.
    Beg. " Arthur, kinge of England, gules in 3 crownes in pale or."

CXLVIII.

Chartaceus, in folio, ff. 111, sec. xvii.

Liber primus; the first book of escocheons taken fourth of that rare manuscript in the custody of Mr. Thomas Digby de Sandon, in com. Staff. A. D. 1623.

They are classed according to the subject of the bearings, beginning, " The crosse in armoiries. He beareth or a plaine crosse gu. per le nom countie de Ulster."

Occasionally the names of the heralds are added.

CXLIX.

Chartaceus, in folio, ff. 140, sec. xvii.

' Old evidences with seals,' or copies of deeds having for the most part drawings of seals attached, for the illustration of pedigrees, or family history; viz.

1. Chartæ quadraginta tres Thomæ de Berkeley aliorumque ejusdem familiæ, cum sigillis, ' copied from the originals in Berkeley castle.' fol. 1.
2. Chartæ variæ, ut sequuntur,
    a. Johannis de Grass, militis; dat. 6 Edw. II. fol. 30 b.
    b. Ricardi le Cook de Henley; 31 Edw. III. fol. 30 b.
    c. Johannis Bokelond aliorumque de Stratford super Avon. 17 Hen. VI. fol. 31.
    d. Johannis filii Simonis de Drayton; 32 Edw. III. fol. 31 b.
    e. Petri de Sandiacra; sine dat. fol. 32.
    f. Reginaldi de Hampdene; 3 Edw. III. fol. 32.

g. Willelmi de Feynes; sine anno. fol. 32 b.
    On the margin, " The original of this deed is in the chest of evidences at Checquers in Ellesborow belonging to the lady Wolley."
h. Willelmi Gray, ep. London. aliorumque; 6 Henr. VI. fol. 33.
    On the margin, " The original of this deed is with Mr. Rooper of Lincolnes Inn, 1630."
i. Willelmi de Villers; s. a. fol. 33 b.
k. Radulphi Shirley; 9 Hen. VI. fol. 34.
l. Sewali, fil. Henrici de Etindon; 27 H. III. fol. 34 b.
m. Hugonis aliorumque de Shirley; 6 Ric. II. etc. chartæ sex. fol. 34 b.
n. Johannis Canynge de Etyndon; 4 Ric. II. fol. 36.
o. Thomæ Staunton; 13 Edw. IV. fol. 36.
p. Alani la Souche militis; s. a. fol. 36 b.
q. Willelmi Pantulf; s. a. fol. 37 b.
r. Payng de Villers; 15 Edw. II. fol. 37 b.
s. Henrici de Brailesford; 15 Edw. III. fol. 38.
t. Oliveri Cadenay de Apthorp; 7 Ric. II. fol. 38.
u. Henrici de Hamburi; 29 Edw. III. fol. 38 b.
w. Radulphi Basset; 49 Edw. III. fol. 38 b.
x. Willelmi Chysulden aliorumque; 17 Ric. II. fol. 39.
y. Isoldæ de Beltrons; 1353. fol. 39 b.
z. Willelmi Clopton; 3 H. V. fol. 40.
aa. Picoti de Lascelles, John de Brus, Adami de Novomercatu, Aufricæ de Connaght, Johannis Howard, militis. fol. 40 b.
    On the margin, ' The originalls of these following deeds are in the custodie of Mr. George Lacells of Greys Inn.'
bb. Willelmi Comitis de Saresbiria; 13 Ric. II. *Gallice.* fol. 41 b.
cc. Esmondi de Stonnore; 39 Edw. III. *Gall.* fol. 42.
dd. Radulphi Shirley; *Gall.* fol. 42 b.
ee. Roberti de Watervile; s. a. fol. 42 b.
ff. Roberti Woodford; 30 Hen. VI. fol. 43.
gg. Willelmi Gode; 33 Edw. III. fol. 44.
hh. Willelmi Nevill de Roldeston; 4 Hen. IV. fol. 44.
ii. Johannis Burnell; s. a. fol. 44 b.
kk. Adami de Derby de Gaddisby; 33 Edw. III. fol. 44 b.
ll. Johannis de Folvile, militis; 35 Edw. III. fol. 45.

mm. Joh. de Nevyll de Stoke, 3 Edw. III. fol. 45 b.

nn. Johannis Wardale et Johannis Howton, ad ecclesiam de Sproxton spectantes; 21 Henr. VI. fol. 46.

oo. Willelmi de Hallebarne de Eston; 9 Edw. II. fol. 47.

pp. Thomæ comitis de Lancastria; 12 Edw. II. *Gallice.* fol. 48.

qq. Edwardi regis perdonatio transgressionum Willelmo Drayton de eodem concessa; 5 Edw. I. fol. 49.

rr. Henrici regis perdonatio concessa Roberto de Craniford; 3 H. (IV.)? fol. 49 b.

ss. Obligatio Walteri Daundsey Roberto Craniford; aliæque chartæ quinque ad eundem Robertum spectantes. 15 Ric. II. fol. 50.

tt. Jordani de Clinton; s. a. fol. 52.

uu. Radulphi, et Gilberti, Bassett; 29 Edw. III. fol. 53 b.

vv. Thomæ de Chaworth aliorumque ejusdem familiæ chartæ duodecim; v. a. fol. 54.

ww. Willelmi de Ferrers, comitis de Derbeia, concessio Gilberto Basset; s. a. fol. 58.

xx. Johannis Engayne; s. a. fol. 58 b.

yy. Ricardi III. erectio Thomæ Howard, fil. Joh. Howard, comitis marescalli, in dignitatem comitis de Surreia; 1 Ric. III. fol. 59.

zz. Indentura facta inter Adam de Pesall, et Joh. fil. Esmondi Giffard de Chillington; 3 Ric. II. *Gall.* ff. 61 b. 64 b.

α. Indentura inter Will. Trussell et Ric. de Peshall, etc.; 49 Edw. III. *Gall.* fol. 62 b.

β. Inter Henricum Jus et Matildam uxorem suam aliosque et Adamum de Peshall; 40 Edw. III. *Gall.* fol. 63 b.

γ. Willelmi, electi archiepisc. Cantuar. aliorumque, quod Will. de Wykeham assignare possit manerium de West Wittenham custodi et scholaribus coll. Novi apud Oxon.; 5 Ric. II. fol. 65.

δ. Haimonis de Welford; s. a. fol. 66 b.

ε. Nigelli de Mowbrai; s. a. fol. 67.

ς. Ricardi Craniford; 10 H. IV. fol. 67 b.

ζ. Thomæ Morys; 3 H. IV. fol. 67 b.

η. Roberti Woodford, militis; 30 Henr. VI. fol. 68.

θ. Ricardi de Watervile; s. a. fol. 68.

ι. Willelmi Chisulden; 17 Ric. II. fol. 68 b.

ια. Bertramni de Verdun; s. a. fol. 69.

ιβ. Johannis de Cantelow, militis; s. a. fol. 70.

ιγ. Jordani de Ghintuna; s. a. fol. 70 b.

ιδ. Will. fil. Willelmi Halleward; 9 Edw. II. fol. 70 b.

ιε. Ricardi le Cook; 31 Edw. III. fol. 71.

ις. Ricardi de Haveryng, militis; 18 Edw. III. fol. 71 b.

ιζ. Edmundi de Droughton; 45 Edw. III. f. 72.

ιη. Conventio inter Radulph. abbatem Ramesey et Johannem de Henneberd de Gidding abbatem; s. a. fol. 72 b.

ιθ. Aliciæ uxoris Baldewini de Drayton; 1 Henr. IV. fol. 73.

κ. Johannis Lucas, Rogeri Louthe, et Joh. Stodele; 6 Hen. IV. fol. 73 b.

κα. Johannis Wardale, ep. Lincoln. Bacallarii, de matrimonio Ricardi Nevill, 6 Apr. 1443. fol. 74.

3. Drawings of " seales of antient deeds of good note worthy the collection and memorie, and necessary for the proofe and drawing down of descents gathered by Aug. Vincent, Windsor herald, now in the hands of John Vincent, his sonne, anno 1662." fol. 76.

To the two first are attached copies of the deeds, belonging to S. Andrews, Northampton, "in the hands of sir Robert Hartwell, knight."

CL.

Chartaceus, in folio, ff. 160, sec. xvi. exeuntis.

Book of pedigrees of the following families, most neatly written [by Glover?] and drawn out at full with arms in trick; viz. Calthorp, 1; Drury, 6; Brudenell, 11; Clifford, 18, 163; Harewell, 29; Egerton, 33; Aske, 41; Askley, 49; Broke, 62; Giffard, 65; St. Barbe, 71; Aslakby, 77; Noel, 93; Constable, 102; Vavasour, 112, 195; Malory, 120; Bosville, 126; Midelton, 138; Dutton, 146; Scudemore, 154; Vernon, 169; Gray, 175; Rockeley, 182; Coningsby, 189; Wentworth, 200; Townsend, 207; Holte, 211; Boteler, 212; Sondes, 214; Molineux, 220; Darell, 230, 238; Stanhope, 241; Windesor, 246; Stapilton, 259; Drewe, 262; Grene, 263; Loterell, 267; Blount, 271; Bothe, 273; Armin, 275; Yaxley, 291; Burdet, 299; Taylard, 308; Beaumont, 320.

CLI.

Codex chartaceus, in folio, ff. 301, sec. xv., olim T. Hale, de Holworth.

Imperfect year books of the I. of Henry Vth and the I—IV., VII. and IX. of Henry VI.; *in French.*

The 1st of Hen. V. beg. " En breve de terris; Quare vi et armis certi lapides pro metis et bundis inter terram le plaintif et terram le def."

That of Hen. VI. beg. "William Actone de Lincolne einsi une appellant de Rape."

On the leaves left blank in the original MS. a much later hand [Jo. Vincent's ?] has entered one hundred and sixty-three pedigrees of the ancient gentry of the western counties, with occasional arms in trick, and an alphabetical index annexed.

At the end, ' Bought of Mr. Burridge the 2d Jan. 1658.'

CLII.

Chartaceus, in folio, ff. 291, sec. xvii. ineuntis; olim Ra. Brooke, 'alias Yorke Herauld, 1608.'

Collection of copies of evidences or deeds, with drawings of arms from seals, in trick ; the volume is thus described in a MS. note prefixed by sir Thomas Phillipps, of Middle Hill, bart., " This is from sir William Pole's collection of ancient deeds of Devon, Somerset, Wilts, etc. and is either his autograph or a coeval copy ; but query if it is not an abstract by Ralph Brooke.

It was long supposed to have been destroyed during the civil wars ; see Introduction to Pole's Collections for Devon. p. 11."

The first is a deed of gift of lands in Clopton to Ralph de Willinthover, from Thomas de Berkelye, s. a.

The sources and the nature of these evidences are expressed by occasional titles or heads of division throughout the work, as follow;

1. Le mater enter Jo. Baunfield et Edward de la Pomeray. fol. 40 b.
2. My cosen John Drake of Ashe. fol. 53.
3. Mr. Henlegh. fol. 55 b.
4. Of my cosen Tytherlegh. fol. 57 b.
5. Mr. Henleghe, collected by my cosen Robt. Thitherlegh. fol. 58.

6. Bridgwater lands do follow. fol. 59 b.
7. Mr. Vaughan of Fillersdon in Wiltshire. fol. 68 b.
8. Mr. Malletts evidences. fol. 70.
9. Mr. Hursts evidence. fol. 92 b.
10. Sir Thomas Rigdway and Mr. Ambrose Rouses evidences for Barnehars lands. fol. 138 b.
11. Mr. Gilbert Yard his evidence for Bradley. fol. 156.
12. Mr. Stukeley of Aston. fol. 164 b.
13. Sir Thomas Dennys his evidences. fol. 184.
14. My sonne Hursts. fol. 197 b.
15. Sir Thomas Reynels evidences. fol. 201 b.
16. Richard Chardes evidences. fol. 202 b.
17. From Mr. Joseph Holland, out of the evidence of sir W. Ralegh and Holland of Were and others. fol. 205.
18. Mr. Chydleghes evidence. fol. 209.
19. Out of the Liger of th'abbay of Tavistok in the custody of ye erle of Bedford. fol. 219 b.
20. Out of the Liedger of th'abbay of Abbodesbury remayning with Mr. John Strangways. fol. 223.
21. Sir Robert Strouds evidences. fol. 223 b.
22. Richard Bragges evidence of his wieves lands neire Martoke. fol. 276.
23. Ducenta Heredum dom. Willelmi Brievere, senioris. fol. 281 b.
24. Copies of eight deeds in the custody of sir Robert Cotton, 1607 ; viz.

a. Charter of Matilda creating Milo earl of Gloucester, earl of Hereford. fol. 282 b.
b. Form of excommunication for Anthony, patriarch of Jerusalem and bishop of Durham and others against the enemies of the king ; dat. Boloigne, 1316. *Fr.* fol. 283 b.
c. Roger de Mortimer and his son Edmund on his marriage with Elizabeth, daughter of Barth. de Badlesmere. *Fr.* fol. 283 b.
d. Grant of lands of Joane de Stuttevill to St. Mary's convent of Walton. fol. 284 b.
e. Grant of Stephen earl of Boloigne to the abbey of Savigny his forest of Frudeness and Wagney, 1127. fol. 285.
f. Grant of Stephen to S. Swithun's Winchester, the manor of Sutton, etc. ; dat. 1136. fol. 285 b.

25. Grant of lands to his son Gilbert by Geoffrey de Marshall of Foxcote ; 33 Edw. I. fol. 286 b.
26. Grant of the dignity of a baron to sir Edw. Wotton ; 1 Jac. I. fol. 287.

27. Deed of gifts to Robt. de Quincy by his father Saher de Quincy. fol. 287 b.
28. Charter of Humfry de Bohun, earl of Hereford, etc. granting to his brother Gilbert certain lands, etc. fol. 288.
29. Grant of Geoffrey de Geynville of 40/s a year to the abbey of Beaubec, 1259. fol. 288.
30. Grant of Henry de Lascy to the abbey of New-lins. fol. 288 b.
31. Grant of lands to Hugh Esturin by Will. earl of Sussex. fol. 289.
32. Of Will. de Mandeville, earl of Essex, to Rich. fil. Reiner. fol. 290.
33. Grant of G. earl of Melles to the abbey of Bordesley. fol. 289 b.
34. Grant of land in Pidleton from Will. de Verun, son of earl Baldewin, to S. Mary's abbey of Quarr. fol. 290.
35. Grant of lands in Chikesand from Pagan de Beauchamp to the church of S. Mary at Chicksand. fol. 290 b.
36. Grant of Alan, son of earl Henry, to the abbey of S. Mary at Beauport, of his churches of Soccham, Waltham, etc.; dat. 1202, fol. 291.
37. Grant of Saher de Quincy to his son Robert. fol. 291 b.
38. Grant of Rob. Fitz-Harding to his son Nicholas of Hullam and Hundesfeld. fol. 291 b.

CLIII.

Codex chartaceus, in folio, ff. 124, sec. xvii., olim Thomæ Shirley postea Jos. Williamson.

Collections relating to the office and duties of Heralds, etc. as follow,

1. Queen Elizabeth's commission for the office of earl marshal. fol. 1.
2. Copy of warrants for creating a king of arms, and for the same going his circuit. fol. 1 b.
3. The disclaiming of persons styling themselves gentlemen. fol. 4.
4. How Edward VI. received the order of S. Michael from the French king. fol. 4 b.
5. Touching the placing the earl of Arundel in the parliament house. fol. 5.
6. Report made by the officers of arms as concerning a skochion [escotcheon] brought out of France by Chester Herald, in the time of queen Elizabeth. fol. 5 b.

　　[These were the arms which Mary queen of Scots, as dauphiness of France, used in Paris, in which she offended Elizabeth by quartering in them the arms of England. Two drawings of them were sent to England, one for the queen and the other for Cecil, both of which are still preserved, in the British Museum and the Bodleian Library.]

7. The answer sent to the duke of Norfolk touching sir Adrian Poynings the 25th Oct. 1566. fol. 5 b.
8. Commission from the duke of Norfolk to the earl of Leicester and sir Wm. Cecil, touching Mr. Hugh Fitzwilliam, 16 May, 1576. fol. 6.
9. Orders to be made and kept by the officers of arms, made by the duke of Norfolk, 18 Jul. 1568. fol. 6 b.
10. Orders by Charles Brandon, duke of Suffolk, earl marshal, of the fees for grants of new arms. fol. 9 b.
11. Decree of Robert E. of Essex, earl marshal, on a question between Anthony Felton and Edw. Withipole, 13 May, 1598. fol. 10.
12. Patent of Edw. VI. to the kings of arms for paying of subsidies, and fifteenths; dat. 3 June, 3 Edw. VI. fol. 11.
13. Order of the christening the lady Mary, daughter of Henry VIII. at Greenwich, 18 Feb. 1515. fol. 13.
14. Marriage of queen Mary and Philip of Spain at Winchester, 25 July, 1554. fol. 13 b.
15. Form of the writ sent by Richard II. for a tourney. fol. 14 b.
16. Appointment of Ralph, earl of Westmorland, to the office of earl marshal, 1 Hen. IV. f. 17 b.
17. Corporation of the king's heralds with the gift of Derby house, 18 July, 1 and 3 Phil. and Mary. fol. 19.
18. Statutes and ordinances to be observed, made by the king at Durham; 9 Ric. II. fol. 25.
19. Orders of the heralds, kings at arms, etc. concluded at Westminster, 19 Nov. 3 Hen. VII. fol. 27.
20. Creation of the lady Anne, daughter of the earl of Wiltshire, to be marchioness of Pembroke; 24 Hen. VIII. fol. 27 b.
21. Diet of ambassadors sent by the king on foreign service. fol. 28.
22. Forms on the 'Creations of great estates,' with the fees to the office of arms, etc. fol. 29.
23. Order given to a knight new made. fol. 31.

24. Subscription of William Palmer and Jos. Maxwell, 1609 and 1612. fol. 31 b.
25. Office of the earl of Oxford, lord chamberlain, at a coronation, with the names of the principal officers, after the old custom. fol. 32.
26. Ordinances within the lists, or trial by single combat. fol. 33.
27. Concerning the offices of the king of arms of the order of the Garter. fol. 37.
28. Articles against the usurped authority of Christopher Barker, Garter. fol. 38.
29. Answer of Clarencieux to the articles untruly surmised by sir Thomas Wriothesly, alias Garter. fol. 40 b.
30. Articles agreed upon in chapter against the usurpation of Garter. fol. 50.
31. Ordinance of Richard, duke of Glocester, lord high constable, for the reformation of the officers of arms. fol. 52.
32. Articles concluded at Westminster on the same subject, 20 Jun. 31 H. VIII. fol. 53.
33. Bill of complaints of Clarencieux to Thomas duke of Norfolk, against C. Baker, Garter; with the answer, etc. fol. 55 b.
34. Orders established at Derby house at a chapter, president sir Gilbert Dethick, concerning heralds, pursuivants, etc.; 20 Feb. 1564. f. 61.
35. The first commission as is supposed that was given and granted to Clarencieux office, 21 Hen. VIII. fol. 67.
36. Answer of Clarencieux to two bills assigned by H. VII. and H. VIII. to Garter, that he should be joined in commission with Clarencieux. fol. 71.
37. Order of creating a king of arms, with oaths of different officers of arms. fol. 72.
38. Les ordonnances et estatuts, que furent faictes par le prince Thomas de Lancaster, filz et frere au tres noble roys d'Angleterre et de France, [Henr. IV. et V.] duc de Clarence, etc. pour reformacion et bonne goverment en l'office d'armes. fol. 78.
39. Order for the diet and reward of Garter, and others attending the marquis of Northampton in France for the installation of the French king; 2 H. 8. fol. 80.
40. Allowances to Robert Glover, 1569. fol. 81.
41. Bill of petition to the king on the rights, etc. of the office of arms, by Thomas Wall, alias Lancaster herald. fol. 83.

42. Preparation for the creation of a prince, etc. fol. 83.
43. Indenture between Thos. Wriothesly, Garter, and Thomas Lawley, Norroy, for visiting, 2 Aug. 26 H. VIII. fol. 85.
44. Judgment against sir Andrew of Harole, earl of Carlisle, traitor; 1322. fol. 86.
45. Act concerning the placing the lords in the parliament chamber, etc.; 31 H. 8. fol. 89.
46. Act for the constable's and marshal's court, 13 Ric. II. fol. 98.
47. Thomas Mowbray, earl of Nottingham, his letters patent for the office of E. Marshal; 12 Jan. 9 Ric. II. fol. 90 b.
48. The king's pardon to sir Richard Musgrave, for using the arms of Edward the Confessor; 15 Dec. 1605. fol. 90 b.
49. Orders of the office of earl marshall, ' which are greatly to be doubted of.' fol. 91.
50. New ordinance for the execution of the office of knight marshal, with other papers relating to the same. fol. 93.
51. The promise of the French king on the marriage of the dauphin with Elizabeth, daughter of Edw. IV.; 1475. fol. 96.
52. Articles of the convention between the French king and the duke of Austriche, late called duke of Burgoyne. fol. 98.
53. Rewards to the officers of arms upon every solemn proclamation. fol. 99.
54. That Robert earl of Leicester was admitted to the high stewardship of England by right of his wife. fol. 101.
55. Certain remembrances touching the two great offices of the high stewardship, who is to be high steward of England, etc. fol. 102.
56. Of the steward of the king's household. f. 105.
57. Allowances to the officers of arms for their attendance at the burial of queen Elizabeth. fol. 106 b.
58. Commission for executing the earl marshal's office; 26 Dec. 44 Eliz. fol. 108.
59. Roll of proceedings made by Robert Cooke, Clarencieux, and delivered to the commissioners to be considered. fol. 110.
60. Indenture between Jo. Bourchier, lord Berners, and Thomas Umpton concerning the marriage between Alexander, the son and heir of the latter, with Mary, the daughter of lord Berners; 1510. fol. 115.

61. Series ordinum omnium procerum nobiliumque Angliæ distincta per Jasperum ducem Bedfordiæ, temp. H. VII. fol. 117.
62. Proceeding of the funeral of Henry earl of Derby; 4 Dec. 1593. fol. 118.
63. Summons to parliament of Peregrine Bartie of Willoughbie, knight, sonne and heire of Katherine duchess of Suffolke, daughter and heir of Will. Willoughbie, late lord Willoughbie; 7 Jan. 23 Eliz. fol. 119.

> Annexed is the account of his reception at parliament on the 16 Jan., with the history of his claim.

CLIV.

Codex chartaceus, in folio, ff. 232, sec. xvii.; manu Jo. Brydall scriptus.

" A booke of state," i. e. Copies from relations of English ambassadors abroad, during the reigns of Elizabeth, James I. and Charles I.

They relate principally to questions of precedency between different ambassadors at different courts, international rights, etc.; from sir Thos. Edmonds, at Paris, 1610–1615, sir Dudley Carleton at the Hague, sir Chas. Cornwallis at Madrid, sir Henry Wotton at Venice, sir George Carew, lord Carlisle, and sir Isaac Wake at Paris, lord Weston at Turin, etc.

Prefixed is a table of contents by a later hand; and at the end is annexed a classified arrangement under the different heads, as, Admiralty, Ambassadors, Ceremonials, Ecclesiastics, Fugitives, Kingdoms, Libels, Titles, Visits, etc.

CLV.

Chartaceus, in folio, ff. 187, sec. xvii., manu Johannis Brydall, scriptus.

A second volume of tracts and papers collected by Jo. Brydall; viz.

1. A few papers from the relations of ambassadors abroad, lord Fielding, sir Isaac Wake, and sir Gilbert Talbot. p. 1.

> The last is a discourse between the emperor and the English ambassador, from Mr. Wootton, 1551.

2. Reasons against the bill of pluralities; 1588. p. 14.
3. Sir Noel Caron's pretence to a present of equal value with other ambassadors with whom he had been joined in commission. p. 25.
4. Points in the treaty between queen Elizabeth and the duke of Anjou to be amended by the opinions of Dr. Dale and Dr. Lewis. p. 27.
5. Sir John Bennett's memorial represented to the archdukes about the scandalous libel called Corona Regia; 1617. p. 36.
6. Deprehension of a priest fled into Flanders for refuge; 154–. p. 43.
7. Sir H. Martin's certificate about a definitive sentence in the case of Polehill; 1632. p. 46.
8. The lord keeper's report about a presentation; 1632. p. 48.
9. Charter of James II. to the university of Cambridge. p. 52.
10. Concerning the imprisonment of Dr. Rogers in the duke of Cleves country; 1582. p. 54.
11. Order for punishing Matthew Mason at Bridewell for publishing false news; 1619. p. 57.
12. Letter of Charles I. to save a recusant from indictment. p. 58.
13. On the unfitness of granting a habeas corpus for sir Rich. Haughton; 1627. p. 59.
14. On the foundation of the church and deanery of Ripon by James I. 1604. p. 63.
15. Controversy between the mayor and inhabitants of Sarum; 1582. p. 66.
16. Whether a man may be a baron in the right of his wife; 1572. p. 85.
17. Concerning fines, issues and amerciaments in the duchy of Lancaster. p. 87.
18. Touching the earl of Shrewsbury's title to the earldom of Waterford. p. 91.
19. Mr. Serjeant Spurling's opinion about sir H. Morton's conveyance; 11 Sept. 1596. p. 93.
20. The reports of sir H. Marten and Dr. Rives about the dot inheritable of Madame Jaquelin de Gourfalleur, wife of Abraham Perin, of Jersey. p. 96.
21. The attorney general's opinion how towns not comprehended in the former declaration may be made staple towns; 1617. p. 111.
22. Sir Edw. Coke's certificate concerning the augmentation office; 1595. p. 115.
23. Sir Robert Heath about protection to viscount Dorchester; 1629. p. 115.
24. Sir Henry Hobart about the levying of issues; 1613. p. 116.

wich and his chancellor, Mr. Beacon; 1578. p. 319.

65. Collections out of the statutes which concern recusants, by sir R. Heath. p. 325.

66. Sir Edw. Coke against the church's power to make any canons, etc. [cf. MS. ccxv.] p. 336.

67. Positions held by the papists. p. 362.

68. Notations if a general council be above the pope. p. 363.

69. Case between the queen and Thos. Cromwell and his wife touching the lands in question between them and John Littleton, lately attainted of high treason. p. 365.

70. Concerning the Fleet prison. p. 368.

71. Dispensation to sir Theodore de Mayerne, king's physician, to be absent from attending on the king. p. 369.

72. " That a streete of a lycense to the fyne ought not to stay the ordinary proces out of the exchequer." p. 370.

CLVI.

Codex chartaceus, in folio, ff. 168, sec. xvii., manu Johannis Brydall, anno 1677 scriptus.

A third volume collected out of his majesty's papers of state, anno 1677, by J. Brydall, with a table of contents prefixed.

1. Scaccarii Anglicani Schematismus, or a history of the exchequer. fol. 1.

2. Exagogicorum et Isagogicorum Schematismus, i. e. A scheme of the customs paid to his most excellent majesty out of merchandizes exported and imported. fol. 13.

3. A view of the law relating to embassy. fol. 16.

4. Jus Fœderum, or the law relating to leagues, etc. fol. 24.

5. Legiantiæ Anglicanæ Speculum, or allegiance due to the king. fol. 27.

6. Speculum libertatum regalium, or royal franchises. fol. 30 b.

7. Schema privati concilii regis, or the privy council. fol. 38 b.

8. Cleri Anglicani schematismus. fol. 42 b.

9. Altæ proditionis schematismus, or high treason. fol. 54.

10. A view of the officers, courts, customs, and franchises of the famous city of London. fol. 60.

11. Nobilitatis Anglicanæ schematismus. fol. 72 b.

12. Schema prærogativorum regis. fol. 88.

13. A view of such statutes as bind not the king without express mention of him; and likewise of such statutes as bind the king, though he be not particularly named. fol. 98 b.

14. Speculum superioritatis maris Anglici. fol. 103.

15. A scheme of the king's pardons and dispensations. fol. 109.

16. Speculum officii vicecomitis. fol. 117.

17. A scheme of the high and petit constables. fol. 140.

18. A scheme of the king's forests. fol. 148.

CLVII.

Codex chartaceus, in folio, ff. 233, sec. xvii.; manu Johannis Brydall.

A fourth volume, containing cases and matters of law, civil, common, and ecclesiastical, collected out of his majesty's papers of state, anno 1677, by J. Brydall.

Prefixed are two tables of contents, one by J. Brydall, arranged according to subjects, the other as the extracts occur in the volume, by a later hand. Those most worthy of notice appear to be as follow,

1. Admiralty cases; viz.

  a. Of wrecks. p. 17.

  b. Pirates goods. p. 55.

  c. Ship-money queries; 1636. p. 230.

2. Petty customs; 1631. p. 278.

3. Cinque ports. p. 283.

4. Ecclesiastica; viz.

  a. In the vacancy of a bishopric what may be done. p. 49.

  b. Process for making a bishop. p. 64.

  c. Queries about tithes, recusants and chapels. p. 83.

5. Queries about forests. p. 41.

6. Fines. pp. 189. 403.

7. On the laws, etc. of Jersey. pp. 28, 56, 65.

8. King's pardon, letters patent, etc. pp. 60, 104.

9. King's bench. pp. 303, 306.

10. Lunatics. p. 286, seq.

11. Isle of Man, how subject to England. p. 47.

12. Orphanage. p. 44.

13. Outlawry. p. 394.

14. Parish queries. pp. 107, 215, 221.

15. Pluralities; 1586. p. 461.

16. Popery; Jesuits how and where to be tried. p. 132.

17. Collection of statutes concerning papists. p. 166.

18. Whether a lord of Ireland committing treason there may be tryed in England. p. 25.
19. Difference between the archbishop of Canterbury and the universities concerning the right of visiting them jure metropolitico. p. 435.
20. The attainder of sir Rob. Dudley; 1571. p. 45.
21. Concerning the unjust removal of the queen of Scots from the possession of her crown. p. 151.
22. My lord Herbert's paper about the king's supremacy showed to the archbishop of Canterbury, by the king's command. p. 158.
23. Letters from Jersey concerning some persons refuged there out of Britanny. p. 179.

CLVIII.

Codex chartaceus, in folio, ff. 355, sec. xvi. exeuntis, manu Henrici Glover, ' Somerset,' scriptus; olim an. 1611 Radulphi Brooke, ' Yorke herault of armes, 1611,' postea Thomæ Shirley.

A volume of arms in trick, " collected by R. Glover, alias Somerset herald, out of bookes and rolles very auncient and of greate credit; whereof some, bothe in colours and in blazonne, much wooren and decayed with tyme and use, remayne in the possession and custody of ye said Somerset, procured with greate charge and with no lesse care preserved to posteritie."

Some of the titles which occur in the volume are as follow,

1. Nomina et arma nobilium et equitum auratorum, qui cum Edouardo primo stipendia merebantur in Scotia et alibi. p. 1. [: the Parlia mentary Roll]
2. Ex pergameno antiquo et fide digno quem mihi accomodavit Aug. Steward, armiger, anno 1575. p. 162.
3. Ex libro antiquo Georgii Calveley, equitis de com. Lancastriæ. p. 222.
4. Ex rotulo cujus possessor est G[ilbert] D[ethick] G[arter.] Princi. R. A. p. 225.
5. Arma quorundam nobilium de Norfolke et Suffolke. p. 295.
6. Ex rotulo antiquo, temp. Edw. III., quem mihi accomodavit, R[obert] C[ooke] Clarenc. rex armorum, 18 Dec. 1576. p. 305.
7. Arma Gallico sermone blazonnata ex rotulo membranaceo pervetusto et fide digno. p. 403.
8. Arma quæ reperta fuere in rotulo valde anti-

quo at ye siege of Acon with kinge Richard the firste, in custodie of Mr. Fitzwilliams of Sprotborough; 1563. p. 434.
9. Ex rotulo penes Franciscum comitem Bedfordiæ, anno 1583. p. 455.
10. Ex libro armorum olim spectante Thomæ Jenyns generoso. p. 548.

Annexed is a very full alphabetical index of names, apparently in the handwriting of Ralph Brooke.

CLIX.

Codex chartaceus, in folio, ff. 53, sec. xvii. ineuntis.

Records and evidences extracted from deeds having reference to the property of various families, [in the handwriting of R. Brooke?] with an alphabetical index prefixed.

They begin with an extract from the register of Wroxhall abbey, with the arms of Hugh Hatton, followed by the pedigrees of the Stradlings, Bassetts, Vernons, St. John, and Gamage, descendant of Pagan Tuberville.

Pedigrees also occur of De Lisle, Danvers, Roche, Albemarle, St. Leger, Ferrers, Diveton, Trivet, Bonville, and Willoughby d'Eresby.

The principal extracts relate chiefly to the families of Cobham, Badlesmere, Mowbray, Champernowne, Touchat, Fitznicol, and Willoughby.

CLX.

Chartaceus, in folio, ff. 213, sec. xvii. ineuntis; olim Thomæ Shirley.

Visitation of the county of Warwickshire, from the visitation of 1619, with an index annexed and the arms in trick.

" Warwickshire was visited by Sampson Lennard, Blew Mantell, and Augustine Vincent Rouge Rose, marshalls and deputies to William Camden, Clarencieux 1619." Catal. Vet. MS.

CLXI.

Chartaceus, in folio, ff. 128, sec. xv. exeuntis; manu R. Andersoun scriptus.

Collections and translations relating to heraldry, the office of heralds, etc. written in a Scottish dialect, as follow,

1. Proclamation of ' Arthur, sone to ye duke of Bartaingynie, erle of Rixhemont, lord of Partinay, constable of France,' upon the rights and privileges of the kings of arms and heralds of the realm on the one part and the serjeants of arms in the service of the king on the other. fol. 1.

> Dat. " In witnes we have gart put to our seill at Towris ye vii day of Febvrier ye ȝere of God, m.cccc. and xlvii yers."

2. The gaige of battell, translated from the French ' Le gage de battail,' containing an account of the ordinance of the field, of the lists, etc. fol. 1 b.

> Beg. " Gaiges of battell qwhen thei ar accordit or jugeit to be done, the juge that hes gevin ye sentence suld gar gyf ye gaiges."

> At the end, " Explicit ye gaige of battell."

3. The deeds of armoury, or a history of the rise and art of heraldry, the colours, animals, and other terms used in it, etc. fol. 5.

> Beg. " In the tyme that Julius Cesar emperiour of Rome conquest Auffrik sumtyme namyt ye land of Lutyant in ye parttis of ye Orient."

> Ends, " That is here writtin, ys boᵗ aine memour for to demand and for to lere yt he be forgeon that hes maid this memor. Thus endis the dedis of armorie."

4. Instructions for heralds and pursuivants ' how thei suld cry the Largesse.' fol. 38 b.

5. The order and manner how tourneys were wont to be made, how knights and esquires should be armed thereat, how heralds should know of obsequies, how a chief should govern in battle, etc. fol. 40.

> Beg. " Oȝes, oȝes, oȝes, Lordis and knychtis thai do to wit ane ryt hie and nobill perdoun of armys and ane ryt hie and nobill turney."

6. Liber armorum, how gentlemen shall be known from churls, of the nine precious stones, etc. fol. 48.

> Beg. " Being in worthynes armys for to beir by ye riale blude in ordinance all nobill and gentill."

7. Liber de coloribus in armis depictis et eorum nobilitate. fol. 51.

> Incip. " Ut dicit Isodorus Ethimologiarum ac deferencia libro xviii. color dictus est eo quod calore ignis," lib. xix. cap. 17.

In cap. de colore rubeo, in quo agitur de victore captivi sui arma portante, profertur Edwardi, principis Walliæ, exemplum, qui post victoriam apud Poitiers Johannis regis Franciæ, capti, arma portavit."

8. Æneæ [Sylvii, postea Pii papæ II.,] epistola ad Johannem Handerbach, de heraldorum nomine et officio; dat. Viennæ, kal. Jun. 1451. fol. 63.

> Incip. " Querere multi solent."

9. The buke of the ordour of chevalrye or knichtherd, by Caxton, with a table of chapters, eight in number, prefixed, and a short preface. fol. 65.

> The pref. beg. " Onto ye praysing of devyne glore."

> Book beg. " The first cheptour sayis how ye gude heremite devysed to ye squyer ye reuill and ordoure of cheualrie. Contrey thair was in guhilk it hapnit that a vyse knicht."

> At the end is the colophon, " Here endith ye buke of ye ordir of cheualrie, quhilk buke is translatit out of Franche into Inglis at ye requeist of a gentill and nobill squier by me William Caxtoun," etc.

10. The law of arms within listis. fol. 82 b.

> Beg. " The statute and ordaint."

11. Heir begynnis ye coronacione of ye emperoure. fol. 88.

> Beg. " Sen it is freindfull to nobill men to knaw and understand ye forme and maner of all nobill actis."

> Then follows of the order of kings and dukes, etc. " beg. " The next estait discend-and is ye estait of kingis."

12. The vii. deids of honor and of thair vii. crounis, and of quhat materis thai ar maid of and for quhat causis thai ar gevin. fol. 95.

> Beg. " In to this tyme quhen Rome schane and flurist into knichthad and honour."

13. Epistola de prœlio committendo, etc. fol. 96 b.

> Incip. " Noli frequentare bella."

14. The translatione out of Latyne into Inglis de bello campestri, in Vege[ci]us de re militari. fol. 97 b.

> Beg. " First it is to knaw to a prince or a chiftane of weir."

15. Heir begynnis ye first finding of armes callit ye originall determyng of blasoning of armes

be ye properteis of cullouris engroundet with gentilnes as of ye ix. generall applyingis to ye ix universall cullourit preciuse stains ordanit in ye ix. ordours of angellis in hevin. fol. 105 b.

Beg. " Quheyn a gentillman behuffis to knaw cullouris of armes be proper skill of difference of blude."

16. A poem on heraldry or nobleness in arms, in thirty-six stanzas. fol. 110.

The first is,

" First as ye erth incresith populus,
So convalit vicis and variance,
Amang men materis malicious,
So that few micht laubor for discrepancis
Quhill nobilnes in armes lordly pusanttis
And of heraldis ye worschepfull ordoure
Off quham I think to treit set weyis sure."

The last,

" And I confess my semple insufficience,
Litill have I sene and reportit weill less
Off yn materis to have experience ;
Thairfore quhair I all neidfull note express
In my waiknes and not of wilfulnes,
My said lordis correct me diligent
To maidmens or say ye remanent."

17. Tractatus de insigniis et armis editus a domino Bartholo de Saxo-ferrato. fol. 113 b.

Incip. " De insigniis et armis gratia insignior."

18. Quæstio de nobilitate ; " facta per dominum Baudeium de Masriscone, doctorem exinium Aurelianis." fol. 117.

Incip. " Nobilis minorem penam quam plebeyus esse infligendam de jure pretendit."

In calce, " Explicit tractatus de nobilitate."

19. De materia duelli quæstio " facta Aurelianis per dominum Johannem Matiscone, legum doctorem eximium, anno Domini millesimo, ccc.lxxx. die Mercurii, in vigilia Sancti Anthonii." fol. 121.

Incip. " Et primo queritur an duella de jure sint permissa, secundo si permitti videantur."

20. Forma consecrandi regem. fol. 127 b.

Incip. " Incipit consecracio regis. Consecrandum regem de conventu fidelium servorum duo episcopi per manus producatur."

In calce, " Explicit per M. R. Andersoun, pro cujus anima preces effundite. Deo regum gracias ; Amen, Jhesu."

Outside the cover on a ducal cap is a lion passant crowned, and round it the initials, ' I. M. A.'

CLXII.

Codex chartaceus, in folio, ff. 68, sec. xvii.

A treatise concerning the nobility according to the laws of England, by [M. B.], with a table of chapters prefixed.

Beg. " As in man's body for the preservacion of the whole ;" as above MS. cxxiv.

End. " And allowe of it as a curtesy, though not as a lawe."

CLXIII.

Chartaceus, in folio, ff. 49, sec. xvii. ineuntis.

Visitation of the county of Worcester, and pedigrees principally of Worcestershire families with arms in trick.

Prefixed is a transcript of the composition for the funeral of sir John Herberte, knight; 1617.

Some pedigrees and an index have been added by a second hand, as also at the end of the volume a tract, " De affinitatibus et gradibus;" beg. " Pater est a quo nascitur."

CLXIV.

Chartaceus, in folio, ff. 145, sec. xvii.

Visitation of the county of Suffolk, visited by William Herveye, Clarencieux king of arms, 1561, with the arms in trick, and an index by a later hand annexed.

CLXV.

Chartaceus, in folio, ff. 153. sec. xvii.

Lists of persons who have served the office of sheriffs in the different counties of England from the time of Henry the Second to Elizabeth inclusive.

In the county of Kent the names are continued to the sixth of Charles I. ; in that of York to 8 Jac. I.

At the end is an index of the several counties.

CLXVI.

Chartaceus, in folio ff. 91, sec. xvi. exeuntis.

" Miscellanea et confusanea quædam ;" or a book of heraldic notes, extracted from family deeds, rolls, and other sources, illustrating different genealogies; amonst which,

1. Extracts of charters relating to Philip de Kima and the family of Willoughby, and some others. fol. 1.

    The names only of the contracting parties and witnesses are given, with drawings from the seals.

2. Pedigrees of
    a. De Lisle. fol. 7 b.
    b. Basset and Clinton. fol. 8.

3. Extracts from the Fines Rolls, 16 Joh. and the Placita of 14 and 27, etc. of H. 3. fol. 9.

4. Pedigrees of De Burgo and Lovell. ff. 10 b, 23.

5. Johannis regis charta confirmans Joh. fil. Roberti, fil. Rogeri, castellum de Werkeworth aliasque terras; dat. 12 Aug. 14 Joh. fol. 11.

6. Pedigrees of de Gisnes, Bigod, de Burgo, Montfichet, de Valoynes, de Sutton, etc. fol. 12 seq.

7. Pedigree of Somery, de Magnavilla, and Godwin earl of Kent. fol. 18.

    At the corner of the 19th leaf the paper is stamped, ‘ Roberti Gloveri.’

8. Notice of fines by Geoffrey de Say, Roger de Clifford, and Ralph Wake. fol. 20.

9. Pedigrees of the earl of Poictiers, de Gournay, and Courtenay. fol. 21.

10. Notes of the Cherltons, la Zouch’s, St. Maurs, etc. fol. 23.

11. Pedigrees of Bohun, de Vere, Heveningham, and Rivers. fol. 25.

12. Grant of the manor of Pesenhall to Roger Bigod, earl of Norfolk, by Alexander, king of Scotland. fol. 28.

13. Pedigrees of Bruce, Tregoz, and de Valoignes. fol. 29.

14. Extract from the Gascon Rolls, 24 H. 6, a grant of nobility to Bernard de Guares for good service; dat. 8 Sept. fol. 31.

15. Notes referring to the family of Boteler. fol. 32.

16. Ex chartis, quas mihi ostendebat Johannes le Hunt de Bradley, in com. Suff. anno 1579. fol. 33.

17. Notes of the family of Furnivall. fol. 35.

18. Pedigree of de Courcey and Rivers. fol. 37.

19. Arms in the church of Cavendish, co. Suff. ff. 38, 45.

20. Pedigree of Colt or Cowlt. fol. 39.

21. Arms in Braintree and Rawreth churches, Essex. ff. 39 b, 44, 47.

22. Pedigree of the baron de Joinville. fol. 42.

23. Notes of the families of D’Oilly, Fogge, Avenall. fol. 42 b.

24. Charter of Peter de Valoignes granting to S. Alban’s abbey the church of Bynham. fol. 50.

25. Excerptum ex lib. iii. Will. [Malmesburiensis] de Regibus, et Rogero Hoveden. ff. 50, 53.

26. Notes and pedigrees of the families of Beauchamp, de Quincy, Corbet of Caux, de Mohun and Gaunt. fol. 54 seq.

27. Arms and monumental notices in the churches of Mitcham and Camberwell, Surrey, and Weld in Essex. ff. 58-62.

28. Ex Elemosinario libro D. Albani. fol. 64.

    Incip. “ Robertus de Mubray, vir illustris comes Northanhumbrorum, postea factus monachus in ecclesia Sancti Albani, decedens sepultus est ibidem in capella S. Simeonis.”

29. Pedigrees of Calston and Perche. fol. 65.

30. Testimonial of Robert Glover that he attended and directed the funeral of Mary, wife of Wiston Browne, esq. and daughter of sir Edward Capell, of Hadden Parva, 26 June 1676. fol. 67 b.

31. Extract of names from the ‘ Escheats’ of Edw. I.—III. fol. 69 b.

32. Notes of the property of Hugh Burnell from the escheats of 9 H. V. fol. 71.

33. Pedigrees of Brome and Hastings. fol. 76.

34. Arms in the churches of Selby, Patrickbourne, S. Andrew’s, Newcastle. fol. 79.

35. Pedigree of Blunt. fol. 84 b.

36. Arms of eighteen British kings from the emperor Vespasian to Cymbeline. fol. 87.

37. Notes of De Vere, earls of Oxford. fol. 88.

38. Pedigree of Braybrooke and Brooke, lord Cobham. fol. 90.

39. Pedigree of Shalcrosse. fol. 91 b.

    Inserted by the binder are two parchment leaves at the beginning and end of the volume, containing fragments of lives of the following saints from the Legenda Aurea, SS. Celsus and Nazarus, Felix, Simplicius, Martha, Cyriacus, and Laurence.

CLXVII.

Rotulus membranaceus, sec. xvi.

Regum Angliæ pedegradus a Noe deducta ; notatis hic illic in utraque margine notitiis historicis ad regna varia spectantibus.

CLXVIII.

Rotulus membranaceus, sec. xvi.

Rogeri Albani chronicon genealogicum regum Angliæ ab Adamo usque ad Henricum VI. inclusive deductum, cum prologo brevi.

Incip. prol. " Considerans cronicorum prolixitatem necnon et difficultatem."

CLXIX.

Rotulus membranaceus, sec. xvii.

Pedigree of the Rudston family, of Haiton, with colored arms.

It ends with John, son of Nicholas, who married Margaret Trollope.

CLXX.

Codex chartaceus, in folio, ff. 38 et **719**, sec. xvii.; olim Jo. Williamson.

Jura et privilegia clero Anglicano adjudicata ex parliamentorum rotulis in archivis Turris Lond. depositis ; deprompta per Gulielmum Ryley, et Gulielmo, archiep. Cantuariensi, dicata.

Præmissus est index alphabeticus locuples, *Anglice.*

Incip. ab 18 Edw. I. et continuantur ad ult. Edw. IV.

CLXXI.

Chartaceus, in folio, ff. **343**, sec. xvii. ; olim Jos. Williamson.

Placita Parliamentaria, or collection of pleas in parliament during the last nine parliaments of Edward the First, and that holden at Westminster in the 14 Edw. II., by W. Ryley, with a table of the petitions presented at the several parliaments at the end.

On the first page sir J. Williamson has written, " Mem. that this collection is printed by Ryley, the collector, in Latin, with an appendix, London, 1661."

CLXXII.

Chartaceus, in folio, ff. **195**, sec. xvii. ; olim Jos. Williamson.

1. A discourse of the practice and privilege of the High Court of Parliament, collected out of the Common Laws. p. 1.

Printed in 4to., 1628.

2. Speeches of the king and lord keeper to the two houses of parliament 13 Apr. 1640, with the Scotch lords' letter to the French king. p. 45.

3. Mr. Joh. Glanville's speech, 23 May 1628, in the Painted Chamber. p. 73.

4. Sir Henry Martin's speech on the same day. p. 107.

5. Resolution of the Commons, 3 Apr. 4 Car. I. on the petition of right. p. 125.

6. Lord keeper's speech, 28 Apr. 1628. p. 131.

7. Mr. Benj. Rudyard's speech on the same day. p. 137.

8. Address of the house of commons to the king, 1628. p. 141.

9. Speech for complying with the king, etc. 1628. p. 145.

10. Draft of the petition of right by the commons, and some notes upon it in the lords' house, 1628. p. 149.

11. The king's address to the parliament, 12 May, 4 Car. I. p. 157.

12. That the kings of England have been pleased usually to consult with their peers in the great council and commons in parliament, of marriage, peace and war ; dat. 8 Feb. 1623, by sir Rob. Cotton. p. 169.

13. Certain cases of election of burgesses to the parliament, collected by Mr. serjeant Glanville. p. 191.

14. Forms and orders of parliament by John Vowell, alias Hooker. p. 289.

15. Maxims of state and war, or an infallible means to recover the palatinate with small charge, as also for the king of France to recover those territories which are kept from him, etc. ; written by J. W. in English, and sometime pensioner unto the king of Spain, A. D. 1638. p. 333.

CLXXIII.

Codex chartaceus, in folio, ff. 54, sec. xvii. ; olim Jos. Williamson.

Collectio summonitionum parliamenti sive nomina baronum, etc. qui summoniti sunt ab anno 24 Edw. I. ad annum 27 Henrici VI. inclusive.

CLXXIV.

Codex chartaceus, in folio, ff. 70, sec. xvii.; olim Jos. Williamson.

1. The king's and lord keeper's speech in parliament, 13 Apr. 1640. p. 1.
2. The king's second speech delivered by the lord keeper at the Banqueting House, Whitehall, 21 Apr. 1640. p. 9.
3. Mr. Jo. Glanville's speech, with the lord keeper's reply, 5 Apr. 1640. p. 17.
4. Mr. Pym's speech, 16 Car. I. p. 43.
5. Mr. Pym's speech at a conference with the lords, 1 May 1640. p. 61.
6. Two speeches by Mr. Rouse. p. 71.
7. Sir Francis Seymour's speech, 1640. p. 87.
8. Sir John Wray's speech, 20 Apr. 1640. p. 95.
9. Sir Benjamin Rudyard's speech, April 1640. p. 101.
10. Mr. Grimston's speech. p. 121.
11. Mr. Herbert, the king's solicitor, his report of a conference with the lords, 27 Apr. 1640. p. 123.
12. Grievances and votes discussed of in the House of Commons. p. 131.
13. The king's speech in dissolving the parliament; May 1640. p. 137.

CLXXV.

Chartaceus, in folio, ff. 87, sec. xvii.; olim Jos. Williamson.

Parliament " booke, ab anno quarto Edwardi tercii usque xxii. annum Edwardi quarti de rebus faciendis in parliamento; script. per Gulielmum Ryley, Juniorem, 1649."

At the end is an excerpt from the parliament roll of 2 H. IV. of the case of William Sautre, heretic.

CLXXVI.

Chartaceus, in folio, ff. 89, sec. xvii.; olim Jos. Williamson.

A treatise of ' Judicature in Parliament,' made up of precedents of cases of appeals, replications, etc. as they occurred in the House of Lords, to shew the mode by which judgments were there rendered.

Beg. " The execucion of all our lawes hath beene longe since distributed by parliament unto the inferiour courtes in such sort as the subject is directed where to complaine and the justices how to redresse wrongs and punish offences."

Sir Jos. Williamson has prefixed, " Transcrib'd out of a copy lent me by Mr. Tho. Rosse, his majesty's library keeper, etc. 166⅘. J. W."

CLXXVII. CLXXVIII.

Codices duo chartacei, in folio, ff. 172 et 11, sec. xvii.

Journals of the proceedings of the House of Commons from the 13th of April, 1675, to the 21st of December, 1678, inclusive.

They include also the speeches of the king and lord keeper at the opening of the respective parliaments.

CLXXIX.

Codex chartaceus, in folio, ff. 167, sec. xvii.

Journals of proceedings in the House of Lords from the 13th of April 1675, to the 30th December 1678 inclusive, with the speeches of the king and the lord keeper.

CLXXX.

Chartaceus, in folio, ff. 83, sec. xvii.; manu Johannis Hodgson, A. M. conscriptus.

Photii, Patriarchæ CPolitani, dictionum collectio, plus quam aliis apud rhetores logographosque in usu habitarum, cum prologo; imperf.

Tit. Φωτίου τοῦ ἁγιωτάτου πατριάρχου Κωνσταντινουπόλεως λέξεων συναγωγὴ αἱ μᾶλλον τῶν ἄλλων ῥήτορσι καὶ λογογράφοις ἀνήκουσιν ἐπὶ χρείαν. προσεφώνηται δὲ Θωμᾷ Πρωτοσπαθαρίῳ καὶ ἄρχοντι τοῦ λυκοταμίου οἰκείῳ μαθητῇ.

Tit. prol. πρόλογος τοῦ λεξικοῦ δι' ὧν ῥητόρων τε πόνοι καὶ συγγραφέων ἐξωραΐζονται μάλιστα.

Incip. αἱ τῶν λέξεων πλείους, ut in edit. Lond. 1822.

Desin. imperf. sub voce Μελίτη.

CLXXXI.

Chartaceus, in folio, ff. 306, sec. xvii.

1. Photii Lexicon, sive dictionum collectio e codice Galeano excerptum, cum prologo, ordine alphabetico. fol. 1.

Tit. Φωτίου τοῦ ἁγιωτάτου, κ. τ. λ. ut supra in Cod. qui videtur hujusce apographus. Exstat impress. in 8vo. Lond. 1822. In calce, " Finis Cod. Galiani."

2. Plerarumque vocum in scholiis Thucydidis explicatarum syllabus, ordine alphabeti. fol. 272.

Incip. ἀβουλοτέρων, κακοβουλοτέρων.

3. Λεξικὸν τοῦ ἀποστόλου Παύλου κατὰ τὸν ἀλφάβητον, MS. in calce codicis MS. Græc. Actorum Apost. et Epistolarum penes Jo. Covell, theologum Cantabrigensem. fol. 291 b.

Incip. ἀφωρισμένος, ἐκλελεγμένος.

4. Vocum in scholiis Demosthenis illustratarum syllabus. fol. 297.

Incip. ἀγαπήσας, ἀρκεσθείς.

CLXXXII.

Codex chartaceus, in folio, ff. 296, sec. xvii.

Anonymi cujusdam Dictionarium Teutonico-Latinum, ordine alphabetico dispositum.

Incip. " Aad, rogus ; Aana, absque ; Abafareintan, si amputetur ; Abah, proterung."

Desin. " Zuuirnet, retorta ; Zuuiror, bis ; Zuuiske, bini, simili casu vocis, driske, terni."

CLXXXIII.

Chartaceus, in folio, ff. 91, sec. xvii.

Jo. Millii Adversaria ; scilicet,

1. S. Ignatii Martyris epistolæ genuinæ, ex editione Vossiana 1680, interfoliatæ et notis MSS. interspersæ. fol. 1.

2. Jacobi Usserii, archiep. Armach., Appendix Ignatiana ; scilicet,

a. Prologus ad Lectorem. fol. 79.

b. Martyrium S. Ignatii, *Lat.* tam ex Codice MSS. Cottoniano, quam Veteri Ignatii interprete. fol. 80.

c. Notæ in Ignatii martyrium. fol. 83.

CLXXXIV.

Chartaceus, in folio, ff. 57, sec. xvii.

Jo. Millii Adversaria ; scilicet,

1. S. Ignatii Martyrium, *Græce* ex Codice Colbertino, *Latine* ex Theodorici Ruinarti versione. fol. 1.

Tit. μαρτύριον τοῦ ἁγίου ἱερομάρτυρος Ἰγνατίου τοῦ Θεοφόρου.

2. Notæ Jo. Baptistæ Cotelerii in Ignatium ; insertis inter folia Vossianis ex editione impressa. fol. 3.

Sequitur index Græco-Latinus et Latino-Græcus ordine alphabetico.

CLXXXV.

Codex chartaceus, in folio, ff. 26, sec. xvii.

Jo. Millii Adversaria ; scilicet,

Collectanea de libris Novi Testamenti Apocryphis, cum indice præmisso.

Incip. " Evangelium Petri ; Origenes in Matth. 13, 55, In illud Naine, hic est Fabri filius."

CLXXXVI.

Chartaceus, in folio, ff. 37, sec. xvii.

Joh. Millii Adversaria ; scilicet,

S. Polycarpi epistolæ, martyria, etc. notis Usserii, Cotelerii, aliorumque illustratæ, cum prologo ad lectorem.

Incip. prol. " B. Polycarpi Smyrnensium episcopi et martyris ad Philippenses epistolam Græce et Latine exhibeo, ut quidem ante novennium ipsam vir cl. Jacobus Armachanus una cum Ignatius evulgavit."

Præcedunt Testimonia veterum de S. Polycarpo, et Henrici Dodwell epistola ad editorem de Codd. MSS. S. Barnabæ Vossianis, etc. *Anglice ;* Dat. Maidenhead Berksh. 14 Jun. 1687.

Vide Pearson's Posthuma p. 282.

CLXXXVII.

Chartaceus, in 4to, ff. 15, sec. xvii.

Joh. Millii Adversaria ; scilicet,

Eunomii Apologeticus in quem scripsit libros illos S. Basilius, quos Antirrheticos appellavit, quoad initium versione Latina donatus.

Tit. Εὐνομίου τοῦ δυσσεβοῦς ἀπολογητικὸς πρὸς ὃν ἔγραψε τοὺς ἀντιρρητικοὺς ὁ μέγας Βασίλειος.

Præcedit, " Cl. Henrici Dodwelli de hac Eunomii apologia judicium."

CLXXXVIII.

Chartaceus, in 4to, ff. 10, sec. xvii.

Joh. Millii Adversaria Biblica ; scilicet,

1. Collatio codicis Test. Nov. excepta Apocalypsi, ex oriente delati a Doct. Haleio. fol. 1.

2. De lectionibus ecclesiasticis, et textus sacri divisionibus. fol. 2, *seq.*

3. Descriptio codicis Vaticani. fol. 5.

G

4. De versione vulgata. fol. 6.

5. S. Cypriani oratio utilis ad neuralgiam aliosque morbos sanandum; *manu secunda. Græce.* f. 9.

CLXXXIX.

Codex chartaceus, in 4to, ff. 37, sec. xvii.

Joh. Millii Adversaria ; scil.

1. Anatolii, episc. CPol. ad Leonem Magnum epistola ; ex codice Barocciano lxxi. fol. 88 exscripta ; *Græce* et *Latine.* fol. 2.

Tit. ἐπιστολὴ Ἀνατολίου ἐπισκόπου Κωνσταντινουπόλεως πρὸς Λέοντα ἀρχιεπίσκοπον Ῥώμης. Incip. τῆς μὲν ὑμετέρας.

2. Ex Clementis Stromatibus, Dionysio contra Origenem, Hippolytoque excerpta e codice Bibl. Bodl. hodie Roe MS. xvii. signato. fol. 7.

Incip. ἐλεημοσύνας δεῖ ποιεῖν.

3. Photii collectanea e synodicis et historicis scriptis de episcopis metropoliticis aliisque controversiis ecclesiasticis contra Latinos; *Græce.* fol. 10.

Tit. Φωτίου τοῦ ἁγιωτάτου πατριάρχου Κωνσταντινουπόλεως συναγωγαὶ καὶ ἀποδείξεις ἀκριβεῖς συνειλεγμέναι ἔκ τε συνοδικῶν καὶ ἱστορικῶν γραφῶν περὶ ἐπισκόπων καὶ μητροπολιτῶν καὶ λοιπῶν ἑτέρων ἀναγκαίων ζητημάτων ἐν ποίοις φαίνονται πεπραχότες οἱ Ῥωμαῖοι παραλόγως.

Ex MS. Baroc. xci. cum MSS. Roe xviii. et Baroc. cxcvi. collata.

4. Photii, sive Euthymii, excerptum de processione S. Spiritus contra Latinos, ex MSS. Baroc. 85 et 101 ; *Græce.* fol. 25.

Incip. εἰ ἁπλοῦν μὲν τὸ Πνεῦμα.

5. Nicephori Callisti Xanthopuli catalogus episcoporum CPol.; *Græce*, ex MS. Baroc. cxlii. fol. 288. fol. 32.

Tit. Νικηφόρου Καλλίστου τοῦ Ξανθοπούλου εἴδησις ἀκριβεστάτη περὶ πάντων τῶν ἐν τῇ Κωνσταντινουπόλει ἐπισκόπων καὶ πατριαρχῶν. Incip. πρῶτος ὁ ἁγιώτατος.

6. Excerptum ex Sozomeno ex Cod. MS. Baroc. cxlii. fol. 216 a ; *Græce.* fol. 35.

Incip. Γεννάδιου τοῦ Καισαρείας.

CXC.

Chartaceus, in 4to, ff. 46 et 12, sec. xvii. exeuntis.

1. Evangelii S. Matthæi lectiones ex Vulgata cum versione Hieronymiana per Joh. Millium collatæ. fol. 1.

2. Testamenti Novi lectiones variantes secundum Complutenses theologos, cum editionibus Stephanicis aliisque et codd. MSS. per eundem collatæ. fol. 21 et 1*.

CXCI.

Codex chartaceus, in folio, ff. 38, sec. xvii. exeuntis ; manu Joh. Millii scriptus.

1. S. Basilii Liturgia sacra; *Græce.* fol. 1.

Incip. εὐχὴ τῆς προθέσεως· ὁ Θεὸς ὁ Θεὸς ἡμῶν, ut in edit. Pelargi, Wormat. 1541, et Goar. Eucholog. p. 158.

2. Liturgiæ SS. προηγιασμένων ; *Græce.* fol. 55.

Incip. ἡ θεία λειτουργία τῶν προηγιασμένων. Incip. Διακ. εὐλόγησον δέσποτα, ut in Goar. Eucholog. p. 192.

CXCII.

Chartaceus, in 4to, ff. 160, sec. xvii. exeuntis.

Joh. Millii Adversaria ; scilicet,

Lectiones variæ Evangeliorum quatuor secundum codices MSS. Vigorniensem, Dublinensem aliosque anonymos collectæ.

Incip. " Matthæus. Tit. H. (Basil.) Matthæus. S. Incipit evangelium secundum Matthæum."

In calce adjiciuntur ' Variæ Lectiones ad Evangelia, collectæ ex codice octingentorum annorum litera Longobaidica scripto in forma minori ; qui quidem codex olim spectabat ad monasterium sanctæ Colluncillæ in insula Iona, apud Scotos.'

In marg. super. notatur " Tho. Gale doctori Mils anno D. 1695."

CXCIII.

Chartaceus, in 4to, ff. 13 et 7, sec. xvii. exeuntis.

1. Joh. Millii Adversaria theologica, de doctrina apostolorum, de Marcionistis, additis excerptis nonnullis ex Pseudo-Evangelio Philippi, etc.; *Græce*, et partim *Latine.* fol. 1.

Verso volumine inveniuntur.

2. Excerpta ex SS. Barnabæ et cæterorum Patrum Apostolicorum epistolis; *Græce.* fol. 1*.

Incip. ἵνα δείξῃ ὅτι οὐκ ἦλθε καλέσαι δικαίους, ἀλλὰ ἁμαρτωλοὺς εἰς μετάνοιαν, Barnab. Ep. §. 5.

CXCIV.

Codex chartaceus, in 4to, ff. 100, sec. xvii. exeuntis.

1. Dissertation on the right of the English monarchy, ‘ quale sit, et a quo, an a Deo, Lege, Papa vel populo,’ [in bishop Barlow’s hand-writing.] fol. 1.
2. ’Ανάλεκτα de Judæis in republica Christiana tolerandis vel de novo admittendis; *Anglice*; in the same hand-writing. fol. 38.
3. Question whether it be lawful for cousins german to marry; [by the same.] fol. 66.

    Tit. “ An nuptiæ inter Sempronium et Caiam (consobrini sui filiam) jure consistant, et sint legitimæ.”
4. The state of the controversie between ye right reverend John lord bishop of Oxon. and ye bishop of Lincolne about ordination in Queen’s college chappell, 1676, with a prefatory letter by bishop Barlow. fol. 86.

CXCV.

Chartaceus, in 4to, ff. 70, sec. xvii. exeuntis.

1. Αὐτοσχεδιάσματα, pro solutione hujus objectionis, quam contra imputatam Christi justitiam Bellarminus, Socinus, aliique, qui Romam aut Racoviam sapiunt, importune et vane, ut dicam impie, asserunt; [auctore Tho. Barlow, episcopo Linc.] fol. 1.
2. A tract to prove that usury is lawful, by [Will. Fiennes] lord Say and Sele. fol. 12.
3. Animadversions on a MS. tract concerning heresy and the punishment of heretiques, Aug. 1676, ‘ for ye right honorable Arthur, earl of Anglesey, lord privy seale,’ etc. [by bishop Barlow.] fol. 24.

    Prefixed is the following note, “ This discourse the bishop brought me to Bletchington in September last, but haveing it sent him back by my son Richard for ye amending some faults in it; it was returned me to London; Nov. 12, 1676.”

CXCVI.

Chartaceus, in folio minori, ff. 120, sec. xvii.; manu Mich. Hudson scriptus.

Ricardi Crakanthorp, coll. Reg. socii, opuscula varia per Mich. Hudson forsan collecta sive dictata; scilicet,

1. Annotationes perutiles in Aristotelis demonstrationes, auspice Christo, 23 May 1628, prævia quæstionum tabula. fol. 5.

    In calce, “ Scripta per me Michaelem Hudson, alumnum Reginensem, anno Domini 1623, July 19.

    Ille Deus qui cuncta dedit, dedit his quoque finem.”
2. De locis topicis annotationes. fol. 44.

    In fine, “ Finis annotationum Topicorum locorum.”
3. Solutiones fallaciarum. fol. 50.
4. Annotationes breves in Demonstrationes. f. 53.
5. Introductio in physicam seu naturalem philosophiam. fol. 56.

    In calce, “ Finis; Laus Deo; per me Michaelem Hudson, Regin.”
6. Naturalis scientiæ synopsis seu compendium, 28 Jul. 1623. fol. 75.
7. Annotationes in Aristotelis libros tres de anima, prævia quæstionum tabula. fol. 80.
8. Quæstionum in prima classe catalogus. fol. 90.

CXCVII.

Codex chartaceus, in 4to, ff. 108, sec. xvii.; manu Thomæ Hoblin anno 1613 scriptus.

Annotationes doctoris R. Crakanthorp in Aristotelis Organon per Tho. Hoblin collectæ.

Tit. “ Annotationes domini doctoris Crackenthorpi in Aristotelis Organon breviter et accurate collectæ, anno Domini 1613.”

In calce, “ Finis Annotationum locorum Topicorum. Non dedit exscriptor posterius verbum dedit, Ille Deus ;” etc.

Sequuntur annotationes ejusdem de Fallaciis et in Demonstrationes brevissimæ.

In calce priorum, “ Thomas Hoblin me bono jure possidet; anno Domini 1612.”

CXCVIII.

Chartaceus, in folio, ff. 210, sec. xvii.

[Johannis Temporarii] Demonstrationum Chronologicarum libri tres, tabulis diagrammatibusque penitus illustrati.

Desunt folia quatuor priora; in fine tabula est corrigendorum, cui succedit præfatio, dat. Blesis kal. Febr. 1586.

Exstant impress. in folio Francof. 1596.

CXCIX.

Codex chartaceus, in 4to, ff. 254, sec. xvii.

Thomæ James, Bibliothecæ Bodleianæ proto-bibliothecarii primi, catalogus librorum in eadem bibliotheca servatorum, prævia synopsi subjectorum in singulis facultatibus authorumque qui de iis scripserunt.

Præcedit præfatio, ' ad spectatæ probitatis et optimæ spei tyrunculos, vel candidatos in facultate artium.'

Incip. " Accipite, optimæ spei Juvenes, conatum hunc meum ad studia vestra."

CC.

Chartaceus, in 4to, ff. 197, sec. xvii., anno 1625, manu Joh. Robinson, coll. Reg. scriptus ; ' Liber Taberdariorum, ex dono Joh. Allason, coll. Reg. socii.'

Ricardi Crakenthorp naturalis scientiæ synopsis seu compendium, sive Dictata super Aristotelis libros de Cœlo, de generatione et corruptione, et de elementis.

Incip. " Scientia naturalis quid ? Quod faustum sit et fœlix, juvante Deo."

In calce librorum de Cœlo notatur, " Hactenus de natura Cœli ut est physicæ considerationis et de affectionibus cœli tam germanis ac propriis, quam suppositiis ac falsis, anno Domini nostri 1625, Februar. 18."

In calce codicis, " Finis Crack. de elementis per me Johannem Robinson, Reginensem, Maio 31, A.D. 1625, Laus Deo Opt. Max. Amen."

In prima pagina, " This MS. is a coppye of Krakenthorps Phisicks ; ye original of it is now in Queens college in Oxon. [MS. ccxi.] as I am informed by one of ye colledge ; it was written by my tutour Mr. Jo. Robinson, who was one of that coll. who is now dead, 1670, by mee Joh. F."

CCI.

Chartaceus, in 4to, ff. 414, sec. xvii.

Thomæ Becket, archiepiscopi Cantuariensis, decanonizatio, per Ricardum James, C. C. C. socium compilata, prævia ad lectorem præfatione.

Incip. præf. " Amice lector, rogatus sum sæpius a venerabili quodam viro amico meo."

Incip. hist. " Decanonizatio Thomæ Cantua-

riensis et suorum. Viam regiam mihi patefacit ad decanonizationem ficti et fucati martyris."

Desin. in versibus,

" Sollicitudo, Venus, discordia, cæca libido, Fictio, lis, fastus, his vexantur moniales."

Hujus vitæ exemplar originale hodie in Bibliotheca Bodleiana servatur.

CCII.

Codex membranaceus, in 4to, ff. 161, sec. forsan x. ineuntis, bene exaratus et servatus ; ex dono Joannis Lindi, 12 Nov. 1595.

Quinti Horatii Flacci opera, glossulis marginalibus interlinearibusque instructa ; scilicet,

1. Carminum libri iv., argumentis illustrati. fol. 4.

Tit. " Horatii Flacci Caminum [sic] liber i. incipit."

Incip. gloss. " In hac ὧδε Mecenatem alloquitur indicans alium alio."

2. De arte poetica. fol. 65 b.

Incip. gloss. " Artem poeticam tractaturus Oratius ordine congruo."

In calce, " Horatii Flacci de arte poetica explicit."

3. Epodon liber, cum argumentis rubricatis, ubi notatur de metris, etc. fol. 75.

Tit. " Incipit epodon ad Mecenate."

Incip. schol. " Epodon, id est, epi."

4. Carmen seculare. fol. 88 b.

Incip. schol. " Hoc carmen seculare dicitur."

5. Sermonum libri duo. fol. 90.

Tit. " Incipit sermonum liber i. ad Mecenatem."

Incip. schol. " Hic liber de sermonibus intitulatur, ' quia presentibus loquitur.' "

6. Epistolarum libro duo. fol. 132 b.

Incip. schol. man. sec. " Flacci epistolarum."

In calce, " Explicit liber. Incipit pastus."

Cf. Bentleii Præf. in Horat. ed. 1728.

CCIII.

Chartaceus, in 4to, ff. 139, sec. xvii.

Bishop Barlow's ' first booke against Popery, That principles and positions maintain'd by the church of Rome are dangerous to all protestants and to supreme powers pernicious, etc. translated into high Dutch, and dedicated to ye senate of Zurich in Switzerland by Johannes Conradus Werndly, V. D. M. 1684.'

This title is written by the bishop himself.

Prefixed is a dedicatory preface by the translator in Dutch and English; to which is annexed a list of authors, councils, etc. cited in the work.

CCIV.

Chartaceus, in 4to, ff. 278, sec. xvii.

1. Κατάβασις εἰς ᾅδου, or, Something toward ye explication of ye meaning of that article in our Creed. fol. 1.

Beg. " Before I come to ye buisinesse principally intended, give me leeve to inquire."

2. Notes on the same text. fol. 56.

Beg. " Κατηλθεν εἰς Αδου. being affirmed of Christ in the Creed, but not found in worde in ye New Testament."

3. Librorum manuscriptorum collegii Reginensis in Oxonia Auctarium beneficio illustrissimi domini Thomæ Barlovii, ep. Lincolniensis. fol. 66.

Exstat impress. in Catalogo Codd. MSS. Angl. et Hibern. part. ii. p. 79.

4. Auctorum nomina domino Doctori Vilvani transmissa Oct. xx. m.dc.lviij. fol. 84.

5. Petitiones Ricardi quoad reformationem ecclesiæ militantis, auctore Richardo Ullerston, Oxon. Theol. Doct. 1408 ad D. Robertum episcopum Sarisburiensem legatum cleri Anglicani ad concil. Pisanum 1409, ex archivis Bibliothec. Corp. Christ. Oxon. [manu Gulielmi Fulman exscriptæ]. fol. 105.

In calce, " Explicit tractatus, qui intitulatur Petitiones Ricardi," ut supra.

6. Animadversions on Mr. Hobbs his historicall narration of heresy and its punishment; [in bp. Barlow's hand-writing.] ff. 132, 137.

7. Letter to bp. Barlow on the foregoing, etc. dat. Feb. 7, –79. fol. 134.

8. On marrying two sisters, successive. fol. 184.

Beg. " Whether any man may legally marry two sisters, successive, that is, the first."

9. Ἀνάλεκτα, seu miscellanea σχεδιάσματα de studio juris Cæsarei et Pontificii, amico theologiæ candidato transmissa. fol. 202.

Beg. " For attaining some convenient knowledge of the civil law, so far as it may be necessary."

10. Prælectio in vesperiis Oxon. habita Jul. 10, 1669, in Rom. 2, 22. fol. 226.

Incip. " Ex hoc allato sacri."

11. Ἀνάλεκτα de Joanna papissa, seu Johanne S. Papa Anglico vulgariter dicto. fol. 250.

Beg. " Why I believe there was such a person as Pope Joan."

12. Ἀνάλεκτα de nuptiis cum sorore uxoris demortuæ illicitis. fol. 260.

Beg. " Quæritur, Wether to marry."

CCV.

Codex chartaceus, in 4to, ff. 289, sec. xvii.

Eight tracts by Dr. Robert Grabby, of New College; as follow,

1. Concerning Christ's divinity and satisfaction, Free will, God's Omniscience, the Scriptures, etc.; [two copies.] ff. 2, 169.

Beg. " All men desire to be happie."

2. De Deo, ejus simplicitate, infinitate, omnipotentia, omniscientia, justicia, omnipresentia, etc. fol. 79.

Beg. " Whosoever saith any thing of God."

3. A tract to prove that God made the world and does now govern it, with the end of his making and ruling it. fol. 132.

Beg. " Since nothinge is clearer."

Prefixed is a letter to his ' much honoured and learned freind Mr. Thomas Barlow.'

4. That laymen may preach as well as clergy. fol. 148.

Beg. " It's disputed much by many."

5. A discourse about right and wrong. fol. 156.

Beg. " Whosoever thinkes his might."

6. Essay on swearing. fol. 227.

Beg. " Since ye Scripture telles."

7. An Deum esse lumine natura cognosci potest. fol. 236.

Beg. " There are many men."

8. De Scriptura, quomodo cognoscimus, quod sit Verbum Dei a Spiritu Sancto dictatum, et qui libri sint canonici, etc. fol. 252.

Beg. " Its an impossible thing."

CCVI.

Chartaceus, in 4to, ff. 298, sec. xvii.

Controversiæ nostri temporis in Epitomen redactæ, partibus tribus comprehensæ, cum prologo.

Incip. prol. " Omnes controversiæ nostri temporis pertinent fere ad duos articulos simboli apostolici, scilicet ad nonum et decimum.

Incip. opus, " Controversia de verbo Dei.
Questio prima ; An verbum Dei sit interna
sola revelatio."

Desin. " de quo vide Hieronymum in libro
contra illum ; Finis tertiæ partis."

Sequitur Elenchus Quæstionum.

CCVII.

Codex membranaceus, in 4to, ff. 175, sec. xv.
ineuntis ; olim Johannis Purdey.

1. Kalendarium. fol. 1.
2. Horæ B. M. Virginis, quibus succedunt, Psalmi
septem Pœnitentiales, Litaniæ et orationes, ut
legi solent in usu Sarisburiensi aliisque Anglicanis. fol. 7.

Ad fol. 145 legitur rubrica ista, " Hit is
fownde in the lif of seinte Bernarde that the
deuyl seyde to hym that he knewe ey3t verse
of the Sauter, and hooso seyde hem eche
day with good devocion he scholde neuer be
dampned, and whanne Seint Bernarde axkyd
hym what ey3te verse they weryn he nold
not declare hem to hym ; and tho seyde
Seynt Bernard that he wolde euery day sey
al the Sauter over ; and that hiryng the
deuyl seyde on to Sant Bernard that hit ben
these ey3te verse nexte folwynge."

At the end are drawings of the instruments
of the Passion, illustrated with verse, much
mutilated ; beg.

" - - - - - - hym and the,
That the made thurght his privite,
The cloth he sette to his face,
The prente bileft ther thurgh his grace."

CCVIII.

Chartaceus, insertis hic illic membranis ali-
quot, in 4to, ff. 191, sec. xvii., olim Lionelli
Gardiner, postea coll. Reg. ex dono Hugonis
Todd, D. D. e coll. Univ.

Psalterium Græcum, " ex codice Alexandrino
antiquissimo Bibliothecæ Regiæ [hodie Musei
Britannici], qui pridem, A. D. 1678 Oxoniis
editus est, quam editionem hæc versio sequitur
κατὰ πόδα.

Sequuntur, (a.) Psalmus Davidis idiographus
et Cantica Sacra tam ex Veteri quam Novo
Testamento desumpta. (b.) Ave Maria, Oratio Dominica et symbolum Nicænum.

CCIX.

Codex chartaceus, in 4to, ff. 178, sec. xvii.

Panoplia S. Johannis Chrysostomi, triplici indice constans, Priore quidem omnium Scripturarum, quæ in omnibus ejus operibus passim et
ubertim aut apposite proponuntur, aut dilucide
explicantur.

Altero locorum communium, qui per quatuor priores tomos in moralibus et quatuor
posteriores in integris concionibus tractantur,
secundum ordinem alphabeticum dispositi.

Tertio denique præcipuorum e plurimis locorum, qui vel a Protestantibus ad propugnan-
dum vel a Pontificiis ad oppugnandum veritatem, crebrius opponuntur vel opponi possint.

Qui tamen omnes in causæ suæ patrocinium
a Pontificiis adducti non solum commode satis explicantur sed sententiis etiam variis et
contrariis ex ipso Chrysostomo desumptis
abunde refelluntur.

Omnia ad Savilianam Sancti Chrysostomi
editionem accommodata.

[Confectoris nomen excisum est.]

CCX.

Membranaceus, in 4to, ff. 124, sec. xv., ex
dono Hugonis Todd, S. T. P. coll. Univ. socii.

1. The confession or prayer of S. Brandon. fol. 1.
Beg. " I knowleche to the, thou hy increat
and everlastyng Trinyte."

At the end, " Her endeth a confessioun the
whic is also a prayer that Seint Brandone
made and it is ful nedful to a Cristen man to
seye and werche ther aftir ; therto God 3eve
us grace."

2. Kalendarium. fol. 12.
3. Horæ B. M. Virginis, quibus succedunt, ut solet, Litaniæ, Psalmi septem pœnitentiales,
officium mortuorum et orationes ; picturis
quinque rude delineatis coloratisque illustratæ. fol. 18.

CCXI.

Chartaceus, in 4to, ff. 18, sec. xvii. ; imperf.

Introductio in Physicam seu naturalem philosophiam, auctore Ricardo Crakanthorpe.

Incip. cap. i. " De corpore in genere. Aggredimur σὺν Θεῷ tractationem naturalis philosophiæ."

Caput ii. de cælo fere totum excisum est.

CCXII.

Codex chartaceus, in 4to, ff. 87, sec. xvii.; liber ' Tho. Barlow, e coll. Reg. ex dono amici integerrimi Joh. Houghton, SS. Theol. Baccalaurei e coll. Æneo-Nasensi an. 1664.'

1. Leges Inæ. fol. 2.
2. Leges Aluredi, cum præfatione. fol. 11.
3. Leges Eadwardi Senioris. fol. 24 b.
4. Leges Eadwardi et Guthrini. fol. 27.
5. Leges Aethelstani. fol. 29 b.
6. Leges Eadmundi. fol. 37.
7. Leges Eadgari. fol. 39.
8. Leges Aethelredi II. fol. 41.
9. Leges Canuti. fol. 46.
10. Leges Gulielmi I. Bastardi, quas confirmavit. fol. 63.
11. Rerum memorabilium index, in quo prior numerus folium, posterior capitulum monstrat. fol. 85 b.

CCXIII.

Membranaceus, in 4to, ff. 50, anno 1449 manu Nicolai Warde exaratus.

1. Vita prothoplasti Adæ. fol. 1.
   Incip. " Cum expulsi essent Adam et Eva de paradisi deliciis fecerunt sibi tabernacula."
   Cf. MS. Douce ccvi. fol. 42.
2. De signo S. Crucis. fol. 8.
   Incip. " Post peccatum Ade, expulso eo de paradiso propter peccatum."
   Cf. MS. Douce lxxxviii. fol. 30.
   In calce leguntur versus,
" An. Do. milleno c. quater, ter duodeno,
Bis seno primo, fuit hoc scriptum memorando;
Nomen scriptoris factoris, qui fertur Warde Nicholaus,
Pro quo letetur et semper glorificetur."
3. Testamentum Jacob in Genesi, cum expositione per Robertum Grostete. fol. 13 b.
   Tit. expos. " Incipit expositio testamentorum duodecim patriarcharum filiorum Jacob."
   Incip. " Testamentum Ruben de his que in mente habebat. Transcriptum testamenti;" [cf. Fabric. Cod. Apocr. i. p. 519.]
   Desin. " exitus eorum de terra Egipti."
   In calce, versus quatuor, ut supra.

CCXIV.

Codex chartaceus, in 4to, ff. 130, sec. xvii.

Testamentum duodecim patriarcharum, *Græce;* cum versione Latina per Robertum Grostete, ep. Lincolniensem.

   Tit. αἱ διαθῆκαι τῶν ιβ΄ πατριαρχῶν τῶν υἱῶν Ἰακὼβ πρὸς τοὺς υἱοὺς αὐτῶν.
   Incip. ἀντίγραφον διαθήκης Ῥουβὴν ὅσα ἐνετείλατο τοῖς υἱοῖς αὐτοῦ.
   Cf. Fabricii Cod. Apocryph. Testam. Veteris.
   Tit. vers. Lat. " Testamentum duodecim patriarcharum filiorum Jacob, per Robertum, Lincolniensem episcopum, e Græco in Latinum versum."
   Incip. " Testamentum Ruben, de his quæ moriturus in mente, Spiritu prægnostico dictante, habuit."
   In calce, " Finis testamentorum 12 filiorum Jacob;" et in margine, in codice lxii. hæc ad finem sunt adscripta, " Expliciunt testamenta xij. patriarcharum secundum translationem domini Roberti Grosseteste, Lincoln. episcopi."
   Sequuntur " Scripta in hoc opere laudata."

CCXV.

Chartaceus, in 4to, ff. 101, sec. xvii.

1. A fifth reason concerning the gross idolatry of the church of Rome in the adoration of the Cross and Eucharist, by the reverend father in God Thomas, lord bishop of Lincoln, written in the 81st yeare of his age. A. D. 1687. fol. 3.
   At the end is this note by the bishop, " This 5 reason my lord of Cant. and his chaplaine Dr. Batterly refus'd to licence anno 1687, when ye reste was licenc'd."
2. Sir Edw. Cooke about the power of the church to make canons, etc. [cf. MS. clv. 66.] fol. 14.
   Prefixed it is noted, " Memorandum that this MS. was by Dr. Baylie, dean of Sarum, (sole executor of that archbishop,) found in archbishop Laud's study, with this inscription signed with my lord's owne hand, ' Sir Edw. Cooke,' etc. 25 H. 8. cap. 19 William Laud."
   Vid. Dr. Peter Heylins booke intitl'd thus, " Parliaments power in lawes for religion, etc. Printed at Oxon. by Hen. Hall, 1645, in 4to."

3. Glossarium Petri Measii, seu potius e glossario illo excerpta quædam, ad Chronicon Georgii Logothetæ τοῦ Ἀκροπολίτου. fol. 25.

4. Collation of editions of Horæ by Hardouin, and the Missale Roman. Salaman. 1587. f. 48.

5. Ἀνάλεκτα quædam et σχεδιάσματα de sub-scriptionibus et ὑπογραφαῖς epistolis Paulinis reliquisque subjectis an γνήσιαι sint, an ὑπο-βολιμαῖαι, genuinæ an supposititiæ, non authoris sed librarii seu amanuensis manu postmodum appositæ. fol. 51.

Incip. " Concerning these subscriptions 2 things may conveniently be enquired after."

6. Annotations upon the 24th canon of the council of Chalcedon. fol. 70.

Beg. " Quæ semel voluntate episcopi," etc. " Take it which way you will, ye meaninge is this."

CCXVI.

Codex chartaceus, in 4to, ff. 335, sec. xvii.

1. Adversaria de veneficiis et veneficio, or a brief discourse of witches and witchcraft, by Dr. Hodges, de Witeham. fol. 2.

2. The boisterous devil or the Idumæan wonder, a play, by Aquila Smyth, in verse, with a prefatory letter to bishop Barlow. fol. 8.

3. Jeremiah's tears, a poem by the same, with letter to bishop Barlow. fol. 28.

4. S. Alban's tears, by the same. fol. 37.

5. The chaste Israelite and the lustful elders, by the same. fol. 41.

6. Some popish questions, on St. Peter's primacy, Transubstantiation, Purgatory, etc. answered by Sebastian Cramoisy. fol. 46.

Prefixed is a note by bishop Barlow on the author.

7. De pace religionis M. Antonii de Dominis, archiep. Spalatensis, epistola ad Josephum Hallum, archipresb. Wigorn.; imperf. fol. 107.

Exstat impress. Vesunt. Seq. 1666.

8. Quæstio de regno a civibus turbato per doct. Lany, ex academ. Cantabrig. fol. 126.

Incip. " Casus ; Turbato a civibus regno."

9. The resolutions of the general assembly of ministers met at Exeter, 18 Oct. 1655. f. 129.

10. A Christian discourse, that it is not lawful for a subject, for whatsoever cause, to rebel against his king; an extract of a letter written from a doctor of Sorbonne in April 1589,

by P. Charron, Parisian, canon in the church of Condon. fol. 133.

11. A letter to a dissenter concerning the unreasonableness of taking away the penal laws. fol. 137.

12. Statuta Bibliothecæ Bodleianæ Oxon. fol. 145.

13. Oratio D. Tho. Higgons, legati Reg. Maj. Brit. ad ducem et senatum Venetum ; 14 Sept. 1674. fol. 163.

14. Johannis Davis oculi effigies ad Tho. Barlow, D.D. fol. 165.

15. J. C. Becmani ratio tingendi marmor. fol. 171.

16. Dr. Grebby's treatises, That whatever moves must be, at least in one moment of time, before it moves ; and, That this proposition, Quicquid movetur ab alio movetur, is not true. fol. 173.

17. ' Primula veris ;' The Passover, and other verses. fol. 183.

Beg.

" Most glorious Lord, thy fragrant name no spring, No penne altho inspir'd can rightly sing."

18. The argument of Milleterius [de la Militiere] his book and his manner of handling it, with a brief censure upon it. fol. 191.

19. L. Cuspidii Testamentum ultimum Romæ kal. Martiis conditum, Cn. Pompilio et L. Martio consulibus. fol. 195.

Exstat, ut et alia multa Testamenta antiqua, apud Aldum Manutium Comment. in lib. 3. Ciceronis de officiis p. 130.

20. Mr. John Donne's Satires. fol. 198.

Beg.

" Awaie thou chaungeling motley humorist ;" as in edit.

21. Roberti Sandersoni, S. T. P. prælectio tertia de Conscientia, in Gal. 2, 13. fol. 210.

Incip. " Cum mihi propositum esset ;" ut in edit. impress. 1682.

22. Vindiciæ Cyprianicæ. fol. 242.

Incip. " Epistola Cypriani Donato, col. 1., lin. 5, ab annot. b, pro ' ergo,' lego ' ego.'

23. Proceedings in parliament about the king's declaration of indulgence to non-conformists against popery and grievances from Feb. 6, 1672 till March 29 anni dicti, ex actis publicis, The Journall of Parliaments. fol. 278.

24. Reasons why they should not refuse transcripts of Saxon homilies in Benet college, Cambridge. fol. 290.

24. An answer to the 3 questions concerning the Sabbath day, by Dr. Sanderson, late bishop of Lincoln, " London, printed 1636." fol. 294.

25. A disputation, partly theological, partly metaphysical, concerning the necessity and contingency of events in the world in respect of God's eternal decree. fol. 311.

CCXVII.

Codex chartaceus, in 4to, ff. **346**, sec. xvii.

1. The history, life, manners, etc. of John Calvin, sometimes minister of Geneva, collected by M. Hierome Hermes Bolsec, doctor of physic at Lyons, translated out of French into English by Kenelm Digby. fol. 1.

Printed in 8vo. 1580.

2. Jacobi Usserii, Armachani archiep. opuscula, scilicet,

a. Capita Theologiæ 52. fol. 32.

b. Theologiæ epitome ; *Angl.* fol. 34.

c. Methodus formandarum concionum. fol. 41.

d. De modo studii instituendi, Biblia et authores alios legendi, κρίσις, cum scriptorum nonnullorum censura ; *Angl.* f. 41 b.

Beg. " For a divine there is necessary good skill in Greeke, and some in the Hebrew."

3. Analecta geographica. fol. 44.

4. Hieremiæ Sacerdotis tractatus tres, etc.

a. Dogmata quinque, in quibus ecclesia Græca a Romana dissentit ; *Græce.* fol. 63.

Incip. διαφορὰ τῆς ἀνατολικῆς ἐκκλησίας πρὸς τὴν Ῥωμαικήν· πολλάκις ἐν διαφόροις.

b. Tractatus de dissidio inter ecclesias dictas in articulo de cœna Domini ; *Græce.* f. 65.

Incip. τὸν μέλλοντα μυστηρίων.

c. ἔκθεσις τῶν τῆς ἐκκλησίας ἀνατολικῆς δογμάτων. fol. 69.

Incip. Ὁμολογεῖται σχεδὸν παρὰ πάσαις ἐκκλησίαις τῶν ἑσπερίων.

Præmittitur notitia, " Author utriusque tractatus erat Ἱερεμίας ἱερεὺς τῆς ἀνατολικῆς ἐκκλησίας διδάσκαλος. Scripsit manu propria Londini Januar. 1667 ; ad manus meas pervenit postea 3 Cal. August. m.d.c.lxviii."

5. Argumentorum solutio, quæ pro conjugio sacerdotum allata sunt ; auctore G. T. fol. 74.

Incip. " Amica responsio G. T. ad argumenta quædam pro conjugio sacerdotum. Duo credo menses sunt."

6. An argument drawn from the evidence and certainty of sense against the doctrine of Transubstantiation, [by George Morley, bishop of Winchester.] fol. 80.

Printed in Morley's Treatises.

Prefixed, " Tractatum hunc mecum communicavit reverendiss. Wintoniensis episcopus, regiæ capellæ decanus et infula sacra dignissimus Geo. Morley, 1665."

7. A tract to prove that to bow toward the altar is not only permissum and soe licitum, but preceptum and soe necessarium. fol. 90.

On the first page, " Dr. J. Taylor, ni male memini, was the author of it."

Printed, edited by J. Barrow, A. M., fellow of Queen's college, Oxon. 1848.

8. Rob. Sanderson, ep. Linc., prælectio in 1 Cor. 2, 11, Quis hominum novit, etc. fol. 128.

Incip. " Permagnam esse vim conscientiæ ;" ut in edit. Lond. 1682.

9. Chrysostomus, sive auctor operis imperfecti, [in S. Matthæum] restitutus ex MSS. variis ; edit. 1547 Basileæ. fol. 150.

Incip. " Pag. 709 lit. D. in prologo Matthæus Sanctorum quidam, adde *etsi.*"

10. Dr. Sanderson's reasons against the solemn league and covenant ' put out nomine Academiæ.' fol. 177.

Printed in 1647 and afterwards.

11. An answer to certain objections of a Protestant divine against Invocation of Saints. fol. 203.

12. Edmund Campian's Ten Reasons, with a prefatory epistle to the universities. fol. 219.

Beg. " The last yeare."

13. The true interest of the nation, on 11. Kings, 6, 20. fol. 242.

14. Letter from P. du Moulin to Barlow. fol. 245.

Beg. " Though your book."

15. Dr. Hammond's answer to bishop Barlow about the word πρεσβύτερος. [Autograph.] fol. 254.

Beg. " I have at length gotten so much leisure, as to begin to reade your animadversions."

Prefixed is this note, " A reply to this is in the hands of Mr. Offley and Henry Brougham, chaplains to the late bishop."

CCXVIII.

Codex chartaceus, in 4to, ff. **377**, sec. xvii.

1. Edwardi Brerewood Commentarius, sive analysis potius Aristotelis Ethicorum. fol. 1.

Incip. "An omnia bonum appetant," ut in edit. Oxon. 1640.

2. Epistola Georgii Morley, ep. Winton. ad Janum Vlitium, de Invocatione Sanctorum, dat. Bredæ 1 Jul. 1659. fol. 113.

Exstat impress. *Angl.* Lond. 1683.

3. Opuscula quædam ἀνέκδοτα D. D. Rob. Sanderson, Lincoln. ep. τοῦ μακαρίτου ; scilicet,

a. An sint fideles cogendi ad fidem, determinatio habita in Æde Christi, 4 Feb. 1647. fol. 169.

b. Case of the Parent's vow, etc. fol. 171 b.

c. Regulæ cognoscendi genuina Patrum scripta. fol. 173.

d. Appendix ad Fr. Godwini commentarium de præsulibus Angliæ. fol. 175.

e. Case whether a minister might omit reading the Liturgy in the time of the civil war. fol. 183.

f. Case resolved concerning the validity of a matrimonial contract in Verbo de præsenti. fol. 194.

At fol. 196 is a case on the same subject resolved by Dr. H. Hammond.

g. Bishop Sanderson's last will and testament. fol. 197 b.

h. Fragmentum de suprematu papæ. fol. 199.

i. Letter on usury. fol. 200.

At fol. 205 is ' Cotton's opinion of usury.'

k. Concerning the visibility of the true church. fol. 210 b.

4. De prædestinatione et decretorum Dei ordine secundum sententiam Contra-Remonstrantium et Remonstrantium, collectore eodem. fol. 215.

5. Ejusdem Prælectiones quinque an. 1647 habitæ. fol. 229.

Incip. i. in istud Rom. 13, 5, ' Quare subjeci,' etc. "De obligatione conscientiæ."

6. Canones Pœnitentiæ Hebraice a R. Mose Maimonide, Ægyptio, descripti, Latinitate donati a G. N. fol. 282.

Impress. Cantab. 1631.

7. Literæ Sclavonicæ, uti sunt usui in Moscovia, etc. prævia epistola Conradi Gleszno Gleshinske ad Tho. Barlow, ep. Lincoln. fol. 302.

Incip. "Cum in tota mea vita."

8. Some remarks by Stephen Kaye on the catholic faith, extracted out of the council of Trent,

for the satisfaction of a person yet in the communion of the church of England, whom the popish emissaries have endeavoured to proselyte ; dat. 1 March 1687. fol. 323.

9. Part of Mr. Gunning's letter to Dr. Cosins about books canonical and apocryphal. fol. 329.

10. An alarme ; the copy of a letter sent to 20 several members of the House of Commons, then sitting in December, 1669. fol. 335.

11. The prayers for the dead in the ancient church were not without an opinion of Purgatory, ' writt by Mr. Hitchcock's sonne a catholique.' fol. 339.

12. A sum or body of divinity real, by Nicolas Gibbon, D. D., in 1666. fol. 345.

13. Dux Ripæ ; tractatulus de episcopis et presbyteris. fol. 351.

Incip. "Scribo ad te, illustrissime Baro."

14. Discourse on the infallibility of the church of Rome, by Lucius Cary, lord Falkland. f. 359. Printed Lond. 1645.

CCXIX.

Codex chartaceus, in 4to, ff. 425, sec. xvii.

1. Collatio editionis Synodi Constantiensis anno 1514 Parisiis prolatæ. fol. 2.

2. Isaaci Casauboni annotata ad Horatium. f. 11.

Tit. "Ex Q. Horatii interpretibus Acrone et Porphyrione."

In calce, "Finis Acr. et Porphyrionis in Horatium."

3. Ex Donato in Terentium [per eundem ?] f. 97.

Incip. "In argum. Persona prolatica ea intelligitur, quæ semel inducta."

4. Ea Dionysio Halicarnasseo [per eundem]. fol. 107.

5. Controversiarum inter nos et pontificios brevis et succincta delineatio, secundum ordinem ac methodum Roberti Bellarmini, cardinalis. fol. 137.

Incip. "Disputationum Rob. Bellarmini de controversiis Christianæ fide analysis."

6. Bishops tried by peers, and precedents of bishops judging in causes of blood. fol. 184.

7. Analecta de nupero suprematus et fidelitatis juramentis. fol. 186.

8. An licet seipsum interficere. fol. 187.

9. Concerning the validity of ordination in the church of England, in a letter to Dr. Morley ; dat. Jun. 14, 1645. fol. 189.

10. Quæstiones præcipuæ inter Remonstrantes et Contra-Remonstrantes vexatæ. fol. 206.

11. De controversiis prædictis melioris notæ scriptores nonnulli, cum occasio se obtulerit compilandi. fol. 218.

    Incip. " Collectio Hagiensi scripto Hagæ."

12. De subscriptionibus epistolis Paulinis reliquisque subjectis, an γνήσιαι sint an ὑποβολιμαῖαι; Angl. fol. 222.

    Beg. " Concerninge such suspitions."

13. Alphonsi de Vorgas Toletani relatio ad reges et principes Christianos de stratagematis politicis societatis Jesu ad monarchiam orbis terrarum sibi conficiendam; 1636. fol. 230.

    Incip. " Ibi cap. 4, p. 15, Academiæ Hispaniarum libello ad regem misso."

14. De ecclesia et curia Romana. fol. 231.

    Incip. " Vide P. Crab de concilio Laterano."

15. Apologia Reformationis Anglicanæ, novem capitulis comprehensa. fol. 239.

    Incip. " Inter cæteros qui ecclesias ab Antichristi sordibus repurgatas ad præscriptum Dei."

16. Dies Dominicus est immutabilis, thesis disputata et defensa Cantabrigiæ in magnis Comitiis A.D. 1640 D. D. J. Cosino, ep. Dunelm. procancellario, D. D. Breton respondente. fol. 339.

    Præmisit Th. Barlow, " Dr. Cosins de die Dominico. Domino doctori Bernard e Galliis transmissa erat hæc determinatio, olim Cantabrigiæ habita, cum responsum doct. Petro Heylin contra institutionem diei Dominici disputanti meditabatur, anno 1658."

17. A reply to Dr. H[ammond's] long answer, upon a secondary presbyter; [by bishop Barlow,] dat. Queen's coll. 22 Jun. 1655. fol. 342.

    Beg. " It is now a good while agoe."

18. Dr. Hammond's reply to the foregoing answer; [autograph?] fol. 365.

    Beg. " I did not till yesterday."

19. England facing towards Rome, or the true grounds upon which the papists have been these hundred years still in expectation and hope that ere long England would return to popery, and how their impatience breaking forth did put them upon the hastening the end of their hope by massacre, and by removing the king as the only rub in their way; in a letter to a friend, 1678-9. fol. 373.

20. Epistola de miseria Curatorum seu plebanorum. fol. 389.

    Incip. " Securum est semper."

    In marg. " Printed in old print of ye first character, 1489."

21. Syllogismus orbis terrarum practicus, auctore Jo. Comenio. fol. 402.

    Impress. " Hamburgi, apud Gervas. Joannidis, 1665."

22. Norma religionis et fidei ecclesiæ Anglicanæ per Joh. [Cosinum] Dunelm. episc. τὸν μακαρίτην. fol. 408.

    Incip. " Perpetua nobis in ecclesia."

CCXX.

Codex chartaceus, in 4to, ff. 2 et 235, sec. xvii.

Dissertationum collectio, per scholares e coll. Reginensi habitarum, prævia oratione ad Deum ut pie et modeste disputetur; scil.

1. Enuntiatio falsi etiam cum intentione fallendi potest esse licita, respondente domino Thoma Tully, opponente D. Ric. Rawlinson, 7 Dec. 1650. fol. 1.

    In marg. et ad principium cujusque disput. " σὺν Θεῷ d. m. æ. coll." man. T. Barlow.

2. Promissiones Patribus factæ sub lege non erant tantum temporales; Resp. Thom. Lamplugh, opp. Thom. Smith, 14 Dec. 1650. fol. 18.

3. Præscientia divina a rebus prævisis non tollit contingentiam; Resp. Tho. Smith, opp. Tho. Lamplugh, 25 Jan. 1650. fol. 32.

4. An morientes sine baptismo possunt salvari; Resp. Joh. Dobson, opp. Matt. Hunter. fol. 47.

5. An notitiæ naturales sufficient paganis ad salutem; Resp. Matt. Hunter, etc.; Feb. 1650. fol. 59.

    In marg. " Vid. Vossii Hist. Pelag. p. 358."

6. Cœna Domini est sub utraque specie administranda; Resp. M. Dobson, opp. M. Fisher, 2 Mart. 1650. fol. 69.

7. Baptismus a Pontificiis administratus non est irritus; Resp. Mose Foxcroft, opp. D. Fisher, 8 Mart. 1650. fol. 78.

8. Electio ad salutem non est ex prævisa fide; Resp. D. Philip, opp. D. Jac. Fairer, 19 Apr. 1651. fol. 91.

9. Opera justorum non merentur vitam æternam; Resp. D. Barksdaile, opp. D. Philip, Apr. 1651.

10. Sacris ordinibus initiato non licet sese ministerio abdicare; Resp. Jac. Fairer, opp. Tho. Tarne, 3 Mai 1651. fol. 119.

11. Sacræ Scripturæ lectio laicis est permittenda; Resp. Edw. Wilkinson, opp. Joh. Curray, 7 Jun. 1651. fol. 134.

12. Sanctis post resurrectionem non erit gloriæ æqualitas; Resp. Joh. Curray, opp. Jac. Nicolson. 14 Jun. 1651. fol. 144.

13. An orandum sit indefinite pro omnibus; Resp. Jac. Nicolson, opp. Tho. Tarne, 21 Jun. 1651. fol. 154.

14. Pontificia consecrati panis adoratio et sancti Canonizati invocatio, nullo ne probabili fundamento nedum infallibili innituntur. fol. 161.

In marg. " De utraque hac quæstione vide Johan. Valckenier, libro cui titulus Roma Paganizans."

15. An decimas patrimoniumque sacrum Deo et ecclesiæ dicatum alienare sit illicitum et specialiter sacrilegum. fol. 166.

16. An ecclesia pseudo-catholica Romana sit formaliter idololatria. fol. 168.

Sequuntur theses aliæ, circiter viginti duæ, quarum plures vix habent nisi analysim disputationum nec disputantium nomina.

CCXXI.

Codex chartaceus, in 4to, ff. 94, sec. xvii.

A query of submitting to the first four general councils, by bishop Barlow?

Beg. " Q. Your queries now follow; the first thus, " Does he submitt to ye 4 first general councels onely, because of their authority."

At the beginning the volume is marked, ' Tomus tertius.'

CCXXII.

Chartaceus, in 4to, ff. 141, sec. xvii.

1. Mr. H[ammond?] to sir N. R. why he turn'd Arminian. [Autogr.?] fol. 2.

Beg. " Sir, I will set downe."

2. Sceleta disputationum de potestate clavium, etc. fol. 16.

3. De pontificatione collectanea; *Angl.* fol. 25.

4. De acceptatione personarum. fol. 38.

5. An Cassianus fuit Pelagianus. fol. 40.

6. De fato et ejus natura secundum Stoicos miscellanea. fol. 49.

7. De altari et incurvatione coram eo miscellanea historico-scholastica. fol. 60.

8. De confessione auriculari. fol. 79.

9. Observations touching the Lord's day. fol. 89.

10. Miscellanea metaphysica. fol. 99 b.

11. De authore symboli Apostolici. fol. 128.

12. De libris canonicis. fol. 131.

13. Miscellanea de grata studiorum intermissione. fol. 136 b.

CCXXIII.

Codex chartaceus, in 4to, ff. 133, sec. xvii.; olim Caroli Delafaye, e coll. Omn. Animarum.

Josephi Simonis, Jesuitæ, commentatio in S. Thomæ Aquinatis de Angelis quæstionem 50, cum prologo.

Tit. " R. P. Josephus Simonis de Angelis, anno 1644, J. B."

Incip. prol. " S. Augustinus in Ps. 103 loquens de Angelo, si naturæ, inquit, nomen quæris, Spiritus est."

Incip. com. " 1 Conclusio; De fide est angelos existere prout hoc nomen."

CCXXIV.

Chartaceus, in 4to, ff. 301, sec. xvii.

Naturalis Scientiæ compendium seu synopsis, auctore Ricardo Crackenthorpe, coll. Reg. socio; tabulis dubiorum illustrata, scil.

1. De corpore in communi, 17 Dec. 1615. fol. 1.

2. In Aristotelis de cælo libros quatuor; 14 Feb. 1615. fol. 96.

In fine lib. ii. (fol. 181 b.) notatur, " Finis primo die Junii 1616, R. Feas. Reg."

3. Axiomata ex Aristotelis libris Physicæ Auscultationis collecta; 4 Maii, 1616. fol. 211 b.

4. In libros de generatione et corruptione.

5. Annotationes perutiles in demonstrationes, in capita viginti quatuor distinctæ; 22 Jul. 1616; cum indice subjuncto. fol. 261.

In calce, " Hæc sunt quæ de demonstratione tractavit; finis 1 die Aug. 1616."

CCXXV.

Membranaceus, in 4to, ff. 127, sec. xii. et xiii.

1. S. Isidori Hispalensis commentarius in libros Testamenti Veteris historicos usque ad Re-

gum III., cum prologo et capitulorum tabulis. fol. 1.

Tit. " Incipiunt Ixage Ixiodora."

Incip. præf. " Historia sacre legis ;" ut in edit. Colon. 1617, p. 283.

Supplevit manus recentior omnia a cap. xvi. de habitaculis Levitarum, usque ad finem, qui in codice legitur in cap. 8. de Helia et virtutibus ejus.

---

2. Expositio vocabulorum, secundum usum metaphoricum, quem in Scripturis Sacris habent, · ordine alphabetico. fol. 101.

Incip. " Angelus est Christus vel Spiritus Sanctus, unde in evangelio, Angelus descendit in piscinam."

Sequuntur, Forma brevis confessionis, 'Les articles de vie, De couaitise, etc.' *Gallice*, ' Medicine pur la feuere,' etc.

CCXXVI.

Codex chartaceus, in 4to, ff. 16, sec. xvii.

Capita de episcopis, ex apographo Codicis Wigorniensis Juniano ; *Saxonice*.

Tit. Be ÐeoÞitan Cyningan and Bisceopan.

Incip. " Eoplan ꝺ heꝺetoᵹan Geꝺeꝼan ꝺ ꝺeꞇman lappiꞇan."

Desin. "ꝺ hiꝼ aᵹene cýneꝼcýꝺe pihꞇlice aꝺæꝺan."

CCXXVII.

Chartaceus, in 4to, ff. 27, sec. xvii., olim Jo. Birkenhead, e coll. Omnium Animarum ; autogr.

A just apology, or a vindication of a booke entituled ' The Femall glory' from the false and malevolent aspersions cast uppon it by Henry Burton, of late deservedly censur'd in the Starrchamber. Dedicated to the most reverend fathers in God, William, lord archbishop of Canterbury his grace, and William lord bishop of London and lord treasurour of England, his most honoured and singular good lords, by Anthony Stafford, gent.

Prefixed is the note following, " Liber Thom. Barlow e coll. Reg. Oxon. ex dono amicissimi Jo. Birkenhead e coll. Omnium Animarum, qui αὐτόγραφον hoc ab ipso authore habuit."

CCXXVIII.

Codex chartaceus, in 4to, ff. 97, sec. xvii.

1. All Soules College or The state and place of good soules separated from their bodyes wherein this proposition is asserted, The good soules have not the same place nor state now as they shall have after the resurrection, [by Will. Page, D. D. fellow of All Souls?] fol. 1.

2. Paradise, or a tract shewing by sunдry reasons that Paradise, wherein our first parents were placed, was not destroyed by the flood, but continueth still in its full beauty, glory, and perfection, [by the same?] fol. 57.

Prefixed is the note, " This manuscript is bequeathed to All Soules Colledge in Oxford by William Page, Doctor in Divinity, and sometimes fellowe of that honorable society."

CCXXIX.

Chartaceus, in 4to, ff. 25, sec. xvii.

1. Epigram on S. Dunstan, from Foxe, p. 153. fol. 1.

2. De LXX. S. Scripturæ interpretibus ex Aristea, in Biblioth. Patrum, tom. 7, p. 1. fol. 2.

3. Chronologica historia Regum Angliæ ; *Angl.* fol. 5.

4. Sententia Remonstrantium de Anti-Controversiis ex Responsione ad epistolam Walachrianorum ministrorum selecta. fol. 8.

5. An Christus sit fundamentum electionis ad vitam. fol. 19.

6. A short comment on S. Jud. Epist. ver. 3, 4. fol. 24.

CCXXX.

Chartaceus, in 4to, ff. 99, sec. xvii. [autograph.]

Tho. Barlow, ep. Lincolniensis, adversaria ; scilicet,

1. An res Deo recte dicatas alienare postmodum liceat. fol. 3.

Incip. " De scripto G. Prynne."

2. De justificatione. ff. 20, 96.

Incip. " Jam. 2. 24. ἐξ ἔργων δικαιοῦται."

3. De Idololatria in 1 Joh. v. 21. fol. 62.

Incip. " Quæritur in genere, 1. Quid τεκνία seu filioli, 2. Quid εἴδωλα.

4. De Mario-latria, seu Pontificiorum cultu idololatrico Virginis Mariæ. fol. 89.

Incip. " De cultu Mariæ exhibito."

CCXXXI.

Codex chartaceus, in 4to, ff. 48, sec. xvii.

Instructions concerning erecting of a library presented to my lord president de Mesme by Gabriel Naudæus, P. done into English, by J. Evelyn, with a preface to Dr. Barlow, then provost of Queen's and Bodley's librarian, dated Says Court 5 Octob. 1658.

Printed Lond. in 8vo. 1661.

CCXXXII.

Chartaceus, in 4to, ff. 298, sec. xvii.; mutil.

Dissertationum sive disputationum pro gradu baccalaureatus in S. Theologia apud Oxonias, per scholares, ut videntur, Reginenses habitarum ; scilicet,

1. De conversione; initio mutil. fol. 3.
   Incip. in verbis, " eo adactus est, ut preter naturam etiam et gratiam divinam a natura distinctam."
   Folia duo prima excisa sunt.
2. Vere credentes certi esse possunt de sua salute; Resp. Mag. Sanderson, opp. M. Dobson ; 26 Jun. 1649. fol. 16.
3. Opera renatorum non sunt perfecte bona sed peccati contagione maculata ; resp. M. Hunter, opp. M. Fisher; 23 Jun. 1649. fol. 38.
4. Sanctorum maximus Christo deitate non est æqualis; Resp. M. Joh. Fisher, opp. M. Hunter ; 27 Oct. 1649. fol. 53.
5. An fides sola justificat; Resp. D. Bedford, opp. D. Brathwaite; 4 Nov. 1649. fol. 66.
6. Sacro fungi ministerio nisi legitime vocatus nullus jure potest; Resp. D. Brathwaite, opp. D. Bedford; 17 Nov. 1649. fol. 79.
7. Lex moralis Judæos et Paganos etiam et Christianos ad obedientiam obligat; Resp. Jac. Fairer, opp. Tho. Tarne " σὺν Θεῷ d. m. æ. c." 25 Nov. 1649. fol. 92.
8. An infideles cogendi sint ad fidem. fol. 95.
9. Polygamia Patriarcharum non fuit peccatum; Resp. M. Tarne, etc. ; 8 Dec. 1649. fol. 103.
10. Imperium potestatis supremæ non solum civilia sed et sacra complectitur; Resp. M. Wilkinson, opp. M. Jac. Nicolson; 27 Jan. 1649. fol. 120.
11. Approbatio et consensus laicus non constituat evangelii ministrum; Resp. Jac. Nicolson, etc.; 9 Feb. 1649. fol. 133.

Omissa est propter regni perturbationes dissertatio ista et loco ejus legitur notitia sequens, " De quæsito hoc pauca, pressius quam pro more dicturus sum, vellem et nervosius : fatalis simul et infelix fundi nostri calamitas (cum de vita et fortunis agitur) effecit, ut de quæstiunculis hujus modi pulvere scholastico nimium vexatis et de incrassatis distinctionum minutiis, parum forsitan profuturis, fusius disputare non vacat."

12. Ecclesia authoritatem habet in controversiis fidei; Resp. M. Tho. Smith, opp. Th. Lamplegh; 23 Mar. 1649. fol. 147.
13. Nullus renatorum potest supererogare; Resp. M. Matth. Hunter, opp. M. Joh. Dobson; 6 Apr. 1650. fol. 171.
14. Patres sub antiquo fœdere per Christi mortem salutem consequuti sunt; Resp. Ed. Wilkinson, opp. D. Philip, 11 Maii, 1650. fol. 187.
15. Omne peccatum est sua natura mortiferum; Resp. D. Philip, etc. ; 18 Maii, 1650. fol. 202.
16. Licet clericis matrimonium contrahere; Resp. Tho. Brathwaite, opp. Jac. Fairer; 25 Maii, 1650. fol. 213.
17. Oratio per defunctis nullo solido fundamento nititur; Resp. Jac. Fairer, etc.; 23 Jun. 1650. fol. 225.
18. An αὐτοφονία sit licitum; Resp. Tho. Tarne, opp. Edw. Wilkinson; 17 Oct. 1650. fol. 238.
19. Licet Christianis injuria affectis coram magistratu causam agere; Resp. Edw. Wilkinson, etc.; 26 Oct. 1650. fol. 250.
20. An mendacium sit peccatum; Resp. Jac. Nicolson, opp. Ric. Rawlinson. fol. 261.
21. Pædobaptismus non est illicitus; Resp. Joh. Curray, opp. Jac. Nicolson; 16 Nov. 1650. fol. 277.
22. An solus Spiritus Sanctus loquens in Scriptura est judex controversiarum Theologiæ; Resp. Ric. Rawlinson, opp. Tho. Tully; 23 Nov. 1650. fol. 291 b.

CCXXXIII.

Codex chartaceus, in 4to, ff. 282, sec. xvii.

Thomæ Barlow Prælectiones tredecim Academicæ de conciliatione S. Pauli et Jacobi, scilicet de justificatione hominis, an per fidem an ex operibus, Oxoniis habitæ, a die Novembris sexto 1673 ad 26 Nov. 1674.

Incip. i. " Prælect. 3 Nov. 6. Ter. Mich. 1673 ; Rom. 3, 28 : λογιζόμεθα οὖν πίστει κ. λ. Cum proposita Pauli et Jacobi commata κατ' ἔμφασιν contraria."

CCXXXIV.

Codex chartaceus, in 4to, ff. 127, sec. xvii.

1. Thomæ Barlow Prælectiones octo de conciliatione S. Pauli et Jacobi, unde supra, Oxoniis habitæ a 3 Dec. 1674, ad 27 April. 1676. ff. 1—48, 70.

Incip. i. " Prælect. 6 Decem. 3, anno 1674 ; Rom. 3, 28 : λογιζόμεθα κ. λ. Cum dubium evangelicum."

2. Ejusdem Prælectio habita Jul. 10, 1674 in Vesperiis, in istud Matth. λάβετε, φάγετε, τοῦτο ἐστὶ τὸ σῶμά μου· fol. 49.

Incip. " Date veniam, viri patres ac fratres, ut interrupta prælectionum serie."

In calce notavit auctor quæstiones aliquot ' ulterius explicandas.'

CCXXXV.

Chartaceus, in 4to, ff. 184, sec. xvii.

Tho. Barlow, episc. Lincolniensis, Prælectiones octodecim de novo Fœdere per annos 1660–1662, dum munere Prælectionis D. Margaretæ, Richmondiæ comitissæ, fungebatur.

Tit. i. " Oratio habita publice in Schola Theologiæ Oxon. Jan. 31, 1660, cum munus Prælectoris D. Margaretæ Richmondiæ comitissæ auspicabar."

Incip. " Ne miremini, viri P. et fratres, si in tanto doctissimorum hominum consessu, orator tremebundus prodeo."

Præcedit, ' Oratio prælecturis præcursoria.' et in marg. cujusque prælectionis additur, Σὺν Θεῷ, da mihi æ. coll.'

CCXXXVI.

Chartaceus, in 4to, ff. 262, sec. xvii.

1. Tho. Barlow Prælectio 4 habita Term. Nativ. 19 Feb. 1662, de Novo Fœdere. fol. 2.

Incip. "Thesis, quam prælectura superiore."

2. Prælectiones ix. habitæ in Oxon. a Jul. 11. ad Feb. 11. 1663 de Schismate. fol. 15.

Incip. i. " 1 Cor. 1. 10, Precor autem vos ; Date veniam Athenienses Britannici."

3. Prælectio habita Oxon. fol. 9, 1664, in istud, " Tu es Petrus," etc. fol. 140.

Incip. " Sacram hanc Matthæi.

4. Prælectiones sex a Term. Pasch. ad Term. Nativ. 1666, de Schismate, in I. Cor. i. 10. fol. 164.

Incip. " De natura et definitione schismatis ex hac sacri textus περικοπῇ.

CCXXXVII.

Codex chartaceus, in 4to, ff. 115, sec. xvii. exeuntis.

Th. Barlow Prælectiones septem de Schismate in istud, 1 Cor. i. 10, Oxoniis habitæ, in Term. Nativ. 1666, Term. Pasch. 1667 et Term Nativ. 1668.

Incip. i. " Ut methodi ab initio prestitutæ et eorum, quæ porro sunt dicenda."

CCXXXVIII.

Chartaceus, in 4to, ff. 181, sec. xvii.

Tho. Barlow Prælectiones xii. apud Oxonium habitæ a Term. Mich. 21 Oct. 1669 ad 3 Nov. 1670 inclusive in istud Rom. ii. 22, Qui abominaris idola, sacrilegium committis ?

Incip. i. " Ex proposita hac sacri textus περικοπῇ vesperiis proxime elapsis nonnulla diximus."

CCXXXIX.

Chartaceus, in 4to, ff. 246, sec. xvii.

1. Prælectiones novem academicæ de sacrilegio, a Term. Mich. 1670 ad Term. Pasch. 1671 habitæ, in istud Rom. 2, 22, ' Qui abominaris idola, sacrilegium committis.' fol. 1.

Incip. i. " Ex allato hoc textus Paulini commate."

2. Prælectiones sex de justificatione in istud Rom. 3, 28, cum Jac. 2, 24 collatum, a Vesperiis Jul. 8. ad Feb. 8, 1671. fol. 140.

Incip. " Rem arduam aggredior."

CCXL.

Chartaceus, in 4to, ff. 259, sec. xvii.

Prælectiones academicæ decem Oxonii per D. Tho. Barlow, D. D. habitæ, a Maii 2, 1672, ad Octob. 30, 1673, de conciliatione SS. Pauli et Jacobi, scil. circa Justificationem hominis.

Tit. i. " Prælect. i. Ter. Pasch. Mai. 2, anno

1672. Rom. 3, 28, etc. De propositis Pauli et Jacobi locis."

Insertæ sunt, ff. 17 et 168, Prælectiones duæ Oxoniæ habitæ in Vesperiis 6 Jul. 1672 et 12 Jul. 1673, in istud 1 Joh. v. 21, " Filioli, custodite vos a simulachris."

CCXLI.

Codex chartaceus, in 4to, ff. 205, sec. xvii.

Miscellaneous papers, by different hands, viz.

1. Catalogue of English bishops, down to 1639. fol. 1.
2. Catalogue of books in various languages. fol. 4.
3. The office of coronation, intitled, ' Ritus solemnes in sacra inaugurationis et coronationis regiæ μυσταγωγία pro more adhibendi.' fol. 20.
4. Anonymi cujusdam " oratio quarta post festum Paschæ, 1573, non imp." fol. 35.
    Incip. " Mercaturam olim."
5. Ejusdem oratio ' 1574, imp.' fol. 38.
    Incip. " Pythagoram ferunt."
6. Oratio ' septima post festum Paschæ, 1574, non imp.' fol. 40.
    Incip. " Cum Pyrrhus in Italiam."
7. Oratio ' 15 post Nativitatem Domini 1577, impress.' fol. 45.
    Incip. " Cum in isto loco."
8. Psalmi Davidici xviii. paraphrasis, auctore Johanne Couraldo, Tho. Barlow dicata et consecrata; Hebraice et Latine; dat. Hampton, Febr. 1676. fol. 50.
9. Letter on the difference between canons regular and secular, [by Barlow?] fol. 63.
10. Hugonis Grotii epistola ad Joh. Overall, ep. Lichfeld. petentis ejus et [L. Andrewes] ep. Eliensis sententiam de diatriba sua de imperio summarum Potestatum circa sacra, dat. Roterodami, 9 Jul. 1617. fol. 69.
11. Jo. Overall, ep. Lichfeld. responsum ad epistolam supradictam. fol. 69.
12. Petri Martyris parænesis ad studia sacrarum literarum Oxonii proxime habita in schola theologica. fol. 72.
13. De variis ecclesiæ ritibus antiquis, scil. synaxi, stationibus et jejuniis, etc. fol. 83.
    Incip. " σύναξις propria sacros."
14. A paper sent to Mr. Tim. Dewell de ' nuptiis per sacerdotem pro more et ritu solenni celebrandis.' fol. 90.
15. Philippi, episcopi Aureliopolitani, literæ con-

cedentes licentiam Gul. Bertram audiendi confessiones, etc. infra Angliam occidentalem; dat. Lond. xiii. kal. Decemb. 1688. fol. 93.

16. Oratio quinta de ratione summi boni ' 1573, impress.' fol. 95.
    Incip. " Si quis adsit in hoc conventu, auditores ornatissimi, qui non audierit."
17. Oratio octava post festum S. Michael. 1574, quem in finem disputandum; non imp.' f. 107.
    Incip. " Etsi non solum humani corporis."
18. Sermon on, 3 Rom. 28, Justification by faith, by Dr. Zugg. fol. 116.
19. Epistolæ duæ, hæc ad Præpositum, ille ad magistrum Airey. fol. 141.
    Incip. " Duo sunt, chordatissime vir, quæ mihi scribenti."
20. Ric. Crakanthorp epistola ad M. Dodd, transmittentis concionis exemplar post comitia habitæ; dat. iv. kal. Sept. 1598. fol. 143 b.
21. Epistola ad Henricum W. familiaris, [dat. Oxon.] fol. 146.
    Incip. " Dolebam mehercule."
22. Philosophiæ Civilis Liber; imperf. fol. 147.
    Incip. " Prolegomenis tandem nostris ad exitum, Deo favente, perductis."
23. Johannis Rainoldi Declamationes duæ, in laudem Astronomiæ et Injustitiæ. fol. 151.
    Incip. i. " Mea sic est ratio."
24. ' Præfatiunculæ' ad Aristotelis Politicorum libros. fol. 159.
    Incip. " Etsi non libenter præfationibus quasi prolusionibus consumere soleo."
25. Mr. Baxter's " reasons (as they are miserably miscall'd) against the Church of England, for which he saies he cannot conforme; 1679, May 2." fol. 171.
26. A brief treatise of the proper subject and administration of baptism, " by an anabaptist gentleman, one Mr. Deane, sent in Jan. 1684" to Bishop Barlow. fol. 194.

CCXLII.

Codex chartaceus, in 4to, ff. 123, sec. xvii.

Bishop Barlow's answer to two queries occasioned by a passage in Dr. Hammond's booke called, A letter of resolution to six quæries; in the second query, §. 12, p. 43, 44.; viz.

1. Whether positive precepts given to Adam or Noah, and in them, they being capita humani

queries, to all mankind, do not bind all the world to this day, unless it appear, that the lawgiver have dispensed with them. fol. 3.

2. Whether it be not lawful for Christians or Pagans to eat blood. fol. 31.

At the end are a few notes intitled, a. Adversaria seu Collectanea de sanguine non edendo edendove; b. Mr. Robert Grebby's letter to me of the same subject; c. An analysis of Barlow's queries by another hand; as also some passages " in ye learned and most judicious tract of my honored friend Dr. Barlowe' his answer to 2 queries, whereof I stand in some doubt."

CCXLIII.

Codex chartaceus, in 4to, ff. 108, sec. xvii.

1. The principles of popery, when believed and practised, inconsistent with the just rights of monarchy, by Bishop Barlow. fol. 4.

2. Notes of the same intitled, Rex Dei Vicarius. fol. 33.

3. Letter from Obadiah Walker, congratulating Dr. Barlow on his election to the Provostship of Queen's coll.; dat. 20 March 1657. fol. 37.

4. Letter from George Digby, earl of Bristol, on the infallibility of the Church of Rome; dat. Wimbleton, 24 June 1662. fol. 39.

5. Ἀνάλεκτα, seu nonnulla ad locum illum Gen. 46, 27 σχεδιάσματα. fol. 42.

Incip. " Multa sunt de numero."

6. Some objections against my paper to John Goodwin. fol. 50.

At the end, " Nov. 14, 1654, raptim et summo frigore; cura valetudinem; vale. accipe Carolum Regium, J. G."

7. Animadversions on the worship of the Virgin, etc.; on some papers sent me by their author, my learned friend Mr. Ellis, rector of Wadsden, 1672. fol. 54.

8. Th. Barlow Διατριβή de quæstione, An vitricus privignam ducat, una cum judicio D. D. E. Reynoldi eadem de re, eodem tempore mecum communicato; 2 Mar. A. D. 1651. Anglice. fol. 82.

9. Papers concerning renewing leases in the church of Hereford, 1674. fol. 89.

CCXLIV.

Chartaceus, in 4to, ff. 53, sec. xvii.

De Deo, ejus natura et attributis, in quantum lumine naturali intellectus, sunt cognoscibilia ἀνάλεκτα μεταφυσικά, auctore Th. Barlow, sub capitibus xix. comprehensa.

Incip. " Terminus 1 an. 1636. An ad metaphysicum spectat agere de Deo? Affirmatur Non, Deus enim non potest esse objectum metaphysicæ."

Sequuntur adversaria pauca, de Sibyllis, de Symbolo Lutherano, de causa Dei pro ecclesia et Christo, etc.

CCXLV.

Codex chartaceus, in 4to, ff. 186, sec. xvii.

Vindiciæ Ambrosianæ, sive lectionum, [numero 1642,] ut in Ambrosii operum editt. impress. occurrunt, cum codicibus quatuor manuscriptis collatio.

Incip. " Lib. i. de officiis, c. 1. p. 1. lit. C. lin. 2, prudenter, significavit; Lege ex MSS. a. b. c. evidenter.

Sequuntur " Adversæ vel saltem diversæ lectiones in impressis et manuscriptis codicibus," ad opera Cypriani, auctoris Operis Imperfecti [vulgo Chrysostomo adscripti], Ambrosiique spectantes.

CCXLVI.

Chartaceus, in 4to, ff. 175, sec. xvii.; " liber Thomæ Barlow, ex coll. Reg. Oxon. 1635."

1. Catechismus Racoviensis, sive Catechesis Ecclesiarum, quæ in regno Poloniæ et magno ducatu Lithuaniæ, et aliis ad istud regnum pertinentibus provinciis, affirmant neminem alium præter Patrem Domini nostri Jesu Christi, esse illum unum Deum Israelis; etc. ante annos quatuor Polonice nunc vero Latine edita. fol. 2.

Exstat impress. Racoviæ, 1609.

2. Religionis Christianæ brevis institutio. fol. 144.

Incip. cap. i. " De religione Christiana in genere. Quid est religio Christiana? Est via a Deo per Christum patefacta."

Præmisit Tho. Barlovius notitiam, " Notandum quod Christophorus Ostorodius Socinianus librum edidit cui titulus, ' Institutiones Religionis Christianæ,' cui libro fuse (an et nervose aliorum sit judicium) respondet Jacobus ad Portum, in academia Lausannensi professor lib. cui titulus, ' Or-

I

thodoxæ fidei defensio adversus Christoph.'
Ostorodii Institutiones Genevæ, an 1613."

CCXLVII.

Codex chartaceus, in 4to, ff. 63, sec. xvii.

1. Excerpta ex anonymi auctoris vita Constantini
Imperatoris et Helenæ in cod. MS. Roe ix.
descripta, manu Tho. Barlow. fol. 1.

Tit. " Excerpta e MS. Græco in Archivis
Roanis in Bibl. Bodl. Oxon."

Epigraphe est, βίος καὶ πολιτεία τῶν ἁγίων
καὶ εὐδόξων καὶ φιλευσεβῶν μεγάλων βασιλέων
καὶ ἰσαποστόλων, Κωνσταντινοῦ καὶ Ἑλένης,
καὶ φανέρωσις τοῦ τιμίου καὶ ζωοποιοῦ σταυροῦ
τοῦ Κυρίου καὶ Σωτῆρος ἡμῶν Ἰησοῦ Χριστοῦ.

2. Some reasons objected against Doctor Page's
book MS. concerning the catholique rule of
expounding scripture, which rule he conceaves
the consent of fathers of the first 4 cent. to be.
fol. 19.

3. Ἀνάλεκτα de suprema illa et ultima controversiarum regula, authoritate scilicet sanctorum
Patrum in rebus fidei et religionis; Anglice.
fol. 21.

4. A case proposed by Dr. Good, master of Balliol coll. concerning the renewing a lease by
the dean and chapter of Hereford, 1674. f. 43.

CCXLVIII.

Chartaceus, in 4to, foliis constans scriptis vacuisque 2 et 373, sec. xvii.

Præmittitur elenchus contentorum; initio mutil.
Analecta Polemica Scholastico-historica de variis theologiæ capitibus, per scholares præcipue
Reginenses, disputata ab an. 1649 ad an. 1654,
1658.

Quæstio prima est, ' An sanctorum maximus
sit Christo Deitate æqualis.' Negatur. Respondente magistro Joh. Fisher, opponente
magistro Matth. Hunter; Oct. 27, 1649.

Incip. " 2 Pet. i. 4. Sancti sunt θείας φύσεως κοινωνοί. Esto quod sint κοινωνοί, non
sequetur æqualiter."

Hic illic præfixa sunt nomina eorum, qui re-
spondebant opponebantque; scilicet,

a. Johannes Fisher et Matth. Hunter. pp. 1, 239
247, 315.
b. Tho. Braithwaite et [Jac.] Bedford. p. 9.
c. Jac. Fairer et Tho. Tarne. pp. 17, 181.
d. [Hen. ?] Wilkinson et Jac. Nicolson. ·p. 67.

e. Joh. Dobson et Matth. Hunter. pp. 107, 167.
f. Jac. Nicolson et R. Rawlinson. pp. 139, 220.
g. Joh. Curray et Jac. Nicolson. p. 151.
h. Ric. Rawlinson et Tho. Tully. p. 158, 425.
i. [Fran.] Barksdaile et [Geo.] Philip. p. 173, 271.
k. Jac. Nicolson et Tho. Tarne. pp. 185, 207.
l. [Joh. ?] Wilkins. p. 191.
m. Tho. Tully et Tho. Lamplugh. pp. 197, 225,
283, 401, 447.
n. [Mich. ?] Roberts. p. 203.
o. T. Smith et Tho. Lamplugh. p. 211.
p. [Geo. ?] Philips et Th. Tarne. p. 215.
q. [Will. ?] Petty et Joh. Dobson. p. 255.
r. Ric. Rawlinson et Tho. Tarne. p. 277, 359.
s. Joh. Dobson et [Fran.] Berksdaile. p. 351.
t. Th. Lamplugh et Tho. Barlow. p. 429.
u. Ric. Rawlinson et [Tim.] Halton. p. 507.
w. T. Nanson. p. 511.
x. —— Simson et [Thos.] Smith. p. 563.

Ad p. 435. inveniuntur Ἀνάλεκτα seu collectanea de opinione illa singulari D. D. Hen.
Hammondi, qua primus asserit vocem πρεσβύ-
τερον in N. Fœdere semper episcopum proprie
dictum, nunquam presbyterum secundarium
Episcopo minorem, denotare.

Ad p. 493, Ex Confessione Augustana, Carolo 5 in Comitiis, Augustæ exhibita ann.
1530.

Ad p. 683, Notes out of T. C. [Thomas
Carwell] his reply to my lord of Canterbury's
book against Fisher, Paris. 1658.

CCXLIX.

Codex chartaceus, in 4to, ff. 399, sec. xvii.

A book of theses and authorities against the
various doctrines of the Roman Catholic Church,
intitled, " An Anticoccus or a Preamble to a
a greater worke which shall, yf God will, shew
the generall historie of the Protestant Churche
more or less visible at all times and in all places
by Thomas James, Doctor of Divinitie, and sub-
deane of ye cathedrall churche of Welles; Oxford 1629."

Prefixed is a table of contents, and a preface
to George Abbot, archbishop of Canterbury;
and at fol. 25, seqq. ' a catalogue of the authors cited,' and " an alphabeticall enumera-
tion of the points handled in this book."

At fol. 35, " A catalogue of the writers, that
have testified to the truth of our religion."

CCL.

Codices duo chartacei, in 4to, quorum constat prior ff. 384, alter, 373, sec. xvii.

Reply of Dr. Barlow to (Father Hugh Cressy's) Answer to Dr. Pierce's sermon, entitled, Roman Catholic doctrines no novelties.

[This is the original draft, and does not appear to have been printed.]

Prefixed is " A catalogue of missals, breviaries, ritualls, ceremonialls, pontificalls, rituall writers, etc., which I have beene necessitated to consult speaking of your Roman offices with their severall editions, the place where and time when they were printed."

CCLI.

Codex chartaceus, in 4to, ff. 97, sec. xvii.

An essay on the different forms of government, and on the duties of princes, illustrated from the lives and characters of the Roman emperors down to Maximinus; in twenty-six chapters.

Beg. " All formes of government are principally comprised under one of these twoe, kingedoms or commonwealthes."

CCLII.

Chartaceus, in 4to, ff. 42, sec. xvi. exeuntis.

Liber visitationis archidiaconi Oxoniensis incipientis decimo tertio die mensis Septembris et anno Domini 1585.

Comprehendit nomina rectorum œconomorumque cujusque ecclesiæ secundum decanatus.

At the end of the volume is a table of " Lent preachers," for every Wednesday, Friday, and Sunday, in 1645; beginning with Ash Wednesday, 19 Feb., Bp. of Oxford; Dr. Skinner.

CCLIII.

Chartaceus, in 4to, ff. 46 et 47, sec. xvii.; olim Thomæ Reeves.

1. Adversaria Græca; scilicet,
   a. Phrases, sententiæ et synonyma ex Herodiano. fol. 1.
   b. Φράσεις ἐκ τοῦ Πλουτάρχου. ff. 26, 32, 43.
   c. ὁμοιώματα. fol. 39.
   Verso volumine,

2. Exempla et sententiæ ex Justino collectæ, cum indice posthabito. fol. 4*.
3. Platinæ abbreviatura sive notitiæ Pontificum Romanorum, a Petro ad Xystum. I. fol. 39*.
4. Observationes, quomodo cæremoniæ eccl. Rom. excreverint, et a quibus introductæ sint. f. 43*.

CCLIV.

Codex chartaceus, in 4to, ff. 287, sec. xvii.

Collection of authorities and other notes, against Roman catholics, in answer chiefly to Cressey's Roman Catholic Doctrines no Novelties, etc.

At the end is a letter from Arthur F. Davenport to Barlow on Scotus's exposition of 6 Joh. 51, 52, 53, with the answer.

CCLV.

Chartaceus, in 4to, ff. 151, sec. xv.

Nicolai de Aqua-Villa, sive Waterton, sermones Dominicales per annum.

Incip. " Hora est jam nos; In ista totali epistola ;" ut in edit. impress. Paris. 1520.

In calce, " Expliciunt sermones dominicales tocius anni cum sermonibus principalium festorum editi a magistro Nicholao de Aquevilla, Universitatis Parisiensis, sacre pagine professore."

CCLVI.

Chartaceus, in 4to, ff. 95, sec. xvii.

Th. Barlow Adversaria varia ; scilicet,

1. De Symbolis. fol. 3.
2. Of Kett's rebellion. fol. 45.
3. De monarchia, ejus juribus et privilegiis. ff. 47 b, 74.
4. Leges Inæ regis Saxonum Occidentalium ex Lamberti ἀρχαιονομίᾳ. fol. 64.
5. Miscellanea in locum Pauli, 1 Cor. 6, 7. fol. 70.

CCLVII.

Chartaceus, in 4to, ff. scriptis vacuisque 438.

Th. Barlow Adversaria theologica, secundum quæstiones, præcipue ad doctrinam ecclesiasticam spectantes, ordinata.

Notas comprehendunt sive auctoritates ex operibus variis in studiis suis enodatas.

Tit. i. " De papatu, ejus origine et progressu."

Incip. " Vid. Hist. Papatus per Phil. Mornæum."

CCLVIII.

Codex chartaceus, in 4to, ff. 138, sec. xvii.

Abstracts of questions on various subjects, by Dr. Barlow.

Amongst the titles are the following,

1. An finalis impenitentia sit peccatum in Spiritum Sanctum; affirmat D. Doctor Hammond in tractatu Anglicano cum hoc titulo, ' Of Conscience; printed Oxon. 1644.' fol. 6.
2. Whether a man may make an escape out of prison to save his life or gaine liberty? an. 1644. fol. 9.
3. Of the new Directory made at London 1644. fol. 15.
4. Analecta de episcopis. fol. 47.
5. De antiquitate Academiæ Oxoniensis ἀνάλεκτα. fol. 79.
6. Prælectio habita in Vesperiis Oxon. 6 Jul. 1661, in Matth. 26. 26. fol. 81.
7. De Chorepiscopis. fol. 100.
8. An in divinis officiis uti liceat præscriptis orationum formulis. fol. 119.
9. Glossæ Philoxeni per Bonavent. Vulcanium, Lugd. Bat. 1600. fol. 132.

CCLIX.

Chartaceus, in 4to, ff. 145, sec. xvii.

Prælectiones septendecim metaphysicæ de bono et malo Oxon. habitæ scholis publicis 13 Novemb. ann. 1635, ' ad eundem diem biennio revoluto;' [auctore Tho. Barlow.] fol. 1.

Incip. " De bono. Vestram vobis gratulor presentiam, Juventus Academica."

CCLX.

Chartaceus, in 4to, ff. 259, sec. xvii.

Adversaria, sive Quæstionum capita, ad controversiam Arminianam Socinianamque spectantia, per Th. Barlow, prævio capitum elencho.

Tit. i. " De Arminio et Arminianismo historia."

Præcedit tabula scriptorum Socinianorum et Anti-Socinianorum.

Ad fol. 158 b, ad finem referuntur quæstiones plures ad Catechesin Racovianam.

CCLXI.

Chartaceus, in 4to, ff. 185, sec. xvii.

Edwardi Brerewood liber de arte logica, ex Aristotelis organo confectus.

Tit. i. " De universalibus in communi."

Incip. " De definitione Universalis atque ejus expositione, Universalis ab Aristotele in libro de Interpretatione."

Ad fol. 82 b, notatur in fine sectionis de Antepraedicamentis, ' Ille Deus, qui cuncta dedit, dedit his quoque finem; H. B."

Ad fol. 160, " Finis sophistriæ magistri Breerewood; μόνῳ δόξα Θεῷ."

CCLXII.

Codex chartaceus, in 4to, ff. 130, sec. xvii.

Prælectiones septemdecim metaphysicæ de Deo per Th. Barlow Oxoniis habitæ ab August. 1636 ad Term. Mag. Vac. an. 1637, ' et biennii revoluti ultima.'

Incip. i. " De Deo dicturi sumus σὺν Θεῷ, nimirum laboriosæ plenum opus aleæ."

In calce codicis occurrunt carmina quædam Anglicana, auctore ut videtur Th. Barlow, inscript.

a. Apostrophe ad P. defunctum. fol. 126.

Incip.

" Rest, rest, bless'd soule, in happinesse and bee Secur'd fro troubles which mortality."

b. Upon the death " of his dearest father R. B. who died in   Decemb. 29." fol. 128 b.

Incip.

" My father dead! stay, stay report, and tell This heavy newes by parcells, say the bell."

CCLXIII.

Chartaceus, in 4to minori, ff. 28, sec. xvii.

Analecta varia; scilicet,

1. Ex Julio Solino. fol. 3.
2. Ex Velleio Paterculo. fol. 10.
3. Ex Aurelio Victore. fol. 13 b.
4. Ex Eutropio. fol. 19.
5. Præcognita quædam ad chronologiam ex Helv. Func. Mercatore et Scaligero. fol. 21.

Præit elenchus mensium, qui in legenda historia et chronologia sæpius occurrunt.

CCLXIV.

Membranaceus, in folio, in tomos duo distinctus, quorum constat primus ff. scriptis et vacuis 323, alter ff. 229, sec. xvii.

Thomæ Barlow locorum communium tomi duo secundum ordinem alphabeti plerumque dispositorum.

Tomo primo præmissa sunt folia quædam soluta, inter quæ occurrit Ro. Sanderson epistola ad Tho. Barlow de peccato originali; dat. 2 Apr. 1657.

Incip. lib. " Abbates; abbatissæ; Juxta morem priscum soliti sunt anchoretæ."

CCLXV.

Codex chartaceus, in 4to, ff. 445, sec. xvii.

Truth the defence and shield of the children of light, or people of God, called Quakers, in three parts, wherein their primitive and present doctrine being the same (and as well agreeable unto the Scriptures given forth by inspiration, as grounded on the unchangeable light of Christ within, the reprover of all fleshly liberty and loosenesse) is manifested and vindicated, innovations introduced, and the effect thereof, viz. imposition and usurpation, countenanced by George Fox, George Whitehead, William Pen, and diverse others accounted of party with him, detected; or,

A discovery of such erroneous doctrine and discipline, ungospel-like proceedings and practices which have occasioned the present separation and division, published by an epistle given forth by George Whitehead, and by him directed to be read (and accordingly was read) in the publick meeting for worship of God within the city of Bristol, held in the great meeting-house on the 21 day of the 11th moneth 1678, in the presence of several not accounted to be of the people called Quakers.

The preface is signed by William Rogers, William Forde, Arthur Eastmead, and John Maltraverse.

The work appears to be imperfect from the 23d section of the second part, ending abruptly with " Here now follows the manuscript written by William Rogers in answer to Robert Berclay's book of Government."

CCLXVI.

Chartaceus, in folio, ff. 132, sec. xvii. exeuntis.

1. Letter from H. Compton, afterwards bishop of London, to bishop Barlow, upon the eating of blood; dat. 16 Feb. 1657; with the bishop's answer, dat. 3 Apr. 1657. fol. 1.

2. Adversaria de justificatione peccatoris coram Deo, per fidem solam, contra Novatores nuperos qui Racoviam vel Romam plus æquo sapiunt, 1676, manu Tho. Barlow. fol. 23.

3. A letter from N. N. to a noble lord upon the same subject, with marginal notes by bishop Barlow. fol. 25.

4. Letter from John Whitefoot on the Intermediate State; dat. Norwich, 8 Dec. 1679. f. 72.

5. Letter from Barlow upon Justification; dat. Lond. 7 Sept. 1678. fol. 74.

6. Mr. Overbury's letter on leaving the church of England, to Mr. Barrow, chaplain to Mrs. Spencer, penn'd by her priest, with an answer by N. N. fol. 78.

They are endorsed by bishop Barlow, " Papers sent to Mr. Hilton (or Halton?) in answer to a popish letter; ye originall copy is in Mr. Hilton's hand, of which this is only a transcript. Memorandum; That I left ye little booke (ye prodigall return'd home) with Mr. Boyle when I left London, Aug. 4, 1685, and the Animadversions upon it."

7. Letter to Dr. Tennison, afterwards bishop of Lincoln and archbishop of Canterbury, on the middle state of souls; [by bishop Barlow?] fol. 90.

The last few words are in Barlow's hand.

8. Bp. Barlow's answer to Dr. Stillingfleet concerning the Codex Canonum vetus Ecclesiæ Romanæ, published by Quesnell out of the Oriell. Coll. MS. [xlii.] in ye 2d tome of Leo Magnus his works, Dec. 1676. fol. 102.

CCLXVII.

Codex chartaceus, in folio, ff. 43, sec. xvii. exeuntis.

1. Bp. Barlow's answer to the letter of Richard Hunt concerning two questions, 1. Whether Syriac be the original of the New Testament; 2. What is the true meaning of 1 John v. 7, 8. fol. 2.

Prefixed is the letter of R. Hunt, dated 20 Oct. 1656.

2. Answer of the same to Mr. Wrexham's letter about Justification by works, and our own

inherent righteousness, by the same; dat. London, 1678. fol. 18.

CCLXVIII.

Codex chartaceus, in folio, ff. **48**, sec. xvii.

1. An apology for the author of the book, entitled, The naked Gospel. fol. 1.
   Annexed are, 1. The judgments of the university upon the said book, printed in folio, Oxon. 1690. 2. The judgments and decree of the university past in their convocation 21 July 1683, ' printed at the Theater, 1683.'
2. Excerptum ex Constantini Leonisque Imperatorum lege προχείρφ. fol. 12.
3. Hugh Mapletoft's reasons, in a letter to Bp. Barlow, why he refused to take the oath; dat. Hamerton, 23 Aug. 1689. fol. 14.
4. Thomæ Barlow præfatio ad Lexicon suum Etymologicum et Philologicum; dat. Oxon. vij. kal. Aug. 1677. fol. 15.
5. Note of the delivery of the chests containing Mr. Selden's books, for the Bodleian. fol. 17.
6. Letter from Dr. John Price to Selden, returning Hesychius, and suggesting various readings. fol. 18.
7. Jacobi, archiep. Mechliniensis, de bulla Urbani papæ VIII. contra Jansenium, epistola encyclica; dat. Bruxel. 29 Mart. 1651. fol. 20.
8. An act of parliament 26 or 27 Henry VIII. for exempting the two universities of Oxford and Cambridge, with the colleges, halls, etc. and parsonages, vicarages, etc. within the same, and the colleges of Eton and Winchester from paying first fruits and tenths. fol. 22.
9. Codicum MSS. in Bibliotheca D. Johannis Cantabrigiæ catalogus, Domino Jennings Librario, concinnatus m.dc.xlix. fol. 26.

CCLXIX.

Chartaceus, in folio, ff. **12**, sec. xvii. exeuntis.

1. An objection to prove that the king cannot pardon a condemned murderer, answered by bishop Barlow. fol. 1.
2. Query whether it be lawfull for his sacred majesty to reprieve or pardon any person, by ordinary course of law, convict and condemn'd for murder; in the handwriting of the same. fol. 5.

CCLXX.

Codex chartaceus, in folio, ff. **31**, sec. xvii. exeuntis.

Query whether the royal power and sovereignty of kings be immediately from God only and neither from the pope or people nor from the laws of the country where they are kings; " soe that the royall authority of the kings of England is supreme over all persons and causes; soe that whatever power inferior magistrates have is solely from the king and not his from them ;" with notes in bishop Barlow's hand.

CCLXXI.

Chartaceus, in folio, ff. **41**, sec. xvii. exeuntis.

An essay upon the laws affecting the clergy, in a comment on the 41st chapter of the second book of sir William Stamford's Plees del Coron. imperfect.
   Prefixed is a note in Barlow's hand, " The Bp. of Lincolne is not ye author of the followinge discourse."

CCLXXII.

Chartaceus, in folio, ff. **64**, sec. xvii. exeuntis.

1. A true inventory of the goods that are in the Tower Wardrobe, in the custody of John Pidgeon, a true particular whereof is in this booke at large declared as followeth. fol. 1.
2. A true inventory of the plate now being in the Jewell house of Whitehall in the custody of Mr. Carew Mildmay, taken the 31 of July 1649. fol. 16.
3. A true and perfect inventory of all the plate and jewells now being in the upper Jewell house of the Tower in the charge of sir Henry Mildmay, taken the 13, 14, 15 days of August 1649. fol. 19.
   At fol. 27 is the description following of the king's crown, " The imperiall crowne of massy golde weighing seaven pound six ounces enriched with nineteene saphires, thirty seaven rubies ballast, twenty one small rubies, 2 emrods, 28 diamonds, 168 pearles. The gold, six ounces being abated for the stones, valued at two hundred and eighty pound, the saphires at one hundred ninety eight pound, the ballast rubies at one hundred fourty nine pound, the small rubies at sixteene pound, the eme-

ralds at five pound, the diamonds at 288 pound, the pearle at 174 pound amounts in all to 990."

4. An inventory of that part of the Regalia which are now removed from Westminster hall to the Tower Jewell house. fol. 30 b.

5. A true inventory of the goods in Denmarke house in the custody of Mr. Henry Browne, the wardrobe keeper. fol. 33.

At fol. 51 is a list and valuation of the robes of king Henry the 8th.

CCLXXIII.

Codex chartaceus, in folio, ff. 14, sec. xvii. exeuntis.

A book of drawings chiefly in pencil, the rest in colours, of fish and birds.

At the end is a drawing in pencil of (Robt. Devereux, earl of Essex?)

CCLXXIV.

Chartaceus, in folio, ff. 8, sec. xvii. exeuntis.

The rules or canons of philosophy, contrasted and collected into a brief method, by Robert Lane of Walgrave in the county of Northampton, esq., for the more speedy attainment of the philosopher's stone, resolving and excluding all ambiguity for the true inquisition and perfection of the same.

CCLXXV.

Chartaceus, in folio, ff. 71, sec. xvii. exeuntis.

1. The case of conscience 1675; a gentleman of £4000 per annum sett aside £400 per annum, which he gave to charitable and pious uses, and his query is, whether such summe out of such estate, be enough, or, whether he is bound by the law of charity to give more, by bishop Barlow. fol. 2.

2. Questions proposed by sir William Morton, with answers by the same. fol. 11.

3. Ἀνάλεκτα de Transubstantiatione, per eundem collecta. fol. 17.

4. Samuelis Dugard epistola ad eundem (?) de tractatulo suo de Consobrinorum nuptiis; dat. Barford. 8 Apr. 1673.

It is endorsed, Alexander Sanders admitted Communar Jan. 10, 1673.

5. A letter to Mr. Dugard, on the moral good-

ness and obliquity of human actions and some few writers of that subject; 2. The nature and obligation of laws, that usury, polygamy and to marry a sister are not against the law of nature, and some authors named, to give a short account of that subject, by bishop Barlow; dat. Queen's Coll. 10 Jun. 1673. fol. 38.

6. Adversaria, concerning scruples and a scrupulous conscience for the hon. Rob. Boyle, esq. by bishop Barlow; dat. Buckden, 29 Jun. 1683. fol. 52.

CCLXXVI.

Codex chartaceus, in folio, ff. 116, sec. xvii.

A discourse by Dr. Grebby, of Queen's coll. upon God's desire for man's happiness.

Prefixed is a letter from W. J. in answer to the questions, " Quod, Vel Deus non est, Vel est liber," dat. B. G. 3 Apr. 1637.

CCLXXVII.

Chartaceus, in folio, ff. 11, sec. xvii.

Explicatio inscriptionis Græcæ in antiquo marmore, inter marmora Arundeliana Oxoniæ, 1668, speciatim περὶ τῶν Νεωκόρων, qui quæve, erant enim utriusque generis, viri fœminæque, ac quales olim erant, [auctore Thoma Barlow.]

Incip. inscript. . . . . . ΟΣ . ΘΕΩ . . . . . ΥΛΗ ΝΗΣ.

Incip. expos. " In dictione ΝΕΜΕΣΕΩΝ, lineolas illas."

CCLXXVIII.

Chartaceus, in folio, ff. 305, sec. xvii. exeuntis.

Tracts and collections by bishop Barlow; as follow,

1. Whether a papist living and dying a papist can be saved; dat. Oxon. 5. id. Oct. 1670. fol. 3.

2. An answer to some queries proposed by Mr. W. A. 1671, whether laymen may officiate publickly, bury the dead or baptize. fol. 34.

3. Αὐτοσχεδιάσματα seu de Pædobaptismo ἀνάλεκτα. fol. 51.

4. Analecta, That the keeping the sacred Scriptures and the public and divine offices and service of God locked up in a language un-

knowne to the people, is in the Roman church impious and to the poor people pernicious. fol. 74.

5. De templis, eorum antiquitate et fabrica; de altari, ejus nomine, materia, situ in ecclesia, adgeniculatione et incurvatione coram eo, necnon de aliis obiter ecclesiæ cæremoniis ἀνάλεκτα. fol. 110.

6. Analecta de Transubstantiatione et an illam credat ecclesia Græca moderna Lutetiam (doctore Gallico rogante, si forte Dom. Claudio contra Dom. Arnandum et Jesuitas et de re disputanti subsidio esse potuerint) transmissa; anno 1669; *Anglice.* fol. 152.

Prefixed are two letters from Louis de Moulin, dat. Jan. and Febr. 1669, requesting the aid of Dr. B. the Provost of Queen's.

7. Responsio ad literas et quæsitum Johannis Riland, archidiaconi Coventriæ, de gestu Eucharistico; dat. Oxon. iv kal. Sept. 1668. fol. 170.

8. Some queries concerning the right which wives may have in their husbands' estates; whether they may dispose of any part of them (to pious uses, etc.) against or without their husband's will, etc. July 1670. ff. 190, 290–304.

9. De invocatione Sanctorum Analecta, or some .miscellaneous observations on a popish paper (sent me by Dr. Goode, prebend of Hereford) in which ye Jesuite N. N. endeavours to prove Invocation of Saints by scripture, fathers and the consent of our own divines, an. 1671, Dec. 7. fol. 207.

10. Answer to a case of conscience respecting a virgin's marrying after a vow that she would not, etc.; dat. 23 Feb. 1668. fol. 227.

The questions are stated to Dr. Barlow in a letter from W. Hobbes, dat. Kympton, 2 Feb. 1668.

11. Answer to Mr. Warner's objections against conformity; dat. 7 Oct. 1663. fol. 249.

12. The answer of the vice-chancellor, heads of houses and proctors to the dean and canons of Ch. Ch. concerning their refusal to preach their turns at St. Mary's; dat. 6 March 1673. fol. 276.

13. Two letters on the right of wives to their husbands' property; the first signed B. M. dat. 22 Jun. 1670; the second by bishop Barlow, dat. 1 Oct. 1670. fol. 290.

CCLXXIX.

Codex chartaceus, in folio, ff. 306, sec. xvii.

Papers principally by bishop Barlow, and in his hand-writing; as follow,

1. Mr. Rawson's second papers in reply to my first; most of these papers taken verbatim out of Ironside of the Sabbath. fol. 2.

2. An answer to the Reply in confutation of my animadversions on the paper De Sabbato; signed N. N. fol. 6.

3. Analecta seu Miscellanea nonnulla imperfecta de repudio ob adulterium, an sit solum a mensa et toro, etc.; *Anglice.* fol. 76.

4. Answer to an impertinent popish paper about the pope's supremacy. fol. 82.

5. Animadversions on a paper De Sabbato, 'my first answer.' fol. 126.

6. Queries, (1.) What was the ordination of bishops or priests for the first 150 years after Christ? (2.) Whether they thought it as necessary then as we do now? dat. May 1672. fol. 130.

7. Ἀνάλεκτα de Symbolo Athanasii. fol. 170.

At fol. 176 are inserted four letters from Henry Dodwell upon the same subject, dat. Trin. coll. Dublin. datt. 1670–1674, with a reply of Dr. Barlow to one of them, (fol. 193), dat. 13th Mar. 1672.

8. Answer to six popish queries, Whether the catholic church of Christ can err dangerously in matters of faith, sent by Mr. Cartwright; dat. Jan. 1659. fol. 221.

9. Considerations concerning the Common Prayer Book; 23 Sept. 1661. fol. 241.

10. Cases of Conscience propos'd by a lady, on the right of disposing of her husband's goods, of great quality and understanding, to Mr. Thos. Wotton, B. D. and a minister in Herefordshire, 'and by him sent to me in June 1670.' fol. 258.

Prefixed are the letters of the lady and T. Wotton.

11. My letter to Mr. Robt. Crosse in answer to some authorities alleadged for lay elders; dat. 18 Jun. 1658. fol. 275.

Crosse's letter is dated Chew Magna, 26 Mar. 1658.

CCLXXX.

Codex chartaceus, in folio, ff. 306, sec. xvii.

1. Innocentii Papæ X. constitutio, qua declarantur et definiuntur quinque propositiones in materia fidei ; dat. Rom. prid. kal. Jun. 1653 ; [Bullar. ed. Rom. 1760, t. vi. pt. iii. p. 248.] f. 2.

2. Bishop Bramhall's letter to Dr. H. Bernard concerning the observation of the Lord's day. fol. 3.

3. The English ambassador, lord Hollis, to the French king at his audience of Congé, 26 Dec. 1665. fol. 5.

4. Tho. Morton, ep. Lichfeld. et Covent. epistola ad Anton. de Dominis archiep. Spalatensem, Romam rediturum. fol. 10.

5. Animadversions and answers to Animadversions upon the judgment of archbishop Ussher concerning the true intent and extent of Christ's passion. ff. 13–31.

6. The Muse's Holocaust or a new burnt offering to the two great idols, Presbytery and Anabaptism, a poem, presented to bishop Barlow, by major Sam. Holland. fol. 33.

7. Dr. Gibbon on man in his natural and regenerate state. fol. 36.

8. Answer to some passages in Mr. John Fountain's letter to Dr. Sam. Turner on the church and its revenues, 1646. fol. 43.

9. Answer to a letter sent to Oxford upon the delivering up of the king's friends, and the business of the church. fol. 54.

10. Letter from sir William Creed, on Baptism; dat. 4 Jul. 1655. fol. 66.

11. On Church Government, etc. by Dr. N. Gibbon, endorsed, Hypotheses theological dom. Doct. Nicolai Gibbons Carolo τῷ μακαρίτῃ et martyri exhibitæ in Insula Vectis, dum ibi sacra regia majestas (scelus horrendum et æternis tenebris damnandum) incarcerata erat. fol. 74.

12. Inscriptiones sculptæ super portam Phillipsburgensem, una per Gallos 1667 altera per Germanos 1676. fol. 78.

13. Catalogus virorum illustrium, qui præsente principe D. Ormondiæ, cancellario Academiæ et Hiberniæ pro-rege aliisque, gradu doctoratus in jure civili Academiam ornabant ; 6 Aug. 1677. fol. 80. [vel Artium Magistratus [ex relat. T. E. Holland 5 Feb. 1889]

14. Eminent persons of Oriel and Balliol colleges. fol. 81.

15. Bishop Cleaveland's letter to lord Westmoreland in praise of his poem. fol. 83.

16. Bulla Pauli papæ IV. contra Cranmerum ; dat. xix. kal. Jan. 1555. fol. 85.

17. Edwin Sandys' letter on the state of religion in the Western World; dat. Paris. 1599. f. 88.

18. Bishop Cosin's judgment that the French ministers are true priests, and that we may communicate with them. fol. 141.

19. Debates and speeches in the House of Commons from the 9th to the 20th November, 1685. fol. 146.

20. The holy discipline of the church set down, according to the rule of God's word. fol. 163.

21. The chief branches contained in the preamble of the informacion exhibited in the court of Star Chamber against Thomas Cartwright, Ht. Homfries Fenn, etc. with answers from Fenn and John Reinoldes. fol. 169 b.

22. Urbani papæ VIII. Confirmatio Constitutionum Pii V. et Gregorii XIII., ut in edit. Rom. 1648. fol. 176.

23. A speech delivered by Robert (Cecil) earl of Salisbury and treasurer of England, touching the necessity of calling a parliament, 1609. fol. 186.

24. Francisci Bacon, baronis de Verulamio, cogitata et visa de interpretatione Naturæ sive de Scientia operativa. fol. 205.

Incip. "Franciscus Bacon sic cogitavit ; Scientiam in cujus possessione genus humanum."

25. Sir Will. Jones's speech for the bill to disfranchise the duke of York. fol. 234.

26. Authorities collected out of old books of law and history to prove that the descent of the crown in the right line ought not to be altered. fol. 236.

27. Observations upon the case of Customs cited in Coke's 12 Reports, p. 17, 18, in the case of sir Edw. Hales, 1686. fol. 242.

28. The act for exempting dissenters from the penalties of certain laws, [printed 1689, with MSS. notes by bishop Barlow.] fol. 252.

29. His majesty's declaration for liberty of conscience, [printed 1688.] fol. 262.

30. Index continens nomina, numerum, et opera scholiastarum, quos ex Italia secum huc

K

advexit D. Antonius Hawley, A. D. 1657. fol. 266.

31. Divisio et sectiones Octateuchi veteres ex Cod. MS. antiquo Hen. Spelman, prævia ejusdem Henrici epistola ad Jerem. Stephanum; dat. Barbacan, 5 Jul. 1633. fol. 271.

32. Catalogus ducum, marchionum, comitum, vice-comitum et baronum, qui comitiis parliamen-tariis intererant, vel jus suffragii habuerunt 20 Nov. 1675. fol. 293.

33. Urbani papæ VIII. Bulla Canonizationis Igna-tii Loyolæ soc. Jes. fundatoris; dat. Rom. 8 id. Aug. 1623. fol. 301.

> Exstat impress. in Bullario Cherubini, Rom. 1638, tom. iv. p. 8.

CCLXXXI.

Codex chartaceus, in folio, ff. 35, sec. xvii.

Collections by bishop Barlow, principally auto-graph; as follow,

1. Letter to Dr. Assheton on the question, ' An et quousque ratio judex vel regula in rebus fidei admittenda est.' fol. 2.

> Prefixed is a syllabus scriptorum pro et contra Socinum de usu Rationis in contro-versiis fidei.

2. Testimonies that the humanity of Christ is to be adored with Latria. fol. 11.

3. Whether a papist living and dying in that reli-gion can possibly be saved. fol. 13.

4. Mr. Rawson's exceptions to Mr. Appleby's ser-mon de Sabbato, 1675, with answer by bishop Barlow. fol. 56.

CCLXXXII.

Chartaceus, in folio, ff. 129, sec. xvii.

Collections for a history of the county of Cum-berland, by Hugh Todd, D. D. fellow of Uni-versity.

> On the first page, " An imperfect account of the county of Cumberland, to the library of Queen's college, Oxon; D. D. Hugo Todd, S. Th. P. coll. Universitatis socius, nuper hu-jus collegii alumnus."

CCLXXXIII.

Chartaceus, in folio, ff. 51. sec. xvii.

Collections by bishop Barlow;

1. ' De infallibilitate Pontificia,' that it is impious and irrational, etc. fol. 3.

2. ' Quod bona opera non justificant,' a treatise by bishop Barlow on a passage of St. Chry-sostom on Homil. i. de decem millium debitore, tom. v. p. 202, ed. Savil. fol. 9.

3. A letter to Mr. Henry Compton, That after Moses the supreme power in civil things was not in the high priest; dat. 29 Oct. 1657. f. 17.

4. A true and authentic representation of the doctrines of the church of Rome, contained in their Trent Creed. fol. 22.

5. Letter to Mr. Thomas Good on the neglect of communicating in his parish; dat. 1652. f. 44.

CCLXXXIV.

Codex chartaceus, in folio, ff. 272, sec. xvii.

1. Catalogus decanorum de Windsor, necnon ca-nonicorum sive præbendariorum ibidem, 19 July 1677, compilatore Thoma Frith, canon-ico. fol. 1.

2. Concerning the presence of the lords spiritual in parliament. fol. 13.

3. Epitaphia duo, unum in Georgium Rakoczium, Transylvaniæ principem, qui occubuit 6 Jun. 1660, alterum in Isaacum Basirium, 1661. fol. 17 b.

4. I. de Laet epistola ad Jo. Mauricium de pre-sbyteriis Belgicis; dat. 25 Jun. 1643. fol. 20.

5. Propositions sent from the parliament to the lords touching the surrender of Oxford. fol. 21.

6. Dr. Hammond's answer to Mr. Cornish' ser-mon about the observation of the day of the nativity of Christ. fol. 23.

7. Anglo-Saxon letter to Bp. Barlow from Will. Nicholson, with a copy of Latin verses, ' In magos Christum quærentes;' 1676. fol. 25.

8. Dr. W. Forster's letter to the same concerning his giving licences to preach; dat. 6 April, 1679. fol. 27.

9. Obadiæ Walker epistola, post annum 1673 scripta, de rumoribus adversus eum ob fidei suæ permutationem permanantibus. fol. 28.

10. Propositio facta circa longitudinem investigan-dam, an. 1673. fol. 29.

11. Inquiries for Turkey by sir G. Croke, dat. 1 Dec. 1672. fol. 30.

12. Collatio MS. cod. Michaelis Attaliatæ [an manu vir. cl. Jo. Selden?] fol. 32.

13. Ed. Gayton Carmen in Gallum bellum Anglis impotenter minitantem 3 Jul. 1666. fol. 34.

14. Copy of serjeant Puckering's speech to the

H. of Commons, when he was speaker, in the 28th year of Elizabeth. fol. 35.

15. Archbishop Sheldon's letter to the bishops for suppressing conventicles; dat. 7 May, 1670. fol. 37.

16. Of the mission of Charles, earl of Carlisle, ambassador to the Russian court, 1663. fol. 39.

17. Johannis Foxi amica parænesis ad amicos et fratres Magdalenenses. fol. 41.

18. Petri Abælardi effigies ex codice vetusto adumbrata, prævia notitia de eodem Codice in coll. Balliol. servato. fol. 44.

19. Ejusdem Petri Collationes ex eodem codice transcriptæ. fol. 45.

20. Letter from W. Hall to Dr. Josh. Cross, enclosing verses on Mr. Cross of Chew and Mr. Glandville; dat. 4 Sept. fol. 101.

21. Two tracts wrote by Dr. Simon Patrick, at the request of the countess of Lindsay, who hath lately revolted from the church of England, and hath embraced that of Rome. fol. 104.

22. Letter from John Wallis, professor of mathem. to bishop Barlow, on the Paschal Tables; dat. 21 Dec. 1677. fol. 114.

23. A prayer of Oliver Cromwell a little before his death. fol. 140.

24. A true translation from French into English of a letter from John Basire to his son Isaac; dated Rouen, 19 April, 1669. fol. 141.

25. Reasons given for the taking the oath of allegiance to king William by J. N. [sir Isaac Newton?] fol. 143.

26. A copy of the bill against popery drawn up by the House of Commons a little before their prorogation. fol. 145.

27. Papers lent me by the right rev. G. [Morley] lord bishop of Winton, Dec. 1676, including a letter to one who had joined the communion of the church of Rome, tract on the three estates of parliament, etc. fol. 147.

28. Elegy on the death of John, earl of Rochester, 26 Jul. 1680, by Samuel Holland. fol. 168.

29. A passage in father Hugh Cressey's Exomologesis condemned by the bishop of Winton, with the author's apology and Mr. Cressey's reply. fol. 171.

30. Petri Martyris epistola ad Edwardum VI. regem. fol. 181.

31. Speech of the premier president at Paris about the pope's bull concerning the five propositions of Jansenius, 1665. fol. 185.

32. Articles of agreement prepared to reformed churches of France. fol. 190.

33. Narrative of the proceedings of the fleet under their command respectively by prince Rupert and lord Monk, 1667. fol. 192.

34. Danielis Abrenethei epistola ad Edw. Hyde, dominum de Clarendon ' de codice MS. Josephi opera Sam. Petiti correcto et a nobis illustrato;' dat. Cailarii, 8 Jun. 1669. fol. 195.

35. Answer to Dr. I.'s reasons against the clergy's address to the king; 1680. fol. 197.

36. Impertinent motives for which a gentleman and his wife turned papists, 1668, in which are his discourse with Dr. Burke, preacher at the Temple, the archbishop of Canterbury, and Dr. Dolbin, bishop of Rochester. fol. 199.

37. Extract from Rolls (1) touching the dowry of Isabella, queen of king John, 17 Joh. (2) the conclusion of peace between England and France, 1420, (3) and 1492; *Latin.* fol. 215.

38. Diplomas for conferring honorary degrees upon John Owen, vice-chancellor, and Thos. Goodwyn, president of Magdalen; dat. ix. kal. Januar. 1653; *Latin.* fol. 221.

39. A popish MS. paper endeavouring to prove that the Church is the only infallible proposer of divine truths, and ought infallibly to be believed. fol. 223.

40. A poem by T. B. entitled, ' A simple parson and a woman a litill lettered.' fol. 229.

41. Notæ aliquot de Creatione ex Nihilo, et de Cœnæ Dominicæ administratione. fol. 237 b.

42. Tractatus aliquot de usu rationis in religionis negotio, contra esum sanguinis, de meritis et satisfactione Christi, etc. auctore [Edwardo] Parry, episcopo [Killal.?]. fol. 238.

On the first page bishop Barlow has written, "If I mistake not these were all bishop Parry's tracts, given me by his sonne fellow of Jesus coll. Oxon. 1658."

43. Dissertatio de illo Paulino i Cor. 15, seu de baptismo ὑπὲρ τῶν νεκρῶν, auctore Gulielmo Creede, coll. S. Joh. Bapt. Oxon. olim socio. fol. 259.

CCLXXXV.

Codex chartaceus, in folio, ff. 51, sec. xvii.

1. Answer of Dr. Barlow to Dr. Assheton's que-

ries respecting the Roman Catholic Church. fol. 2.

2. Whether the true Catholic Church of Christ may err dangerously in matters of faith by the same. fol. 8.

It is endorsed, " Feb. 6, 1659 ; Part of my answer to the 6 popish queries sent me by Mr. Cartwright."

3. Account of the consecration of the new chapel in University college, by Dr. Blandford, coll. Wadham, March 25, 1665. fol. 15.

4. Letter of Dr. Barlow to a friend in answer to the query, An quod sit causa aliqua prima increata seu Deus ratione naturali demonstrari possit. fol. 19.

5. Letter to the hon. Robert Boyle on doubtings and scruples of conscience, by bishop Barlow. fol. 31.

CCLXXXVI.

Codex chartaceus, in folio, ff. 32 sec. xvii. exeuntis.

Bishop Barlow's answer to two letters of Dr. [Rich. ?] Samways, to prove that Latria is due to our blessed Saviour's humanity ; dat. Buckden, 19 Oct. 1688.

CCLXXXVII.

Chartaceus, in folio, ff. 154, sec. xvii.

Popish falsifications, or an answer to a treatise of a popish recusant intituled, ' The first part of Protestants proofes for Catholic religion and recusancie,' taken out from the writinges of such protestant doctors and divines of England, as have been published in the raigne of his majesty over this kingdom, an. 1607, by Richard Crakanthorp, D. D.

Prefixed is a table of contents shewing what points of divinity or controversy are handled therein, and in what pages as well ' in my own copy as in this exscript thereof,' they are to be found.

CCLXXXVIII.

Chartaceus, in folio, ff. 76, sec. xvii.

Morganiæ Archaiographia, or a history of Glamorganshire by Rice Merrick.

Tit. " A booke of Glamorganshire antiquities by Rice Merrick, esq. 1578."

Privately printed by sir Tho. Phillipps, Middle Hill.

CCLXXXIX.

Codex chartaceus, in folio, ff. 172, sec. xvii.

Collections by bishop Barlow ; as follow,

1. Analecta de invocatione sanctorum ad reverendum virum D. Doctorem Good, Hertfordiæ canonicum, 7 Dec. 1671. fol. 1.

2. Analecta de Symbolo Athanasii ad Henricum Dodwell, coll. Trin. prope Dubliniam in Hibernia socium, 1671 ; Angl. fol. 17.

3. De invocatione Sanctorum ad locum Binii Concil. tom. ii. p. 548, 549, edit. Paris. 1636, et apud Cyrillum Alexandr. tom. v. part. 2, p. 352, edit. Paris. 1638 ; for my honored friend John Evelyn, esq. of Deptford. fol. 57.

4. Answer to Mr. Seymour Bowman's question, How we may know the sinfulness or innocence of our thoughts. fol. 71.

5. A letter of Mr. Hales his penning to his friend, about the Sacrament of the Lord's Supper, and the fundamentals of religion. fol. 90.

6. Prælectio de Schismate, ' ult. Term. Mich. 14 Dec. 1665.' fol. 98.

7. Adversaria de religionibus diversis in eodem regno et ecclesia tolerandis ; Angl. fol. 119.

8. A letter to Mr. Towerson about naturals and madmen, whether they are under the obligation of any law human or divine, natural or positive ; dat. Queen's Coll. 13 Apr. 1659. fol. 139.

9. Analecta, de loco Ignatii in epistola ad Trallenses, p. 8, edit Isaac. Vossii ; et de loco Ambrosii Officiorum, lib. 2. cap. 41 ; Anglice. fol. 148.

10. Case of conscience about the legality of Mr. Cottington's marriage, resolved. fol. 153.

11. Query whether the bishops of England have power to question a sentence of the archbishop of Turenne, (given in the preceding case;) in a letter to a friend, dat. 1667. fol. 158.

12. Popish anti-monarchical doctrines for my lord Digby. fol. 164.

CCXC.

Chartaceus, in folio, ff. 44, sec. xvii.

1. Analecta de Patribus quibusdam aliisque scriptoribus nonnuliis eorumque editionibus; by bp. Barlow. fol. 1.

2. Letter of bp. Barlow on the pope's supremacy. fol. 5.

3. Two letters from Thomas Cartwright to the bishop enclosing a thesis upon the Catholic Church for discussion; datt. 6 Oct., 3 Nov. 1659. fol. 7.
4. Analecta 1. de Confessione auriculari; 2. de Confessionis sigillo; 3. de Controversiarum Judice infallibili; *Anglice;* in a letter to archdeacon —— by N. N. [Barlow.?] fol. 11.
5. Query whether an uncle may marry his niece; resolved by the same. fol. 28.
6. The marquis of Ormond's letter to the bishop of Dromore. fol. 30.

> Bishop Barlow has endorsed it, " Dromore was brother to col. Davy, and confessor-general to the Irish, and the cardinall's agent to detaine them in ye French service."

7. Extraordinary cure of gout by the Bath waters, in the case of Mr. Longe. fol. 32.
8. ’Ανάλεκτα de passionibus animæ; by bp. Barlow. fol. 35.
9. Letter from Sam. Dugard, returning the bishop's tract on the law of marriage; dat. 27 Aug. 1673. fol. 39.
10. Letter from John Wallis giving a history of the University's right of printing, the impediments thrown in their way by the king's printer, etc.; dat. 23 June 1691. fol. 41.
11. Letter from Jo. Goodwin to William, son of bishop, Wren, giving an account of bishop Andrewes' prediction of king Charles I. untimely death; dat. Wilberton, 24 Jan. 1676. fol. 43.

CCXCI.

Codex chartaceus, in folio, ff. 41, sec. xvii.

Account of the proceedings in the court of Star Chamber in the case of the king's attorney general against Henry Sherfield, esq. and others for entering and defacing the parish church of New Sarum in the county of Wilts. ij. Feb. 8 Car. I.

CCXCII.

Chartaceus, in folio, ff. 112, sec. xvii.

1. The eighth book of Hooker's Ecclesiastical Policy. fol. 2.
2. Copy of archbishop Grindall's letter to the queen; 1598. fol. 42.
3. A tract to prove that a papist may lawfully go to church with a protestant.

4. A treatise theological indicating to the priest and divyne their due right and honour that the knowledge of Fas, Æquum, Jus, right and equity apertayneth to them, by Rich. Sheldon, a protestant minister, " and, as appears by this tract, a true loyalist." fol. 79.

CCXCIII.

Codex chartaceus, in folio, ff. 64, sec. xvii.; ex dono Dum. Andrews, A. D. 1715.

An exact and true relation of ye proceedings in parliament holden at Westminster, from the 20th day of January, 1628, to the 2d March inclusive.

> Prefixed is the note, " This book may be seen in print at the Bodleyan Library, viz. Lond. 1641, 4to. E. 7 pr."

CCXCIV.

Chartaceus, in folio, ff. 59, sec. xvii.

The question, ' An in dubiis pars tutior sit eligenda,' answered by bishop Barlow, for the honorable Robert Boyle, esquire; dat. Buckden, 10 April, 1683.

CCXCV.

Chartaceus, in folio, ff. 162, sec. xvii.

A register or collection of the uses, lawes and customs of the Canarins or inhabitants of this island of Goa and of the towns thereunto belonging.

> Beg. " Don John by the grace of God king of Portugale and of the Algarves of this side beyond the seas, and of Africa, lord of Guyneas."

CCXCVI.

Chartaceus, in folio, ff. 50, sec. xvii.

Catalogue of the nobility of England and a collection as well of his majesty's courts of record as of his highness most honorable houshold; the counsells of the North of Wales and the Marches, the Admiralty, the Armoury and the Mint; his majesty's towns of war, castles, bulwarks and fortresses; the islands; his majesty's houses, parks, forests, and chases, with the havens and harbours of England and Wales; collected in anno 1616.

CCXCVII.

Codex chartaceus, in folio, ff. 110, sec. xvii.

A treatise concerning the nobility according to the law of England, by William Byrd, with a preface dedicatory to the right honorable sir Thomas, lord Windsor.

Prefixed is a letter to the right hon. John, lord Loveles, by the copyist T. S. dated Wicomb 20 April, 1637.

The work was printed, enlarged by sir John Doderidge, in 8vo. Lond. 1642.

CCXCVIII.

Membranaceus, in folio, ff. 12, sec. xv.; olim Thomæ Barlow, ep. Lincoln., ex dono Edwardi Philippi.

F. Philippi Alb. Mant. carmen de homine condito, ad eundem reverendissimum dominum Ricardum, episcopum Winctoniensem, versibus heroicis.

Incip.

" Jam nova Phœbeis lustrabant lumina terras,
Ex alto demissa rotis et monstra sub undis."

Desin.

" Posse mori et tetricas vite superare sorores,
Hujus in arbitrio est solvantur ut omnia votis."

Præmittitur, " Reverendissimo domino et patri in Deo Thomæ, episcopi Lincolniensi, hunc MS. codicillum Wiltoniensem, D. D. D. Edvardus Philippus."

CCXCIX.

Membranaceus, in folio, ff. 443, sec. xiv. ineuntis; binis columnis nitide exaratus et quoad literas initiales pictus; ex dono Griffini Powell, coll. Jesu socii, 1599.

Biblia Sacra Universa, ex versione vulgata, S. Hieronymi prologis instructa.

Præmittuntur Maccabæorum libris Rabani Mauri præfationes; et in calce leguntur interpretationes nominum Hebraicorum, secundum Remigium Autissiodorensem.

CCC.

Membranaceus, in folio, ff. 136, sec. xiii. ineuntis; bene exaratus et servatus.

Regum libri quatuor, glossa ordinaria atque interlineari instructi.

Incip. " Arimathea interpretatur excelsa duo, ut due intelligantur tribus."

Præcedit catalogus regum Israelis et Judæ, necnon Persarum Medorumque, cum glossis, notatis quoque in margine Prophetarum nominibus, qui in regno cujusque floruerunt.

Calci annexa est tabula Patriarcharum eorumque filiorum.

CCCI.

Codex chartaceus, in folio, ff. 138, sec. xvii.

The countess of Pembroke's Arcadia by sir Philip Sidney.

CCCII.

Membranaceus, in folio, ff. 254, sec. xiv.; olim abbatiæ de Eveshamia.

Commentarii in Davidis Psalterium ex SS. Augustino, Remigio, Cassiodorio [per Petrum Lombardum] concinnati.

Exstant impress. in folio, Paris. 1541.

In calce quatuor sunt versus de vita B. M. Virginis; incip.

" Virgo parens vixit sexaginta tribus annis;"
quibus succedunt proverbiales duo,

" Tempore felici multi vocantur amici."

CCCIII.

Membranaceus, in folio, ff. 216, sec. xiii. exeuntis.

Commentarii in Psalterium, unde supra, [a Petro Lombardo consarcinati.]

In calce scriptavit manus recentior versiculos nonnullos rhythmicos, aliaque nullius fere momenti.

CCCIV.

Membranaceus, in folio, ff. 187, sec. xv., binis columnis bene exaratus; olim Roberti D....e; de . ⟨. . generosi Merellinch⟩

Chronica Angliæ, intitulata et descripta ut sequitur, Chronica, Annales et alia historica monumenta diversa ad res Cambro-Britannicas, Anglo-Saxonicas, Normanno-Anglicas, illustrandas et nobiliorum in Anglia familiarum stemmata asserenda et expolienda apprime conducentia, quæ olim in abbatia Glastoniensi reposita fuisse videntur vel ad Johannem Merylynch monachum ibidem spectasse ; quorum elenchus sequitur,

1. Petri de Ickham, sive Yckham, monachi Cantuariensis, de gestis et genealogia Anglorum ex Bruto, Gul. Malmsburiensi, Petro Pictaviensi, Henrico Huntingtoniensi, et aliis compilata ; cum præfatione. fol. 1.

Incip. præf. " Non solum audiendis scripture sacre verbis aurem sedulus auditor."

Tit. operis, " De situ Britannie vel Hibernie et priscis earum incolis secundum venerabilem Bedam de gestis Anglorum."

Incip. " Britannia Octeani insula cui quondam Albion nomen fuit inter Septentrionem."

Desin. in regno Ric. II. " adhesit consiliis et colloquiis."

2. Johannis Merylynch tabulæ linearum regum Angliæ ad Henricum VI. inclusive, cum præfatione. fol. 49.

Incip. " Anno Dominice Incarnationis cccc. xlix. gens Anglorum sive Saxonum a rege Britonum."

Præcedit et sequitur inscriptio, " Libellus fratris Johannis Merylynch de perquisito ejusdem."

In calce præf. versus sunt novem ; incip. " Est meus exstructor Merylynch Jon Glastoniensis;" et scutum rubeum exhibens inter tria leonum capita argentea, linguis rubeis, capreolum hermionicum.

3. Chronicon S. Edmundi Buriensis a monacho quodam, an Bostono Buriensi, compilatum. fol. 58.

Præcedit tetrastichon, incip. " Vates auctorum . sunt antiqui monachorum."

Incip. chron. " Q. —— minimus . . . entes . . . sed nec."

Desin. " professioris auctor et amator; Amen."

In calce, " Libellus fratris Johannis Merylynch de perquisito ejusdem."

4. Nicolai Trivet, seu Trevethi, annales ab anno 1136 ad annum 1307, cum continuatione ad annum 1318. fol. 67.

Tit. " Prologus fratris Nicholai Treveth in annales sequentes."

Exstant impress. edente J. Hog, sumptibus Hist. Angl. Societatis, 1846 (?).

5. Continuatio Chronicorum regum Angliæ cum interpositione quorundam casuum contingentium in curia Romana et regno Franciæ, sicut eidem scribenti suis temporibus occurrebant, auctore Adamo Murimethensi. fol. 151 b.

Incip. prol. " Quoniam ut scribitur per antiquos, Res audita perit, littera scripta manet ;" ut in edit. Ant. Hall, Oxf. 1722.

6. Tabulæ MSS. Glastonienses pervetustæ de regum Angliæ et aliorum genealogiis et de abbatibus Glastoniæ. fol. 179.

7. De tempore primevæ inchoationis sedis episcopalis Wellensis in, qua a sui principio successerunt seriatim xvi. episcopi, quorum ultimus fuit Johannes, nacione Turonensis, qui transtulit sedem Wellensem in Bathoniam et fuit primus Bathoniensis episcopus. fol. 183 b.

Incip. " Anno Domini nongentesimo primo, Edwardus cognomento senior."

8. Tabula genealogica de jure Edwardi Tertii ad regnum Franciæ, cum expositione. fol. 186 b.

Incip. " Fuit olim in Francia."

CCCV.

Codex membranaceus, in folio majori, ff. **379**, sec. xv. exeuntis, binis columnis exaratus picturisque ornatus ; olim an. **1653**, Isaaci Crommeling postea coll. Reg. ea dono Petri Causton, mercatoris Londinensis.

Aurea Legenda, sive Sanctorum Vitæ variorum, [ex Jacobo de Voragine collecta,] *Gallice ;* prævia tabula capitulorum.

Incip. i. " Ycy commence la natiuite notre Seigneur Jhesu Christ. Quand le temps fu acomplis."

Tit. ult. " Icy commence la vie de Saincte Bertille la premiere abbesse de labbaye de Thielle, que Saincte Baltheul royne de Fraunce fonda."

Incip. " De tant comme la vie religieuse."

Inscribitur tabula contentorum, " Sensuit la table de ce present liure ou quel est contenue la precieuse nativite et glorieuse passion de notre Seigneur Jesu Christ ; et aussi lassumpcion de la benoiste glorieuse pucelle vierge Marie sa mere. Et aussi y sont escriptes les vies et passions de appostres et euuangelistes, de plusieurs martirs, de plusieurs arcevèsques, euesques, confesseurs, abbeȝ, moynes, hernites lesquelz sont sainctz et glorifie₃ en paradis, et approuuez par nostre mere saincte eglise— et auecques ce ysont aussi escriptes les vies et passions que ont souffert pour sauuoir de notre Seigneur, Jesu Christ, plusieurs vierges, martires, femmes marieez, vesues, nouayns et religieuses ; et plusieurs autres choses touchans concer- uauns la foy Christiane pour le sant de ames. Anisi comme il appert par la teneur est con- tenu dicellui livre. Et comme en pourra veoir et trouuer plus legierement selon la dite table designee et declaure selon la rubrique et Intitulacion des dites vies en chûn fiunt nom- bre cy apres."

Ordo vitarum est iste,

1. La nativite de notre Siegneur Jhesu Crist. f. 1.
2. La saincte passion. fol. 1.
3. La vengence de notre Seigneur Jhesu Crist. fol. 6.
4. La conversion de S. Paul lappostre. fol. 7.
5. La sachiere de sa Pierre lappostre. fol. 8.
6. La passion de S. Paul. fol. 14.
7. Comment S. Jehan leuuangeliste fut mis en ung tunnel plain duylle bouyllant. fol. 17.
8. La vie de S. Jehan. fol. 17.
9. La vie et les miracles de S. Jacques. fol. 19.
10. La vie de S. Mathieu. fol. 27.
11. La vie de St. Symon et Jude. fol. 30.
12. La vie de S. Thomas lappostre. fol. 33.
13. La vie de S. Philippe. fol. 37.
14. La vie de S. Jacques mineur. fol. 37.
15. De S. Bartholomy. fol. 38.
16. De S. Andrieu. fol. 40.
17. De S. Barnabe. fol. 46.
18. De S. Marc. fol. 46.
19. De S. Luc. fol. 48.
20. Linvencion de la S. vraye Croix. fol. 48.
21. La vie de Lentecrist et comme il regnera. f. 50.
22. Du jour du jugement. fol. 51.
23. La vie de S. Jehan Baptiste. fol. 53.
24. De S. Estienne. fol. 56.
25. De S. Clement. fol. 56.
26. De S. Sebastien. fol. 59.
27. De SS. Crescent et Daire. fol. 62.
28. De S. Vincent. fol. 65.
29. De S. Ignace. fol. 67.
30. De S. Valentin. fol. 69.
31. De S. Julian. fol. 70.
32. De S. Alexandre le pape. fol. 76.
33. De SS. Gordian, Januarius et Epimachy. f. 79.
34. De S. Babill. fol. 80.
35. De SS. Marian et Marthe et leurs enfans. f. 81.
36. De S. Siste. fol. 81.
37. De S. Laurent. fol. 82.
38. De S. Ypolite. fol. 84.
39. De S. Lambert. fol. 85.
40. De SS. Cosma et Damian. fol. 87.
41. De S. Sammian. fol. 89.
42. De S. Blays. fol. 90.
43. De S. Nicayse de Reyns. fol. 90.
44. De SS. Fusien, Gencian, etc. fol. 91.
45. De S. Fabiau. fol. 91.
46. De S. Pancruyse. fol. 91.
47. De S. Victor. fol. 92.
48. De S. Pere lacolite et le martir. fol. 93.
49. De S. Prime. fol. 73.
50. De S. Denis. fol. 94.
51. Du roy Dagobert. fol. 100.
52. De S. Christofle. fol. 102.
53. De S. Bernoul. fol. 106.
54. De S. Kyriace. fol. 108.
55. De S. Thomas de Canturbiere. fol. 109.
56. De S. Longin. fol. 110.
57. De S. George. fol. 111.
58. De S. Panthaleon. fol. 113.
59. De S. Placide. fol. 116.
60. De S. Aymon. fol. 118.
61. De S. Nycayse. fol. 121.
62. De S. Eustace. fol. 122.
63. De S. Sylvestre. fol. 126.
64. De S. Gregoire. fol. 133.
65. De S. Patrice. fol. 137.
66. De S. Eloy. fol. 141.
67. De S. Nicolas. fol. 141.
68. De S. Felix. fol. 144.
69. De S. Hylaire. fol. 144.
70. De S. Anthonie. fol. 145.
71. De S. Remy de Reyms. fol. 146.
72. De S. Felix. fol. 147.
73. De S. Arsene. fol. 148.
74. De S. Brandan. fol. 148.
75. De S. Martin. fol. 159.
76. De S. Brice. fol. 184.
77. De Maor des fosses. fol. 185.
78. De S. Alexes. fol. 192.
79. De S. Benoist. fol. 196.
80. De S. Pol hermite. fol. 211.
81. De S. Julian. fol. 214.
82. De S. Symeon. fol. 217.
83. De S. Jheroysme. fol. 220.

84. De S. Forsin de Perone. fol. 222.
85. De S. Marcial. fol. 224.
86. De S. Gile de Provence. fol. 237.
87. De S. Francoys. fol. 242.
88. De Notre dame S. Marie. fol. 256.
89. De S. Marie Magdalaine. fol. 259.
90. De S. Marie Egyciane. fol. 264.
91. De S. Catherine. fol. 270.
92. De ma dame S. Agnes. fol. 279.
93. De S. Agathe. fol. 282.
94. De S. Juliane. fol. 285.
95. De S. Perpetue. fol. 289.
96. De S. Domicille. fol. 290.
97. De S. Peronnelle fille de S. Pierre lappostre. fol. 294.
98. De S. Colombe. fol. 295.
99. De S. Genevieve. fol. 296.
100. De S. Felice. fol. 297.
101. De S. Cristine. fol. 299.
102. De S. Luce. fol. 306.
103. De S. Eufranse. fol. 307.
104. De S. Mariane. fol. 318.
105. De S. Cecile. fol. 319.
106. De S. Anastayse. fol. 325.
107. De S. Feniel. fol. 335.
108. De. S. Marguerite. fol. 336.
109. De S. Helyzabeth. fol. 339.
110. De S. Pelage. fol. 355.
111. De S. Balthene. fol. 356.
112. De S. Foy. fol. 364.
113. De SS. xi. mille vierges. fol. 367.
114. De S. Marthe. fol. 370.
115. De S. Bertille. fol. 376.

CCCVI.

Codex membranaceus, in folio majori, ff. 93, sec. xii. exeuntis, binis columnis nitide exaratus; ex dono Johannis Shaw, Olniensis, anno Domini 1622.

S. Hieronymi, presbyteri, in Hieremiam prophetam commentariorum libri sex, cum prologo.
Tit. " Incipit explanatio Sancti Jeronimi presbiteri in Jeremiam prophetam."
Exstant inter opera, ed. Vallars. tom. iv. col. 834.
Sequitur fragmentum Paschasii commenti in Hieremiæ Threnos; sub tit. " Incipit in lamentationibus Jeremie Paschasii Radberti, monachorum omnium piissimi, votorum liber

primus fletibus explicandus seni Severo Obdilmanno opere pretio consecratus."
Incip. " Sicut diversa leguntur cantica, ita et Spiritu Sancto."
Defic. " plangere non desistant"——

CCCVII.

Codex membranaceus, in folio majori, ff. 135, sec. xv. ineuntis, binis columnis exaratus; olim T. Hundenn abbatis (?), postea anno 1561, mag. Blomefelde ex dono Joannis Dee, et denique coll. Reg. ex legatione Henrici Airay, præpositi, an. 1616.

Ranulphi Higdeni, Cestrensis, Polychronicon libri octo usque ad obitum Thomæ de Hatfeld, ep. Dunelm. an. 1380.
Præmissa est tabula contentorum ordine alphabetico disposita.

CCCVIII.

Membranaceus, in folio majori, ff. 289, sec. xiv. exeuntis; binis columnis sumptibus Johannis Hinburiensis exaratus.

Heptateuchus, sive Bibliorum Sacrorum libri septem priores a Genesi scilicet usque ad Judices inclusive; ex versione vulgata.
Præmittuntur versus octo rubricati,
" Qui legis in mensa per quos hec biblia pensa,
Fratribus impensa jacet hic foliis bene densa,
Sumptibus immensis hanc qua legitur modo mensis
Fecerat expensisque Johannes Hinburiensis,
Hunc duo juverunt alii, dum carne fuerunt,
Qui decesserunt ad vitam quam petierunt:
Pro tribus orare predictis tu memorare,
Luce coronare velit hos Deus atque beare."

CCCIX.

Membranaceus, in folio, ff. 154, sec. xii., binis columnis exaratus; olim liber Lanthoniensis ecclesiæ, postea Davidis Kemp, denique coll. Reg. ex dono Johannis Shawe, quondam hujus collegii alumni, et ministri Okingiensis, in com. Surreiæ.

1. S. Augustini, ep. Hipponensis, Sermones sexaginta quatuor de verbis Domini, xxiii. scilicet in Matthæi Evangelium, xiv. in S. Lucæ

Evangelium, ac xxvii. in Evangelium Johannis, prævia tabula. fol. 1. b.

    Tit. i. " Sermo Augustini de verbis Domini, Penitentiam agite, appropinquabit enim regnum celorum."

    Incip. " Evangelium audivimus, et in eo Dominum ;" ut in edit. impress. tom. v. col. 557.

    In calce serm. 63, " Finiunt sermones ex evangelio secundum Johannem."

    Tit. 65 est, " Incipit sermo lxv. de veteribus Scripturis et novis, contra Arrianos ;" incip. " Sancta et divina eloquia ;" col. 1485.

2. Ejusdem sermones viginti quatuor de verbis Apostoli. fol. 103.

    Tit. i. " De corpore et sanguine Domini et de verbis apostoli, Cum timore et tremore vestram ipsorum salutem operamini."

    Incip. " Audivimus veracem magistrum, divinum redemptorem, humanum salvatorem ;" ut in edit. tom. v. col. 640.

    Ult. est in istud, " Videte quomodo caute ambuletis ;" et incip. " Apostolum cum legeretur audistis ;" ut ibid. col. 803.

    In calce, " Explicit liber Augustini episcopi de verbis Domini et de verbis Apostoli."

    In fronte codicis notantur, (a) " Liber Lanthoniensis ecclesie qui eum detinuerit, anatema sit ;" (b) " Librum istum accomodavit prior Lanthoni juxta Gloucestre fratri Thome Bradefeld in die S. Laurentii, anno Domini millesimo ccc.lxxxi. usque festum Pasch. prox. futurum. Item distinctiones Mauricii."

    In interiore tegmine,

" Stupis, ego vocitor Eliot libri religator."

CCCX.

Codex chartaceus, in folio, ff. 326, sec. xvi.

Papers having reference to Hampden's case about the payment of ship money in 1638 ; as follow,

1. The arguments of baron Weston. p. 1.
2. Judge Crawley's argument. p. 49.
3. Judge Barkeley's argument. p. 81.
4. Judge Vernon's opinion. p. 145.
5. Judge Crook's argument as it was delivered in court. p. 153.
6. Judge Crook's argument, as it was presented to the king. p. 203.

7. Judge Jones's argument. p. 339.
8. Judge Hutton's argument. p. 375.
9. Baron Denham's opinion. p. 415.
10. Chief Baron Davenport's argument. p. 419.
11. Chief Justice Finch's argument. p. 471.
12. Sir John Bramston, lord chief justice of K. B. his argument. p. 567.
13. Motion of the attorney general for judgment against Hampden in the Exchequer. p. 603.
14. Copy of the order, as it was drawn up on the motion. p. 605.
15. Copy of the judgment. p. 611.
16. The lord keeper's speech, on delivering the judges their charge from his majesty, 14 Jun. 14 Car. I. p. 619.
17. The indictment with the other proceedings against Mr. Harrison for accusing Mr. Justice Hutton of high treason. p. 631.

CCCXI.

Codex chartaceus, in folio, ff. 475, sec. xvii.

Another volume of papers relating to the ship money case ;

1. Lord Keeper Coventry's charge to the judges in the Star Chamber, 14 Febr. 1636. p. 1.
2. The record touching the ship money. p. 17.
3. Mr. St. John's first and second days' argument. p. 33.
4. Mr. Solicitor General's first, second and third day's argument, Nov. 1637. pp. 167, 195, 228.
5. Mr. Holborne's four days' arguments against ship money. p. 280.
6. The Attorney General, sir John Bankes, three days' argument against ship money ; 1637. fol. 360.

CCCXII.

Membranaceus, in folio, ff. 123, sec. xiv., binis columnis exaratus.

1. Roberti Grostete, ep. Lincoln., epistola ad Adam Rufum de Intelligentiis. fol. 1.
    Incip. " Rogavit me dulciflua."
    In calce, " Explicit epistola, Amen."
2. Ejusdem liber de cessatione legalium. fol. 3.
    Incip. " Fuerunt plurimi."
    Exstat Lond. 1652.
    In calce, " Explicit Robertus Lincolniensis de cessacione legalium."
3. Ejusdem Hexaemeron. fol. 38.
    Incip. " Omnis scientia et sapientia."

4. Cronica de Anglia et rebus in ea gestis et de regibus ejus abbreviata ad an. 1346. fol. 103.

Incip. " Britannia que prius Albion vocabatur, secundum Bedam de gestis Anglorum."

5. Speculum Cronicorum. fol. 119.

Incip. " Cum civitas illa egregia, viz. Jerusalem, juxta vocem Salvatoris."

Desin. " Johannes Baptista sit conceptus 8 kal. Octob. si hec data sit necessaria [?] et utique verissima, est ergo aliud est falsum."

CCCXIII.

Codex membranaceus, in folio, ff. 146, sec. xiii., bene exaratus et servatus.

1. Actus Apostolorum, glossa ordinaria atque interlineari instructi, cum prolegomenis. f. 1.

Incip. " Lucas medicus Antiocensis."

2. Epistolæ septem canonicæ, cum glossis prolegomenisque. fol. 72.

Incip. " Non ita est ordo epistolarum."

3. S. Johannis Apocalypsis, cum glossis prolegomenisque.

Incip. " Omnes qui pie volunt vivere."

CCCXIV.

Chartaceus, in folio, ff. 261, sec. xv., ex dono Joannis Luidi; initio mutil.

1. Silii Italici Punicorum libri xvii. carmine heroico expressi. fol. 1.

In calce, " Finis dicimus septimus liber Punicorum Silii Italici."

2. Argonauticon, sive Argonauticorum libri quatuor; auctore C. Valerio Flacco Balbo. f. 216.

Tit. " Gagi Valerii Flacci Balbi Extini Argonauticon liber primus incipit."

Incip.

" Prima Deum magnis canimus freta pervia nautis."

In calce, " Finit quartus liber Argonauticon."

CCCXV.

Membranaceus, in folio, ff. 210, sec. xiii.

Anselmi, Cantuariensis archiepiscopi, opera varia; scilicet,

1. De veritate dialogus. fol. 1.

Exstat inter opera, ed. Paris. 1721, p. 109.

2. De libero arbitrio, præviis capitulis, fol. 10.

Ibid. p. 117.

3. De casu diaboli, cum capitulis. fol. 18.

Ibid. p. 62.

4. De conceptu virginali et de originali peccato. fol. 35.

Ibid. p. 97.

5. Cur Deus Homo, cum prologo et capitulis. f. 51.

Ibid. p. 74.

6. De incarnatione Verbi. fol. 88.

Ibid. p. 41.

7. Proslogion. fol. 101.

Ibid. p. 29.

8. De processione Spiritus Sancti. fol. 110.

Ibid. p. 49.

9. De sacrificio azymi et fermentati. fol. 131 b.

Ibid. p. 135.

10. De sacramentis ecclesiæ. fol. 135.

Incip. p. 139.

11. De præscientiæ et prædestinationis concordia cum libero arbitrio. fol. 136 b.

Ibid. p. 123.

12. Monologion. fol. 153 b.

Ibid. p. 3.

In calce, " Expliciunt libelli Anselmi."

13. [A. M. S. Boethii fidei confessio.] fol. 187.

Incip. " Christianorum fidem novi ac veteris Testamenti pandit auctoritas;" ut inter opuscula alia Boethii, ed. Vallinio, 1656, p. 172.

14. Ejusdem Boethii de scholarium disciplina libellus. fol. 190.

Incip. " Vestra novit intentio."

15. [Ejusdem libri de consolatione philosophiæ.] Imperf.

Incip. vers.

" Carmina qui quondam studio florente peregi."

Exstat, ed. Vallinio, p. 1.

Defic. in verbis, " Cum tanto splendore sociorum cum conjugis pudore, cum——"

CCCXVI.

Codex membranaceus, in folio, ff. 106, sec. xii. exeuntis; olim ' fratris Willelmi Donyngton, quem emit a Deggurry Heyns anno 1471,' postea ' Roberti Otuwey (?) rectoris de Dalbury, quem emit de Thoma Gosnell, tunc rectore de Grusley.'

Deuteronomii liber glossis marginalibus interlinearibusque perquam illustratus.

Incip. " Hec sunt verba; etc. Hoc de se

tam quam de alio de more Sancte Scripture."

Desin. " voluntati Domini ministrare."

CCCXVII,

Codex membranaceus, in folio, ff. 143, sec. xii. exeuntis; olim abbatiæ S. Mariæ de Radingis.

1. S. Matthæi Evangelium, glossis interlinearibus marginalibusque instructum. fol. 2.

Incip. "Hystoria ; Judas habuit tres filios, Her, Onan, Sela ; dedit autem Thamar."

2. Liber evangeliorum secundum Marcum, glossis instructus perpetuis. fol. 91.

Incip. " Marcus evangelista Dei, Petri discipulus, Leviticus genere."

3. Origenis homilia in istud, ' In principio erat Verbum.' fol. 132.

Incip. " Vox spiritualis aquile."

Sequuntur, manu altera sed antiqua, glossulæ in Juris Canonici capita aliquot de matrimonio, etc. incip. " Si quis presbyter."

In pag. 1. notatum est, " Hic est liber S. Marie de Radingis ; quem qui celaverit vel fraudem de eo fecerit, anathema sit."

CCCXVIII.

Membranaceus, in folio, ff. 128, sec. xii., binis columnis nitide exaratus; in calce mutilus.

Origenis presbyteri in S. Pauli ad Romanos epistolam commentarius, ex Rufini interpretatione, cum interpretis præfatione.

Tit. " Incipit prefatio Rufini presbiteri ad Eraclium in expositione Origenis in epistolam Pauli ad Romanos ab ipso Rufino de Greco in Latinum translata."

Incip. "Volentem me parvo ;" ut in edit. Paris. 1759, tom. iv. p. 458.

Defic. in verbis, " Ita ergo et potestas divinis adeo da——"

CCCXIX.

Membranaceus, in folio, ff. 128, sec. xii., quoad partem priorem binis columnis exaratus; in initio muribus aliquantum arrosus.

1. Liber Magni Aurelii Cassiodori Senatoris de institutionibus divinarum litterarum ; prævia tabula capitulorum. fol. 1.

Incip. " Cum studia ;" ut in edit. impress.

2. Liber Isidori Hispalensis de libris Divinæ Scripturæ. fol. 16.

Incip. " De librorum novi ;" ut in edit. Matrit. 1599, tom. ii. p. 310.

3. Ejusdem liber de ortu et obitu Patrum. fol. 23.

Incip. " Quorundam Sanctorum ;" ut ibid. tom. ii. p. 139.

4. Ejusdem Allegoriæ Sacræ Scripturæ ad Orosium. fol. 31.

Incip. " Quædam notissima ;" ut ibid. tom. ii. p. 237.

In calce, " Explicit liber Ysidori Spalensis episcopi de significationibus quorundam virorum sanctorum."

5. Ejusdem liber de catalogo virorum illustrium, capitibus xxxi. fol. 38 b.

Incip. " Osius Cordubensis ;" ut ibid. tom. ii. pp. 118—129, sed ordine diverso.

6. Hugonis de Sancto Victore de fidei Christianæ Sacramentis liber in partes xii. distributus, cum præfatione et tabula capitulorum omnium. fol. 43.

Tit. " Incipit prologus libri de Sacramentis ab initio usque in finem, in unam seriem dispositis."

Incip. " Librum de Sacramentis Christiane fidei studio quorundam scribere ;" ut in edit. Venet. 1588, tom. iii. p. 218.

Defic. in verbis, " propter quod necessaria fuit"——

CCCXX.

Codex membranaceus, in folio, ff. 177, sec. forsan ix. exeuntis; olim Alexandri Barcham (?) bene exaratus et servatus.

S. Isidori, episcopi Hispalensis, Etymologiarum liber, prævia cuique parti capitulorum tabula.

Incip. " Disciplina a discendo novem accipit ;" ut in edit. impress. 1617, p. 1.

Præmittuntur,

a. Versus triginta elegiaci ; incip.

" Sericeum tegmen gemmantia tecta laconum,
Pellibus hircinis æquiparanda loquor."

b. Capitula. fol. 2.

c. Isidori et Braulionis epistolæ quinque mutuæ.

CCCXXI.

Membranaceus, in 4to, ff. 225, sec. xiii., binis

columnis nitide exaratus, ex dono Francisci Holioke, coll. Reg. communarii.

Huguccionis, seu Huguitionis, Pisani, ep. Ferrariensis, Lexicon alphabeticum, ordine alphabetico digestum, prævio prologo.

Incip. prol. " Cum prothoplausti suggestiva prevaricatione humanum genus."

Incip. lib. " Augeo, -ges -xi -ctum -tu, amplificare vel augmentum dare."

Desin. " Zoroastrum, vel Sydus ; Zacharia, Zachre. Explicit Amen."

In calce, " Hkc lkber est scrkptus quk scrkpskt skt benedkcktus."

Sequuntur,

a. Fragmentum kalendarii Huguccionis, ordine alphabetico ; incip. " Exipito et exipitor, in specior."

b. Grammaticalia quædam ; incip. " Introductio grammatice est, ut primo inquiratur."

c. Nomina que difficiliter reperiuntur in libro precedente, eo quod aliter incipiant quam capitula in quibus reperiuntur ; omnia enim alia ab istis faciliter reperiuntur per similitudinem incepcionis capituli, si natura fuerit simplex, vel per similitudinem componencium, si nomen sit compositum."

CCCXXII.

Codex membranaceus, in 4to, ff. 5 et 162, sec. xiii. ineuntis, bene exaratus et servatus ; olim ' prioris Willelmi.'

1. Distinctiones super Psalterium, cum prologo et tabula alphabetica. fol. 1.

Incip. prol. " Facies mihi tentorium in introitu tabernaculi quatuor preciosis coloribus contextum."

Incip. psalt. " Beatus vir ; Quot modis homines deformati sunt ; quantum ad corpus."

Desin. " quoniam mortalis perfecte Deum laudare non potest."

Sequitur de carne quot modis accipitur ; de septem petitionibus ; de septem donis Spiritus Sancti ; de septem virtutibus et beatitudinibus ; de abusionibus claustri et seculi.

2. Glossæ super psalterium. fol. 107.

Incip. " Beatus vir ; Est regio similitudinis in qua fuit Adam ante peccatum."

Desin. " qui in celis est."

Præmisit tabulæ manus aliquantum recentior, titulum sequentem, " Distinctiones super Psalterium. R. de Scotte, et psalterium glosatum."

CCCXXIII.

Codex membranaceus, in 4to, ff. 114, sec. xii. exeuntis, nitide exaratus ; olim abbatiæ S. Mariæ de Radingis.

S. Lucæ evangelium, glossa marginali, et hic illic interlineari, instructum.

Præcedunt,

a. Prologus ad lectorem. fol. 2.

Incip. " Lectorem obsecro studiose paginas recensentem libri hujus ea quæ incaute.

b. De S. Lucæ vita. fol. 2.

Incip. " Lucas Antiochensis, natione Syrus."

In fronte codicis notatur, " Hic est liber S. Marie de Radingis ; quem qui celaverit vel fraudem de eo fecerit ; anathema sit."

CCCXXIV.

Membranaceus, in 4to, ff. 81, sec. xv. ineuntis ; hic illic mutilus.

The Prymer, in English, containing the Hours of the Virgin, the Penitential Psalms, the Litany, the Dirige and Commendations.

Tit. " Here bigynneth the mateyns of oure ladi."

The two first leaves have been transposed ; the leaf, signature a.ij. is wanting, as unfortunately are many others.

Compare Maskell's edition of the Prymer, in his Monumenta Ritualia, vol. 2, p. 3.

In this MS. fol. 10 b and 11, occurs the word ' corinnice,' [probably for quirings,] written here ' cormuse,' as the translation of ' choro' in the 149th and 150th psalm, noticed by Mr. Maskell, in his preface p. xxxv. *note*, and p. 22, *note*.

At the end of the Commendations, " Here eendith the Comendations ;" to which is appended, in a different hand, " Here is a Pater Noster, of the exposicioun of seynt Edmond of Pounteney."

Beg. " Thou shalt undirstonde that tho' that comen byfore that is to seie *Pater Noster qui es*, techith us how we chulen preie."

Ends, " Wrecchidly thanne art thou departid."

CCCXXV.

Codex chartaceus, in folio, ff. 64, sec. xvii.

1. Evangelia quatuor, ordine sequenti, S. Mat-thæi, S. Johannis, S. Lucæ, S. Marci, ex co-dice quodam antiquo ut videtur, a cl. Millio transcripta.

Incip. in verbis cap. i. vers. 19, —— "Sus-cipere Mariam uxorem tuam, quod enim in ea natum est de Spiritu Sancto est."

2. Actus Apostolorum, ex eodem codice exscri-pti. fol. 52.

Incip. versio, " Primum quidem sermonem feci de omnibus, o Theofile."

Desiderantur reliqua post cap. 22., vers., ' ego eram adsistens et consentiens."

CCCXXVI.

Chartaceus, in folio, ff. 99, sec. xvii. exeuntis.

1. Letter from sir Isaac Newton to Dr. Mill, sending him collations of two MSS. of the Revelations, the property of Dr. Covil, dat. Trin. Coll. Camb. 1694. fol. 1.

2. P. Allix epistola ad eundem de Lectionariis ecclesiæ tam Græcæ quam Latinæ. fol. 5.

3. Collatio codicum Test. Nov. scilicet, Colberti-norum 6066, et 4. fol. 7.

4. Collatio MSS. Bibl. Colbert. numero 5149. ' Scriptus est codex iste literis majusculis seu uncialibus, continet quatuor evangelia, evangeliorumque Synaxaria et canones.' f. 19.

5. Collatio MSS. Græci et Latini Epistolarum Pauli Bibl. Reg. Cod. Claromontani. fol. 43.

6. Verso Latina MS. Græco-Latini, Bibl. Reg. inscripti 2245. fol. 65.

CCCXXVII.

Chartaceus, in folio, ff. 45, sec. xvii.

1. Lectiones genuinæ Nov. Test. cum editionibus Stephani, Frobenii, aliisque a vir. cl. Millio col-latæ. fol. 1.

2. A printed letter from W. B[owyer?] giving an account of Dr. Hicks' Thesaurus, then in the press; dat. 22 Jan. 1700. fol. 30.

3. Description of the bell given by the king to S. Margaret's, Westminster; 1698. fol. 31.

4. Petition to the speaker against the grant to the earl of Port[smouth?] of the lordships of Denbigh, Bromfield and Yate, and other lands in the principality of Wales. fol. 32.

5. Of the original of testaments and wills, and of their probates, and to whom it antiently be-longed. fol. 36.

CCCXXVIII.

Codex chartaceus, in folio, ff. 108, sec. xvii. exeuntis.

1. S. Clementis Romani epistolæ ad Corinthios duæ; *Græce et Latine.* fol. 10.

Tit. Τοῦ ἁγίου Κλήμεντος τοῦ 'Ρώμης ἐπισκό-που ἐπιστολὴ πρὸς Κορινθίους ἡ πρώτη.

Præmittuntur,

a. Veterum Testimonia de S. Clemente. fol. 1.

b. Epistola ad Hieronymum Bignonium in su-premo senatu Paris. advocatum Regium; dat. Francof. 17 Jul. 1634. fol. 9.

c. Joach. Joh. Maderi præfatio ad Lectorem. fol. 11.

2. Notæ in Epistolas prædictas, præcipue ex Ju-nio et Cotelerio collectæ. fol. 56.

CCCXXIX.

Chartaceus, in folio, ff. 134, sec. xvii.

1. Ludovici Pieque (seu Picques) de Cod. MS. Apocalypsis Coptico epistola ad D. Joh. Mil-lium; dat. diluviante Cœlo 23 Oct. 1698, in Sorb. Paris. fol. 1.

2. Lectiones Nov. Test. versionis Vulgatæ cum Cod. Cantabrigiensi et Lectionibus Græcis a Millio collatæ. fol. 5.

In calce, a. ' Hieronymi Castigationes.' b. Vulgatæ exemplar Græcum, ubi ab hodierno nostro textu discrepat. c. Vitia codicis quo usus est Vulg.

3. Collationes ex SS. Patribus versionibusque ex-trinsecis collectæ. fol. 123.

CCCXXX.

Chartaceus, in folio, ff. 70, sec. xvii. exeuntis.

Collationes Codd. MSS. IV. Evangeliorum Bib-lioth. Colbertinæ 6043, 4705 et 2844.

Ad fol. 57, " Ex hoc transcriptas puto varias lectiones Colbert. 7."

CCCXXXI.

Chartaceus, in folio, ff. 61, sec. xvii. exeuntis.

Adversaria ad editionem summ Test. Nov. or-nandam spectantia a vir. rev. D. Joh. Millio.

Notitias exhibent de codicibus variis Oxoniensibus lectionesque ex exemplari MS. Alex-andrino et Bezæ Cantabrigiensi.

CCCXXXII.

Codices duo chartacei, in folio minori, ff. 100, et 86, sec. xvii.

Joh. Millii adversaria ad editionem Test. Nov. spectantia; in volumine primo notantur lectiones variantes editt. Froben. Prevotii, Stephanicarumque; in altero agitur de Complutensi editionibusque aliis, usque ad an. 1550.

CCCXXXIII.

Codex chartaceus, in 4to minori, ff. 45, sec. xvii.

Joh. Millii Lectionum tabula, quibus versiones Syriaca, Arabica, Persica et Æthiopica inter se variant.

In calce notatur De versionibus Syriacis.

CCCXXXIV.

Chartaceus, in 4to, ff. 60 et 20, sec. xvii.

1. Joh. Millii notitiæ Bibliographicæ de codicibus MSS. Test. Nov. plurimis apud Oxoniam alibique servatis, prævia codicum tabula. Reverso volumine,

2. Lectiones variantes Æthiopicæ, Copticæ [ex MS. Reg. 336], Armenæ, [ex Bibliis impressis Amstelod. 1666], et MS. Cod. Lincolniensi.

CCCXXXV.

Chartaceus, in 4to, ff. 70, sec. xvii.

1. Collatio codicum Colbertinorum et Genevensium, Evangelia epistolasque exhibentium; a Joh. Millio. fol. 1.

Tit. i. "Codex MS. Colberti notat. 4705; Codex, ut ex domino Larroque variationum istarum collectore accepi, septingentorum plus minus annorum."

2. Acta Apostolorum, edita ab H. Stephano cum MS. Genevensi collata a Joh. Millio; Græce. fol. 50.

CCCXXXVI.

Chartaceus, in folio, ff. 91, sec. xvii. exeuntis.

Jo. Millii collectaneorum volumen, scilicet,

1. Collatio Evangeliorum cum versione Syriaca Sanctisque Patribus. fol. 1.

2. Variantes Lectiones ex aliis evangeliis aut eorundem partibus aut aliis V. ac N. T. locis sumtæ. fol. 28.

3. Epistolæ clarorum virorum ad Millium, scilicet,

a. Danielis Papebrochii; dat. Antverp. 30 Jun. 1692. fol. 61 b.

b. Ludovici Picques; dat. Paris. die Domini. 13 Jun. 1698. fol. 62.

c. Pauli A. Gyongyost; Lond. 27 Novemb. 1699. fol. 62 b.

d. Jacobi Cappelli; dat. Lond. postrid. Non. Decemb. 1687. fol. 63.

e. Basnagii de Bauval; Hag. Com. kal. Jul. 1690. fol. 63 b.

f. Joh. Schultseuz (?) fol. 64.

g. M. J. Grabii; dat. 13 Mart. 1699. fol. 65.

h. Ludovici Picques epistolæ duæ; dat. Paris. 18 Decemb. 1696, 18 Feb. 1697. fol. 67.

i. Joh. Millii epistola ad eundem Ludovicum; dat. Oxon. 16 Febr. 1697. fol. 69.

k. Ejusdem ad Petrum Allix. fol. 70 b.

l. Ejusdem ad Bernardum de Montfaucon; dat. Oxon. 24 Oct. 1690. fol. 71.

m. Jacobi Gousset; dat. 18 Nov. 1686. fol. 72 b.

n. H. Oldenburg admittentis Franc. Slusium in societatem Regium London.; dat. Apr. 1674. fol. 73.

o. Ludolphi Neocori; dat. Lutet. Par. 7 Apr. 1710. fol. 75.

p. Ulrici Meureri; dat. Lond. 25 Febr. 1700. fol. 76 b.

q. Pauli A. Gyongyost, Hungarici, de Socinianismo; dat. Oxon. 1699. fol. 77.

r. Basnagii Bauval; dat. Hag. Com. prid. non. Febr. fol. 78 b.

s. Jac. Cappelli; dat. Lond. 5 non. Maii. 1687. fol. 79.

t. Jo. Millii epistola ad Bern. Bauvallium; f.80 b.

u. Michaelis Le Quien, [J. Joh. Damasceni operum editoris;] dat. Paris. 19 Jan. 1700. f. 81.

w. Erici Benzelii Erfilii; dat. Upsal. iv. Maii 1704. fol. 82 b.

x. Variæ Lectiones textus Armenici; edit. Amstel. 1666. ff. 83, 90 b.

y. Gotfridi Olearii epistola; dat. Lips. viii. ante kal. Dec. 1697. fol. 84 b.

z. Pauli Gyongyost, Hungarici; dat. Debræcini, in Hungaria super. anno primo et mense seculi, 1691. fol. 85.

aa. Manutii Selig epp. duæ; dat. Lond. 29 Oct.
et 5 Nov. 1691. fol. 85 b.

bb. Danielis, Papebrochii; dat. Antverp. 28 Mai.
1691. fol. 87 b.

cc. Joh. Ernest. Grabii; dat. Lond. 27 Mart.
1699. fol. 88.

CCCXXXVII.

Codex chartaceus, in 4to, ff. 4 et 118, sec. xvii.

Considerations touching the pretended infallibility of the church and an infallible judge of
controversy; by Thos. Barlow, bishop of Lincoln. [autograph.]

CCCXXXVIII.

Chartaceus, in 4to, ff. 126, sec. xvii.; olim
—— Goode.

Works and collections by Dr. Grebby; as
follow,

1. Sermon on 1 Jan. 27. fol. 4.
2. An essay to shew what sin is, whence it is,
and that it may be in the world. fol. 21.
3. An essay to shew that hypocrisy and lying are
not sins when they do not any hurt but good.
fol. 42.
4. Exhortation and prayers to be used at a funeral. fol. 47.
5. The six articles of K. Henry VIII. fol. 53.
6. Collections out of Dr. Norrice works, pro parte
pontificia, of Satisfaction, etc. fol. 55.
7. Collections out of Fr. the Jesuit to king James,
apud Dr. White. fol. 76.
8. Collections out of the book entitled, The tryall
of the protestant private spirit, by J. S. soc.
Jes. fol. 82.
9. Notes from Nilus de primatu papæ, de igne
purgatorio, de cultu angelorum. fol. 86.
10. De Constantino Magno, De Pontificis Romani
potestate, etc. fol. 96.
11. How the way to heaven is to be found; de
Maria Virgine, etc. fol. 114.

CCCXXXIX.

Chartaceus, in 4to, ff. 316, sec. xvii.

Treatises of bishop Barlow, as follow,
1. Of the law of nature against Mr. Baxter, with
objections answered; Jan. 30. 1657.
At the end is a letter to the bishop on his
MS. against Hobs.

2. Whether the church of Rome be infallible.
fol. 76.
3. Analecta in Matth. xviii. 17, εἶπε τῇ ἐκκλησίᾳ.
fol. 93.
4. Whether he, who by birth and blood is heir
apparent to a cottage or a crown may justly
be disinherited. fol. 106.
5. Quod nullum concilium sit proprie œcumeni-
cum. fol. 155.
6. Casus conscientiæ de clandestinis Caii et Ju-
liæ nuptiis; 16 Febr. 1672. fol. 170.
7. Whether the church of Rome be infallible.
fol. 188.
8. Ἀνάλεκτα, de authoritate synodi seu convocationis Anglicanæ in legibus ecclesiasticis et
canonibus condendis et fidei controversiis de-
terminandis. fol. 258.
9. The original answer to sir William Walter's
paper given him by the Jesuite, Jun. 1677.
fol. 270.
10. Status controversiæ inter reverendum in
Christo patrem Johannem Oxon. et Thomam
Lincolniensem episcopos de ordinatione, an
legitime an contra canones habita in capella
collegii Reginæ, an. 1676. fol. 295.
11. Index lexicorum, proverbiorum syllogarum,
aliorumque. fol. 311.

CCCXL.

Chartaceus, in 4to, ff. 119, sec. xvii.

1. Letter on the office of bishops and presbyters;
by Th. Barlow. fol. 3.
2. Two letters from Barlow to Obadiah Walker,
' one concerning Ignatii exercitia spiritualia,'
the other about infallibility; datt. 30 Jun.
and Aug. 1651. (the leaves transposed). f. 78.
3. Excerpts out of a pamphlet intitled " A copie
of a letter against ye engagement, as it was
sent to a minister who persuaded his neigh-
bour that he might subscribe; printed 1650."
ff. 87, 88, 8 b.
" Supposed to have been Dr. Hammonds,
but it was writt by a Cambridge man."
4. Excerpta ex literis D. D. Sanderson, quibus
respondet literis Tho. Washburne, de obligatione promissoria, an. 1650, mens. Feb. ff. 90,
91, 89.
5. Reflexions on Prynne's book of sacrilege.
ff. 95, 96, 93, 94.

6. Responsio ad quæstiones, " An obedientia universalis evangelio præstita sit fides illa quæ
in sacris literis justificans appellatur, an fides
justificans naturæ viribus unquam acquiri poterat." fol. 108.
7. Barlow's answer to a letter of " Mr. Thos. Fuller, beinge then about to publish an history of
the church of England." Dat. 15 Jan. 1654.
fol. 110.
    In this letter he enumerates Wycliffe as
one of the distinguished members of Queen's
college.
8. Adami Airey epistola. fol. 118.

CCCXLI.

Codex chartaceus, in 4to, ff. 158, sec. xvii.
    The psalms of David done into English verse by
the most noble and virtuous gentleman sir
Philip Sydney, knight.
    Beg.
" Hee blessed is that neither loosely treaded
The straieinge stepps as wicked counsaile leaded."

CCCXLII.

Chartaceus, in 4to, ff. 121, sec. xvii.
    Johannis Barnesii liber qui dicitur Catholico-
Romanus Pacificus, Augustæ 1625, cum præfatione.
    Incip. præf. " Delineabo, studiose lector, tam
quam in Cebetis tabula."
    Incip. lib. " De sacra Scriptura, regula fidei
et traditionibus. Duo sunt quibus ecclesiæ."
    Desin. " quia hoc ei non repugnet, et hic
finis esto."
    Exstat impress. ed. Oxon. 1680.

CCCXLIII.

Chartaceus, in 4to, ff. 212, sec. xvii.
1. Catalogus scriptorum in universa Biblia, secundum ordinem Bibliorum solitum ordinatus.
fol. 4.
2. De sacrilegio ἀνάλεκτα. fol. 76.
3. De monarchia ἀνάλεκτα. fol. 129.
4. Parliamenta, ejus origo, continuatio et authoritas. fol. 181.
    Incip. " Bishops had votes in Parliaments
from the very first institution."
    In initio, " Vid. Fabiani Justiniani indicem
alphabeticum universalem."

CCCXLIV.

Codex membranaceus, in 4to minori, ff. 170,
sec. xii.; bene exaratus, sed initio mancus.
1. Isaiæ prophetæ liber. fol. 1.
    Incip. in verbis, cap. xl. v. 2, " et advocate
causam quoniam completa est malicia ejus."
    In calce, " Explicit Ysaias propheta ha-
bens versus m.d.lxxx."
2. Hieremiæ prophetæ liber. fol. 21.
    Desin. in verbis, " super habitatores Caldee,
dicit Jerusalem."
3. Lamentatio Hieremiæ prophetæ. fol. 57.
4. Liber Danielis prophetæ. fol. 62.
    In calce, " Explicit Daniel propheta, habens
versus m. d. ccc.l."
5. Prophetæ duodecim minores. fol. 79.
6. S. Pauli epistolæ quatuordecim, cum argumentis S. Hieronymi. fol. 118.
7. Epistolæ septem canonicæ cum argumentis.
fol. 161 b.

CCCXLV.

Chartaceus, ex charta lævigata, in 4to, ff. 410,
sec. xvii.
    Alcoranus; *Arabice.*

CCCXLVI.

Chartaceus, in 4to minori, ff. 66, sec. xvii.
    Acta Apostolorum ad fidem Codicis MS. [Lau-
diani scilicet] Act. Apost. Gr. Lat. perquam
accurate descripta; *Latine.*
    Præfigitur notitia, " Codex iste longe ve-
tustissimus, quadrato charactere plus quam
mille abhinc annis ut ex literarum forma
ductuque conjicere licet, exaratus, continet
textum Græcum Act. Apost. una cum fideli
hac ac literali versione e regione Græci textus
posita."

CCCXLVII.

Chartaceus, in 4to minori, ff. 24, sec. xvii.
1. Francisci Vaux metaphrastica paraphrasis in
Canticum Canticorum, versibus heroicis comprehensa, Tho. Barlow dicata, an. 1658. f. 3.
    Incip. " Basia cede mihi, conjux, spirantia
vitam."
2. Epigrammata sacra, eodem auctore. fol. 19.
    Incip. i. " Deus."
" Totus es in toto, nondum prodit ignea celi
Regia, neve sali regna, nec ora soli."

M

CCCXLVIII.

Codex membranaceus, in 4to, ff. 65, sec. xii. exeuntis; partim binis columnis exaratus.

1. Quæstiones et responsiones in librum Genesim, auctore Albino, seu Alcuino, magistro. f. 1.

    Incip. " Quid simile duo, duo, septena, septena; cur quatuor ex immundis animalibus."

2. Omelia de Pascha, de latrone beato. fol. 4 b.

    Incip. " Deus erat in Christo mundum reconcilians sibi, id est divinitas operabatur in corpore."

3. De resurrectione, de egressione hujus seculi, de S. Spiritu. fol. 6.

    Incip. " Exulta celum et letare terra; dies iste amplius ex sepulchro."

4. De S. Clemente. fol. 8.

    Incip. " Tradiderunt corpora sua, etc. " Quid ad hoc dicemus, fratres."

5. De duobus inferis; versus morales, etc. f. 8 b.

    Incip. " Duo inferi sunt."

6. Sententiæ ex patribus de timore, Beda super Marcum, de dæmonibus, etc. fol. 10.

    Incip. " Quatuor enim sunt timor."

7. Gulielmi [an abbatis S. Theoderici?] ad Odonem abbatem dialogus, interlocutoribus Gulielmo ipso Gaufredoque. fol. 16.

    Incip. epist. " Diutinæ taciturnitate."

    Incip. dial. " Quid hoc est, mi Gaufride."

    Desin. in versibus,

    " Pro pastore gregem contingat letificari,
    Pro grege pastorem sine fine beatificari."

    Sequitur notitia de Prospero Aquitanico, et deinde genealogia Hugonis, filii Gervasii.

8. Legenda de inventione cappæ tunicæque Domini anno 1156 apud monasterium Argentioli. fol. 48 b.

    Incip. " Odo Dei famulus et SS. martyrum Dyonisii, Rustici et Eleutherii humilis minister, etc. Sicut fieri solet ut in gratiarum actione cœlestem nobis conciliamus."

    Ad fol. 59 est carta Hugonis, eccl. Rothomagensis episcopi, de inventione cappæ.

    Defic. in verbis, " Inter omnia igitur quæ oculis perlustrasset regni loca, visus est"—

CCCXLIX.

Membranaceus, in 4to minori, ff. 249, sec. xv.; nitide exaratus et picturis plurimis a Gallico quodam pictore illuminatus; olim Mariæ, reginæ Franciæ, postea dominæ Florentiæ Clifford, ex dono Franciscæ, dominæ de Suffolk, Mariæ reginæ filiæ, denique coll. Reg. ex dono Thomæ Wilbram.

1. Kalendarium, miniaturis et monostichis instructum. fol. 1.

2. Horæ B. M. Virginis secundum usum Angliæ; quibus includuntur,

    a. Sanctorum commemorationes, Quindecim orationes, etc. fol. 13.

    b. Horæ B. M. V. fol. 59.

    c. Oratio Bedæ de septem verbis Christi, psalmi pœnitentiales, litaniæ et orationes. f. 136.

    d. Vigiliæ mortuorum. fol. 170.

    e. Psalmi de passione. fol. 220.

    f. Psalterium S. Hieronymi. fol. 230.

    Ad fol. 32, " This booke is the Ladie Florence Cliffordes, by the gift of L. Frauncis dutchesse of Suffolk, doughter to Marie the Frenche quean, who was soomtyme owner of this booke, A.D. 1550. Good Maddame forget not in your prayers to God your welbelovid soon the wryter hereof."

    In calce fragmenta sunt illuminationum, ex codice quodam MS. Reginensi antiquitus excisa, quibus annexæ sunt notitiæ,

    a. " Repentance desires these may be put in their proper places in ye book from whence they were taken; Dublin, Novemb, 5, 1727."

    b. " N.B. These illuminations, taken out of this book or some other in Queen's college library, were sent back to Dr. Gibson by an unknown hand, his conscience pricking him. And so may conscience prick all those, that have wronged the Library."

CCCL.

Codex chartaceus, in 4to minori, ff. 87, sec. xvii.

1. Ἀνάλεκτα, or heads of sermons upon different texts, in the hand-writing of Dr. Barlow. f.1.

    One is dated, " Easter day, afternoone April 21, 1644."

2. Galfridi Burdoni epistolicæ meditationes, in quibus præcipue de regimine ecclesiastico et prophetarum differentia tractatur. fol. 68.

    Inscriptæ sunt, (1.) Georgio Abbot, archiep. Cantuar.; Isaaco Casaubono; Philippo Mornæo, Plessiæ domino.

    Exstant impress. Lugd. Bat. 1616.

CCCLI.

Codex chartaceus, ex charta lævigata, in 4to minori, ff. 408, sec. xvi., nitidissime exaratus et bene servatus; 'donum M. Caroli Robson quondam hujus collegii socii 1629, Mercatorum Aleppensium apud Orientales olim capellani domestici.'

Testamentum Novum integrum, excepta Apocalypsi; *Arabice.*

Præfigitur notitia de codice, de traductoris nomine, etc. incip. "Continet libellus iste majorem partem novi fœderis, divi enim Johannis Apocalypsin invitus lector desiderabit———— Quod attinet ad authorem translationis an fuerit Nesjulaman Aben Azalkefat haud certus sum, sed in multis differt a versione Erpiniana," etc.

CCCLII.

Chartaceus, in 4to minori, ff. 127, anno circ. 1600 scriptus.

Joh. Rainoldi, D.D., C.C.C. præsidis, Adversaria theologica et critica, manu propria scripta.

Ad fol. 38 legimus, 'Lectio 32, Augusti 20, anno Domini 1596;' atque iterum ad fol. 77, "Terminus Michaelis anno Domini 1602, Octob. 11," quo interpretatio vocum Græcarum, ut postea Hebraicarum. ff. 114, *seqq.*

Præmisit titulum manus J. Barlow, "Domini Joh. Rainoldi τοῦ μακαρίτου nonnulla manu propria."

CCCLIII.

Chartaceus, in 4to minori, ff. 85, sec. xvii.

1. Book of common places, chiefly in political œconomy, with an index. fol. 1.

Beg. "Robertus Cottonus, Conningtonensis, causæ et commoda constituendarum rerum publicarum. New states are despised and yet feared."

2. Heads of sermons; in another hand. f. 62 b.

CCCLIV.

Chartaceus, in 4to minimo, ff. 70, sec. xvii. ineuntis.

1. Joh. Rainoldi Lectiones in Aristotelis Rhetoricam, prævia præfatione. fol. 1.

Tit. "Præfatio in Aristotelis Rhetoricam ad Theodoct. et Isocrat. panegyr. 13 Aug. A.D. 1572."

Incip. "Multa et præclara divinitus, auditores ornatissimi."

2. Ejusdem Johannis epistolæ duæ ad Thomam Kingsmillum de statu disciplinæ scholasticæ apud Oxoniam querentis. fol. 65.

CCCLV.

Codex chartaceus, in 4to minori, ff. 20, sec. xvii.

Epistolicæ meditationes, in quibus præcipue de regimine ecclesiastico et prophetarum differentia tractatur per Galfridum Burdonem.

Adjecit manus Barlow, "scriptæ post mortem Isaaci Casauboni, ut patet ex pagina ultima."

Cf. MS. supra, cccl. fol. 68.

CCCLVI.

Chartaceus, in 4to minori, ff. 47 et 30, sec. xvii.

1. Geographical notes by R. Crakanthorp. fol. 1. Reversing the volume,

2. "Synopses physicæ totius author. Rich. Crakan." locique alii communes. fol. 3*.

CCCLVII.

Membranaceus, in 4to minori, ff. 94, sec. xv., nitide exaratus et picturis hic illic illustratus; ex dono Joh. Bateman, coll. Univ.

1. Paraphrasis metrica hymni 'Ave Maria gracia.' fol. 3.

Incip.

"Ave virgo virginum, que Verbo concepisti."

2. Narrative of a pilgrimage to Jerusalem, giving an account of the holy places and things in the city, and other parts of Palestine, "For the ynformacion of that most blessed viage to the holi citee of Hierusalem." fol. 7.

It begs. "Itt is bihovable to everi Cristian to that viage purposyng, first to have his license of oure hooli fader the pope, as it is constitute bi our moder hooli Church, and to be att Venyse by Ascencion, Witsondaie or Corpus Christi daie; In which tyme there be bifore the front of Seynt Mark's cherch sett certeyn baners with redde Crossis to schewe Cristian people what patrones with theire gallis ar purposed to Hierusalem."

3. " Incipiunt peregrinaciones in ecclesia Sanctæ Marie Bethlehem ;" scilicet officia, seu Orationes Psalmique dicendi, quum itur ad loca varia sacra in urbe et circuitu ejus. fol. 42.

4. Of the first building of Jerusalem, and its second after the destruction by Titus, with notices of miraculous signs manifested in it. fol. 83 b.

Beg. " Hierusalem was first edificat by Melchesedech and then itt was called Salem."

5. Orationes ad locum Ascensionis, ad xii. Christi apostolos et ad S. Trinitatem. fol. 89.

CCCLVIII.

Codex membranaceus, ex membranis texturæ delicatissimæ, in 4to minori, ff. 809, sec. xiii. exeuntis, binis columnis nitide exaratus et hic illic pictus; coll. Reg. ex dono Ricardi Davis, de Sandford, an. 1693.

Biblia Sacra Universa, S. Hieronymi, et quoad Maccabæorum libros Rabani Mauri, prologis illustrata.

Apocalypseos libro succedunt nominum Hebraicorum interpretationes secundum Remigium Autissiodorensem.

CCCLIX.

Chartaceus, in 4to, ff. 175, sec. xvi. exeuntis; ex dono viri reverendi Joh. Bateman; e coll. Univ. 1735.

1. A defence of the judgment of ye reformed churches, that a man may lawfully not only put away his wife for her adultery, but also may marry another, wherein both Robert Bellarmine the Jesuits Latine treatise, and an English pamphlet of a nameless author mayntayning the contrary, are confuted by John Rainolds, 1592.

2. Letter from Dr. John Rainolds to the right hon. sir Francis Knowles; dat. Queen's coll. 20 May, 1594. p. 137.

Beg. "Albeit, right honourable, I take greater comfort in labouring."

3. Whether Christ be descended into hell or no. fol. 144.

4. From the same to D. Thornton, about stage plays; dat. Queen's Coll. 6 Feb. 1592. p. 147.

5. The same to Dr. Gager on the same subject; dat. Queen's coll. 30 May 1593. p. 152.

Printed in 4to. Oxford, 1629.

6. The same to Alberic. Gentilis; *Latin.* p. 348.

Beg. "Quæ duo per epistolam ;" edit. p. 165.

CCCLX.

Codex chartaceus, in 4to. ff. scriptis et vacuis 374, sec. xvii.

Adversaria sive miscellanea de Testamentis, ab anonymo quodam collecta.

Tit. " In nomine sanctæ ac individuæ Trinitatis, Patris, Filii et Spiritus Sancti Amen. Miscellanea de Testamentis."

Incip. " Testamentum est voluntatis nostræ justa sententia."

CCCLXI.

Chartaceus, in 4to, ff. 55, sec. xix.

The death of Christ was a propitiatory sacrifice and a vicarious atonement for the sins of mankind; a prize theological essay, read in the divinity school, Oxford, June 25, 1835, by John Cowley Fisher, of Queen's coll.

CCCLXII.

Membranaceus, in 4to, ff. 94, sec. xiii. exeuntis, binis columnis exaratus; olim Thomæ Kegworth, prioris Majoris Malverne, postea an. 1712, J. Hill.

Thomæ de Chabeham, sive Cobham, subdecani Sarisburiensis, summa de pœnitentiæ casibus et de ecclesiasticis officiis libris septem comprehensa; prævio registro capitulorum.

Tit. " Incipit summa magistri Thome de Chabeham, subdecani Sarrebiriarum, facta de penitencia."

Incip. " Cum miseraciones Domini sint super omnia opera ejus, misericordiam tamen."

Desin. " et hec ad presens de penitencia dicta sufficiant."

In calce, " Explicit summa penitencie magistri Thome subdecani Sarreberiarum."

Sequuntur, *manu altera*, a. Regulæ quædam pro sacerdotib·is; b. Versus de Crucifixo; incip.,

" In medio crux est hinc inde Maria, Johannes."

CCCLXIII.

Codex chartaceus, in folio, ff. 24, sec. xvii.

A discourse of the privelege and practise of the high court of parliament in England, collected out of the common laws of this land.

Beg. " The moste common and beste meanes for the preservacion and conservacion."

CCCLXIV.

Chartaceus, in folio, ff. 71, sec. xvii., ex dono J. Hill. C. R. S. 1720.

Relatione della nascita, corso, e vita del cardinale Giulio Mazzarini, dal principio de suoi natali sino a gli ultimi giorni della sua vita; *Italice.*

Beg. "Sono li cenni di gran personaggi."

CCCLXV.

Chartaceus, in 4to, ff. 44, sec. xvii.

1. Mr. Colvill's petition to the lords of councell and session for calling of his profits against Dundonald. fol. 1.
   Beg.
   " Dundonald who doth all men fleece."
2. Dundonald's petition for an advocate. fol. 2.
3. A poem entitled, " Mock poem or Whiggs supplication; part ii." fol. 3 b.
   Beg.
   " When bushes budded and trees did chipp,
   And lambs by Suns approach did skipp."

CCCLXVI.

Membranaceus, in folio, ff. 2 et 64, sec. xiv. exeuntis.

1. Inquisitiones factæ de redditibus, servitiis et consuetudinibus maneriorum ad episcopum Lincolniensem spectantium. fol. 1.
   Incip. " Hec est inquisicio facta de redditibus."
   In calce, " Summa summarum tocius redditus firmarum et valorum molendinorum maneriorum Lincolniensis episcopi, et etiam redditus dictorum archidiaconorum m.cccc. xxxj. li. 1. s."
2. Nomina tenentium feoda militaria de dom. episcopo Lincoln. et debentium homagium eidem episcopo, anno Domini millesimo tricentesimo. fol. 33 b.

3. Placita de quo de warranto coram W. de Herle et sociis suis justiciariis domini regis itinerantibus apud Notyngham, die Lunæ prox. post fest. S. Martini, anno regni regis Edwardi tercii a conquestu iijº." fol. 35 b.
   Sequuntur, *manu recentiori,*
   a. Indenture between John, bishop of Lincoln, and John Babham Stuard and others, granting a release of Waterstock after the death of John Danvers; dat. 14 March, 17 H. viij. fol. 38 b.
   b. Inquisitio facta pro custodia filii Ricardi Wylby de Gedney; dat. xix. H. 8. fol. 39.
   c. Edwardi [I.?] carta concedens eccl. B. Mariæ Lincoln catalla, etc. fol. 39 b.
   d. Feoda domini episcopi Lincolniensis. fol. 40.
   e. Inquisitio capta apud Dunstaple coram domino Mansfeld; dat. 28 Henr. viii. fol. 41.
4. Terræ, prata et pasturæ domini episcopi Lincolniensis mensuratæ per perticas xv. pedum regalium, 22 Edw. III. fol. 43.
   In calce, *man. sec.* carta est Henrici viij. concedens Roberto, ep. Lincoln. quod habeat warrennam in terra sua de Banbury.

CCCLXVII.

Codex membranaceus, in 4to, ff. 64, sec. xv. olim, ut testatur vir cl. Tho. Tanner, Henrici Jackson, C. C. C. rectoris de Mesey Hampton, postea Gul. Fulman, deinde Timothei Halton, coll. Reg. præpositi, et denique Ant. Hall, ejusdem coll. socii.

1. Historia fundationis abbatiæ S. Petri Glocestrensis et de abbatibus ibidem usque ad Walterum Froucestre, abbatem vicesimum. p. 1.
   Tit. " Sequitur hic de prima fundacione monasterii Petri Gloucestr. ab Osrico, subregulo."
   In pagina tertia ' sequuntur versus de prima fundacione hujus loci, viz. Gloucestrensis monasterii.'
   Incip.
   " Hic est principium primusque status monachorum."
2. Donationes omnium bonorum monasterii Sancti Petri Gloucestriæ tam temporalium quam spiritualium; ordine alphabetico. p. 65.
   Incip. " De Alre. Ethelbaldus rex Merci-

orum dedit Deo et S. Petro, Gloucestr. et monialibus ejusdem loci."

3. Confirmatio regis Burgredi. p. 120.

In calce,

" Predecessorum confirmat dona suorum,

Petrus Burgredus sic scribitur hic quoque fedus."

4. Donatores terrarum S. Petri Gloucestrensis, per epitomen. p. 121.

Sequitur series abbatum, et regum Angliæ usque ad Henricum vij. *man. sec.*

Cf. MS. Domitian. Cotton. in Biblioth. Mus. Brit. hodie servatum, et signatum. A. viij.

CCCLXVIII.

Codex chartaceus, in 4to, ff. **119**, sec. xvii. exeuntis.

Collectanea ecclesiastica, chartæ scilicet ad ecclesias varias spectantes, [an manu Gul. Dugdale?] transcriptæ, ut videtur, pro ornanda editione altera monastici Anglicani;

1. Chartæ plures ad ecclesiam Meldunensem, sive de Malemesbiria, spectantes transcriptæ 'ex cod. MS. penes Ant. Wood e coll. Mert. qui olim erat Henrici Jackson, C. C. C. Oxon. socii et postea ecclesiæ Hampton in agro Gloucest. rectoris.' p. 1.

Tit. i. " De avena, quam Baldred rex dedit eidem ecclesiæ."

Cartæ sunt Aldhelmi, Cedwallæ, Inæ, Coenwlfi, Cudredi, Ecferthi, Aethelwlfi, Eadwardi, Edgari, Aethelredi, Aethelwlfi, Ordlafi, Aelfredi, Aethelstani, Eadwardi, Willelmi I., Matildis, Sergii papæ.

Ad p. 44 est inquisitio de servitiis, quæ homines de Hund-Lavynton facere consueverunt ecclesiæ Malmesbiriensi.

2. Privilegia, quæ dedere ecclesiæ Glastoniensi Cuthredus, Coenwlfus, Leo papa III., Johannes papa IV., Cnuto, Calixtus papa II., et Johannes rex Angliæ, ' transcripta ex apographo M. Fulman, e C.C.C. Exemplar MS. est penes Obad. Walker, magistr. coll. Univ.' p. 46.

Ad p. 54 Copia est synodi congregatæ a Wolstano Wigorn. episc. in monasterio S. Mariæ in Cryptis, transcripta ex vet. cod. MS. in archivis eccl. Wigorn. a Willelmo Hopkins, eccl. Wigorn. canonico.

3. Collectanea de' abbatibus et possessionibus ec-

clesiæ S. Petri Glocestrensis, ex codice MS. præcedenti transcripta. p. 56.

4. Catalogus chartarum antiquarum in archivis ecclesiæ Wigorniensis repertarum anno Domini 1643, per magistrum Willelmum Dugdale. p. 136.

5. Chartæ ad ecclesiam Wigorniensem spectantes, scil. Aethelredi, Osheri, Uhtredi, reguli Huicciorum, Wesferthi, Coenwlfi, Deneberhti, Offæ, Wlfrithi, Eadgari, Oswaldi, Wulfstani, Aldredi; partim *Anglo-Saxonice*. p. 140.

Inscribitur i. " Carta lacera Aethelredi Merciorum regis circa A. D. 692;" et in marg. " Ex archivis ecclesiæ cathedralis Wigorn. Descripsit M. Hopkins istius eccl. canonicus. Impress. in Hickesii Thesaur. p. 169."

6. Aegelredi regis charta, concedens eccl. Dorobern. terras suas in Sandwich et Estree; dat. 979; *Lat. et Sax.* p. 171.

7. Chartæ ad abbatiam de Croylandia spectantes, ex Ingulphi historia alibique collectæ. pp. 172—197, 205.

Sunt Coenulphi, Bertulphi, Eadgari, Cnuti, Eadwardi, Thoroldi, Algari, Henrici I,, Alani de Creoun, Stephani, Henrici II., Johannis et Henrici III.

8. Charta quam ab Edgaro impetravit Athelwoldus de ecclesia Medeshamstede. p. 197.

9. Edgari regis charta de monasterio Malmesbiriensi. p. 203.

10. Extracta e chartis et Registris penes decanum et ecclesiam de Welles. p. 223.

11. Chartæ duæ, quarum prior Gospatricii filii Ormi, ex Registro de Wedderhall, penes comitem Carleolensem. p. 226.

12. Chartæ tres ad ecclesiam de Langeleia, ex autographo penes Gul. Glynne, Baronet. de Ambrosden. p. 231.

Sunt Hugonis le Despenser, et Hugonis de Bukelsworth.

13. Charta declarans terras Gilberti cujusdam in Stithford; *Saxonice.* p. 237.

14. Charta de decima quam obtulit Adam filius Leomari de Cochefelda eccl. B. M. in Berchingis. fol. 237.

CCCLXIX.

Codex membranaceus, in 4to, ff. **198**, sec. xv.

ineuntis, binis columnis nitide exaratus, in calce mutil.

The New Testament, according to the first or earlier version, usually ascribed to John Wycliffe.

It comprises the four Gospels and S. Paul's Epistles as far as the 12th verse of the first Epistle to Timothy; "neithir for to have lordschipe into the man or housbonde but for to be in scilence; forsothe Adam"——

At the end of the Gospels is the Rubric following, "Here eendith the gospel of ioon and also here is the eendynge of alle the gospellis as thei stonden in the bible by the seiynge of the foure ewangelistis Mathew, Marke, Luke and joon."

CCCLXX.

Codex membranaceus, in 4to, ff. 131, sec. xiv., olim M. Roberti Gefferey; utrimque mutil.

[Petri Thomæ, ord. Præd., sive Alberti Magni, sive cujuscumque sit,] opus de veritatibus theologiæ, libris septem comprehensum, annexa tabula capitulorum.

Incip. abrupte in verbis lib. ii. —— "principaliter fuit ab anima sicut."

Exstat impress. inter Alberti opera tom. xiii. part. ult.

CCCLXXI.

S. Hermæ pastoris editio impressa, Johannis Millii notis MSS. collationibusque perquam illustrata.

CCCLXXII.

Chartaceus, in folio, ff. 9, sec. xvii.

Recueil des methodes et manieres de fortifier regulierment plus usitées en l'Europe, extraites des œuvres des sieurs I. Errard, de Bar le Duc, Samuel Marolois de Praissac et autres, presente a tres hault et tres puissant seigneur monseigneur Jacques Stuart, duc de Lennox, comte de Marcz, par son tres humble et plus obeissant serviteur P. Jourdain, arithmeticien a Saumur, le 6 de Septembre, 1631.

CCCLXXIII.

Chartaceus, in 4to minori, ff. 30, sec. xvi.

Anonymi cujusdam lectiones octo de reipublicæ Venetæ historia.

Incip. "Si coram aliis dicerem, Musarum atlantes, quam qui sicut."

Desin. ult. "vel saltem non magna famæ meæ minutione dici."

CCCLXXIV.

Chartaceus, in 4to minori, ff. 30, sec. xvi. exeuntis.

Instructions necessary for a prince to enable him to rule well his kingdom, drawn from precedents of former kings of England, addressed to queen Elizabeth, with preface, dated 8 March 1568.

Pref. beg. "Hee whome nature fashioned, whome experience taught, whome devine conscience hath throughly coufirmed."

Work beg. "Seinge I am bould to exhibite."

CCCLXXV.

Codex chartaceus, in 4to, ff. 24, sec. xvii.; olim Johannis Mill.

1. England's wants, "by sir William Petty; or Dr. Chamberlayn." fol. 2.
   Printed London. 1667.
2. Prælectiones tres in schola Theologica anno 1682 habitæ pro gradu doctoris [per Joh. Millium]. fol. 9.
   Incip. "S. Petri epistola catholica; etc. Epistolam explico, Patres et Fratres."

CCCLXXVI.

Chartaceus, in 4to minori, ff. 85, sec. xvii.; olim an. 1685, Gulielmi Dale.

Gulielmi Dale, e coll. Reg. adversaria; scilicet,
1. De accidente a substantia distincto. fol. 1.
2. Baronii philosophicæ theologiæ ancillantis compendium. fol. 13.
3. Scholasticæ Theologicæ Syntagma mnemonicum. fol. 71.

CCCLXXVII.

Chartaceus, in 4to minori, ff. 24, sec. xvii.

1. Aristotelis artis Rhetoricæ compendium. f. 1.
2. Exempla Antithetorum. fol. 10.
3. Aristotelis Ethicorum compendium. fol. 14.

CCCLXXVIII.

Chartaceus, in 4to minori, ff. 32, sec. xvii.

1. Regum Angliæ chartæ Universitati Oxon. concessæ, a rege Carolo I. anno regni 11. confirmatæ.

2. Rules and orders agreed upon between the vice chancellor and the mayor touching the rights and discipline of the university. f. 18 b.

　Prefixed is the king's answer to a petition of the University to preserve unto them all their privileges, particularly that of taxing their members; dated 4 Jul. 1643.

CCCLXXIX.

Codex chartaceus, in 4to, ff. 85 et 34, sec. xvii.; olim Thomæ Smith, e coll. Reg. A.D. 1640.

1. Ejusdem Thomæ Smith, ut videtur, Annotationes in Johannis Buxtorfii epitomen grammaticæ Hebrææ. fol. 1.

　Verso volumine,

2. Ejusdem Thomæ Praxis grammatica in versiculos nonnullos librorum Testamenti Veteris diversorum; Psalterii, scilicet, Genesis, Deuteronomii, Prophetarumque sequentium, Esaiæ, Hieremiæ, Ezechielis, Micæ, Haggai, Zechariæ, et Malachi.

CCCLXXX.

Chartaceus, in 4to, ff. 74, sec. xvii.

Miscellanea Theologica, [an Tho. Barlow?], inter quæ,

1. E Georgii Polacchi Veneti Commentariis in Bullam Urbani VIII. pro Jubilæo anni 1625. fol. 23.

2. De canone apostolorum analecta. fol. 29.

3. E Zenone Veronensi collectanea, Biblioth. Spal. 2 tom. p. 1182. fol. 30.

4. Ex Ricardi, archiep. Armachani, Defensione Curatorum. fol. 34.

5. Ex Ratione Disciplinæ ordinisque ecclesiastici in unitate Fratrum Bohemorum, recens e Bohemico *Latine* facta, An. D. 1633. fol. 39.

6. Miscellanea de Symbolo. fol. 59.

CCCLXXXI.

Chartaceus, in 4to minori, ff. 24, sec. xvii.

A book of titles and other idiomatic modes of expression used in diplomatic correspondence, compiled apparently by sir Joseph Williamson for his own use; *Eng.* and *Lat.*

CCCLXXXII.

Chartaceus, in 4to, ff. 6, sec. xvii.

A true copy of the letter of R. bishop of Chalcedon to the lay catholics of England; dat. 16 October, 1627.

CCCLXXXIII.

Membranaceus, in 4to minimo, ff. 166, sec. xv. ineuntis, manu Edwardi Jenkyn exaratus; olim Willelmi Barnarde, postea, an. 1671, Thomæ Pargiter, e coll. Linc.

1. Kalendarium, monostichis haud insolitis instructum. fol. 3.

2. Sir John Mandeville's travels to the Holy Land. fol. 15.

　At the end, " Explicit Johannes Maundevyle."

3. Legend of the ghost of ' a citoniere of Alexto, hiȝt Gwydo,' which appeared to his wife after death, in the year 1330, and of a dialogue which took place between the ghost and a Dominican Prior, of the state of men after death; etc. fol. 135.

　Beg. " For as myche as Seynt Austyn seith to Petir in booke of bileeve, that that is a myracle."

　At the end, " Explicit Johannes Maundevyle.

　　Jenkyn by name

　　Calf wroote that here is bifore;

　　Schild hym fro blame,

　　God that for man was y bore."

4. Preces scribæ, ut videntur, et Breve, quod quicumque super se portaverit non peribit in bello, nec de gladio, etc. fol. 163.

CCCLXXXIV.

A charter conveying the privilege of free trade granted by the emperor Demetrian, unto the English merchants trading to Russia; dat. Moscow, 10 Dec. 1602.

CCCLXXXV.

Codex membranaceus, in 4to, ff. 35, sec. xv.; mutil.

1. Excerpta, ex Recordis inter memoranda Scaccarii habitis, allocationes varias lanæ etc. temp. præcipue Henrici VI. factas exhibentia. fol. 1.

Incip. " Hull. Pasche recorda anno xxii. rotulo v. ubi quarta pars allocatur Ricardo Lacy."

2. De diversis vicecomitibus amerciatis pro retornatis suis. fol. 9.

Incip. " Devon. Hillar. Recorda anno vii. reg. H. iiij. rotulo tertio. D. Johannes Cole vicecomes amerciatur ad xl. s."

3. Tabula capitulorum, quæ inveniuntur in statutis variis tempore Ricardi II. Henrici IV. et Edwardi III. editis. fol. 11.

4. Extracts from statutes of Ric. II. Henr. IV. and Henr. VI., having reference to the comptrollers of the customs, searchers, etc.; *in French*. fol. 15.

Beg. " Custumers et countrollers neient neifs. anno xiiij. Ric II. cap. x."

5. Excerpta ex libro Rubeo de Scaccario, fol. 241, tempore regis Henrici filii regis Johannis. fol. 24 b.

Incip. " Tempus guerre duravit a iiij. die Aprilis anno xlviij. usque xvj. diem Septembris anno xlix. quando apud Wynton post bellum de Evesham, pax fuit publicata."

6. Summa totalis taxationis bonorum spiritualium et temporalium cleri partium de Kesteven in archidiaconatu Lincoln. existente. fol.

7. Transcriptum totalis taxationis bonorum spiritualium et temporalium cleri in partibus illis de Lyndesey, quæ sunt in archidiaconatu Lincoln. civitate Lincoln. fol. 30 b.

In calce, " Summa totalis taxacionis bonorum spiritualium et temporalium earumdem parcium de Lyndesey, vj^m. ccclviij. lib. ij.*s* vj.*d*. ob. Inde decima DCXXXV.*l*. xvj.*s*. iij.*d*."

CCCLXXXVI.

Codex membranaceus, in folio grandiori, ff. 194, sec. xii., binis columnis bene exaratus.

S. Augustini, episcopi Hipponensis, in S. Johannis Evangelium sermones septuaginta.

Tit. " Aurelii Augustini doctoris Yponensis episcopi omelie in Evangelium Domini nostri Jesu Christi secundum Johannem incipiunt." Exstant impress. inter opera, tom. iii. part. ii. p. 289.

In calce, " Hic est liber Sancte Marie de M . . . . ei."

CCCLXXXVII.

Codex chartaceus, in folio majori, ff. 162, sec. xviij. ineuntis, nitidissime scriptus.

Tabulæ genealogicæ ad familias spectantes Lusitanicas, numero circiter octoginta, quarum unaquæque septem gradus comprehendit.

Incip. a pedegradu Albuquerque, filii Matthiæ Albuquerque, viceregali apud Indiam auctoritate functi, et desin. in ' Dom. Jorge Henriques, seu hor das Alcacovas.'

CCCLXXXVIII.

Membranaceus, in folio maximo, ff. 443, sec. xv. ineuntis; binis columnis exaratus; olim Gulielmi Smyth, fermeri de Sculteham.

The Holy Bible, in English, according to the old version, usually attributed to Wycliffe.

It is imperfect at the beginning, the first leaf having been torn out; the first words remaining are, —— " the erthe undur the firmament of heuene ; and God made of nou3t grete whallis."

Prefixed is a table of lessons, gospels and epistles through the year, entitled, " Here bigynneth a reule that tellith in whiche chapitris of the bible 3e may fynde the lessouns, pistlis, gospels, that ben red in the chirche at masse after the use of Salesbery, markid with lettris of the a. b. c. at the bigynnyng of the chapitris, toward the myddil or ende, after the ordre as the lettris stonden in the a. b. c. First ben set Sundaies and ferials togidere, and after the Sanctorum comyn and propre togidere of al the 3eer, first writen a clause of the bigynnyng therof and a clause of the ending therof also."

CCCLXXXIX.

Membranaceus, in folio majori, ff. 248, pluribus constans fragmentis, ex codicum præcipue integumentis ereptis.

1. Officii pars in honorem Trium puerorum e fornace liberatorum ; sec. xi. fol. 1.

2. Libri tertii et quarti theologici cujusdam, in quo de modo S. Scripturas legendi, etc. fragmenta duo ; sec. xii. fol. 2.

N

Incip. lib. iv. " Qui textum considerat et sensum sacræ locutionis ignorat."

3. Liber de naturis et judiciis planetarum et stellarum ' secundum 9 Judices ; viz. Aristotelem, Albumazar, Alchindum, Aomar, Abenashan, Dorotheum, Jerger., Mesahallam et Zahelem ;' sec. xiii. ineunt. ff. 4, 6.

Incip. " Celestis circuli forma sperica."

4. Sermonis S. Augustini fragmentum in istud S. Matth. ' Facite arborem bonum,' etc. sec. xiii. fol. 5.

5. Psalmi cvi. fragmentum ; sec. xii. fol. 10.

6. Anonymi cujusdam regis epistolæ [sec. xv.] sic. inscriptæ ;

a. Regi Cypri recommendat fratrem Eliam. f. 12.

b. Cuidam nobili de urbe Arrianæ. fol. 12.

c. Capit regi Siciliæ, ut firmus exstet in fide et ut omnem rancorem abjiciat. fol. 12 b.

d. Invective scribit Romanis, quod receptant proditores suos, et ut ipsos expellant. f. 12 b.

e. Respondet magister P. ad præcedentem et se culpabilem confitetur. fol. 13 b.

f. Domino Thomæ Cardinali grates de misso equo. fol. 14.

g. Rex Conradus Panormitan. de inceptione cinguli militaris. fol. 14.

h. Fr. regi Anglorum, significat quod vult ire in Italiam. fol. 14 b.

i. Regi Francorum existenti in partibus ultramarinis, ut rescribat ei sui statum et continenciam, epistolæ duæ. fol. 14.

k. Responsio præcedentis cum excusatione. f. 15.

l. Item dominus Capuanus eidem, et primo laudat eum et postea mordaciter reprehendit. fol. 15 b.

7. Evangeliarii fragmentum, excerpta ex Evanliis quatuor comprehendentis ; sec. xiii. fol. 16. Incip. in verbis, " Est et pater ejus. Ego autem qui veritatem dico non creditis mihi."

8. [Petri Comestoris Historiæ Scholasticæ fragmenta, ordine confuso ;] sec. xiii. ineuntis. fol. 37.

9. Fragmenta varia Causarum [ex Decreto Gratiani :] sec. xiii. fol. 81.

10. Missalis cujusdam, Psalterii, libri Job, Bibliorum sacrorum, libri de Confessione aliorumque haud pretii istius, quæ accuratius describere necesse sit, fragmenta, diversa ætate exarata. fol. 116.

Ff. 171, 173 fragmenta continent [ex Higdeni Polychronico excerpta.]

11. Fragmentum carminis rhythmici de Christo. fol. 232 b.

Incip.

" Hec virgo est Maria fecundata per celestem rorem Quod produxit vobis Christum amenissimum florem."

12. Licentia matrimonii, per Gul. (Juxon?) ep. Londin. concessa, Johanni Whitgift, personæ de Laleham cum Latchendem, co. Essex., et Elizabethæ Osborne viduæ ; [impress.] fol. 235 b.

13. Roberti Castellensis, clerici Wulterani, Alexandri papæ II. commissarii, carta concedens Roberto vicario de Kyrkbe, ut confessorem eligat ; dat. London. 2 Febr. 1499; [impress.] fol. 236.

14. Petition as it appears to the chancellor in the case of the last will of John Punishon, of Queen's coll. M. A. fol. 237.

15. Breve vicecomiti de Bristollia directum ut habeat corpus Johannis Shepwarde, scrutatoris in portu ejusdem villæ ; dat. Westm. 3 Jul. 31 H. VI. fol. 238.

16. Breve ad vicecomitem de Glocestria, ut inquisitionem faciat de bonis Henrici Beauchamp comitis de Werewica, et Annæ filiæ et hæredis ejusdem Henrici ; dat. Westm. 24 Jun. 31 Henr. VI. fol. 238.

17. Brevia tria districtionis ad vicecomitem de Eboraco contra Joh. Carr, Henricum Gascoigne, et Gulielmum Gascoigne ; datt. 24 Elizab. fol. 239.

18. Breve similis ad vicecomitem de Wigornia, ut distringat bona Joh. Lyttleton, militis, de Groveley ; dat. Westm. 12 Nov. 10 Eliz. fol. 239.

19. Breve aliud ad vicecom. de Kantia ut distringat bona Edwardi Monynge ; dat. Westm. 20 Maii 30 Eliz. fol. 239.

20. Breve ad vicecom. Ebor. ut distringat bona Christophori Conyers ; dat. Westm. 13 Jul. 12 Jac. I. fol. 240.

21. Brevia alia quatuor ejusdem momenti contra Franc. Vyvyan, militem, Willelmum Coles, Will. Hugesson ; temp. Car. I. edita. fol. 240.

22. Obligation between John Briggs and Leonard Metcalfe ; dat. ult. die Jun. 23 Eliz. fol. 241.

23. Obligatio inter Edwardum Kingesmill et Thomam Cokis; dat. 9 Mai, 1 Mar. fol. 241.

24. Two fragments of a poem on the commandments and seven deadly sins, [perhaps a part of the poem on the duties of a parish priest, ascribed to Jo. Miræus;] sec. xv. fol. 245. Beg.

" Augh vs haly to halde a nence oure God,

And ʒe seuen that er aftyre onentʒ oure even Crysten."

25. Fragmentum dissertationis cujusdam Logicæ, [an ex Boethio;] sec. xi. exeuntis. fol. 247.

Incip. " Differentia est qua unum quodque differt ab alio, ut homo ab equo."

Eidem volumini subjuncta sunt;

a. Letter to James II. on the repeal of the Test Act.

It is indorsed, " Hook's letter to the king, by W. P."

b. Report of the case of the appointment of Humphrey Owen, Bodley's librarian, to be a delegate of the press, by the proctors, without the consent of the vice chancellor; 28 April, 1756.

CCCXC.

Codex chartaceus, in 4to, ff. **191**, sec. xvii.; anno **1674** peculium Mat. Hutchinson.

A diary, with notes of sermons and others, by Thomas Crossfield, B. D. fellow of Queen's college, Oxford; scil.

1. Diary of events relating principally to Oxford from 1626 to 1640, and 1653; partly in Latin. fol. 4.

Tit. " Miscellanea, contingentia, practica, et contemplativa."

Beg. " Tues. Wedn. De schola et lege civili, theologia ac rebus domesticis fuit sermo cum ludi-mag. Rob. Philipson."

2. Transcripts and notes of sermons. fol. 77.

At fol. 95 is one intitled, " Concio habita 8 Julii, anno Domini 1674, coram reverendissimo domino domino doctore Pierson Cestriensi episcopo, in primaria visitatione apud Richmond tenta."

3. Notices, and in many cases abridgments of the contents of books published in the writer's time. fol. 108.

At fol. 122, " Bookes at Mr. Styles in Hagburne."

4. The names of such bookes as were printed in Oxon. two or three yeares before this present yeare of our Lord, 1630. fol. 140 b.

5. Colloquia inter præpositum et socios coll. Reg. varia. fol. 142 b.

Incip. " Novemb. i. 1632. Præpositus publice in aula 4plicem habuit querelam cum sociis, 1. de carbonario; 2. de capella; 3. de disputationibus; 4. de contentione in negotio religionis."

6. Notes or drafts of sermons. fol. 148.

At fol. 186, is a " peice of ye sermon yt was preached at ye consecration of Dr. Hen. Compton, bp. of Oxford, dec. 6, 1674, by William Jane, B. D. student of Christ Church."

For list of additional MSS, 391–415, see Bulletin of the Institute of Historical Research II no.6 p.98

Additional MSS. (inc. 391–415) are described in a separate folder, kept as R. 13. 534. 7.14.

CATALOGUS

CODICUM MSS.

COLLEGII NOVI.

CATALOGUS BENEFACTORUM,

QUI BIBLIOTHECAM COLLEGII NOVI CODICIBUS MSS. INSTRUXERUNT.

Numeri nominibus adfixi codices denotant, quos quisque vel donaverit vel legaverit.

ANDREW, RICARDUS, coll. Novi socius et decanus Eborac.; lxii. cxxviii. cxl. clviii. cxcvii. cxcviii. ccxiv. ccxvi. ccxcii.

BEKYNTONA, THOMAS DE, episcopus Bathoniensis et Wellensis; iii. iv. v. vi. clxxxix. cxc. cclxxxviii.

BEVRYNGS, JOHANNES, coll. Exon. socius; clxix.

BOKETT, T., coll. Novi socius; clxviii.

BRYSTOW, JOHANNES, capellanus eccl. S. Stephani, Westmonast.; clvi.

CHAUNDELER, THOMAS, coll. Novi custos; xxxiv. xlvi. l. ccxlii.

CRANLEY, THOMAS, coll. Nov. socius et postea archiep. Dublin.; xxxvii. xxxviii. lxxxviii. xci. civ. cxii. cxxii.

DENFORD, WILLELMUS, coll. Novi socius; ccxxxix.

DIGHTON, WILLELMUS DE, canon. eccl. S. Pauli, Londin.; clxxxiv.

DRYFFELD, THOMAS, coll. Novi socius; cclxxxii.

FARLEY, JOHANNES, coll. Novi socius; cclxxxi.

FARYNGTONE, WILLELMUS DE, coll. Novi socius; cxviii.

GRENE, JOHANNES, coll. Novi socius; ccc.

GYNNOR, JOHANNES, coll. Novi socius; xxix.

HEETE, ROBERTUS, coll. Novi socius; cv. cxcii.

HOLDEN, WILLELMUS, coll. Nov. A. B.; ccxxxv.

HOLES, ANDREAS, coll. Novi socius; ccxlix.

HYLLE, M. T., coll. Nov. socius; ccliii.

LEVISIUS, THOMAS, Orielensis; cccxii.

MAN, GULIELMUS, coll. Novi socius; ccxxvii.

MARTIN, THOMAS, LL. D.; lxvii.

MASON, ROBERTUS, coll. Novi socius; cccvii.

MONKE, JOHANNES; coll. Novi socius; li.

MOWNTER, WILLELMUS, coll. Novi socius; lxix.

NORTH, WILLELMUS, coll. Novi socius; clxxvi.

PERSON, WILLELMUS, coll. Novi socius; cxxvii.

POLUS, REGINALDUS, cardinalis, archiep. Cantuariensis; xli. cxliii. cxlvi. cxlvii. ccxl. ccxli. ccxlvii.

PORTER, WILLELMUS, coll. Novi custos; cccv.

REED, WILLELMUS, episc. Cicestrensis; lv. lxx. xcii. xcvi. xcvii. cvi cxx. cxxi. cxxiv. cxxxiv. cclxiv. cccvi.

RUMFORD, R., de Oxford ; clxxxi.

RUSSELL, JOHANNES, episcopus Lincolniensis ; cxxxviii. cxcv. cclxiii. cclxvii. cclxxi. cclxxiv.

SAY, WILLELMUS, coll. Novi socius ; xxxix.

SMYTH JOHANNES, M. D.; cccxxx. cccxxxvi.

SOUTH, nepos Joh. South, coll. Novi socii ; cccxxvii.

SPEKYNTON, WILLELMUS, coll. Novi socius ; clxxii. clxxviii. clxxxv. cciv.

THORNEBURY, THOMAS, coll. Novi socius ? clxxxviii.

UPNORE, HENRICUS, rector eccl. de Horewode Magna ; xxxv.

WARE, WILLELMUS, coll. Novi socius ; xxxvi.

WARHAM, WILLELMUS, archiep. Cantuariensis ; xxxiii. xlii. xliii. lxi. cxxix. cxcv. ccxxviii.

WESTBURY, WILLELMUS, coll. Novi socius et coll. S. Mariæ de Etona præpositus ; vii.

WHYTE, JOHANNES, coll. Novi socius ; ccxxxviii.

WYKEHAM, WILLELMUS, episcopus Wintoniensis, collegii Novi fundator pius ; i. xvi. xvii. xviii. xix. xx. xxi. xxiii. xxiv. xxv. xxvii. xxviii. xl. xlvii. liv. lvi. lxiv. xcviii. ci. cviii. cxvii. cliii. clxiii. clxiv. clxv. clxvi. clxvii. clxviii. clxx. clxxi. clxxiii. clxxxii. clxxxiii. clxxxiv. ccxii. ccxxix.

WYKHAM, JOHANNES, J. U. D.; clxxxii.

WYLLEYS, RICARDUS, coll. Novi socius, postea coll. de Higham Ferrers, custos ; ccx.

YVE, WILLELMUS, S. T. P., eccl. Sarisburiensis cancellarius ; xxxii.

CODICES MSS.

COLLEGII NOVI.

―――――

Ⅽ I.

CODEX MEMBRANACEUS, in folio minori, constans foliis scriptis 407, binis columnis seculo forsan xiii. exeunte nitide exaratus et, quoad literas librorum initiales, picturis ornatus; olim peculium J. Penyton.

BIBLIA SACRA universa, ex editione vulgata, S. Hieronymi Rabanique Mauris prologis haud insolitis instructa.

In fine, " Explicit liber Apocalipsis."

Sequuntur, *manu recentiori scripti*, versus memoriales, " in quibus continentur omnes libri bibliæ;" incip.

" Penta. Jo. Ju. Ruth."

Ⅽ II.

Membranaceus, in folio minori, ff. 4 et 336, sec. xiv., binis columnis nitide exaratus.

Biblia Sacra universa, editionis vulgatæ, cum S. Hieronymi prologis.

Librorum Test. Vet. ordo est iste, Genesis ad Paralipom. II., deinde Esdræ quatuor, Judith, Esther, Tobit, Maccabæorum duo, Psalterium, Prophetæ, Job, Salamonis parabolæ, Sapientiæ et Ecclesiasticus.

Præmittuntur versus sedecim heroici librorum ordinem utriusque Testamenti exponentes, incip.

" Genesis in primis, tenet Exodus iter in ynis."

Occurrunt.in calce nomina Edwardi Reepe, Joh. et Burges Dobbys, et Burges Wellys Neuman, olim forsan codicis possessorum.

Ⴀ III.

Codex membranaceus, in folio maximo, ff. 88, sec. xiii. exeuntis, manu Philippi Trecensis presbyteri binis columnis optime exaratus; mutilus.

Bibliorum Sacrorum, ex versione vulgata, tomus primus, in quo Mosis libri quinque, Judicum et Ruth, S. Hieronymi prologis instructus.

Evulsa sunt omnia a Deuteron. cap. xxiv. ad Judic. cap. ix. verba, " viri ac mulieres simul."

Præcedit notitia sequens, " Biblia ista est donata collegio beate Marie Wynton. in Oxonia per reverendum patrem Thomam de Bekyntona, Bathon. et Wellen. episcopum, cathenandam in libraria communi ejusdem collegii ad utilitatem studere volencium in eadem. Oretis igitur pro anima donatoris."

Præmittitur codici, manu recentiori, " Pro difficilibus verbis tum in prologis tum in textu vade ad librum Rogeri monachi de S. Edmundo in proximo desco ad dextram, et pro talibus verbis in textu vade ad librum in desco astronomie."

Et postea, " Cave quia plurimus error est in littera. Vide igitur bibliam donatam per magistrum Andream Holes."

Ⴀ IV.

Membranaceus, in folio maximo, ff. 365, sec. xiii. exeuntis, manu Philippi supradicti binis columnis optime exaratus; mutilus.

Bibliorum Sacrorum tomus secundus, in quo, libri Regum quatuor, Paralipomenon duo, Esdræ I., Nehemiæ, Esdræ II., Tobiæ, et Job, cum S. Hieronymi prologis.

Evulsus est Esdræ II. liber fere totus, necnon Tobiæ capitula decem priora.

Titulus Paralipom. I. est iste, "Incipit liber Dabreiamin, id est verba dierum, quod est Paralipomenon."

Præmittitur notitia de codicis donatione per Thomam de Bekyntona, quam in codice præcedenti memoravimus.

ß   V.

Codex membranaceus, in folio maximo, ff. 435, sec. xiii. exeuntis ; manu eadem ac duo præcedentes codices, binis columnis optime exaratus.

Bibliorum sacrorum tomus tertius, complectens Salomonis Parabolas, Ecclesiastem, Canticorum, Sapientiæ Ecclesiasticique, necnon Prophetarum libros, Jeremiæ Threnis inclusis, cum prologis haud inusitatis.

In calce, "Volumen istud tertium scripsit Philippus presbiter ; Natus urbe Trecensium existens naturaliter ; Sed in hoc beneficium sortitus spiritaliter ; Hinc cum Maria Filium Ihesum laudemus pariter.

Anno Dei millesimo, Qui summus regit omnia ; Simul et ducentesimo ex quo venit in propria ; Octogesimo decimo finita est pars tertia ; Biblie benignissimo dante Cui sit gloria ; Amen.

Artificem commendat opus non propria lingua ;

Non redimit victum cumulata sciencia morum ;

Sapientia sine eloquentia est quasi cytharam habens in sinu clauso ; Ave Maria."

ß   VI.

Membranaceus, in folio maximo, ff. 410, sec. xiii. exeuntis, eadem manu, qua præcedentes, binis columnis optime exaratus.

Bibliorum Sacrorum tomus quartus et ultimus, in quo,

1. Maccabæorum libri duo, præviis prologis tribus, quorum duo priores sunt Rhabani Mauri. fol. 1.

2. Testamentum Novum, S. Hieronymi prologis haud insolitis instructum. fol. 71 b.

In calce,

a. "Hoc quartum edificium scripsit Philippus presbiter,

Natus urbe Trecensium existens naturaliter,

Sed in hac beneficium sortitus spiritaliter

Hinc cum Maria Filium Ihesum laudemus pariter. Amen."

b. "Anno Dei millesimo, Qui summus regit omnia,

Simul et ducentesimo, ex quo venit in propria,

Octogesimo decimo finita est hec biblia,

Prestante Benignissimo cui laus est et gloria ; Amen."

c. "Artificem commendat opus non propria lingua,

Non redimit victum cumulata scientia morum.

Sapientia sine eloquentia est quasi cytharam habens in sinu clauso."

d. "Ave Maria, gratia plena, Dominus tecum, benedicta tu in mulieribus et benedictus fructus ventris tui, Amen.

Mater Dei memento mei."

ℭ   VII.

Codex membranaceus, in folio, ff. 300, sec. xiii. exeuntis, binis columnis nitidissime exaratus, et quoad literas initiales deauratus ; olim peculium Johannis Green, postea Gul. Westbyrg, Coll. Nov. Socii et Etonæ præpositi ; utrimque mutilatus.

Biblia Sacra universa secundum versionem vulgatam, S. Hieronymi Rhabanique Mauri prologis instructa.

Incipit prol. 1. in Testam. Vet. abrupte cum verbis, "de petra deserti ad mortem filie Syon."

Incip. Geneseos lib. "Adam cxxx. annis et genuit ad imaginem."

Deficit Apocalyps. lib. in verbis cap. xix. "vivi missi sunt in stagnum ignis ardentis."

Sequuntur Canones Eusebiani.

Præmissa sunt codici, manu recentiori scripta,

a. Librorum tabula " qui continentur in canone et sunt in isto volumine." fol. 1 b.

b. Modus, quo leguntur Bibliæ libri per annum. fol. 4.

c. Preces et antiphonæ per hebdomadam in ecclesia dicendæ. fol. 4.

d. Notitia sequens, " Liber collegii ex dono magistri Willelmi Westbyry, sacre theologie bacallarii, hujus collegii socii et collegii beate Marie de Etona prepositi." fol. 4 b.

In calce codicis scripta est notitia ista, " Liber magistri . . . . . quem emit de executore domini Johannis Green pro iiij. libris vi. s. viii. d."

A VIII.

Codex membranaceus, in folio maximo, ff. 249, sec. xv. ineuntis, binis columnis optime exaratus ; utrimque mutilus.

Bibliorum Sacrorum volumen primum, libros continens Testamenti veteris sequentes, sc. Mosis quinque, Josuæ, Judicum et Ruth, omnes e versione vulgata et Nicolai de Lyra postilla instructos.

Desunt, Genes. cap. xxi. priora, Levit. cap. i., Num. cap. xxxv. pars et xxxvi. Deut. pars cap. i. Ruth pars cap. iv.; excisæ sunt quoque literæ initiales plures picturis insignitæ.

In calce lib. Judicum, ut etiam, mutatis mutandis, aliorum, " Explicit postilla super librum Judicum edita a fratre Nicholao de Lira de ordine fratrum minorum sacre theologie doctore."

A IX.

Membranaceus, in folio maximo, ff. 285, sec. xv. ineuntis, binis columnis optime exaratus.

Bibliorum Sacrorum volumen secundum, in quo Regum libri quatuor, Paralipomenon libri duo, Esdræ lib. i., Neemias, Esdræ lib. alter, Tobias, Judith, Hester, Job, omnes prologis et Nic. de Lyra postilla instructi.

Desunt Regum lib. iv. cap. i., Paralip. pars cap. xxxiii. usque ad finem, Esdræ lib. i. cap. 1.

In calce lib. Job, " Explicit postilla super Job edita a Fratre Nicholao de Lyra, de ordine Fratrum, minorum, sacre theologie venerabili doctore."

A X.

Codex membranaceus, in folio maximo, ff. 242, binis columnis, manu ac codices duo præcedentes eadem, optime exaratus.

Bibliorum Sacrorum volumen tertium, Psalterium continens, Proverbia Salomonis, Ecclesiasten, Librum Canticorum, Sapientiæ librum et Ecclesiasticum, omnes Nic. de Lyra postilla instructos.

Desunt Ps. i. ii. et prologus, Proverb. pars prologi, Ecclesiast. pars cap. i., Cantic. pars major. scil. ad cap. viii. Sapientiæ pars prologi et cap. i. pars, et Ecclus. pars cap. i. et capita finalia a xxxix.

A XI.

Membranaceus, in folio maximo, ff. 257, binis columnis manu ac præcedentes eadem optime exaratus.

Bibliorum Sacrorum volumen quartum Isaiæ, Jeremiæ, Baruch, Ezechielis Danielisque, Prophetarum, libros includens, postilla itidem Lyrana perquam instructos.

Deest Isaiæ libri principium usque ad caput octavum.

Titulum libri Baruch exscribere lubet, scilicet, " Incipit prologus beati Jeronimi presbiteri in libro Baruch ; liber iste qui Baruch nomine vocatur in Hebreo canone non habetur sed tantummodo in vulgata edicione, similiter et epistola Ieremie prophete, propter noticiam autem legencium hic scripta sunt, quia multa novissimisque temporibus."

In calce, " Explicit postilla super hystoriam Susanne, Belis et Draconis, edita a fratre N. de Lira, de ordine fratrum minorum, sacre theologie venerabili doctore."

A XII.

Membranaceus, in folio maximo, ff. 241, binis columnis eadem manu exaratus.

Bibliorum Sacrorum volumen quintum, in quo habentur,

1. Prophetarum XII. minorum libri omnes, necnon Maccabæorum libri duo, postilla instructi Lyrana. fol. 1.

Deest Oseæ prophetæ libri principium

usque ad cap. xii. Evulsum est quoque ab initio Amos folium unicum.

In calce Malachiæ, " Explicit postilla super Malachiam prophetam edita a fratre Nycholao de Lyra sacre theologie doctore."

2. SS. Matthæi, Marci et Lucæ Evangelia, ejusdem Lyræ glossa perpetua illustrata. fol. 105.

In calce vol. " Explicit evangelium secundum Lucam edita a fratre Nycholao de Lyra. Incipit collacio super Johannem."

A̸ XIII.

Codex membranaceus, in folio maximo, ff. 274, binis columnis manu eadem exaratus.

Bibliorum Sacrorum volumen sextum et ultimum, Novi Testamenti libros omnes reliquos complectens, ordine sequenti, S. Johannis evangelium, epistolas quatuordecim Paulinas, epistolas Canonicas, Apostolorum Actus, et S. Johannis librum Apocalypseos.

Deest S. Joh. Evang. folium primum. Abscissæ sunt quoque hic illic a nebulone quodam literæ aliquæ initiales coloribus pictæ.

C XIV.

Chartaceus, in folio minori, ff. 192, sec. xv.

1. Nicolai de Lyra super prophetarum libros postilla ab anonymo quodam abbreviata. fol. 1.

Præmittitur notitia ex S. Hieronymi epistola ad Pammachium, incip. " Magne difficultatis est divinam scripturam et maxime prophetas intelligere."

Incip. postil. " *Jerusalem Evangelistam dabo, Ys.* Prout dicit Ieronimus in prologo super hunc librum, Ysaias non tantum propheta dicendus est "

Desin. postil. in Baruch. qui in codice post Malachiam scribitur, " *longe est ab opprobriis ;* que sunt inferenda ydolatriis, et minus dicendo significat majus, quia tali homo eciam erit honorabilis coram Deo et angelis."

In calce, " Explicit postilla super Baruc, qui in aliquibus libris scribitur immediate post Ieremiam, in aliquibus non."

2. Ejusdem postilla super Maccabæorum libros duo, itidem abbreviata. fol. 175 b.

Incip. " *Et factus est ;* post historiam libri Judith quantum ad hystorias ; etc." ut in editt. impress.

Desin. " ut legentibus sit animi delectatio."

In calce, " Explicit postilla super libros Machabeorum, etc."

C XV.

Codex chartaceus, in folio minori, ff. 282, sec. xv.

1. Ordo legendi epistolas et evangelia in Dominicis et feriis per anni cursum. fol. 1.

2. Cotatio lectionum ad materias de temporali, extracta de Biblia. fol. 4.

3. Nicolai de Lyra postilla super evangelia quatuor abbreviata. fol. 5.

Incip. " *Quatuor facies uni ;* Ezech. i. Secundum Gregorium super Ezechielis prima parte."

Desin. " Ad contemplandum eum facie ad faciem."

In calce, " Explicit postilla super Johannem."

4. Ejusdem Nicolai super libros Testamenti Novi reliquos postilla itidem abbreviata. fol. 113.

Incip. " *Ecce descripsi eam tibi tripliciter.* Prov. xxii. Quod verbum de sapientie descriptione dicitur ; sapientia autem Pauli in cognicione Domini nostri Ihesu Christi."

Desin. " *Veni Domine Jesu ;* Hoc dicit Johannes conformando," ut in editt. impress.

Præmittitur notitia, incip. " Nota quod iste non scribit super epistolam Pauli ad Laodicenses, que in aliquibus libris habetur et scribitur post epistolam ad Thessalonicenses, et potest esse causa, quia secundum Gregorium," etc.

5. Anonymi cujusdam in Apocalypseos librum commentarius sive glossa. fol. 256.

Incip. " *Apocalypsis ;* Hec sola inter libros Novi Testamenti prophetia vocatur, que aliis excellencior est propheciis ;" ut in Gloss. Ordinar.

Desin. " librum hunc post evangelia in sacra scriptura attollimus ; Explicit hoc opus."

6. Bibliorum Sacrorum omnium argumenta, secundum Petrum de Aureolo, Ord. Minor., archiep. Aquensem. fol. 276.

Incip. " Considerandum est quod scriptura dividi potest in octo partes principales, secundum octo modos docendi."

Desin. " que debebant illi contingere a sui fundacione usque in finem."

7. Tabula S. Scripturæ divisionem exhibens, secundum librorum materiam. fol. 281.

XVI.

net

Codex membranaceus, in folio, ff. **224**, sec. xiv., bene exaratus et servatus.

SS. Bibliorum libri duo priores, Genesis scilicet et Exodus, glossis ordinaria et interlineari perpetuis illustrati, præviis prothematibus.

In margine quoque glossulæ aliæ hic illic descriptæ sunt.

In initio codicis agitur quæstio, "Utrum intelligentia precise accepta pro secunda parte ymaginis Trinitatis increate representet Filium in divinis, actu secundo circumscripto."

Incip. "Ad questionem dico, quod intelligencia representet Filium."

C XVII.

Membranaceus, in folio, ff. **278**, sec. xiv., bene exaratus et servatus.

SS. Bibliorum libri sequentes, Leviticus, scilicet, Numeri et Deuteronomium, glossis itidem ordinaria et interlineari instructi.

In fine, " Explicit Deuteronomius."

Sequitur in calce voluminis, *manu altera et recentiori*, narrationis fragmentum de famulis duobus, qui regi alicui serviebant.

C XVIII.

Membranaceus, in folio, ff. **199**, sec. xiv.; haud una manu nec eodem tempore exaratus.

1. SS. Bibliorum libri, qui sequuntur, Paralipomenon duo, Esdræ I. et Nehemias, glossis ordinaria et interlineari instructi. fol. 4.

Præmittuntur,

a. Paralipomenon libb. Capitula. fol. 1.

b. " Prologus beati Ieronomi presbiteri in libris Paralipomenon, quod latine interpretatur Verba dierum." fol. 2.

c. " Item Prefacio Ieronimi." fol. 2 b.

d. Capitula libri Esdræ. fol. 3.

———

2. Esdræ libri II. III. et IV. quorum ultimus in duo distinguitur. fol. 174.

Tit. i. " Incipit liber Esdre secundus."

C XIX.

Codex membranaceus, in folio, ff. **118**, sec. xiv. ; binis columnis bene exaratus.

Liber Job, prologo S. Hieronymi, prothematibus, glossis interlineari et ordinaria illustratus.

Glossulas quoque aliquas in margine supplevit manus recentior.

In calce, " Explicit liber Job."

C XX.

Membranaceus, in folio, ff. **224**, sec. xiv. ineuntis, nitide exaratus.

Libri Sacri quinque, scilicet, Salomonis Parabolæ, Ecclesiastes, Cantica Canticorum, Sapientia, Ecclesiasticus, S. Hieronymi prologis glossisque interlineari atque ordinaria instructi.

Præmittuntur, *manu aliquantum recentiori*,

" Tempora labuntur vernantibus invida formis,
Dives te ledit, res tua, nam miser es ;
Sperne fluentia, respice, cras ea nil tibi prosunt,
Multa recondis, cur ? ut moriens ea des,
Da celer, est siquidem tutum, da preveniens te.
In decretis sunt cause triginta sex, et quot sunt littere in singulis dictionibus premissorum versuum, tot sunt questiones in singulis causis."

C XXI.

Membranaceus, in folio, ff. **176**, sec. xiv.

1. Liber Isaiæ prophetæ, S. Hieronymi prologo, glossisque interlineari et ordinaria instructus. fol. 1.

In calce, " Explicit Ysaias."

2. Canticum Canticorum, cum præfatione et glossis, ut supra. fol. 77.

Præfationem insequitur prologus alter, incip. " Materia hujus operis sunt sponsus et sponsa."

3. Liber Job, prologis glossisque, ut supra, instructus. fol. 86.

In calce, " Explicit liber beatissimi Job."

In ora fol. 86 inferiori leguntur versus sequentes,

"Job commendatum . Sathan impetrat ad cruciatum,
Nec movet, ablatis . opibus, natisque necatis,
Ulcere, squalore . blaspheme conjugis ore,
Job solatores . reprobat suffertque tumores,
Verbis magnificis . Dominum videt, audit, amicis
Primum purgatis . opibus pollet duplicatis."

In calce codicis, Tractatulus de mensuris et ponderibus ad medicinam spectantibus, incip. " Pondera medicinalia cognoscimus et commoniti sumus variare."

C XXII.

Codex membranaceus, in folio, ff. 224, sec. xiv., bene exaratus.

1. Liber Isaiæ prophetæ, S. Hieronymi prologo glossisque interlineari et ordinaria instructus. fol. 1.
    In fol. i. marg. super. " Sancti Spiritus assit nobis gratia ; Amen."
    In calce, " Explicit Ysayas."
2. Liber Jeremiæ prophetæ, cum S. Hieronymi prologo glossisque, ut supra. fol. 99.
    Præmittitur, " Sancti Spiritus assit nobis gratia."
3. Jeremiæ Lamentationes, cum glossis, ut supra. fol. 188 b.
    In calce, " Sufficiant hec ad explana-tionem Lamentationum Jeremie, que de Patrum fontibus hausi, Ego Gislebertus Antisiodorensis ecclesie diaconus ;" ut in edit. Lyran. Venet. 1588, tom. iv. fol. 202.

C XXIII.

Membranaceus, in folio, ff. 168, sec. xiv., bene exaratus.

1. Liber Ezechielis prophetæ, S. Hieronymi pro-logo glossisque interlineari atque ordinaria instructus. fol. 1.
    In calce, " Explicit liber iste."
2. Liber Danielis prophetæ, cum S. Hieronymi prologo glossisque, ut supra. fol. 123.
    In calce, " Explicit Daniel propheta."

C XXIV.

Membranaceus, in folio, ff. 138, sec. xiv.

1. Prophetarum duodecim minorum libri, S. Hie-ronymi prologis glossisque interlineari atque ordinaria instructi. fol. 1.
2. Aggæi prophetæ fragmentum, cum glossis ab ordinaria variantibus. fol. 104.
    Incip. gloss. " In anno secundo, etc. Quia nondum civitas pristinam gloriam receperat sed adhuc populus in domibus concavis et, ut in greco habetur, deorsum positis."
3. Danielis liber, cum S. Hieronymi prologo glossisque interlineari et ordinaria. fol. 107.
    Sequitur catalogus regum Israelitarum, Persarum, Ægypti atque Syriæ.

C XXV.

Codex membranaceus, in folio, ff. 171, sec. xiv.

1. Libri Sacri, Esdræ scilicet I., Nehemiæ, Tobiæ, Judith et Hester, cum S. Hieronymi prologis glossisque ordinaria et interlineari. fol. 1.
    In calce Tobiæ notatum est, " Explicit liber Tobie habens versus in numero d.cccc."
    In calce Judith, " Explicit liber Judith habens versus, numero m. c."
2. Maccabæorum libri duo, S. Hieronymi Raba-nique Mauri prologis, capitulis, et glossa ordinaria instructi. fol. 87.
    In calce, " Explicit liber secundus Macha-beorum versuum mille octingentorum."
    In fronte codicis, " Liber . . . . qui ipsum alienaverit vel scripturam istam dempserit, anathema sit."

B XXVI.

Membranaceus, in folio majori, ff. 224, sec. xiii. exeuntis, bene exaratus et servatus.

Evangelia quatuor, S. Hieronymi prologis, glossisque ordinaria atque interlineari in-structa.

C XXVII.

Membranaceus, in folio, ff. 189, sec. xiv.

1. Actus Apostolorum, prologis glossisque in-structi. fol. 1.
    In calce, " Explicit liber actuum aposto-lorum."
2. Epistolæ septem catholicæ, cum glossa ordi-naria. fol. 84.

3. S. Johannis Apocalypseos liber, cum glossa ordinaria. fol. 140.

D XXVIII.

Codex membranaceus, in folio, ff. 135, sec. xiii. ineuntis.

1. Epistolæ quatuordecim Paulinæ, glossis marginalibus atque interlinearibus penitus instructæ. fol. 1.

> Incip. gloss. " Pro altercatione scribit Romanis, confutans modo Gentiles modo Judeos, docens eos humiliari."
>
> Desin. gloss. in Hebr. " illis prodest, qui voluptates deserunt et corpus affligunt."

2. Epistolæ septem catholicæ, itidem glossis illustratæ, necnon S. Hieronymi prologo. fol. 113.

> Incip. gloss. " Septem sunt epistole, propter septem dona Spiritus Sancti vel propter fidem Sancte Trinitatis quem continent."
>
> In prima pagina notatum est, " Liber Collegii ex dono fundatoris et habetur in
>
> Registro, ut ibi patet :ʃ: ."

ᙅ XXIX.

Membranaceus, in folio, ff. 190, sec. xiii. ineuntis, binis columnis exaratus; olim peculium Thomæ Lustcyll postea Johannis Gynnor, anno scil. 1463.

1. Rabani Mauri in Genesim expositio, prævia ad Fretulfum epistola dedicatoria. fol. 1.

> Tit. " Prefatio Rabani in librum super Genesim."
>
> Exstat impress. inter opera, edit. 1626, tom. ii. p. 1.

2. Ejusdem Rabani in Moysis libros quatuor reliquos expositio breviter annotata a Strabo discipulo ejus, prævia ad Exodum atque Leviticum præfatione. fol. 93.

> Tit. " Incipit expositio Rabani breviter annotata a Strabo ejus discipulo super Exodum. Prefatio in subsequens opus."
>
> Incip. prol. " Hujus libri quam subjectam cernis explanitiunculam domnus Rabanus de dictis Sanctorum."
>
> Incip. Exod. " Exodus exitus dici potest, quia Greci odum viam, odoporicum viaticum vocant."

Desin. Deuteron. " Quod Josue obedisse filios Israel dicit, significat sanctorum devotionem, quam Christo exhibent Salvatori."

In calce codicis, " Liber magistri Johannis Gynnor ex dono magistri Thome Lustcyll, quem librum disposuit idem Johannes collegio beate Marie Wynton. in Oxon. post mortem suam cathenandum in libraria ejusdem collegii; scripta sunt hec anno Domini m.cccc.lxiij.° xxviij.° die mensis Augusti."

Postea, " Liber collegii beate Marie Winton. in Oxon. ex dono magistri Johannis Gynnor artium magistri et socii, 1492."

D XXX.

Codex membranaceus, in folio minori, ff. 78, sec. xv. ineuntis.

1. Thomæ Walleys, sive Guallensis, ord. Prædicatorum, in Isaiæ prophetæ librum commentarius; cum præfatione. fol. 1.

> Incip. præf. " Beatus qui custodit verba, etc. Crisostomus, omelia 26 In perfecto, dicit sic, Quemadmodum non prodest cibus nisi cum fuerit masticatus."
>
> Incip. liber, " Levamini et mundi estote; Non solum opera mundanda sunt sed et cogitationes."
>
> Desin. " qui sitit veniat, et qui vult accipiat aquam vite gratis."
>
> In calce, " Explicit opus super Ysaiam."

2. Ejusdem Thomæ super Numerorum librum commentarius. fol. 20 b.

> Incip. " Recensiti sunt per nomina, etc., Si velimus inter filios Israel numerari, oportet quod ad bella sustinenda simus idonei."
>
> Desin. " Non enim erit heres filius ancille cum filio libere."
>
> In calce, " Explicit super librum Numerorum."

3. Ejusdem in Deuteronomium commentarius. fol. 29.

> Incip. " Vade in terram quam Deus tuus dat tibi; Sagittans qui bene vult sagittare valde intente signum respicit."
>
> Desin. " quasi scelus ydolatrie nulle adquiescere."
>
> In calce, " Explicit Wa. super Deutro."

4. Ejusdem in Josuæ librum commentarius. fol. 39 b.

    Incip. "Transi Jordanem istum. Volentibus terram promissionis ingredi prius oportet transire Jordanem."

    Desin. "in diebus ejus justitia et habundantia pacis."

    In calce, "Explicit liber Josue."

5. Ejusdem in librum Judicum commentarius. fol. 47.

    Incip. "Post mortem Josue consuluerunt, etc. Illi utuntur in assumendo ducem consilio Domini."

    Desin. "et non sit qui eripiat te."

    In calce, "Explicit opus Waleys super librum Judicum feliciter, Amen."

6. Ejusdem 'Waleys super Ruth' commentum. fol. 54.

    Incip. "Amaritudine replevit me; Electi filii Dei in presenti amaritudine."

    Desin. "et exaltavi, ipsi autem spreverunt me."

    In calce, "Explicit opus fratris Thome Waleys super librum Ruth."

7. Ejusdem super librum Exodi commentum. fol. 56.

    Incip. "Ecce populus filiorum Israel, etc. Philosophus libro 8º de animalibus capitulo 5º dicit, quod apes qui pascuntur flores ortolamos."

    Desin. "ut luceret cis per noctem, etc."

    In calce, "Explicit opus fratris Thome Waleys de ordine Predicatorum super Exodum."

8. Ejusdem super Leviticum commentarius. fol. 72 b.

    Incip. "Masculum immaculatum offerent; Solus Christus erat masculus immaculatus."

    Desin. "Ite, ostendite vos sacerdotibus."

    In calce, "Explicit opus fratris Thome Waleys super Leviticum."

    Exstant opera supradicta in Bibl. Bodl. Cod. MS. Laud. 345, sed Joh. Waliensi, Ord. Min. tributa.

C XXXI.

Codex chartaceus, in folio, ff. 440, sec. xv.; haud eodem librario scriptus.

Catena SS. Patrum super Psalterium usque ad medium Psalmi 'Αναστήτω ὁ Θεὸς scil. sexagesimi octavi.

    Tit. ψαλτήριον τῷ Δαυίδ.

    Incip. μακάριος ἀνὴρ, κ. λ. Εὐσεβίου Καισαρίας. Μακαριότητος μὲν κατὰ φύσιν ἅπαντες ὀρεγόμεθα ἀλλ' ἀθίπερ ἀγνοοῦντές τινες ἐν τοῖς σωματικοῖς ἀγαθοῖς ταύτην εἶναι νομίζουσιν: edit. Corderiana, p. 3.

    Desin. in comment. ejusdem Eusebii super Ps. lxviii. vers. 46, οἱ τὰ ἀγαθα ποιήσαντες εἰς ἀνάστασιν ζωῆς οἱ δὲ τὰ φαῦλα πράξαντες εἰς ἀνάστασιν κρίσεως.

    Auctores in Catena ista sunt, Apollinarius, Asterius, Athanasius, Basilius, Chrysostomus, Cyrillus, Didymus, Eusebius, Gregorius Nazianzenus, Gregorius Nyssenus, Hesychius, Origenes, Severus, Theodorus, Theodorus Antiochus, Theodoretus et Theodotion."

C XXXII.

Codex membranaceus, in folio, ff. 224, sec. xii., binis columnis bene exaratus; olim Gul. Yve, S.T.P. et Sarum eccl. cancellarii.

Petri Lombardi, sententiarum magistri, in Psalmos Davidis glossæ; prævio prologo.

    In calce, *manu longe recentiori,*

    "Explicit hic Petri glosarum meta magistri."

    Deinde, "Psalterium Glosatum, precii xxx s."

    Præmissa est codici notitia sequens, "Liber collegii ex dono magistri Willelmi Yve sacre theologie doctoris Sarum ecclesie cancellarii scolarium collegii beate Marie prope Winton. nuper informatoris."

C XXXIII.

Membranaceus, in folio, ff. 162, sec. xiv. ineuntis, binis columnis exaratus, olim Willelmi Warham, archiepiscopi Cantuariensis.

S. Hieronymi, presbyteri Stridonensis, in Psalterium expositio, cum præfatione.

    Tit. "Incipit prefacio exposicionis psalmorum, sancti Ieronimi presbiteri."

    Præcedit notitia, "Liber Willelmi Warham, Cantuar. archiepiscopi;" et in margine pag. I. inferiori, "Hieronymus super psalterium ex dono reverendissimi in Christo patris ac domini domini Willelmi Wareham, Cantuar. archiepiscopi ac quondam hujus collegii socii."

[handwritten left margin note:] The second part of this catena is Bodl MS. Auct. E.1.5.

[handwritten bottom note:] For a study of the hands, with facsimiles, see E. Lobel, 'Cardinal Pole's Manuscripts', in Proceedings of the British Academy, vol. XVII.

B XXXIV.

Codex membranaceus, in folio majori, ff. 249, sec. xii., binis columnis nitide exaratus; olim Henrici [Beaufort?] Cardinalis et episcopi Wintoniensis.

Petri Lombardi, Parisiensis, in Psalterium Davidis glossæ, prævia præfatione.

Abscissa est a nebulone quodam psalmi primi litera initialis.

Præmittitur de donatione codicis notitiæ fragmentum sequens, "——Henrico Cardinali Anglie et episcopo Wyntoniensi ac pro—— istius collegii et benefactoribus eorumdem. Chawndeler."

C XXXV.

Membranaceus, in folio majori, ff. 278, sec. xiii., binis columnis exaratus; olim Henrici Upnore.

Petri Lombardi Glossæ in Davidis Psalterium, cum præfatione et glossulis marginalibus.

Tit. "Incipit liber Ymnorum vel soliloquiorum David prophete de Christo."

In calce,

"Explicit hic Petri glosarum meta magistri."

In fronte codicis, fol. scil. 1.* verso, "Liber magistri Henrici Upnore datus eidem per magistrum Thomam Hyll ex dispensatione executorum suorum;" et in fol. 2 b, "Liber collegii emptus de magistro Henrico Upnore rectore de Horewode pro liii. s. iiij. d. anno Christi 1487."

Sequitur in folio penultimo notitia, hodie pæne deleta, "Liber collegii beate Marie de Wynton in Oxon. ex dono venerabilis viri magistri Henryci Upnore [rectoris ecclesie] de Horewood magna, causa donacionis . . . ."

C XXXVI.

Membranaceus, in folio, ff. 113, sec. xiv. exeuntis; olim peculium Willelmi Malton, postea Willelmi Ware, coll. Nov. sociorum.

Michaelis [de Corbeil?] Meldensis distinctiones super Psalterium, prævia præfatione.

Tit. "Incipiunt distinctiones magistri Michaelis Meldensis super Psalterium."

Incip. præf. "Quisquis ad divine pagine eru-

ditionem accedit, in principio debet considerare que sit istius scripture materia, circa quid versatur ejus tractatus. Est autem istius principalis materia opus restaurationis."

Incip. liber, "Beatus vir qui non abiit; Homo quamdiu per contemplationem Deo adheret in patria manet, et quando cogitationem suam ad terrene flectit a patria in exilium vadit."

Desin. "tamen manum corrigentis postulo non detrahentis; finis omnia concludit, omnia locat, omnia perficit, sola enim perseverantia accipit bravium."

In calce,

"Doctor Meldensis Michael, presul Senonensis. Hic bene Psalmorum Polixena verba locavit."

Sequuntur,

a. Nota brevis de psalmis ad deprecandum Deum a S. Hilario ordinatis.

b. "Liber collegii beate Marie Wynton. in Oxon. ex dono magistri Willelmi Ware, olim socii ejusdem collegii, cathenandus in libraria communi ejusdem collegii ad usum studentium in eodem collegio. Oretis igitur pro donatore et benefactoribus ejusdem, et specialiter pro anima magistri Willelmi Maltone olim socii ejusdem collegii, cujus industria iste liber collegio fuerat assignatus."

c. Versus de patientia, etc. incip.

"Maxima virtutum patientia pugnat inermis."

Præmittuntur codici versus tredecim heroici de SS. Apostolorum prædicatione, incip.

"Petrus Romanis reseravit dona salutis."

C XXXVII.

Codex membranaceus, in folio majori, ff. 249, sec. xiv., binis columnis bene exaratus et servatus; olim Thomæ Cranley, archiepiscopi Dublinensis.

S. Gregorii papæ I. Magni, in librum Job Moralium libri sedecim priores, cum prologo.

Exstant impress. inter opera, ed. Benedict. tom. i. col. 1.

In margine fol. 1. superiori notatum est, "Liber Thome Cranle archiepiscopi Dublinensis, quem emit de quodam presbitero Cestrie xvj. die mensis Julii anno Domini millesimo. cccc mo. viij.° regis Henrici quarti ix. et sue consecracionis xi."

In margine ejusdem folii inferiori, " Liber custodis et sociorum collegii beate Marie de Wynton. in Oxon. ex dono venerabilis patris Thome Cranle archiepiscopi Dublin. quondam scolaris deinde socii ac demum custodis collegii predicti, qui humiliter petit suffragiis predictorum custodis sociorum et aliorum inibi divina celebrancium adjuvari apud misericordissimum Deum."

C XXXVIII.

Codex membranaceus, in folio majori, ff. 247, sec. xiv., binis columnis exaratus ; olim Thomæ Cranley, archiep. Dublin.

S. Gregorii papæ I. Magni moralium tomus alter, libros xvii. ad finem comprehendens.

Tit. " Explicit liber quintus decimus. Incipit liber xvi. scilicet pars secunda secundum quosdam."

In margine fol. 1. descriptæ sunt notitiæ istæ, quas antea, in codicis scilicet præcedentis descriptione, exscripsimus.

C XXXIX.

Membranaceus, in folio, ff. 240, sec. xiv. exeuntis, binis columnis exaratus ; olim Gul. Say, S. T. P.

Gregorii papæ I. cognomento Magni, Moralium in Job libri xvii—xxxv. inclusive.

Exstant impress. inter opera, edit. Benedict. tom. i. col. 534.

In margine fol. 2 inferiori, " De dono venerabilis viri magistri Willelmi Say, sacre theologie professoris, socii hujus collegii, decani ecclesie sancti Pauli Londinensis, magistri domus sancti Antonii, decani capelle regie Henrici Sexti."

C XL.

Membranaceus, in folio minori, ff. 287, sec. xiii. ; binis columnis nitide exaratus.

1. Gaurrici, seu Guaricii [an de S. Quintino,] ord. Prædicatorum, super Isaiam Prophetiam commentarius, cum prologo. fol. 2.

Incip. prol. " Spiritu magno vidit ultima et consolatus est, etc. Ecclus. xlviij. Dicuntur hec ad laudem Ysaiæ."

Desin. prol. " dicentes nos nescire veritatem et habere corrupta exemplaria."

Incip. comment. " Visio Ysaie filii Amos, etc. Liber iste dividitur in duas partes, scilicet, in titulum qui est quasi quoddam proemium ad librum."

Desin. " sanctis qui sunt finis omnis carnis, quia omnia propter electos."

In calce, " Explicit Ysaias secundum magistrum Gaurricum de ordine Prædicatorum, Deo gracias ; anno m.cc xlix. v. ex. Octub."

2. Ejusdem Guaricii in Hieremiæ prophetiam commentarius, cum prologo. fol. 154.

Incip. prol. " Direxit opera eorum in manibus prophete sancti ; Verba ista scripta sunt Sapientie x. et dicta sunt ad litteram de Moyse."

Desin. prol. " detrahunt multi unde deberent eis gratias reddere."

Incip. comment. " Verba Jeremie, etc. Hic incipit liber Jeremie, qui dividitur in duas partes, in prohemium, in tractatum qui incipit proprie ij. capitulo."

Desin. " in carcere quod magis patet in historia."

3. Ejusdem in Lamentationes Hieremiæ commentarius, cum prologo. fol. 256.

Incip. prol. " Quis dabit capiti meo aquam. etc. In verbis istis scriptis Jer. ix. tangitur quadruplex causa hujus operis."

Desin. " Et factum est postquam in captivitatem, etc. anteposita invenitur tamen in antiquis libris non est de textu."

Incip. comment. " Et factum est postquam ; etc. Sicut dictum fuit in principio Jeremie."

Desin. " in ultimo verbo orationis et lamentationis sue ; Deo gracias."

4. Ejusdem in Baruch commentarius. fol. 276 b.

Incip. " Post lacrimacionem et fletum, etc. Verba ista scripta sunt Tobie."

Desin. " quod fuit inventum in lecto David."

In calce,

" Parce Jhesu Christe liber a quo conditus iste, Exstitit ut viso te gaudeat in Paradiso. Amen."

C XLI.

Codex chartaceus, in folio, ff. 274, sec. xvi. exeuntis, nitide scriptus ; olim Reginaldi Poli, Cardinalis, archiepiscopi Cantuariensis.

SS. Patrum Catena super Isaiæ prophetæ librum, ab anonymo quodam compilata ; *Græce.*

Præmittuntur,

a. Procœmium compilatoris. fol. 1.

Incip. τῆς προφητείας τοῦ θεσπεσίου ᾽Ησαΐου τοῦ μεγαλοφωνοτάτου τῶν προφητῶν τὴν βίβλον μετὰ χεῖρας λαβὼν καὶ ταύτης τὴν ἀνάγνωσιν ποιησάμενος.

b. S. Basilii Cæsareensis argumentum libri. fol. 1 b.

Tit. τοῦ ἁγίου Βασιλείου ἐπισκόπου Καισαρείας εἰς τὸν ᾽Ησαΐαν ὑπόθεσις τῆς βίβλου ἡ φανερὰ καὶ αὐτοθελήπτη.

Incip. Catena. ἐγκαταλειφθήσεται ἡ θυγάτηρ Σιών, κ. λ. Βασιλείου· ἀπόδειξιν τῆς τοῦ Θεοῦ δικαιοκρισίας ἔχει ἡ τῶν ὁμοίων ἀντίδωσις.

Auctores, quorum fragmenta in catena ista exhibentur, sunt, Apollo abbas, Apollinarius, Basilius, Johannes Chrysostomus, Cyrillus, Eusebius Cæsariensis, Eusebius Emesenus, Hippolytus, Origenes, Severus Antiochenus, Severianus Gabalensis, Theodoretus, Theodorus Heracleensis.

In fol. 1 b. notatum est, " Donum Reginaldi Pool Cardinalis, archiepiscopi Cantuariensis, M. D. LVII."

C XLII.

Membranaceus, in folio, ff. 133, sec. xv. ; olim Willelmi Warham, archiepiscopi Cantuariensis.

Venerabilis Bedæ super Cantica Canticorum expositio.

Tit. "Incipit exposicio in Cantica Canticorum librorum septem, quam composuit Beda presbiter venerabilis, juvante se gratia superna. Primus liber, quo specialiter contra Julianum divine gratie impugnatorem disputat."

Exstat inter opera, edit. Colon. 1612, tom. iv. p. 714.

In calce, " Explicit exposicio Cantici Canticorum."

Deinde, "Liber Willelmi Cantuariensis archiepiscopi, Warham."

B XLIII.

Codex membranaceus, in folio, ff. 235, sec. xvi. ineuntis ; olim Willelmi Warham, archiepiscopi Cantuariensis.

Alexandri Neckham in Cantica Canticorum expositio, in libros sex distincta, præviis cuique libro capitulis, cum præfatione.

Incip. præf. " Humilitas non solum soror est obediencie sed et mater."

Desin. " Conferat nobis subsidium dominus noster Jesus Cristus, qui est benedictus in secula ; Amen."

Incip. expos. " Ortus deliciarum, paradisi celestis scripture amena jocundaque varietate florum, puta, rosarum, liliorum, violarum, decenter picturatur."

Desin. " ut pro me misero misericordie mater intercedas ad dominum nostrum Jhesum Christum filium tuum, cui laus et honor et imperium per infinita secula seculorum, Amen."

C XLIV.

Membranaceus, in folio, ff. 231, sec. xi. ; bene exaratus et Prophetarum effigiebus optime pictis illustratus.

1. Theodoreti, episcopi Cyri, in Ezechielis prophetiæ capitulum primum commentarius, cum argumento. fol. 1.

Præfigitur titulus, ἀρχὴ τοῦ ἐξ καὶ δέκα προφήτων Θεοδωρίτου ἐπισκόπου Κύρου.

Exstat inter opera, edit. Sirmond. tom. ii. pp. 300—316.

2. Prophetæ duodecim minores, absque commentario. fol. 7.

3. Isaiæ prophetia, in capitulis distincta, prævia capitulorum tabula. fol. 34.

Tit. κεφάλαια τῆς προφητείας.

4. Jeremiæ prophetia. fol. 66.

Tit. ὁ προφήτης ᾽Ιερεμίας.

5. Liber Baruch. fol. 101.

Tit. Βαρούχ.

6. Jeremiæ Lamentationes. fol. 104.

Tit. θρῆνοι ᾽Ιερεμίου.

7. Jeremiæ Oratio et Epistola ad captivos, qui in Babylonem abducti essent. fol. 106.

8. Ezechielis prophetia. fol. 108 b.

Tit. ᾽Ιεζεκιὴλ προφήτης.

c 2

9. Liber Danielis prophetæ. fol. 144.

    Tit. Δανιὴλ κατὰ Θεοδοτίωνα.

10. Susannæ historia, Bel et Draconis. fol. 156.

11. Epitome gestorum regum Judæ et Israel. fol. 158.

    Tit. ἔστι δὲ τὰ ὀνόματα τῶν βασιλέων Ἰουδᾶ καὶ τοῦ Ἰσραὴλ καὶ ὁποῖον τῆς ἑκάστου πράξεως τὸ τέλος καὶ πόσα ἕκαστος ἐβασίλευσεν ἔτη ὡς ἐν ἐπιτόμῃ λαβεῖν.

    Incip. μετὰ τὸ ἀπόλεσθαι τὸν Σαοὺλ βασιλεύσαντα ἔτη μ΄.

    Desin. ἐν τούτοις οὖν καὶ τελευτᾷ ὁ πᾶς σκόπος τῶν δ΄ βιβλίων τῶν βασιλείων.

12. Eusebii Pamphili ex interpretatione psalmi octogesimi sexti. fol. 159 b.

    Tit. Εὐσεβίου τοῦ Παμφίλου ἐκ τῆς ἑρμηνείας τοῦ πς΄ ψαλμοῦ.

13. Cyrilli Alexandrini quædam in Esaiæ visiones. fol. 160.

    Tit. Κυρίλλου ἀρχιεπισκόπου Ἀλεξανδρείας, οὐαὶ γῆς πλοίων πτέρυγες, ἐπέκεινα ποταμῶν αἰθιοπίας, καὶ τὰ ἑξῆς.

    In calce, τέλος σὺν Θεῷ ἓξ καὶ δέκα προφήτου.

14. Maccabæorum libri tres. fol. 161.

    Tit. i. βιβλίον ἀποστασίας Μακαβαίων.

15. Flavii Josephi de ratione imperii libellus sive de Maccabæis. fol. 208.

    Tit. Ἰωσήπου περὶ σώφρονος λογισμοῦ.

16. Libellus, qui dicitur Πολεμαικόν, [scil. Josephi Antiquitt. Judaic. lib. xii. capita quatuor.] fol. 218 b.

    Desin. in verbis cap. v. διηγήσομαι δὲ κατὰ μέρος τὰ [edit. Hudson, tom. i. p. 532, l. 18,] κατὰ Ἀντίοχον τὸν Ἐπιφανῆ, ὃς τήν τε Ἰουδαίαν ἐχειρώσατο καὶ τὸν ναὸν ἐμίαινεν, ἐν τῇ τῶν Μακκαβαίων βιβλῷ.

☾ XLV.

Codex membranaceus, in folio minori, ff. 242, sec. xiv. exeuntis; binis columnis exaratus.

Simonis de Hentona, sive Harneton, Ord. Dominic., Moralia sive Postillæ super prophetas duodecim minores, scilicet,

1. In Hoseam, præviis introitu et prologo. fol.

    Incip. introit. " Fundamentum primum Jaspis, etc. Per istos 12 lapides preciosos 12 prophete figurantur."

    Incip. prol. " In prologo Osee scribitur

Accipe tibi uxorem fornicariam, unde Ysidorus, Fornicatrix est cujus torus publicum est et vulgare."

    Incip. comment. " Dixit Dominus ad Osee; Secundum Jeronimum Osee interpretatur Salvator."

    In calce, " Expliciunt Moralia super Osee prophetam secundum fratrem Symonem de Hentona."

2. In Joelem, cum introitu. fol. 23.

    Incip. introit. " Secundum vero Saphirus quo propheta Joel significatur."

    Incip. comment. "Residuum eruce comedit locusta; Sciendum est quod eruca equivocum est."

    In calce, " Explicit Joel de moralibus secundum fratrem Symonem de Hentona."

3. In Amos, cum introitu et prologis duobus. fol. 30 b.

    Incip. introit. " Tercius Calcedonius; sicut a principio dictum est per 12 lapides."

    Incip. prol. i. " Ozias rex; Iste rex voluit presumptuose fungi sacerdotio."

    Incip. prol. ii. " Amos pastor; quippe non poterat propheta esse, sicut dictum."

    Incip. comment. " Dominus de Syon; Jeronimus, Naturale est ut omnes artifices sue artis."

    In calce, " Expliciunt moralia super Amos prophetam secundum fratrem Symonem de Hentona."

4. In Abdiam, cum introitu et prologo. fol. 50 b.

    Incip. introit. " Fundamentum quartum Smaragdus; Inter 12 lapides."

    Incip. prol. " Sepulcrum ejus usque hodie; In prologo Abdie, Iste enim Abdias inter prophetas."

    Incip. comment. " Visio Abdie; Spiritualiter hoc est certissime."

    In calce, " Expliciunt moralia super Abdiam prophetam ;" etc.

5. In Jonam, cum introitu et prologo. fol. 54.

    Incip. introit. " Quintum fundamentum Sardonix, et bene per Sardonicem Jonas."

    Incip. prol. " Nunc cognovi quod vir Dei; Ista fuerunt verba mulieris Sarepte."

    Incip. comment. " Surge et vade; Quare mittitur propheta Judeus ad gentes."

    In calce, " Expliciunt moralia super Jonam prophetam ;" etc.

6. In Micah, cum introitu et prologo. fol. 62.

Incip. introit. "Sextum fundamentum dicitur Sardius, cui comparari potest Michias."

Incip. prol. "Temporibus Jaathan et Achas et Ezechie regum Juda dicitur Micheas proqhetasse."

Incip. comment. "Verbum Domini; Micheas autem interpretatur humilitas."

In calce, mutato prophetæ nomine, notitia ut supra.

7. In Naum, cum introitu. fol. 83.

Incip. introit. "Septimum Crisolitus; Dictum est a principio per 12 lapides."

Incip. comment. "Onus Ninive; Onus id est tribulacio et destruccio."

8. In Abbacuc, cum introitu et prologis duobus. fol. 93 b.

Incip. introit. "Octavum Berillus; sicut dictum est a principio in eo quod dicitur."

Incip. prol. i. "Quatuor sunt prophete; Sequitur infra circa medium."

Incip. prol. ii. "Abacuc amplexans; Ego autem in domo gaudebo."

Incip. comment. "Onus quod vidit; Auctor presentis libri seu prophetie hujus."

9. In Sophoniam, cum introitu et prologo. fol. 119.

Incip. introit. "Nonum Topacius; Dictum est a principio 12 prophetarum."

Incip. prol. "Tradunt Hebrei; Hic est prologus Jeronimi in Sophoniam."

Incip. comment. "Verbum Domini; Materia principalis hujus libri."

10. In Aggeum, cum introitu et prologo. fol. 136 b.

Incip. introit. "Decimum Crisoprassus; Sicut dictum est ab inicio 12 prophete."

Incip. prol. "Jeremias propheta;" etc. "Hic est prologus in Aggeum."

Incip. comment. "In anno secundo, etc. Materia hujus prophetie est templum."

11. In Zachariam, cum introitu et prologis duobus. fol. 150.

Incip. introit. "Undecimum Jacinctus; Sicut ab inicio dictum est ecclesia."

Incip. prol. i. "In anno secundo Darii; Materia hujus est Zacharias propheta."

Incip. prol. ii. "Cyrus rex; Materia hujus prologi est sicut et precedentis."

Incip. comment. "In mense octavo; In hac prophetia notificantur primo revelationes."

12. In Malachiam, cum introitu et prologo. fol. 211.

Incip. introit. "Duodecimum Ametistus; Sicut dictum est a principio murus civitatis."

Incip. prol. "Deus per Moysen; Materia hujus prologi est propheta sequens."

Incip. comment. "Onus verbi Domini; Materia hujus prophetie est populus Israel."

Desin. "non erit amplius ubi plenius dictum est de anathemate."

In calce, "Expliciunt postille super parvos prophetas secundum fratrem Symonem de Hentona."

Sequitur tabula rerum et verborum, ordine alphabetico.

C XLVI.

Codex membranaceus, in folio, ff. 214, sec. xiv., binis columnis exaratus, olim. W. episcopi Norwicensis, postea Ric. Bernard et deinde Thomæ Chaundelere.

Nicolai de Lyra Postillæ super evangelia quatuor, cum prologis.

In calce, Tabula materiarum alphabetica "super evangelia secundum doctorem de Lyra."

In fine tabulæ,

"Explicit hic tabula . discrete tractata, Super evangelia . de novo formata."

Sequuntur tabulæ epistolarum et evangeliorum de temporali et de proprio sanctorum secundum usum Sarum.

In fronte codicis, "W. Norwicensis;" et deinde "Liber Thome Chaundelere, quem emit a magistro Ricardo Bernard xx.º die Augusti anno Domini m.º cccc.º lxxij.º, precii xl. s."

C XLVII.

Membranaceus, in folio, ff. 213, sec. xiv., binis columnis exaratus.

Postillæ super S. Matthæi evangelium ex SS. Augustino, Hieronymo, Rabano Mauro, aliisque collectæ.

Incip. "Introitus in quatuor Evangelia;

Anima mea conturbavit me propter quadrigas Aminadab; Sa. 6. In hiis quadrigis notatur doctrina quatuor evangeliorum."

Desin. " et avolant qui nunquam aliquid meruerunt, Luc. vi. Nolite timere pusilli, quia placuit patri vestro dare nobis regnum. Explicit."

C XLVIII.

Codex membranaceus, in folio, ff. 300, sec. xiv., binis columnis exaratus.

[marginalia: Joh. de Rupella. Vide ...... Oudin. de script. Eccles. ... col. 160]

Anonymi cujusdam in S. Matthæi Evangelium glossæ, cum procemio.

Incip. procem. " Similitudo vultus animalium facies, etc. Ostendit propheta in hoc libro distinctionem evangeliorum . . . . entiam secundum materiam et modum agendi."

Incip. gloss. in S. Hieron. prol. " Matheus ex Judea, etc. Istud prohemium Jeronimi continet quatuor, primum, quis auctor."

Incip. gloss. in S. Matt. cap. i. " Liber generacionis, etc. Posuerunt super caput ejus causam ipsius scriptam, Hic est Jhesus Nazarenus rex Judeorum; Infr. xxvii. Hic est titulus regni Christi."

Desin. " cum finitis laboribus mecum regnabitis, quod nobis concedat rex regum et dominus dominantium et Salvator omnium, qui cum Patre et Spiritu Sancto vivit et regnat in secula seculorum; Amen. Explicit."

In calce, Tabula epistolarum et evangeliorum de proprio sanctorum.

B XLIX.

Membranaceus, in folio majori, ff. 158, sec. xiv. exeuntis.

Petri Johannis [Olivi, Minoritæ?] super S. Matthæi evangelium commentarius, præfatione præmissa.

Incip. præf. " Quatuor facies uni et quatuor penne uni, etc. Ezech. i. Quemadmodum admirabilis est clausura secundum quam tota ramorum diffusio immo generandorum formacio."

Incip. comment. " Hiis igitur prelibatis, accedendum ad Matheum, qui est in ordine primus, cujus librum dividit in septem partes Crisostomus."

Desin. " Ipse est leo resurgens qui solus me-

ruit et potuit solvere septem signacula libri, cui est honor et gloria in secula seculorum, Amen, Amen, Amen."

In calce, " Explicit opus Petri Johannis super evangelium Mathei."

Subjecit manus recentior, " Erat quidam Petrus Joannis hereticus unus ex complicibus Joachimi abbatis heresiarche, cum ergo non constat cujus Petri Joannis hoc opus sit non alienum putavi ab offitio meo imprudentem lectorem admonere."

C L.

Codex membranaceus, in folio, ff. 174, sec. xiv., binis columnis exaratus; olim peculium Ric. Bernardi, postea Tho. Chaundelere.

S. Johannis Chrysostomi, sive cujuscumque sit, in S. Matthæi evangelium opus imperfectum, Homilias quinquaginta septem complectens, cum procemio; anonymo interprete.

Tit. " Prologus sancti Johannis Crisostomi in omeliis super Matheum in opere imperfecto."

Incip. prol. " Sicut referunt, Matheum conscribere evangelium causa compulit talis."

Incip. comment. " Liber generacionis; etc. Liber est quasi apoteca gratiarum sicut in apoteca alicujus dictis."

Desin. " postmodum vocatur sanctus, secundum quod et hic dicit; Cum videritis abhominacionem desolacionis stantem in loco sancto."

Extant impress. *Latine* in Latinis Chrysostomi et Græco-Latinis editionibus sæpius editæ.

Præmittitur tabula materiarum alphabetica.

L LI.

Membranaceus, in folio, ff. 130, sec. xiv., binis columnis exaratus; olim peculium Johannis Monks.

S. Johannis Chrysostomi super Matthæum de opere imperfecto Homiliæ quinquaginta septem, cum prologo. fol. 17.

Consentiunt quoad initium et finem cum istis in codice immediate præcedenti modo memoratis.

Præcedit carmen, " Assit principio Sancta Maria meo."

In calce, " Expliciunt omelie Johannis, patriarche Constantinopolitani, super Matheum de opere imperfecto."

Sequitur, "Incipit numerus et ordo omeliarum Crisostomi operis imperfecti cum sententiis notabilibus in eis contentis."

Deinde, in fine tabulæ, ordo homiliarum.

Præmittuntur, manu altera et recentiori,

a. Homilia in decem præcepta, in istud, 'Scitis que præcepta dederim vobis;' i. ad Thessal. fol. 1.

Incip. "Ut habetur in Evangelio Matth., quinto, Christus precipit homini peccatori, ut sit consenciens adversario."

b. De decem præceptis et plagis, ex S. Augustino. fol. 6 b.

c. Homilia in istud 'Mortuus vivet ;' Jo. ij. fol. 7.

Incip. "Reverendi mei secundum sententiam beati Anselmi inter omnia opere circa mortuos facienda."

d. Homilia in istud, 'Christus passus est vobis relinquens exemplum,' etc. 1 Pet. ii. fol. 9.

Incip. "Quamvis hec verba dicantur generaliter omnibus Christianis."

In fine col. ii. occurrunt versus,

Exem- \{ vite, quam duxit, ye lyf yt he ladde,
plum \{ pene quam habuit, ye peyne yt he hadde, amoris quem precepit, ye love yt he bad, doctrine quam legit, ye lore yt he radde."

e. Homilia in istud, 'Qui episcopatum desiderat;' etc. fol. 13 b.

Incip. "Notandum quod pro hoc tempore dicebatur, Si quis."

f. S. Anselmi homilia in istud, 'Intravit Jhesus in quoddam castellum.' fol. 15 b.

Incip. "Quid ad gloriosam virginem Dei genitricem."

In calce codicis, "Liber collegii beate Marie Wynton. in Oxon. ex dono magistri Johannis Monks ad usum unius theologi."

C LII.

Codex membranaceus, in folio, ff. 139, sec. xiv., binis columnis exaratus; olim Thomæ Cranley, archiep. Dublinensis.

S. Johannis Chrysostomi, Homiliæ in S. Matthæi evangelium quinquaginta septem, cum prologo.

Consentiunt cum istis in codicibus duobus præcedentibus contentis.

In ora fol. i. superiori, "Liber Thome Cranle, archiepiscopi Dublinensis, quem emit de M. Nicolao Schyts, anno Domini m.cccc.iij. et Henrici quarti quarto, et anno consecrationis prefati archiepiscopi sexto."

Et in inferiori margine, "Liber custodis et sociorum collegii beate Marie de Wyntonia in Oxonia ex dono venerabilis patris Thome Cranle, archiepiscopi Dublinensis, quondam scolaris deinde socii ac demum custodis collegii predicti, qui humiliter petit suffragiis predictorum custodis sociorum et aliorum inibi divina celebrancium adjuvari apud misericordissimum Deum."

C LIII.

Codex membranaceus, in folio, ff. 239, sec. xiv., binis columnis nitide exaratus.

Nicolai Gorrani, sive de Gorham, ord. Prædicatorum, in S. Lucæ Evangelium commentarius, cum prologo.

Exstat impress. in fol. Lugd. 1693, una cum commentariis super reliqua Evangelia.

In calce,

a. SS. Evangeliorum quatuor harmonia.

b. Tabula rerum in opere supradicto alphabetica.

D LIV.

Membranaceus, in 4to, ff. 68, sec. forsan xii. exeuntis; olim peculium Roberti presbyteri, postea Will. Wickham, ep. Winton. et coll. Nov. fundatoris.

S. Johannis Evangelium, S. Hieronymi prologo, glossisque interlineari atque ordinaria illustratum.

In calce, post glossulas alias perpaucas sequitur notitia de temporibus locisque, in quibus scripta sunt evangelia quatuor.

Præmittitur, "Liber collegii, ex dono fundatoris et habetur in Registro ; Glossa communis super Johannem ;" et in fol. 2 marg. super., "Liber Roberti presbiteri ; Evangelium Johannis ; precii xiij. s. iiij. d."

D LV.

Membranaceus, in 4to, ff. 138, sec. xii. ; olim Thomæ Trillek, episcopi Roffensis, postea Gulielmi Reed, episc. Cicestrensis.

1. S. Johannis Evangelium, S. Hieronymi prologo glossisque interlinearibus marginalibusque instructum. fol. 5.

In calce, "Explicit iste: Laus tibi, Christe;
Amen, Amen, Amen."

2. S. Johannis Apocalypsis, cum prothematibus
glossisque. fol. 101.

In calce, "Explicit Apocalipsis Johannis
Apostoli."

Sequitur tractatulus de lapidibus pretiosis
et eorundem significatione.

Incip. "Jaspis viridis virorem fidei im-
marcessibilem significat."

In fol. 2 verso scripta sunt,

a. " Liber venerabilis patris M. Willelmi Reed
episcopi Cicestrie, quem emit a venerabili
patre domino Thoma Trillek episcopo Roffensi. Oret igitur pro utroque."

b. " Liber domus scolarium venerabilis patris
domini Willelmi Wicham, episcopi Wyntoniensis, in Oxonia, ex dono venerabilis
patris M. Willelmi Reed, episcopi Cicestrie ;
Oretis igitur pro utroque et benefactoribus
eorundem ac fidelium animabus a purgatorio liberandis."

D LVI.

Codex membranaceus, in 4to, ff. 116, sec.
xiii., quoad partem posteriorem binis columnis exaratus.

1. S. Johannis Evangelium, cum prologo, glossis
marginalibus et interlinearibus perquam instructum. fol. 1.

Incip. gloss. in prol. " Omnibus divine
scripture paginis evangelium excellit."

Incip. gloss. in text. " Sum, verbum, duplicem habet significationem."

Desin. " quando ego veniens recipiam eum
in eterna beatitudine."

Sequuntur,

a. Notitia de Mariis tribus. fol. 40 b.

Incip. " Ex testimoniis quatuor evangeliorum et epistola Jheronomi ad Helvi-
dium."

b. Regulæ septem observandæ in modo dicendi de Domino et ejus corpore, etc. fol.
40 b.

Incip. " Prima regula est de Domino et
ejus corpore, que de uno ad unum loquitur."

2. [Ricardi de Sancto Victore] in Apocalypsin
commentarius, cum prologis duobus et
capitulis præmissis ; in calce mutil. fol. 41.

Tit. prol. " Incipit prologus sententiarum
super Apocilipsis."

Incip. " Accipe carissime frater et hoc
sententiarum munus, quas tibi de verbis
Apocalipsis beati Johannis apostoli et
evangeliste sire postulasti."

Incip. prol. alter, " Beatus Johannes celestium misteriorum teologus, quem Christus
de nuptiis revocavit."

Incip. opus, " Deus immensus et eternus,
qui loco non capitur nec tempore mutatur;"
etc. " Apocalipsis Jhesu Christi ; Quatuor
sunt visionum modi, ex quibus duo sunt
intus."

Deest in fine folium unicum.

Exstat impress. inter opera, Venet. 1650,
p. 589.

D LVII.

*In a Canterbury binding ;
by the same scribe and illu-
minator as MS. 42.*

Codex membranaceus, in folio minori, ff. 61,
sec. xv. ; olim cujusdam, qui portabat in
scuto cæruleo crucem argenteam. *= Christ Church,
Canterbury*

Venerabilis Bedæ presbyteri in Actus Apostolorum expositio, prævio prologo ad Accan
episcopum.

Tit. prol. " Incipit prologus venerabilis Bede
presbiteri in librum super Actus Apostolorum."

Tit. lib. " Incipit liber venerabilis Bede
presbiteri in librum Actuum Apostolorum."

Præmittitur notitia, " Originale istius operis
est in libraria ecclesie Christi Cantuarie."

Deinde, *manu recentiori*, " Opus sanctum et
plane divinum ; felix dator sed felicior lector
pius, at omnium felicissimus, qui opere ad-
implet, que hoc in volumine continentur."

D LVIII.

Membranaceus, in 4to, ff. 245, sec. forsan
xii. exeuntis.

SS. Patrum Catena super Apostolorum Actus et
Epistolas septem catholicas, una cum textu ;
Græce ; scilicet,

1. Actus SS. Apostolorum ; prævio argumento.
fol. 1.

Incip. argum. 'Αντιοχεὺς ὑπάρχων τὸ γένος

ὁ Λουκᾶς ἰατρὸς τὴν ἐπιστήμην ὁ ὑπὸ . . βύλου μαθητευθείς.

Tit. comment. ἑρμηνεία τῶν πράξεων τοῦ Χρυσοστόμου καὶ ἐτέρων διαφόρων.

Incip. τίνος ἕνεκεν αὐτὸν ἀναμιμνήσκει τοῦ εὐαγγελίου ὥστε τὴν οἰκείαν ἀκρίβειαν ἐνδείξασθαι.

Desin. comment. παραδεχόμενοι τῆς οὐρανίου βασιλείας κληρονόμοι καθίστανται.

Sequitur Martyrium S. Pauli, sub titulo, μαρτυρολόγιον Παύλου τοῦ ἀποστόλου.

Incip. ἐπὶ Νέρωνος τοῦ καίσαρος Ῥωμαίων ἐμαρτύρησεν αὐτόθι Παῦλος ὁ ἀπόστολος.

In calce, τέλος σὺν Θεῷ τῶν πράξεων τῶν ἀποστόλων.

Exstant omnia impressa, curante J. A. Cramer, S.T.P. in 8vo. Oxon. 1838.

2. Epistolæ septem catholicæ, cum eorundem fere Patrum commentariis, et argumentis [Euthalianis] ; Græce. fol. 178.

Inscribitur S. Jacobi epistola, περὶ ὑπομονῆς καὶ πίστεως ἀδιακρίτου καὶ περὶ ταπεινοφροσύνης.

Tit. comment. ἑρμηνεία τῶν καθολικῶν ἐπιστολῶν.

Exstant impress. curante eodem, Oxon. 1840.

In calce, τέλος σὺν Θεῷ τῶν καθολικῶν ἐπιστολῶν.

Sequitur, *manu longe recentiori*, notitia, ἁμαρτωλὸς Ἰωάννης τὸ σπα. κλ . . ἁμαρτάνει ἀγόρασε τὸν πραξαπόστολον ἐκ τούτων ἀπὸ τοῦ ἁγίου Λουκᾶ ὁ ποῦ τῶν σπουλούσας ἐκ μοῦ σουλμανὸν εἰς τὸ πατάρι ἤτου γοῦν ὅταν τὸν ἀγόρασα μόνον χάρτην τίνα χάρβαλα καὶ ἐγὼ τῶν ἐφετίασα.

Et manu altera et neoterica, ἀνεγνώσθη ἔτει, ͵αχκς'.

⅁ LIX.

Codex membranaceus, in 4to, ff. 298, sec. xiii.

1. Acta SS. Apostolorum, glossis marginalibus hic illic instructa. fol. 1.

Tit. αἱ πράξεις τῶν ἀποστόλων.

Incip. schol. οὗτος ὁ μακάριος Λουκᾶς μαθητὴς ἦν Παύλου διοῦ κἂν πράξεις μᾶλλον ἐγίνωσκε τῶν ἄλλων.

2. S. Jacobi epistola catholica, [Euthalii] argumento, titulis et glossis illustrata. fol. 70 b.

Tit. ἐπιστολὴ καθολικὴ τοῦ ἁγίου Ἰακώβου.

Incip. gloss. εἰς τελειότητα τὴν κατ' ἀνδρίαν καὶ καρτερίαν.

3. S. Petri epistolæ duæ, [Euthalii] argumentis, titulis glossisque instructæ. fol. 78 b.

Tit. i. Πέτρου ἐπιστολὴ πρώτη.

Incip. gloss. καὶ οὗτος ὁ ἀπόστολος τοῖς ἐκ περιτομῆς κηρύττειν προσταχθείς.

4. S. Johannis epistolæ tres, cum argumentis [Euthalianis], titulis et glossis. fol. 92.

Tit. Ἰωάννου ἐπιστολὴ καθολικὴ πρώτη.

Incip. gloss. πῶς ὁ αὐτὸς εἰπὼν Θεὸν οὐδεὶς ἑώρακε πώποτε.

5. S. Judæ epistola, cum [Euthalii] argumento, capitulis et glossis. fol. 104.

Tit. Ἰούδα ἐπιστολὴ καθολική.

Incip. gloss. παρεισέδυσαν γάρ τινες : τοὺς ἀπὸ Σίμωνος λέγει οὗτοι γὰρ γαστρίμαργοι.

6. S. Pauli Apostoli epistolæ quatuordecim, argumentis [Euthalianis], capitulorum tabulis, glossisque marginalibus continuis instructæ. fol. 108.

Tit. i. Πρὸς Ῥωμαίους.

Incip. gloss. τὸ ἀποῦσι γράφειν αἰτία τοῦ κεῖσθαι αὐτοῦ τὸ ὄνομα τοῦτο δὲ ἀπὸ τοῦ Σαύλου εἰς Παῦλον μετετέθη ἵνα μὴ δὲ ἐν τούτῳ ἔλαττόν τι ἔχῃ τοῦ κορυφαίου Πέτρου.

Desin. epist. ad Hebræos, ποιῶν ἐν ἡμῖν τὸ εὐάρεστον : cætera subjecit manus secunda et recentior.

Desin. schol. ἡμᾶς οὖν δεῖ ἐνάρξεσθαι τὸν δὲ πληροῦντα ἱκετεύειν.

℞ LX.

Codex membranaceus, in folio, ff. 242, binis columnis sec. xiv. ineunte bene exaratus et servatus.

Petri Lombardi, Parisiensis, in S. Pauli apostoli epistolas quatuordecim collectanea ex S. Augustino aliisque contexta.

Exstant impress. in fol. Paris. 1535.

Sequuntur membranæ tres, sec. xii. exeunte exaratæ, fragmentum continentes commentarii in Gratiani Decreti causas decem posteriores.

Desin. " De mulieribus quoque que colorum fucis et auro gemisque, ut gloriose appareant, ornantur, quia adeo dispiciuntur, ibidem ostenditur."

Ḃ LXI.

Codex membranaceus, in folio majori, ff. 350, sec. xv. ineuntis, binis columnis bene scriptus et quoad literas initiales pictus ; olim. Will. Warham, archiepiscopi Cantuariensis.

1. Nicolai Gorham [seu potius Petri Tarentasii] in S. Pauli epistolas quatuordecim commentarii, cum prolegomenis.

> Exstat impress. sub N. Gorham nomine, Colon. 1478 et alibi.

2. Ejusdem Nicolai in Epistolas catholicas commentarii, prævia lectione introductoria. fol. 286 b.

> Tit. " Lectio introductoria in epistolas canonicas."
>
> Prodiere sub nomine Thomæ Aquinatis et cum Gorham comment. in Acta Apostolorum et Apocalypsin, Antverp. 1620.
>
> Sequitur tabula materiarum totius voluminis alphabetica.
>
> Inscribitur codex in exteriori tegmine, " Gorham super epistolas Pauli et super epistolas canonicas ex dono reverendissimi in Christo patris ac domini domini Willelmi Wareham, Cantuariensis archiepiscopi ac quondam socii hujus collegii.

Ċ LXII.

Membranaceus, in folio, ff. 143, sec. xiii. ineuntis, binis columnis bene exaratus ; olim Ricardi Andrew, decan. Ebor. et coll. Nov. socii.

1. S. Hieronymi Stridonensis in S. Pauli ad Philemonem epistolam commentarius, cum prologo. fol. 1.

> Tit. " Incipit explanatio Sancti Jeronimi presbiteri super epistolam ad Phylemonem."
>
> Exstat impress. inter opera, edit. Vallars. tom. vii. col. 741.
>
> In calce, " Explicit explanatio super epistolam ad Phylemonem."

2. Ejusdem Hieronymi in epistolam ad Galatas commentariorum libri tres, cum prologo. fol. 11.

> Tit. i. " Incipit explanationum liber primus super epistolam Pauli ad Galatas."
>
> Exstant impress. ibid. tom. vii. col. 367.
>
> In calce, " Explicit explanationum thomus

tertius sancti Ieronimi presbyteri super epistolam beati Pauli apostoli ad Galathas."

3. Ejusdem commentariorum ad Ephesios libri tres, cum prologo. fol. 77.

> Exstant ibid. tom. vii. col. 537.

4. Quæstiones variæ theologicæ ex SS. Augustino, Hilario, Helvidio, etc. ; scilicet,

a. An conjugium fuisset inter Joseph et Mariam. fol. 137.

b. Quod sine fide Trinitatis nemo salvatus sit. fol. 137.

c. In istud, ' Opera quæ ego facio et ipse faciet.' fol. 137.

d. An pœnitentia fuerit in Christo. fol. 137.

e. In istud, Omnia quæ audivi a patre meo nota feci vobis. fol. 137 b.

f. De Hebræis qui mutuo acceptis vasis ab Ægyptiis fugerunt, an peccaverint. fol. 137 b.

g. De homine in judiciaria potestate constituto. fol. 137 b.

h. De Psalterio. fol. 138.

i. In S. Johannis Evangelii principium. fol. 138 b.

k. De epithalamio et dragmate. fol. 139 b.

l. De ordine librorum Salomonis. fol. 139 b.

m. In istud, ' Qui in uno mandatorum offendit reus est omnium.' fol. 141.

n. In istud, ' Quod est Deus super omne.' fol. 141 b.

o. De Dei natura. fol. 142.

Ċ LXIII.

Codex membranaceus, in folio, ff. 285, sec. xv. ineuntis ; binis columnis nitide exaratus et quoad literas initiales pictus.

S. Thomæ Aquinatis in S. Pauli epistolas quatuordecim commentarii.

> Exstant impress. inter opera, Venet. 1593, tom. xvi. et alibi.
>
> In calce, " Expliciunt epistole Pauli apostoli."

Ḋ LXIV.

Membranaceus, in folio minori, ff. 118, sec. forsan xii. exeuntis ; binis columnis nitide exaratus ; olim Walteri, rectoris eccl. de Maitusdone.

Anonymi cujusdam [scil. Berengaudi Turonensis] in S. Johannis Apocalypsin commentarii.

Tit. *manu aliquantulum recentiori*, "Incipit expositio super Apocalipsim."

Incip. "Beatum Johannem apostolum et evangelistam hunc librum apocalipsim," inter S. Ambrosii opera, tom. ii. app. col. 499.

Desin. "ut vite eterne paticipes esse mereamur; Qui cum Patre et Spiritu Sancto vivit et regnat Deus in secula seculorum; Amen."

In calce, "Iste liber constat domino Waltero, Rectori de Maitusdone."

D LXV.

Codex membranaceus, in 4to, ff. 88, sec. xiv. ineuntis.

Anonymi cujusdam in S. Johannis Apocalypsin commentarius; picturis perquam illustratus; cum prologo; *Gallice.*

Incip. prol. "Seint Poul le apostle dit ke tuz iceus ke voillent piement vivere en Jhesu Crist sufferunt persecucion."

Incip. text. "Jeo Johan vostre frere e parcener en tribulation e regne e patience en Jhesu Crist."

Incip. comment. "Par seint Johan sunt signifie li bon prelat de seint eglise ki unt la voiz del euuangele e tendent ke la manace del jugement."

Desin. "ke notre Sire ad done a seinte eglise par la mort Jhesu Crist e par sa resurrection deske ele menge ala vie de glorie."

Sequitur Oratio ad Christum incip. "Jhesu Crist le filz seinte Marie."

C LXVI.

Membranaceus, in folio, ff. 234, sec. xv. ineuntis, binis columnis nitide exaratus.

The books of the Old Testament, according to the later version of John Wycliffe, with the general prologue of St. Jerome and preface.

The order of the books is as follows: The five books of Moses, Joshua, Judges, Ruth, four books of Kings, I. II. Chronicles, Tobit, Judith, Hester, Job, Psalms.

Tit. "Jerom in his prolog on þe byble."

The prologue to the I. Kings is written out of order, at the end of the book.

It is remarkable that the prologues from the II. Chronicles to the Psalter inclusive are taken from the early version, with slight alterations and transpositions of words; as also that the prologue to Joshua, Kings and I. Paralipom. are only found in the later version in one other MS., that namely in the library of Hereford Cathedral.

The title of the Psalter, "Here bygynnyþ þe sauter þe which is red comynly in chirchis."

At the end, "Here endiþ þe book of Salmes, ⁊ bygynneþ þe prolog on þe book of prouerbis, eþir parablis, as it sueþ aftir."

Prefixed to the volume are two leaves written in the xivth cent. containing a fragment of the book of Joshua, with a marginal gloss; in *Latin.*

E LXVII.

Codex membranaceus, in 4to minori, ff. 177, sec. xv. ineuntis; haud una manu exaratus; ex dono Thomæ Martin, LL.D. A.D. 1558.

The books of the New Testament according to the early version of John Wycliffe; with corrections by the Rubricator and a third hand.

This MS. has the prefatory verses to St. Luke's gospel written as a second prologue, which are only found in one other MS., beg. "Forsothe for many men enforsiden."

It is also peculiar in having very large marginal glosses from Lyra on the Epistles, and more particularly on the Acts and Catholic epistles; which more properly belong to the later version.

At the end of the New Test. "Here endith the Apocalips of Jhesu Crist."

Afterward, A table of the lessons on the Sundays and festivals throughout the year in *Latin*, intitled, "Hic incipiunt cotaciones evangeliorum et epistolarum tocius anni legende."

On the first two leaves of the MS., in the original hand, are some notes on charity, on 1 Cor. xiii. also the commandments with a brief comment and on the five bodily and ghostly wits.

Both the above MSS. have been collated by the learned editors of Wycliffe's Bible now in the press, to one of whom [sir F. Madden] I am indebted for the notice of the peculiarities mentioned.

Scrik.
Joannes
Serboponlos

E LXVIII.

Codex membranaceus, in 4to minori, ff. 342, sec. xv.; olim peculium Johannis Hopkinson, Lincolniensis.

1. Synaxarium evangeliorum, quæ leguntur in ecclesia per totum annum. fol. 1.

2. S. Matthæi Evangelium, prævia tabula capitulorum, numero sexaginta octo. fol. 17.

   Tit. τὸ κατὰ Ματθαῖον ἅγιον εὐαγγέλιον.

3. S. Marci Evangelium, præviis capitulis, numero quadraginta octo, et argumento. fol. 106.

   Tit. τὸ κατὰ Μάρκον ἅγιον εὐαγγέλιον.

   In calce, τὸ κατὰ Μάρκον ἅγιον εὐαγγέλιον ἐγράφη μετὰ χρόνους δέκα τῆς τοῦ Χριστοῦ ἀναλήψεως.

4. S. Lucæ Evangelii capitula, numero septuaginta tres. fol. 164.

   Tit. κεφάλαια τοῦ κατὰ Λουκᾶν ἁγίου εὐαγγελίου.

5. Argumentum in S. Marci Evangelium. fol. 166.

   Incip. τὸ κατὰ Μάρκον εὐαγγέλιον μετὰ δέκα ἔτη τῆς Χριστοῦ ἀναλήψεως συνεγράφη ἐν Ῥώμῃ.

6. Versus sex iambici in S. Marcum. fol. 167 b.

   Tit. στίχοι εἰς τὸν ἅγιον Μάρκον τὸν εὐαγγελιστήν.

   Incip.

   Πέτρου μνηθεὶς τοῖς ἀπορρήτου λόγοις.

7. Versus quatuor heroici in eundem. fol. 167 b.

   Incip.

   ὅσα περὶ Χριστοῖο θεήγοροι ἔθνεα Πέτρος.

8. Proœmium in S. Lucæ evangelium. fol. 168.

   Tit. προοίμιον τοῦ κατὰ Λουκᾶν θείου εὐαγγελίου.

   Incip. χρὴ τὸν ἐντυγχάνοντα τῇδε τῇ βίβλῳ.

9. Titi, episcopi Bostrensis, prologus in evangelium idem. fol. 169.

   Tit. Τίτου ἐπισκόπου Βότρις.

10. Cosmæ Indicopleustæ prologus in evangelium idem. fol. 169 b.

    Tit. Κοσμᾶ Ἰνδικοπλεύστου.

    Incip. οὗτος ὁ Λουκᾶς ὁ τρίτος τῶν εὐαγγελιστῶν.

11. Argumentum ejusdem, Λουκᾶς ὁ μακάριος εὐαγγελιστὴς ἰατρὸς μὲν ἦν τὴν τέχνην. fol. 170 b.

12. Argumentum aliud. fol. 170 b.

    Tit. ὑπόθεσις τοῦ κατὰ Λουκᾶν εὐαγγελίου.

    Incip. κατὰ Λουκᾶν τὸ εὐαγγέλιον ἐπιγέγραπται.

13. Argumentum aliud. fol. 171 b.

    Incip. Λουκᾶς ὁ θεῖος ἀντιοχεὺς μὲν ἦν ἰατρὸς δὲ καὶ τὴν ἔξω σοφίαν πολύς.

14. Argumentum aliud. fol. 172.

    Incip. Αὔγουστος ἑορτάζων ἢ ἑορτὴν προτιθέμενος.

15. Nicetæ, philosophi Paphlagonensis, in S. Lucam carmen iambicum. fol. 172 b.

    Tit. στίχοι Νικήτα φιλοσόφου τοῦ Παμφλαγόνος εἰς τὸν εὐαγγελίστην Λουκᾶν.

    Incip.

    ζωῆς τὸν ἄρτον Χριστὸν ἠξιωμένος φαγεῖν ταφῆς λάμψαντα τῆς τριημέρου.

16. S. Lucæ evangelium. fol. 174.

    Tit. τὸ κατὰ Λουκᾶν ἅγιον εὐαγγέλιον.

17. Tabula capitulorum S. Johannis evangelii, numero octodecim. fol. 272.

18. Prologus in S. Johannis evangelium. fol. 272 b.

    Tit. προοίμιον τοῦ κατὰ Ἰωάννην θείου εὐαγγελίου.

    Incip. τοῦ Πνεύματος δύναμις ἐν ἀσθενείᾳ τελειοῦται.

19. S. Johannis evangelium. fol. 275.

    Tit. τὸ κατὰ Ἰωάννην ἅγιον εὐαγγέλιον.

20. In eundem S. Johannem versus quinque iambici. fol. 340.

    Tit. στίχοι εἰς τὸν εὐαγγελιστὴν Ἰωάννην.

    Incip.

    βροντῆς τὸν υἱὸν τίς βροτῶν μὴ θαυμάσῃ.

21. Interpretatio nominum et locorum aliquot, quorum fit mentio in evangelio. fol. 340.

    Incip. Αἰνὼν δὲ πόλις ἑρμηνεύεται πηγὴ δυνάμεως.

    In calce, "Johannes Hopkinsonus Lincolniensis."

D LXIX.

Codex membranaceus, in folio minori, ff. 154, sec. xiv.; olim Willelmi Mowitts, coll. Nov. socii.

Concordantiæ Bibliorum, ordine alphabetico dispositæ, cum præfatione.

Præfatio est, "Cuilibet volenti require [*sic*] concordantias in hoc libro unum est primitus

✻ auctore Conrado de Alemannia, ut testatur exemplar alterum Wintoniæ servatum.

attendendum, videlicet quod cum in primis
concordanciis, que dicuntur concordancie sancti
Jacobi, quodlibet capitulum in septem partes
distinguatur secundum septem primas literas
alphabeti, videlicet, a, b, c, d, e, f, g. in isto
opere per eundem modum et in totidem particulas distinguuntur capitula longiora in
septem partes equales, capitula vero breviora
tantum in partes quatuor distinguuntur, videlicet in a, b, c, d. ut breviori capitulo in 4
partes equales diviso a. primam continet
partem; b. vero secundam, que a principio recedat et usque ad medium protendatur; c.
vero recedat a medio et partem terciam con-
tinēt capituli brevioris; d. vero post terciam
partem usque in finem capituli protenditur."

In fol. 1. verso, " Liber collegii beate Marie
Wynton. in Oxon. ex dono m. Willelmi Mowitts bacallarii in sacra theologia quondam
socii ejusdem collegii ad usum unius theologi
dum steterit in collegio per custodem et decanum theologie limitandi."

Ϝ LXX.

Codex membranaceus, in 4to minori, ff. 314,
sec. xiv. ineuntis; olim Thomæ Trillek, ep.
Roffensis, postea Will. Reed, ep. Cicestrensis.

Concordantiæ Bibliorum, ordine alphabetico.

Mutilæ sunt, incipientes in litera B. et voce
Baalim et ab ista litera ad M. immediate pro-
cedentes et voc. Multiloquium.

Præmittuntur notitiæ sequentes,

a. " Liber m. Willelmi Reed episcopi Cicestrie
quem emit a venerabili patre magistro
Thoma Trillek, episcopo Roffensi. Oretis
igitur pro utroque et benefactoribus eorundem ac fidelium animarum a purgatorio
liberandis."

b. " Liber domus scolarium venerabilis patris
domini Willelmi Wycham, episcopi Wyntoniensis in Oxonio ex dono venerabilis
patris domini Willelmi tercii episcopi Cicestrie, Oretis igitur, sicut supra."

Ϲ LXXI.

Membranaceus, in folio, ff. 404, sec. xi., binis
columnis exaratus.

S. Johannis Chrysostomi, archiepiscopi Constantinopolitani, in Genesim homiliæ sexaginta
septem.

Tit. manu, ut quoque folium prius integrum,
recentiori scriptus, τοῦ ἐν ἁγίοις πατρὸς ἡμῶν
Ἰωάννου ἀρχιεπισκόπου Κωνσταντινουπόλεως τοῦ
Χρυσοστόμου παραινετικὴ ὁμιλία εἰς τὴν εἴσοδον
τῆς ἁγίας τεσσαρακοστῆς.

Exstant impress. inter opera, edit. Montfaucon. tom. iv. p. 1.

In margine fol. penult. scripta est notitia
possessoris alicujus, hodie pæne deleta, anno,
ut videtur, 1452.

Supplevit quoque manus longe recentior
membranas octodecim postremas.

ᴅ LXXII.

Codex membranaceus, in folio, ff. 193, sec.
forsan xi. exeuntis; binis columnis nitide
exaratus.

S. Johannis Chrysostomi in Psalmos cxix.—cl.
inclusive, homiliæ sive expositio.

Tit. i. τοῦ ἐν ἁγίοις πατρὸς ἡμῶν Ἰωάννου ἀρχιεπισκόπου Κωνσταντινουπόλεως τοῦ Χρυσοστόμου ἑρμηνεία εἰς τοὺς ψαλμούς.

Exstant impress. inter opera, ed. Montfaucon. tom. v. pp. 328—503.

Ϲ LXXIII.

Membranaceus, in folio, ff. 241, sec. xi.;
utrimque mutilus.

[S. Basilii, episcopi Cæsareensis,] Homiliæ plures; ut sequuntur,

1. In Psalmos varios; mutil. fol. 1.
   Incip. in homil. prima in Psalm. xiv. cum
   verbis, [ὅρ]κοι δὲ ὄντες ἄλλα θεραπεία, edit.
   Paris. 1618, tom. i. p. 155, D. 7.
   Desunt fere omnia ab expositione in Ps.
   xxxii. usque ad initium homiliæ in Ps.
   xlviii.

2. De jejunio homiliæ duæ. fol. 82 b.
   Tit. i. τοῦ αὐτοῦ περὶ νηστείας λόγος πρῶτος.
   Exstant impress. in edit. cit. tom. i. p. 321.

3. In illud, Attende tibi ipsi. fol. 100.
   Tit. τοῦ αὐτοῦ εἰς τὸ, πρόσεχες αὐτῷ.
   Exstat ibid. tom. i. p. 341.

4. De gratiarum actione. fol. 111.
   Ibid. tom. i. p. 354.

5. In martyrem Julittam. fol. 121 b.

Tit. τοῦ αὐτοῦ εἰς τὴν μαρτύρα Ἰουλίτταν, καὶ εἰς τὰ λειπόμενα, κ. λ.

Ibid. tom. i. p. 367.

6. In illud, Quod Deus non est auctor mali. fol. 134 b.

Ibid. tom. i. p. 420.

7. De ira. fol. 148.

Ibid. tom. i. p. 434.

8. De invidia. fol. 158.

Ibid. tom. i. p. 445.

9. In illud 'Destruam horrea mea,' etc. itemque de avaritia. fol. 166.

Ibid. tom. i. p. 383.

10. In ditescentes. fol. 175.

Ibid. tom. i. p. 393.

11. In famem et siccitatem. fol. 188.

Tit. ὁμιλία ῥηθεῖσα ἐν λιμῷ καὶ αὐχμῷ.

Ibid. tom. i. p. 407.

12. In principium Proverbiorum. fol. 200.

Ibid. tom. i. p. 454.

Deficit in verbis, τὴν πίστιν ἐναναγησαν, tom. i. p. 473, D. 4.

13. [Homiliæ de humana Christi generatione fragmentum.] fol. 218.

Incip. ὡς ἐπίπαν εἰσὶν, in edit. tom. i. p. 592, D. 4.

14. Exhortatio ad baptismum. fol. 219 b.

Ibid. tom. i. p. 475.

15. In ebrietatem et luxum. fol. 231.

Ibid. tom. i. p. 487.

16. De fide. fol. 240 b.

Deficit in verbis, τὴν ἀταξίαν, in edit. cit. tom. i. p. 499, B. 5.

C LXXIV.

Codex membranaceus, in folio majori, ff. 272, sec. xii., binis columnis bene exaratus.

S. Johannis Chrysostomi commentariorum in S. Matthæi evangelium tomus prior, homilias quadraginta quatuor complectens.

Tit. i. τοῦ ἐν ἁγίοις πατρὸς ἡμῶν Ἰωάννου ἀρχιεπισκόπου Κωνσταντινουπόλεως τοῦ Χρυσοστόμου ὑπόμνημα εἰς τὸν ἅγιον Ματθαῖον τὸν εὐαγγελιστήν.

Exstant impress. inter opera edit. Montfauc. tom. vii. pp. 1—475.

Præmisit manus aliquantum recentior tabulam, sive summarium argumenti, homiliarum, cum præfatione ; cujus

Tit. τοῦ ἐν ἁγίοις πατρὸς ἡμῶν Ἰωάννου ἀρχιεπισκόπου Κωνσταντινουπόλεως τοῦ Χρυσοστόμου ἑρμηνεία εἰς τὸ κατὰ Ματθαῖον εὐαγγέλιον καὶ τῶν ἠθικῶν δύναμις ἐν συντόμῳ.

Incip. præf. ἐπειδὴ ἔθος ἦν τῷ μακαριωτάτῳ Ἰωάννῃ τῷ Χρυσοστόμῳ μετὰ τὸ ἑρμηνεῦσαι τὸ παρ᾽ αὐτοῦ προτεθέν.

In calce versus quinque iambici in S. Matthæum ; incip.

ὁ πρὶν τελώνης καὶ σχολάζων τοῖς φόροις.

C LXXV.

Codex membranaceus, in folio majori, ff. 302, sec. xi., binis columnis bene exaratus et servatus.

S. Johannis Chrysostomi in Actus SS. Apostolorum commentariorum tomus prior, homilias viginti septem includens.

Tit. i. τοῦ ἐν ἁγίοις πατρὸς ἡμῶν Ἰωάννου ἀρχιεπισκόπου Κωνσταντινουπόλεως τοῦ Χρυσοστόμου ὑπόμνημα εἰς τὰς πράξεις τῶν ἁγίων ἀποστόλων.

Exstant inter opera, sed hic illic variantes, edit. Montfauc. tom. ix. pp. 1—220.

C LXXVI.

Membranaceus, in folio majori, ff. 273, sec. xi., binis columnis bene exaratus.

S. Johannis Chrysostomi in Actus Apostolorum commentariorum tomus alter, homilias xxviii —lv. inclusive complectens.

Exstant inter opera, edit. cit. p. 220, seqq.

In initio et fine codicis inseruit bibliopegus folia quatuor membranea, sec. xiv. exarata, Senecæ tragœdiæ dict. Hippolyti fragmentum continentia, glossulis illustratæ.

B LXXVII.

Membranaceus, in folio majori, ff. 256, sec. forsan xii. ineuntis, binis columnis exaratus.

S. Johannis Chrysostomi in S. Pauli ad Corinthios epistolam primam commentarii ; homiliis quadraginta quatuor comprehensi.

Tit. ὑπόθεσις τῆς πρὸς Κορινθίους ἐπιστολῆς.

Exstant inter opera, tom. x. p. 1.

In calce, τέλος τῆς ἑρμηνείας τοῦ Χρυσοστόμου τῆς πρὸς Κορινθίους πρώτης ἐπιστολῆς.

In ora fol. 2 inferiori, " Liber domini Johannis Sa ̀ . . . . hti . . ."

B LXXVIII.

Codex membranaceus, in folio, ff. 114, sec. xii.; binis columnis exaratus.

1. S. Johannis Chrysostomi in epistolam S. Pauli ad Colossenses homiliæ quatuordecim. fol. 1 b.

Tit. τοῦ ἐν ἁγίοις πατρὸς ἡμῶν Ἰωάννου ἀρχιεπισκόπου Κωνσταντινουπόλεως τοῦ Χρυσοστόμου ὑπόμνημα εἰς τὴν πρὸς Κολοσσαεῖς ἐπιστολήν.

Exstant inter opera, tom. xi. p. 322.

2. Ejusdem Johannis in S. Pauli epistolam ad Titum homiliæ sex. fol. 84.

Tit. τοῦ ἐν ἁγίοις πατρὸς ἡμῶν Ἰωάννου ἀρχιεπισκόπου Κωνσταντινουπόλεως τοῦ Χρυσοστόμου ἑρμηνεία εἰς τὴν πρὸς Τίτον ἐπιστολήν.

Deficit sexta in verbis, πλεονεξίας ἀφίστασθαι ὁ γάρ, in edit. cit. tom. xi. p. 768, l. 3.

C LXXIX.

Membranaceus, in folio, ff. 360, sec. xii.; binis columnis exaratus.

S. Johannis Chrysostomi homiliæ plures; scilicet,

1. De sacerdotio sex. fol. 4.

Exstant inter opera, in edit. cit. tom. i. p. 362.

In calce, τετέλεσται σὺν Θεῷ τὰ περὶ ἱερωσύνης τοῦ Χρυσοστόμου ἐν λόγοις ἕξ.

2. Contra Anomæos sex. fol. 65 b.

Exstant ibid. tom. i. pp. 444—491, 541.

3. Contra Judæos sex. fol. 123 b.

Ibid. tom. i. pp. 587, 616.

In calce, τετέλεσται σὺν Θεῷ τὰ κατὰ Ἰουδαίων τοῦ ἐν ἁγίοις πατρὸς ἡμῶν Ἰωάννου τοῦ Χρυσοστόμου ἐν λόγοις ἕξ.

4. Ad eos qui scandalizati sunt ob adversitates, etc., et contra Judæos. fol. 198 b.

Ibid. tom. iii. p. 465.

5. In Oziam duæ. fol. 237.

Ibid. tom. vi. p. 95.

6. In Seraphim. fol. 256 b.

Ibid. tom. vi. p. 137.

7. Homiliæ primæ in Lazarum fragmentum. fol. 262 b.

Deficit in verbis, ἀλλ' οὐ μετὰ τῆς αὐτῆς, tom. i. 709, C. 6.

8. In Oziam homilia tertia. fol. 264.

Ibid. tom. vi. p. 111.

9. In Lazarum conciones II. III. IV. fol. 279 b.

Ibid. tom. i. p. 726.

10. Adversus eos, qui ad ludos Circenses proficiscuntur et ad Lazarum. fol. 312.

Ibid. tom. i. p. 790.

11. De Anna homiliæ quinque. fol. 321.

Deficit quinta in verbis, τὸ καθεύδειν ἐπὶ στρωμνῆς, in edit. cit. tom. iv. p. 745, C. 10.

Præmittuntur codici, manibus diversis,

a. Georgii sacerdotis enarratio in istud, ἀνδρείαν γυνὴν τίς εὑρήσει. fol. 16.

b. Sententia de vita humana. fol. 1 b.

Incip. ὅμοιόν ἐστιν ὁ παρὼν ἡμῶν βίος τῇ τῶν Ἰωάννου κολοκύνθῃ.

c. Homilia in Cherubim. fol. 2.

Incip. ἑορτὴν ἑορτάζομεν σήμερον τὴν τῶν ἐπουρανίων δυνάμεων.

In calce,

d. Homilia in diem Palmarum. fol. 359.

Inter Chrysostomi opera, tom. x. inter spuria, p. 767.

B LXXX.

Codex membranaceus, in folio majori, ff. 365, sec. xi. exeuntis, binis columnis bene exaratus; olim, anno ut videtur 1166, peculium Gregoræ hieromonachi; [cf. fol. 60.]

S. Johannis Chrysostomi Homiliæ plures; scilicet,

1. In Verba Apostoli, ' Habentes autem eundem spiritum,' et homiliæ tres. fol. 4.

Tlt. τοῦ ἐν ἁγίοις πατρὸς ἡμῶν Ἰωάννου ἀρχιεπισκόπου Κωνσταντινουπόλεως τοῦ Χρυσοστόμου εἰς τὴν ἀποστολικὴν ῥῆσιν τὴν λέγουσαν ἔχοντες δὲ τὸ αὐτὸ πνεῦμα, κ. λ.

Exstant impress. inter opera, edit. Montfauc. tom. iii. p. 260.

2. In illud, ' Intrate per angustam,' et in Lazarum. fol. 33 b.

Exstat ibid. tom. i. p. 790.

3. In Lazarum homiliæ quinque. fol. 43 b.

Ibid. tom. i. p. 707.

In fine homil. tertiæ inserta est homilia spuria in Galilæos occisos.

4. In illud 'Vidua eligatur,' etc. fol. 101 b.
Ibid. tom. iii. p. 311.

5. Contra eos qui dicunt dæmones gubernare mundum, et aliæ duæ. fol. 117.
Ibid. tom. ii. pp. 246—276.

6. In Psalmum xcv. fol. 143.
Ibid. tom. v. p. 628.

7. In illud, 'Pone manum tuam subtus,' etc. fol. 152 b.
Ibid. tom. vi. p. 569.

8. In illud, 'Nolo vos ignorare,' etc. fol. 164.
Ibid. tom. iii. p. 228.

9. Ad populum Antiochenum homilia vigesima. fol. 174 b.
Tit. τοῦ ἐν ἁγίοις πατρὸς, κ. λ. περὶ μνησικακίας ἤτοι ὀργῆς καὶ περὶ μετανοίας καὶ περὶ τοῦ πάσῃ σπουδῇ φεύγειν τὸν ὅρκον.
Ibid. tom. ii. p. 199.

10. In nativitatem Christi. fol. 187.
Ibid. tom. viii. in spuriis, p. 213.

11. In istud, 'Ne timueris cum dives factus,' etc. homiliæ duæ. fol. 203 b.
Ibid. tom. v. p. 504.

12. In illud, 'Si esurierit inimicus.' fol. 220.
Ibid. tom. iii. p. 157.

13. In S. Philogonium. fol. 234.
Ibid. tom. i. p. 492.

14. In illud, 'Exiit edictum.' fol. 242.
Ibid. tom. ii. p. 800, inter spuria.

15. Homilia in Kalendas. fol. 247 b.
Ibid. tom. i. p. 697.

16. In epist. ad Romanos homilia xvi. fol. 256 b.
Ibid. tom. ix. p. 603.

17. In illud, 'Angusta est via.' fol. 272 b.
Ibid. tom. iii. p. 25.

18. De oratione. fol. 279 b.
Ibid. tom. ii. p. 778.

19. In Chananæam. fol. 284.
Ibid. tom. viii. in spuriis, p. 177.

20. In David et Saul homilia tertia. fol. 296.
Ibid. tom. iv. p. 768.

21. In illud, 'Sufficit tibi gratia mea.' fol. 309.
Ibid. tom. viii. in spuriis, p. 24.

22. De S. Epiphania. fol. 319.
Ibid. tom. ii. p. 367.

23. Homiliæ duæ de pœnitentia. fol. 327.
Ibid. tom. ii. p. 340.

24. De eleemosyna. fol. 336 b.
Ibid. tom. ii. p. 294.

25. Ad eos, qui primo Pascha jejunant. fol. 343.
Ibid. tom. i. p. 606.

26. In Psalmum cxl. fol. 352 b.
Ibid. tom. v. p. 426.
In calce, τοῦ Χρυσοστόμου ὁμιλία εἰς τὸ, Κύριε ἐκέκραξα πρὸς σὲ εἰσάκουσόν μου.
Præmissa est codici tabula homiliarum.

Ɔ LXXXI.

Codex membranaceus, in folio, ff. 364, sec. xi.; bene exaratus et servatus.

S. Johannis Chrysostomi Homiliarum tomus alter; scilicet,

1. Homiliæ viginti una de statuis ad populum Antiochenum habitæ, prævia tabula. fol. 3.
Tit. i. Ἰωάννου τοῦ ἁγιωτάτου ἀρχιεπισκόπου Κωνσταντινουπόλεως τοῦ Χρυσοστόμου ὁμιλία λεχθεῖσα ἐν Ἀντιοχείᾳ πρεσβυτέρου αὐτοῦ ὑπάρχοντος εἰς τὸ ῥητὸν τοῦ ἀποστόλου, οἴνῳ ὀλίγῳ χρῶ, κ. λ.
Exstant impress. inter opera, tom. ii. p. 1.

2. Ad illuminandos catechesis secunda. fol. 223.
Ibid. tom. ii. p. 234.

3. De Incomprehensibili contra Anomæos homiliæ octo. fol. 234.
Ibid. tom. i. pp. 444—491, 541, 501—523.

4. Contra Judæos homilia prima. fol. 309.
Ibid. tom. i. p. 587.

5. In Job homiliæ quatuor. fol. 323.
Ibid. tom. vi. p. 579, in spuriis.

6. De fugiendis spectaculis et de Abrahamo. fol. 348 b.
Tit. τοῦ ἐν ἁγίοις πατρὸς ἡμῶν, κ. λ. λόγος γ εἰς τὸ μὴ πλησιάζειν θεάτροις καὶ εἰς τὸν Ἀβραάμ.
Consentit cum homilia tertia in David et Saul ad verba fol. 352, l. 11, καθαρὰν τὴν φιλοσοφίαν, in edit. cit. tom. iv. p. 772, C. 2, postea vero sic continuatur, λοιπὸν εἰ δοκεῖ ἐπὶ τὸ προκείμενον τὸν λόγον χειραγωγήσωμεν, et desin. μετὰ Ἰσαὰκ ἀναπαυσώμεθα, χάριτι καὶ φιλανθρωπίᾳ τοῦ κυρίου ἡμῶν Ἰησοῦ Χριστοῦ, κ. λ.

Ɔ LXXXII.

Codex membranaceus, in 4to crasso, ff. 311, sec. xi.

1. S. Johannis Chrysostomi Homiliæ plures miscellaneæ ; scilicet,

a. [Homiliæ in parabolam de ficu fragmentum]. fol. 1.

Incip. in verbis, ἔχων τὴν τοῦ μυστηρίου in edit. Montfauc. tom. viii. in spuriis, p. 107, B. 5.

b. In decem virgines. fol. 4 b.

Ibid. tom. viii. *in spuriis*, p. 45.

c. In Job homiliæ duæ. fol. 8 b.

Ibid. tom. vi. p. 579.

d. In peccatricem. fol. 20 b.

Ibid. tom. x. p. 799, *inter spuria*.

e. In mysticam cœnam et de proditione Judæ. fol. 29.

Ibid. tom. ii. p. 386.

f. In epistolam ad Hebræos homilia ii. fol. 33.

Ibid. tom. xii. p. 185.

g. In illud ' Si possibile sit,' etc. fol. 42.

Ibid. tom. x. p. 806, *inter spuria*.

h. In S. Matthæum homilia LXXXIX. fol. 47 b.

In edit. Savil. tom. v. p. 912.

i. Contra ebriosos. fol. 51 b.

In edit. Montfauc. tom. ii. p. 437.

k. In illud, 'In principio erat Verbum.' fol. 59 b.

Ibid. tom. xii. p. 415.

2. S. Gregorii Nazianzeni homiliæ in Pascha duæ. fol. 65.

Exstant impress. inter opera, ed. Billio, tom. i. p. 673.

3. Ejusdem Gregorii in Novam Dominicam homilia. fol. 80.

Ibid. tom. i. p. 697.

4. S. Chrysostomi homiliæ aliæ ; scilicet,

a. In unguenta ferentes. fol. 84 b.

Inter opera, tom. viii. *in spuriis*, p. 159.

b. In Paralyticum. fol. 92 b.

Ibid. tom. i. p. 547.

c. In Samaritanam. fol. 101 b.

Ibid. tom. viii. *in spuriis*, p. 53.

d. De cæco nato. fol. 108.

Incip. Ὁ Θεὸς τὸν ἐκ γεννητῆς τυφλὸν ἐθεράπευσεν καὶ πτύσας καὶ πηλὸν ποιήσας ἔχρισεν αὐτοῦ τοὺς ὀφθαλμοὺς, κ. λ. ut in edit. cit. tom. viii. *inter spuria*, p. 86, C. 11.

Desin. homil. ad fol. 114, l. 8. μιμηταί μου γίνεσθαι καθὼς κἀγὼ Χριστοῦ, ut in edit. p. 72, B. i. ; deinde in codice sic continuatur, μέγα γὰρ πίστις ἀγαθὸν μέγα in edit. tom. viii. p. 378, D. 7.

e. In ascensionem Domini. fol. 116 b.

Ibid. tom. ii. p. 447.

f. In Acta Apostolorum homilia iv. fol. 125 b.

Ibid. tom. ix. p. 32.

g. Encomium in omnes martyres. fol. 132 b.

Ibid. tom. ii. p. 711.

h. In martyres. fol. 138.

Ibid. tom. ii. p. 667.

5. S. Procopii martyrium, [auctore incerto.] fol. 141.

Tit. μαρτύριον τοῦ ἁγίου καὶ ἐνδόξου μεγαλομάρτυρος Προκοπίου.

Incip. κατὰ τοὺς καιροὺς ἐκείνους ἐβασίλευσε Διοκλητιανὸς.

6. S. Panteleemonis martyrium. fol. 161.

Tit. μηνὶ Ἰουλίῳ εἰς κζ′ μαρτύριον τοῦ ἁγίου καὶ ἐνδόξου μεγαλομάρτυρος Παντελεήμονος.

Incip. Βασιλεύοντος τοῦ ἀσεβεστάτου καὶ παρανομωτάτου Μαξιμιανοῦ.

7. S. Johannis Damasceni sermo in Domini transfigurationem. fol. 173.

Tit. τοῦ ὁσίου πατρὸς ἡμῶν Ἰωάννου μοναχοῦ καὶ πρεσβυτέρου τοῦ Δαμασκινοῦ λόγος εἰς τὴν μεταμόρφωσιν τοῦ Κυρίου καὶ Θεοῦ καὶ σωτῆρος ἡμῶν Ἰησοῦ Χριστοῦ.

Exstat inter opp. ed. Le Quien, t. ii. p. 791.

8. S. Johannis Chrysostomi homiliæ aliæ tres ; scilicet,

a. In eum qui incidit in latrones. fol. 185 b.

Inter opera, tom. x. *spuria*, p. 810.

b. In natalem S. Johannis Baptistæ. fol. 188.

Ibid. *spuria*, tom. x. p. 812.

c. In decollationem ejusdem. fol. 194 b.

Ibid. tom. viii. *in spuriis*, p. 1.

9. SS. Petri et Pauli martyrium, [auctore incerto.] fol. 199 b.

Tit. μαρτύριον τῶν ἁγίων καὶ πανευφήμων ἀποστολῶν Πέτρου καὶ Παύλου, καὶ πῶς ἐν Ῥώμῃ ἐτελειώθησαν ἐπὶ Νέρωνος.

Incip. ἐγένετο μετὰ τὸ ἐξελθεῖν τὸν ἅγιον Παῦλον ἀπὸ.

10. S. Andreæ Cretensis in S. Crucis exaltationem homilia. fol. 211 b.

Exstat impress. inter opera, ed. Combefis. Paris. 1644, tom. i. p. 96.

E

11. Ejusdem Andreæ in B. Mariæ dormitionem
homilia. fol. 217.

   Ibid. tom. i. p. 115.

12. Georgii Nicomediensis oratio in B. Virginis
ingressum in templum. fol. 224.

   Tit. Γεωργίου ἐπισκόπου Νικομηδίας λόγος
εἰς τὴν παναγίαν θεοτόκον ὅτε προσηνέχθη ἐν
τῷ ναῷ ὑπὸ τῶν αὐτῆς γονέων.

   Exstat impress. in Combefis. Auct. Nov.
Bibl. Patr. tom. i. col. 1091.

13. Germani, archiep. Constantinopolitani, in
S. Deiparam in templo præsentatam sermo.
fol. 232.

   Tit. τοῦ ἐν ἁγίοις πατρὸς ἡμῶν Γερμανοῦ ἀρχιεπισκόπου Κωνσταντινουπόλεως λόγος εἰς
τὰ εἰσώδια τῆς ὑπεραγίας θεοτόκου.

   Exstat ibid. tom. ii. p. 1411.

14. Pauli Thebani, primi heremitæ, auctore Hieronymo. fol. 236.

   Tit. βίος τοῦ ὁσίου πατρὸς ἡμῶν Παύλου
Θειβαίου τοῦ πρὸ Ἀντωνίου οἰκήσαντος ἐν τῇ
ἐρήμῳ.

   Exstat apud Rosweyd. p. 1.

15. De S. Scholario. fol. 242.

   Incip. μαθητὴς φησὶν τοῦδε τοῦ ὁσίου πατρὸς
ἡμῶν Νικολάου Κυπριανὸς τούνομα.

16. Disputatio Judæorum cum Christianis, anonymo auctore. fol. 244.

   Tit. διάλεξις Ἰουδαίων μετὰ Χριστιανῶν.

   Incip. εἰδόντες οὖν οἱ τῶν Ἰουδαίων νομο-
μαθεῖς Χριστιανοὺς νικήσαντας.

17. S. Chrysostomi homilia in S. Philogonium.
fol. 253.

   Exstat inter opera, tom. i. p. 492.

18. S. Gregorii Theologi in Christi nativitatem
oratio. fol. 262 b.

   Exstat impress. inter opera, ed. Billio,
tom. i. p. 613.

19. S. Gregorii Nysseni in Stephanum proto-
martyrem sermo. fol. 271 b.

   Exstat inter opera, edit. 1638. tom. iii.
p. 354.

20. Johannis monachi et presbyteri Eubœæ homilia in SS. Innocentes. foi. 280 b.

   Tit. Ἰωάννου ἁγίου πρεσβυτέρου πόλεως
Εὐοίας λόγος εἰς τὰ ἅγια νήπια.

   Incip. πάλιν ὁ τάλας ἐγὼ τὸν νοῦν ἐπὶ τὴν
Βηθλεέμ.

21. S. Amphilochii, episcopi Iconiensis, vita S.
Basilii Cæsareensis. fol. 285.

   Tit. διήγησις τοῦ ὁσίου πατρὸς ἡμῶν Ἀμφι-
λοχίου ἐπισκόπου γεναμένου τοῦ Ἠκονίου εἰς
τὸν βίον καὶ τὰ θαύματα τοῦ ἐν ἁγίοις πατρὸς
ἡμῶν Βασιλείου ἀρχιεπισκόπου γεναμένου τῆς
καισσαραίων περιφάνους πόλεως.

   Exstat edit. Combefis. inter Amphilochii
aliorumque opera, p. 155.

C   LXXXIII.

Codex membranaceus, in folio, ff. 376, sec.
xi. ; bene exaratus et servatus.

S. Chrysostomi Eclogæ, sive homiliæ ex ejusdem
Patris operibus ab anonymo quodam concin-
natæ ; numero triginta.

   Tit. ἐκλογαὶ ἀπὸ διαφόρων λόγων τοῦ ἐν ἁγίοις
πατρὸς ἡμῶν Ἰωάννου ἀρχιεπισκόπου Κωνσταντινουπόλεως τοῦ Χρυσοστόμου.

Titulos et initia homiliarum, quippe qui cum
editis minimam sæpius habent concordantiam.
exscribere lubet ; videlicet,

1. περὶ ὑπομονῆς καὶ μακροθυμίας. fol. 1.
   Incip. εἰ βούλεσθε προθῶμεν.

2. περὶ ἐλεημοσύνης. fol. 20.
   Incip. ὁ τῆς ἐλεημοσύνης λόγος.

3. περὶ ἀγάπης. fol. 44.
   Incip. ποῖον οὖτω τεῖχος.

4. περὶ διδαχῆς καὶ νουθεσίας. fol. 62.
   Incip. τοῦ μὴ πεῖσαι τοὺς ἀκούοντας.

5. περὶ ἁμαρτίας ἐξαγορεύσεως. fol. 78.
   Incip. ἐπεδήμησέν τις ἐξ ὑμῶν.

6. περὶ πλούτου καὶ πενίας. fol. 95.
   Incip. ὅταν ἴδῃς πλουτοῦντα.

7. περὶ εὐχῆς. fol. 111.
   Incip. βούλει μαθεῖν πόση.

8. περὶ ὅρκου. fol. 128.
   Incip. μὴ τοίνυν ἀμελῶμεν.

9. περὶ ἀρχῆς καὶ ἐξουσίας καὶ δόξης. fol. 136.
   Incip. οὗτός ἐστιν ἀληθῶς.

10. περὶ γυναικῶν καὶ κάλλους. fol. 144.
   Incip. abrupte in verbis, τὴν νίκην τῶν
κατορθωμάτων.

11. περὶ γαστριμαργίας καὶ μέθης. fol. 148.
   Incip. βούλεσθε ἴδωμεν τίνα.

12. περὶ ὀργῆς καὶ θυμοῦ. fol. 158.
   Incip. βούλει μαθεῖν πόσον τὸ ὀργίζεσθαι.

13. περὶ ἀνδρείας καὶ ἰσχύος. fol. 168.
   Incip. εἰ πόλεμος ἡμῖν περιειστήκει.

14. περὶ μετανοίας. fol. 181.
Incip. διὰ τοῦτο συνεχῶς.
15. περὶ παίδων ἀνατροφῆς. fol. 193.
Incip. δέομαι καὶ ἀντιβολῶ.
16. περὶ θανάτου. fol. 206.
Incip. εἴδετε πότε τοὺς ἀπαγομένους.
17. περὶ τοῦ μὴ καταφρονεῖν τῆς τοῦ Θεοῦ ἐκκλησίας
καὶ τῶν ἁγίων μυστηρίων. fol. 229.
Incip. φησὶν ὁ θεῖος ἀπόστολος ὁ ἐσθίων.
18. περὶ νηστείας καὶ σωφροσύνης. fol. 242.
Incip. βούλει μαθεῖν ὅσος κόσμος.
19. περὶ ἀρρωστίας καὶ ἰητρῶν [sic]. fol. 249.
Incip. ὅταν ἀρρωστία περιπέσῃς.
20. περὶ ταπεινοφροσύνης. fol. 257.
Incip. ὅταν ἁμαρτία συμβεβλημένη.
21. περὶ ἀρετῆς καὶ κακίας. fol. 265.
Incip. εἰσί τινες τῶν ἐνταῦθα.
22. περὶ ἀκακίας καὶ μνησικακίας. fol. 284.
Incip. τί γένοιτ᾽ ἂν ἴσον τῆς.
23. περὶ πλεονεξίας. fol. 300.
Incip. τίνος ἕνεκεν ἀπὸ πλεονεξίας.
24. περὶ ἀλαζονείας καὶ κενοδοξίας. fol. 311.
Incip. βουλόμενος τὸν πεφυσιώμενον.
25. περὶ εὐτυχίας καὶ δυστυχίας. fol. 319.
Incip. διὰ τοῦτο τὸν Λάζαρον.
26. περὶ φθόνου. fol. 327.
Incip. βούλεσθε διηγήσομαι ὑμῖν.
27. περὶ μίσους καὶ ἔχθρας. fol. 334.
Incip. εἴτις παρὰ τοῦ πλησίον.
28. περὶ μελλούσης κρίσεως. fol. 341.
Incip. πολλοὶ τῶν παρ᾽ ἡμῖν.
29. περὶ προνοίας. fol. 360.
Incip. τίνος ἕνεκεν οὐ τὸν ἐξαρχῆς.
30. περὶ λύπης καὶ ἀθυμίας. fol. 370.
Incip. αἱ θλίψεις καὶ οἱ πειρασμοί.

C LXXXIV.

Codex membranaceus, in folio, ff. 180, sec. xi., (exceptis foliis duobus prioribus et ultimo, sec. xv. suppletis,) binis columnis bene exaratus.

S. Johannis Chrysostomi in Genesim Homiliæ a prima usque ad trigesimam inclusive.
Tit. πρόλογος τῆς ἑξαημέρου τοῦ ἐν ἁγίοις πατρὸς ἡμῶν Ἰωάννου ἀρχιεπισκόπου Κωνσταντινουπόλεως τοῦ Χρυσοστόμου. εἰς τὴν εἴσοδον τῆς ἁγίας τεσσαρακοστῆς.

MS. Magdalen coll. 3 forms the second part of this MS.

Consentiunt, quoad initium et finem, cum edit. impress. Montfauc. tom. iv. pp. 1—304.
MS. Barocci 242 is the last part of this MS.

LXXXV.

Hodie deest. Continebat secundum Bernardi catalogum MSS. Angl. et Hibern.;
1. Anonymi Homiliæ in quædam capita Genesis.
2. Tractatus grammaticalis de partibus orationis.

C LXXXVI.

Codex membranaceus, in folio, ff. 327, sec. xiv., binis columnis exaratus.

1. Radulphi Flaviacensis super Leviticum commentarii, libris viginti comprehensi. fol. 2.
Tit. "Expositio Radulphi super Leviticum."
Exstat Euch. Cervicorn. Marpurg. in fol. 1536.
2. S. Gregorii papæ I. Magni liber Pastoralis Curæ, in partes quatuor distinctus, cum prologo et capitulis. fol. 144.
Exstat impress. inter opera, edit. Benedict. tom. ii. col. 1.
3. Ejusdem Gregorii Dialogorum libri quatuor. fol. 171 b.
Tit. "Incipit liber Dyalogorum."
Exstant ibid. tom. ii. col. 149.
In calce, "Expliciunt libri quatuor dialogorum Gregorii pape urbis Rome."
4. Ejusdem Gregorii super Ezechielem prophetam libri duo. fol. 209 b.
Exstant ibid. tom. i. col. 1173.
In calce, "Expliciunt omelie beati Gregorii pape in extrema parte super Ezechielem prophetam."
5. Ejusdem Gregorii super Evangelia homiliæ quadraginta, cum prologo. fol. 273.
Tit. "Incipit prologus beati Gregorii pape in libris duobus quadraginta omelie."
Exstant ibid. tom. i. col. 1434.
Sequitur Dominicarum tabula, quibus legendæ sint homiliæ supradictæ.

B LXXXVII.

Membranaceus, in folio majori, ff. 362, sec. xv. ineuntis; binis columnis exaratus.

Philippi de Janua, sive de Monte Calerio, Ord. Minor. Postilla super evangelia Dominicalia totius anni ; prævio prologo.

Tit. " Incipit postilla super evangelia dominicalia edita a fratre Philippo de Janua, ordinis fratrum minorum et lectore in Padua ; ab aliquibus dicitur postilla Philippi de Monte Calerio."

Incip. prol. " Ruth colligebat spicas post terga metencium ; Ruth, 2. Omnibus studentibus in hoc scripto volumine frater Philippus de Monte Calerio, etc. Rogatus multociens cum instancia ut aliqua capabilia."

Incip. opus, " Dominica prima de adventu ; etc. Erunt signa in sole ; etc. Sciendum quod duo sunt inter alia que hominem retrahunt a malo."

Desin. pars prima, cum Dominica in Ramis Palmarum, in verbis, " ut possimus in gloria paradisi eternaliter permanere, ubi lux interminabilis in gloria indefficiens omniumque hominum laus vocabilis, ad quam, etc."

Sequuntur partem primam,

a. Tituli evangeliorum istius operis. fol. 136.

b. Tabula per alphabetum composita super totum opus predictum per auctorem ipsius operis ordinata, cum prologo. fol. 136.

Incip. " Congregentur aque, que sub celo, etc. Quia propter labilitatem memorie hominis non omnia que leguntur possunt retineri memoriter."

Incip. pars ii. operis, " Dominica Resurrectionis Domini ; Maria Magdalena et Maria, etc. Nos videmus per experienciam quod unusquisque delectatur in presencia illius."

Desin. in Dominic. xxiv. post Pentecosten, in verbis, " secundum virtutem, que operatur in vobis, Ipsi gloria in ecclesia et in Christo Jhesu in omnes generationes seculi seculorum, Amen."

In calce, " Explicit postilla super evangelia dominicalia edita a fratre Philippo de Monte Calerio, ordinis fratrum minorum tunc lectore conventus sacri loci Padue anno Domini m.°ccc.°xxx.°"

Exstat Postilla supradicta in compendium missa a Janselmo Canova, Lugd. 1510.

ꝛ LXXXVIII.

Codex membranaceus, in 4to minimo, ff. 491,

sec. xiv. ineuntis ; olim Thomæ Cranley, archiepiscopi Dublinensis.

1. Liber sermonum de Sanctis et de tempore, auctore anonymo. fol. 1.

Tit. i. " De beato Dionysio vel pluribus martyribus."

Incip. " Licet socii estis, etc. Cor. i. Si quia hodie sollempnizat de bono Dionisio et ejus sociis, videtur mihi thema querens exponere."

Ad fol. 11. inserta est [S. Hieronymi epistola] ad Demetriadem, virginem.

Exstat impress. inter opera edit. Vallars, tom. xi. part. ii. p. 1.

Ad fol. 30, Sermo de beato Thoma martire Cantuariensi, incip. " Zelus domus tue," etc. " Ejus passio et passionis ordinata intentio."

Ad fol. 209, tractatulus de modo confitendi, incip. " Frater qui confessiones auditurus est, necessarium est ut sciat."

Sermones videntur exarati eadem fere manu, tempore tamen diverso, et ab auctore Anglico, citantur enim ad fol. 179 versus sequentes,

" Man and wyman loket to me,
A michel pine ich tholede for the,
Loke up one mi rig u sore ich was i biten,
Loke to mi side wat blod ich have i leten ;
Min vet an mine honden nailed both to the rode,
Of the thernes priking mine heued wrath a blode :
Fram side to side, fro hiued to the fot
Turn mi bodi abuten oueral thu findest blod,
Man thin hurte thin hurte thu turne to me,
For the vif wndes se ich tholede for the."

Iterumque, verso eodem folio,

" Louerd thu clepedest me,
An ich naght ansuarede the,
Bute wordes scloe and sclepie,
Thole that thole a litel, bute thiet and thiet was endelis,
And thole a litel a long wexis."

2. S. Bonaventuræ Breviloquium, in septem partes distinctum, prævia præfatione. fol. 233.

Exstat impress. inter opera, Romæ, 1588 —1596, tom. vi. p. 5.

3. Sermonum brevium, locorumque communium theologicorum collectio, in quibus citantur scriptores tam sacri quam ethnici, Aristoteles scilicet, Terentius, etc. fol. 319.

Incip. i. "In nativitate beate Virginis; Transite ad me omnes qui; etc. Duo consideremus, ad quam transeundum, et quis." Occurrunt hic illic glossulæ, sermone Anglicano scriptæ, ex. gr. ad fol. 349 b, "Sic Christus, Gerlande of the grene tre, quando in cruce. Secunda domus est orationis, of biddinge;" videsis quoque 408 b, *seqq.*

Inserta sunt quoque,

a. Anecdota de Sanctis. fol. 358.

Incip. "Abbas Longinus interrogavit abbatem Lucium dicens, habeo tres cogitationes, unam, ut ad peregrinandum pergam."

b. Narratio de fratre Hugone Brutun; *manu recentiori in margine scripta.* fol. 375.

c. Tabula decem Præceptorum, septem donorum spiritualium, septem virtutum, septem petitionum, septem peccatorum mortalium, xii. articulorum fidei; etc. fol. 469.

d. Oratio ad Salvatorem, *Gallice.* fol. 475.

Incip.

"Duz Sire Jhesu Crist, ki pur nul sauuer Suffrites wostre seint coos en la croyz pener."

e. Narratio de Theodoro negotiatore. fol. 477 b.

Incip. "De Theodoro negociatore quomodo depauperatus fugit ad quendam Hebreum, nomine Abraham, postulans."

f. Sententiæ, seu loci communes ex S. Scripturis collecti. fol. 479.

g. Tabula homiliarum in codice contentarum; *manu recentiori.* fol. 490.

Sequitur notitia, "Liber collegii beate Marie Wynton. in Oxon. ex dono venerabilis patris M. Thome Cranle, archiepiscopi Dublin. quondam scolaris, deinde socii, demum custodis collegii predicti."

Præmittitur codici notitia similis, cui subjunguntur, "qui humiliter petit pro suffragiis predictorum custodis, sociorum, et aliorum inibi divina celebrantium adjuvari apud misericordissimum Deum."

C LXXXIX.

Codex membranaceus, in folio, ff. **194**, sec. xiv. exeuntis.

1. Johannis abbatis Jucellensis, sive Vincellensis, doctoris Decretorum, liber, qui dicitur Vade mecum, de collationibus Dominicis et festivis. fol. 1.

Tit. "Incipit Vade mecum fratris Johannis Johannis, Decretorum doctoris et abbatis Jucellensis, de collationibus dominicis et festivis."

Incip. "Respicite et levate capita vestra Luc. xxi. Tangitur,

Intencio cordis		Deum		affectione
Elevacio corporis	ad	bonum	cum	occupacione
Inclinacio capitis		profundum		subjectione."

Exstat impress. sine loco vel anno sub typographiæ nascentis initia.

2. Ejusdem Johannis Sermones populares, tam dominici quam festivi. fol. 135.

Tit. "Sermones populares tam dominici quam festivi fratris Johannis Johannis, doctorum Decretorum et abbatis monasterii Jucellensis, juxta thema factorum ad clerum in suo Vade mecum."

Incip. "Respicite et levate capita. Qui vult celum respicere debet sursum caput levare; sic facit gallus quando vult cantare; sic fecit beatus Stephanus quando voluit migrare."

Deficiunt in homilia de S. Marco secunda in verbis, "et mori lucrum, et legimus de Martino quod animus."

Ex. of 14h c.
See of 15h

B XC.

Codex membranaceus, in folio majori, ff. **278**, sec. xiv., binis columnis bene exaratus et servatus; olim W[illelmi Aiscough?] episcopi Sarisburiensis.

The opening initial the contains the arms of Richard Scrope abp. of York 1398—1405 E. W. B. N.

1. Ricardi Radulphi, sive Fitz-Ralph, archiepiscopi Armachani, Sermones de tempore et de Sanctis per totum annum. fol. 2.

Tit. i. "Sermo venerabilis in Christo patris ac domini Richardi, divina permissione quondam primatis Hibernie, archiepiscopi Armachensis, habitus in vulgari prima Dominica adventus Domini sub [anno] Domini millesimo ccc. xlv.º in ecclesia Linch."

Incip. "Dominus ad judicium veniet; Ys. iii. Premittebatur oratio, resumptum fuit thema et versum in linguam vulgarem.

Premittebatur quod quatuor erant Dei adventus."

Desin. ult. "fuit admonitus ter et fiebat finis cum indulgencia solita est."

In calce, " Expliciunt Sermones domini Armachani tam de temporali quam de Sanctis, quasi per totum annum cum aliis materiis propositis coram papa contra fratres mendicantes in causa ecclesie."

2. Ejusdem Ricardi Summa contra Armenos libris viginti comprehensa, præfatione et capitulis illustrata. fol. 126.

Inscribitur præf. "Reverendis in Christo patribus Nersi, archiepiscopo Manasgarden. ac fratri Johanni electo Claten. majoris Armenie Ricardus Radulphi archiepiscopus Armachanus Hibernie primas per gratiam sitire justitiam, donec hauriant aquas in gaudio de fontibus Salvatoris."

Exstat impress. Paris. 1612.

In dorso fol. 1. scriptum est, " Volumen W. Sarum episcopi."

Ϝ XCI.

Codex membranaceus, in 4to minimo, ff. **170**, sec. xiv.; olim Thomæ Cranley, archiep. Dublinensis.

1. Tractatus de Inferni terroribus et gaudiis Paradisi. fol. 1.

Incip. "Tria sunt sub omnipotentis Dei manu habitacula, Primum, Imum, Medium."

Desin. "laudabunt Deum omnipotentem, benignum, misericordem, cui honor," etc.

2. Cæsarii, episcopi Arelatensis, homiliæ undecim, quarum initia,

a. " Est quod non incongrue debemus vestre caritati." fol. 18.

b. " Ad locum hunc, karissimi, non ad quietem." fol. 27.

Exstat inter Grynæi Monument. Orthodox. Patt., p. 1861, num. xxiv.

c. " Exortatur nos sermo divinus." fol. 40 b.

d. " Quid salubritatis, karissimi, etiam in præsenti." fol. 47 b.

e. " Instruit nos atque hortatur sermo." fol. 50 b.

f. "Sicut a nobis Dominus pro suscepti." fol. 64.

Exstat apud Grynæum, num. xxiii.

g. " Scimus quidem spirituali milicie." fol. 72 b.

Apud Grynæum, p. 1861, num. xxv.

h. " Ad hoc ad istum locum convenimus." fol. 84 b.

Ibid. num. xxvi.

i. " Si quando terræ operarius et ruris." fol. 88 b.

k. " Videte vocationem vestram, fratres karissimi." fol. 100.

Ibid. num. xxvii.

l. " Quis dabit mihi pennas ;" etc. " Quam rem tunc anime sancte implere possunt." fol. 104 b.

In calce,

" Qui scripsit carmen . sit benedictus, Amen."

3. Sermo beati Augustini episcopi, quod nihil sit gloria hujus mundi et de pœnis impiorum. fol. 112.

Incip. " Apostolica lectio, fratres karissimi, hunc sonitum."

4. Ejusdem sermo de humilitate et obedientia. fol. 116 b.

Incip. " Nihil sic Deo placet, quomodo obedientia."

5. Sententia Novati, viri catholici, de humilitate et obedientia ; [imperf.] fol. 122.

Exstat impress. in Append. Holstenii Cod. Regular. Paris. 1663, p. 78.

6. S. Augustini sermo de decem chordis. fol. 123.

Tit. " Incipit sermo sancti Augustini de decem chordis."

Exstat inter opera, ed. Benedict. tom. v. p. 48.

Præmittitur codici notitia ista, " Liber Thome Cranle, archiepiscopi Dublinensis, quem emit de fratre Ricardo Torbok apud Cestriam secundo die mensis Julii, anno Domini millesimo cccc. viii. H[enrici] quarti ix. et sue consecrationis xi."

Ɔ XCII.

Codex membranaceus, in 4to, ff. **187**, sec. xiv. exeuntis, nec eodem tempore nec uno librario exaratus ; olim Gulielmi Reade, episcopi Cicestrensis.

1. Johannis de Schepeya, seu Sheppei, episcopi Roffensis, sermones Vasconici de temporali

et de Sanctis, sive sermonum capita ex collectione quadam alia confecta ; numero centum tres. fol. 5.

Tit. " Sermones Vasconici."

Incip. " Abjiciamus opera tenebrarum, etc. In auctoritate notatur, quod secundum."

Desin. ult. " et videtur in comendacione boni militis et cujuscunque juris est."

Præmittitur tabula sermonum " thematum."

Ad calcem sequuntur tabulæ tres aliæ alphabeticæ, quarum tituli,

a. " Incipit tabula de sermonibus Vasconicis, videlicet tam de verbis thematum quam de verbis auctoritatum diversarum in dictis sermonibus et etiam de aliis rebus ibidem tactis et moralizatis et est numerus hic positus ; numerus sermonum juxta quotacionem hic superius factam." fol. 31.

b. " Applicacio diversorum contentorum in sermonibus Vasconicis ad diversas materias et dies et est quotacio de sermonibus." fol. 36.

c. " Hec tabula est de vocabulis auctoritatum allegatarum et divisarum in sermonibus Vasconicis, que prescribuntur in quibus verbis fundatur aliquod membrum divisionis et est quotacio de sermonibus et sequitur tabula." fol. 37.

2. Sermones permixti de tempore et de Sanctis per eundem Johannem collecti, in partes duas distincti, prævia tabula temporum et thematum, scilicet,

a. Sermones quadraginta Parisiis et alibi collecti. fol. 41.

Incip. " Salutat vos Lucas, etc. Karissimi, scitis hoc consuetudinem humanam sibi pro lege statuisse."

Desin. ult. " potest lumine gratie purgare sanctitate vite."

In hac parte occurrunt sæpe in margine auctorum, ut conjectare liceat, nomina concionum, ut ex. gr. ad fol. 55, ' Dominica i. Prædicatorum ; Griffin ;' ad fol. 57, ' De bono Clemente papa ; Prædicatorum ; Suttone ;' ad fol. 73, ' De beato Stephano ; Minorum ; Fr. T. de Cappelad ;' ad fol. 77, ' De beato T. pontifice ; Minorum ; Henricus de Suttone ;' ad fol. 80, ' In festo circumcisionis ; Minorum ; Hyclink ;' ad fol. 82 b., ' In festo epiphanie ; Minorum ; Houdene :' ad fol. 88 b., ' Dominica septuagesime, sermo generalis fratris W. de Betham ;' ad fol. 94, ' Synon de Gandavo, Cancellarius.'

Occurrunt quoque nomina civitatum in Anglia, scil. Malmesbiri, Liminster, Nothingham, Lincoln.

b. Sermones viginti novem mixti ; *diversis exarati librariis.* fol. 116.

Incip. i. " Rector fratrum, etc. Inter viros eximie sanctitatis."

Ult. est in istud, ' Ecce ascendimus Hierosolymam,' et desin. " ut id Deo offerat sacrificium laudis et inpensionem h . . eorum debitorum."

Sermonum istorum exscribere liceat titulos sequentes.

a. " Sermo in cœna Domini anno 1343 in ecclesia Roffensi." fol. 139 b.

b. " In exequiis domini Nicholai Malemeyn anno Christi 1349 in crastino . . . . in ecclesia de Feversham (?). fol. 144 b.

c. " Iste sermo fuit ordinatus pro exequiis domine de Cobham, anno Christi 1344 ; non dicebatur pro eo quod archiepiscopus Cantuariensis prædicavit ibidem." fol. 148.

d. " Die Cinerum apud Roffam 1353." fol. 152 b.

e. " In exequiis Stephani Selym (?) 1347." fol. 156.

f. " Ad crucem Sancti Pauli, anno Christi 1336." fol. 167. fol. 173

In sermone isto occurrunt pauca *Anglice* scripta, ex. gr. " þe stat þat man hath now is feble and lodlych."

g. " In ecclesia S. Pauli ad crucem in die conversionis S. Pauli anno Christi 1337." fol. 174.

Sequuntur,

α. Computationum fragmenta, inter quæ, " Heghan, xx.l. Grym xx.l. xi.s. viii.d. Barot xx.l. Thomas Maryns, xxx.l. Gillyngham x.l." fol. 174 b.

β. Anonymi cujusdam legati regis Angliæ [ad Philippum VI. regem Franciæ] exhortatio ut bellum moveat contra Paganos ; *Gallice.* fol. 175.

Incip. " Treschiere et tresredoubtie Seigneur, Monsieur de Durealme ad bien et sagement monstre et purposer les busoignes pur queles nous eumes enuoie per deuers vous par le roi monsieur votre cosyn."

Desin. " et a done poer de traittier sur ceo a monsieur de Durealme et mes compaignouns, qe si sount et a moi votre chapeleyn qe sumes apperilez a voz comaundemenz et prions Dieu qe vous doint garde de trouer et traitier et faire chose plesaunte. a Cui honorable pur vous nos seigneurs et profitables a voz deus roialmes ; Amen."

γ. Consuetudines episcoporum totius Angliæ inventæ et observandæ, sicut in archiepiscopatu Cantuariensi, temp. Edw. III. fol. 177 b.

Incip. " Quoniam propter diversas consuetudines in petendo decimas per diversas ecclesias inter rectores ecclesiarum et parochos suos, rixe et contenciones et scandala et odia per maxima multociens oriuntur, Imprimis volumus quod decime fructuum."

In fronte codicis descriptæ sunt notitiæ sequentes, scilicet,

1. " Liber magistri Willelmi Reed, episcopi Cicestrie, cujus partem primam et terciam, quas scripsit venerabilis pater dominus Johannes de Schepeya, episcopus Roffensis, emit de executoribus ejusdem, partem vero secundam emit de venerabili patre domino Thoma Tryllek, episcopo Roffensi, sed quartam partem habuit ex dono reverendi domini sui M. Nicolai de Sandwyco, quam Oxoniam reportari fecit. Oretis igitur . . . . . . supradictis."

2. Tabula contentorum codicis, scil. " Sermones Vasconici de $\begin{Bmatrix} \text{temporali} \\ \text{Sanctis} \end{Bmatrix}$ per dominum Johannem de Schepeya excerpti cum tabula.

Sermones permixti de $\begin{Bmatrix} \text{Sanctis} \\ \text{temporali} \end{Bmatrix}$ Parisius collecti.

Sermones editi, scripti et predicati per venerabilem patrem dominum Jo. de Schepeya, episcopum Ro.

Sermones Oxonii collecti per M. Nicholaum de Sandwyco."

3. " Liber scolarium domus venerabilis patris domini Willelmi Wykham, episcopi Winto-

niensis, in Oxonio ad usum communem eorundem, ex dono venerabilis patris domini Willelmi Reed, episcopi Cicestriæ ; Oretis igitur pro eisdem et benefactoribus ac fidelium animabus a purgatorio liberandis."

D XCIII.

Codex membranaceus, in 4to, ff. 279, sec. xv. ; binis columnis exaratus ; olim Hugonis . . . ym.

1. S. Pauli epistolæ, quæ in ecclesia leguntur in dominicis et feriis per anni circulum, cum glossa ordinaria. fol. 16.

Tit. " Hic incipiunt epistole Pauli in omnibus dominicis necnon et in feriis per totum annum."

Præmittitur tabula materiarum locupletissima, ordine alphabetico.

2. S. Gregorii papæ I. dict. Magni, homiliæ in Evangelia dominicalia quadraginta, in duas partes distributæ, prævia ejusdem Gregorii ad Secundinum epistola. fol. 178. 189

Tit. " Incipit epistola Gregorii pape ad Secundinum episcopum epistola."

Exstant impress. inter opera, edit. Benedict. tom. i. col. 1434.

In fine, " Expliciunt omelie beati Gregorii."

Præcedit tabula homiliarum ad cujus calcem, " Expliciunt cotaciones omeliarum beati Gregorii."

3. S. Augustini Sermones quatuor, scilicet,

a. " De verbis Domini super Mattheum de decem virginibus sermo 22." fol. 243 b.

Incip. " Inter parabolas a Domino dictas solent."

b. " De eodem omelia 23." fol. 244 b.

Incip. " Hec parabola vel similitudo non videtur."

c. " De verbis Domini omelia 19 ; super Evang. ' Reddite que sunt Ceseris Ceseri [sic]." fol. 245.

Incip. " Nonnulli fratres qui aut militie cingulo."

Exstat inter opera, ed. Benedict. tom. v. app. serm. 82.

d. De verbis Domini omelia 53 super Joh. ' Qui credit in me,' etc. fol. 257.

Incip. " Non putetur magnum esse hoc."

4. Excerpta ex SS. Hieronymo et Augustino de assumptione B. Mariæ Virginis. fol. 2̸46 b.

Incip. " Ieronimus fecit sermonem ad Paulam et Eustochium, virgines, de assumpcione beate Marie, in quo ita asserit dicens, Pro certo nihil aliud experiri potest."

5. Venerabilis Bedæ homilia in istud, ' In illo tempore Maria Magdalene et Maria Jacobi ;' etc. fol. 2̸47.

Incip. " Comendat nobis sacratissima lectio sanctarum mulierum."

6. Ricardi Rolle de Hampole liber in novem lectiones mortuorum, qui vocatur alibi, Parvum Job. fol. 2̸49.

Tit. " In vigiliis mortuorum lectio prima." Incip. " Parce mihi Domine, etc. Exprimitur autem in hiis verbis humane condicionis."

Desin. " et incensi ignis inhabitans in eternum ; Amen. A quo Christus nos liberet, qui cum Patre et Sancto Spiritu regnat in eternum ; Amen."

In calce, " Explicit tractatus Ricardi de Hampole heremite super novem lectiones mortuorum."

7. Excerptum ex S. Augustino de laude Psalmorum. fol. 279̸41.

Inscribitur, " Augustinus de laude psalmorum sic prorumpit in loquelam."

Incip. "Canticum psalmorum corpus sanctificat, animus decorat."

In fronte codicis legitur, " Orate pro anima Hugonis . . . ym quondam . . . . . . de . . . . . cujus anime propicietur Deus."

E XCIV.

Codex membranaceus, in 4to minori, ff. **176**, sec. xiv., haud una manu exaratus.

1. Anonymi cujusdam [an Augustini ?] de pœnitentia homiliæ septem breves. fol. 1.

Incip. i. " Filii hominum usquequoque gravi corde, etc. Fratres karissimi, si filii Domini estis audite pacienter correctionem patris."

Desin. ult. " et confessionem emunda et deinceps te mundum conserva."

2. Anecdota pauca de Sanctis aliisque. fol. 16.

Primum est de episcopo quodam Anglicano a dæmone tentato, et incip. " Quidam episcopus Anglicanus Deo valde devotus fuit."

3. Expositio canonis Missæ. fol. 17.

Incip. "Intendentes de exposicione canonis misse, videamus quid sit missa, quid canon."

Desin."Osanna propter dupplicam stolam."

4. B. Mariæ Virginis Lamentatio de passione Filii secundum S. Bernardum. fol. 21.

Incip. " Quis dabit capiti meo aquam et oculis meis ymbrem."

Desin. " dilecto filio meo, qui amore langueo."

In calce, " Explicit lamentacio beate Virginis de passione Filii sui, secundum beatum Bernardum."

5. Homilia in istud, ' Quid est quod me quærebatis.' fol. 23 b.

Incip. " Per modum quo queritur aliquid in via pedum."

6. Homilia in illud ' Vinum non habent.' fol. 25.

Incip. " Fratres mei dilectissimi verbum Dei potest dici vinum."

7. Ricardi de Montibus, [potius Gulielmi de Montibus, sive Leicestria,] Cancellarii Lincolniensis, Summa de officio Sacerdotum. fol. 28.

Tit. " Hic incipit summa magistri Ricardi de Montibus, Lincolniensis Cancellarii."

Incip. " Qui bene presunt, etc. Presbiter grece, senex dicitur Latine, presbiteri autem duo debent habere per gratiam, que senes habent per naturam, scilicet continenciam et sapienciam."

Desin. " si quid autem residuum fuerit, filiis Aaron relinquo, quia faciendi quidem libros nullus est finis, hic ergo exit consummatus."

In calce, " Explicit summa magistri Ricardi de Montibus, Lyncolniensis Cancellarii, de officio sacerdotum."

In libro isto agit auctor de Symbolo, oratione Dominica, virtutibus et peccatis, etc., quæ omnia versibus elegiacis et heroicis sæpius adornat.

In cod. MS. Bodl. 64 tribuitur opus supradictum Ricardo de Wetherset, cancellarie ~ƒ p.33 Cantabrigiensi.

Præmittitur notitia sequens, "Istum librum ego Ricardus Andrew, decanus Eboracensis et quondam socius collegii beate Marie Wyntoniensis in Oxonia, dedi eidem collegio beate Marie, quem qui abstulerit anathema amaranatha sit."

8. De propinquitatibus novem, quæ ex cognatione spirituali quæ contrahitur in baptismo, oriuntur. fol. 98 b.

Incip. "Prima est inter sacerdotem baptizantem et baptizatum, que est filiacio."

9. Sermo in illud, "Vidi turbam magnam, quam dinumerare nemo poterat,' etc. fol. 98 b.

Incip. "Et notantur in verbis propositis duo, videlicet viatorum penitencium meritum et premium."

10. Sermones breves de tempore et de festis per annum. fol. 100.

Incip. "Dies autem appropinquabit ; ad Rom. xiij. Karissimi, adventus unigeniti Dei, Salvatoris Christi, potest in predictis verbis dupliciter declarari."

In calce sunt aliquot de sex ætatibus mundi et Noæ generationibus.

11. Symbolum quod vulgo dicitur Athanasianum, expositione instructum marginali. fol. 168 b.

Incip. expos. "Hic beatus Athanasius liberum posuit arbitrium sicut dicitur in Psalmo Quis est homo qui vult vitam, et in Evangelio Qui vult venire post me."

12. Directorium Sacerdotum, quomodo injungendum sit pœnitentibus, etc. fol. 171.

Incip. "Quia certa experientia didicimus propter fornicacionem et peccatis majoribus fere nullam vel minimam."

13. Sententiæ proverbiales, versibus expressæ leoninis, hic illic addita versione Gallicana. fol. 174.

Incip.

"Officium dico . perdit qui servit iniquo."
Vers. xvi. est,
"Stultus opinatur . nihil esse ni videatur
Fols ne creyt . deqes il veyt."

E XCV.

Codex membranaceus, in 4to minori, ff. 148, sec. xv. ; olim peculium Edwardi Bosson.

1. Homiliarum liber, numero centum viginti, in diebus Dominicis feriisque per anni circulum, auctore, ut feruntur, Johanne Wiclevo ; *Anglice.* fol. 1.

Incip. "As men schulde trowe in Crist that he is bothe God and man, so men schulden trowe to his wordis."

Ultimæ præit titulus, 'Pro Sponsalibus et desin. "for thanne thei avoutren falsly Goddis word, as Poul spekith."

In calce, "Heere enden the ferial gospels ; Deo gracias."

2. Confessio fidei, [eodem auctore.] fol. 121 b.

Inc p. "I haue ioye fulli telle to all trewe men the beleue that Y holde and algatis to the pope."

3. De hæresibus duabus ex ecclesia Anglicana expurgandis. fol. 122 b.

Incip. "Ther ben two maner of heretikis of whiche Englond schulde be purgid, and Symonieris ben the first."

4. Quæstiones quinque de diligendo Deo, cum responsis. fol. 123.

Incip. "A special frend in God axith bi charite thes fyve questiouns of a mek prest in God."

5. De Fide, Spe et Caritate. fol. 124.

Incip. "For it is seide in holdynge of oure holy day that we schulde ocupie the tyme in prechynge and preyinge and devoute herynge."

6. De septem operibus misericordiæ. fol. 127 b.

Tit. "The seuen werkys of mercy bodyly, ut infra."

Incip. "Ʒif a man were sikir that he schulde to morowe come bifore a iuge."

7. Expositio in hymnum 'Te Deum laudamus.' fol. 135.

Incip. "Hit is commenly seyd that thys song was made of Austyn and Ambrose, when Austyn was."

8. Expositio in hymnum Trium liberorum, 'Benedicite omnia opera Domini.' fol. 137.

Incip. "This psalme was made after a miracul that God did in tyme of Nabugodonosor."

9. Expositio in hymnum Zachariæ, 'Benedictus Dominus Deus Israel.' fol. 141 b.

Incip. "This psalme is of more autorite then the song by fore."

10. Expositio in hymnum Simeonis, 'Nunc Dimittis.' fol. 143 b.

> Incip. "This is the thryd psalme sungun of prestys aȝens thei go to hore bedde."

11. In symbolum Athanasianum. fol. 144.

> Incip. "It is seyde comunly that ther ben thre credys."
>
> Desin. "as popis, cardynals, bischopis schulden more specialy kunne this crede and teche it to men undur hem."
>
> Deinde, "Magister Johannes Wy . ."

Ɛ XCVI.

Codex membranaceus, in 4to minori, ff. 156, secc. xiv. et xv.; quoad partem majorem rescriptus et palimpsestus; olim Thomæ Trilleck, episcopi Roffensis, postea Gulielmi Reade, episcopi Cicestrensis.

1. Tractatus de modo pœnitendi. fol. 1.

> Tit. "Tractatus brevis et bonus de penitentia."
>
> Incip. "Ne tardes converti; etc. Nota quod penitentis satisfactio debet esse festina."
>
> Desin. "ne multitudinem excommunicatorum perdant."
>
> Sequuntur versus tres incip.
>
> "Lumine solari nequit virgo violari."

2. S. Bonaventuræ Breviloquium, sive Summa de fide Christiana in partes septem distincta. fol. 28.

> Incip. "Flecto genua mea, etc. Magnus doctor gencium et predicator virtutis divino repletus spiritu tanquam vas electum."
>
> Exstat inter opera, edit. Rom. tom. vi. p. 5.
>
> In calce, "Explicit breviarum fratris bone fortune."

3. Sermo de passione et sanguine Christi, auctore anonymo. fol. 140.

> Incip. "Sanguis Christi emundavit conscientiam vestram, etc. Ysaias propheta considerans statum."

4. De septem peccatis mortalibus tractatulus; *Gallice* fol. 143.

> Tit. "Hic incipit septem mortalia peccata."
>
> Incip. "Pur sauncte de alme auer doyt homme sauer queus sunt les morteles pechez."

5. De decem præceptis; *Gallice*. fol. 146.

> Incip. "Les x. comaundemens deyt checun cristien garder."

6. De septem operibus misericordiæ; *Gallice*. fol. 146 b.

> Incip. "Les ouueres de merci sunt set."

7. Ordo pœnitentiæ, sive Canones pœnitentiales, numero centum quatuordecim. fol. 147.

> Tit. "Hic incipit ordo penitencie."
>
> Incip. "Cum igitur penitens accesserit ad sacerdotem quisquis frater jubeat eum sacerdos flexo poplice."
>
> Tit. ult. est "Hec est consuetudo Johannis Rotomogensis archiepiscopi de penitencia criminalium peccatorum."
>
> In calce, "Summa articulorum canonicorum penitentialium c et xiiii."
>
> In fronte codicis sunt notitiæ sequentes, (a.) "Liber M. Willelmi Reed, episcopi Cicestrie, quem emit de venerabili patre domino Thoma Trillekis, ep. Roffensi; oretis igitur pro eisdem et benefactoribus eorundem ac fidelium animabus a purgatorio liberandis." (b.) "Liber domus scolarium venerabilis patris domini Willelmi Wykham in Oxonia ex dono venerabilis patris domini Willelmi tercii episcopi Cicestrie; oretis igitur, ut supra."

Ð XCVII.

Codex membranaceus, in 4to, ff. 97, sec. xiv., olim Thomæ Trilleck, episcopi Roffensis.

Liber, cui præmisit manus aliquantulum recentior titulum sequentem, "Auctoritates et materiæ sermonum e diversis auctoribus excerptæ."

> Præcipue scilicet e glossa ordinaria confectus est sicut in editione Lyrana impressa exhibetur.
>
> Incip. "Anime rationi . . . . occupacio versatur aut secundum condicionem nature formate per naturalem posicionem."
>
> Desin. "quod sit frequens, et quod sit accelerata, ut scilicet cito confiteatur."
>
> Ad ff. 89 et 91 occurrunt notitiæ duæ de fama, incip "Que dispensacio circa hos adhibetur magna scilicet ut non deponantur."
>
> In calce, *manu recentiori*, "Medicina pro equo;" *Anglice*.

In ora fol. 1. inferiori est notitia iste, " Liber Gulielmi Reed, episcopi Cicestrie, quem emit a venerabili patre domino Thoma Trillek, episcopo Roffensi ; oretis igitur pro utroque."

D XCVIII.

Codex membranaceus, in folio minori, ff. 144, sec. xiii. ineuntis, binis columnis nitide exaratus.

1. Summa, quæ dicitur Numerale, [auctore Gulielmo de Montibus.] fol. 1.

    Incip. " Deus unus est, Contra apostolus ait, Sunt multi Dii, etc. Dicitur Deus essencialiter et naturaliter."

    Desin. " gratias agendo hujus summe finem facimus, cui nomen numerale imponimus. Plura quidem hic omissa in aliis opusculis nostris copiosius sunt exarata. Explicit."

2. [Ejusdem Gulielmi] Tropi, in partes sex distincti, quoad partem primam ordine alphabetico. fol. 33.

    Præfatio est, " Dei dona dispensamus pulsantibus claves ostiorum porrigimus, Ad dilaudationem fenestras domus aperimus ; Domum autem sacram scripturam dicimus, ostia ejus autoritates, claves et fenestras modos loquendi, quos tropos seu scemata, id est, figuras nuncupant. Primum igitur de dictionibus hic agimus, secundo de posicionibus, tercio de attribucionibus, quarto de resolucionibus, quinto de modis dicendi, postremo de regulis et quibusdam aliis."

    Incip. " In primis dicimus quia dictio semel posita equivoce accipitur."

    Desin. " In lectione vero tum veteris tum nove legis sepius occurrit figura conversionis et transpositionis."

3. Ejusdem Proverbia sive Flores Sapientiæ, ex SS. Patribus Poetisque ethnicis confecta, ordine alphabetico disposita, cum præfatione. fol. 59 b.

    Tit. " Incipiunt proverbia et alia verba edificatoria a magistro Willelmo, Lincolniensis ecclesiæ cancellario, in ordine disposita."

    Incip. " Ad edificacionem animarum et morum informacionem unumcumque [sic] excerpta utilia proferimus, ex omnibus

escis que mandi presunt in archam inferentes."

    Desin. " oculos habet in tenebris apertos."

4. Narrationes aliæ allegoricæ, ordine alphabetico. fol. 123 b.

    Incip. " Amor. Amor terrenus inviscat animam, ne possit ad superna volare, sed amor divinus superveniens."

    Desin. " lapis super ollam cadet et illa frangetur, quia impius pena perpetua punietur."

5. Inhibitiones ad sacerdotes parochiales directæ. ex conciliis Oxoniensi Londoniensi aliisque collectæ. fol. 142.

    Incip. " Ad honorem Domini nostri Jhesu Christi, etc. firmiter injungentes, ut unusquisque pastor animarum et precipue quilibet sacerdos parochialis sciat decalogum et decem mandata legis."

    In calce occurrunt,

a. Catalogus nominum hominum circiter ccx., quam autem ob causam exscriptorum haud liquet. fol. 143 b.

b. Fragmentum anonymi cujusdam libri computationum. fol. 144.

c. Apophthegmata moralia. fol. 144 b.

    Codici præmittitur notitia sequens, " Liber Collegii S. Marie Wyntonie in Oxonia ex dono venerabilis in Christo patris et domini domini Willelmi de Wykeham, episcopi Wyntoniensis, et fundatoris collegii predicti."

XCIX.

Hodie desideratur. Continebat secundum catalogum veterem ;

1. Expositio Decalogi.

2. Sermo Lincolniensis [Roberti Grostete] de decem mandatis.

3. S. Augustinus de iisdem.

4. Homilia in illud, ' Christus passus est. vobis relinquens exemplum, ut sequamini.'

5. Homilia S. Anselmi super illud, ' Introivit Jesus in quoddam castellum.'

6. S. Johannis Chrysostomi Homiliæ super S. Matthæum in opere imperfecto, cum numero et ordine homiliarum et notabilibus in eis contentis.

C C.

Codex chartaceus, in folio, ff. 158, sec. xv.

1. Hieremiæ de Montagnano, Paduani, Compendium Moralium notabilium ex pluribus collectum scriptoribus et in partes quinque digestum ; cum præfatione. fol. 1.

Incip. præf. " Dividitur istud opus in quinque partes et quelibet pars in suos libros et quilibet liber in sua capitula et quodlibet capitulum in suas auctoritates."

Incip. cap. i. " De religione Dei. Tulius de natura Deorum li. i. Sanctitas est scientia colendorum Deorum."

In calce, " Explicit Compendium moralium dictorum domini Jheremie de Montagnone civis Paduani."

Idem forsan opus est ac istud, a Nicolao Comneno memoratum, quod lucem vidit Venetiis 1505.

Sequitur tabula rubricarum ita inscripta, " Incipiunt Rubrice tocius istius operis Jeremiani domini Jeremie Paduani."

2. Homiliæ undecim in varia SS. loca ; [eodem auctore ?] fol. 130.

Incip. i. " Mecum sunt divicie et gloria, etc. Reverendi patres ac domini quamplurimum extollendi. Si diligenter ac attente consideraverimus."

Inscribitur homilia in istud, ' Egressus es in salutem populi tui,' ad fol. 144, " Ambassiatores communitatis Bononiensis euntes obviam reverendo in Christo patri D. nostro N. apostolico legato, etc. dominus Andreas de sancto Jeronimo pronunciavit."

In calce hom. ult. (in istud 'Oleum effusum nomen tuum') scripta est notitia sequens, " Hunc sermonem de festo Conceptionis virginis gloriose beate Marie scripsi in Pulveniria in territorio Paduano, ubi pro tunc steti propter pestilenciam vigentem Padue, eumque complevi die xvii. mensis Septembris anno Domini millesimo quadringentesimo."

C CI.

Membranaceus, in folio, ff. 138, sec. xiii., binis columnis bene exaratus ; olim, anno scilicet 1358, magistri Lodovici de Cherletone.

Petri Comestoris Historia Scholastica, a Genesi scilicet usque ad historiam evangelicam inclusive, cum glossis marginalibus.

Tit. " Incipit historia scholastica theologice discipline."

In pagina prima " notantur tituli et rubrice capitulorum historie scolastice."

In ff. 1. b. et 2 scriptæ sunt notitiæ sequentes,

a. " Caucio Johannis de Hormysbi et Stiffani de Hormysbi exposita in . . . . . . in die Lune proxima ante festum sancti Gregorii anno Domini m.º ccc.º liiij."

b. " Caucio magistri . . . . exposita in cista de Turwille . . . . . . crastino Sancti Vincencii anno Domini m.º ccc.º lvi.º"

c. " Liber ystoriarum Lodowyci de Cherletone, quem emit Oxun. de Ricardo Lynne, stacionario Universitatis Oxun. octavo die Februarii anno Domini m.º ccc.º lviij.º"

C CII.

Codex membranaceus, in folio, ff. 122, sec. xiv. ineuntis ; binis columnis nitide exaratus.

Petri Comestoris Historia Scholastica.

Præcedit notitia, " Hystoria est testis temporis, lux veritatis, magistra vite, vita memorie, nuncius vetustatis."

Deficit historia Actuum Apostolorum, in cap. cxvii. edit. 1503, in verbis, " unus tamen illorum ex xxiiii. summus."

CIII.

Hodie desideratur. Continebat,

Petri Comestoris Historiæ Scholasticæ partem secundam.

B CIV.

Membranaceus, in folio majori, ff. 124, sec. xii., binis columnis optime exaratus ; olim Thomæ Cranley, archiep. Dublinensis.

Petri Comestoris Historiæ Scholasticæ pars secunda, incipientis scilicet a Tobiæ libro inclusive ; initio mutil., evulso folio primo.

Incip. cum verbis, " decem talenta argenti in Rages ;" in edit. 1503, sign. v. 1. verso col. i. l. penult.

Præmittitur, manu recentiori, tabula contentorum.

In calce, "Explicit historia scolastica."
Sequuntur,

a. Versus triginta quatuor heroici de Deo
   Patre. fol. 118 b.
   Incip.
   "Esse quod est ex se Deus est per quem
       datur esse
   Quod non est ex se Deitatis non habet
       esse."
   Notandum sit quod quisque versus in
   'esse' terminatur.

b. Versus viginti duo heroici de S. Trinitate.
   fol. 119.
   Tit. "De Trinitate."
   Incip.
   "Orthodoxa fides personas tres probat esse,
   In Deitate Deos sed tres negat in tribus
       esse."

c. Anonymi cujusdam glossulæ super arbores
   consanguinitatis et affinitatis, cum tabulis.
   fol. 120.
   Tit. "Incipiunt glossule arboris Decreti."
   Incip. "Antequam veniamus ad propositum, videamus quid sit consanguinitas."
   Desin. "plus curiositatis quam utilitatis,
   plus humanitas quam severitas."

d. Explicatio variorum, quæ in missæ celebratione fieri solent. fol. 123.
   Incip. "In Dominice passionis missa
   representatur hystoria."

e. Excerpta ex S. Isidori etymologiarum libro
   xiii. fol. 123 b.
   Tit. "Isidorus de genere et natura ven-
   torum in xiii. libro ethimologiarum."

f. Tabula, rotulas tres comprehendens, in quarum intima exhibetur orbis totius figura, in
   exteriori aeris typus, et in extima lunaris
   circuli imago, cum explicatione. fol. 124.
   Incipit explicat. "Quadripartita varietate dividitur, sicut in hac figura signatum
   est."
   Subnectuntur versus tredecim heroici,
   incip.
   "Bis sex signifere numerantur sidera spere."
   In initio codicis annotatum est, "Liber
   M. Thome Cranle, quem emit Oxon. de
   Johanne Brown, stacionario, cum prima
   parte ejusdem."

B CV.

Codex membranaceus, in folio, ff. **234**, sec.
xiv., binis columnis bene exaratus et servatus; olim peculium Th. Hussley, postea
Roberti Heete, coll. Nov. socii.

Petri Lombardi Sententiarum libri quatuor;
præviis cuique libro capitulis.

In margine fol. 1 inferiori, "Liber collegii
beate Marie Wynton. in Oxon. ex ordinacione
et dono Roberti Heete, nuper socii ejusdem
collegii, ad usum socii theologi secundum dis-
crecionem custodis vel in ejus absentia vice-
custodis limitandus, dum stetit in eodem ad
orandum pro eodem et benefactoribus ejusdem."

Et infra, "Precii xx. s. Liber R. Heete,
emptus de executoribus magistri Thome
Hussley."

C CVI.

Membranaceus, in folio, ff. **317**, sec. xiv.;
binis columnis bene exaratus et servatus; olim
Guilaermi Reade, episcopi Cicestrensis (2 folio recorded in New Cll. Regist.
Petri Lombardi Sententiarum libri quatuor, Trin un fol.
glossulis marginalibus instructi, necnon prologo atque titulis cujusque libri.

Tit. lib. i. "Incipit primus liber Sententiarum magistri Petri Lumbardi de ineffabili et
inexplicabili minis terio [sic] summe Trinitate."
Incip. gloss. "Signa præcipue; Hoc dicit
quia de quibusdam tractat, que nec sunt res
nec singna."
Præmittitur summa, sive synopsis, totius
operis.
In calce, "Explicit liber quartus sententiarum."
Sequuntur,

a. Glossa super arbores consanguinitatis et
   affinitatis, cum tabulis. fol. 297.
   Incip. "Ad arborem consanguinitatis
   docendam et intelligendam."

b. Tabulæ distinctionum P. Lombardi Sententi-
   arum. fol. 302.
   In calce, "Sit nomen Domini benedictum;
   Amen."

c. Tabula concordantiarum summæ super distinctiones sententiarum. fol. 317 b.

C CVII.

Membranaceus, in folio, ff. **125**, sec. xiv.,
binis columnis exaratus.

Petri Lombardi Sententiarum libri quatuor, procemio, et glossulis marginalibus perquam illustrati.

In calce, " Explicit liber Sentenciarum magistri Petri Commestoris."

Sequuntur,

a. Sententia generalis excommunicationis lata in concilio Oxoniensi, " que debet innovari singulis annis in singulis ecclesiis parochialibus quater cum solempnitate, videlicet, Die Omnium Sanctorum, Dominic. i. in Quadragesima, die S. Trinitatis, Dominic. prox. ante ad Vincula beati Petri apostoli."

b. " Materia Pentateuchi," versibus tribus. fol. 123 b.

Incip.

" Intrat in Egyptum Genesis liber, Exodus exit."

c. Eadem moraliter expressa, totidem versibus. fol. 123 b.

Incip.

" Intrat in Egyptum cum peccat quis, penitendo."

Sequuntur in calce,

" Quingentos decies bis centum bis minus uno, Annos die ab Adam donec Verbum caro factum."

Postea,

" Luxus, opes, animam, corpus, vim, lumina, vocem, Destruit, adnychilat, necat, eripit, orbat, acerbat."

d. Arbor consanguinitatis et affinitatis. fol. 124 b.

Ϲ CVIII.

Codex membranaceus, in folio majori, ff. 335, sec. xiv.; binis columnis bene exaratus et servatus.

Petri Lombardi Sententiarum libri quatuor, cum prologo et capitulis; glossulis quoque marginalibus instructi.

In calce, " Explicit liber Sentenciarum quartus."

Ϲ CIX.

Membranaceus, in folio, ff. 128, sec. xiii. ineuntis; binis columnis exaratus.

Petri Lombardi Sententiarum libri quatuor, cum notis glossulisque ad marginem perquam adpositis.

In principio codicis, *manu recentiori*, " Articuli decem Parisiis reprobati sub cancellario magistro Odone de Castro Radulfi, anno Domini m.º cc.º xl.º in octavis Epiphanie."

In calce, Summa de septem Sacramentis.

Ϲ CX.

Codex membranaceus, in folio, ff. 201, sec. xiv. ineuntis; binis columnis haud una manu exaratus.

Gregorii Ariminensis, sive de Arimino, in primum librum Sententiarum commentarii.

Exstant sæpius editi Parisiis, Venetiis alibique.

In calce, " Explicit lectura super primum Sententiarum edita a Gregorio de Arimino, ordinis fratrum heremitarum Sancti Augustini, qui legit Parisius anno Domini 1344."

Sequitur tabula operis supradicti, et in fine, " Explicit tabula super primum Sentenciarum magistri Gregorii de Arimino fratris Augustini."

Postea, *manu recentiori*, notitiæ duæ sequentes,

a. " Liber collatus M. Johanni Clerk ad terminum vite si voluerit ad orandum pro anima M. Thome Leynt Wardyni et pro animabus parentum suorum et domini Roberti episcopi et pro quibus obligatur idem M. Thomas et pro omnibus fidelibus defunctis, et post decessum relinquet ipse M. J. eundem librum alteri sacerdoti materiam scolasticam amplectenti et ipse alteri, et ita successive omnibus possessuris eundem librum usque in sempiternum."

b. " Hunc librum contulit predictus M. Johannes Clerk M. Johanni Suarystone sub condicionibus superius annotatis."

Sequuntur tabulæ duæ aliæ.

Inseruit bibliopegus in initio et fine codicis membranas quatuor introductionem in Jus Civile ex Decretis collectam continentes.

Ϲ CXI.

Membranaceus, in folio majori, ff. 224, sec. xiv., binis columnis exaratus.

Ægidii de Columna, Romani, episcopi Bituricensis, commentarius super librum primum Sententiarum.

Tit. " Incipit summa fratris Egidii de ordine Augustini super primo libro Sententiarum."

Incip. " Candor est enim lucis eterne et speculum ; etc. Secundum quod dicit beatus Augustinus x. de Trinitate."

Desin. " secundum quod ipse Deus aperta visione videtur, Cui est honor et gloria in secula seculorum ; Amen."

In calce, " Explicit primus Sentenciarum editus a fratre Egidio de Roma, ordinis fratrum heremitarum Sancti Augustini."

In calce codicis, " Caucio fratris Ade . . . . . et Henrici Godebarun exposita in cista . . . . . in die Sancti Nicolai anno Domini m.º ccc.º nonagesimo septimo."

E   CXII.

Codex membranaceus, in 4to minori, ff. 7 et 317, sec. xiii. exeuntis, binis columnis exaratus ; olim Thomæ Cranley, archiep. Dublinensis.

1. ~~Anonymi~~ cujusdam in Sententiarum librum primum lectura, prævia præfatione. fol. 1.

Incip. præf. " Ro. xi. O altitudo diviciarum sapiencie," etc. " Constat non est parum admirabilis illa sapientia quam admirans."

Incip. lect. " Cupientes aliquid, etc. Hec pars prohemialis dividitur primo in decem partes vel decem causas ; hujus autem partis divisionem."

Desin. " et ideo dico benedicta sit creatrix et gubernatrix omnium sancta et individua Trinitas et nunc et semper per infinita secula Amen."

In calce, " Explicit liber tertius."

Sequitur tabula materiarum alphabetica.

2. Ejusdem forsan auctoris in Sententiarum librum secundum lectura, cum tabula posthabita. fol. 169.

Incip. " Terribiliter magnificatus es mirabilia, etc. In primo libro Deus terribiliter magnus quoquo modo."

Desin. " quia pro amore Dei amati non debeo facere id pro quo certus sum perdere Deum."

In calce tabulæ subjungitur notitia ista, " Tabula ista precedens ordinatur secundum ordinem vocalium in alphabeto et secundum omnimodam earundem combinationem ; si vis ergo prompte invenire ea que in precedenti libro, secundo scilicet, continentur, sume dictionem principalem de qua fit vel fiet sermo principaliter, et vide vocalem illius sillabe vel utriusque, si sit dictio bissalaba et recurrens ad tabulam invenies illam vocalem vel illas vocales scriptas in margine secundum ordinem predictum et. in littera ex opposito invenies singnatum quoto folio et quota pagina et etiam quota linea poteris illud quod queris invenire, hoc etiam sciendum quod a. designat primam columnam b. secundam c. terciam, d. quartam."

Sequitur tractatulus de modo confitendi, *Gallice*, incip. " Au cumencement de vostre confessiun ou autre tens quant Deu vous durra grace penser deuez quele chose est pecche."

In fol. 3* scriptum est, *manu antiqua*, " Petrus Lombardus composuit sentencias, Petrus Commestor historias. Epitaphium suum, Vere Petrus eram, hoc epitaphium suum ipse composuit apud Sanctum Victorem."

In marginis fol. 1. ora superiori, " Liber Thome Cranle, archiepiscopi Dublinensis, quem emit apud Cestriam de fratre Ricardo Torbok, anno Domini m. cccc. viij. Henrici quarti nono et sue consecrationis xj., mensis Julii die secundo ;" et in ora inferiori, " Liber custodis et sociorum collegii beate Marie de Wynton in Oxon. ex dono venerabilis patris Thome Cranle, archiepiscopi Dublin., quondam scolaris, deinde socii, ac demum custodis collegii predicti, qui petit humiliter suffragiis predictorum custodis sociorum et aliorum inibi divina celebrancium adjuvari apud misericordissimum Deum."

B   CXIII.

Codex membranaceus, in folio majori, ff. 331, sec. xv. ; binis columnis bene exaratus et servatus.

Johannis Duns Scoti super tres libros Setentiarum priores commentarii ; [deest folium primum.]

In calce lib. i. " Explicit primum scriptum super librum Sententiarum editum a fratre Johanne Dons de ordine Fratrum Minorum."

Sequuntur, " Intitulationes super primum librum ;" etc.

In calce secundi libri, " Explicit secundus liber sententiarum secundum doctorem subtilem."

In calce libri tertii, " Explicit Douns super tercium librum Sentenciarum, Laus Deo."

B CXIV.

Codex membranaceus, in folio majori, ff. 273, sec. xv., binis columnis optime exaratus et servatus.

1. Johannis Duns Scoti super quartum librum Sententiarum commentarius ; initio mutil. evulso folio primo. fol. 1.

Incip. in verbis, " Oppositum ab eodem effective est esse oppositi."

In fine differt codex noster ab editis et multum est abbreviatus, desinens, ut sequitur, " Ad argumenta duo patet per jam dicta de impossibilitate et subtilitate, procedunt enim secundum vias suas. Ad argumentum motum de claritate concedendum est, quam claritatem Scoto concedat Qui est benedictus in secula seculorum, Amen."

2. [Gulielmi Alverni,] episcopi Parisiensis, de septem Sacramentis liber, cum præfatione. fol. 188.

Incip. præf. " Cum de pia ac veridica salutarique fide que Christiana et tricatholica."

Exstat opus, variante præfatione, Paris. 1516 et alibi.

In calce, " Explicit Expliciunt, etc."

C CXV.

Membranaceus, in folio, ff. 200, sec. xv.; binis columnis nitide exaratus; olim peculium M. T. Hylle.

1. Scotuli quæstiones super libros quatuor Sententiarum, sive compilationes extractæ ex Joh. Duns Scoti opere in eosdem. fol. 1.

Tit. " Incipiunt quedam compilaciones extracte de opere Scoti super libros Sententiarum ex quibus traditur medulla predicte summe doctoris."

Incip. " Circa prologum libri Sententiarum qua . . . . . . homini pro statu isto sit necessarium aliquam doctrinam inspirari, ad quam non posset naturaliter attingere."

Desin. lib. iv. " quia quilibet beatus gaudebit de omnibus de quibus gaudebit alius beatus, ad quod gaudium Christi Dei filius nos perducat ;" etc.

In calce, " Expliciunt quæstiones super quatuor libros sententiarum."

Sequitur, " Tabula quæstionum uniuscujusque libri."

2. Anonymi cujusdam opusculum commutationum inter mercatores, sive compendium Justitiæ commutativæ, in tres partes distinctum, cum prologo et epistola ad præpositum Etonensem dedicatoria. fol. 184.

Tit. " Incipit prefacio in libellum, qui nuncupatur compendium Justicie commutative."

Tit. epist. " Prehonorabili domino et venerabili magistro, Dei gratia collegii regalis beate Marie de Etona prenobili preposito."

Incip. epist. " Cum vestra dignitas veneranda prehonorande Domine dudum mee simplicitatis."

Incip. prol. " Egregius doctor Aurelius Augustinus perspicue siquidem lucefacit."

Incip. part. i. cap. i. " De lege simpliciter. Lex autem simpliciter, ut ad omnes leges indifferenter se habet."

Deficit in part. ii. cap. ult., ' De bonorum adquisitorum per usuras restitutione facienda,' in verbis, " cedenti tam honestate civili."

C CXVI.

Codex membranaceus, in folio, ff. 103, sec. xiv., binis columnis exaratus. *Wilton in England*

Thomæ Aquinatis, sive de Aquino, super librum primum Sententiarum commentarius.

In calce, " Explicit liber primus Thome."

Sequitur tabula quæstionum.

In fine, " Explicit summa questionum 74."

C CXVII.

Membranaceus, in folio, ff. 184, sec. xiv., binis columnis exaratus.

G

Thomæ Aquinatis super librum tertium Sententiarum scriptum, sive commentarius.

In calce, " Explicit tercius fratris Thome de Aquino, ordinis Predicatorum."

C CXVIII.

Paris provenance (ex inf. p. Desbrey) Codex membranaceus, in folio, ff. 279, sec. xiv., binis columnis exaratus; olim Will. de Faryngtone, S.T.P.

Thomæ Aquinatis super librum quartum Sententiarum scriptum.

In calce, " Explicit quartus Sententiarum secundum fratrem Thomam de Aquino, ordinis Predicatorum."

Sequitur tabula capitulorum, in cujus fine, " Expliciunt capitula quarti fratris Thome."

In margine fol. 1. inferiori, " Liber collegii Sancte Marie Wynton in Oxon. legatus eidem per magistrum Willelmum de Faryngton, sacre theologie professorem et olim socium collegii antedicti cujus anime propicietur Deus."

In calce codicis, " C. M. Thome Hewkyston exposita in cista Sebton in festo Georgi, anno Domini m.º cccc.º x.º pro sedecim solidis."

C CXIX.

Membranaceus, in folio, ff. 280, sec. xv., binis columnis exaratus.

1. Roberti Grostete, episcopi Lincolniensis, de lingua et corde liber, secundum ordinem alphabeti. fol. 1.

Incip. " Adulacio est Deo detestabilis, hoc ostenditur natura et arte sine scriptura, primo natura secundum Hugonem."

Desin. " sicut patet ex illa parabola de semine verbi, Mat. 13, de lingua, parte 5 C. ultimo."

In calce, " Explicit extracta Lincolniensis de lingua et corde secundum ordinem alphabeti."

Sequitur tabula alphabetica.

2. Francisci Mayronis, seu de Mayronibus, Ord. Minorum, expositio in quartum librum Sententiarum; cum tabula posthabita. fol. 89.

Incip. " Samaritanus unvulneratus approprians curationem ejus sacramentorum allegaturas adhibitis."

Desin. " quod erunt infinite cogitatione in infinitum sed nunquam erunt actu infinite, etc."

In calce tabulæ, " Explicit quartus liber Sentenciarum magistri Francisci Meronis, cum Tabula ejusdem."

3. Johannis de Balba, Januensis, Tabula sive Distinctiones secundum ordinem alphabeti. fol. 201.

Incip. " Abstinencia caro domatur unde prima Cor. 9. Castigo corpus meum."

Desin. " Judeos, illusores Christi sevissime laniaverunt, ut patet in Cronica celestis libro 4, capitulo 4."

In calce, " Explicit tabula sive distinctiones Januensis."

B CXX.

Codex membranaceus, in folio, ff. 146, sec. xiv.; olim Thomæ Trilleck, ep. Roffens. postea Will. Reed, ep. Cicestr.

Thomæ Aquinatis, sive de Aquino, Summæ Theologicæ pars prima.

Tit. " Incipit prima pars summe Thome de Aquino."

In calce, " Explicit liber primus summe fratris Thome de Aquino ordinis fratrum predicatorum magistri in theologia."

Sequuntur, Rubricæ summæ de Theologia fratris Thomæ de Aquino fratrum prædicatorum, numero cxix.

In fronte codicis notitiæ sunt sequentes,

a. " Liber M. Willelmi Reed, episcopi Cicestrie, quem emit a venerabili patre domino Thoma Trillek, episcopo Roffensi; oretis igitur pro utroque."

b. " Liber collegii beate Marie Wynton. in Oxon. in communi libraria et ad usum communem scolarium ejusdem et maxime de diocesi Cicestrie de benignitate episcopi Wynton. in posterum assumendorum cathenandus. Ex dono venerabilis patris domini Willelmi, tercii episcopi Cicestrie. Oretis igitur pro eodem et benefactoribus ejusdem ac fidelium animabus a purgatorio liberandis."

B CXXI.

Membranaceus, in folio majori, ff. 307, sec. xiv., binis columnis exaratus.

Thomæ Aquinatis Summæ Theologicæ pars secunda, primam scilicet et secundam partes secundæ comprehendens.

Tit. i. " Incipit prima pars secunde partis Summe Thome de Aquino."

Instructa est pars utraque tabula quæstionum.

In calce, " Explicit secunda pars summe fratris Thome de Aquino ordinis fratrum Predicatorum, longissima, prolixissima et tediosissima scribenti ; Deo gratias, Deo gratias, et iterum Deo gratias."

C CXXII.

Codex membranaceus, in folio, ff. 225, sec. xiv., binis columnis exaratus ; olim peculium Thomæ Cranley, archiep. Dublin.

Thomæ Aquinatis Summæ de Theologia secundæ partis pars prima, posthabita quæstionum tabula.

In calce, " Expliciunt capitula prime partis secundi libri editi a fratre Thoma de Aquino ordinis predicatorum."

In fol. i. marg. superiori annotatum est, " Liber Thome Cranle, archiepiscopi Dublin. quem emit apud Lyverpole xxij. die mensis Julii de quodam presbitero anno Domini m.º cccc.º viij.º H[enrici] quarti ix.º et sue consecracionis xi."

Et in margine inferiori, " Liber custodis et sociorum collegii beate Marie de Wynton. in Oxon. ex dono venerabilis Thome Cranle, archiepiscopi Dublin. quondam scolaris deinde socii ac demum custodis collegii predicti, qui petit humiliter suffragiis predictorum custodis sociorum ac aliorum inibi divina celebrantium adjuvari apud misericordissimum Deum."

C CXXIII.

Membranaceus, in folio, ff. 162, secc. xiv. et xv., binis columnis exaratus ; olim ecclesiæ Cath. Coventriæ.

1. Thomæ Aquinatis Summæ Theologicæ secundæ partis pars prima ; posthabita tabula alphabetica. fol. 2.

Tit. " Incipit prima secunde."

2. Ejusdem Thomæ contra impugnantem religionem libellus. fol. 77.

Tit. " S. Thomas de Alquino contra impugnantes religionem."

In calce, " Explicit scilicet opusculum."

---

3. Gulielmi Wydeford, seu Woodford, Ord. Minor., Determinationes contra Johannem Wycliff, ad Thomam [Arundel] archiep. Cantuariensem. fol. 123.

Tit. " Determinacio magistri Willelmi Wydeford de ordine Minorum, contra hereses magistri Johannis Wyclyff."

In calce, " Ricardus Crosby hunc tractatum scribi fecit ad perpetuam rei memoriam et Lollordorum confusionem cujus fini dicat Deus, Amen, Amen."

In fronte codicis legitur notitia, " Nota quod singulis annis in vigilia S. Nicolai debet fieri missa pro anima domini Johannis de Pontisara quondam Wynton. episcopi, et eciam specialis memoracio pro animabus domini Johannis Maunsel et Johannis dicti domini Johannis nepotis defunctorum, et quod sacerdos et sacerdos circuiens scolas singulas cum serviente publico ut fieri solet annuatim nomina prefatorum defunctorum recitabit inter alios benefactores."

C CXXIV.

Codex membranaceus, in folio, ff. 294, sec. xiv. ineuntis ; bene exaratus et servatus.

Thomæ Aquinatis Summæ Theologicæ pars tertia.

Præmittitur tabula quæstionum sub rubrica, " Incipiunt tituli tercie partis Summe fratris Thome de Aquino."

In fine, " Explicit."

In calce codicis, " Caucio . . . . exposita in cista Waghan die Martis prox. post. festum Sancte Lucie anno Domini m.º ccc.º quadragesimo octavo."

Sequitur, *manu recentiori*, Quæstio, Utrum in primis Dei operibus sit ponere motus ecentricos et epiciclos.'

Citatur Johannis de Sacro-Bosco tractatus de circulis et motibus planetarum.

F CXXV.

Membranaceus, in 4to minori, ff. 188, sec. xiii.

1. S. Augustini, episcopi Hipponensis, de civitate Dei libri viginti duo in compendium redacti, præviis capitulis libb. xi.—xxii., cum abbreviatoris prologo. fol. 9.

Incip. prol. " Sicut vir circumspectus et providus ex aliquo magno vivario et amplo multis et diversis piscium generibus."

Inter prologum supradictum et capitulorum tabulam insertus est catalogus omnium S. Augustini operum, sub titulo, " Hoc est indicium librorum omnium S. Augustini."

Incip. abbrev. ut in libb. editis usque ad " humilibus autem dat gratiam;" postea vero sic procedit "Patientia Dei ad penitenciam invitat malos."

In margine fol. 50 occurrit distichon,

" Nil aliud nisi se valet ardens luna cremare
Sic se non alium invidus igne quoquit."

2. Sententiæ de tribus, quæ in mundo sunt, de origine animæ ex SS. Gregorio, Augustino, etc. fol. 171 b.

3. Odonis de Ceritona sive Shirton, ord. Cisterc. Summa de pœnitentia. fol. 173.

Exstat impress. Paris. 1520.

In calce, " Explicit summa magistri Odonis de Sehithona."

Β CXXVI.

Codex membranaceus, in folio majori, ff. 205, sec. xii.; binis columnis optime exaratus et servatus.

S. Augustini, episcopi Hipponensis, epistolæ centum quadraginta duæ ad diversos, prævia tabula.

Tit. tab. " Incipiunt capitula in epistolis beati Augustini doctoris."

Tit. epp. " Aurelii Augustini Ypponiensis episcopi epistolarum prima ad Volusianum incipit."

Exstat prima impress. inter opera, edit. Benedict. tom. ii. col. 395.

Ult. est inscripta ad Paulinum et Therasiam, et exstat in edit. cit. tom. ii. col. 187.

In calce, " Aurelii Augustini Yponiensis episcopi epistole expliciunt."

Sequitur expositio in orationem Dominicam, schemate vitia, virtutes, etc. exhibente, illustrata.

Incip. " Sacerdos profert hanc orationem in persona tocius ecclesie. Quod chorus respondet ' sed libera nos a malo,' significat, quod sacerdos et clerici sunt unum corpus ecclesie."

ꟻ CXXVII.

Codex chartaceus, in 4to minimo, ff. 254, sec. xv., manu Willelmi Singleton scriptus; olim Willelmi Person.

1. Petri Blesensis, archidiaconi Bathoniensis, conquestio super nimia dilatione Hierosolymitani Itineris. fol. 4.

Incip. " Quis dabit capiti meo aquam et oculis meis fontem lacrimarum et plorabo interfectos populi mei. Utinam infletus totus effluam."

Desin. " moneat te gemitus compeditorum ac juxta verbum Moysy ulciscere sanguinem servorum tuorum et propicius esto terre proprii tui."

Sequuntur, ad eandem spectantia, capita ista,

a. Passio Reginaldi, principis olim Antiocheni. fol. 12 b.

Incip. " Antequam comedam suspiro et quasi inundantis aque."

Exstat in MS. in Mus. Brit. in cod. Arundel. 227, fol. 131.

b. Transitus [ejusdem Reginaldi] ad ulteriora. fol. 16.

Incip. " Congregans ille Babilonius canis, ille filius perdicionis."

c. De vita et virtutibus principis Reginaldi. fol. 16 b.

Incip. " Erat siquidem jure successorio."

d. Longitudo et latitudo Palæstinæ secundum S. Hieronymum. fol. 18 b.

e. De eodem [Reginaldo]. fol. 22 b.

Incip. " Ab ore tiranni pendebant."

f. Exhortatio ad eos, qui nec accipiunt nec prædicant crucem. fol. 24 b.

Incip. " Discite pusillanimes, discite pavidi et imbecilles, Quid timetis mortem momentaneam."

Exstat in MS. Mus. Brit. cod. Arundel. 227, fol. 134.

2. Ejusdem Petri epistolæ ad diversos, numero centum quadraginta novem. fol. 29.

Tit. "Hic incipiunt epistole Petri Blesensis, Bathoniensis archidiaconi."

Inscripta est prima, Henrico Regi Angliæ, et exstat impress. in edit. Paris. 1667, p. 1.

Epistolæ quinque posteriores ineditæ sunt, et quoad ordinem et initia consentiunt cum istis in cod. Arundel. 227, sub numeris 178—182 memoratis.

In calce, " Deo gracias, quod Willelmus Sengleton;" deinde charactere rubeo, " scriptus in novo collegio Wynton. in Oxon. ab W. Persson."

In fol. 2 verso, " Liber collegii beate Marie Wyntoniensis in Oxon. ex dono Willelmi Person, ad usum unius bacularii qui determinavit, etc."

C. CXXVIII.

Codex membranaceus, in folio minori, ff. 207, sec. xv., nitide exaratus; olim Ricardi Andrew, decani Eboracensis et antea coll. Nov. socii.

Nicolai de Clamengiis, sive Clemangiis, canonici Baiocensis, epistolæ quadraginta sex ad diversos. fol. 2.

Tit. i. " Incipiunt epistole Nicholai de Clamengiis, cantoris Baiocensis. Prima ad Karolum sextum, regem Francorum, exhortatoria ad laborem pro pace et unitate sancte ecclesie, more suorum predecessorum, suscipienda; que scripta fuit vivente adhuc domino Clemente septimo."

Exstant, quatuor exceptis, impress. inter opera, Lugd. Bat. 1613, part. ii. p. 1.

Epistolæ, quæ inter editas haud inveniuntur, sunt,

a. Ad eundem; scil. Johannem de Monsterolio. fol. 44 b.

Incip. " Sicut brevem epistolam misisti, ita brevem refero."

b. Ad Gontherum Colli, regium Secretarium, de quodam libello sibi per eum misso. fol. 45 b.

Incip. " Retulit michi tuis ut aiebat ex verbis."

c. Ad eundem excusatio tardioris scripturæ propter litis occupationem et commissarios, et de versutia et iniquitate advocatorum adversus se. fol. 46.

Incip. " Diuturna tuis a penatibus legacionis imposicione."

d. Ad eundem de frequentibus sibi missis literis, et excusatio inculti stili. fol. 46.

Incip. " Jam, ut arbitror, Gonthere mi dulcissime, de me queri."

Inserta sunt quoque inter epistolas,

a. Ad Gallicanos principes dissuasio belli. fol. 84 b.

In edit. cit. part. i. p. 169.

b. Ad Johannem de Gersonio contra prælatos simoniacos. fol. 112 b.

Ibid. part. i. p. 160.

c. Ad Gerardum Machetum de egressu ex Babylonia. fol. 138.

Ibid. part. i. p. 174.

d. Super materia concilii generalis collationes duæ. fol. 157.

Ibid. part. i. pp. 61, 65.

Sequuntur,

a. Ejusdem Epistola ad Henricum, regem Anglorum illustrem, exhortatoria ad justitiam et alias virtutes. fol. 183.

Exstat ibid. partim ex codice nostro scripta, part. ii. p. 137.

b. Deploratio calamitatis ecclesiasticæ cum exhortacione papæ et pontificum ad scismatis extirpationem; *metrice*. fol. 186.

Exstat ibid. part. i. p. 32.

c. Titulorum tabula epistolarum supra memoratarum. fol. 186 b.

d. Epistola ad ducem Burgundiæ de lapsu et reparatione justitiæ. fol. 189.

Exstat ibid. part. i. p. 41.

e. Index materiarum alphabeticus in omnibus supradictis contentarum. fol. 197 b.

In fol. i. verso notitiam scripsit recentior aliquis de auctoris vita et scriptis, et in ora fol. 2 superiori, " Istum librum ego Ricardus Andrew, decanus Eboracensis et quondam socius collegii beate Marie Winton. in Oxon., dedi eidem collegio beate Marie, quem qui abstulerit, anathema maranatha sit."

B CXXIX.

Codex membranaceus, in folio, ff. 257, sec. xii., binis columnis optime exaratus; olim Willelmi Warham, archiepiscopi Cantuariensis.

S. Hieronymi, presbyteri Stridonensis, epistolæ
centum viginti tres, ad diversos; prævia earundem tabula.

Prima est, " Damasi pape ad Jheronimum
presbiterum."
Exstat impress. in edit. Vallarsianæ tom. i.
col. 156.

Ultima est, " Ad Pammachium de morte
Paulinæ;" et desin. abrupte in verbis, " Se-
queris patriarcham Loth ;" in edit. cit. tom. i.
col. 399, B. 7.

Sequitur codex noster eundem fere ordinem
cum illo, qui a Bandinio recensetur in catalogo Codd. Bibl. Laurent. tom. i. col. 531.

Præmittitur notitia ista, " Liber collegii
beate Marie Wynton. in Oxon. ex dono reverendissimi in Christo patris ac domini domini Willelmi Wareham, providencia divina
Cantuariensis archiepiscopi, in anno Domini
m.° cccc.° viij.°"

B CXXX.

Codex membranaceus, in folio majori, ff. 245,
sec. xii. exeuntis; binis columnis bene exaratus.

1. S. Cæcilii Cypriani, Carthaginensis, opera
varia; scilicet,
a. Ad Donatum liber de gratia Dei. fol. 1.
Exstat impress. inter opera, ed. Fell,
p. 1.
b. De habitu virginum libellus. fol. 2 b.
Exstat ibid. p. 92.
c. De lapsis. fol. 5.
Ibid. p. 121.
d. De unitate ecclesiæ. fol. 8 b.
Ibid. p. 104.
e. De oratione Dominica. fol. 11 b.
Ibid. p. 139.
f. De mortalitate. fol. 15 b.
Ibid. p. 156.
g. De opere et eleemosynis. fol. 18.
Ibid. p. 197.
h. Epistola ad Demetrianum.
Ibid. p. 185.
i. De bono patientiæ. fol. 23 b.
Ibid. p. 210.
k. De zelo et livore. fol. 27.
Ibid. p. 221.

l. Ad Fortunatum de exhortatione martyrii
liber. fol. 30.
Ibid. p. 167.
m. Testimoniorum ad Quirinum adversus Judæos libri tres. fol. 34.
Ibid. p. 17.
n. Epistolæ ad Antonianum aliosque xxi. fol.
53 b.
Ibid. sub numeris lv. xl. lxvii. lxiv. ii.
lx. lvii. xlviii. lix. lii. xlv. xliv. li. xiii.
xliii. lxv. i. lxi. xlvi. lxvi. iv.
o. De idolorum vanitate liber. fol. 72 b.
Ibid. p. 11.
p. Epistolæ aliæ novem. fol. 73 b.
Ibid. sub numm. lvi. iii. lxxii. lviii. lxiii.
vii. lxxvi. lxxiii. lxxi.
q. De baptizandis hæreticis sententiæ episcoporum lxxxvii. fol. 85 b.
Ibid. p. 229.
r. Epistolæ aliæ quinque. fol. 88.
Ibid. xxviii. xxxix. xlviii. xxxix. lxx.
s. De Aleatoribus tractatus. fol. 90 b.
Tit. " Epistola Cypriani de Aleatoribus."
Ibid. in Append. p. 31.
t. De laude martyrii epistola. fol. 92 b.
Ibid. in Append. p. 8.
u. Epistolæ aliæ xvii. fol. 96 b.
Ibid. epp. lxxix. xx. xxxii. xlvii. liv.
lxxviii. lxxv. liii. xvi. xv. xvii—xxiii.
w. Tractatus de montibus Sina et Sion adversus Judæos. fol. 104 b.
Tit. " Incipit de duobus montibus, id est
de monte Syna et monte Syon adversus
Judeos."
Ibid. in Append. p. 34.
x. Epistolæ aliæ quatuor. fol. 106 b.
Ibid. epp. xlvii. xxxi. lxxiv. lxix. quæ
ultima in codice in duas est distincta.
2. S. Johannis Chrysostomi in S. Pauli ad Hebræos epistolam sermones triginta quinque;
Latine. fol. 113.
Tit. " Incipit commentarium Johannis
episcopi Constantinopolitani in epistola
beati Pauli apostoli ad Hebræos."
Incip. i. " Multifarie et multis modis, etc.
Hoc etiam hic in ipso exordio scribens ad
Hebreos beatus Paulus insinuat."
Desin. ult. " hoc itaque igne circumsepia-
mur exhortor, gloriam offerentes Domino

nostro Jhesu Christo, cum quo Patri gloria una cum Spiritu Sancto, imperium, honor." etc.

In calce, " Expliciunt sermones Johannis Crisostomi Constantinopolitani episcopi, super epistola beati Pauli apostoli ad Hebreos."

3. Ejusdem Johannis in S. Matthæi evangel. capp. xix. v. 1 ad cap. xxiii. v. 38 inclusive commentarius; *Latine*. fol. 167.

Tit. " Incipiunt omelie Johannis Crisostomi in evangelium Mathei."

Incip. præf. " Quantum quamque gratum et utile sit bonum et ecclesiastice paci quam flagranti et sollicito amore."

Incip. com. "Capitulum clxxxix. *Et factum est cum consummasset Jhesus sermones istos.* Quos? Istos, quos superius est prelocutus."

Distinctus est comment. iste in sectiones plures, quæ numerantur clxxxix—ccxxxix. inclusive.

Desin. expos. in vers. 38, cap. xxiii. " et partem quidem eorum comedit fame et gladio alii autem per singulas provincias dispersi sunt ubi perirent."

4. S. Leonis Papæ I. Magni, Sermones quinquaginta sex de diversis. fol. 201.

Tit. " Incipit liber sermonum beati Leonis pape."

Tres priores agunt " de ordinatione sua," et exstant impress. inter opera, edit. Quesnel. tom. i. p. 101.

Sex ultimi sunt de jejunio septimi mensis, et exstant in edit. cit. tom. i. p. 347.

5. Tractatus ejusdem Leonis " contra heresim Euticis dictus in basilica sancte Anastasie virginis." fol. 240 b.

Exstat ibid. tom. i. p. 367.

6. Ejusdem epistola ad Julianum episcopum contra Eutycenæ impietatis errorem. fol. 241.

Incip. " Quoniam Sancti Spiritus."

7. Ejusdem epistola ad Pulcheriam Augustam de hiis unde supra et ad Theodosium Augustum. fol. 241 b.

Ibid. tom. i. p. 489.

8. Ejusdem epistola ad Ephesinam synodum in qua congregatos provocat episcopos Eutychetis blasphemias condemnare. fol. 242.

Ibid. tom. i. p. 493.

9. Ejusdem epistola ad clerum ac plebem urbis Constantinopolitanæ. fol. 242 b.

Incip. " Deitas Verbi.

10. Ejusdem epistola ad Leonem Augustum. fol. 243.

Ibid. tom. i. p. 698.

11. S. Augustini ep. Hipponensis sermones sex de nativitate Domini. fol. 245.

Extant impress. quatuor scil. i. ii. iv. v. in Biblioth. Homil. Lugd. 1588, pp. 139 seq., 143, 161.

Incip. sermo tertius, " Clementissimus Pater, omnipotens Deus, cum doleret."

Incip. sextus, " Audivimus prophetam."

ꝺ CXXXI.

Codex membranaceus, in folio minori, ff. 155, sec. xv. ineuntis ; nitide exaratus.

1. S. Cypriani Epistolæ ad diversos, et alia opuscula ; scilicet,

a. Epistolæ quinque. fol. 1.

Tit. lib. " Incipit liber epistolarum Sancti Cypriani."

Extant impress. in edit. Fell, sub numeris, lxiii. lv. vi. xxviii. xxxix.

b. [De laude martyrii libellus.] fol. 18.

Exstant ibid. in App. p. 8.

c. Epistolæ aliæ novem ad diversos. fol. 26.

Ibid. epp. x. xi. xlviii. xxxix. lviii. lxxvi. lxxiii. lxxi. lxx.

d. Concilium Carthaginense, de baptizandis hæreticis. fol. 47 b.

Tit. " Quod baptizati ab hereticis rebaptizari a catholicis debeant."

Ibid. p. 229.

e. Epistolæ aliæ viginti sex. fol. 54.

Ibid. epp. lxxiv. lxix. xl. lxiv. ii. lx. lvii. lix. lii. xlvii. xlv. xliv. li. xiii. lxxviii. lxxix. i. lxi. xlvi. lxvi. liv. xxviii. xx. xii. xxx. iv.

f. De idolorum vanitate. fol. 99.

Tit. " Cyprianus de origine et generibus ydolorum et de vero Deo."

Ibid. p. 11.

g. [Tractatus adversus Judæos, qui Christum insecuti sunt, auctore incerto.] fol. 102.

Ibid. in App. part. iii. p. 32.

h. Epistolæ sex aliæ. fol. 106.

  Ibid. epp. lvi. iii. lxxii. lxxvii. lxvii. lxv.

i. Tractatulus, sic inscriptus, "Antiqua diaria
  patrum ferimus tibi per Cyprianum." fol.
  115.

  Ibid. sub tit. Cæna, in App. part. iii. p. 50.

k. Oratio quam dixit Cyprianus sub die Passionis suæ. fol. 118.

  Ibid. in App. part. i. p. 39.

  In calce, "Explicit liber Epistolarum
  sancti Cypriani."

2. Quædam scripturarum notæ apud celeberri-
  mos auctores ad distinctionem scripturarum
  carminibus et historiis appositæ. fol. 119 b.

  Incip. " N est figura proprie in littere
  modum posita ad demonstrandam unamquamque verbi sententiarumque versuum
  rationem. Note autem versibus apponun-
  tur numero xvj. que sunt nominibus infra-
  scriptis X. Asteriscus apponitur in hiis,
  que omissa sunt, ut elucescant per eam
  notam."

3. S. Hieronymi Stridonensis in symbolum apostolorum expositio ad papam Laurentium.
  fol. 121.

  Incip. "Michi quidem fidelissime papa
  Laurenti ad scribendum animus tam non
  est cupidus."

4. Ejusdem Hieronymi ' tractatus de fide et credulitate et conversatione vitæ Christianorum.' fol. 142 b.

  Incip. " David gloriosus in psalmo sic dicit,
  In universam terram exivit sonus."

  In calce, " Explicit tractatus sancti Jeronimi de fide et credulitate et conversatione
  vite Christianorum ; Laus Deo."

D CXXXII.

Codex membranaceus, in folio minori, ff. 137,
sec. xv.

S. Cæcilii Cypriani opera varia ; scilicet,

1. De disciplina et habitu virginum. fol. 1.

  Tit. " Cecilii Cypriani episcopi et martiris
  incliti liber de habitu virginum feliciter
  incipit."

  Exstat impress. inter opera edit. Fell,
  p. 92.

  In calce, " Cecilii Cypriani episcopi et
  martiris incliti liber de habitu virginum
  finit."

2. De lapsis. fol. 8 b.

  Exstat ibid. p. 121.

  In calce, " Cecilii Cypriani martiris de
  lapsis liber finit."

3. De unitate ecclesiæ Catholicæ. fol. 19.

  Ibid. p. 104.

  In calce, " Finit de catholice ecclesie unitate."

4. De oratione Dominica. fol. 28 b.

  Ibid. p. 139.

  In calce, " Finit Cecilii Cypriani de dominica oracione."

5. De mortalitate. fol. 38 b.

  Ibid. p. 156.

  In calce, " Finit beati Cypriani martiris
  de mortalitate."

6. De opere et eleemosynis. fol. 45 b.

  Ibid. p. 197.

  In calce, " Finit beati Cypriani martiris
  de opere et elemosinis."

7. De bono patientiæ. fol. 54.

  Ibid. p. 210.

  In calce, " Finit Cypriani Cecilii martiris
  de bono paciencie."

8. De zelo et livore. fol. 61 b.

  Ibid. p. 221.

  In calce, " Cecilii Cypriani martiris de
  zelo et livore finit."

9. Ad Demetrianum liber. fol. 66 b.

  Ibid. p. 185.

  In calce, " Finit Cecilii Cypriani martiris
  ad Demetrianum."

10. De origine et generibus idolorum. fol. 74 b.

  Ibid. p 11.

  In calce, " Quod idola non sunt et de vero
  Deo."

11. Ad Donatum exhortatio. fol. 77 b.

  Ibid. p. 1.

  In calce, "Cypriani martiris incliti ad
  Donatum finit."

12. Testimoniorum adversus Judæos ad Quirinum libri tres, præviis cuique ad Quirinum
  epistola et capitulis. fol. 82 b.

  Ibid. p. 17.

  In calce omissa sunt paucula quædam,
  librarii incuria ; deinde " Explicit ad Quirinum beati martiris Cypriani liber de vita
  Christiana."

13. Ad Fortunatum liber de exhortatione martyrii. fol. 126.

    Tit. "Ejusdem ad Fortunatum liber incipit de bono martirii, lege in pace frater karissime, hisque temporibus nostra tempora conferens tacitus ingemisce."

    Ibid. p. 167.

    In calce, "Explicit de bono martirii ad Fortunatum liber sancti martiris Cypriani; Deo gracias."

D CXXXIII.

Codex membranaceus, in folio minori, ff. 251, sec. xv., nitidissime exaratus.

L. Cæcilii Lactantii Firmiani institutionum divinarum libri septem.

    Tit. "Lactantii Firmiani divinarum institutionum liber primus de falsa religione."

    In calce, "Lactantii Firmiani de premio virtutis et beata vita liber septimus et ultimus explicit feliciter; laus Deo."

    Sequuntur extracta duo, a. 'Ex verbis Lactantii in libro de opificio Dei vel formatione hominis in fine.' b. 'Aurelius Augustinus in libro xx. de civitate Dei.'

    Præmissa sunt testimonia de Lactantio ex SS. Hieronymo et Augustino.

C. CXXXIV.

Membranaceus, in folio, ff. 437, sec. xiv., binis columnis exaratus; olim Gul. Reed, episcopi Cicestrensis.

1. Thomæ Bradwardini, Londoniensis cancellarii, postea archiepiscopi Cantuariensis, de causa Dei contra Pelagium et de virtute causarum libri tres. fol. 2.

    Tit. "De causa Dei contra Pelagium et de virtute causarum Thome de Bradewardina cancellarii Londoniensis."

    Exstat impress. ed. Henrico Savillio, Lond. 1618.

    In calce, "Explicit istud opus de causa Dei contra Pelagium et de virtute causarum, virtute Dei cause causarum, perscriptum Londoniis anno millesimo trecentesimo quadragesimo quarto Domini Jhesu Cristi."

2. Quæstiones, numero octoginta octo, tractatæ per Thomam de Bukyngham, nuper ecclesiæ Exoniensis cancellarium, "ostendentes inter errores Pelagii, Cicheronis et Scoti catholicum medium invenire, ac predestinacionem, preordinacionem, prevolucionem eternam concursumque Dei stare cum libera voluntate et merito creature, et ideo ab effectu ostensio meriti libere accionis sequens opusculum nominatur, et, juxta modum Oxonie actenus observatum, in sua inceptione seu principio questionem materias quas tractare disposuit continentem proposuit sub hac forma." fol. 322.

    Incip. "Utrum credere prophecie de aliquo contigenter futuro, sit meritorium creature."

    Ult. quæstio est, 'Utrum in cujuslibet conversione vera ad fidem Christi sit remissio peccatorum plena,' et desin. "cum in id tantum commorimur et consepelimur Christo."

    In calce, Tabula quæstionum.

    In fronte codicis, "Liber M. Will. Reed socii domus scolarium de Merton in Oxon. quam ibidem scribi fecit de sumptibus sibi datis per reverendum dominum suum M. Nicholaum de Sandwyco; Oretis igitur pro eisdem et pro benefactoribus eorundem ac fidelium animabus a purgatorio liberandis."

    "Liber collegii beate Marie Wynton. in Oxon. in communi libraria et ad usum communem scolarium ejusdem et maxime de diocesi Cicestrie, de benignitate episcopi Wynton. in posterum assumendorum;" et reliqua ut supra in codice cxx.

D CXXXV.

Codex chartaceus, in 4to, ff. 41, sec. xvi.

Bessarionis, Cardinalis, liber de sacramento Eucharistiæ, et quibus verbis corpus Christi conficiatur; interprete anonymo.

    Tit. "Bessarionis, episcopi Tusculani, et S. R. E. Cardinalis atque patriarche Constantinopolitani oratio de sacramento Eucharistie e quibus verbis Dominicum conficitur corpus."

    Incip. "Cum sacrum Eucharistiæ mysterium sacrum prorsus divinumque sit."

    Exstat impress. Gr. Lat. inter SS. Patrum Liturgias, Paris. 1560.

C CXXXVI.

Chartaceus, in folio, ff. 30, sec. xv.; olim peculium Henrici VIII. regis Angliæ.

H

Hermanni, archiepiscopi Coloniensis, deliberatio de reformatione ecclesiæ Coloniensis, ex Alemanico in Latinum versa per Gualterum Delænium, prævia ad Henricum VIII. epistola dicatoria ; *opus imperfectum.*

Incip. epist. " Henrico octavo, Dei gratia Angliæ, Franciæ et Hiberniæ regi, etc. Quoniam reges multa tum audisse tum vidisse oportet."

Codicem sequitur opus supradictum, impress. Bon. 1543.

In tegmine primo exteriori sub insignibus regiis inscribitur, " Henry the VIII by the grace of God kyng of England, Fraunce, and Irelande and C. with Godes help. Anno D. M. D. XLV."

In tegmine altero, " O Jesu miserere mei dum tempus est miserendi. Vivat rex. Amen."

E CXXXVII.

Codex chartaceus, in 4to minori, ff. 62, sec. xvi.; olim Martini Culpeper.

Ludovici Barbo de Venetiis, episcopi Tarvisini, libellus de reformatione Ord. Nigrorum S. Benedicti.

Incip. " Epistola ad monachos congregationis de observantia S. Justinæ, alias Unitatis de causa hujus libelli."

Desin. " ipsum in devotionis vestræ scrinio reservatis. Deo gratias Amen."

In calce, " Compilatus et completus fuit iste liber in die commemoracionis S. Pauli apostoli ultimo Junii anno nativitatis Domini nostri Jesu Christi m.cccc.xl. per N. in Christo patrem dominum Ludovicum Barbo de Venetiis, prius abbatem monasterii S. Justinæ seu Unitatis, ordinis S. Benedicti, et postea episcopum civitatis Tarvisii, qui fœliciter ex hac vita migravit ad Dominum, die vigesimo mensis Septembris, anno nativitatis Domini m cccc. xliii. cujus corpus quiescit in capitulo predicti monasterii Sanctæ Justinæ de Padua."

D CXXXVIII.

Chartaceus, in folio, ff. 318, sec. xv., olim, an. 1482, Johannis Russel, ep. Lincoln., postea Will. Brygon.

1. Henrici Kalteysen, sive Kalthuseri, articuli tres contra Hussitas de libera Verbi Dei

prædicatione ; oratio scilicet per triduum anno 1433 in concilio Basileensi habita. fol. 3.

Tit. " Circa primum articulum Hussitarum."

Exstant impress. in Canisii Antiquar. Lectt. tom. iv. p. 628, et sæpe alibi.

In calce, " Et sic est finis tercii articuli de predicatione Verbi Dei."

2. Acta concilii Basileensis. fol. 274.

Tit. " Sequuntur acta sacri concilii Basiliensis."

In fol. i. verso notatur, " Liber magistri Willelmi Brygon, titulo empcionis."

In fol. ii. verso, " Verus celluy Je suis Jo. Lincoln, 1482. Disputacio solennis contra tres articulos Hussitarum."

C CXXXIX.

Codex chartaceus, in folio, ff. 272, sec. xv. ; olim ' W. B. 1648.'

1. Clementis Alexandrini ad Gentes liber protrepticus de Christianismo amplectendo. fol. 1.

Tit. Κλήμεντος στρωματέως λόγος προτρεπτικὸς πρὸς Ἕλληνας.

Exstant impress. inter opera, edit. Potter., 1715, tom. i. p. 1.

2. Ejusdem Clementis Pædagogi libri seeundus et tertius. fol. 48.

Tit. Κλήμεντος παιδαγωγοῦ τῶν εἰς τρία τὸ δεύτερον.

Exstant ibid. tom. i. p. 162.

3. Anastasii Sinaitæ, archiepiscopi Antiocheni, Anagogicarum Contemplationum in Hexaemeron libri duodecim ad Theophilum ; prævia tabula. fol. 124.

Tit. τοῦ ἁγίου Ἀναστασίου πρεσβυτέρου καὶ μοναχοῦ τοῦ ἁγίου ὄρους Σινᾶ καὶ ἀρχιεπισκόπου Ἀντιοχείας εἰς τὴν πνευματικὴν ἀναγωγὴν τῆς ἐξαημέρου κτίσεως.

Incip. lib. i. φωνὴ Θεοῦ ἱερὰ ἀρύεσθαι ὕδωρ τῶν ἐκ σωτηρίων πηγῶν.

Liber ultimus solummodo exstat *Græce* Lond. 1682 ; Reliqui *Latine* tantum editi sunt in variis Bibl. Patrum editionibus.

Sequitur fragmentum Pædagogi lib. ii. capp. iv. et v.

Ɔ CXL.

Codex membranaceus, in 4to minori, ff. 155, sec. xiii. exeuntis.

1. S. Gregorii papæ I. Magni Dialogorum libri quatuor; præviis capitulorum tabulis. fol. 2.
   Exstant impress. inter opera, edit. Benedict. tom. ii. col. 150.
   In calce, "Explicit liber dialogorum beati Gregorii."

2. Anonymi cujusdam expositio orationis Dominicæ; cum prologo. fol. 72 b.
   Incip. prol. " Protector noster aspice Deus et respice in faciem Christi tui. Protector noster Deus pater est, qui suos protegit."
   Incip. expos. " Hec est ergo oratio dominica ceteris omnibus orationibus."

3. Tractatulus de homine interiori et exteriori, capitulis quadraginta comprehensus. fol. 75.
   Incip. " Quatuor sunt in rebus possessis observanda, scilicet, ne illicita adquiramus."
   Desin. " nimius vero appetitus habendi vel possidendi avaritia est."

4. De duodecim abusivis hujus seculi liber [Cypriano et Augustino tributus.] fol. 89.

5. Sermo in Moysis verba, 'Dominus de Sina venit.' fol. 93 b.
   Incip. " Sina interpretatur mandatum."

6. De vita activa et contemplativa. fol. 99 b.
   Incip. " Activam et contemplativam vitam due beati Jacob mulieres designaverunt."

7. S. Gregorii papæ I., magni, liber de cura pastorali. fol. 102.
   Exstat impress. inter opera, ed. Benedict. tom. ii. col. 1.
   Præmittitur, " Sancti Spiritus assit mihi gratia."

8. Remigii Autissiodorensis libellus super missam Domini. fol. 142.
   Tit. " Incipit quedam defloracio cujusdam sapientis super missam Domini, scilicet Remegii Autisiodorensis."
   Incip. " Celebratio misse in commemoratione passionis Christi peragitur."

9. Ejusdem expositio orationis Dominicæ, et symboli, pars scilicet operis supra memorati. fol. 149.
   Incip. " Pater noster. Hec autem obsecratio oratio Dominica vocatur."

In calce, " Expositio misse atque simboli explicit liber."

10. Nonnulla de ecclesiasticis indumentis, [eodem auctore?] fol. 152.
    Incip. " Primum indumentum ministris ecclesie est superhumerale."

11. S. Augustini homilia de S. Joseph. fol. 152.
    Tit. " Omelia sancti Augustini de sancto Joseph."
    Incip. " Quociens nobis, karissimi, lectiones de testamento veteri recitantur."
    Exstat inter opera, tom. v. app. col. 26.
    In calce,
    a. De definitione vocum, ' Eternum, Perpetuum, Sempiternum, Temporale.'
    b. " Armoise, Mugwede; Alugne, Wermode; Vanel, Lapwynke; Fasciculus lini, Ciriun."

Ɔ CXLI.

Codex membranaceus, in folio, ff. 296, sec. xi.; binis columnis optime exaratus et servatus.

S. Gregorii Nazianzeni Homiliæ sedecim; scilicet,

1. In sanctum Pascha duæ, in novam Dominicam una, et in S. Pentecostem una. fol. 1.
   Tit. i. τοῦ ἐν ἁγίοις πατρὸς ἡμῶν Γρηγορίου ἐπισκόπου . . . . τοῦ θεολόγου εἰς τὸ πάσχα καὶ εἰς τὴν βραδυτῆτα.
   Exstant impress. inter opera, ed. Billio, tom. i. pp. 673, seqq.

2. In laudem S. Cypriani martyris. fol. 46 b.
   Exstat ibid. tom. i. p. 274.

3. In S. Athanasii laudem. fol. 59.
   Ibid. tom. i. p. 373.

4. In Maccabæorum laudem. fol. 82.
   Ibid. tom. i. p. 397.

5. Ad Julianum tributorum exæquatorem. fol. 92 b.
   Ibid. tom. i. p. 149.

6. In Christi nativitatem. fol. 103 b.
   Ibid. tom. i. p. 613.

7. In SS. lumina. fol. 115.
   Ibid. tom. i. p. 624.

8. [In S. Baptismum.] fol. 128 b.
   Ibid. tom. i. p. 637.

9. De pauperum amore. ff. 165 b—193 b, 226.
   Ibid. tom. i. p. 239.

10. In S. Gregorium Nyssenum. fol. 226.
    Ibid. tom. i. p. 136.
11. In plagam grandinis. ff. 231 b—233 b, 218
    —225 b, 210—215 b.
    Ibid. tom. i. p. 224.
12. In præsentia cl episcoporum habita. ff. 215 b
    —217 b, 202—209 b, 194—201 b, 234.
    Ibid. tom. i. p. 510.
13. In laudem S. Basilii magni oratio funebris.
    fol. 235.
    Ibid. tom. i. p. 316.
    Unicuique homiliæ præmisit manus re-
    centior tetrastichon iambicum in margine
    scriptum superiori ; quorum primum,
    εἰ ζῇ τὰ νεκρὰ τῆς φθορᾶς ἐφθαρμένης
    εἰ ζῇ δὲ καὶ νοῦς εἰς ψυχὴν ἥκων λόγων
    ἔδειξε Χριστὸς ἐκ ταφῆς ἀνηγμένος
    ὁ γρήγορος νοῦς εὐφυῶς ἂν δεικνύῃ.

C CXLII.

Codex membranaceus, in folio, ff. 249, sec.
xi., binis columnis exaratus.

S. Gregorii Nazianzeni Orationes sedecim, prævia
tabula.
    Tit. tabulæ est,
    Πίναξ ἀκριβὴς τῆς γραφῆς τοῦ βιβλίου.
    Orationes ejusdem sunt argumenti ac istæ,
    quas in codice præcedenti modo memoravi-
    mus.

C CXLIII.

Chartaceus, in folio, ff. 396, sec. xvi., anno
scilicet 1533 Patavii exscriptum ; "ex dono
Reginaldi Poli, cardinalis, archiepiscopi Cantuariensis, MDLVII."

Philonis Judæi opera varia ; scilicet,
1. De humanitate. fol. 1.
    Tit. περὶ εὐσεβείας καὶ φιλανθρωπίας λόγος δ'.
    Desunt in verbis, πάγκαλον γὰρ καὶ συμ-
    φέρον αὐτομολεῖν, in edit. Mangey, 1742,
    tom. ii. p. 406, l. 16.
2. De sacrificiis Abel et Cain. fol. 11.
    Exstat in edit. cit. tom. i. p. 163.
3. De Cherubim et flammeo gladio. fol. 23.
    Ibid. tom. i. p. 138.
4. De agricultura. fol. 34 b.
    Ibid. tom. i. p. 300.
5. De migratione Abrahami. fol. 47 b.
    Ibid. tom. i. p. 436.

6. De congressu quærendæ eruditionis gratia.
   fol. 67 b.
   Ibid. tom. i. p. 519.
7. De vita Sapientis, hoc est Abrahami. fol. 78.
   Tit. περὶ βίου σόφου ἢ νόμων ἀγράφων.
   Ibid. tom. ii. p. 1.
8. De eo, quod a Deo mittantur somnia, liber
   primus. fol. 97.
   Ibid. tom. i. p. 620.
9. De nobilitate. fol. 115 b.
   Ibid. tom. ii. p. 437.
10. De profugis. fol. 118 b.
    Ibid. tom. i. p. 546.
11. De plantatione Noe. fol. 133 b.
    Ibid. tom. i. p. 329.
12. De eo, quod resipuit Noe. fol. 147.
    Ibid. tom. i. p. 390.
13. De confusione linguarum. fol. 152 b.
    Ibid. tom. i. p. 404.
14. De mundi incorruptibilitate. fol. 167 b.
    Ibid. tom. ii. p. 487.
15. Quod omnis probus liber. fol. 1.*
    Ibid. tom. ii. p. 445.
16. De vita contemplativa. fol. 10.*
    Ibid. tom. ii. p. 471.
17. De mercede meretricis. fol. 16.*
    Ibid. tom. ii. p. 265.
18. De gigantibus. fol. 18.*
    Ibid. tom. i. p. 262.
19. Quod Deus sit immutabilis. fol. 22.*
    Ibid. tom. i. p. 272.
20. De nominum mutatione. fol. 33.*
    Ibid. tom. i. p. 578.
21. Sacrarum legum allegoriarum liber tertius.
    fol. 49.*
    Ibid. tom. i. p. 87.
22. De decem oraculis Moysis. fol. 69*b.
    Ibid. tom. ii. p. 180.
23. De circumcisione. fol. 81.*
    Ibid. tom. ii. p. 210.
24. De monarchia libri duo. fol. 81*b.
    Ibid. tom. ii. p. 213.
25. De præmiis sacerdotum. fol. 89.*
    Ibid. tom. ii. p. 232.
26. De animalibus sacrificio idoneis. fol. 91.*
    Ibid. tom. ii. p. 237.
27. De sacrificantibus. fol. 96.*
    Ibid. tom. ii. p. 251.

28. De specialibus legibus ad sextum septimum-
que præceptum. fol. 101*b.
    Ibid. tom. ii. p. 299.

29. De mundi creatione secundum Moysen. fol.
107*b.
    Ibid. tom. i. p. 1.

30. De eo, quis rerum divinarum hæres. fol. 124.*
    Ibid. tom. i. p. 473.

31. De præmiis et pœnis. fol. 143*b.
    Ibid. tom. ii. p. 408.

32. De execrationibus. fol. 152*b.
    Ibid. tom. ii. p. 429.

33. De fortitudine. fol. 156.*
    Ibid. tom. ii. p. 375.

34. De homicidis; et ne impudenter se gerant
fœminæ. fol. 159*b.
    Ibid. tom. ii. p. 313, sub titulo de specia-
libus legibus, ad vi. et vii. præceptum.

35. De constitutione principum. fol. 169.*
    Ibid. tom. ii. p. 361.

36. Adversus Flaccum. fol. 175 b.
    Ibid. tom. ii. p. 517.

37. De virtutibus sive de legatione ad Caium.
fol. 188.
    Ibid. tom. ii. p. 545.

    In calce,- " Patavii exscriptum anno ab
incarnatione Servatoris et Domini nostri
Jhesu Christi M.D.xxxiii. die xxiii. Decembris."

C CXLIV.

Codex membranaceus, in folio, ff. 256, sec.
xiv, bene exaratus et servatus.

Hugonis de Sancto Victore, canon. Lateranensis, opera varia, scilicet,

1. De archa Noæ morali libri quatuor. fol. 1.
    Tit. " Incipit liber Hugonis de Sancto
Victore, pro arca sapiencie cum archa ecclesie et archa matris gracie."
    Exstant impress. inter opera, ed. Venet.
1588, tom. ii. fol. 136 b.
    In calce, " Explicit liber quartus venera-
bilis Hugonis de archa."
    Sequitur notitia philologica de alphabeti
litteris, incip. " Queritur in ordine alphabeti
quare a preponitur."

2. De formatione archæ libellus. fol. 38 b.
    Tit. " Incipit libellus de forme accione
arche."
    Exstat ibid. tom. ii. fol. 131.

3. De confessione et unctione infirmorum capitula duo, pars scilicet xiv. et xv. in libro ii.
de Sacramentis fidei. fol. 52. 56.
    Tit. " Incipit xiiij. pars in libro de Sacra-
mentis."
    Ibid. tom. iii. fol. 309.

4. De conscientia. fol. 69. 73.
    Tit. " Incipit tractatus de consciencia se-
cundum Hugonem de Sancto Victore."
    Ibid. tom. ii. fol. 82.

5. De informatione conversationis. fol. 84. 88.
    Tit. " Incipit Hugo de Sancto Victore de
informacione conversationis et instructione
pond . . ."
    Ibid. tom. ii. fol. 15.

6. De forma et modo orandi. fol. 98 b. 102 b.
    Tit. " Incipit Hugo de forma et modo
orandi et de virtute orationis et varietate
affectus."
    Ibid. tom. ii. fol. 110.

7. Didascalicon libri sex, cum prologo. fol. 105. 112.
    Tit. " Incipit prolagus [sic] in Didasca-
licon."
    Ibid. tom. iii. fol. 1.

8. Super Lamentationes Hieremiæ. fol. 143 b. 150 b.
    Tit. " Incipit Hugo super Lamentaciones
Jeremie."
    Ibid. tom. i. fol. 75.

9. De conversatione claustralium et de xii. abusionibus claustri. fol. 176 b. 183 b.
    Tit. " Incipit Hugo de conversatione clau-
strali."
    Ibid. tom. ii. fol. 31 b.

10. De claustro animæ. fol. 196. 203.
    Tit. " Incipit de claustro anime."
    Ibid. tom. ii. fol. 40 b.

11. De institutione novitiorum. fol. 205 b. 212 b.
    Tit. " Incipit Hugo de institucione novi-
ciorum."
    Ibid. tom. ii. fol. 15.

12. De arrha animæ. fol. 215. 226.
    Tit. " Incipit Hugo de arra anime."
    Ibid. tom. ii. fol. 104.

13. Dialogus de sacramentis legis naturalis et
scriptæ. fol. 224 b. 231 b.
    Tit. " Incipit dialogus ejusdem."
    Ibid. tom. iii. fol. 180 b.

14. De oratione. fol. 237 b. 244 b.
    Tit. " Incipit Hugo de oracione."
    Ut supra, art. 6.

15. De laude caritatis, cum prologo. fol. 245.250.
    Tit. "Incipit prologus in librum de laude caritatis."
    Ibid. tom. ii. fol. 108 b.
16. Sermo in istud 'Ibo mihi ad montem myrrhæ;' etc. fol. 247.254.
    Ibid. tom. ii. fol. 113.
    In calce, "Explicit Hugo super Ibo michi."
17. Epithalamium super illud 'Tota pulchra es,' cum prologo. fol. 250.257.
    Tit. "Incipit epithalamium super Toto pulcra es."
    Ibid. tom. ii. fol. 286 b.
18. De contemplatione visionis in monte libelli fragmentum. fol. 256 b. 263 b.
    Deficit prope ad initium, "Sensus corporeus ad illam."

E   CXLV.

Codex membranaceus, in 4to minori, ff. 147, secc. xii. xiii. et xiv.; binis columnis ut plurimum exaratus.

1. Hugonis de S. Victore Soliloquium de arrha animæ, cum prologo. fol. 1.
    Exstat impress. inter opera, tom. ii. fol. 104.
    In calce, *manu altera,* "Explicit soliloquium Hugonis de Sancto Victore."
2. Petri Lombardi Sententiarum libri quatuor abbreviati et in summam redacti, cum prologo et capitulis. fol. 13.
    Incip. prol. "Deliberans ego mecum graviterque ferens esse quamplurimos theologica disciplina."
    Incip. summa, "Est igitur ut ait Augustinus de summa et excellentissima Trinitate."
    Desin. "brevi exposicione nos communi utilitati servivisse sufficiat."
3. Petri Alphonsi libellus qui dicitur, Disciplina clericalis, 'reddit enim,' ut ait in prologo, 'clericum disciplinatum,' ex proverbiis philosophorum et suis castigationibus arabicis et fabulis, etc. compilatus, cum prologo. fol. 51.
    Incip. prol. "Dicit Petrus Alfunsus servus Christi Jhesu compositor hujus libri."
    Incip. lib. "Enoch philosophus qui lingua Arabica cognominatur Edrie."
    Exstat impress. *Germanice* Berlin. 1827.
    In marg. 53 b, versus de evangelistarum emblematibus,

"Est homo Matheus, vitulus Luca, leo Marcus,
Aquila Johannes, quatuor ista Deus :
Est homo nascendo, vitulus moriens, leo surgens,
Ascendens aquila, sic super astra sedet."

4. De horologio Ahaz. fol. 55.
    Incip. "Denotatio quindecim graduum : Primus itaque gradus est, ut quis peccatum suum cognoscit."
5. Hugonis de Folieto, sive de S. Victore, libellus de ordinatione claustrali et de duodecim abusionibus claustri; cum prologo. fol. 56.
    Tit. "Incipit liber Hugonis de Folieto, prioris canonicorum regularium Sancti Laurencii in pago Abianensi de ordinacione claustri."
    Exstat impress. inter Hugonis de S. Victore opera, tom. ii. fol. 31 b.
6. Anonymi cujusdam libellus de hiis quæ necessaria sunt 'nobis in officio sacerdotali constitutis.' fol. 71.
    Incip. "Evangelistis evangelizare, prædicatoribus prædicare, docere doctores sublimis est valde negocii et supra nostras vires constituti."
    Desin. "multa que ad hoc officium necessaria sunt invenietis."
7. Sermonis in 'Beati mundo corde' fragmentum. fol. 77 b.
    Incip. "Deum itaque non videbunt, qui cor habent immundum."
8. De sacramentis fidelium ex S. Augustino. fol. 78.
    Incip. "Nulli ambigendum est tunc quodque corporis et sanguinis Domini."
9. Isidorus de distantia veteris et novi Testamenti. fol. 78.
10. Sententiæ de diversis morales. fol. 78 b.
    Inter alia versus est,
    "Dedecus est domini locupletis servus egenus."
11. [Hugonis de S. Victore, de Sacramentis fidei operis] partes xiv. xv. et xvi. fol. 79.
    Tit. i. "Incipit quarta decima pars de Confessione."
    Exstant impress. inter opera, t. iii. fol. 309.
12. Sermo in istud, 'Principes populorum congregati sunt.' fol. 89.
    Incip. "Deus Abraham dictus est mediator."

13. Sermo in istud, 'Jerusalem quæ edificatur ut civitas,' etc. fol. 90.

    Incip. "In sacra scriptura omonimum est ad tria."

14. Sermo in istud, 'Nolite considerare quis ego sum qui loquor vobis.' fol. 92.

    Incip. "Ad literam propheta de collatione sanctorum quod fiet in die judicii."

15. Liber de fide, in quo agitur præterea de septem donis S. Spiritus, de quatuor virtutibus cardinalibus, de septem peccatis mortalibus, et de septem sacramentis; hic illic versibus illustratus: [auctore Ricardo, sive Gulielmo, de Montibus, cancellario Lincolniensi.] fol. 94.

    Incip. "Qui bene presunt presbiteri dupplici honore digni habeantur, maxime autem, qui laborant in verbo et doctrina."

    Deficit in verbis, "Hii quidem quadam vicissitudine"——

    Cf. supra Cod. xciv.

16. Libri de decem præceptis fragmentum, cum versibus. fol. 114.

    Incip. "Quia denarius numerus omnium est."

    Incip. vers.

"Sperne Deos, fugito perjuria, sabbata serva."

    Deficit in verbis, "quia suum erat eam mortificando"——

17. Fragmentum de animæ beatitudine. fol. 119.

    Desin. "sed injustus turpior omni fuligine, ut dicit Joel. secundo."

18. Ricardi de Wetheringesseth, seu Wetherseti, Summa theologiæ; initio mutil. fol. 120.

    Desin. "nunc circa ministerium sacerdotum tractatis finem facere licet sermonis, et siquidem," etc. "faciendi quidem libros nullus est finis hic ergo erit consummatus."

19. S. Bernardi Meditationes. fol. 124 b.

    Tit. "Incipiunt meditaciones beati Bernardi, ut ab exterioribus nostris ad interiora cognoscenda et ad Deum contemplando convertamur."

    Exstant inter opera, edit. Paris. 1690, tom. ii. p. 319.

20. S. Basilii, archiepiscopi Cæsareensis, Doctrina, capitulis viginti octo comprehensa. fol. 130.

    Tit. "Incipit doctrina Sancti Basilii, episcopi Capadocie."

21. Speculum Sacerdotum, in partes tres distinctum, præviis prologo et capitulis. fol. 134 b.

    Tit. "Hic incipit tabula de tractatu qui dicitur 'Speculum sacerdotis.'"

    Incip. "Presens opusculum in tres partes dividitur."

    Incip. opus, "Utrum sacerdote deficiente in missa ab aliquo debeat."

22. Articuli sub compendio reservati per fratrem Ricardum de Insula. fol. 143 b.

    Incip. "Curati simplices specialem commissionem non habentes."

23. Excerpta quædam ex Senecæ declamationibus. fol. 145.

    Incip. i. "Narrat Seneca libro declamacionum suarum."

C CXLVI.

Codex chartaceus, in folio, ff. 224, sec. xvi., ex dono Reginaldi Poli, cardinalis, MDLVII.

Origenis Alexandrini contra Celsum opus, libris octo comprehensum, prævia Gregorii Thaumaturgi in Origenis laudem oratione; *Græce.*

    Tit. orat. τοῦ ἁγίου Γρηγορίου τοῦ Θαυματουργοῦ εἰς Ὠριγένην προσφωνητικὸς ὃν εἶπεν ἐν Καισαρείᾳ τῆς Παλαιστίνης μετὰ τὴν παρ' αὐτῷ πολυετῆ ἄσκησιν μέλλων ἀπαλλάττεσθαι ἐπὶ τὴν πατρίδα.

    Exstat ed. Hœschel. Aug. Vindel. 1605, et alibi.

    In fronte codicis, "Donum Reginaldi Pool, cardinalis et archiepiscopi Cantuariensis."

D CXLVII.

Chartaceus, in 4to, ff. 244, sec. xvi., ex dono Reginaldi Poli, cardinalis, MDLVII.

Origenis Alexandrini Philocalia, de obscuris SS. locis a SS. Gregorio et Basilio magno ex variis Origenis scriptis collecta, præviis S. Gregorii epistola et capitulis.

    Tit. ἐκλογὴν ἡ παροῦσα περιέχει βίβλος γραφικῶν ζητημάτων καὶ ἐπιλύσεων ἐκ διαφόρων βίβλων τῷ Ὠριγένει ποιηθεῖσων ἠθροϊσμένην ὑπὸ τῶν τὰ θεῖα σοφῶν Βασιλείου καὶ Γρηγορίου ἐν πυκτίῳ τὲ παρὰ θατέρου τούτων Γρηγορίου τοῦ θεολόγου Θεοδώρῳ τῷ τηνικαῦτα ἐπισκοποῦντι τὰ Τύανα ἐπεσταλμένην καθὼς ἡ πρὸς αὐτὸν ἐπιστολὴ δεικνύει ἔχουσα οὕτως.

In same binding as nos. 41,147, 247

In same binding as nos. 41, 146, 247

Desin. abrupte in verbis, ἰδου ἐγὼ ἀποκτενῶ τὰ πρωτότοκά σου, in edit. Cantab. 1658, in 4to, p. 102, l. 44.

Sequitur ad pag. 484, fragmentum aliud ex iisdem, incip. in verbis, τῶν μετὰ τὰ τεράστα οὐ πεπιστευκότων αὐτῷ; cf. ibid. p. 108, l. 47.

E CXLVIII.

Codex membranaceus, in 4to minori, ff. 119, sec. xiv.; olim peculium Henrici de Elwyk, vicarii de Basingstoke.

Compendium de notitia peccatorum, quando mortalia sint et quando venialia, ex Thoma Aquinate collectum et quæstionibus centum triginta comprehensum.

Incip. " Quoniam sicut habetur Deuteron. 15 Pro mensura peccati est et plagarum modus, et Mat. 7 In qua mensura mensi fueritis," etc. " ut sciatur que plaga sive que pena pro quo peccato imponenda, necessaria est ipsorum peccatorum noticia."

Quæst. i. est, " Videtur quod Deus sit causa peccati."

Quæst. ult. est, " An circa exteriorem ornatum constat esse peccatum."

In calce,

a. De natura septem sacramentorum. fol. 115 b.
    Incip. "Baptismus, qui ingredientes sanctificat."

b. Decem præcepta, versibus expressa. fol. 115 b.
    Incip.
    " Sperne deos, fugito perjuria, sabbata serva."

c. De fractione corporis Christi tetrastichon. fol. 115 b.
    Incip.
    " Tres partes facte de Christi corpore signant."

d. Articuli fidei duodecim. fol. 115 b.

e. Versus exhibentes quot libri et quot capitula sunt totius bibliæ. fol. 116.
    Incip.
    " Geneseos, Ex. Le. Nu. Deu. Josue Judicumque."

Sequitur, " Iste liber constat domino Henrico Elwyk, vicario de Basingstoke."

C CXLIX.

Membranaceus, in folio majori, ff. 388, sec. xi., binis columnis bene exaratus; olim, anno scilicet 1522, peculium Malaxi Sacerdotis.

Sanctorum martyrum viginti septem elogia et vitæ, illorum scilicet quorum memoria in ecclesia Græca celebrabatur per Octobris mensem, si dies 4, 9, 11, 17, 27 excipiamus; auctore Simeone Metaphraste.

Præmittitur tabula capitulorum initiorumque uniuscujusque vitæ.

Tit. tabulæ, μὴν Ὀκτώβριος. πίναξ ἀκριβὴς τῆς παρούσης ποικτίδος.

Recensentur sancti ordine sequenti,

1. S. Ananiæ martyrium. fol. 3.
2. SS. Cypriani et Justinæ. fol. 7.
3. S. Dionysii Areopagitæ. fol. 26.
4. S. Charitinæ. fol. 36 b.
5. S. Thomæ apostoli, auctore Niceta, archiep. Thessalonicensi. fol. 40.
    In calce mutil. desin. τήντε τοῦ λοιποῦ βίου κυβέρνησιν ἀνυπεύθυνον.
6. SS. Sergii et Bachi. fol. 97.
    Initio mutil. incip. ἐοίκατε ἔφη παρρησίας.
7. S. Pelagiæ. fol. 111 b.
8. SS. Eulampii et Eulampiæ. fol. 118 b.
9. SS. Probi, Taracli et Andronici. fol. 126.
10. SS. Carpi et Papyli. fol. 134 b.
    Deficit in verbis, εἰς δόξαν Θεοῦ πατρὸς καὶ κυρίου ἡμῶν.
11. SS. Nazarii, Gerasii, Protasii et Celsii. fol. 148.
    Incip. in verbis, –λίας ἀνουλίνου διὰ τὴν εἰς Χριστὸν ὁμολογίαν.
12. S. Luciani. fol. 154 b.
13. S. Longini Centurionis. fol. 165 b.
    Inserta est, fol. 174 manu aliquantum recentiori, vita SS. Cosmæ et Damiani, incip. ὅτε τὰ σκῆπτρα τῆς τῶν Ῥωμαίων βασιλείας Διοκλητιανὸς.
14. S. Lucæ Evangelistæ. fol. 181.
15. SS. Vari et Sociorum. fol. 188.
16. S. Andreæ Cretensis. fol. 200.
17. S. Artemii. fol. 210 b.
18. S. Hilarionis. fol. 248.
19. S. Abercii, ep. Hieropolis. fol. 275 b.
20. S. Jacobi ἀδελφοθέου. fol. 299.
21. SS. Aretæ et Sociorum. fol. 309 b.
22. SS. Marciani et Notariorum. fol. 335 b.
23. S. Demetrii. fol. 338.
24. S. Anastasiæ Romanæ. fol. 347 b.
25. S. Abrahami. fol. 356 b.

26. SS. Zenobii et Zenobiæ. fol. 379.

27. S. Epimachi. fol. 384.

Exstant omnes supradictæ vitæ, *Latine* impress. in Lippomanni Act. SS. tom. vi. mens. Octobr., exceptis,

a. S. Thomæ vita, quæ *Græce* et *Latine* exstat in Combefis. Auctar. Nov. tom. i. p. 364.

b. S. Lucæ vita; *Gr.* et *Lat.* ibid. tom. i. p. 513.

c. S. Jacobi vita; *Gr.* et *Lat.* ibid. tom. i. p. 519.

Initia in codice nostro consentiunt cum istis a Fabricio (ed. Harles vol. 10, pp. 186 *seqq.*) memoratis et asterisco signatis.

In calce, ἠγοράσθη τὸ παρὸν βιβλίον παρ᾽ ἐμοῦ τοῦ ἁμαρτωλοῦ καὶ ἀναξίου σταυρακίου, ἱερέως τοῦ Μαλαξοῦ καὶ σκευοφύλακος Ναυπλίου διὰ ἀσ . . . . . ρ᾽ εἰς τὰ ͵αφκβ᾽ Ἰουνίῳ κβ᾽ εἰς δόξαν τοῦ κυρίου ἡμῶν Ἰησοῦ Χριστοῦ καὶ πάντων τῶν ἁγίων, ἀμήν.

D　CL.

Codex membranaceus, in 4to minori, ff. 228, xii.; bene exaratus.

Hegesippi, seu Egesippi, de bello Judaico et urbis Hierosolymorum excidio libri quinque, interprete Ambrosio Mediolanensi archiepiscopo.

Exstant impress. typ. Ascensian. Paris. 1511, et alibi.

Præmittitur, "Sancti Spiritus assit nobis gratia."

In calce, "Egesippi hystoriæ liber quintus explicit feliciter."

Sequitur in pagina ultima excerptum breve ex S. Hieronymi ad Rusticum epistola.

C　CLI.

Membranaceus, in folio, ff. 146, sec. xii.; haud una manu binis columnis exaratus.

1. Pauli Orosii Historiarum adversus Paganos libri septem; prævia ad S. Augustinum præfatione. fol. 1 b.

Præmittuntur,

a. Notitia de vita Orosii, 'Orosius presbyter Hyspani generis.' fol. 1.

b. Versus Justini, incip. 'Orbis terrarum metas que.' fol. 1.

2. Petri Comestoris Historiæ Scholasticæ pars altera. fol. 100.

Incipit in Maccabæorum libri secundi capitulo secundo, in edit. Argent. 1503, sign. A. f.

Tit. "Incipit historia ecclesiastica."

B　CLII.

Codex membranaceus, in folio majori, ff. 165, sec. xv., binis columnis nitide exaratus; olim Will. North, vicarii de North Cory, Bath. et Well. dioc.

Ranulphi Higdeni monachi Cestrensis Polycronicon, libris septem comprehensum; prævio rerum indice alphabetico.

In calce, "Expliciunt cronice de tempore nobilis regis Edwardii tercii."

Sequitur *manu recentiori*, "Liber magistri Willelmi North, vicarii de North Cory, Bathon. et Wellen. diocesis."

C　CLIII.

Membranaceus, in folio majori, ff. 177, sec. xiv., binis columnis exaratus.

Henrici de Gandavo, sive Gandavensis, archidiaconi Tornacensis, Quodlibetalia Theologica sex, sive Quæstiones Parisiis disputatæ in P. Lombardi libros quatuor Sententiarum.

Exstant edit. typ. Ascensian. Paris. 1518.

In calce, "Explicit sexta disputacio et determinacio de quolibet magistri Henrici de Gandavo, archidiaconi Tornacensis, et sunt in universo quæstiones ccxxx."

Præmissa est in folio primo tabula quæstionum uniuscujusque Quodlibet.

C　CLIV.

Membranaceus, in folio majori, ff. 393, sec. xv., binis columnis exaratus.

Philippi de Pergamo, monasterii S. Mariæ de Veracio, ord. S. Benedict. prioris Patavini, [an. Jacobi Philippi Foresti, Bergomensis], opus, quod dicitur, Speculum regiminis quoad hominis reformationem, seu commentarii in Catonis Moralia uberrimi.

Præmittuntur,

a. Epistola dedicatoria ad Franciscum Novellum, genitum Francisci de Carraria, Paduæ gubernatoris ac ducis. fol. 1.

I

Incip. "Cum proposuissem in corde meo perscrutari, quid regnantibus vel regentibus foret utilius."

b. Proœmium in partes quatuor distinctum. fol. 2.

Incip. i. "Cum animadverterem quod plures, etc. Quia presens opus speculum regiminis quoad utriusque hominis reformacionem, ut non et virtutum apprehensionem, intitulari decrevi."

Desin. pars ult. "post longa temporum spacia beatitudinem consequentiis."

Incip. opus, "Primum autoris preceptum, Itaque Deo supplica. Expeditis quatuor partibus prohemialibus nunc circa tractatum est attendendum."

Desin. "ut a nemine discere erubescas, et cum scienciam adeptus fueris alios non contempnas; Ipsi igitur ut est dictum, qui singulariter beatus est honor sit et gloria in seculorum secula, Amen."

In calce, "Et sic est finis."

Sequuntur,

a. Tabula alphabetica materiarum locupletissima, cum prologo. fol. 349.

Incip. prol. "Omne quodcumque facitis in verbo, etc. Doctor egregius Augustinus volens divini auxilii necessitatem in humanis actibus declarare."

b. Tabula altera alphabetica rerum omissarum, etc., cum prologo. fol. 388.

Incip. prol. "Quoniam omnium habere memoriam et in nullo deficere vel errare potius divinitatis."

D   CLV.

Codex membranaceus, in 4to, ff. 35, sec. xiv. exeuntis, anno scilicet 1379 binis columnis nitide exaratus; olim Colucii Pierii de Stignano.

Johannis, presbyteri cujusdam, Dialogus in honorem domini ac benefactoris sui Thomæ, sacrosanctæ Romanæ ecclesiæ cardinalis; interlocutoribus Johanne ipso et Thoma.

Inscribitur, "Omnis reverentie et sanctitatis cultu dignissimo patri domino Thome, tituli sanctorum Nerei, Archilei, atque Pancratii, presbitero cardinali beatissimo, integra subjeccione devotissimus servus et affectu plenissimo filius Johannes."

Incip. "Quid agimus, litera, merendo ne tabescemus, quod dominum quod patrem, quod columen unicum spei nostre procul miserimus."

Desin. "Litera. En pergo, tu prosperum interim michi . . . . faustum deinde successum ac reditum superos ora. Vale."

In calce; "Anno imperii Domini nostri Jesu Christi millesimo trecentesimo septuagesimo nono indicione secunda nonis Januariis."

Sequuntur versus,

"Vertice purpureo sacro qui in cardine mundi
Fulges Thoma tui pueri dignare volumen,
Quanquam te resonet totum tua fama per orbem,
Hoc quoque venturis nostro discere labore."

Deinde, "Liber Colucii Pyeri de Stignano."

B   CLVI.

Codex membranaceus, in folio majori, ff. 108, sec. xiv., binis columnis bene exaratus et servatus; olim Joh. Bryston, capellani eccl. S. Petri apud Westmonasterium.

Jacobi Magni Tolosani, ord. Eremitarum S. Augustini, Sophologium, inducens animum legentis ad amorem Sapientiæ, in libros tres distinctum, prævia præfatione ad Michaelem, episcopum Autissiodorensem, et regis Franciæ [Caroli VII.?] confessorem.

Tit. "Incipit Sophilogium, cujus finis est amare sciencias et virtutes."

Exstat impress. in 4to, Paris. 1507.

In calce, "Liber Johannis Brystow capellani ac vicarii perpetui collegii Sancti Stephani apud Westmonasterium donatus per eundem, qui liber vocatur Sophilogium, secundo folio, incipientis [sic] 'Doctrina inquit Jullii,' quem librum legavit collegio S. Marie Winton. in Oxon. ut sit cathenatus in communi libraria ejusdem collegii pro perpetuo ibidem servituris, quem ego Joh. North recepi liberandum predicto collegio per manus Georgii Dawne x. die mensis Februarii anno Domini m. cccc. lxii."

Præfixit bibliopegus bullam Bonifacii papæ IX. ad Will. Wodford. ord. Minor. London. confirmantem eidem privilegia et gratias in conventu ejusdem domus.

C CLVII.

Codex membranaceus, in folio, ff. **156**, sec. xiv.; binis columnis exaratus.

Anonymi cujusdam compilatoris liber septiformis, sub directione et informatione Benedicti S. Nicolai in carcere Tulliano diaconi cardinalis, in quo tractatur per ordinem de corporibus cælestibus, elementis, avibus, piscibus, animalibus, arboribus et plantis, lapidibusque pretiosis, eorumdemque moralitatibus, prævio prologo.

Tit. " Incipit liber de moralitatibus corporum celestium, elementorum, avium, piscium, animalium, arborum sive plantarum et lapidum pretiosorum, qui et que in veneranda scriptura vel alias auctentice sub signanti et eleganti misterio pulchriformiter continetur."

Incip. prol. " Quia sicut scribitur Sap. xiii. i i. vani sunt omnes homines."

Incip. lib. " De celo empyreo. Celum empyreum locus et regio angelorum et beatorum."

Desin. " nobis in fine operis prestare dignetur dominus noster Christus amantissimus, qui est super benedictus Dei filius, imperator universalis eternus ;" etc.

In calce, " Explicit liber sive tractatus septiformis de moralitatibus rerum, scilicet corporum celestium elementorum, animalium, avium, piscium, arborum, sive plantarum et herbarum et lapidum preciosorum."

Sequitur notitia, " Si cui autem sano viro, astrologo, phisico, philosopho, ch . . . . o vel quacumque facultate perito, in opere prefato aliquid fuerit visum addendum minuendum aut eciam corrigendum vel declarandum obsecro ego pauperculus compilator operis ut addat, minuat, corrigat, et declaret. Sine prejudicio hoc enim scripsi ad saniorum virorum emendationem et correctionem votivam."

Postea sequuntur tabulæ duæ, sub titulis,

a. Tabula generalis in opus sequens moralitatum. fol. 150.

In calce, " Explicit tabula generalis super moralitatum librum."

b. Tabula specialis in opus sequens realiter procedens ' juxta moralitates, secundum literas alphabeti.' fol. 153.

D CLVIII.

Codex membranaceus, in folio minori, ff. **97**, sec. xiv. exeuntis; olim peculium Ricardi Andrew, decani Eboracensis.

Petri de Vineis epistolarum historicarum de gestis Friderici II. Imperatoris libri sex, præviis capitulorum tabulis.

Tit. tab. " Incipiunt capitula prime partis epistolarum magistri Petri de Vineis."

Tit. lib. i. " Incipiunt epistole. Inprimis. Querimonia Friderici Imperatoris super depositione sua ad papam et dominos cardinales."

Deficit fere tota pars sexta, restantibus solummodo capitulis decem prioribus.

In calce, *manu recentiori*, " Explicit aparatus magistri Petri de Vineis,

Qui scripsit carmen . sit benedictus ; Amen."

In pagina prima, " Istum librum ego Ricardus Andrew, decanus Ebor. et quondam socius collegii beate Marie Wynton. in Oxon. dedi eidem collegio beate Marie, quem qui abstulerit anathema maranatha sit."

C CLIX.

Membranaceus, in folio, ff. **302**, sec. xiv.; binis columnis bene exaratus.

Rabani Mauri, Moguntinensis, de universo libri viginti duo, sive opus Etymologiarum, præviis epistolis ad Ludovicum regem et ad Haymonem episcopum.

Tit. ep. i. " Incipit epistola Rabani, Magontiensis archiepiscopi, in libro de natura rerum ad Ludovicum imperatorem filium Karoli Magni."

Exstant impress. inter opera, edit. 1626, tom. i. p. 51.

In calce, " Explicit liber xxii. magistri Rabani de naturis rerum et significatione."

Præmissa est capitulorum tabula, in cujus fine, " Expliciunt capitula librorum Rabani magistri de naturis rerum et significationibus numero viginti duo."

In initio et fine codicis inseruit bibliopegus folia quatuordecim membranea, sec. xiv. binis columnis exarata, Missalis fragmentum continentia.

In fol. 295 verso, " Precium xx^s."

I 2

F CLX.

Codex membranaceus, in 4to minimo, ff. 130, sec. xv.; olim Johannis Bryne.

Horæ B. M. Virginis, orationibus scilicet constans ad Virginem, et hymnis, canticis sacris, psalmis septem pœnitentialibus, litaniis, psalmisque aliis, notis musicalibus instructis.

Præmittuntur versus, manu J. Bryne,

" Dum sumus in mundo . vivamus corde jocundo, Omnibus est notum . quia multum diligo potum, Si mea penna valet . melior mihi littera fict, Nunc finem feci . da michi quod merui."

E CLXI.

Chartaceus, membranis aliquot hic illic insertis, in 4to minori, ff. 118, sec. xv.; mutilus.

1. Tractatulus de ecclesiastica potestate magis ad inquisitionem veritatis quam ad determinationem editus et pronuntiatus Constantiæ tempore generalis concilii pro parte cancellarii Parisiensis [Joh. Gerson] anno Domini millesimo cccc. xvij. die sexta Februarii, cum prologo et epilogo. fol. 1.

Tit. prol. " Incipit tractatus de ecclesiastica potestate. quem composuit cancellarius Parisiensis, magister Joh. Jarson."

Tit. tract. " Incipit tractatulus de potestate ecclesiastica et de origine juris et legum."

Exstat impress. in Hist. concil. Constant. ed. Hardt. tom. vi. p. 78.

Sequitur in calce arbor potestatis ecclesiasticæ.

2. Auctoritates concilii ejusdem Constantiensis ab universitate Parisiensi determinatæ. fol. 19.

Incip. " Auctoritas hujus sacri consilii tanta est quod querens scienter directe vel indirecte dissolucionem ejus."

Cf. ibid. tom. ii. p. 273.

In calce, " Expliciunt auttoritates ab universitate Parisiensi determinate."

3. Protestatio ambassiatorum Henrici V. regis Angliæ contra Gallicum et presertim contra quædam posita per Petrum, cardinalem Cameracensem, in concilio Constantiensi edita ; in calce mutil. fol. 20.

Exstat ibid. tom. v. p. 76.

Deficit a verbis, " ex qua gratificatione et ordine concilii."

4. Fragmentum responsionis, ut videtur, ex parte regis Franciæ ad protestationem prædictam. fol. 30.

Desin. " peto michi fieri instrumentum vel instrumenta publicum vel publica ad perpetuam rei memoriam ;" ibid. tom. v. col. 75.

5. " Contra illos qui laborant ad suppressionem quintæ nationis in hoc sacro concilio." fol. 31 b.

6. Pauli Voladimiri, rectoris ecclesiæ Cracoviensis, demonstratio infideles armis et bello non esse ad Christianum fidem convertendos, etc. in quinquaginta duas conclusiones distributa ; dat. 5 Jul. 1415. fol. 32 b.

Ibid. tom. iii. p. 9.

7. Petri de Alliaco, cardinalis Cameracensis, tractatus de ecclesiæ reformatione. fol. 38.

Tit. " Tractatus de reformatione ecclesiæ cardinalis Cameracensis."

Ibid. tom. i. part. viii. p. 408.

In calce, " Explicit tractatus de reformacione ecclesie cardinalis Cameracensis."

Sequitur declamatio contra aliquem incip.

" Cur zephirum turbare queris aquilone, cur stagnum placatum equore turbido inquietare satagis."

8. Tractatus compositus per [Martinum Poreum] episcopum Atrebatensem pro parte ducis Burgundiæ, quod licite fecit occidi ducem Aurelianensem, quasi tyrannum, Constantiæ. fol. 48.

Incip. " Quia ritus nostre religionis Christiane cultus pietatis est."

9. Petri de Alliaco, cardinalis Cameracensis, tractatus de potestate ecclesiastica. fol. 50.

Tit. " Tractatus cardinalis Cameracensis de ecclesiastica potestate."

Exstat ibid. tom. vi. p. 15.

10. Quæstio utrum papa catholicus subjiciatur concilio generali per Johannem patriarcham Antiochenum determinata. fol. 68.

Incip. " Ad quod sub determinacione sanctissimi domini nostri pape dico, quod non rationibus."

Exstat ibid. tom. ii. p. 295.

In calce,

a. Versus de ecclesia turbata rhythmici. fol. 69 b.

Incip.

" Mora laxa lora
Nam tempus est et hora
Ut non plus sis sonora
Fuge, fuge mora."

b. Sententiæ morales, oratione ligata partim, partim soluta. fol. 69 b.

Incip. " Si quem reprehendere vis, primo videas si ei similis sis."

11. Tractatus de laude gloriosorum virorum et maxime zelatorum fidei, contra justificationem ducis Burgundiæ super interfectione ducis Aurelianensis. fol. 70.

Tit. " Tractatus —— fidei; sed intrat specialiter materiam responsionis ad tractatum Atrebatensis super interfectione ducis Aurelianensis."

Incip. " Laudemus viros gloriosos, inquit Sapiens Eccl. xx. et deinde pluribus enumeratis patribus laude dignis."

Desin. " contrariis meliora speramus."

In calce, " Explicit registrum de laudibus gloriosorum fidei zelatorum etc."

12. Considerationes aliquot de potestate eligendi papam. fol. 82.

Incip. " Et primo, quod vacante sede per mortem Petri."

13. De episcoporum consecratione tractatulus. fol. 84 b.

Incip. " Episcopus, an in una civitate possint esse plures."

14. De divisione librorum juris canonici et civilis. fol. 87.

Incip. " Corpus juris dividitur in jus canonicum, jus autem canonicum dividitur in decretales."

15. De causa " Wladislaviensis Cantoris excommunicati" cum Baldi de Perusio super eadem consilio. fol. 89.

Incip. " In Dei nomine, Amen. In hac causa reus et possessor citra sequestrum dominus Paulus objicit."

16. Anonymi cujusdam papæ ad minoritas bulla de tertia regula S. Francisci; dat. Reate v. kal. Septemb. pontif. an. ii. fol. 93.

Incip. " Exivi de Paradiso. Dominus Pau. Paulus et alii qui scripserunt super Clementinis."

17. Bartholi [a Saxoferrato] tractatus de Repræsaliis. fol. 95.

Tit. " Incipit tractatus represaliarum Bartholi excellentissimi legum doctoris."

Incip. " Represaliarum materia nec frequens nec cotidiana."

18. Dominici de S. Geminiano consilium, quod in causa criminali non sit remissio ad partes decernenda. fol. 103.

Tit. " Incipit consilium excellentissimi viri domini Dominici de sancto Geminiano in decretis licentiati super et facto et punito quod in criminali causa quomodocunque, etc. non sit remissio ad partes decernenda."

Incip. " In causa injuriarum pretensarum cujusdam Stephani Thome de Trampki."

19. Consilium in causa Florentini pecuniaria per Johannem de Roma legum doctorem, " advocatum cause etc." fol. 106 b.

Incip. " Venerande pater adstare respondendum quod venerabilis et circumspectus vir dominus Fredericus Deys."

20. Præfatio sive commendatio cujusdam lectionis in jure civili. fol. 116.

Incip. " Generose nature celita disposicione summi Cesaris."

C CLXII.

Codex chartaceus, in folio minori, ff. 69, sec. xv., binis columnis scriptus; olim Willelmi Wyrcestre.

1. Arnaldi de Villa-Nova, seu Villanovani, Lecturæ super febres. fol. 1.

In calce, " Finitus aut completus et inceptus per me Cornelium de Mera, fil. Adriani Johannis, necnon de Zuutbemlandia, ad laudem Dei omnipotentis, Padua; Amen, Amen."

Sequitur, *manu recentiori*, " Explicit Arnoldus de Nova villa secundum relacionem magistri Argentyne."

2. Ejusdem Arnoldi de pulsibus libellus. fol. 32.

In calce, " Et hec de pulsibus."

3. De urinis libellus. fol. 35.

In calce, " Et sic finiuntur regule extracte de versibus Egidii cum commento et Ysaac."

Sequuntur versus, incip.

" Cruda manent albi lacteus, glaucus karopsis."

4. Ejusdem Arnaldi de regimine medicorum libellus. fol. 38 b.

> Tit. " Tractatus Reynaldi de Villa Nova
> in ordine medicinali."
>
> In calce, " Completus est tractatus Rey-
> naldi de Villa Nova de regimine medico-
> rum."

5. De medicinis simplicibus et compositis, digestivis et evacuativis ducentibus ad membra,
etc. apparatus. fol. 42.

> In calce, " Explicit iste liber utilissimus
> ut medicinas patet caute inspicienti et in-
> tuenti," etc.

6. Libellus de chiromantia, [auctore Johanne
Regio Montano, sive Montroy?] fol. 48.

> Incip. " Scientie secantur quemadmodum
> et res de quibus;" etc. " Cyromantia est
> ars cognoscendi divinaciones virtutum."
>
> In calce, " Cornelius de Mera scripsit
> hunc quaternionem et finivit prima die
> Septembris."

7. [In Statii Thebaidos lib. iii. et iv. partt.]
commenti fragmentum. fol. 57.

> Incip. —" peritus ait ergo nunc Melanip-
> pus."

8. [In tabularum [an Alphonsi] astronomicarum
expositionem commenti fragmentum.] fol. 61.

> Incip. —" quod dictum est secundo istas
> staciones comparat."

9. Regulæ ad prognosticandum diversam aeris
dispositionem. fol. 64 b.

10. Leonardi Pistoriensis libellus geometriæ prac-
ticæ. fol. 65.

> Incip. " Geometrie enim practicam postu-
> lantibus ut in expertis tradere volens."
>
> In calce, " Finis scilicet practice Geome-
> trie fratris Leonardi Pistoriensis per me
> Cornelium fil. Adriani Johannis de Mera,
> Deo gratias; Paduæ."
>
> In initio codicis, " Iste liber noviter com-
> pilatus pertinet Willelmo Wyrcestre de
> Castro quondam prope Jermuth."

C CLXIII.

Codex membranaceus, in folio minori, ff. 81,
sec. xiv., binis columnis exaratus.

Averrois Cordubensis opus, quod dicitur Colliget, libris septem comprehensum.

> Tit. " Incipit liber Aueroys, qui Colligeth
> dicitur."
>
> In calce, " Explicit liber Mehemet Aueroys,
> qui Colligeth dicitur, Amen."
>
> Deinde,
>
> " Finito libro premia redde cito."
>
> Sequitur, *manu recentiori*, " Liber collegii
> accomodatus Thome Hentley."
>
> In fine codicis, " Caucio . . . . exposita
> in cista Cicestrie pro . . . . super diem sabatis
> prox. ante fest. chathedrali S. Petri, anno
> Domini millesimo ccc. quadragesimo."

B CLXIV.

Codex membranaceus, in folio, ff. 93, sec. xiv.,
binis columnis exaratus.

1. Averrois Cordubensis opus quod dicitur Colliget, libris septem. fol. 3.

> Tit. " Incipit liber, qui Machumeius Aue-
> roys dicitur; Latine."
>
> In calce, " Explicit liber Mehemet Auer-
> roys, qui Colligeth nominatur."

2. Ejusdem epistola de Theriaca. fol. 60 b.

> Tit. " Incipit epistola Aueroys de tyraca
> ad Alanconem."

3. Avicennæ liber " de viribus cordis et medicinis cordialibus translatus a magistro Ar-
valdo Barchinionensi" [Arnaldo de Villa-
Nova]. fol. 63 b.

> In calce, " Explicit libellus Avicenne de
> viribus cordis translatus a magistro Arnaldo
> de Villa Nova."

4. Johannis Damasceni Alphorismorum libri
duo, cum Isidori Hispanensis commento.
fol. 69.

> In calce, " Expliciunt Johannis Damaceny
> Afforismorum filii Serapionis cum com-
> mento Ysodori Ypponensis episcopi Deo
> gratias."

5. Avicennæ liber de partibus medicinæ, cum
Averrois commento; imperf. fol. 86.

> Incip. " Inquid Aboolie Benroit, post-
> quam prius gratias egero."
>
> Incip. comment. " Est etiam cum hoc me-
> lior valde pluribus aliis introductionibus."
>
> In calce, " Liber Colectoni Auereos cum
> libro Auecenni de viribus cordis cum Affe-
> rimis Johannis Damaceni, cum comenta-
> tore, xxx s."

In fol. primo, " Caucio . . . . . . exposita in cista de Langetone die Sancti Cedde, episcopi, anno Domini m. ccc. . . . . . pro triginta quinque solidis et habet tria supplementa, scilicet par Decretalia . . . . . . in xx. quaternis, et duodecim coclearia argentea vij. de una forma et v. de alia."

In folio secundo, " Caucio . . . . . . exposita in cista de Robury . . . . . Maria prox. post fest. translacionis sancti Thome anno Domini m. ccc. xxxii. et habet unum supplementum."

Ϲ CLXV.

Codex membranaceus, in folio, ff. 246, sec. xiv., binis columnis exaratus.

Gilberti de Aquila, sive Anglici, Compendium Medicinæ de morbis universalibus et particularibus, libris septem.

Tit. " Incipit liber morborum tam universalium quam particularium a magistro Gileberto editus ab omnibus auctoribus practicis magistrorum exceptus, qui compendium medicine intitulavit, et est primus liber de febribus."
Prodiit Lugduni 1510, et alibi.
In calce, " Explicit Compendium medicine."
In fol. 244 b. notitia est, *manu sec. xv. scripta*, de morbo et curatione Davidis Vallici, ætat. xxiii. annorum.

In initio et fine codicis inseruit bibliopegus fragmenta ex opere quodam juridiciali, ' de distractione pignorum vel ypothecarum,' etc.

Ɗ CLXVI.

Membranaceus, in 4to, ff. 239, sec. xiii. exeuntis, haud uno tempore nec eadem manu exaratus ; olim magistri Henrici Beaumont.

1. Liber de regimine acutorum, [Hippocrate auctore; interprete Constantino Africano]. fol. 3.
2. Johannitii Isagoge in Galeni Tegni, sive Artem Parvam, cum glossulis marginalibus. fol. 11.
3. Philareti de pulsibus libellus. fol. 20 b.
   In calce scribitur distichon sequens,
   " Est magnus velox fortis durusque frequensque
   Equus canonicus plenus concordia fervens."
4. Hippocratis aphorismorum liber, [interprete Constantino Africano], cum commentariis hic illic in margine adpositis. fol. 23 b.

In calce, " Explicit iste liber."
Deinde distichon,
" Vis levitas species mens sompnus spiritus ictus
Ista videnda prius, post hec decoccio fluxus."

5. Ejusdem Prognosticorum liber, [eodem interprete.] fol. 34 b.
6. Claudii Galeni Tegni, sive Ars Parva, quoad initium glossis instructa. fol. 40 b.
   Incip. gloss. " Doctrina alia est ordinaria, item extraordinaria."
   In calce aphorismi, ad medicinam spectantes, versibus undecim heroicis expressi, incip.
   " Queris in urina cui fundus habundat harena "
7. [Theophili Protospatharii] libellus de urinis, prævio prologo. fol. 59.
8. Isaaci Judæi liber de diætis universalibus, [interprete Constantino Africano], notis instructus, prævia capitulorum tabula. fol. 64.
9. Ejusdem Isaaci de diætis particularibus liber, eodem interprete, præviis capitulis. fol. 109.
10. Ejusdem liber de urinis, eodem interprete, prævia præfatione. fol. 145.
    In calce, " Expliciunt Vrine Ysaac."
11. Nicolai [Præpositi, vel Salernitani] Antidotarium. fol. 170 b.
    In calce, " Explicit liber Antitotarii."
12. Johannis Platearii Summa Antidotarii, seu expositio in librum supra memoratum. fol. 188 b.
    Incip. " Liber iste quem inpresentiarum legendum assumsimus ex multorum antidotis est compilatum."
    In calce, " Explicit summa Antidotarii a magistro Plateario composita."
13. Anonymi cujusdam liber de Anathomia. fol. 224.
    Incip. " Galienus in Tegni testatur, quod quicunque interiorum membrorum cognitor esse desiderat."
14. Johannis Mesue de laxativis libellus. fol. 228 b.
15. De diebus creticis libellus. fol. 235.
    Incip. " Ad creticorum dierum evidenciorem noticiam, videndum est quid sit cresis."
16. [Ægidii Romani de urinis poematis fragmentum]. fol. 239.

Deficit in versu,

" Ut tenuem coleret qui non sibi concolor heret."

Præmittitur codici fragmentum registri cujusdam papalis appellationes ad sedem apostolicam varias recensentis.

D CLXVII.

Codex membranaceus, in 4to, ff. 179, sec. xiii. exeuntis, haud eadem manu exaratus; olim magistri Henrici Beaumond.

1. Ricardi, medici Anglici, de pulsibus libellus, cum procemio. fol. ૨ᒷ·

    Incipit procem. " Quatuor canones et signa universalia."

    Incip. lib. " Pulsus est motio cordis et arteriarum facta secundum dyastolen et sistolen."

2. Ejusdem Ricardi de urinis libellus. fol. 6 b.

    Incip. " Circa urinas quinque sunt pensanda generalia."

    Præmittitur distichon,

" Qui cupit urinas mea per compendia scire,
Me legat assidue nec oportet longius ire."

    In calce, " Expliciunt urine magistri Ricardi."

3. Constantini Africani, monachi Cassinensis, Viaticum, sive libri septem de morborum cognitione et curatione, glossulis notisque perpetuis instructum, cum prologo et tabula capitulorum præmissis. fol. 10.

    Incip. prol. " Quoniam quidem ut in rethoricis Tullius omne inquit expetendum."

    Exstat impress. omisso prologo, inter Constantini opera, edit. Basil. 1536, p. 1, et inter Isaaci Judæi opera Lugd. 1515, part. ii. fol. cxliv. quo Isaaco vindicatur ut auctori vero.

4. Isaaci Judæi de febribus libri quinque, per Constantinum Africanum ex Arabico in Latinum versi, prævia ejusdem Constantini præfatione; glossis hic illic illustrati. fol. 98.

    Incip. gloss. " Incipit liber febrium Ysac proditus ab Ysac filio adoptivo Salomonis."

B CLXVIII.

Membranaceus, in folio, ff. 160, sec. xiv., binis columnis exaratus; olim peculium T. Bokett, " soc. coll. Nov. in medicinis magistri."

1. Johannis Damasceni filii Mesue Canones universales et de medicinis simplicibus solutivis libri duo, anonymo interprete, prologo capitumque tabulis instructi. fol. 3.

    Tit. " Incipit liber Hebenmesuhe de simplicibus medicinis."

    Incip. prol. " In nomine Dei misericordis cujus nutu sermo recipit gratiam et doctrina perfectionem principium verborum Johannis filii Hamet filii Hely filii Abdebla regis Damasceni, verbum cecidit."

    Incip. lib. i. " Dicimus quod medicina laxativa non est a re complexionali."

    Desin. lib. ii. " et confert uterque fistulis et vulneribus fraudulentis; dosis ejus est a kiratis sex;" etc.

    Exstant inter opera, Venet. 1589, part. i. ff. 1, 24.

    Sequitur ejusdem Ebn Mesue de gradibus libellus, ordine alphabetico.

    Tit. " Incipit liber Hebenmesuhe de gradibus."

    Incip. " Absinthium calidum est in primo gradu."

    In calce, " Explicit liber Hebenmesuhe de simplicibus medicinis."

2. Ejusdem Johannis Damasceni, filii Mesue, medici Arabis, Aggregatio, vel Antidotarium confectionum electarum, in distinctiones duodecim distributa, prævia præfatione. fol. 14.

    Tit. " Incipit liber Johannis Damasceni Nafrani (sic) filii Mesuhe Calbdei, quod est aggregatio vel antidotarium electarum confectionum. Incipit liber tertius."

    Incip. præf. " Sicut in libris urinarum ex hiis que experti sumus."

    Incip. lib. " Prima distinctio que est electuariorum subdivisionem habet."

    Desin. " et quanto est antiquius tanto melius."

    Exstat ibid. part. i. fol.

    In calce, " Finem huic Grabadin accipit locus iste, quare gratias omnium largitori referimus, qui statuit in lumine tenebras et in quiete laborem Johannis Nazareni filii Hebenmesuhe Grabadin medicinarum universalium explicit; particularium autem medicinarum librum cum Dei auxilio incipiemus; benedictus Dominus Deus; Amen.

Sanat enim solus langores Deus et de fragilitatis solo produxit in largitate sua medicinam, benedictus excelsus et gloriosus; Amen. Hec est secunda summa in qua ponit medicinas singulorum membrorum egritudinibus appropriatas."

Sequitur, *manu recentiori,* vocum Arabicarum aliarumque interpretatio, ordine alphabetico.

3. Nicolai Præpositi Antidotarium, ordine alphabetico; annexis dosibus et synonymis. fol. 39.

Exstat ibid. in App. p. 159.

In calce, " Explicit Antidotarius Nicholai et doses et sinonima ejusdem."

Sequuntur " addiciones primæ et novæ."

Incip. " Pillule gloriose regis Cicilie."

In calce, " Expliciunt nove addiciones."

In fol. 51 marg. inferiori scripti sunt versus isti,

" Cum sit homo natus . iter accipit ut properatus,

Ad finem properat . qui modo natus erat ;

Nunc oritur nunc moritur . statim sub humo sepelitur,

Sub pede calcatur . vermibus esca datur."

4. Dictionarium medicum, quod dicitur 'Alphita,' plantarum scilicet quæ apud medicos usitantur, ordine alphabetico. fol. 53.

Incip. " Alphita farine ordei, idem arsenicum, id est, auripigmentum citrinum."

Desin. " Zuccorarium vel Zuccoraria, est flos vel semen agni casti."

In calce, " Explicit Alphita."

5. Libri fragmentum, in quo de herbarum virtutibus fusius tractatur, ordine alphabetico. fol. 60.

Incipit in litera A. voc. Amurca, cum verbis, " premitur que coqui solet ad mellis spissitudinem."

6. Index alphabeticus ad librum Serapionis sequentem. fol. 61.

7. Serapionis, medici Arabis, de simplici medicina opus, interpretibus Abrahamo Judæo et Simone Januensi, in partes duas distinctum, prævia præfatione. fol. 63.

Tit. " Liber Serapionis aggregatus in medicinis simplicibus ex dictis D. G. et aliorum, translatio Simonis Januensis, in-

terprete Abraham Judeo Tortuosiensi de Arabico in Latinum."

In calce,

" Laus tibi sit Christe, quoniam liber explicit iste,

Explicit totus liber Serapionis de simplici medicina."

Sequitur, *manu recentiori, sec. scil. xv.,* " Precium xx. s. ad minus."

8. Libri, superius memorati, de virtutibus herbarum fragmentum, auctoris prologum et initium tantum continens, in quo tamen fatetur auctor se quondam vitam exercuisse militarem et opus suum in sex libros distinxisse. fol. 159.

In fol. 3 marg. inferiori legitur, " Heben Mesuhe : ex dono magistri T. Bokett, soc. coll. in medicinis magistri."

Ɛ CLXIX.

Codex membranaceus, in 4to minori, ff. **133**, sec. xiv. exeuntis; olim Johannis Bevryngs, coll. Exon. socii.

1. Carmina de ponderibus et mensuris apud medicos usitatis, prævia præfatione. fol. 1.

Incip. præf. " Pondera et mensure que in arte medicinali."

Incip. carm.

" Collige triticeis medicamine pondera granis."

2. De anathomia tractatulus. fol. 1 b.

Incip. " Athonomia est recta divisio que sic fit, porcum debes immensum ponere."

3. De eadem tractatulus alter. fol. 3 b.

Incip. " Galienus in Tegni testatur, quod quicunque interiorum membrorum cognitor esse desiderat."

4. Compendium de medicinis compositis, cui titulus, " Compendium Triofili [*secundum Bernardi Catal.* 'Gariophyli'] de medicinis compositis ;" ordine alphabetico. fol. 7.

Incip. " Transacto sub compendio de medicinis simplicibus communiter in usum medicine venientibus."

Desin. " et ejus operacio est sicut zuccuri rosarum."

In calce, " Explicit Antidotarum de medicinis compositis."

K

Confectum esse opus istud partim e Nicolai Præpositi Antidotario liquebit, ut
opinamur, ex collatione eorum quæ de medicinis ' Filonium majus,' ' Gariofilatum'
aliisque occupantur.

5. Tabula experimentorum contra diversa ge-
nera ægritudinum, quæ in tractatu de simplicibus medicinis ponuntur. fol. 52.
    Præmittitur notitia, incip. " Quia superius
    in tractatu de simplicibus medicinis."
    Incip. " Contra Allopiciam vide in istis,
    Absinthio, Anacardo."

6. Tractatus de signis complexionis, repletionis,
et digestionis, de trocistis, pillulis, etc. fol. 62.
    Incip. " De signis que sunt circa com-
    plexionem et replecionem."

7. De regimine sanitatis libellus. fol. 88 b.
    Incip. " Scribitur ab Ysaac in quarto
    Viatici quod quicunque cotidianam vult
    custodire sanitatem."

8. Tractatus de areolis medicinarum secundum
Johannem de S. Amando. fol. 95 b.
    Tit. " Pro regenda sanitate."
    Incip. " Sicud dicit S(erapion), primo sim-
    plicis medicine capitulo 8 in finem non est
    possibile."
    Cap. ult. est, " De medicinis laxativis,
    primo de Aloe;" et deficit " sed in hoc
    oportet ut illum" —— cui adnectitur no-
    titia sequens, " Residuum de medicinis
    laxativis simplicibus haberi potest in volu-
    mine hic prope jacente, continente Lilium
    medicine; est enim ibi tractatus prime in
    Tegni."
    Præmittitur codici notitia, " Magister
    Johannes Bevryngs quondam socius col-
    legii Exoniensis compos mentis sue legavit
    istum librum catenandum in librario col-
    legii Wyntoniensis, in quo continentur di-
    versi tractatus medicinarum compositarum,
    cujus anime propicietur Deus."

C CLXX.

Codex membranaceus, in folio minori, ff. 279,
sec. xiv.; binis columnis exaratus.

1. Johannitii Isagoge in Galeni Tegni sive
Artem parvam. fol. 3.
    Tit. " Liber Johannicii."

2. Philareti libellus de pulsibus, [interprete Pontico Virunio, Tarvisino?] cum glossulis. fol. 9.
    Tit. " Incipit liber Filareti de pulsibus."
    In calce, " Explicit liber Filareti de pul-
    suum negocio."

3. Liber de urinarum judiciis a voce Theophili
Protospatharii. fol. 11.
    Tit. " Incipit liber urinarum a voce Theo-
    phili."
    In calce, " Explicit liber urinarum a voce
    Theofili."

4. Galeni Ars Parva, cum Haly Rodoani commentario, [interprete Gerardo Cremonensi?].
fol. 17.
    In calce, " Explicit Tegni G. cum com-
    mento H."
    Sequitur tabula Definitionum medicinæ.

5. Hippocratis Aphorismorum, cum Galeni commentariis, interprete Constantino Africano.
cum ejusdem Constantini ad Glauconem
epistola præmissa. fol. 96.
    In calce, " Explicit commentum G. super
    Amphorismos Ypo."

6. Ejusdem Prognostica, cum Galeni commentariis, interprete eodem. fol. 162.
    In calce, " Explicit liber prognosticorum
    Ypo. Cum commento G."

7. Ejusdem liber de regimine acutorum, cum
ejusdem Galeni commentariis, eodem interprete. fol. 206 b.
    In calce, " Explicit regimentum acutarum
    egritudinum."

8. Ægidii Corbeiensis de urinis carmen, cum
Gilberti (Anglici?) commentario. fol. 257.
    Incip. comment. " Sicut dicit Constan-
    tinus in Pantegni."
    In calce, " Expliciunt versus Egidii cum
    comento Gilberti."
    Subjecit manus recentior modum scribendi
    pondera varia per abbreviationem; *Anglice.*

E CLXXI.

Codex membranaceus, in 4to minori, ff. 124,
sec. xiii. exeuntis, nitide exaratus.

1. Henrici de Wintonia super Johannitii Isagogen, etc. quæstiones medicinales. fol. 1.
    Incip. " Presentis negocii est medicinales
    questiones breviter transcurrere, ut dispu-
    tantibus."

Desin. "quibus vero jam dictum est acrium corpus urine attestatur et sic non mirum si urina circa acrium corpus livescit. Explicit."

Auctoris nomen ex Bernardi catalogo, et post eum Tannero, mutuavimus, nullibi enim in tractatu de eo ulla fit mentio.

2. Ursonis medici de effectibus quatuor qualitatum libellus. fol. 18 b.

Incip. "Cum questionum fere omnium solutiones."

Exstat impress. una cum lib. Rogeri Bacon de retardandis senectutis accidentibus, 8° Oxon. 1590.

In calce, "Et hec de effectibus qualitatum sufficiant, secundum magistrum Ursonem."

3. Ejusdem Ursonis Aphorismorum liber, anonymi cujusdam [an Henrici supradicti?] præfatione et commentario instructus. fol. 21.

Incip. præf. "Quoniam phisicalis scientie inventores, aut negligentia tediosi aut ignorancia obfuscati aut mole profunde materiei oppressi, de rerum naturis indagandis nullam plenam successoribus reliquerunt doctrinam."

Tit. lib. "Incipit libellus Afforismorum Vrsonis."

Incip. aph. "Consuetum et ordinatum rerum naturalium processum non miramur."

Incip. comment. "Notandum quidem est, Consuetum et ordinatum processum rerum non miramur, scilicet que cotidie."

Ult. aphorism. est, "Defeccione cause efficientis necessarie vel materialis vel utriusque rerum generacio prohibetur et utriusque incremento et reparacione perficitur."

Desin. "per inspissacionem sui vel rarefaccionem predictam substantiam perimit constitutam; Explicit."

Sequitur notitia ista, "Quia igitur in hoc nostro afforismorum libello nature opere varia sensibilia et archana rationabili investigacione inventa sunt et monstrata, idcirco ne indecenti prolixitate operis legenti fastidium generemus, hujus libelli expositionibus sufficientibus terminum figimus oportunum, sed quoniam vestris peticionibus et desideriis juxta inspiracionis divine

mensuram jam satisfecimus; idcirco Datori munerum gracias reddite, Cui est honor et gloria et potestas in secula seculorum; Amen."

4. Rogeri [Salernitani?] Chirurgia, sive de morborum curatione libri quatuor, prævia unicuique libro præfatione. fol. 38. *with marginal gloss (not the glossulae supra magistrorum)*

Incip. præf. i. "Post mundi fabricam ejusque decorem de terrestri substantia Deus hominem formavit."

Incip. lib. i. "Quibus modis capud vulneratur et de signis panniculorum lesionis. Caput vulnerari diversis modis contingit."

Desin. lib. ult. "et illa pinguedo que super natales accipiatur, et inde tibie ungantur."

In calce, "Explicit cirurgia Rogeri. "Fine cirurgie merear solamen Helye."

5. Anonymi cujusdam glossulæ super tabulas Salernitanas. fol. 68. 58

Tit. "Incipiunt glose tabule Salerni."

Incip. "Omnis practicus est theoricus sed non convertitur, magister Salerni est practicus, ergo magister Salerni est theoricus."

Desin. "sermonis hujus lascivientis prevagatione rivulum hic stagnare faciamus feliciter; Amen."

6. Libellus medicus cui titulus, "Flores libri virtutum." fol. 71. 69

Incip. "Virtus medicine est potentia naturalis, qua ipsa medicina suscepta intrinsecus vel apposita extrinsecus."

7. Mauri Salernitani de Phlebotomia libellus. fol. 70 b.

Tit. "Incipit Flebotomia magistri Mauri."

Incip. "Flebotomia cerebrum temperat et ideo memoriam prebet et mentem sincerat."

8. Henrici [de Wintonia?] de phlebotomia libellus. fol. 74.

Tit. "Incipit flebotomia Henrici."

Incip. "Propositum est nobis tractare breviter, in quibus egritudinibus competit flebotomia et de quibus venis."

9. Trottulæ, seu potius Erotis, de mulierum morbis liber. fol. 74 b.

Tit. "Incipiunt cure magistre Trottule."

Incip. "Cum auctor Universitatis Deus in prima mundi origine."

Exstat impress. in Gynæcior. edit. Wolph, Basil. 1586, tom. i. p. 89.

K 2

In calce nonnulla, " de ornatu dentium,"
incip. " Dentibus non minor esse decus
quam juvamentum."

10. Anonymi cujusdam de urinis libellus. fol. 82.
    Incip. " In tractatu, primo videndum quid
    sit urina."

11. De scientia medicinali liber. fol. 89.
    Incip. " De medicinali scientia tractaturi
    ab ejus divisione incipiamus."

12. De situ tertiæ partis orbis, scil. Asiæ, versus
    triginta unum heroici. fol. 100.
    Incip.
    " Tercia pars orbis cujus ditione teneri."

13. De quinta essentia, etc. fol. 100 b.
    Incip. " Ex quinta parte . . . . . facta est
    quinta essentia et ejus contenta."

14. Nicolai Præpositi Antidotarium, cum glossu-
    lis hic illic in margine adscriptis. fol. 103.
    Tit. *manu recentiori*, " Antidotarium Ni-
    cholai."
    In calce, " Explicit iste liber."

B CLXXII.

Codex membranaceus, in folio, ff. 313, sec.
xiv., binis columnis exaratus ; olim Will.
Spekynton, coll. Novi socii.

1. Justiniani Imperatoris Institutionum libri
   quatuor, Accursii aliorumque glossis haud
   insolitis perperam illustrati. fol. 2.
   Tit. " In nomine Domini nostri Jhesu
   Christi imperator Cesar Flavius, Justinianus Almanicus, Wandalicus, Affricanus,
   semper Augustus, pius, felix, inclitus victor
   ac triumphator magnificus, semper Augustus
   cupide legum juventuti salutem."
   In calce, " Explicit liber Justiniani.
   " Explicit expliceat . ludere scriptor eat."

2. Ejusdem Authenticorum, sive Constitutionum
   Novellarum libri novem, glossis Accursii aliisque instructi. fol. 77.
   In calce, " Expliciunt Autentica ; Deo
   [gratias."]

3. Constitutionum Feodorum libri duo, cum
   glossis. fol. 237.
   Tit. " Incipiunt constitutiones feudorum."

4. Frederici II. Imperatoris Constitutiones. fol.
   257.

5. Justiniani Imperatoris Codicis libri tres posteriores, glossis instructi. fol. 258.
   In calce gloss. " Explicit apparatus trium
   librorum Codicis."
   In fol. 1. verso, " Parvum volumen, secundo folio, *aut cum magno*, de perquisito
   magistri Willelmi Spekynton, quondam
   socii Novi Collegii beate Marie Winton. in
   Oxon. ponendum in nova libraria pro sociis
   ibidem studere volentibus. Willelmus Spekynton manu sua propria."
   Deinde, " Orate pro animabus venerabilis
   viri magistri Hugonis Ingar, legum doctoris,
   nuper thesaurarii eccl. Cathedr. Wellensis,
   et Domini Willelmi Spekynton, executoris
   dicti Hugonis, quondam Sociorum hujus
   collegii."

B CLXXIII.

Codex membranaceus, in folio, ff. 306, sec.
xiv., binis columnis exaratus ; " precii
xxxs."

Justiniani Imperatoris libri novem priores, Accursii aliorumque glossis penitus illustrati.
    Tit. " In nomine Domini nostri Jhesu Christi
    codicis Domini Justiniani, sacratissimi princi-
    pis, repetite prelectionis liber primus incipit."
    Præmittitur tabula titulorum alphabetica.
    In calce tabulæ, " Explicit kalendarium
    codicis ordinarium scriptum apud Oxonium
    anno Domini millesimo ccc.° lxiiij.° intrante,
    anno regis Edwardi tercii post conquestum
    xxxvij."
    In calce codicis tabula titulorum, *manu re-
    centiori*.

B CLXXIV.

Membranaceus, in folio majori, ff. 299, sec.
xiv. ineuntis, binis columnis bene exaratus
et quoad literas initiales pictus ; olim peculium T. Bourton.

1. Justiniani Imperatoris Institutionum libri
   quatuor, Accursii aliorumque glossis penitus
   instructi. fol. 2.
   In calce, " Explicit liber Institutionum."
   Glossulas in tit. ' De actionibus' aliasque
   subjecit manus longe recentior.

2. Authenticorum libri novem, cum Accursii
   aliorumque glossis. fol. 78.

Literam initialem pictam et titulum nebulo quidam abscidit.

In calce, " Explicit liber autenticorum."

3. Constitutionum Feodorum libri duo, posthabitis Frederici II. constitutionibus, cum
eorundem glossis. fol. 208.

In calce, " Explicit apparatus feudorum."

4. Justiniani Codicis libri tres posteriores, cum
glossis eorundem. fol. 235.

In calce, " Explicit liber xii. codicis domini Justiniani."

In fol. i. verso, " Liber M. T. Bourton accomodatus Thome Clyff, socio collegii beate
Marie Wynton. in Oxon., ad usum suum
quousque aliter disposuerit de eodem."

B CLXXV.

Codex membranaceus, in folio majori, ff. 234,
sec. xiv.; binis columnis exaratus.

Digestum vetus, sive Pandectarum volumen primum, libros viginti quatuor comprehendens,
Accursii aliorumque glossis haud insolitis illustratum ; prævia titulorum tabula.

In calce, " Explicit liber ultimus Digestorum."

In fine glossarum, " Explicit apparatus ff.
Veteris."

Sequitur tabula titulorum, *manu aliquantum
recentiori.*

B CLXXVI.

Membranaceus, in folio majori, ff. 233, sec.
xiv. ineuntis, binis columnis exaratus ; olim
W. Warham, postea archiep. Cantuar., deinde Willelmi North, coll. Nov. socii.

Digestum Vetus, cum Accursii aliorumque glossis perpetuis.

Tit. " Digestorum seu Pandectarum juris
enucleati ex omni vetere jure collecti auctoritate domini nostri Justiniani sacratissimi
Augusti feliciter."

In calce gloss. "Explicit apparatus ff. veteris,
Deo gratias."

In margine fol. i. b. superiori notatum est,
" Liber magistri Willelmi North nuper socii
collegii beate Marie Winton. in Oxon. quem
emit pro sedecim solidis."

B CLXXVII.

Codex membranaceus, in folio majori, ff. 276,
sec. xiv.; binis columnis exaratus.

Digestum Novum, sive Digestorum Libri xxxix
—l. inclusive, cum Accursii aliorumque glossis.

In calce, Titulorum tabulæ fragmentum.

Sequitur in fine fol. 234, " Caucio Johannis
. . . . . exposita cistis sancti Johannis die
Mercurii prox. post fest. sancti Barnabe
apostoli anno Domini m. ccc. nonagesimo viij.
pro duodecim"——

B CLXXVIII.

Chartaceus, in folio majori, ff. 227, sec. xv.,
manu — Houyngham binis columnis scriptus ; olim Will. Spekynton, coll. Nov. socii.

Bartoli a Saxo-Ferrato Lectura super Digesti
Novi partem secundam Digestorum scilicet libros xlv—l. inclusive.

Exstat impress. inter Bartoli opera, edit.
Basil. 1588, tom. iii. part. ii.

In calce, " Explicit Lectura Bartoli de Saxo-
ferrato super Digesto novo. Houyngham."

In margine fol. 2 inferiori scripta est notitia,
" De perquisito magistri Willelmi Spekynton,
in utroque jure bacallarii, quondam socii Novi
collegii beate Marie Winton. in Oxon. Bar-
tholus super Digestum novum ponendum in
nova libraria pro sociis ibidem studere volentibus. Willelmus Spekynton, manu mea."

Deinde, " Orate pro animabus venerabilis
viri magistri Hugonis Sugar, legum doctoris ;" etc. ut antea in cod. 172 descriptione
memoravimus.

C CLXXIX.

Chartaceus, in folio, ff. 122, sec. xv.

1. Magistri Jo. Kelle Repetitiones in Digestorum Rubricas varias, scil. in titulos ' De rei
vindicatione,' ' De jurejurando,' ' Si certum
petat.' fol. 1.

Incip. i. " Sequitur continuacio Rubrice
ff. de rei vendicione. Sc . . . . e quid sit rei
vendicatio : Accio in rem."

2. Edmundi Stafford, doctoris Juris Civilis, Repetitiones in Digestorum titulos alios : scilicet,

a. In tit. ' De judiciis.' fol. 31.

    Incip. " Sequitur continuacio rubrice ff. de judiciis.   Super rubrica Concordat."

b. In tit. ' De edendo.' fol. 58.

c. In tit. ' De in jus vocando.' fol. 66 b.

    In calce, " Explicit materia C. de in jus vocando per M. Edemundum Stafford, doctorem in jure civili."

d. In tit. ' De pactis.' fol. 71 b.

e. In tit. ' De jurisdictione omnium judicum.' fol. 85.

3. J. Trevenant, doctoris, Repetitio in tit. Digest. ' De præscriptis verbis.' fol. 102.

    Incip. " Hanc rubricam ad precedentem continuare."

4. Willelmi de Todeworth, doctoris, Repetitio in tit. " De usufructos accersendo.' fol. 104.

    Incip. " Nota ex l. prima quod veteres legationes."

5. Ejusdem Willelmi Repetitio in tit. ' De prescriptione triginta vel quadraginta annorum ;' etc. fol. 106.

    Incip. " Quero primo quod est prescripcio, secundum Jo. et debet."

℞ CLXXX.

Codex membranaceus, in folio majori, ff. 190, sec. xiv., binis columnis exaratus.

1. Johannis papæ XXII. Constitutiones Clementinæ, glossa Johannis Andreæ Bononiensis perpetua instructæ. fol. 3.

    Tit. " Incipiunt constitutiones Clementine Johannis pape vicesimi secundi."

    In calce gloss. " Explicit apparatus Joh. Andree super Clementinis."

2. Apparatus in Clementinas, auctoribus Gulielmo de Monte Lauduno et Jocelino de Cassanis. fol. 37.

    Tit. i. " Incipit apparatus Willelmi de Monte Lauduno."

    Præcedit præfatio Johanni, Infanti, ɪegis Aragonum filio atque cancellario inscripta.

    Cf. ejusdem Prælectiones impress. inter Jur. Canon. Repetitt. Venet. 1587, tom. vi. fol. 138.

    Tit. ii. " Incipit apparatus Gescelini de Cassanhis super Clementinis."

    Præmittitur præfatio ad Arnaldum, S. Eustachii diaconum cardinalem.

Incip. præf. " Imperfectione in humana creatum continuo subsistente."

Incip. gloss. " Johannes ; Cum literalis divisio multa bona inducat."

In calce, " Explicit apparatus domini Gesselini de Cassanihiis, juris utriusque professoris, domini pape capellani, super Constitutionibus Clementinis factis per dominum Clementem papam V. et per sanctissimum patrem dominum Johannem papam xxii. pupblicatis."

3. Pauli [de Liazariis ?] in Clementinas commentarius, cum prologo. fol. 130.

    Tit. " Incipit apparatus Pauli."

    Incipit prologus, " Bonus vir sine Deo nemo est."

    Incip. comment. " Johannes ; Omissis que in principio Decretalium et sexti libri super salutacione."

    Desin. " intercedente beatissima virgine gloriosa cum omnibus sanctis ejus in exitu mereamur ; Amen."

℞ CLXXXI.

Codex membranaceus, in folio majori, ff. 123, sec. xiv., binis columnis haud una manu exaratus ; olim Johannis Pole, postea R. Rumford, de Oxford.

1. Johannis Andreæ, Bononiensis, super Constitutiones Clementinas Apparatus. fol. 3.

    In calce, " Explicit apparatus Jo. Andree super Clementinis."

2. Raymundi de Pennaforti, Ord. Prædicat., Summæ de pœnitentia libri tres priores, cum prologo. fol. 46 b.

    Tit. " Incipit Summa Raymundi de penitentia."

    Exstant impress. Textu Sacrorum Canonum aucti, Paris. 1720.

-----

3. Constitutiones Clementinæ. fol. 99.

    In calce, " Expliciunt constitutiones domini Clementis pape."

    In fol. i. verso, " Novo Collegio, Rumford, Oxford."

    In fol. ii. " Liber Clementinarum, et valet xxiij.s. iiij.d."

C CLXXXII.

Codex chartaceus, in folio, ff. 283, sec. xv.; 'liber coll. beate Marie Winton. in Oxon. ex dono magistri Joh. Wykham, doctoris utriusque juris.'

1. Petri de Ancharano in Clementinas Constitutiones commentarii. fol. 1.

 Exstant impress. in fol. Lugd. 1549. Incip. cum titulo ii. De Rescriptis.

2. Tituli juris canonici, sive Epistolæ pontificales numero sexaginta quinque ex Johannis papæ XXII. Extravagantibus aliisque collecti. fol. 253.

 Primus est, Extravagant. tit. iii. De præbendis et dignitatibus.

 In calce, " Ego Hugho Martini propria manu scripsi LXV. Extravagantes et intellexi, et consensio de omnibus supra scriptis, sic volo quod fiat, etc.

 ' Sic volo sic jubeo, sic pro ratione voluntas ;' dicit papa; Amen, Deo gracias; Amen, Amen, Amen."

B CLXXXIII.

Membranaceus, in folio majori, ff. 202, sec. xiv.; binis columnis exaratus.

1. Constitutiones Clementinæ, apparatu Johannis Andreæ et Gulielmi de Monte Lauduno instructæ. fol. 2.

 Tit. "Incipit glossa Guillermi de Monte Hauduino."

 In calce, " Explicit apparatus domini Jo. Andree et Guillermi de Monte Auduino super constitutionibus Clementinis."

 Præmisit manus recentior, " Formam procedendi secundum nonas constitutiones."

2. Johannis papæ XXII. Extravagantium tit. i. cap. 2 scil. Suscepti et tit. iii. scil. Execrabilis, cum [Gul. de Monte Lauduno?] glossa perpetua. fol. 185.

 Cf. Repetitt. Jur. Canon. Colon. 1618, tom. vi. part. ii. p. 51.

 In calce, " Expliciunt Extravagantes pape Johannis XXII."

 Sequuntur Clementis V. papæ Constitutiones fratrum Ord. Minorum.

 In calce, " Expliciunt constitutiones fratrum Minorum."

Subjecit manus recentior W. ep. Norwicensis litteras de Clementis papæ VI. bulla ad conventum de P. ord. Cisterc. Lincoln. dioc. scriptam, de ecclesia parochiali de W. dioc. Norwic.

B CLXXXIV.

Codex membranaceus, in folio majori, ff. 314, sec. xiv., binis columnis exaratus; olim Will. de Dighton, canon. eccl. S. Paul. London.

Gregorii papæ IX. Decretalium libri quinque, glossis perpetuis instructi.

 Exstant impress. in Corp. Jur. Canon. Paris. 1612, tom. ii. col. 1.

 Litera uniuscujusque libri initialis a nebulone quodam evulsa est.

 In calce, " Memorandum quod Willelmus de Dighton, canonicus eccl. S. Pauli London. et prebendarius prebende de Totenhale in eadem, legavit collegio domini Willelmi de Wykeham, episcopi Wyntoniensis per ipsum in universitate Oxon. fundato istum librum decretalium cum uno libro decretorum et uno Sexto ac uno libro Clementinarum, ut ipsi permáneant in eodem collegio pro excercicio doctrine scolarium ejusdem collegii, ita quod inter cetera ipsum Willelmum habeant in memoriam oracionibus suis perpetuis temporibus duraturis."

B CLXXXV.

Membranaceus, in folio majori, ff. 205, sec. xv. ineuntis, binis columnis nitide exaratus; olim, anno scil. 1503, Willelmi Warham, ep. Londinensis, ex dono Will. Spekynton, coll. Nov. socii.

Henrici de Bohic, juris utriusque doctoris, super Gregorii papæ IX. Decretalium libros duo priores commentarii, cum prologo.

 Exstant impress. Lugd. 1498.

 In calce, " Explicit liber secundus magistri Henrici Bohic."

 Evulsum est libri secundi folium primum.

 Præmittitur "Tabula distinctionum magistri Henrici Bouhic super decretalibus;" in cujus calce, "Anno Domini M.CCC.xlviij. die Jovis post octabas epiphanie ejusdem Domini, Cui pro infinitis beneficiis, qui mihi tribuit et specialiter eo quod non obstante mortalitate, que in istis partibus invalescit, me produxit ad finem hujus operis peroptatum infinitas benedictionis gratias refero, sicut possum, Cui cum Patre," etc.

In fol. 32 b, inter tabulam scilicet et opus, inserta est notitia, " Liber reverendi in Christo patris et domini domini Willelmi, permissione divina Londoniensis episcopi, ex dono magistri Willelmi Spekynton, in utroque jure bacallarii, quondam socii Novi collegii beate Marie Winton. in Oxonia anno Domini millesimo quingentesimo tercio quinto die mensis Maii."

B CLXXXVI.

Codex membranaceus, in folio majori, ff. 343, sec. xv. ineuntis, binis columnis nitide exaratus; olim Will. Warham, episc. London. ex dono Will. Spekynton, coll. Nov. socii.

Henrici de Bohic super Gregorii papæ IX. Decretalium libros tres posteriores commentarii.

Desunt folium primum librorumque iv. et v. literæ initiales.

In calce, " Explicit liber quintus; Deo gratias. 1417."

Præmittitur notitia, " Liber reverendi in Christo patris et domini domini Willelmi, permissione divina, London. episcopi," etc ut superius memoratum est.

B CLXXXVII.

Membranaceus, in folio majori, ff. 328, sec. xiv., binis columnis exaratus; olim Thomæ Jaqueson.

Innocentii papæ IV. super Gregorii Decretales Apparatus, cum procemio.

Præmisit manus aliquantulum recentior tabulam titulorum.

In fine, " Expliciunt tituli super quinque libris Decretalium insertis."

In calce Apparat. " Explicit liber quintus."

Sequuntur, Flores apparatus supradicti cum procemio, auctore Nicolao de Camillis, Januensi. fol. 221.

Incip. præf. " Quia labilis est hominum memoria et infirma."

In calce, " Explicit hoc opus factum per me Nicholinum de Cavillis, Januensem, et scriptum apud Viennam tempore generalis concilii ad instanciam reverendi viri et discreti magistri Ade de Orlerton, canonici Herfordiensis, per manus W. de Birthou clerici, pontificatus domini Clementis pape quinti anno sexto."

B CLXXXVIII.

Codex membranaceus, in folio, ff. 244, sec. xiv., binis columnis exaratus; olim Ricardi Andrew, postea Thomæ Thornebury, juris civilis doctoris.

Innocentiæ papæ IV. super Gregorii Decretales Apparatus, cum procemio et glossulis marginalibus.

In calce, " Deo gratias. Explicit liber quintus Innocentii quarti."

Sequitur tabula titulorum.

Præmittuntur membranæ quatuor, sec. xiv. ineuntis exaratæ, initium operis supradict continentes.

In fol. 3 margine superiori, " Istum librum emit Ricardus Andrew de Selby xij. Marcii anno Domini millesimo cccc.mo xxxij.o et solvit præcium pre manibus."

In calce codicis, " Liber collegii beate Marie Winton. in Oxon. ex dono Thome Thornebury, juris civilis doctoris, accomodatus Wyllelmo Skynner, per manus custodis.

Qui scripsit carmen sit benedictus, Amen."

B CLXXXIX.

Membranaceus, in folio majori, ff. 266, sec. xv., binis columnis bene exaratus et quoad literas initiales pictus; " ex dono, ut in fronte legitur, reverendi in Christo patris et domini domini Thome de Bekyntona, Bathon. et Wellen. episcopi, quondam socii hujus collegii. Orate pro eo."

Henrici de Bohic, juris utriusque doctoris, super Gregorii Decretalium libros duo priores commentarii, sive distinctiones, cum prologo.

Tit. " Incipit primus liber distinccionum magistri Henrici Bouhic super libro Decretalium, etc."

In calce, lib. i. *manu aliquantum recentiori,* " Hic finiunt distinciones domini Henrici Bohic super primo libro Decretalium. H. Bolaix."

In calce, lib. ii. " Hic finit secundus liber de judiciis."

In fine tabulæ, quæ præcedit, " Anno Domini millesimo trecentesimo quadragesimo octavo," ut antea exscripsimus in codicis 185 descriptione.

B CXC.

Codex membranaceus, in folio majori, ff. 329, sec. xv., binis columnis nitide exaratus; quoad literas initiales mutilus; ex dono Thomæ de Bekyntone, ep. Bathon. et Wellensis.

Henrici de Bohic Commentariorum super Decretales tomus alter, distinctiones in libros tres posteriores comprehendens.

In calce, " Explicit quintus liber distinccionum M. ꟻ. B." *i. e. Magistri H[enrici] B[ohic].*

E CXCI.

Membranaceus, in 4to minori, ff. 170, sec. xiv. ineuntis, binis columnis exaratus; olim Willelmi North.

1. ~~Anonymi cujusdam~~ *Petri Berchorii* in fabulas Ovidii Metamorphoseon/expositio allegorica et theologica; imperf. fol. 13. *[I, fubb. 1-12]*

Incip. i. " Hic ponit Ovidius primo et ante omnia quod postquam diluvio mundus consumptus esset."

2. Johannis de Deo, sive de Deo gratia, Casus sive notabilia Decretalium librorum quinque, cum prologo. fol. 17.

Tit. " Casus et notabilia super Decretalibus."

Incip. præf. " Sicut omnium liberalium arcium disciplina suorum elementorum tradicionem desiderat."

Incip. liber, " Firmiter; Decretalis ista dividitur in tres partes, primo dicitur quod debemus credere et confiteri."

Desin. " quis facere homagium compellatur supra de Symonia ex diligenti xij. q. v. c. ultima."

In calce, " Expliciunt casus et notabilia Decretalium."

In initio codicis, " Hunc librum emit magister Willelmus North pro quinque solidis."

C CXCII.

Codex chartaceus, in folio, ff. 227, sec. xv., binis columnis exaratus; olim R. Heete, Nov. coll. socii.

1. Orationes duæ in universitate [Oxon.?] habitæ in honorem quorundam, gradu doctorali insigniendorum. fol. 2.

Incip. i. " Hunc prerogativa condecet venerari. Vitis quam dextra plantavit celestis agricole venerabilis universitas almifica mater nostra."

2. Oratio in istud, ' Lex sapientis fons vite.' fol. 3.

Incip. " Reverendissimi patres et domini præstantissimi invenis ad literam in sacra scriptura multiplicem legem."

3. Adversaria ad jus canonicum atque civile spectantia. fol. 6.

4. Lectura super primum librum Decretalium secundum Robertum Heete extracta ex diversis doctoribus. fol. 9.

Incip. " Ipsam legem Christus degerit. Hec verba ponuntur xxv. q. c. His mi Venerabiles magistri et domini, O si vires meas, imo impotenciam meam, familiarius consuluissem."

In calce, " Explicit Reportatum super primo libro Decretalium et fuit lectum et labor R. de Wodestoke alias Heete pro forma ejusdem in universitate Oxon. anno Domini m.° cccc.° xv. et anno sequenti, existente tunc cancellario universitatis Oxon. M. Will. Barw. [Barrow] doctore in decretis et magistri speciali predicti Roberti, quorum scilicet magistri et discipuli actus dirigat et disponat omnipotens Deus."

5. Lectura super Decretalium librum quintum, eodem auctore. fol. 83.

Tit. " Incipit titulus de accusationibus libri quinti Decretalium."

Incip. " Sequitur rubrica de accusationibus; etc. Hec rubrica continuatur ad precedentia sub hac forma."

Sequuntur notitiæ ad jus civile spectantes.

6. Lectura in Rubricam Clementinarum, De celebratione missæ, etc. fol. 100.

    Incip. " Regum et prophetarum eximius David inducere volens."

7. Tractatus qui dicitur, Consolatio Peccatorum, sive Belial, auctore Jacobo de Tarenis, sive Theramo, canonico Aprutini. fol. 108.

    Tit. " Incipit tractatus vocatus Consolatio Peccatorum."

    Incipit, " Universis servis fidelibus atque orthodoxe sancte matris ecclesie cultoribus hoc breve compendium inscripturus presbiter Jacobus de Tarenis, archidiaconus Adversanus et canonicus Apulinus et in jure canonico Padue discipulorum minimus."

    Exstat impress. Aug. per Joh. Schussler, 1472.

    In calce, " Explicit tractatus vocatus Consolacio peccatorum, alias Belial vel contra Belial."

8. Quæstio in materia confessionis in foro pœnitentiali. fol. 152.

    Incip. " Numquid confessus fratri tenetur."

9. Tractatus de modis arguendi in jure. fol. 153 b.

    Incip. " Quia quidam sunt modi arguendi in jure, ideo de his quosdam."

10. Manuale Juridiciale, seu formæ variæ juridiciales auctore Joh. de Deo Gratia ; initio mutil. fol. 159.

    Incip. in cap. ' De operis dispensacione,' in verbis, " licet tractatus instrumentorum in Ytalye partibus necessario sit diffusus."

    Desin. " et hec sufficiant ad presens ad honorem Trinitatis."

    In calce, " Explicit liber judicii a magistro J. de Deo compilatus."

11. Johannis Andreæ Bononiensis, seu potius Johannis Angiusciola, Cæsenatis, Summa super quartum librum Decretalium. fol. 182.

    Exstat impress. in Tract. Univ. Jur. tom. ix. fol. 2.

    In calce, " Explicit summa Jo. An. super quarto libro Decretalium."

12. Quæstiones paucæ juridiciales. fol. 185.

    Incip. i. " Civis Oxoniensis partem predii juxta muros civitatis existentis non fossatam sub fidejussoribus T. vendidit."

13. De jurisdictione omnium judicum, præcipue ex Barth. [Bartolo de Saxoferrato ?] collecta. fol. 188.

14. Lectura de satisdatione. fol. 201.

    Incip. " Volvatis ad rubricam de satisdando situatam in libro."

15. De alendis liberis et parentibus. fol. 206.

    Incip. " Necesse quod filius necessitatibus patris succurrere debet."

16. De discordia juris civilis et canonici. fol. 208.

    Incip. " Discordia est quandoque, sive diversitas, inter jus canonicum et civile, et licet casus singuli."

17. Brocarda-juris canonici et civilis secundum R. [Heete ?]. fol. 212.

    Incip. " Quoniam secundum juris varietatem in multis imminet correccio facienda iccirco ego" . . . .

    In fronte codicis, " Liber R. Heete precii xiij.s. iiij.d.," et postea, " Liber collegii beate Marie Wynton. in Oxon. 'ex dono Rob. Heete, nuper socii ibidem, ad usum alicujus socii legiste dicti collegii dum steterit in eodem, secundum voluntatem et discretionem custodis vel in ejus absencia vice-custodis predicti collegii."

D   CXCIII.

Codex membranaceus, in 4to minori, ff. 51, sec. xiv., binis columnis exaratus ; olim Johannis Frire.

Casus Decretalium libb. i. et ii. summatim compilati secundum magistrum Willelmum de Caneto [?] Papiensem, prævio prologo.

    Incip. prol. " Cum ab inicio mundi Deus pater formando hominem primum legem sibi dederit."

    Incip. opus, " Gregorius ; Casus hanc epistolam qua decretalibus mandat dominus papa."

    Desin. " factam a superiori inferiori jurisdictio . . . . prefertur."

    In calce, *manu recentiori*, " Explicit Casuarium super primo et secundo libris Decretalium secundum compilacionem magistri Willelmi de Caneto[?] Papiensis ac canonici pape."

B   CXCIV.

Chartaceus, in folio, ff. 306, sec. xv., binis columnis scriptus.

[Francisci Zabarellæ, cardinalis Florentini,] Lectura in secundum librum Decretalium, cum prologo; in calce mutil.

Tit. " Rubrica de judiciis."

Incip. præf. " Expeditis preparatoriis judicatoriis."

Incip. comment. " De Quod vult Deo. Qui promisit non declinare judicem penitere non potest."

Cf. cod. Arundel. in Mus. Brit. 427, fol. 1.

C CXCV.

Codex chartaceus, in folio, ff. 376, sec. xv.; olim Willelmi Botte, de Leicestria, postea Thomæ Saundrees, et denique Jo. Russell, ep. Lincolniensis.

Prothodoxmi, sive Prosdocimi de Comitibus, Patavini, Lectura super Decretalium libri secundi partem primam, scilicet ad titulum xix. De probationibus, inclusive; in calce mutil.

Tit. " Lectura Prothodoxmi de Comitibus super secundo Decretalium."

Incip. præf. " Continuatur hec rubrica secundum Gof., dictum est supra de judiciorum preparatoriis."

Incip. opus, " De quo vult Deo. Dividitur in tres partes. In prima ponitur facti narracio."

Præmittitur codici, " Iste liber pertinet collegio beate Marie Wynton. in Oxon. ex dono reverendi in Christo patris Domini archiepiscopi Cantuariensis Thome Waram. Cujus anime propitietur Deus." " Verus celluy Je suis Jo. Lincoln. 1482."

In calce, " Willyam Judde Amesby William Botte of Leicester."

D CXCVI.

Chartaceus, in folio, ff. 457, sec. xv.; olim liber Johannis Rustell, decretorum doctoris ac canonici Sarum.

Prothodoxmi, sive Prosdocimi de Comitibus, in Decretalium libri secundi partem alteram Lectura; initio mutila.

Incipit in verbis comment. cap. vii. tit. xx. " si non habuit pacificam possessionem."

Desin. " et reverenciam patriarche et hoc tex. in Expresse vult."

In calce, " Et sic finis hujus prime partis secundum Prothodoxmum, quo Deus in secula sit benedictus Amen. quod La."

B CXCVII.

Codex membranaceus, in folio majori, ff. 226, sec. xiv., binis columnis bene exaratus; olim Ricardi Andrew, decani Eboracensis.

Anonymi cujusdam, qui Quæstionarius appellatur, super libros tertium et quartum Decretalium quæstiones.

Tit. " De vita et honestate clericorum."

Incip. " Honesti ambuletis ad eos, qui foris sunt i. Thessal. iiij. In primo libro Decretalium docuit papa clericos."

Incip. lib. iv. " Qui habet sponsam, etc. In primo libro hujus voluminis egit actor de ministris ecclesie."

Desin. " qui jure communi confirmatur quare non procedit."

In calce, " Explicit questionarius supra quartum librum Decretalium."

Sequuntur,

a. Divisio tertii libri, annexa capitulorum tabula.

Incip. " Tercius liber sic divisionem recipit, Primo enim dividitur in tres partes principales."

b. Divisio quarti libri, cum capitulis.

Incip. " Quartus liber dividitur primo in tres partes generales."

In calce, " Expliciunt tituli quarti libri Decretalium."

In fol. i. margine superiori notatum est, " Istum librum ego Ricardus Andrew decanus Ebor. et quondam socius coll. beate Marie in Oxon. dedi eidem collegio beate Marie, quem qui abstulerit, anathema maranatha sit."

Præfixit bibliopegus membranam unicam, in qua commentarii in Psalterium fragmentum, cum præfatione de gradibus prophetiæ, etc.

Incip. comment. " Beatus vir. Quamvis beatus Augustinus dicat ipsum David fuisse actorem."

B CXCVIII.

Membranaceus, in folio majori, ff. 385, sec. xiv., binis columnis exaratus; olim Ricardi Andrew, decan. Ebor. et coll. Nov. socii.

Ejusdem Quæstionarii super librum quintum Decretalium quæstiones.

Tit. " Incipiunt questiones quinti libri Decretalium."

Incip. "Accusavitque fratres suos, etc. In primo libro hujus voluminis actum est de clericorum officiis."

Desin. " quod nobis ex gracia conferat ipse Alpha . . . . qui est Deus per secula benedictus ; Amen."

In calce, " Explicit questionarius super librum Decretalium."

Sequitur notitia, " Rogo te, lector, ut si inveneris in hoc volumine aliquem passum, qui tibi non videatur sapere veritatem, noli eum cito gladio condempnacionis ferire, festinata quippe judicia pariunt penitenciam, ut dicit quidam sapiens, nam quid in uno loco libri hujus inveneris minus expositum in alio reperies propencius declaratum ; etc."

Deinde, " Divisio quinti libri Decretalium." ·

Incip. " Quintus liber decretalium agit de viciorum correpcione."

Sequitur Tabula capitulorum, et in fine, " Explicit tabula quinti libri decretalium."

Postea, *manu recentiori*, " Nota quod post confectionem hujus tabule addidit compositor multas questiones, et ideo in processu, reperies plures quæstiones quam in hac tabula."

In fronte pag. i. " Istum librum ego Ricardus Andrew, decanus Ebor. et quondam socius coll. beate Marie Wynton. in Oxon." etc. ut supra.

E CXCIX.

Codex membranaceus, in 4to minori, ff. 193, circ. an. 1300, quoad partem primam binis columnis, exaratus.

1. Bonifacii papæ VIII. liber Sextus Decretalium. fol. I.

    In calce, " Explicit liber sextus Decretalium. Datum Romæ apud Sanctum Petrum v. non. Martii pontificatus Bonefacii viii. anno quarto, et cetera."

2. Johannis, monachi dioc. Ambianensis, inde episcopi Meldensis, et postea cardinalis, in librum sextum Decretalium commentarii. fol. 44.

Incip. " Bonifacius, etc. Secundum philosophum scire est rem per causam cognoscere."

In calce, " Explicit apparatus sexti libri Decretalium compositus ac promulgatus per venerabilem virum dominum Johannem monachum tituli Sanctorum Marcellini et Petri presbiterum cardinalem, anno Domini millesimo ducentesimo nonagesimo octavo."

CC.

Hodie deest.

Continebat olim Dominici de Sancto Geminiano super primum et secundum libros sexti Decretalium commentarios.

B CCI.

Codex chartaceus, in folio majori, ff. 251, sec. xv., binis columnis bene exaratus.

Dominici de Sancto Geminiano in Sexti Decretalium libros tres posteriores commentarii : cum præfatione.

Incip. præf. " Supponitur quod rubrica non fuerit bene formata, quia sufficiebat alterum ex istis dicendo."

Incip. comment. " Clerici ; Glossator primo summat et duo membra distinguit secundum membrum ibi ; Autem."

Desin. " quo loquuntur quando vinculum est dissolutum secundum Paulum de Lizariis ; et hec dicta sufficiant ; Laus Deo."

In calce, " Explicit secunda pars lecture domini Dominici de Sancto Geminiano super Sexto."

B CCII.

Membranaceus, in folio, ff. 119, sec. xiv., binis columnis haud eadem manu exaratus.

1. Johannis Andreæ, Bononiensis, super sextum librum Decretalium Bonifacii papæ VIII. glossæ sive apparatus, cum præfatione. fol. 1.

    Exstant impress. una cum textu, Paris. 1585, et alibi.

    In calce, " Explicit apparatus domini Jo. Andreæ super vi. libro Decretalium."

    Sequitur tabula titulorum, *manu recentiori.*

2. Clementis papæ V. Constitutiones. fol. 64.

    Subjiciuntur Johannis papæ XXII. Extravagantium tit. iii. tit. iv. cap. I. tit. i. cap. 2;

necnon epistola ejusdem Johannis alia contra conjurationes in Franciæ regno existentes, incip. ' Ad pacis tranquillitatem propagandam."

In calce, " Expliciunt extravagantes domini Clementis pape V."

_____

3. Johannis Andreæ Apparatus super Clementinis. fol. 79.

Exstat impress. Paris. 1585, et alibi.

In calce, " Explicit apparatus domini Johannis Andree super Clementinis."

B CCIII.

Codex membranaceus, in folio majori, ff. 251, sec. xv. ineuntis; binis columnis exaratus.

1. Johannis Andreæ, Bononiensis, Novella super Sexto libro Decretalium, cum præfatione. fol. 1.

Incip. præf. " Cum eram parvulus, etc. Licet divine majestatis consilium."

Exstat impress. edit. Venet. 1581, tom. v. col. 1.

In calce, " Explicit novella Johannis Andree super Sextum."

2. Ejusdem Johannis Novella super titulo de Regulis Juris. fol. 180 b.

Incip. "*Non est novum.* Sic incipit glossa super R. Ju. cujus glosse principio et fini resistens faciam plura nova."

Exstat ibid. tom. vi. col. 1.

In calce, " Explicit novella Johannis Andree super titulum De regulis juris; Deo gracias."

C CCIV.

Membranaceus, in folio, ff. 410, sec. xv., binis columnis exaratus; olim Hugonis Sugar, LL. D., thesaurarii eccl. Bathon. et Wellen., et postea Willelmi Spekynton, coll. Nov. socii.

1. Apparatus Johannis, monachi Ambianensis, Sexti libri Decretalium Reportorium per Thomam Chillenden, eccl. Christi Cantuariensis monachum compilatum. fol. 2.

Incip. "Prohemium sexti libri in principio, conclusio card."

Desin. " temerarius violator hoc libro."

In calce, " Explicit apparatus vi. libri decretalium compositus et glossatus per venerabilem virum dominum Joannem monachum tituli Sanctorum Marcellini et Petri presbiteri cardinalis anno Domini m.° cc.° xcviij.° Istum reportorium fuit datum per dominum T. Chillindene, venerabilem doctorem in decretis, monachum ecclesie Christi Cantuariensis, anno Domini m.° ccc.° lxxxiiij."

2. Tabula materiarum operis supradicti alphabetica, cum prologo. fol. 210.

Incip. prol. " Quoniam omnes materias in hoc reportorio contentas."

3. [Ejusdem Thomæ ?] super Clementinis commentarii, cum prologo. fol. 279.

Incip. " Episcopus papa multis modis et nominibus appellatur."

Desin. " et in alio simplici non erit opus dispensacione."

Sequitur tabula alphabetica.

In calce, " Expliciunt significaciones verborum Clementinarum."

_____

4. Bartholi [a Saxoferrato] de insigniis et armis in vexillis et clypeis portandis. fol. 408.

Incip. " Morum gratia de insigniis."

Exstat impress. in calce Joh. Fabri Codicis Breviarii, Lugd. 1550, p. 254.

In calce, " Explicit tractatus de armis domini Bartholi, quem publicavit post mortem dicti domini Bartholi Alexander suus gener solempnissimus legum doctor, quando disputavit primam questionem, sub anno Domini m°. cccc.° lviij.° indiccione undecima die vicesima Januarii."

In fol. 1 b, " Orate pro animabus venerabilis viri magistri Hugonis Sugar, legum doctoris, quondam thesaurarii ecclesie cathedralis Wellensis, et magistri Will. Spekynton, executoris dicti Hugonis, quondam sociorum hujus collegii."

Et in fol. 2 marg. inferiori, " Chesilden super Sextum et Clementinas cum eorum tabulis ponendus in nova libraria de perquisito magistri Willelmi Spekynton, quondam socii Novi collegii beate Marie Winton. in Oxon. pro' sociis ibidem studere volentibus; Willelmus Spekynton, manu mea propria."

In calce imposuit bibliopegus fragmentum ex cartulario, ut videtur, ecclesiæ cathedralis Wellensis, dat. circa an. 1420, excerptum.

B CCV.

Codex membranaceus, in folio majori, ff. 242, sec. xiv., binis columnis exaratus; "traditus W. Warham a magistro Frende, vice-custode et utriusque juris baculario;" postea W. Bodycote.

Gregorii papæ IX. Decretalium libri quinque, glossis [Henrici de Bartholomæis de Segusio, episcopi Ostiensis?] perpetuis illustrati.

In calce text. "Explicit compillatio nova decretalium.

Qui scripsit scribat . semper cum Domino vivat."

Incip. gloss. "Firmiter; Bene dicit nam dubius in fide infidelis est, ut de Con. di. ii. Revera."

Desin. "ita quod postquam, scilicet, de re judi. Cum inter vos, scilicet, De jurejurando, Nimis."

In calce, "Explicit apparatus Decretalium; Benedictus sit perfector omnium, Qui incepit et perfecit, Pater et Filius et Spiritus Sanctus; Amen."

Deinde, *manu longe recentiori,* "Explicit glossa Ostiensis super Decretales traditus nunc T. Makeytt."

B CCVI.

Chartaceus, in folio majori, ff. **276**, sec. xv., anno scilicet **1409**, binis columnis scriptus.

Petri de Ubaldis, Perusini, in Decretalium librum primum commentarii.

Desunt nonnulla in initio, incip. in tit. ii. cap. 1, Canonum; "Constituciones canonum ab omnibus sunt servande."

Desin. "ad successorem, quando compro-mittitur sub nomine dignitatis."

In calce, "Complevi scribere m. cccc. viiij. die xxvij. mensis Sempt. Pro quo Deus gloriosus sit benedictus in secula seculorum; Amen."

In margine fol. 1 inferiori, "Lectura Petri de Perusio super . . . . quondam socii hujus collegii."

B CCVII.

Membranaceus, in folio majori, ff. **156**, sec. xiv., binis columnis exaratus.

1. Bonifacii papæ VIII. Decretalium liber Sextus, Johannis monachi Ambianensis apparatu perpetuo instructus. fol. 1.

In calce apparat. "Explicit apparatus sexti libri Decretalium compositus ac promulgatus per venerabilem virum dominum Johannem monachum tituli Sanctorum Marcellini et Petri presbiterum cardinalem; anno Domini m.° cc.° nonagesimo octavo."

Sequitur, *manu recentiori,* Benedicti papæ XII. bulla de censibus, etc. inter Extravagant. Communes, Paris. 1585, col. 304.

2. [Dini de Rossonibus, seu Rossanii, Mugellani,] in Bonifacii VIII. titulum de Regulis Juris Apparatus. fol. 91.

Incip. "Premissis casibus singularibus et eorum determinacione."

In calce, "Explicit apparatus domini digni super titulo de regulis juris sexti libri decretalium."

3. Casus per Sexti constitutiones et Clementinas introducti, in quibus infligitur excommunicatio ipso facto. fol. 126.

Incip. "Primus casus mittens nuncium vel scripturam cardinali incluso."

4. Constitutiones Othonis et Ottoboni, necnon concil. Oxoniensis, Lambethani, aliorumque de eodem argumento. fol. 127 b.

5. Bernardi Compostellani quæstiones in Johannis monachi apparatum super Sexto libro Decretalium, cum prologo. fol. 131.

Incip. prol. "Hactenus ut loquar cum Seneca meam ignoranciam."

Incip. opus, "Firmiter credimus; Queritur an omnes credere teneantur."

In calce, ". . . . et Ricardi Warham . . . . . et est sextus liber Decretalium cum supplemento, quod supplementum est liber Digesti Inforciati, et primum verbum secundi folii libri sexti est *Abbreviatis* et primum verbum secundi folii Digesti Inforciati est *Fiat,* et jacet pro xvj. s. et impositus erat xxvij. die mensis Junii."

Sequitur, *manu recentiori,* tractatus de suffragio existentium in purgatorio, incip. "Ulterius juxta promissa videndum est."

B CCVIII.

Codex membranaceus, in folio majori, ff. **305**,

sec. xiv., binis columnis exaratus; olim Ricardi Frawnceys.

1. Gratiani Decretum, una cum prologo et emendationibus Bartholomæi Brixiensis.

Exstant impress. Paris. 1612, et alibi.

In calce, "Explicit apparatus Decretorum."

Sequuntur,

a. Pontificum nomina, qui varia in missa constituere. fol. 295 b.

b. Quæ pertinent ad summum pontificem et tantum ad illum. fol. 295 b.

c. Quomodo cognoscatur papale scriptum; distichon. fol. 295 b.

Incip.

" Bulla, litura, stilus, manus altero, mixstio, filum."

d. De præsulis moribus, tetrastichon. fol. 295 b.

Incip.

" Sit presul nullo qui possit crimine tangi."

2. Summæ Decreti fragmentum. fol. 296.

Incip. " In prima parte agitur de justicia naturali et positiva tam constituta quam inconstituta."

Deficit in sum. caus. xxxvi. part. ii. " suis liceat copulari valeat."

Sequitur notitia, " Liber magistri Ricardi Frawnceys et jacet pro v. marcis cum aliis libris magistro Johanni Wynford, videlicet, ij. volumina Hostiensis in lectura; Digestum novum; Digestum enforciatum; et memorandum quod expendidi pro incistatione omnium istorum librorum diversis temporibus xvi. d."

In fronte codicis notantur,

a. " Precii v. marcharum cum omnibus addicionibus."

b. Versus decem hexametri 'pro caseo.'

Incip.

" Ignari medici me dicunt esse nocivum."

B CCIX.

Codex chartaceus, in folio majori, ff. 281, sec. xv., binis columnis scriptus.

Commentariorum liber super Decretum Gratiani e glossis Bartholomæi Brixiensis, Johannis monachi et Johannis de Fantinis confectus, cum prologo; initio mutilus.

Desin. prol. "pejus est dicta aliorum sibi attribui."

Incip. comment. " Humanum genus; Hic incipit prima distinctio, que dividitur secundum Joannem in duas partes."

Desin. in cap. xxix. Distinct. iii. partis tertiæ, in verbis, " dic quod ea derogatum est per. h. c. et per generalem consuetudinem."

B CCX.

Codex membranaceus, in folio majori, ff. 254, sec. xiv., binis columnis exaratus; olim Ricardi Wylleys, custodis collegii de Higham Ferrers.

Gratiani Decretum, cum glossis haud insolitis margini perquam adjectis, prævia Bartholomæi Brixiensis præfatione.

Sequuntur,

a. Tractatulus de arbore consanguinitatis et affinitatis.

Incip. " Quia tractare intendimus de consanguinitate et ejus gradibus."

b. Ricardi, episcopi Sarum., litteræ ad instruendum clericum in minoribus existentem et infra legitimam ætatem, et de custodia ipsius clerici ac ecclesiæ; manu altera.

Ad fol. 2 b. notatum est, " Istum librum donavit collegio M. Ricardus Wylleys, custos collegii hyham ferys, nuper socius hujus collegii, hac lege, ut recipiens illum per indenturam eundem tradere teneatur recedenti a collegio propter metum alicujus contagiose infirmitatis et studenti in patria, qui eundem cum revertatur de patria fideliter restituet preoccupanti per indenturam."

C CCXI.

Membranaceus, in folio, ff. 66, sec. xv.

Index sive Repertorium legum et auctoritatum. præcipue Innocentii papæ IV. et P. Baldi de Ubaldis, Perusini, in Decretalibus; ordine alphabetico.

Incip. "Abbas; Abbas potest licenciare monachum ut transeat ad arcius monasterium."

Desin. " Ypoteca; vide supra in verbo Testis ut in xc. q. prope finem; etc."

In calce, " Explicit Reportorium Baldi super Innocencium."

Præcedit distichon,
" Stirpe parum clarus, magis aptus quam bene
doctus,
Fraudis inexpertus facto sermoneque verus ;
celluy je suis ;"

D CCXII.

Codex membranaceus, in folio, ff. 151, sec.
xiv. exeuntis ; binis columnis exaratus.

Gulielmi Durandi, episcopi Mimatensis, Reper-
torium sive Breviarium aureum super corpus
Juris Canonici, ad Matthæum S. Mariæ in
Porticu diaconum cardinalem.

Tit. " Alpha et O. Jhesus Christus, incipit
Repertorium magistri Guillermi Duranti."
Exstat impress. ad calcem Speculi Juris,
Francof. 1668.
In calce, " Explicit Repertorium magistri
Guillermi Duranti.
" Que pridem pl } ura
Hec nunc script }
Que quidem pl } ura
Hec nunc sept }
Sunt sparsim tradita j } ura."
Facili monstrat tibi c }
Præcedunt versus, de distinctione operis, incip.
" Pars prior officia parat ecclesieque ministros,
Altera pars testes et cetera judiciorum."

C CCXIII.

Membranaceus, in folio, ff. 194, sec. xiv.,
binis columnis exaratus.

Gulielmi Durandi, episcopi Mimatensis, Rationale divinorum officiorum, in octo partes
distinctum.

Tit. i. " Liber primus de ecclesiis et ecclesiasticis locis et ornamentis et de consecrationibus et de sacramentis incipit rubrica."
Exstat sæpius impressum.
In calce, " Explicit Rationale divinorum
officiorum."

C CCXIV.

Membranaceus, in folio, ff. 210, sec. xv., binis
columnis exaratus ; olim W. Cawood, postea
Ric. Andrew, decani Eboracensis.

1. Johannis de Athona, sive Actoni, glossæ in
Constitutiones legatinas, sive legatorum pontificis Romani in Anglia. fol. 1.

Incip. " Ad succidendos palmites pesti-
feros et nocivos."
In calce, " Explicit apparatus magistri Johannis Aton super constitutionibus Otonis
et Ottoboni quondam legatorum in Anglia."
2. Gulielmi Horborch, Alemanni, Conclusiones
et decisiones dominorum de Rota Romana.
fol. 126.
Incip. " In nomine Domini, Amen. Anno
a nativitate ejusdem millesimo trecentesimo
lxxvi. ;" ut in Catal. codd. MSS. Arundel.
in Brit. Mus. p. 130.
Exstant impress. Colon. 1581.
In margine fol. i. superiori, " Istum librum
ego Ricardus Andrew, decanus Eborum et
quondam socius collegii beate Mariæ Winton. in Oxon., dedi eidem collegio beate
Marie, quem qui abstulerit anathema maranatha sit."

B CCXV.

Codex membranaceus, in folio, ff. 42, sec.
xv. ; binis columnis exaratus.

Gulielmi Lyndewode Provincialis fragmentum ;
cum prologo.
Desinit in verbis, " ad ordinis suscepti execucionem ;" lib. i. tit. ix. in ed. Oxon. 1679, p. 47.

E CCXVI.

Membranaceus, in 4to minori, ff. 130, sec. xiii. ;
olim Ricardi Andrew, decani Eboracensis.

Raymundi de Pennaforti Summa de casibus
pœnitentialibus, cum prologo et commentario
[Johannis de Friburgo] ; imperf.
Incip. comment. " Qui student domum Dei
pretio mercari in sacro ordine nulla ratione
de cetero permanere."
Deficit in verbis part. ii. " Utrum usurarius
tenetur restituere non solum pecuniam"——
in edit. Rom. 1603, p. 242.
In fronte codicis, " Istum librum ego Ricardus Andrew, decanus Eboracensis, et quondam
socius collegii beate Marie Wynton. in Oxon.
dedi eidem collegio beate Marie, quem qui
abstulerit anathema maranatha sit."

B CCXVII.

Chartaceus, in folio majori, ff. 351, sec. xv.,
manu Andreæ de Blochem, Leodiensis dioceseos clerici, duabus columnis scriptus.

1. Frederici de Senis, Jurisconsulti, Disputationes, quæstiones et consilia, numero ccciii., cum tabula annexa. fol. 1.

> Tit. "Domini nostri Jhesu Christi nomine, etc. Incipiunt questiones disputate, consilia reddita ad consultationes, responsa interdum all ... ando sed ut plurimum consulendo, ac collocutiones habite cum juris utriusque doctoribus per Fredericum de Senis ;" etc.
>
> Exstant impress. Romæ 1472.
>
> In calce, "Expliciunt disputaciones, questiones et consilia eximii decretorum doctoris domini Frederici de Senis scriptus per manus Andree de Blochem, Leodiensis dioceseos clerici, Rome, die xxiij. mensis Junii, anno a nativit. Domini 1425, Deo gracias."

2. Oldradi de Ponte, Laudensis, Consilia numero cclxii., cum tabula posthabita. fol. 171.

> Incip. "An in restitucione que petitur fieri de beneficio probatio tituli canonici requiratur."
>
> Exstant, teste Fabricio, impress. Venetiis.
>
> In calce, "Explicit summa domini Oldradi de Laude Deo gracias, Amen ; Blochem."

฿ CCXVIII.

Codex chartaceus, in folio majori, ff. 340, sec. xv. ; binis columnis scriptus.

Anonymi cujusdam commentarius in Gratiani Decreti secundæ partis Causas duodecim priores ; cum glossis ex Jo. de Fantinis, aliisque collectis.

> Incip. cum caus. i. quæst. i. cap. 6, "Quos ; Sumatur in litera casus, aliquis sacram dignitatem aut ordinem precio optimus."
>
> In calce, "Explicit causa xii. Sequitur xiii. causa."

฿ CCXIX.

Chartaceus, in folio majori, ff. 239, manu Johannis Haert, Flandrensis, anno 1439, binis columnis scriptus.

Anonymi cujusdam, [an Dominici de S. Geminiano,] commentarius in Bonifacii Decretalium libri sexti partem primam, scil. libros duo priores, e glossatorum optimorum scriptis collectus ; initio mutil.

> Incip. in comment. in cap. 2. tit. ii. lib. 1. "non venit excommunicatio."

> Incip. tit. de Rescriptis, "Ipso jure ; Breve est et ideo non summatur."
>
> Desin. "et ista communio communiter approbatus secundum Jo. de Lig[neriis]. Et sic est finis hujus secundi libri. Laudatur summus in Trynis. Deo gracias."
>
> In calce,
> "Qui librum scripsit illum bona Flandria fovit, Haert cognomen habet proprium nomenque Johannes
> M. semel et tetra cccc. xxx. ter tu junge .ix. que Post festum Jude sexta feriaque sequente."

ꝺ CCXX.

Codex membranaceus, in folio minori, ff. 93, sec. xiii. ineuntis.

Gratiani Clusini Decretum abbreviatum et glossis instructum.

> Incip. pars i. "Omne jus aut divinum est aut humanum."
>
> Incip. pars ii. ad fol. 10, "Prime cause septem sunt questiones."
>
> In calce, "Hic est finis causarum."
>
> Incip. pars iii. "De consecratione ecclesiarum et de missarum celebrationibus non alibi quam in sacratis."
>
> Desin. "beate Marie dicendam auctorizavit."
>
> Sequuntur, *manu paulo recentiori*, regulæ ad ecclesiasticam disciplinam spectantes, in usum clericorum.

ꝺ CCXXI.

Membranaceus, in folio minori, ff. 161, sec. xv. ineuntis ; initio mutilus.

1. Lectura super Justiniani imperatoris Novellas Constitutiones, ex Angelo de Ubaldis Perusino, et Bartolo de Saxoferrato præcipue collecta. fol. 1.

> Incip. "Quanta sit legitima filii naturalis et quanta abrogati. Hiis igitur legatarius et fideicommissarius honorati gravamen injunctum."
>
> Desin. in cap. 'Ut judices non expectent sacra ;' "quoniam alterum ex consiliis sequi debuit ut notatur per B[artolum] in dicta lege Domino, etc. Angelus."

2. Expositio super ejusdem Authenticam Collationem, cum præfatione. fol. 86.

M

Incip. præf. " Ad evidenciam rubrice et tocius libri premitte quia hic liber novellarum nuncupabatur."

Incip. text. " De heredibus et falcidia. Occupatus : Iste titulus totus, secundum Ja. de Bel. [Jacobum de Belvisio ?] dividitur in duas partes."

Deficit abrupte in l. Ante nuptiali, " per immistionem transeat in novam spe"——

3. Repetitio domini Bartoli de Saxoferrato, excellentissimi legum doctoris, super l. Omnes populi, Digest. De justitia et jure. fol. 94.

Exstat impress. inter opera, tom. i. p. 16.

Sequuntur, " Utilia collecta ex precedenti lege, videlicet Omnes populi, repetita per dictum domini Bartholi quam examinat ut videtis per questiones principales et accessorias multas."

4. Tabula tractatus statutorum super capitulum, " Canonum statuta, extra. de Constitutionibus, in antiquis, edita et composita ab egregio utriusque juris doctore domino Petro de Ancharano." fol. 103.

Incip. " Premisso itaque fundamento."

In calce, " Et sic est finis hujus tabule edite et compilate per egregium utriusque juris doctorem dominum Petrum de Ancharano."

5. Tractatus statutorum super capitulum, Canonum statuta, de Constitutionibus, per egregium virum dominum Petrum de Ancharano, utriusque juris doctorem, editus et compilatus. fol. 108 b.

Exstat impress. inter Repetitiones Juris Canonici, Venet. 1587, vol. ii. p. 37.

Deficit in verbis, " aliis rationibus hoc confirmat ex propria verbi significatione"——

In calce est, Fragmentum de statutis circa ultimas voluntates, ita *manu recentiori* subscriptum, " Expliciunt generales regulæ statutorum recollectæ per excellentissimum utriusque juris doctorem dominum Baldum de Ubaldis de Perusia."

D   CCXXII.

Codex membranaceus, in folio minori, ff. 50, sec. xiv. ineuntis ; binis columnis exaratus.

1. Canones ecclesiastici in concilio Oxoniensi, anno [1222 ?] editi. fol. 1.

Incip. " In hiis rebus, in quibus nil certi statuit divina scriptura, mos Dei populi et instituta majorum pro lege tenenda sunt."

Cap. ult. agit de Excommunicatione et desin. " extingte in inferno cum diabolo nisi resipiscent ac donec ad satisfactionem venerint, Fiat, Fiat, Amen."

In calce, " Explicit sentencia generalis manifeste distincta consilii universit. Oxon."

2. Statuta venerabilis patris in Christo domini Ottoboni, sancti Adriani diaconi cardinalis, apostolicæ sedis in Anglia legati, publicata in generali concilio ejusdem legati in ecclesia beati Pauli Londoniis mense Aprilis, die luna proxima ante diem beati Marci evangelistæ anno Domini m.º cc.º lx octavo. fol. 15.

In calce, " Expliciunt statuta venerabilis patriæ Octoboni, sancti Adriani diaconi cardinalis apostolice sedis in Anglia legati, etc."

3. Canon Missæ. fol. 25.

Incip. " Tres dies ante Pasca sunt tres anni, in quibus Antechristus per omnia regna regnabit."

Desin. " qui in peccatis mortui sunt Christi sacramenta non percipiunt. In terra viventium communicatoribus Christi interesse non potuerunt."

In calce, " Canon misse distinctus manifeste explicit ; Amen."

Sequuntur versus,

" Cum timor est sine spe desperacio ledit,
Et nisi spes timeat statim presumcio dampnat,
Ergo timor sine spe nec spes valet absque timore."

4. Capitula plura ex Jure Canonico extracta, in quibus agitur de excommunicatione, homicidio, simonia, usuris, restitutionibus, matrimonio, etc. [utrimque mutil.] fol. 28.

Incip. cap. i. integr. " De excommunicatione et ejus speciebus. Dictum est supra quod unum impedimentum ordinis est excommunicatio."

5. Tabula Sanctorum, ut in [Jac. de Voragine] Legenda Aurea continentur. fol. 39.

Tit. " Hec sunt nomina ethymologica sanctorum manifeste distincta ut in consequenti continentur."

In calce, " Explicit kalendarium."

6. " Sanctorum nomina ethymologice distincta," ex Legenda Aurea collecta. fol. 39 b.

Tit. i. " De Sancto Andrea apostolo."
Incip. " Andreas interpretatur decorus ;"
ut in libb. editt.
In calce, " Expliciunt nomina sanctorum
ethymologie que in legenda sanctorum continentur, etc."

7. S. Andreæ vita. fol. 46.

8. S. Nicolai vita. fol. 47 b.
In calce, " Explicit vita beati Nicholay."
Sequitur, *manu recentiori*, incantatio pro
dolore dentium.

9. Fragmentum, In quibus casibus non tenet
excommunicatio, etc. fol 50.

D   CCXXIII.

Codex membranaceus, in folio minori, ff. 221,
sec. xiv.

Johannis Bromiardi, sive Bromyard, Opus tri-
vium, ex tribus legibus divina, canonica et
civili, ordine alphabetico ; cum præfatione.
Incip. præf. " Quod in tractatu sequenti jura
canonica."
Exstat impress. Paris. 1500 et alibi.
In calce, " Explicit tractatus Johannis
Bromyardde, ordinis fratrum Predicatorum,
Cantebrigge."
Dein tabula operis supradicti alphabetica.
In fine, " Versus,
" Scribitur iste liber, qui scripsit est homo liber."
Præmittitur codici, " Brom3erd in legibus,
precii xxx.s."

B   CCXXIV.

Chartaceus, in folio majori, ff. 258, sec. xv.,
binis columnis scriptus ; utrimque mutilus.

Anonymi cujusdam commentarius in Gratiani
Decreti partis secundæ secundam partem, Causas scilicet xiii—xxiv. inclusive, cum glossis ex
Joh. de Fantinis aliisque collectis.
Incip. abrupte in verbis " —diens terminos
et limites alterius puniri debet."
Desin. in comment. in cap. 37, quæst. iii.
caus. xxiv. " non potest facere judex nisi sit
sacerdos," etc.

C   CCXXV.

Chartaceus, in folio minori, ff. 222, sec. xiv.,
hic illic mutilus ; olim Henrici Sadler.

Aristotelis Organon, seu Opera Logica, *Græce* ;
ordine sequenti,
1. Porphyrii Introductio ; initio mutil. fol. 1.
2. Categoriæ, et liber de Interpretatione. fol. 7.
3. Topicorum libri octo, hic illic Alberti Magni
commento in margine adjecto ; in calce
mutil. fol. 39.
Deficit lib. ult. prope ad finem in verbis,
ἐκ τούτων γὰρ ἡ δύναμις.
4. De sophisticis elenchis libro duo ; initio mutil.
fol. 111.
Incip. in verbis cap. ii. φαινομένων ἐνδόξων.
5. Analyticorum Priorum et Posteriorum libri
quatuor. fol. 134.

E   CCXXVI.

Codex chartaceus, in 4to minori, ff. 204,
sec. xv.

Aristotelis Parvorum Naturalium libri ; *Græce* ;
scilicet,
1. De sensu et sensibili ; cum glossulis. fol. 1.
2. De memoria et reminiscentia. fol. 18.
3. De somno et vigilia. fol. 23.
4. De somniis. fol. 30.
5. De divinatione per somnum. fol. 35 b.
6. De motu animalium. fol. 38 b.
7. De generatione animalium libri quinque,
glossis marginalibus instructi. fol. 47 b.
In calce, τέλος τῶν περὶ ζώων γενέσεων.
8. De gressu animalium. fol. 156.
Tit. Ἀριστοτέλους περὶ ζώων πορείας.
9. De longitudine et brevitate vitæ. fol. 170.
Tit. Ἀριστοτέλους περὶ μακροβιότητος καὶ
βραχυβιότητος.
10. De juventute et senectute et vita et morte.
fol. 173 b.
Tit. Ἀριστοτέλους περὶ νεότητος καὶ γήρως
καὶ ζωῆς καὶ θανάτου.
11. De coloribus libellus. fol. 192.
Tit. Ἀριστοτέλους περὶ χρωμάτων.

C   CCXXVII.

Chartaceus, in folio, ff. 141, sec. xv. ; olim
Gulielmi Man.

Aristotelis Ethicorum, sive de moribus, ad Nicomachum libri decem.
Tit. Ἀριστοτέλους ἠθικῶν νικομαχίων κεφάλαιον πρῶτον.

M 2

Præmittitur notitia, " Liber collegii Sanctæ Mariæ Wynton. in Oxon. ex dono Gulielmi Man, anno Domini 1589, Septembris 31."

C CCXXVIII.

Codex membranaceus, in folio, ff. 193, sec. xv.; olim Will. Warham, archiep. Cantuariensis.

1. Aristotelis Ethicorum ad Nicomachum libri decem, *Latine* traducti per Leonardum Brunum Aretinum, cum prologo. fol. 2.

Incip. prol. " Aristotelis Ethicorum libros facere Latinos nuper institui."

Incip. versio, " Omnis ars omnisque doctrina similiter autem et actus et electio."

In calce, " Finit liber Ethicorum anno Domini 1452, per me Jo. R."

2. Ejusdem Politicorum libri octo *Latine* versi per eundem, cum prologo. fol. 91.

Incip. prol. " Liber moralis disciplina precepta quibus humana vita instituitur."

Incip. vers. " Quoniam diximus omnem civitatem esse societatem quandam."

3. Ejusdem de rei domesticæ administratione liber primus, eodem interprete, cum prologo ad Cosmam Medicem. fol. 189.

Incip. prol. " Preciosa sunt interdum parvi corporis."

Incip. text. " Res familiaris et respublica inter se differunt."

In fronte codicis, " Ethica Aristotelis ex dono reverendissimi in Christo patris ac domini domini Willelmi Wareham, Cantuar. archiepiscopi, ac nuper socii hujus collegii."

D CCXXIX.

Membranaceus, in folio minori, ff. 286, sec. xiv., binis columnis nitide exaratus.

Alberti Magni, episcopi Ratisbonensis, opera varia ; scilicet,

1. Meteororum libri quatuor. fol. 1.

Tit. " Incipit liber Metheorum."

Exstant impress. inter opera, edit. Jammy, tom. ii. part. iv. p. 1.

In calce, " Explicit liber Metheororum ; Deo gratias et beate Virgini Marie."

2. De anima libri tres. fol. 123.

Exstant ibid. tom. iii. p. 1.

In calce, " Explicit liber de anima secundum fratrem Albertum."

3. De sensu et sensato tractatus tres. fol. 238.

Tit. " Incipit liber de sensu et sensato."

Ibid. tom. v. p. 1.

In calce, " Explicit liber primus de sensu et sensato; Incip. secundus de sensu et sensato, qui est de memoria et reminiscentia."

4. Liber de memoria et reminiscentia in tractatus duo divisus. fol. 261.

Ibid. tom. v. p. 52.

In calce, " Explicit de memoria et reminiscentia."

5. De principiis motus progressivi. fol. 267 b.

Tit. " Incipit liber de principiis motus processivi, qui est de animalibus motivis secundum locum, et quorum natura scitur, qualiter alia animalia conjunguntur corpori."

Ibid. tom. v. p. 508.

In calce, " Explicit liber de principiis motus processivi."

6. Liber de motibus animalium. fol. 276 b.

Ibid. tom. v. p. 109.

In calce, " Explicit liber de motibus animalium."

C CCXXX.

Codex chartaceus, in folio, ff. 224, sec. xv.

1. Alexandri Aphrodisiensis in Analyticorum Posteriorum librum primum commentarius ; in calce mutil. fol. 1.

Tit. Ἀλεξάνδρου Ἀφροδισέως ὑπόμνημα εἰς τὸ πρῶτον τῶν δευτέρων Ἀριστοτέλους ἀναλυτικῶν.

Incip. ἡ λογικὴ τε καὶ συλλογιστικὴ πραγματεία.

Deficit in verbis, ἡ χωριζόμενα αὐτῶν, οὐ δὲ γὰρ πλέον ὡς πρὸς τὴν ———

2. Ejusdem Alexandri in Analyticorum priorum librum secundum commentarius. fol. 10.

Incip. ἐν πόσοις οὖν σχήμασι καὶ διὰ ποίων, κ. λ. διδάξας ὑμᾶς ἐν τῷ προτέρῳ βιβλίῳ.

Desin. λαμβανόμενοι ἐν οἶς ἡ πρᾶξις.

In calce, τέλος τοῦ δευτέρου τῶν ἀναλυτικῶν.

3. Aristotelis Metaphysicorum libri undecim priores, mutil. fol. 60.

Tit. Ἀριστοτέλους τῶν μετὰ τὰ φυσικά.

In calce lib. i. τοῦτο τὸ βιβλίον οἱ πλείους φασὶν εἶναι Πασικλέους τοῦ Ῥοδίου, ὃς ἦν ἀκροατὴς Ἀριστοτέλους, υἱὸς δὲ Βοηθοῦ τοῦ Εὐδήμου ἀδελφοῦ, Ἀλέξανδρος δὲ ὁ Ἀφροδισεὺς φασὶν εἶναι αὐτὸ Ἀριστοτέλους.

4. Alexandri Aphrodisiensis in Aristotelis Meteorologicorum libros quatuor commentarius. fol. 138.

Tit. Ἀλεξάνδρου Ἀφροδισέως τῶν Ἀριστοτέλους μετεωρολογικῶν ὑπόμνημα πρῶτον.

Exstat impress. una cum Philoponi commentariis ad libros de generatione et interitu, Venet. 1527.

C CCXXXI.

Codex chartaceus, in folio, ff. 337, sec. xv.

1. Alexandri Aphrodisiensis in Aristotelis Topicorum libros octo commentarius. fol. 1.

Tit. Ἀλεξάνδρου Ἀφροδισέως εἰς τὴν τοπικὴν ὑπόμνημα.

Exstat impress. Venetiis 1514 et 1526.

In calce, σὺν Θεῷ τῶν εἰς τὰ Ἀριστοτέλους τοπικὰ τοῦ Ἀλεξάνδρου ὑπόμνημα τέλος.

2. Ejusdem Alexandri in Aristotelis Sophisticos Elenchos commentaria. fol. 266.

Exstant impress. Venetiis 1520 et alibi.

C CCXXXII.

Chartaceus, in folio, ff. 361, sec. xv.

1. Alexandri Aphrodisiensis in Aristotelis librum de sensu et sensibili commentarius. fol. 1.

Tit. Ἀλεξάνδρου Ἀφροδισέως εἰς τὸ περὶ αἰσθήσεως καὶ αἰσθητῶν Ἀριστοτέλους ὑπόμνημα.

Exstant in calce Simplicii in libros de anima commenti, Venet. 1527.

In calce, τοῦ αὐτοῦ εἰς τὸ περὶ ὀσμῆς Ἀριστοτέλους.

2. Michaelis Ephesii in Aristotelis Parva Naturalia commentarii, scilicet,

a. De memoria et reminiscentia et de somno et vigilia. fol. 75.

Tit. σχόλια εἰς τὸ περὶ μνήμης καὶ ἀναμνήσεως καὶ ὕπνου Ἀριστοτέλους καὶ τῆς καθ᾽ ὕπνους μαντικῆς.

b. De partibus animalium. fol. 117.

Tit. τοῦ Ἐφεσίου σχόλια εἰς τὸ περὶ ζώων μορίων.

c. De gressu animalium. fol. 162.

Tit. σχόλια εἰς τὸ περὶ ζώων πορείας.

d. De longitudine et brevitate vitæ. fol. 182.

Tit. σχόλια εἰς τὸ βραχυβιότητος καὶ μακροβιότητος βιβλίον Ἀριστοτέλους.

e. De senectute et juventute, de vita et morte, et de respiratione. fol. 188.

Tit. σχόλια εἰς τὸ περὶ γήρως καὶ νεότητος καὶ ζωῆς καὶ θανάτου καὶ περὶ ἀναπνοῆς.

f. De motu animalium. fol. 215 b.

Tit. σχόλια εἰς τὸ περὶ ζώων κινήσεως.

g. De generatione animalium. fol. 229 b.

Tit. σχόλια εἰς τὸ πρῶτον τῆς περὶ ζώων γενέσεως Ἀριστοτέλους πραγματείας.

E CCXXXIII.

Codex chartaceus, in 4to minori, ff. 327, sec. xv.

1. Alexandri Aphrodisiensis Problematum libri duo, cum prologo. fol. 1.

Tit. Ἀλεξάνδρου Ἀφροδισέως ἐπί τισι φυσικαῖς ἀπορίαις λύσεις.

2. Aristotelis Problemata ad naturalem philosophiam spectantia. fol. 81 b.

Tit. Ἀριστοτέλους φυσικὰ προβλήματα κατ᾽ εἶδος συναγωγῆς.

In calce,

δόξαν κἀνταῦθα τῷ Θεῷ προσοιστέῳ.

3. Plutarchi Chæronensis liber de placitis philosophorum. fol. 271.

Tit. Πλουτάρχου περὶ τῶν ἀρεσκόντων τοῖς φιλοσόφοις.

4. Excerpta ex Æliani Claudiani libris de animalium natura. fol. 316.

Tit. ἐκ τῶν Αἰλιανοῦ περὶ ζώων ἰδιότητος.

Incip. ὁ αἰτναῖος οὕτω λεγόμενος.

In calce,

ὁ παύσας, Χριστὲ, τῆς χειρός μου τὸν δρόμον, παῦσον καὶ τὸν δρόμον μοι τῆς ἁμαρτίας.

C CCXXXIV.

Chartaceus, in folio, ff. 137, sec. xv.

Ammonii, Hermeæ filii, in Aristotelis librum de Interpretatione commentarius, in sectiones quinque divisus.

Tit. Ἀμμωνίου Ἑρμείου ὑπόμνημα εἰς τὸ περὶ ἑρμηνείας Ἀριστοτέλους.

Exstat impress. in fol. Venet. 1545.

In calce,

τῷ δόντι τέρμα τῇ βίβλῳ χάρις, τέλος.

D CCXXXV.

Chartaceus, in folio minori, ff. 16 et 166, sec. xv., olim Henrici Sevyar, postea Will. Holden, coll. Nov. baccalaurei.

1. Doctoris subtilis, [Johannis Duns Scoti,] de primo principio libellus. fol. 4.*

Tit. "Incipit doctor subtilis de primo principio."

Incip. "Primum rerum principium mihi ea credere," etc. ut inter opera, ed. Waddingo, tom. iii. p. 210.

2. Johannis Canonici, ord. Minorum, super Aristotelis Physicorum libros quinque priores Quæstionum liber. fol. 1.

Tit. *manu recentiori*, "Quæstiones Johannis Canonici super quinque priores libros Physicorum."

Exstant impress. fol. Venet. 1492, et alibi.

In calce, a. Processus sive Argumentum Aristotelis in libris tribus de anima. b. Argumentum in libros de generatione.

Sequitur Henrici Sevyar, coll. Nov., ad Bartleium epistola de viginti solidis pro determinationibus suis a Guardiano solutis.

In fronte codicis carmina ex Ovidio Horatioque pauca sequitur notitia ista, "Liber collegii beate Marie Wynton. in Oxon. ex dono magistri Willelmi Holden, post recessum domini Willelmi Knyght, bacallarii in Novo collegio, Oxon."

C CCXXXVI.

Codex chartaceus, in folio. ff. 394, sec. xv. exeuntis.

1. Johannis Philoponi, Grammatici Alexandrini, in Aristotelis Analyticorum Priorum libros duo commentarii. fol. 1.

Exstant impress. Venet. 1536.

In calce, τοῦ εἰς τὰ πρῶτα τοῦ Ἀριστοτέλους ἀναλυτικὰ Ἰωάννου Ἀλεξανδρέως ὑπομνήματος· τέλος.

2. Ejusdem Johannis in Analytica Posteriora commentarii. fol. 218.

Tit. Ἰωάννου Ἀλεξανδρέως σχολικαὶ ἀποσημειώσεις ἐκ τῶν συνουσιῶν Ἀμμωνίου τοῦ Ἑρμείου μετά τινων ἰδίων ἐπιστασιῶν εἰς τὸ πρῶτον τῶν ὑστέρων ἀναλυτικῶν Ἀριστοτέλους.

Exstant impress. Venet. 1534, et alibi.

In calce, Ἀριστοτέλους ἀναλυτικῶν ὑστέρων τὸ δεύτερον.

C CCXXXVII.

Chartaceus, in folio, ff. 291, sec. xv. ineuntis.

1. Johannis Philoponi, Alexandrini, in Aristotelis libros de generatione et interitu commentarii. fol. 1.

Tit. Ἰωάννου Ἀλεξανδρέως Φιλοπόνου εἰς τὸ πρῶτον περὶ γενέσεως καὶ φθορᾶς Ἀριστοτέλους ἐξήγησις.

Exstant impress. Venet. 1527.

In calce, τέλος τῆς ἐξηγήσεως Φιλοπόνου εἰς τὸ περὶ γενέσεως καὶ φθορᾶς.

2. Alexandri Aphrodisiensis in Aristotelis libros iv. de Meteoris commentarii. fol. 159.

Tit. Ἀλεξάνδρου Ἀφροδισιέως εἰς τὰ μετεωρολογικὰ ὑπόμνημα πρῶτον.

Exstant una cum opere supradicto, Venet. 1527.

In calce, τέλος τῆς ἐξηγήσεως τῶν μετεώρων.

F CCXXXVIII.

Codex membranaceus, in 4to minori, ff. 258, sec. xv.; olim Johannis Whyte, coll. Nov. socii.

Magistri Johannis Sharp super Aristotelis varia commentarii; scilicet,

1. Super Prædicabilia. fol. 5.

Incip. "Queritur utrum aliqua sunt universalia in rerum natura præter signa; Quod non arguitur primo sic; Omne universale est predicabile de pluribus."

Desin. "solvuntur faciliter omnes auctoritates ad omne adducende."

In calce, "Explicit questio super universalia secundum Sharp."

2. In octo libros Physicorum. fol. 53.

Incip. "Queritur super primo Physicorum, utrum tantum tria sunt rerum."

Desin. "potius cupio quam docere. Et in hoc finiuntur questiones aliaque circa libros phisicorum superficialiter collecta modo quo in scolis phisicis Oxon. disputari consuverant."

In calce, "Expliciunt questiones Sharp super 8 libros phisicorum; quod J. W."

3. In libros de anima. fol. 210. ?

Incip. "Utrum anima interna sit quodammodo."

Desin. "oportet hujusmodi abstraccionem processus."

In calce, "Explicit questio M. J. Sharp de anima; Deo gratias; quod W."

In fol. 4 b, " Liber collegii istius Oxon. ex dono magistri Johannis Whyte, socii coll. beate Marie prope Winton. nuper hujus collegii socii."

E CCXXXIX.

Codex membranaceus, in 4to, ff. 213. sec. xv.; olim Will. Denford, collegii Novi socii.

Antonii [Ragusini?] in Aristotelis Metaphysicorum libros duodecim Quæstiones.

Incip. " Girum celi circuivi, etc. Secundum Aristotelis doctrinam et omnium communiter eum sequencium."

Incip. quæst. " Utrum ens simpliciter sumtum, quod est comnune Deo et creaturis sit scientie metaphisice."

Desin. " principatuum unus et princeps tocius universi, Qui est benedictus vivens et regnans ;" etc.

In calce, " Expliciunt questiones fratris Antonii super duodecim libros metaphysice Aristotelis."

Sequuntur,

a. " Tabula Antonii super duodecim libros metaphysice ;" ordine alphabetico. fol. 193.

b. " Tituli questionum duodecim librorum metaphisice." fol. 212.

In fronte codicis, " Liber collegii ex dono magistri Willelmi Denford, olim socii collegii hujus ; sacre theologie scolaris."

D CCXL.

This and the following have been prepared for use as printers copy

Chartaceus, in folio minori, ff. 293, sec. xv. exeuntis, anno scil. 1497, manu Johannis Serbopuli Radingæ, in agro Berchorensi, scriptus ; olim domini Reginaldi Pool, cardinalis, archiepiscopi Cantuariensis.

1. Eustratii, metropolitæ Nicæni, in Aristotelis Ethicorum librum primum compositio. fol. 1.

Tit. *manu recentiori*, Εὐστρατίου μητροπολίτου Νικαίας ἐξήγησις εἰς τὸ πρῶτον τῶν Ἀριστοτέλους ἠθικῶν Νικομαχείων.

Exstat impress. cum aliorum explanationibus, ed. Venet. 1536, fol. 1.

2. Aspasii, sive cujuscunque sit, in Ethicorum libros secundum, tertium, quartum et quintum scholia. fol. 86.

Tit. ἀνωνύμου, ἢ ὥς τινες ὑπολαμβάνουσιν Ἀσπασίου, σχόλια εἰς τὸ δεύτερον τῶν Ἀριστοτέλους ἠθικῶν Νικομαχείων.

Exstant ibid., omisso in quintum commentario, fol. 32.

Incip. comment. in v. ἡ δὲ σκέψις ἡμῖν ἔστω κατὰ τὴν αὐτὴν μέθοδον.

3. Michaelis Ephesii in Ethicorum librum quintum expositio. fol. 133.

Tit. ἑτέρα ἐξήγησις τοῦ πέμπτου τῶν ἠθικῶν, παρομοίως τῇ προτέρᾳ, *et manu recentiori*, ἐξήγησις Ἐφεσίου κυρίου Μιχαὴλ εἰς τὸ πέμπτον τοῦ Ἀριστοτέλους ἠθικῶν Νικομαχίων.

Exstat ibid. fol. 59 b.

4. Eustratii metropolitæ in Ethicorum librum sextum expositio. fol. 176 b.

Tit. *man. sec.* Εὐστρατίου μητροπολίτου τῆς Νικαίας ἐξήγησις εἰς τὸ ἕκτον τῶν Ἀριστοτέλους ἠθικῶν Νικομαχείων.

Exstat ibid. fol. 79 b.

D CCXLI.

Codex chartaceus, in folio minori, ff. 10 et 203, sec. xv. exeuntis ; eodem librario atque tempore ac codex immediate præcedens descriptus ; " donum Reginaldi Pool ;" etc.

1. Aspasii in libros septimum octavumque Ethicorum expositio. fol. 1* b.

Tit. *manu secunda*, Ἀσπασίου σχόλια εἰς τὸ ἕβδομον τῶν τοῦ Ἀριστοτέλους ἠθικῶν.

Exstat impress. ed. Venet. 1536, fol. 117 b.

2. Eustratii in Ethicorum libros nonum et decimum expositio. fol. 63 b.

Tit. Εὐστρατίου τῆς Νικαίας μητροπολίτου ἐξήγησις εἰς τὸν ἔννατον τῶν τοῦ Ἀριστοτέλους ἠθικῶν Νικομαχείων.

Exstat ibid. fol. 145.

In calce, ἐτελειώθη ἡ παροῦσα βίβλος διὰ χειρὸς ἐμοῦ Ἰωάννου τοῦ Σερβοπούλου Κωνσταντινοπολίτου ἐν τῇ τῶν Βριτανικῶν νήσῳ ἀγγλίᾳ, μηνὶ Ἰουλίῳ τῇ τρισκαιδεκάτῃ ἡμέρᾳ πέμπτῃ, ἔτους ἀπὸ τῆς τοῦ Κυρίου ἡμῶν Ἰησοῦ Χριστοῦ σαρκώσεως χιλιοστῷ τετρακοσιοστῷ ἐνενηκοστῷ ἑβδόμῳ, ἤτοι ͵αυϟζʹ ἐν κώμῃ καλουμένῃ Ῥαδίνγ, δόξᾳ τῇ ἁγίᾳ Τριάδι.

Deinde, περιέχει δὲ πεντάδια πεντήκοντα τέσσαρα καὶ φύλλα τρία· τὰ πάντα φύλλα πεντακόσια τεσσαράκοντα τρία.

Et postea, " Secunda pars Eustrathii Thome Linacri."

B   CCXLII.

Codex membranaceus, in folio majori, ff. 232, sec. xiv., binis columnis manu Johannis Balne exaratus; olim Thomæ Chaundeler, cancellarii ecclesiæ Wellensis; mutilus.

1. Gualteri Burlæi super Aristotelis Ethicorum libros decem commentarii, cum prologo ad Ricardum de Angerville de Bury, episcopum Dunelmensem. fol. 2.

    Exstant impress. in folio Venet. 1521.

    Excisum est ex unoquoque, præter primum, libro folium initiale.

    In calce, "Explicit exposicio magistri Walteri de Burley super decem libros Ethicorum Aristotelis. Balne me scripsit."

2. Ejusdem Gualteri super Aristotelis libros octo Politicorum expositio, ad instantiam Ricardi ep. London. inchoata, cum procœmio ad episcopum [Dunelmensem?]. fol. 168.

    Incip. procœm., post dedicationem, quæ una cum litera initiali excisa est, " Quid pro tot et tantis beneficiis domino meo pro omnibus."

    Incip. "Subjectum libri politicorum est civitas in qua pro materia est multitudo hominum."

    Desin. "facilius attingent ad felicitatem. Et in hoc finitur intencio Aristotelis super totum quod translatum est de greco in latinum super librum Politicorum. Deo qui dedit intelligere sint gracie infinite."

    Sequitur tabula, et in calce, " Explicit liber Politicorum et liber Ethicorum in eodem volumine, per manum Johannis Balne."

    In fronte codicis, "Thomas Chaundeler sacre theologie professor prothonotarius apostolicus regis et principis Anglie consiliarius ecclesie cathedralis Herefordensis et ejusdem domini principis capelle decanus ecclesiarum Eboracensis, Wellensis et universitatis Oxon. nuper cancellarius, collegiorumque beate Marie juxta Wynton. et in universitate Oxon. successive custos beneficus hunc librum dicto collegio in Oxon. contulit."

C   CCXLIII.

Chartaceus, ex charta lævigata, in folio, ff. 327, sec. xvi. ineuntis.

1. Themistii Suadæ in Aristotelis de anima libros tres paraphrasis. fol. 1.

    Tit. Θεμιστίου παράφρασις τῶν περὶ ψυχῆς Ἀριστοτέλους λόγος πρῶτος.

2. Ejusdem in librum de memoria et reminiscentia paraphrasis. fol. 84.

    Tit. Θεμιστίου παράφρασις εἰς τὸ περὶ μνήμης καὶ ἀναμνήσεως Ἀριστοτέλους.

3. Ejusdem in librum de somno et vigilia paraphrasis. fol. 92 b.

    Tit. Θεμιστίου παράφρασις εἰς τὸ περὶ ὕπνου καὶ ἐγρηγόρσεως [sic] Ἀριστοτέλους.

4. Ejusdem in librum de Insomniis paraphrasis. fol. 99.

    Tit. Θεμιστίου παράφρασις εἰς τὸ περὶ ἐνυπνίων Ἀριστοτέλους.

5. Ejusdem in librum de divinatione per somnum paraphrasis. fol. 105 b.

    Tit. Θεμιστίου παράφρασις εἰς τὸ περὶ τῆς καθ᾽ ὕπνον μαντικῆς Ἀριστοτέλους.

6. Simplicii Cilicis in Aristotelis de anima libros tres commentaria. fol. 108.

    Incip. abrupte in verbis, καὶ τὸν τῶν νοητῶν θεωρητικὸν, ut in edit. Venet. 1527.

    In calce, Συμπλικίου ἐξήγησις εἰς τὸ τρίτον τῆς τοῦ Ἀριστοτέλους περὶ ψυχῆς πραγματείας, τέλος.

C   CCXLIV.

Codex chartaceus, in folio, ff. 502, sec. xv. exeuntis.

Simplicii Cicilis in Aristotelis Physicæ Auscultationis libros quatuor priores commentarii, notulis marginalibus hic illic instructi.

Tit. σιμπλικίου εἰς τὴν φυσικὴν ἀκρόασιν.

Exstant impress. Venet. in æd. Aldi et And. Asulani Soceri, 1526.

D   CCXLV.

Chartaceus, in folio, ff. 253, sec. xvi. ineuntis.

Simplicii Cilicis in Aristotelis Physicæ Auscultationis libros quatuor ultimos commentarii, cum notulis marginalibus.

Tit. τοῦ αὐτοῦ σιμπλικίου ἐξήγησις εἰς τὸ πέμπτον τῆς Ἀριστοτέλους φυσικῆς ἀκροάσεως.

Desin. imperf. in lib. viii. in verbis, ὕστερον εἰς τοὐνάντιον μεταβάλλουσαν in edit. Aldin. fol. 295 b, l. 2.

C CCXLVI.

Codex chartaceus, in folio, ff. 368, sec. xv. exeuntis.

Simplicii Cilicis in Aristotelis de Cælo libros tres priores commentarii, notulis marginalibus hic illic instructi.

In calce lib. ii. (ad fol. 284) legitur, τέλος τοῦ δευτέρου βιβλίου Ἀριστοτέλους τὰ περὶ οὐρανοῦ. Desin. ult. in verbis lib. iii. ἵνα ὁμοίως ἔχῃ τὴν ἀντίθεσιν τὴν πρὸς ἄλληλα.

Exstant in edit. Venet. 1526.

In same binding D CCXLVII.   (olim 248)
M. 1105.
, 46 147 Chartaceus, in 4to, ff. 130, sec. xvi. ineuntis; olim Reginaldi Poli, cardinalis.

1. Epicteti, philosophi Stoici, Hieropolitani, Enchiridion. fol. 1.

Tit. ἐγχειρίδιον Ἐπικτήτου κεφαλαίων πρῶτον.

2. Simplicii Cilicis in Epicteti Enchiridion scholia, sive enarratio, cum prologo. fol. 12.

Tit. Συμπλικίου ἐξήγησις εἰς τὸ τοῦ Ἐπικτήτου ἐγχειρίδιον.

Deficit prope ad calcem, in verbis, εὐχαριστῶν καὶ αὐτὸς τῇ προφάσει τῆς —— in edit. Colon. 1595, Latine, p. 218.

In fronte codicis, " Domini Reginaldi Pool cardinalis, archiepiscopi Cantuariensis, MDLVII."

(olim 247)
CCXLVIII. = Royal MS.
16. C. XIX
Deest. Continebat olim,

~~1. Enchiridion Epicteti; Græce.~~

2. Simplicii enarratio in Epicteti Enchiridion; Græce.

C CCXLIX.

Membranaceus, in folio, ff. 378, sec. xv.; olim Andreæ Holes, coll. Nov. socii.

M. T. Ciceronis Orationes sex et triginta, prævia tabula; ordine sequenti;

1. Pro M. Marcello. fol. 1.

Deest folium primum.

2. Pro Quinto Ligario. fol. 5.

3. Pro rege Deiotaro. fol. 9 b.

4. Pro A. Licinio Archia poeta. fol. 15 b.

5. In L. Catilinam orationes quatuor. fol. 20 b.

6. C. Crispi Sallustii, sive Porcii Latronis, in Ciceronem Invectiva. fol. 38 b.

7. Ciceronis in C. Crispum Sallustium. fol. 39 b.

8. Pro M. Cælio. fol. 42.

9. Pro T. Annio Milone. fol. 54 b.

10. De responsis haruspicum. fol. 69.

11. De provinciis consularibus in senatu. fol. 80 b.

12. Pro L. Flacco. fol. 88.

13. Pro lege Manilia, sive de laudibus Pompei. fol. 91.

14. Pro Cneio Plancio. fol. 113.

15. Pro Publio Sylla. fol. 130 b.

16. Pro L. Cornelio Balbo. fol. 145.

17. In Vatinium Testem. fol. 155 b.

18. Pridie quam iret in exilium. fol. 160.

19. De reditu suo ad senatum. fol. 164.

20. De reditu suo ad populum. fol. 170 b.

21. Oratio adversus Catilinam secunda. fol. 175.

22. Pro P. Sextio. fol. 180.

23. Pro domo sua ad pontifices. fol. 201.

24. Pro rege Deiotaro. fol. 225 b.

25. Pro P. Quintio. fol. 232.

26. Pro Aulo Cluentio. fol. 246.

27. Pro Aulo Cæcina. fol. 276.

28. Pro Lucio Murena. fol. 290 b.

29. Pro Sexto Roscio. fol. 305 b.

30. In Lucium Pisonem. fol. 324 b.

31. De lege agraria contra P. Servilium Rullum tres. fol. 340.

32. Pro C. Rabirio. fol. 361 b.

33. Pro Rabirio Perduellione. fol. 367.

In calce, margini adposita est notitia sequens, " In exemplari desunt duo folia, quæ abscissa fuerunt;" et paulo ante, " Deest in vetustissimo exemplari una pagina."

34. Pro Roscio Comœdo. fol. 372.

Tit. " M. T. Ciceronis orationem pro Roscio comedo fragmentatam initio et radice, si placet, lege feliciter; Amen."

In fronte codicis, " Liber collegii assignatus collegio per magistrum Johannem Baker, sacre theologie professorem, executorem testamenti venerabilis viri magistri Andree Holes, qui Andreas possessor et dominus libri fuit. Oretis" . . . . . .

C CCL.

Codex membranaceus, in folio, ff. 98, sec. xv., nitide exaratus.

1. M. Tullii Ciceronis de Oratore ad Quintum fratrem libri tres; glossulis instructi marginalibus. fol. 1.

N

Tit. "M. T. Ciceronis ad Quintum fratrem de officio et institutione oratoris liber primus incipit."

Incip. gloss. "— in libros tres; In primo enim disputatur, utrum ars dicendi."

In calce, "M. T. Cicerônis ad Quintum fratrem de oratore liber tercius et ultimus explicit; Deo gratias."

2. Ejusdem de optimo oratore ad Brutum liber, cum glossulis. fol. 66.

In calce, "Explicit liber Ciceronis de perfecto oratore ad Brutum scriptus; Deo gratias."

3. Ejusdem de partitione oratoria liber. fol. 87.

Tit. "M. T. C. Partitiones oratorie incipiunt in dialogo cum Cicerone filio suo."

In calce, "Marci Tullii Ciceronis de partitionibus; Finis; Deo gratias."

D CCLI.

Codex membranaceus, in 4to, ff. 191, sec. xv.

1. M. Tullii Ciceronis de Officiis libri tres. fol. 2.

In calce, "Explicit Tullius de officiis."

2. C. C. Sallustii Bellum Catilinarium. fol. 68.

Tit. "Incipit liber Crispi Salustii de coniuracione Catiline et sociorum ejus."

In calce, "Explicit liber Crispi Salustii de coniuracione Catiline et sociorum ejus."

3. Porcii Latronis, sive cujuscumque sit, Invectiva in Ciceronem. fol. 93.

Tit. "Invectiva Crispi Salustii in Marcum T. Ciceronem."

4. Ejusdem Porcii, sive cujuscumque sit, Invectiva in Sallustium. fol. 94 b.

Tit. "Invectiva M. T. C. in Salustium Crispum."

5. M. T. Ciceronis in Catilinam Invectivæ quatuor. fol. 98.

Tit. "Invectiva M. T. C. in Lucium Catilinam."

In calce, "Expliciunt invective Marci Tullii in Catilinam."

6. Ejusdem "Oratio ad C. Cæsarem pro Marco Marcello." fol. 125.

7. Ejusdem oratio pro Quinto Ligario. fol. 131.

8 Ejusdem oratio pro rege Deiotaro. fol. 138.

9. C. Crispi Sallustii Bellum Jugurthinum. fol. 146.

Tit. "Salustius in Jugurtino."

E CCLII.

Codex membranaceus, in 4to minori, ff. 85, sec. xii. exeuntis.

1. M. T. Ciceronis Philippicarum liber in M. Antonium. fol. 1.

Tit. "Phylippica Tullii."

In calce, "Philippicarum liber xiiij. explicit feliciter."

2. Fragmentum Ptolemæi canonum; *una tantum pagina.* fol. 57.

Tit. "Incipiunt canones Ptholomei. cap. i."

3. L. Annæi Senecæ de beneficiis libri septem ad Æbutium Liberalem. fol. 58.

In calce, "Explicit liber de beneficiis vii. L. Anei Senece."

Sequitur notitia de eodem ex Hieronymi virorum illustrium catalogo.

4. Methodus, qua inveniri possit numerus quilibet mente conceptus. fol. 76 b.

Incip. "Consummatus est numerus quilibet ac triplicetur."

5. Epistola contra consuetudinem legendi librorum multitudinem. fol. 77.

Incip. "Ex his que mihi scribis et que ego audio bonam spem de te concipio, non discurris nec mutacionibus locorum."

6. S. Pauli ad Senecam epistola, 'Perpendenti tibi;' dat. kal. August. fol. 77 b.

7. Senecæ ad S. Paulum epistola, 'Allegorice.' fol. 77 b.

8. L. A. Senecæ de Clementia libri duo. fol. 77 b.

9. Anonymi cujusdam de tempestatum præsagiis libellus. fol. 81.

Incip. "At enim predictis difficilioribus transire convenit ad reliqua tempestatum presagia —— Purus oriens atque non fervens serenum diem nunciat."

Desin. "sudorem repositoriis relinquentia diras tempestates prenuntiant."

In calce scripsit manus recentior alia pauca ejusdem argumenti.

C CCLIII.

Chartaceus, in folio, ff. 109, sec. xv.; olim Thomæ Hylle, coll. Nov. socii.

1. M. T. Ciceronis de finibus bonorum et malorum libri quinque, prævio argumento. fol. 3.

Tit. "M. T. Ciceronis de finibus bonorum et malorum incipit."

2. Ejusdem Tusculanarum quæstionum libri
quinque. fol. 56.

 In calce, " M. T. Ciceronis Tusculanarum
questionum liber quintus et ultimus feliciter explicit."

 Præmittitur notitia, " Liber collegii ex
dono M. T. Hyll nuper socii ibidem ex dispensacione executorum suorum; oretis roga-
mus pro eisdem ; cathenandus in libraria."

L CCLIV.

Codex chartaceus, in 4to minori, ff. 181, anno
1494, manu Joh. Serbopuli, Constantinopolitani, in abbatia Radingensi scriptus.

1. Theodori Gazæ de arte Grammatica libri
quatuor. fol. 2.

 Tit. Θεοδώρου γραμματικῆς εἰσαγωγῆς τῶν
εἰς τέσσαρα τὸ πρῶτον.

 Exstant Venet. 1495 et alibi.

 In calce, ἐτελειώθη διὰ χειρὸς ἐμοῦ Ἰωάννου
τοῦ Σερβοπούλου Κωνσταντινοπολιτάνου ἐν τῇ
ἀββατίᾳ τοῦ Ῥαδίγκ μηνὶ Σεπτεβρίῳ πέμπτῃ
ἐν χρόνῳ τοῦ Κυρίου ἡμῶν χιλιοστῷ τετρακοσιοστῷ ἐνενικοστῷ τετάρτῳ.

 Sequitur inscriptio funebris, incip. ἐν Ἀθη-
ναῖς. Ἀντωνία ἡ καὶ Σωκρατικὴ τῷ γλυκυτάτῳ
μου ἀνδρὶ Ἀντιόχῳ τῷ καὶ Συνεσίῳ ἐποίησα τὸ
ἡρῷον τοῦτο, τέλος καμάτων.

2. Isocratis Oratio ad Demonicum, cum versione
Latina interlineari scripta. fol. 159.

 Tit. Ἰσοκράτους λόγος πρὸς Δημονικόν.

3. Ejusdem Oratio ad Nicoclem. fol. 168 b.

 Tit. πρὸς Νικοκλέα περὶ βασιλείας.

D CCLV.

Membranaceus, in folio minori, ff. 70, sec. xiv.

1. Guidonis Fabæ, ecclesiæ S. Michaelis Fori-
medii capellani, liber, qui dicitur Rota Nova,
cum prologo, in quo declaratur auctoris vita.
ff. 8, 1—7 b, 9.

 Tit. " Incipit Rota nova magistri Guidonis
Fabe."

 Incip. " Letentur celi et exultet terra,
commoveatur mare."

 Sequuntur tituli alii,

a. " Incipit ala prima que angelica dicitur, id
est ab angelo attributa, super vitiis in epistolis evitandis." fol. 1.

 Incip. " Quia scire malum non est malum
sed peccatum est."

b. " Incipit ala secunda de regulis dictaminum
a magistro Guidone Sancti Michaelis composita." fol. 2.

 Incip. " Properate scicientes ad fontem,
venite gratulanter."

c. " Incipiunt littere stili secularis facte ; com-
parativum, positivum, et superlativum, id
est, quod de qualibet materia sunt tres
epistole diverse." fol. 6 b.

 Incip. " Viris providis," etc. " Quamvis
multa supersint negotia."

d. " Incipiunt littere prosaici dictaminis stili
ecclesiastici a magistro Guidone composite." fol. 16.

 Incip. " Dilecto, sc. Bonovicino, notario
dom. Pistoriensis episcopi, etc. Receptis
precibus caritatis."

e. " Incipiunt dictamina rethorica, que celesti
quasi oraculo edita odorem suavitatis exhibent . . tantis quia de paradisi fonte divina
gratia processerunt." fol. 23.

f. " Littera quam magister Guido Sancti Michaelis Bononie misit scolaribus in suo principio, et lecta fuit per omnes scolas." fol. 33 b.

g. " Littera Carnisprivii contra quadragesimam
adversariam suam." fol. 49.

h. " Invectiva quadragesime contra Carnispri-
vium inimicum suum." fol. 49.

2. Remediorum formulæ atque incantamento-
rum contra morbos varios. fol. 59.

 Tit. i. " Rumwaldus archiepiscopus ut ca-
pilli nascantur."

 Incip. " Panem ordeaceum et certam cum
sale equaliter combure."

 In calce, Tabula capitulorum ; *manu altera.*

D CCLVI.

Codex membranaceus, in folio minori, ff. 167,
sec. xv.

Guarini Veronensis, opuscula varia, scilicet,

1. De diphthongis tractatulus, ordine alphabetico, prævio proœmio. fol. 1.

 Inscribitur, " Guarinus Veronensis Florio
Valerio salutes plurimas dicit."

 Exstat impress. sine loco vel anno.

2. De compositione et elocutione libellus. fol. 7.

 Incip. " Omnis elocutio tribus his distri-
buitur rebus."

 N 2

3. Vocabularium, sive de expositione verborum eleganti, ordine alphabetico; prævia ad Bartholomæum [Senensem?] epistola. fol. 10.

Incip. epist. " Etsi michi id ocii absit tuis quod sepe verbis."

Incip. opus, " Abdicare non solum de patris facto potest dici."

4. Liber Synonymorum, numero nonaginta novem. fol. 160.

Incip. " Cupido et amor idem significare videntur sed est diversitas."

5. De usu casuum promiscuo tractatulus. fol. 167.

Incip. " Accusativus numeri singularis positus pro genitivo plurali, Ter. in Echi. Prope jam remotum ab injuria."

D CCLVII.

Codex chartaceus, in 4to minori, ff. 183, sec. xv.

1. Hermogenis Tarsensis Rhetoricorum libri, scilicet, De partitione statuum, de inventione, et de formis oratoriis. fol. 2.

Tit. Ἑρμογένους τέχνη ῥητορική.

2. Ejusdem de methodo dicendi libellus. fol. 163.

Tit. Ἑρμογένους περὶ μεθόδου δεινότητος.

In calce, τέλος·

ῥητορικὴ τελέσθω πολυδαίδαλος Ἑρμογενείη
ἀγρώτην ἐσάγουσα ἀπὸ χθονὸς ἐς νόον ἐσθλόν.

Sequitur synopsis schematum, quorum meminit Hermogenes in libris de inventione et de formis, sub titulo, περὶ σχημάτων ὧν Ἑρμογένης ἐμνημόνευσεν ἐν τοῖς περὶ εὑρέσεων καὶ περὶ ἰδέων βίβλοις σύνοψις.

Præmittitur codici hexastichon, incip.

τὴν κεφαλὴν βάπτεις τὸ δὲ γῆρας οὔποτε βάπτεις
οὐδὲ παριάων ῥυτίδας ἐκτανύσεις.

D CCLVIII.

Membranaceus, in 4to, ff. 249, anno 1298 manu Demetrii Triclinii optime exaratus et servatus.

1. Aphthonii Progymnasmata Rhetorica. fol. 1.

Tit. Ἀφθονίου σοφιστοῦ προγυμνάσματα.

2. Hermogenis Tarsensis Rhetoricorum libri omnes, qui in codice supradicto memorantur. fol. 27.

Tit. Ἑρμογένους τεχνὴ ῥητορική.

Præcedunt capitula librorum de statibus.

In calce, τέλος τοῦ περὶ μεθόδου δεινότητος.

Sequitur notitia, ἐτελειώθη ἡ παροῦσα βίβλος διὰ χειρὸς Δημητρίου τοῦ Τρικλίνη ἐν μηνὶ Αὐγούστῳ ἰνδικτιῶνος ς' τοδ ϛωϛ' ἔτους.

E CCLIX.

Codex chartaceus, in 4to, ff. 254, sec. xv., haud una manu nec eodem tempore scriptus.

Aristidis Orationes undecim, præviis Sopatri prolegomenis, sed mutilis; scilicet,

1. Oratio Panathenaica. fol. 8.

Tit. Ἀριστείδου Παναθηναικά.

2. Ad Platonem pro quatuor viris. fol. 75.

Tit. πρὸς Πλάτωνα ὑπὲρ τῶν τεσσάρων. Περικλῆς.

3. Cimon. fol. 92 b.

Tit. Ἀριστείδου Κίμων.

4. Miltiades, cum argumento. fol. 97.

Tit. Ἀριστείδου Μιλτιαδής.

5. Themistocles. fol. 105 b.

Tit. Θεμιστοκλῆς.

6. Communis apologia. fol. 129 b.

Tit. κοινὴ ἀπολογία· λόγος ἕκτος.

7. Pro Rhetorica duo, cum procemio. fol. 176.

Tit. πρὸς Πλάτωνα ὑπὲρ ῥητορικῆς λόγος πρῶτος.

8. De Smyrna monodia. fol. 244.

Tit. ἐπὶ Σμύρνη μονοδία.

9. Epistola de Smyrna ad Imperatores. fol. 246.

Tit. Ἀριστείδου ἐπιστολὴ περὶ Σμύρνης πρὸς τοὺς βασιλεῖς τῶν Ῥωμαίων.

10. Palinodia de Smyrna. fol. 249 b.

Tit. Παλινωδία ἐπὶ Σμύρνη.

In calce, Ἀντώνιος Δαμιλᾶς καὶ τοῦτο ἀνεπλήρωσε τὸ βιβλίον.

D CCLX.

Chartaceus, in 4to, ff. 195, sec. xv., nitide scriptus.

Manuelis Moschopuli, potius M. Moschopuli partim et partim Thomæ Magistri, Collectio vocum Atticarum; ordine alphabetico.

Tit. ὀνομάτων Ἀττικῶν ἐκλογὴ ἐκλεγεῖσα ἀπὸ τῆς τεχνολογίας τῶν εἰκόνων τοῦ Φιλοστράτου, ἣν ἐξελέξατο ὁ σοφώτατος κυρὸς Μανουὴλ ὁ Μοσχόπουλος καὶ ἀπὸ τῶν βιβλίων τῶν ποιητῶν· συνετέθη δὲ ἐνταῦθα κατὰ στοιχεῖον.

In calce literæ ψ sequitur notitia, τὰ δὲ ἕτερα τοῦ Μαγίστρου ὅσα ἐν τῷ στοιχείῳ τοῦ ψ εὑρέθησαν εἰς τὴν τοῦ Μοσχοπούλου τεχνολογίαν.

Exstat impress. cum Phrynicho, Lutet. 1532. In calce, Τέλος σὺν Θεῷ ἁγίῳ, ἀμήν.

Σ CCLXI.

Codex chartaceus, in 4to, ff. 114, sec. xv. ineuntis; olim Will. Grocini, postea Ric. Edmonds.

1. Flavii Philostrati Heroica. fol. 1.
   Tit. Φιλοστράτου ἡρωικά. πρόσωπα· 'Αμπελουργός, Φοίνιξ.
2. Ejusdem Philostrati Vitæ Sophistarum, prævia epistola ad Antoninum. fol. 51.
   Tit. epist. τῷ λαμπροτάτῳ ὑπάτῳ 'Αντωνίνῳ Φιλόστρατος τῷ μετὰ Σεβήρου ἄρξαντι.
   Tit. lib. Φλαυίου Φιλοστράτου βίοι σοφιστῶν.
   In calce, Index Sophistarum alphabetica, *manu recentiori.*
   In margine fol. 99 b. notatum est, " Richard Edmonds ys boke : he that stele hym shall be hangyd apoun a crok : and that shall be . . . . ."

ℸ CCLXII.

Membranaceus, in 4to, ff. 58, sec. xiv. exeuntis, binis columnis exaratus.

1. Johannis Bocatii, sive Boccaccii, de Certaldo, libellus de montibus ; ordine alphabetico ; initio mutil. fol. 1.
   Incip. " Agued, mons est Britannie."
   In calce, " Conspicui vatis Johannis Boccaccii de Certaldo de montibus explicit."
2. Ejusdem libellus de silvis. fol. 13.
   In calce, " Explicit de silvis."
3. Ejusdem libellus de fontibus. fol. 15.
   Tit. " Insignis poete Johannis Boccaccii de Certaldo, de fontibus incipit feliciter."
4. Ejusdem de lacubus libellus. fol. 19 b.
   Tit. " Famosissimus vates J. Boccaccius de Certaldo de lacubus incipit feliciter."
5. Ejusdem de fluminibus. fol. 23 b.
   Tit. " Inclitus poeta Johannes Boccaccius de Certaldo de fluminibus incipit feliciter."
6. Ejusdem de stagnis et paludibus. fol. 44.
   Tit. " Eliconicus vir Johannes Boccaccius de Certaldo de stagnis et paludibus incipit feliciter."

7. Ejusdem de maribus. fol. 46 b.
   Tit. " Decoratissimus poetarum insignis Johannes Boccaccius de Certaldo de nominibus marium incipit feliciter."
   In calce, " Prefulgentissimi jubaris Johannis Boccaccii de Certaldo de montibus, silvis, fontibus, lacubus, fluminibus, stagnis seu paludibus, et ultimo de nominibus marium, explicitus liber est feliciter."
8. Zenobii de Florentia carmen in honorem Boccaccii. fol. 56.
   Inscribitur, " Eliconio vati Johanni Boccaccio de Certaldo tanquam fratri in urbe Florenti."
   In calce, " Vale in Sancto Jermano Jermanis obsesso v.° idus Ottobris ; Tuus ut suus Zenobius de Florentia laureatus immeritus."
   Sequuntur, ex codice alio fragmentum, Proverbia, ordine alphabetico, incip. " Alienum est omne quidquid optando venit."

ϛ CCLXIII.

Codex membranaceus, in folio, ff. 110, sec. xv., binis columnis exaratus ; olim Gulielmi Brygon, postea anno 1482 Jo. Russell, episcopi Lincolniensis.

Johannis Boccaccii de Certaldo de casibus virorum illustrium libri novem, prævia tabula rubricarum.
   Tit. " Incipiunt rubrice totius libri Johannis Boccacii de casibus virorum illustrium."
   In calce tab. " Expliciunt rubrice libri Johannis Boccacii ; Deo gratias."
   In calce codicis, " Liber Willelmi Brygon, titulo empcionis."
   In fronte, " Verus celluy je suis Jo. Lincoln. 1482."

ϛ CCLXIV.

Membranaceus, in folio, ff. 261, sec. xiv., binis columnis exaratus ; olim Willelmi Reed, episc. Cicestrensis, ex dono Nicolai de Sandwycis.

1. A. M. S. Boethii de consolatione philosophiæ libri quinque cum Willelmi de Frumenti lege, sive Wethelay, ecclesiæ de Yatesbury rectoris, commentario locupletissimo ; prævia ejusdem Willelmi ad Henricum de Mansfeld, decanum eccl. Lincolniensis, epistola. fol. 9.

Incip. ep. "Doctor reverende cum sit dignum ac rationi consonum, illos quorum vita morum honestate."

Incip. opus, "Philosophie servias; etc. Ista propositio scripta est a Seneca in quadam epistola ad Lucillum."

Desin. "Utrum Deus sit prior mundo, posito quod mundus semper fuit."

In calce, "Expliciunt conclusiones et questiones supra quintum librum de consolatione philosophie."

Præcedunt,

a. Fragmenta quæstionum philosophicarum, eodem forsan auctore, de divinatione somniorum, etc. in quibus narratur de Oxoniensi quodam, qui in somnis venatum ivit cervosque interfecit. fol. 1.

b. Ejusdem Willelmi ad Rogerum, episcopum Sarum., epistola. fol. 4 et 5 b.

Incip. " Pater reverende, Cum sit dignum," etc. "militum dico selectorum ratione generositatis."

Deficit in verbis, " ac bonitatis innate clementia Gratanter."

2. Ejusdem Willelmi tractatus de signis prognosticis futuræ sterilitatis, prævia epistola ad Eliam de Wethelay, consanguineum suum. fol. 250.

Incip. epist. "O Christo care, cum ante oculos judicis."

Incip. lib. " Humana natura est grandis," etc. " Ista propositio scripta est a Platone."

Deficit, " ad florum et fructuum generationem argumentationem et"——

3. Ejusdem expositio in hymnos duo Hugonis, episcopi Lincolniensis, sanctitatem commendantes, et a clericulo quodam, anno 1316 scholæ grammaticalis Lincoln. didascalo, compositos. fol. 257.

Incip. " Materia istius ympni et similiter ympni subsequentis."

Incip. hymnus,

" Producens celite . Pater ingenite.
Plantam justicie . In regno Francie."

Desin. expos. " Sibi ipsi Deo vivo et vero; Qui nos sibi in celo ;" etc.

In calce sunt notitiæ aliquæ de computis quibusdam privatis, in quibus occurrunt nomina, Will. Springoth, Walterus Corner,

Rob. Broderib, Thomas Herkereve, Will. Coquus, Will. Karservel, aliorumque.

Præmittuntur volumini,

a. " Liber M. Willelmi Reed, ex dono magistri Nicholai de Sandwycis."

b. " Liber collegii beate Marie Wynton. in Oxon. in communi librarii et ad communem usum scolarium ejusdem et maxime de diocesi Cicestrie ex benignitate episcopi Wyntoniensis in posterum assumendorum cathenandus, ex dono venerabilis patris domini Willelmi tercii episcopi Cicestrie. Oretis igitur pro eodem et benefactoribus ejusdem ac fidelium animabus a purgatorio liberandis."

Ð CCLXV.

Codex membranaceus, in 4to, ff. 58, sec. xiv., nitide exaratus.

A. M. S. Boethii de consolatione philosophiæ libri quinque.

Desiderantur nonnulla in initio libri primi.

C CCLXVI.

Membranaceus, in folio, ff. **179**, sec. xv., binis columnis nitide scriptus et picturis ornatus; olim Johannis Cutt, fil. Joh. Cutt, de Shenley, in com. Hertford., postea Thomæ Martin.

Johannis Gower de confessione Amantis libri octo, carmine Anglicano scriptum, cum auctoris epigrammate prologo et argumentis.

Exstat impress. London. 1554.

In calce,

" Explicit iste liber . qui tum fecit obsecro liber,
Ut sine livore . vigeat lectoris in ore,
Qui sedet in scamnis . celi det ut ista Johannis
Perpetuis annis . stet pagina grata Britannis,
Derbeis comiti . recolunt quem laude periti,
Vade liber purus . sub eo requiesce futurus."

Sequitur, " Epistola super hujus opusculi sui complementum Johanni Gower a quodam philosopho transmissa.

" Quam cinxere freta . Gower tua carmina leta,
Per loca discreta . canit Anglie laude replete,
Carminis Atleta . satirus tibi sive poeta
Sit laus completa . quo gloria stat sine meta."

Postea, " Johannes Cutt, filius Johannis Cutt, millitis, nuper de Schenley in com. Hertford. Quod Thomas Smyth."

Deinque, " The parke at Shenley is abowte after xvj. fote and an halff to the rode xxvj. score rode to the myle two myle and a quarter and xij. rode."

C CCLXVII.

Codex membranaceus, in folio, ff. 153, sec. xv., binis columnis nitide exaratus; olim Jo. Russell, episc. Lincolniensis.

1. [Francisci Petrarchæ Psalmi septem Pœnitentiales.] fol. 1.
   Exstant impress. inter opera, 1581, p. 369.
2. Ejusdem Petrarchæ Senilium libri tredecim priores. fol. 2 b.
   Desin. lib. xiii. epist. 13 in verbis, "facies tu quod voles," in edit. cit. p. 927, l. 32.
   Sequuntur,
   a. Epistola, incip. " Doceri per me desideras."
   b. [Epistola ad Jobardum a Serico, scil. Rer. Senil. lib. xiv. ep. 4.]
   Exstat in edit. cit. p. 933.
   In fronte codicis,
   " Stirpe parum clarus magis aptus quam bene doctus,
   Fraudis inexpertus facto sermone que Ve Rus, celluy je suis.
   Jo. Lincoln. 1482."

D CCLXVIII.

Membranaceus, in folio, ff. 222, sec. xv., nitide exaratus sed imperfectus.

Francisci Petrarchæ Epistolæ in libros viginti quatuor distinctæ; præviis Rubricis, una cum uniuscujusque epistolæ initio.
Tit. " Tabula libri epistolarum rerum familiarium Francisci Petrarce, Florentini poete Rome Laureati divisi in libros viginti quatuor."
Epist. i. inscripta est, " Ad Socratem suum prohemium operis incipiens; et incip. " Quid vero nunc agimus, frater."
Desin. codex, in lib. xi. ep. 17, 'Ad quatuor cardinales reformando Romane reipublice statui deputatos,' in verbis, " sed pessime semper administratum"——

D CCLXIX.

Membranaceus, in 4to, ff. 44, sec. xv.

1. Francisci Petrarchæ Carmen Bucolicum, eclogas xii. comprehendens. fol. 1.

Tit. " Francisci Petrarche poete Laureati Bucolicum carmen incipit."
Exstat impress. inter opera, 1581, part. iii. p. 8.
In calce, " Francisci Petrarche poete Laureati Bucolicum carmen explicit feliciter."
2. Fabularum Æsopicarum liber, metrice expressus, cum prologo. fol. 32.
Incip.
" Ut juvet et prosit, conatur pagina presens."
Exstant inter Auctores octo Morales, ed. Rœnerio, 1538, p. 130.
In calce, " Explicit liber Isopi."

C CCLXX.

Codex membranaceus, in folio, ff. 298, anno 1523, manu ~~Zarii~~ Calliergi Cretensis, impensis vero Ricardi Patii, ~~presbyteri~~ Romæ nitidissime exaratus.

Richard Pace, dean of St Paul's. (I. Bywater, 1865)

Johannis Stobæi Anthologium, sive Florilegium eclogarum, Apophthegmatum præceptorumque ex omni scriptorum genere confectum.
Tit. Ἰωάννου Στοβαίου ἐκλογῶν, ἀποφθεγμάτων ὑποθηκῶν βιβλίον.
In calce, ἡ τοῦ πολυμαθοῦς τε καὶ σοφοῦ Ἰωάννου τοῦ Στοβαίου αὑτηὶ βίβλος ἐκλογῶν ἀποφθεγμάτων ὑποθηκῶν ἐπιμελῶς ἐν Ῥώμῃ γραφεῖσα ἤδη σὺν Θεῷ πέρας εἴληφεν, ἀναλώμασι μὲν τοῦ εὐγενεστάτου καὶ μεγαλοπρεπεστάτου κυρίου Ῥικάρδου τοῦ Πατίου σοφωτάτου τὲ ἅμα καὶ λογιωτάτου εὐδοκίμου πρεσβευτοῦ τοῦ εὐκλεοῦς τε καὶ ἀηττήτου βασιλέως τῆς εὐτυχεστάτης ἀγκλίας, χειρὶ δὲ Ζαρίου Καλλιέργου τοῦ Κρητὸς, ἔτει τῷ ἀπὸ τῆς Χριστοῦ γεννήσεως χιλιοστῷ πεντακοσιοστῷ εἰκοστῷ τρίτῳ ποσειδεῶνος ὀγδόῃ ἱσταμένου.

D CCLXXI.

Membranaceus, in folio, ff. 171, sec. xv.; olim Will. Brygon, postea Jo. Russell, episcopi Lincolniensis.

P. Virgilii Maronis Æneidos libri duodecim, argumentis haud insolitis perquam illustrati.
Sequuntur,
1. Liber xiii. Æneidos, quem compilavit Mafeus Veggius, [sc. Maphæus Vegius.] fol. 156.
   In calce, "Explicit xiij. liber Eneydos, quem compilavit Mafeus Veggius."
   Deinde, ' Epitaphium Vergilii;' inc. " Pastor oves," etc.

2. Ejusdem Maphæi de morte Astyanactis poema. fol. 166.

    Tit. " Mafei Vegii Laudensis Astianas incipit feliciter."

    Præmittuntur,

      In fol. 1. verso, " Liber W. Brygon titulo empcionis ;" deinde, " Ego Jo. Ruscell postea emi.

      " Stirpe parum clarus magis aptus ;" etc.

      In fol. 2, verso, " Eneydos cum Mafeo Vegio continuante hystoriam. Ve Rus celluy je suis, Jo. Lincoln. 1482:"

D CCLXXII.

Codex membranaceus, in folio minori, ff. 58, sec. xv.

Deflorationes ex Quinti Aurelii Symmachi epistolis ab anonymo quodam collectæ, et in distinctiones trecentas quadraginta septem divisæ.

    Incip. i. " Facis pro mutua diligentia et antiquitate anicicie nostre ;" in edit. Neap. Nem. 1617, p. 32, ep. xxviij.

    Desin. " si peculiariter in rem missos suffragii tui nisus adjuverit."

    In calce, " Expliciunt epistole Symmachi ex omni opere ejus deflorate."

C CCLXXIII.

Chartaceus, in folio, ff. 179, sec. xv.

Plutarchi Chæronensis opuscula varia ; scilicet,

1. De virtute et vitio libellus. p. 1.

    Tit. Πλουτάρχου περὶ ἀρετῆς καὶ κακίας λόγος πρῶτος.

2. De liberorum educatione. p. 2.

    Tit. περὶ παίδων ἀγωγῆς λόγος δεύτερος.

3. Quomodo quis suos in virtute paranda sentire possit profectus. p. 18.

    Tit. πῶς ἄν τις αἴσθοιτο ἑαυτοῦ προκόπτοντος ἐπ' ἀρετῇ λόγος τρίτος.

4. De his, qui sero a numine vindicantur. p. 32.

    Tit. περὶ τῶν ὑπὸ τοῦ θείου βραδέως τιμωρουμένων.

5. De utilitate ex inimicis capienda. p. 59.

    Tit. πῶς ἄν τις ὑπ' ἐχθρῶν ὠφελοῖτο.

6. Quomodo juveni audienda sint poemata. p. 67.

    Tit. πῶς δεῖ τὸν νεὸν τῶν ποιημάτων ἀκούειν.

7. [De audiendis poetis ; initio mutil.] p. 79.

    Incip. in verbis, εὖ πράττειν πέπρωται καὶ κρατεῖν τῶν πολεμίων.

8. Virtutem posse doceri. p. 95.

    Tit. ὅτι δίδακτον ἡ ἀρετή.

9. Quomodo quis distinguat amicum adulantem. p. 97.

    Tit. πῶς ἄν τις διακρίνειε τὸν κόλακα τοῦ φίλου.

10. Qua quis ratione seipsum citra invidiam laudare possit. p. 131.

    Tit. περὶ τοῦ ἑαυτὸν ἐπαινεῖν ἀνεπιφθόνως.

11. De non irascendo. p. 142.

    Tit. περὶ ἀοργησίας.

12. De curiositate. p. 159.

    Tit. περὶ πολυπραγμοσύνης.

13. De animi tranquillitate. p. 171.

    Tit. περὶ εὐθυμίας.

14. De vitioso pudore. p. 190.

    Tit. περὶ δυσωπίας.

15. Bruta animalia ratione uti. p. 202.

    Tit. περὶ τοῦ τὰ ἄλογα λόγῳ χρῆσθαι.

16. Maxime cum principibus philosopho esse disputandum. p. 209.

    Tit. ὅτι μάλιστα τοῖς ἡγεμόσι τὸν φιλόσοφον διαλέγεσθαι.

17. Ad principem ineruditum. p. 214.

    Tit. πρὸς ἡγεμόνα ἀπαίδευτον.

18. De virtute morali ; desunt fere omnia. p. 218.

    Tit. περὶ τῆς ἠθικῆς ἀρετῆς.

19. [De vitioso pudore ; fragmenta.] p. 219.

    Incip. in verbis, [παρα]βῆναι τὸν ὅρκον καὶ πλέον. κ. λ.

20. De fraterno amore. p. 221.

    Tit. περὶ φιλαδελφίας.

21. De garrulitate. p. 242.

    Tit. περὶ ἀδολεσχίας.

22. De modo audiendi. p. 261.

    Tit. περὶ τοῦ ἀκούειν.

23. De cupiditate divitiarum. p. 277.

    Tit. περὶ φιλοπλουτίας.

24. De fortuna. p. 285.

    Tit. περὶ τύχης.

25. Utrum graviores sint animi morbi quam corporis. p. 289.

    Tit. πότερον τὰ τῆς ψυχῆς ἢ τὰ τοῦ σώματος πάθη χείρονα.

26. De amicorum multitudine. p. 292.

    Tit. περὶ πολυφιλίας.

27. Aquane an ignis sit utilior. p. 297.

    Tit. περὶ τοῦ πότερον ὕδωρ ἢ πῦρ χρησμώτερον.

28. De superstitione. p. 302.

 Tit. περὶ δεισιδαιμονίας.

29. De oraculorum defectu. p. 313.

 Tit. περὶ τῶν ἐκλελοιπότων χρηστηρίων.

B CCLXXIV.   *xiii*

Codex membranaceus, in folio, ff. 196, sec. ~~xii.~~ *in* ~~ex~~euntis, binis columnis optime exaratus et servatus; olim H. Neuport, postea Jo. Russell, episcopi Lincolniensis.

Caii Plinii Secundi Historiæ Naturalis libri novendecim priores, præviis Plinii vita ex Suetonio, epistola ad Vespasianum et librorum capitulis.

 Tit. " Vita Plinii ex catalogo virorum illustrium Tranquilli."

 In calce, " G. Plinii secundi naturalis historie liber xix. explicit."

 Præcedit mappa mundi, sic inscripta, " Hec est vera proporcio geometrica tocius terre habitabilis ad quantitatem Octiani maris quod totam terram cooperit preter quartam ejus partem, que sola inhabitatur et per ingressum ejusdem maris in arridam a parte occidentis et a septentrione dividitur in aliam, Europam et Affricam, sicud infra patet libro tercio."

 Præmittitur codici notitia, " Stirpe parum clarus ;" etc. " Emi Londoniis iij. die Marcii anno 1471 ; datus collegio anno 1482 ; Ve Rus celluy je suis Jo. Lincoln. 1482."

D CCLXXV.

Membranaceus, in 4to, ff. 219, sec. xv., binis columnis nitide exaratus.

 1. Trogi Pompeii epitome historiarum Philippicarum, libris quadraginta quatuor comprehensa, cum præfatione. fol. 1.

  Titulus est, " Trogus Pompeus de gestis Romanorum."

  In calce, " Pompei Trogi epitoma historiarum liber quadragesimus quartus explicit."

 2. [Thomæ Cantimpratensis] Bonum universale de apibus sive de proprietatibus apum ; prævia ad Hubertum, magistrum ordinis Prædicatorum, præfatione. fol. 100.

  Tit. " Incipit epistola auctoris hujus libri qui Bonum universale de proprietatibus apum nominatur ad fratrem Hubertum, magistrum ordinis predicatorum, ut eun-

dem librum per se corrigat et universaliter per totum ordinem faciat publicari."

 Exstat impress. Daventr. ante annum 1478 et sæpius alibi.

E CCLXXVI.

Codex membranaceus, in 4to minori, ff. 136, sec. xv., partim binis exaratus columnis ; olim " Liber monasterii Belle-Pertice," postea Thomæ Martini.

Galfredi Monemutensis de origine et gestis regum Britanniæ liber, cum præfatione.

 In calce, " Explicit liber . . . . ."

C CCLXXVII.

Membranaceus, in folio, ff. 168, sec. xv., nitide scriptus et quoad literas initiales coloratus.

Titi Livii Patavini Historiarum Decas prima, prævia vita Livii, necnon epithomatibus perquam instructa et in capitula distincta.

 Tit. vitæ, " Pauca de Tito livio."

 Tit. lib. i. " Titi livii Patavini illustris hystoriographi gestorum Romanorum ab urbe condita liber primus incipit."

 In calce, " Titi Livii patavini de gestis Romanorum ab urbe condita liber decimus explicit."

 Sequuntur epithomata librorum xi—xxi. deperditorum, sic inscripta, " Decem libri qui post hos immediate sequuntur credo omnino perierunt cum evo nostro nemo reperiatur qui videret et idcirco eorum loco uniuscujusque epythoma ponemus, quorum qui fuerit autor incertum."

 Et in margine inferiori notitia de eisdem libris, incip. " Inter decem precedentes et decem sequentes libros debent esse decem alii et forte xx. libri."

 Codice isto, cum duobus sequentibus, usus est vir cl. Travers Twiss in editione sua Liviana adornanda.

C CCLXXVIII.

Membranaceus, in folio, ff. 115, sec. xv., nitide scriptus et ornatus.

Titi Livii Patavini Decas tertia, sive Historiarum libri xxi—xxx. inclusive.

C **CCLXXIX.**

Codex membranaceus, in folio, ff. 111, sec. xv., nitide scriptus et ornatus.

Titi Livii Patavini Decas quarta, libri scilicet Historiarum xxxi—xl. inclusive.

Desinit lib. xl. abrupte in cap. xxxvii. verbis, " per omnia fora conciliabulaque edixerunt."

Sequitur notitia incip. " Hunc decimum librum de bello Macedonico sequi debent multi alii libri, quorum ignoro numerum."

D **CCLXXX.**

Membranaceus, in 4to, ff. 198, sec. xv. exeuntis, nitide exaratus.

1. Historiarum libri, quorum priores decem sunt Eutropii et reliqui sex Pauli Diaconi. fol. 1.

Tit. " Incipit liber . . . . . Eutropii super Romana historia."

Incip. præf. " Primus in Italia, ut quibusdam placet ;" etc.

Incip. lib. " Romanum igitur imperium."

Desin. lib. xvi. " quæ Justiniani Augusti felicitate dicantur, in sequenti, Deo presule, libello promenda sunt."

Sequitur tabula imperatorum " Romæ vel Constantinopolim regnantium."

In fine lib. x. " Explicit liber x. Hucusque historiam Eutropius composuit, cui tamen aliqua Paulus diaconus addidit."

Habentur omnia inter Rerum Italicarum scriptores, ed. Muratori, 1723, tom. i. pp. 1—108, l. 6.

2. Victoris, episcopi Uticensis, vel potius Vitensis, de Vandalica persecutione in Africa libri tres, cum prologo. fol. 93 b.

Tit. " Incipit historia persecutionis Affricanæ provinciæ temporum Griffrici et Hunerici regis Wandalorum, scribente sancto Victore, episcopo patrie Nicensi."

Exstant in Patrum Orthodoxograph. scriptis, alibique sæpius impressi.

3. Pomponii Melæ Cosmographiæ liber. fol. 146.

Tit. " Pomponii Melle de cosmographia mundi liber incipit."

In calce, " Explicit."

C **CCLXXXI.**

Membranaceus, in folio minori, ff. 241, sec. xiv. exeuntis ; olim Joh. Farley, coll. Nov. socii.

Claudii Ptolemæi Pelusiensis liber Almagesti, in distinctiones tredecim distributus, ex Arabico in Latinum versus a magistro Gerardo Cremonensi, tabulis glossulisque marginalibus penitus instructus.

Cf. cod. Burn. 275, in Catalogi codicum MSS. Brit. Mus. Serie nova, part. ii. p. 176.

Præmittitur notitia, " Liber collegii beate Marie Winton. in Oxon. ex dono magistri Joannis Farley, quondam socii hujus collegii ac scolaris sacre theologie, cujus anime propicietur Deus ; Amen."

D **CCLXXXII.**

Codex chartaceus, in folio minori, ff. 198, sec. xv., anno scilicet 1423 scriptus ; olim Thomæ Dryffeld, coll. Nov. socii.

Claudii Ptolemæi Pelusiensis Opus Quadripartitum, Haly Ebn Rodoan glossa instructum, ex Hispanico [a Gerardo Cremonensi ?], jussu Alphonsi Regis Castellæ, Latine redditum, cum traductoris præfatione.

Tit. " Incipit liber quadripartiti Ptholomei."

Incip. præf. " Scire et intelligere gloriosum est, quia omnis sapientiá est a Deo."

In calce operis, " Explicit quatripartitum Ptholomæi cum glosa Haly Abenrudiam, de quo sit benedictus Deus gloriosus et sublimis qui illum dirigat qui scripsit. Amen."

Et in margine, *manu prima*, " Finitus fuit liber iste Brugis anno Domini 1423 mensis Novembris die secundo."

Sequitur judicium trium nativitatum ejusdem Haly Ebn Rodoan a seipso factum.

Tit. " Sequitur judicium nativitatis haly abenrudiam."

Incip. " Volo tibi in hoc dare exemplum trium nativitatum."

In calce, " Explicit hic judicium 3 nativitatum ab haly Abenrudiam factum."

Postea, Notitia utrum auctor iste in figura nativitatis suæ judicaret secundum octavam sphæram vel secundum nonam.

Deinde versus,

" Clara Thetis, quid ad arva, fluis Cererem pecus abdens,

In dicto versu patet annus, quo scriptus fuit liber iste."

In calce pag. 1, " Liber collegii ex dono magistri Thome Dryffeld, socii collegii, scolaris sacre theologie."

D CCLXXXIII.

Codex membranaceus, in folio minori, ff. 168, sec. xiv., binis columnis exaratus.

Tabula materiarum, quæ in Aristotelis operibus variis continentur, scilicet in Organo, Physicorum libris necnon tota philosophia naturali, Metaphysicis quoque atque Ethicis; ordine alphabetico disposita.

Incip. " Abstractum est in genere et est hoc aliquid, concretum vero non, ut justicia est in genere, justus vero non. Aristotel. Topic. 3."

Desin. " Verecondia non est simpliciter studiosa sed est studiosa ex supposicione, quia si operatus est quis turpia, tunc verecondatur studiose et laudabiliter; virtutes autem sunt secundum se studiose non aliquo supposito ibidem."

In calce, " Explicit tabula bona et fructuosa et compendiosa supra veterem logicam et novam et etiam supra physicam Aristotelis et librum de generacione et corrupcione et de celo et mundo et metheororum et de anima et de omnibus aliis parvis libris naturalibus et de causis vegetabilibus et plantis et etiam supra methaphisicam Aristotelis et etiam supra libros ethicorum. Ita quod omnia bona, que determinantur in illis libris hic comprehenduntur bene compendiose, et hoc secundum ordinem alphabeti."

Præmisit manus recentior indicem verborum alphabeticum.

C CCLXXXIV.

Membranaceus, in folio, ff. 107, sec. xiii. exeuntis, binis columnis bene exaratus.

Aristotelis Metaphysicorum libri ii—xi. inclusive, ex interpretatione veteri, commento Averrois perpetuo illustrati.

Tit. " Primus tractatus methaphisice qui . . . . . a uiuior."

Incip. text. " Dixit Aristoteles; Consideratio quidem in veritate difficilis est."

Incip. comment. " Averroiz. Quia ista scientia perscrutatur simpliciter."

Desin. comment. " secundum aliquid est agens motum et finis. Explicit methaphisica."

Deinde,
" Finis adest mete liber explicit ergo valete; Benedicamus Domino et Deo gratias."

D CCLXXXV.

Codex membranaceus, in folio minori, ff. 243, sec. xiv.; binis plerumque columnis, sed manibus variis, exaratus.

1. Anonymi cujusdam quæstiones in Physica; mutil. fol. 1.

Incip. " Summa hujus operis est breviter hic tangere que alibi diffusius tractantur, et que occulte ab auctoribus sunt accepta quadam explicatione hic inserere. Cum igitur vera cognitio non sit nisi entis, de ipso in primo agendum."

Deficit in verbis, " non est ipsa frigiditas dispositio recipiendi ——"

2. In Aristotelis Physicorum libros octo commentum breve. fol. 13.

Incip. " Cum quidem intelligere et scire; etc. Capitulum i. in declaratione quod a communibus principiis incoandum."

Desin. " non est virtus corporis vel virtus in corpore. Explicit liber physicorum."

3. In libros duo de generatione et corruptione commentum. fol. 19.

Incip. " In declarandis conditionibus generacionis et corrupcionis."

Desin. " ut cum generatur aqua ex glacie."

4. In libros tres de anima commentum. fol. 21.

Incip. " Ratio talis omnis scientia est non notabilior altera."

Desin. " maxime autem habentur hec," etc.

In calce, " Finito libro de anima, incipit liber de sompno et vigilia."

5. In librum de somno et vigilia commenti fragmentum. fol. 26.

Incip. " Capitulo i. et est . . . . . . in qua premittit de quibus."

6. Anonymi libellus de individuatione, et divisione et unione animalium et plantarum. fol. 27.

Incip. " Si consequencia sit necessaria et antecedens sit necessarium consequens eadem necessitate erit necessarium."

Desin. " non est essencialiter a luce."

7. Libri de Sphæra pars prima et secundæ partis fragmentum. fol. 33.

Incip. " Tractatum de spera in quatuor capitula distinguimus dicentes primo, quid sit spera et quid axis spere."

8. G. de Chaspat [?] super Aristotelis libros de generatione et corruptione quæstiones ; in calce mutil. fol. 36.

Incip. " Queritur an de generatione et corruptione possit esse scientia, et videtur quod non."

----

9. Anonymi cujusdam in Aristotelis libros Physicorum octo commentarius ; initio mutil. fol. 56.

Incip. in comment. super librum tertium, " Impossibile est differentia loci in infinito esse."

Desin. " non esse corpus nec virtutem in corpore."

In calce, " Explicit commentum tocius libri phisicorum."

10. Axiomata ad res naturales spectantia ; cum expositione. fol. 80.

Incip. " Summa cognicionis rerum naturalium consistit in cognitione corporum et magnitudinum et principiorum et passionum eorundem."

11. In Aristotelis de cœlo et mundo libros quatuor commentum ; initio mutil. fol. 84.

Desin. " proveniencium ab eis tam in compositis quam in simplicibus."

In calce, " Explicit liber celi et mundi."

12. In libros Meteorologicorum commentum. fol. 102.

Incip. " Stelle mundum ordinant. Corporibus rotundis mobilibus."

Desin. " vincet ergo calor et siccitas et erit fructus amarus."

----

13. Anonymi cujusdam in Physicorum libros quatuor priores commentarius. fol. 111.

Incip. " Queritur de unitate scientie naturalis et quod non sit una probatio, ab unitate subjecti."

Desin. " substantia que per se exstat sit subjecta puncto."

14. Commentarius in librum de sensu et sensato. fol. 158.

Incip. " In hoc libro qui intitulatur de sensu et sensato intendit Aristoteles determinare de natura ipsorum instrumentorum."

15. Commentarius in librum de memoria et reminiscentia. fol. 182.

Incip. " Queritur de necessitate hujus scientie ; primo quod sit."

16. Anonymi cujusdam in Metaphysicorum libros commentarii ; in calce mutil. fol. 187.

Incip. " . lutat parumper disserere de quadam propositione quam dicit Aristoteles."

D CCLXXXVI.

Codex chartaceus, in folio, ff. 297, sec. xv.

1. Plutarchi Chæronensis Vita Periclis, interprete Lapo Castelliunculo, sive de Castiglionchis, prævia ejusdem Lapi ad Johannem Vitellium, patriarcham Alexandrinum et archiepiscopum Florentinum, præfatione. fol. 1.

Incip. præf. " Pericles Atheniensis, sapientissime pater, ut a veteribus auctoribus."

Exstat vita impress. in edit. Venet. 1516, fol. lix. b.

2. Ejusdem Vita Solonis, eodem interprete, cum præfatione ad Eugenium papam IV. fol. 15 b.

Tit. vit. " Solonis vita ex Plutarcho per Lapum in Latinum conversa."

Incip. præf. " Sepenumero veteres sapientissimos philosophos."

Exstat ibid. fol. xxiii. b.

3. Ejusdem Vita Valerii Publicolæ, eodem interprete, cum præfatione ad Jordanum Ursinum, cardinalem. fol. 28 b.

Tit. vit. " Valerii Publicole vita ex Plutarco per Lapum in Latinum conversa."

Incip. præf. " Properanti mihi, humanissime pater, promissum tibi munus."

Ibid. fol. xxix.

4. Pelopidæ Vita, eodem interprete, cum præfatione anepigrapha. fol. 38 b.

Incip. præf. " Biantem philosophum a filio suo in Egyptum."

5. Timoleonis Vita, Antonio Pacino interprete, cum prologo ad Cosmum Medicem. fol. 52 b.

Tit. " Antonii Pacini prohemium in Timoleonis vita ex Plutarcho per eum traducta ad clarissimum sapientissimumque virum Cosmam Medicem."

Incip. præf. " Multos ex ducibus nostris, qui nuper in re militari."

Ibid. fol. cxvii. b.

In calce, " Explicit vita Timoleonis per Antonium Pacinum de Tuderto traducta."

6. Pompeii Magni Vita, interprete Jacobo Angelo [de Scarparia]. fol. 67.

Tit. " Ex Plutarcho de comparacionibus Jacobus Angelus transtulit."

Ibid. fol. ccix. b.

7. Cimonis et Luculli Vitæ, interprete Leonardo Justiniano, cum procemio ad Henricum Lusignanum, Galliæ principem. fol. 81.

Tit. " Clari ac patricii viri Leonardi Justiniani Veneti ad Henricum Lusignanum illustrem Gallie principem in Cimonis ac Luculli vitas prohemium."

Incip. prol. " Cum permulta sint litterarum studia, Henrice princeps."

Ibid. fol. clxxv. b.

8. Themistoclis Vita, interprete Lapo Castelliunculo, cum præfatione ad Cosmum Medicem. fol. 111.

Tit. vit. " Temistoclis Atheniensis vita per Lapum in Latinum versa."

Incip. præf. " Themistoclis Atheniensis, clarissimi et sapientissimi ducis."

Ibid. fol. xlviii.

9. Luciani Vita Demonactis, interprete eodem, cum præfatione ad Alvicium, episcopum Isauriensem. fol. 121.

Tit. vit. " Demonactis vita ex Luciano per Lapum Castelliunculum in Latinum conversa."

Incip. præf. " Cum ob eximias virtutes et singularem eruditionem."

10. [Plutarchi Vita Furii Camilli, eodem interprete, cum præfatione.] fol. 125.

Incip. præf. " Cum eo tempore, quo tu clarissima illa et diuturna legatione."

Ibid. fol. liii.

11. [Platonis dialogus dict.] Apologia Socratis, interprete Leonardo Bruno Aretino, cum procemio. fol. 136.

Incip. procem. " Socrates phylosaphus vir omnium innocentissimus."

12. [Ejusdem dialogus, Crito, interprete eodem?] fol. 150.

Incip. " Quid tu hoc temporis O Crito."

13. Plutarchi Vita M. Catonis, eodem interprete. fol. 157.

Tit. " M. Catonis vita ex Plutarcho in Latinum traducta per Leonardum Arretinum."

14. T. Q. Flaminii Vita, interprete Guarino Veronensi, cum præfatione ad Robertum Rossum, seu de Rubeis. fol. 168.

Tit. " T. Q. Flaminis ex Plutarcho ad Rudertum Rossum a Guarino versus."

Incip. præf. " Nuper Ruberte suavissime cum ex labore. in ocium ;" ut in Bandin. Catal. Codd. Lat. Laurent. tom. ii. col. 738.

15. Coriolani Vita, eodem interprete. fol. 178.

Tit. " Caii Marcii Corilani vita ex Plutarcho."

In edit. Venet. fol. xlii.

16. Alcibiadis Vita, ' pars altera contentionis ;' eodem interprete? fol. 193.

Incip. " Alcibiades antiquum stirpis auctorem filium."

___

17. Lapi Castelliunculi Dialogus de curiæ commodis. fol. 197.

Tit. " Ad clementissimum patrem Franciscum Condolmarium, sacrosancte Romane ecclesie presbiterum cardinalem Lapi Castelliunculi dialogus incipit de curie commodis."

Incip. " Complures esse scio, clementissime pater, partim veteres, partim recentes et ii quidem gravissimi."

Desin. " ego egressus ad cardinalem ipsum me in pontificale palacium contuli."

In calce, " Absolvi Lapus in Ferariensi concilio in palacio majori vii. kal. Septembris die lune post iij. horam noctis anno Domini m. cccc. xxxviij."

18. Caii Marii Vita, interprete Antonio Pacino, Tudertino, cum prologo ad Aloysium, archiepisc. Florentinum. fol. 216.

Tit. " Prohemium in vita Marii e Greco sermone in Latinum traducta per Antonium Tudertinum, ad reverendissimum in Christo patrem et dominum Alovisium Florentiæ archiepiscopum dignissimum."

Incip. prol. " Cum Artaxersi Persarum regi aliquando obequitanti."

19. Antonii Pacini Tudertini Oratio gratias agentis pro munere quodam sibi tradito. fol. 234 b.

Tit. " Oratio edita per Antonium Tudertinum."

Incip. " Maximum et amplissimum munus. M. D. vosque optimates."

20. Ejusdem Antonii Oratio consolatoria ad cardinalem Capranum in obitu fratris ejus. fol. 236 b.

Incip. "Magna profecto prestantissime domine opinio est omnibus Latinis."

21. "Plutarchus ad Sossium Senecionem de Dione ac Bruto," cum comparatione, et proœmio ad Franciscum Barbarum posthabito; interprete Guarino Veronensi. fol. 244.

Incip. proœm. "Cum Plutarchum cum non hospicio solum."

In edit. Venet. fol. cclix. b

22. Marci Marcelli Vita; eodem interprete. fol. 262 b.

Incip. "Marcum Claudium quinquies."

Ibid. fol. lxxvi. b.

23. Janottii Manetti, Florentini, Orationes quatuor, quarum tituli et initia sequuntur; scil.

a. "Prefatio Janozii Manetti in laudacione Januensium ad clarissimos Janue legatos Florencie commorantes." fol. 274.

Incip. præf. "Mihi sepius cogitanti se mecum ipsi frequencius."

Incip. "Complures Germani reges inclitum Apulie."

b. "Januozii Manetti laudacio Januensium ad illustrissimum principem dominum Thomam de Campo Fregoso, Dei gracia Janue ducem." fol. 278 b.

Incip. "Nonnullas egregias populi tui laudes."

c. "Januozii Manetti laudacio Januensium ad illustrissimum principem dominum Thomam de Campo Fregoso Janue ducem." fol. 279.

Incip. "Inclitam hanc urbem tuam."

d. "Prefacio Januocii Manetti de secularibus et pontificalibus pompis ad dominum Angelum de Azarolis." fol. 290 b.

Incip. "Cogitanti tibi sepe numero Angele suavissime."

24. De duodecim gradibus abusionis, sive abusionibus seculi tractatus, SS. Cypriano et Augustino perperam tributi, fragmentum. fol. 295.

E　CCLXXXVII.

Codex chartaceus, in 4to minori, ff. 12, sec. xvi.

Bernardi Andreæ Novi anni munusculum, sive Oratio gratulatoria ad Henricum VIII. regem Angliæ.

Inscribitur, "Pro anno millesimo quingentesimo decimo quinto, invictissimi Angliæ regis Henrici Octavi felicissime regnacionis anno septimo.

Bernardi Andree auspicatissimi novi anni munusculum."

Incip. "Cum preclarissimas ingenii tui corporis et fortune dotes mecum animo considero."

Desin. "tua sacrosancta majestas pervenire valeat nunc et tu cum triumphatura; Amen."

C　CCLXXXVIII.

For a revised description of this MS. see M. R. James, The Chaundler MSS. (Rox. Club), pp. 47-53

Codex membranaceus, in folio, ff. 3 et 70, sec. xv.; "ex dono reverendi in Christo patris domini Thome de Bekyntona, Bathon. et Wellensis episcopi, et labore magistri Thome Chaundelere, hujus ecclesie cancellarii. Oretis pro animabus utriusque."

1. Collocutiones septem de laudabili vita et moribus nobilis antistitis Willelmi Wykeham ducentorum fundatoris clericorum, cum prologo ad Thomam de Bekyntona, episcopum Wellensem; auctore Thoma Chaundelero, ecclesiæ Wellensis cancellario. p. 1.

Tit. prol. "Ad insignem dominum et litteratissimum presulem dominum Thomam de Bekyntona, Wellensem et Bathoniensem pontificem, in futuras collocuciones de laudibus nobilis antistitis Willelmi de Wykeham ducentorum fundatoris clericorum."

Cf. Wharton. Angl. Sacr. tom. ii. p. 357.

In calce, "De moribus et vita laudabili domini Willelmi de Wykeham, Winton. episcopi, duorum fundatoris collegiorum Oxon. ac prope Winton. ducentorumque clericorum in eisdem, inter philosophos finiunt collocuciones."

2. Allocutiones duæ de laudabili vita ejusdem Willelmi et ejusdem Christiana perfectione, cum prologo 'ad insignem dominum et beatissimum presulem dominum Thomam de Bekyntona, Wellensem pontificem.' p. 55.

In calce, "Ad insignem dominum, etc. Thomam de Bekyntona, Wellensem et Bathoniensem pontificem de laudibus et vita nobilis antistitis Willelmi duorum collegiorum Oxoniæ ac prope Wintoniam fundatoris ducentorum quoque in eisdem clericorum.   Finit opus feliciter."

3. Chronica brevis de ortu, vita ac gestis nobilibus reverendi domini Willelmi de Wykeham, olim episcopi Wintoniensis. p. 83.

Exstat impressa in Wharton Anglia Sacra, tom. ii. p. 355.

4. Sagacissimi ac prudentissimi domini Willelmi de Wykeham, quondam episcopi Wintoniensis, Testamentum, quod dicitur Ultima voluntas. p. 87.

5. De ortu, vita et obitu domini Willelmi de Wykeham, quondam Wintoniensis episcopi, versibus centum octoginta duo elegiacis. p. 97.

Incip.

" Omnia cum nequeam Willelmi scribere gesta, Pauca brevi calamo, scribere nitar ego."

In calce, " De ortu, vita et obitu domini Willelmi de Wykeham, quondam Winton. episcopi fundatoris ducentorum clericorum finiunt metra feliciter."

Subjunxit manus longe recentior, " Epitaphium fundatoris exaratum laminis æneis monumento ipsius in ecclesia cathedrali Winton. affixis."

6. Pii papæ II. Oratio habita in conventu Mantuano sexto kalendas Octobris, anno Domini millesimo quadringentesimo quinquagesimo octavo. p. 103.

Exstat impress. inter opera, edit. Basil. 1571, p. 905.

In calce, " Finit oracio summi pontificis Pii pape secundi Mantuæ per eum recitata in conventu multorum principum sexto kalendas Octobris, etc. de suscipiendo bello contra Turcos, an justum et quod inde premium."

Sequitur, " Et vale in magnam etatem ac dies letos optime et dilectissime presul Thoma, mei memor."

7. Epistola ejusdem Pii universo orbi Christiano ad corripiendum arma contra magnum Turcum pro defensione religionis et fidei Christianæ, cum indulgentiis maximis omnibus qui ad hoc conferunt concessis; dat. Romæ, xi. kal. Novembr. 1463. p. 139.

Exstat ibid. p. 914.

8. Epistola sive breve ejusdem sanctissimi patris directa venerabili patri Thomæ de Bekyntona, Bathon. et Wellen. episcopo; ejusdem argumenti. p. 140.

Datum est Romæ apud S. Petrum sub annulo piscatoris 2 Nov. 1463.

Incip. " Ex literis apostolicis, quas nuper edidimus pro defensione fidei catholice."

Præmittuntur tabulæ quatuor, bene delineatæ, quæ inscriptæ sunt, *Reproduced in The Chaundeler MS. Roxburghe Club, 1916*

a. Descriptio exemplaris collegii beate Marie prope Winton. et centum et quinque clericorum in eodem.

b. Descriptio exemplaris collegii beate Marie Winton. in Oxonia, centumque clericorum in eodem.

c. Exemplaris descriptio Willelmi de Wykeham nobilis fundatoris, pontificum, archilevitarum et aliorum in dicti nobilis fundatoris collegiis nutritorum.

Nomina sunt, Willelmus Wykeham, Henricus Chycheley Cantuariensis, Thomas Cranley Dubliniensis, Willelmus [Waynflete] Winton., Thomas [de Bekyntona] pontifex Wellensis, collegiorum sustentator precipuus, Thomas [Chaundeler] cancellarius Wellensis, Andreas [Halls] archidiac. Wellens., Johannes [Norton?] archidiac. Bark., Hugo [Sugar] Thesaur. Wellens., Willelmus [Say] decanus London., Ricardus [Andrew] decanus Ebor., Johannes [Selot] archidiac. Cornubiensis.

d. Exemplaris descriptio civitatis et ecclesiæ Wellensis, splendidi quoque ac ornatissimi palatii, dignissimi Thomæ pontificis ope et impensis miro splendore nitentium.

ᴇ   CCLXXXIX.

Codex chartaceus, in 4to, ff. 213, sec. xv.

1. Anonymi cujusdam Capitula octo de quantitatum compositione. fol. 2.

Incip. " Opinio est quantum."

In calce, " Expliciunt octo capitula composicionem quantitativam non quantorum declarancia."

Sequitur notitia de partibus corporis, et dein, " Liber communis uni sophiste non habenti quatuor annos in universitate."

2. De objectionibus contra varias propositiones. fol. 19.

    Incip. " Contra communem diffinitionem de propositione categorica."

    In calce, " Expliciunt objectiones obligationum secundum usum Oxonie."

3. De objectionibus consequentiarum, secundum usum Oxoniensem. fol. 25.

    Incip. " Utilem quandam . . . ionem de consequentiarum objectionibus."

    In calce, " Expliciunt objecciones consequenciarum secundum usum Oxon."

    Sequitur materia de Incipit et Differt, etc.

4. Johannis Garisdale Termini naturales. fol. 38.

    Incip. " Natura est principium motus et quietis."

    In calce, " Expliciunt termini naturales secundum M. Johannem Garisdale."

5. Roberti Alyngton, magistri Sophistici, de suppositionibus libellus; mutil. fol. 52.

    Incip. " Termini aliqui sunt simplices."

    In calce, " Expliciunt suppositiones magistri Roberti Alyngton, eximii doctoris theologie; quod P. G."

    Deinde, " Ricardus Clere est possessor hujus libri."

6. Willelmi Mylverley compendium de quinque universalibus. fol. 58.

    Incip. " Pro superficiali notitia."

    In calce, " Explicit compendium de quinque universalibus, secundum M. W. Mylverlye." " Thomas Chawndelere."

7. De proportionibus tractatulus. fol. 63 b.

    Incip. " Omnis proportio aut est communiter dicta."

8. Argumenta "ad probandum quam continuum Quidquid agar operis primo finem meditaris." fol. 68.

    Incip. " Quia sepe invenitur."

    In calce, " Liber novi collegii Winton. in Oxon. deliberatus Johanni Dobbes vero et perpetuo socio ejusdem per manus Vicc. et aliorum officiariorum xxix. die mensis Aprilis anno Domini m. cccc. lxxxviij."

9. Materia bona et utilis de Inceptione secundum magistrum W. Mylverlye. fol. 71.

    Incip. " Quidlibet meum esse."

10. Ejusdem Willelmi de Differt tractatus. fol. 81.

    Incip. " Nulla differunt."

    In calce, " Explicit bona materia et utilis de differt per venerabilem magistrum W. Mylverle."

11. Ejusdem materia de scientia. fol. 90.

    Incip. " Scitum est non conscitum."

    In calce, " Explicit utilis materia de scientia secundum venerabilem magistrum W. Mylverley."

12. Johannis Tarteys materia de modis. fol. 99.

    Incip. " . . . . tur enim fere accidentales."

13. De materia significationis propositionum et terminorum et rerum. fol. 107.

    Incip. " Jam ad materiam significationis."

14. De materia quantitatis. fol. 119.

    Incip. " Omne quantum nullum."

15. De motu locali notabilis materia. fol. 132.

    Incip. " Ad materiam motus intellectivi imprimendam."

16. Materia alia de motu. fol. 137.

    Incip. " Omne mobile potest."

17. [Johannis Chilmarci] de augmentatione tractatulus. fol. 157.

    Incip. " In materia augmentationis est notandum."

18. [Ejusdem Johannis Chilmarci] Materiæ de prioritate, de generatione, de reduplicativis, etc. fol. 162.

    Incip. " Dubitatur an actus sit prioritas."

19. [Ejusdem] Materiæ duæ de aggregatis, de successivis; etc. fol. 168.

    Incip. " Dubium est utrum aliquod est aggregatum."

20. Ejusdem de alteratione libellus; [initio mutil.] fol. 174.

    Desin. " Conditor nos conservet in prosperis sine fine; Amen."

    In calce, " Explicit literalis sentencia Chylmark, doctoris philosophie de alteracione, quod P. G."

21. Johannis Tarteys de equivocis sophisma utile. fol. 183.

    Incip. " Nulla sunt equivoca. Quod sophisma sit factum."

    In calce, " Explicit utile sophisma de equivocis a venerabili magistro Johanne Tarteys determinatum."

22. De obligationibus. fol. 195 b.

    Incip. " Cum omnis error rationis."

23. De motibus. fol. 204.

    Incip. " Jam pro .. quod nullus est motus."

    In calce, " Liber uni sophiste non habenti quatuor annos in universitate nato in comitatu Amschire."

C CCXC.

Codex chartaceus, in folio, ff. 70, sec. xv.

1. Notabilia extracta ex Roberti Cowton, seu Couton, ord. S. Francisci, libris super Sententiarum libros quatuor. fol. 1.

    Incip. " Notabilia super prologum Cowton. Rerum inquit principia sunt primitus inquirenda."

2. Quæstiones ejusdem fere naturæ, an ex eodem collectæ. fol. 30.

    Incip. " Quæsitum quam distincti argumenti sanctus est nexus Patris et Filii."

3. Quæstio de S. Trinitate, quam sanctorum animæ in cælesti vident patria, etc. fol. 57.

    Incip. " Reverendi magistri, patres, atque domini, secundum doctorum veridica testimonia."

4. Errores extracti a libris domini [Ricardi filii Radulphi] archiepiscopi Armachani per fratrem Willelmum Wydeford, doctorem theologiæ minorem. fol. 58.

    Incip. " Quoad errores domini Armachani in libris suis contentos."

    Sequitur, *manu altera*, quæstio de baptismatis sacramento.

5. Quæstio ex Henrici a Gandavo Quodlibetis de dispensatione circa sacramenta. fol. 63.

    Incip. " Primo, re dispensantis, utrum per ecclesiam potest fieri."

6. Quæstio, ' Utrum in divinis essentialia sunt immediaciora ipsi essentiæ divinæ vel notionalia.' fol. 66.

    Incip. " Arguitur quod nocionalia, quia que constituuntur."

F CCXCI.

Membranaceus, in 4to minimo, ff. 172, sec. xv., anno scilicet 1452 exaratus.

S. Bonaventuræ, cardinalis, Summa, quæ dicitur, Breviloquium, in partes septem distincta, prævia præfatione.

    Tit. " Incipit summa, que dicitur Breviarium pauperis."

Exstat impress. inter opera, edit. Rom. tom. vi. p. 6.

In calce, " Explicit breviloquium pauperis in sacra scriptura compilatum a fratre Bonaventure, de ordine Minorum ; scriptum autem ...... 1452, inceptum 6 die Septembris et finitum ultimo die ejusdem. Deo gracias."

D CCXCII.

Codex membranaceus, in folio minori, ff. 115, sec. xiv., binis columnis exaratus ; olim Ricardi Andrew, decani Eboracensis.

1. Johannis de Burgo, sive Gulielmi de Pagula, sive cujuscumque sit liber qui dicitur Pupilla oculi, in tres partes distinctus. fol. 2.

    Incip. " Cum ecclesie quibus perficiuntur."

    In calce, part. i. " Explicit summa que vocatur pars oculi sacerdotum."

    Incip. pars ii. " Multi sunt sacerdotes."

    In calce, " Explicit summa que vocatur dextra pars oculi sacerdotum."

    Incip. part. iii. scil. pars sinistra oculi, " Ignorantia sacerdotum."

    Exstat impress. Paris. 1510 et alibi.

    In calce, *manu altera*, Forma directa justiciariis in comitatu Nolfolciensi, de negotiis episcopum Norwicensem ejusque clericos tangentibus.

    Sequitur quæstio, Quot modis contingit ebrietas et quibus modis est mortale.

2. Johannis Andreæ, Bononiensis, Summa quarti libri Decretalium. fol. 112.

    In calce, " Explicit summa aurea Johannis Andree, vocata Rosaobrisa, speculum matrimoniale diffiniens contrarium non paciens racionabile Hostiensis et Innocencii medulla in matrimonialibus compendiose pertractans et diffundens, et Bonefacium in Sexto quatenus matrimonium contingit allegans et inducens, qua si bene quisque perspexerit ubicunque per orbem terrarum eficaciter matrimonizare poterit cum effectu ; Amen."

    Sequitur, *manu sec. xv.*, legis fragmentum ecclesiasticæ, *Anglice*, incip. " and all þos that brennes kyrk or personage or abbes or any oþer manshows."

    In initio codicis, " Istum librum ego Ricardus Andrew, decanus Ebor. et quondam socius collegii B. Marie Wynton. in Oxon. dedi eidem collegio beate Marie; quem qui abstulerit anathema sit, maranatha."

Ⅾ CCXCIII.

Codex membranaceus, in folio minori, ff. 24, sec. xiv.

Johannis Campani Novariensis Theorica Planerum, ad Urbanum papam IV.

Inscribitur, " Clementissimo patri et piissimo domino unico mundane pressure solacio domino Urbano quarto, eleccione divina sancte Romane ecclesie summo pontifici, Campanus Noveriensis subdiaconus servus inutilis beatorum pedum osculum cum qua potest reverencia."

Incip. " Primus philosophiæ magister."

Desin. " quemadmodum de Mercurio supra docuimus."

Ꞙ CCXCIV.

Chartaceus, in 4to minori, ff. 62, sec. xvi.

1. Rogeri Baconi Speculum alchemiæ, *Gallice* traductum. p. 1.

  Tit. " Le livre du tressavant philosophe Rogier Bacon, intitule le miroir d'Aquimie traduit de Latin en François per ong gentilhomme du Dauphiné."

  In calce, " La fin du miroir d'Alquimie composé par le tressavant philosophe Rogier Bacon et mis en Francoys par un gentilhomme du Daulphiné. Imprimé a Pion per Macé Bonhomme 1557."

  Sequitur, " Epigramme au Lecteur."

2. " Fragment privé de la fin du livre de l'admirable puissant de l'art et de nature par Rogier Bachon." fol. 9.

  Sequuntur,

  a. " Le traducteur au Lecteur;" *metrice.* fol. 15 b.

  b. " Jean Brunet de Tournous a M. Jacques Girard du dit lieu, son singulier et parfaict amy;" *metrice.* fol. 15 b.

  c. " De dit Jean Brunet au Lecteur humble salut et amitie;" dat. 1552. fol. 15 b.

3. Quidam liber appellatus, Thesaurus Thesaurorum, Rosarium philosophorum, etc. auctore Arnaldo de Villa-Nova. fol. 17.

  Incip. procem. " Iste namque liber vocatur Rosarium,' in Art. Aurif. Chem. tom. ii. p. 385.

In calce, " Explicit Rosarium a magistro Arnaldo de Villa Nova compositum."

4. [Ejusdem Arnaldi] Novum Lumen. fol. 40.

  Incip. " Pater et Domine reverende licet liberalium," ibid. tom. ii. p. 456.

  In calce, " Explicit Juvenis experti liber, qui dicitur Novum Lumen."

5. Epistola ejusdem super alchemia ad regem Neapolitanum. fol. 44 b.

  Incip. " Scias, o tu rex, quod sapientes posuerunt," ibid. tom. ii. p. 488.

6. De lapide philosophico ex Fernelio. fol. 46.

7. Arnaldi de Villa-Nova liber qui dicitur Flos Florum, ad regem Aragonum. fol. 48.

  Tit. " Incipit perfectum magisterium et gaudium magistri Arnaldi de Villanova transmissum per eum ad inclitum regem Arragonum, quod quidem est Flos Florum, thesaurus omnium incomparabilis margarita, in quo reperitur veri compositio et perfectio Elixir tam ad album quam ad rubeum componendum, videlicet ad solem et lunam sub compendio declaratum."

  Exstat in Art. Aurif. Chem. tom. ii. p. 470.

  In calce, " Explicit tractatus Flos Florum nuncupatus magistri Arnaldi de Villanova."

8. Recepta electuarii mirabilis preservativa et epidemia. fol. 54 b.

9. Liber de secretis naturæ, quem composuit Arnaldus de Villa Nova, pro quodam famulo suo, quem multum diligebat. fol. 56.

  Incip. " Ars igitur ista non est nisi de occultis philosophorum."

10. Ex libro ejusdem Arnaldi de dosibus Tyriacalibus. fol. 62.

CCXCV.

Deest.

In Bernardi catalogo describitur, " An English book of Astronomy."

Pr. " Here beginneth."

Ⅾ CCXCVI.

Codex chartaceus, ex charta bombycina, in 4to, ff. 140, sec. xiv.

Liber qui intitulatur, شرح مـنـهـاج Sharho menhag: Commentarius, dictus غرر الفوائد ودرر الفوائد in Beidawi opus منهاج Via regia. De juris canonici fundamentis. *Arabice.*

℧ CCXCVII.

Codex chartaceus, in folio minori, ff. 122, sec. xv.; olim Theophanis Condurii.

1. [Manuelis Moschopuli vocum Atticarum Collectio, ordine alphabetico.] fol. 1.
　　Exstat impress. una cum Phrynicho, etc. 1532.
2. Georgii Lecapeni, grammatici, de significatione verborum atque nominum liber. fol. 77.
　　Incip. γράφειν τὸ συγγράφειν λόγον ἢ ἄλλην τινὰ ἱστορίαν ὅθεν καὶ συγγραφεύς.
　　Desin. ὅτι τῶν πραγμάτων ἡμῖν ἐκείνων ἀντιληπτέον ἐστίν.
　　In fine, τέλος τῆς γραμματικῆς τοῦ Λεκαπηνοῦ.

℧ CCXCVIII.

Chartaceus, ex charta bombycina, in folio, ff. 250, sec. xiv. ineuntis.

1. Johannis Tzetzis Iliados metaphrasis, versibus politicis; initio et fine manca. fol. 1.
　　Incip. in versu 127 cod. MS. Baroc. xxiv., ut sequitur,
　　πρὸς ἣν τότε κατέμενεν ὑπέστρεφεν οἰκίαν.
2. Homeri Ilias, cum scholiis interlinearibus et marginalibus. fol. 7.
　　Margini adjecit manus aliquantum recentior scholia pauca, quæ cum codice, a Villoisono B. signato, fere consentiunt.
　　In calce, epigramma in Homerum, incip.
　　τυφλὸς γέρων ἔγραψε τοῖς νέοις πόνον.
3. Homeri Rhapsodiarum interpretationes allegoricæ, Tzetze forsan auctore. fol. 1c7.
　　Incip. τὴν μῆνιν περιέχουσα ταύτην τὴν Ἀχιλλέως.
　　Haud ultra Rhapsod. M. procedunt interpretationes.
4. Scholia in Iliados libros duo priores; *manu recentiori*. fol. 122.
　　Cum cod. Venet. A. fere videntur consentire sed desinunt in B. v. 264.
　　In calce epigrammata Antipatri aliaque tria in Homerum.
5. Epimerismi, seu exercitationes in Iliados librum primum. fol. 129.
　　Tit. τοῦ Ὁμήρου ἐπιμερισμοί.
　　Incip. μῆνιν. μῆνις γέγονε παρὰ τὸ μένω ῥῆμα· μῆνις ὄνομα προσηγορικὸν ῥηματικὸν, καὶ κατ᾿ ἐπέκτασιν τοῦ ε εἰς η, μῆνις.

6. Allegoriæ Homericæ, Heraclidi Pontico vulgo tributæ. fol. 141 b.
　　Incip. προλεγόμενά ἀλλεγοριῶν τῆς Ἰλιάδος.
　　Exstant lectiones e codice nostro desumptæ in edit. Oxon. 1834.
7. Homeri Epimerismi, sive exercitationes grammaticæ in Homericas voces quam plurimas, secundum seriem alphabeticam digestas. fol. 147 b.
　　Tit. ἀρχὴ σὺν Θεῷ τῶν Ὁμήρου ἐπιμερισμῶν κατ᾿ ἀλφαβητόν.
　　Exstant impress. inter Crameri Anecdot. Oxon. 1835, tom. i. p. 1.
　　Sequuntur, σημαινόμενα τῶν λέξεων κατὰ στοιχεῖον.
　　Incip. ἀρετὴ σημαίνει δύο, τὴν κατὰ πόλεμον ἀνδρίαν.

Ɓ CCXCIX.

Codex chartaceus, in folio, ff. 91, sec. xiv., nitide scriptus. *Watermarks cf. Briquet 7645 and 7453-4*

1. Aristotelis Organon, sive Logica, hoc est, Porphyrii Isagoge, Prædicamenta, de Interpretatione, Analytica priora et posteriora, Topica, et de Sophisticis elenchis. fol. 1.
　　Tit. i. εἰσαγωγὴ Πορφυρίου τοῦ φοίνικος τοῦ μαθητοῦ Πλωτίνου τοῦ Νικοπολίτου.
　　Partem priorem instruxit manus recentior schematibus notulisque in margine scriptis.
2. Nicomachi Geraseni, Pythagorici, Arithmeticæ libri duo; cum glossulis. fol. 52.
　　Tit. Νικομάχου Γερασηνοῦ πυθαγορικοῦ ἀριθμητικῆς εἰσαγωγῆς τῶν εἰς δύο τὸ πρῶτον.
3. Claudii Ptolemæi Harmonicorum libri tres, glossulis instructi marginalibus. fol. 60.
　　Tit. Κλαυδίου Πτολεμαίου ἁρμονικῶν πρῶτου κεφάλαια.
4. Ejusdem Ptolemæi de siderum effectionibus sive de Apotelesmatibus libri quatuor. fol. 71.
　　Tit. τάδε ἔνεστιν ἐν τῷ α΄ β΄ Κλαυδίου Πτολεμαίου τῶν πρὸς Σύρον ἀποτελεσμάτων.
5. Ejusdem Καρπὸς sive Centiloquium. fol. 85.
　　Tit. Κλαυδίου Πτολεμαίου βιβλίον ὁ καρπός.
6. De temporibus faustis atque infaustis secundum lunæ transitum diurnum. fol. 86.
　　Tit. περὶ τῶν τῆς σελήνης ἡμερινῶν παρόδων . . . . καθ᾿ ἑκάστην αὐτῆς ἐν τοῖς τῶν ζωδίων δεκανοῖς διάφορον πάροδον καὶ σημείωσιν.

7. Johannis Alexandrini de usu Astrolabii liber, prævia capitulorum tabula. fol. 87.

    Tit. Ἰωάννου Ἀλεξανδρέως περὶ τῆς τοῦ ἀστρολάβου χρήσεως.

    Incip. τὴν ἐν τῷ ἀστρολάβῳ τῆς ἐπιφανείας ἐξάπλωσιν.

8. De septem climatibus orbis terrarum. fol. 90 b.

    Tit. περὶ τῶν ἑπτὰ τῆς γῆς κλιμάτων.

    Incip. ἐπεὶ δὲ κλιμάτων ἐμνήσθημεν δι' ἃ τὰ τύμπανα κατασκευάζεται.

    Desin. καὶ οὕτως ἀποκαθιστῶμεν ἀπὸ τῶν ὁμαλῶν τὰ καιρία.

G   CCC.

Codex membranaceus, in 4to minimo, ff. 182, sec. xv.; anno 1531 peculium domini Thomæ . . . . . . monachi, ecclesiæ Christi Cantuariensis, ordinis Sancti Benedicti ; postea Johannis Grene, in artibus magistri et quondam hujus collegii socii, 1638.

Auctoritatum liber ex SS. Patribus diversis Gentilibusque confectus, in quo agitur, de causa flagelli Dei, de amore proximi, collocutio inter avarum et largum, de gaudiis paradisi, de pœnis inferni, de advocatis, de septem peccatis mortalibus, de confessione, de quatuor generibus mortis, de moribus sacerdotum, de spiritu et anima ; etc.

    Incip. "Gregorius lib. 7 moral. Si multis annis vixerit homo et in omnibus his letatus fuerit," etc. "Hunc ipse idem ait, si qua est presentis vite leticia."

    Desin. "benedictio eorum in maledictionem vertitur et oratio in peccatum, testante Deo per prophetam Malachiam, Maledicta benedicentibus, etc."

    Notare quoque liceat,

a. Versus de passione Domini. fol. 122.

    Incip.

"Sputa flagella, mine . crux, clavi, lancea, spine Felici fine . nostre sunt meta ruine."

b. Versus de confessione. fol. 141 b.

    Incip.

"Ut crimen proprium celet peccata reorum."

    Citantur inter alios scriptores hii, qui sequuntur, SS. Augustinus, Hieronymus, Ambrosius, Gregorius, Symmachus papa, Bernardus, Anselmus, Hugo de S. Victore ; etc. Cicero, Seneca, Boethius, Macrobius, etc.

D   CCCI.

Codex membranaceus, in folio minori, ff. 130, sec. xii., binis columnis optime exaratus ; in fine mutilus.

1. S. Hieronymi presbyteri in S. Matthæi evangelium commentariorum libri quatuor, cum præfatione. fol. 1.

    Tit. "Incipit prefacio comentarii sancti Hieronimi presbiteri super Matheum."

    Exstant inter opera, edit. Vallars, tom. vii. col. 9.

    In calce, "Explicit liber quartus commentarii beati Jeronimi presbiteri super Matheum."

    Sequitur, "Jeronimus de decem temptationibus."

2. Ejusdem Hieronymi virorum illustrium catalogus, cum prologo et nominibus. fol. 113.

    Tit. "Incipit catalogus beati Jeronimi presbiteri de catholicis scriptoribus."

    Deficit in cap. xxxiii. "Amphilocius Siconii episcopus, nuper mihi librum "—— in edit. cit. tom. ii. p. 938.

D   CCCII.

Chartaceus, in folio, ff. 179, sec. xv. ; olim Johannis Warner.

1. M. Tullii Ciceronis Orationes variæ ; scilicet,

  a. Pro lege Manilia. fol. 1.

  b. Pro T. Annio Milone. fol. 7.

  c. Pro Cneio Plancio. fol. 15 b.

  d. Pro Publio Sylla. fol. 25.

  e. Pro Aulo Licinio. fol. 33.

  f. Pro M. Marcello. fol. 35 b.

  g. Pro Quinto Ligario. fol. 38.

  h. De reditu suo ad populum. fol. 40 b.

  i. De reditu suo ad senatum. fol. 42 b.

  k. In L. Catilinam prima et tertia. fol. 46.

  l. Pro rege Deiotaro. fol. 51 b.

  m. Pro Aulo Cluentio. fol. 55 b.

  n. Pro P. Quintio. fol. 72.

  o. Pro Lucio Flacco. fol. 80.

  p. In Catilinam secunda et quarta. fol. 88 b.

  q. Pro Lucio Murena. fol. 93.

  r. Pro L. Cornelio Balbo. fol. 102 b.

  s. Pro Publio Sextio. fol. 108.

  t. [Antequam iret in exilium.] fol. 116.

  u. [De lege agraria contra Rullum.] fol. 118 b.

  w. [De lege agraria oratio secunda]. fol. 120 b.

2. Antonii Luschi Vicentini in orationes aliquas Ciceronis commentarius, cum prologo. fol. 122.

> Exstant impress. una cum Asconii commentariis, 1520, p. cii.
>
> In calce, "Antonii Lusci Vincentini, secretarii illustrissimi ducis Mediolani, ad suum fratrem atque carissimum Ascolfinum de Marmoribus, secretarium magnifici Francisci de Barbanariis, inquisicio artis in orationibus Ciceronis, etc. Explicit."
>
> Deinde, " Explicit liber per M. J. de B. sed pertinet W. de T. etc."
>
> " Nobile vincendi genus est patiencia vincit, Qui patitur, si vis vincere, disce pati."

3. Ciceronis Synonyma ad Vetturium, cum prologo. fol. 165.

> Præcedit index verborum alphabeticus.
>
> In calce, " Et sic finiuntur Sinonoma M. T. C. Deo gratias."

4. M. T. Ciceronis Differentiæ Synonymorum. fol. 174.

> Sequitur tabula vocabulorum in præmissis differentiis.
>
> In fine, " Explicit tabula de differentiis Sinonomorum M. T. C. per W. T."

Σ   CCCIII.

Codex chartaceus, in 4to, ff. 327, sec. xvi. ineuntis ; olim Edmundi Hurne.

A protestation of sundrie pointes concerning the catholike feithe, made by an ealderlie Inglisheman beyonde the sea yn the tyme of hys traveile there, towards the openynge and discharge of hys conscience betwene God and the worlde, ynstede of hys last will and testament, now latelie confermed proved and alowed by sufficient authoritie of the seid catholike churche and published after the deathe of the authour therof, throwgh the helpe of hys factours and agents upon especiall trust committed unto them yn that behalfe, anno Domini, 1584.

The work is divided, as follows,

1. The author's supplication to both houses of Parliament, with a peroration in three parts annexed. fol. 9.

> Prefixed are,

a. Preface in Latin and English verse. fol. 2.

b. The epistle dedicatory ; dat. last day of April, 1584. fol. 5 b.

c. Index of matters contained in the Supplication. fol. 8 b.

2. Six days' disputation, had between the Suppliant and the Repliant in matters concerning religion, before both houses of Parliament, presupposed to be present at the hearing thereof ; with preface. fol. 84.

> Prefixed are,

a. Table of chapters of the whole work. fol. 75.

b. Verses, Latin and English, cyphers, etc. upon the name of the author. fol. 81 b.

3. De duplici martyrio libellulus, cum exordio et epilogo. fol. 242.

> Tit. " Exordium in libellulos sequentes de duplice martyrio, de humili patientia, et de invicta veritate catholicæ fidei in eorum gratiam conscriptos, qui ejusdem fidei causa, quocumque modo, persecutionem patiuntur, ab authore anonymo Anglo."

4. A discourse or treatise taken partly owt of S. Austen hys exposition made upon the 36th psalme of David the prophete, and partly collected owt of other sownde and catholike writers, yn the way of a peraphrasis toward the learnyng of humble patience ; with a preface unto his deere beloved frynds, the howseholders of the catholike feithe, wisheth peace yn Christe owr trew and onelie peacemaker. fol. 287.

> Annexed is a table of the chapters of the preceding treatise ; and at the end the note following, " The treatise of invicta veritas, as concernyng the invincible force of veritie, beyng writen yn mitre, ys ioyned wyth other treatises made yn verses by the seid authour and tarieth but for a good tyde, and seasonable weather, when God shall send itt."

C   CCCIV.

Codex membranaceus, in folio, ff. 271, annis 1468—1469, manu Theoderici de Huesden, presbyteri, binis columnis nitide exaratus ; olim domus clericorum S. Hieronymi in Trajecto ex legatione ejusdem Theoderici.

1. Hugonis de Argentina Compendium theologicæ veritatis, in septem partes distinctum. fol. 3.

Tit. "Incipit prologus in compendium theologice veritatis."

Exstat in Mus. Brit. MS. cod. Harl. 1003, Ægidio Romano tributum, et impress. inter opp. Alberti Magni, et Bonaventuræ.

In calce sunt rubricæ uniuscujusque libri, et postea, "Explicit compendium theologice veritatis compositum per Hugonem de Argentina, scriptum per Theodricum de Huesden presbyterum, finitum anno Domini m.º cccc.º lxviij., altera die post festum Odulphi Conf."

Sequitur, "Mysterium septem horarum canonicarum."

2. Libellus, qui dicitur, Stella clericorum, de dignitate et informatione sacerdotum. fol. 94.

Tit. "Incipit stella clericorum notanda."

Incip. "Quasi stella matutina in medio nebule, id est, peccatorum proprietates hujus stelle."

In calce, "Explicit stella clericorum, in qua de dignitate et informacione prelatorum ac pastorum necnon sacerdotum pertractatur."

Sequuntur versus,

" Prelati temere credunt sibi cuncta licere,
Omne nephas Cayphas, esse putant sibi fas;
Ve misero mundo ve semel veque secundo,
Ve per pontificum, dedecus horrificum."

3. Guidonis de Monte-Rotherii, liber qui dicitur, Manipulus Curatorum, in tres partes distinctus, cum prologo; prævia ad Raymundum Valentiæ episcopum epistola, dat. Tueroli, 1333. fol. 99 b.

Tit. "Incipit Manipulus Curatorum compositus a venerabili magistro Gwidone de Monte Rotherii de septem sacramentis ecclesie."

Exstat impress. Paris. 1476, et sæpe alibi.

In calce, "Explicit manipulus Curatorum compositus per magistrum Gwidonem conscriptus per Theodricum de Huesden, presbiterum, anno Domini m.º cccc.º lxviij.º altera die post nativitatem gloriose virginis Marie."

Sequitur notitia de sacramentis, quomodo virtutibus theologicis cardinalibusque septem correspondeant.

4. S. Bernardi, abbatis Clarævallensis, Homiliæ super istud, ' Missus est Gabriel.' fol. 161.

Tit. "Incipit Bernardus super evangelium, Missus est."

Exstant impress. inter opera, edit. Paris. 1690, tom. i. col. 732.

5. Ejusdem Bernardi Homiliæ super psalmum, ' Qui habitat,' cum prologo. fol. 172.

Tit. "Incipiunt sermones beati Bernardi super psalmum, ' Qui habitat.' "

Exstant ibid. tom. i. col. 827.

6. Johannis Gerson, cancellarii Parisiensis, liber de laude scriptorum, ad Carthusienses et Cælestinos. fol. 196 b.

Exstat inter opera, 1606, tom. i. p. 1.

In calce, "Explicit tractatus magistri Johannis Gerson de laude et recommendatione scriptorum."

7. Petri Lombardi Sententiarum liber quartus, præviis titulis et prologo. fol. 202 b.

Tit. "Incipit prologus quarti libri Sententiarum."

In calce, "Explicit textus quarti libri Sentenciarum."

8. S. Augustini, episcopi Hipponensis, libellus de visitatione ægroti. fol. 260.

Tit. "Incipit tractatus beati Augustini episcopi de visitatione egroti."

Exstat inter opera, tom. vi. App. col. 253.

In calce, "Explicit tractatus B. Augustini Ypponensis episcopi, qui intitulatur de visitacione egroti decedentibus satis utilis."

9. Tractatus de arte moriendi, [tributus R. Rolle de Hampole.] fol. 265.

Incip. "Cum de presentis exilii miseria."

In calce, "Explicit tractatus cujusdam devoti, qui intitulatur, De arte moriendi, utilis valde omnibus agonizantibus et in extremis laborantibus pro exhortacione et consolacione ipsorum."

Deinde, "Finitum et completum per Theodericum de Huesden presbiterum, anno Domini m.º cccc.º lxix.º in profesto conversionis Pauli."

Posthac, "Pertinet ad librariam domus clericorum sancti Jheronimi in Trajecto, ex legatione venerabilis viri domini Theodrici de Huesden."

In margine fol. 225, " William Tedmane. John Hodges to pay 10 p. to Samoht Bepp, ut witnes Samoht Ettioke and his brother, a verie knaue."

M.14b

305. 1 "Iste liber scriptus erat apud Wriytell per manum magistri Thome Holme anno domini M°cccc^mo sexagesimo septimo." (erased, followed by mag lines)

D CCCV.

Codex chartaceus, in folio, ff. 145, sec. xv., manu Holmeri Thomæ, binis columnis scriptus; olim Will. Porter, coll. Nov. custodis.

Walteri Hilton, [potius Jo. Felton,] vicarii S. Mariæ Magd. ecclesiæ in Oxon. Sermones dominicales per annum, cum prologo. fol. 24.

Prologus est, " Penuria studencium in materia morali paupertasque juvenum, qui copia privantur librorum, ac importuna sociorum meorum instancia, non temeritatis audacia, induxerunt me ut de singulis evangeliis dominicalibus, que per anni circulum leguntur, aliquam facerem compilacionem sermonum. Hinc est quod de micis quas collegi que cadebant de mensis dominorum meorum, scilicet Januensis, Parisiensis, Lugdunensis, Odonis atque ceterorum, quorum nomina communiter scribuntur in margine libri, unum opusculum compilavi, ut sit ad laudem Dei," etc.

Incip. i. " Dicite filie Syon, etc. Sciendum est quod gratia Dei est nobis necessaria."

Desin. ult. " prospera delectoribus Christi adjicientur, qui sic eum fideliter quesierunt, adque gaudia perducat nos," etc.

In calce, " Expliciunt hic sermones dominicales per annum per vicarium Magdalene Oxoniensis horum collectorem compilati, necnon que scripti secundum formam copie per manus magistri Holmere Thome."

Sequitur tabula alphabetica.

Præmittuntur,

a. Concilii Basileensis Decretum de S. Eucharistiæ Sacramento; dat. Basil. v. non. Jul. 1434. fol. 1.

b. Sermones xxv. Quadragesimales, auctore forsan Waltero supradicto. fol. 2.

Incip. i. " Filia populi mei induere," etc. " Quamvis solennitas quadragesimalis in sequenti dominica inchoetur."

C CCCVI.

Membranaceus, in folio, ff. 359, sec. xv., binis columnis bene exaratus; olim Simonis Islip, archiep. Cantuar., postea Will. Reed, episcopi Cicestrensis.

S. Johannis Chrysostomi, sive cujuscumque sint, opus imperfectum sive Homiliæ quinquaginta octo in S. Matthæi evangelium.

Desin. homil. ult. imperf. in verbis, " ad diabolum vaderent, postquam vero"——

Sequitur notitia, " Hic deficit medietas istius omelie."

Deinde tabula homiliarum.

In initio codicis, " Liber M. Willelmi Reed ep. Cicestrensis, quem emit de executoribus venerabilis patris domini Simonis Islep, Cant. archiepiscopi, oretis igitur pro utroque."

Deinde, " Liber collegii beate Marie Wynton. in Oxon. in communi libraria et ad communem usum scolarium ejusdem et maxime de diocesi Cicestrie," etc. ut supra.

B CCCVII.

Codex membranaceus, in folio, ff. 408, sec. xv. exeuntis; olim Roberti Mason, LL.D., coll. Nov. socii.

Alberti de Eiib J. U. D. et Pii papæ II. cubicularii, Bambergensis et Eystetensis ecclesiarum canonici, Margarita Poetica, sive Sententiæ et præcepta ex philosophorum, historicorum, oratorum, poetarum veterum et recentium libris collectæ.

Tit. " Oratorum omnium, poetarum, istoricorum ac philosophorum eleganter dicta per clarissimum virum Albertum de Eiib, in unum collecta feliciter incipiunt."

Transcriptum est exemplar nostrum ex editione Romana, anno 1475 excusa, ut videtur in notitia ad calcem appensa, " Summa oratorum omnium, poetarum ac philosophorum, autoritates in unum collectæ per clarissimum virum Albertum de Eiib, utriusque juris doctorem eximium, que margarita poetica dicitur, feliciter finem adepta est per ingeniosum virum magistrum Udalricum Gallum alias Han Alamannum ex Ingelstat, civem Doienensem non calamo ex communi stilo, sed nove artis ac solerti industrie genere Romæ impressa, anno incarnationis Dominice mcccclxxiv. mensis Decembris anni Jubilei, sedente Sixto quarto divina providencia papa iiij. pontifice maximo."

In initio codicis, " Liber collegii beate Marie Wynton. in Oxon. ex dono magistri Roberti Mason legum doctoris, archidiaconi Northumbrie, quondam socii eusdem collegii, cathenandus in communi libraria ejusdem, anno ab incarnacione ejusdem Domini nostri mcccclxxix. primo Marciis, manu propria."

C   CCCVIII.

Codex membranaceus, in folio, ff. 91, sec. xii.,
binis columnis optime exaratus et servatus.

Venerabilis Bedæ ecclesiæ Anglicanæ historiarum libri quinque cum epitome, prævia cuique
libro capitulorum tabula.

Tit. " Incipit prologus venerabilis Bede presbiteri in libro ecclesiastico hystorie gentis
Anglorum."

In calce, " Explicit liber ecclesiastice hystorie gentis Anglorum."

Sequitur de imitatione Christi exhortatio,
incip. " Quicunque vult exhibere hominem
perfectum."

In calce, versus sex elegiaci, incip.

" Rex, miles, presul, e dictis, ense, cruore,
Impugnat, violat, protegit ecclesiam."

Præmittitur codici pontificum Romanorum
catalogus ab S. Petro ad Innocentium tertium
inclusive.

F   CCCIX.

Chartaceus, ex charta serica, ff. 382, sec. xv.,
optime scriptus et pictus.

Liber Alcorani; *Arabice;* foliis hic illic ex
incuria bibliopegi mire confusis.

E   CCCX.

Membranaceus, in 4to minori, ff. 117, sec. xv.
ineuntis.

1. Kalendarium. fol. 1.
2. Horæ B. M. Virginis. fol. 7.
 Tit. "Incipiunt matutine de Sancta Maria."
3. Psalmi septem pœnitentiales, Litaniæ et Orationes. fol. 44 b.
 Tit. " Hic incipiunt septem psalmi."
 Versus finem,
a. Septem gaudia beatæ Mariæ. fol. 62 b.
 Incip.
 " Gaude flore virginali."
b. Quinque gaudia beatæ Mariæ. fol. 64.
 Incip.
 " Gaude virgo mater Christi."
4. Officium in vigiliis mortuorum. fol. 65.
5. Commendatio animarum. fol. 92.
6. Orationes devotissimæ passionis Domini, quarum nullus scit magnas virtutes nisi solus
altissimus, et dicuntur modo sequenti, cum

quindecim *Pater noster* et quindecim *Ave
Maria.* fol. 107.

In calce, .

" Jhesu for thy holy name
And thy bitter passion,
Save me fro synne and shame
And endles dampnacion,
And bring me to the blis
That neuer schal mys; Amen.
Thynk and thank God; Quod . . . ."

D   CCCXI. A.

Codex chartaceus, in folio, ff. 322, sec. xvi.

A treatise of doctor Nicholas Harpesfield,
archdeacon of Canterbury, concerning marriage, occasioned by the pretended divorce
betweene king Henry the Eight and Queene
Katherine, in three books, with an epistle to
the gentle reader prefixed.

Epist. beg. " It is an old and true saing,
gentle reader, that truth is the daughter of
tyme."

Book i. beg. " Forasmuch as this matter is
incident to the life and doinge of sir Thomas
Moore."

At the end is the note following, " This
coppie was taken from the originall which
was found by Mr. Toplyffe in the house of
William, sometyme servant to the said doctor
Nicholas Harpesfeild, who confessed that two
leaves of the said originall were of his said
masters owne hand writinge."

D   CCCXI. B.

Chartaceus, in folio, ff. 304, sec. xvi.

Another copy of the preceding work.

At the beginning is inserted a notice of the
life of the author intitled, " The life and
character of doctour Nicholas Harpesfeild
authour of the manuscript entitled, A Treatise
of Marryage, etc."

At the end, " This coppie," as in the preceding volume.

E   CCCXII.

Chartaceus, in 4to minori, ff. 181, sec. xvi.
ineuntis; olim Gulielmi Dauntoni, ex dono
Thomæ Levisii, quondam Orielensis.

1. Johannis de Monte-Regio, sive Regiomontani, Ephemerides, præviis tabulis regionum, quantitatis dierum et domorum planetarum. fol. 6.

    Tit. " Johannis de Monte Regio, Germanorum decoris, etatis nostre astronomorum principis, Ephemerides."

    Incip. " Usum Ephemerides cujuslibet breviter exponemus."

    In fine, " Hec in Tacuinos dicta sufficiant."

    Sequitur præscriptio " om een vater toe maken dat wan wonderlichen craften is : et est secretum quoddam."

    In calce, " Hec operatus fuit magister Theodricus Bolymerdie."

2. Dialogus inter magistrum et discipulum, cui titulus, " Tractatulus astronomie theoremata, tocius mundialis machine dispositionem, celestium et elementalium regiones, situm orbis, cum generali mappa, dilucidans." fol. 13.

    Incip. " De principiis astronomie, etc. Astronomia est certa lex et regula."

    Desin. " celestium corporum inferiorum mutaciones considerat."

    In calce, " Explicit tractatulus astronomie theoremata."

    Sequitur, unguentum in paralysi optimum.

3. Summa artis Chirurgiæ cum practica Thomæ Scelling, umbra medici de Cenismonte, quæ Thomasia vocatur, libris quatuor comprehensa, cum procœmio ; *Belgice.* fol. 36.

    Incip. procœm. " Ad laudem et gloriam Dei ; Ic Thomas Scellingh, umbra medici, hebbe ghemeret dat haue."

    Incip. lib. i. " No suldi weten lieue kynder, Dat Elch Cyrurgun sal hebben yn synen werken."

4. Lanfranci [Mediolanensis?] Chirurgia Parva; *Belgice.* fol. 134.

    Tit. " Incipit practica, sive Cirurgia minor magistri Lancfranci."

    S   Incip. " Dit is die flotel van cyrurgien."

    Exstat impress. *Latine* cum Cauliaci Chirurgia magna, Venet. 1519.

5. Tractatus magistri Lanfranci de diversis unguentis et emplastris ; *Belgice.* fol. 144 b.

    Incip. " Aldus mactkmen repercussiven die sweren."

6. Remedia contra aliquas infirmitates speciales corporis humani ; *Belgice.* fol. 154 b.

Incip. " De oculis primo ; Breket waes cleyne in eyn mortier calmyn."

7. Tractatus de stomacho, auctore magistro Nicolao de Gonderaen ; *Belgice.* fol. 158 b.

    Incip. " Maglie ys een koeck vanden leden."

8. Compendium Hippocratis ; *Belgice.* fol. 164.

    Incip. " Die guede wroede Ypocras."

    In fine, " Explicit compendium Ypocratis."

9. De septem planetis tractatulus, cui tit. " Die teykenen vanden seuen planeten ;" *Belgice.* fol. 172 b.

    In calce, " Explicit libellus iste ad gloriam et laudem Christi anno m.° cccc.° vij.° xv. kal. Marcii sub pontifice maximo Julio 2°, Maximiliano Cesare . . . . ."

B   CCCXIII.

Codex membranaceus, in folio, ff. 2 et 53, sec. xvi., olim Christophori Drone.

Roberti Shirborne, episcopi Cicestrensis, Ordinationes episcopales, annis 1520—1529 editæ ; inter quas,

1. De indenturis inter capitulum Cicestrense et custodes collegiorum Oxon. et Winton. fol. 1.

2. De anniversario et jocundo adventu archiepiscopi, episcopi, regis et reginæ. fol. 1 b.

3. Donationes perpetuæ ; dat. Aldyngbourn 7 March 1523. fol. 4 b.

4. De fundatione præbendarum, et præbendariorum habitatione. fol. 11.

5. De fundatione quatuor clericorum laicorum. fol. 28.

6. De erectione liberæ scholæ de Rolston. fol. 29.

    Abscissum est folium primum.

7. Litteræ missivæ. fol. 34 b.

8. Donatio jocalium et ornamentorum ecclesiæ per Robertum prædictum facta. fol. 38 b.

    Mitræ descriptio incipit, " Item in oone quarter whiche is the right syde vi. score and xv. perlys."

    In calce, " Summa totalis valoris tam mitre ornamentorum quam etiam jocalium, cccxxxvj. li. viij. s. iij. d."

9. Rentale perquisitorum domini Roberti ecclesiæ datorum. fol. 40 b.

    In calce, " Summa totalis hujus rentalis ultra omnia casualia, sicut annis singulis contingent ; ciij. l. iiij. s. vj. d."

10. Deductiones in anniversario decano et capitulo allocatæ. fol. 42.

11. Fundatio missæ matutinæ in collegio beatæ Mariæ Winton. in Oxon. fol. 44.

12. Concessiones. fol. 47.

13. Provisio pro fraternitate S. Georgii Cicestrensis. fol. 50.

14. Donatio monasterio S. Frideswidæ in Oxon. [imperf.] fol. 52.

Præmittitur, " Registrum ordinacionum domini Roberti iiij. Cicestrensis episcopi." Antea, " Christofer Drone emebat pro Johanne Dele precii xxvj. s. viij. sed vendidit. Si culpare velis modo turpia facta sequentes, Dronus eris mundo, Christoferusque Deo."

Ð CCCXIV.

Codex membranaceus, in folio, ff. 310, sec. xv., nitide scriptus; initio mutilus.

The Canterbury Tales by Geoffrey Chaucer.

Two leaves containing the first part of the prologues are missing. The book beg. in the description of the manciple, with the words, " Forte be wise in byinge of vitail."

At the end of the Parson's tale, " Explicit tractatus Galfridi Chaucer de septem peccatis mortalibus, ut dicitur pro fabula Rectoris."

Then follows Chaucer's prayer to the reader, or recantation, after which, " Explicit tractatus Galfredi Chaucer de gestis peregrinorum versus Cantuariam."

Ƀ CCCXV.

Membranaceus, in folio, ff. 156, sec. xv. exeuntis; optime exaratus.

Anonymi cujusdam commentarioli, seu potius Registrum auctoritatum super varios Scripturarum locos a Genesi usque ad Job inclusive. Incip. " In principio creavit, etc. Hoc exponit beatus Augustinus Anagogice quam ad hoc in principio libro xj. confessionum." Desin. " Mortuus est plenus dierum, Ad hoc morum Hugo de tribus diebus 22. v. ibi tres ergo dies sunt, etc."

Ɛ CCCXVI.

Membranaceus, in 4to minori, ff. 409, sec. xiv., binis columnis nitidissime exaratus;

hic illic mutilus; " olim Roberti Ruston, ex dono Roberti Yonge."

Biblia Sacra Universa, ex versione vulgata, S. Hieronymi, et quoad Maccabæorum libros Rabani Mauri, prologis penitus instructa.

In calce, Interpretatio nominum Hebraicorum [secundum Remigium Autissiodorensem.] Deficit, " Sopher, liber vel narratio." Sequuntur versus memoriales de SS. libris, "Geneseos, Ex. Le. Nu. Deu. Josue Judicumque."

Ɔ CCCXVII.

Codex chartaceus, in folio, ff. 100, sec. xvii.

1. Martini Buceri de cæremoniis ecclesiæ Anglicanæ reformandis libellus, ad Edwardum VI.; dat. Cantabr. non. Januar. 1551. fol. 2.
   Tit. " Martinus Bucerus de cæremoniis ecclesiæ Anglicanæ."

2. Libellus, Conjugium episcoporum, sacerdotum, et aliorum ecclesiæ ministrorum non solum ex verbo Dei legitimum esse, verum etiam ab ipsa usque primæva et nascente ecclesia et retro post temporibus receptum ac usitatum fuisse, priusquam papa Romanus impiis suis decretis contrarium statuisset. fol. 54.
   Incip. " Si tam in procinctu et expedito fuissent homines ut immundam ac impuram sacerdotum vitam repurgarent."

3. Treatise upon the restitution of the Coin of England and its general fineness, by John Pryse, with a preface to Edward VI. fol. 86.
   At the end is " The forme of the acte of Parlyament" upon the same subject.

Ɔ CCCXVIII.

Membranaceus, in 4to, ff. 416, sec. xiv., binis columnis nitide exaratus.

Biblia Sacra Universa ex versione vulgata, S. Hieronymi aliisque prologis haud insolitis instructa; necnon nominum Hebraicorum interpretatione subjuncta.

Deficit in verbis, " Someeias, custos domini vel custodiens dominum."

ꓥ CCCXIX.

Membranaceus, in folio minori, ff. 104, sec. xv.; olim Henrici Salusbury.

A. M. S. Boethii de consolatione philosophiæ libri quinque, in carmen Anglicanum traducti [per Johannem Walton Capellanum]; mutil.

Incip. in fine præfationis translatoris,

" I shall begynne after my simplenesse
In wille to done ȝow seruise and plesaunce."

Exstat impress. in monasterio de Tavistock, 1525.

Deficit liber ult. in versu,

" And loke that thou thy conceyl nought forgete."

CCCXX.

Codex chartaceus, in folio minori, ff. 45, sec. xv.; olim Thomæ Smythe.

The Psalms of David, according to the earlier version of Wycliffe's translation, with two prologues.

The version agrees with that of the MS. No. 66 above described.

At the end are,

1. The songs of Moses, Anna, Simeon, etc. taken from the Old and New Testament.
2. The creed of S. Athanasius.
3. An hymn to the Virgin by ' William Huchen.' Beg.

" Swete and benygne moder and may,
Turtill trew flower of women alle,
Aurora bryght clere as the day,
Noblest of hewe thus we the calle."

At the end of the MS. is the note following: " Supplicat venerabili convocationi doctorum" etc. " venerabilis vir Thomas Philpott, magister facultatis artium et coll. Novo per triginta plus minus annos in studio theologiæ optime versatus, quatenus spectatissima erga serenissimam regis majestatem fidelitatis et obsequii specimina ediderit et de hujus urbis præsidio militari probatissime meritus est ; necnon literis honoratissimi nostri cancellarii commendatus, votis procerum, desideriis presulum, suffragiis collegiorum et aularum præfectorum animatus, ut bona vestra cum venia ad gradum doctoris in theologia promoveatur in domo congregationis, cum sibi visum fuerit.

Hæc gratia petita et concessa erat singulariter in domo convocationis sexto die Junii anno Domini 1646.

Ita testatur Byrom Eaton, Sen. Procurator."

F CCCXXI.

Codex chartaceus, in 4to minori, ff. 189, sec. xvi.

Psalterium Davidis ; *Armeniace.*

CCCXXII.

Membranaceus, in folio, ff. 162, sec. xiv. ineuntis ; optime exaratus et quoad literas initiales pictus et deauratus.

1. Kalendarium, figuris zodiaci signa tempestatesque anni exhibentibus illustratum. fol. 1.
2. Psalterium Davidis. fol. 7.
3. Hezekiæ, Annæ, aliorumque Cantica sacra ex utroque Testamento collecta. fol. 145 b.
4. Symbolum Athanasianum. fol. 157.
5. Litaniæ et orationes. fol. 159.

Sequitur tabula psalmorum particularium, quos oportet quempiam dicere sub tentationibus diversis laborantem ; *Gallice,* incip. " Si, aucun voderat supplier a Deu."

In calce, *manu altera et aliquantulum recentiori,* Incantamentum pro muliere partu laborante, incip. " Ceo est la charme ke est escrite apres en tel maniere."

CCCXXIII.

Membranaceus, in 4to minimo, ff. 239, sec. xv., nitidissime scriptus et bene illuminatus.

1. Kalendarium, signis zodiaci aliisque picturis illustratum. fol. 1 b.
2. Officium S. Veronicæ. fol. 15.
3. Horæ S. Crucis. fol. 18.
4. Horæ S. Spiritus. fol. 26.
5. Missa B. Mariæ Virginis. fol. 33.
6. Horæ B. Mariæ Virginis secundum usum Romanum. fol. 45.
7. Officium B. M. Virginis, quod dicitur per totum adventum. fol. 117.
8. Septem psalmi pœnitentiales, Litaniæ et orationes. fol. 127.
9. Vigiliæ mortuorum. fol. 149.
10. Orationes ad Virginem, Psalmus Qui habitat, et oratio S. Anselmi. fol. 196.
11. Commendationes animarum. fol. 207.
12. Psalterium de passione Domini. fol. 227.

CCCXXIV.

Chartaceus, in folio minori, ff. 45.

Liber, *charactere Sinico scriptus*, in quo habentur Mencii dicta proverbialia.

Præmittitur notitia, "Mʳ Graunt I have
sent you a booke printed in the language of
Chyna to shew you the forme of theyre print,
which language noe man can understand but
them selves."

Ɔ   CCCXXV.

Codex chartaceus, in folio, ff. 51, sec. xvi.
exeuntis, et xvii.

1. A briefe collection of the queenes majesties
most high and most honourable courts of
records, whereof six do concerne ye ad-
ministracioun of justice, and three others
her majesties revenues, as how, wheare, and
by what magistrates, judges, and other officers they are kepte at Westminster; dili-
gently collected by R. Robinson, cittizen of
London, Julii 10, anno Domini 1592. fol. 1.
Dedicated to the right honorable sir Jo.
Puckering, kᵗ., lord keeper of ye greate
seale of England.

2. An abstract of the particular charges defray'd
with in divers courts of records for her majestie at the common lawes of the land, very
necessarie and needfull for all young prac-
ticioners and students at the lawe, as also
for suitors in ye said courts. fol. 24 b.

3. A true collection as well of all the kings
majesties offices and fees in any the courts
at Westminster, as of all the offices and
fees of his majesties honourable howsehould;
together with all fees apertaininge to cap-
taines and souldiours haveinge charge of
castells and bullwarkes and fortresses, and
likewise the offices and fees of his highnes
honorable howses, parkes, forrestes, and
chases within the saied realme. fol. 40.

Ϲ   CCCXXVI.

Membranaceus, in folio, ff. 207, sec. xv., binis
columnis bene exaratus et servatus; olim
Thomæ Salver, postea quorundam e familia
de Mompesson.

Confessio Amantis, a poem in eight books by
John Gower.
First printed by Caxton in 1483.

At the end, "John Mompesson ex dono
Egidii Mompesson equitis aurati 1650.
Tho. Mompesson Nov. coll. sociuus dedit,
1705."

Ϲ   CCCXXVII.

Codex chartaceus, in folio, ff. 585, sec. xvii.

1. A survey or exposition of the book of Genesis, by John South, fellow of New college,
regius professor of Greek in the university
of Oxford, etc. fol. 1.
Parts of the 49th and 50th chapters are
lost.

2. A survey of the first book of Psalms, i. e. from
the first to the forty-first inclusive, by the
same. fol. 141.

3. A survey of the Gospel by St. Luke, by the
same, with a dedication to his two sons
William and John. fol. 239.

4. A survey of the Acts of the Apostles, by the
same. fol. 415.
Prefixed to the volume is the following
note;
"To the warden and fellows of New college, in Oxford.
These writings, being a survey of S. Luke's
Ghospel, the Acts of the Apostles, the book
of Genesis (of which parts of the 49th and
fiftieth chapters are lost) and of the first
book of the Psalmes, were composed by my
grandfather Mʳ John South, formerly fellow of your college, regius professor of the
Greek tongue, vicar of Writtle, rector of
Rotherfield Pepper in Oxfordshire, and precentor of Salisbury, during the unnatural
rebellion in 48 whilst he was under se-
questration, and some time in prison. Before the survey of S. Luke you will see the
disadvantages he lay under, being deprived
of all his books but his Bible, that he tells
you there that he proceeded proprio Marte,
his auxiliaries being led captive.
These writings were in the custody of your
wardens Dʳ Woodward and Dʳ Nicholas
for some years for me in case I enterd into
holy orders, and upon my admission were
transmitted to me. I now beg your ac-
ceptance of them, and if you think them
worthy of place in your college library,
there to deposit them."

CCCXXVIII.

Codex chartaceus, in folio, ff. 106, sec. xvi.

A book of original warrants under the hands and signets of Edward the Sixth, lady Jane Grey, Philip and Mary, and other lords in their reigns, to the keepers of the Great Wardrobe ; as follow,

1. Nineteen warrants of Edward VI. to sir Andrew Dudley, datt. ann. regn. 4—7 inclusive. fol. 1.

Amongst the most interesting are,

a. A warrant for the delyvery of one yarde of crimson taphata "to be employed to our use upon the furnishing of our litle bed for our owne lyeing ;" dat. 29 Oct. a. r. iv. fol. 1.

   It is signed by the duke of Somerset, the earls of Wiltshire and Bedford, lords Clynton, Wentworth, and Darcy, and sir A. Wyngfeld.

b. For syxtene yeardis of crymsin velvet to be employed into a kyrtell hoode and typpett concernyng the order of the Garter for the French king. fol. 5.

c. For viij. yerdes of clothe of silver plaine and iiij. yerdes iij. quarters of whyte taphata to lyne the same, for the making of a coope against the receiving of the French order ; dat. Hampton court, 15 July, a. r. v. fol. 7.

d. For fyftene yardes quarter of russet golde tyncell making to be emploide for the trapping and hedstalls of two horses by us zeven unto the Scotts quene ; dat. Westm. 4 November, a. r. v. fol. 9.

e. A stryking clock of metall wrought with lozenges, having a ring on the toppe, to be delyvered unto the ladye of Pembroke. fol. 12.

f. For crimson velvet for livery of the order of the Garter for Th. lord Darcy of Chiche and sir Andrew Dudley ; datt. Greenwich and Westminst. 24 Jan. and 12 Nov. a. r. vi. fol. 22, *seq.*

g. To receave and take of our gifte for our welbeloved cosen the lady Margaret Clyfforde, daughter to therle of Cumberland, and for yourself, for the furnyture of two sutes apece for both your wedding apparellis, as well of oure silk heretofore in your custodie and charge, as also of suche oure silks and jewells of the late duke and duches of Somerset being lykewise in your custodie the parcells following ; dat. Greenwich, 8 June, a. r. vii. fol. 34.

2. A warrant from lady Jane Grey, as queen, to sir Andrew Dudley, for the delivery of twenty yards of crimson velvet, etc. ; dat. " at the Towre the xth daye of Julye, in the first yere of oure raigne." fol. 36.

3. Note of certain jewells and other things delyvered unto the quenes hyghnes by Arthur Stourton esquier, the xiiij.th day of July 1553, in the fyrst yere of her highnes reygne. fol. 38.

4. Warrant of queen Mary to sir Arthur Stourton for the delivery of certain velvets, etc. for the furniture of our coronation ; dat. the Tower, 10 August, a. r. i. fol. 41.

5. Warrant of the same for the delivery of different colored velvet gowns " to distribute of oure gift amongst certeyne Irishe ladis ;" dat. Westm. 20 Oct. a. r. i. fol. 42.

6. A booke wherein is mencioned dyvers kyndes of stuff delyvered by me Arthure Stourton as well for the quenes majesties owne use as also to sondrie other persons of her highnes gifte from the xxviiith daye of November in the furst yere of her most gracius reigne to the 21st of January 1554. fol. 43.

7. Four warrants of Mary for presents to the lady Lenysse, sir Anthony Browne, and mistris Friswith Sturleye, gentlewoman of the Privy Chamber ; datt. Westm. St. James', and Windsor. fol. 54.

8. Sondrie kindes of silkes of the quene's majesties store at her highnes pallace of Westminster emploide by her gracis commandement in making of certeyne vestments, tunycles with ther furnitures, aulter clothes and other ornamentes for the freers at Grenewiche, anno primo et secundo regnorum Philippi regis et Marie regine, secundo Aprilis. fol. 61.

9. Two warrants for vestments for John Rickerd, clerk of the Closet, and Henry Jolyffe, subalmoner and dean of Bristol ; datt. Richmond and Westm. 7 Sept., 18 Feb. a. r. ii. fol. 63.

10. Sondry kyndis of stuff delyvered by Arthure Stourton at the quenes majesties pallace of Westminster, begynnyng the xxiiij. of February in annis regnorum Philippi et Marie, regis et regine primo et secundo, and ending ult. Decembris annis secundo et tercio, etc. fol. 67.

11. Warrant for the delivery of sundry agletes and buttons of gold; dat. Greenwich, 8 Jan. a. r. ii. fol. 75.

12. Sondry kyndes of stuff delyvered by Arthure Stourton, esquier, as well for the quenes majesties owne use, as also of hir gracis gift to divers persons hereafter mencioned, from the 18 January to the 31 December, 1556. fol. 77.

13. Eleven other warrants of Mary; amongst which,

    a. For copes and vestments to be distributed to the parish church of Greenwich, and the Black Friars, S. Bartholomew's; dat. Grenewich, 26 Feb. a. r. iii. fol. 81.

    b. For sundry kinds of stuff to make vestments, etc. for the consecration of the lord cardinal [Pole]; dat. Grenewich, 3 March, a. r. iii. fol. 83.

    c. To delyuer of oure gifte of the best and fairest of dyvers old tables with the pictures of Christ, our lady, and sondrie other saints, amongst sondrie of oure previe chamber, and the rest to be disposed and geven unto certeyne parisshe churches; dat. Grenewiche, 4 March, a. r. iii. fol. 85.

    d. For as much course silke, sarcenet and lynyen clothe as will furnishe the highe alter and the sacrament in the churche of Portesmouth; dat. St. James's, 11 June, a. r. iii. fol. 87.

    e. Certain stuffs towards the furniture of the high altar and the chapel in Peterborough minster, wherein our dere mother of worthie memore quene Katherine resteth buried; dat. St. James's, 16 Sept. a. r. iv. et v. fol. 98.

14. Note from the duke of Northumberland to sir Arthur Stourton for twelve yards of purple cloth of gold, etc.; ' Scribbled the xxth of Maye 1553.' fol. 103.

15. Another note from the same to the same, as follows, " Nevieu, I muste nedis have thre yardis quarter more of the purple velvet, and asmoche of the cremsen velvet, other wys the garmentis wylbe spylt; your louinge unckell, Northumberland." fol. 104.

16. Grant from Oliver Cromwell of an annuity of 200l. a year to William Jessop, clerk of the Council, on surrendering the office of ballaster of the Navy; dat. 20 Aug. 1657. fol. 105.

17. Grant and demise from Richard Cromwell to Henry Scobell, esq. clerk of the Privy Council, of a certain piece of ground in the old palace yard at Westminster, to build a meeting place for the church at Westminster; without date. fol. 106.

CCCXXIX.

Codex chartaceus, in folio, ff. **151**, sec. xvii.

The Parsons Law, or A treatise concerning archbishops and bishops, their election, consecration, investiture and induction, with all things incident thereunto belonging; together with a table or particuler of the heads of the chapters contayned in this treatise.

The first chapter is " Of archbishopps and bishopps, there eleccion, confirmation, consecration and investure, and when there temporalities shal be delivered unto them."

⁊ CCCXXX.

Chartaceus, in folio majori, ff. **172**, anno **1677**, manu Johannis Middleton, scriptus; olim J. Smyth, M. D.

The visitation of Leicestershire by Samson Leonard, Blewmantle, and Augustine Vincent, Rouge Rose, officers of arms, anno Domini 1619.

Prefixed is an alphabetical index of the names of families whose pedigrees occur in the volume.

Ð CCCXXXI.

Chartaceus, ex charta bombycina, ff. **146**, sec. forsan xii. ineuntis.

1. Liber *Syriacus*, cujus titulus, *Latine* versus, sequitur, " In spe Trinitatis sanctæ unius Dei in veritate scribimus narrationem ecclesiasticam, in qua declaratur, quomodo dignus

habitus sit rex victor Constantinus sigillo baptismatis sancti, qui post apostolos cæpit ædificare ecclesias Christi." fol. 3 b.

2. Mandatum quod fuit a timente Deum Constantino rege victore ad fidelem Helenam matrem suam venturam ad Jerusalem, ut doctrinam familiæ suæ compararet e principibus sacerdotum Judæorum lege peritorum, de fide Christi ut cum Christianis disputarent; *Syriace*. fol. 24.

3. Per auxilium Patris et Filii et Spiritus viventis sanctique accedimus ad concionem primam libri secundi sancti Dionysii Melitenensis, qui et Bar Salibi. In principio scribimus refutationem sive disceptationem contra populum Arabum; *Syriace*. fol. 66.

Cf. Assemanni Bibl. Orient. tom. ii. pp. 113, 211.

4. Iterum in nomine Dei Unius essentia et Trini Personis venimus ad faciendum verbum sive disputationem et disceptationem contra Judæorum gentem blasphemorum interfectorum sui Domini. Nempe nomen Judæorum a Juda Jacobi filio uno ex xii. tribubus et patriarchis derivatum, Juda autem interpretando sonat Confessor. Caput primum libri ejusdem Dionysii, qui et B. Salibi, magistri autem nostri, et doctoris in scientia bene versati et scripturarum divinarum interpretis; *Syriace*. fol. 86 b.

5. Disputatio a domino doctore Ephrem facta contra Judæos; [videtur dialogus esse non ab ipso Ephrem conscriptus, sed testimoniis ab ipso citatis confirmatus;] *Syriace*. fol. 90.

6. In idem argumentum ex S. Johanne Chrysostomo; *Syriace*. fol. 95.

7. Ejusdem, quod gentium prophetæ Judaicis sunt antiquiores; *Syriace*. fol. 96.

8. S. Basilius contra Nestorianos et duas naturas, [sed et alia testimonia videntur hic corradi;] *Syriace*. fol. 97.

9. Dicta selecta philosophorum sapientiam docentium; *Syriace*. fol. 97.

10. Refutatio Nestorianorum de eo, quod dicunt Nestoriani Christum fuisse hominem; *Syriace*. fol. 98.

11. Liber tertius Dionysii peregrini, in quo confutatio contra Chalcedonenses et solutio criminationum eorundem, aliorumque; *Syriace*. fol. 99.

C   CCCXXXII.

Codex chartaceus, in folio, hodie in tomos duo distinctus.

Novum Jesu Christi Domini nostri Testamentum, ex bibliotheca regia; liber scil. impressus Lutetiæ, ex officina Roberti Stephani, typographi regii, regiis typis M.D.L., annexa Jo. Matthæi Caryophili (?) collatione, contextus cum codicibus MSS. pluribus; [manu Francisci Arcudii scripta?].

Præmittitur, "Johannis Matthæi Caryophili in collationes Græci contextus omnium librorum Novi Testamenti juxta editionem Antverpiensem regiam cum xxii codicibus antiquis MSS. ex bibliotheca Barberina ad lectorem præfatio."

Subscribitur, Οὐρβανῷ τῷ ὀγδόῳ ἀκρῷ ἀρχιερεῖ, καινὴν ἀμφὶ γραφὴν καινὸν πόνος οὐρβανὲ δέξαι γνήσιος αὐτὸς ἐὼν τοῦδε πόνου βάσανος ταπεινότατος δοῦλος Φραγκίσκος Ἀρκούδιος.

C   CCCXXXIII.

Chartaceus, ex charta bombycina, ff. 273, sec. forsan xi., binis columnis bene scriptus; olim Glocest. Ridley.

Testamentum Novum, ex versione Syriaca Philoxeniana; argumentis Euthalianis, etc. instructum; *Syriace*.

Præmittuntur epistolis Paulinis, lectiones in singulis epistolis et in lectionibus capita, testimonia, et versiculi.

Deficit epist. ad Hebr. in vers. 27 cap. xi.

Exstat Actuum Apostolorum epistolarumque versio supradicta, ex codice nostro edita a Jos. White, Ling. Arab. apud Oxon. Prof. Oxon. 1799.

Præmittuntur codici, Prologus de generationibus Christi, Carpiani epistola ad Eusebium, canones Eusebiani, etc.

Ꝺ   CCCXXXIV.

Membranaceus, in folio minori, ff. 197, sec. forsan xi., binis columnis exaratus.

Testamentum Novum, *Syriace*, ex versione Philoxeniana.

Deficit in epist. ad Hebr. cap. xii.

Præmittuntur tabulæ lectionum evangelicarum, etc.

C   CCCXXXV.

Codex chartaceus, ex charta bombycina, in folio, ff. 349, sec. xii. exeuntis, binis columnis exaratus; olim

Pentateuchus; *Syriace et Arabice.*

In calce notitia est de æra, qua descriptus est codex et in margine fol. 346 b superiori notatum est, " Written in the year of Yonane [Yavanoya or era of the Greeks] 1504, an epoch to me unknown. The following epoch is the Mahometan, and by this it appears to be finishd in the month Jemazy the first, anno 589, and this being 1141 of the Mahometan era, the age of this book is 542 years, A. C. 1193."

C   CCCXXXVI.

Chartaceus, in folio, ff. 90, sec. xvii.; olim Jo. Smyth, M. D.

1. His majesty's speech in the Parliament house, the 30 January, 1620. fol. 1.
2. List of the nobility of England, temp. Jac. I., by Bryan Dawson. fol. 4.
3. Names of the lord chancellors, keepers of the great seal, from the conquest to lord keeper Coventry. fol. 16.
4. The names of the nobilitie of the realme of England, made the seaventh yeare of kinge Charles, anno Domini 1631. fol. 19.
5. Pedigrees and arms of the principal barons and other peers of the realm of England. fol. 20 b.

In fronte codicis, " Ex dono Johannis Smyth, M. D. de Bloxham, Oxon. in archivis bibliothecæ coll. Nov. custodiendus, 1755."

D   CCCXXXVII.

Chartaceus, in 4to, ff. 78, sec. xvii.

1. A short journal of several actions performed in the kingdom of Scotland after his majesty's first arrival there out of Holland, the 24 June, 1650, until the end of October following, observed by sir Edward Walker, kt. garter principal king of arms, who being formerly banished returned about that time into Holland. fol. 1.

2. Letter from George Morley, bishop of Winchester, to the duchess of York, on a report that she was about to become a papist; dat. 24 Jan. 1670. fol. 28.

3. Monsieur [Louis?] Heran's considerations in order to the better regulating of the French and Dutch and other churches of strangers here in England; *in French.* fol. 39.

4. L'image de Dieu en l'homme, ou traité, qui montre l'essence et origine de l'ame, comme elle est produite au corps son veritable siege, de quelle manière elle y reside et y fait ses fonctions, par J. Guerard, dedié a monseigneur l'evéque de Winchester, l'an 1674. fol. 44.

5. Orders for the government of the college of matrons constituted by George [Morley?], bishop of Winchester. fol. 74.

C   CCCXXXVIII.

Codex chartaceus, in folio, ff. 104, sec. xvii.

A work on the nature of man's condition and God's dealing with him, in four chapters, &c.

1. Of God's proceedings with man immediately after his creation, as we find it recorded in the story of Adam. fol. 1.
2. An exposition of part of the seventh chapter of Ecclesiastes. fol. 38.
3. Of freewill. fol. 64.
4. Of the two covenants. fol. 80.

E   CCCXXXIX.

Chartaceus, in 4to, ff. 212, sec. xvii.

1. Treatise on the sufficiency of the holy scriptures, in answer to the reasons for witholding them set forth by the Jesuits in their preface to the Doway Bible. fol. 2.

2. A fruitful dialogue declaring these words of Christ, ' This is my body,' between ' Custome and Veritie.' fol. 46.

At the end is a list of those who suffered in consequence of their opposition to the church of Rome, from Arnulphus, bishop of Lyons, 1130 to 1547.

3. An argument drawn from the evidence and certainty of sense against the doctrine of transubstantiation. fol. 102.

4. An answer to the above argument; [imperfect.] fol. 111.

5. Dr. R. Sanderson's resolution of the case concerning officiating in public otherwise than is prescribed by the liturgy. fol. 119.

6. Collection of authorities, with a discourse, upon occasion of a question moved to the justices of the peace for the county of Surrey at Guildford, on Saturday the 26 day of December last, and by them put to the vote, whether the rectors and vicars of parochial churches were to be assessed towards the relief of places infected with the plague, according to the statute of 1 Jac. 31, or not, to give an account of the grounds and reasons whereon the collector was induced to give his opinion and vote in the negative; [injured by damp.] fol. 130.

7. Animadversions on some part of [Jo. Corbet's] book intitled " The interest of England in the matter of religion," [by Samuel Thomas.] fol. 158.

    Printed *anon.* under the title of " The Presbyterian unmasked;" 8vo. Lond. 1676.

E   CCCXL.

Codex chartaceus, in 4to minori, ff. 161, sec. xvii.

1. Prisca et catholica fides de reali præsentia Christi in sacramento Eucharistiæ ab ecclesia Anglicana aliisque reformatis retenta; una cum refutatione et universa propemodum historia transubstantionis pontificiæ scripta anno Domini 1655, auctore Johanne Cosino, decano Petroburgensi. fol. 2.

    Exstat impress. Londin. 1675.

    In calce sunt indices, a. Locorum S. Scripturæ; b. Antiquorum patrum; c. Scholasticorum; d. Conciliorum; e. Pontificum Romanorum; f. Historicorum; g. Confessionum eccl. reformatarum; h. Scriptorum eccl. reformatarum; i. Scriptorum Pontificiorum.

2. Prælectiones duæ de conscientia, habitæ termin. Hilarii 1646. fol. 46.

    Tit. i. " Quis hominum novit quæ sunt hominis, nisi spiritus hominus, qui est in ipso."

    Incip. " Permagnam esse vim conscientie."

3. An ecclesia Anglicana censenda sit schismatis rea Neo-Diatriba; auctore Edwardo Rogersio. fol. 68.

    Incip. " Tota scriptura sacra non præcipit nisi charitatem."

4. Scholarium Wintoniensium ad Edwardum Sextum carmina in honorem adventus ejus in Wintoniam. fol. 74.

    Scriptores sunt, Robartus Fennus, Edmund. Harendenus, Rodolph. Reatus, Joh. Chaundlerus, Art. Biddelcomus, Jo. Bysshoppus, Anton. Fortescuus, Jo. Redingus, Tho. Stapletonus, Henr. Fawknerus, Steph. Whittus, Jo. Randallus, Christ. Jonsonus, Jo. Hamptonus, Henr. Wyrtonus, Christ. Martinus, Jo. Hardius, Georg. Martinus, Mich. Haydochus, Georgius Basyrus, Robert. Boulerus, Rich. Osbornus, Jo. Nobleus, Edw. Harrisius, Gul. Shelleius, Rob. Fernhamus, Jo. Hannigtonus, Mat. Mires, Ant. Strayngeus, Lucas Atscous, Gul. Dibbinsius, Edw. Tichburnus, Gul. Palmerus, Edw. Middeltonus, Rob. Pointhus, Christ. Bodleius, Edw. Matonus.

Henr. Barkleus

    In fronte, " Johannes Gybbon, ex dono Joh. Bagford" deinde, " Petri le Neve, Norroy, ex dono executricis Jo. Gibon."

5. Adversaria ad artem Logicam spectantia, sive Synopsis artis Logicæ, anonymo compilatore. fol. 83.

    Incip. " De natura logicæ. Tota logicæ in tria resolvitur, scilicet, In vocem simplicem, quæ complectitur tum predicabilia."

D   CCCXLI.

Codex membranaceus, in 4to, ff. 152, sec. xiv., binis columnis exaratus; olim Roberti Barton.

1. Clementis papæ V. Constitutiones. fol. 1.

    Tit. " Incipiunt constituciones Clementinæ edite in concilio Viennensi."

2. Johannis Andreæ, Bononiensis, Glossæ sive Apparatus in easdem Constitutiones. fol. 35.

R

In calce, " Explicit apparatus domini Johannis Andree super Clementinis."

In fine codicis, "Liber Roberti Barton emptus per eundem anno Domini m°. cccc.° xviii.° in die sancti Leonardi confessoris et abbatis. Precii ix. s."

F   CCCXLII.

Codex membranaceus, in 4to minori, ff. 153, sec. xv., optime scriptus et servatus.

1. Anonymi cujusdam libellus de regimine principum. fol. 1.

Tit. " Incipit quidam tractatus, quomodo rex debet regere seipsum et populum suum."

Incip. "Rex autem dici potest, qui regit populum sapientem."

Desin. "benedicebat psalmista, Diligite justiciam qui habitatis terram."

2. Anonymi libellus de consolatione humanæ miseriæ. fol. 39.

Incip. "Secundum Tullium in prima rethorica tres partes fortitudinis asignantur."

Desin. " carencia virtutis, que est decor anime."

In calce, " Explicit tractatus, quomodo homo debeat consolari super carentia humanæ felicitatis."

3. Vita Alexandri magni, regis Macedonum. fol. 72.

Incip. " Sapientissimi igitur Egiptii scientes mensuram terre."

Exstat impress. in folio Harlem. s. a.

Cf. cod. MS. Burn. in Bibl. Mus. Brit. 280, fol. 1.

C   CCCXLIII.

Chartaceus, in folio, ff. 42, sec. xvi.; olim Henrici Wallis.

1. Johannis a Lasco ad [Martinum Bucerum?] epistola de papa ejusque sacerdotio. fol. 1.

2. Ejusdem ad eundem epistola, ejusdem argumenti, et de controversia vestiaria inter D. Jo. Hoperum, et episc. London.; dat. Londin. 26 Oct. 1550. fol. 2.

3. Martini Buceri ad Jo. a Lasco epistola de vestibus ecclesiasticis et libertate cæremoniarum aliarum. fol. 4.

Exstat impress. Anglice, cum tractatibus aliis ex officina Ric. Jugge, p. 81.

4. Petri Martyris epistola ad eundem de Jo. Hopperi sententia super eandem rem; dat. Oxon. 25 Octob. fol. 12.

5. Ex libro D. Hoperi regis consiliariis ab ipso exhibiti 3 Oct. 1550, contra usum vestium, quibus in sacro ministerio utitur ecclesia Anglicana. fol. 14.

6. Epistola anepigrapha [an M. Buceri] de controversia eadem vestiaria. fol. 16.

7. Petri Martyris [ad Jo. Hoperum] epistola de eadem controversia; dat. Oxon. 4 Nov. 1550. fol. 21.

Exstat impress. Anglice, cum tractatibus aliis, London. per Ric. Jugge, p. 61.

8. Gul. Billi ad M. Bucerum epistola judicium ejus expetentis in controversiis de magistratibus aliisque; dat. ex aul. Westmonast. 8 id. Novembr. fol. 25.

9. M. Buceri ad Gul. Billum epistola amœbæa; dat. Cantab. 17 Nov. 1550. fol. 27.

10. Johannis a Lasco ad Bucerum de controversia vestiaria; dat. Londin. 15 Nov. 1550. fol. 37

11. Thomæ Cranmer, archiep. Cantuar., ad Bucerum epistola de eadem; dat. Lambeth, 2 Decembris. fol. 38.

12. M. Buceri ad Th. Cranmer epistola amœbæa. fol. 39.

Exstant duæ supradictæ cum tractt. aliis, London. per Ric. Jugge, p. 47.

CCCXLIV.

Codex chartaceus, in folio, ff. 135, secc. xvii. et xviii.

1. Dr. Joseph Trapp's collations of a MS. of the Georgics of Virgil, supposed to be written about the time of Vespasian, and preserved in the library of S. Lorenzo at Florence, with the Elzevir edition of 1636, with a short introduction. fol. 1.

At the end, " Valerianus's collation of Virgil's first five eclogues [printed 1521] from the Medicean MSS. at S. Lorenzo library in Florence, which I now collate with the Elzevir edition, 12mo. 1636."

2. Petition of the English merchants trading to France, on behalf of themselves and the English trade, "to the right honorable the

lords commissioners appointed for the treaty of commerce with France." fol. 29.

---

3. Certaine considerations upon the choice of the duke of Buckingham for chauncellor of the universitie of Cambridge, June the first, 1626. fol. 38.

    At the end,

a. The king's letter to the university on the election of the duke; dat. Westminster, 6 June, 2 Car. I.

The duke's letter of thanks to the university for their election of him to be their chancellor. with promise of service on his part.

The earl of Barkshire's letter of thanks directed to the vice-chancellor of Cambridge, by him to be presented to the university, for their purpose and proffer to have chosen him their chancellor; dat. S. James, 2 June, 1626.

---

4. Considerations about the true way of suppressing popery in this kingdom. fol. 52.

5. Remonstrance of the Scotch commissioners against archbishop Laud's edition of the book of Common Prayer, etc. [injured by damp.] fol. 74.

    Printed, 4to. London, 1641.

---

6. A discourse of second marriage within a few months after the decease of the former husband, by Dr Sho .. ch. fol. 89.

---

7. Samuelis Bocharti epistola ad D. D. Marley, S. T. P. et regis Magn. Brit. sacellanum de presbyteratu et episcopatu, etc.; dat. Cadomi pr.d. non Mart. 1650. fol. 99.

    Exstat impress. in 8vo, Paris. 1650.

---

8. Exceptions of the presbyterians against passages in the liturgy. fol. 118.

    Printed 4to, Lond. 1661.

ADDITION TO MS. CLXIII IN NEW COLLEGE LIBRARY

(CATALOGUS CODICUM MSS. COLLEGII NOVI

Page 62)

Cautiones in MS. New College 163

fol. 79v top margin in plummet
Caucio Magistri Alfridi Rosorfet' ia pro Gilbertino apud Aulam Universitatis in vico scolarium.

fol. 80v reversed
Caucio M. Aluredi Rosorfett exposita in cista Cicestire pro iiijs. die Sabati proxima ante festum Chatedrali sancti Petri anno domini millesimo ccc^{mo} quatragesimo. Name and price erased.

For him see BRUO iii. 1592.

fol. 80v. Erased but legible under u.v. light.
Caucio M. J. Swanych exposita in cista de Turbevyle pro j marc in vigilia sancti Andree anno domini M^o CCCC^o XVIX^{mo} et habet duo supplementa 2° fo *pri istorum musculorum* 2° fo *c' signa*.

For him see BRUO iii. 1831. He was a fellow of New College.

fol. 79v
Liber collegii accomodatus Thome Bentley.

For him see BRUO i. 171. Also a fellow of New College.

CORRECTION TO MS. CCLXXIV IN NEW COLLEGE LIBRARY

(CATALOGUS CODICUM MSS. COLLEGII NOVI

Page 96)

MS. New College 274. A St. Alban's book as appears from an effaced inscription in the usual formula on fol. 1—'Hic est liber . . . anathema sit. Amen'. Five erased inscriptions on fol. iii show the book to have been deposited as a pledge in the Queen's chest at Oxford by Master John Cousin alias Portigall or Portyngall and dom John Warder, monk of St. Albans, on successive dates from 1453(?) to 1461 at sums varying from 22*s* to 33*s* 8*d*. The type of entry is as follows: C. M. Joh' Consobrini vulga^r portigall et dni Joh' Warder ex^{ta} in cista regine A^o dni. m^o cccc^o die nove'r et iacet pro xxij^s. A later cautio on fol. 197^v reads: Cautio magistri Roberti Woodestok exposita in cista de Chichele vicesimo secundo die mensis octobris anno domini 1467. iacet pro XX(?) s. The name Wardboys occurs on fol. 198.

APPENDIX TO MSS. IN NEW COLLEGE NOT DESCRIBED

IN COXE'S CATALOGUE

344/2 1. Samuelis Bocharti epistola ad D. D. Marley.

2. Exceptions of the presbyterians against passages in the liturgy.

345. The Gospel according to St. Matthew and St. Mark.

346. The Gospel according to St. Luke and St. John.

348. Statuta ecclesie cathedralis Wintoniensis, 1544.

349. A report of a voiage begun at Bristow upon the 1st of December, 1636, by Daniel Vivian.

350–354. Carmina Wiccamica.

355. Carmina Wiccamica, vol. iv.

356. Three Sermons by Mr. Holliday, Mr. Lushington, Mr. Hayes.

357. 1. Psalterium Davidis (printed with MS. notes).

2. A sermon on Luke XIII. 3.

358. Psalterium (St. Albans. XIII. saec.) Burl. fine arts 1908 no. 53).

359. Religious history of the ancient city of Toung'oo. (Burmese: on palm leaves).

360. Manuscript fragments.

361. Newton papers.

362. Musical fragments.

363. Fragments of MSS. (kept at New College).

CATALOGUS

CODICUM MSS.

COLLEGII LINCOLNIENSIS.

NOMINA BENEFACTORUM,

QUI COLLEGII LINCOLNIENSIS BIBLIOTHECAM MUNIFICENTIA SUA AMPLIAVERUNT.

―――――――――――

Figuræ nominibus adfixæ Codices distinguunt quos benefactor quisque aut dono dederit aut legaverit.

AUDLEY, EDMUNDUS, ep. Sarum; cxiv.

BETESON, ROGERUS, coll. Linc. socius; lxxii.

CHAMBERLEYN, Willelmus, coll. Linc. primus rector; xii. xxxvi. xcv.

DUFFELDE, JOHANNES, eccl. Linc. cancellarius; xxvi.

FLEMMYNG, RICARDUS, episcopus Lincolniensis et collegii Lincoln. fundator; iii. xxii. xxix. xxx. xlviii. lviii. lxv. xcviii. cvi.

FLEMMYNG, ROBERTUS, decanus Lincolniensis; i. iv. ix. x. xxiv. xxvii. xxxi. xxxii. xxxiv. xxxv. xxxvii. xxxviii. xl. xli. xlii. xliii. xliv. xlvi. lii. liii. lv. lix. lx. lxiii. lxxvi. lxxvii. lxxix. lxxxii. xc. xci. xciii. c. cv. cxv.

FOREST, JOHANNES, decanus Wellensis; xi. lxxviii. lxxxvi. *cv.*

GASCOIGNE, THOMAS, S. T. P.; v. viii. xiv. xxxiii. liv. lxiv. cxvii. cxviii.

GOODARD, THOMAS, coll. Linc. socius; lxxxiii.

HAMBALD, ROBERTUS, coll. Linc. socius; lxxiii.

HETON, THOMAS, rector de Manceter et coll. Linc. commensalis; cviii.

MADERBY, JOHANNES, socius; lxxi.

MALBERTHORP, JOHANNES, coll. Linc. socius; vi. ci.

MERCHALL, JOHANNES, S. T. B.; xviii.

REDE, WILL., eccl. S. M. Magd. Oxon. vicarius, [postea ep. Cicestrensis?]; lvi. *[The Vicar died 14b97 Bp. Wm. Rede died 139?]*

SOUTHAM, JOHANNES, archidiaconus Oxon.; l. xcix.

SYLUAY, PHILIPPUS; lxxxi.

THORNTON, RICARDUS, coll. Linc. socius; xv.

TREGURRAYN, JOHANNES; xiv.

WHELER, GEORGIUS, eques auratus, S. T. P., canonicus Dunelmensis; codices omnes Græcos, a i. ad xxxvii. inclusive; necnon cod. Lat. xxiii.

CODICES MSS.

CODICES MSS.

COLLEGII LINCOLNIENSIS.

CODICES GRÆCI.

I.

Codex chartaceus, ex charta crassa et lævigata, in folio, foliis constans scriptis **374**, sec. xiv., binis columnis exaratus.

1. Andreæ Sali et Epiphanii [an Theonis filii?] narratio de fulmine et fulgure. fol. 1.

Tit. ἀπὸ τοῦ ὁσίου πατρὸς ἡμῶν Ἀνδρέου τοῦ διὰ Χριστὸν σαλοῦ διάλεξις μετὰ τοῦ ἁγίου Ἐπιφανίου περὶ βροντῆς καὶ ἀστραπῆς.

Incip. Ἐπιφάνιος λέγει· ἐν τῷ οὐρανῷ εἰσὶ τὰ νοερὰ θεῖα στρατεύματα.

Deficit in verbis, ἀνήγαγον τῷ ἡμετέρῳ κρατεῖ——

2. Orationis fragmentum in honorem Sanctæ Annæ. fol. 6.

Incip. in verbis, —τραν, ἅγιον τῷ Κυρίῳ κληθήσετε.

Desin. ὁ τὸν κόσμον σώζων διὰ τοῦ Ἰησοῦ Χριστοῦ τοῦ Κυρίου ἡμῶν, ᾧ ἡ δόξα, κ. λ.

3. S. Johannis Chrysostomi sermo in occursum Domini et virginis Deiparæ. fol. 10.

Tit. τοῦ ἐν ἁγίοις πατρὸς ἡμῶν Ἰωάννου ἀρχιεπισκόπου Κωνσταντινουπόλεως τοῦ Χρυσοστόμου λόγος εἰς τὴν ὑπαπαντὴν τοῦ Σωτῆρος καὶ τῆς θεοτόκου καὶ εἰς τὸν Συμεών.

Incip. οὐ μόνον φορεῖ, ut inter opera, edit. Benedict. tom. ii. p. 812.

4. Sermo in martyres quadraginta, qui in Sebastiæ lacu perierunt; auctore incerto. f. 14.

Tit. μαρτύριον τῶν ἁγίων καὶ ἐνδόξων μαρτύρων τεσσαράκοντα τῶν ἐν σεβαστείᾳ τῇ λίμνῃ τελειοθέντων.

Incip. κατὰ τοὺς καιροὺς ἐκεινοὺς Λικινίου.

Cf. Act. SS. Mart. ad diem iii.

5. S. Chrysostomi sermones septem, scilicet,

a. De jejunio. fol. 19.

Inter opp. tom. ix. p. 800.

β. In annuntiationem, ubi de laude S. Basilii et contra Arianos. fol. 22.

Ibid. tom. xi. p. 838.

γ. In Divitem et Lazarum. fol. 29.

Incip. εὐλογητὸς ὁ Θεὸς ὁ καὶ τήμερον.

Deficit in verbis, ἐπίπονος ἡ ἰατρεία——

δ. In Annuntiationem. fol. 30.

Incip. προαπέστειλεν ὁ Θεὸς τὸν ἀρχάγγελον.

ε. Alter unde supra. fol. 35.

Ibid. tom. ii. p. 797.

ϛ. In Publicanum et Pharisæum, necnon de humilitate et oratione. fol. 38.

Exstat in edit. Savil. tom. v. p. 261.

ζ. In filium prodigum. fol. 41.

In edit. Bened. tom. viii. p. 33, *in spuriis*.

6. S. Ephraem Syri sermo de Antichristo et de consummatione mundi. fol. 46 b.

Tit. τοῦ μακαρίου Ἐφραὲμ λόγος περὶ τοῦ Ἀντιχρίστου, ut inter opera, ed. Oxon.

7. S. Chrysostomi sermo de jejunio. fol. 52 b.

Inter opp. tom. ix. p. 846.

B

8. Anastasii Sinaitæ sermo in sextum Psalmum. fol. 57.

Tit. Ἀναστασίου, κ. λ. ὁμιλία εὑρηθεῖσα εἰς τὸν ς ψαλμὸν καὶ εἰς τὴν εἴσβασιν τῶν νηστειῶν.

Incip. πρέπουσαν τῆς ut in Combefis. Auct. Nov. tom. ii. p. 943.

9. Dorothei, [an Tyri,] sermo de sacris jejuniis. fol. 68.

Tit. τοῦ ὁσίου πατρὸς ἡμῶν Δωροθέου περὶ τῶν ἁγίων νηστειῶν λόγος α'.

Incip. ἐν τῷ νόμῳ προσέταξεν.

10. Johannis Damasceni sermo de iis qui in fide obdormierunt. fol. 71.

Tit. τῷ σαββάτῳ τῆς τυροφάγου Ἰωάννου μοναχοῦ, κ. λ. περὶ τῶν ἐν πίστει κεκοιμημένων, κ. λ. ut in edit. Le Quien, tom. i. p. 583.

11. S. Chrysostomi sermo in principium jejuniorum. fol. 81.

Tit. τοῦ, κ. λ. λόγος εἰς τὴν ἀρχὴν τεσσαρακοστῆς καὶ εἰς τὴν ἐξορίαν τοῦ . . . . ἀμ καὶ περὶ πονηρῶν γυναικῶν.

Inter opp. tom. vi. p. 539.

12. Nectarii, archiep. CPoli. sermo, quare sabbato primo jejuniorum S. Theodori memoria celebretur. fol. 97 b.

Exstat in Bibl. Patr. ed. Gallandio, vol. xiv. App. p. 128.

In folio 105 verso scriptitavit nomen suum possessor aliquis, ἐγρα . . . . ενος ἱερομόναχος ἔγραφε.

13. Sermo de sacris imaginibus, et quare primam Dominicam jejuniorum celebret ecclesia. fol. 106.

Tit. κυριακῇ πρώτῃ τῶν ἁγίων νηστειῶν. διήγησις διαλαμβάνουσα περὶ τῶν ἁγίων καὶ σεπτῶν εἰκόνων καὶ ὅπως καὶ δι' ἣν αἰτίαν παρέλαβε τὴν ὀρθοδοξίαν ἐτησίως τελῆν τῇ πρώτῃ κυριακῇ τῶν ἁγίων νηστειῶν ἡ τοῦ Θεοῦ ἁγία ἐκκλησία.

Incip. τοῦ βασιλέως Θεοφίλον, ut in Combefis. Auct. Nov. tom. ii. p. 716.

14. S. Athanasii, archiep. Alexandr. narratio de miraculo apud Berytum facto. fol. 116.

Tit. τοῦ, κ. λ. διήγησις περὶ τοῦ γεγονότος θαύματος ἐν Βιρυτῷ παρὰ τῆς ἁγίας εἰκόνος τοῦ Κυρίου, κ. λ.

Incip. εἰ καὶ τῇ παιδείᾳ.

Exstat Latine, inter opera tom. iii. p. 344.

15. S. Chrysostomi sermones tres; scilicet,

α. In venerationem S. Crucis. fol. 121.

Inter opp. tom. iii. p. 819.

β. De pœnitentia et compunctione. fol. 127.

Ibid. tom. ii. p. 326.

γ. In Divitem et Lazarum. fol. 139.

Incip. εὐλογητὸς ὁ Θεὸς ὁ καὶ τήμερον συναγαγών.

In calce notavit scriba, μνήστητε, κύριε τὴν ψυχὴν τοῦ δούλου σου Ἰωάννου.

16. Anastasii Sinaitæ sermo de sacra Synaxi. fol. 154.

Tit. τοῦ μακαρίου, κ. λ. λόγος περὶ τῆς ἁγίας συνάξεως καὶ περὶ τοῦ μὴ μνησικακῆν.

Incip. ἀεὶ μὲν ἡ τοῦ, ut in Canisii Lect. Antiqq. tom. iii. p. 53.

17. S. Mariæ Ægyptiacæ vita. fol. 162.

Tit. βίος καὶ ἄσκησις τῆς ὁσίας Μαρίας τῆς Αἰγυπτίας ὁσίως ἀσκησάσης κατὰ τὴν ἔρημον τοῦ Ἰορδάνου.

Incip. μυστήριον βασιλέως, κ. λ. ut in calce Act. SS. mens. April. tom. i. p. xiii.

18. Narratio ex historia antiqua collecta de miraculo, quod in obsidione urbis CPol. accidit. fol. 177.

Tit. διήγησις ὠφέλημος ἐκ παλαιᾶς ἱστορίας συλλεγεῖσα καὶ ἀνάμνησιν δηλοῦσα τοῦ παραδόξως γενομένου θαύματος ἥνικα Πέρσαι καὶ βάρβαροι τὴν βασιλίδα πασῶν πόλεων, τὴν Κωνσταντινούπολιν φημὶ, περιεκύκλωσαν, οἱ καὶ ἀπώλοντο θείας δίκης πειραθέντες ἠδὲ πόλις Ἀσιινῆς συντηρηθεῖσα πρεσβείαις τῆς Θεοτόκου ἐτησίως ἐκ τότε ᾄδει εὐχαριστήριον ἀκάθιστον τὴν ἡμέραν κατονομάζουσα.

Incip. ἐν τοῖς χρόνοις Ἡρακλείου τοῦ τῶν Ῥωμαίων βασιλέως.

19. S. Andreæ Cretensis sermo in quatriduanum Lazarum, cum glossis interlinearibus. fol. 184.

Tit. τοῦ, κ. λ. Ἀνδρέου ἀρχιεπισκόπου Κρήτης τοῦ Ἱεροσολυμίτου λόγος εἰς τὸν τριήμερον Λάζαρον.

Exstat inter opp. ed. Combefis. p. 56.

20. Ejusdem sermo in diem Palmarum. fol. 195. Ibid. p. 75.

21. S. Chrysostomi sermones tres; scilicet,

α. In Ramos Palmarum. fol. 205 b.

Inter opp. tom. viii. p. 231, in spuriis.

β. In ficum arefactum. fol. 209 b.

Ibid. tom. viii. p. 106, in spuriis.

γ. De eleemosyna et in decem Virgines. f. 214. Ibid. tom. ii. p. 254.

22. Amphilochii Iconiensis sermo in mulierem peccatricem, quæ unxit pedes Domini. fol. 221.
Tit. τοῦ ἁγίου, κ. λ. λόγος εἰς τὴν γυναῖκα τὴν ἁμαρτωλὸν τὴν ἀλείψασαν τὸν Κύριον μύρῳ καὶ εἰς τὸν Φαρισαῖον.
Inter opp. ed. Combefis. p. 64.

23. S. Chrysostomi sermo in Judam traditorem, etc. fol. 229 b.
Inter opp. tom. ii. p. 376.

24. Georgii, Nicomediensis archiepiscopi, sermo in istud, 'Stabant juxta crucem Jesu.' fol. 237 b.
Exstat in Combefis. Auct. Nov. tom. i. p. 1136.

25. S. Epiphanii Cypri episcopi in S. Sepulturam, et in Josephum ab Arimathæa. fol. 251.
Exstat opp. tom. ii. p. 259.

26. S. Gregorii Nysseni sermo in S. Pascha. f. 262.
Inter opp. tom. ii. p. 848.

27. S. Chrysostomi sermo in resurrectionem Dominicam. fol. 274 b.
Ibid. tom. viii. p. 250, *in spuriis.*

28. S. Gregorii Nazianzeni sermo unde supra, [cum Nicetæ commentario.] fol. 276.
Inter opp. ed. nov. tom. i. p. 3.
Incip. comment. ἀκὼν χειροτονηθείς.

29. S. Chrysostomi sermo in S. Thomæ incredulitatem. fol. 288.
Incip. ἰδοὺ παλὶν ἑορτή.

30. S. Gregorii Antiocheni sermo in mulieres unguentiferas. fol. 293.
Tit. Γρηγορίου ἐπισκόπου Ἀντιοχείας λόγος εἰς τὰς μυροφόρους καὶ εἰς τὴν τριήμερον ἀνάστασιν τοῦ Κυρίου, κ. λ.
Exstat in Combefis. Auct. Nov. tom. i. p.827.

31. S. Chrysostomi sermones tres; scilicet,
a. In paralyticum. fol. 300.
Inter opp. tom. i. p. 547.
β. In mediam Pentecostem. fol. 308.
Ibid. tom. x. p. 795.
γ. In Samaritanam. fol. 310.
Ibid. tom. viii. p. 53, *in spuriis.*

32. S. Athanasii sermo in cæcum a nativitate. fol. 316.
Incip. πόλυ σπούδαστον πᾶσιν ἀνθρώποις.

33. S. Chrysostomi sermo in assumptionem Domini. fol. 324.
Inter opp. tom. ii. p. 447.

34. S. Cyrilli Alexandrini sermo unde supra. f. 333.
Incip. ἐπειδὴ χάριτι τὸν λόγον.

35. Georgii, presbyteri Cæsariensis, postea Nicomediensis, sermo in cccxviii. patres et in Constantinum Magnum. fol. 336 b.
Tit. Γεωργίου πρεσβυτέρου Καισαρείας Καππαδοκίας λόγος εἰς τοὺς ἁγίους τριακοσίους δέκα καὶ ὀκτὼ πατέρας καὶ εἰς Κωνσταντῖνον τὸν εὐσεβέστατον βασιλέα.
Exstat in Auct. Nov. tom. ii. p. 547.

36. S. Chrysostomi sermones tres; scilicet,
a. De salute animæ et de gratiarum actione; necnon de plorando mortuos. fol. 343 b.
Inter opp. tom. ix. p. 807.
β. In S. Pentecosten. fol. 351 b.
Ibid. tom. iii. p. 787.
γ. In festum Omnium Sanctorum. fol. 357.
Ibid. tom. ii. p.711.

37. S. Gregorii Nazianzeni carmina plura, cum Nicetæ glossulis; scilicet,
a. De plagis Ægypti. fol. 363.
Inter opp. ed. Billio, tom. ii. p. 99.
β. Mosis decalogus. fol. 363.
Ibid. tom. ii. p. 99.
γ. De vitæ itineribus. fol. 363.
Ibid. tom. ii. p. 91.
δ. Threnus. fol. 363 b.
Ibid. tom. ii. p. 95.
ε. De Dei desiderio. fol. 363 b.
Ibid. tom. ii. p. 95.
ς. Ad Christum, tristichon. fol. 363 b.
Ibid. tom. ii. p. 176.
ζ. De patientia. fol. 363 b.
Ibid. tom. ii. p. 181.
η. In vitæ exitum. fol. 364.
Ibid. tom. ii. p. 179.
θ. Epistola ad Amphilochium. fol. 364.
Incip. ἐρωτᾶς πῶς.
ι. Carmen pœnitentiale. fol. 364.
Ibid. tom. ii. p. 98.
ια. Carmen supplex. fol. 364.
Ibid. tom. ii. p. 95.
ιβ. Ad animum suum. fol. 364.
Ibid. tom. ii. p. 97.
ιγ. In vitæ vanitatem. fol. 364.
Ibid. tom. ii. p. 95.
ιδ. De pugna carnis et spiritus. fol. 364 b.
Ibid. tom. ii. p. 180.
ιε. Carmen funebre in Cæsarium. fol. 365.
Incip. εἴ τις ἐὼν κακίης.
ις. Carmen paræneticum. fol. 365.
Ibid. tom. ii. p. 180.
ιζ. Epitaphia duodecim in S. Basilium. f.365.
Ibid. tom. ii. p. 152.

B 2

38. Excerptum de incarnatione Christi, contra Apollinarium. fol. 366 b.

  Incip. διαβεβαίουνται γὰρ μὴ ἐπίκτητον.

39. Ex S. Gregorii Nazianzeni epistolis ad Cledonium prima atque secunda; [cum Eliæ Cretensis interpretatione.] fol. 367.

  Incip. ep. μὴ ἀπατάτωσαν οἱ ἄνθρωποι.

  Incip. interpret. πολλῶν ὄντων τῶν Ἀπολιναρίου.

II.

Codex membranaceus, in folio minori, ff. 232, sec. forsan xiii.

Menæum, sive liber liturgicus, canones comprehendens et stichometrias, quibus uti solebat ecclesia in unoquoque festo die per mensem Septembrem Octobremque.

  Tit. i. ἀκολουθία τοῦ ὁσίου πατρὸς ἡμῶν Ἰωάννου τοῦ Νηστευτοῦ.

  Incip. πατὲρ Ἰωάννου πάνσοφε σὺ τῷ ποδήρει σέπτως.

  Desin. ult. can. ἐπὶ τὰ πέρατα κόσμου.

  In fine, πληρῶν δοξάζω Θεῷ τῷ δόντι τέλος.

  Ad fol. 170 occurrit titulus, οἱ κανόνες· ποίημα Θεοφάνους, forsan Theophanis Grapti, e cujus Cosmæque melodi canonibus, hymni plerumque in ecclesia Græca cantati, originem duxerunt. In codice tamen officium in die cujusque melodi supra memorati, [xi. scilicet et xiv. Octob.] inveniendum sit.

III.

Chartaceus, in 4to, ff. 225, anno 1571 magnam partem descriptus.

1. Liber hymnorum precumque privatarum e fontibus variis collectorum; *Barbaro-Græce.* fol. 2.

  Tit. i. σχόλαιον· ἰστέον ὅτι ὀφείλει ὁ βουλόμενος εἰς τὸ κέλλιον αὐτοῦ κατιδίαν λέγειν τὰς προσευχὰς αὐτοῦ, ὅ δὲ θέλων ἐγχῦσαι δάκρυα πρῶτον ἀς εἶπε κανὼν κατανυκτικῶν, κ. λ.

  Incip. συμβουλεύομεν δὲ καὶ τοῦτο.

  Auctores, qui citantur, sunt Nicephorus Blemmydas, [fol. 19.], Thecaras, monachus, [sc. εὐχαὶ συλλεχθεῖσαι ἀπὸ τῆς θείας γραφῆς, τὰ πλεῖστα δὲ ἀπὸ τοῦ ἁγίου Ἐφραίμ, fol. 25 b.], Niphon monachus, [fol. 38 b. seq.], Simeon, Thaustomathites, [fol. 79.], Simeon, Neo-theologus, [fol. 80.]

  Deficit in verbis orationis in honorem S.

Michaelis archangeli, ἀνόρθωσίν τε καὶ δαιμονῶν——

2. Benedicti, hieromonachi Hierosolymitani, Cretensis, sermo de unctione olei, in istud Jac. v. 14. prævia oratione auctoris metrica. fol. 86.

  Incip. orat.

  οὐσῶν πολλῶν τῶν δωρεῶν τῆς σῆς φιλανθρωπίας.

  In calce, γέγραφα εἰς Ἀρτάκιον ἔτει τῆς σωτηρίας

    ἑξακοσιοστῷ χιλιοστῷ Χριστοῦ τῆς ἐμφανίας

      δύο πρὸς τεσσαράκοντα πέμπτῃ τοῦ Ἀπριλλίου

      καιρῷ παθῶν τὲ τῶν φρικτῶν, μηνὶ τοῦ Εὐαρίου,

  Βενέδικτος τάχα ὁ Κρῆς ἁμαρτωλὸς καὶ θύτης

  τοῦ πίκλιν γὰρ καλέομαι Ἱερουσολυμίτης.

  μέγας ἀρχιμανδρίτης τε μεγάλης ἐκκλησίας

  καὶ μέγας πρωτοσύγγελος τὸ νῦν Ἀλεξανδρείας, κ.λ.

  Tit. serm. λόγος εἰς τὸ πάνσεπτον τὸ εὐχελαίου μυστήριον ποιηθεὶς αὐτοσχεδιαστὶ παρὰ Βενεδίκτου ἱερομονάχου Ἱεροσολυμίτου τοῦ κρητός.

  Incip. ἀνίσας καὶ τινὰς τῶν ἰατρῶν.

3. Parthenii hieromonachi protosyngeli threnodia in filium suum Augustinum. fol. 96.

  Tit. Παρθενίου ἱερομονάχου προτοσυγγέλου τῆς μεγάλης ἐκκλησίας θρῆνος εἰς τὸν φίλτατον καὶ θετὸν υἱὸν αὐτοῦ Αὐγουστῖνον.

  Incip. ποῖος ἄνθρωπος ἤθελεν εὑρεθεῖν.

  Defic. in verbis, χρειάζομεν πολλὰς εὐποιίας.

4. Demetrii cujusdam oratio ad Christum. f. 102.

  In calce, μνήσθητι Κύριε τοῦ δούλου σου Δημητρίου καὶ Κωνσταντίας τῆς συμβίου αὐτοῦ καὶ τῶν τέκνων αὐτοῦ.

5. Syntagma canonum SS. Apostolorum Patrumque ab Ignatio Hieromonacho Scathe, Chio, partim ex Johannis Nesteutæ Nomocanone concinnatum, prævia tabula capitulorum, numero cxliii. fol. 7.

  Incip. περὶ προθεωρίας τοῦ παρόντος συντάγματος.

  In capitulo isto auctor de Johanne Nesteuta [Cappadoce] ita disserit, τὸ δὲ λεγόμενον κανονικὸν Ἰωάννου τοῦ Νηστευτοῦ τὰς τῶν Χριστιανῶν ψυχὰς παντελῶς ἀπόλυσι, κακίᾳ μὲν τοῦ πεποιηκότος καὶ ἁπλότητι τινῶν πνευματικῶν οὐ γάρ ἐστι τοῦτο τοῦ Νηστευτοῦ, ἀνδρὸς ὄντος ἐναρέτου καὶ θείου, ὅθεν καὶ τὴν ἐπωνυμίαν ἐκτήσατο, ἀλλ' ἀνθρωποπαρέσκου ἀνδρὸς καὶ μὴ φοβουμένου τὸν Θεόν, διὸ ὄνειδος καὶ ὕβριν τῷ ἁγίῳ προσεπέλασε, ἡμεῖς δὲ μὴ φέροντες τοῦ τοιούτου ἀνδρὸς τὸ ὄνειδος τοὺς κανόνας αὐτοῦ ἔνδον τῆς βίβλου ταύτης ἐτάξαμεν διεσπαρμένως ἐν τοῖς εἴδεσι τῶν ἁμαρτημάτων.

Desin. cap. ult. τὸ τοῦ διακόνου ἔργον ποιῆσαι ἐξὸν οὐδενί· τέλος καὶ τῷ Θεῷ δόξα.

In calce, ἐτελειώθη τὸ παρὸν ἐγχειρίδιον διὰ χειρῶν ἱερέως Ἰωάννου Εὐριππιώτου, ἐν μηνὶ μαρτίῳ, ͵α φ ο α΄.

6. Capitulum de dæmone corpus mortui possidente exorcizando, cum interpretatione brevi. fol. 223 b.

Tit. εἰ εὑρεθῆ νεκρὸς λεγόμενος παρ' ἡμῶν καταχθόνιος τί ὀφείλει γένεσθαι.

Incip. καὶ τοῦτο οὐκ ἔστι ἀλλ' ὁ διάβολος.

Citatur canon Johannis Nesteutæ.

7. Tractatulus de septem peccatis mortalibus. fol. 224.

Tit. περὶ τῶν ἑπτὰ θανασίμων καὶ κορυφαίων ἁμαρτημάτων.

Incip. τὸ πρῶτον θανάσιμον ἁμάρτημα.

Des. πάλιν νὰ ἐλευθερωθοῦσιν.

Ξ IV.

Codex membranaceus, in 4to, ff. 107, sec. forsan xii. ineuntis; in calce mutil.

Epistolarium, sive ordo legendi Epistolas Actusque Apostolorum in festis et Dominicis per annum.

Incip. rubrica i. εἰς μαρτύρας ἐγράφη. κυριακὴ τῶν ἁγίων πάντων, ἄλλοτε κυριακὴ κζ΄.

Incip. epist. i. in epistola S. Pauli ad Titum. Deficit in epist. ad Hebræos verbis, ἐν φόνῳ μαχαίρας———

Ξ V.

Chartaceus, in 4to, ff. 383, anno 1636 manu Nicephori hieromonachi in Euripo descriptus.

S. Augustini ep. Hipponensis de S. Trinitate libri quindecim, Græce versi per Maximum Planudem.

Tit. τοῦ μακαρώτου καὶ μεγίστου διδασκάλου Αὐγουστίνου Αὐριλίου ἐπισκόπου Ἱππῶνος περὶ Τριάδος βίβλια πέντε πρὸς τοῖς δέκα, ἅπερ ἐκ τῆς Λατίνων γλώττης εἰς τὴν Ἑλλάδα μετήνεγκε Μάξιμος μοναχὸς ὁ Πλανούδης.

Incip. δεινὸν εἶναι φημὶ τὸν τάδε ἀναγνωσόμενον.

Prodiit excerptum ex versione ista Gr. Lat. ad calcem Leontii de sectis Basil. 1578.

In calce, εἴληφε τέλος τάδε βιβλία κατὰ τὸ σωτήριον ἔτος ͵αχλς΄ Ἰουλλίῳ μηνὶ ιβ΄ χειρὶ Νικηφόρου ἱερομοναχοῦ τοῦ περιγγελέως ἐν τῇ μονῇ τῇ λεγομένῃ τοῦ ἁγίου γερόντος ἐν τήσῳ Εὐρίπῳ.

In margine fol. 3 inferiori notatum est, "ex libris Geo. Wheler et Jacomi Spon, Zant May ye 24 1676."

ϝ VI.

Codex chartaceus, in 4to minori, ff. 532, sec. xvi.; haud una manu exaratus; olim Galactionis hieromonachi.

1. Menologium, sive officia et hymni in honorem Sanctorum, quorum festa in ecclesia celebrari solent mensibus sequentibus;

a. Septembris. fol. 1.

Tit. μὴν σεπτέβριος α΄. ἀρχὴ τῆς ἰνδίκτου ἤτοι τοῦ νεου ἔτους καὶ μνήμη τοῦ ὁσίου πατρὸς ἡμῶν Συμεὼν τοῦ ζυλίτου καὶ τῶν ἁγίων μ΄ γυναικῶν.

Incip. off. τῆς αὐτολέκτου καὶ θείας διδασκαλίας.

β. Octobris die xxvi. fol. 52.

Tit. μὴν Ὀκτώβριος εἰς τὴν κς΄ τοῦ ἁγίου ἐνδόξου μεγαλομάρτυρος Δημητρίου.

Incip. λάμπεις τῇ πατρίδι σου ἄει.

γ. Novembris die xiii. fol. 68.

Tit. Νοέμβριος εἰς ιγ΄. τοῦ ἐν ἁγίοις κ. λ. Ἰωάννου τοῦ Χρυσοστόμου.

Incip. τὴν χρυσήλατον σάλπιγγα.

δ. Decembris diebus v. vi. xxv. et dominica ante Nativitatem. fol. 83.

Tit. μὴν Δεκεβρίῳ ε΄ τοῦ ὁσίου, κ. λ. Σάββα τοῦ θεοφόρου.

Incip. σάββα θεόφορον τῶν ἀγγέλων.

ε. Januarii diebus i. v. vii. xvii. xxvii. fol. 153 b.

Tit. μηνὶ Ἰαννουαρίου α΄ ἡ κατὰ σάρκα περιτομὴ τοῦ Κυρίου καὶ Θεοῦ καὶ σωτήρος ἡμῶν Ἰησοῦ Χριστοῦ. καὶ μνήμη τοῦ ἐν ἁγίοις πατρὸς ἡμῶν Βασιλίου τοῦ μεγάλου.

Incip. συγκαταβαίνων ὁ Σωτὴρ τῷ γένει.

ϛ. Februarii die ii. fol. 215.

Tit. μὴν Φεβρουαρίου β΄. ἡ ὑπαπαντὴ τοῦ Κυρίου ἡμῶν Ἰησοῦ Χριστοῦ.

Incip. Λέγε Συμεὼν τίνα φέρω ἐν ἀγκαλαις.

ζ. Martii die xxv. fol. 232 b.

Tit. μηνὶ Μαρτίῳ κε΄ ὁ εὐαγγελισμὸς τῆς ὑπεραγίας δεσποίνης ἡμῶν Θεοτόκου.

Incip. βουλὴν προαιώνιον.

η. Junii diebus xxiv. et xxix. fol. 241.

Tit. μὴν Ἰούνιος εἰς τὰς κδ΄ τὸ γενέσιον τοῦ ἁγίου Ἰωάννου τοῦ προδρόμου.

Incip. λύει τοῦ Ζαχαρίου.

θ. Julii diebus xx. xxvii. fol. 294 b.

Tit. μὴν Ἰουλλίῳ κ΄. τοῦ ἁγίου ἐνδόξου προφήτου Ἠλίου τοῦ Θεσβίτου.

Incip. ὁ τὸν Θεσβίτην ἠλίας.

ι. Augusti diebus i. vi. xv. xxix. fol. 302.

Tit. μὴν Αὔγουστος ἐν τῇ α΄ αὐτοῦ τῶν ἁγίων ἔπτα Μακκαβαίων, καὶ τοῦ διδασκάλου αὐτῶν Ἐλεαζάρου καὶ τῆς μητρὸς αὐτῶν Σολομόνης.

Incip. σήμερον χαῖρε πιστῶν πληθὺς ἡ θεία.

2. Versus paracletici in Christum. fol. 368.

Tit. τῇ κυριακῇ ἐσπέρᾳ. στίχοι παρακλητικοὶ εἰς τὸν Κύριον ἡμῶν Ἰησοῦν Χριστόν.

Incip. τελώνην ὡς ἔσωσας Χριστέ.

3. Officia in diversos Sanctos. fol. 387.

Tit. ἀκολούθιαι εἰς τοὺς ἁγίους διαφόρους.

Incip. ὁ τὴν ἀκτῖνα τῆς θεαρχικοτάτης.

4. Hymni in dominicas varias. fol. 440.

Incip. μὴ προσευξώμεθα φαρισαϊκῶς ἀδελφοί.

5. Pentecostarium in præparatione sextæ hebdomadis. fol. 496.

Tit. ἀρχὴ σὺν Θεῷ τοῦ Πεντηκοσταρίου τῇ παρασκευῇ τῆς ς΄ ἑβδομάδος.

Incip. τὴν ψυχωφελῆ πληρώσαντα.

VII.

Codex chartaceus, in 4to, ff. 198, sec. xvi., olim Antonii Sacerdotis.

1. Arsenii CPolitani sermo, quomodo defecerit ecclesia Romana. fol. 1.

Tit. Ἀρσενίου πατρ. Κωνσταντ. περὶ τοῦ πότε καὶ διὰ τίνων ἡ τῆς ῥωμῆς ἐξέπεσεν ἐκκλησία.

Incip. πᾶσα γραφὴ θεόπνευστος.

2. Gregorii Palamæ, archiep. Thessalonicensis, oratio, quod non ex Filio, sed ex Patre solo procedat Spiritus Sanctus. fol. 13.

Tit. τοῦ ἐν ἁγίοις, κ. λ. Γρηγορίου ἀρχιεπισκόπου Θεσσαλονίκης λόγος ὑποδεικτικὸς πρῶτος ὅτι οὐχὶ καὶ ἐκ τοῦ Υἱοῦ ἀλλ᾽ ἐκ μόνου τοῦ Πατρὸς ἐκπορεύεται τὸ Πνεῦμα τὸ ἅγιον.

Exstat impress. cum altero ejusdem momenti, Lond. 1624

3. Excerpta ex Patribus diversis, ejusdem argumenti; scilicet,

a. τοῦ μεγάλου Βασιλείου λόγος περὶ πίστεως, διαδραμὼν τὰ σύμπαντα. fol. 80.

β. τοῦ μεγάλου Γρηγορίου τοῦ θεολόγου ἐκ τοῦ λόγου τοῦ περὶ δόγματος καὶ καταστάσεως ἐπισκόπων. προσκυνοῦμεν οὖν Πατέρα. f.83.

γ. ἐκ τοῦ λόγου τοῦ εἰς Ἥωανα τὸν φιλόσοφον. ὁρίζου δὲ τήν. fol. 84 b.

δ. τοῦ ἁγίου Κυρίλλου ἔκθεσις πιστέως. πιστεύομεν εἰς ἕνα Θεόν. fol. 88.

ε. ἔτι Πατρὶ Πατρὸς καὶ Υἱοῦ καὶ ἁγίου Πνεύματος διακεκριμένη ἅμα καὶ ἡνωμένη θεολόγου τοῦ Δαμασκηνοῦ. πιστεύω τοιγάρουν. fol. 89.

4. Theodori Lascaris sermo apologeticus ad Cotronam contra Latinos. fol. 101.

Tit. Θεοδόρου βασιλέως τοῦ Λασκαρὶ λόγος ἀπολογητικὸς πρὸς Κοτρώνην κατὰ Λατίνων.

Incip. ἐπειδὴ ἐρώτησιν.

Cf. Cave Hist. Lit. ad an. 1255.

5. S. Gregorii episcopi Nysseni liber de S. Trinitate per epitomen. fol. 114.

Tit. τοῦ, κ. λ. Γρηγορίου, ἀδελφοῦ τοῦ ἁγίου Βασιλείου τοῦ μεγάλου λόγος ἐπίτομος περὶ τῆς ἁγίας καὶ ζωαρχικῆς Τριάδος.

Incip. ὅτι ὁμοούσιος καὶ ὅτι τρισυπόστατος.

Cf. opp. edit. 1638, tom. iii. p. 6.

6. Johannis Hierosolymitani disputatio cum Latino quodam philosopho. fol. 115 b.

Tit. Ἰωάννου πατριάρχου Ἱεροσολύμων λόγος διαλεκτικὸς μετὰ τινος Λατίνου φιλοσόφου, ὃν ἐποιήσατο Ἱεροσολύμοις παρὰ τῶν ἀζύμων.

Incip. τὸν πολύπονν φασὶ τὸ παράπαν μὴ χαίρειν.

7. Libellus de Francorum, Latinorum aliorumque hæresibus. fol. 135.

Tit. περὶ τῶν Φραγγῶν καὶ Λατίνων καὶ ἑτέρων γλωσσῶν παραβάσεις καὶ αἱρέσεις.

Incip. ὁ πάπας Ῥώμης καὶ ὅσοι τῆς δύσεως.

8. Nicetæ Seidi liber de æqualitate Romæ veteris ac novæ. fol. 143 b.

Tit. κυροῦ Νικήτα Σείδου ὃς ἦν ἐπὶ τῆς Βασιλείας Ἀλεξίου τοῦ Κομνηνοῦ ὅτι οὐκ ἐδεσμώτερα καθάπαξ τῶν νέων τὰ παλαιὰ οὐδὲ ἡ παλαιὰ λοιπὸν Ῥώμη τῆς νέας καὶ ὁ θρόνος τοῦ θρόνου.

πολλὰ μὲν ὑμῖν ὦ ἄνδρες Ῥωμαῖοι.

Cf. Cod. Baroc. cxxxi.

9. Euthymii Zygabeni sententia quod Christus

Pascha celebrávit eodem tempore cum Judæis. fol. 150 b.

Tit. Εὐθυμίου Ζυγαβινοῦ ὅτι κατὰ τὴν μεγάλην έ καὶ τὸ νομικὸν πάσχα ἐτέλεσεν ὁ Χριστὸς μετὰ τῶν μαθητῶν αὐτοῦ.

Incip. ὀψίας δὲ γενομένης.

10. Photii et Ignatii, patriarcharum CPol., capitula de processione Spiritus Sancti. fol. 152.

Tit. τοῦ ἐν ἁγίοις, κ. λ. Φωτίου πατριαρ. Κωνσταντ. καὶ Ἰγνατίου, πατριαρ. Κωνσταντ. κεφάλαια ἐκτεθέντα παρ' αὐτῶν περὶ τῆς ἐκπορεύσεως τοῦ ἁγίου Πνεύματος.

Incip. ἐπειδὴ ὁ Υἱὸς κατὰ τὸν τῆς γεννήσεως.

11. Tractatus medicus de sanitate servanda, idemque astrologicus de temporibus faustis infaustisque; lingua vulgari. fol. 184.

Tit. περὶ τοῦ πῶς πρέπει νὰ διάγεις ἐὰν θέλης νὰ εἶσε πάντοτε γερὸς καὶ νὰ ζήσης πόλλα.

Incip. τροφῆς καὶ ποτοῦ μεταλάμβανε.

Defic. in verbis, διὰ τί εἰσι μένει γνῶσις εἰς τὸ κράνιον——

VIII.

Codex chartaceus, ex charta lævigata, in 4to minori, ff. 167, sec. xvi.

1. Catalogus monasteriorum in monte Atho. f. 2.

Tit. ταῦτα εἰσὶν μοναστήρια τοῦ ἁγίου ὄρους τοῦ Ἀθῶνος καὶ ἐν τῷ μοναστηρίῳ τοῦ ἁγίου ὄρους ἵσταται τὸ πρωτατὰ ἡ κοίμησις.

2. Hirmologium Græcorum, sive liber continens omnes Octoechi hirmos; prævia tabula. f. 7.

Tit. ἀρχὴ σὺν Θεῷ ἁγίῳ τὸ εἱρμολόγιον περιέχων τοὺς ὀκτὼ ἤχους.

Incip. σοῦ ἡ τροπαιούχος δεξία, κ. λ. ἄσωμεν λαοὶ ἐπινίκιον ἆσμα.

Cf. quæ disseruit de libris Ecclesiasticis Græcis vir cl. Allatius, et Octoëchi varias editiones impressas.

IX.

Chartaceus, in 4to minori, ff. 79, sec. xvi.

1. Officium minoris Sanctificationis post Eucharistiam. fol. 2.

Tit. ἀκολουθία τοῦ μικροῦ ἁγιασμοῦ μετὰ τὴν εὐχαριστίαν.

Incip. τῇ θεοτόκῳ ἐκτενῶς νῦν προσδράμωμεν.

2. Ordo consecrandi prædium vel vineam. fol. 15.

Tit. τάξις γινομένη εἰς χωράφιον ἢ ἀμπελῶνα.

Incip. δεῖ δὲ γενέσθαι πρῶτον ἁγιασμόν.

In fol. 16. εὐχὴ τοῦ ἁγίου μεγαλομάρτυρος Τρύφωνος.

3. SS. Basilii et Chrysostomi exorcismi contra dæmones, aliæque preces. fol. 26.

Tit. εὐχαὶ ἤτοι ἐξορκισμοὶ τοῦ μεγάλου Βασιλείου πρὸς τοὺς πάσχοντας ὑπὸ δαιμόνων καὶ ἑκάστην ἀσθένειαν.

Incip. ὁ Θεὸς τῶν Θεῶν.

4. Canon in honorem B. V. Mariæ. fol. 49 b.

Tit. κανόνες εἰς τὴν ὑπεραγίαν θεοτόκον παρακλητικοί.

5. Nili abbatis versus ad Archarium monachum; secundum alphabetum. fol. 58 b.

Tit. τοῦ ἀββᾶ Νείλου ςίχοι κατὰ ἀλφάβητον πρὸς Ἀρχάριον μοναχόν.

Incip. ἀρχὴν ἀγαθὴν τὴν ξενίτειαν ποιοῦ.

6. Evangelia matutina anastasima. fol. 60.

Tit. εὐαγγέλια ἑώθινα ἀναστάσιμα.

X.

Codex chartaceus, ex charta lævigata, in 4to minori, ff. 178, sec. xvii. ineuntis; olim Antiochi Pætecti.

1. Aristophanis Plutus, cum glossulis, præviis argumentis duobus, quorum alterum est Aristophanis grammatici versibus iambicis comprehensum. fol. 2.

Incip. gloss. ὡς ἀργαλέον· λίαν λυπηρὸν βαρύ.

In calce, τέλος τοῦ Ἀριστοφάνους.

Sequuntur apophthegmata Sapientum incip. Θεμιστοκλῆς χωρίου πωλῶν ἐκέλευσε κηρύττειν.

2. Chronicon rerum apud Constantinopolim imperiumque Orientale evenientium, regnante Manuele Palæologo successoribusque, auctore contemporaneo. fol. 40.

Tit. ἔκθεσις χρονιχὴ συντομώτερα συντεθεῖσα ἐν ἁπλότητι λέξεων κοινῶς διηγουμένων τὸ γεγονότα ἐν ταῖς ἡμέραις ἡμῶν ἃ μὲν οἰκείοις ὀφθαλμοῖς ἴδωμεν ἃ δὲ ἀκηκόαμεν ἐκ τῶν πατέρων ἡμῶν οὐκ ὀκνύωμεν γράψαι.

Incip. βασιλεύων κύριος Μανουὴλ ὁ παλαιολόγος ἔσχεν καὶ ἀδελφὸν τὸν κύριον Ἀνδρόνικον ὅνπερ ἐτύφλωσεν ὁ πατὴρ αὐτοῦ.

Desin. ἐθαύμασεν γὰρ οἱ ἐντόπιοι λέγοντες ὅτι οὐκ εἴδωμεν τοιαύτην βροχὴν οὔτε ἡμεῖς.

3. S. Gregorii Nazianzeni carmina varia, cum glossulis; scilicet,

But on this and other items in the vol. see, in relation Prof. J. B. Bury. a paper by him beg. at p. 134 of Byzant. Zeitschr. VII. i. E. W. B. N.

a. Gnomologia, tetrastichis comprehensa. f. 78.
Exstant in edit. Billii, tom. ii. p. 156.

β. Epitaphia duodecim in S. Basilium. fol. 81 b. 83.
Ibid. tom. ii. p. 152.

γ. Monosticha iambica, ordine alphabeti. ff. 82 b. 81.
Ibid. tom. ii. p. 186.

4. Johannis Geometræ Paradisus, sive epigrammata tetrasticha, sic inscripta, κεφάλαια μεταβληθέντα ἐκ τῆς βίβλου τῶν ἀποφθεγμάτων καὶ πράξεων τῶν ὁσίων πατέρων ἡμῶν ὧν ἡ ἐπονυμία παράδεισος: Νείλου μοναχοῦ, οἱ δὲ Ἰωάννου γεωμέτρου· ἠρωελεγεῖα. fol. 84 b. 101–106 b, 115.
Impress. exstant Paris. 1595.

5. Johannis Arclæ canones alii duo, per iambos; in calce mutil. fol. 91.
Tit. ἕτερος κανὼν διὰ ςίχων ἰάμβων, ποίημα Ἰωάννου μοναχοῦ τοῦ Ἀρκλᾶ ἔχων τήνδε ἀκροστιχίδα διὰ στίχων ἠρωελεγείων. fol. 91.
Incip. acrostich. i. Θεογενὲς λόγε.
Incip. can. i. θείῳ καλυφθείς.
Incip. acrostich. ii. σήμερον ἀχράντοιο.
Incip. can. ii. στείβει θαλάσσης.

6. Carminis heroici moralis fragmentum; cum glossis interlinearibus. fol. 107.
Incip. in versu,
ἤν τι δικαίως πάσχεις νερτερικῷ φέρε θυμῷ.
Desin.
τοῦτο δὲ βραχὺ τῆς ὀρᾷ σὺν δύο ταῦτα τιθεῖσα.
Sequitur, ποίημα Νικολάου Χωνιανοῦ εἰς τὴν ἁγίαν αὐτοῦ μητρόπολιν, incip. ὁρῶ σε καρτί.

7. De vocibus animalium aviumque. fol. 111.
Incip. φωναὶ ζῴων, κυνῶν μὲν, ὑλακή.

8. Tabula poetarum Græcorum. fol. 112 b.

9. Johannis Damasceni canon iambicus; cum glossulis. ff. 113, 114 b, 90.
Tit. κανὼν ἰαμβικὸς ποίημα τοῦ ἁγίου Ἰωάννου τοῦ Δαμασκηνοῦ, φέρων τήνδε ἀκροστιχίδα τὸ πάρον τουτὶ τροπάριον, κ. λ.
Incip. acrostich. εὐεπίης μελέεσιν.
Incip. can. ἔσωσε λαόν.

10. De valore pecuniarum diversorum generum. fol. 121.
Incip. κωδράντης τὸ πῶς, ἢ τὸ τέταρτον τῆς φώλεος.

11. Nicetæ interpretatio in S. Gregorii Theologi epigrammata in S. Basilium. ff. 122, 118.

12. Matthæi, archiep. CPol. epistola canonica. ff. 123, 158 b.
Tit. ματθαῖος ἐλέῳ Θεοῦ ἀρχιεπίσκοπος Κωνσταντ. νέας Ῥώμης καὶ οἰκουμενικὸς πατριάρχα.
Incip. ἐπειδὴ τῆς ἡμῶν μετριότητος.

13. Narratio de monte Atho et de imagine B. M. Virginis ibidem. fol. 124.
Tit. ὑπόμνημα περὶ τοῦ ἁγίου ὄρους τοῦ Ἄθω καὶ περὶ τῶν τοτητίγων τῆς σεβασμίας καὶ βασιλικῆς μονῆς τῶν Ἰβήρων, καὶ περὶ τῆς ἁγίας καὶ προσκυνήτου εἰκόνος τῆς θεοτόκου τῆς πορταιτήσης καὶ ὅθεν καὶ ὅπως καὶ κατὰ τινὰ τρόπον εἰσῆλθεν ἐν αὐτῇ τῇ μονῇ καὶ μερικὴ θαυμάτων διήγησις.
Incip. ἐν τοῖς χρόνοις τοῦ εὐσεβεστάτου καὶ ἀοιδίμου βασιλέως Κωνσταντίνου τοῦ μεγάλου.
In calce, ἐτελειώθη ἐν Κωνσταντινουπόλει διὰ χειρὸς Μιχαὴλ Ἀδρηστοῦ ἐν ἔτει ͵αφϙθʹ Νοεβρίου κθʹ.

14. Hieremiæ, archiep. CPol., epistola canonica. fol. 126.
Tit. Ἱερεμίας ἐλέῳ Θεοῦ ἀρχιεπίσκοπος Κωνσταντινουπόλεως νέας Ῥώμης καὶ οἰκουμενικὸς πατριάρχα.
Incip. τῆς ἡμῶν μετριότητος συνοδικῆς.

15. Euthymii Zygabeni introductio in Psalterium; imperf. fol. 130.
Tit. τοῦ ὁσιωτάτου ἁγίου κυροῦ Εὐθυμίου τοῦ Ζηγαβινοῦ ἐξήγησις ἀκριβεστάτη σύντομος τῶν ρνʹ ψαλμῶν τοῦ προφήτου Δαυὶδ, καὶ τῶν ὠδῶν, ἤγουν τὸ ψαλτήριον ἡρμηνευμένον.
Defic. in verbis, καὶ τὸ μέλος αὐτοῦ, ψαλμωδὸς δὲ——

16. Theophylacti Simocattæ epistolæ morales xxix., rusticæ xxviii., et amatoriæ totidem. f. 138.
Tit. Θεοφυλάκτου σχολαστικοῦ τοῦ σιμοκάτου ἐπιστολαὶ ἠθικαί.
Exstant impress. Ald. 1499, et alibi.
In calce, τέλος τῶν ἐπιστολῶν.

17. Philosophorum epigrammata. fol. 151 b.
Tit. ἐπιγράμματα πλείστων φιλοσόφων.
Incip. ἐρωτηθεὶς τὶς φιλόσοφος διὰ τίνος αἰτίας οἱ ἄνθρωποι πάνυ λυποῦνται.

18. Fragmentum de expositione odarum, ex Euthymio. fol. 154.
Des. τοὺς ὕμνους ἐκτάξας τοῖς Χοροδιδασκάλοις.

19. Expositio dictionum Græcarum Latinarumque in Liturgiis, ut videtur, habitarum; ordine alphabetico. fol. 155.

Incip. ἀλληλούια, αἰνεῖτε τὸν ὄντα ἤνοι τὸν Κύριον.

20. Quæstiones metaphysicæ; imperf. fol. 161.

Incip. in verbis, — ἡ κατὰ ἄνθρωπον οὐ γὰρ ᾗ ἄνθρωπος ἐστὶν οὕτως βιώσεται.

21. Chronicon eventuum apud Constantinopolim; confuso ordine. fol. 171.

Incip. ἔτει ͵ζ μ ͵ [Christi scil. 1539] μηνὶ Ἰουνίῳ κβ´ ἡμέρᾳ κυριακῇ ἐρχόμενος Γεώργιος υἱὸς Μιχαὴλ, ἱερέως τοῦ βέβλεβα ἐφ᾽ ἵππου ἐγκρέμνισεν αὐτὸν καὶ ἀπέθανεν τῆς ὥρας ἐν τῇ χαμοστέρνᾳ.

In calce, ἐγράφη μηνὶ Αὐγούστῳ ͵αχς´.

22. De terræ partibus, versus in signa Zodiaci, de xii. articulis fidei. fol. 176 b.

Scriptitavit in tegulis possessor aliquis dicta quædam sapientum, etc., deinde, ὑπογραφεὶς παρ᾽ ἡμῶν κατὰ τὸ ͵ζρκ´ ἔτος μηνὶ Ἰουνίῳ θ´ ἡμέρᾳ β´ ἰνδ. ιγ´: necnon, ἐκοιμήθη ἐν Κυρίῳ δοῦλος τοῦ Θεοῦ Παλλάδιος μοναχὸς ὁ μετονομασθεὶς Παλώμιος ἐν ἔτει ͵αχς´ Ὀκτωβρίῳ, κ. λ. ἐκοιμήθη ἡ γινί Μιχαὴλ Μπαχουμούτη ὀνόματι Μορδίτζι Ὀκτωβρίῳ κα´ κ. λ.

XI.

Codex chartaceus, ex charta lævigata, in 4to, ff. 171, sec. xvi. exaratus; *Barbaro-Græcus.*

1. S. Johannis Chrysostomi Liturgia. fol. 1.

Tit. ἡ θήα λητουργία τοῦ ἐν ἁγίοις πατρὸς ἡμῶν Ἰωάνου.

2. S. Basilii Magni Liturgia. fol. 26.

Tit. ἡ θεία λειτουργία τοῦ ἐν ἁγίοις πατρὸς ἡμῶν Βασιλίου τοῦ μεγάλου.

Sequitur oratio in nuptiis habenda.

3. Liturgia προηγιασμένων. fol. 76.

Tit. ἡ θεία λειτουργία τῶν προηγιασμένων.

Incip. εἰσελθόντος τοῦ ἱερέως ἐν τῷ ἁγίῳ θυσιαστηρίῳ.

In calce, αἱ θεῖαι αὗται ἑξὶς λειτουργίαι ὑπάρχουν καμοῦ τοῦ ταπινοῦ μιτροπολίτου τις ἁγιωτάτις μιτροπόλεως Γοτθίας ἀνθίμου υἱὸς Γαβριὴλ ἀρχιερέος ἐκ χώρας πεσίας ἀπὸ τις ἐπαρχίας Λίτζας καὶ ἀγράφων καὶ ὅτις τὸ ἀπὸ, κ. λ.

4. Officium in Beatitudines. fol. 94 b.

Tit. τῇ δευτέρᾳ μακαρισσοί εἰς τὴν λειτουργίαν.

Incip. τὴν φωνήν σοι προσάγομεν.

5. Officium τοῦ μικροῦ ἁγιασμοῦ. fol. 130 b.

Tit. ἀκολουθία τοῦ μικροῦ ἁγιασμοῦ.

Incip. ἡ τὸ χαῖρε δι᾽ ἀγγέλου δοξαμένη.

6. Ordo observandus, si quis in locum aliquem impurum inciderit. fol. 141.

Tit. τάξις γινομένη εἰ συμβῇ μιαρὸν ἢ ἀκάθαρτον τις προσφάτως ἐμπεσεῖν ἢ εἰς ἀγγεῖον οἴκου ἢ ἐλαίον.

Incip. χρὴ τὸ ἐμπεσὸν ἀκάθαρτον.

7. Officia duo alia quorum tituli et initia sequuntur;

a. ἀκολουθία ψαλλομένη τῇ μεγάλῃ μ . . . . ᾗ ὅτε βούλεται τις ποιῆσαι προηγιασμένην.

Incip. τὴν πνευματικὴν νηστείαν.

β. διάταξις τῆς θείας λειτουργίας ἐν ᾗ καὶ τὰ διακονικά. fol. 165.

Incip. μέλλων ὁ ἱερεὺς τὴν θείαν.

XII.

Codex chartaceus, ex charta lævigata, in 4to, ff. 422, anno 1599, manu Seraphim cujusdam de scriptus.

Johannis Climaci Scala Paradisi, præviis Johannis Rhaithunensis epistola aliisque prolegomenis haud insolitis.

Tit. i. τῷ ὑπερφυεστάτῳ καὶ ἰσαγγέλῳ πατρὶ πατρῶν καὶ διδασκάλῳ τῷ ὑπὲρ λίαν ὁ ἁμαρτωλὸς Ἰωάννης τῆς Ῥαϊθοῦ ἡγούμενος.

Exstant omnia inpressa, in folio, ed. Rader. 1633.

In calce, ἐτελειώθη τὸ παρὸν βιβλίον τὸ ἐπωνομαζόμενον κλίμαξ ἐπὶ ἔτους ͵ζρζ´ ἰνδ. ιβ´ μηνὶ μαρτίῳ κγ´ ἡμέρᾳ παρασκεύῃ, ἡγουμενεύοντος δὲ Ἰωασὰφ ἱερομοναχοῦ τοῦ ἐν τῷ μοναστηρίῳ τοῦ ἁγίου ἐνδόξου προφήτου προδρόμου καὶ βαπτισθοῦ Ἰωάννα τοῦ ἐν τῷ ὄρῃ τῷ Χλοβῷ καὶ οἱ ἀναγινώσκοντες εὔχεσθαι ὑπὲρ ἐμοῦ τοῦ τάλα σεραφίμ.

XIII.

Chartaceus, in 4to, ff. 186, sec. xvi. ineuntis; anno 1569 peculium Andreæ Hy . . .

1. Epistola inventoris epistolarum Dorothei, archimandritæ Palæstinæ, in qua laus Dorothei et narratio vitæ Dosithei. fol. 1.

Tit. διδασκαλεία καὶ ποίημα τοῦ μακαρίου Δωροθέου.

ἐπιστολὴ πρὸς τὸν ἀποστείλαντα ἀδελφὸν πεμφθῆναι αὐτῷ τοὺς εὑρεθέντας λόγους τοῦ ἁγίου πατρὸς ἀββᾶ Δωροθέου σὺν ἐγκωμίου ἤτοι βίου αὐτοῦ ἐν ἐπιτομῇ, καὶ διήγησις περὶ τοῦ ἀββᾶ Δωσιθέου.

c

Incip. ἐπαινῷ σου τὴν προαίρεσιν.

Exstat *Latine* in Magn. Bibl. Patt. vol. iv.
p. 762.

2. Dorothei ejusdem adhortationes sive epistolæ
asceticæ octodecim priores, et vigesima prima.
fol. 17.

Tit. τοῦ ἐν ἁγίοις πατρὸς ἡμῶν Δωροθέου λόγοι οὓς εἶπε τοῖς ἰδίοις μαθηταῖς μετὰ τοῦ συστῆ-
σαι τὴν ἰδίαν μονὴν καὶ ἐξελθεῖν σὺν Θεῷ εἰς
τὸ ἴδιον θέλημα μετὰ τὸ ἀποθανεῖν δηλονότι
τὸν ἀββᾶν Ἰωάννην καὶ τελείαν σιγὴν τοῦ ἀββᾶ
Βαρσανουφίου. λόγος ἀσκητικὸς περὶ ἀποταγῆς.

Exstant impress. in Auctar. Front. Ducæi
tom. i. pp. 748—849, 853.

In calce, ἡ βίβλος αὕτη τοῦ ..... Ἀνδρέου
Ὑ.... μηδεὶς τολμήσει κλεπτικῶς ταύτην ἀρ ...
καὶ λαβεῖ ἀρὰν ἀπὸ τοῦ ἀποστόλου   ἔτους
⨀ π ι´ λόγος ϛ´.

XIV.

Codex membranaceus, in 4to, ff. 96, sec. xiii.
ineuntis, nitide exaratus.

1. Dionysii Areopagitæ opera, cum S. Maximi
scholiis in margine scriptis ; scilicet,

　α. De cælesti hierarchia cum prologo. fol. 1.

　　Tit. πρόλογος εἰς τὸν ἅγιον Διονύσιον.

　　Succedit prologo epigramma in B. Di-
　　onysium ; ut in edit. Junt. 1516.

　β. De ecclesiastica hierarchia. fol. 22 b.

　　Tit. Διονυσίου ἀρεοπαγίτου ἐπισκόπου
　　Ἀθηνῶν, κ. λ.

　γ. De divinis nominibus. fol. 47 b.

　　Tit. Διονυσίου Ἀρεοπαγίτου, κ. λ. πρὸς
　　Τιμόθεον ἐπίσκοπον Ἐφέσου.

　δ. De mystica theologia ; prævia epigram-
　　mate. fol. 80 b.

　　Tit. ἐπίγραμμα εἰς τὸν μακάριον Διονύ-
　　σιον· περὶ μυστικῆς θεολογίας. καὶ νόον
　　αἰγλήεντα, ut in edit. cit.

　ε. Epistolæ decem ad Caium aliosque. fol.
　　82 b.

2. Martyrium B. Dionysii ; [auctore Methodio
sive Metrodoro]. fol. 92 b.

　Tit. μαρτύριον τοῦ ἁγίου Διονυσίου τοῦ Ἀρε-
　οπαγίτου.

　Exstat in edit. Corderiana, tom. ii. p. 242.

XV.

Membranaceus, in folio, ff. 281, sec. forsan
xi. ineuntis, binis columnis litera, ut dicitur,
unciali exaratus.

1. Evangelistarium, sive Evangelia in ecclesia legenda per anni circulum de tempore. fol. 1.

　Tit. ἐκλογάδιν τῶν ἁγίων εὐαγγελίων τοῦ
　χρόνου.

　Incip. i. τῇ ἁγίᾳ καὶ μεγάλῃ κυριακῇ τοῦ
　Πάσχα.

2. Evangelia de Festis legenda, secundum mensium ordinem disposita. p. 431.

　Desin. εἰς κομηθέντα ζητεῖτε λ τῆς κ´ ἑβδομά-
　δος τοῦ Ἰωάννου· ἀλλὸ ζητεῖτε τῇ ε´ τῆς γ´ ἑβδο-
　μάδος τοῦ Ἰωάννου.

　In margine inferiori p. 1. notatum est, τὸ
　παρὸν θεῖον καὶ ἅγιον καὶ ἱερὸν εὐαγγέλιον κάμα
　καὶ ἀμαξίον Ἀδεξάνδρον Ἰούρν Κορινθοῦ καὶ
　μνήσθητε ...... αὐτοῦ, Γεωργίου, Ἑλένης καὶ
　τῆς συνβίου αὐτοῦ.

　Cf. Millii Prolegom. ad Test. Nov. p. 161.

XVI.

Codex membranaceus, in folio, ff. 110, sec. xii.

1. S. Lucæ Evangelii, commentario [an Titi Bo-
strensis] marginali perpetuo instructi,fragmen-
tum. fol. 1.

　Incip. in verbis cap. xi. vers. 2. orationis
　Dominicæ, οὐρανοῖς ἁγιασθήτω, et comment.
　κρατεῖν τῶν ἀγαθῶν ἵνα τῶν ἀνδρῶν καὶ ἐν οὐ-
　ρανοῖς.

　Desin. comment. καὶ ἀποδοῦναι ἑκάστῳ κατὰ
　τὰ ἔργα αὐτοῦ, ut in Bandinii catalogo codd.
　Laurent. tom. 1. p. 162.

2. S. Johannis Evangelium, commentario perpetuo
marginali illustratum. fol. 45.

　Tit. τοῦ κατὰ Ἰωάννην εὐαγγελίου αἱ ἑρμηνεῖαι.

　Incip. comment. οὗτος ὁ εὐαγγελιστῆς μὲν ἦν
　ἤτοι κώμης εὐτέλους, ut ibid.

　Desin. σημᾶναι θελήσας ὁ παρὼν εὐαγγελιστῆς
　φησὶ ὅτι ταῦτα ἐὰν γράφηται, κ. λ.

　In calce, τέλος τῶν ἑρμηνειῶν τοῦ κατὰ Ἰωάν-
　νην εὐαγγελίου.

　Sequuntur Evangelia matutina et synaxaria
　sive ordo legendi Evangelia per annum, ini-
　tio et fine cujusque pericopæ subjuncto

　In fronte codicis legitur, " Ex libris Georgii
　Wheleri, Westmonasteriensis, perigrinatione
　ejus Constantinopolitana collectis, anno Do-
　mini 1676."

　Cf. Millii Prolegom. ad Nov. Test. p. 161.

XVII.

Membranaceus, in 4to, ff. 291, sec. xii. exeuntis, insertis synaxariis pericoparumque notitiis per manum recentiorem, scil. Theoduli hieromonachi.

Evangelia quatuor, Eusebii ad Carpianum prologo canonibusque, necnon titulorum tabulis synaxariisque illustrata.

Evangelio cuique annexum est tetrastichon iambicum in honorem Evangelistæ proprii.

Incip. i. Ματθαῖος ἐστὶ μιστικῶς πρῶτος τύπος. Incip. ult. Ἰωάννης τέταρτος αὖθις εἰκόνα.

In calce, ἐγράφη ἡ παροῦσα ἑρμηνεία τοῦ τετραβίβλου διὰ χειρὸς ἐμοῦ τοῦ ἁμαρτώλου Θεοδούλου ἱερομοναχοῦ.

Sequitur tetrastichon in quatuor evangelistas incip. ἡ τέτρας ὧδε τῶν μαθητῶν τοῦ λόγου, et in calce libri, " Ex libris MSS. Geo. Wheleri peregrinatione ejus Zacyntho collect. anno D. 1676."

Cf. Mill. ut supra.

XVIII.

Codex chartaceus, in 4to, ff. 232, sec. xv., manu Johannis eujusdam nitide exaratus. [Scenlopuli]

1. S. Matthæi Evangelium, præviis capitulis numero sexaginta octo. fol. 3.

Tit. τὸ κατὰ Ματθαῖον ἅγιον εὐαγγέλιον τῇ κυριακῇ τῇ πρὸ τῆς Χριστοῦ γεννήσεως, ἤτοι τῶν ἁγίων πατέρων.

2. S. Marci evangelium, prævia capitulorum xlviii. tabula et præfatione. fol. 67.

Tit. τὸ κατὰ Μάρκον ἅγιον εὐαγγέλιον τῇ κυριακῇ πρὸ τῶν φώτων.

Incip. arg. τὸ κατὰ Μάρκον εὐαγγέλιον ἐν Ῥώμῃ.

In calce, ἰστέον ὅτι τὸ κατὰ Μάρκον εὐαγγέλιον ὑπαγορεύθη ἐν Ῥώμῃ ὑπὸ Πέτρου, ἐποιήσατο δὲ τὴν ἀρχὴν ἀπὸ τοῦ προφητικοῦ λόγου τοῦ ἐξ ὕψους ἐπιόντος τοῦ Ἡσαΐου τὴν πτεροτικὴν εἰκόνα τοῦ εὐαγγελίου δεικνύς.

Sequuntur,

a. Versus quinque iambici in S. Marcum, incip., Πέτρου μηθεὶς τοῖς ἀπορρήτου λόγοις.

β. Versus quatuor heroici in eundem, incip., ὅσα περὶ Χριστοῖο θεήγορος ἔθνεα Πέτρος.

3. S. Lucæ evangelium, præviis capitulis octoginta tribus. fol. 114.

Tit. τὸ κατὰ Λουκᾶν ἅγιον εὐαγγέλιον εἰς τὴν γέννησιν τοῦ προδρόμου.

Præcedunt,

α. προοίμιον τοῦ κατὰ Λουκᾶν ἁγίου εὐαγγελίου. incip. χρὴ τὸν ἐντυγχάνοντα.

β. Τίτου ἐπισκόπου [πρόλογος·] incip. ἰστέον τοὺς μὲν ἄλλους.

γ. Κοσμᾶ Ἰνδικοπλεύστου [πρόλογος·] incip. οὗτος ὁ Λουκᾶς ὁ τρίτος.

δ. ὑπόθεσις τοῦ κατὰ Λουκᾶν εὐαγγελίου. incip. κατὰ Λουκᾶν τὸ εὐαγγέλιον ἐπιγέγραπται.

ε. [Argumentum aliud, incip. Λουκᾶς ὁ θεῖος Ἀντιοχεὺς μὲν ἦν.]

ς. ἰστέον ὅτι τὸ κατὰ Λουκᾶν εὐαγγέλιον ὑπαγορεύθη ὑπὸ Παύλου ἐν Ῥώμῃ ἅτε δὴ ἱερατικοῦ χαρακτῆρος ὑπάρχον ἀπὸ Ζαχαρίου τοῦ ἱερέως θυμιῶντος ἤρξατο,

Αὔγουστος ἑορτάζων ἢ ἑορτὴν προτιθέμενος.

Ἀβιὰ, πατήρ μου, κύριος, Ἀαρὼν, ὄρος.

κ. τ. λ.

ζ. στίχοι Νικήτα φιλοσόφου τοῦ Παμφλαγόνος εἰς τὸν εὐαγγελιστὴν Λουκᾶν, incip.

ζωῆς τὸν ἄρτον Χριστὸν ἠξιωμένος.

η. Versus alii quinque iambici, incip.

τρίτος δὲ Λουκᾶς ῥητορεύει μειζόνως.

4. S. Johannis evangelium, præviis capitulis xviii. fol. 183.

Tit. τὸ κατὰ Ἰωάννην ἅγιον εὐαγγέλιον τῇ ἁγίᾳ καὶ μεγάλη κυριακῇ τοῦ Πάσχα.

In calce, στίχοι εἰς τὸν εὐαγγελιστὴν Ἰωάννην, incip.

Βροντῆς τὸν υἱὸν τὶς βροτῶν μὴ θαυμάσει.

Sequitur interpretatio nominum aliquot Hebraicorum, et deinde notitia, τῷ τῇ πυξίδι ταύτῃ τρισὶ δακτύλοις πεπληρωκότι, σὺ δ' ἀντιδόης ἄφεσιν ἁμαρτιῶν ὁ παντάναξ Ὑἱὲ καὶ Λόγε πατρὸς τοῦ προανάρχου ἵν' ὅπως τοῖς ἀριστεφῶν μὴ τύχοιεν τοῖς δ' ἐκ δεξιῶν αὐτὸν συναριθμήσαις ἅμα τῷ Ἰωάννῃ λέγω τῷ μετὰ σοῦ τῆς μητρός σου δούλῳ.

In fronte pag. 1 notatum est, " Vocabula Græca ex dono Edmundi [Audley] Sarum episcopi."

XIX.

Codex chartaceus, in 4to, ff. 295, sec. xvi. ineuntis, magnam scilicet partem anno 1506 exaratus; mutilus et madore corruptus.

1. Euchologium, prævia tabula contentorum officia quæ sequuntur amplectente; scilicet,

α. περὶ τῆς κατ' ἔτος συνόδου, ἣν ποιεῖ ὁ ἀρχιερεὺς. fol. 5.

Incip. πάλιν ἡμᾶς ἡ τοῦ Πνεύματος δαψηλεία.

β. περὶ τῆς ἐκκλησιαστικῆς ἱστορίας καὶ λεπτομερῆς ἀφηγήσεως πάντων τῶν ἐν τῇ θείᾳ ἱερουργίᾳ τελούντων. fol. 18 b.

Incip. δέον καὶ πρέπον ἐστίν.

γ. ἐξήγησις καὶ σαφήνια τῶν ἱερῶν καὶ θείων ἑπτὰ μυστηρίων τῆς ἁγίας Χριστοῦ τοῦ Θεοῦ ἡμῶν ἐκκλησίας ἅπερ ἔστιν ἐκ τῶν ἱερῶν καὶ θείων ἀποστόλων κανόνες καὶ τῶν σεπτῶν συνόδων τῶν ἁγίων πατέρων. fol. 43.

Incip. ἡ δήλωσις τῶν λόγων σου.

δ. ἑρμηνεῖα συνοπτικὴ περὶ τῆς ἁγίας ἱερᾶς ἱερουργίας. fol. 65.

Incip. δέον σημαίνειν τρίτην ὥραν τῆς ἡμέρας.

ε. ἀκολούθια τῶν ἁγίων θεοφάνων τοῦ ἁγιασμοῦ. fol. 72 b.

Incip. μετὰ τὴν ὀπισθάμβωνον εὐχή.

ϛ. εὐαγγέλια τῶν ἁγίων παθῶν τῆς διαθήκης. fol. 82.

ζ. εὐχαὶ τῆς γονυκλισίας, τῇ κυριακῇ τῆς ἁγίας πεντηκοστῆς. fol. 100.

Incip. ἄχραντε, ἀμίαντε, ἄναρχε.

η. εὐχέλαιον ψαλλόμενον τῇ ἁγίᾳ καὶ μεγάλῃ πέμπτῃ. fol. 110.

Incip. συναχθέντων τῶν ἱερέων.

θ. ἀκολουθία εὐχελαίου ψαλλομένου εἰς κοιμηθέντας. fol. 139 b.

Incip. τὸ τοῦ θανάτου κράτος.

ι. συνοδικὸν σὺν Θεῷ ἁγίῳ λεγόμενον τῇ κυριακῇ τῆς ἁγίας καὶ μεγάλης μ΄ ἤτοι τῆς ὀρθοδοξίας. fol. 152 b.

Incip. προφητικαῖς ἑπόμενοι ῥήσεσιν.

ια΄. θεολογία περὶ τῆς ἁγίας Τριάδος καὶ ὁμολογία τῆς ὀρθοδόξου ἡμῶν πίστεως καὶ περὶ τῶν ἑπτὰ συνόδων καὶ ἀναθεματισμοὶ τῶν αἱρεσιαρχῶν. fol. 176.

Incip. πιστεύω εἰς ἕνα Θεόν.

ιβ΄. Μάρκου ταπεινοῦ ἁμαρτωλοῦ καὶ ἱερομονάχου σύνταγμα πονηθὲν εἰς τὸ ἀπορούμενα τοῦ τυπικοῦ. fol. 190.

Incip. Μὴν σεπτεβρίῳ α΄. περὶ τῆς ἰνδίκτου· καὶ τοῦ ὁσίου πατρὸς ἡμῶν Συμεὼν τοῦ Στυλίτου, εἰ τύχοι ἐν κυριακῇ. χρὴ γινώσκειν ὅτι εἰ τύχοι ἡ πρώτη.

Præcedit tabula capitulorum numero xciv. quorum quindecim priora desiderantur.

In calce,

πρόσταγμα πεπλήρωκα τοῦ φιλουμένου,
σύ δ᾽ ὦ λατρευτὰ τῆς τριφεγκοὺς οὐσίας,
θύτα καθαρὲ καὶ Θεοῦ παραστάτα,
μέμνησο δέ μοι ταῖς εὐχαῖς σου ὦ θεῖε,

ὅπως τὴν δυπλὴν ὑγείαν εὖ ἰδούμεν,
καὶ χήραν κύρι, τὴν ψυχὴν καὶ τὸ σῶμα·
ἐτερματίσθη δὲ ἐν μηνὶ Ὀκτωβρίῳ κ΄ ἐν χρόνῳ ͵αφϛ΄ Χριστοῦ, ἀμήν.

2. Officium S. et magni Sabbati. fol. 279.

Incip. μεγαλύνομέν σε τὸν υἱὸν τοῦ Θεοῦ.

In calce, ταῦτα ἐγεγράφησαν ἐξ ἐμοῦ ἁμαρτωλοῦ χάριτι καὶ τάχα ἱερέως καὶ μεγίστου οἰκονόμου ἀμαθούντων, καὶ οἱ ἐντυγχάνοντες εὔχεσθέ μοι διὰ τὸν Κύριον, ἀμήν.

3. Expositio in istud ἄνθρωπός τις κατέβαινεν ἀπὸ Ἱερουσαλὴμ εἰς Ἱεριχῶ. fol. 289.

Incip. ὁ ἀδὰμ ἔρχετο ἀπὸ τοῦ παραδείσου.

XX.

Codex membranaceus, in folio, ff. 243, sec. forsan xi. exeuntis, binis columnis nitide exaratus; mutil.: olim peculium Michaelis sacerdotis.

S. Gregorii Nazianzeni, dicti Theologi, sermones sive orationes viginti tres; scilicet,

1. In S. Pascha duæ, in novam Dominicam una, et in S. Pentecosten una. fol. 1.

Titulus primus, qui una cum initio sermonis manu recentiori in charta suppletus est, τοῦ ἐν ἁγίοις πατρὸς ἡμῶν Γρηγορίου ἐπισκόπου Ναζιανζοῦ τοῦ θεολόγου λόγος εἰς τὸ ἅγιον πάσχα.

Extant impress. inter opera, edente Billio, tom. i. pp. 673, seqq.

2. In Maccabæorum laudem. fol. 25.

Tit. εἰς τοὺς Μακκαβαίους.

Ibid. tom. i. p. 397.

3. In S. Cyprianum encomium. fol. 31 b.

Tit. εἰς Κυπριανὸν ἐξ ἀγροῦ ἐπανήκων μετὰ μίαν τῆς μνείας ἡμέραν.

Ibid. tom. i. p. 274.

4. In Julianum tributorum exæquatorem. f. 39.

Tit. εἰς τοὺς λόγους καὶ εἰς τὸν ἐξισωτὴν Ἰουλιανόν.

Ibid. tom. i. p. 149.

5. In Christi nativitatem. fol. 44.

Tit. εἰς τὸ γενέθλον [sic] τοῦ Κυρίου ἡμῶν Ἰησοῦ Χριστοῦ.

Ibid. tom. i. p. 613.

6. In S. Basilium oratio funebris. fol. 50 b.

Tit. τοῦ αὐτοῦ ἐπιτάφιος εἰς τὸν μέγαν Βασίλειον.

Ibid. tom. i. p. 316.

7. In Sancta Lumina. fol. 83.
Tit. εἰς τὰ ἅγια φῶτα.
Ibid. tom. i. p. 624.

8. In S. Baptismum. fol. 90 b.
Tit. εἰς τὸ βάπτισμα.
Ibid. tom. i. p. 637.

9. In S. Gregorium Nyssenum. fol. 114.
Tit. εἰς Γρηγόριον τὸν ἀδελφὸν Βασιλείου ἐπι-
στάντα μετὰ τὴν χειροτονίαν.
Ibid. tom. i. p. 136.

10. In S. Athanasium. fol. 117 b.
Tit. εἰς Ἀθανάσιον ἀρχιεπίσκοπον Ἀλεξαν-
δρείας.
Ibid. tom. i. p. 373.

11. De pauperum amore. fol. 153 b.
Tit. τοῦ αὐτοῦ περὶ φιλοπτωχίας.
Ibid. tom. i. p. 239.

12. Coram centum quinquaginta episcopis habita.
fol. 170 b.
Tit. εἰς τὴν τῶν ρν′ ἐπισκόπων παρουσίαν.
Ibid. tom. i. p. 510.

13. De dogmatibus et constitutione episcoporum.
fol. 182 b.
Tit. τοῦ αὐτοῦ περὶ δογμάτων καὶ καταστάσεως ἐπισκόπων.
Ibid. tom. i. p. 486.

14. De theologia orationes quatuor, sive de theologia secunda, de Filio duæ, et de Spiritu
Sancto unica. fol. 200 a.
Tit. i. manu recentiori, ut et initium orationis, τοῦ αὐτοῦ περὶ θεολογίας καὶ καταστάσεως ἐπισκόπων.
Ibid. tom. i. p. 536.

15. Adversus Arianos et de seipso. fol. 131.
Tit. πρὸς Ἀρειανοὺς καὶ εἰς ἑαυτόν.
Ibid. tom. i. p. 431.

16. Ad eos, qui ipsum cathedram CPol. affectare
dicebant. fol. 137 b.
Tit. man. sec. πρὸς τοὺς λέγοντας ἐπιθυμεῖν
τῆς καθέδρας Κωνσταντινουπόλεως.
Ibid. tom. i. p. 464.

17. In patrem ob plagam grandinis tacentem; in
calce mutil. fol. 141 b.
Tit. εἰς τὸν πατέρα σιωπῶντα διὰ τὴν πληγὴν
τῆς χαλάζης.
Ibid. tom. i. p. 224.
In fol. 1. marg. infer. notatum est, ἐκ τῶν
τοῦ Μιχαὴλ ἱερέως τοῦ ἀγαπητοῦ.

Ϝ XXI.

Codex chartaceus, in 4to minori, ff. 161, anno
1584 binis columnis exaratus.

1. Historia de Barlaam eremita et Josaphat,
sive Joasapho, rege Indiæ, auctore ut fere
dicitur S. Johanne Damasceno. fol. 2.
Tit. βίβλος Βαρλαὰμ σὺν λαμπρῷ Ἰωασὰφ
ἱστορία ψυχοφελὴς ἐκ τῆς ἐνδοτέρας τῶν Αἰ-
θιόπων χώρας, τῆς Ἰνδῶν λεγομένης, ἐπελθόν-
των τιμίων ἀνδρῶν πρὸς τὴν ἁγίαν πόλιν καὶ
ἀπαγγειλάντων ἐν τῇ μονῇ τοῦ ἁγίου Σάββα, συγγραφεῖσα παρὰ Ἰωάννου τοῦ Δαμασκηνοῦ.
Exstat impress. in Boissonad. Anecdot.
Gr. tom. iv. p. 1.
In calce carmen est, γραφεὺς πενιχρὸς μό-
λις ἦλθεν εἰς τέλος, et deinde εἴληφε τέλος
μηνὶ φεβρουαρίου, ἐν ἡμέρᾳ τε αὐτοῦ τῇ ἐνδε-
κάτῃ, ἐν ἔτει ͵αφπδ′. τῷ συντελεστῇ τῶν
καλῶν Θεῷ χάρις.

2. Andreæ Sali vita, auctore Nicephoro CPoli-
tano. fol. 96 b.
Tit. βίος καὶ πολιτεία τοῦ ὁσίου πατρὸς ἡμῶν
Ἀνδρέου τοῦ διὰ Χριστὸν σαλοῦ.
Incip. βίον θεάρεστον καὶ πολιτείαν ἄμεμ-
πτον ἀνδρὸς δικαίου καὶ ἐναρέτου.
Cf. Act. SS. mens. Maii, tom. vi. in Append. p. 1.
In calce, ἐτελειώθη Ἀπριλλίῳ κ′, ἐν ἔτει
͵αφπϛ′.
Sequuntur anecdota de sanctis, sub titulo,
λόγοι ὠφέλημοι ἐκ τοῦ Πατερικοῦ· incip. ἀδελ-
φός τις ἐπεθύμει ἰδεῖν ψυχήν.

Ϝ XXII.

Chartaceus, ex charta lævigata, in 4to minimo, ff. 252, sec. xvi. exeuntis.

1. Anonymi cujusdam tractatus de notis sive
tonis musicalibus in usu habitis apud Græcos
in libris ecclesiasticis. fol. 5.
Tit. ἀρχὴ σὺν Θεῷ ἁγίῳ τῶν σημαδίων τῆς
ψαλτικῆς τέχνης τῶν τε ἀνοιώντων καὶ κατοι-
ώντων σωμάτων τε καὶ πνευμάτων καὶ πάσης
χειρονομίας καὶ ἀκολουθίας συντεθειμένης εἰς
αὐτὴν παρὰ ποιητῶν παλαιῶν τε καὶ νέων.
Incip. ἀρχή, μέση, τέλος, καὶ σύστημα πάντων τῶν σημαδίων τὸ ἴσον ἐστί, χωρὶς γὰρ
τούτου οὐ κατορθοῦται φωνή.

2. Hymni ad SS. Chrysostomi Basiliique necnon

Præsanctificatorum missas pertinentes, cum tonis musicalibus. fol. 22.

Tit. ἀρχὴ σὺν Θεῷ ἁγίῳ τῶν συλλειτουργημάτων τοῦ μεγάλου Βασιλίου καὶ τοῦ Χρυσοστόμου, καὶ τῆς προηγιασμένης ὅταν λειτουργεῖ ὁ ἀρχιερεύς.

Nomina melodorum quæ occurrunt sunt ista, Xenus Corones, Manuel Chrysaphes, Johannes Glyceus, Theodulus monachus, Johannes Cucuzeles, Theophanes Curyces, Atheniensis, Anthimus monachus, Johannes Damascenus, Johannes Cladas, Nicephorus Ethicus, Lascaris, David Rhædestinus.

Sequuntur tituli, scilicet,

α. κάθασμα ψαλλόμενον εἰς τὸν ἀκάθιστον ὕμνον καθὼς ψάλλεται ἐν Ἀθήναις. fol. 63 b.

β. τρισάγιον ψαλλόμενον κατὰ κυριακὴν ἐν Ἀθήναις ἐν δὲ τῷ τοῦ Ἄθω ὄρει κατὰ τὴν ἑορτὴν τοῦ σταυροῦ. fol. 65 b.

3. Officium τῶν κεκραγαρίων, [sive Psalmus clxi.] Hymnique alii ecclesiastici, cum tonis musicalibus. fol. 68.

Tit. ἀρχὴ σὺν Θεῷ ἁγίῳ τῶν κεκραγαρίων κατ' ἦχον σὺν τῷ Δόξα πατέρι, καὶ τῷ Θεὸς Κύριος σὺν τῷ πᾶσα πνοῇ καὶ ἑτέροις.

4. Officium alterum musicale τοῦ πολυελέου [sc. Ps. cxxxiv.] apud CPolim cantatum, ex melodis diversis tam antiquioris quam recentioris ævi compilatum. fol. 136.

Tit. ἀρχὴ σὺν Θεῷ τοῦ πολυελέου τοῦ λεγομένου λατρινοῦ ψαλλομένου ἐν Κωνσταντινουπόλει, ποιηθέντος παρὰ διαφόρων ποιητῶν παλαιῶν τε καὶ νέων.

5. Leonis Sapientis Imperatoris carmina matutina, cum tonis musicalibus. fol. 149 b.

Tit. στίχειρα ἰδιόμελα ἑωθινὰ τὰ ἕνδεκα ποιηθέντα παρὰ κυροῦ Λέοντος τοῦ σοφοῦ καὶ βασιλέως.

Cf. sub fine Paracletici, p. 185.

Sequuntur hymni alii Manuelis Chrysaphæ, etc.

6. Officium τοῦ μεγάλου ἑσπερινοῦ, cum tonis musicalibus. fol. 183.

Tit. ἀρχὴ σὺν Θεῷ ἁγίῳ τοῦ μεγάλου ἑσπερινοῦ, μετὰ τὸ εἰπεῖν τὸν ἱερέα τὸ εὐαγγέλιον ὁ Θεὸς, ἄρχεται ὁ ταχθεὶς τὸ δεῦτε προσκυνήσωμεν ἕως τοῦ δόντος σου αὐτοῖς συλλέξουσιν. εἶτα ἄρχεται ὁ δομέστικος τοῦ δεξιοῦ χοροῦ.

7. Johannis Cucuzelis et Manuelis Chrysaphæ

hymni varii cum notis musicalibus. ff. 199, 235 b.

Tit. θεοτόκιον ἐγκωμιαστικὸν κυροῦ Ἰωάννου μαΐστορος τοῦ Κουκουζέλη.

8. Marci Corinthi hymnus in tranfigurationem Domini, cum notis musicalibus. fol. 231.

Tit. τρίτος ποὺς εἰς τὴν θείαν μεταμόρφωσιν τοῦ κυρίου ἡμῶν Ἰησοῦ Χριστοῦ ποιηθεὶς παρὰ τοῦ ἱερωτάτου μητροπολίτου κυροῦ Μάρκου Κορίνθου.

XXIII.

Codex chartaceus, in 4to, ff. 181, sec. xvi., mutilus.

1. Canones plures ecclesiastici in hebdomada sacra diebusque Dominicis ferialibusque in usu habiti, divisi ut solent per tonos odasque, etc.

Tit. i. mutil. κανόνες καὶ στίχηρα σὺν Θεῷ εἰς τὴν ὑπεραγίαν θεοτόκον, ψαλλόμενοι ἐν τ . . . . . στίχηρα παρακλητικὰ εἰς τὸν Κύριον ἡμῶν Ἰησοῦν Χριστὸν καὶ εἰς τὸν ὑπεράγιον θεοτόκον.

Incip. τὰ πάντα παρήγαγες τῷ σῷ λόγῳ καὶ τῷ Πνευμάτι.

Ad fol. 8 legitur titulus sequens, ὁ κανὼν εἰς τὴν ἁγίαν Τριάδα καὶ εἰς τὴν θεοτόκον ποίημα Φωτίου πατριάρχου.

Desin. τὴν μέθην λύων τῶν πειρασμῶν παναγίε θεοτόκεκαὶ φώτιζε τὰς ψυχὰς ἡμῶν. τέλος σὺν Θεῷ ἁγίῳ ἀμήν.

2. Officium aliud, intitulatum ἀρχὴ τῶν ἀποδειπνῶν· Βασιλεῦ οὐράνιε. fol. 160.

Incip. ἐν τῷ ἐπικαλεῖσθαί με.

Des. ἅμα τὸ ἀγαθῷ καὶ ζωοποίῳ Πνεύματι, κ. λ.

In fronte codicis inseruit bibliopegus membranas duas, sed mutilatas, S. Johannis Evangelii capitis partem priorem exhibentes.

XXIV.

Chartaceus, in 4to minori, ff. 104, sec. xvii. ineuntis.

1. Ignatii, hieromonachi Petritzensis, historia fabulosa de Andronico et Anna, eorumdemque prole, in octo libros distincta, prævia epistola ad Chrysanthum sacerdotem et œconomum, versibus metricis; *Barbaro-Græce.* fol. 1.

Tit. epist. τῷ ἐντιμοτάτῳ καὶ λογιωτάτῳ ἐν ἱερεῦσι κυρίῳ Χρυσάνθῳ καὶ οἰκονόμῳ Ἰγνάτιος ἱερομόναχος ὁ Πετρίτζης, ὑγιεία, γῆρας, τε καὶ σωτίρια.

Incip. epist.

οὐ ταχύ πανέντιμε, Χρύσανθε τιμημένε

μέ τό στεφανη τοῦ Χριστοῦ στήν κεφαλή στεμμένε.

Tit. lib. i. διήγησις ὡραιοτάτη τοῦ ἀνδριομένου διγενὴ πῶς ἔκαμε πολλαῖς ἀνδραγαθείαις εἰς τὰ μέλη τῆς Ῥωμανίας καὶ πολλαῖς πάλαις.

Incip.

διήγησιν πανθαύμαστον ἐβάλθηκα να γράψω

τοῦ διγενὴ τοῦ θαυμαστοῦ καὶ θέλω νὰ μὴν τάψω.

Desin. lib. ult.

δόξα Πατρί τε καὶ Υἱῷ καὶ Πνευμάτι ἁγίῳ

τῷ ποιητῇ καὶ πλάστῃ μου Θεῷ τῷ παντατίῳ.

2. Historia de miraculis Nicolai Thaumaturgi; *Barbaro-Græce.* fol. 100.

Tit. δηείγισις μερικὸν θαυμάτων τῶν ἐν ἁγίοις πατρὸς ἡμῶν Νηκολάου τοῦ θαυματουργοῦ.

Incip. εἰς τὴν κοσταντηνουπόλην ἤτου τῆς Χριστηανὸς εὐσεβὴς καὶ φοβούμενος.

XXV.

Codex chartaceus, in 4to, ff. 238, sec. xiv. exeuntis.

1. Libanii Sophistæ Progymnasmata varia. fol.1.

Tit. i. τοῦ αὐτοῦ Λιβανίου μελετ . . . τὰ τῆς ν . . . ἧς προγυμνάσματα.

Exstant in editione Morelliana sub paginis sequentibus, scilicet, pp. 1—25, 28—33, 45 —52 C. 10, 183, 91, 94, 102, 105, 151, 159, 161, 141, 164, 165, 163, 170, 148, 157, 172, 181, 131.

2. [Ejusdem dissertatio de amicis.] fol. 35.

Exstat ibid. p. 942.

3. Ejusdem epistolæ. fol. 37.

Tit. Λιβανίου σοφιστοῦ ἐπιστολαί.

Defic. in epistola ad Basilium verbis, Ὅμηρος οὗτος ἀνὴρ—edit. Wolf. p. 727, l. 19.

4. Synesii, episcopi Cyrenes, epistolæ centum quinquaginta sex ad diversos. fol. 153.

Tit. Συνεσίου σοφιστοῦ ἐπιστολαὶ ρ ν ς΄.

Consentiunt quoad initium et finem cum edit. Petav. Paris. 1612.

In calce, τέλος τῶν Συνεσίου ἐπιστολῶν ρ ν ς΄.

Sequitur tractatulus de philosophia, incip.

μετὰ τὸ Πυθαγόραν ἐξ ἀνθρώπων γένεσθαι.

Σ XXVI.

Codex chartaceus, in 4to, ff. 222, sec. xvi. ineuntis.

Menologium, canones comprehendens et officia pro unoquoque sancto, cujus dies in ecclesia in mense Decembri celebrari solet.

Tit. μὴν Δεκέβριος ἔχων ἡμέρας λα΄. ἡ ἡμέρα ἔχει ὥρας θ΄ καὶ ἡ νὺξ . . . . ιε΄ εἰς τὴν . . . .

Incip. ἡ χάρις τοῦ ἁγίου Πνευμάτος.

In calce canon. in diem Nativitatis Domini occurrit canon alter, auctore Cosma monacho, versibus iambicis, prævio tetrasticho elegiaco, sic inscriptus, ἕτερος κανὼν τοῦ κυροῦ Κοσμᾶ Ἰωάννου διάμβων [*sic*].

Incip. tetrastich.

ἐν ἱπίης μελέεσιν ἐφύμνια ταῦτα λιγαίνει.

Incip. can.

ἔσωσε λαὸν θαυματουργῶν δεσπότης,

ὑγρὸν θαλάσσης κῦμα χεροώσας πάλαι.

Σ XXVII.

Chartaceus, in 4to, ff. 140, sec. xvi. ineuntis.

Menæum, sive canones sanctorum, qui per mensem Julium in ecclesia legi solent.

Tit. i. μὴν Ἰούλλιος ἔχων ἡμέρας λα΄ ἡ ἡμέρα ἔχει ὥρας ιδ΄ καὶ ἡ νὺξ ὥρας ι΄ εἰς τὴν α΄ τῶν ἁγίων ἀναργύρων Κοσμᾶ καὶ Δαμιανοῦ.

Incip. ὅλην ἀποθέμενοι ἐν οὐρανοῖς.

Desin. ult. ἱλασμὸς γενοῦ ἡμῖν καὶ σῶσον τὰς ψυχὰς ἡμῶν· δόξα σοι, ὁ Θεὸς ἡμῶν, δόξα σοι.

In calce, ἀφιερώθη τὸ παρὸν μηναῖον εἰς τὸν ναὸν τοῦ μεγάλου Νικολάου τῆς Πατέλας διὰ ἔξοδαν τῆς μακαρίας Ἀνούσας συμβίας τοῦ κυροῦ Γεωργίου Δαμασκηνοῦ ὑπὲρ ψυχικῆς ἑαυτῶν σωτηρίας καὶ τῶν τέκνων αὐτῶν· καὶ οἱ ἀναγινώσκοντες εὔχεσθε ὑπὲρ αὐτῶν διὰ τὸν Κύριον.

XXVIII.

Chartaceus, in 4to, ff. 262, sec. xvi. ineuntis.

Menæum pro mense Januario et Februario, canones, hirmos, etc. comprehendens in honorem sanctorum, quorum festa in mensibus istis celebrari solent.

Tit. μὴν Ἰαννουάριος ἔχων ἡμέρας λα΄ ἡ ἡμέρα ἔχη ὥρας ι΄ καὶ ἡ νὺξ ὥρας ιδ΄ εἰς τὴν πρώτην ἡ κατὰ σάρκα περιτομὴ τοῦ Κυρίου καὶ Θεοῦ καὶ Σωτῆρος ἡμῶν Ἰησοῦ Χριστοῦ καὶ μνήμη τοῦ ἐν ἁγίοις πατρὸς ἡμῶν Βασιλείου τοῦ μεγάλου, κ. λ.

Incip. συγκαταβαίνων ὁ Σωτὴρ τῷ γένει τῶν ἀνθρώπων.

Defic. in die Febr. xxvii. in oda octava ἐκ φλογὸς τοῖς, in verbis, θεοτόκον καὶ πάναγνον ὃν ὑπὲρ μὲν——

Præcedunt hirmi aliquot atque triodia, [an ad mensem Decembrem pertinentia,] quorum tituli sunt,

α. ἕτερος κανὼν ψαλλόμενος τῇ παραμονῇ τῶν φώτων, οὗ ἡ ἀκροστιχὶς, καὶ σήμερον, κ. λ. fol. 2 b.

β. τριώδια ψαλλόμενα εἰς τὴν ἑορτὴν τῶν φώτων, ψάλλονται δὲ ἐν τοῖς ἀποδίπνοις, οὗ ἡ ἀκροστιχῆς, τῇ δευτέρᾳ. fol. 5 b.

XXIX.

Codex chartaceus, ex charta lævigata, ff. 220, sec. xvi.

1. Anonymi cujusdam liber adversus Machometum, et de articulis fidei Christianæ ; imperf. fol. 1.

Incip. in verbis, καὶ οὐχ ὡς ὤφελες λόγους, οὕτως ἀσμένως καὶ δεόντως.

Desin. ὧν ἄμφω τῆς πλάνης ἡμᾶς ἐξελοῖτο Χριστὸς ὁ Θεὸς, ὁ σὺν Πατρὶ καὶ Πνεύματι δοξαζόμενος καὶ μένων εἰς τοὺς αἰῶνας, ἀμήν.

2. Pachomii Rhacendytæ Zacynthii liber contra Monophysitas, ad Methusalem. fol. 30.

Tit. κατὰ μονοφυσιτῶν. τῷ ταμίῳ τῷ Μαθουσάλα Παχώμιος Ῥακενδύτης Ζακύνθιος.

Incip. καλῶς ἔφησιν ὁ ἀπόστολος.

Desin. καὶ παρ' ἡμῶν ἀνάθεμα ἔσται.

Cf. cod. Nanian. cxxv.

3. Ejusdem ad Timotheum sacerdotem. fol. 43 b.

Tit. Τιμοθέῳ ἱεράρχῃ εὖ διάγειν.

Incip. εἰκός τινας ὦ θεία.

4. Ejusdem monita spiritualia. fol. 45.

Incip. ὁ δεχόμενος τοὺς λογισμούς.

5. De confessione, ex conciliis, S. Basilio, Johanne Nesteuta, etc. excerpta. fol. 51 b.

Incip. πῶς δεῖ τοὺς πνευματικοὺς πατέρας οἰκονομεῖν τοὺς αὐτοῖς ἐξομολογουμένους. ὁ ιβ΄ τῆς ἐν Νικαίᾳ πρώτης.

6. Regula monachorum, in ccxiv. capita distincta, comprehendens per epitomen canones apostolicos et S. Basilii, etc. prævia tabula capitum. fol. 55.

Tit. tabulæ, πίναξ ἐνταῦθα τοῦ παρόντος Νομίμου.

Tit. reg. νομοκάνονον ἔχων κατ' ἐπιτομὴν κανόνας τῶν ἁγίων ἀποστόλων τοῦ μεγάλου Βασιλείου καὶ τῶν συνόδων.

Incip. ὁ χειροτονῶν ἐπὶ χρήμασι.

Desin. ἄλλος χριαζόμενος αὐτῶν. τῷ Θεῷ δόξα, ἀμήν.

7. Anastasii Sinaitæ sermo de sacra synaxi. fol. 96.

Tit. τοῦ μακαρίου Ἀναστασίου ἀρχιεπισκόπου τοῦ Σινὰ ὄρους λόγος περὶ τῆς ἁγίας συνάξεως καὶ περὶ τοῦ μὴ μνησικακεῖν.

Incip. ἀεὶ μὲν ἡ τοῦ ἁγίου.

8. Excerpta ex SS. Patribus et Scripturis de diversis. fol. 113.

Tit. i. Νύσσης ἐκ τοῦ εἰς τὸ Πατὲρ ἡμῶν.

Incip. τῆς γὰρ πονηρᾶς προαιρέσεως.

9. Antiochi monasterii S. Sabæ monachi ad Eustathium epistola. fol. 197 b.

Tit. ἐπιστολὴ Ἀντιόχου μοναχοῦ τῆς Λαύρας τοῦ ἁγίου Σάββα πρὸς Εὐστάθιον ἡγούμενον μονῆς ἀτταλικῆς πόλεως Ἀγκύρας τῆς Γαλατίας.

Incip. ἐπειδὴ γεγράφηκάς μοι.

10. Commemoratio de monte S. Athonis, et de domibus religiosis ibi. fol. 203.

Tit. ἀνάμνησις μερικὴ περὶ τοῦ ἁγίου ὄρους τοῦ Ἄθου, τὰ λεγόμενα πάτρια.

Incip. μετὰ τὴν φρικτὴν ἀνάστασιν.

In calce, τέλος περὶ τῶν πατρίων τοῦ ἁγίου ὄρους, ἐν ἔτει, ͵ζνϛ΄. [A. C. 1548.]

11. Narratio de SS. Patribus e sacro monte per Latinos ejectos. fol. 213.

Tit. διήγησις περὶ τῶν ἀναιρεθέντων ἁγίων πατέρων ἐν τῷ ἁγίῳ ὄρει ὑπὸ τῶν Λαττινοφρονούντων.

Incip. κατεκείνων [sic] τὸν καιρόν.

12. Historia de destructione Hierosolymorum et de expulsione Judæorum, necnon de SS. Apostolorum prædicatione. fol. 215 b.

Tit. ἱστορία περὶ τῆς συντελείας τῶν Ἱεροσολύμων καὶ ἀλλώσεως τῶν Ἰουδαίων καὶ περὶ κηρύξεως τῶν ἁγίων ἀποστόλων.

Incip. ἅπαν μὲν τῶν πάντων περὶ τῶν εὐαγγελικῶν.

Desin. ἧς ῥυσθείημεν ἅπαντες ἐν Χριστοῦ τῷ Θεῷ ἡμῶν, κ. λ.

XXX.

Codex chartaceus, in 4to, ff. 242, sec. xvi.; olim Johannis Prodromi.

1. Liber ecclesiasticus, qui dicitur Typicon, sive manuale officiorum variorum quæ in ecclesia leguntur, ex Typico S. Sabæ et Marco monacho [an hieromonacho, postea episcopo Hydruntino,] præcipue collectus ; prævia tabula capitulorum, numero centum quinquaginta ; *Barbaro-Græce.* fol. 1.

Tit. Τυπικὸν ἀκριβὲς τῆς ἐκλισιαστικοὶς ἀκολουθίας, ἀπὼ ταὶ τοῦ τηπικοῦ τοῦ ἀγία Σάβα καὶ ἑτέρον ἀθρισθὲν διαφόρων, ἔχον καὶ τὰ κεφαλαῖα τοῦ μοναχοῦ Μάρκου ἐν ἰς ἑκάστων αὐτὸν ζήτηται χορῦς μεθτερὸν τοι .... ἀναγγέλον οἱμοιωσέως.

Incip. εἴδησις τοῦ μίκρου ἑσπέρας κεφάλαιον α΄. πρὸ τοῦ δύναι τὸν ἥλιον ἀνέρχεται ὁ κανδηλα.

Præit titulo xxv. rubrica, Μάρκου μοναχοῦ τὰ ἑξῆς πάντα κεφάλαια.

2. [Ejusdem ?] Marci Canonicum Paracleticum in dormitione B. M. Virginis celebrandum. fol. 210.

Tit. can. i. κανάνον παρακλητηκὸν κατόχον εἰς τὴν εἰπεράγιον θεοτόκον τὸν ὁδοργιτρίαν ψαλόμενι καθεσπέραν ἐν ταῖς πεντεκαιδέκαν τοῦ Αὐγούστου μηνὸς ἡμέρα πρὸ τῆς ἐνδώξου καὶ σεβασμήας αὐτῆς κοιμήσεως κάνον πρῶτος ὠδὴ α΄ οὗ ἡ ἀκροστιχὴς, ἀπάρχομαί σοι τῶν ἐμῶν λόγων κόρη. Μάρκος, ὠδί πρώτη, κ. λ.

Incip. ἀρχώμενοι σήμερον τοῦ τελευταίου.

Canones sunt octo, quorum quisque, ut solet, odas novem amplectitur.

In calce legitur notitia de terræ motu, et vento et peste [apud CPolim?] anno 1450 evenientibus.

Sequitur, ἐτοῦτο τὸ τυπικὸν ἦνε τοῦ ἀγίου Ἰωάννου τοῦ προδρόμου ὅπου ἦνε εἰς τὸ κωτοσκάλη, καὶ ὅπου τὸ στερίση ἄπαντα τὸν ναὼν νὰ ἔχεν τὰς ἀρὰς τῶν πατέρων.

XXXI.

Codex membranaceus, in 4to minori, ff. 208, sec. forsan xii. exeuntis, utrimque mancus; suppletis ff. 43 prioribus a manu recentiori in chartis.

Psalterium Davidis, per versus distinctum, cum argumento unicuique præfixo.

Tit. ψαλτίριον σὺν Θεῷ ἀγίῳ. Δαυὶδ προφήτου καὶ βασιλέως μέλος α΄.

Sequuntur,

α. Psalmus Davidis idiographus, ἔξω τοῦ ἀριθμοῦ τῶν ρν΄ ὅτε ἐμονομάχησε πρὸς τὸν Γολιάδ. fol. 197.

Præcedit tabula picta et deaurata, sed hodʹe pæne deleta.

β. Cantica sacra, Mosis scilicet duo, Annæ, Abbacuc, Trium Liberorum. fol. 198.

Deficit ult. in verbis, ὅρη καὶ βοννοὶ πάντα τὰ——

XXXII.

Codex chartaceus, in folio, ff. 394, sec. xvi. ineuntis.

1. Plotini philosophi Enneadum libri sex, glossulis hic illic margini adpositis.

Tit. Πλωτίνου φιλοσόφου ἐννεάδας πρώτης λόγος πρῶτος.

Præmittuntur,

α. Porphyrii Prolegomena de vita Plotini et de librorum ordine. fol. 1.

Tit. Πορφυρίου περὶ Πλωτίνου βίου καὶ τῆς τάξεως τῶν βιβλίων αὐτοῦ.

β. Tabula capitum, sub titulo, τάδε ἔνεστι Πλωτίνου φιλοσόφου ἐννεάδες.

2. Ejusdem de primo rerum principio libellus. fol. 390.

Tit. Πλωτίνου περὶ τῆς πρώτης τῶν πάντων ἀρχῆς, ἤτοι περὶ τοῦ ἑνός.

Desin. in verbis, τὸ ποιοῦν τοῦ ποιουμένου τελειώτερον γὰρ——

XXXIII.

Chartaceus, ex charta lævigata, in folio, ff. 146, sec. xvi. ineuntis.

1. Michaelis Pselli, sive Leonis magistri, sive cujuscumque sint, versus iambici septem de Deo, cum scholiis. 1ol. 2.

Tit. ψελλοῦ, cui subjecit manus recentior, ' alias Leonis magistri Proco: in cod. Baroc.'

Incip.

Θεὸς τὸ διττὸν οὐκ ἔλων τῶν πνευμάτων.

Glossa i. est, τὸ κτιστὸν δηλάδη καὶ περιγραπτὸν ἢ ὁριστὸν ὃ τοῖς παρὰ τὸν Θεὸν πνεύμασιν ὑπάρχει.

2. Anonymi cujusdam [an ejusdem Pselli] Tractatus physicus astronomicusque de cælo et mundo. fol. 3.

Tit. ... πεδὶ σφαίρας, ἢ περὶ οὐρανοῦ καὶ ὅτι οὐκ ἔστιν ὁ κόσμος ἀἴδιος.

D

*Dr Leopold Cohn thinks that this first article is in a hand of the XIth century.   Aug. 1891

Incip. τὸν οὐρανὸν ὅρος ἄνω εἶναι καὶ ἡ ἀνά-
πτυξις δηλοῖ τοῦ ὀνόματος, περιορισμὸς γάρ
ἐστιν εἰς τὸ ἄνω.

Desin. τὸ τοιοῦτον ἡμερονύκτιον διαιρεῖ.

3. [Ejusdem] liber de natura. fol. 20.

Incip. φύσις ἐστὶν ἀρχὴ κινήσεως καὶ ἠρεμίας
ἐν ᾧ ὑπάρχει πρώτης καθ᾿ αὑτὸ καὶ μὴ κατὰ
συμβεβηκός.   ἐπεὶ δ᾿ ἡ κίνησις ἐνέργεια τοῦ
δυνάμει.

4. [Ejusdem sive Philoponi?] de meteoris. fol. 27.

Tit. εἰς τὰ μετέωρα· περὶ φαινομένων φλο-
γῶν καιομένων περὶ τῶν οὐρανὸν καὶ τῶν κα-
λουμένων αἰγῶν καὶ δαλῶν καὶ διαττόντων ἀστέρων.

Incip. ἄνωθεν μὲν ἀπὸ τῆς ἀρχῆς τοῦ περεώ-
ματος.

Desin. ἀναθυμιάσεως ἀνεπίμικτον εἰκότως ἐστὶ
καὶ βαρύτατον.

5. Procli Lycii Diadochi Hypotyposis astronomicarum positionum, cum schematibus, et scholiis hinc inde margini adscriptis. fol. 34.

Tit. Πρόκλου Διαδόχου ὑποτύπωσις τῶν ἀστρο-
λογικῶν ὑποθέσεων.

Incip. schol. ἀληθινῶ· τουτέστι τῷ καλουμένῳ
ὑπ᾿ αὐτοῦ εἰδητικῷ.

In calce, τέλος τῆς ὑποτυπώσεως Πρόκλου τῶν
ἀστρονομικῶν ὑποθέσεων.

6. Nicomachi Geraseni introductionis Arithmeticæ libri duo, Jo. Philoponi commentariis instructi. fol. 61.

Tit. Νικομάχου Γερασηνοῦ ἀριθμητικῆς εἰσαγωγῆς τῶν εἰς δύο τὸ πρῶτον καὶ Φιλοπόνου
ἐξήγησις ἐς τὰ αὐτά.

Exstant impress. sed absque commento,
Paris. 1538.

Incip. comment. εἰσαγωγὴ ἐπιγέγραπται ὡς
πρὸς τὰ γεγραμμένα αὐτῷ θεολογικά.

Desin. ἐν τῷ μουσικῷ ὀργάνῳ καὶ συμφωνιῶν
λόγοι ἀνελιπεῖς.

In calce, τέλος τῆς Νικομάχου ἀριθμητικῆς
εἰσαγωγῆς.

Sequitur tabula capitulorum.

7. Artis mathematicæ synopsis ex Euclide præcipue collecta. fol. 144.

Tit. μαθηματικῆς διαίρεσις καί τινα συνοπτι-
κώτερον περὶ τῶν ἐκείνης εἰδῶν μετίθι περὶ τούτων τὰ τοῦ Νικομάχου καὶ Φιλοπόνου ἐνταῦθα
ἐν ἀρχῇ τῆς πραγματείας μάλιστα δὲ [Εὐ]κλί-
δου καὶ θ᾿ καὶ ἑξῆς.

Incip. ὅθεν εἴρηται μαθηματική· Πλάτων πρου-
πάρχουσαν τῶν σωμάτων.

D   XXXIV.

Codex membranaceus, in folio minori, ff. 280,
sec. xii., manu Cosmæ nitide exaratus; in
calce mutilus; olim Michaelis sacerdotis.

1. S. Theodoreti, episcopi Cyri, de Providentia
homiliæ decem. fol. 1.

*   Tit. Θεοδωρίτου περὶ προνοίας αἱ ἀποδείξεις
ἀπ᾿ οὐρανοῦ καὶ σελήνης καὶ ἀστέρων ἡμερῶν
τε καὶ νυκτῶν καὶ τῶν τοῦ ἔτους ὡρῶν λόγος
πρῶτος.

Exstant impress. inter opera, ed. Sir-
mondo, tom. iv. p. 319.

In calce, Θεοδωρίτου περὶ προνοίας δεκάλο-
γος ὁ Θεὸς ἱλάσθητι καὶ συγχώρισον διαπρε-
σβίων τῆς σὲ τεκούσης ἁμαρτώλῳ Κοσμᾶ.

2. Philonis Judæi de vita Mosis libri tres. fol.
141.

Tit. Φίλωνος περὶ τοῦ βίου Μωσέως.

Exstant impress. in edit. Paris. p. 602.

In codice liber secundus et tertius trans-
positi sunt.

3. Ejusdem liber de virtutibus. fol. 219.

Tit. περὶ ἀρετῶν, ἤτοι περὶ ἀνδρίας καὶ εὐσεβείας καὶ φιλανθρωπίας καὶ μετανοίας.

Ibid. p. 736.

4. Vita viri civilis, sive de Josepho. fol. 225.

Tit. βίος τοῦ πολιτικοῦ ὅπέρ ἐστι περὶ Ἰωσήφ.

Exstat ibid. p. 526.

5. Ejusdem vita Sapientis, per doctrinam perfecti, sive de legibus non scriptis. fol. 253 b.

Tit. τοῦ αὐτοῦ βίος κατὰ διδασκαλίαν τελειω-
θέντος ἢ νόμος ἀγράφων.

Ibid. p. 349.

Defic. in verbis, κακοδαιμονίας ἀπόγνωσις,
γνῶσις εὐσεβείας κλῆρος.

Ͻ   XXXV.

Membranaceus, in 4to, ff. 163, sec. xiv.; præmissis tabulis duodecim bene pictis deaura-
tisque, effigies quorundam e Comnenorum
familia exhibentibus.

Typicon, sive Regula, ad monachas spectans
monasterii cujusdam in honorem B. M. V., τῆς
πρωτοβεστιαρίας cognominatæ, apud Constantinopolim ut videtur siti, fundatoribus Johanne Angelo Duca Synadeno, μεγάλῳ στρα-
τοπεδάρχῳ, alias dicto Joachim monacho, et
Theodulia monacha, filia Constantini Comneni

Palæologi Ducæ Angeli, alias dicti, Callinici monachi, [fratris Michaelis Palæologi Imperatoris,] uxorisque suæ Irenes Comnenæ Branenæ Lascaræenæ, Cantacuzenæ Palæologinæ; prævia tabula capitulorum numero viginti quatuor et præfatione.

Tit. tabulæ, πίναξ σὺν Θεῷ τοῦ παρόντος τυπικοῦ· ἐν εἴκοσι τέσσαρσι κεφαλαίοις ποσούμενον.

Tit. i. περὶ τοῦ ἐλευθέραν καὶ αὐτοδέσποτον εἶναι καὶ τὴν ἡμετέραν ταύτην μόνην.

Incip. præf. fundatricis, πολλῶν καὶ καλῶν καὶ μεγάλων ὄντων, in qua postea de familia sua ita scribit, καὶ ἀπόβλεπτοι ἐγένοντο οἱ γονεῖς, λαμπρότητι γένους, μεγαλειότητι δόξης, ὕψει ἀξιωμάτων, πλούτῳ πολυταλάντῳ, σωμάτων ἀνδρείᾳ, —— ὧν ὁ μὲν πατὴρ τοῦ παινγενεστάτου μὲν τῶν Παλαιολόγων γένους ἐτύγχανεν ὧν τῇ δὲ τοῦ σεβαστοκράτορος μεγάλη τιμῇ καὶ ἀξίᾳ παρὰ τοῦ ἀδελφοῦ τε καὶ βασιλέως ἄγαν καὶ τετίμηται καὶ δεδόξασται, οὖ δὴ καὶ τὰς περιφανεῖς στρατηγίας αἰαὶ ἀριστείας ὅσα τε ἐκεῖνος μετὰ τῆς ἄνωθεν τοῦ κρείττονος ἀκαταμαχήτου ἰσχύος τὰς ῥωμαϊκὰς δυνάμεις κατὰ τῶν πολεμίων καὶ ἐξάγων —— ἡ μητὴρ δὲ εὐγενεστάτη μὲν ἦν καὶ αὐτὴ καὶ περιφανεστάτη ἐν πᾶσιν ἐκ τῶν Βρανῶν τῶν ἄγαν ἐνδόξων καὶ διαβοήτων ἐκείνων ἕλκουσα τὴν τοῦ γένους χρυσέαν σειράν.

Incip. cap. i. πρὸ πάντων μὲν οὖν τῶν ἄλλων κυρίως βουλόμεθα τὴν παρ᾽ ἡμῶν ἀνεγερθεῖσαν ταύτην τὴν Θεοτόκῳ μονήν.

Versus finem confusus est ordo foliorum, ubi recensentur dies, quibus commemorare decet fundatorum benefactorumque obitus. Ad fol. 156 occurrit circuitus, sive περιορισμὸς monasterii sub titulo, ὁ περιορισμὸς τῆς καθ᾽ ἡμᾶς μονῆς τῆς ὑπεραγίας μου Θεοτόκου τῆς βεβαίας ἐλπίδος τῶν Χριστιανῶν.

Incip. ἄρχεται ὁ διαιρέτης τοῖχος ἀπὸ τῆς πρὸς ἀνατολὴν μεγάλης πύλης τῆς κειμένης κατέναντιον τῶν μεγάλων οἰκημάτων τῶν περιποθήτων μου υἱῶν, καὶ διέρχεται τὸ μαγκιπεῖον.

Cf. Irenæ Typicon, a vir. cl. J. A. Fabricio editum, inter Analecta Græca, 1688.

Effigies pictæ quæ præmissæ sunt titulos habent et nomen uniuscujusque in margine scriptos; ut sequuntur,

1. Constantinus Comnenus Palæologus Sebastocrator, pater, et Irene Comnena Branena, Palæologina, fundatricis mater. fol. 1 b.

2. Johannes Comnenus Ducas Synadenus, Stratopedarcha, et Theodora . . . . . . fol. 2.

3. Johannes Comnenus Ducas Synadenus, magnus constabularius, filius fundatricis, cum uxore sua, Irene Lascarina Comnena Ducæna Palæologina. fol. 3.

4. Michael Comnenus Lascaris Brennus, fundatricis γαμβρὸς, et Anna Cantacuzena Comnena Palæologina Brenna, fundatricis ἡ φηλθροπήνη καὶ ἐκγόνη. fol. 4.

5. Manuel Comnenus Raoul, Isanes et magnus Primicerius, fundatricis γαμβρός; et Irene ... fol. 5.

6. Constantinus Comnenus Raoul, Palæologus ὁ πρωτοσεβαστὸς καὶ γαμβρὸς τῆς κτητορίσσης; et Euphrosyne Ducæna Palæologina πρωτοσεβαστὴ καὶ ἐκγόνη τῆς κτητορίσσης. fol. 6.

7. Joachim monachus, fundator, una cum fundatrice ut videtur, et filia. fol. 7.

8. Theodorus Comnenus Ducas Synadenus, Protostrator et filius fundatorum; et Eudocia Ducæna Comnena Synadena Palæologina, ἡ νημφὴ τῆς κτητορίσσης. fol. 8.

9. Michael Comnenus Torn . . . . . et Irene Comnena Cantacuzena Palæologina ἄσαννα καὶ ἐκγόνη τῆς κτητορίσσης. fol. 9 b.

10. B. Maria Virgo, infantem Jhesu bajulans in dextro brachio. fol. 10 b.

11. Theodulia monacha, fundatrix, in manibus tenens monasterium; et Euphrosyne monacha Comnena Ducæna Palæologina, fundatricis filia. fol. 11.

12. Sorores, sive monachæ, numero triginta. fol. 12.

XXXVI.

Codex chartaceus, in 4to, ff. 133, sec. xvi.; olim Nathanaelis hieromonachi.

Anonymi cujusdam auctoris opus philosophicum de sphæra cælesti, natura animæ, etc. contra opiniones Iamblichi, Simplicii, aliorumque, cum procemio.

Tit. ὑπόμνημα συνοπτικὸν καὶ ζητήματα εἰς τὴν περὶ οὐρανοῦ πραγματείας προοίμιον.

Incip. οἷόν τις νέκλυς εἰς πόλιν μεγίστην τε καὶ μεγαλοπρεπεστάτην εἰς τὸ τοῦ πάντος.

Incip. τὶ τὸ περὶ οὗ ὁ λόγος. τῶν εἰωθότων προλέγεσθαι ἐπὶ τῆς παρούσης πραγματείας.

Desin. ὧν οὐδετέρου ἐπὶ Θεοῦ τῆς ἁπλουστάτης καὶ μοναδικῆς φύσεως νοουμένης τε καὶ νοούσης.

In pag. 1, εἰς χρῆσιν Ναθαναὴλ ἱερομονάχου καὶ τῶν φίλων.

XXXVII.

Codex chartaceus, in 4to minori, ff. 227, sec. xvii., olim peculium Sophronii Oponis, Thebani.

1. Ordo confitendi; *Neo-Græce.* fol. 1.

Tit. προοίμιον καὶ ἑρμηνία περὶ τοῦ πῶς δεῖ ὑπάρχειν τὸν πνευματικὸν καὶ ἑρμηνεύειν ἀκωλύτως τοὺς εἰς αὐτὸν εἰσερχομένους ἐξομολόγησαι.

Incip. ὁ δεχόμενος τοὺς λογισμούς.

2. Capitula ad disciplinam ecclesiasticam, etc. spectantia, ex SS. Apostolorum Patrumque canonibus. fol. 11 h.

Tit. i. συνοδικὸν κανόν ἐκ καὶ τῶν ἁγίων ἀποστόλων καὶ τοῦ μεγάλου Βασιλείου κανόν.

Tit. ὁ χειροτονὸν ὑπερορίαν ἐπίσκοπος.

3. Officia varia ecclesiastica, quorum tituli sequuntur; scilicet,

α. ἀκολουθία ἐπὶ εἰσαγωγικῆς, ἤτοι εἰς ἀρχάριον ρασοφοροῦντα. fol. 80.

β. ἀκολουθία τοῦ μικροῦ σχήματος, ἤτοι τοῦ μανδίου. fol. 82 b.

γ. ἀκολουθία τοῦ μεγάλου καὶ ἀγγελικοῦ σχήματος. fol. 97 b.

δ. ἀκολουθία τοῦ ἐξοδιαπτικοῦ μοναχοῦ. f. 134.

ε. ἀκολουθία τοῦ μικροῦ ἁγιασμοῦ. fol. 158.

4. Dicta variorum de sacerdotio, necnon narrationes miraculosæ de sacerdotibus, etc. f. 172.

Tit. λόγοι διαφόρων ἁγίων περὶ ἱερωσύνης.

Incip. οἱ ἀναξίως ἱεράτοτον καὶ λειτουργῶν.

5. Preces S. Chrysostomi aliorumque. fol. 195.

Tit. i. εὐχὴ τῶν ἁγίων ἑπτὰ παίδων εἰς ἀσθενῆ καὶ μὴ ὑπνοῦντα.

Tit. ii. εὐχαὶ ἤτοι ἐξορκισμοὶ τοῦ ἁγίου Βασιλείου.

In calce, Θεοῦ τὸ δῶρον καὶ σωφρονίου Ὄπωνος τάχα καὶ ἱερομονάχου ἐκ χώρης Θηβαείδος, ἠδὲ γέννητος Ῥούσμου Λαμπριανοῦ καὶ Λήμπους ἐπὶ ἔτους 1644.

See also MS. Linc. Lat. 82.

CODICES LATINI.

I.

Codex membranaceus, in folio, ff. 231, sec. xiv., binis columnis nitide exaratus; 'ex dono magistri Roberti Flemmyng, decani Lincoln.'

S. Thomæ Aquinatis in librum Sententiarum quartum Commentarius.

Præcedit tabula distinctionum sub titulo, "Incipiunt capitula quarti Sentenciarum fratris Thome."

Incip. "Ex peccato primi;" ut in editt. impress.

In calce, "Explicit 4 Sententiarum fratris Thome."

II.

Membranaceus, in folio, ff. 225, sec. xiv., binis columnis nitide exaratus.

S. Thomæ Aquinatis Summæ Theologicæ secundæ partis pars secunda.

Tit. "Continuacio libri precedentis ad sequentem."

Incip. "Post communem considerationem;" ut in editt. impress.

In calce, "Explicit secunda pars summe fratris Thome de Aquino de ordine fratrum Predicatorum."

Deinde, "Incipiunt capitula secunde partis secundi libri Summe edite a fratre Thoma de Aquino;" et in calce tabulæ, "Explicit ordo et signatio questionum secundi libri secunde partis fratris Thome de Aquino; benedictus Deus; Amen."

III.

Codex membranaceus, in folio, ff. 189, sec. xiv., binis columnis exaratus; 'ex dono Ricardi Flemmyng, fundatoris.'

S. Thomæ Aquinatis in librum Sententiarum tertium, prævia Distinctionum tabula.

Incip. "Ad locum unde exeunt;" ut in editt. impress.

In calce, "Explicit liber iij. scripti."

IV.

Codex membranaceus, in folio, ff. 241, sec. xiv. ineuntis, binis columnis exaratus ; ' ex dono Roberti Flemmyng, decani Lincoln.'

S. Thomæ Aquinatis de veritate quæstiones viginti novem, tabula capitulorum posthabita.

Incip. " Quæstio est de veritate ;" ut in editt.

In calce, " Expliciunt questiones de veritate secundum Thomam de Aquino."

Sequitur ejusdem Thomæ [dictum de Concordantiis ?] sive de locis istis operum suorum, quæ inter se dissonare videntur, in xxxv. capitula distinctum, cum prologo.

Incip. prol. " Pertransibunt plurimi ; etc. In figura visionis prophete."

V.

Membranaceus, in folio, ff. 171, sec. xiv. ineuntis ; binis columnis exaratus ; ' ex dono Thomæ Gascoigne, sacre pagine professoris.'

1. Tabula Decretorum, Index scilicet alphabeticus materiarum quæ in Corp. Juris Civilis continentur. fol. 2.

Incip. " Abbas. Abbates et alia officia per episcopos debent institui ; c. 18. 9. hoc tantum sibi."

2. S. Thomæ Aquinatis in librum Sententiarum secundum commentarius, cum tabula capitulorum posthabita. fol. 30.

Tit. *man. sec.* " Sanctus doctor Thomas de Aquino super secundum librum Sentenciarum doctoris Petri Lombardi."

Incip. " Spiritus ejus ornavit ;" ut in editt.

In calce, " Expliciunt tabule secundi libri."

VI.

Membranaceus, in folio, ff. 213, sec. xiv. exeuntis, manu ut videtur M. J. M. [an Magistri Johannis Malberthorp] exaratus ; ex ejusdem M. Johannis Malberthorp legato.

1. Johannis Duns Scoti in quartum librum Sententiarum commentarius ' in opere breviori.' fol. 2.

Incip. " Samaritanus ille piissimus spoliatum videns hominem ;" ut in edit. tom. viii. p. 5.

Incip. quæst. i. " Ad primum sic proceditur et arguitur quod creatura ;" ut ibid. p. 7.

In calce, " Laus tibi semper Jhesu, dulcedo mi. M. J. M. Questiones doctoris subtilis super quartum sed in opere breviori. Laus Deo ; pax vivis ; requies defunctis ; Amen."

Sequitur tabula l. distinctionum.

2. S. Hieronymi epistolæ duæ contra Vigilantium hæreticum. fol. 181 b.

Incip. i. " Acceptis primum ;" ut in edit. Vallars. tom. i. col. 719.

3. Ejusdem ad Oceanum epistola de vita Clericorum. fol. 185 b.

Incip. " Deprecatus es ;" ut inter opera tom. xi. col. 270.

4. Epistola ad Rusticum monachum. fol. 186.

Incip. " Nichil est Christiano ;" ut ibid. tom. i. col. 926.

5. Ad Pammachium epistola de optime genere interpretandi. ff. 189-190, 184.

Incip. " Paulus apostolus ;" ibid. tom. i. col. 303.

6. S. Augustini sermo de disciplina Christiana. fol. 190.

Incip. " Locutus est ad nos ;" ut inter opp. tom. vi. col. 581.

7. Roberti Grostete, ep. Lincoln., de decem Dei mandatis sermones totidem. fol. 192.

Incip. " Sicut dicit apostolus, plenitudo legis."

In calce, " Laus tibi Jhesu dulcedo mi ; M. J. M. Explicit tractatus domini Lincoln. de 10 mandatis Dei."

Sequitur " Tabula super Duns super 4 Sententiarum et super sermones de mandatis et reliqua in hoc libro."

In fine, " Et semper laus tibi Jhesu dulcedo mi, M. J. M."

VII.

Codex membranaceus, in 4to minori, ff. 214, sec. xiv., binis columnis exaratus ; ' ex dono fundatoris.'

S. Thomæ [potius Petri Thomæ ord. minor.] de veritate theologica libri septem, prævia tabula capitulorum.

Exstant impress. inter Alberti Magni et Bonaventuræ opera et alibi.

Sequuntur versus undecim leonini de gaudiis cælestibus ; incip.

" Mens cognoscendo . dotatur amando fruendo."

x On fol. i^x is; Memorandum quod Mr Robertus Thornton tradidit Johanni clerico Spenser pro scriptura Cossey super apocalipsium anno domini M CCCC xxx iii circa festum Marie x s. Deinde dominus Thomas Reyto solvit eidem Johanni xx d. subsequenter idem Mr Robertus solvit eidem Johanni x x s. circa festum Nativitatis b. Marie Virginis.

VIII.

Codex membranaceus, in folio, ff. 102, sec. xv. ineuntis, binis columnis exaratus; olim doctoris Thomæ Gascoigne.

Gulielmi Parisiensis, junioris, de Sacramentis ecclesiæ Christi opus.

Tit. *man. Gul. Gascoigne,* "Doctor Willelmus de Alvernia de sacramentis ecclesie Christi, qui fuit doctor et episcopus Parisiensis."

Incip. "Cum de pia et veridica;" ut in edit. impress., initio variante.

In calce, "Explicit tractatus de sacramentis;" deinde manu Thomæ Gascoigne, "Wilielmi de Alvernia, episcopi Parisiensis, et sacre theologie Parisius doctoris, cujus librorum nomina vide in Policronica Cistrensis."

In fine codicis adnotavit rubricator precium ut videtur rubricarum, sic, "Item de magnis literis xlvij. prec. iij. d. Item de Paraffis x. cxli. prec. x.^d ob. Summa xiij.^d ob."

IX.

x

Membranaceus, in 4to, ff. 283, secc. xiii. et xv., binis columnis exaratus; ex dono M. Roberti Flemmyng, decani Lincoln.

Parisiensis, [potius Gulielmi Peraldi, Lugdunensis,] Summa de virtutibus, in tractatus quinque distincta; prævia tabula capitulorum.

Tit. "Incipit universalis distinctio presentis operis, quod intitulatur Summa de virtutibus."

Incip. "Cum circa utilia studere;" ut in edit. impress.

Desin. "nostri celestem hereditatem."

In calce, "Tractatus virtutum explicit, benedictus Dominus virtutum qui incepit et perfecit; Amen."

X.

Membranaceus, in 4to, ff. 196, sec. xiv., haud eadem manu exaratus; ex dono ejusdem Roberti.

Parisiensis, [potius Gulielmi Peraldi, Lugdunensis,] Summa de vitiis, præviis capitulis.

Incip. "Dicturi de singulis viciis;" ut in edit. impress.

Præmittuntur,

a. Quæstionum tabula ad sponsalia spectantium; mutil. fol. 1.

b. Regulæ ad confitendum. fol. 3 b.

c. Versus de sacramentis, confessione, etc. incip. "Tres partes fracte de Christi corpore signant."

XI.

Codex membranaceus, in 4to, ff. 147, sec. xv. ineuntis, binis columnis exaratus; ex dono domini Johannis Forest, quondam decani Wellensis.

Gulielmi Parisiensis, junioris, opus de septem Sacramentis ecclesiæ.

Incip. "Cum de pia ac veridica salutari;" ut in edit. impress., initio variante.

In calce, "Explicit tractatus magistri Willelmi, episcopi Parisiensis, super vij. Sacramenta ecclesie; Amen."

XII.

Membranaceus, in 4to minori, ff. 221, secc. xiii. exeuntis et xiv. exeuntis; "ex dono M. Willelmi Chamberleyn, primi rectoris ejusdem collegii, cujus anime propicietur Deus."

1. [Gulielmi Peraldi] Summa de vitiis. fol. 2.

Tit. "Summa de viciis et primo de gula."

Incip. "Dicturi de singulis;" ut in editt. impress.

In calce, "Explicit Sumpna de viciis."

2. Gesta Romanorum moralizata. fol. 132.

Incip. "A...celmus in civitate Romana."

In calce, "Expliciunt gesta Romanorum."

3. [S. Augustini] Speculum peccatoris. fol. 214.

Incip. "Utinam supererit, etc. Quoniam in hujus vie vita;" ut in opp. tom. vi. App. col. 155.

Sequitur fragmentum de mundo Scaccarum ludis assimilato; incip. "Mundus totus iste quoddam Scaccarium."

XIII.

Membranaceus, in folio, ff. 244, sec. xii., exceptis foliis nonnullis manu recentiori suppletis, binis columnis exaratus.

S. Augustini, episcopi Hipponensis, commentarius in partem Psalterii ultimam, scilicet a ps. ci. usque ad cl. inclusive.

Incip. "Ecce unus pauper et non orat in silencio;" ut inter opera, tom. iv. col. 1091.

In calce, " Aurelii Augustini episcopi tractatus de psalmo cl. explicit."

XIV.

Codex chartaceus, in 4to, ff. 106, sec. xv. ineuntis ; olim, anno scil. 1423, Anthonini
Botun, postea coll. Linc. ex dono M. Johannis Tregurrayn et M. Tho. Gascoigne.

1. Nicolai Boneti Metaphysicorum libri octo,
notulis marginalibus instructi.
 Incip. " Omnes homines immo omnes."
 Desin. " in quantum ens, Deo gracias ;
 Amen ; Amen ; Amen."
 In calce, " Explicit methaphisica bone
 memorie magistri Nycholi Boneti scripta
 per manum . . . . . anno Domini millesimo
 cccc. xv. ita est."

2. S. Augustini libellus de cognitione veræ viæ
ad laudem Dei. fol. 98 b.
 Incip. " Sapiencia Dei, que os muti ape-
 ruit ;." ut inter opp. tom. vi. app. col. 169.
 In calce, " Explicit liber Sancti Augustini;" ut supra, " Cujus essencia hic ex-
 planatur."
 Deinde, " Orate pro doctore Gascoigne,
 Anglico, et pro magistro Johanne Tregu-
 ran."
 In fol. 1. notatum est, a. " Ista methaphi-
 zica est fratris Anthonii Botun, ordinis . . .
 . . . . conventus Mass . . . . ego supradictus
 frater emi ab unno . . . . de Sabaudia anno
 Domini m.cccc.xxiij. in die . . . mensis Augusti in presencia fratrum conventus Mass."
 (b.) " Et Ego Johannes Tregura emi dictam
 metaphisicam a Guilermo Secomps, vendi-
 tore librorum, xiiij. Marcii, A. D. 1424, precio iiij. s."

XV.

Membranaceus, in 4to majori, ff. 165, sec.
xiii in ~~xii.~~ exeuntis, binis columnis exaratus, olim
' liber Sancte Marie Rievall. ex dono Joh.
u, de Hopingham ;' postea coll. Linc. ex dono
Richardi Thornton, socii, 1623.

1. Liber Apocalypseos, cum prolegomenis et
glossa marginali atque interlineari. fol. 1.
 Incip. " Apocalipsis interpretatur revelatio seu manifestatio."
 Sequitur [S. Augustini?] libellus de duo-

decim lapidibus, incip. " Jaspis viridis virorem."

2. Actus Apostolorum, prolegomenis glossisque
instructi. fol. 34.
 Incip. " Lucas medicus Antiocensis."
 Sequuntur commentariola quædam in epistolas catholicas, Levitici librum, Salomonis
 parabolas et Apostolorum Actus ; incip.
 " Ostendit mihi Dominus iiij. fabros."

3. Expositio moralis magistri Stephani Cantuariensis super Genesim. fol. 93.
 Incip. " Tabernaculum Moysi coopertum
 erat quinque cortinis."
 Desin. " cum bonis operibus ad patriam
 celestem, ad quam nos perducere dignetur,
 Qui vivit et regnat," etc.

XVI.

Codex membranaceus, in folio, ff. 2 et 181,
secc. xii. et xiv. ineuntis, bene exaratus et
servatus ; quoad partem ultimam picturis
plurimis ornatus.

1. [Berengaudi, sive Haimonis,] commentarius
in Apocalypsim. fol. 1.
 Incip. " A. Jhesu Christi ; Planior esset
 sensus."
 Desin. " in gracia terminum poneret."
 Præmittuntur,
a. ' Prefacio super Apocalypsim ;' incip. " Deus
 pater previdens."
b. S. Hieronymi prologus.
c. Epitome succinctæ expositionis Haymonis.

2. Commentarius in Apocalypsim ; *Gallice.* f.139.
 Incip. " Seint Poul apostele dit qe toutz
 iceux qe voillent piement viuere en Jhesu
 Christ."
 Desin. comment. " e par sa resurrection
 desqes de viegne a la vie de glorie ;" cui
 succedit oratio ad Chrisum, incip. " Jhesu
 Crist le fiz seinte Marie."

XVII.

Membranaceus, in folio, ff. 189, sec. xii., exeuntis ; binis columnis bene exaratus et
servatus.

Haimonis, episcopi Halberstadiensis, expositio
in Isaiam prophetam.
 Tit. " Incipit prefacio, Amonis in expositione super Ysaiam prophetam."

Incip. " Isaias propheta nobili prosapia ;"
ut in edit. Colon. 1531.

In calce, (a.) Innocentii papæ III. ad H[u-
bertum] archiep. Cantuariensem, et episcopos
Eliensem Norwicensemque epistolæ tres de
quadragesima, sive de colligendis quadragesi-
mis in subventionem terræ sanctæ. fol. 187 b.
Incip. i. " Graves orientalis terræ mise-
rias."

b. Gregorii papæ [IX ?] ad prælatos Angliæ
litteræ de ecclesiarum indemnitatibus ; dat.
Lateran. xv. kal. Mai. in Pontif. quarto. fol.
189 b.

XVIII.

Codex membranaceus, in folio, ff. 229, secc.
xiv., et xvi. exeuntis, binis columnis exaratus; ex dono ' M. Johannis Merchall in
sacra theologia bachillarii et quondam canonici in ecclesia cathedrali Lincoln.'

1. S. Anselmi archiep. Cantuar. liber de casu
diaboli ; præviis capitulis. fol. 1.
Tit. " Incipiunt capitula in tractatum Anselmi de casu diaboli."
Exstat impress. inter opera, ed. 1721,
p. 62.

2. Ejusdem ' de concordia præscientiæ, prædestinationis gratiæ Dei et liberi arbitrii.' f. 6 b.
Ibid. p. 123.

3. De Incarnatione Verbi, ad Urbanum papam.
fol. 12.
Ibid. p. 41.

4. De libero arbitrio. fol. 16.
Ibid. p. 117.

5. De veritate dialogus. fol. 18 b.
Ibid. p. 109.

6. Cur Deus homo, cum prologo. fol. 21 b.
Ibid. p. 74.

7. De conceptu virginali et originali peccato. fol.
33 b.
Ibid. p. 97.

8. De processione Spiritus Sancti. fol. 37 b.
Ibid. p. 49.

9. De sacrificio azymi et fermentati. fol. 43 b.
Ibid. p. 135.

10. De sacramentis ecclesiæ. fol. 44.
Ibid. p. 139.

11. Monologion. fol. 45.
Ibid. p. 3.

12. Proslogion. fol. 55.
Ibid. p. 29.

13. De conceptione B. Virginis. fol. 58.
Ibid. p. 499.

14. Contra insipientem. fol. 61 b.
Ibid. p. 35.
Præmittuntur nonnulla excerpta ex Pros-
logio, incip. " Ergo Domine, qui das."

15. De grammatico. fol. 64.
Ibid. p. 143.

16. De eminentia B. Virginis. fol. 66 b.
Incip. " Supereminentem omni ;" ut ibid.
App. Eadmero adscriptus, p. 135.

17. De recreatione hominis. fol. 70.
Incip. " Primum et principale principium."

18. De similitudinibus. fol. 71.
In edit. Venet. 1744, tom. ii. p. 189.

19. Meditationes et orationes ; cum prologo. f. 95.
In edit. Paris. p. 202.

20. S. Augustini Enchiridion ; præviis capitulis.
fol. 108.
Inter opera, tom. vi. col. 195.

21. Anonymi cujusdam ' Liber commonitorius de
mundi contemptu, cujus nomen est paupertas,
in sectiones xxii. distinctus ; cum prologo.
fol. 120.
Incip. prol. " Optatus mihi dies."
Incip. opus, " Beati pauperes spiritu."
Desin. " commendo spiritum meum."

22. Divisiones librorum utriusque Testamenti in
octo partes distinctæ ; cum prolegomenis. fol.
194.
Incip. " Venite ascendamus ad montem, etc.
Gregorius 23 libro morum exponens illud
Job cap. 33 scriptum."
Desin. abrupte in part. viii. verbis, " prefe-
rebant se in vitam, unde————"

23. Ricardi Radulphi, archiep. Armachani, responsio ad episcopos Armenorum de erroribus
apud eos pullulantibus. fol. 218.
Incip. " Et relacione vestre sancte devo-
cionis."
Inscribitur, " patribus Nersi, archiep. Ma-
nasgordensi ac fratri Johanni electo Glatensi
Majorum Armenie."

XIX.

Codex membranaceus, in folio, ff. 140, sec.
xiv., binis columnis exaratus.

Metaphysicorum libri undecim, cum commentario.

Incip. text. "Consideracio quidem in veritate difficilis est uno modo, facilis alio."

Incip. comment. "Quia ista scientia perscrutatur simpliciter incepit declarare."

Desin. "secundum quod est agens motum."

XX.

Codex membranaceus, in 4to, ff. 83, sec. xv. nitide exaratus.

Leonardi Bruni Aretini opera varia; scilicet,

1. De primo bello Punico libri duo; cum præfatione. fol. 1.
2. De bello Africo, Illyrico et Gallico liber tertius. fol. 45.

   In calce, "Leonardi Aretini de primo bello Punico, deque Africo, Illirico et Gallico tertius et ultimus liber feliciter finit."

3. De militia ad Raynaldum Albicium equitem Florentinum. fol. 69.

   Incip. "Fateor, clarissime vir, et mihi ipsi."

   In calce, "Leonardus Arretinus edidit Florentiæ, xviiij. kal. Jan. m.cccc.xxi."

XXI.

Membranaceus, in 4to, ff. 134, sec. xv. nitide exaratus.

Aristotelis Ethicorum Nicomacheorum libri decem, Latine versi per Leonardum Brunum Aretinum, cum interpretis præfatione duplici, quarum altera ad Martinum papam V.

Incip. i. "Leonardi Arretini prefatio quedam ad evidentiam nove translationis Ethicorum Aristotelis."

Incip. "Aristotele Ethicorum libros facere."

Incip. epist. "Non novum esse constat."

Incip. versio, "Omnis ars omnisque doctrina, similiter autem;" ut in edit. Friburg. Brisg. fol. 140 b.

Cf. Bandinii catal. codd. Laurent. tom. iii. col. 172.

In calce, "Ethicorum Aristotelis liber x. explicit."

XXII.

Membranaceus, in 4to, ff. 265, sec. xv. ineuntis; ex dono Fundatoris.

Alberti Magni de meteoris libri quatuor, in tractatus plures distincti.

Tit. "Incipit liber Metheororum. Tractatus primus de causis impressionum omnium materiali et efficiente."

Incip. "In scientia naturali," ut in edit. Jammy, tom. ii. part. iv. p. 1.

In calce, "Explicit quartus liber et ultimus Metheororum secundum venerabilem Albertum, Ratisponensem episcopum."

Præmittuntur, Sedulii versus ad Theodosium Imperatorem et epistolæ ad Macedonium presbyterum fragmentum; desin. in verbis, "viri quamplurimi, quos ad——"

XXIII.

Codex membranaceus, in folio minori, ff. 554, sec. xiii. exeuntis, binis columnis exaratus, et quoad literas initiales, hic illic pictus; olim Arthuri Yeldard, ex dono Johannis Pope, postea Georgii Wheleri ex legatione Gulielmi Wheleri, anno 1666, denique coll. Lincoln. ex dono Georgii supradicti, an. 1723.

Biblia Sacra Universa, prologis Hieronymianis, necnon quoad Maccabæorum libros Rabani Mauri, haud insolitis instructa; subjuncta Hebraicorum nominum interpretatione secundum Remigium Autissiodorensem.

In calce, "Expliciunt interpretationes Hebraicorum nominum secundum Remigium."

Sequuntur versus utiles ad retinendum memorialiter nomina et ordinem librorum Bibliæ; incip.

"Sunt Genes. Ex. Le. Nu. Deu. Jo. Ju. Ruth Rex. Paral. Es. Ne."

XXIV.

Membranaceus, in folio minori, ff. 404, sec. xiv. ineuntis, binis columnis nitide exaratus et pictus; ex dono M. Rob. Flemyng, decan. Lincoln.; initio mutil.

Biblia Sacra Universa, cum prologis S. Hieronymi et, quoad Maccabæorum libros, Rabani Mauri, haud insolitis.

Sequitur Interpretatio nominum Hebraicorum secundum Remigium Autissiodorensem.

Evulsum est folium primum et tertium.

XXV.

Membranaceus, in folio, ff. 313, sec. xiv. ineuntis, binis columnis exaratus; ex colla-

E

tione M. Johannis Russell, quondam artium magistri.

S. Bonaventuræ Cardinalis in libros priores duos Sententiarum commentarius, notulis marginalibus illustratus.

Exstant impress. inter opera, tom. iv. p. 1.

XXVI.

Codex membranaceus, in folio, ff. 141, sec. xii. exeuntis, binis columnis nitide exaratus; ex dono Johannis Duffelde.

S. Bernardi abbatis Clarævallensis in Cantica Canticorum sermones octoginta sex.

Tit. " Incipit tractatus Bernardi abbatis de Claravalle, super Cantica Canticorum, sermo primus incipit."

Exstant impress. inter opera, 1690, tom. i. col. 1267.

Præcedit notitia, " Memorandum, quod istum librum dedit et assignavit Dominus Johannes Duffelde librarie collegii Sancte Marie Lincoln. Oxon. ad effectum quod socii dicti collegii ibidem studentes orent specialiter pro anima M. Thome Duffelde nuper ecclesie cathedralis Lincoln. cancellarii, intuitu caritatis."

XXVII.

liber canonicorum Sancte Marie de ... ? ...

Membranaceus, in 4to, ff. 207, secc. xii. et xi., pluribus exaratus librariis; ex dono M. Roberti Flemmyng, decani Lincoln.

1. M. Epistola ad G. multorum monasteriorum fundatorem epistola de S. Salome, contra eos, qui eam in sexum masculinum convertere volebant. ff. 3—5, 1.

Incip. " Quia pater sanctissime, nonnullos."

2. Versus rhythmici de S. Brendani vita metrica, fabulis pullulante anilibus. fol. 2 b.

Incip.

" Hic poeta qui Brendani vitam vult describere, Grave crimen, viro Dei videtur inurere."

3. Tractatulus de numeris. fol. 6.

Incip. " Quoniam de numeris facta erit mentio."

4. S. Bernardi abbatis sermones iv. super ' Missus est,' cum præfatione. fol. 7.

Exstant inter opp. Paris. 1690, tom. i. col. 732.

In calce, " Explicit tractatus Bernardi abbatis de evangelio Missus est Gabriel, in honore gloriose Dei genitricis Marie."

5. Ejusdem Bernardi epistola ad Henricum, archiep. Senonensem, de moribus et officio episcoporum. fol. 30 b.

Incip. " Placuit prestantie;" ibid. tom. i. col. 461.

6. Ejusdem ad Petrum Cardinalem. fol. 51.

Incip. " Cum totum me ;" ibid. tom. i. col. 35, ep. xviii.

7. Martini, ep. Dumiensis postea Braccarensis Formula honestæ vitæ, sive de quatuor virtutibus, ad Mironem, regem Gallitiensem. f. 54.

Exstat, omissa præfatione in Bibl. Patr. Paris. 1644, tom. v. p. 689. Adfertur præfatio in Dacherii Spicileg. tom. x. p. 626.

8. Statii Achilleidos libri quinque, cum glossulis marginalibus. fol. 62.

Præmissa sunt,

a. Materialis prelibacio in Achilleida Statii; incip. " Quis sit autor hujus libri."

b. Argumenta, versibus quinque, incip. " Primus deducit Thetidem."

c. Nomina Musarum et Earum officia; " Clio gesta canens."

d. De differentia nympharum, etc.; " Arbor Amadriades."

e. Fabulosa genealogia Pleiadum; " Pleiades incipient humeros."

9. Macrobii in Somnium Scipionis commentarius, prævio Somnii textu, cum glossulis marginalibus. fol. 85.

Tit. " Incipit Macrobius super somnium Scipionis."

Sequuntur notitiæ de schematibus verborum, prævia præfatione metrica ; incip. " Versificaturo . quedam tibi tradere curo."

10. Fragmentum sermonis. fol. 180.

Incip. " Sine ulla dubitatione et anime peccatrices unaquaque."

11. Testimonium de tribus Mariis, ex Evangelistis et S. Hieronymo. fol. 182.

12. Excerpta ex Merlini prophetia. fol. 182 b.

Tit. " Incipit Merlini prophetia."

Incip. " Sedente itaque Vortegirno."

In calce, " Ambrosii Merlini prophetia explicit."

13. De Rogationum diebus, et Pentecostes. f. 185 b.

Incip. " Ex concilio Aurelianensi, capitulum secundum. Lemma Grece, Latine dicitur rogatio. Tres dies rogationum."

14. Vita S. Brendani abbatis. fol. 186 b.

Incip. " Sanctus Brendanus filius Finlocha, nepotis alti."

Desin. " gloriose migravit ad Dominum, cui est honor," etc.

In calce, " Explicit vita Sancti Brendani abbatis de diversis miraculis."

15. Epistola magistri Bernicii Lincolniensis ad magistrum Gilebertum de Sempringham. fol. 205 b.

Incip. " Sanctitatis vestræ verba zelatus dignum duxi."

In calce, " Explicit epistola vel apologius Bernicii Lincollnensis ad Gilebertum magistrum Sempingamensem."

Sequuntur versus sex ; incip.

" Terram nullus aret in qua spes seminis aret."

In calce,

" Dic pro vase batum proprio pro nomine Batum."

XXVIII.

Codex membranaceus, in 4to minori, ff. 108, sec. xv. ; binis columnis exaratus.

1. Tractatus beati Bernardi de compassione B. M. Virginis. fol. 1.

Incip. " Quis dabit capiti meo aquam."

2. Historia de assumptione miraculosa B. M. V. fol. 10.

Incip. " Cum Salvator noster Jhesus."

3. Historia altera de eadem ex narratione Elizabethæ monachæ, monasterii de Stonangia, anno 1152. fol. 17.

Incip. " In anno quem per angelum."

4. S. Anselmi, archiep. Cantuar. liber de eodem. fol. 19 b.

Incip. " Ad interrogata de virginis."

5. Libellus de infantia Salvatoris, [ex Jacobi Protevangelio?] fol. 28.

Incip. " Erat vir in Israel nomine Joachim."

Cf. Fabric. Apocr. Hist. Nov. Test. p. 66.

6. Methodii Patarensis libellus de initio, progressu et fine mundi, prævio S. Hieronymi prologo. fol. 43 b.

Incip. prol. " Metodius olim Cilicie."

Incip. hist. " Sciendum est vobis."

7. De signis ante diem Judicii. fol. 51 b.

Incip. " Jeronimus in annalibus."

8. De morte Adæ et de ligno crucis. fol. 52 b.

Incip. " Post peccatum Adæ."

9. Meditatio Anselmi de redemptione humana. fol. 59.

Incip. " Anima Christiana, anima de gravi morte ;" ut inter opera, 1721, p. 221.

10. Narratio ex Bedæ Historia ecclesiastica. f. 66.

Incip. " Erat paterfamilias in regione Nothanhymbrorum."

11. Purgatorium S. Patricii, per quod transivit quidam miles nomine Oweyn, prævia epistola fratris H. monachi de Saltaria. fol. 75.

Exstat impress. in Colgan. Triad. Thaumaturg. p. 274.

12. Narratio de quodam clerico ducente choreas in cœmiterio. fol. 98.

Incip. " Ego peccator, nomine Osbertus."

13. Quibus modis delentur peccata venialia ; Quare sabbato celebretur de beata Maria ; etc. fol. 99 b.

Incip. " Venialia peccata delentur vii. modis."

14. Capitula quatuor ex S. Brigittæ revelationibus excerpta, de bello inter reges Franciæ et Angliæ. fol. 102.

Incip. i. " Cum essem orando."

Numerantur capp. 108, 104, 105, et 63.

XXIX.

Codex membranaceus, in 4to minori, ff. 188, sec. xiv. ineuntis, binis columnis scriptus ; ex dono fundatoris.

Flores ex S. Bernardi operibus collecti, et in libros decem distributi, cum collectoris prologo.

Tit. prol. " Par est in verbis id odiferis opus liber ; nempe geret flores, Bernardi nobiliores. Incipit prologus sequentis operis."

Incip. " Cum non essem alieni exercicio."

Tit operis, " Incipit primus liber exceptionum collectarum de diversis opusculis beati Bernardi, Clarevallensis abbatis, de eo quod est Deus."

Præcedit distichon, " Flagrat Bernardus sacer in dictis quasi nardus ; Et quibus hic tractus liber est inscripta redactus."

Incip. " Quid est Deus, qui est ; merito quidem ; nil competentius eternitati."

Desin. " quia utrobique periculum."

E 2

Præmittitur index capitulorum materiarumque.

XXX.

Codex membranaceus, in folio, ff. **129**, sec. xii. exeuntis; ex dono M. Ricardi Flemmyng, quondam episcopi Lincoln. ac Fundatoris hujus collegii.

Venerabilis Bedæ Homiliarum in lectiones Dominicales libri duo, prævia cuique libro tabula homiliarum numero xxv.

Tit. " Incipiunt capitula libri primi beati Bede presbiteri lectionum Sancti Evangelii numero xxv."

Incip. ii. in istud; " Fuit Johannes in deserto; Adventum Dominice predicationis Johannes;" ut in edit. Giles, tom. v. p. 368.

Incip. lib. ii. hom. i. in illud; " Vespere autem Sabbati; Vigilias nobis hujus;" in edit. 1619. tom. vii. p. 1.

In calce, " Expliciunt quinquaginta omelie venerabilis Bede presbiteri. In fine hujus operis . sit laus et pax cum angelis; Ac laudent eum pariter . qui regnat eternaliter."

Sequuntur sermones tres, scilicet,

a. Johannis episcopi CPolitani de muliere Chananea sub persecutionis figura. fol. 122 b.

Incip. " Multe tempestates."

b. Omelia Origenis in istud, " Attendite a falsis prophetis." fol. 128 b.

Incip. " Attendite etc. quod paulo superius;" ut in Bibliothec. Concionat. ed. Combefis. tom. vii. p. 99.

c. In istud " Accesserunt ad Jhesum Pharisæi." fol. 129.

Incip. " Convenerunt Pharisei in unum."

In margine notatum est, " Omelia beati Jeronimi secundum Ordinale."

XXXI.

Membranaceus, in folio minori, ff. **201**, secc. xii. et xiii., ex dono Roberti Flemmyng, decan. Lincoln.

1. Venerabilis Bedæ de historia gentis Anglorum ecclesiastica libri quinque; initio mutil. fol. 1.

In calce, " Explicit liber quintus ecclesiastice ystorie gentis Anglorum, quam venerabilis Beda presbiter de eadem gente natus edidit."

Sequitur notitia de divisione Britanniæ.

2. Ejusdem Bedæ super epistolas canonicas commentarius. fol. 102. *Foll. 211 and 212 transpo.*

Tit. " Incipit prefacio venerabilis Bede presbiteri super epistolas canonicas."

XXXII.

Codex membranaceus, in folio, ff. **175**, sec. xv., binis columnis nitide exaratus et bene servatus; ex dono Rob. Flemmyng.

1. Johannis Boccaccii de Certaldo de casibus virorum illustrium libri decem, cum prologo. fol. 2.

Tit. " Incipit liber primus Johannis Boccacii de Certaldo de casibus virorum illustrium."

Exstant impress. in fol. Aug. Vind. 1544.

In calce, " Explicit liber nonus et ultimus Johannis Boccacii de Certaldo de casibus virorum illustrium."

2. Ejusdem Johannis liber de claris mulieribus. fol. 117.

Tit. " Incipit liber Johannis Boccacii de Cercaldo de mulieribus claris."

Exstat ibid. Ulmæ, 1473, et alibi.

In calce, " Johannis Boccacii de Cercaldo de mulieribus claris liber explicit; Deo gracias."

XXXIII.

Membranaceus, in folio, ff. **109**, secc. xv. et xiii., binis columnis exaratus; ex dono Thomæ Gascoigne, S. T. P.

1. S. Chrysostomi liber de compunctione cordis, [interprete Ambrosio Camaldulensi.] fol. 2.

Tit. " Crisostomus de compunctione cordis ad Demetrium."

Incip. " Cum te intueor."

In calce, " Explicit Crisostomus;" ut supra.

2. Ejusdem tractatus, Quod nemo potest lædi nisi a semetipso, [eodem interprete.] fol. 9 b.

Incip. " Scio quia crassioribus."

In calce, " Explicit tractatus;" ut supra.

——————

3. S. Bernardi abbatis Clarævallensis sermones in Dominicis et festis per annum, numero centum triginta octo, fol. 18.

Incip. i. " Hodie, fratres dilectissimi, cele-

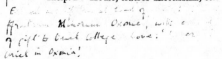

bramus adventus inicium;" ut inter opera, ed. 1690, tom. i. col. 717.

Ult. est in passionem S. Vincentii, et incip. "In passione beati Vincencii fratres karissimi, evidenter ostenditur."

In calce, "Explicit liber iste," et *man. sec.* "S. sermones beati Bernardi."

XXXIV.

Codex membranaceus, in folio, ff. 95, sec. xiv. ineuntis, binis columnis exaratus; ex dono Roberti Flemmyng, decan. Lincoln.

Vincentii Bellovacensis Speculi Historialis partis quartæ pars prima, libris quinque comprehensa; cum tabulis capitulorum.

Tit. "Incipit speculum historie fratris Vincencii."

Incip. "Primus autem liber partis hujus;" ut in edit. 1591.

In calce, "Explicit prima pars quarte partis historialis fratris Vincencii de Beluaco."

Præmittuntur, *manu recentiori,*

a. Tractatus Chrysostomi, Quod nemo lædi possit nisi a seipso; incip. "Scio quod transgressoribus." [*sic*]

b. De S. Augustini vita; incip. "Augustinus hic ex provincia Affricana civitate."

c. De natura mali, ex SS. Patribus; incip. "Racionalem creaturam a Deo factam esse."

d. Remedium contra morbum caducum; incip. "Infirmus qui patitur morbum caducum, presentiam beati Cornelii primo petat."

In calce, "Sanctus Cornelius jacet sepultus in abbathia Lulsdarp, juxta Coloniam."

XXXV.

Chartaceus, in folio, ff. 277, sec. xv.; ex dono Roberti Flemmyng.

S. Chrysostomi in S. Matthæi evangelium commentarii pars altera, e traductione Georgii Trapezuntii.

Titulus *man. sec.* "Reliqua pars Crisostomi super Matheum de novo traducta, que juncta alii operi imperfecto fit opus perfectum."

Incip. "Intranti autem ei in Caphernaum; etc. Leprosus quidem ut audistis, cum a monte."

Desin. "diligenter pascis atque curas."

In calce, "Liber sancti Johannis Chrisostomi super Matheum a Georgio Trapezuntio conversus explicit feliciter."

Sequitur Georgii Trapezuntii epistola ad Franciscum Barbarum de versione supradicta aliisque; dat. Venet. v. kal. Maias 1450.

XXXVI.

Codex membranaceus, in folio, ff. 218, sec. xiv. exeuntis, binis columnis exaratus; ex dono M. Willelmi Chamberleyn, primi rectoris collegii Lincolniensis.

1. Roberii Couton Anglici commentarius in libros quatuor Sententiarum abbreviatus, cum tabula, a Petro Partriche compilata. fol. 2.

Incip. "Utrum habitus theologie sit scientia."

Des. "Qui trinus et unus vivit et regnat. Amen."

In calce tabulæ, "Explicit tabula super Couton a Petro Partriche compilata."

2. Johannis Duns Scoti Quæstiones xxi. quodlibetales, cum tabula posthabita. fol. 147.

Incip. "Utrum in divinis essencialia;" ut in editt. impress.

In calce, "Expliciunt quodlibeta doctoris subtilis."

In fine codicis, "Liber collegii Lincolniensis ex dono magistri Willelmi Chamberleyn, cujus usum habebit M. Hamundus Haydok ad terminum vite."

XXXVII.

Membranaceus, in 4to, ff. 120, sec. xv., 'donum Rob. Flemmyng.'

S. Cyrilli, archiep. Alexandrini, opus super Genesim, anonymo interprete.

Tit. "Cirilli, archiepiscopi Alexandrini, opus super Genesim. Quod per omnes libros Moysi misterium Christi enigmatice indicatur."

Incip. "Inquirite scripturas Judeorum."

Desin. "humanissimoque principe semper erimus, Qui cum Patre et Spiritu Sancto vivit et regnat in secula seculorum. Amen."

XXXVIII.

Membranaceus, in folio majori, ff. 233, sec. xv., binis columnis optime exaratus; ex dono sæpe dicti R. Flemmyng.

M. Tullii Ciceronis opera varia; scilicet,

1. De oratore libri tres, cum glossulis marginalibus. fol. 2.

Deficit finis primi libri, et omnia post verba lib. ii. " graviterque debeat hujus"——

2. Tusculanarum Quæstionum libri quatuor. f.12. In calce,

" Finito libro, sit laus et gloria Christo;
Te duce virgo pia . cunctis veneranda Maria.
Explet opus penna . plurima dignissima penna.
Supradictum scripsit . . . . . nomine dictus
Qui de F . . . . is cognomine nempe vocatus,
　　die Jovis 17 mensis Octobris, 1420."

3. Cato major, sive de Senectute. fol. 53 b.

4. Lælius, sive de Amicitia. fol. 60 b.

5. Paradoxa. fol. 68.

6. Somnium Scipionis. fol. 71 b.

7. Ad Quintum fratrem de magistratu gerendo. fol. 73 b.

8. Quoddam de Academicis fragmentum. fol. 77 b.
　　In calce, " Non plus reperitur tanta fuit negligentia atque inscicia eorum, qui jam nos multis seculis anteierunt, qui sue inercie et ignorancie utinam premia digna ferant."

9. De natura Deorum libri tres. fol. 81.
　　In calce, " M. T. C. de natura Deorum liber tercius. Explicit feliciter Deo gracias."

10. De divinatione libri duo. fol. 109 b.

10ᴬ Lucullus. fol. 132.

11. De legibus. fol. ~~132.~~148.
　　" In calce, " Hoc de legibus Ciceronis quod exarasse an corrupisse verius dixerim ambigo, adeo enim depravatum nactus exemplar fui, ut οιδιγιωτ magis quam δανο ad eam rem opus extiterit."

12. De Topicis. fol. 163 a.
　　Deficit in verbis, " huic non antecedit; aut si hu"——

13. ~~De Synonymis, sive potius~~ de finibus bonorum et malorum libri quinque. fol. 169.
　　In calce, " Marci Tulii de finibus bonorum et malorum liber Q. explicit, etc."

14. De fato. fol. 210 b.

15. De creatione celi et mundi et eorum eternitate. fol. 214.

16. De responsis Haruspicum. fol. 218.

17. De optimo genere oratorum. fol. 224.

18. De partitionibus oratorum. fol. 226.
　　In calce, "Compendiosus dyalogus M. T. C. de oratore explicit feliciter."

XXXIX.

Codex membranaceus, in folio, ff. 311, sec.

xv., bene exaratus et quoad literas initiales ornatus.

M. T. Ciceronis Orationes triginta octo; ut sequuntur,

1. Pro T. Annio Milone. fol. 2.

2. Pro Cneio Plancio. fol. 14 b.

3. Pro Publio Sylla. fol. 27.

4. De responsis Haruspicum. fol. 38 b.

5. Pro Lucio Muræna. fol. 47 b.

6. Pro S. Roscio Amerino. fol. 60 b.
　　Ad fol. 74. " Deficit, tantundem enim in codice antiquissimo deficiebat."

7. Pro C. Balbo. fol. 76 b.

8. P. Sextio. fol. 86.

9. Pro domo suo ad Pontifices. fol. 100.

10. Pro P. Quintio. fol. 118.

11. Pro L. Flacco. fol. 128 b.

12. Pro Aulo Cluentio. fol. 141.

13. Pro lege Manilia. fol. 167.

14. Pro A. Cæcina. fol. 175 b.

15. Pro C. Rabirio Postumo. fol. 188.

16. Pro C. Rabirio Perduellione. fol. 193 b.

17. Pro Roscio Comœdo. fol. 198.

18. De lege Agraria libri tres, initio mutil. fol. 204.
　　In margine notatur, " Hic deficiunt duæ cartæ quæ faciunt principium hujus orationis."

19. In Pisonem. fol. 221 b.

20. Orationes in Catalinam IV. fol. 235 b.

21. Sallustii in Ciceronem cum Ciceronis responso. fol. 251 b.

22. Pro A. Licinio poeta. fol. 254 b.

23. In Vatinium testem. fol. 258 b.

24. Ad equites Romanos priusquam iret in exilium. fol. 264.

25. Ad populum de reditu suo. fol. 267.

26. Ad Senatum post reditum suum. fol. 270 b.

27. Pro M. Cælio. fol. 276 b.

28. De provinciis consularibus. fol. 287.

29. Pro rege Deiotaro. fol. 293 b.

30. Pro M. Marcello. fol. 298 b.

31. Pro Quinto Ligario. fol. 302.
　　In calce, " M. T. Ciceronis oratio pro Q. Ligario explicit feliciter." Sequitur, *man. altera,*

32. Pro M. Fonteio. fol. 307.
　　In margine notatum est, ' Deficit principium;' incip. in verbis, " Hoc pretore oppressam esse."

XL.

Codex chartaceus, in folio, ff. 311, sec. xv.; nitide scriptus; ex dono ejusdem Roberti.

M. T. Ciceronis Orationes viginti sex; scilicet,

1. Pro Quinto Pompeio. fol. 1.
Tit. " M. Tullii Ciceronis disertissimi atque eloquentissimi viri Orationum liber primus."
2. Pro T. A. Milone. fol. 11 b.
3. Pro Cn. Plancio. fol. 27 b.
4. Pro P. Sylla. fol. 44 b.
5. Pro M. Marcello. fol. 58.
6. Pro Q. Ligario. fol. 62 b.
7. Pro rege Deiotaro. fol. 67 b.
8. Pro A. Cluentio. fol. 73 b.
9. Pro P. Quintio. fol. 100.
10. Pro L. Flacco. fol. 112 b.
11. Ad Quirites post reditum. fol. 127.
12. Post reditum in Senatu. fol. 131.
13. Ad Quintum fratrem de petitione consulatus. fol. 137.
14. Antequam iret in exilium. fol. 144.
15. Pro domo sua. fol. 148.
16. In Vatinium testem. fol. 170 b.
17. Pro M. Cælio. fol. 176.
18. Pro S. Roscio. fol. 187 b.
19. Pro L. Murena. fol. 208.
20. Pro L. C. Balbo. fol. 225.
21. Pro defendenda causa Publicanorum. fol. 235 b.
22. De provinciis Consularibus. fol. 247.
23. Pro P. Sextio. fol. 255.
24. In L. Pisonem. fol. 277.
25. Pro C. Rabirio. fol. 285 b.
26. Pro Rabirio Postumo. fol. 291 b.
27. Pro A. Cæcina. fol. 296.

XLI. = P *Oliveti*

Membranaceus, in 4to, ff. 247, sec. xv., nitide exaratus; ex dono ejusdem.

M. T. Ciceronis Epistolarum ad Familiares libri sedecim.
Tit. i. " M. Tullius Cicero salutem dicit Publio Lentulo proconsuli."
Consentit ordo quoad initium et finem cum editt. impressis.
In calce codicis, " Thomas Warde recepit per manus M. Roberti Flemmyng xls."

XLII. = Q *Oliveti*

Codex membranaceus, in 4to, ff. 344, sec. xv., ex dono ejusdem Roberti.

1. M. T. Ciceronis ad Brutum epistolarum liber. fol. 2.
2. Ejusdem ad Quintum fratrem epistolarum liber. fol. 16 b.
In calce, " Marci Tullii Ciceronis ad Quintum fratrem liber tercius explicit."
Sequitur epistola ad Octavianum.
3. Ad Atticum epistolarum libri sedecim. fol. 60.
Tit. " M. Tullii Ciceronis Epistolarum ad Atticum libri xvi. incipiunt."

XLIII.

Membranaceus, in 4to minori, ff. 129, sec. xv., ex dono ejusdem Roberti.

M. T. Ciceronis de officiis libri tres.
Tit. in margine superiori scriptus est, " Marci Tullii Ciceronis de officiis liber primus incipit feliciter."
In calce, epigrammata duo in Ciceronem, quorum alterum est Silii Italici, incip.
a. " Tullius Hesperios cupiens componere mores."
b. " Ille super Gangen super exauditus et Indos."
In fine codicis, " Constat M. Roberto Flemmyng, quem scripsit manu propria."

XLIV.

Membranaceus, in folio majori, ff. 394, sec. xv.; bene exaratus; ex dono ejusdem.

Tiberii Claudii Donati in P. Virgilii Æneidos libros xii. commentarii, cum præfatione.
Tit. " Tiberii Claudii Donati ad Tiberium Claudium Maximinum [Donatianum] filium suum interpretationum Virgilianarum Æneidos."
Exstant in Virgilii editt. variis.
In calce, Tiberii Claudii Donati epistola ad Claudium Donatianum filium suum; incip. " Incertum metuens vitæ."

XLV.

Membranaceus, in folio, ff. 215, sec. xv.; nitide exaratus.

Tiberii Claudii Donati in Terentii comœdias quinque commentarii; scilicet,
1. In Andriam. fol. 2.

Tit. " Claudii Donati honoratissimi grammatici præfatio super Terentio, et primo in Andria."

2. In Eunuchum. fol. 56.

3. In Adelphos. fol. 107 b.

4. In Hecyram. fol. 156.

5. In Phormionem. fol. 185.

In calce, " Explicit Phormio Donati clarissimi."

Præcedit notitia, " Vespasianus librarius Florentinus fecit scribi Florentiæ."

XLVI.

Codex chartaceus, in folio, ff. 190, sec. xv.; ex dono R. Flemmyng.

Diogenis Laertii de vitis philosophorum libri per [Ambrosium Traversarium Camaldulensem] Latine versi, cum interpretis prologo.

Incip. prol. " Volventi mihi quædam Græca volumina venit ad manus Laercii Diogenis."

Incip. text. " Philosophiam a barbaris inicia sumpsisse;" ut in editt. impress.

XLVII.

Membranaceus, in folio, ff. 231, sec. xv., nitide exaratus.

Cæcilii Cypriani episcopi et martyris opera varia; scilicet,

1. Epistola ad Donatum. fol. 3.

Exstat impress. inter opera, ed. Baluzio, Ep. 1.

2. Liber de disciplina et habitu virginum. fol. 7 b.

Ibid. p. 173.

3. De lapsis. fol. 14.

Ibid. p. 181.

4. De ecclesiæ catholicæ unitate adversus hæreticos et schismaticos. fol. 23 b.

Ibid. p. 193.

5. De mortalitate. fol. 31 b.

Ibid. p. 229.

6. Ad Demetrianum. fol. 38.

Ibid. p. 216.

7. De zelo et livore. fol. 45.

Ibid. p. 255.

8. De opere et eleemosynis. fol. 50.

Ibid. p. 237.

9. De patientia. fol. 57 b.

Ibid. p. 247.

10. De oratione Dominica. fol. 64.

Ibid. p. 204.

11. Ad Fortunatum de exhortatione martyrii. fol. 73 b.

Ibid. p. 261.

12. Ad Quirinum libri tres. fol. 83 b.

Ibid. p. 274.

In calce, " Cecilii Cipriani ad Quirinum breviarium cum excerptis capitulorum liber tertius explicit."

13. Epistolæ quadraginta septem ad diversos. fol. 120.

Tit. i. " Incipit epistola ad Cecilium de sacramento Dominici calicis."

In codice nostro eundem servant ordinem, ac in cod. Laurent. Plut. xvi. cod. xxii. a Bandinio in catalogi tom. i. col. 268 descripto.

In edit. cit. ita numerantur, lxiii. xxxi. lxxxi. vi. xxv. xv. p. 343, (inter Tractatus,) viii. vii. lvi. xliv. xxxvii. lxxvii. lxxx. lxxix. lxxviii. xxxii. xiv. lv. xlix. xliii. xlii. xli. xlvii. lvii. liv. lii. xxxiii. xxxiv. xxxv. lxviii. xl. lxiv. lxxiii. lxxi. lxx. [proxima in codice est Episcoporum Sententia de baptismate hæreticorum, p. 329.] lxxii. lxxiv. lxxvi. lix. lxi. lxvi. lviii. li. lxix. lxii.

14. De eo quod ydola Dii non sunt. fol. 218.

Ibid.

15. Adversus Judæos. fol. 221.

Ibid. in App. p. ccxli.

16. Epistola ad Fortunatum. fol. 224 b.

Ibid. ep. liii.

17. Ad Rogatianum. fol. 225.

Ibid. ep. lxv.

18. Oratio. fol. 226 b.

Ibid. in App. p. xxxiii.

19. Cœna. fol. 228.

Ibid. p. cclxxxvii.

In fronte codicis notatum est, " Vespasianus librarius Florentinus hunc librum Florentie transcribendum curavit."

XLVIII.

Codex membranaceus, in 4to, ff. 117, sec. xv. ineuntis; binis columnis exaratus; ex dono Ric. Flemmyng, fundatoris.

Horologium divinæ Sapientiæ, auctore, ut creditur, Henrico Constantiensi, cum prologo.

Tit. " Incipit prologus, in librum qui intitulatur Horologium divine Sapiencie."

Incip. " Sentite de Domino in bonitate ;" ut in edit. impress.

In calce, " Explicit horologium divine sapientie ;" deinde *manu antiqua*, " Hunc composuit Henricus Constantiensis anno Domini 1369; vide Garetium centenario 14."

Præmittuntur codici versus leonini, sub titulo, " Verba redemptoris ad peccatorem ;" incip.

" Cessa, condono ; pugna, juvo ; vince, corono."

Desin.

" Expers langoris, non sum memor hujus amoris."

⸪ XLIX.

Codex membranaceus, in 4to, ff. 132, sec. xv., nitide exaratus.

Dionysii Areopagitæ opera, [interprete Ambrosio Camaldulensi ;] scilicet,

1. De cælesti hierarchia. fol. 1.

Tit. " Dionisii Areopagite, Atheniensis episcopi, de celesti hierarchia ad Timotheum episcopum Ephesi."

Incip. " Omne datum optimum, sed et candidissime illius lucis."

2. De ecclesiastica hierarchia. fol. 29 b.

Tit. " Ejusdem de ecclesiastica hierarchia liber ad eundem."

Incip. " Sacerdotii quidem nostri."

3. De divinis nominibus liber ad eundem. fol. 65.

Incip. " Nunc jam vir Dei."

4. De mystica theologia liber ad eundem. fol. 113 b.

Incip. Trinitas supersubstantialis."

In calce, " Absolvi Ambrosius peccator Dionysii opuscula in monasterio Fontis boni xv. kal. Aprilis ; anno Dominice incarnationis m.cccc.xxxvi. indictione xv. Emendavi et cum Greco contuli in heremo iij. idus Aprelis ; Laus Deo sit semper Amen."

5. Epistolæ decem ad diver. os. fol. 116 b.

Incip. i. ad Caium, " Tenebre luce vanescunt."

In calce, " Expliciunt decem epistole Dionysii Areopagitæ ;" deinde notitia, " Meminit se scripsisse que sequuntur nominatim que periere ; De divinis hymnis ; De intellectualibus et sensibilibus ; De theologica informatione ; De anima ; De significativa theologia ; De legali hierarchia ; De ange-

licis proprietatibus et ordinibus ; De justo divinoque judicio."

Ꮳ L.

Codex membranaceus, in folio majori, ff. 246, sec. xiv., binis columnis bene exaratus ; ex dono M. Johannis Southam, archidiaconi quondam Oxon.

Gulielmi Durandi Rationale divinorum Officiorum in libros octo distributum.

Tit. " Incipit rationale divinorum officiorum."

Exstat impress. Lugd. 1516, et sæpe alibi.

In calce, " Explicit rationale divinorum officiorum compositum per dominum Guillelmum Durantem."

Præmissa est notitia sequens, " Istum librum dedit M. Johannes Southam, archidiaconus Oxon. rectori et consociis collegii beate Marie et Omnium Sanctorum Lincoln. in universitate Oxon. fundatum et ordinatum ad opus, utilitatem et incrementum dicti collegii, in libraria communi ejusdem cathenis ferreis per eos alligandum et pro perpetuo permansurum."

Deinde in margine superiori, *manu recentiori*, " Precii xxx flo. . . . . . . flo. . . . . . iij. sol. ij. d. st."

Ᏼ LI.

Chartaceus, in 4to, pp. 537, sec. xvii.

Commentarii in Exodum, e Rabbinis et Hebræis interpretibus magna ex parte collecti pars secunda ; scil. a cap. xxi. inclusive ad finem libri.

Incip. " Versus i. Hæc autem sunt judicia quæ propone eis. Observant Judæi decalogum, ‏על מעלת התורה‎."

Desin. " illic vero, tabernaculum ejus per gloriam ; Amen."

In calce, ‏תהלה להשם שנתן כח לתשלם‎.

LII.

Membranaceus, in folio, ff. 187, sec. xv. ineuntis, binis columnis nitide exaratus ; ex dono R. Flemmyng.

Liber qui dicitur Fasciculus morum, in partes septem distributus, cum prologo.

Incip. prol. " Frater predilecte ac sodalis preelecte."

Incip. text. " De peccato in generali. Ut enim habetur in regula beati patris Francisci ;" ut in cod. MS. Rawl. C. 670.

Desin. " illius sanctissime civitatis ; Amen ; Amen."

Sequuntur,

a. Tabula operis supradicti alphabetica.

b. Homiliæ breves xli. in Dominicis et Festis, a Dominica i. Adventus, usque ad S. Trinitatis festum inclusive.

Incip. i. " Ecce rex tuus; etc. Videmus quod in regis absencia crescit plebis."

Des. ult. " ipsi recipiant nos in eterna tabernacula."

LIII.

Codex membranaceus, in folio, ff. 221, sec. xiii., binis columnis nitide exaratus ; ex dono Rob. Flemmyng.

1. S. Gregorii Magni papæ I. Homiliæ in Evangelicas lectiones quadraginta, prævia capitulorum sive textuum tabula, necnon epistola ad Secundinum. fol. 3.

Tit. " Incipit prefatio in xl. omeliarum beati Gregorii pape."

Exstant impress. inter opera, tom. i. col. 1434.

2. Ejusdem Homiliarum in Ezechielem libri duo, cum prologo. fol. 100.

Tit. " Incipiunt omelie beati Gregorii pape in Ezechiele propheta, numero xij. dictæ in patriarchio Lateranensi, in basilica que appellatur aurea."

Exstant ibid. tom. i. col. 1173.

In calce, " Expliciunt omelie sancti Gregorii pape super Ezechielem prophetam."

LIV.

Membranaceus, in folio, ff. 69, sec. xiii. ; binis columnis sed haud eadem manu exaratus ; olim Thomæ Gascoigne.

1. [Roberti Grostete liber de cessatione legalium?] imperf. fol. 1.

Incip. in verbis, " videbit semen longevum."

Desin. " et infirmitatis medicinam."

2. Ejusdem quæstiones, ut testatur manus recentior, de veritate. fol. 15 b.

Incip. " Ego sum via, etc. Hic ipsa veritas dicit."

Des. " diversificata in singulis."

Sequitur notitia, *man. sec.* " Explicit sancte memorie opus dom. Lincolniensis episcopi, scilicet doctoris Roberti Grosseteste, doctoris in sacra theologia Oxonie, ut patet in litera Universitatis Oxon. et in sermone ipsius domini Lincoln. de levitis."

Deinde, *manu eadem,* Thomæ [an Gascoigne] notitiæ aliæ ad historiam Angliæ spectantes, scil. de adventu Henrici IV. in Angliam ; de bello apud Salopiam, 1403 ; de celebratione missæ per Ric. Scrope, archiep. Eborac. ' in plano campo vocato Shiptun-More ;' et de concione ejusdem, quam asserit scriptor Georgium Corbrig, qui præsens fuerat, sibi retulisse ; necnon de traditione et morte ejusdem archiepiscopi.

3. S. Augustini de concordia quatuor Evangelistarum libri, prævia ' sententia de libro Retractationum.' fol. 19.

Incip. lib. " Inter ipsas omnes ;" ut inter opp. tom. iii. pt. ii. col. 1.

In calce, *man. sec.* (a.) Nomina archiepiscoporum et episcoporum Northumbrane gentis, a Deira usque ad Wilfrid. (b.) Nomina episcoporum Lindisfarnensium, ex " Beda lib. 4, cap. 28, de gestis Anglorum."

LV.

Codex membranaceus, in folio minori, ff. 188, sec. xii., [foliis 48—71 exceptis sec. xiv.], binis columnis exaratus ; ex dono R. Flemmyng.

1. S. Hieronymi liber quæstionum Hebraicarum in Genesim ; initio mutil. fol. 1.

Incip. in verbis, " fecit pro die sexta in Hebreo ciem septimanam ;" in edit. Vallars. tom. iii. p. 302.

2. Ejusdem liber de mansionibus filiorum Israel. fol. 17.

Incip. " In septuagesimo septimo psalmo ;" ibid. tom. i. col. 461.

3. Ejusdem de quæstionibus Regum Paralipomenonque. fol. 23 b.

Incip. " Fuit vir unus de Ramachaim ;" ibid. tom. iii. col. 755.

4. Canticum Debboræ. fol. 43 b.

Incip. " Cecineruntque ; etc. Barach vir Debbore prophetidis ;" ibid. col. 745.

5. Lamentationes Jeremiæ. fol. 45 b.

Incip. "Et factum est, etc. Sic inter omnia cantica;" ibid. tom. xi. col. 727.

6. Eusebii Pamphili de situ et nominibus locorum Hebraicorum in libris S. Scripturæ, interprete S. Hieronymo, cum prologo interpretis. fol. 48.

Incip. "Eusebius qui a beato;" ibid. tom. iii. col. 121.

In calce, "Explicit liber sancti Jeronimi presbiteri de situ sive distanciis vel nominibus locorum."

7. S. Hieronymi tractatus de membris Domini. fol. 68 b.

Incip. "Omnipotens Deus, Pater et Filius."

8. Ejusdem nominum Hebraicorum interpretatio, ordine alphabetico. fol. 72.

Ibid. tom. iii. col. 1.

9. Freculphi, episcopi Lexoviensis, Chronicon. fol. 97.

Tit. "Incipit liber Freculphi."

Exstat impress. 1539 et alibi.

Sequuntur causæ, 'quod non omnibus passim sicut nunc etiam antea Christus innotuerit,' etc.

LVI.

Codex membranaceus, in folio minori, ff. 335, sec. xv.; ex dono M. Willelmi Rede, quondam vicarii ecclesiæ B. Mariæ Magdalenæ, Oxoniæ.

Roberti Grostete, ep. Lincolniensis, opera varia; scilicet,

1. Dicta. fol. 2.

Incip. "Amor multipliciter."

2. Sermones duodecim. fol. 117 b.

Incip. i. "Quoniam cogitacio hominis confitebitur; Confitendum est, quod confessio." In calce,

"Quum finem tangit operis laudabitur ille
Nullus tunc angit, odio licet extet a mille;
M. W. Rede."

3. Liber de venenis. fol. 163.

Incip. "Racio potissime veneni convenit peccato prioritate originis."

In calce, "Explicit tractatus de venenis secundum Lincolniensem episcopum."

4. Liber de lingua. fol. 177 b.

Incip. "Dominus in celo paravit, etc. Celum dicitur a celando."

In calce, "Explicit tractatus Lincolniensis de lingua."

5. Tabula super Dicta Lincolniensis. fol. 308.

Incip. "Abvie; recedere."

6. Tabula in librum de lingua. fol. 323.

Sequuntur capitula librorum.

7. Tabula altera 'venerabilis domini Lincolniensis superdicta ejusdem.' fol. 331.

LVII.

Codex membranaceus, in 4to, ff. 198, sec. xiii.

Thomæ Cantimpratensis

~~Anonymi cujusdam~~ de proprietatibus rerum libri viginti, cum prologo et capitulis.

Incip. prol. "Quoniam invisibilia Dei."

Incip. lib. i. in quo agitur de firmamento et corporibus cælestibus, "Mundus ut dicit Mercurius tribus modis."

Desin. ult. "qui pro nobis pertulit mortem, Jhesus Christus Dominus noster, Amen."

Differt codex noster tam ab Bartholomæi a Glanvilla quam ab A. Neckham opere.

Sequuntur,

a. Tabula contentorum alphabetica.

b. Regulæ medicinales, versibus leoninis comprebensæ, cum prologo; incip.

"Quoniam firmius memorie commendantur;" etc.

"Res aloes lignum . preciosa sit hoc tibi signum."

LVIII.

Membranaceus, in 4to minori, ff. 138, secc. xv. et xiv., binis columnis exaratus; ex dono Fundatoris.

1. Sententiæ proverbiales, sive Phrases, e Poetis Latinis præcipue collectæ. fol. 1.

Incip. "Virgilius in Georgic. non omnia possumus omnes."

2. 'Modus prædicandi divisivus' per themata distinctus. fol. 5.

Incip. "Ad, quare, per, propter."

3. Nicolai [de Gorham, ut notavit manus recentior] Themata de dominicis, sive ad sermones per anni circulum faciendos aptata. fol. 13.

Tit. "Incipiunt themata fratris Nicolai de Dominicis."

Incip. "Hora est jam nos; etc. Sicut dicit sapiens Eccl. iii. Omnia tempus habent."

Desin. "posuit prodigia, etc. Explicit."

LIX.

Membranaceus, in folio, ff. 143, sec. xv., bene

F 2

cxaratus et ornatus, ex dono Rob. Flemmyng.

Auli Gellii Noctium Atticarum libri xx., capitulis cuique libro praemissis; cum notulis marginalibus.

Tit. "Auli Gellii Noctium Atticarum liber primus incipit feliciter."

LX.

Codex chartaceus, in 4to, ff. 305, sec. xv., ex dono Roberti ejusdem.

1. Plutarchi comparationes parvae, Latine versae per Guarinum Veronensem, praevia interpretis praefatione ad Jacobum Lavagnolum. fol. 2.

Tit. "Doctissimi viri Guarini ad clarissimum virum Jacobum Lauagnolum in comparationes parvas Plutarchi proemium incipit foeliciter."

Incip. "Cum te Polianus, suavissime."

2. Laurentii Vallae de elegantia linguae Latinae libri sex. fol. 15.

In calce, "Laurentii Vallae, Romani oratoris doctissimi, de linguae Latinae elegantia liber sextus et ultimus foeliciter explicit."

LXI.

Codex partim chartaceus partim membranaceus, in 4to minori, ff. 171, secc. xv. et xiv.

Collectanea varia praecipue ad artem grammaticam spectantia; scilicet,

1. Quaestiones et regulae grammaticales in usum puerorum. fol. 1. *et passim.*

Incip. "Quot sunt qualitates in nomine."

Sequuntur versus leonini, incip.

"Que do componit inflexio tercia dicit."

2. Glossarium Latinum et Belgicum. fol. 18.

Incip. "Domus fundi. Laet."

3. De octo partibus orationis. fol. 47.

Incip. "Cum presentis nostre intentionis."

4. Versus proverbiales. fol. 52, 61 b.

Incip.

"Huc bene omne remigat, nobiscum cras navigabit."

Ad fol. 61 occurrit epistola, sive formula epistolae, Petri commorantis Andverpiae ad Johannem, scholarium rectorem in Beeck, Willelmum nepotem suum commendans, ut

disciplina scholastica et moribus honestatis induatur.

5. Libellus de poenis inferni. fol. 96.

Incip. "Inter multa utilia in lege Dei."

6. De ordinatione quinque casuum. fol. 112.

Incip. "Pro ordinatione quinque casuum in oratione congrua."

7. Quaestiones grammaticales. fol. 120.

Incip. "Dominus, que pars? Nomen."

Deficit in verbis, "dic ergo, est bonum latinum."

8. Regulae aliae grammaticales. fol. 152.

Incip. "Omne nomen est adjectivum vel substantivum. Ego cognosco nomen."

In calce, "Expliciunt regule puerorum."

Sequuntur,

a. "Scriptor qui scripsit, cum Christo vivere possit;

Qui me scribebat. Petrus nomen habebat."

b. "Iste liber pertinet Judoco de Waryere, si quis inveniat amore Dei sibi reddat."

9. De arte metrica. fol. 164.

Incip. "Introducendis in artem metrificandi, primo videndum est quid sit metrum."

Deficit in verbis, "in iambo ascenditur de brevi sillaba in longam"——

LXII.

Codex chartaceus, in folio, ff. 201, sec. xv.; utrimque mutil.

1. Anonymi cujusdam commentarius in S. Hieronymi epistolam ad Fratrem Ambrosium, sive praefationem ad Bibliam sacram, cum prologo; initio mutil. fol. 1.

Incip. prol. in verbis, "tropologicus, allegoricus."

Incip. comment. "Frater Ambrosius; Ista epistola beati Jeronimi preponitur toti sacre scripture."

Desin. abrupte in verbis cap. 8, "debeat esse festiva sine mora consilii."

2. Ejusdem forsan auctoris expositio in S. Hieronymi prologum in Pentateuchum. fol. 107.

Incip. "Desiderii mei; Expedito prologo generali in totam bibliam in quo multipliciter notificata est."

3. Noticia de observatione paschali. fol. 122.

Incip. " Quanta diligencie cura."

4. Henrici de Hassia de Langhensteyn sermones in evangeliis festisque variis; mutil. fol. 124.

Incip. i. in istud, " Beatus venter;' Beatus venter, in quo incomprehensibilis sese regit superna majestas."

Sermones alii sunt, continuatio S. Augustini homiliæ pro festo lanceæ et clavorum, de S. Bernardo, in festis B. M. Virginis, etc.

In calce sermonis de festo Annunciationis, ad fol. 190 b, notatum est, " Finitur sermo de festo, etc. compositus Bohemia per magistrum Henricum de Langhensteyn de Hassia doctorem in sacra pagina."

LXIII.

Codex membranaceus, in folio, ff. 184, sec. xii., binis columnis bene exaratus et servatus; olim monasterii S. Cuthberti de Worksop, postea coll. Linc. ex dono Rob. Flemmyng.

S. Isidori Hispalensis Etymologiarum libri viginti.

In calce Augustini sermones duo in S. Vincentium martyrem, incip. " In passione quæ nobis;" ut inter opp. tom. v. col. 1112.

Præmittuntur,

a. Quot annis archiepp. Cantuar. presiderint cathedræ pontificali ab Augustino, qui primus fuit, usque ad præsens tempus, scil. Willelmus [Corboyla.] fol. 1.

b. Isidori et Braulionis epistolæ sex mutuæ. fol. 2.

c. Notitia sequens, " Iste liber constat monasterio B. Mariæ sanctique Cuthberti, canonici regularis de Wyrkesopp in com. Nott. juxta Schyrewod, deliberatus magistro Rob. Flemmyng, decano eccl. Cath. Lyncoln. ex comodato et precario per manus M. Caroli Flemmyng prioris ejusdem, anno Domini m.cccc.lvij."

LXIV.

Membranaceus, in folio, ff. 131, sec. xiii. ineuntis; olim Thomæ Gascoigne, filii Ricardi Gascoigne, in manerio Hunsflet, in comitatu Eboraci.

S. Isidori Hispalensis Etymologiarum libri viginti, præviis epistolis ad Braulionem duabus, et capitulis.

In calce, Expositio vocum quarundam insolitarum, incip. "Aurifrigium, Orfreis."

LXV.

Codex membranaceus, in folio, ff. 172, sec. xiv. ineuntis, binis columnis exaratus; ex dono Fundatoris.

Jacobi de Voragine, Januensis, Liber de vitis Sanctorum, qui vocatur Legenda Aurea, cum tabula præmissa.

Incip. i. de adventu " Universum tempus presentis vite;" ut in editt. impress.

Ult. de S. Francisco desin. " nec aque gutta proximavit ad tunicam."

In calce, " Explicit legenda Sanctorum."

In fol. 2 b notatum est, " Legenda Sanctorum, precii xl. s."

LXVI.

Membranaceus, in folio, ff. 188, sec. xv. ineuntis; binis columnis exaratus.

Johannis Latteburii sive Lathbury expositio moralis in Jeremiæ prophetæ Lamentationes, prævia tabula contentorum alphabetica.

Incip. " In nomine Patris, etc. Juxta morem modernorum;" ut in edit. impress.

Desin. " habendo respectum ad Deum et hominem."

In calce, " Explicit secundum alphabetum, et sic totum opus est completum."

In fine tabulæ, " Expliciunt textus expositi preter fidostanciani libri."

LXVII.

Membranaceus, in 4to, ff. 179, sec. xiv., binis columnis haud eadem manu exaratus.

1. Johannis Walleys, sive Guallensis, ord. min. Communiloquium in septem partes distinctum, sive summa collationum, prævia tabula distinctionum. fol. 9.

Tit. " Incipit Communiloquium fratris Johannis Wallensis ad omne genus hominum."

Incip. " Cum in collectionis hujus, que potest dici Summa collationum, sunt vij. partes;" ut in edit. Paris. 1516.

Desin. " gratia illuminante studeat adinvenire."

In calce, " Explicit communiloquium fratris Johannis Wallensis."

2. Ejusdem Johannis Legiloquium, sive liber de decem præceptis. fol. 143.

　　Tit. " Incipit legiloquium de decem præceptis fratris Johannis Wallensis de ordine minorum."

　　Incip. " Scribam eis ;" etc. " Omnipotens Creator omnium ac omnium sapiens gubernator."

　　Desin. " et saciemur in eternum."

　　In calce, " Explicit legiloquium de decem preceptis fratris Johannis Wallensis, de ordine minorum."

3. Pauli prædicatoris S. Nicholai summa de pœnitentia. fol. 162 b.

　　Incip. " Quoniam circa confessiones animarum pericula sunt vel difficultates."

　　Præmittuntur versus, partim leonini, incip. " Tu si magna petis Deus est super omnia magnus."

4. Versus heroici de pœnitentia cum scholiis. fol. 168 b.

　　Incip. vers.

" Penitens cito peccator, cum sit miserator."

　　Incip. glos. " *Spes* ; Sperate in eo omnis."

5. Sermo in istud, " Ecce nunc dies salutis." fol. 170 b.

　　Incip. " Ad literam jam instant dies."

6. Sententiæ phrasesque, ex SS. Scripturis præcipue, ab anonymo quodam expositæ. fol. 173.

　　Incip. " Illos diabolus pulsare negligit."

　　Desin. " ut cornua in manibus ejus."

LXVIII.

Codex chartaceus, in folio, ff. **137**, sec. xv., mutil. nec eadem manu scriptus; olim Johannis Venan.

　Anonymi cujusdam commentaria sive glossæ in titulos quosdam rubricasque Authenticarum aliorumque legum ad juris civilis corpus spectantium.

　　Incip. i. " Rubrica, Quomodo et quando judex ; Summa sic verba protestativa."

　　Citantur, " Ostiensis, [scil. Henricus de Bartholomæis,] aliique in Jus Civile glossatores, tangunturque rubricæ plures ; scilicet,

a. De fide instrumentorum. fol. 22.

b. De in integrum restitutionibus. fol. 31.

c. De judiciis. fol. 39.

d. De appellationibus. fol. 50.

e. De pactis. fol. 53.

f. De rei vendicatione. fol. 63 b.

g. De universitatis nomine. fol. 75.

h. De signis et armis. fol. 78.

　　Præmittitur epigramma in Henricum IV. Angliæ regem ; incip.

" Electus Christi . pie rex Henrice fuisti."

i. De sententiis diffinitivis. fol. 92.

LXIX.

Codex chartaceus, in folio, ff. **256**, sec. xv., haud eadem manu exaratus.

1. Tabula super glossam Lyranam in Biblia Sacra, per Gulielmum Morton compilata ; ordine alphabetico. fol. 1.

　　Incip. " Abbacuk prophetavit destruccionem Caldeorum ad consolacionem."

　　Præmittuntur, " Quæstiones fratris Nicholay de Lyra super Bibliam."

　　In calce, " Explicit tabula super doctorem de Lyra per fratrem Willelmum Morton compilata."

2. Tabula alphabetica super S. Pauli epistolarum glossam. fol. 89.

　　Incip. " Abba idem est quod pater."

3. Tabula super [S. Augustini] librum de Trinitate. fol. 106.

　　Incip. " Adam cujus oculi ei aperti."

4. Tabula super libros confessionum Augustini. fol. 123.

　　Incip. " Adam in qualia tria vicia."

5. Tabula super Ægidium [de Columna] de regimine principum, cum præfatione. fol. 132 b.

　　Incip. præf. " Sed sciat lector quod quamvis liber iste in tres libros."

　　Incip. tab. " Abstinencia, quam necessaria est."

6. Tabula in librum de caritate et in omelias vel sermones super epistolam Johannis secundum Augustinum. fol. 138.

　　Incip. " Abel sacrificando Deo."

7. Tabula super [Petrum] Thomam de veritate theologiæ. fol. 142 b.

　　Incip. " Absolvere non possunt omnes."

8. Tabula super Isidorum de summo bono. f. 156.

　　Incip. " Adam quomodo similis."

9. Tabula super [R. Grostete] librum de veneno. fol. 164.

　　Incip. " Abscondit bona sua."

10. Tabula super [Vincentii Bellovacensis] Speculum Historiale. fol. 167.

Incip. "Abstinencia; 87."

11. Tabula super Anselmum de similitudinibus. fol. 169 b.

Incip. "Abbas, que debet, abbas."

12. Tabula epistolarum B. Augustini. fol. 171 b.

Incip. "Absentari, est autem liberta."

13. Tabula super communiloquium Johannis Guallensis. fol. 182.

Incip. "Absolvere quomodo."

14. Tabula super sermones B. Bernardi. fol. 187.

Incip. "Adventus, considerandus."

15. Tabula super 83 quæstiones Augustini. ff. 194 b, 230.

Incip. "Anima, utrum anima sit."

16. Tabula super Revelationes B. Brigittæ, cum præfatione. fol. 197.

Incip. præf. "Ad laudem Dei et Marie matris ejus de cujus ordine sum."

Incip. tab. "Abscondita erat nativitas."

17. Tabula super Hugonis de S. Victore Didascalicon. fol. 234.

Incip. "Accio omnis hominis."

18. Tabula retractationum S. Augustini, et de adulterinis conjugiis. fol. 238.

Incip. i. "Abraham putandum est."

19. Tabula super Hieronymi librum contra Jovinianum. fol. 243.

Incip. "Abstinencia quod per eam."

20. Tabula libri Ric. de S. Victore de S. Trinitate. fol. 246 b.

Incip. "Amor quod communicatio."

21. Tabula super epistolam S. Bernardi ad fratres de monte Carmeli. fol. 248 b.

Incip. "Abjeccio in exterioribus."

22. Tabula sententiarum Johannis Damasceni. fol. 252 b.

Incip. "Abissus qui sit."

LXX.

Codex membranaceus, in folio majori, ff. 202, sec. xv. ineuntis; binis columnis nitide exaratus, manu Jacobi Rudelle Alemanni.

1. Anonymi cujusdam in Pentateuchum expositio literalis, cum prologo. fol. 1.

Incip. prol. "Vidi in dextera sedentis; Sedens super glorie thronum."

Incip. opus, "In principio; In hoc capitulo mundi creacio."

Deficit in lib. Num. a verbis, "quod Christiani debent."

2. De fide et legibus libri quinque, auctore [Gulielmo de Alvernia]. fol. 24.

Incip. "In ordine sapiencialium divinaliumque scientiarum;" ut in edit. impress.

Desin. "conjunctus cum laude Dei et ejus adjutorio; Deo gracias."

Sequuntur tabulæ duæ, capitulorum scilicet materiarumque, a fratre Willemo Sengham compilatæ.

In calce, "Ista tabula prescripta facta est super librum de fide et legibus a fratre Willelmo Sengham; et hoc secundum quod totus iste liber sub uno continetur et non secundum quod dividitur is quinque libros;" etc.

3. Sermo beati Augustini de dignitate hominis et imagine. fol. 101.

Incip. "Tanta dignitas humane;" ut inter opera, tom. vi. App. col. 292.

4. Liber de Sacramentis, auctore [Gulielmo de Alvernia, Parisiensi.] fol. 102.

Incip. "Dicemus imprimis quia Sacramentorum virtus et utilitas;" [cap. 2.]

Desin. "Sapientibus damus, etc. Explicit."

Sequitur tabula alphabetica, cui subjecta est notitia sequens, "Grates esto rerum qui sistit plasmator cunctarum, Jacobus frater Rudel nomine, Almannus natione."

LXXI.

Codex membranaceus, in folio, ff. 215, sec. xiv. exeuntis, binis columnis exaratus; ex dono M. Johannis Maderby, socii.

Francisci Mayronis, sive a Mayronibus, ord. min., conflatus seu commentarius in primum librum P. Lombardi Sententiarum, posthabita tabula alphabetica.

Incip. "Circa prologum primi libri;" ut in edit. Venet. 1504.

In calce, "Explicit conflatus Francisci de Maronis; Amen."

Præmittitur notitia; "Liber collegii Lincoln. ex dono magistri Johannis Maderby, unius primorum sociorum prefati collegii."

In calce tabulæ, "Explicit tabula, talis qualis et utilis multum."

LXXII.

Membranaceus, in folio, ff. 219, sec. xv. in-

euntis, binis columnis exaratus; ex dono
M. Rogeri Beteson, in sacra theologia baccallarii et quondam college hujus collegii.

Francisci a Mayronibus commentarius in librum
primum Sententiarum,tabulis variis posthabitis.
   In calce, " Explicit conflatus Francisci de
Meronis super primum librum Sententiarum.
" Vinum scriptori debetur de meliori."
   Sequuntur, (a.) Tabula titulorum; (b.)
Opiniones magistri non tentæ apostolis. (c.)
Loca in quibus magister male allegat Aucto-
ritates sanctorum.
   In calce codicis notatum est, " Caucio ma-
gistri —— exposita in cista Rowbery anno
Domini millesimo cccc.xxxix. 2 die mensis
Julii et habet scriptum secundo folio, ' ordi-
nem,' et facit pro xxvi. s. viii. d."

LXXIII.

Codex membranaceus, in folio, ff. 213, sec.
xiv. exeuntis binis columnis exaratus; ex
legato Roberti Hambald, S. T. B. et quondam socii.

Francisci a Mayronibus commentarius super pri-
mum librum Sententiarum; cum tabula alpha-
betica; initio mutil.
   Incip. in verbis, " est quod contradictorium."
   In calce, " Explicit conflatus Francisci de
Mayronis et Deo gracias."
   In fine tabulæ, " Explicit tabula talis qualis
et utilis multum; Amen." Deinde man. sec.
" Orate pro anima magistri Roberti Ham-
bald, sacre theologie bacallarii quondam pre-
centoris ecclesie collegiate beati Johannis
Beverlaci, qui hunc librum legavit collegio
Lincolnie in Oxon. in communi libraria ejus-
dem in perpetuum remansurum."

LXXIV.

Membranaceus, in 4to minori, ff. 372, sec.
xiv., binis columnis exaratus.

Monaldi Beneventani ord. min. Summa de casibus conscientiæ dicta Aurea et Monaldina,
ordine alphabetico, cum prologo.
   Tit. " Summa fratris Monaldi de ordine fratrum Minorum."
   Incip. " Quoniam ignorans ignorabitur ;" ut
in edit. impress. Lugd. 1516.

LXXV.

Codex membranaceus, in 4to minori, ff. 85,
sec. xv. ineuntis.

Tabula super librum Revelationum beatæ Brigittæ; ordine alphabetico.
   Incip. " Abstinencia; De abstinencia vide
libro primo capitulo tricesimo quarto."
   Desin. sub voce Zambri, " Cum munere
contra preceptum Dei libro septimo capitulo
vicesimo; Explicit."

LXXVI.

Membranaceus, in folio minori, ff. 167, sec.
xv., ex dono M. Roberti Flemyng, decani
Lincoln.

Valerii Maximi dictorum factorumque memorabilium libri novem, subjuncta libri x. abbrevia-
tione, cum glossulis marginalibus perpetuis,
prævia tabula capitulorum.
   Tit. i. " Incipiunt capitula primi libri Maximi Vallerii."
   In calce, " Valerii Maximi dictorum ac factorum memorabilium liber nonus cum decimo
ejusdem abbreviato, per Julium Paridem ab-
breviatorem dicti Valerii feliciter explicit;
Deo optimo maximo gratias; Amen."

LXXVII.

Membranaceus, in 4to, ff. 218, sec. xv., ex
dono ejusdem Roberti.

1. C.Plinii Secundi Epistolarum ibri octo, prævia
brevi annotatione de duobus Pliniis Vero-
nensibus Oratoribus ex multis hinc collecta,
per Johannem Mansionarium Veronensem.
fol. 1.
   Incip. notitia, " Plinii duo fuisse noscun-
tur eodem nomine et prenominibus appel-
lati ;" ut in Bandinii Catal. codd. Latt.
Laurent. tom. ii. col. 421, ubi tamen auctoris nomen desideratur.

2. Ejusdem, [sive potius Aurelii Victoris,] liber
de viris illustribus. fol. 186.
   Tit. " C. Plinii Secundi Junioris de viris
illustribus liber incipit fœliciter."

LXXVIII.

Membranaceus, in folio minori, ff. 161, sec.

xv. ineuntis; ex dono Jo. Forest, decani Wellensis.

Quæstiones, quas movet Gul. Notyngham in scripto suo super Evangelia, secundum ordinem alphabeti.

Incip. "Abraham. Queritur super illo dicto Christi, Joh. 8. Abraham pater vester."

Desin. "quia mediator inter Deum et hominem facit unam; Parte. 10. cap. 7."

In calce, "Me tibi virgo pia, genitrix commendo Maria."

Præmittuntur, (a.) Tabula vocum alphabetica; (b.) Tabula evangeliorum, sive lectionum evangelicarum per annum, tam de temporali, quam de Sanctis.

In initio codicis notatum est, "Liber collegii Lincoln. ex dono domini Johannis Forest, quondam decani Wellensis, ex cujus eciam sumptibus edificata erat borialis pars hujus collegii necnon et aula integraliter; pro cujus igitur anima specialiter a consociis orandum est."

LXXIX.

Codex membranaceus, in folio minori, ff. 269, sec. xiii. exeuntis; ex dono Roberti Flemmyng.

1. Alexandri Neckham, Dolensis, Moralia super evangelia quatuor in partes totidem distincta, cum brevi prologo, et glossis.

Incip. prol. "Intencionem quatuor evangelistarum."

Incip. opus, "De remediis contra superbiam; Ad suggillandos igitur superbio fastus."

Desin. "condignos fructus penitentie, ubi cum Christo ascendere possimus."

Sequitur tabula contentorum secundum materias varias, incip. "In primo particulo prime particionis."

---

2. Johannis de Abbatis Villa sermones Dominicales, cum prologo. fol. 259.

Incip. prol. "Cum sacrosancta mater ecclesia, premonstrante Sancto Spiritu."

Deficit ult. in istud, "Apparuit gratia Salvatoris, ad sedentem in tenebris, etc."

Præmittitur distichon,

"Cor non datum dextris pressumve sinistris
Servatumque manus post mortem per tria signat."

D LXXX.

Codex membranaceus, in folio minori, ff. 150, sec. xv.; binis columnis exaratus, olim Willelmi Rous.

Nicolai de Aqua Villa, sive Lugdunensis, sermones de temporali per anni circulum; cum tabula posthabita.

Incip. "Dicite filie Syon; etc. Verba ista sumpta sunt a Zacharia propheta, quia Zacharias."

Desin. ult. "ad illa gaudia eterna perducat nos Jhesus Christus; Amen."

In calce, "Expliciunt sermones de temporali per totum annum secundum Nicholaum de Aqua Villa, alias Lugdunensem."

LXXXI.

Membranaceus, in folio, ff. 110, sec. xv. ineuntis, binis columnis exaratus; ex legato domini Philippi Syluay.

1. Johannis Parys, sive Parisiensis, determinatio de secta Christiana per testimonia gentilium. fol. 3.

Incip. "Quoniam occasione cujusdam sermonis, quem ad clerum feceram."

2. Determinatio ejusdem de confessionibus fratrum. fol. 7 b.

Incip. "Queritur utrum expediat ecclesie Dei."

3. Compilatio de ordine judiciario fratris Simonis de Boraston, ord. Præd., in quæstiones xxxv. distincta, cum prologo. fol. 10 b.

Incip. prol. "Corripiet me justus; etc. Sic habetur dist. 45, c. 13, Plus erga corrigendos."

Incip. opus, "Oportet in principio."

4. Ejusdem tractatus de unitate et ordine ecclesiasticæ potestatis. fol. 23.

Incip. "Fiet unum ovile; etc. Hanc unitatem in pastoralibus declaret."

5. Ejusdem libellus de mutabilitate mundi. f. 28.

Incip. "Cum omnibus mobilibus."

In cap. vi. agitur de mutatione sedium episcopalium in Anglia.

In calce, "Explicit libellus de mutabili-

G

tate mundi editus a fratre Symone de Boraston, ordinis fratrum Predicatorum anno
Domini m.ccc.xxxvij."

6. Auctoritates et rationes sumptæ de sacra scriptura, quæ videntur impugnare contemptum
temporalium, et contra solutiones earundem.
fol. 29 b.
Incip. "Contra contemptum temporalium."

7. Determinatio fratris Thomæ de Sutton contra
æmulos et detractores fratrum Prædicatorum.
fol. 32.
Incip. "Quia quidem emuli."

8. Tractatus qui dicitur Regula Mercatorum,
quem composuit 'frater Guydonis de ord.
Præd.' fol. 33.
Inc. "Universis mercatoribus Tholosanis."

9. Johannis Peckham, archiep. Cantuar., tractatus de mysterio numerorum in Sacra Scriptura. fol. 40.
Incip. "Omnia Domine Jhesu Christe."

10. S. Augustini ad Cyrillum epistola in S. Hieronymi laudem. fol. 48.
In edit. Vallars, tom. xi. col. 325.

11. S. Cyrilli ad S. Augustinum epistola de eodem.
fol. 50.
Ibid. tom. xi. col. 332.

12. S. Thomæ Aquinatis de decem præceptis liber.
fol. 57.
Inter opuscula edit. Venet. p. 95.

13. Ejusdem Thomæ expositio in Symbolum Apostolorum. fol. 65.
Ibid. p. 114.

14. Ejusdem expositio orationis Dominicæ. fol. 73.
Ibid. p. 127.

15. Expositio Salutationis B. M. Virginis. fol. 78.
Ibid. p. 134.

16. Ricardi Aungervillæ de Bury, episcopi Dunelmensis, Philobiblon. fol. 79.
Exstat impress. in 8vo.

17. Valerii epistola ad Rufinium de uxore non ducenda, cum comment. Nicolai Trivet. fol. 93.
Exstat impress. epist. inter S. Hieronymi
epistolas. Incip. comment. "Sciendum quod
tres fuerunt Valerii."

LXXXII.

Graecus,
Codex membranaceus, in 4to minori, ff. 206,
sec. forsan xii., binis columnis nitide exara-

tus; ex dono magistri Roberti Flemmyng,
decani Lincolniensis.

1. Actus SS. Apostolorum, cum argumento. f. 2.
Tit. Λουκᾶ εὐαγγελιστοῦ πράξεις τῶν ἁγίων
ἀποστόλων.
Succedunt argumento nomina SS. Apostolorum.
Incip. argum. πράξεις ἀποστόλων τὸ βιβλίον
καλεῖται, ut in edit. Paris. 1550.
In calce, τέλος τῶν πράξεων τῶν ἁγίων ἀποστόλων στίχους β φ κ δ.

2. Epistolæ catholicæ septem; cum argumentis.
fol. 50 b.
Incip. arg. i. ἐπειδὴ αὐτὸς Ἰάκωβος, ut in
edit. cit.

3. Epistolæ Paulinæ quatuordecim cum [Eu-
thalii] argumentis. fol. 73 b.
Incip. arg. i. ταύτην ἐπιστέλλει, ut in Za-
cagnii Collect. Monum. Vett.
In calce, τοῦ ἁγίου Παύλου ἀποστόλου ἐπιστολὴ πρὸς Ἑβραίους ἐγράφη ἀπὸ Ἰταλίας διὰ
Τιμοθέου στίχους ψ γ'. Παύλου ἀποστόλου ἐπιστολαὶ ιδ'.
Sequuntur, ἀποδημία τοῦ ἁγίου ἀποστόλου
Παύλου· incip. ἀπὸ δαμασκοῦ ἤρξατο καὶ
ἀνῆλθεν εἰς Ἱερουσαλήμ.
In calce, Χριστὲ παράσχου τοῖς ἐμοῖς πόνοις
χάριν.

4. Synaxarium, sive ordo legendi epistolas Paulinas, aliaque officia. fol. 186 b.
Tit. συναξάριν σὺν Θεῷ τοῦ ἀποστόλου.

5. Menologium sive ordo officiorum pro Sanctis
per annum. fol. 195 b.
Sequitur officium encæniorum; in calce
mutil.

LXXXIII.

Codex membranaceus, in folio, ff. 257, sec.
xiii. ineuntis, binis columnis exaratus; ex
dono M. Thomæ Goodard (?), quondam
socii.

Petri Canonici Londoniensis Pantheologi pars
quarta, in xii. libros distincta, cum præfatione
ad Godefridum de Luci, ep. Winton. et capitulorum tabula.
Incip. prol. "Qui tribuit artificiose petit, opus
enim tribuentis misterium operatur."
Incip. iib. i. "Deus multipliciter dicitur."
Desin. lib. ult. "lata via que ducit ad mortem."

In calce, "Explicit quarta pars Panteologi."

LXXXIV.

Codex chartaceus, in folio, ff. 367, sec. xvi., magnam partem binis columnis scriptus.

1. Falconiæ Probæ excerpta ex Virgilii carminibus de Christi vita. fol. 2.

Tit. "Opusculum Probæ cl. F. excerptum de Virgilio ad testimonium veteris et novi Testamenti."

Exstant impress. in Magn. Bibl. Patr. 1644, tom. viii. p. 708.

In marg. infer. fol. 10, adjunctæ sunt epistolæ Lentuli et Pilati de Christo, quæ exstant impress. in Fabricii Nov. Test. Hist. Apocryph.

2. M. T. Ciceronis Rhetorica nova ad Herennium, cum glossulis marginalibus. fol. 12.

In calce, "M. T. Ci. ad Herennium Rhetorice nove liber 4. explicit."

3. Anonymi cujusdam commentum in libros supradictos; imperf. fol. 60.

Incip. "Solent qui exponendorum scriptorum negotium susceperunt, nonnulla."

4. Excerpta ex libris Pompeii Festi de significatione verborum juxta ordinem alphabeti. fol. 90.

Exstant in calce Nic. Perotti Cornucop. 1513, col. 1125.

5. Nonii Marcelli liber de proprietate sermonum. fol. 138.

Exstat ibid. col. 1229.

6. Ejusdem de dictis inhonestis. fol. 153 b.

Ibid. col. 1253.

7. Ejusdem de diversis acceptionibus nominum et verborum. fol. 182.

Ibid. col. 1312.

8. Ejusdem de differentiis verborum. fol. 225 b.

Ibid. col. 1384.

9. Vocabula ex Servii commento super Virgilium extracta, ordine alphabetico. fol. 240.

Incip. "Accipio, id est audio."

10. M. Terentii Varronis de lingua Latina, de disciplina originum verborum ad Ciceronem; fragment. fol. 268.

Incip. "Quemadmodum vocabula essent;" ut in edit. 1561, p. 6.

11. Andreæ Dominici Florentini de Romanis potestatibus libri duo. fol. 290.

Incip. "Quom per vos dies tantopere ocio vacarem."

Desin. "contractioribus vigiliis lucubrasse."

12. M. Valerii Messalæ disertissimi oratoris ad Octavianum Cæsarem Augustum de progenie sua et regiminibus inclytæ urbis Romæ breve compendium. fol. 313.

13. Plutarchi liber de liberis educandis Latine versus per Guarinum Veronensem, prævia interpretis præfatione ad Angelum Corbinekium civem Florentinum. fol. 319.

Incip. præf. "Majores nostros, Angele," ut in Bandin. catal. codd. Laurent. tom. iii. col. 663.

Exstat versio in Plutarchi opp. edit. Lugd. 1549, tom. i. p. 241.

14. Basilii Magni libellus quo pacto gentilium libros imprimis legere Christianos adolescentes oporteat, Latine versus per Leonardum Aretinum, prævia interpretis epistola ad Colucinum. fol. 328 b.

Incip. præf. "Ego tibi hunc librum."

Exstat liber Brixiæ, 1485, et alibi.

15. S. Basilii homiliæ duæ de jejunio Latine versæ per Guarinum Veronensem, prævia præfatione ad Eugenium papam IV. fol. 335.

Incip. epist. "E Rhodo nuper ad me."

Incip. hom. i. "In hac mensis novitate;" ii. "Exhortamini, inquit."

16. Æschinis, Demadis, atque Demosthenis Orationes de adventu Alexandri. fol. 343 b.

17. Jannotti Manetti Oratio funebris de lauratione Leonardi Bruni Aretini. fol. 346.

Incip. Si immortales Musæ," ut in edit.

Mehus L. Aretini Epp. Prolegom. p. lxxxix.

Defic. in verbis, "et quidem magnæ auctoritatis"——

18. [Caroli Marsuppini Aretini Oratio in eundem; utrimque mutilus.] fol. 353.

Incip. in verbis, "Philippense et rursum post Siculum bellum."

Deficit, "redimiri non potuerunt jamdudum"——

19. M. T. Ciceronis Oratio adolescentuli pro Quinto Roscio. fol. 358.

Deficit in verbis, "Reliquium est ut per servos id, ad"——

LXXXV.

Codex membranaceus, in folio majori, ff. 285,

sec. xv.; binis columnis exaratus; ex dono Thomæ Barnesley, archidiac. Leicester.

M. [Philippi] Repyngton, canonici regularis sermones dominicales per anni circulum, ab adventu scilicet ad Dominicam post Pentecostem xxv. inclusive.

Incip. i. " Evangelice tube comminacio."

Deficit ult. in verbis, " debere dirigere intencionem suam"——

Sequuntur notitiæ, " Deficit hic sermo de dominica xxv., scil. " Cum sublevasset Jhesus oculos.'" (b.) " Non deficit hic sermo, quia habetur supra dominica 4 quadragesime."

In fronte codicis, " Orate pro anima magistri Thome Barnesley, archidiaconi Leycestre, specialis benefactoris Lyncoln. colleg. Oxon. qui istum librum cum multis aliis contulit collegio predicto."

LXXXVI.

Codex membranaceus, in folio majori, ff. 288, sec. xv. ineuntis, binis columnis exaratus; ex dono Jo. Forest, decani Wellensis; in calce mutil.

Thomæ Reginstede, sive Ringstede, ep. Bangor., super Salomonis Proverbia commentarius; prævia tabula alphabetica.

Incip. " In absconditis parabolarum jocundissimus, ut ait Policrates in prologo sui libri;" ut in cod. MS. Trin. xxxv.

Deficit in verbis cap. xxx. textu, " Novi sanctorum prudenciam, quis ascendit in celum et descendit."

LXXXVII.

Membranaceus, in folio, ff. 215, sec. xiii. ineuntis, binis columnis exaratus.

Homiliarum liber in Epistolas et Evangelia, quæ in ecclesia leguntur ab adventu usque ad Pentecosten, collectore forsan Remigio Autissiodorensi.

Tit. " Exposicio epistolarum et evangeliorum."

Incip. i. " Fratres, scientes quia hora est; nos est sacre scripture horam sepissime pro tempore ponere, sicut et diem."

Ad fol. 3 inserti sunt sermones duo S. Maximi.

Ult. est in istud, " Si diligitis me mandata mea," et incip. " Quid est quod dicit quod diligentibus Deum."

Desin. " ad eternam beatitudinem manifesturus erit."

Sequuntur excerpta ex SS. Augustino et Gregorio de dilectione Dei et proximi; et in calce, *manu secunda*, " Explicit Remigius super epistolas et evangelia a principio adventus usque ad festum Pentecostis."

Cf. Bandini catal. codd. Laurent. tom. i. col. 671, *seqq.*

LXXXVIII.

Codex chartaceus, in folio, ff. 131, sec. xv., binis columnis exaratus.

Anonymi cujusdam sermones de festis, numero cccvi.

Incip. i. in festo S. Andreæ in istud, " Vestigia ejus secutus est pes meus, etc. Tria sunt necessaria cuilibet viro perfecto."

Desin. ult. de celebratione missæ, in istud, ' In sono eorum dulces facit modulos;' " cum Ipso sunt omnia, Ipsi honor et gloria in secula seculorum ; Amen."

In calce, " Expliciunt sermones de festis."

LXXXIX.

Chartaceus, in folio minori, ff. 25, sec. xv., binis columnis exaratus. *vij. the Molor Contemplati. of Richard Rolle of Hampul*

Anonymi cujusdam meditationes in SS. Scripturarum loca varia, per capita distinctæ, vocibusque similis literæ initialis in unum collectis refertæ; utrimque mutil. *se in Min Hof Allen. 7.6.11.*

Incip. in verbis, cap. 3, " divina benignitas disposuit, quod eciam si voluero secularibus me nequeo jurgere, ne occupacio auditus corporalis in nimiam me precipitet perturbacionem. Nimirum namque stabilitus status in suavitate celica, fremitum fugit funestorum."

Defic. in cap. 57, " non putant et tamen plerique presumentes."

XC.

Membranaceus partim, partim chartaceus, in folio minimo, ff. 94, sec. xv.; ex dono M. Roberti Flemmynge.

1. Anonymi cujusdam liber dictus, ' Speculum oculi moralis,' cum prologo. fol. 7.

LXXXIX foll. 27·31 Fragment of a choir book. fol. 27, with 15th c.

Incip. prol. " Si volumus in lege Domini meditari facillime perpendemus."

Incip. lib. " Sciendum igitur quod sicud."

Desin. " in solio regni collocat in perpetuum; ad illud regnum nos perducat," etc.

In calce, " Explicit speculum oculi moralis."

---

2. Liber S. Augustini ad Julianum comitem de vita Christiana. fol. 43.

Incip. " O mi frater, si cupias scire, quamvis ego nesciam;" ut inter opera, tom. vi. App. col. 193.

3. [Ejusdem] Exhortatio ad vitam Christianam, ad sororem. fol. 57.

Incip. " Ut ego peccator et ultimus insipienciorque ceteris;" ib. tom vi. App. col.183.

Versus finem agit auctor de tribus viduarum generibus.

4. Liber de proprietatibus aquæ, et quomodo dicitur figurative. fol. 63.

Incip. " Nomine aqua aliquando significatur Deus; Exodus, 7, percussit aquam fluminis."

Desin. " sicut oves in medio luporum, etc. Deo gratias. Explicit."

In calce, " Qui me complevit . non tota nocte quievit."

XCI.

Codex chartaceus, in folio, ff. 288, sec. xv.; ex dono Roberti Flemmyng.

M. Servii Honorati in P. Virgilii Bucolicorum Georgicorum Æneidumque libros.

Incip. " Bucolica ut ferunt ;" ut in editt. impress.

Des. " legibus poterat, sic Homerus."

XCII.

Membranaceus, in folio minori, ff. 166, sec. xv. ineuntis.

L. Annæi Senecæ Tragœdiæ decem, glossulis interlinearibus marginalibusque instructæ.

Omnes fere sunt mancæ in initiis et fine, foliis scilicet, quæ literam initialem habebant, a nebulone quodam evulsis.

Ordo Tragœdiarum est iste, Hercules Furens, rens, Thyestes, Thebais, Hippolytus, Œdipus, Troas, Medea, Agamemnon Octavia, Hercules Otreus.

In calce,

" Finis adest mete . mercedem posco diete,
Quam nisi nunc dederis . cras minus actus eris."

Sequitur fragmentum codicis pervetusti,manu ut dicitur Hibernica, sec. forsan viii. exarati, et habentis partem evangelii secundum Lucam incip. " et hii radices non habent, qui ad tempus credunt et in tempore temptationis recedunt."

D XCIII.

Codex membranaceus, in folio minori, ff. 143, sec. xv. ineuntis, manu Nicolai de Frisia, alias de Bolsvardia librarii, exaratus; ex dono R. Flemmyng.

C. Suetonii Tranquilli de vitis duodecim Cæsarum libri totidem; initio mutil.

Incip. in verbis, " ———cuit atque ita proelium ingressus victor rediit."

In calce, " Suetonii Tranquilli de duodecim Cæsaribus liber duodecimus terminatur ac fœliciter explicit."

Desin. " Nicolaus de Frisia alias de Bolsvardia librarius transcripsit."

XCIV.

Membranaceus, in folio, ff. 145, sec. xiv. ineuntis, binis columnis exaratus.

Petri Tarentachi, sive de Tarentasia, postea Innocentii papæ V. commentarius in Sententiarum librum quartum.

Incip. " Haurietis aquas; etc. In verbis istis duplex effectus Sacramentorum;" ut in edit. Tolos. 1652.

In calce est tabula quæstionum.

D XCV.

Membranaceus, in folio minori, ff. 126, sec. xiv., binis columnis exaratus; collegii Lincoln. in Oxon. ex dono M. Willelmi Chamberleyn, primi rectoris ejusdem collegii.

S. Thomæ Aquinatis super Sententiarum librum primum commentarius, prævio prologo, glossulis marginalibus hic illic instructus.

Incip. " Ego sapientia effudi ;" ut in editt. impress.

In marg. inferior. fol. 2 b. notatum est, " Liber collegii ;" ut supra, deinde, " cujus anime propicietur Deus; qui obiit anno Domini 1433 in festo Sanctarum Perpetue et Felicitatis." Postea, " Credo quod pertinet M. Ricardo Chester."

XCVI. *xiii in:*

Codex membranaceus, in 4to, ff. 133, sec. ~~xii.~~ binis columnis exaratus.

nolomew Xeter

1. ~~Anonymi cujusdam compilatio~~ de Dei præscientia et libero arbitrio. fol. 1.

 Incip. " Prefatio dicendorum et contra quæ dicendum sit. Plerique declinantes corda in verba malicie."

 Ad fol. 5 capitulum est inscripta, " Contra heresim correpcio de libro beati Anselmi ;" [libro scil. de concordia præscientiæ et prædestinationis,] etc.

2. B. monachi Fordensis, [postea Baldewini archiep. Cantuariensis,] liber ad B. episcopum Exoniensem de Sacramento altaris. fol. 37.

 Incip. prol. " Reverenda nomina magistri Domini et patris singula."

 Incip. cap. i. " Quid sit ordo. Magnum et profundum novi verique."

 Desin. " Suavitatis ejus eructabunt. Feliciter juvat anima mea; Amen."

3. Ordo de apostolis. fol. 86.

 Incip. " Beatos apostolos sermo divinus."

nolomew xeter, ential

4. Directorium Sacerdotum, sive Capitula plura, de istis, quibus instrui oportet sacerdotes, ex SS. Patribus conciliisque collecta, cum tabula et præfatione. fol. 88.

 Incip. præf. " Nunquam nimis docetur."

 Incip. lib. " De bonis et de malis, ex concilio Magontiensi, Cum omnia concilia canonum."

 Desin. in capitulo ' ex penitenciali Romano,' " Centum solidi dati in elemosinam annum excusant."

5. Fragmentum itinerarii in Ægyptum, Syriamque. fol. 118.

 Incip. in verbis, " ex utraque parte duarum cataractarum due civitates sunt, quas dicunt edificasse filias Loth."

6. Descriptio locorum, quæ vidit Bernardus Sapiens, cum sociis suis Theudemundo, e monasterio B. Vincentii Beneventani, Stephanoque Hispano, ' quando ivit Jerusalem vel rediit et de ipsa Jerusalem et de locis circa eam. fol. 118.

 Incip. " Anno nongentesimo septuagesimo incarnationis Christi."

7. Liber de natura rerum, quem Beda ex libris Plinii Secundi excerpsit, prævia tabula capitulorum numero li. fol. 123 b.

 Incip. " Operatio divina."

8. Alexandri Magni ad Aristotelem epistola de gestis suis in India. fol. 128.

 Incip. " Semper memor tui."

⅀ XCVII.

Codex chartaceus, in 4to, ff. 186, sec. xv.

1. Tractatulus de octo fidei obstaculis. fol. 1.

 Incip. " Prima est ignorancia."

2. Anonymi cujusdam liber qui dicitur " Abstinentia ;" sive Summa moralis de virtutibus vitiisque, etc. ordine alphabetico disposita, prævia capitulorum tabula. fol. 5.

 Incip. " Duplex est abstinentia detestabilis et laudabilis."

 Desin. " que preparavit Deus diligentibus se, ad que nos perducere," etc.

 In calce, " Explicit liber qui vocatur Abstinencia."

3. Liber de anima intellectiva, per articulos distinctus, auctore ut videtur Gowsell quodam. fol. 146.

 Incip. in verbis, " Anima intellectiva et corpore."

 Desin. " quia a tali non oportet hujus abstractione procedere, etc. Ecce finis quod Gowsell."

 Deinde, " Deo gratias quod Barnesley."

XCVIII.

Membranaceus, in 4to, ff. 265, sec. xiv. ineuntis ; ex dono Fundatoris.

Thomæ de Hibernia, quondam socii de Serbona, Manipulus florum, ordine alphabetico, cum tabula alphabetica subjuncta.

Inc. prol. " Abite in agro ; etc. Paupercula non habens messem ;" ut in editt. impress.

In calce, " Explicit manipulus florum compilatus a magistro Thoma de Hybernia, quondam socio de Serbona, et incepit super Johannes Galensis, ord. fratrum minorum doctor in theologia, istam tabulam, et magister Thomas finivit, etc. Qui regnat cum Christo in secula seculorum."

Sequitur tabula opusculorum SS. Patrum, qui sequuntur, scilicet, Dionysii Areopagitæ, Augustini, Ambrosii, Hieronymi, Gregorii Magni, Bernardi, Hilarii, Isidori, Chrysostomi, Rabani Mauri, Prosperi, Damasceni, Anselmi, Ricardi et Hugonis de S. Victore, Ciceronis, Boethii et Senecæ.

XCIX.

Codex chartaceus, in folio minori, ff. 175, sec. xiv., binis columnis nitide exaratus, ex dono Joh. Southam, socii, postea archidiac. Oxon.

Tabula alphabetica, sive Repertorium, in Vincentii Bellovacensis Speculum Historiale, auctore Johanne Hautfuney, presbytero, cum ejusdem prologo ad Simonem S. Priscæ presbyterum cardinalem,necnon prologo et introductione ad inveniendum dictiones per tabulam.

Incip. epist. " Diligenter dudum perlegendo considerans agrum uberrimum."

Inc. prol. " Dei perfecta sunt opera.

Incip. introd. " Quoniam igitur in speculo."

Incip. opus, " Aaron conflat vitulum aureum in libro xxv. capitulo b."

Des. " instituit consecrari, xx.vi. b."

Sequitur index vocum alphabeticus.

Præmissa est notitia,"Istum librum dedit magister Johannes Southam archidiaconus Oxon. rectori et consociis collegii," etc. " ad opus et utilitatem et incrementum dicti collegii in libraria communi ejusdem cathenis ferreis per eos alligandum et pro perpetuo permansurum."

C.

Membranaceus, in folio minori, ff. 93, sec. xii., binis columnis exaratus; ex dono Rob. Flemmyng.

1. Flavii Vegetii Renati de re militari ad Theodosium Felicem Imperatorem libri quatuor, præviis unicuique elenchis et prologis. fol. 4.

Tit. " Incipit Flavii Vegetii Renat. de re militari liber i. ad Imperatorem Theodosium."

In calce, " Flavii Vegetii Renati viri illustris liber quartus explicit."

2. Sexti Julii Frontini Strategematicon rei militaris libri quatuor, capitulis contentorumque tabulis instructi. fol. 34 b.

Tit. " Incipit Julii Frontini de exemplis rei militaris."

In codice caput ultimum numeratur cap. xii. lib. ii. edit. Vasal. 1670.

In calce, " Explicit liber iiij. Julii Frontini."

3. Eutropii Historiæ Romanæ Breviarium, libris x. comprehensum. fol. 69 b.

Incip. " Domino Valenti ; etc. Res Romanas ex voluntate mansuetudinis."

Desin. " Scribendi diligentiam reservamus ;" ut in edit. Muratorii, tom. i. p. 80.

Sequitur tabula Imperatorum Orientalium Occidentaliumque usque ad Johannem, filium Alexii Comneni, et Henricum IV.

Deinde nomina dignitatum CPolitanarum.

In fol. 2 b. scripsit *man. recent.* fragmentum odæ amatoriæ ; *Angl.* incip.

" My der audese, that so fayr ys of lufe gentyl and fre."

In fol. 3 tetrastichon incip.

" His sua Willelmus detrivit tempora libris, Conjungens studiis hec quoque parva suis."

CI.

Codex membranaceus, in folio, ff. 165, sec. xv. ineuntis ; ex dono M. Johannis Mabelthorpe, quondam coll. Linc. socii.

1. Thomæ Gualensis, sive Waleys, liber de theoria prædicandi, prævia præfatione ad Theobaldum de Cursinis. fol. 2.

Incip. præf. " Desiderium vestrum."

Incip. opus, " De qualitate predicatoris. Cum predicationis officium sit potius."

In calce, " Explicit tractatus de theoria sive arte predicandi editus a fratre Thoma Waleys ordine predicatorum."

2. Tractatus de modo dividendi thema pro materia sermonis dilatanda, editus a Simone Alcock, sacræ paginæ professore. fol. 11.

Præcedunt versus octo ; incip.

" Ad, quare, per, propter, notat, in, simul atque gerundi."

Incip. tract. " Te salvum fecit ; Ad tui ab inferno liberacionem."

3. Dionysii Areopagitæ liber de mystica theologia, ex versione et cum [Roberti Grostete?] commentario. fol. 14.

Præcedit epigramma, incip. " Novam claritatem."

Incip. text. " Trinitas supersubstantialis et superdea."

Incip. comment. " Mistica theologia est secretissima ;" ut in Bandinii catal. codd. Latt. tom. iv. cal. 428.

In calce, " Explicit libellus beati Dionysii Istriopagite de mistica theologia cum commento."

4. Notabilia quædam melliflua excerpta de quibusdam sententiis beati Bernardi de excellentia, laude et dignitate beatæ Mariæ Virginis. fol. 22.

Incip. " Non est quod me delectet."

Sequitur sententia S. Hieronymi contra Jovinianum hereticum.

5. Dionysii Areopagitæ liber de divinis nominibus, [R. Grostete interprete.] fol. 25.

Præcedit epigram. incip. " In animum splendor ;" et in margine superiori titulus, " Commentaria Ruperti Lincolniensis in opera beati Dionisii Areopagite, qui vixit anno Domini 1150."

Incip. text. " Nunc autem o beate post theologicas subfigurationes ;" ut apud Bandin. tom. iv. col. 428, ubi tamen adjectus est commentarius.

In calce, " Explicit liber beati Dionisii de divinis nominibus."

6. Ejusdem Dionysii epistolæ decem ; eodem interprete. fol. 41.

Incip. " Tenebre evanescunt luce."

In fine epistolæ ad Polycarpum sequitur commentarii fragmentum sub rubrica, " Ista sequentia usque ad proximam epistolam reperi in quodam commento super hanc epistolam ad Policarpum."

7. Ejusdem liber de mystica theologia, interprete anonymo. fol. 46 b.

Præcedit epigram., ut supra.

Incip. text. " Trinitas supersubstantialiter super divina et super benigna Christianorumque divine sapiente inspectiva."

In calce, " Laus tibi Jhesu semper dulcedo mi, M. J. M." [an M. Joh. Mabulthorp?]

8. Johannis Erigenæ prologus in libros de cælesti hierarchia, ecclesiastica hierarchia, de divinis nominibus et de mystica theologia ad Carolum Calvum Imperatorum. fol. 47 b.

Incip. " Valde quidem admiranda ;" ut in editt. impress.

9. S. Ignatii ad B. Mariam Virginem epistola cum responsione. fol. 48 b.

10. Ejusdem epistola ad S. Johannem evangelistam cum responsione. fol. 49.

11. Dionysii Areopagitæ de cælesti hierarchia liber in capitulis quindecim distinctus ; cum commento abbreviato. fol. 52.

Tit. " Dionisii Ariopagite, episcopi Atheniensis, ad Thimotheum episcopum de celesti ierarchia capitulum primum."

Incip. text. " Omne datum optimum ;" etc. " Sed et omnis a patre mote luminis apparicionis."

Incip. comment. " Eorumque hunc librum de Greco ;" ut apud Bandin. tom. iv. col. 427.

Præcedunt,

a. Partitiones capitulorum, cum prologo. fol. 49.

Incip. " Intenciones et continencias."

b. Expositoris proœmium, cum brevi explicatione præmissa. fol. 51.

Incip. explic. " Non inveni in greco exemplari."

Incip. proœm. " Nobilitatem quidem ;" ut in Bandin. catal. tom. iv. col. 427.

c. Epigramma Græcum in argumentum libri, literis Latinis expressum, suaque donatum interpretatione. fol. 51 b.

Incip. interp. " Sunt autem isti duo."

In calce libri, " Explicit liber," etc. " de celesti ierarchia cum comento super eodem sed multum abbreviato ; Laus tibi Jhesu dulcedo mi ; M. J. M."

12. Liber de ecclesiastica hierarchia, ex ejusdem interpretis versione et interpretatione. fol. 95 b.

Incip. text. " Quoniam quidem que secundum nos Ierarchia."

Incip. comment. " Liber de angelica ierarchia huic libro ;" ut in Bandin. catal. tom. iv. col. 426.

Desin. comment. " ut nulli deesset etati ; hec ille."

In calce, " Laus tibi, etc. Explicit liber ecclesiastice ierarchie," etc. " Cum commento sed partim abbreviato ; per M. J. M."

Præcedunt,

a. Particulæ capitulorum. fol. 94

b. Epigramma Græcum, literis Latinis scriptum, cum commento. fol. 95 b.

Incip. comment. " Hi duo versus quos con-
scriptor."

13. Quædam notabilia excerpta de quibusdam libris sancti Thomæ Aquinatis contra Gentiles. fol. 131.

Incip. in lib. i. cap. 4. " Quod veritas divinorum, ad quam naturalis ratio pertingit
convenienter hominibus credenda proponitur. Duplici igitur veritate."

Desin. " vestigia Dei comprehendes; Hec
ille."

14. Epistola B. Bernardi, abbatis Clarævallensis,
ad Henricum Senonensem archiep. consolatoria super gravitate curæ pastoralis. fol.146.

Incip. " Placuit prestantie vestre;" ut inter opera, ed. 1690, tom. i. col. 461.

15. Excerpta ex ejusdem libro de duodecim gradibus humilitatis. fol. 152 b.

Incip. " Humilitas est virtus, qua homo
verissima sui cognitione."

16. Meditationes ' mellifluæ B. Bernardi, vel Bonaventuræ ut creditur.' fol. 153 b.

Incip. " Qualiter imitemur Christum ;"
etc. " Dominus noster Jhesus Christus in
die palmarum."

17. Excerpta ex soliloquio S. Augustini. fol. 158 b.

Incip. " Et tu quidem Domine lux mea."

18. Tabula elaborata super contenta omnia in
volumine. fol. 159 b.

Incip. " Abrahe sinus; Quis ?"

Præmittitur codici, " Liber collegii Lincoln. in Oxon. ex dono M. Johannis Mal-
bethorp, quondam socii ejusdem collegii,
cathenandus pro perpetuo in libraria ejusdem."

CII.

Codex chartaceus, in 4to, ff. 185, sec. xv. exeuntis ; anno scilicet 1482 manu R. Rawlyns scriptus ; mutilus.

1. Johannis Canonici, ord. minor., Quæstiones
super Aristotelis Physicorum libros octo.
fol. 1 b.

Incip. " Venite ad me ;" ut in edit. Ven.
1492.

In calce, " Expliciunt questiones Canonici;
anno salutis 1482, Hec ego finivi, Rawlyns."

Sequitur tabula, cui succedit notitia, " Explicit tabula titulorum questionum Canonici
per me R. Rawlyns."

Deinde versus xvii. heroici, auctore scriba,
incip.

" Jam que opus exegi jam vos hinc ite labores."

Præmittuntur versus elegiaci xxxii. ad
librum, eodem auctore, incip.

" Parve liber tenui quanquam sis veste togatus,
Candida nec nigra cornua fronte geras."

2. Anonymi cujusdam liber de voluntate et de
intellectu. fol. 162 b.

Incip. " Quoniam circa libros ethicorum
quam varie difficultates voluntatem felicita-
temque."

Desin. in verbis, " non semper appetimus
ultimum finem, quia non semper de illo co-
gitamus."

CIII.

Codex chartaceus, in 4to minori, ff. 231, sec.
xv.

Lectiones et officia pro Dominicis et feriis, necnon commemorationes et officia Sanctorum per
annum ; initio mutil.

Incip. in verbis, " templi et principes sacerdotum."

Desin. in commemoratione S. Lini, in verbis,
" postea tamen a Gregorio, Hostiensi episcopo,
cum multa sollempnitate est deportatum et
in ecclesia majori que nunc dicitur sancti Laurencii honorifice est reconditum ; 3 lect. de
evangelio, Videte, vigilate, cetera omnia de
communi."

CIV.

Chartaceus, in 4to minori, ff. 112, anno 1676
et 1677 scriptus

Systema philosophiæ in particulas sequentes
distinctum ; scilicet,

1. Procemium de philosophia in genere. fol. 1.

In margine notatus, " Die Maii 10, A. D.
1677."

2. Logicæ systema. fol. 3.

3. Metaphysicæ systema. fol. 19.

4. Physicæ systema. fol. 60.

5. Ethicæ systema. fol. 87.

In calce, " Ethicæ finis, 1676."

6. Opticæ systema. fol. 97.

In calce, " Opticæ finis, 1677."

7. De globo coelesti systema. fol. 102.

H

8. Œconomicæ systema. fol. 108.

9. Politicæ systema. fol. 110.

ℬ　　CV.

Codex membranaceus, in folio majori, ff. **136**, sec. xv., binis columnis exaratus; initio mutil.; ex dono Rob. Flemmyng.

1. Roberti Grostete, ep. Lincoln., opus quod dicitur Summa Justitiæ, in partes decem distinctum. fol. 1.

Incip. in verbis part. vi. cap. 8, " Item in novo Testamento potest accidiosus."

Desin. in verbis cap. 38 Ecclesiastici, vers. 9, " sed ora Deum et ipse curabit te."

In calce, " Explicit opus non adhuc completum Justitiæ summa vocatum.'"

2. Ejusdem libellus de confessione. fol. 32.

Incip. " Quoniam cogitacio, etc. Confitendum, quia confessio est interioris veneni."

In calce, " Explicit tractatus Lincolniensis de confessione."

3. Ejusdem liber de decem præceptis decalogi. fol. 34.

Incip. " Sicut dicit apostolus Plenitudo legis est dilectio."

Iu calce, " Explicit libellus domini Roberti Lincolniensis episcopi de x preceptis decalogi."

4. Ejusdem liber de lingua. fol. 47.

Incip. " Lingua congruit in duo."

In calce,

" Jam Deus omnipotens consalvet robore toto,
Scribere qui fecit scripturam quique peregit."

5. Tabula super Flores Bernardi alphabetica. fol. 107.

In calce,

" Corpus scriptoris . servet Deus omnibus horis.

Explicit tabula super Flores Bernardi; A. quod R. etc."

6. Capita librorum Boethii de consolatione philosophiæ, cum tabula sequenti. fol. 113 b.

In calce,

" Liber sit scriptus . qui scripsit sit benedictus."

7. Tabula super S. Gregorii dialogorum libris. fol. 116.

In calce, " Corpus scriptoris ;" etc.

8. Tabula super ejusdem homilias.

In calce, " Corpus scriptoris salvet ;" etc.

9. Tabula super Johannis Sarisburiensis Polycraticon. fol. 120.

In calce, " Explicit tabula facta super librum Policraticon, quod, etc."

10. Tabula super [Petri Comestoris] magistri Historiarum Hist. Scholasticam. fol. 123 b.

Sequuntur " Nomina auctorum quos magister in historiis allegat."

ℬ　　CVI.

Codex membranaceus, in folio maximo, ff. **359**, sec. xv., binis columnis bene exaratus; ex dono M. Ricardi Flemmyng, quondam episcopi Lincolniensis, et fundatoris collegii.

Thomæ Netteri Waldensis, ord. Minor. Doctrinalis fidei catholicæ pars secunda, sive de Sacramentis; cum prologo et epilogo.

Tit. " Prologus primi in quintum librum Doctrinalis ecclesiæ Christi, qui est de Sacramentis."

Incip. " Doctrinis variis et peregrinis; etc. Regalibus jussis vestris ;" ut in editt. impress.

Præmittitur Martini papæ V. Epistola ad auctorem cum Thomæ responso.

In litera initiali repræsentatur, sub insignibus Angliæ regalibus, auctor monachos instruens, adsidente super thronum B. M. Virgine, una cum Infante suo.

In calce codicis inveniuntur manu secunda,

(a.) Notitia de auctore operis supradicti.

(b.) De obitu Humfredi ducis Glocestriæ anno 1446 " qui dotavit universitatem Oxon. in communi libraria bonis et plurimis libris 7 scienciarum liberalium . . . . . et sacre theologie ;" etc.

ℒ　　CVII.

Membranaceus, in folio maximo, ff. **190**, sec. xv. ineuntis; binis columnis bene exaratus.

Ranulphi Higdeni, monachi Cestrensis, Polychronicon sive Historia universalis ab origine mundi usque ad Edwardi tertii mortem, A. D. 1377.

Præmittuntur, (a.) Tabula alphabetica. (b.) Prologi et præfationes.

In calce, " Expliciunt cronice de tempore nobilis regis Edwardi 3."

ℒ　　CVIII.

Membranaceus, in folio maximo, ff. **205**, sec. xv., binis columnis bene exaratus; ex dono

M. Thomæ Heton, quondam rectoris de Manceter ac dicti coll. commensalis.

Commentarius in omnes Epistolas Paulinas, ista ad Romanos et ad Corinthios prima excepta, auctore [Rabano Mauro].

Tit. " Incipit exposicio epistole ii. ad Corinthios. Ex tractatu epistole Johannis octavo."

Incip. " Paulus ; Amat Paulus dici a nobis peccata sua ;" ut inter opp. tom. v. p. 344.

Desin. " in Dominico agro bonum operemur, ut simul de mercede gaudeamus ; Amen."

Ρ. CIX.

Codex membranaceus, in folio maximo, ff.184, sec. xiv., binis columnis exaratus; olim Joh. Maddyrby postea T. Wyche.

1. Henrici Goëthals, Gandavensis, Quodlibetorum theologicorum in libros Sententiarum fragmentum. fol. 1.

Tit. " Incipit primum quodlibet magistri Henrici de Gandavo."

Incip. " Querebatur in nostra disputacione generali."

Desin. abrupte in verbis, " et ideo secundum condicionem"——

2. Ægidii de Columna Romani commentarius in primum librum Sententiarum. fol. 16.

Incip. " Cauda est ;" ut in edit. Ven. 1571.

In calce, " Explicit primus Sentenciarum editus a fratre Egidio de Roma de ordine fratrum heremitarum Sancti Augustini."

" Explicit expliceat . Ludere scriptor eat."

Sequitur tabula articulorum, et in fine, " Hic liber est scriptus . qui scripsit sit benedictus."

In folio ultimo notatum est, " Memorandum quod iste liber quondam erat magistri Johannis Maddyrby, cujus anime propicietur Deus, sed modo constat T. Wyche emptus per eundem a Johanne More pro xvj. s. anno Domini mccccxl, primo die mensis Augusti litera Dominicali G."

CX.

Membranaceus, in folio majori, ff. 220, sec. xv., binis columnis exaratus.

Roberti Holcot in librum Sapientiæ Salomonis lectiones ducentæ undecim, cum tabula annexa.

Exstant impress. Spiræ, 1483, et sæpe alibi.

In calce, " Donet Deus ut ista scriptura, que Sapiencia appellatur legentibus et studentibus in eadem ac etiam scriptori ejusdem sic valeat proficere ut ad sapientiam ineffabilem et increatam finaliter valeant pervenire, Amen, Amen, Amen."

Β CXI.

Codex chartaceus, in fol. majori, ff.235, sec. xv.

Plutarchi Chæronensis vitæ plures, interpretibus variis ; scilicet,

1. M. Antonii vita, interprete Leonardo Bruno Aretino ; initio mutil. fol. 1.

Incip. in verbis, " —bus naves conscendit."

Desin. " pergradus successor."

Exstat impress. in edit. Ascensian. 1514, fol. 326.

2. Pyrrhi vita, eodem interprete. fol. 14 b.

Exstat in edit. Ascensian. 1514, fol. 169.

3. Pauli Æmilii vita eodem interprete. fol. 23.

Incip. " Æmiliorum familiam ;" ut ibid. fol. 133 b.

4. Tiberii et Caii Gracchorum vita, [eodem interprete]. fol. 30 b.

Ibid. fol. 149 b.

5. Quinti Sertorii vita, eodem interprete, cum interpretis præfatione ad Antonium Luscum. fol. 38 b.

Incip. præf. " Credo nonnunquam."

Incip. vita, " Non est fortasse ;" ut ibid. fol. 187 b.

6. Catonis vita, eodem interprete. fol. 45.

Ibid. fol. 275 b, ubi Lapo Florentino tribuitur.

7. Demosthenis vita, eodem interprete. fol. 59 b.

Incip. " Demosthenis pater Demosthenes, ut Theopompus ;" ut ibid. fol. 302 b.

8. Vita Ciceronis, eodem auctore, cum præfatione ad Nicolaum Niccolum. fol. 64 b.

Incip. præf. " Otioso mihi."

Incip. vita, " Tulliorum familia."

In calce, " Facto fine pia . laudetur virgo Maria."

9. Aristotelis vita, eodem interprete, cum præfatione ad Nicolaum cardinalem S. Crucis. f.76.

Incip. prol. " Quanta nobis."

Incip. vita, " Aristoteles philosophus ;" ut ibid. f. 370, ubi Guarino Veronensi tribuitur.

10. Vita Pompeii ' per Jacobum Angelum, civem Florentinum, ex Plutarcho traducta.' fol. 78 b.

Ibid. Antonio Tudertino tributa, fol. 230.

11. Vita M. Bruti, eodem interprete. fol. 95.

Ibid. Guarino Veronensi tributa, fol. 273 b.

12. Vitæ Ciceronis et Luculli, interprete Leonardo Justiniano Veneto, cum interpretis proœmio. fol. 106.

Incip. proœm. " Cum per multa fui litterarum studia, Henrice princeps ;" ut in Bandin. Catal. tom. ii. col. 720.

Exstant vitæ ibid. fol. cxcii.

13. Epistola Philippi Macedonum regis ad Athenienses per Leonardum Aretinum traducta. fol. 126 b.

Incip. " Quoniam persepe jam legatos ;" ut inter Epistolas Regum, etc. Argent. 1593, p. 210.

14. Virgilii Majoris (sic) vita ex commentariis Servii Honorati, grammatici excerpta. f. 127 b.

Incip. " Virgilius Maro Mantuanus parentibus modicis ;" ut ante Servii commentarios.

15. Dionis et Bruti vitæ, cum comparatione, interprete Guarino Veronensi, cum interpretis proœmio ad Franciscum Barbarum. fol. 129.

Incip. præf. " Cum Plutarchum, quem non hospitio."

Exstant vitæ in edit. cit. fol. 285 b.

16. Vita M. Marcelli, interprete eodem. fol. 140 b, Ibid. fol. 84 b.

17. Pelopidæ, interprete Anton. Tudertino. f. 148. Ibid. fol. 78.

18. T. Q. Flaminii vita, interprete Guarino, cum præfatione ad Rubertum Rossum. fol. 156.

Incip. præf. " Nuper, Ruberte suavissime ;" ut in Bandin. Catal. tom. ii. col. 738.

Exstat vita ibid. fol. 109 b.

19. Caii Marcii Coriolani vita, interprete Guarino. fol. 161 b.

Ibid. fol. 46.

20. Alexandri vita, interprete eodem. fol. 169. Ibid. fol. 244.

21. Cæsaris vita, eodem interprete. fol. 187. Ibid. fol. 257.

22. Vitæ Aristidis et Catonis, interprete Francisco Barbaro, cum prologo ad Zachariam Barbarum. fol. 201.

Incip. prol. " Animadverti, Zacharia frater." Exstat vita, ibid. fol. 114.

23. Comparationis Dionis et Bruti exemplar aliud. fol. 218 b.

Ibid. fol. 301 b.

24. Vitæ trium illustrium virorum Florentinorum, Dantis scilicet, Petrarchæ et Boccaccii, auctore Janottio Manetto, cum præfatione. fol. 219 b.

Incip. præf. " Non alienum fore putavimus." Exstant impress. ed. cl. Mehus. Flor. 1747.

25. Vita Lysandri, interprete Guarino, cum præfatione ad Leonellum marchionem Estensem. fol. 233.

Inc. præf. "Plurima cerno tuas ad nuptias." Exstat vita ibid. fol. 155.

Defic. in verbis, " duces consumpsit et unius viri consilio"——

CXII.

Codex membranaceus, in folio majori, ff. 144, sec. xv. ineuntis, binis columnis exaratus ; manu ut videtur Sutton cujusdam scriptis.

Radulphi Acton, sacræ theologiæ apud Oxonienses professoris, sermones Dominicales in evangelia et epistolas per annum, cum præfatione.

Incip. præf. " Dum in ecclesia mea quietus residerem et loquendi ad populum."

Incip. serm. i. " Hora est jam nos ;" etc. " Hiis verbis, karissimi, hortatur nos apostolus ut secundum Filii adventum preparemus."

Desin. ult. " pervenire mereamur, largiente Deo et Domino nostro Jhesu Christo ; Qui cum Patre et Spiritu Sancto ;" etc.

In calce, " Sutton."

CXIII.

Membranaceus, in folio majori, ff. 218, sec. xiv., binis columnis exaratus.

1. Guidonis fratris de ordine Prædicatorum sermones Dominicales quos compilavit in conventu Ebr incensi, cum prologo. fol. 1.

Incip. prol. " Notandum est in principio."

Incip. serm. i. " Nunc est propinquior, etc. Prope est Dominus omnibus invocantibus cum."

Desin. ult. " finem vero vitam eternam ; Amen dicat omnis legens."

2. Ejusdem [?] divisio thematum de sermonibus pro Dominicis et festis per anni circulum, cum prologo. fol. 128 b.

Incip. prol. " Notandum est quod themata que sequuntur sunt de Sermonibus dominicalibus totius anni."

Titulus thematum pro festis est, " Ista

themata que sequuntur sunt de festis tocius anni, quorum festa in kalendario ordinis fratrum Predicatorum continentur." fol. 161.

Desin. opus, " terram fertilissimam, scilicet illam beatam gloriam; ad quam nos, etc. Explicit, etc."

Sequitur ordo numeralium a 1 usque ad 100, charactere Arabico Romanoque scriptus.

In calce, a. " Caucio M. Tho. Paunton exposita in cista de Robery, A. D. mccccxxx. xv. die Febr. et habet tria supplementa, primum est una zona, pondus v. unciarum," etc.

b. " Renovatur 4 die Julii A. D. 1483 per manus stacionarii, et jacet pro xxxviij. s." etc.

CXIV.

Codex chartaceus, in folio majori, ff. 222, sec. xv., binis columnis scriptus; ex dono Edmundi Audley, episcopi Sarum.

1. Strabonis de situ orbis opus, jussu Nicolai papæ V. Latine versum per Guarinum Veronensem, cum interpretis prologis. fol. 1.

Incip. prol. i. " Morem illum et dudum."

Incip. prol. ii. "Quarum plerumque rerum."

Exstat impress. Venet. 1515, et alibi.

Deficit in cap. de Thessalia, in verbis, "Curva nimis vallis Nessonidi propinqua"—

2. Julii Firmici Materni Siculi Astronomia, libris octo comprehensa, prævia capitulorum tabula. fol. 133.

In calce, " Julii Firmici Materni Junioris, Siculi viri clarissimi, Matheseos liber octavus explicit feliciter; Finis."

CXV.

Membranaceus, in folio majori, ff. 253, sec. xiv., binis columnis bene exaratus; ex dono Rob. Flemmyng.

Sermones magistri Johannis de Abbatis-villa Dominicales per anni circulum.

Inc. i. " Cum sacrosancta mater ecclesia, premonstrante Spiritu, non sine certarum causis."

Desin. " non opprimitur sed semper emergit in tribulationibus Deum laudans."

In folio ult. verso, " Precium hujus libri xiij. s. iiij. d."

CXVI.

Membranaceus, in folio majori, ff. 257, sec.

xv., binis columnis bene exaratus et servatus, ex dono ejusdem Roberti.

Radulphi Acton, sacræ theologiæ apud Oxonienses professoris, Sermones Dominicales in epistolas et evangelia per anni circulum, cum præfatione.

Incip. præf. " Cum in ecclesia mea quietus residerem ;" ut in codice supra memorato, sub num. cxii.

In calce, " Explicit liber qui vocatur Actone."

CXVII—XVIII.

Codex membranaceus, in folio, hodie in volumina duo distinctus, quorum constat prius ff. 340, alterum ff. 347, sec. xv., binis columnis exaratus.

Thomæ Gascoigne, coll. Lincolniensis olim alumni, et S. Theologiæ doctoris, " Dictionarium theologicum, sive veritates collectæ ex S. Scriptura et aliorum Sanctorum scriptis," ad quæstiones spectans ecclesiasticas theologicasque, ordine alphabetico.

Incip. " Absolucio; Tibi dabo claves regni celorum; Matt. 16. Potestas ista non erat principaliter dimittendi peccata quod est Domini proprium, sed arbitrandi de dimissione peccati."

Desin. vol. i. " Hec Sanctus Jeronimus super capitulo 13 Osee prophete."

Incip. vol. ii. " Lex; Homo potest servare legem seu verba legis, non obstante, quod sic eam servans peccat mortaliter."

Desin. " et eciam in fine vitam eternam possidebunt tales Christi imitatores."

Opus illud insigne hodie primum prelo committendum est, impensis societatis ad Hist. eccles. Anglic. promovendam institutæ curaque viri eruditi Marci Pattison, M. A. coll. Linc. socii.

Citatur in Ant. à Wood Hist. et Antiq. Oxon. ad ann. 1430–1457, et in ' Lewis's Life of bishop Pecock, 1744.' *Gascoigne died half Aug. 23. 1466.*

CXIX.

Membranaceus, in folio maximo, ff. 349, sec. xv. ineuntis; binis columnis bene exaratus.

Biblia Sacra Universa, cum S. Hieronymi prologis, ex versione Anglicana recentiori Johanni Wycliffe fere tributa.

I

In margine fol. 1. inferiori notatum est, " Seke þou þe prolog of Genesis at þe end of Machabeis þat is betwixe þe olde lawe and newe."

Ordo Veteris Testamenti est, Genesis—Esdras I. Esdras II. Tobit, Judith, Hester, Job, Psalterium, Salomonis Proverbia, Ecclesiastes, Cantica Canticorum, Sapientia, Ecclesiasticus, Isaiæ—Malachiæ, Maccabæorum libri duo.

Ordo Test. Nov. est, Evangelia quatuor, Epistolæ xiv. Paulinæ, Actus Apostolorum, Epistolæ catholicæ, et S. Johannis Apocalypsis.

Evulsa sunt e medio codice omnia a Job cap. ix. verbis, " he grauntiþ not þat my spiryt haue reste"——ad Ps. xvii. verba, " and I shal not turne til þei faylen."

Σ   CXX.

Codex membranaceus, in 4to, ff. 109, sec. xv., quoad margines pictus et auratus, manu ut videtur Gallicana; utrimque mutilus.

1. Kalendarium. p. 1.
2. B. Mariæ Virginis Officium; præviis lectionibus evangelicis orationibusque. p. 25.
3. Septem psalmi pœnitentiales, Litaniæ et orationes. p. 121.
4. Vigiliæ mortuorum. p. 142 b.
5. Officium S. Crucis. p. 208.
   Defic. in verbis; " Et renovabis; Oratio, Omnipotens."

There is an MS. catalogue of MSS Linc. coll. Latin 121–128 (in the Western Sub-Librarians Study) = R. 13. 53ᵏ 7.10

MSS. Linc. coll. English c. 1–2 and Hebrew c. 1–2 are handwritten but uncatalogued

26.6.15

N. Latn 129 [E] — ff. 44ᴿ–45ᴿ JNEU Sᴜᴘ. #1378.5
     alliterative A&E in Four
   = ff. 62ᵛ–64ᵛ JNEU #3632
   Ludgate's "Vertue in the King of England"